U0930199

广东统计年鉴

GUANGDONG STATISTICAL YEARBOOK

2016

（总第32期 No.32）

广东省统计局
国家统计局广东调查总队
Statistics Bureau of Guangdong Province
Guangdong Survey Office of National Bureau of Statistics

图书在版编目（CIP）数据

广东统计年鉴. 2016 : 汉英对照 / 广东省统计局,国家统计局广东调查总队编.
-- 北京 : 中国统计出版社,2016.8
ISBN 978-7-5037-7837-7

Ⅰ. ①广…
Ⅱ. ①广… ②国…
Ⅲ. ①统计资料－广东省－2016－年鉴－汉、英
Ⅳ. ①C832.65-54

中国版本图书馆 CIP 数据核字(2016)第 159654 号

广东统计年鉴-2016

作　　者/ 广东省统计局　国家统计局广东调查总队
责任编辑/ 佘竞雄　熊威
封面设计/ 广州市九禾教育信息咨询有限公司
出版发行/ 中国统计出版社
地　　址/ 北京市丰台区西三环南路甲 6 号　邮政编码/100073
电　　话/ 邮购（010）63376909　书店（010）68783171
网　　址/ http://www.zgtjcbs.com
印　　刷/ 广州星河印刷有限公司
经　　销/ 新华书店
开　　本/ 890mm×1240mm　1/16
字　　数/ 1520 千字
印　　张/ 43
版　　别/ 2016 年 8 月第 1 版
版　　次/ 2016 年 8 月第 1 次印刷
定　　价/ 460.00 元

本书附同版本 CD-ROM 一张，光盘内容以书面文字为准。
如有印装差错，由本社发行部调换。

2016

编者说明

一、《广东统计年鉴－2016》(下简称《年鉴》)系统收录了全省及各市、县(区)2015年经济、社会各方面的统计数据，以及1978年以来各个主要时期全省主要统计数据，是一部全面反映广东国民经济和社会发展情况的资料性年刊。

二、本《年鉴》正文内容分为22个篇章，即：1.综合；2.国民经济核算；3.人口；4.就业和工资；5.固定资产投资；6.对外经济；7.能源、资源和环境；8.财政、银行和保险；9.价格；10.人民生活；11.农业；12.工业；13.建筑业；14.规模以上服务业；15.运输和邮电；16.批发零售业；17.住宿餐饮业和旅游；18.教育和科技；19.文化和体育；20.卫生、社会福利、社会保障和其他；21.区域经济主要指标；22.县(市)区主要经济指标。同时，附录有4个篇章：1.部分省(市)主要统计指标；2.中国香港特别行政区和中国澳门特别行政区主要统计资料；3.中国台湾省主要统计指标；4.部分国家和地区主要统计资料。为方便读者使用，各篇章前设有《简要说明》，对本篇章的主要内容、资料来源、统计范围、统计方法以及历史变动情况予以简要概述，篇末附有《主要统计指标解释》。

三、本《年鉴》资料主要来自政府各级统计局、国家统计局调查总队的各种定期统计报表和抽样调查资料；部分资料来自中央部属单位和省直有关部门。附录资料根据国家统计局有关资料整理。

四、本年鉴涉及珠江三角洲、东翼、西翼和山区的具体划分为：

珠江三角洲包括：广州、深圳、珠海、佛山、江门、东莞、中山、惠州和肇庆。

东翼指汕头、汕　、潮州和揭阳。

西翼指湛江、茂名和阳江。

山区指韶关、河源、梅州、清远和云浮。

五、资料中所使用的度量衡单位，除灌溉、播种面积照顾我国使用习惯继续用“亩”为单位外，其余均采用国际统一标准计量单位。

六、本年鉴中涉及到的历史数据，均以最新出版的本年鉴数据为准;本年鉴中部分数据合计数或相对数由于单位取舍不同而产生的计算误差，均未做机械调整。

七、本《年鉴》统计表中的符号使用说明：

“…”表示数据不足本表最小单位数；

“#”表示其中主要项；

“空格”表示该项统计指标数据不详或无该项数据；

“①”表示本表下有注解。

八、与2015年版《广东统计年鉴》相比较，本《年鉴》在内容上主要做了如下修订：“部分规模以上服务业”内容从综合部分拆分出来，增设“规模以上服务业”篇；增加了电子商务统计情况；增加了生产性服务业情况；增加了住户一体化调查成果；增加了历年金融机构存贷款表；增加了2015年各市财政收支情况表；根据新的部门报表制度对个别专业内容及相关统计指标进行了调整。

本《年鉴》在整理编辑过程中，得到省直有关部门和单位的大力支持，在此表示感谢!

EDITOR'S NOTES

I. Guangdong Statistical Yearbook 2016 (hereinafter referred to as the Yearbook) is an annual statistical publication, which reflects comprehensively the economic and social development of Guangdong Province. It covers data for 2015 and key statistical data in some historically important years since 1978 at the provincial level and the local levels of city, county and district.

II. The Yearbook contains twenty-two chapters: 1. General Survey; 2. National Accounts; 3. Population; 4. Employment and Wages; 5. Investment in Fixed Assets; 6. Foreign Trade and Economic Cooperation ; 7. Energy, Resources and Environment ; 8. Government Finance, Banking and Insurance; 9. Price; 10. People's Living Conditions; 11. Agriculture; 12. Industry; 13. Service Enterprises Above Designated Size; 14.Construction; 15. Transport, Postal and Telecommunication Services; 16. Wholesale , Retail Trades and Tourism; 17. Hotels, Catering Services and Tourism; 18. Education, Science and Technology; 19 Culture and Sports. 20.Public Health, Social Welfare, Social Insurance and Others; 21. Main Economic Indicators of Economic Regions; 22. Main Economic Indicators of Counties (County-level Cities) and Districts. Meanwhile, four chapters are listed as appendices: 1. Main Statistical Indicators of Some Provinces and Municipalities; 2. Main Statistics of Hong Kong and Macao Special Administrative Regions; 3. Main Statistical Indicators of Taiwan Province; 4. Main Statistics of Some Countries and Territories. To facilitate readers, the Brief Introduction at the beginning of each chapter provides a summary of the main contents of the chapter, data sources, statistical scope, statistical methods and historical changes. At the end of each chapter, Explanatory Notes on Main Statistical Indicators are included.

III. The data in the Yearbook are mainly obtained from regular statistical reports and sample surveys conducted by the statistical bureaus of all levels of government and the Survey Office of the National Bureau of Statistics in Guangdong. Some data are collected from the departments of the central government and the provincial government. Data in the appendices are compiled from statistical publications published by the National Bureau of Statistics and other sources.

IV. The pearl river delta, east wing, west wing and mountainous areas in the Yearbook are divided as following:

The pearl river delta include Guangzhou, Shenzhen, Zhuhai, Foshan, Jiangmen, Dongguan, Zhongshan, Huizhou and Zhaoqing.

The east wing includes Shantou, Shanwei, Chaozhou and Jieyang.

The west wing includes Zhanjiang, Maoming and Yangjiang.

The mountainous areas include Shaoguan, Heyuan, Meizhou, Qingyuan and Yunfu.

V. The units of measurement used in the Yearbook are internationally standard measurement units, except that the unit of cultivated land and sown areas uses"mu" with regard to the Chinese tradition.

VI. Please refer to the newly published version of the Yearbook for updated historical data.Statistical discrepancies on totals and relative figures due to rounding are not adjusted in the Yearbook.

VII. Notations used in the Yearbook:

" … " indicates that the figure is not large enough to be measured with the smallest unit in the table;

" # " indicates a major breakdown of the total;

" blank space " indicates that the data are unknown or are not available;

" ① " indicates footnotes at the end of the table.

VIII. In comparison with Guangdong Statistical Yearbook 2015, following revisions have been made in this new version in terms of the statistical contents and in editing: The tables about service enterprises above the designated size are taken out of the chapter of "General Survey" and formed a new chapter of "Service Enterprises Above Designated Size"; Contents are added reflecting the integrated urban and rural household survey on income and expenditure. Contents are added reflecting productive service industry. Contents are added reflecting e-commerce. Contents are added reflecting deposits and loans in financial institutions. Contents are added reflecting Basic Conditions of general budgetary revenue and expenditure by city. According to the new departmental reporting system, some professional contents and indicators have been adjusted.

Acknowledgements: our gratitude goes to relevant departments and units under the provincial government, from which we have received tremendous support when compiling the Yearbook.

#《广东统计年鉴—2016》
编委会和编辑出版人员

Guangdong Statistical Yearbook – 2016
EDITORIAL BOARD AND STAFF

目　录
CONTENTS

一、综合
General Survey

二、国民经济核算
National Economic Accounts

三、人口
Population

四、就业和工资
Employment and Wages

五、固定资产投资

Investment in Fixed Assets

七、能源、资源和环境
Energy, Resources and Environment

八、财政、银行和保险

Government Finance, Banking and Insurance

九、价格
Price

十、人民生活
People's Living Conditions

十一、农业
Agriculture

十二、工业
Industry

十三、建筑业
Construction

十六、批发零售业

Wholesale and Retail Trades

十九、文化与体育
Culture and Sports

二十、卫生、社会福利、社会保障和其他
Public Health, Social Welfare, Social Insurance and Others

二十一、区域主要经济指标
Major Economic Regions

二十二、县（市）区主要经济指标
Counties and Districts Under City Administration

附录
Appendix

一、综合

GENERAL SURVEY

一　综合

简要说明

一、本篇资料反映广东行政区划、国民经济和社会发展综合资料，并收录了基本单位统计情况。

二、本篇资料分别由省民政厅、省统计局各专业处、综合处、政法处、普查中心和国家统计局广东调查总队整理提供。

三、综合统计资料是根据广东省统计局各专业统计年报资料以及国家统计局、广东省有关部门提供的统计资料加工整理而成。

四、基本单位资料中的产业活动单位按“在地”原则，国民经济行业分类标准（GB/T 4754-2011)汇总。

1 General Survey

Brief Introduction

Ⅰ.The summary data in this chapter reflect the divisions of administrative areas, summary data on the national economy and social development, and related indications on.

Ⅱ.The data are prepared and provided by the Civil Affairs Department of Guangdong Province., the Division of Professional Statistics, the Division of Comprehensive Statistics, the Division of Law, the Census Center of Statistics Bureau of Guangdong Province, and the Survey Office in Guangdong of National Bureau of Statistics respectively.

Ⅲ.The summary data are processed and prepared on the basis of the annual reports of various specialized fields provided by Statistics Bureau of Guangdong Province and the statistics provided by the National Bureau of Statistics and some related departments of Guangdong Province.

Ⅳ. The data on “Units of Industrial Establishments” of the basic industrial units are prepared on the principle of location and the standard of Industrial Classification of the National Economy(GB/T 4754-2011).

1-1 行政区划（2015年）

Divisions of Administrative Areas (2015)

单位：个 (unit)

市 别	City	地级市 Number of Cities at Prefecture Level	县级市 Number of Cities at County Level	县 Number of Counties	自治县 Number of Autonomous Counties	市辖区 Number of Districts under the Jurisdiction of Cities	市辖镇 Number of Towns under the Jurisdiction of Cities	乡 Number of Townships	#民族乡 Ethnic Townships	街道 Number of Street Communities
全省合计	**Provincial Total**	**21**	**20**	**34**	**3**	**62**	**1128**	**11**	**7**	**445**
广 州	Guangzhou	1				11	34			136
深 圳	Shenzhen	1				6				59
珠 海	Zhuhai	1				3	15			9
汕 头	Shantou	1		1		6	32			37
佛 山	Foshan	1				5	21			11
#顺 德	Shunde						6			
韶 关	Shaoguan	1	2	4	1	3	93	1	1	10
河 源	Heyuan	1		5		1	94	1	1	5
梅 州	Meizhou	1	1	5		2	104			6
惠 州	Huizhou	1		3		2	52	1	1	18
汕 尾	Shanwei	1	1	2		1	44			10
东 莞	Dongguan	1					28			4
中 山	Zhongshan	1					18			6
江 门	Jiangmen	1	4			3	61			12
阳 江	Yangjiang	1	1	1		2	38			9
湛 江	Zhanjiang	1	3	2		4	82	2		37
茂 名	Maoming	1	3			2	87			22
肇 庆	Zhaoqing	1	1	4		3	91	1	1	12
清 远	Qingyuan	1	2	2	2	2	77	3	3	5
潮 州	Chaozhou	1		1		2	41			9
揭 阳	Jieyang	1	1	2		2	61	2		20
云 浮	Yunfu	1	1	2		2	55			8

注：本行政区划截至2015年底。
Note: The divisions of administrative areas reflect the status at the end of 2015.

1-2 国民经济和社会发展总量与速度指标

指　　标	Item	1978	1990	2000
人口与就业	**Population and Employment**			
人口　（万人）	**Population　(10000 persons)**			
年末户籍总人口	Population with Residence Registration at the Year-end	5064.15	6246.32	7498.54
年末常住人口	Permanent Population at the Year-end	5064.15	6347.19	8650.03
男性人口	Male	2586.68	3249.76	4402.87
女性人口	Female	2477.47	3097.43	4247.16
城镇人口	Urban Population			4757.52
乡村人口	Rural Population			3892.51
就业　（万人）	**Employment　(10000 persons)**			
年末就业人员人数	Employed Persons at the Year-end	2275.95	3118.10	3989.32
城镇登记失业人数	Number of Registered Unemployed Persons in Urban Areas			
宏观经济	**Macro Economy**			
国民经济核算　（亿元）	**National Accounting　(100 million yuan)**			
地区生产总值	Gross Domestic Product	185.85	1559.03	10741.25
第一产业	Primary Industry	55.31	384.59	986.32
第二产业	Secondary Industry	86.62	615.86	4999.51
第三产业	Tertiary Industry	43.92	558.58	4755.42
人均地区生产总值　（元）	Per Capita Gross Domestic Product　(yuan)	370	2484	12736
支出法地区生产总值（亿元）	Gross Domestic Product by Expenditure Approach(100 million yuan)	194.14	1541.99	10741.25
最终消费支出	Final Consumption Expenditures	130.02	938.48	5714.46
居民消费	Household Consumption Expenditures	111.46	807.84	4474.11
政府消费	Government Consumption Expenditures	18.56	130.64	1240.35
资本形成总额	Gross Capital Formation	54.79	502.90	3850.81
固定资本形成总额	Gross Fixed Capital Formation	37.93	336.61	3093.82
存货增加	Changes in Inventories	16.86	166.29	756.99
货物和服务净流出	Net Exports of Goods and Services	9.33	100.61	1175.99
固定资产投资　（亿元）	**Investment in Fixed Assets　(100 million yuan)**			
固定资产投资总额	Investment in Fixed Assets	27.23	381.47	3233.70
#房地产开发	Real Estate Development		32.70	858.61
施工房屋建筑面积(万平方米)	Floor Space of Buildings under Construction　(10 000 sq.m)			23520.91
竣工房屋建筑面积(万平方米)	Floor Space of Buildings Completed　(10 000 sq.m)			13492.94
消费　（亿元）	**Domestic Trade　(100 million yuan)**			
社会消费品零售总额	Total Retail Sales of Consumer Goods	79.86	667.36	4379.81
对外贸易　（亿美元）	**Foreign Trade　(USD 100 million)**			
货物进出口总额	Total Exports and Imports		418.98	1701.06
进口额	Imports		196.77	781.87
出口额	Exports		222.21	919.19
利用外资　（亿美元）	**Foreign Capital Utilized　(USD 100 million)**			
实际利用外商直接投资	Foreign Direct Investment Actually Utilized		14.60	122.37
财政　（亿元）	**Government Finance　(100 million yuan)**			
地方一般公共预算收入	Local Public Budgetary Revenue	41.82	131.02	910.56
地方一般公共预算支出	Local Public Budgetary Expenditure	28.70	150.69	1069.86
价格指数　（上年=100）	**Price Indices　(preceding year=100)**			
商品零售价格指数	Retail Price Index	100.4	95.6	99.9
居民消费价格指数	Consumer Price Index	100.3	97.5	101.4
工业生产者出厂价格指数	Producer Price Index for Manufactured Goods			103.4
固定资产投资价格指数	Investment in Fixed Assets Price Indices			
能源生产与消费　（万吨标准煤）	**Production and Consumption of Energy　(10000 tons of SCE)**			
能源生产总量	Total Energy Production		1006.24	3711.69
能源消费总量	Total Energy Consumption		4044.28	9447.70

Principal Aggregate Indicators on National Economic and Social Development and Growth Rates

2010	2014	2015	速度指标(%) Indices and Growth Rates (%)								
			指数(2015为以下各年) Index (2015 as percentage of the following years)					平均增长速度 Average Annual Growth Rate			
			1978	1990	2000	2010	2014	1979–2015	1991–2015	2001–2015	2011–2015
8521.55	8886.88	9008.38	177.9	144.2	120.1	105.7	101.4	1.6	1.5	1.2	1.1
10440.94	10724.00	10849.00	214.2	170.9	125.4	103.9	101.2	2.1	2.2	1.5	0.8
5439.73	5676.21	5672.94	219.3	174.6	128.8	104.3	99.9	2.1	2.3	1.7	0.8
5001.21	5047.79	5176.06	208.9	167.1	121.9	103.5	102.5	2.0	2.1	1.3	0.7
6908.77	7292.32	7454.35			156.7	107.9	102.2			3.0	1.5
3532.17	3431.68	3394.65			87.2	96.1	98.9			-0.9	-0.8
5870.48	6183.23	6219.31	273.3	199.5	155.9	105.9	100.6	2.8	2.8	3.0	1.2
39.23	35.83	36.97				94.2	100.4				-1.2
46036.25	67809.85	72812.55	8742.1	2073.6	504.1	150.2	108.0	12.8	12.9	11.4	8.5
2286.98	3166.82	3345.54	641.1	259.1	172.5	118.2	103.3	5.2	3.9	3.7	3.4
22821.77	31419.75	32613.54	17505.4	3436.8	578.7	146.7	107.0	15.0	15.2	12.4	8.0
20927.50	33223.28	36853.47	11305.9	1915.9	495.9	157.4	109.5	13.6	12.5	11.3	9.5
44758	63469	67503	4074.2	1206.5	394.1	143.2	107.0	10.5	10.5	9.6	7.5
46036.25	67809.85	72812.55									
22480.91	33920.56	37211.27									
17702.35	26263.14	28438.58									
4778.56	7657.42	8772.69									
17706.61	28759.81	30374.17									
16515.11	27930.81	29250.44									
1191.50	829.00	1123.73									
5848.74	5129.48	5227.11									
16113.19	25928.09	30031.20	110287.2	7872.5	928.7	215.7	115.8	20.8	19.1	16.0	16.6
3659.69	7638.45	8538.47		26111.5	994.5	233.3	111.8		24.9	16.5	18.5
57221.79	81692.25	84133.98			357.7	147.0	103.0			8.9	8.0
20420.60	17294.71	15303.96			113.4	74.9	88.5			0.8	-5.6
17458.44	28471.15	31517.56	39466.0	4722.7	719.6	180.5	110.1	17.5	16.7	14.1	12.5
7848.96	10765.84	10227.96		2441.2	601.3	130.3	95.0		13.6	12.7	5.4
3317.05	4304.97	3793.28		1927.8	485.2	114.4	88.1		12.6	11.1	2.7
4531.91	5460.87	6434.68		2895.8	700.0	142.0	99.6		14.4	13.9	7.3
202.61	268.71	268.75		1840.8	219.6	132.6	100.0		12.4	5.4	5.8
4517.04	8065.08	9366.78	21599.4	6894.3	992.0	200.0	112.0	15.6	18.5	16.5	14.9
5421.54	9152.64	12827.80	43849.8	8351.5	1176.3	232.1	140.1	17.9	19.5	18.0	18.8
103.3	101.4	99.6									
103.1	102.3	101.5									
103.2	98.9	96.8									
103.0	101.5	99.0									
4858.07	5594.56	6862.51		682.0	184.9	141.3	122.7		8.0	7.2	5.4
25445.22	29593.26	30145.49		745.4	319.1	118.5	101.9		8.4	8.0	3.4

1-2 续表 1

指 标	Item	1978	1990	2000
产业	**Industry**			
农业	**Agriculture**			
农林牧渔业总产值 (亿元)	Gross Output Value of Farming, Forestry, Animal Husbandry and Fishery (100 million yuan)	85.94	600.71	1701.18
主要农产品产量 (万吨)	Output of Major Farm Products (10000 tons)			
粮食	Grain	1509.51	1896.29	1822.33
油料	Oil-bearing Crops	36.04	58.93	78.78
糖蔗	Sugarcane	835.42	2093.46	1137.59
茶叶	Tea	0.90	2.59	4.21
水果	Fruits	29.40	328.58	643.52
肉类	Meat	48.45	202.45	324.48
水产品	Aquatic Products	65.50	207.66	593.19
工业	**Industry**			
主要工业产品产量	Output of Major Industrial Products			
布 (亿米)	Cloth (100 million m)	2.27	4.59	16.99
机制纸及纸板 (万吨)	Machine-made Paper and Paperboard (10000 tons)	27.47	104.13	260.30
成品糖 (万吨)	Sugar (10000 tons)	96.15	184.50	91.30
家用电冰箱 (万台)	Household Refrigerators (10000 sets)		105.75	320.70
家用洗衣机 (万台)	Household Washing Machines (10000 sets)		143.01	244.18
彩色电视机 (万台)	Color Television Sets (10000 sets)		262.37	1531.53
照相机 (万架)	Cameras (10000 sets)		99.30	3545.88
原油 (万吨)	Crude Oil (10000 tons)	10.22	49.05	1393.17
发电量 (亿千瓦时)	Electricity (100 million kwh)	92.32	343.98	1292.69
粗钢 (万吨)	Raw Steel (10000 tons)	35.84	116.96	286.99
成品钢材 (万吨)	Steel Products (10000 tons)	43.67	133.74	406.28
水泥 (万吨)	Cement (10000 tons)	369.08	2070.91	5872.00
汽车 (万辆)	Motor Vehicles (10000 units)			3.94
规模以上工业企业主要指标	Main Indicators of Industrial Enterprises above Designated Size			
工业增加值 (亿元)	Value-added of Industry (101 million yuan)			3422.60
资产总计 (亿元)	Total Assets (100 million yuan)			14370.57
主营业务收入 (亿元)	Main Business Revenue (100 million yuan)		1287.91	12380.65
利润和税金总额 (亿元)	Pre-tax Profits (100 million yuan)	32.91	121.50	1042.77
建筑业	**Construction**			
建筑业企业年末就业人员(万人)	Number of Employed Persons in Construction Enterprises at the Year-end (10000 persons)	14.78	67.22	141.46
建筑业总产值(当年价) (亿元)	Gross Output Value (at current prices) (100 million yuan)	5.47	113.40	944.61
交通运输业	**Transportation**			
客运量 (万人)	Passenger Traffic (10000 persons)	15906	78046	164791
铁路	Railways	2410	4467	12165
公路	Highways	10897	70681	148945
水运	Civil Aviation	2546	2428	2363
民航	Civil Aviation	53	470	1318
货运量 (万吨)	Freight Traffic (10000 tons)	15204	85809	119216
铁路	Railways	3206	4803	15172
公路	Highways	3967	63709	75365
水运	Waterways	7887	16198	25696
管道	Pipelines	143	1091	2952
民航	Civil Aviation	1	8	31
港口货物吞吐量 (万吨)	Volume of Freight Handled at Ports (10000 tons)	7133	11904	31649

1-2 1 continued

2010	2014	2015	速度指标(%) Indices and Growth Rates (%)								
			指数(2015为以下各年) Index (2015 as Percentage of the Following Years)					平均增长速度 Average Annual Growth Rate			
			1978	1990	2000	2010	2014	1979—2015	1991—2015	2001—2015	2011—2015
3754.86	5234.21	5520.03	685.9	299.7	176.2	116.9	103.1	5.3	4.5	3.8	3.2
1316.50	1357.34	1358.13	90.0	71.6	74.5	103.2	100.1	-0.3	-1.3	-1.9	0.6
88.16	105.48	110.34	306.1	187.2	140.1	125.2	104.6	3.1	2.5	2.3	4.6
1134.35	1308.84	1250.93	149.7	59.8	110.0	110.3	95.6	1.1	-2.0	0.6	2.0
5.33	7.39	7.93	881.1	306.2	188.4	148.7	107.3	6.1	4.6	4.3	8.3
1128.73	1438.49	1519.89	5169.7	462.6	236.2	134.7	105.7	11.3	6.3	5.9	6.1
441.10	429.43	424.25	875.6	209.6	130.7	96.2	98.8	6.0	3.0	1.8	-0.8
729.03	836.34	857.23	1308.7	412.8	144.5	117.5	102.5	7.2	5.8	2.5	3.3
28.27	37.72	28.65				101.3	98.3				0.3
1434.68	2070.74	2078.29				144.9	104.3				7.7
91.66	137.99	128.93				140.7	93.6				7.1
1457.76	2293.95	2195.94				150.6	96.4				8.5
467.83	690.88	747.42				159.8	106.5				9.8
4494.78	7039.89	7003.58				155.8	100.8				9.3
3798.93	1210.14	889.44				23.4	76.8				-25.2
1287.15	1245.39	1572.61				122.2	126.3				4.1
3101.28	3869.79	3900.21				125.8	100.8				4.7
1239.34	1710.39	1761.74				142.2	102.8				7.3
2918.89	3447.15	3271.01				112.1	95.2				2.3
11536.67	14737.37	14489.66				125.6	98.2				4.7
156.29	219.59	242.23				155.0	110.3				9.2
20338.34	28188.69	29446.21			913.2	154.2	107.2			15.9	9.0
62626.90	87590.27	95411.22			650.8	156.5	106.6			13.3	9.4
84114.85	115451.13	119157.86			951.0	152.7	102.3			16.2	8.8
9418.42	11663.66	12375.00			1278.5	163.9	109.5			18.5	10.4
196.32	211.07	185.50	1255.1	276.0	131.1	94.5	87.9	7.1	4.1	1.8	-1.1
4742.09	8440.29	8984.86	164257.0	7923.2	951.2	189.5	106.5	22.2	19.1	16.2	13.6
467049	193299	207345	840.3	625.5	303.1	161.5	107.2	5.9	7.6	7.7	10.1
14956	23744	26536	1035.6	573.9	303.4	177.4	111.8	6.5	7.2	7.7	12.2
442224	157234	168028	1049.4	641.0	304.2	160.3	106.9	6.6	7.7	7.7	9.9
2241	2549	2728	32.2	146.5	150.5	131.4	104.4	-3.0	1.5	2.8	5.6
7628	9771	10054	19026.4	2138.6	762.6	131.8	102.9	15.2	13.0	14.5	5.7
205034	352926	376434	1246.4	532.9	405.8	168.3	106.4	7.1	6.9	9.8	11.0
12170	11143	10072	297.2	174.3	96.9	82.8	90.4	3.0	2.2	-0.2	-3.7
142389	257135	279983	1146.4	617.6	522.1	178.7	108.9	6.8	7.6	11.6	12.3
43092	76414	78093	702.8	480.6	303.0	166.1	101.1	5.4	6.5	7.7	10.7
7267	8090	8137	5463.0	716.1	264.6	112.0	100.6	11.4	8.2	6.7	2.3
116	144	149	1141.6	543.5	460.9	220.1	102.9	14.6	12.4	11.0	5.1
122258	165455	171109	2398.8	1437.4	540.6	140.0	103.4	9.0	11.3	11.9	7.0

1-2 续表 2

指　　标	Item	1978	1990	2000
邮电通信业	**Postal and Telecommunication Services**			
邮电业务总量　(亿元)	Total Business Volume　(100 million yuan)	0.90	26.30	757.22
函件　(亿件)	Number of Letters Delivered　(100 million pieces)		4.72	10.66
报刊累计数　(亿份)	Accumulated Number of Newspapers and Magazines Distributed　(100 million copies)		11.63	10.78
本地电话用户　(万户)	Number of Subscribers of Local Telephones　(10000 subscribers)		113.00	1414.94
#城市	Urban Areas		72.00	916.03
移动电话用户　(万户)	Number of Subscribers of Mobile Telephones　(10000 subscribers)		1.11	1357.26
国际互联网用户　(万户)	Number of Internet Subscribers　(10000 subscribers)			216.41
国际旅游	**International Tourism**			
入境旅游人数　(万人次)	Number of Overseas Visitor Arrivals　(10000 person-times)	169.91	2527.54	6729.18
国际旅游外汇收入(亿美元)	Foreign Exchange Earnings from International Tourism(USD 100 million)		7.17	41.12
金融保险	**Banking and Insurance**			
金融机构存款余额　(亿元)	Deposits of Financial Institutions　(100 million yuan)			19083.64
金融机构贷款余额　(亿元)	Loans in in Financial Institutions　(100 million yuan)			13227.62
保费收入　(亿元)	Premium Income　(100 million yuan)		18.05	191.88
教育、科技、文化	**Education, Science and Technology and Culture**			
教育	**Education**			
专任教师数　(万人)	Full-time Teachers　(10000 persons)			
普通高等学校	Institutions of Higher Education	0.90	1.57	2.04
中等学校	Secondary Schools	15.93	16.33	27.24
小学	Primary Schools	26.09	27.73	36.41
在校学生数　(万人)	Students Enrollment　(10000 persons)			
普通高等学校	Institutions of Higher Education	3.07	9.59	29.95
中等学校	Secondary Schools	316.96	284.52	541.72
小学	Primary Schools	743.02	747.29	929.93
财政教育支出　(亿元)	Government Expenditures on Education　(100 million yuan)		21.34	144.39
科技	**Science and Technology**			
研究与试验发展(R&D)活动人员　(万人)	Number of R&D Personnel　(10000 persons)			
研究与试验发展(R&D)经费内部支出　(亿元)	Internal Expenditure on R&D　(100 million yuan)			
研究与试验发展(R&D)活动课题(项目)数　(个)	Number of R&D Programs/Projects　(item)			
文化	**Culture**			
出版数量	Number of Publications			
图书　(亿册)	Number of Books Published　(100 million copies)	1.72	2.81	2.70
杂志　(万册)	Number of Magazines Issued　(10000 copies)	1519	11325	26299
报纸　(亿份)	Number of Newspapers Issued　(100 million copies)	3.19	13.81	34.63

1-2 2 continued

2010	2014	2015	速度指标(%) Indices and Growth Rates (%)								
			指数(2015为以下各年) Index (2015 as percentage of the following years)					平均增长速度 Average Annual Growth Rate			
			1978	1990	2000	2010	2014	1979–2015	1991–2015	2001–2015	2011–2015
4832.94	3394.39	4397.09	1076970.9	54813.0	1903.8	237.3	129.5	28.5	28.7	21.7	18.9
7.62	6.96	6.45		136.8	60.6	84.7	92.8		1.3	-3.3	-3.3
8.79	9.38	9.12		78.4	84.6	103.7	97.2		-1.0	-1.1	0.7
3169.14	2949.45	2807.11		2484.2	198.4	88.6	95.2		13.7	4.7	-2.4
2236.05	2165.54	2072.31		2878.2	226.2	92.7	95.7		14.4	5.6	-1.5
9710.09	14943.37	15009.75		1352228.8	1105.9	154.6	100.4		46.3	17.4	9.1
1523.22	2243.87	2285.19			1056.0	150.0	101.8			17.0	8.5
10485.82	9986.27	10512.91	6187.3	415.9	156.2	100.3	105.3	11.8	5.9	3.0	0.1
124.32	170.76	178.85		2494.4	434.9	143.9	104.7		13.7	10.3	7.5
82019.40	127881.47	160388.22			748.0	174.0	111.6			14.4	11.7
51799.30	84921.79	95661.12			721.1	184.1	112.3			14.1	13.0
1421.68	2341.63	2814.37			1466.7	198.0	120.2			19.6	14.6
7.86	9.52	9.89	1098.9	629.9	484.8	125.8	103.9	6.7	7.6	11.1	4.7
45.48	49.29	49.27	309.3	301.7	180.9	108.3	100.0	3.1	4.5	4.0	1.6
43.07	45.44	46.86	179.6	169.0	128.7	108.8	103.1	1.6	2.1	1.7	1.7
142.66	179.42	185.64	6046.9	1935.8	619.8	130.1	103.5	11.7	12.6	12.9	5.4
939.39	781.25	736.79	232.5	259.0	136.0	78.4	94.3	2.3	3.9	2.1	-4.7
848.55	831.91	868.88	116.9	116.3	93.4	102.4	104.4	0.4	0.6	-0.5	0.5
921.48	1808.97	2040.65		9562.6	1413.3	221.5	112.8		20.0	19.3	17.2
44.66	67.52	68.02				152.3	100.7				8.8
808.75	1605.45	1798.17				222.3	112.0				17.3
72747	108109	112680				154.9	104.2				9.1
2.31	2.99	3.13	181.9	111.3	115.9	135.4	104.8	1.6	0.4	1.0	6.3
21201	15520	14458	951.8	127.7	55.0	68.2	93.2	6.3	1.0	-3.9	-7.4
45.59	38.99	32.77	1027.1	237.3	94.6	71.9	84.0	6.5	3.5	-0.4	-6.4

1-2 续表 3

指　标	Item	1978	1990	2000
家庭、生活、环境	**Family, People's Livelihood and Environment**			
家庭	**Family**			
城镇常住居民平均每户家庭人口 (人)	Average Permanent Household Size in Urban Areas (person)	4.84	3.85	3.57
农村常住居民平均每户家庭人口 (人)	Average Permanent Household Size in Rural Areas (person)	5.99	5.65	5.15
婚姻	**Marriages and Divorces**			
结婚登记总数 (万对)	Registered Number of Marriages (10000 couples)		50.66	56.21
离婚数 (万对)	Number of Divorces (10000 couples)		2.58	4.75
居住	**Residence**			
城镇常住居民人均住房建筑面积(平方米)	Per Capita Floor Space of Urban Permanent Residents (sq.m)	5.47	15.77	24.60
农村常住居民人均居住面积 (平方米)	Per Capita Floor Space of Rural Permanent Residents (sq.m)	8.73	17.39	22.42
生活	**People's Livelihood**			
全体常住居民人均可支配收入 (元)	Per Capita Disposable Income of Permanent Residents (yuan)			
城镇常住居民人均可支配收入 (元)	Per Capita Disposable Income of Urban Permanent Residents(yuan)	412.13	2303.15	9761.57
农村常住居民人均可支配收入 (元)	Per Capita Disposable Income of Rural Permanent Residents(yuan)	193.25	1043.03	3654.48
人民币住户存款 (亿元)	Savings Deposits by Househoulds in Renminbi (100 million yuan)	17.56	752.16	8667.29
工资	**Wages**			
城镇单位就业人员工资总额 (亿元)	Earnings of Employed Persons in Urban Areas (100 million yuan)	30.59	223.29	1057.57
城镇单位就业人员平均工资 (元)	Average Earnings of Employed Persons in Urban Areas (yuan)	615	2929	13859
卫生	**Health Care**			
医院、卫生院 (个)	Number of Hospitals (unit)	1968	1885	2426
执业(助理)医师 (万人)	Number of Doctors (10000 persons)	4.79	8.11	11.12
医院、卫生院床位数 (万张)	Number of Hospital Beds (10000 units)	8.41	11.41	15.72
环境、灾害	**Environment and Disaster**			
废水中化学需氧量排放量 (万吨)	Volume of COD Discharged from Waste Water (10000 tuns)			95.10
废气中二氧化硫排放总量 (万吨)	Total Volume of Industrial Sulfur Dioxide Emission (1000 tuns)			90.5
火灾发生数 (起)	Number of Fire Disasters (time)		1725	8622
火灾损失 (万元)	Fire Loss (10000 yuan)		9102	10065
交通事故发生数 (起)	Number of Traffic Accidents (time)		25909	66072
交通事故损失 (万元)	Loss of Traffic Accidents (10000 yuan)		5044	27526

注：1. 2006—2009年年末常住人口根据2010年第六次全国人口普查快速汇总数据进行平滑调整。
2. 2003年起，职工改为单位从业人员，2000年数据作了相应调整。
3. 农业、工业总产值绝对数按当年价格计算，增长速度按可比价计算。
4. 工业指标统计范围为规模以上工业企业(即年主营业务收入500万元以上的法人工业企业，2000—2006年为全部国有工业企业及年主营业务收入500万元以上的非国有工业企业，2011年起，调整为年主营业务收入2000万元及以上的法人工业企业)。
5. 2000年起，粮食产量为抽样调查数据。
6. 1994年起，财政收入按税改新口径统计(即不含中央返还部分)。
7. 邮电业务总量2000年以前按1990年不变价计算，2000年至2010年按2000年不变价计算，2011年起按2010年不变价计算。
8. 1986年以前中等学校不含成人中专数据。
9. 城镇居民人均住房建筑面积1995、2000年为使用面积，2005年以后为建筑面积。
10. 2011年起，固定资产投资项目统计起点由50万元提高至500万元，且不包含农村农户投资；2010年以前为全社会固定资产投资。
11. 自2015年起，地方公共财政预算收入和地方公共财政预算支出统一更名为地方一般公共预算收入和地方一般公共预算支出。
12. 2013年起，居民人均可支配收入为城乡一体化住户收支与生活状况调查数据，与此前分城镇和农村住户调查的统计口径不可比，2013年以前农村居民收入为纯收入。
13. 2014年起，因公路和水路运输调查方法调整，客运量和货运量与之前数据不可比，增长速度按可比口径。

1-2 3 continued

2010	2014	2015	速度指标(%) Indices and Growth Rates (%)								
			指数(2015为以下各年) Index (2015 as Percentage of the Following Years)					平均增长速度 Average Annual Growth Rate			
			1978	1990	2000	2010	2014	1979–2015	1991–2015	2001–2015	2011–2015
3.21	2.69	2.77	57.2	71.9	77.6	86.3	103.0	-1.5	-1.3	-1.7	-2.9
4.95	3.54	3.60	60.1	63.7	69.9	72.7	101.7	-1.4	-1.8	-2.4	-6.2
85.71	89.15	84.04		165.9	149.5	98.0	94.3		2.0	2.7	-0.4
12.70	17.79	19.34		749.5	407.1	152.2	108.7		8.4	9.8	8.8
34.13	31.88	32.25	589.6	204.5	131.1	94.5	101.2	4.9	2.9	1.8	-1.1
29.23	39.32	42.14	482.7	242.3	188.0	144.2	107.2	4.3	3.6	4.3	7.6
	25684.96	27858.86					108.5				
23897.80	32148.11	34757.16					108.1				
7890.25	12245.56	13360.44					109.1				
36318.66	52410.55	54238.30	311001.1	7260.7	630.1	150.4	104.2	24.3	18.7	13.1	8.5
4484.29	11764.82	12918.81	42232.1	5785.7	1221.6	288.1	109.8	17.8	17.6	18.2	23.6
40432	59481	65788	10697.2	2246.1	474.7	162.7	110.6	13.5	13.3	10.9	10.2
2444	2482	2539	129.0	134.7	104.7	103.9	102.3	0.7	1.2	0.3	0.8
16.85	21.07	22.27	464.9	274.6	200.3	132.2	105.7	4.2	4.1	4.7	5.7
27.71	37.26	40.07	476.5	351.2	254.9	144.6	107.5	4.3	5.2	6.4	7.7
85.84	167.06	160.69			169.0	187.2	96.2			3.6	13.4
105.5	73.0	67.8			75.0	64.3	92.9			-1.9	-8.5
6065	22113	17992		1043.0	208.7	296.7	81.4		9.8	5.0	24.3
17500	41318	37857		415.9	376.1	216.3	91.6		5.9	9.2	16.7
30480	26875	24672		95.2	37.3	80.9	91.8		-0.2	-6.4	-4.1
8051	7389	6784		134.5	24.6	84.3	91.8		1.2	-8.9	-3.4

Notes: a) Figures of permanent population at the year-end from 2006 to 2009 have been adjusted in accordance with the flash sums of the 6th National Population Cencus in 2010.

b)The number of staff and workers has been recoded as employed persons in units since 2003.The data of 2000 have been adjusted accordingly

c)Figures in value terms on gross output value of agriculture and industry are calculated at current prices , whereas their growth rates are calculated at constant prices.

d)The statistical coverage of the industrial indicators refers to the industrial enterprises above designated size, i.e.legal person industrial enterprises with annual main business revenue over 5 million yuan.The industrial indicators from 2000 to 2006 covered all state-owned industrial enterprises and non-state-owned industrial enterprises with annual main business revenue over 5 million yuan. Since 2011, it refers to legal person industrial enterprises with annual principal business revenue of over 20 million yuan.

e) Figures of output of grain have been obtained from sample surveys since 2000.

f) Figures of government revenues since 1994 are calculated according to new standards stipulated in the tax reform (excluding revenues refunded by the central government).

g)The total business volume of postal and telecommunication services are at 1990 constant prices before 2000 and at 2000 constant prices from 2000 to 2010,and at 2010 constant price since 2010.

h) Before 1986, the figures of secondary schools excluded those of specialized secondary schools for adults.

i) The per capital floor space of urban residents of 1995 and 2000 are useable area, and that since 2005 are building area.

j) Since 2011, the cut-off point of investment statistics is changed from a minimum of 500,000 yuan to a minimum of 5,000,000 yuan, and the data do not include the investment made by rural households. Data before 2010 refer to total investment in fixed assets.

k) From 2015, the name of local government budgetary revenue and local government budgetary expenditure have been changed to local public budgetary revenue and local public budgetary expenditure.

l) The NBS started and integrated households income and expenditure survey in 2013,including both urban and rural households. The coverage methodology and definitions used in the survey are different from those used for the separate urban and rural household surveys prior ot 2013

m) Since 2014, the survey method of highway and waterway has been adjusted, the data of transportation are not comparable with those of the previous years.Increase rates are caculated by comparable coverage.

1-3 国民经济和社会发展结构指标

Composition Indicators of National Economic and Social Development

单位：% (%)

指 标	Item	2000	2005	2010	2014	2015
人口与就业	**Population and Employment**					
人口	**Population**					
城乡结构(常住人口)	Urban and Rural Composition(by permanent population)					
城镇	Urban	55.0	60.7	66.2	68.0	68.7
农村	Rural	45.0	39.3	33.8	32.0	31.3
性别结构(户籍人口)	Sexual Composition(by residential population)					
男	Male	51.6	51.7	51.5	51.5	52.3
女	Female	48.4	48.3	48.5	48.5	47.7
就业	**Employment**					
产业结构	Industrial Structure					
第一产业	Primary Industry	40.0	32.1	24.4	22.4	22.1
第二产业	Secondary Industry	27.9	38.1	42.4	41.4	41.0
第三产业	Tertiary Industry	32.1	29.8	33.2	36.2	36.9
按登记注册类型分组	Grouped by Status of Registration					
国有单位	State-owned Units	11.8	7.6	6.7	6.4	6.3
集体单位	Collective-owned Units	59.4	40.6	31.6	25.6	25.3
股份合作单位	Share-holding Cooperative Units	0.3	0.4	0.4	0.4	0.4
联营单位	Joint Ownership Units	0.2	0.3	0.3	0.2	0.1
有限责任公司	Limited Liability Corporations	1.0	4.1	5.2	9.1	9.5
股份有限公司	Share-holding Corporations Ltd.	0.7	1.0	1.5	2.6	2.7
外商投资单位	Units with Foreign Investment	1.1	4.3	4.9	5.7	5.5
港澳台投资单位	Units with Investment from Hong Kong，Macao and Taiwan	2.6	12.0	12.5	10.2	9.9
私营企业	Private Enterprises	5.5	13.3	17.7	20.3	20.8
个体经济	Individual Economy	7.7	14.6	17.8	18.1	18.1
宏观经济	**Macro Economy**					
国民经济核算	**National Accounts**					
地区生产总值产业结构	Industrial Structure of Gross Domestic Product					
第一产业	Primary Industry	9.2	6.3	5.0	4.7	4.6
第二产业	Secondary Industry	46.5	50.4	49.6	46.3	44.8
第三产业	Tertiary Industry	44.3	43.3	45.4	49.0	50.6
支出法地区生产总值结构	Domestic Expenditure Structure					
最终消费	Final Consumption	53.2	50.8	48.8	50.0	51.1
居民消费	Household Consumption	41.7	39.8	38.5	38.7	39.1
农村居民	Rural Households	12.6	6.2	4.9	6.4	6.3
城镇居民	Urban Households	29.1	33.5	33.5	32.3	32.8
政府消费	Government Consumption	11.5	11.0	10.4	11.3	12.1
资本形成总额	Gross Capital Formation	35.9	36.5	38.5	42.4	41.7
固定资本形成总额	Gross Fixed Capital Formation	28.8	32.9	35.9	41.2	40.2
存货增加	Changes in Inventories	7.0	3.6	2.6	1.2	1.5
净流出	Net Exports	10.9	12.7	12.7	7.6	7.2
固定资产投资	**Investment**					
按登记注册类型分	Grouped by Status of Registration					
内资	Domestic-funded	81.2	74.9	85.4	87.9	88.4
国有	State-owned	37.7	25.9	32.0	22.5	21.2
集体	Collective-owned	12.2	4.6	4.6	4.3	4.3
股份合作	Cooperative	0.6	0.9	0.3	0.5	0.4
联营	Joint ownership	1.5	0.8	0.1	0.1	…
其他有限责任公司	Limited Liability	11.3	17.1	21.1	29.0	30.7
股份有限公司	Share-holding	4.7	5.3	5.4	4.8	4.2
私营	Private	6.4	15.5	13.7	22.2	22.6
个体	Induvidual	7.7	4.1	5.6	1.0	1.1
其他	Others	0.6	0.8	2.6	3.5	3.9
港澳台投资	Investment from Hong Kong, Macao & Taiwan	12.9	15.1	9.2	7.0	6.9
外商投资	Foreign investment	4.4	10.0	5.4	5.1	4.7

1-3 续表 1 continued

单位：% (%)

指 标	Item	2000	2005	2010	2014	2015
资金来源结构	Structure of Sources of Funds					
国家预算资金	State Budgetary Appropriation	1.7	0.9	2.2	4.7	4.9
国内贷款	Domestic Loans	17.2	17.2	16.8	14.4	12.5
利用外资	Foreign Investment	10.5	9.9	3.3	1.3	0.6
自筹投资	Fundraising	42.9	54.1	56.6	58.7	57.9
其他投资	Others	27.7	17.9	21.1	20.8	24.2
对外贸易	**Foreign Trade**					
出口按贸易方式分	Exports by Customs Regime					
一般贸易	Ordinary Trade	19.0	22.4	32.9	38.7	42.9
加工贸易	Processing Trade	78.1	73.5	60.8	49.6	43.7
其他	Others	2.9	4.1	6.3	11.7	13.4
进口按贸易方式分	Imports by Customs Regime					
一般贸易	Ordinary Trade	26.7	25.5	36.0	38.5	40.9
加工贸易	Processing Trade	63.1	61.7	51.4	46.4	41.9
其他	Others	10.2	12.8	12.6	15.1	17.2
利用外资	**Utilization of Foreign Capital**					
实际利用外资结构	Structure of Foreign Capital Actually Utilized					
外商直接投资	Foreign Direct Investment	84.0	81.5	96.4	98.5	99.4
外商其他投资	Other Foreign Investment	11.2	18.5	3.6	1.5	0.6
国内贸易	**Domestic Trade**					
社会消费品零售总额结构	Structure of Total Retail Sales of Consumer Goods					
城镇	Urban Areas	75.1	75.4	85.3	87.6	87.6
乡村	Rural Areas	24.9	24.6	14.7	12.4	12.4
能源生产与消费	**Production and Consumption of Energy**					
能源生产总量结构	Structure of Total Energy Production					
原煤	Coal	8.0	7.2			
原油	Crude Oil	53.6	44.1	37.8	31.8	32.8
电力	Electricity	27.1	36.2	40.7	48.3	48.5
天然气	Natural Gas	11.3	12.5	21.5	19.9	18.7
一次能源消费总量结构	Structure of Total Primary Energy Consumption					
原煤	Coal	52.2	52.8	45.2	43.7	42.3
原油	Crude Oil	35.0	26.1	29.0	26.6	27.3
电力	Electricity	12.6	20.8	20.1	22.9	24.0
天然气	Natural Gas	0.2	0.3	5.7	6.8	6.4
其他	Others					
农业	**Agriculture**					
农林牧渔业产值结构	Structure of Gross Output Value of Farming, Forestry, Animal Husbandry and Fishery					
农业	Farming	47.5	45.3	46.9	49.9	50.6
林业	Forestry	3.5	2.7	4.7	5.3	5.4
牧业	Animal Husbandry	26.5	26.1	25.2	20.6	20.2
渔业	Fishery	22.5	21.4	19.7	20.6	20.2
农林牧渔服务业	Services for Farming, Forestry, Animal Husbandry and Fishery	…	4.5	3.5	3.5	3.5
工业	**Industry**					
年主营业务收入2000万元以上工业产值结构	Structure of Gross Industrial Output Value of Non-state-owned Enterprises with Main Business Revenue over 20 Million Yuan					
按轻重工业分	Grouped by Light and Heavy Industry					
轻工业	Light Industry	52.9	40.4	38.3	38.2	38.2
重工业	Heavy Industry	47.1	59.6	61.7	61.8	61.8
按经济类型分	Grouped by Ownership					
国有工业	State-owned Industry	11.6	5.8	5.4	0.5	0.5
集体工业	Collective-owned Industry	9.6	1.3	0.9	0.4	0.4
股份合作工业	Share-holding Cooperative Industry	0.9	0.3	0.2	0.1	0.1
股份制工业	Share-holding Industry	14.3	25.8	35.7	51.2	53.8
外商投资工业	Industry with Foreign Investment	20.2	31.1	25.4	24.0	20.8
港澳台商投资工业	Industry with Investment from Hong Kong, Macao and Taiwan	38.0	32.6	27.6	21.7	22.3

1-3 续表 2 continued

单位：% (%)

指　标	Item	2000	2005	2013	2014	2015
按企业规模分	Grouped by Size of Enterprise					
大型企业	Large	36.2	34.9	43.2	44.9	44.4
中型企业	Medium-sized	11.4	33.0	26.5	26.2	26.6
小微型企业	Small and Micro	52.3	32.1	30.3	28.8	29.0
建筑业	**Construction**					
按登记注册类型分	Grouped by Status of Registration					
内资	Domestic-funded	97.6	98.3	97.5	97.1	97.4
国有	State-owned	38.8	25.4	11.3	11.7	9.8
集体	Collective-owned	33.2	10.5	4.3	4.7	4.5
股份合作	Cooperative	0.8	0.5	0.1	0.2	0.1
联营	Joint ownership	1.2	1.1	0.2	0.1	0.1
有限责任公司	Limited Liability	13.9	37.8	51.8	50.0	53.7
股份有限公司	Share-holding	5.2	5.4	10.3	10.4	9.7
私营	Private	4.4	17.5	19.4	20.0	19.6
其他	Others		0.1	...	...	...
港澳台投资	Investment from Hong Kong, Macao & Taiwan	1.6	1.2	0.8	1.0	0.8
外商投资	Foreign investment	0.8	0.5	1.6	1.9	1.7
交通运输和旅游	**Transportation and Tourism**					
客运量结构	Structure of Passenger Traffic					
铁路	Railways	7.4	10.0	11.7	12.3	12.8
公路	Highways	90.4	86.2	81.9	81.3	81.0
水运	Waterways	1.4	1.3	1.2	1.3	1.3
民用航空	Civil Aviation	0.8	2.5	5.1	5.1	4.8
货运量结构	Structure of Freight Traffic					
铁路	Railways	12.7	13.9	3.9	3.2	2.7
公路	Highways	63.2	63.3	71.2	72.9	74.4
水运	Waterways	21.6	19.7	22.4	21.7	20.7
民用航空	Civil Aviation	...	0.1	...	...	...
管道输油(气)	Pipelines	2.5	3.0	2.5	2.3	0.2
入境旅游人数结构	Composition of Tourists Visiting China					
外国人	Foreigners	4.2	5.6	7.4	6.7	6.2
港澳同胞	Compatriots from Hong Kong and Macao	92.9	92.1	90.7	91.4	92.0
台湾同胞	Compatriots from Taiwan	2.8	2.2	1.9	1.8	1.8
教育与科技	**Education and Technology**					
教育	**Education**					
在校学生结构	Structure of Enrolled Students					
大学生	Colleges and Universities	2.1	5.0	10.7	11.2	11.6
中学生	Regular Secondary Schools	32.4	34.6	39.0	36.9	35.0
小学生	Primary Schools	65.5	60.4	50.4	51.9	54.2

1-3 续表 3 continued

单位：% (%)

指 标	Item	2000	2005	2010	2014	2015
专任教师结构	Structure of Full-time Teachers					
大学	Colleges and Universities	3.3	7.1	8.7	9.9	10.0
中学	Secondary Schools	37.3	40.1	43.5	44.5	42.9
小学	Primary Schools	59.4	52.8	47.8	45.6	47.1
科技	**Science and Technology**					
研究与试验发展(R&D)经费内部支出机构	Structure of Internal Expenditure on R&D					
科学研究与技术开发机构	Scientific Research and Technological Development Institutions			2.6	3.3	3.6
全日制普通高等学校	Full-time Regular Institutions of Higher Education			3.5	3.1	3.5
工业企业	Industrial Enterprises			87.0	85.7	84.6
其他	Others			6.8	7.9	8.4
生活、卫生、环境	**People's Livelihood，Health Care and Environment**					
生活	**People's Livelihood**					
城镇居民消费结构	Composition of Consumption Expenditure					
食品烟酒	Food,Tobacco and Liquor	38.6	36.1	36.5	33.2	33.2
衣着	Clothing	4.6	5.7	6.7	5.7	5.7
居住	Living	13.7	10.0	10.4	22.4	22.3
生活用品及服务	Daily Necessities and Services	7.5	5.1	6.5	5.8	5.9
交通通信	Transportation and Telecommunication	13.4	19.8	18.5	15.4	15.2
教育文化娱乐	Education,Culture and Entertainment	11.5	14.1	12.9	10.5	10.4
医疗保健	Health Service	4.3	6.0	5.0	4.2	4.3
其他用品和服务	Other Necessities and Services	6.4	3.2	3.5	2.8	3.0
农村居民消费结构	Composition of Consumption Expenditure					
食品烟酒	Food,Tobacco and Liquor	49.8	48.3	47.7	39.5	40.5
衣着	Clothing	3.9	3.9	3.9	3.3	3.3
居住	Living	14.3	14.3	17.9	22.3	22.5
生活用品及服务	Daily Necessities and Services	4.7	4.1	4.3	6.0	5.9
交通通信	Transportation and Telecommunication	7.8	11.1	11.6	10.6	10.5
教育文化娱乐	Education,Culture and Entertainment	11.8	9.7	5.9	9.1	8.6
医疗保健	Health Service	3.9	5.5	5.6	6.8	6.5
其他用品和服务	Other Necessities and Services	3.8	3.1	3.1	2.4	2.2
卫生	**Health Care**					
卫生技术人员结构	Structure of Medical Technical Personnel					
#医生	Doctors	42.0	39.7	37.7	36.6	36.4
注册护士	Nurses	31.4	33.2	37.1	40.2	41.3
床位结构	Structure of Hospital Beds					
#医院	Hospitals	71.4	73.2	74.7	78.8	79.2
环境、灾害	**Environment and Disaster**					
工业污染源治理投资结构	Investment Structure of Treatment of Industrial Pollution Sources					
治理废水	Treatment of Waste Water		29.0	56.8	31.7	31.9
治理废气	Treatment of Waste Gas		47.4	20.5	44.3	39.3
治理固体废物	Treatment of Waste Solid Wastes		3.4	1.7	4.0	11.3
治理噪声	Treatment of Noise		0.6	0.1	5.0	4.2
治理其它	Treatment of Others		19.6	20.9	14.9	13.3
火灾事故损失额结构	Structure of Fire Losses Converted into Cash					
特大或重大	Extraordinarily Serious Fires				…	
较大	Serious Fires			0.2	1.3	0.8
一般	Ordinary Fires			99.8	98.7	99.2
交通事故损失额结构	Structure of Losses from Traffic Accidents Converted into Cash					
机动车道	Roads for Motored Vehicles			81.5	82.2	83.9
非机动车道	Roads for Nonmotored Vehicles			1.4	1.8	1.4
混合道	Mixed Roads			12.8	11.8	11.8
其他道	Others			4.3	4.2	3.0

注：1. 由于数据计算进位的原因，部分结构总和不等于100。
2. 2014年起工业污染源治理投资结构进行了调整，治理其他包括绿化和生态环保投资。

Note: a) Owing to the rounding-off of figures, some totals in this table are not equal to 100.
b) The investment structure of treatment of industrial pollution sources in 2007 has been modified. Treatment of others include greening and inverstment in environmental protection

1-4 国民经济和社会发展主要指标占全国比重

Percentage of National Total of Main Indicators of Economic and Social Development of Guangdong

指标	Item	2014 广东 Guang-dong	2014 全国 National Total	2014 广东占全国(%) As Percentage of National Total	2015 广东 Guang-dong	2015 全国 National Total	2015 广东占全国(%) As Percentage of National Total
人口	**Population**						
年末常住人口数 (万人)	Permanent Population at the Year-end (10000 persons)	10724	136782	7.8	10849	137462	7.9
土地面积 (万平方公里)	**Land Area (10000 sp.km)**	**17.97**	**960**	**1.9**	**17.97**	**960**	**1.9**
国内(地区)生产总值(亿元)	**Gross Domestic Product (100 million yuan)**	**67809.85**	**635910.2**	**10.7**	**72812.55**	**676707.8**	**10.8**
第一产业	Primary Industry	3166.82	58336.1	5.4	3345.54	60863.0	5.5
第二产业	Secondary Industry	31419.75	271764.5	11.6	32613.54	274277.8	11.9
第三产业	Tertiary Industry	33223.28	305809.7	10.9	36853.47	341566.9	10.8
人均国内(地区)生产总值 (元)	**Per Capita Gross Domestic Product (yuan)**	**63469**	**46612**		**67503**	**49351**	
主要工农业产品产量	**Output of Major Farm Products and Industrial Products**						
粮食 (万吨)	Grain (10000 tons)	1357.34	60703.0	2.2	1358.13	62144.0	2.2
油料 (万吨)	Oil-bearing Crops (10000 tons)	105.48	3507.4	3.0	110.34	3537.0	3.1
肉类 (万吨)	Meat (10000 tons)	429.43	8706.7	4.9	424.25	8625.0	4.9
水产品 (万吨)	Aquatic Products (10000 tons)	836.34	6461.5	12.9	857.23	6699.6	12.8
水果 (万吨)	Fruits (10000 tons)	1560.70	26142.2	6.0	1648.50	27375.0	6.0
茶叶 (万吨)	Tea (10000 tons)	7.39	209.6	3.5	7.93	224.9	3.5
农用化肥 (万吨)	Chemical Fertilizer (10000 tons)	57.50	6876.9	0.8	71.47	7432.0	1.0
发电量 (亿千瓦时)	Electricity (100 million kwh)	3869.79	57944.6	6.7	3900.21	58105.8	6.7
水泥 (万吨)	Cement (10000 tons)	14737.37	249207.1	5.9	14489.66	235918.83	6.1
布 (亿米)	Cloth (100 million m)	37.72	893.7	4.2	28.65	892.6	3.2
机制纸及纸板 (万吨)	Machine-made Paper and Paperboard (10000 tons)	2070.74	11785.8	17.6	2078.29	11742.8	17.7
成品钢材 (万吨)	Steel (10000 tons)	3447.15	112513.1	3.1	3271.01	112349.6	2.9
成品糖 (万吨)	Sugar (10000 tons)	137.99	1642.7	8.4	128.93	1474.1	8.7
平板玻璃 (万重量箱)	Flat Glass (10000 wt.cases)	8189.19	83128.2	9.9	7061.90	78651.6	9.0
家用电冰箱 (万台)	Household Refrigerators(10000 units)	2293.95	8796.1	26.1	2195.94	7992.8	27.5
家用洗衣机 (万台)	Household Washing Machines (10000 units)	690.88	7114.4	9.7	747.42	7274.5	10.3
彩电电视机 (万台)	Color Television Sets (10000 sets)	7039.89	14128.9	49.8	7003.58	14475.7	48.4
房间空调器 (万台)	Room Air Conditioners (10000 sets)	5923.74	14463.3	41.0	6227.86	14200.4	43.9
汽车 (万辆)	Bicycles (10000 units)	219.59	2372.5	9.3	242.23	2450.4	9.9
微型电子计算设备(万台)	Microcomputers (10000 units)	2830.58	35079.6	8.1	3241.72	31418.7	10.3
固定资产投资	**Investment in Fixed Assets**						
固定资产投资额 (亿元)	Investment in Fixed Assets (100 million yuan)	25928.09	501264.9	5.2	30031.20	551590.0	5.4
#房地产开发	Real Estate Development	7638.45	95035.6	8.0	8538.47	95978.8	8.9

1-4　续表　continued

指　　标	Item	2014 广东 Guang-dong	2014 全国 National Total	2014 广东占全国(%) As Percentage of National Total	2015 广东 Guang-dong	2015 全国 National Total	2015 广东占全国(%) As Percentage of National Total
运输、邮电	**Transport, Postal and Telecommunication Services**						
货物周转量　(亿吨公里)	Freight Traffic　(100 million ton-kilometers)	15020.92	185837	8.3	15130.59	177835	8.5
旅客周转量　(亿人公里)	Passenger Traffic (100 million personkilometers)	3967.28	30097	13.2	4335.79	30059	14.4
港口货物吞吐量　(万吨)	Volume of Freight Handled at Major Coastal Ports　(10000 tons)	165455	1245200	13.3	171109	1275000	13.4
邮电业务总量　(亿元)	Total Business Volume of Postal and Telecommunication Services　(100 million yuan)	3394.39	21834.4	15.5	4397.09	28220.4	15.6
财政金融	**Government Finance and Banking**						
地方一般公共预算收入　(亿元)	Local Public Budgetary Revenue　(100 million yuan)	8065.08	75876.6	10.6	9366.78	82982.7	11.3
地方一般公共预算支出　(亿元)	Local Public Budgetary Expenditure　(100 million yuan)	9152.64	129215.5	7.1	12827.80	150218.8	8.5
人民币住户存款　(亿元)	Savings Deposits by　Residents in Renminbi　(100 million yuan)	52410.55	502504.0	10.4	54238.30	546078.0	9.9
外经旅游	**Foreign Trade and International Tourism**						
进口总额　(亿美元)	Total Imports　(USD 100 million)	4304.97	19592.3	22.0	3793.28	16819.5	22.6
出口总额　(亿美元)	Total Exports　(USD 100 million)	6460.87	23422.9	27.6	6434.68	22749.5	28.3
实际外商直接投资(亿美元)	Foreign Direct Investment(USD 100 million)	268.71	1195.6	22.5	268.75	1262.7	21.3
国际旅游外汇收入(亿美元)	Total Foreign Exchange Earnings from International Tourism　(USD 100 million)	170.76	1053.8	16.2	178.85	1136.5	15.7
国内贸易和物价	**Domestic Trade and Prices**						
社会消费品零售总额　(亿元)	Total Amount of Retail Sales of Consumer Goods　(100 million yuan)	28471.15	271896.1	10.5	31517.56	300930.8	10.5
商品零售价格指数　(%)	General Retail Price Index　(%)	101.4	101.0		99.6	100.1	
居民消费价格指数　(%)	General Consumer Price Index　(%)	102.3	102.0		101.5	101.4	
人民生活	**People's Livelihood**						
城镇单位就业人员工资总额　(亿元)	Earnings of Urban Employed　Persons　(100 million yuan)	11764.82	102817.23	11.2	12918.81	112007.79	11.5
全体常住居民人均可支配收入　(元)	Per Capita Disposable Incom Permanent Households　(yuan)	25684.96	20167.1		27858.86	21966.0	
城镇常住居民人均可支配收入　(元)	Per Capita Disposable Income of Permanent Urban Households　(yuan)	32148.11	28843.9		34757.16	31194.8	
农村常住居民人均可支配收入　(元)	Per Capita Net Income of Permanent Rural Households　(yuan)	12245.56	10488.9		13360.44	11421.7	
教育、科技、卫生	**Education, Science and Technology and Health Care**						
高等学校在校学生数(万人)	Students Enrolled in Colleges and Universities　(10000 persons)	179.42	2547.7	7.0	185.64	2625.3	7.1
研究与试验发展(R&D)经费内部支出　(亿元)	Internal Expenditure on R&D　(100 million yuan)	1605.45	13016	12.3	1798.17	14220	12.6
医疗卫生机构床位数(万张)	Number of Hospital Beds　(10000 units)	40.57	660.1	6.1	43.57	701.5	6.2
专业卫生技术人员　(万人)	Number of Medical Technical Personnel　(10000 persons)	57.57	759.0	7.6	61.16	800.8	7.6

注：1. 本表水果产量含瓜果产量。
　　2. 全国2015年数为快报数并来自中国统计概要。

Note: a) The output of fruits includes melons in this table
　　b) The 2015 data of the whole nation are based on flash reports and from China Statistical Abstract.

1-5 各部门机构数
Grassroots Units in Various Sectors

部 门	Sector	2005	2010	2014	2015
农村基层组织 （个）	**Rural Grassroots Units (unit)**				
镇政府	Town Governments	1145	1134	1128	1128
乡政府	Township Governments	11	11	11	11
村民委员会	Villagers' Committees	21825	22140	19347	19632
工业企业 （个）	**Industrial Enterprises (unit)**	**445657**	**481022**	**531992**	**582813**
规模以上工业	Industrial Enterprises above Designated Size	35157	53418	41154	42134
#国有工业	State-owned	1033	567	210	200
集体工业	Collective-owned	1272	872	228	212
建筑业企业 （个）	**Construction Enterprises (unit)**	**4182**	**4551**	**4982**	**4926**
#国有企业	State-owned	704	511	478	463
批发零售和住宿餐饮企业法人单位数 （万个）	**Number of Corporate Units in Wholesale and Retail Trades, Accommodations and Catering Services (10000 units)**	**11.52**	**18.63**	**37.68**	**41.58**
卫生事业 （个）	**Health Care (unit)**	**16318**	**16541**	**19925**	**21189**
#医院及卫生院	Hospitals and Health Centers	2428	2444	2482	2539
提供住宿的社会服务机构	Social Welfare Institutions	2070	2514	1637	1588
教育事业	**Education**				
普通高等学校 （所）	Regular Institutions of Higher Education (unit)	111	131	141	143
中等学校 （所）	Secondary Schools (unit)	5115	5146	5137	5078
#普通中学	Regular Secondary Schools	4282	4334	4399	4434
小学 （万所）	Primary Schools (10000 units)	2.12	1.68	1.07	1.01
幼儿园 （所）	Kindergartens (unit)	10359	11161	15416	16368
艺术表演团体 （个）	Art Performance Troupes (unit)	139	133	72	72
文化事业 （个）	Cultural Institutions (unit)	2132	2384	2006	2275
文物事业 （个）	Cultural Relic Establishments (unit)	209	208	261	260
广播电视 （座）	**Radio and Television (unit)**				
广播电台	Radio Stations	22	22	22	22
电视台	Television Stations	24	24	24	24
县、市广播电视台	Radio and Television Stations in Counties and County-level Cities	78	79	79	79
研究机构数 （个）	**Number of R&D Institutions (units)**		**4452**	**5333**	**8164**
科学研究与技术开发机构	Scientific Research and Technological Development Institutions		186	189	189
全日制普通高等学校	Full-time Regular Institutions of Higher Education		450	704	850
工业企业	Industrial Enterprises		3309	3930	6553
其他	Others		507	510	572

1-6 法人和产业活动单位数

Number of Corporate Units and Industrial Establishments

单位：个 (unit)

项 目	Item	2014		2015	
		法人单位数 Corporate Units	产业单位数 Industrial Establishments	法人单位数 Corporate Units	产业单位数 Industrial Establishments
总 计	**Total**	**1295271**	**1509919**	**1397020**	**1612269**
按行业分	By Sector				
农、林、牧、渔业	Farming,Forestry,Anima lHusbandry and Fishery	32259	33699	37250	38754
采矿业	Mining	3731	3895	3980	4171
制造业	Manufacture	351166	358744	365811	373402
电力、燃气及水的生产和供应业	Production and Supply of Electric Power, Gas and Water	9906	12716	10013	12843
建筑业	Construction	31623	37987	36124	42757
批发和零售业	Wholesale and Retail Trades	354617	416767	391399	454724
交通运输、仓储和邮政业	Transport, Storage and Postal Services	32194	44496	35068	47513
住宿和餐饮业	Hotels and Catering Services	22232	28869	24390	31491
信息传输、软件和信息技术服务业	Information Transmission, Computer Services and Software	32964	40345	38168	45543
金融业	Finance	7226	28332	9547	30766
房地产业	Real Estate	51159	63843	54716	67634
租赁和商务服务业	Leasing and Business Services	152560	170515	165240	181175
科学研究和技术服务业	Scientific Research, Technical Services	42616	47960	46376	51824
水利、环境和公共设施管理业	Management of Water Conservancy, Environment and Public Facilities	6789	8062	7237	8516
居民服务、修理和其他服务业	Services to Households,Repair and Other Services	21772	24705	23892	26944
教育	Education	39650	48816	40628	49872
卫生和社会工作	Health and Social Service	11075	23773	11399	24081
文化、体育和娱乐业	Culture, Sports and Entertainment	16988	19880	18220	21143
公共管理、社会保障和社会组织	Public Administration,Social Security and Social Organizations	74744	96515	77562	99116
按注册类型分	By Status of Registration				
内资企业	Domestic-funded Enterprises	1238389	1433950	1339331	1537972
国有企业	State-owned Enterprises	65384	116210	65463	115861
集体企业	Collective-owned Enterprises	31223	46326	30875	45709
股份合作企业	Share-holding Cooperative Enterprises	8813	13454	8853	13406
联营企业	Joint-operation Enterprises	5548	6985	5475	6945
有限责任公司	Limited Liability Corporations	242354	276137	260533	295430
股份有限公司	Share-holding Corporations Ltd.	15019	32160	15961	33125
私营企业	Private Enterprises	703765	754589	777783	831108
其他企业	Other Enterprises	166283	188089	174388	196388
港、澳、台商投资企业	Enterprises with Investment from Hong Kong,Macao and Taiwan	40460	49815	41080	49384
合资经营企业(港或澳、台资)	Joint Ventures	4728	6587	4830	6704
合作经营企业(港或澳、台资)	Cooperative Enterprises	1878	2295	1828	2229
港、澳、台商独资经营企业	Sole Investment Enterprises	31638	37678	32200	37646
港、澳、台商投资股份有限公司	Share-holding Corporations Ltd.	894	1344	905	1293
其他港、澳、台商投资	Other Enterprises	1322	1911	1317	1512
外商投资企业	Enterprises with Foreign Investment	16422	26154	16609	24913
中外合资经营企业	Sino-foreign Joint Ventures	3109	5367	3159	5408
中外合作经营企业	Sino-foreign Cooperative Enterprises	766	1200	727	1105
外资企业	Foreign-funded Enterprises	11034	16931	11140	16180
外商投资股份有限公司	Share-holding Corporations Ltd.	530	945	551	934
其他外商投资	Other Enterprises	983	1711	1032	1286

注：受商事登记制度改革影响，2014年企业数量增加较多(以下相关表同)。

Note: Due to the influence of the reform of commercial registration, the number of corporate units have a big increase(the same applied to the related tables).

1−7　各市法人和产业活动单位数

Number of Corporate Units and Industrial Establishments by City

单位：个　　(unit)

市　别	City	2014 法人单位数 Corporate Units	2014 产业单位数 Industrial Establishments	2015 法人单位数 Corporate Units	2015 产业单位数 Industrial Establishments
总　计	**Total**	**1295271**	**1509919**	**1397020**	**1612269**
广　州	Guangzhou	241981	282022	253122	291140
深　圳	Shenzhen	259979	292852	296782	331128
珠　海	Zhuhai	47161	54291	47932	54955
汕　头	Shantou	40650	47101	43053	49711
佛　山	Foshan	120826	135135	127911	142275
#顺　德	Shunde	52653	59052	53293	59643
韶　关	Shaoguan	21781	28875	22398	29499
河　源	Heyuan	19864	26215	22967	29388
梅　州	Meizhou	25473	35125	29559	39737
惠　州	Huizhou	54332	64892	56515	67174
汕　尾	Shanwei	9516	11639	9942	12087
东　莞	Dongguan	137825	154149	144460	160272
中　山	Zhongshan	73087	81727	77450	86083
江　门	Jiangmen	47182	52943	54870	61143
阳　江	Yangjiang	20583	25069	21134	25990
湛　江	Zhanjiang	42081	52991	45294	56229
茂　名	Maoming	33692	39257	35732	41319
肇　庆	Zhaoqing	25896	33267	28969	36409
清　远	Qingyuan	20575	28870	24461	33122
潮　州	Chaozhou	18011	19973	18807	20766
揭　阳	Jieyang	21395	25651	20660	24287
云　浮	Yunfu	13381	17875	15002	19555
按经济区域分	By Region				
珠三角	Pearl River Delta	1008269	1151278	1088011	1230579
东　翼	Eastern Region	89572	104364	92462	106851
西　翼	Western Region	96356	117317	102160	123538
山　区	Mountainous Region	101074	136960	114387	151301

1-8 按行业和登记注册类型分组的法人单位数（2015年）

Number of Corporate Units by Sector and by Status of Registration (2015)

单位：个 (unit)

项 目	Item	总 计 Total	内资企业 Domestic-funded Enterprises	国有企业 State-owned Enterprises	集体企业 Collective-owned Enterprises	股份合作企业 Share-holding Cooperative Enterprises
总 计	**Total**	**1397020**	**1339331**	**65463**	**30875**	**8853**
农、林、牧、渔业	Farming,Forestry,Anima lHusbandry and Fishery	37250	36834	821	736	93
采矿业	Mining	3980	3928	40	87	39
制造业	Manufacture	365811	329983	981	2701	1825
电力、燃气及水的生产和供应业	Production and Supply of Electric Power, Gas and Water	10013	9764	546	1201	128
建筑业	Construction	36124	35863	482	697	163
批发和零售业	Wholesale and Retail Trades	391399	382771	2951	4626	2842
交通运输、仓储和邮政业	Transport, Storage and Postal Services	35068	33627	1170	534	219
住宿和餐饮业	Hotels and Catering Services	24390	23388	438	359	365
信息传输、软件和信息技术服务业	Information Transmission, Computer Services and Software	38168	36613	395	80	129
金融业	Finance	9547	9133	285	72	173
房地产业	Real Estate	54716	52365	1225	2380	772
租赁和商务服务业	Leasing and Business Services	165240	162012	3152	11479	1122
科学研究和技术服务业	Scientific Research, Technical Services	46376	44950	3475	520	230
水利、环境和公共设施管理业	Management of Water Conservancy, Environment and Public Facilities	7237	7121	2243	285	31
居民服务、修理和其他服务业	Services to Households,Repair and Other Services	23892	23611	519	416	354
教育	Education	40628	40522	16010	1488	133
卫生和社会工作	Health and Social Service	11399	11363	3851	1077	52
文化、体育和娱乐业	Culture, Sports and Entertainment	18220	17972	1955	264	159
公共管理、社会保障和社会组织	Public Administration,Social Security and Social Organizations	77562	77511	24924	1873	24

1-8 续表 1 continued

单位：个 (unit)

项目	Item	联营企业 Joint-operation Enterprises	有限责任公司 Limited Liability Corpor-ations	股份有限公司 Share-holding Corpor-ations Ltd.	私营企业 Private Enter-prises	其他企业 Other Enter-prises
总计	**Total**	**5475**	**260533**	**15961**	**777783**	**174388**
农、林、牧、渔业	Farming,Forestry,Anima lHusbandry and Fishery	120	3163	279	7404	24218
采矿业	Mining	21	759	100	2546	336
制造业	Manufacture	1207	74072	4201	232426	12570
电力、燃气及水的生产和供应业	Production and Supply of Electric Power, Gas and Water	118	1288	150	5508	825
建筑业	Construction	140	10647	560	22012	1162
批发和零售业	Wholesale and Retail Trades	1799	83760	4356	264275	18162
交通运输、仓储和邮政业	Transport, Storage and Postal Services	190	7793	509	21915	1297
住宿和餐饮业	Hotels and Catering Services	77	4165	277	16426	1281
信息传输、软件和信息技术服务业	Information Transmission, Computer Services and Software	155	7364	589	26660	1241
金融业	Finance	33	2010	913	5322	325
房地产业	Real Estate	242	17685	988	26820	2253
租赁和商务服务业	Leasing and Business Services	649	28820	1682	80469	34639
科学研究和技术服务业	Scientific Research, Technical Services	186	9613	623	27408	2895
水利、环境和公共设施管理业	Management of Water Conservancy, Environment and Public Facilities	29	1448	77	2377	631
居民服务、修理和其他服务业	Services to Households,Repair and Other Services	118	3943	262	15672	2327
教育	Education	133	1144	161	7749	13704
卫生和社会工作	Health and Social Service	61	273	27	1960	4062
文化、体育和娱乐业	Culture, Sports and Entertainment	93	2441	187	10530	2343
公共管理、社会保障和社会组织	Public Administration,Social Security and Social Organizations	104	145	20	304	50117

1–8 续表 2 continued

单位：个 (unit)

项　目	Item	港、澳、台商投资企业 Enterprises with Investment from Hong Kong, Macao and Taiwan	合资经营企业(港或澳、台资) Joint Ventures	合作经营企业(港或澳、台资) Cooperative Enterprises	港、澳、台商独资经营企业 Sole Investment Enterprises	港、澳、台商投资股份有限公司 Share-holding Corporations Ltd.	其他港、澳、台商投资 Other Enterprises
总　计	**Total**	**41080**	**4830**	**1828**	**32200**	**905**	**1317**
农、林、牧、渔业	Farming,Forestry,Anima lHusbandry and Fishery	352	54	14	230	32	22
采矿业	Mining	41	8	4	28	1	
制造业	Manufacture	26622	2879	938	21877	532	396
电力、燃气及水的生产和供应业	Production and Supply of Electric Power,Gas and Water	161	76	14	65	5	1
建筑业	Construction	213	61	20	81	6	45
批发和零售业	Wholesale and Retail Trades	5610	518	83	4572	136	301
交通运输、仓储和邮政业	Transport, Storage and Postal Services	993	163	253	499	20	58
住宿和餐饮业	Hotels and Catering Services	638	130	63	406	24	15
信息传输、软件和信息技术服务业	Information Transmission, Computer Services and Software	1011	101	18	802	39	51
金融业	Finance	193	46	3	126	7	11
房地产业	Real Estate	1788	354	295	1058	36	45
租赁和商务服务业	Leasing and Business Services	2028	219	46	1517	32	214
科学研究和技术服务业	Scientific Research, Technical Services	904	99	18	658	19	110
水利、环境和公共设施管理业	Management of Water Conservancy, Environment and Public Facilities	77	17	8	42	6	4
居民服务、修理和其他服务业	Services to Households,Repair and Other Services	179	25	10	119	5	20
教育	Education	60	11	9	30	1	9
卫生和社会工作	Health and Social Service	25	7		16		2
文化、体育和娱乐业	Culture, Sports and Entertainment	164	59	30	60	3	12
公共管理、社会保障和社会组织	Public Administration,Social Security and Social Organizations	21	3	2	14	1	1

1-8 续表 3 continued

单位：个 (unit)

项　目	Item	外商投资企业 Enterprises with Foreign Investment	中外合资经营企业 Sino-foreign Joint Ventures	中外合作经营企业 Sino-foreign Cooperative Enterprises	外资企业 Foreign-funded Enterprises	外商投资股份有限公司 Share-holding Corporations Ltd.	其他外商投资 Other Enter-prises
总　计	**Total**	**16609**	**3159**	**727**	**11140**	**551**	**1032**
农、林、牧、渔业	Farming,Forestry,Anima lHusbandry and Fishery	64	19	6	21	7	11
采矿业	Mining	11	4	3	2		2
制造业	Manufacture	9206	1738	317	6626	250	275
电力、燃气及水的生产和供应业	Production and Supply of Electric Power,Gas and Water	88	36	13	29	5	5
建筑业	Construction	48	11	5	21	3	8
批发和零售业	Wholesale and Retail Trades	3018	434	42	2138	114	290
交通运输、仓储和邮政业	Transport, Storage and Postal Services	448	138	123	148	13	26
住宿和餐饮业	Hotels and Catering Services	364	97	35	191	20	21
信息传输、软件和信息技术服务业	Information Transmission, Computer Services and Software	544	91	6	381	26	40
金融业	Finance	221	106	4	88	13	10
房地产业	Real Estate	563	151	88	260	34	30
租赁和商务服务业	Leasing and Business Services	1200	144	24	766	47	219
科学研究和技术服务业	Scientific Research, Technical Services	522	123	15	336	7	41
水利、环境和公共设施管理业	Management of Water Conservancy, Environment and Public Facilities	39	5	15	14	1	4
居民服务、修理和其他服务业	Services to Households,Repair and Other Services	102	20	10	55	4	13
教育	Education	46	4	6	19	2	15
卫生和社会工作	Health and Social Service	11	5		1		5
文化、体育和娱乐业	Culture, Sports and Entertainment	84	26	15	27	5	11
公共管理、社会保障和社会组织	Public Administration,Social Security and Social Organizations	30	7		17		6

1-9 各市按机构类型分法人单位数（2015年）
Number of Corporate Units by Type by City (2015)

单位：个 (unit)

市别	city	法人单位 Corporate Units	企业 Enterprises	事业单位 Institutions	机关 Gover-nment Agencies	社会团体 Social Organi-zations	民办非企业 Non-enterprise Units Run by l NGO	其他组织机构 Other Organi-zations
总计	**Total**	**1397020**	**1204940**	**46198**	**11916**	**23773**	**20109**	**90084**
广州	Guangzhou	253122	228885	5415	1108	3372	2848	11494
深圳	Shenzhen	296782	288315	1829	560	2086	2407	1585
珠海	Zhuhai	47932	43975	998	411	842	813	893
汕头	Shantou	43053	35010	2229	561	1333	1093	2827
佛山	Foshan	127911	116921	1929	451	1298	1625	5687
#顺德	Shunde	53293	50404	708	73	254	710	1144
韶关	Shaoguan	22398	12778	1866	767	3596	566	2825
河源	Heyuan	22967	16031	2225	518	485	584	3124
梅州	Meizhou	29559	20946	2236	773	827	619	4158
惠州	Huizhou	56515	42257	2289	579	772	945	9673
汕尾	Shanwei	9942	5951	1488	474	354	272	1403
东莞	Dongguan	144460	135522	1704	395	776	1736	4327
中山	Zhongshan	77450	72236	917	166	476	1294	2361
江门	Jiangmen	54870	44628	1978	635	1778	774	5077
阳江	Yangjiang	21134	16787	1497	424	547	473	1406
湛江	Zhanjiang	45294	25221	4068	860	593	910	13642
茂名	Maoming	35732	23969	4027	619	1236	810	5071
肇庆	Zhaoqing	28969	19205	2265	717	808	642	5332
清远	Qingyuan	24461	18001	1664	608	1202	589	2397
潮州	Chaozhou	18807	14214	1763	304	471	341	1714
揭阳	Jieyang	20660	13644	2323	547	459	506	3181
云浮	Yunfu	15002	10444	1488	439	462	262	1907
按经济区域分	By Region							
珠三角	Pearl River Delta	1088011	991944	19324	5022	12208	13084	46429
东翼	Eastern Region	92462	68819	7803	1886	2617	2212	9125
西翼	Western Region	102160	65977	9592	1903	2376	2193	20119
山区	Mountainous Region	114387	78200	9479	3105	6572	2620	14411

1-10 各市按行业分法人单位数（2015年）

Number of Corporate Units by Sector by City (2015)

单位：个 (unit)

市别	city	总计 Total	农、林、牧、渔业 Farming, Forestry, Animal Husbandry and Fishery	采矿业 Mining	制造业 Manufacture	电力、燃气及水的生产和供应业 Production and Supply of Electric Power, Gas and Water
全省	**Provincial Total**	**1397020**	**37250**	**3980**	**365811**	**10013**
广州	Guangzhou	253122	1434	32	40961	235
深圳	Shenzhen	296782	167	46	67523	179
珠海	Zhuhai	47932	511	12	6913	70
汕头	Shantou	43053	926	51	13665	118
佛山	Foshan	127911	690	33	48088	187
#顺德	Shunde	53293	131	1	21059	41
韶关	Shaoguan	22398	1631	289	2122	1171
河源	Heyuan	22967	3228	450	2440	822
梅州	Meizhou	29559	4438	515	3756	1523
惠州	Huizhou	56515	1298	182	12213	375
汕尾	Shanwei	9942	924	37	1703	230
东莞	Dongguan	144460	303	13	67207	232
中山	Zhongshan	77450	643	10	37591	108
江门	Jiangmen	54870	1395	141	19310	284
阳江	Yangjiang	21134	1247	191	4652	492
湛江	Zhanjiang	45294	11390	260	5390	175
茂名	Maoming	35732	740	486	4971	743
肇庆	Zhaoqing	28969	1181	393	5576	748
清远	Qingyuan	24461	2773	650	3193	1388
潮州	Chaozhou	18807	1128	26	8351	251
揭阳	Jieyang	20660	606	45	6667	289
云浮	Yunfu	15002	597	118	3519	393
按经济区域分	By Region					
珠三角	Pearl River Delta	1088011	7622	862	305382	2418
东翼	Eastern Region	92462	3584	159	30386	888
西翼	Western Region	102160	13377	937	15013	1410
山区	Mountainous Region	114387	12667	2022	15030	5297

1-10　续表 1　continued

单位：个　　　　(unit)

市　别	city	建筑业 Construction	批发和零售业 Wholesale and Retail Trades	交通运输、仓储和邮政业 Transport, Storage and Postal Services	住宿和餐饮业 Hotels and Catering Services	信息传输、软件和信息技术服务业 Information Transmission, Computer Services and Software
全　省	**Provincial Total**	**36124**	**391399**	**35068**	**24390**	**38168**
广　州	Guangzhou	6651	84453	7717	6184	11204
深　圳	Shenzhen	5212	108974	11374	4379	14811
珠　海	Zhuhai	2799	15938	1281	929	1875
汕　头	Shantou	810	11390	1239	712	754
佛　山	Foshan	2100	38512	2338	2368	1832
#顺　德	Shunde	716	17642	1087	591	648
韶　关	Shaoguan	394	4017	355	418	166
河　源	Heyuan	754	4333	335	399	330
梅　州	Meizhou	1029	5785	466	438	398
惠　州	Huizhou	3356	10407	915	806	787
汕　尾	Shanwei	161	1559	187	263	117
东　莞	Dongguan	4608	33729	2746	2027	2054
中　山	Zhongshan	2714	16324	1168	1646	1002
江　门	Jiangmen	1429	11519	978	818	673
阳　江	Yangjiang	630	5051	389	451	280
湛　江	Zhanjiang	839	9837	1000	716	438
茂　名	Maoming	624	10592	559	452	374
肇　庆	Zhaoqing	726	4960	583	409	380
清　远	Qingyuan	570	4321	573	269	308
潮　州	Chaozhou	223	2390	308	263	149
揭　阳	Jieyang	259	3809	281	243	121
云　浮	Yunfu	236	3499	276	200	115
按经济区域分	By Region					
珠三角	Pearl River Delta	29595	324816	29100	19566	34618
东　翼	Eastern Region	1453	19148	2015	1481	1141
西　翼	Western Region	2093	25480	1948	1619	1092
山　区	Mountainous Region	2983	21955	2005	1724	1317

1-10 续表 2 continued

单位：个 (unit)

市 别	city	金融业 Finance	房地产业 Real Estate	租赁和商务服务业 Leasing and Business Services	科学研究和技术服务业 Scientific Research, Technical Services and Geological Prospecting	水利、环境和公共设施管理业 Management of Water Conservancy, Environment and Public Facilities
全 省	**Provincial Total**	**9547**	**54716**	**165240**	**46376**	**7237**
广 州	Guangzhou	1118	13601	39757	13688	1133
深 圳	Shenzhen	4373	8449	39326	14431	607
珠 海	Zhuhai	595	2834	6482	2086	251
汕 头	Shantou	320	1203	2840	780	198
佛 山	Foshan	388	4110	12770	4092	658
#顺 德	Shunde	92	1506	3991	2315	331
韶 关	Shaoguan	140	853	1776	482	264
河 源	Heyuan	192	1080	1497	668	242
梅 州	Meizhou	150	835	2067	565	339
惠 州	Huizhou	226	4857	12433	1196	451
汕 尾	Shanwei	66	328	450	169	89
东 莞	Dongguan	442	4474	13939	1971	517
中 山	Zhongshan	192	2340	6725	788	228
江 门	Jiangmen	264	2194	6893	850	532
阳 江	Yangjiang	114	1011	1639	657	191
湛 江	Zhanjiang	212	1312	3500	874	240
茂 名	Maoming	152	1088	4465	818	268
肇 庆	Zhaoqing	165	1460	3320	777	346
清 远	Qingyuan	122	1567	2162	532	276
潮 州	Chaozhou	92	259	717	321	155
揭 阳	Jieyang	130	319	1526	235	104
云 浮	Yunfu	94	542	956	396	148
按经济区域分	By Region					
珠 三 角	Pearl River Delta	7763	44319	141645	39879	4723
东 翼	Eastern Region	608	2109	5533	1505	546
西 翼	Western Region	478	3411	9604	2349	699
山 区	Mountainous Region	698	4877	8458	2643	1269

1−10　续表 3　continued

单位：个　　(unit)

市　别	city	居民服务、修理和其他服务业 Services to Households and Other Services	教育 Education	卫生和社会工作 Health Care, Social Security and Social Welfare	文化、体育和娱乐业 Culture, Sports and Recreation	公共管理、社会保障和社会组织 Public Administration and Social Organizations
全　省	**Provincial Total**	**23892**	**40628**	**11399**	**18220**	**77562**
广　州	Guangzhou	5486	4946	1783	4013	8726
深　圳	Shenzhen	4844	4242	1094	2543	4208
珠　海	Zhuhai	1063	1056	503	803	1931
汕　头	Shantou	830	2234	464	654	3865
佛　山	Foshan	2251	2287	796	1438	2973
#顺　德	Shunde	729	809	468	524	612
韶　关	Shaoguan	247	953	449	429	6242
河　源	Heyuan	328	1706	320	355	3488
梅　州	Meizhou	319	1052	667	429	4788
惠　州	Huizhou	660	1763	426	793	3371
汕　尾	Shanwei	118	1073	154	223	2091
东　莞	Dongguan	2583	2253	1014	1905	2443
中　山	Zhongshan	2013	1524	345	889	1200
江　门	Jiangmen	626	1385	475	648	4456
阳　江	Yangjiang	394	1107	222	289	2127
湛　江	Zhanjiang	518	3299	594	655	4045
茂　名	Maoming	398	3171	723	473	4635
肇　庆	Zhaoqing	354	1470	364	449	5308
清　远	Qingyuan	300	1126	315	414	3602
潮　州	Chaozhou	192	1125	206	340	2311
揭　阳	Jieyang	178	2045	246	237	3320
云　浮	Yunfu	190	811	239	241	2432
按经济区域分	By Region					
珠三角	Pearl River Delta	19880	20926	6800	13481	34616
东　翼	Eastern Region	1318	6477	1070	1454	11587
西　翼	Western Region	1310	7577	1539	1417	10807
山　区	Mountainous Region	1384	5648	1990	1868	20552

1-11 各市按注册类型分法人单位数（2015年）

Number of Corporate Units by Status of Registration by City (2015)

单位：个 (unit)

市 别	city	总 计 Total	内资企业 Domestic-funded Enterprises	国有企业 State-owned Enterprises	集体企业 Collective-owned Enterprises	股份合作企业 Share-holding Cooperative Enterprises
全 省	**Provincial Total**	**1397020**	**1339331**	**65463**	**30875**	**8853**
广 州	Guangzhou	253122	243166	8565	8631	3260
深 圳	Shenzhen	296782	281558	2915	415	1535
珠 海	Zhuhai	47932	44660	1917	896	230
汕 头	Shantou	43053	42220	3766	1933	697
佛 山	Foshan	127911	124422	2015	2013	741
#顺 德	Shunde	53293	51750	435	549	110
韶 关	Shaoguan	22398	21974	3168	1428	128
河 源	Heyuan	22967	22390	3112	454	102
梅 州	Meizhou	29559	29069	3334	658	211
惠 州	Huizhou	56515	53087	3426	1466	171
汕 尾	Shanwei	9942	9683	2219	425	70
东 莞	Dongguan	144460	133249	1771	2438	569
中 山	Zhongshan	77450	74720	876	2212	89
江 门	Jiangmen	54870	52390	2633	1728	141
阳 江	Yangjiang	21134	20916	2130	260	30
湛 江	Zhanjiang	45294	45047	5456	1224	162
茂 名	Maoming	35732	35443	5040	1556	246
肇 庆	Zhaoqing	28969	28080	3332	983	104
清 远	Qingyuan	24461	23835	2404	477	139
潮 州	Chaozhou	18807	18337	2232	574	144
揭 阳	Jieyang	20660	20316	3063	601	45
云 浮	Yunfu	15002	14769	2089	503	39
按经济区域分	By Region					
珠 三 角	Pearl River Delta	1088011	1035332	27450	20782	6840
东 翼	Eastern Region	92462	90556	11280	3533	956
西 翼	Western Region	102160	101406	12626	3040	438
山 区	Mountainous Region	114387	112037	14107	3520	619

1-11 续表 1 continued

单位：个 (unit)

市别	city	联营企业 Joint-operation Enterprises	有限责任公司 Limited Liability Corporations	股份有限公司 Share-holding Corporations Ltd.	私营企业 Private Enterprises	其他企业 Other Enterprises
全　省	**Provincial Total**	**5475**	**260533**	**15961**	**777783**	**174388**
广　州	Guangzhou	699	28329	2279	172969	18434
深　圳	Shenzhen	1781	23476	3059	237511	10866
珠　海	Zhuhai	186	20931	572	15098	4830
汕　头	Shantou	155	13000	782	15241	6646
佛　山	Foshan	367	37144	1396	68649	12097
#顺　德	Shunde	141	21529	405	25188	3393
韶　关	Shaoguan	90	4825	315	5231	6789
河　源	Heyuan	88	4962	638	5886	7148
梅　州	Meizhou	130	4196	475	11488	8577
惠　州	Huizhou	187	8209	664	26346	12618
汕　尾	Shanwei	48	747	172	3528	2474
东　莞	Dongguan	291	42451	1993	73256	10480
中　山	Zhongshan	184	19906	151	47356	3946
江　门	Jiangmen	228	11544	537	24684	10895
阳　江	Yangjiang	69	5486	183	8308	4450
湛　江	Zhanjiang	356	5014	594	14833	17408
茂　名	Maoming	170	8629	595	8766	10441
肇　庆	Zhaoqing	162	6366	423	8882	7828
清　远	Qingyuan	109	5966	478	8393	5869
潮　州	Chaozhou	50	2178	214	9276	3669
揭　阳	Jieyang	78	3705	275	6896	5653
云　浮	Yunfu	47	3469	166	5186	3270
按经济区域分	By Region					
珠三角	Pearl River Delta	4085	198356	11074	674751	91994
东　翼	Eastern Region	331	19630	1443	34941	18442
西　翼	Western Region	595	19129	1372	31907	32299
山　区	Mountainous Region	464	23418	2072	36184	31653

1-11 续表 2 continued

单位：个 (unit)

市别	city	港、澳、台商投资企业 Enterprises with Investment from Hong Kong, Macao and Taiwan	合资经营企业（港或澳、台资） Joint Ventures	合作经营企业（港或澳、台资） Cooperative Enterprises	港、澳、台商独资经营企业 Sole Investment Enterprises	港、澳、台商投资股份有限公司 Share-holding Corporations Ltd.	其他港、澳、台商投资 Other Enterprises
全　省	**Provincial Total**	**41080**	**4830**	**1828**	**32200**	**905**	**1317**
广　州	Guangzhou	6267	780	481	4269	82	655
深　圳	Shenzhen	11172	1060	203	9593	155	161
珠　海	Zhuhai	2359	387	101	1803	41	27
汕　头	Shantou	594	99	67	400	18	10
佛　山	Foshan	2261	700	79	1415	44	23
#顺　德	Shunde	1087	385	30	639	19	14
韶　关	Shaoguan	344	49	29	226	27	13
河　源	Heyuan	488	43	10	312	79	44
梅　州	Meizhou	390	91	52	233	9	5
惠　州	Huizhou	2754	295	107	2226	89	37
汕　尾	Shanwei	225	17	13	180	15	
东　莞	Dongguan	8060	388	217	7047	198	210
中　山	Zhongshan	1896	202	31	1618	28	17
江　门	Jiangmen	1852	299	83	1374	50	46
阳　江	Yangjiang	162	42	37	72	8	3
湛　江	Zhanjiang	146	53	30	57	3	3
茂　名	Maoming	218	54	19	120	10	15
肇　庆	Zhaoqing	634	106	35	458	24	11
清　远	Qingyuan	472	50	37	359	9	17
潮　州	Chaozhou	351	57	140	131	8	15
揭　阳	Jieyang	249	32	42	170	4	1
云　浮	Yunfu	186	26	15	137	4	4
按经济区域分	By Region						
珠三角	Pearl River Delta	37255	4217	1337	29803	711	1187
东　翼	Eastern Region	1419	205	262	881	45	26
西　翼	Western Region	526	149	86	249	21	21
山　区	Mountainous Region	1880	259	143	1267	128	83

1−11 续表 3 continued

单位：个 (unit)

市别 city		外商投资企业 Enterprises with Foreign Investment	中外合资经营企业 Sino-foreign Joint Ventures	中外合作经营企业 Sino-foreign Cooperative Enterprises	外资企业 Foreign-funded Enterprises	外商投资股份有限公司 Share-holding Corporations Ltd.	其他外商投资 Other Enterprises
全 省	**Provincial Total**	**16609**	**3159**	**727**	**11140**	**551**	**1032**
广 州	Guangzhou	3689	785	170	2467	104	163
深 圳	Shenzhen	4052	716	72	2706	96	462
珠 海	Zhuhai	913	211	32	613	25	32
汕 头	Shantou	239	65	37	114	14	9
佛 山	Foshan	1228	372	56	708	41	51
#顺 德	Shunde	456	144	20	255	15	22
韶 关	Shaoguan	80	26	12	33	5	4
河 源	Heyuan	89	11	12	45	8	13
梅 州	Meizhou	100	35	20	34	4	7
惠 州	Huizhou	674	138	34	445	34	23
汕 尾	Shanwei	34	7	5	15	3	4
东 莞	Dongguan	3151	266	67	2575	117	126
中 山	Zhongshan	834	149	12	614	24	35
江 门	Jiangmen	628	137	29	393	39	30
阳 江	Yangjiang	56	13	10	25	2	6
湛 江	Zhanjiang	101	41	7	34	5	14
茂 名	Maoming	71	29	4	23	4	11
肇 庆	Zhaoqing	255	65	19	143	8	20
清 远	Qingyuan	154	35	36	68	11	4
潮 州	Chaozhou	119	19	57	34	3	6
揭 阳	Jieyang	95	25	29	28	2	11
云 浮	Yunfu	47	14	7	23	2	1
按经济区域分	By Region						
珠 三 角	Pearl River Delta	15424	2839	491	10664	488	942
东 翼	Eastern Region	487	116	128	191	22	30
西 翼	Western Region	228	83	21	82	11	31
山 区	Mountainous Region	470	121	87	203	30	29

1-12 民营经济主要指标

Main Indicators on Private Economy

指　　标	Indicator	2002	2010	2013	2014	2015	2015比2014增长(%) Growth Rate in 2015 over 2014 (%)
单位个数　（万个）	**Number of Units　(10000 units)**	**210.39**	**438.66**	**567.18**	**657.44**	**756.78**	**15.1**
#私营	Private	25.86	94.82	152.97	194.83	248.12	27.4
个体	Individual	175.31	334.63	398.97	446.59	492.99	10.4
就业人数　（万人）	**Number of Employed Persons (10000 persons)**	**1002.45**	**2616.21**	**3009.71**	**3117.13**	**3297.38**	**5.8**
#私营	Private	422.35	953.44	1201.41	1204.02	1279.55	6.3
个体	Individual	430.82	978.41	1092.42	1105.94	1133.39	2.5
地区生产总值（亿元）	**Gross Domestic Product　(100 million yuan)**	**5265.20**	**22865.32**	**33129.74**	**36114.83**	**38854.68**	**8.4**
第一产业	Primary Industry	438.48	2184.07	2924.40	3110.32	3288.66	3.3
第二产业	Secondary Industry	2129.35	10075.26	13546.86	14970.60	15969.96	9.6
工业	Industry	1857.07	9169.01	12354.24	13709.51	14624.76	10.0
建筑业	Construction	272.28	906.24	1220.83	1291.94	1378.11	4.8
第三产业	Tertiary Industry	2697.36	10605.99	16658.48	18033.91	19596.06	8.0
批发零售贸易业	Wholesale and Retail Trades	1054.80	3245.98	5307.93	5824.50	5724.46	6.8
交通运输仓储和邮政业	Transport, Storage and Postal Services	287.09	852.11	1291.80	1428.57	1596.94	10.4
住宿和餐饮业	Hotels and Catering Services	280.41	914.44	1074.69	1143.49	1238.52	4.8
金融业	Finance	36.25	629.51	1187.83	1321.60	1685.30	15.5
房地产业	Real Estate	552.50	1954.45	3028.68	3120.97	3633.87	9.1
其他服务业	Other Services	486.30	3009.51	4670.20	5089.54	5607.68	7.3
固定资产投资（亿元）	**Investment in Fixed Assets (100 million yuan)**	**1501.71**	**7325.07**	**12780.32**	**15065.02**	**18052.95**	**19.9**
进出口总额（亿美元）	**Total Value of Imports and Exports (USD 100 million)**	**85.61**	**1688.86**	**3749.63**	**3735.46**	**3994.22**	**7.0**
出口总额	Exports	41.48	1002.44	2284.74	2399.82	2604.42	8.6
进口总额	Imports	44.13	686.42	1464.89	1335.64	1389.80	4.1
运输邮电业	**Transportation, Postal and Telecommunication Services**						
营业收入　（亿元）	Business Revenue　(100 million yuan)	122.10	313.78	550.93	601.28	662.17	11.3
批发零售贸易餐饮业（亿元）	**Wholesale and Retail Trades and Catering Services　(100 million yuan)**						
批发贸易业销售额	Sales Value of Wholesale Trade	8821.17	30264.58	62993.10	73947.16	86971.83	10.0
批发贸易业零售额	Retail Sales of Wholesale Trade	3455.13	12098.52	19330.97	20947.32	22704.49	10.3
餐饮业零售额	Retail Sales of Catering Services	618.01	1766.28	2490.68	2622.72	2831.70	10.0
税金　（亿元）	**Taxes　(100 million yuan)**	**535.71**	**4163.26**	**7081.87**	**7838.15**	**8612.13**	**9.9**
#私营	Private	141.72	763.64	1217.24	1360.08	1576.32	15.9
个体	Individual	139.46	418.47	735.05	797.12	768.13	-3.6

注：1.民营经济统计范围调整为集体企业、股份合作企业、集体联营企业、其他联营企业、私营企业、其他企业、个体工商户，以及国有与集体联营企业、其他有限责任公司、股份有限公司、"三资"企业中的集体控股、私人控股、其他控股部分。

2.2010年就业人数、固定资产投资数据根据统计口径变化作了相应调整。

3.地区生产总值采用年报数。

Note: a)The statistical coverage of private economy in this table refers to collective enterprises,private enterprises,share-holding cooperative enterprises other joint-operation enterprises, other corporations and individual economy.

b)The numbers of employed persons and investment in fixed assets in 2010 have been adjusted in accordance with change of statistical system data are not comparable to the previous years.

c)Data of Gross Domestic Product are based on annual report.

1-13 全省电子商务交易情况

E-commerce Transactions of Guangdong

单位：亿元 (100 million yuan)

指　　标	Item	2015	2015年比2014年增长(%) Growth Rate in 2015 over 2014(%)
广东电子商务交易额	E-commerce Transaction Volume in Guangdong	32022.08	29.6
按交易平台分	According to the Transaction Platform		
广东在本地平台实现的电子商务交易额	E-commerce Transaction Volume of Guangdong on the Local Platform	12333.96	18.5
广东在省外平台实现的电子商务交易额	E-commerce Transaction Volume of Guangdong not on the Local Platform	19688.12	37.7
按交易对象分	According to the Transaction Object		
B2B+B2G	B2B+B2G	21563.38	31.2
B2C+C2C	B2C+C2C	10458.70	26.4
按交易内容分	According to the Transaction Content		
商品	Commodity	28883.36	32.2
服务	Service	3138.72	9.9

注：1.统计范围：辖区内规模以上工业、有资质的建筑业、限额以上批发和零售业、限额以上住宿和餐饮业、房地产开发经营业、规模以上服务业法人单位拥有的电子商务交易平台，辖区内规模以下法人单位拥有的且电子商务年交易额2000万元以上的电子商务交易平台。

2.电子商务交易额=在本地平台实现的电子商务交易额+在省外平台实现的电子商务交易额。

Note: a)Statistical scope: within the jurisdiction of the industrial enterprises above Designated Size, qualified construction enterprises, the enterprises above designated size in wholesale and retail industry, enterprises above designated size of hotels and catering services,real estate enterprises, the services enterprises above designated size have e-commerce trading platform,within the jurisdiction of the enterprises below the designated size have e-commerce trading platform with e-commerce transaction volume of more than 2000 million yuan.

b)E-commerce transaction volume=E-commerce transaction volume of Guangdong on the local platform+E-commerce transaction volume not on the local platform.

主要统计指标解释

行政区划 指国家对行政区域的划分。根据有关法规规定，我国的行政区域划分如下: (1)全国分为省、自治区、直辖市;(2)省、自治区分为自治州、县、自治县、市; (3)自治州分为县、自治县、市; (4)县、自治县分为乡、民族乡、镇; (5)直辖市和较大的市分为区、县; (6)国家在必要时设立的特别行政区。

发展速度 用以反映社会经济发展程度的相对指标，根据两个不同时期发展水平的对比而得。由于比较的标准时期不同，发展速度可分为定期发展速度和环比发展速度两种。

增长速度 发展速度－1（或100%）就是增长速度。即增长速度＝发展速度－1（或100%）。

平均每年增长速度 我国计算平均增长速度有两种方法，一种是习惯上经常使用的“水平法”，又称几何平均法，是以间隔最后一年的水平同基期水平对比来计算平均每年增长（或下降）的速度；另一种是“累计法”又称代数平均法或方程法，是以间隔年内各年水平的总和同基期水平对比来计算平均每年增长（或下降）的速度。具体计算方法，可参照中国财经出版社出版的《平均增长速度查对表》。

在一般正常情况下，两种方法计算的平均每年增长速度比较接近，但在经济发展不平衡出现大起大落时，两种方法计算的结果差别较大。

本《年鉴》内所列的平均每年增长速度都是用水平法计算的。从某年到某年平均增长速度的年份，均不包基期年在内。如1981－2010年平均每年增长速度，是以1980年为基期，2010年为报告期，年份从1981年算起，共30年。

当年价格 是报告期的实际价格，如工厂的出厂价格、农产品的收购价格、商品的零售价格等。按当年价格计算，是指一些以货币表现的物量指标，如工业总产值、国内生产总值等，按照当年的实际价格来计算总量。按当年价格计算的价值指标，在不同年份之间进行对比时，因为包含有各年间价格变动的因素，不能确切地反映实物量的增减变动。因此，在计算增长速度时都使用按可比价格计算的数字。

电子商务交易平台 指在电子商务活动中为交易双方或多方提供交易撮合及相关服务的信息网络系统总合。

Explanatory Notes on Main Statistical Indicators

Divisions of Administrative Areas refer to the divisions of administrative areas by the state. Relevant laws of the People' s Republic of China stipulate the following principles for the divisions of administrative areas: 1)The whole country is divided into provinces, autonomous regions and municipalities directly under the central government; 2) Provinces and autonomous regions are divided into autonomous prefectures, counties, autonomous counties and cities; 3) Autonomous prefectures are divided into counties, autonomous counties and cities; 4) Counties and autonomous counties are divided into townships, ethnic townships and towns, 5) Municipalities under the central government and large cities are divided into districts and counties; 6) The state will, when necessary, establish special administrative regions.

Development Rate is a relative indicator of the degree of social and economic development calculated through the comparison of two different periods in the degree of development. Development rate can take the form of either fixed-base development rate or chain base development rate.

Growth Rate is equal to development rate minus one (or 100%), i.e. growth rate = development rate —1 (or 100%)

Average Annual Growth Rate Two methods for calculating average annual growth rate are applied in China, one is the more commonly-used "level approach" or the method of calculating geometric average, which is derived by comparing the level of the last year of the interval to that of the base year; the other is called "accumulative approach" or algebraic average or equation method, which is derived by comparing the summation of the actual figure of each year in the interval to the figure in the base year. The detailed calculating methods can be found by reference to the Check Table of Average Growth Rate published by China Financial Publishing House.

Under normal conditions the results calculated by the two methods are fairly close, but they differed sharply when uneven economic development occurred with striking fluctuations in growth.

The average annual growth rates listed in this statistical yearbook are calculated by level approach. The base years are not included when the years are listed for average annual growth rates. For instance, the average annual growth rate of 30 years since 1981 is listed as average annual growth rate of 1981-2010, among which 1980 is the base year and 2010 is the reference year.

Current Price refers to the actual price in the reference period, such as ex-factory price, purchasing price of agricultural products, retail price of commodities, etc. Total values of some quantum indicators in value terms at current prices, such as gross industrial output value and gross domestic product, are calculated in accordance with actual prices of the current year. When comparing indicators of value over time at current prices, they cannot accurately reflect the changes in real term due to price fluctuations of each year. That is why growth rates are calculated at constant prices.

E-commerce Trading Platform refers to the total information network system which provide the dealmaking and related service for the transaction parties in e-commerce activities.

二、国民经济核算

NATIONAL ECONOMIC ACCOUNTS

二　国民经济核算

简要说明

一、本篇资料反映广东国民经济核算情况。

二、国民经济核算资料主要包括地区生产总值及其有关资料。地区生产总值是根据不同产业部门、不同支出构成的特点和资料来源情况而采用不同方法计算的。

三、本年鉴公布的国民经济核算资料，最后一年数据不是最终核实数。如果遇到普查，在能够获得更详细的基础资料情况下，地区生产总值的历史数据也会发生变动。1996 年，根据第一次第三产业普查结果，对 1992 年以前全省生产总值的历史数据作了修订；2005 年，根据全国第一次经济普查结果，对 1993-2004 年的全省生产总值历史数据作了修订；2008 年，根据全国第二次经济普查结果，对 2005-2008 年全省生产总值进行了修订。2013 年，根据全国第三次经济普查结果，对 2009-2013 年全省生产总值进行了修订。本年鉴数据是修订后的数据。

四、国民经济核算数据绝对数按当年价格计算，速度和指数按不变价格计算。

五、分市的国民经济核算数据由各市统计局提供，由于采取分级核算，各市数据相加不等于全省总计。

六、本篇资料由广东省统计局国民经济核算处整理提供。

2 National Economic Accounts

Brief Introduction

Ⅰ.The data in this chapter reflect the national accounts of Guangdong Province.

Ⅱ. The data on national accounts mainly include gross domestic product (GDP) and related data. Data on GDP are calculated with various approaches in accordance with the features of various industrial sectors, various expenditure structures and the data resources.

III. Data on the national accounts of the latest year published in the yearbook are not final and are subject to changes. The GDP data of past years may also be revised on the basis of more detailed basic data obtained during a census year. In 1996, the GDP figures of years prior to 1992 were adjusted in accordance with the result of the first tertiary industry census. In 2005, the GDP figures from 1993 to 2004 were adjusted in accordance with the result of the first national economic census. GDP data from 2005 to 2008 were adjusted in accordance with the result of the second national economic census in 2008. Data published in this yearbook are adjusted data. GDP data from 2009 to 2013 were adjusted in accordance with the result of the third national economic census in 2013. Data published in this yearbook are adjusted data.

IV. The data on national accounts are calculated at current prices, and the growth rates and the index are calculated at constant prices.

V. The data on national accounts by city are provided by the statistical bureaus of various cities. The sum of the city data is not equal to the provincial total due to the decentralized accounting approach.

VI. The data in this chapter are prepared and provided by the Division of National Accounts of Statistics Bureau of Guangdong Province.

2-1 地区生产总值

Gross Domestic Product

单位：亿元 (100 million yuan)

年份 Year	地区生产总值 Gross Domestic Product	第一产业 Primary Industry	第二产业 Secondary Industry	第三产业 Tertiary Industry	#工业 Industry	#建筑业 Construction	#批发和零售业 Wholesale and Retail Trades	#交通运输、仓储和邮政业 Transport, Storage, and Post	#金融业 Financial Intermediation	#房地产业 Real Estate
1978	185.85	55.31	86.62	43.92	76.12	10.49	19.39	10.05	4.53	1.42
1979	209.34	66.62	91.65	51.06	82.36	9.29	23.52	11.26	4.74	1.62
1980	249.65	82.97	102.53	64.14	89.87	12.66	29.53	13.72	6.10	2.13
1981	290.36	94.30	120.34	75.71	103.60	16.74	33.57	16.71	6.76	2.79
1982	339.92	118.17	135.37	86.39	113.13	22.24	38.07	18.34	7.98	3.39
1983	368.75	121.24	152.27	95.24	125.82	26.45	41.42	19.47	8.94	4.09
1984	458.74	145.25	187.55	125.93	154.33	33.22	54.41	25.68	11.76	5.09
1985	577.38	171.87	229.82	175.69	185.81	44.01	79.86	35.91	12.74	6.16
1986	667.53	188.37	255.88	223.28	208.46	47.42	89.78	40.18	20.84	11.69
1987	846.69	232.14	330.35	284.20	273.77	56.58	104.17	53.20	34.25	16.44
1988	1155.37	306.50	460.17	388.70	386.35	73.82	145.89	65.22	46.80	22.84
1989	1381.39	351.73	554.13	475.53	464.06	90.07	136.65	79.02	72.70	41.36
1990	1559.03	384.59	615.86	558.58	523.42	92.45	152.90	101.61	82.46	42.87
1991	1893.30	416.00	782.67	694.63	675.55	107.12	185.77	138.54	94.83	54.09
1992	2447.54	465.83	1100.32	881.39	899.28	201.04	236.59	174.28	122.79	81.74
1993	3469.28	558.70	1704.88	1205.70	1386.83	318.05	340.49	233.15	149.29	126.25
1994	4619.02	692.25	2253.25	1673.52	1865.44	387.80	486.46	336.95	199.84	171.11
1995	5933.05	864.49	2900.22	2168.34	2448.82	451.40	647.77	433.10	229.27	230.75
1996	6834.97	935.24	3307.51	2592.22	2842.85	464.66	798.55	505.91	264.86	283.92
1997	7774.53	978.32	3704.39	3091.81	3235.42	468.97	944.61	642.37	302.87	342.54
1998	8530.88	994.55	4067.12	3469.21	3564.25	502.87	1073.36	705.98	306.39	419.76
1999	9250.68	1009.01	4359.00	3882.66	3832.44	526.56	1174.76	766.84	331.10	505.74
2000	10741.25	986.32	4999.51	4755.42	4463.06	536.45	1371.49	938.74	443.69	626.10
2001	12039.25	988.84	5506.06	5544.35	4941.20	564.86	1543.83	1114.18	450.81	696.41
2002	13502.42	1015.08	6143.40	6343.94	5548.41	594.99	1761.27	1206.20	454.65	808.16
2003	15844.64	1072.91	7592.78	7178.94	6886.97	705.81	2009.33	1263.39	534.28	955.66
2004	18864.62	1219.84	9280.73	8364.05	8485.85	794.88	2321.59	1419.78	602.68	1103.75
2005	22557.37	1428.27	11356.60	9772.50	10489.73	866.87	2250.66	1031.93	661.81	1430.37
2006	26587.76	1532.17	13469.77	11585.82	12518.59	951.18	2606.79	1208.82	899.91	1722.07
2007	31777.01	1695.57	16004.61	14076.83	14942.91	1061.70	2912.30	1418.57	1705.08	2029.77
2008	36796.71	1973.05	18502.20	16321.46	17304.79	1197.41	3476.44	1634.45	1972.40	2057.45
2009	39492.52	2010.27	19338.28	18143.97	18010.14	1328.14	3953.35	1581.46	2335.08	2453.64
2010	46036.25	2286.98	22821.77	20927.50	21269.96	1551.81	4760.11	1793.66	2780.73	2775.38
2011	53246.18	2665.20	26116.05	24464.93	24318.27	1797.78	5881.51	2036.25	3119.08	3253.27
2012	57147.75	2847.26	27239.44	27061.04	25348.54	1890.90	6622.92	2286.11	3469.67	3544.67
2013	62474.79	2977.13	28994.22	30503.44	26894.54	2161.10	7323.55	2450.51	4122.81	4207.46
2014	67809.85	3166.82	31419.75	33223.28	29144.15	2341.18	7778.82	2740.76	4447.43	4486.92
2015	72812.55	3345.54	32613.54	36853.47	30259.49	2441.85	7625.98	2928.90	5757.08	5117.95

注：1．2004年及以前年份第一产业不包括农林牧渔服务业，交通运输仓储和邮政业包括电信业，但不包括城市公共交通业，批发与零售业包括餐饮业（以下相关表同）。

2．2013年起，三次产业分类依据国家统计局2012年制定的《三次产业划分规定》执行(以下相关表同)。

Notes: a)In 2004 and prior to it, the primary industry did not include service activities for farming, forestry, animal husbandry and fishery;transport, storage,and postal services included telecommunication services,but excluded urban public transport; and wholesale and retail trades included catering services. The same applies to the following tables.

b)Since 2013, three industry classification are divided according to the deputy of three industry classification which is developed by NBS in 2012(the same applied to the following table).

2-2 地区生产总值指数

Indices of Gross Domestic Product

上年=100 (preceding year=100)

年份 Year	地区生产总值 Gross Domestic Product	第一产业 Primary Industry	第二产业 Secondary Industry	第三产业 Tertiary Industry	#工业 Industry	#建筑业 Construction	#批发和零售业 Wholesale and Retail Trades	#交通运输、仓储和邮政业 Transport, Storage, and Post	#金融业 Financial Intermediation	#房地产业 Real Estate
1978	101.0	104.3	97.1	101.2						
1979	108.5	106.1	104.3	117.6	107.6	89.5	123.1	112.7	103.1	115.2
1980	116.6	112.7	116.9	122.1	113.2	136.6	119.6	119.5	126.4	136.0
1981	109.0	105.1	112.9	110.0	110.8	122.0	106.8	107.5	106.4	129.5
1982	112.0	111.9	111.5	112.5	108.1	124.9	108.0	117.4	110.0	121.0
1983	107.3	103.6	110.1	108.9	109.6	111.6	106.9	105.0	110.0	117.9
1984	115.6	112.5	118.8	115.7	120.5	113.0	116.6	105.7	116.8	109.3
1985	118.0	106.2	120.7	128.7	120.9	120.1	127.6	123.1	130.0	148.3
1986	112.7	105.6	108.1	124.7	108.8	105.4	117.9	120.9	130.2	161.1
1987	119.6	109.6	127.5	120.6	131.6	112.1	116.5	122.2	140.3	132.2
1988	115.8	106.6	124.9	113.7	128.0	111.4	108.3	121.8	115.0	127.6
1989	107.2	107.2	108.6	105.7	110.8	97.1	80.1	118.2	133.0	141.4
1990	111.6	107.3	112.7	113.4	114.4	102.7	112.2	106.8	117.3	97.6
1991	117.7	105.4	123.6	119.4	123.0	127.5	119.6	128.3	107.2	114.3
1992	122.1	105.6	133.4	119.0	130.8	149.8	119.4	120.9	121.2	146.2
1993	123.0	102.5	136.3	116.7	139.8	117.0	122.0	124.9	102.5	129.0
1994	119.7	103.1	125.7	118.4	127.2	116.2	119.4	127.6	107.4	127.4
1995	115.6	105.4	118.7	114.6	119.6	112.8	115.9	117.3	101.8	122.2
1996	111.3	104.9	112.6	111.5	113.9	102.6	114.2	109.4	107.5	115.8
1997	111.2	104.7	112.9	110.7	114.4	100.0	113.6	109.1	109.6	111.6
1998	110.8	103.8	112.4	110.4	112.9	107.6	115.0	106.7	103.1	110.6
1999	110.1	103.9	110.6	111.2	110.9	107.5	110.4	105.7	110.8	119.3
2000	111.5	102.3	112.0	113.2	113.3	99.1	109.4	117.3	122.7	115.4
2001	110.5	102.2	110.7	112.0	111.2	106.1	111.6	114.0	101.7	108.7
2002	112.4	104.3	113.7	112.5	114.9	103.5	113.3	106.3	100.6	111.9
2003	114.8	102.2	120.3	111.3	121.0	113.1	111.6	106.1	110.6	115.3
2004	114.8	104.1	118.8	112.0	120.3	102.9	109.8	112.1	106.9	108.2
2005	114.1	104.9	115.2	114.3	115.9	106.6	111.1	118.8	107.7	121.2
2006	114.8	104.2	117.0	113.8	117.7	109.0	113.0	116.3	124.7	112.8
2007	114.9	103.2	117.1	113.8	117.8	107.5	108.0	111.0	141.8	113.1
2008	110.4	103.9	111.6	109.8	112.3	100.5	112.6	108.4	109.0	93.5
2009	109.7	104.9	108.8	111.3	108.4	115.4	117.0	105.4	117.9	120.5
2010	112.4	104.5	114.4	110.9	114.6	112.0	114.9	111.4	113.4	104.4
2011	110.0	104.2	110.3	110.3	110.5	107.3	113.8	112.0	105.6	105.5
2012	108.2	103.8	107.1	109.8	107.4	103.2	110.1	112.8	110.0	108.6
2013	108.5	102.4	107.6	109.9	107.9	103.9	110.2	108.6	115.7	113.0
2014	107.8	103.2	107.9	108.0	108.0	106.2	107.2	110.8	108.3	102.6
2015	108.0	103.3	107.0	109.5	107.0	106.0	106.6	105.5	119.0	109.1

2-3 地区生产总值指数
Indices of Gross Domestic Product

1978年=100 (1978=100)

年份 Year	地区生产总值 Gross Domestic Product	第一产业 Primary Industry	第二产业 Secondary Industry	第三产业 Tertiary Industry	#工业 Industry	#建筑业 Construction	#批发和零售业 Wholesale and Retail Trades	#交通运输、仓储和邮政业 Transport, Storage, and Post	#金融业 Financial Interme-diation	#房地产业 Real Estate
1978	100.0	100.0	100.0	100.0	100.0	100.0	100.0	100.0	100.0	100.0
1979	108.5	106.1	104.3	117.6	107.6	89.5	123.1	112.7	103.1	115.2
1980	126.5	119.6	121.9	143.5	121.8	122.2	147.3	134.6	130.4	156.6
1981	137.9	125.8	137.6	157.8	135.0	149.1	157.2	144.8	138.6	202.8
1982	154.4	140.8	153.4	177.5	145.9	186.4	169.7	170.0	152.6	245.3
1983	165.6	145.9	168.8	193.3	159.9	208.0	181.5	178.6	167.8	289.1
1984	191.4	164.1	200.6	223.7	192.7	235.1	211.7	188.8	196.0	316.0
1985	225.7	174.2	242.1	287.9	233.0	282.4	270.1	232.5	254.7	468.8
1986	254.5	184.0	261.6	359.0	253.4	297.5	318.5	281.0	331.7	755.1
1987	304.5	201.7	333.4	433.0	333.4	333.5	370.9	343.4	465.3	998.5
1988	352.6	215.0	416.5	492.6	426.7	371.4	401.6	418.2	535.1	1273.9
1989	377.9	230.6	452.1	520.5	472.8	360.6	321.8	494.3	711.7	1801.5
1990	421.6	247.4	509.3	590.1	540.9	370.4	361.1	527.8	834.5	1758.4
1991	496.1	260.9	629.7	704.6	665.4	472.2	431.9	677.2	894.5	2009.4
1992	605.8	275.4	840.2	838.6	870.4	707.4	515.7	818.6	1084.5	2938.0
1993	745.1	282.4	1145.2	979.1	1217.2	827.9	629.1	1022.1	1111.4	3788.9
1994	891.9	291.2	1439.6	1159.6	1547.9	962.4	751.2	1304.3	1193.3	4828.9
1995	1030.6	306.9	1709.0	1329.3	1850.6	1085.2	870.7	1529.5	1214.2	5898.5
1996	1146.8	321.9	1924.2	1482.0	2108.2	1113.5	994.7	1673.6	1305.1	6832.5
1997	1275.1	336.9	2172.0	1640.1	2412.2	1113.7	1129.7	1826.4	1429.9	7621.7
1998	1412.9	349.6	2441.7	1810.5	2723.9	1198.7	1299.0	1948.7	1474.6	8430.9
1999	1555.9	363.3	2700.6	2013.9	3021.1	1288.3	1434.6	2060.5	1634.4	10060.7
2000	1734.3	371.7	3024.8	2279.9	3421.5	1276.9	1570.1	2416.0	2004.6	11611.0
2001	1916.2	379.9	3347.4	2554.0	3805.4	1354.2	1751.8	2753.1	2039.4	12625.5
2002	2153.3	396.3	3806.6	2873.3	4372.0	1401.6	1984.9	2926.6	2052.4	14124.3
2003	2473.0	405.1	4579.4	3198.8	5292.0	1585.6	2215.4	3105.3	2269.9	16289.3
2004	2838.7	421.8	5438.5	3582.9	6365.6	1631.6	2433.5	3480.8	2427.3	17629.0
2005	3239.7	442.5	6264.8	4093.5	7378.1	1739.4	2704.2	4134.5	2614.1	21371.6
2006	3719.4	461.1	7332.9	4656.3	8685.2	1895.3	3055.7	4808.1	3260.9	24097.0
2007	4272.3	475.9	8586.9	5296.7	10234.0	2038.1	3301.6	5335.4	4625.3	27255.5
2008	4718.1	494.5	9579.9	5817.7	11496.4	2048.6	3718.0	5781.0	5043.4	25488.8
2009	5175.8	518.9	10425.8	6477.2	12464.3	2364.4	4349.6	6095.9	5945.3	30718.6
2010	5820.0	542.5	11931.2	7181.2	14284.6	2646.9	4997.5	6793.5	6740.4	32077.8
2011	6402.0	565.1	13157.6	7923.3	15784.3	2839.3	5689.6	7611.8	7121.0	33855.8
2012	6925.7	586.9	14091.2	8700.4	16947.6	2930.7	6265.6	8587.8	7830.0	36759.0
2013	7511.7	601.2	15164.1	9564.0	18282.8	3045.0	6904.9	9329.5	9057.2	41539.1
2014	8094.9	620.6	16366.9	10328.3	19753.1	3234.0	7401.7	10341.6	9809.4	42638.4
2015	8742.1	641.1	17505.4	11305.9	21144.6	3427.9	7888.3	10915.1	11677.4	46533.9

2-4 地区生产总值产业构成

Composition of Gross Domestic Product by Industry

单位：% (%)

年份 Year	地区生产总值 Gross Domestic Product	第一产业 Primary Industry	第二产业 Secondary Industry	第三产业 Tertiary Industry	#工 业 Industry
1978	100.0	29.8	46.6	23.6	41.0
1979	100.0	31.8	43.8	24.4	39.3
1980	100.0	33.2	41.1	25.7	36.0
1981	100.0	32.5	41.4	26.1	35.7
1982	100.0	34.8	39.8	25.4	33.3
1983	100.0	32.9	41.3	25.8	34.1
1984	100.0	31.7	40.9	27.4	33.6
1985	100.0	29.8	39.8	30.4	32.2
1986	100.0	28.2	38.3	33.5	31.2
1987	100.0	27.4	39.0	33.6	32.3
1988	100.0	26.5	39.8	33.7	33.4
1989	100.0	25.5	40.1	34.4	33.6
1990	100.0	24.7	39.5	35.8	33.6
1991	100.0	22.0	41.3	36.7	35.7
1992	100.0	19.0	45.0	36.0	36.7
1993	100.0	16.1	49.1	34.8	40.0
1994	100.0	15.0	48.8	36.2	40.4
1995	100.0	14.6	48.9	36.5	41.3
1996	100.0	13.7	48.4	37.9	41.6
1997	100.0	12.6	47.6	39.8	41.6
1998	100.0	11.7	47.7	40.6	41.8
1999	100.0	10.9	47.1	42.0	41.4
2000	100.0	9.2	46.5	44.3	41.6
2001	100.0	8.2	45.7	46.1	41.0
2002	100.0	7.5	45.5	47.0	41.1
2003	100.0	6.8	47.9	45.3	43.5
2004	100.0	6.5	49.2	44.3	45.0
2005	100.0	6.3	50.4	43.3	46.5
2006	100.0	5.8	50.6	43.6	47.1
2007	100.0	5.3	50.4	44.3	47.0
2008	100.0	5.4	50.3	44.3	47.0
2009	100.0	5.1	49.0	45.9	45.6
2010	100.0	5.0	49.6	45.4	46.2
2011	100.0	5.0	49.1	45.9	45.7
2012	100.0	5.0	47.7	47.3	44.4
2013	100.0	4.8	46.4	48.8	43.0
2014	100.0	4.7	46.3	49.0	43.0
2015	100.0	4.6	44.8	50.6	41.6

2-5 三次产业贡献率

Share of the Contributions of the Three Strata of Industry

单位：% (%)

年份 Year	地区生产总值 Gross Domestic Product	第一产业 Primary Industry	第二产业 Secondary Industry	第三产业 Tertiary Industry	#工 业 Industry
1979	100.0	30.0	16.6	53.4	24.2
1980	100.0	31.0	32.1	36.9	21.0
1981	100.0	22.4	45.4	32.2	31.0
1982	100.0	37.8	31.5	30.7	17.8
1983	100.0	18.7	45.1	36.2	33.4
1984	100.0	29.2	40.5	30.3	34.1
1985	100.0	12.2	39.8	48.0	31.4
1986	100.0	14.1	22.3	63.6	19.1
1987	100.0	14.7	47.3	38.0	42.9
1988	100.0	11.4	56.8	31.8	52.0
1989	100.0	25.5	46.2	28.3	48.8
1990	100.0	16.0	43.1	40.9	41.7
1991	100.0	7.5	53.1	39.4	44.8
1992	100.0	5.5	63.1	31.4	50.1
1993	100.0	2.1	72.0	25.9	66.8
1994	100.0	2.5	65.9	31.6	60.4
1995	100.0	4.7	63.9	31.4	58.5
1996	100.0	5.3	60.9	33.8	59.4
1997	100.0	4.9	63.5	31.6	63.5
1998	100.0	3.8	64.4	31.8	60.6
1999	100.0	4.0	59.5	36.5	55.7
2000	100.0	2.0	59.7	38.3	60.1
2001	100.0	2.0	47.3	50.7	44.4
2002	100.0	3.0	51.7	45.3	50.3
2003	100.0	1.2	64.5	34.3	60.6
2004	100.0	1.9	62.7	35.4	61.8
2005	100.0	2.3	55.0	42.7	53.2
2006	100.0	1.8	58.0	40.2	55.6
2007	100.0	1.2	59.1	39.7	57.2
2008	100.0	1.9	58.0	40.1	57.8
2009	100.0	2.5	48.1	49.4	43.2
2010	100.0	1.7	60.8	37.5	57.7
2011	100.0	2.1	50.9	47.0	48.5
2012	100.0	2.2	43.1	54.7	41.8
2013	100.0	1.3	44.2	54.5	42.9
2014	100.0	1.7	49.8	48.5	47.5
2015	100.0	1.7	42.5	55.9	40.5

注：三次产业贡献率指各产业增加值增量与GDP增量之比。

Notes: Industrial contribution rate refers to the proportion of the increment of every industrial value added to the increment of GDP.

2-6 三次产业对地区生产总值增长的拉动

Contribution of the Three Strata of Industry to GDP Growth

单位：百分点 (percentage points)

年份 Year	地区生产总值 Gross Domestic Product	第一产业 Primary Industry	第二产业 Secondary Industry	第三产业 Tertiary Industry	#工 业 Industry
1979	8.5	2.6	1.4	4.5	2.0
1980	16.6	5.2	5.3	6.1	3.5
1981	9.0	2.0	4.1	2.9	2.8
1982	12.0	4.5	3.8	3.7	2.1
1983	7.3	1.4	3.3	2.6	2.4
1984	15.6	4.6	6.3	4.7	5.3
1985	18.0	2.2	7.2	8.6	5.6
1986	12.7	1.8	2.8	8.1	2.4
1987	19.6	2.9	9.3	7.4	8.4
1988	15.8	1.8	9.0	5.0	8.2
1989	7.2	1.8	3.3	2.1	3.5
1990	11.6	1.9	5.0	4.7	4.8
1991	17.7	1.3	9.4	7.0	7.9
1992	22.1	1.2	14.0	6.9	11.1
1993	23.0	0.5	16.5	6.0	15.3
1994	19.7	0.5	13.0	6.2	11.9
1995	15.6	0.8	9.9	4.9	9.1
1996	11.3	0.6	6.9	3.8	6.7
1997	11.2	0.6	7.1	3.5	7.1
1998	10.8	0.4	7.0	3.4	6.5
1999	10.1	0.4	6.0	3.7	5.6
2000	11.5	0.2	6.9	4.4	6.9
2001	10.5	0.2	5.0	5.3	4.7
2002	12.4	0.4	6.4	5.6	6.2
2003	14.8	0.2	9.5	5.1	9.0
2004	14.8	0.3	9.3	5.2	9.1
2005	14.1	0.3	7.8	6.0	7.5
2006	14.8	0.3	8.6	5.9	8.2
2007	14.9	0.2	8.8	5.9	8.5
2008	10.4	0.2	6.0	4.2	6.0
2009	9.7	0.2	4.7	4.8	4.2
2010	12.4	0.2	7.6	4.6	7.2
2011	10.0	0.2	5.1	4.7	4.9
2012	8.2	0.2	3.5	4.5	3.4
2013	8.5	0.1	3.8	4.6	3.6
2014	7.8	0.1	3.9	3.8	3.7
2015	8.0	0.1	3.4	4.5	3.2

注：三次产业拉动指GDP增长速度与各产业贡献率之乘积。
Notes: Industrial pulling rate is the growth rate of GDP multiplying industrial contribution rate.

2-7 地区生产总值项目结构
Components of Gross Domestic Product

单位：亿元 (100 million yuan)

年份 Year	地区生产总值 Gross Domestic Product	劳动者报酬 Compensation of Employees	生产税净额 Net Taxes on Production	固定资产折旧 Depreciation of Fixed Assets	营业盈余 Operating Surplus
1978	185.85	112.58	25.13	21.07	27.07
1979	209.34	126.64	28.07	23.67	30.96
1980	249.65	151.09	32.62	28.25	37.69
1981	290.36	175.16	38.66	33.28	43.26
1982	339.92	207.09	43.58	38.11	51.14
1983	368.75	222.02	48.33	41.82	56.58
1984	458.74	274.33	59.74	52.06	72.61
1985	577.38	343.38	74.24	65.66	94.10
1986	667.53	393.11	84.86	77.99	111.57
1987	846.69	486.39	108.63	99.73	151.94
1988	1155.37	662.14	149.93	135.89	207.41
1989	1381.39	769.17	176.84	169.99	265.39
1990	1559.03	864.69	197.92	192.05	304.37
1991	1893.30	1031.46	248.47	240.20	373.17
1992	2447.54	1287.81	352.00	328.48	479.25
1993	3469.28	1822.72	478.22	450.06	718.29
1994	4619.02	2451.06	630.43	635.37	902.15
1995	5933.05	3077.86	827.17	904.23	1123.79
1996	6834.97	3584.34	985.78	1076.00	1188.84
1997	7774.53	4053.33	1111.15	1209.40	1400.66
1998	8530.88	4858.94	1268.93	1369.14	1033.86
1999	9250.68	5109.07	1375.14	1592.07	1174.40
2000	10741.25	5600.63	1759.12	1853.60	1527.91
2001	12039.25	6104.83	1939.52	1988.27	2006.62
2002	13502.42	7116.01	1988.13	2162.42	2235.87
2003	15844.64	7941.03	2303.35	2471.85	3128.41
2004	18864.62	9016.48	2659.30	2843.99	4344.85
2005	22557.37	10618.90	3177.03	3622.78	5138.66
2006	26587.76	12075.99	4038.50	4275.66	6197.61
2007	31777.01	14212.84	4947.40	4740.53	7876.24
2008	36796.71	16658.38	5796.13	5231.17	9111.03
2009	39492.52	17894.47	5996.57	5500.73	10100.75
2010	46036.25	20472.88	6769.63	6073.85	12719.90
2011	53246.18	24332.90	8453.19	6878.78	13581.31
2012	57147.75	27296.10	8860.93	7389.92	13600.80
2013	62474.79	29809.60	9623.38	7763.87	15277.94
2014	67809.85	32361.55	10669.94	8930.36	15848.00
2015	72812.55	35775.58	10204.88	9644.88	17187.21

2-8 各行业增加值构成项目（2015年）

Components of Value Added by Sector (2015)

单位：亿元 (100 million yuan)

行　　业	Sector	地区生产总值 Gross Domestic Product	劳动者报酬 Compensation of Employees	生产税净额 Net Taxes on Production	固定资产折旧 Depreciation of Fixed Assets	营业盈余 Operating Surplus
地区生产总值	**Gross Domestic Product**	**72812.55**	**35775.58**	**10204.88**	**9644.88**	**17187.21**
农、林、牧、渔业	Farming, Forestry, Animal Husbandry and Fishery	3426.11	3387.12	1.62	37.37	
工业	Industry	30259.49	13267.01	4935.08	4134.07	7923.33
建筑业	Construction	2441.85	1417.17	387.73	110.41	526.54
批发和零售业	Wholesale and Retail Trade	7625.98	3653.67	1895.96	229.53	1846.82
交通运输、仓储和邮政业	Transport, Storage and Postal Services	2928.90	1501.84	203.47	709.84	513.75
住宿和餐饮业	Hotels and Catering Services	1447.48	1030.40	133.01	167.82	116.25
信息传输、软件和信息技术服务业	Information Transmission, Computer Services and Software	2282.53	799.15	207.61	391.78	883.99
金融业	Finance	5757.08	1602.62	863.63	90.42	3200.41
房地产业	Real Estate	5117.95	844.66	1040.15	2224.49	1008.65
租赁和商务服务业	Leasing and Business Services	2573.11	1305.09	266.64	615.33	386.05
科学研究和技术服务业	Scientific Research and Technical Services	1114.84	653.03	105.16	88.16	268.49
水利、环境和公共设施管理业	Water Conservancy, Environment and Public Facilities Management	453.53	203.24	30.59	138.40	81.30
居民服务、修理和其他服务业	Resident Services and Other Services	1138.32	938.45	51.76	42.66	105.45
教育	Education	2113.74	1778.93	20.85	237.66	76.30
卫生和社会工作	Health Care and Social Work	1416.72	1075.99	17.12	110.64	212.97
文化、体育和娱乐业	Culture, Sports and Recreation	349.33	193.75	34.42	84.88	36.28
公共管理、社会保障和社会组织	Public Administration and Social Organizations	2365.59	2123.46	10.08	231.42	0.63
第一产业	Primary Industry	3345.54	3307.42	1.62	36.50	
第二产业	Secondary Industry	32613.54	14630.92	5316.61	4236.46	8429.55
第三产业	Tertiary Industry	36853.47	17837.24	4886.65	5371.92	8757.66

2-9 支出法地区生产总值

Gross Domestic Product by Expenditure Approach

年份 Year	支出法地区生产总值 (亿元) Gross Domestic Product by Expenditure Approach (100 million yuan)	最终消费支出 Final Consumption Expenditure	资本形成总额 Gross Capital Formation	货物和服务净流出 Net Exports of Goods and Services	最终消费率 (消费率) (%) Final Consumption Rate (%)	资本形成率 (投资率) (%) Capital Formation Rate (%)
1978	194.14	130.02	54.79	9.33	67.0	28.2
1979	215.43	147.11	55.86	12.46	68.3	25.9
1980	259.32	180.93	71.37	7.02	69.8	27.5
1981	305.22	201.43	96.74	7.05	66.0	31.7
1982	349.13	233.21	112.35	3.57	66.8	32.2
1983	367.36	252.07	113.49	1.80	68.6	30.9
1984	446.06	288.26	150.07	7.72	64.6	33.6
1985	568.98	347.18	238.58	-16.78	61.0	41.9
1986	650.99	415.91	256.75	-21.67	63.9	39.4
1987	815.05	516.02	312.33	-13.29	63.3	38.3
1988	1129.64	667.03	462.07	0.54	59.0	40.9
1989	1348.54	857.33	472.75	18.46	63.6	35.1
1990	1541.99	938.48	502.90	100.61	60.9	32.6
1991	1847.99	1081.39	610.18	156.42	58.5	33.0
1992	2440.58	1359.08	987.96	93.54	55.7	40.5
1993	3465.31	1852.06	1554.46	58.79	53.4	44.9
1994	4618.25	2598.57	1930.86	88.82	56.3	41.8
1995	5933.05	3363.38	2394.79	174.89	56.7	40.4
1996	6834.97	3859.32	2782.89	192.75	56.5	40.7
1997	7774.53	4245.18	2974.45	554.90	54.6	38.3
1998	8530.88	4582.16	3331.11	617.60	53.7	39.0
1999	9250.68	5083.60	3511.30	655.78	55.0	38.0
2000	10741.25	5714.46	3850.81	1175.99	53.2	35.9
2001	12039.25	6255.92	4392.51	1390.82	52.0	36.5
2002	13502.42	7286.63	4762.90	1452.89	54.0	35.3
2003	15844.64	8643.44	5911.97	1289.23	54.6	37.3
2004	18864.62	10162.04	7214.70	1487.89	53.9	38.2
2005	22557.37	11450.96	8239.73	2866.68	50.8	36.5
2006	26587.76	12635.59	9307.90	4644.28	47.5	35.0
2007	31777.01	14842.85	10701.48	6232.69	46.7	33.7
2008	36796.71	17202.13	12257.94	7336.63	46.7	33.3
2009	39492.52	19179.39	14951.42	5361.71	48.6	37.9
2010	46036.25	22480.91	17706.61	5848.74	48.8	38.5
2011	53246.18	26074.76	21003.62	6167.80	49.0	39.4
2012	57147.75	29264.26	22871.85	5011.64	51.2	40.0
2013	62474.79	30437.61	26050.75	5986.43	48.7	41.7
2014	67809.85	33920.56	28759.81	5129.48	50.0	42.4
2015	72812.55	37211.27	30374.17	5227.11	51.1	41.7

注：2013年起，国家统计局推行城乡住户调查一体化改革，支出法地区生产总值数据与以前年份不可比(以下相关表同)。

Notes: Since 2013,the data of gross domestic product by expenditure approach are not comparable to year before 2013 due to the integrated household reform conducted by the NBS(the same applied to the related table).

2-10 资本形成总额及构成

Gross Capital Formation and Its Composition

年份 Year	资本形成总额 (亿元) Gross Capital Formation (100 million yuan)			比重(资本形成总额=100) Proportion (gross capital formation=100)	
		固定资本形成总额 Gross Fixed Capital Formation	存货变动 Change in Inventories	固定资本形成总额 Gross Fixed Capital Formation	存货变动 Change in Inventories
1978	54.79	37.93	16.86	69.2	30.8
1979	55.86	41.81	14.05	74.8	25.2
1980	71.37	57.15	14.23	80.1	19.9
1981	96.74	73.39	23.34	75.9	24.1
1982	112.35	94.64	17.71	84.2	15.8
1983	113.49	96.80	16.69	85.3	14.7
1984	150.07	133.04	17.03	88.7	11.3
1985	238.58	163.84	74.74	68.7	31.3
1986	256.75	182.15	74.59	70.9	29.1
1987	312.33	197.01	115.32	63.1	36.9
1988	462.07	286.00	176.07	61.9	38.1
1989	472.75	266.68	206.07	56.4	43.6
1990	502.90	336.61	166.29	66.9	33.1
1991	610.18	396.49	213.70	65.0	35.0
1992	987.96	683.66	304.30	69.2	30.8
1993	1554.46	1110.69	443.77	71.5	28.5
1994	1930.86	1375.09	555.76	71.2	28.8
1995	2394.79	1819.17	575.62	76.0	24.0
1996	2782.89	1919.41	863.48	69.0	31.0
1997	2974.45	2079.15	895.30	69.9	30.1
1998	3331.11	2473.82	857.30	74.3	25.7
1999	3511.30	2870.40	640.89	81.7	18.3
2000	3850.81	3093.82	756.99	80.3	19.7
2001	4392.51	3447.52	944.99	78.5	21.5
2002	4762.90	4023.73	739.17	84.5	15.5
2003	5911.97	4986.53	925.44	84.3	15.7
2004	7214.70	5957.86	1256.83	82.6	17.4
2005	8239.73	7418.23	821.50	90.0	10.0
2006	9307.90	8489.71	818.19	91.2	8.8
2007	10701.48	9964.01	737.47	93.1	6.9
2008	12257.94	11471.36	786.58	93.6	6.4
2009	14951.42	14025.08	926.33	93.8	6.2
2010	17706.61	16515.11	1191.50	93.3	6.7
2011	21003.62	19432.79	1570.83	92.5	7.5
2012	22871.85	22033.82	838.03	96.3	3.7
2013	26050.75	24997.73	1053.02	96.0	4.0
2014	28759.81	27930.81	829.00	97.1	2.9
2015	30374.17	29250.44	1123.73	96.3	3.7

2-11 最终消费及构成

Final Consumption Expenditure and Its Composition

年份 Year	最终消费支出(亿元) Final Consumption Expenditure (100 million yuan)	居民消费支出 Household Consumption			政府消费支出 Government Consumption	比重 Proportion			
						最终消费支出=100 Final Consumption Expenditure=100		居民消费支出=100 Household Consumption=100	
			农村居民 Rural Households	城镇居民 Urban Households		居民消费支出 Household Consumption	政府消费支出 Government Consumption	农村居民 Rural Households	城镇居民 Urban Households
1978	130.02	111.46	71.34	40.12	18.56	85.7	14.3	64.0	36.0
1979	147.11	128.48	81.91	46.57	18.63	87.3	12.7	63.8	36.2
1980	180.93	156.51	95.95	60.55	24.42	86.5	13.5	61.3	38.7
1981	201.43	175.12	110.62	64.50	26.31	86.9	13.1	63.2	36.8
1982	233.21	202.70	127.93	74.76	30.51	86.9	13.1	63.1	36.9
1983	252.07	220.14	134.45	85.69	31.93	87.3	12.7	61.1	38.9
1984	288.26	250.92	145.05	105.87	37.34	87.0	13.0	57.8	42.2
1985	347.18	298.00	160.16	137.84	49.17	85.8	14.2	53.7	46.3
1986	415.91	349.52	185.03	164.49	66.39	84.0	16.0	52.9	47.1
1987	516.02	442.20	218.69	223.51	73.82	85.7	14.3	49.5	50.5
1988	667.03	566.25	282.86	283.39	100.77	84.9	15.1	50.0	50.0
1989	857.33	743.90	366.82	377.08	113.42	86.8	13.2	49.3	50.7
1990	938.48	807.84	401.62	406.22	130.64	86.1	13.9	49.7	50.3
1991	1081.39	923.37	412.36	511.00	158.02	85.4	14.6	44.7	55.3
1992	1359.08	1118.52	470.01	648.51	240.55	82.3	17.7	42.0	58.0
1993	1852.06	1574.61	617.45	957.16	277.45	85.0	15.0	39.2	60.8
1994	2598.57	2287.69	845.03	1442.66	310.88	88.0	12.0	36.9	63.1
1995	3363.38	2912.58	1021.83	1890.75	450.80	86.6	13.4	35.1	64.9
1996	3859.32	3343.01	1188.44	2154.56	516.32	86.6	13.4	35.6	64.4
1997	4245.18	3539.62	1222.48	2317.15	705.56	83.4	16.6	34.5	65.5
1998	4582.16	3781.21	1281.92	2499.29	800.95	82.5	17.5	33.9	66.1
1999	5083.60	4072.05	1297.91	2774.14	1011.55	80.1	19.9	31.9	68.1
2000	5714.46	4474.11	1348.67	3125.44	1240.35	78.3	21.7	30.1	69.9
2001	6255.92	4733.53	1415.25	3318.28	1522.40	75.7	24.3	29.9	70.1
2002	7286.63	5449.58	1424.04	4025.54	1837.05	74.8	25.2	26.1	73.9
2003	8643.44	6537.53	1263.84	5273.69	2105.91	75.6	24.4	19.3	80.7
2004	10162.04	7953.60	1224.22	6729.38	2208.44	78.3	21.7	15.4	84.6
2005	11450.96	8968.54	1408.30	7560.24	2482.42	78.3	21.7	15.7	84.3
2006	12635.59	9895.13	1425.11	8470.02	2740.46	78.3	21.7	14.4	85.6
2007	14842.85	11781.66	1552.25	10229.41	3061.19	79.4	20.6	13.2	86.8
2008	17202.13	13599.73	1787.13	11812.60	3602.40	79.1	20.9	13.1	86.9
2009	19179.39	15261.28	2028.28	13233.01	3918.11	79.6	20.4	13.3	86.7
2010	22480.91	17702.35	2263.93	15438.42	4778.56	78.7	21.3	12.8	87.2
2011	26074.76	20504.11	2768.58	17735.53	5570.65	78.6	21.4	13.5	86.5
2012	29264.26	23022.47	3123.49	19898.98	6241.79	78.7	21.3	13.6	86.4
2013	30437.61	23449.85	3758.12	19691.73	6987.76	77.0	23.0	16.0	84.0
2014	33920.56	26263.14	4349.29	21913.85	7657.42	77.4	22.6	16.6	83.4
2015	37211.27	28438.58	4554.46	23884.12	8772.69	76.4	23.6	16.0	84.0

2-12 三大需求对地区生产总值增长的贡献率和拉动

Contribution Share and Contribution of the Three Components of GDP to GDP Growth

年份 Year	最终消费支出 Final Consumption Expenditure		资本形成总额 Gross Capital Formation		货物和服务净流出 Net Exports of Goods and Services	
	贡献率(%) Contribution Share (%)	拉动(百分点) Contribution (percentage points)	贡献率(%) Contribution Share (%)	拉动(百分点) Contribution (percentage points)	贡献率(%) Contribution Share (%)	拉动(百分点) Contribution (percentage points)
1979	95.7	5.3	-13.8	-0.8	18.2	1.0
1980	71.3	13.0	33.5	6.1	-4.8	-0.9
1981	50.5	6.3	56.4	7.1	-6.9	-0.9
1982	72.7	8.3	40.6	4.6	-13.2	-1.5
1983	124.4	5.6	-12.9	-0.6	-11.5	-0.5
1984	56.5	8.5	42.2	6.3	1.3	0.2
1985	32.0	6.9	80.6	17.4	-12.6	-2.7
1986	83.6	8.8	15.5	1.6	0.8	0.1
1987	38.6	4.9	34.9	4.4	26.4	3.3
1988	-2.8	-0.3	60.1	7.4	42.8	5.2
1989	110.8	9.4	-35.6	-3.0	24.8	2.1
1990	60.9	7.2	9.5	1.1	29.6	3.5
1991	39.9	7.1	35.1	6.3	25.0	4.5
1992	56.0	12.4	65.2	14.5	-21.1	-4.7
1993	50.2	11.6	60.1	13.9	-10.3	-2.4
1994	53.8	10.4	36.1	7.0	10.1	1.9
1995	50.2	8.0	40.2	6.4	9.6	1.5
1996	45.3	5.1	52.0	5.9	2.7	0.3
1997	21.8	2.4	6.9	0.8	71.3	8.0
1998	39.8	4.3	43.7	4.7	16.5	1.8
1999	55.5	5.6	21.2	2.2	23.2	2.3
2000	33.8	3.9	25.5	2.9	40.7	4.7
2001	46.2	4.8	48.5	5.1	5.3	0.6
2002	68.5	8.5	22.8	2.8	8.8	1.1
2003	63.6	9.4	50.2	7.5	-13.8	-2.0
2004	50.5	7.5	37.2	5.5	12.3	1.8
2005	43.0	6.1	30.2	4.3	26.8	3.8
2006	31.5	4.7	28.5	4.2	40.0	5.9
2007	45.5	6.8	22.8	3.4	31.7	4.7
2008	45.9	4.8	34.4	3.6	19.6	2.0
2009	64.5	6.3	80.0	7.8	-44.5	-4.3
2010	53.5	6.7	46.2	5.8	0.3	0.0
2011	49.1	4.9	48.8	4.9	2.0	0.2
2012	54.2	4.4	43.6	3.6	2.2	0.2
2013	44.3	3.8	69.2	5.9	-13.5	-1.1
2014	50.4	3.9	49.3	3.8	0.3	0.0
2015	48.5	3.9	47.8	3.8	3.7	0.3

注：1. 三大需求指支出法地区生产总值的三大构成项目，即最终消费支出、资本形成总额、货物和服务净流出；
2. 贡献率指三大需求增量与地区支出法生产总值增量之比。
3. 拉动指地区生产总值增长速度与三大需求贡献率的乘积。

Notes: a) Three major demands refer to three major components of gross domestic product by expenditure approach,i.e.final consumption expenditure, gross capital formation, and net exports of goods and services.
b) Contribution rate refers to the proportion of the increment of three major demands to the increment of gross domestic product by expenditure approach.
c) Pulling rate is the growth rate of gross regional product multiplying the contribution rates of three major demands.

2-13 人均地区生产总值及人均消费水平

Per Capita Gross Domestic Product and Consumption

年份 Year	人均地区生产总值 Per Capita Gross Domestic Product		人均消费水平 Per Capita Consumption					
			全体居民 Households		农村居民 Rural Households		城镇居民 Urban Households	
	绝对数 (元) Absolute Figure (yuan)	增长速度 (%) Growth Rate (%)	绝对数 (元) Absolute Figure (yuan)	增长速度 (%) Growth Rate (%)	绝对数 (元) Absolute Figure (yuan)	增长速度 (%) Growth Rate (%)	绝对数 (元) Absolute Figure (yuan)	增长速度 (%) Growth Rate (%)
1978	370		222		171		466	
1979	410	6.9	252	8.3	196	9.8	507	2.6
1980	481	14.8	302	14.9	228	14.1	620	12.7
1981	550	7.1	332	7.9	260	13.3	627	-1.9
1982	633	10.0	377	10.3	298	10.4	696	8.3
1983	675	5.6	403	7.2	310	5.1	764	8.5
1984	827	13.8	453	10.3	334	7.8	878	9.7
1985	1026	16.2	529	5.7	372	-2.6	1038	10.2
1986	1164	10.6	609	9.5	430	6.3	1146	8.4
1987	1443	17.0	754	6.4	515	4.9	1382	1.1
1988	1926	13.2	944	-3.5	651	0.5	1716	-6.8
1989	2251	4.8	1212	19.7	831	23.1	2188	15.0
1990	2484	9.1	1287	9.3	896	12.9	2263	4.7
1991	2941	14.7	1434	8.3	906	0.2	2712	14.8
1992	3699	18.8	1690	14.7	1023	9.7	3210	15.7
1993	5085	19.3	2308	20.5	1347	17.6	4280	17.0
1994	6530	15.5	3234	17.8	1831	14.3	5870	15.7
1995	8129	12.0	3991	10.1	2206	8.4	7091	7.6
1996	9139	8.6	4470	6.9	2547	11.6	7660	2.3
1997	10130	8.4	4612	-2.1	2597	-0.4	7807	-4.8
1998	10819	7.9	4796	4.2	2681	5.8	8054	2.2
1999	11415	7.1	5025	4.5	2661	0.8	8598	5.9
2000	12736	7.1	5305	0.2	2680	-1.3	9189	0.2
2001	13852	7.2	5445	1.9	2759	3.0	9312	0.3
2002	15365	11.1	6199	13.2	2904	5.7	10358	10.2
2003	17798	13.4	7342	17.0	3032	3.4	11136	6.4
2004	20876	13.1	8800	15.9	3386	8.2	12409	7.9
2005	24647	12.7	9799	10.0	3915	13.2	13609	8.5
2006	28534	12.8	10619	7.4	4009	2.2	14695	6.9
2007	33272	12.1	12336	12.9	4401	5.0	16982	12.6
2008	37638	7.9	13911	7.1	4975	5.6	19101	7.1
2009	39446	7.1	15243	10.9	5533	6.9	20852	11.3
2010	44758	9.5	17211	9.3	6255	9.4	23159	7.5
2011	50842	8.0	19578	7.9	7854	14.1	25527	5.3
2012	54171	7.4	21823	8.3	8898	7.7	28269	7.9
2013	58833	7.8	22083	6.4	10841	8.0	27531	5.5
2014	63469	7.1	24582	8.3	12674	13.4	30216	6.9
2015	67503	7.0	26365	6.8	13344	7.5	32393	6.2

注：2006—2009年根据2010年全国人口普查快速汇总数据进行平滑调整，本表人均地区生产总值是人口平滑后的数据，以下相关表同。

Note: Figures of permanent population at the year-end from 2006 to 2009 have been adjusted in accordance with the flash sums of the 6th National Population Cescus in 2010. Per capita gross domestic product in this table are caculated with the adjustments of population. The same applied to the following tables.

2–14 人均地区生产总值及人均消费水平指数

Indices of Per Capita Gross Domestic Product and Consumption

年份 Year	人均地区生产总值 Per Capita Gross Domestic Product		人均消费水平 Per Capita Consumption					
			全体居民 Households		农村居民 Rural Households		城镇居民 Urban Households	
	绝对数 (元) Absolute Figure (yuan)	1978年为100 (%) 1978=100 (%)	绝对数 (元) Absolute Figure (yuan)	1978年为100 (%) 1978=100 (%)	绝对数 (元) Absolute Figure (yuan)	1978年为100 (%) 1978=100 (%)	绝对数 (元) Absolute Figure (yuan)	1978年为100 (%) 1978=100 (%)
1978	370	100.0	222	100.0	171	100.0	466	100.0
1979	410	106.9	252	108.3	196	109.8	507	102.6
1980	481	122.6	302	124.4	228	125.2	620	115.6
1981	550	131.3	332	134.2	260	141.9	627	113.4
1982	633	144.4	377	148.1	298	156.7	696	122.8
1983	675	152.5	403	158.7	310	164.8	764	133.3
1984	827	173.5	453	175.0	334	177.6	878	146.3
1985	1026	201.6	529	184.9	372	172.9	1038	161.2
1986	1164	223.1	609	202.5	430	183.7	1146	174.7
1987	1443	260.9	754	215.6	515	192.6	1382	176.6
1988	1926	295.4	944	208.1	651	193.6	1716	164.6
1989	2251	309.6	1212	249.0	831	238.2	2188	189.3
1990	2484	337.7	1287	272.1	896	269.0	2263	198.2
1991	2941	387.5	1434	294.7	906	269.5	2712	227.5
1992	3699	460.3	1690	338.1	1023	295.7	3210	263.2
1993	5085	549.0	2308	407.5	1347	347.8	4280	308.1
1994	6530	633.9	3234	480.2	1831	397.6	5870	356.5
1995	8129	709.8	3991	528.9	2206	430.8	7091	383.5
1996	9139	770.8	4470	565.4	2547	480.6	7660	392.3
1997	10130	835.2	4612	553.4	2597	478.6	7807	373.5
1998	10819	900.8	4796	576.9	2681	506.5	8054	381.6
1999	11415	965.1	5025	602.6	2661	510.6	8598	404.2
2000	12736	1033.7	5305	603.5	2680	503.8	9189	405.0
2001	13852	1108.3	5445	615.2	2759	519.0	9312	406.3
2002	15365	1231.8	6199	696.1	2904	548.8	10358	447.6
2003	17798	1396.4	7342	814.5	3032	567.2	11136	476.2
2004	20876	1579.1	8800	944.4	3386	613.6	12409	513.8
2005	24647	1779.5	9799	1039.1	3915	694.6	13609	557.5
2006	28534	2006.6	10619	1116.3	4009	709.7	14695	596.4
2007	33272	2248.7	12336	1260.1	4401	745.0	16982	671.4
2008	37638	2426.0	13911	1349.9	4975	787.0	19101	719.2
2009	39446	2598.8	15243	1496.7	5533	841.1	20852	800.4
2010	44758	2844.5	17211	1636.2	6255	920.4	23159	860.3
2011	50842	3073.0	19578	1765.5	7854	1050.1	25527	905.9
2012	54171	3300.2	21823	1912.0	8898	1131.7	28269	977.2
2013	58833	3556.0	22083	2035.0	10841	1222.4	27531	1031.0
2014	63469	3808.8	24582	2204.7	12674	1385.7	30216	1102.4
2015	67503	4074.2	26365	2354.6	13344	1489.7	32393	1170.8

2-15 各市地区生产总值

Gross Domestic Product by City

单位：亿元 (100 million yuan)

市 别	City	2000	2005	2010	2011	2012	2013	2014	2015
广 州	Guangzhou	2492.74	5154.23	10748.28	12423.44	13551.21	15497.23	16706.87	18100.41
深 圳	Shenzhen	2187.45	4950.91	9773.31	11515.86	12971.47	14572.67	16001.82	17502.86
珠 海	Zhuhai	332.35	635.45	1210.79	1410.34	1509.24	1679.00	1867.21	2025.41
汕 头	Shantou	450.16	635.88	1132.23	1279.08	1430.72	1573.73	1716.51	1868.03
佛 山	Foshan	1050.38	2429.38	5622.63	6179.68	6579.18	7010.68	7441.60	8003.92
#顺 德	Shunde	364.59	825.12	1790.86	1941.94	2112.39	2326.61	2419.68	2586.69
韶 关	Shaoguan	192.72	337.03	683.10	816.81	906.48	1015.12	1113.49	1149.98
河 源	Heyuan	87.22	204.81	454.47	533.45	609.51	690.29	768.95	810.08
梅 州	Meizhou	180.50	314.61	608.36	695.75	750.72	806.02	885.84	959.78
惠 州	Huizhou	439.19	803.92	1729.97	2094.94	2379.49	2705.13	3000.37	3140.03
汕 尾	Shanwei	128.49	205.75	454.56	538.14	609.46	671.75	716.99	762.06
东 莞	Dongguan	820.25	2183.20	4278.21	4771.93	5039.21	5517.47	5881.32	6275.07
中 山	Zhongshan	345.44	885.72	1853.45	2194.73	2446.30	2651.93	2823.01	3010.03
江 门	Jiangmen	504.66	801.70	1570.42	1830.64	1880.39	2000.18	2082.76	2240.02
阳 江	Yangjiang	160.20	294.40	636.23	767.24	888.71	1049.63	1168.55	1250.01
湛 江	Zhanjiang	373.81	680.97	1401.47	1717.88	1872.12	2070.01	2258.99	2380.02
茂 名	Maoming	417.36	738.35	1472.10	1721.25	1916.41	2170.97	2349.03	2445.63
肇 庆	Zhaoqing	249.78	435.05	1088.39	1328.83	1467.68	1673.37	1845.06	1970.01
清 远	Qingyuan	157.92	323.28	873.35	1009.09	1033.17	1103.97	1197.74	1277.86
潮 州	Chaozhou	177.87	282.39	560.00	648.38	707.85	784.24	850.22	910.11
揭 阳	Jieyang	311.09	414.00	1005.24	1223.88	1393.02	1605.35	1780.44	1890.01
云 浮	Yunfu	137.70	201.84	401.09	480.70	532.24	608.30	664.00	713.14
按经济区域分	By Region								
珠 三 角	Pearl River Delta	8422.24	18279.55	37875.45	43750.39	47824.18	53307.67	57650.02	62267.78
东 翼	Eastern Region	1067.61	1538.02	3152.03	3689.48	4141.05	4635.09	5064.17	5430.21
西 翼	Western Region	951.37	1713.72	3509.79	4206.37	4677.24	5290.61	5776.57	6075.66
山 区	Mountainous Region	756.06	1381.57	3020.37	3535.80	3832.12	4223.70	4630.02	4910.84

2-16 各市地区生产总值指数

Indices of Gross Domestic Product by City

上年=100 (preceding year=100)

市别	City	2000	2005	2010	2011	2012	2013	2014	2015
广州	Guangzhou	113.3	112.9	113.2	111.3	110.5	111.6	108.6	108.4
深圳	Shenzhen	115.7	115.1	112.4	110.0	110.0	110.5	108.8	108.9
珠海	Zhuhai	112.0	113.1	112.9	111.3	107.3	110.8	110.4	110.0
汕头	Shantou	107.0	111.3	110.4	110.0	109.5	110.0	109.0	108.4
佛山	Foshan	112.5	119.4	114.1	111.3	108.0	109.8	108.3	108.5
#顺德	Shunde	114.5	118.9	107.5	112.3	111.4	110.2	107.9	108.5
韶关	Shaoguan	111.3	110.1	112.5	112.1	110.0	112.2	109.5	106.2
河源	Heyuan	110.7	122.9	112.7	112.8	111.7	112.1	110.9	108.1
梅州	Meizhou	108.2	107.8	114.1	113.6	110.1	111.1	108.5	108.6
惠州	Huizhou	111.3	115.9	118.0	114.7	112.7	113.8	110.0	109.0
汕尾	Shanwei	111.5	116.0	117.0	113.7	113.3	112.2	108.9	108.1
东莞	Dongguan	119.7	119.5	110.3	108.0	106.1	109.8	107.8	108.0
中山	Zhongshan	112.4	120.9	114.0	113.1	111.3	110.0	108.0	108.4
江门	Jiangmen	110.2	112.6	114.5	113.0	108.1	109.8	107.8	108.4
阳江	Yangjiang	109.6	113.9	116.4	114.9	112.8	115.3	110.5	108.5
湛江	Zhanjiang	107.1	113.3	114.2	112.8	109.6	112.0	110.0	108.5
茂名	Maoming	111.2	114.1	114.1	110.8	110.6	113.2	110.4	108.0
肇庆	Zhaoqing	110.6	115.7	117.1	114.7	111.0	111.5	110.0	108.2
清远	Qingyuan	108.3	127.8	112.9	108.3	105.1	108.2	107.9	108.2
潮州	Chaozhou	105.6	111.4	114.1	112.9	110.6	111.1	108.2	108.3
揭阳	Jieyang	105.4	111.3	119.6	114.6	111.3	114.5	110.7	108.0
云浮	Yunfu	105.3	113.4	113.9	114.1	113.0	113.3	110.3	108.5
按经济区域分	By Region								
珠三角	Pearl River Delta	113.7	115.7	112.2	109.9	108.1	109.3	107.8	108.6
东翼	Eastern Region	106.7	111.9	114.1	111.5	110.1	110.5	109.2	108.2
西翼	Western Region	109.4	113.8	114.1	111.1	110.0	112.0	110.0	108.3
山区	Mountainous Region	108.7	115.7	113.0	110.4	108.7	108.4	108.9	107.9

注：2009年起区域生产总值增速由广东省统计局统一调整核算，以前年份增速由分市汇总计算。

Note: The GDP growth rates of 2009 are calculated by Statistics Bureau of Guangdong Province, and those of the previous years are calculated by each city.

2-17 各市第三产业增加值

Value-added of the Tertiary Industry by City

单位：亿元 (100 million yuan)

市 别	City	2000	2005	2010	2011	2012	2013	2014	2015
广 州	Guangzhou	1376.75	2978.79	6557.45	7641.92	8616.79	10026.26	10897.20	12147.49
深 圳	Shenzhen	1085.80	2298.64	5246.33	6170.20	7239.98	8280.11	9184.22	10288.28
珠 海	Zhuhai	145.14	273.58	516.43	609.38	693.86	792.36	884.57	973.00
汕 头	Shantou	193.39	264.83	467.95	552.53	614.05	663.85	721.07	809.62
佛 山	Foshan	435.03	876.52	1995.43	2223.72	2383.28	2632.03	2705.68	3028.00
#顺 德	Shunde	138.89	309.32	641.83	730.26	839.35	914.28	936.56	1035.10
韶 关	Shaoguan	73.00	138.05	304.79	366.45	413.10	465.25	521.37	567.23
河 源	Heyuan	35.87	81.93	175.68	209.65	250.81	288.54	319.33	345.75
梅 州	Meizhou	61.30	112.56	234.47	277.34	315.12	343.41	380.64	419.46
惠 州	Huizhou	121.70	273.09	613.36	764.75	892.10	1041.36	1162.27	1262.35
汕 尾	Shanwei	44.48	76.53	174.32	201.23	225.84	252.22	273.95	295.33
东 莞	Dongguan	343.64	934.78	2069.86	2336.52	2575.85	2875.25	3066.55	3332.00
中 山	Zhongshan	141.09	315.59	727.55	911.24	1027.83	1117.65	1195.26	1310.85
江 门	Jiangmen	200.73	303.66	581.35	695.30	770.43	838.48	893.12	980.80
阳 江	Yangjiang	50.21	103.32	230.19	278.80	321.28	379.30	414.30	480.59
湛 江	Zhanjiang	133.24	222.75	544.09	680.73	787.29	854.64	935.46	1017.29
茂 名	Maoming	143.73	311.83	616.18	721.71	807.37	948.15	1010.10	1058.08
肇 庆	Zhaoqing	104.93	200.36	440.60	513.46	557.16	588.25	651.26	691.49
清 远	Qingyuan	55.77	124.83	355.39	421.28	463.82	503.95	529.10	600.53
潮 州	Chaozhou	62.59	99.08	210.32	249.48	269.67	312.30	323.29	361.56
揭 阳	Jieyang	98.11	146.66	320.46	369.94	408.70	459.73	525.29	595.82
云 浮	Yunfu	42.90	65.34	138.52	162.59	194.75	221.26	230.82	260.54
按经济区域分	By Region								
珠 三 角	Pearl River Delta	3954.80	8455.01	18748.36	21866.51	24757.29	28191.76	30640.14	34014.26
东 翼	Eastern Region	398.57	587.10	1173.06	1373.18	1518.25	1688.10	1843.60	2062.32
西 翼	Western Region	327.18	637.90	1390.45	1681.24	1915.93	2182.09	2359.86	2555.96
山 区	Mountainous Region	268.84	522.71	1208.85	1437.31	1637.60	1822.42	1981.26	2193.50

2-18 各市第三产业增加值指数

Indices of Value-added of the Tertiary Industry by City

上年=100 (preceding year=100)

市别	City	2000	2005	2010	2011	2012	2013	2014	2015
广州	Guangzhou	116.3	113.3	113.6	111.3	112.0	112.0	109.4	109.4
深圳	Shenzhen	113.3	112.2	110.6	108.5	112.5	111.3	109.7	110.1
珠海	Zhuhai	108.9	109.1	107.2	111.8	112.7	109.8	108.8	110.2
汕头	Shantou	106.9	109.9	111.5	113.7	107.4	107.3	108.6	110.5
佛山	Foshan	113.6	112.3	113.1	110.8	106.4	108.6	107.3	110.7
#顺德	Shunde	116.1	115.6	105.7	112.0	115.4	107.7	107.9	110.6
韶关	Shaoguan	110.9	113.9	113.8	112.6	110.2	112.6	109.7	109.3
河源	Heyuan	112.4	117.1	113.6	112.8	110.5	110.9	106.9	109.2
梅州	Meizhou	112.6	110.9	113.2	114.8	109.7	109.3	108.2	110.6
惠州	Huizhou	108.6	117.4	110.6	116.7	111.6	112.9	107.5	108.6
汕尾	Shanwei	112.0	117.1	114.3	109.1	109.0	108.2	109.0	110.8
东莞	Dongguan	120.0	119.3	103.7	108.7	106.2	107.7	106.3	110.2
中山	Zhongshan	110.0	126.0	112.0	113.0	107.6	109.0	107.9	110.2
江门	Jiangmen	110.2	104.0	111.9	109.9	112.2	109.4	106.8	108.9
阳江	Yangjiang	111.1	120.5	116.9	113.3	111.6	110.9	106.8	107.4
湛江	Zhanjiang	110.4	114.2	116.1	117.4	111.4	114.2	107.4	109.2
茂名	Maoming	114.4	120.5	117.5	111.8	108.3	115.4	108.9	108.7
肇庆	Zhaoqing	112.2	120.2	110.5	111.4	105.2	104.2	110.2	107.8
清远	Qingyuan	120.0	118.2	117.6	112.7	106.4	108.4	104.1	111.2
潮州	Chaozhou	107.8	110.2	114.0	113.7	111.0	108.2	107.9	111.5
揭阳	Jieyang	107.2	112.0	113.0	108.9	105.8	109.1	112.0	111.3
云浮	Yunfu	104.7	111.0	112.1	110.7	115.3	110.3	108.3	113.8
按经济区域分	By Region								
珠三角	Pearl River Delta	113.9	113.7	110.4	109.7	109.7	111.2	108.2	109.8
东翼	Eastern Region	107.7	111.4	112.1	110.9	107.8	108.0	109.4	110.9
西翼	Western Region	112.3	118.2	116.7	112.9	110.0	113.6	107.9	108.7
山区	Mountainous Region	111.9	114.4	113.7	111.9	109.6	109.5	107.4	110.6

2-19 各市地区生产总值（2015年）

Gross Domestic Product by City (2015)

单位：亿元 (100 million yuan)

市别	City	地区生产总值 Gross Domestic Product	第一产业 Primary Industry	第二产业 Secondary Industry	第三产业 Tertiary Industry	#农、林、牧、渔业 Farming, Forestry, Animal Husbandry and Fishery	#工业 Industry
广州	Guangzhou	18100.41	226.84	5726.08	12147.49	245.92	5185.63
深圳	Shenzhen	17502.86	6.65	7207.94	10288.28	6.93	6742.98
珠海	Zhuhai	2025.41	45.11	1007.30	973.00	48.46	894.07
汕头	Shantou	1868.03	96.71	961.70	809.62	98.38	877.22
佛山	Foshan	8003.92	136.45	4839.47	3028.00	142.80	4675.14
#顺德	Shunde	2586.69	41.47	1510.12	1035.10	43.41	1458.99
韶关	Shaoguan	1149.98	151.68	431.06	567.23	153.27	360.33
河源	Heyuan	810.08	94.01	370.32	345.75	96.23	334.67
梅州	Meizhou	959.78	188.49	351.83	419.46	191.72	287.99
惠州	Huizhou	3140.03	151.54	1726.14	1262.35	153.39	1624.48
汕尾	Shanwei	762.06	118.04	348.70	295.33	121.78	320.24
东莞	Dongguan	6275.07	21.03	2922.05	3332.00	21.44	2840.35
中山	Zhongshan	3010.03	66.48	1632.70	1310.85	67.04	1566.89
江门	Jiangmen	2240.02	174.50	1084.73	980.80	176.68	1023.06
阳江	Yangjiang	1250.01	205.33	564.09	480.59	213.51	509.38
湛江	Zhanjiang	2380.02	454.67	908.06	1017.29	461.82	796.77
茂名	Maoming	2445.63	387.41	1000.15	1058.08	396.45	901.03
肇庆	Zhaoqing	1970.01	288.29	990.23	691.49	290.08	930.28
清远	Qingyuan	1277.86	192.52	484.80	600.53	195.42	437.46
潮州	Chaozhou	910.11	64.27	484.28	361.56	66.38	454.05
揭阳	Jieyang	1890.01	167.69	1126.51	595.82	171.20	1062.01
云浮	Yunfu	713.14	149.11	303.49	260.54	151.35	265.83
按经济区域分	By Region						
珠三角	Pearl River Delta	62267.78	1116.89	27136.63	34014.26	1152.73	25482.89
东翼	Eastern Region	5430.21	446.70	2921.19	2062.32	457.74	2713.51
西翼	Western Region	6075.66	1047.41	2472.30	2555.96	1071.78	2207.18
山区	Mountainous Region	4910.84	775.82	1941.51	2193.50	787.99	1686.28

2-19 续表 continued

单位：亿元 (100 million yuan)

市 别	City	#建筑业 Construction	#批发和零售业 Wholesale and Retail Trades	#交通运输、仓储和邮政业 Transport, Storage and Post	#住宿和餐饮业 Hotels and Catering Services	#金融业 Financial Interme-diation	#房地产业 Real Estate
广 州	Guangzhou	551.17	2697.31	1255.19	402.61	1628.71	1529.42
深 圳	Shenzhen	479.72	2022.76	540.80	338.40	2501.57	1564.41
珠 海	Zhuhai	119.95	206.86	46.51	42.38	146.80	160.32
汕 头	Shantou	86.56	294.42	42.40	47.05	50.95	82.92
佛 山	Foshan	166.36	570.69	270.47	72.60	341.73	628.94
#顺 德	Shunde	51.77	176.91	86.66	22.69	108.71	218.47
韶 关	Shaoguan	71.64	113.91	84.13	32.23	50.69	55.69
河 源	Heyuan	35.85	83.95	22.59	24.09	43.89	57.31
梅 州	Meizhou	65.00	89.61	25.44	19.10	42.54	52.28
惠 州	Huizhou	102.43	331.24	80.71	80.17	121.04	213.79
汕 尾	Shanwei	28.70	77.44	20.93	15.71	20.60	51.77
东 莞	Dongguan	88.81	758.33	205.90	147.04	401.37	529.25
中 山	Zhongshan	66.07	286.70	72.91	41.91	159.97	184.78
江 门	Jiangmen	62.02	189.97	85.91	32.26	126.31	128.99
阳 江	Yangjiang	55.00	107.29	81.26	22.68	34.19	73.62
湛 江	Zhanjiang	115.88	204.93	118.97	39.41	76.82	122.85
茂 名	Maoming	99.71	263.35	80.14	30.06	62.50	122.40
肇 庆	Zhaoqing	61.17	153.93	56.77	45.22	54.91	53.25
清 远	Qingyuan	48.48	108.49	85.90	21.42	61.08	82.06
潮 州	Chaozhou	30.23	99.09	22.97	8.51	40.02	39.64
揭 阳	Jieyang	69.20	312.95	19.70	29.07	25.14	41.03
云 浮	Yunfu	37.90	54.03	22.78	9.04	35.38	34.12
按经济区域分	By Region						
珠 三 角	Pearl River Delta	1697.70	7217.78	2615.16	1202.58	5482.41	4993.15
东 翼	Eastern Region	214.70	783.89	105.99	100.34	136.70	215.37
西 翼	Western Region	270.59	575.56	280.37	92.14	173.51	318.88
山 区	Mountainous Region	258.87	449.98	240.86	105.88	233.58	281.46

2-20 各市地区生产总值增长速度（2015年）

Growth Rates of Gross Domestic Product by City (2015)

单位：% (%)

市 别	City	地区生产总值 Gross Domestic Product	第一产业 Primary Industry	第二产业 Secondary Industry	第三产业 Tertiary Industry	#农、林、牧、渔业 Farming, Forestry, Animal Husbandry and Fishery	#工 业 Industry
广 州	Guangzhou	8.4	2.2	6.8	9.4	2.6	6.9
深 圳	Shenzhen	8.9	4.8	7.3	10.1	6.0	7.5
珠 海	Zhuhai	10.0	…	10.3	10.2	0.3	9.3
汕 头	Shantou	8.4	2.9	7.4	10.5	2.9	7.1
佛 山	Foshan	8.5	1.5	7.5	10.7	1.7	7.6
#顺 德	Shunde	8.5	1.9	7.5	10.6	2.0	7.7
韶 关	Shaoguan	6.2	4.1	3.7	9.3	4.1	4.5
河 源	Heyuan	8.1	3.6	8.1	9.2	3.7	7.4
梅 州	Meizhou	8.6	3.5	8.7	10.6	3.6	8.9
惠 州	Huizhou	9.0	4.3	9.6	8.6	4.3	9.6
汕 尾	Shanwei	8.1	4.4	7.2	10.8	4.5	7.3
东 莞	Dongguan	8.0	1.9	6.1	10.2	1.9	6.3
中 山	Zhongshan	8.4	-0.4	7.6	10.2	-0.4	7.5
江 门	Jiangmen	8.4	3.2	8.6	8.9	3.2	8.5
阳 江	Yangjiang	8.5	4.0	10.5	7.4	4.1	12.7
湛 江	Zhanjiang	8.5	3.0	10.0	9.2	3.1	9.5
茂 名	Maoming	8.0	4.0	8.6	8.7	4.1	7.8
肇 庆	Zhaoqing	8.2	3.9	9.6	7.8	3.9	9.9
清 远	Qingyuan	8.2	4.8	6.4	11.2	4.8	7.0
潮 州	Chaozhou	8.3	2.7	6.8	11.5	2.9	6.5
揭 阳	Jieyang	8.0	3.7	7.2	11.3	3.8	6.7
云 浮	Yunfu	8.5	2.9	7.0	13.8	3.0	6.5
按经济区域分	By Region						
珠三角	Pearl River Delta	8.6	2.7	7.5	9.8	2.9	7.6
东 翼	Eastern Region	8.2	3.6	7.2	10.9	3.6	6.9
西 翼	Western Region	8.3	3.6	9.5	8.7	3.7	9.5
山 区	Mountainous Region	7.9	3.8	6.7	10.6	3.9	6.9

2-20 续表 continued

单位：% (%)

市别	City	#建筑业 Construction	#批发和零售业 Wholesale and Retail Trades	#交通运输、仓储和邮政业 Transport, Storage and Post	#住宿和餐饮业 Hotels and Catering Services	#金融业 Financial Intermediation	#房地产业 Real Estate
广州	Guangzhou	5.3	7.3	7.5	1.4	14.2	6.1
深圳	Shenzhen	3.9	5.0	9.8	3.8	12.6	13.8
珠海	Zhuhai	19.1	-0.7	16.3	-0.4	23.3	8.4
汕头	Shantou	10.3	9.4	4.2	3.5	13.9	11.8
佛山	Foshan	3.4	6.9	5.9	1.7	-7.5	22.7
#顺德	Shunde	0.7	3.6	10.8	2.4	-9.0	16.1
韶关	Shaoguan	-1.4	9.3	7.5	5.8	11.8	0.6
河源	Heyuan	17.5	6.1	0.6	4.1	14.8	9.5
梅州	Meizhou	7.6	6.9	4.2	4.0	15.0	11.3
惠州	Huizhou	9.2	-4.4	15.5	5.4	19.7	5.1
汕尾	Shanwei	5.1	12.5	16.6	7.9	15.3	2.6
东莞	Dongguan	-1.1	5.2	-3.2	0.3	23.4	23.4
中山	Zhongshan	8.0	3.4	2.3	4.4	12.4	15.7
江门	Jiangmen	10.9	2.0	14.9	-1.0	10.3	8.7
阳江	Yangjiang	-10.7	3.3	-8.3	2.6	6.5	4.8
湛江	Zhanjiang	11.8	6.9	1.9	3.2	61.0	7.5
茂名	Maoming	18.5	-3.6	2.8	4.9	28.1	10.2
肇庆	Zhaoqing	4.5	12.6	6.2	8.9	8.6	7.0
清远	Qingyuan	1.5	3.8	4.8	1.1	15.9	13.1
潮州	Chaozhou	12.5	6.5	14.3	6.4	22.8	9.6
揭阳	Jieyang	15.5	11.9	13.1	9.1	12.2	5.8
云浮	Yunfu	11.5	14.4	13.9	8.2	6.7	5.5
按经济区域分	By Region						
珠三角	Pearl River Delta	5.8	5.4	7.5	2.4	12.5	12.9
东翼	Eastern Region	11.5	10.3	10.5	6.2	16.4	8.2
西翼	Western Region	8.8	0.6	0.6	3.8	36.5	7.6
山区	Mountainous Region	5.6	7.5	5.9	4.3	13.2	8.1

2-21 各市地区生产总值产业构成（2015年）

Composition of Gross Domestic Product by Industry by City (2015)

单位：%　　　　(%)

市　别	City	地区生产总值 Gross Domestic Product	第一产业 Primary Industry	第二产业 Secondary Industry	第三产业 Tertiary Industry	# 工　业 Industry
广　州	Guangzhou	100.0	1.3	31.6	67.1	28.6
深　圳	Shenzhen	100.0	…	41.2	58.8	38.5
珠　海	Zhuhai	100.0	2.2	49.7	48.1	44.1
汕　头	Shantou	100.0	5.2	51.5	43.3	47.0
佛　山	Foshan	100.0	1.7	60.5	37.8	58.4
#顺　德	Shunde	100.0	1.6	58.4	40.0	56.4
韶　关	Shaoguan	100.0	13.2	37.5	49.3	31.3
河　源	Heyuan	100.0	11.6	45.7	42.7	41.3
梅　州	Meizhou	100.0	19.6	36.7	43.7	30.0
惠　州	Huizhou	100.0	4.8	55.0	40.2	51.7
汕　尾	Shanwei	100.0	15.5	45.8	38.7	42.0
东　莞	Dongguan	100.0	0.3	46.6	53.1	45.3
中　山	Zhongshan	100.1	2.2	54.3	43.5	52.1
江　门	Jiangmen	100.0	7.8	48.4	43.8	45.7
阳　江	Yangjiang	100.0	16.4	45.1	38.5	40.7
湛　江	Zhanjiang	100.0	19.1	38.2	42.7	33.5
茂　名	Maoming	100.0	15.8	40.9	43.3	36.8
肇　庆	Zhaoqing	100.0	14.6	50.3	35.1	47.2
清　远	Qingyuan	100.0	15.1	37.9	47.0	34.2
潮　州	Chaozhou	100.0	7.1	53.2	39.7	49.9
揭　阳	Jieyang	100.0	8.9	59.6	31.5	56.2
云　浮	Yunfu	100.0	20.9	42.6	36.5	37.3
按经济区域分	By Region					
珠三角	Pearl River Delta	100.0	1.8	43.6	54.6	40.9
东　翼	Eastern Region	100.0	8.2	53.8	38.0	50.0
西　翼	Western Region	100.0	17.2	40.7	42.1	36.3
山　区	Mountainous Region	100.0	15.8	39.5	44.7	34.3

2-22 各市支出法地区生产总值（2015年）

Gross Domestic Product by Expenditure Approach by City (2015)

市别	City	支出法地区生产总值（亿元）Gross Domestic Product by Expenditure Approach (100 million yuan)	最终消费支出 Final Consumption Expenditure	资本形成总额 Gross Capital Formation	货物和服务净流出 Net Export of Goods and Services	最终消费率（消费率）(%) Final Consumption Rate (%)	资本形成率（投资率）(%) Capital Formation Rate (%)
广州	Guangzhou	18100.41	9290.78	6428.97	2380.67	51.3	35.5
深圳	Shenzhen	17502.86	7591.73	5182.47	4728.67	43.4	29.6
珠海	Zhuhai	2025.41	792.75	1757.58	-524.91	39.1	86.8
汕头	Shantou	1868.03	1149.97	684.29	33.76	61.6	36.6
佛山	Foshan	8003.92	3276.72	3088.58	1638.61	40.9	38.6
韶关	Shaoguan	1149.98	668.55	615.75	-134.32	58.1	53.5
河源	Heyuan	810.08	535.04	617.71	-342.66	66.0	76.3
梅州	Meizhou	959.78	760.03	396.25	-196.50	79.2	41.3
惠州	Huizhou	3140.03	1587.71	1700.12	-147.80	50.6	54.1
汕尾	Shanwei	762.06	462.61	500.78	-201.32	60.7	65.7
东莞	Dongguan	6275.07	3447.98	1852.75	974.34	54.9	29.5
中山	Zhongshan	3010.03	1411.60	1181.99	416.45	46.9	39.3
江门	Jiangmen	2240.02	1104.70	1030.41	104.92	49.3	46.0
阳江	Yangjiang	1250.01	506.06	725.00	18.94	40.5	58.0
湛江	Zhanjiang	2380.02	1561.80	1159.28	-341.06	65.6	48.7
茂名	Maoming	2445.63	1022.30	811.76	611.58	41.8	33.2
肇庆	Zhaoqing	1970.01	967.57	906.22	96.22	49.1	46.0
清远	Qingyuan	1277.86	823.45	703.67	-249.26	64.4	55.1
潮州	Chaozhou	910.11	608.59	287.65	13.87	66.9	31.6
揭阳	Jieyang	1890.01	1015.49	770.43	104.10	53.7	40.8
云浮	Yunfu	713.14	445.28	469.50	-201.63	62.4	65.8
按经济区域分	By Region						
珠三角	Pearl River Delta	62267.78	29471.53	23129.08	9667.17	47.3	37.1
东翼	Eastern Region	5430.21	3236.66	2243.15	-49.59	59.6	41.3
西翼	Western Region	6075.66	3090.17	2696.04	289.46	50.9	44.4
山区	Mountainous Region	4910.84	3232.34	2802.87	-1124.38	65.8	57.1

2-23　各市资本形成总额及构成（2015年）

Gross Capital Formation and Its Composition by City (2015)

市　别	City	资本形成总额（亿元）Gross Capital Formation (100 million yuan)	固定资本形成总额 Gross Fixed Capital Formation	存货增加 Change in Inventories	比重（资本形成总额=100）Proportion (gross capital formation=100) 固定资本形成总额 Gross Fixed Capital Formation	存货增加 Change in Inventories
广　州	Guangzhou	6428.97	6086.70	342.27	94.7	5.3
深　圳	Shenzhen	5182.47	4264.66	917.81	82.3	17.7
珠　海	Zhuhai	1757.58	1360.20	397.38	77.4	22.6
汕　头	Shantou	684.29	636.67	47.62	93.0	7.0
佛　山	Foshan	3088.58	2852.19	236.39	92.3	7.7
韶　关	Shaoguan	615.75	600.10	15.65	97.5	2.5
河　源	Heyuan	617.71	594.29	23.42	96.2	3.8
梅　州	Meizhou	396.25	383.90	12.35	96.9	3.1
惠　州	Huizhou	1700.12	1600.82	99.30	94.2	5.8
汕　尾	Shanwei	500.78	488.27	12.51	97.5	2.5
东　莞	Dongguan	1852.75	1589.33	263.41	85.8	14.2
中　山	Zhongshan	1181.99	1107.78	74.20	93.7	6.3
江　门	Jiangmen	1030.41	904.70	125.71	87.8	12.2
阳　江	Yangjiang	725.00	702.78	22.22	96.9	3.1
湛　江	Zhanjiang	1159.28	1095.56	63.72	94.5	5.5
茂　名	Maoming	811.76	545.50	266.26	67.2	32.8
肇　庆	Zhaoqing	906.22	849.47	56.75	93.7	6.3
清　远	Qingyuan	703.67	668.45	35.21	95.0	5.0
潮　州	Chaozhou	287.65	276.27	11.38	96.0	4.0
揭　阳	Jieyang	770.43	700.17	70.26	90.9	9.1
云　浮	Yunfu	469.50	461.63	7.87	98.3	1.7
按经济区域分	By Region					
珠 三 角	Pearl River Delta	23129.08	20615.85	2513.23	89.1	10.9
东　翼	Eastern Region	2243.15	2101.38	141.76	93.7	6.3
西　翼	Western Region	2696.04	2343.84	352.20	86.9	13.1
山　区	Mountainous Region	2802.87	2708.37	94.50	96.6	3.4

2-24 各市最终消费及构成（2015年）

Final Consumption Expenditure and Its Composition by City (2015)

市别	City	最终消费（亿元）Final Consumption Expenditure (100 million yuan)	居民消费 Household Consumption	农村居民 Rural Households	城镇居民 Urban Households	政府消费 Government Consumption	比重 Proportion 最终消费=100 Final Consumption Expenditure=100 居民消费 Household Consumption	政府消费 Government Consumption	居民消费=100 Household Consumption=100 农村居民 Rural Households	城镇居民 Urban Households
广州	Guangzhou	9290.78	6932.30	550.17	6382.13	2358.48	74.6	25.4	7.9	92.1
深圳	Shenzhen	7591.73	6203.92		6203.92	1387.80	81.7	18.3		100.0
珠海	Zhuhai	792.75	589.26	39.33	549.93	203.49	74.3	25.7	6.7	93.3
汕头	Shantou	1149.97	959.79	121.10	838.68	190.18	83.5	16.5	12.6	87.4
佛山	Foshan	3276.72	2612.08	100.91	2511.17	664.64	79.7	20.3	3.9	96.1
韶关	Shaoguan	668.55	469.06	118.64	350.42	199.49	70.2	29.8	25.3	74.7
河源	Heyuan	535.04	383.26	162.45	220.80	151.78	71.6	28.4	42.4	57.6
梅州	Meizhou	760.03	556.04	219.47	336.56	204.00	73.2	26.8	39.5	60.5
惠州	Huizhou	1587.71	1218.57	241.45	977.12	369.14	76.8	23.2	19.8	80.2
汕尾	Shanwei	462.61	379.06	123.90	255.16	83.55	81.9	18.1	32.7	67.3
东莞	Dongguan	3447.98	2934.74	286.97	2647.77	513.25	85.1	14.9	9.8	90.2
中山	Zhongshan	1411.60	1206.58	79.53	1127.05	205.01	85.5	14.5	6.6	93.4
江门	Jiangmen	1104.70	896.92	184.04	712.88	207.78	81.2	18.8	20.5	79.5
阳江	Yangjiang	506.06	362.36	131.10	231.26	143.70	71.6	28.4	36.2	63.8
湛江	Zhanjiang	1561.80	1275.85	604.71	671.14	285.95	81.7	18.3	47.4	52.6
茂名	Maoming	1022.30	759.40	305.72	453.67	262.90	74.3	25.7	40.3	59.7
肇庆	Zhaoqing	967.57	689.74	248.61	441.14	277.82	71.3	28.7	36.0	64.0
清远	Qingyuan	823.45	632.08	201.34	430.74	191.37	76.8	23.2	31.9	68.1
潮州	Chaozhou	608.59	522.74	108.79	413.95	85.86	85.9	14.1	20.8	79.2
揭阳	Jieyang	1015.49	864.72	292.28	572.45	150.77	85.2	14.8	33.8	66.2
云浮	Yunfu	445.28	323.49	112.48	211.01	121.78	72.6	27.4	34.8	65.2
按经济区域分	By Region									
珠三角	Pearl River Delta	29471.53	23284.11	1731.01	21553.11	6187.41	79.0	21.0	7.4	92.6
东翼	Eastern Region	3236.66	2726.30	646.07	2080.23	510.36	84.2	15.8	23.7	76.3
西翼	Western Region	3090.17	2397.61	1041.54	1356.07	692.55	77.6	22.4	43.4	56.6
山区	Mountainous Region	3232.34	2363.92	814.39	1549.53	868.43	73.1	26.9	34.5	65.5

2-25 各市人均地区生产总值
Per Capita Gross Domestic Product by City

单位：元 (yuan)

市别	City	2000	2005	2010	2011	2012	2013	2014	2015
广州	Guangzhou	25626	53809	87458	97588	105909	120294	128478	136188
深圳	Shenzhen	32800	60801	96184	110520	123451	137632	149495	157985
珠海	Zhuhai	27770	45320	78030	90140	95819	105834	116537	124706
汕头	Shantou	9741	12883	21330	23658	26336	28804	31201	33732
佛山	Foshan	20231	42066	79902	85650	90792	96317	101617	108299
#顺德	Shunde	22213	42382	74475	78677	85225	93491	96722	102538
韶关	Shaoguan	7028	11608	24050	28760	31702	35239	38386	39380
河源	Heyuan	3826	7483	15592	17961	20344	22828	25208	26401
梅州	Meizhou	4728	7670	14447	16346	17536	18742	20529	22155
惠州	Huizhou	13877	21909	38650	45371	51130	57716	63657	66231
汕尾	Shanwei	5262	7419	15487	18261	20576	22560	23928	25283
东莞	Dongguan	13679	33287	53193	57913	60907	66440	70605	75616
中山	Zhongshan	15077	36435	60888	70063	77694	83804	88682	94030
江门	Jiangmen	12851	19546	35622	41063	42028	44546	46237	49608
阳江	Yangjiang	7377	12717	26525	31508	36164	42413	46938	49894
湛江	Zhanjiang	6231	10243	20110	24414	26408	28999	31420	32933
茂名	Maoming	7981	12729	25154	29400	32344	36243	38951	40324
肇庆	Zhaoqing	7422	11890	28052	33754	36999	41811	45795	48670
清远	Qingyuan	5003	9079	23665	27119	27537	29217	31477	33392
潮州	Chaozhou	7444	11215	21136	24212	26296	28981	31301	33954
揭阳	Jieyang	6001	7417	17191	20746	23469	26867	29600	31255
云浮	Yunfu	6399	8664	17079	20274	22197	25111	27252	29078
按经济区域分	By Region								
珠三角	Pearl River Delta	20280	40336	69002	77689	84434	93548	100448	107011
东翼	Eastern Region	7294	9729	18829	21792	24327	27070	29393	31426
西翼	Western Region	7099	11608	23060	27446	30231	33908	36770	38461
山区	Mountainous Region	5344	8838	18872	21882	23530	25745	28047	29583

注：2009年以后区域人均生产总值增速由广东省统计局统一调整核算，以往年份增速由分市汇总计算。

Note: The growth rates after per capital GDP after 2009 are calculated by Statistics Bureau of Guangdong Province, and those of the previous years are calculated by each city.

2-26 各市人均地区生产总值指数

Indices of Per Capita Gross Domestic Product by City

上年=100 (preceding year=100)

市 别	City	2000	2005	2010	2011	2012	2013	2014	2015
广 州	Guangzhou	108.3	114.3	106.1	107.5	110.0	110.8	107.6	106.0
深 圳	Shenzhen	105.2	111.6	107.8	107.3	109.1	109.7	107.6	105.2
珠 海	Zhuhai	104.9	110.3	111.1	110.4	106.6	110.1	109.3	108.6
汕 头	Shantou	104.5	110.3	107.8	108.0	108.9	109.3	108.3	107.7
佛 山	Foshan	106.3	117.8	109.0	108.5	107.6	109.3	107.7	107.5
#顺 德	Shunde	108.0	116.4	102.4	109.4	111.0	109.7	107.4	107.6
韶 关	Shaoguan	111.8	108.7	113.2	112.1	109.3	111.3	108.8	105.5
河 源	Heyuan	111.9	118.3	110.7	110.7	110.7	111.1	109.9	107.4
梅 州	Meizhou	108.9	106.4	112.9	112.4	109.5	110.6	108.2	108.2
惠 州	Huizhou	107.7	113.0	112.5	111.2	111.8	113.0	109.4	108.4
汕 尾	Shanwei	110.2	113.3	116.6	113.3	112.8	111.6	108.3	107.4
东 莞	Dongguan	106.6	119.4	105.4	105.4	105.7	109.4	107.4	108.4
中 山	Zhongshan	105.4	120.6	108.3	109.9	110.7	109.4	107.4	107.8
江 门	Jiangmen	108.8	112.1	112.4	111.7	107.7	109.4	107.5	108.1
阳 江	Yangjiang	109.6	112.7	114.9	113.2	111.8	114.5	109.9	107.8
湛 江	Zhanjiang	106.0	111.3	113.5	111.7	108.8	111.2	109.2	108.0
茂 名	Maoming	110.5	112.0	115.1	110.8	109.3	111.9	109.7	107.4
肇 庆	Zhaoqing	109.9	114.1	115.3	113.0	110.2	110.5	109.3	107.7
清 远	Qingyuan	108.8	124.8	112.3	107.4	104.2	107.5	107.1	107.6
潮 州	Chaozhou	104.3	110.7	112.5	111.7	110.0	110.5	107.8	109.8
揭 阳	Jieyang	103.0	110.2	118.5	113.6	110.6	113.8	109.9	107.5
云 浮	Yunfu	105.1	111.9	113.3	113.0	111.7	112.2	109.6	107.8
按经济区域分	By Region								
珠 三 角	Pearl River Delta	107.2	114.6	107.3	107.1	107.4	108.6	107.0	107.1
东 翼	Eastern Region	104.7	110.6	112.6	110.3	109.5	109.9	108.5	107.9
西 翼	Western Region	108.6	111.8	113.9	110.4	109.0	111.0	109.3	107.7
山 区	Mountainous Region	109.2	113.4	112.3	109.4	107.8	107.6	108.2	107.3

2-27 各市人均地区生产总值指数

Indices of Per Capita Gross Domestic Product by City

2000年=100 (2000=100)

市 别	City	2000	2005	2010	2011	2012	2013	2014	2015
广 州	Guangzhou	100.0	194.0	285.1	306.4	336.9	373.4	401.8	426.0
深 圳	Shenzhen	100.0	174.5	261.4	280.4	305.9	335.6	361.2	379.9
珠 海	Zhuhai	100.0	163.0	262.9	290.3	309.3	340.4	372.2	404.1
汕 头	Shantou	100.0	130.5	203.3	219.5	239.2	261.5	283.1	305.0
佛 山	Foshan	100.0	191.4	332.3	360.7	387.9	424.2	456.8	491.0
#顺 德	Shunde	100.0	189.1	294.9	322.6	357.9	392.8	421.8	454.0
韶 关	Shaoguan	100.0	155.9	289.6	324.6	354.8	395.0	429.7	453.5
河 源	Heyuan	100.0	179.3	361.6	400.2	443.1	492.1	541.0	581.2
梅 州	Meizhou	100.0	147.9	245.6	276.0	302.1	334.0	361.2	390.8
惠 州	Huizhou	100.0	156.7	262.6	292.0	326.4	368.8	403.5	437.3
汕 尾	Shanwei	100.0	158.1	318.8	361.2	407.2	454.6	492.1	528.7
东 莞	Dongguan	100.0	230.2	350.5	369.4	390.4	427.1	458.9	497.5
中 山	Zhongshan	100.0	228.6	348.6	383.2	424.2	464.2	498.5	537.4
江 门	Jiangmen	100.0	153.4	263.2	294.0	316.7	346.3	372.3	402.5
阳 江	Yangjiang	100.0	163.5	304.5	344.6	385.2	441.2	484.7	522.4
湛 江	Zhanjiang	100.0	146.8	258.6	288.8	314.3	349.6	381.6	412.1
茂 名	Maoming	100.0	158.9	280.2	310.5	339.4	379.9	416.6	447.4
肇 庆	Zhaoqing	100.0	160.3	319.1	360.7	397.4	439.2	480.0	517.0
清 远	Qingyuan	100.0	181.2	394.2	423.4	441.1	474.0	507.9	546.4
潮 州	Chaozhou	100.0	151.6	267.0	298.3	328.3	362.8	391.1	429.2
揭 阳	Jieyang	100.0	125.8	261.8	297.5	328.9	374.2	411.3	442.1
云 浮	Yunfu	100.0	139.9	254.8	288.0	321.7	360.9	395.7	426.5
按经济区域分	By Region								
珠 三 角	Pearl River Delta	100.0	187.6	291.1	311.8	335.0	363.7	389.4	416.9
东 翼	Eastern Region	100.0	135.3	239.4	264.1	289.1	317.7	344.8	372.1
西 翼	Western Region	100.0	154.9	273.3	301.6	328.6	364.8	398.7	429.4
山 区	Mountainous Region	100.0	158.5	299.7	327.8	353.5	380.5	411.7	441.6

2–28 全省生产性服务业增加值

Value-added of Productive Service Industry

单位：亿元 (100 million yuan)

分行业	By Sector	增加值 Value-added		指数(上年=100) Indices(Preceding Year=100)	
		2014	2015	2014	2015
合　计	**Total**	**17621.58**	**19551.98**	**109.0**	**110.1**
研发设计与其他技术服务	Scientific Research Services	894.20	1052.63	114.4	116.9
货物运输、仓储和邮政快递服务	Transport, Storage and Postal Services	1890.52	2058.44	111.5	105.3
信息服务	Information Services	1968.84	2289.07	108.3	109.8
金融服务	Finance Services	3046.39	4556.38	108.9	124.5
节能与环保服务	Energy Conservation and Environment Protection Services	319.86	392.67	107.4	123.7
生产性租赁服务	Productive Leasing Services	118.85	136.78	107.1	112.0
商务服务	Business Services	2217.67	2182.59	111.5	107.6
人力资源管理与培训服务	Human Resource Services	647.93	767.23	108.5	117.7
批发经纪代理服务	Wholesale Services	4345.85	3798.43	107.4	101.8
生产性支持服务	Productive Support Services	2171.47	2317.75	107.2	106.6

注：考虑到可操作性，表中数据计算范围相对宽泛，生产性服务业所涉及的国民经济行业小类除货币银行服务外，其他全部计入生产性服务业。

Note: In consideration of operability, the data scope in this table are relatively broad. All of the small class of national economic industry classification relative to productive service industry are Included in the calculation excluding the industry of money and banking.

主要统计指标解释

国内（地区）生产总值 指按市场价格计算的一个国家（或地区）所有常住单位在一定时期内生产活动的最终成果。国内（地区）生产总值有三种计算方法，即生产法、收入法和支出法。三种方法分别从不同的方面反映国为生产总值及其构成。

三次产业 三次产业的划分是世界上较为常用的产业结构分类，但各国的划分不尽一致。根据《国民经济行业分类》（GB/T 4754—2011），我国的三产产业划分是：

第一产业是指农、林、牧、渔业（不含农、林、牧、渔服务业）。

第二产业是指采矿业（不含开采辅助活动），制造业（不含金属制品、机械和设备修理业），电力、热力、燃气及水生产和供应业，建筑业。

第三产业即服务业，是指除第一产业、第二产业以外的其他行业。

劳动者报酬 指劳动者从事生产活动所获得的全部报酬。包括劳动者获得的各种形式的工资、奖金和津贴，既有货币形式的，也有实物形式的，还包括劳动者所享受的公费医疗和医药卫生费、上下班交通补贴、单位支出的社会保险费、住房公积金等。

生产税净额 指生产税减生产补贴后的余额。生产税指政府对生产单位从事生产、销售和经营活动以及因从事生产活动使用某些生产要素（如固定资产、土地、劳动力）所征收的各种税、附加费和规费。生产补贴与生产税相反，指政府对生产单位的单方面转移支付，因此视为负生产税，包括政策性亏损补贴、价格补贴等。

固定资产折旧 指一定时期内为弥补固定资产损耗按照规定的固定资产折旧率提取的固定资产折旧，或按国民经济核算统一规定的折旧率虚拟计算的固定资产折旧。它反映了固定资产在当期生产中的转移价值。各类企业和企业化管理的事业单位的固定资产折旧是指实际计提的折旧费；不计提折旧的政府机关、非企业化管理的事业单位和居民住房的固定资产折旧是按照统一规定的折旧率和固定资产原值计算的虚拟折旧。原则上，固定资产折旧应按固定资产的重置价值计算，但是目前我国尚不具备对全社会固定资产进行重估价的基础，所以暂时还不能采用上述办法。

营业盈余 指常住单位创造的增加值扣除劳动者报酬、生产税净额和固定资产折旧后的余额。它相当于企业的营业利润加上生产税补贴，但要扣除从利润中开支的工资和福利等。

支出法国内（地区）生产总值 是从最终使用的角度反映一个国家（或地区）一定时期内生产活动最终成果的一种方法，包括最终消费支出、资本形成总额及货物和服务净出口三部分。计算公式为：

支出法国内（地区）生产总值=最终消费支出+资本形成总额+货物和服务净出口

最终消费支出 指常住单位为满足物质、文化和精神生活的需要，从本国经济领土和国外购买的货物和服务的支出。不包括非常住单位在本国经济领土内的消费支出。最终消费支出分为居民消费支出和政府消费支出。

居民消费支出 指常住住户在一定时期内对于货物和服务的全部最终消费支出。居民消费支出除了直接以货币形式购买的货物和服务的消费之外，还包括以其他方式获得的货物和服务的消费，即所谓的虚拟消费支出。居民虚拟消费支出包括如下几种类型：单位以实物报酬及实物转移的形式提供给劳动者的货物和服务；住户生产并由本住户消费发的货物和服务，其中的服务仅指住户的自有住房服务和付酬的家庭雇员提供的家庭和个人服务；金融机构提供的金融媒介服务等。

政府消费支出 指政府部门为全社会提供公共服务的消费支出和免费或以较低价格向住户提供的货物和服务的净支出。前者等于政府服务的产出价值减去政府单位所获得的经营收入后的价值，后者等于政府部门免费或以较低价格向住户提供的货物和服务的市场价值减去向住户收取的价值。

资本形成总额 指常住单位在一定时期内获得的减去处置的固定资产和存货的净额，包括固定资本形成总额和存货变动两部分。

固定资本形成总额 指生产者在一定时期内获得的固定资产减处置的固定资产的价值总额。固定资产是通过生产活动生产出来的，且其使用年限在一年以上、单位价值在规定标准以上的资产，不包括自然资产。可分为有形固定资本形成总额和无形固定资本形成总额。有形固定资本形成总额包括一定时期内完成的建筑工程、安装工程、设备工器具购置（减处置）价值，以及土地改良、新增役、种、奶、毛、娱乐用牲畜和新增经济林木价值。无形固定资本形成总额包括矿藏的勘探、计算机软件等获得减处置的价值。

存货变动 指常住单位存货实物量变动的市场价值，即期末价值减期初价值的差额，再扣除当期由于价格变动而产生的持有收益。存货增加可以是正值，也可以是负值；正值表示存货上升，负值表示存货下降。存货包括生产单位购进的原材料、燃料和储备物资等存货，以及生产单位生产的产成品、在制品和半成品等存货。

货物和服务净流出 指货物和服务流出减货物和服务流入的差额。流出包括常住单位向非常住单位出售或无偿转让的各种货物和服务的价值；流入包括常住单位从非常住单位购买或无偿得到的各种货物和服务价值。由于服务活动的提供与使用同时发生，一般把常住单位从非常住单位得到的服务作为流入，非常住单位从常住单位得到的服务作为流出。货物的流出和流入都按离岸价格计算。

生产性服务业 是指为生产活动提供的研发设计与其他技术服务、货物运输仓储和邮政快递服务、信息服务、金融服务、节能与环保服务、生产性租赁服务、商务服务、人力资源管理与培训服务、批发经纪代理服务、生产性支持服务。分类执行国家统计局《生产性服务业分类（2015）》标准。

Explanatory Notes on Main Statistical Indicators

Gross Domestic (Regional) Product refers to the final products at market prices produced by all resident units in a country (or a region) during a certain period of time. It is calculated with three approaches, i.e. production approach, income approach and expenditure approach, which reflect gross domestic product and its composition from different aspects.

Three Strata of Industry Classification of economic activities into three strata of industry is a common practice in the world, although the grouping varies to some extent from country to country. In China, according to Industrial classification for National Economic Activities (GB/T 4754—2011), economic activities are categorized into the following three strata of industry:Primary industry refers to agriculture, forestry, animal husbandry and fishery and services in support of these industries.

Secondary industry refers to mining and quarrying(not including support activities for mining), manufacturing(not including repair service of metal products, machinery and equipment), production and supply of electricity, heat, gas and water, and construction.

Tertiary industry refers to all other economic activities not included in the primary or secondary industries.

Compensation of Employees refers to the total payment of various forms to employees for the productive activities they are engaged in. It includes wages, bonuses and allowances, which the employees earn in cash or in kind. It also includes the free medical services provided to the employees and the medicine expenses, transport subsidies and social insurance, and housing fund paid by the employers.

Net Taxes on Production refers to the residual of the taxes on production minus the subsidies on production. The taxes on production refers to the various taxes, extra charges and fees levied on the production units on their production, sale and business activities as well as on some factors of production, such as fixed assets, land and labor force, used in the production activities they are engaged in. In contrast to the taxes on production, the subsidies on production refer to the unilateral transfer of part of the government's revenue to the production units and are therefore regarded as negative taxes on production. They include subsidies on the loss due to implementation of government policies and price subsidies, etc.

Depreciation of Fixed Assets refers to the depreciation of fixed assets of a given period, drawn in accordance with the stipulated depreciation rate for the purpose of compensating the wear loss of the fixed assets or the depreciation of fixed assets calculated in a fictitious way in accordance with the stipulated unified depreciation rate in the national economic accounting system. It reflects the value of transfer of the fixed assets in the production of the current period. The depreciation of fixed assets in various enterprises and institutions managed as enterprises refers to the depreciation expenses actually drawn and calculated as part of the cost. In government agencies and institutions not managed as enterprises which do not draw the depreciation expenses, as well as for the houses of residents, the depreciation of fixed assets is the imputed depreciation, which is calculated in accordance with the stipulated unified depreciation rate and the original value of the fixed assets. In principle, the depreciation of fixed assets should be calculated on the basis of the repurchase value of the fixed assets. However, there is no actual condition to reevaluate all the fixed assets in China. Therefore, the above-mentioned methods are temporarily adopted at present.

Operating Surplus refers to the balance of the value-added created by the resident units deducting the laborers' remuneration, net taxes on production and the depreciation of fixed assets. It is equivalent to the business profit of the enterprises plus subsidies on production, but the wages and welfare expenses paid from the profits should be deducted.

Gross Domestic (Regional) Product Calculated by Expenditure Approach refers to the method of measuring the final results of production activities of a country (region) during a given period from the perspective of final uses. It includes final consumption expenditure, gross capital formation and net export of goods and services. The formula for computation is:

GDP by expenditure approach = final consumption expenditure + gross capital formation + net export of goods and services

Final Consumption Expenditure refers to the total expenditure of resident units for purchases of goods and services from both the domestic economic territory and abroad to meet the needs of material, cultural and spiritual life. It does not include the expenditure of non-resident units on consumption in the economic territory of the country. The final consumption expenditure is broken down into household consumption expenditure and government consumption expenditure.

Household Consumption Expenditure refers to the total expenditure of resident households on the final consumption of goods and services. In addition to the consumption of goods and services bought by the households directly with money, the household consumption expenditure also includes expenditure on goods and services obtained by the households in other ways, i.e. the so-called imputed consumption expenditure, which includes the following: (a) the goods and services provided to households by employers in the form of payment in kind and transfer in kind; (b) goods and services produced and consumed by the households themselves, in which the services refer to the owner-occupied housing and services offered by paid family employees; (c) financial intermediate services provided by financial institution.

Government Consumption Expenditure refers to the consumption expenditure spent for the provision of public services provided by the government to the whole country and the net expenditure on the goods and services provided by the government to households free of charge or at reduced prices. The former equals to the output value of the government services minus the value of operating income obtained by the government departments. The latter equals to the market value of the goods and services provided by the government free of charge or at reduced prices to the households minus the value received by the government from the households.

Gross Capital Formation refers to the fixed assets acquired less disposals and the net value of inventory, thus including gross fixed capital formation and changes in inventories.

Gross Fixed Capital Formation refers to the value of acquisitions less those disposals of fixed assets during a given period. Fixed assets are the assets produced through production activities with unit value above a specified amount and which could be used for over one year. Natural assets are not included. Gross fixed capital formation can be categorized into total tangible fixed capital formation and total intangible fixed capital formation. Total tangible fixed capital formation includes the value of the construction projects and installation projects completed and the equipment, apparatus and instruments purchased (less those disposed) as well as the value of land improved, the value of draught animals, breeding stock and animals for milk, for wool and for recreational purposes and the newly increased forest with economic value. Total intangible fixed capital formation includes the prospecting of minerals and the acquisition of computer software minus the disposal of them.

Changes in Inventories refers to the market value of the change in the physical volume of inventory of resident units during a given period, i.e. the difference between the values at the beginning and at the end of the period minus the gains due to the change in prices. The changes in inventories can have a positive or a negative value. A positive value indicates an increase in inventory while a negative value indicates a decrease in inventory. The inventory includes raw materials, fuels and reserve materials purchased by the production units as well as theinventory of finished products, semi-finished products and work-in-progress.

Net Export of Goods and Services refers to the exports of goods and services subtracting the imports of goods and services. Exports include the value of various goods and services sold or gratuitously transferred by resident units to non-resident units. Imports include the value of various goods and services purchased or gratuitously acquired resident units from non-resident units. Because the provision of services and the use of them happen simultaneously, the acquisition of services by resident units from abroad is usually treated as import while the acquisition of services by non-resident units in this country is usually treated as export. The exports and imports of goods are calculated at FOB.

Productive Service Industry refers to the production activities to provide R&D design and other technical services, transport, storage and postal services, information services, financial services, energy saving and environmental protection services, production of leasing services, business services, human resource management and training services, wholesale brokerage services, production support services. The classification implemented the Production Service Industry Classification (2015) developed by NBS.

三、人口

POPULATION

三 人口

简要说明

一、本篇资料反映广东人口发展变化基本情况，主要内容包括：

1. 年末常住人口、性别比例、年龄比例、城镇人口比例以及人口出生率、人口死亡率和人口自然增长率。数据由广东省统计局根据人口普查、1%人口抽样调查或年度人口变动情况抽样调查推算所得。

2. 1990-2009 年年末常住人口数、出生率、死亡率以及自然增长率，除人口普查和 1%人口抽样调查年份直接推算外，其余年份数据均已按人口普查和 1%人口抽样调查结果作平滑调整。

3. 户籍总人口、按性别分以及迁移人口等，数据来源于广东省公安厅人口统计年报。

二、本资料由广东省统计局人口和就业统计处整理提供。

3 Population

Brief Introduction

Ⅰ. The data in this chapter show the basic conditions of development and changes of population in Guangdong, including mainly:

（1）Permanent population at the year-end, proportion of population by sex, proportion of population by age, proportion of urban population, birth rate, death rate and natural growth rate of population. The data are estimated by Guangdong Provincial Bureau of Statistics on the basis of population censuses, the one percent sample survey on population， or annual sample surveys on population changes.

（2）Permanent population at the year-end, birth rate, death rate and natural growth rate of population from 1990 to 2009 result from smooth adjustment on population census and national one-percent sample survey on population with the exceptions of 1990 and 2000 data, which are direct estimates from the result of population censuses and 1996.

（3）The total population with residence registration, population by sex, by agricultural and non-agricultural population, and migrant population are obtained from the annual reports of population of Guangdong Provincial Department of Public Security.

Ⅱ. The date in this chapter are prepared and provided by the Division of Population and Employment Statistics of Statistics Bureau of Guangdong Province.

3-1 人口主要指标
Main Population Indicators

项 目	Item	2000	2010	2013	2014	2015
年末常住人口 （万人）	**Permanent Population at the Year-end (10000 persons)**	**8650.03**	**10440.94**	**10644.00**	**10724.00**	**10849.00**
男性比例 (%)	Proportion of Male Population (%)	50.9	52.1	52.1	52.9	52.3
女性比例 (%)	Proportion of Female Population (%)	49.1	47.9	47.9	47.1	47.7
0−14岁人口比例 (%)	Proportion of Population Aged 0-14 (%)	24.17	16.90	14.64	15.38	17.37
15−64岁人口比例 (%)	Proportion of Population Aged 15-64 (%)	69.78	76.30	77.19	76.35	74.15
65岁及以上人口比例(%)	Proportion of Population Aged 65 And Over (%)	6.05	6.80	8.17	8.27	8.48
城镇人口比例 (%)	Proportion of Urban Population (%)	55.00	66.17	67.76	68.00	68.71
人口密度（人/平方公里）	Population Density (person/sq.km.)	486	581	592	597	604
户籍人口	**Population with Residence Registration**					
年末总户数 （万户）	Total Households at the Year-end (10000 households)	1901.91	2296.61	2360.29	2388.47	2415.90
年末总人口 （万人）	Total Population at the Year-end(10000 persons)	7498.54	8521.55	8759.46	8886.88	9008.38
性别比 (女=100)	Sex Ratio (female=100)	106.7	106.2	106.3	106.2	106.1
人口变动情况 (‰)	**Status of Population Changes (‰)**					
出生率	Birth Rate	12.91	11.18	10.71	10.80	11.12
死亡率	Death Rate	4.77	4.21	4.69	4.70	4.32
自然增长率	Natural Growth Rate	8.14	6.97	6.02	6.10	6.80
迁入率	Immigration Rate	16.59	12.07	11.25	10.60	8.34
迁出率	Emigration Rate	12.94	8.35	8.94	7.74	7.45
总迁移率	Total Migration Rate	29.53	20.42	20.19	18.34	15.79
净迁移率	Net Migration Rate	3.65	3.72	2.32	2.85	0.89
跨省净迁移率	Net Cross-Provincial Migration Rate	1.01	2.52	2.14	2.12	0.80

3-2 年末户籍总人口

Total Population with Residence Registration at the Year-end

单位：万人、% (10000 persons，%)

年份 Year	总人口 Total Population	按性别分 By Sex 男 Male 人口数 Total Population	比例 Proportion	女 Female 人口数 Total Population	比例 Proportion	人口密度 (人/平方公里) Population Density (person/sq.km.)
1978	5064.15	2586.68	51.1	2477.47	48.9	285
1980	5227.67	2671.28	51.1	2556.39	48.9	294
1982	5415.35	2771.86	51.2	2643.49	48.8	304
1983	5494.12	2818.92	51.3	2675.20	48.7	309
1984	5576.62	2865.90	51.4	2710.72	48.6	313
1985	5655.60	2909.52	51.4	2746.08	48.6	318
1986	5740.70	2955.68	51.5	2785.02	48.5	323
1987	5832.15	3003.09	51.5	2829.06	48.5	328
1988	5928.31	3053.50	51.5	2874.81	48.5	333
1989	6024.98	3106.37	51.6	2918.61	48.4	338
1990	6246.32	3213.20	51.4	3033.12	48.6	353
1991	6348.95	3266.26	51.4	3082.69	48.6	363
1992	6463.17	3327.67	51.5	3135.50	48.5	373
1993	6581.60	3390.37	51.5	3191.23	48.5	386
1994	6691.46	3450.68	51.6	3240.78	48.4	401
1995	6788.74	3501.19	51.6	3287.55	48.4	411
1996	6896.77	3559.54	51.6	3337.23	48.4	421
1997	7013.73	3620.32	51.6	3393.41	48.4	433
1998	7115.65	3676.95	51.7	3438.70	48.3	444
1999	7298.88	3769.70	51.6	3529.18	48.4	457
2000	7498.54	3871.13	51.6	3627.41	48.4	486
2001	7565.33	3905.28	51.6	3660.05	48.4	486
2002	7649.29	3948.25	51.6	3701.04	48.4	492
2003	7723.42	3989.24	51.7	3734.18	48.3	499
2004	7804.75	4025.87	51.6	3778.88	48.4	507
2005	7899.64	4080.74	51.7	3818.90	48.3	511
2006	8048.71	4154.03	51.6	3894.68	48.4	525
2007	8156.05	4204.47	51.6	3951.58	48.4	537
2008	8267.09	4263.24	51.6	4003.85	48.4	550
2009	8365.98	4309.11	51.5	4056.87	48.5	563
2010	8521.55	4388.61	51.5	4132.94	48.5	581
2011	8637.19	4445.48	51.5	4191.71	48.5	584
2012	8635.89	4448.45	51.5	4187.44	48.5	590
2013	8759.46	4513.51	51.5	4245.95	48.5	592
2014	8886.88	4577.10	51.5	4309.78	48.5	597
2015	9008.38	4637.13	51.5	4371.25	48.5	604

注：1．人口密度数为常住人口的人口密度。

2．2006—2009年年末常住人口根据2010年第六次全国人口普查快速汇总数据进行平滑调整，人口密度也作了相应的调整。

Note: a)The population density refers to that of the permant population.

b)Figures of permanent population at the year-end from 2006 to 2009 have been adjusted in accordance with the flash sums of the 6th National Population Cescus in 2010. Figures of population density have been adjusted accordingly.

3-3 人口自然变动情况

Status of Natural Population Changes

单位：万人、‰ (10000 persons, ‰)

年 份 Year	出 生 Birth		死 亡 Death		自然增长 Natural Growth	
	出生人数 Number of Birth	出生率 Birth Rate	死亡人数 Number of Death	死亡率 Death Rate	自然增长人数 Number of Natural Growth	自然增长率 Rate of Natural Growth
1978	111.23	22.14	27.35	5.44	83.88	16.70
1980	118.31	22.82	28.40	5.48	89.91	17.34
1982	123.98	23.09	31.79	5.92	92.19	17.17
1983	114.55	21.00	34.47	6.32	80.08	14.68
1984	114.86	20.75	34.37	6.21	80.49	14.54
1985	115.70	20.60	35.53	6.33	80.17	14.27
1986	126.23	22.15	32.48	5.70	93.75	16.45
1987	128.00	22.12	32.98	5.70	95.02	16.42
1988	122.90	20.90	29.81	5.07	93.09	15.83
1989	121.15	20.27	34.25	5.73	86.90	14.54
1990	140.11	22.26	36.25	5.76	103.86	16.50
1991	131.31	20.40	38.04	5.91	93.27	14.49
1992	125.17	18.92	40.00	6.05	85.17	12.87
1993	120.00	17.59	38.00	5.57	82.00	12.02
1994	121.00	17.11	38.00	5.37	83.00	11.74
1995	123.54	16.93	38.91	5.33	84.63	11.60
1996	124.80	16.69	42.11	5.63	82.69	11.06
1997	118.40	15.43	37.83	4.93	80.57	10.50
1998	117.00	14.84	40.00	5.07	77.00	9.77
1999	110.00	13.57	39.00	4.81	71.00	8.76
2000	108.85	12.91	40.21	4.77	68.64	8.14
2001	107.99	12.42	39.63	4.56	68.36	7.86
2002	103.94	11.82	39.73	4.52	64.21	7.30
2003	108.00	12.13	41.98	4.71	66.02	7.42
2004	106.73	11.81	41.62	4.60	65.11	7.21
2005	107.11	11.70	42.24	4.68	64.87	7.02
2006	108.96	11.69	41.53	4.46	67.43	7.24
2007	112.00	11.73	44.00	4.61	68.00	7.12
2008	112.00	11.46	43.00	4.40	69.00	7.06
2009	113.00	11.29	43.00	4.29	70.00	6.99
2010	115.00	11.18	43.27	4.21	71.73	6.97
2011	109.44	10.45	45.56	4.35	63.88	6.10
2012	122.37	11.60	49.06	4.65	73.31	6.95
2013	113.73	10.71	49.80	4.69	63.93	6.02
2014	115.39	10.80	50.21	4.70	65.18	6.10
2015	119.95	11.12	46.60	4.32	73.35	6.80

注：2006—2009年年末常住人口根据2010年第六次全国人口普查快速汇总数据进行平滑调整，出生率、死亡率、自然增长率也作了相应的调整。

Note: Figures of permanent population at the year-end from 2006 to 2009 have been adjusted in accordance with the flash sums of the 6th National Population Census in 2010. Figures of birth rate, death rate, natural growth rate have been adjusted accordingly.

3-4 户籍人口迁移变动情况
Status of Migrant Changes

单位：万人、‰ (10000 persons, ‰)

年份 Year	迁入 Immigration		迁出 Emigration		总迁移 Total Migration		净迁移 Net Migration	
	迁入人数 Number of Immigration	迁入率 Immigration Rate	迁出人数 Number of Emigration	迁出率 Emigration Rate	总迁人数 Total Number of Migration	总迁移率 Total Migration Rate	净迁移人数 Net Number of Migration	净迁移率 Net Migration Rate
1978	81.83	16.29	75.58	15.04	157.41	31.33	6.25	1.25
1980	91.45	17.64	82.09	15.83	173.54	33.47	9.36	1.81
1982	71.63	13.34	65.06	12.11	136.69	25.45	6.57	1.23
1983	66.26	12.14	59.35	10.88	125.61	23.02	6.91	1.26
1984	92.30	16.67	83.31	15.05	175.61	31.72	8.99	1.62
1985	100.10	17.82	84.90	15.12	185.00	32.94	15.20	2.70
1986	85.61	15.02	70.83	12.43	156.44	27.45	14.78	2.59
1987	92.89	16.05	73.26	12.66	166.15	28.71	19.63	3.39
1988	93.82	15.96	73.46	12.49	167.28	28.45	20.36	3.47
1989	95.26	15.94	73.87	12.36	169.13	28.30	21.39	3.58
1990	94.39	15.38	77.07	12.56	171.46	27.94	17.32	2.82
1991	97.23	15.44	83.74	13.30	180.97	28.74	13.49	2.14
1992	135.89	21.21	108.39	16.92	244.28	38.13	27.50	4.29
1993	158.20	24.25	128.06	19.63	286.26	43.88	30.14	4.62
1994	140.93	21.24	115.72	17.44	256.65	38.68	25.21	3.80
1995	108.09	16.04	89.74	13.31	197.83	29.35	18.35	2.73
1996	113.47	16.58	88.88	12.99	202.35	29.57	24.59	3.59
1997	130.94	18.83	98.90	14.22	229.84	33.05	32.04	4.61
1998	117.93	16.69	94.18	13.33	212.11	30.02	23.75	3.36
1999	107.68	14.94	89.13	12.37	196.81	27.31	18.55	2.57
2000	122.72	16.59	95.76	12.94	218.48	29.53	26.96	3.65
2001	109.88	14.59	92.34	12.26	202.22	26.85	17.54	2.33
2002	102.26	13.44	81.95	10.77	184.21	24.21	20.31	2.67
2003	105.27	13.70	83.22	10.83	188.49	24.53	22.05	2.87
2004	133.91	17.25	104.26	13.43	238.17	30.68	29.65	3.82
2005	107.21	13.65	70.45	8.97	177.66	22.62	36.76	4.68
2006	145.49	18.25	80.56	10.10	226.05	28.35	64.93	8.14
2007	119.95	14.80	71.67	8.85	191.62	23.65	48.28	5.96
2008	110.56	13.46	79.47	9.68	190.03	23.14	31.09	3.79
2009	96.80	11.64	64.93	7.81	161.73	19.45	31.87	3.83
2010	101.90	12.07	70.48	8.35	172.38	20.42	31.43	3.72
2011	94.47	11.01	65.37	7.62	159.84	18.63	29.10	3.39
2012	97.91	11.34	112.62	13.04	210.53	24.38	-14.70	-1.70
2013	97.86	11.25	77.72	8.94	175.58	20.19	20.14	2.32
2014	93.48	10.60	68.29	7.74	161.78	18.34	25.19	2.85
2015	74.65	8.34	66.67	7.45	141.32	15.79	7.98	0.89

3-5 各市年末常住人口数

Permanent Population at the Year-end by City

单位：万人 (10000 persons)

市 别	City	2000	2005	2010	2011	2012	2013	2014	2015
全 省	**Provincial Total**	**8650.03**	**9194.00**	**10440.94**	**10505.00**	**10594.00**	**10644.00**	**10724.00**	**10849.00**
广 州	Guangzhou	994.80	949.68	1270.96	1275.14	1283.89	1292.68	1308.05	1350.11
深 圳	Shenzhen	701.24	827.75	1037.20	1046.74	1054.74	1062.89	1077.89	1137.87
珠 海	Zhuhai	123.65	141.57	156.16	156.76	158.26	159.03	161.42	163.41
汕 头	Shantou	467.78	494.45	539.62	541.71	544.81	547.91	552.37	555.21
佛 山	Foshan	534.05	580.03	719.91	723.10	726.18	729.57	735.06	743.06
#顺 德	Shunde	169.42	195.53	246.31	247.34	248.38	249.34	251.00	253.53
韶 关	Shaoguan	273.65	292.26	283.02	285.00	286.87	289.27	290.89	293.15
河 源	Heyuan	226.78	278.24	295.82	298.18	301.01	303.76	306.32	307.35
梅 州	Meizhou	380.52	411.84	424.46	426.81	429.41	430.70	432.33	434.08
惠 州	Huizhou	321.80	370.69	460.11	463.36	467.40	470.00	472.66	475.55
汕 尾	Shanwei	245.71	279.87	293.90	295.50	296.90	298.62	300.66	302.16
东 莞	Dongguan	644.84	656.07	822.48	825.48	829.23	831.66	834.31	825.41
中 山	Zhongshan	236.47	243.46	312.27	314.23	315.50	317.39	319.27	320.96
江 门	Jiangmen	395.24	410.29	445.08	446.55	448.27	449.76	451.14	451.95
阳 江	Yangjiang	217.20	232.14	242.53	244.49	247.00	247.96	249.95	251.12
湛 江	Zhanjiang	603.43	668.95	700.38	706.92	710.92	716.71	721.24	724.14
茂 名	Maoming	524.82	584.04	582.64	588.26	596.76	601.25	604.90	608.08
肇 庆	Zhaoqing	337.69	367.60	392.22	395.14	398.23	402.21	403.58	405.96
清 远	Qingyuan	314.98	359.37	370.38	373.80	376.60	379.11	381.91	383.45
潮 州	Chaozhou	240.44	252.01	267.21	268.37	270.00	271.21	272.04	264.05
揭 阳	Jieyang	524.61	559.69	588.30	591.54	595.59	599.47	603.54	605.89
云 浮	Yunfu	215.49	233.99	236.29	237.92	241.65	242.84	244.46	246.05
按经济区域分	By Region								
珠 三 角	Pearl River Delta	4289.78	4547.14	5616.39	5646.51	5689.64	5715.19	5763.38	5874.27
东 翼	Eastern Region	1478.54	1586.02	1689.03	1697.12	1709.69	1717.21	1728.61	1727.31
西 翼	Western Region	1345.45	1485.13	1525.55	1539.67	1556.85	1565.92	1576.09	1583.35
山 区	Mountainous Region	1411.42	1575.7	1609.97	1621.70	1637.82	1645.68	1655.91	1664.07

注：1.2000年全省数据含根据普查误差率推算的漏登人口。
2.2006-2009年年末常住人口根据2010年第六次全国人口普查快速汇总数据进行平滑调整。
3.2012年各市年末常住人口与全省差额14.78万人，为难以确定常住地人口。

Note: a) Figures of permanent population of 2000 include the data of leakage population according to Population Cencus error rate.
b) Figures of permanent population from 2006 to 2009 have been adjusted in accordance with the flash sums of the 6th National Population Cencus
c) There are fourteen and forty seven thousand and eight hundred population balance between permanent population by city and provincial permanent population which are difficult to define the resident population in 2012.

3-6 各市城镇人口占常住人口的比例

Proportion of Urban Population to Permanent Population by City

单位：%　　　　(%)

市　别	City	2000	2005	2010	2011	2012	2013	2014	2015
全　省	**Provincial Total**	**55.00**	**60.68**	**66.17**	**66.50**	**67.40**	**67.76**	**68.00**	**68.71**
广　州	Guangzhou	83.79	91.51	83.78	84.13	85.02	85.27	85.43	85.53
深　圳	Shenzhen	92.46	100.00	100.00	100.00	100.00	100.00	100.00	100.00
珠　海	Zhuhai	85.48	87.90	87.65	87.80	87.82	87.85	87.87	88.07
汕　头	Shantou	67.00	72.34	68.46	69.34	69.50	69.79	69.85	70.22
佛　山	Foshan	75.06	78.39	94.09	94.86	94.87	94.88	94.89	94.94
#顺　德	Shunde	69.38	72.64	97.74	98.49	98.50	98.51	98.53	98.57
韶　关	Shaoguan	51.13	49.76	52.53	52.77	53.30	53.73	53.80	54.29
河　源	Heyuan	26.53	32.47	40.04	40.18	40.46	40.65	41.26	42.15
梅　州	Meizhou	37.21	41.63	43.01	43.27	43.57	46.00	46.90	47.79
惠　州	Huizhou	51.66	55.01	61.84	62.19	63.90	66.00	67.00	68.15
汕　尾	Shanwei	52.58	51.88	54.18	54.55	54.60	54.70	54.70	55.03
东　莞	Dongguan	60.04	73.02	88.46	88.60	88.67	88.75	88.81	88.82
中　山	Zhongshan	60.67	74.29	87.82	87.87	87.92	88.00	88.07	88.12
江　门	Jiangmen	47.08	56.78	62.30	62.80	63.20	64.10	64.20	64.84
阳　江	Yangjiang	41.92	44.09	46.81	46.97	48.00	48.80	49.05	49.91
湛　江	Zhanjiang	38.47	39.71	36.68	37.26	38.30	39.10	39.81	40.74
茂　名	Maoming	37.45	39.30	35.06	35.92	37.43	38.33	39.01	40.02
肇　庆	Zhaoqing	32.52	38.99	42.39	42.45	42.62	43.82	44.01	45.16
清　远	Qingyuan	32.60	38.46	47.54	47.65	47.93	48.00	48.30	49.07
潮　州	Chaozhou	43.41	53.62	62.75	63.15	63.15	63.15	63.41	63.80
揭　阳	Jieyang	37.91	41.15	47.31	47.60	49.00	50.03	50.53	50.89
云　浮	Yunfu	35.86	37.26	36.96	37.17	39.10	39.34	39.47	40.23
按经济区域分	By Region								
珠三角	Pearl River Delta	71.59	77.32	82.72	83.01	83.84	84.03	84.12	84.59
东　翼	Eastern Region	50.45	54.75	57.71	58.21	59.05	59.38	59.55	59.93
西　翼	Western Region	38.64	40.23	37.67	38.29	39.72	40.45	41.03	42.01
山　区	Mountainous Region	36.96	40.16	44.29	44.49	45.30	45.98	46.37	47.17

注：1. 本表2000、2005年数据按国家统计局1999年发布的《关于统计上划分城乡的规定(试行)》计算；2006年起数据按国家统计局2006年颁布的《关于统计上划分城乡的暂行规定》计算。

2. 2006—2009年年末常住人口根据2010年第六次全国人口普查快速汇总数据进行平滑调整，城镇人口占常住人口的比重也作了相应的调整。

Note: a)The 2000 and 2005 data in this table are calculated according to Interim Regulations on Statistical Classification of Urban and Rural Populationissued by National Bureau of Statistics in 1999. The 2006 data are calculated according to Provisional Regulations on Statistical Classification of Urban and Rural Population issued by National Bureau of Statistics in 2006.

b)Figures of permanent population at the year-end from 2006 to 2009 have been adjusted in accordance with the flash sums of the 6th National Population Cescus in 2010 and the proportion of urban population to permanent population is also adjusted.

3-7 各市年末户籍人口数（2015年）

Total Population with Residence Registration at the Year-end by City (2015)

单位：万人、%　　　　(10000 persons，%)

市别	City	总人口 Total Population	按性别分 By Sex 男 Male 人口数 Total Population	比例 Proportion	女 Female 人口数 Total Population	比例 Proportion
全　省	**Provincial Total**	**9008.38**	**4637.13**	**51.5**	**4371.25**	**48.5**
广　州	Guangzhou	854.19	429.33	50.3	424.86	49.7
深　圳	Shenzhen	369.64	190.46	51.5	179.18	48.5
珠　海	Zhuhai	112.45	57.30	51.0	55.15	49.0
汕　头	Shantou	550.46	276.44	50.2	274.02	49.8
佛　山	Foshan	388.97	193.12	49.6	195.85	50.4
#顺　德	Shunde	128.49	63.75	49.6	64.74	50.4
韶　关	Shaoguan	330.21	170.98	51.8	159.22	48.2
河　源	Heyuan	366.41	186.99	51.0	179.42	49.0
梅　州	Meizhou	543.79	279.83	51.5	263.96	48.5
惠　州	Huizhou	357.07	180.97	50.7	176.10	49.3
汕　尾	Shanwei	358.96	186.56	52.0	172.39	48.0
东　莞	Dongguan	195.01	98.71	50.6	96.30	49.4
中　山	Zhongshan	158.68	78.64	49.6	80.04	50.4
江　门	Jiangmen	391.41	197.17	50.4	194.24	49.6
阳　江	Yangjiang	292.12	154.60	52.9	137.52	47.1
湛　江	Zhanjiang	822.96	438.13	53.2	384.83	46.8
茂　名	Maoming	785.84	420.51	53.5	365.33	46.5
肇　庆	Zhaoqing	438.27	227.43	51.9	210.84	48.1
清　远	Qingyuan	418.51	217.21	51.9	201.30	48.1
潮　州	Chaozhou	272.80	138.09	50.6	134.71	49.4
揭　阳	Jieyang	701.68	357.83	51.0	343.85	49.0
云　浮	Yunfu	298.93	156.80	52.5	142.13	47.5
按经济区域分	By Region					
珠三角	Pearl River Delta	3265.69	1653.13	50.6	1612.56	49.4
东　翼	Eastern Region	1883.90	958.92	50.9	924.97	49.1
西　翼	Western Region	1900.92	1013.24	53.3	887.68	46.7
山　区	Mountainous Region	1957.85	1011.81	51.7	946.03	48.3

3-8 各市年末户籍迁移人口数（2015年）
Number of Migrant Population at the Year-end by City (2015)

单位：人 (person)

市别	City	迁入 Immigration		迁出 Emigration		净迁移 Net Migration	
		省内迁入 Within Guangdong	省外迁入 Outside Guangdong	迁往省内 Within Guangdong	迁往省外 Outside Guangdong	省内 Within Guangdong	省外 Outside Guangdong
全省	**Provincial Total**	**408545**	**337905**	**400076**	**266620**	**8469**	**71285**
广州	Guangzhou	52785	60038	26403	42972	26382	17066
深圳	Shenzhen	62685	130759	5213	16114	57472	114645
珠海	Zhuhai	5831	11533	3594	7112	2237	4421
汕头	Shantou	8398	4246	15248	4279	-6850	-33
佛山	Foshan	14390	12521	4946	7766	9444	4755
#顺德	Shunde	3581	4949	1414	3141	2167	1808
韶关	Shaoguan	9123	8148	22361	20525	-13238	-12377
河源	Heyuan	5636	4714	12312	3850	-6676	864
梅州	Meizhou	31382	10715	38433	41955	-7051	-31240
惠州	Huizhou	26914	17262	25535	11119	1379	6143
汕尾	Shanwei	13665	4021	22843	3945	-9178	76
东莞	Dongguan	7302	14352	2926	3554	4376	10798
中山	Zhongshan	5971	8480	1542	3939	4429	4541
江门	Jiangmen	23607	6064	27669	18344	-4062	-12280
阳江	Yangjiang	7080	2544	9368	2315	-2288	229
湛江	Zhanjiang	9899	7672	21479	29706	-11580	-22034
茂名	Maoming	21542	9018	32599	16074	-11057	-7056
肇庆	Zhaoqing	14458	4254	19979	5659	-5521	-1405
清远	Qingyuan	17704	8674	20492	5914	-2788	2760
潮州	Chaozhou	10744	1728	14669	1784	-3925	-56
揭阳	Jieyang	48897	6893	60693	15882	-11796	-8989
云浮	Yunfu	10532	4269	11772	3812	-1240	457
按经济区域分	By Region						
珠三角	Pearl River Delta	213943	265263	117807	116579	96136	148684
东翼	Eastern Region	81704	16888	113453	25890	-31749	-9002
西翼	Western Region	38521	19234	63446	48095	-24925	-28861
山区	Mountainous Region	74377	36520	105370	76056	-30993	-39536

主要统计指标解释

总人口 指一定时点、一定地区范围内有生命的个人的总和。按不同的统计范围可分为常住人口和户籍人口；统计时点通常为每年 12 月 31 日 24 时。

0-14 岁人口比例 （少年儿童人口系数或少年儿童人口比例） 指 0-14 岁的少年儿童人口与同期总人口之比，反映人口的年龄结构特征。通常以百分比表示。

15-64 岁人口比例 （成年人口系数或成年人口比例） 指 15-64 岁的成年人口与同期总人口之比，反映人口的年龄结构特征。通常以百分比表示。

65 岁及以上人口比例 （老年人口系数或老年人口比例） 指 65 岁及以上的老年人口与同期总人口之比，反映人口的老龄化程度。通常以百分比表示。

城镇人口比例 指城镇人口与同期总人口之比，反映该区域人口的城镇化水平。通常以百分比表示。

人口密度 指某一时点单位土地面积上居住的人口数。通常以每平方公里常住的人口数表示。

性别比 总人口（或分年龄人口）中男性人数与女性人数之比。通常以每 100 个女性人口相应有多少男性人口表示。

其计算公式为：性别比=男性人口数/女性人口数×100

出生率 也称粗出生率。指某一人口在一定时期（通常为一年）内活产婴儿数与同期总人口的生存人口数（或同期平均总人口、年中人口数）之比。通常以千分比表示。

死亡率 也称粗死亡率。指一定时期（通常为一年）内全部死亡人数与同期平均总人口之比，反映该时期人口的死亡强度。通常以千分比表示。

自然增长率 指一定时期（通常为一年）内人口自然增加数（出生人口减死亡人口）与同期平均总人口之比。通常以千分比表示。

迁入率（迁出率） 指一定时期（通常为一年）内迁入（迁出）人数与同期平均总人口之比。通常以千分比表示。

总迁移率 指一定时期（通常为一年）内人口迁移总量（迁入人口加迁出人口）与同期平均总人口之比。通常以千分比表示。

净迁移率 指一定时期（通常为一年）内人口迁入迁出相抵后（迁入人口减迁出人口）与同期平均总人口之比。通常以千分比表示。

跨省净迁移率 指一定时期（通常为一年）内省外迁入人口和迁往省外（含出国）人口之差与同期平均总人口之比。通常以千分比表示。

Explanatory Notes on Main Statistical Indicators

Total Population refers to the total number of people alive within a given area at a certain point of time. It can be divided into the permanent population and the population with residence registration according to different statistical coverage. The reference time of the statistics on total population is usually taken at midnight of December 31.

Proportion of Population Aged 0-14 (coefficient of child population or proportion of child population) refers to the proportion of population aged 0-14 in the total population during the same period of time. It is an indicator of age structure, usually expressed in percentage.

Proportion of Population Aged 15-64 (coefficient of adult population or proportion of adult population) refers to the proportion of population aged 15-64 in the total population during the same period of time. It is an indicator of age structure, usually expressed in percentage.

Proportion of Population Aged 65 and Over (coefficient of aged population or proportion of aged population) refers to the proportion of population aged 65 and over in the total population during the same period of time. It is an indicator of population ageing, usually expressed in percentage.

Proportion of Urban Population refers to the proportion of urban population in the total population during the same period of time. It is an indicator of population urbanization in a certain region, usually expressed in percentage.

Population Density refers to the number of people located in a given land area at a certain point of time, usually expressed in the number of permanent population per square kilometer.

Sex Ratio refers to the ratio of the male population to the female population among the total population (or population grouped by age), usually expressed in the number of males per 100 females.

The following formula is used:

Sex Ration = Number of Male Population / Number of Female Population ×100

Birth Rate (or Crude Birth Rate) refers to the ratio of live births to the total number of population alive (or average population, mid-year population) during a certain period of time (usually one year), expressed in ‰.

Death Rate (or Crude Death Rate) refers to the ratio of deaths to the average population during a certain period of time (usually one year), expressed in ‰. Death rate reflects the death intensity of the population during the same period of time.

Natural Growth Rate refers to the ratio of natural increase in population (number of births minus number of deaths) during a certain period of time (usually one year) to the average population of the same period, expressed in ‰.

Immigration Rate (Emigration Rate) refers to the ratio of the number of immigration (emigration) to the average population during a certain period of time (usually one year), expressed in ‰.

Total Migration Rate refers to the ratio of the total number of migration (number of immigration plus number of emigration) to the average population during a certain period of time (usually one year),expressed in ‰.

Net Migration Rate refers to the ratio of the net number of migration (number of immigration minus number of emigration) to the average population during a certain period of time (usually one year), expressed in ‰

Net Migration Rate across Province refers to the ratio of the number of immigration from outside the province minus the number of emigration to outside the province (including those going abroad) to the average population during a certain period of time (usually one year), expressed in ‰.

四、就业和工资

EMPLOYMENT AND WAGES

四　就业和工资

简要说明

一、本篇资料反映广东劳动就业与工资的基本情况。主要内容包括全社会就业人员数、城镇单位在岗职工人数、城镇私营企业和个体工商业就业人数、在岗职工工资总额、平均工资和城镇登记失业率等。

二、本篇资料由广东省统计局人口和就业处整理提供。

三、本篇资料主要根据国家统计调查制度搜集汇总，部分由省人力资源和社会保障厅提供并加工整理。

四、本篇资料中的城镇单位就业人员、在岗职工及其工资统计范围只包括城镇国有、集体及其他经济类型单位，不包括私营企业和个体劳动者。根据国家劳动统计报表制度的统一规定，从2013年年报起，将原属于乡镇企业且符合城镇非私营单位条件的“四上”企业（即规模以上工业企业、有资质的建筑业及全部房地产开发经营企业、限额以上批发和零售业、限额以上住宿和餐饮业、部分规模以上服务业企业）纳入城镇单位就业人员及工资统计的范围。本篇“城镇单位”均指“城镇非私营单位”。

五、1998年，劳动统计年报中对全部调查单位改按企业登记注册类型分组。即国有单位中不再包括国有联营和有限责任公司中的国有独资公司；城镇集体单位中不再包括集体联营和股份合作企业；其他单位则包括国有联营和有限责任公司中的国有独资公司，集体联营和股份合作企业。

4　Employment and Wages

Brief Introduction

Ⅰ. The data in this chapter show the basic conditions of labor employment and wages of Guangdong Province, mainly including the number of all employed persons, number of fully employed staff and workers in units in urban areas, number of the persons employed in urban private enterprises and self-employed persons in industry and commerce, total wages and average wage of fully employed staff and workers and registered urban unemployment rate, etc.

Ⅱ. The data in this chapter are prepared and provided by the Division of Population and Employment Statistics of Statistics Bureau of Guangdong Province.

Ⅲ. The data in this chapter are collected and tabulated mainly in accordance with the statistical survey scheme of the National Bureau of Statistics, part of which are processed and prepared from figures provided by Guangdong Provincial Department of Human Resources and Social Security.

Ⅳ. The statistical coverage of urban unit employed persons, fully employed staff and workers, staff and workers and wages in this chapter only includes state-owned units, collective-owned units and other types of ownership in urban areas, but excludes private enterprises and self-employed individuals. According to the The National Reporting Form System on Labour Wage Statistics, from the 2013 annual report.,the four enterprises original part of township enterprise and urban corporate unit excluding private units those are industrial enterprises above designated size,quality of the construction industry and real estate development enterprises,wholesale and retail trade enterprises above designated size, hotels and catering service enterprises above designated size and part of the service industry above designated size, are brought into the scope of statistics on employed person in urban areas and total wage bills. In this chapter, urban corporate units refers to urban corporate unit excluding private units.

Ⅴ. In annual labor reports since 1998, survey units are categorized by registration status. As a result, exclusively state-invested companies in state-owned joint ownership units and limited liability companies are no longer entered as state-owned units, and collective-owned joint ownership units and cooperative units are no longer entered as urban collective-owned units. These units excluded from the categories of state-owned joint ownership units and urban collective-owned units are now categorized as units of other types of ownership.

4-1 就业人员主要指标

Main Indicators of Employed Persons

指　标	Item	2000	2010	2012	2013	2014	2015
就业人员人数 (万人)	**Number of Employed Persons (10000 persons)**	**3989.32**	**5870.48**	**5965.95**	**6117.68**	**6183.23**	**6219.31**
第一产业	Primary Industry	1593.68	1435.17	1418.38	1405.06	1382.41	1375.15
第二产业	Secondary Industry	1114.86	2487.25	2509.69	2563.50	2560.65	2546.57
第三产业	Tertiary Industry	1280.78	1948.06	2037.88	2149.12	2240.16	2297.58
#城镇单位就业人员	Urban Employed Persons	759.21	1118.52	1303.98	1966.98	1973.28	1948.04
国有单位	State-owned Units	425.52	400.65	430.33	402.75	396.20	388.81
城镇集体单位	Urban Collective-owned Units	105.97	57.66	55.28	58.52	56.69	50.34
其他各种单位	Units of Other Types of Ownership	227.73	660.21	818.38	1505.71	1520.39	1508.89
#城镇私营企业就业人员	Employed Persons in Urban Private Enterprises	161.73	896.69	907.42	935.31	1112.98	1161.03
#城镇个体就业人员	Self-employed Individuals in Urban Areas	278.40	429.99	441.15	493.06	734.53	751.05
失业人员实现再就业人数	Re-employment of Unemployment Persons	52.65	65.2	68.5	67.70	68.70	67.20
城镇单位就业人员工资总额 (亿元)	**Earnings of Urban Employed Persons (100 million yuan)**	**1057.57**	**4484.29**	**6561.14**	**10467.44**	**11764.82**	**12918.81**
国有单位	State-owned Units	612.17	1951.16	2545.59	2473.02	2714.28	2975.96
城镇集体单位	Urban Collective-owned Units	93.04	129.01	171.77	205.38	229.52	227.71
其他各种单位	Units of Other Types of Ownership	352.37	2404.12	3843.78	7789.04	8821.02	9715.14
城镇单位就业人员平均工资 (元)	**Average Labor Remuneration of Urban Employed Persons (yuan)**	**13859**	**40432**	**50278**	**53318**	**59481**	**65788**
国有单位	State-owned Units	14296	49027	59423	62653	68803	76870
城镇集体单位	Urban Collective-owned Units	8605	22453	30947	35650	40509	45027
其他各种单位	Units of Other Types of Ownership	15538	36779	46814	51553	57777	63664

注：2003年起城镇职工改为城镇就业人员，2000年的数据作了相应调整。2006—2010年就业人员人数，根据“六普”资料作了相应调整。2014—2015年根据第三次经济普查结果对城镇个体就业人员数据进行推算。

Note: Since 2003, the urban staff and workers have been referred to as the urban employed persons. The figures in 2000 are adjusted correspondingly. Figures of “Number of Employed Persons” from 2006 to 2010 have been adjusted in accordance with the results of the 6th population census. The data on self-employed individuals from 2014 to 2015 have been adjusted in accordance with the result of the third national economic census.

4-2 就业人员年末人数

Number of Employed Persons at the Year-end

单位：万人 (10000 persons)

年份 Year	就业人员年末人数 Number of Employed Persons at the Year-end	#城镇单位就业人员 Urban Employed Persons	国有单位 State-owned Units	城镇集体单位 Urban Collective-owned Units	其他单位 Units of Other Types of Ownership	#城镇私营企业从业人员年末人数 Employed Persons in Urban Private Enterprises	#城镇个体就业人员年末人数 Self-employed Individuals in Urban Areas
1978	2275.95	515.85	369.04	146.81			
1979	2304.95	535.37	378.57	156.80			
1980	2367.78	563.62	400.19	163.43			
1981	2423.79	587.34	422.03	165.31			
1982	2521.38	608.12	443.43	164.69			
1983	2569.70	612.65	446.51	166.14			
1984	2637.49	631.77	429.65	197.89	4.23		
1985	2731.11	660.82	449.40	203.32	8.10		
1986	2811.92	686.20	465.59	208.85	11.76		
1987	2910.99	720.34	485.59	216.16	18.59		
1988	2994.72	747.67	503.20	216.96	27.51		
1989	3041.27	762.61	511.88	212.50	38.23		
1990	3118.10	785.49	528.13	207.62	49.74		
1991	3259.20	827.58	544.55	216.86	66.17	19.58	121.63
1992	3367.21	858.12	559.71	216.57	81.84	26.21	146.75
1993	3433.91	877.16	563.63	199.99	113.54	39.51	191.30
1994	3493.15	901.57	568.80	202.86	129.91	58.22	209.90
1995	3551.20	931.58	565.48	204.12	161.98	76.00	168.90
1996	3641.30	920.55	565.68	193.24	161.63	89.40	241.76
1997	3701.90	912.74	556.56	181.44	174.74	105.80	250.71
1998	3783.87	897.98	521.34	161.50	215.13	126.42	265.08
1999	3796.32	793.54	449.87	122.70	220.97	132.95	268.00
2000	3989.32	759.21	425.52	105.97	227.73	161.73	278.40
2001	4058.63	737.12	400.12	91.33	245.67	182.09	280.71
2002	4134.37	751.23	382.91	82.81	285.51	303.07	295.68
2003	4395.93	781.14	376.56	78.47	326.11	443.70	346.56
2004	4681.89	830.72	374.34	72.28	384.10	541.21	365.38
2005	5022.97	904.27	380.19	68.70	455.38	660.05	369.17
2006	5177.02	954.44	384.78	67.25	502.41	666.04	324.98
2007	5341.50	1001.46	381.00	65.49	554.97	733.14	371.53
2008	5471.72	1007.87	385.14	60.64	562.09	761.43	375.79
2009	5688.62	1055.03	389.17	58.33	607.53	834.06	433.40
2010	5870.48	1118.52	400.65	57.66	660.21	896.69	429.99
2011	5960.74	1238.22	423.88	62.83	751.51	899.46	433.18
2012	5965.95	1303.98	430.33	55.28	818.38	907.42	441.15
2013	6117.68	1966.98	402.75	58.52	1505.71	935.31	493.06
2014	6183.23	1973.28	396.20	56.69	1520.39	1112.98	734.53
2015	6219.31	1948.04	388.81	50.34	1508.89	1161.03	751.05

注：2006—2010年就业人员人数，根据"六普"资料作了相应调整。2014—2015年根据第三次经济普查结果对城镇个体就业人员数据进行推算。1993年及以前"城镇单位就业人员"为"城镇单位职工人数"。

Note: Figures of "Number of Employed Persons" from 2006 to 2010 have been adjusted in accordance with the results of the 6th population census. The data on self-employed individuals from 2014 to 2015 have been adjusted in accordance with the result of the third national economic census. Data of urban employed persons before 1993 are data of urban employed staff and workers.

4-3 按三次产业分就业人员年末人数

Number of Employed Persons at Year-end by Three strata of Industry

年 份 Year	就业人数 (万人) Total Employed Persons (10000 persons)	第一产业 Primary Industry	第二产业 Secondary Industry	第三产业 Tertiary Industry	构成 (%) Composition in Percentage(%) 第一产业 Primary Industry	第二产业 Secondary Industry	第三产业 Tertiary Industry
1978	2275.95	1677.01	312.94	286.00	73.7	13.7	12.6
1979	2304.95	1659.01	381.11	264.83	72.0	16.5	11.5
1980	2367.78	1673.57	404.80	289.41	70.7	17.1	12.2
1981	2423.79	1699.85	409.93	314.01	70.1	16.9	13.0
1982	2521.38	1723.46	447.18	350.74	68.4	17.7	13.9
1983	2569.70	1729.47	458.80	381.43	67.3	17.9	14.8
1984	2637.49	1679.46	498.09	459.94	63.7	18.9	17.4
1985	2731.11	1646.82	614.52	469.77	60.3	22.5	17.2
1986	2811.92	1624.15	637.76	550.01	57.8	22.6	19.6
1987	2910.99	1605.10	704.24	601.65	55.1	24.2	20.7
1988	2994.72	1607.11	743.91	643.70	53.7	24.8	21.5
1989	3041.27	1632.36	747.78	661.13	53.7	24.6	21.7
1990	3118.10	1651.71	848.37	618.02	53.0	27.2	19.8
1991	3259.20	1645.25	932.76	681.19	50.5	28.6	20.9
1992	3367.21	1594.32	1024.98	747.91	47.3	30.5	22.2
1993	3433.91	1512.88	1115.42	805.61	44.1	32.4	23.5
1994	3493.15	1478.37	1172.84	841.94	42.3	33.6	24.1
1995	3551.20	1473.60	1199.00	878.60	41.5	33.8	24.7
1996	3641.30	1481.40	1218.00	941.90	40.7	33.4	25.9
1997	3701.90	1511.38	1217.25	973.27	40.8	32.9	26.3
1998	3783.87	1554.33	1214.96	1014.58	41.1	32.1	26.8
1999	3796.32	1574.25	1181.58	1040.49	41.5	31.1	27.4
2000	3989.32	1593.68	1114.86	1280.78	39.9	28.0	32.1
2001	4058.63	1587.48	1131.96	1339.19	39.1	27.9	33.0
2002	4134.37	1572.92	1202.92	1358.53	38.0	29.1	32.9
2003	4395.93	1617.69	1557.19	1221.05	36.8	35.4	27.8
2004	4681.89	1622.50	1727.86	1331.53	34.7	36.9	28.4
2005	5022.97	1609.89	1916.16	1496.92	32.1	38.1	29.8
2006	5177.02	1562.17	2015.88	1598.97	30.2	38.9	30.9
2007	5341.50	1562.19	2102.28	1677.04	29.2	39.4	31.4
2008	5471.72	1526.66	2172.93	1772.13	27.9	39.7	32.4
2009	5688.62	1514.04	2292.05	1882.53	26.6	40.3	33.1
2010	5870.48	1435.17	2487.25	1948.06	24.4	42.4	33.2
2011	5960.74	1427.34	2526.48	2006.92	23.9	42.4	33.7
2012	5965.95	1418.38	2509.69	2037.88	23.8	42.0	34.2
2013	6117.68	1405.06	2563.50	2149.12	23.0	41.9	35.1
2014	6183.23	1382.41	2560.65	2240.16	22.4	41.4	36.2
2015	6219.31	1375.15	2546.57	2297.58	22.1	41.0	36.9

4-4 按各种分组的就业人员年末人数

Number of Employed Persons at the Year-end by Grouping

单位：万人 (10000 persons)

项 目	Item	2005	2010	2013	2014	2015
就业人员总数	**Total Number of Employed Persons**	**5022.97**	**5870.48**	**6117.68**	**6183.23**	**6219.31**
按登记注册类型分组	Grouped by Status of Registration					
#国有单位	State-owned Units	380.19	392.84	401.96	394.98	393.12
集体单位	Collective-owned Units	2037.35	1856.34	1679.26	1580.25	1572.62
股份合作单位	Cooperative Units	20.19	25.51	25.93	22.60	22.36
联营单位	Joint Ownership	16.53	15.99	11.16	9.58	8.95
有限责任公司	Limited Liability Corporations	205.69	307.64	433.25	563.47	593.00
股份有限公司	Share-holding Corporations Ltd.	52.33	87.29	147.04	162.31	168.18
外商投资单位	Foreign Funded Units	216.68	289.61	383.75	349.40	340.58
港澳台投资单位	Units Funded by Entrepreneurs from Hong Kong, Macao and Taiwan	602.72	732.06	682.85	631.56	613.39
私营企业	Private Enterprises	666.20	1039.69	1189.34	1252.54	1291.43
个体经济	Individuals	732.92	1044.11	1084.39	1120.28	1126.47
按国民经济行业分组	Grouped by Economic Sector					
农、林、牧、渔业	Farming, Forestry, Animal Husbandry and Fishery	1609.89	1435.17	1406.21	1385.75	1376.37
采矿业	Mining and Quarrying	15.92	12.48	13.23	13.46	13.30
制造业	Manufacture	1666.23	2214.67	2240.27	2247.81	2236.33
电力、热力、燃气及水生产和供应业	Production and Supply of Electric Power,Gas and Water	24.27	31.94	35.72	33.41	32.97
建筑业	Construction	209.74	228.17	275.95	267.71	265.74
批发和零售业	Wholesale and Retail Trade	562.18	763.92	827.69	807.77	819.69
交通运输、仓储和邮政业	Transport, Storage and Postal Services	117.65	160.53	173.06	181.71	184.87
住宿和餐饮业	Hotels and Catering Services	166.67	201.71	228.17	221.19	227.92
信息传输、软件和信息技术服务业	Information Transmission, Computer Services and Software	36.72	53.94	77.89	81.17	86.62
金融业	Finance	29.83	55.28	53.91	53.02	55.40
房地产业	Real Estate	44.31	69.58	86.77	99.85	104.47
租赁和商务服务业	Leasing and Business Services	61.11	90.21	110.43	145.64	158.26
科学研究、技术服务业	Scientific Research and Technical Services	16.35	26.41	42.48	51.82	55.16
水利、环境和公共设施管理业	Water Conservancy, Environment and Public Facilities Management	15.42	19.88	23.50	25.85	25.93
居民服务、修理和其他服务业	Resident Services and Other Services	179.84	159.15	172.71	167.98	172.88
教育	Education	113.18	131.55	136.77	155.98	157.92
卫生和社会工作	Health Care and Social Work	44.01	57.57	61.89	69.82	70.69
文化、体育和娱乐业	Culture, Sports and Recreation	17.03	25.63	25.34	28.58	28.76
公共管理、社会保障和社会组织	Public Administration and Social Organizations	92.61	132.71	125.69	144.71	146.03

注:2006—2010年就业人员人数，根据“六普”资料作了相应调整。

Note: Figures of “Number of Employed Persons” from 2006 to 2010 have been adjusted in accordance with the results of the 6th population census.

4-5 各市就业人员年末人数

Number of Employed Persons at the Year-end by City

单位：万人 (10000 persons)

市别	City	2000	2005	2010	2011	2012	2013	2014	2015
全省	**Provincial Total**	**3989.32**	**5022.97**	**5870.48**	**5960.74**	**5965.95**	**6117.68**	**6183.23**	**6219.31**
广州	Guangzhou	503.69	574.46	711.07	743.18	751.30	759.93	784.84	810.99
深圳	Shenzhen	308.50	576.26	758.14	764.54	771.20	899.20	899.66	906.14
珠海	Zhuhai	78.90	94.01	103.02	104.09	104.93	106.32	108.79	108.92
汕头	Shantou	207.13	179.81	237.91	238.55	239.05	239.67	238.26	238.50
佛山	Foshan	193.50	348.69	443.46	445.13	437.25	437.29	438.09	438.41
#顺德	Shunde	42.99	90.31	159.07	160.72	155.71	156.36	152.67	151.64
韶关	Shaoguan	142.20	138.44	142.51	142.65	143.10	143.78	144.13	144.17
河源	Heyuan	151.05	118.20	133.15	135.47	136.59	135.19	134.63	136.52
梅州	Meizhou	207.23	211.98	208.07	209.48	211.00	211.93	213.01	213.52
惠州	Huizhou	186.70	222.62	260.14	267.94	270.04	277.27	280.62	281.51
汕尾	Shanwei	136.01	117.78	119.15	119.23	119.45	119.68	119.36	119.86
东莞	Dongguan	97.88	388.13	626.25	628.54	631.40	633.25	660.46	653.41
中山	Zhongshan	122.45	188.85	207.34	208.64	208.84	210.30	211.76	210.51
江门	Jiangmen	208.68	214.53	249.55	253.03	248.34	244.30	243.24	242.92
阳江	Yangjiang	129.57	146.63	131.34	137.87	131.98	128.97	128.35	128.79
湛江	Zhanjiang	314.87	305.00	319.78	329.13	331.64	336.37	340.76	340.85
茂名	Maoming	279.31	287.36	273.18	275.58	278.30	280.54	281.00	281.78
肇庆	Zhaoqing	202.63	215.05	213.05	215.13	215.55	216.22	217.79	218.44
清远	Qingyuan	178.76	195.95	196.07	197.49	197.68	200.14	203.98	210.67
潮州	Chaozhou	121.00	129.18	138.48	138.80	134.98	131.02	127.68	124.94
揭阳	Jieyang	253.79	253.70	270.26	273.55	271.94	273.64	274.16	275.07
云浮	Yunfu	131.20	114.30	128.57	132.73	131.41	132.66	132.67	133.37
按经济区域分	By Region								
珠三角	Pearl River Delta	1902.93	2822.60	3572.01	3630.21	3638.83	3784.09	3845.25	3871.26
东翼	Eastern Region	717.93	680.47	765.79	770.13	765.42	764.01	759.46	758.37
西翼	Western Region	723.75	738.99	724.30	742.58	741.92	745.88	750.10	751.42
山区	Mountainous Region	810.44	778.87	808.37	817.81	819.78	823.70	828.42	838.26

注：2003年起就业人员数采用新的报表制度进行统计，部分市的数据有较大的波动。2006—2010年就业人员人数，根据“六普”资料作了相应调整。

Note: Since 2003, the number of employed persons is calculated according to the new reporting system, which leads to relatively big changes in the data of some cities. Figures of"Number of Employed Persons"from 2006 to 2010 have been adjusted in accordance with the results of the 6th population census.

4–6 各市按三次产业分就业人员年末人数

Number of Employed Persons at the Year-end by Strata of Industry by City

单位：万人 (10000 persons)

市别	City	2014 合计 Total	2014 第一产业 Primary Industry	2014 第二产业 Secondary Industry	2014 第三产业 Tertiary Industry	2015 合计 Total	2015 第一产业 Primary Industry	2015 第二产业 Secondary Industry	2015 第三产业 Tertiary Industry
全省	**Provincial Total**	**6183.23**	**1382.41**	**2560.65**	**2240.16**	**6219.31**	**1375.15**	**2546.57**	**2297.58**
广州	Guangzhou	784.84	60.43	283.81	440.60	810.99	62.87	286.90	461.22
深圳	Shenzhen	899.66	0.12	431.93	467.60	906.14	0.13	422.58	483.43
珠海	Zhuhai	108.79	6.04	55.43	47.33	108.92	7.33	54.73	46.87
汕头	Shantou	238.26	64.85	108.20	65.22	238.50	64.47	108.69	65.34
佛山	Foshan	438.09	21.59	257.24	159.26	438.41	21.63	253.23	163.55
#顺德	Shunde	152.67	5.50	97.61	49.56	151.64	5.32	95.53	50.80
韶关	Shaoguan	144.13	58.64	32.52	52.97	144.17	58.59	32.21	53.38
河源	Heyuan	134.63	69.26	26.61	38.76	136.52	70.29	27.39	38.85
梅州	Meizhou	213.01	80.68	60.83	71.50	213.52	78.07	62.47	72.99
惠州	Huizhou	280.62	50.77	141.34	88.51	281.51	50.11	139.82	91.58
汕尾	Shanwei	119.36	51.64	32.45	35.27	119.86	51.59	33.06	35.21
东莞	Dongguan	660.46	5.67	450.94	203.85	653.41	6.08	445.81	201.52
中山	Zhongshan	211.76	9.96	142.34	59.46	210.51	9.80	140.00	60.71
江门	Jiangmen	243.24	80.86	96.15	66.23	242.92	79.04	95.86	68.02
阳江	Yangjiang	128.35	47.58	42.65	38.11	128.79	47.31	42.90	38.58
湛江	Zhanjiang	340.76	204.50	51.47	84.78	340.85	203.75	51.52	85.59
茂名	Maoming	281.00	142.20	61.27	77.53	281.78	142.04	61.70	78.04
肇庆	Zhaoqing	217.79	114.01	53.93	49.85	218.44	112.16	54.81	51.47
清远	Qingyuan	203.98	105.89	45.98	52.11	210.67	102.93	47.42	60.32
潮州	Chaozhou	127.68	39.45	58.19	30.04	124.94	38.81	56.95	29.19
揭阳	Jieyang	274.16	91.91	98.00	84.25	275.07	91.72	98.89	84.45
云浮	Yunfu	132.67	76.37	29.37	26.92	133.37	76.46	29.64	27.27
按经济区域分	By Region								
珠三角	Pearl River Delta	3845.25	349.46	1913.10	1582.69	3871.26	349.15	1893.74	1628.37
东翼	Eastern Region	759.46	247.84	296.84	214.78	758.37	246.58	297.59	214.19
西翼	Western Region	750.10	394.28	155.39	200.42	751.42	393.10	156.12	202.20
山区	Mountainous Region	828.42	390.83	195.32	242.27	838.26	386.32	199.12	252.81

4-7 城镇单位就业人员年末人数（2015年）
Number of Employed Persons in Urban Units at the Year-end (2015)

单位：万人 (10000 persons)

项　目	Item	就业人员 Employed Persons	国有单位 State-owned Units	城镇集体单位 Urban Collective-owned Units	其他单位 Other Types of Ownership
合　计	**Total**	**1948.04**	**388.81**	**50.34**	**1508.89**
按企业、事业和机关分	Grouped by Enterprises,Institutions and Agencies				
企业	Enterprises	1630.49	89.75	44.75	1495.98
事业	Institutions	209.69	200.45	4.48	4.76
机关	Organ	96.63	96.55	0.03	0.05
民营非盈利组织	Private Non-profit Organizations	3.54	0.10	0.10	3.34
其他	Others	7.68	1.95	0.98	4.75
按国民经济行业分	Grouped by Economic Sector				
农、林、牧、渔业	Farming, Forestry, Animal Husbandry and Fishery	5.30	5.06	0.04	0.21
采矿业	Mining and Quarrying	3.02	0.52	0.08	2.42
制造业	Manufacture	981.01	4.01	10.35	966.64
电力、热力、燃气及水生产和供应业	Production and Supply of Electric Power, Gas and Water	30.71	9.63	1.01	20.06
建筑业	Construction	141.55	16.10	16.66	108.80
批发和零售业	Wholesale and Retail Trade	96.80	4.97	2.76	89.07
交通运输、仓储和邮政业	Transport, Storage and Postal Services	82.79	15.82	0.84	66.13
住宿和餐饮业	Hotels and Catering Services	37.12	2.47	0.56	34.10
信息传输、软件和信息技术服务业	Information Transmission, Computer Services and Software	35.31	3.58	0.08	31.66
金融业	Finance	46.07	11.13	4.10	30.84
房地产业	Real Estate	59.09	4.69	1.48	52.92
租赁和商务服务业	Leasing and Business Services	64.68	12.56	6.21	45.91
科学研究、技术服务业	Scientific Research and Technical Services	34.73	9.99	0.56	24.19
水利、环境和公共设施管理业	Water Conservancy, Environment and Public Facilities Management	17.41	11.49	0.96	4.95
居民服务、修理和其他服务业	Resident Services and Other Services	7.44	1.32	0.25	5.86
教育	Education	125.51	108.52	1.98	15.01
卫生和社会工作	Health Care and Social Work	61.33	53.86	2.12	5.35
文化、体育和娱乐业	Culture, Sports and Recreation	11.61	6.85	0.29	4.48
公共管理、社会保障和社会组织	Public Administration and Social Organizations	106.55	106.24	0.01	0.30
按产业分	Grouped by Industry				
第一产业	Primary Industry	5.30	5.06	0.04	0.21
第二产业	Secondary Industry	1156.29	30.26	28.11	1097.93
第三产业	Tertiary Industry	786.44	353.49	22.19	410.76

4-7 续表 continued

单位：万人 (10000 persons)

项 目	Item	在岗职工 Fully Employed Staff and Workers	国有单位 State-owned Units	城镇集体单位 Urban Collective-owned Units	其他单位 Other Types of Ownership
合 计	**Total**	**1883.33**	**376.30**	**48.27**	**1458.76**
按企业、事业和机关分	Grouped by Enterprises,Institutions and Agencies				
企业	Enterprises	1574.73	85.31	42.94	1446.48
事业	Institutions	203.03	194.19	4.29	4.55
机关	Organ	94.89	94.81	0.03	0.05
民营非盈利组织	Private Non-profit Organizations	3.40	0.10	0.09	3.21
其他	Others	7.28	1.89	0.92	4.47
按国民经济行业分	Grouped by Economic Sector				
农、林、牧、渔业	Farming, Forestry, Animal Husbandry and Fishery	5.20	4.97	0.04	0.19
采矿业	Mining and Quarrying	2.94	0.50	0.08	2.36
制造业	Manufacture	970.48	3.94	10.11	956.44
电力、热力、燃气及水生产和供应业	Production and Supply of Electric Power, Gas and Water	30.52	9.55	1.00	19.97
建筑业	Construction	121.24	14.40	15.67	91.17
批发和零售业	Wholesale and Retail Trade	93.50	4.81	2.66	86.02
交通运输、仓储和邮政业	Transport, Storage and Postal Services	78.39	15.38	0.79	62.22
住宿和餐饮业	Hotels and Catering Services	34.78	2.35	0.55	31.88
信息传输、软件和信息技术服务业	Information Transmission, Computer Services and Software	34.52	3.49	0.08	30.96
金融业	Finance	37.70	9.64	4.08	23.98
房地产业	Real Estate	57.79	4.65	1.36	51.78
租赁和商务服务业	Leasing and Business Services	61.97	12.43	5.84	43.69
科学研究、技术服务业	Scientific Research and Technical Services	33.66	9.68	0.54	23.45
水利、环境和公共设施管理业	Water Conservancy, Environment and Public Facilities Management	16.38	10.81	0.92	4.65
居民服务、修理和其他服务业	Resident Services and Other Services	7.32	1.28	0.24	5.80
教育	Education	121.87	105.60	1.95	14.32
卫生和社会工作	Health Care and Social Work	59.44	52.09	2.07	5.27
文化、体育和娱乐业	Culture, Sports and Recreation	11.10	6.47	0.28	4.34
公共管理、社会保障和社会组织	Public Administration and Social Organizations	104.54	104.27	0.01	0.27
按产业分	Grouped by Industry				
第一产业	Primary Industry	5.20	4.97	0.04	0.19
第二产业	Secondary Industry	1125.18	28.38	26.86	1069.94
第三产业	Tertiary Industry	752.95	342.96	21.37	388.62

4-8 各市城镇单位就业人员和在岗职工（2015年）
Number of Employed Persons and of Fully Employed Staff and Workers in Urban Units by City (2015)

单位：万人 (10000 persons)

市别	City	就业人员 Employed Persons 合计 Total	国有单位 State-owned Units	城镇集体单位 Urban Collective-owned Units	其他单位 Other Types of Ownership	在岗职工 Fully Employed Staff and Workers 合计 Total	国有单位 State-owned Units	城镇集体单位 Urban Collective-owned Units	其他单位 Other Types of Ownership
年末人数	**Year-end Number**								
全省	**Provincial Total**	1948.04	388.81	50.34	1508.89	1883.33	376.30	48.27	1458.76
广州	Guangzhou	320.31	73.53	8.19	238.60	304.11	71.44	7.77	224.90
深圳	Shenzhen	459.96	43.52	2.46	413.98	447.41	43.18	2.46	401.77
珠海	Zhuhai	74.27	10.15	0.98	63.15	71.23	9.81	0.95	60.46
汕头	Shantou	54.71	18.93	4.38	31.40	52.26	18.07	4.25	29.95
佛山	Foshan	170.04	19.44	4.01	146.60	167.39	18.76	3.96	144.68
#顺德	Shunde	72.56	5.84	0.26	66.45	71.75	5.81	0.24	65.70
韶关	Shaoguan	33.95	14.31	2.36	17.28	32.67	13.74	2.15	16.78
河源	Heyuan	27.07	10.93	0.77	15.37	26.71	10.86	0.76	15.08
梅州	Meizhou	29.32	15.69	1.49	12.14	28.18	15.30	1.45	11.43
惠州	Huizhou	91.86	17.27	1.29	73.30	88.33	16.81	1.15	70.37
汕尾	Shanwei	24.01	8.73	3.02	12.25	23.42	8.57	2.74	12.11
东莞	Dongguan	232.28	14.70	4.05	213.52	226.78	14.10	3.93	208.75
中山	Zhongshan	82.94	7.80	1.77	73.37	81.04	7.09	1.76	72.19
江门	Jiangmen	58.29	13.81	1.74	42.73	55.63	12.91	1.54	41.18
阳江	Yangjiang	23.63	10.32	1.81	11.49	22.40	10.01	1.77	10.62
湛江	Zhanjiang	51.03	28.73	2.29	20.02	48.37	27.60	2.22	18.55
茂名	Maoming	45.66	20.98	2.84	21.84	43.49	20.42	2.73	20.34
肇庆	Zhaoqing	42.78	15.37	1.01	26.40	41.12	14.22	0.99	25.90
清远	Qingyuan	31.50	12.57	0.49	18.44	30.71	12.31	0.48	17.92
潮州	Chaozhou	19.79	7.88	1.71	10.21	19.23	7.55	1.66	10.03
揭阳	Jieyang	41.82	15.43	2.94	23.44	40.69	15.07	2.83	22.80
云浮	Yunfu	22.20	8.72	0.73	12.76	21.56	8.50	0.72	12.34
年平均人数	**Annual Aver-age Number**								
全省	**Provincial Total**	1963.71	387.14	50.57	1525.99	1900.05	374.99	48.47	1476.59
广州	Guangzhou	322.82	73.36	8.19	241.26	306.45	71.32	7.77	227.36
深圳	Shenzhen	464.06	43.01	2.45	418.59	452.00	42.61	2.45	406.94
珠海	Zhuhai	74.06	10.07	0.98	63.01	71.42	9.76	0.96	60.71
汕头	Shantou	54.26	18.78	4.23	31.25	51.87	17.92	4.11	29.84
佛山	Foshan	171.51	19.18	3.97	148.36	168.84	18.59	3.93	146.33
#顺德	Shunde	73.64	5.80	0.25	67.58	72.77	5.77	0.24	66.77
韶关	Shaoguan	33.32	14.03	2.29	17.00	32.12	13.51	2.08	16.52
河源	Heyuan	26.83	10.89	0.68	15.26	26.47	10.83	0.67	14.96
梅州	Meizhou	29.21	15.72	1.42	12.06	28.14	15.34	1.39	11.42
惠州	Huizhou	93.00	17.20	1.30	74.50	89.52	16.74	1.16	71.62
汕尾	Shanwei	24.16	8.73	3.01	12.43	23.53	8.57	2.67	12.29
东莞	Dongguan	237.07	14.58	4.16	218.33	231.26	14.01	4.04	213.21
中山	Zhongshan	85.20	7.76	1.83	75.61	83.20	7.06	1.82	74.31
江门	Jiangmen	58.61	13.74	1.84	43.03	56.12	12.87	1.65	41.61
阳江	Yangjiang	23.62	10.34	1.87	11.41	22.37	10.02	1.80	10.55
湛江	Zhanjiang	51.37	29.10	2.34	19.93	48.89	28.01	2.27	18.61
茂名	Maoming	44.88	20.68	2.81	21.39	42.88	20.22	2.70	19.96
肇庆	Zhaoqing	43.19	15.48	1.00	26.71	41.46	14.27	0.98	26.20
清远	Qingyuan	31.79	12.46	0.46	18.87	31.04	12.22	0.45	18.36
潮州	Chaozhou	20.25	7.89	2.10	10.26	19.69	7.57	2.05	10.08
揭阳	Jieyang	41.82	15.46	2.94	23.42	40.73	15.11	2.82	22.81
云浮	Yunfu	22.05	8.68	0.71	12.66	21.42	8.46	0.70	12.26

4–9 各市城镇单位各行业在岗职工年末人数（2015年）
Number of Fully Employed Staff and Workers in Urban Units at the Year-end by Sector and by City (2015)

单位：万人 (10000 persons)

市 别	City	合计 Total	农、林、牧、渔业 Farming, Forestry, Animal Husbandry and Fishery	采矿业 Mining and Quarrying	制造业 Manufacture	电力、热力、燃气及水的生产和供应业 Production and Supply of Electric Power,Gas and Water	建筑业 Construction	批发和零售业 Wholesale and Retail Trade
全 省	**Provincial Total**	**1883.33**	**5.20**	**2.94**	**970.48**	**30.52**	**121.24**	**93.50**
广 州	Guangzhou	304.11	0.12		84.64	2.82	18.61	25.81
深 圳	Shenzhen	447.41	0.07	0.41	245.68	1.78	26.38	25.67
珠 海	Zhuhai	71.23	0.67	0.05	39.27	0.59	4.43	3.10
汕 头	Shantou	52.26	0.04	0.06	18.70	0.87	11.91	2.43
佛 山	Foshan	167.39	0.02	0.04	117.91	1.32	4.77	5.72
#顺 德	Shunde	71.75			54.09	0.30	1.75	2.45
韶 关	Shaoguan	32.67	0.17	0.60	9.41	1.12	5.81	1.11
河 源	Heyuan	26.71	0.09	0.10	11.67	0.57	1.31	0.71
梅 州	Meizhou	28.18	0.06	0.17	6.68	1.10	3.26	1.00
惠 州	Huizhou	88.33	0.09	0.05	60.94	0.96	1.36	2.49
汕 尾	Shanwei	23.42	0.40	0.03	13.01	0.47	0.51	0.63
东 莞	Dongguan	226.78	0.03	…	183.14	0.92	4.22	5.63
中 山	Zhongshan	81.04			59.24	0.76	2.35	3.22
江 门	Jiangmen	55.63	0.05	…	29.88	0.77	3.71	2.51
阳 江	Yangjiang	22.40	0.40	0.01	5.97	0.57	3.71	0.93
湛 江	Zhanjiang	48.37	1.71	0.64	6.89	1.03	9.34	2.49
茂 名	Maoming	43.49	0.78	0.27	8.08	1.09	9.67	2.50
肇 庆	Zhaoqing	41.12	0.08	0.14	20.41	0.69	1.71	1.87
清 远	Qingyuan	30.71	0.14	0.05	12.10	0.83	2.16	1.07
潮 州	Chaozhou	19.23	0.02	…	8.51	0.88	1.53	0.57
揭 阳	Jieyang	40.69	0.20		19.02	0.90	3.46	2.50
云 浮	Yunfu	21.56	0.06	0.32	8.81	0.38	1.03	1.53
按经济区域分	By Region							
珠 三 角	Pearl River Delta	1493.65	1.12	0.69	841.62	20.70	67.54	76.01
东 翼	Eastern Region	135.60	0.66	0.09	59.24	3.12	17.40	6.15
西 翼	Western Region	114.25	2.89	0.93	20.95	2.69	22.72	5.91
山 区	Mountainous Region	139.82	0.52	1.23	48.68	4.01	13.57	5.42

4-9 续表 1 continued

单位：万人 (10000 persons)

市别	City	交通运输、仓储和邮政业 Transport, Storage and Postal Services	住宿和餐饮业 Hotels and Catering Services	信息传输、软件和信息技术服务业 Information Transmission, Computer Services and Software	金融业 Finance	房地产业 Real Estate	租赁和商务服务业 Leasing and Business Services	科学研究、技术服务业 Scientific Research and Technical Services
全　省	**Provincial Total**	**78.39**	**34.78**	**34.52**	**37.70**	**57.79**	**61.97**	**33.66**
广　州	Guangzhou	28.67	9.39	9.99	6.98	18.49	18.41	16.56
深　圳	Shenzhen	24.04	9.53	12.97	9.59	19.33	28.32	8.55
珠　海	Zhuhai	2.44	2.31	2.13	1.31	2.91	1.89	1.04
汕　头	Shantou	1.37	0.57	0.59	1.24	0.82	0.39	0.38
佛　山	Foshan	3.89	1.90	1.23	2.62	3.30	2.14	1.53
#顺　德	Shunde	1.05	0.65	0.21	0.85	1.45	1.41	0.93
韶　关	Shaoguan	0.85	0.52	0.31	0.73	0.69	0.52	0.34
河　源	Heyuan	0.69	0.36	0.32	0.58	0.61	0.32	0.16
梅　州	Meizhou	0.80	0.26	0.47	0.81	0.36	0.17	0.33
惠　州	Huizhou	2.13	0.80	0.82	1.37	1.56	0.69	0.50
汕　尾	Shanwei	0.38	0.19	0.38	0.35	0.13	0.23	0.07
东　莞	Dongguan	2.87	2.79	0.84	2.72	2.29	3.91	1.40
中　山	Zhongshan	1.47	1.35	0.61	1.36	1.87	1.18	0.35
江　门	Jiangmen	1.57	1.06	0.66	1.63	0.94	0.58	0.45
阳　江	Yangjiang	0.75	0.28	0.26	0.64	0.43	0.19	0.16
湛　江	Zhanjiang	2.48	0.95	0.70	1.19	0.84	1.31	0.56
茂　名	Maoming	1.08	0.41	0.40	1.09	0.72	0.50	0.37
肇　庆	Zhaoqing	1.01	0.58	0.39	0.98	0.65	0.38	0.30
清　远	Qingyuan	0.57	0.60	0.34	0.84	0.94	0.26	0.22
潮　州	Chaozhou	0.39	0.17	0.27	0.51	0.28	0.16	0.16
揭　阳	Jieyang	0.53	0.46	0.56	0.67	0.33	0.27	0.14
云　浮	Yunfu	0.42	0.29	0.26	0.47	0.31	0.15	0.09
按经济区域分	By Region							
珠三角	Pearl River Delta	68.08	29.70	29.65	28.57	51.34	57.50	30.67
东　翼	Eastern Region	2.67	1.39	1.81	2.77	1.56	1.05	0.76
西　翼	Western Region	4.31	1.64	1.37	2.92	1.99	2.00	1.09
山　区	Mountainous Region	3.33	2.05	1.70	3.44	2.91	1.42	1.14

4-9 续表 2 continued

单位：万人 (10000 persons)

市 别	City	水利、环境和公共设施管理业 Management of Water Conservancy, Environment and Public Facilities	居民服务、修理和其他服务业 Resident Services and Other Services	教育 Education	卫生和社会工作 Health and Social Service	文化、体育和娱乐业 Culture, Sports and Entertainment	公共管理、社会保障和社会组织 Public Management, Social Security and Social Organizations
全 省	**Provincial Total**	**16.38**	**7.32**	**121.87**	**59.44**	**11.10**	**104.54**
广 州	Guangzhou	5.17	2.34	23.19	12.05	4.05	16.83
深 圳	Shenzhen	1.31	2.07	9.45	5.94	2.42	13.90
珠 海	Zhuhai	0.85	0.25	2.89	1.54	0.29	3.27
汕 头	Shantou	0.50	0.03	6.12	2.31	0.28	3.67
佛 山	Foshan	1.24	0.55	8.14	4.51	0.57	6.00
#顺 德	Shunde	0.66	0.23	2.57	1.41	0.12	1.62
韶 关	Shaoguan	0.65	0.07	3.80	1.88	0.17	3.90
河 源	Heyuan	0.29	0.06	3.77	1.41	0.18	3.52
梅 州	Meizhou	0.63	0.03	5.59	2.03	0.20	4.23
惠 州	Huizhou	0.69	0.07	4.95	2.65	0.39	5.84
汕 尾	Shanwei	0.15	0.01	3.08	0.84	0.09	2.45
东 莞	Dongguan	0.28	1.25	3.57	4.60	0.68	5.67
中 山	Zhongshan	0.31	0.04	2.54	1.82	0.24	2.32
江 门	Jiangmen	0.58	0.13	3.99	2.53	0.23	4.35
阳 江	Yangjiang	0.40	0.03	3.01	1.28	0.11	3.27
湛 江	Zhanjiang	1.25	0.09	8.71	3.20	0.26	4.72
茂 名	Maoming	0.56	0.04	8.68	2.77	0.21	4.26
肇 庆	Zhaoqing	0.43	0.06	4.63	2.49	0.18	4.14
清 远	Qingyuan	0.31	0.10	3.68	1.91	0.16	4.44
潮 州	Chaozhou	0.26	0.03	2.70	1.07	0.14	1.58
揭 阳	Jieyang	0.34	0.06	6.21	1.47	0.16	3.39
云 浮	Yunfu	0.19	0.01	3.15	1.15	0.09	2.82
按经济区域分	By Region						
珠 三 角	Pearl River Delta	10.85	6.76	63.36	38.12	9.05	62.31
东 翼	Eastern Region	1.25	0.13	18.11	5.69	0.68	11.09
西 翼	Western Region	2.21	0.17	20.40	7.25	0.57	12.24
山 区	Mountainous Region	2.07	0.26	20.00	8.38	0.80	18.90

4-10 城镇单位女性就业人员年末人数（2015年）

Number of Females Employed in Urban Units at the Year-end (2015)

单位：万人 (10000 persons)

行　业	Sector	合计 Total	国有单位 State-owned Units	城镇集体单位 Urban Collective-owned Units	其他单位 Other Types of Ownership
合　计	**Total**	**795.93**	**162.30**	**15.96**	**617.66**
农、林、牧、渔业	Farming, Forestry, Animal Husbandry and Fishery	1.84	1.76	0.01	0.07
采矿业	Mining and Quarrying	0.64	0.11	0.01	0.51
制造业	Manufacture	437.02	1.17	6.10	429.74
电力、热力、燃气及水生产和供应业	Production and Supply of Electric Power, Gas and Water	7.25	2.40	0.30	4.55
建筑业	Construction	16.36	1.82	2.04	12.51
批发和零售业	Wholesale and Retail Trade	47.10	1.71	1.02	44.37
交通运输、仓储和邮政业	Transport, Storage and Postal Services	23.05	4.84	0.19	18.01
住宿和餐饮业	Hotels and Catering Services	18.79	1.22	0.30	17.27
信息传输、软件和信息技术服务业	Information Transmission, Computer Services and Software	12.35	1.25	0.03	11.07
金融业	Finance	23.56	5.23	1.66	16.67
房地产业	Real Estate	19.94	1.53	0.41	18.01
租赁和商务服务业	Leasing and Business Services	21.34	2.45	1.24	17.65
科学研究、技术服务业	Scientific Research and Technical Services	10.32	3.03	0.12	7.17
水利、环境和公共设施管理业	Management of Water Conservancy, Environment and Public Facilities	7.36	4.63	0.40	2.33
居民服务、修理和其他服务业	Resident Services and Other Services	3.03	0.44	0.09	2.50
教育	Education	70.57	60.70	0.57	9.30
卫生和社会工作	Health Care and Social Service	39.29	34.38	1.37	3.54
文化、体育和娱乐业	Culture, Sports and Entertainment	5.07	2.72	0.09	2.25
公共管理、社会保障和社会组织	PublicManagement, Social Security and Organizations	31.05	30.90	…	0.14

4-11 城镇单位职工工资总额与年平均工资

Total Wages Bill and Average Wage of Staff and Workers in Urban Units

年份 Year	工资总额（亿元） Total Wages Bill (100 million yuan)				平均工资（元） Average Wage (yuan)			
	合计 Total	国有单位 State-owned Units	城镇集体单位 Urban Collective-owned Units	其他单位 Other Types of Ownership	合计 Total	国有单位 State-owned Units	城镇集体单位 Urban Collective-owned Units	其他单位 Other Types of Ownership
1978	30.59	22.67	7.92		615	638	558	
1979	35.56	26.37	9.19		685	718	605	
1980	42.83	32.00	10.83		789	828	691	
1981	49.40	37.01	12.39		873	912	774	
1982	56.69	43.03	13.66		961	1000	856	
1983	60.85	46.25	14.60		1021	1061	907	
1984	72.82	52.66	19.59	0.57	1187	1261	1017	1697
1985	88.91	63.42	23.85	1.64	1393	1458	1216	2209
1986	102.13	73.10	26.69	2.34	1541	1619	1330	2198
1987	121.10	84.99	31.99	4.12	1743	1805	1544	2469
1988	162.76	113.60	41.23	7.93	2250	2320	1979	3134
1989	200.39	139.38	47.74	13.27	2678	2763	2302	3641
1990	223.29	154.96	50.06	18.27	2929	3000	2508	3972
1991	268.19	179.81	60.15	28.23	3358	3383	2931	4558
1992	334.61	222.27	72.06	40.28	4027	4059	3510	5157
1993	455.33	300.91	83.79	70.63	5327	5431	4388	6435
1994	612.73	401.80	107.03	103.90	7117	7410	5565	8216
1995	734.14	458.86	124.32	150.96	8250	8540	6395	9546
1996	803.50	512.22	124.35	166.93	9127	9494	6799	10569
1997	858.35	539.95	120.36	198.04	9698	10032	6814	11635
1998	899.68	530.11	105.59	263.98	10233	10432	6671	12410
1999	970.70	567.54	101.72	301.44	11309	11579	7025	13492
2000	1038.38	604.59	91.81	341.98	13823	14387	8615	15240
2001	1146.11	663.85	82.67	399.59	15682	16779	9040	16392
2002	1306.32	737.63	80.26	488.43	17814	19696	9881	17597
2003	1515.58	841.02	83.52	591.05	19986	22944	10836	18782
2004	1771.05	942.39	84.73	743.94	22116	25979	11937	20267
2005	2085.64	1058.97	88.63	938.04	23959	28835	13240	21500
2006	2413.63	1165.88	94.91	1152.84	26186	31352	14520	23794
2007	2854.99	1343.92	104.01	1407.06	29443	36396	16328	26215
2008	3294.17	1520.88	110.28	1663.02	33110	40775	18461	29580
2009	3698.34	1687.96	114.71	1895.66	36355	44964	20347	32377
2010	4363.82	1913.19	125.99	2324.64	40358	49610	22470	36347
2011	5444.34	2235.58	149.68	3059.08	45152	54739	25679	41390
2012	6397.01	2508.29	165.71	3723.02	50577	60116	31219	46860
2013	10213.35	2434.53	196.96	7581.85	53611	63390	35812	51717
2014	11471.24	2667.14	221.64	8582.47	59827	69694	40850	57972
2015	12596.61	2927.11	220.22	9449.28	66296	78058	45436	63994

注：从2000年起统计口径为在岗职工。

Note: Since 2000, statistical coverage refers to the fully employed staff and workers.

4-12 各市城镇单位就业人员工资总额和在岗职工年平均工资（2015年）

Earnings of Employed Persons and Wages of Fully Employed Staff and Workers in Urban Units by City (2015)

市 别	City	就业人员工资 Earnings of Employed Persons				在岗职工工资 Wages of Fully Employed Staff and Workers			
		合计 Total	国有单位 State-owned Units	城镇集体单位 Urban Collective-owned Units	其他单位 Other Types of Ownership	合计 Total	国有单位 State-owned Units	城镇集体单位 Urban Collective-owned Units	其他单位 Other Types of Ownership
总额(亿元)	**Total(100 million yuan)**								
全 省	**Provincial Total**	**12918.81**	**2975.96**	**227.71**	**9715.14**	**12596.61**	**2927.11**	**220.22**	**9449.28**
广 州	Guangzhou	2567.49	678.95	37.38	1851.16	2487.49	669.07	36.14	1782.27
深 圳	Shenzhen	3751.41	503.96	11.18	3236.26	3662.72	500.39	11.14	3151.20
珠 海	Zhuhai	501.76	93.02	6.70	402.04	485.37	91.50	6.62	387.25
汕 头	Shantou	283.78	124.89	15.12	143.77	274.98	121.27	14.74	138.97
佛 山	Foshan	1056.01	148.63	22.53	884.85	1043.62	145.49	22.37	875.75
#顺 德	Shunde	464.26	34.65	1.31	428.31	460.19	34.51	1.25	424.44
韶 关	Shaoguan	180.32	90.80	9.80	79.73	176.39	89.24	9.08	78.08
河 源	Heyuan	137.28	64.52	2.81	69.95	136.18	64.30	2.78	69.10
梅 州	Meizhou	156.73	97.57	5.11	54.04	152.00	96.48	5.01	50.51
惠 州	Huizhou	542.21	137.44	5.62	399.16	524.63	135.37	5.21	384.06
汕 尾	Shanwei	115.70	39.20	13.25	63.25	112.96	38.82	11.40	62.75
东 莞	Dongguan	1259.56	132.03	26.01	1101.51	1230.80	128.83	25.52	1076.45
中 山	Zhongshan	499.67	75.20	8.08	416.39	489.00	72.27	8.04	408.70
江 门	Jiangmen	312.78	92.38	9.20	211.21	303.65	89.48	8.58	205.59
阳 江	Yangjiang	117.04	55.28	7.06	54.70	112.25	54.31	6.74	51.20
湛 江	Zhanjiang	254.29	151.29	7.27	95.73	245.31	147.64	7.15	90.53
茂 名	Maoming	233.40	113.93	13.21	106.26	227.42	112.93	12.86	101.63
肇 庆	Zhaoqing	231.89	103.36	4.14	124.39	225.82	99.48	4.09	122.25
清 远	Qingyuan	188.27	98.88	2.79	86.60	185.56	98.15	2.78	84.63
潮 州	Chaozhou	96.97	45.79	8.31	42.87	95.45	44.99	8.20	42.26
揭 阳	Jieyang	187.66	76.88	9.76	101.02	182.81	75.97	9.42	97.42
云 浮	Yunfu	109.28	51.98	2.37	54.94	106.96	51.11	2.35	53.50
平均工资(元)	**Average Wage (yuan)**								
全 省	**Provincial Total**	**65788**	**76870**	**45027**	**63664**	**66296**	**78058**	**45436**	**63994**
广 州	Guangzhou	79534	92551	45635	76728	81171	93815	46489	78390
深 圳	Shenzhen	80839	117164	45627	77313	81034	117432	45546	77436
珠 海	Zhuhai	67754	92354	68504	63810	67958	93776	69283	63788
汕 头	Shantou	52299	66510	35759	45999	53011	67675	35862	46568
佛 山	Foshan	61572	77495	56728	59644	61810	78281	57005	59847
#顺 德	Shunde	63045	59730	51250	63374	63239	59853	52028	63572
韶 关	Shaoguan	54117	64707	42868	46890	54923	66057	43587	47249
河 源	Heyuan	51172	59275	41096	45843	51456	59390	41290	46173
梅 州	Meizhou	53654	62050	35929	44801	54018	62904	36183	44244
惠 州	Huizhou	58303	79907	43276	53577	58607	80867	44922	53626
汕 尾	Shanwei	47880	44922	43983	50902	48004	45313	42681	51036
东 莞	Dongguan	53130	90547	62518	50452	53221	91982	63105	50487
中 山	Zhongshan	58649	96935	44094	55073	58776	102312	44143	54997
江 门	Jiangmen	53366	67254	49933	49080	54106	69549	52035	49413
阳 江	Yangjiang	49560	53460	37820	47945	50182	54181	37483	48546
湛 江	Zhanjiang	49501	51984	31148	48027	50177	52709	31450	48651
茂 名	Maoming	52004	55092	47018	49674	53036	55854	47579	50921
肇 庆	Zhaoqing	53689	66775	41344	46569	54469	69692	41677	46655
清 远	Qingyuan	59217	79324	60972	45893	59788	80290	61517	46095
潮 州	Chaozhou	47887	58022	39639	41779	48471	59456	40108	41921
揭 阳	Jieyang	44869	49728	33216	43124	44878	50291	33379	42716
云 浮	Yunfu	49565	59898	33501	43382	49934	60435	33651	43620

4-13 城镇单位就业人员工资总额（2015年）

Earnings of Employed Persons in Urban Units (2015)

单位：亿元 (100 million yuan)

项　目	Item	合计 Total	国有单位 State-owned Units	城镇集体单位 Urban Collective-owned Units	其他单位 Other Types of Ownership
合　计	**Total**	**12918.81**	**2975.96**	**227.71**	**9715.14**
按企业、事业和机关分	Grouped by Enterprises, Institutions and Organ				
企业	Enterprises	10518.61	683.68	198.92	9636.01
事业	Institutions	1564.63	1507.05	23.03	34.55
机关	Organ	766.81	766.23	0.12	0.46
民营非盈利组织	Private Non-profit Organizations	18.31	0.76	0.46	17.09
其他	Others	50.46	18.24	5.19	27.04
按国民经济行业分	Grouped by Economic Sector				
农、林、牧、渔业	Farming, Forestry, Animal Husbandry and Fishery	17.02	15.96	0.15	0.91
采矿业	Mining and Quarrying	26.38	4.93	0.29	21.16
制造业	Manufacture	5752.39	26.88	48.20	5677.30
电力、热力、燃气及水生产和供应业	Production and Supply of Electric Power, Gas and Water	316.35	83.92	7.48	224.95
建筑业	Construction	710.76	85.07	61.20	564.49
批发和零售业	Wholesale and Retail Trade	600.95	32.08	7.44	561.42
交通运输、仓储和邮政业	Transport, Storage and Postal Services	669.45	125.13	3.63	540.69
住宿和餐饮业	Hotels and Catering Services	163.22	12.97	2.25	148.00
信息传输、软件和信息技术服务业	Information Transmission, Computer Services and Software	441.92	32.29	0.40	409.22
金融业	Finance	611.02	151.99	32.63	426.40
房地产业	Real Estate	391.90	24.75	6.60	360.55
租赁和商务服务业	Leasing and Business Services	417.91	69.68	24.86	323.37
科学研究、技术服务业	Scientific Research and Technical Services	344.13	101.37	3.24	239.52
水利、环境和公共设施管理业	Management of Water Conservancy, Environment and Public Facilities	85.42	55.62	4.04	25.77
居民服务、修理和其他服务业	Resident Services and Other Services	34.39	8.48	0.99	24.92
教育	Education	904.11	802.83	7.97	93.31
卫生和社会工作	Health Care and Social Service	489.98	435.73	14.35	39.89
文化、体育和娱乐业	Culture, Sports and Entertainment	93.92	60.94	1.95	31.02
公共管理、社会保障和社会组织	PublicManagement, Social Security and Organizations	847.60	845.32	0.03	2.25
按产业分	Grouped by Industry				
第一产业	Primary Industry	17.02	15.96	0.15	0.91
第二产业	Secondary Industry	6805.87	200.80	117.17	6487.90
第三产业	Tertiary Industry	6095.92	2759.20	110.39	3226.34

4-14　城镇单位在岗职工工资总额（2015年）

Total Wages Bill of Fully Employed Staff and Workers in Urban Units (2015)

单位：亿元　　(100 million yuan)

项　目	Item	合计 Total	国有单位 State-owned Units	城镇集体单位 Urban Collective-owned Units	其他单位 Other Types of Ownership
合　计	**Total**	**12596.61**	**2927.11**	**220.22**	**9449.28**
按企业、事业和机关分	Grouped by Enterprises, Institutions and Organ				
企业	Enterprises	10229.38	664.25	192.35	9372.78
事业	Institutions	1539.62	1483.56	22.43	33.64
机关	Organ	761.40	760.85	0.12	0.43
民营非盈利组织	Private Non-profit Organizations	17.75	0.75	0.44	16.57
其他	Others	48.45	17.71	4.89	25.86
按国民经济行业分	Grouped by Economic Sector				
农、林、牧、渔业	Farming, Forestry, Animal Husbandry and Fishery	16.79	15.76	0.14	0.89
采矿业	Mining and Quarrying	26.01	4.88	0.29	20.84
制造业	Manufacture	5668.69	26.62	46.47	5595.59
电力、热力、燃气及水生产和供应业	Production and Supply of Electric Power, Gas and Water	315.48	83.62	7.44	224.41
建筑业	Construction	620.19	77.09	57.95	485.15
批发和零售业	Wholesale and Retail Trade	587.90	31.51	7.23	549.17
交通运输、仓储和邮政业	Transport, Storage and Postal Services	647.46	123.27	3.44	520.76
住宿和餐饮业	Hotels and Catering Services	156.76	12.29	2.23	142.25
信息传输、软件和信息技术服务业	Information Transmission, Computer Services and Software	436.11	31.98	0.39	403.74
金融业	Finance	575.70	146.04	32.57	397.08
房地产业	Real Estate	385.73	24.55	6.21	354.97
租赁和商务服务业	Leasing and Business Services	402.89	69.17	23.89	309.83
科学研究、技术服务业	Scientific Research and Technical Services	337.21	99.26	3.18	234.77
水利、环境和公共设施管理业	Management of Water Conservancy, Environment and Public Facilities	82.28	53.51	3.87	24.91
居民服务、修理和其他服务业	Resident Services and Other Services	33.63	8.23	0.96	24.43
教育	Education	889.73	793.22	7.85	88.66
卫生和社会工作	Health Care and Social Service	480.77	427.33	14.13	39.31
文化、体育和娱乐业	Culture, Sports and Entertainment	92.09	59.77	1.94	30.38
公共管理、社会保障和社会组织	PublicManagement, Social Security and Organizations	841.19	839.01	0.03	2.15
按产业分	Grouped by Industry				
第一产业	Primary Industry	16.79	15.76	0.14	0.89
第二产业	Secondary Industry	6630.37	192.21	112.16	6326.00
第三产业	Tertiary Industry	5949.45	2719.14	107.92	3122.40

4-15 城镇单位就业人员年平均工资（2015年）
Average Earning of Employed Persons in Urban Units (2015)

单位：元 (yuan)

项　目	Item	合计 Total	国有单位 State-owned Units	城镇集体单位 Urban Collective-owned Units	其他单位 Other Types of Ownership
合　计	**Total**	**65788**	**76870**	**45027**	**63664**
按企业、事业和机关分	Grouped by Enterprises, Institutions and Organ				
企业	Enterprises	63847	76715	44144	63676
事业	Institutions	74891	75407	52161	74271
机关	Organ	79697	79704	44916	84565
民营非盈利组织	Private Non-profit Organizations	52284	73369	45032	51841
其他	Others	66451	94588	53605	57548
按国民经济行业分	Grouped by Economic Sector				
农、林、牧、渔业	Farming, Forestry, Animal Husbandry and Fishery	31587	31096	34599	42867
采矿业	Mining and Quarrying	86028	91398	36158	86497
制造业	Manufacture	57419	66964	45298	57511
电力、热力、燃气及水生产和供应业	Production and Supply of Electric Power, Gas and Water	102758	87054	73709	111743
建筑业	Construction	51001	55197	36430	52681
批发和零售业	Wholesale and Retail Trade	61346	63150	27341	62272
交通运输、仓储和邮政业	Transport, Storage and Postal Services	79680	76359	43153	80955
住宿和餐饮业	Hotels and Catering Services	43745	52359	40554	43174
信息传输、软件和信息技术服务业	Information Transmission, Computer Services and Software	126083	90532	49604	130319
金融业	Finance	138069	138830	79899	145913
房地产业	Real Estate	66768	54179	44936	68469
租赁和商务服务业	Leasing and Business Services	66376	57014	40352	72539
科学研究、技术服务业	Scientific Research and Technical Services	98929	101647	57177	98786
水利、环境和公共设施管理业	Management of Water Conservancy, Environment and Public Facilities	48589	47487	42788	52324
居民服务、修理和其他服务业	Resident Services and Other Services	47483	64329	41453	43829
教育	Education	72368	74235	40785	62917
卫生和社会工作	Health Care and Social Service	80838	81835	68756	75553
文化、体育和娱乐业	Culture, Sports and Entertainment	80069	88184	69054	68392
公共管理、社会保障和社会组织	PublicManagement, Social Security and Organizations	79848	79864	41757	75001
按产业分	Grouped by Industry				
第一产业	Primary Industry	31587	31096	34599	42867
第二产业	Secondary Industry	57921	67825	41063	58089
第三产业	Tertiary Industry	77825	78297	50191	78905

4-16 城镇单位在岗职工年平均工资（2015年）

Annual Average Wage of Fully Employed Staff and Workers in Urban Units (2015)

单位：元 (yuan)

项目	Item	合计 Total	国有单位 State-owned Units	城镇集体单位 Urban Collective-owned Units	其他单位 Other Types of Ownership
合计	**Total**	**66296**	**78058**	**45436**	**63994**
按企业、事业和机关分	Grouped by Enterprises, Institutions and Organ				
企业	Enterprises	64232	78277	44507	64000
事业	Institutions	76055	76569	53165	75350
机关	Organ	80583	80587	44916	95044
民营非盈利组织	Private Non-profit Organizations	52770	75133	46565	52254
其他	Others	67434	94836	53613	58683
按国民经济行业分	Grouped by Economic Sector				
农、林、牧、渔业	Farming, Forestry, Animal Husbandry and Fishery	31729	31195	35739	44476
采矿业	Mining and Quarrying	86576	93718	36158	86731
制造业	Manufacture	57227	67535	45003	57315
电力、热力、燃气及水生产和供应业	Production and Supply of Electric Power, Gas and Water	103075	87509	74184	111941
建筑业	Construction	51905	56313	36555	53940
批发和零售业	Wholesale and Retail Trade	62204	64100	27575	63140
交通运输、仓储和邮政业	Transport, Storage and Postal Services	81259	77111	43363	82791
住宿和餐饮业	Hotels and Catering Services	44904	52165	40774	44440
信息传输、软件和信息技术服务业	Information Transmission, Computer Services and Software	127220	91916	49581	131418
金融业	Finance	154389	151616	80195	168293
房地产业	Real Estate	67267	54271	45975	68968
租赁和商务服务业	Leasing and Business Services	66864	57276	41290	73087
科学研究、技术服务业	Scientific Research and Technical Services	99900	102674	58007	99735
水利、环境和公共设施管理业	Water Conservancy, Environment and Public Facilities Management	50029	48530	42821	55127
居民服务、修理和其他服务业	Resident Services and Other Services	47340	64654	41567	43641
教育	Education	73300	75301	40932	62776
卫生和社会工作	Health Care and Social Work	81855	82974	69174	75744
文化、体育和娱乐业	Culture, Sports and Recreation	81787	90909	69942	68927
公共管理、社会保障和社会组织	Public Administration and Social Organizations	80764	80768	45887	80047
按产业分	Grouped by Industry				
第一产业	Primary Industry	31729	31195	35739	44476
第二产业	Secondary Industry	57975	69371	41138	58107
第三产业	Tertiary Industry	79209	79453	50990	80535

4-17 各市年末城镇登记失业人数

Number of Registered Unemployed Persons in Urban Area at the Year-end by City

单位：人 (person)

市 别	City	2005	2010	2014	2015
合 计	**Total**	**344904**	**392274**	**368318**	**369667**
广 州	Guangzhou	54162	76485	57597	53090
深 圳	Shenzhen	26746	35302	38752	41697
珠 海	Zhuhai	11453	12501	11077	11095
汕 头	Shantou	17731	16127	15475	14778
佛 山	Foshan	26062	19628	21917	22389
韶 关	Shaoguan	18831	16928	13641	13031
河 源	Heyuan	14096	13951	8992	9504
梅 州	Meizhou	14510	14200	13955	14013
惠 州	Huizhou	14001	15696	18772	19705
汕 尾	Shanwei	9436	11314	12281	12621
东 莞	Dongguan	4437	8655	12026	12893
中 山	Zhongshan	6593	9246	9444	9276
江 门	Jiangmen	19639	21380	24833	24972
阳 江	Yangjiang	14608	15012	12302	12506
湛 江	Zhanjiang	22835	23882	20700	20885
茂 名	Maoming	22203	30504	26396	27832
肇 庆	Zhaoqing	10668	11662	12585	12543
清 远	Qingyuan	9796	14257	13550	13621
潮 州	Chaozhou	8142	8362	9246	8483
揭 阳	Jieyang	10350	11357	9173	9008
云 浮	Yunfu	8605	5825	5604	5725
按经济区域分	By Region				
珠 三 角	Pearl River Delta	173761	210555	207003	207660
东 翼	Eastern Region	45659	47160	46175	44890
西 翼	Western Region	59646	69398	59398	61223
山 区	Mountainous Region	65838	65161	55742	55894

主要统计指标解释

就业人员 指在16周岁及以上，从事一定社会劳动并取得劳动报酬或经营收入的人员。这一指标反映了一定时期内全部劳动力资源的实际利用情况，是研究我国基本国情国力的重要指标。

单位就业人员 指报告期末最后一日24时在本单位中工作，并取得工资或其他形式劳动报酬的人员数。该指标为时点指标，不包括最后一日当天及以前已经与单位解除劳动合同关系的人员，是在岗职工、劳务派遣人员及其他就业人员之和。就业人员不包括：

(1)离开本单位仍保留劳动关系，并定期领取生活费的人员；

(2)利用课余时间打工的学生及在本单位实习的各类在校学生；

(3)本单位因劳务外包而使用的人员。

城镇私营和个体就业人员 城镇私营就业人员指在工商管理部门注册登记，其经营地址设在县城关镇(含县城关镇)以上的私营企业就业人员，包括私营企业投资者和雇工。城镇个体就业人员指在工商管理部门注册登记，并持有城镇户口或在城镇长期居住，经批准从事个体工商经营的就业人员，包括个体经营者和在个体工商户劳动的家庭帮工和雇工。

在岗职工 指在本单位工作且与本单位签订劳动合同，并由单位支付各项工资和社会保险、住房公积金的人员，以及上述人员中由于学习、病伤、产假等原因暂未工作仍由单位支付工资的人员。在岗职工还包括：

(1)应订立劳动合同而未订立劳动合同人员(如使用的农村户籍人员)；

(2)处于试用期人员；

(3)编制外招用的人员；

(4)派往外单位工作，但工资仍由本单位发放的人员(如挂职锻炼、外派工作等情况)。

工资总额 指根据《关于工资总额组成的规定》(1990年1月1日国家统计局发布的一号令)进行修订，在报告期内(季度或年度)直接支付给本单位全部就业人员的劳动报酬总额。包括计时工资、计件工资、奖金、津贴和补贴、加班加点工资、特殊情况下支付的工资，是在岗职工工资总额、劳务派遣人员工资总额和其他就业人员工资总额之和。

工资总额是税前工资，包括单位从个人工资中直接为其代扣或代缴的房费、水费、电费、住房公积金和社会保险基金个人缴纳部分等。

工资总额不论是计入成本的还是不计入成本的，不论是以货币形式支付的还是以实物形式支付的，均应列入工资总额的计算范围。

平均工资 是指在报告期内单位发放工资的人均水平。计算公式为：

$$\text{平均工资} = \frac{\text{报告期工资总额}}{\text{报告期平均人数}}$$

城镇登记失业人员 指有非农业户口，在一定的劳动年龄内(16周岁至退休年龄)，有劳动能力，无业而要求就业，并在当地劳动保障部门进行失业登记的人员。

Explanatory Notes on Main Statistical Indicators

Employed Persons refer to persons aged 16 and over who are engaged in gainful employment and thus receive remuneration payment or earn business income. This indicator reflects the actual utilization of total labour force during a certain period of time and is often used for the research on China's economic situation and national power.

Persons Employed in Various Units refer to the total number of employees who work at his unit and obtain wages or other forms of payment at the end of the reporting period. This indicator is a kind of time point index and it equals to the sum of the number of employed staff and workers, labor dispatch personnel and other employed persons. Employed persons do not include:

1)persons who have left their working units while keeping their labour contract (employment relation) unchanged and receiving regular alimony;

2)students who do part-time jobs in spare time and all kinds of enrolled students who do internship in various units;

3)persons employed due to labor outsourcing;

4)persons who dissolve labor contracts with their units on the last day of reporting period or before.

Persons Employed in Private Enterprises and Self-Employed Individuals in Urban Areas Persons employed in private enterprises refer to the persons employed in the private enterprises which have been registered at the departments of industrial and commercial administration for which the business operation are situated at a county town (i.e. a town where the county government is located), or at urban areas with administrative hierarchy higher than a county town. The self-employed individuals in urban areas refer to persons who hold the certificates of residence in urban areas or have resided in the urban areas for a long time and have been registered at the departments of industrial and commercial administration and approved to be engaged in individual industrial or commercial business, including self-employed persons as well as helpers and hired laborers who work in individual households.

Employed Staff and Workers refer to persons who signed labor contracts with working units and working units would pay wages, social insurance and housing funds for them. Persons who have their work posts but are temporarily absent from work for reasons of study or on sick, injury or maternal leave and still receive wages from their working units are also included. Employed staff and workers also include:

1)Persons who should have signed the labor contracts but not (like people with rural household registration);

2)Employees on probation;

3)Employees beyond the staffing quota;

4)Employees who are sent to other working units but still obtain wages from their original units (situations like on-the-job placement, expatriated assignment, etc.)

Total Wage Bill It is revised according to the "Provision of Composition of Total Wages" (Order No.1 by National Bureau of Statistics on January, 1st, ,1990), total wage bill refers to the total remuneration payment to all employed persons in various units during the reporting period (by quarter or by year), including hourly-paid wages, piece-rate wages, bonuses, allowance and subsidies, overtime wages and wages paid under special circumstances. It equals to the sum of total wages of employed staff and workers, dispatch labors and other employed persons.

Total wage bill is pre-tax wages, including the room charges, utility bills, housing funds and social insurance paid or withheld by employee's units.

Total wage bill, whether or not included in cost, whether or not paid in money or in kind, shall be included in the calculation of total wage.

Average Wage refers to the average per capita wage in money terms during a certain period of time for employed persons. It shows the general level of wage income of staff and worker during a certain period of time, one major indicator to reflect the wage level. It is calculated as follows:

$$\text{Average Wage} = \frac{\text{Total Wage Bill of Employed Persons at Reference Time}}{\text{Average Number of Persons Employed at Reference Time}}$$

Registered Unemployed Persons in Urban Areas refer to the persons with non-agricultural household registration at certain working ages (16 years old to retirement age), who are capable of working, unemployed and willing to work, and have been registered at the local employment service agencies to apply for a job.

五、固定资产投资

INVESTMENT IN FIXED ASSETS

五　固定资产投资

简要说明

一、本篇资料反映广东省固定资产投资的基本情况，主要包括：固定资产投资，房地产开发、国有单位固定资产投资情况以及各市固定资产投资的主要指标数据。

二、本篇资料由广东省统计局固定资产投资统计处整理提供。

三、固定资产投资统计的资料来源主要为全面统计报表。按照现行的固定资产投资统计报表制度，固定资产投资按登记注册类型可分为：国有、集体、股份合作、联营、有限责任公司、股份有限公司、私营、个体、其他、港澳台投资、外商投资。

四、2011 年起，固定资产投资项目统计起点由 50 万元提高到 500 万元，且不包含农户投资；2010 年以前为全社会固定资产投资。

五、2011 年报起，原国家预算内资金改为国家预算资金。

六、2014 年定报起，固定资产投资取消城乡分组。

5　Investment in Fixed Assets

Brief Introduction

Ⅰ.The data in this chapter reflect the basic conditions of investment in fixed assets of Guangdong Province, mainly including investment in fixed assets in the whole province, investment in fixed assets in the real estate development, and main indicators on investment in fixed assets by city.

Ⅱ.The data in this chapter are prepared and provided by the Division of Investment and Construction Statistics of Statistics Bureau of Guangdong Province.

Ⅲ.The data sources for the statistics of investment in fixed assets mainly come from complete statistical report forms. According to the present regulations on the statistics of investment in fixed assets, the investment in fixed assets is classified by the following status of registration: state-owned units, collective-owned units, joint ownership units, share-holding corporations, units with funds from Hong Kong, Macao and Taiwan, foreign-funded units, self-employed individuals and others.

Ⅳ.Since 2011, the cut-off point of investment statistics is changed from a minimum of 500,000 yuan to a minimum of 5,000,000 yuan, and the data do not include the investment made by rural households. Data before 2010 refer to total investment in fixed assets.

Ⅴ.Since 2011, state budget is changed to state and local budget.

Ⅵ.Since 2014, investment by urban is canceled.

5-1 固定资产投资主要指标

Main Indicators of Investment in Fixed Assets

项　目	Item	2000	2010	2012	2013	2014	2015
投资完成额　（亿元）	**Investment (100 million yuan)**	**3233.70**	**16113.19**	**19307.53**	**22828.65**	**25928.09**	**30031.20**
#房地产开发	Real Estate Development	858.61	3659.69	5352.79	6489.59	7638.45	8538.47
按登记注册类型分	Grouped by Status of Registration						
内资	Domestic	2676.65	13759.62	16369.79	19869.06	22782.88	26552.22
国有	State-owned	1219.19	5152.60	4129.75	5393.84	5824.56	6363.86
集体	Collective-owned	393.23	735.49	872.63	1133.36	1105.34	1281.87
股份合作	Cooperative	19.43	49.91	118.89	145.26	128.09	108.25
联营	Joint	47.78	15.05	48.42	20.71	18.99	14.99
其他有限责任公司	Other Limited Liability	366.63	3393.58	5804.88	6082.64	7510.90	9228.26
股份有限公司	Share-holding	153.58	869.46	1045.92	1286.29	1239.60	1261.28
私营	Private	207.67	2212.44	3497.50	4749.81	5764.43	6772.59
个体	Self-employed Individual	248.51	909.02	252.63	287.38	271.85	344.79
其他	Others	20.63	422.07	599.17	769.77	919.11	1176.33
港澳台投资	Funds from Hong Kong, Macao and Taiwan	416.34	1489.78	1716.85	1636.73	1819.51	2080.99
外商投资	Foreign Funded	140.71	863.78	1220.88	1322.86	1325.70	1398.00
按构成分	Grouped by Use of Funds						
建筑安装工程	Construction and Installation	2103.78	10396.22	12794.53	15262.61	17486.27	20083.47
设备工具器具购置	Purchase of Equipments and Instruments	597.29	2966.13	3366.14	3982.71	4265.61	5336.57
其他费用	Others	532.63	2750.84	3146.85	3583.33	4176.21	4611.16
按三次产业分	Grouped by Three Strata of Industry						
第一产业	Primary Industry	23.40	181.83	274.28	354.13	275.70	420.38
第二产业	Secondary Industry	768.82	5241.53	6544.31	7423.12	8428.21	10184.51
第三产业	Tertiary Industry	2441.48	10689.83	12488.93	15051.40	17224.18	19426.31
按财务拨贷款合计	**Grouped by Source of Funds**	**3396.79**	**18864.04**	**22656.13**	**27561.74**	**30138.60**	**36352.25**
国家预算资金	State and Local Budget	56.80	411.16	1002.17	1173.87	1418.73	1764.42
国内贷款	Domestic Loans	584.34	3171.76	3255.23	4147.42	4350.88	4546.87
利用外资	Foreign Investment	357.05	630.48	599.17	683.35	405.01	204.11
自筹资金	Self-raising Funds	1456.24	10668.57	12925.48	15019.94	17696.16	21056.20
其他资金	Others	942.35	3982.07	4874.07	6537.15	6267.82	8780.65
房屋建筑面积（万平方米）	**Floor Space of Buildings (10000 sq.m)**						
施工面积	Floor Space under Construction	23520.91	57221.79	62648.42	74295.64	81692.25	84133.98
竣工面积	Floor Space Completed	13492.94	20420.60	14411.55	16199.46	17294.71	15303.96
#住宅	Residential Buildings	8888.66	12267.54	5677.81	5667.31	6304.28	4998.12
商品房屋销售面积（万平方米）	**Floor Space of Commercial Buildings (10000 sq.m)**	**2259.95**	**7321.76**	**7898.99**	**9836.39**	**9315.76**	**11681.01**
#住宅	Residential Buildings	2009.34	6552.81	7157.63	8830.95	8163.56	10497.62

注：1. 2011年起固定资产投资项目统计起点由50万元提高至500万元，且不包含农村农户投资；2010年以前为全社会固定资产投资，下表同。

2. 2011年报起，原国家预算内资金改为国家预算资金，下表同。

Note: a)Since 2011,the cut-off point of investment statistics is changed from a minimum of 500,000 yuan to a minimum of 5,000,000 yuan, and the data do not include the investment made by rural households. Data before 2010 refer to total investment in fixed assets. The same applies to all tables following.

b) Since 2011, state budget is changed to state and local budget.The same applies to all tables following.

5-2 固定资产投资总额
Investment in Fixed Assets

单位：亿元 (100 million yuan)

年份 Year	投资总额 Total Investment	#房地产开发 Real Estate Development	按产业分 Grouped by Three Strata of Industry		
			第一产业 Primary Industry	第二产业 Secondary Industry	第三产业 Tertiary Industry
1978	27.23		5.52	9.71	12.00
1979	28.29		3.29	16.98	8.02
1980	38.29		3.29	22.64	12.36
1981	60.40		3.66	27.46	29.28
1982	84.73		4.05	36.76	43.92
1983	88.71		3.52	37.22	47.97
1984	130.37		3.68	50.16	76.53
1985	184.59		4.90	95.99	83.70
1986	216.50	10.00	4.49	142.10	69.91
1987	251.01	16.29	4.19	168.28	78.54
1988	353.59	21.96	4.72	240.34	108.53
1989	347.34	48.15	4.99	127.90	214.45
1990	381.47	32.70	5.66	160.02	215.79
1991	478.20	49.75	9.11	174.64	294.45
1992	921.75	125.57	7.49	273.75	640.51
1993	1629.87	316.53	9.43	524.69	1095.75
1994	2141.15	404.13	10.63	714.97	1415.55
1995	2327.22	563.89	14.27	682.40	1630.55
1996	2327.64	528.85	19.41	665.68	1642.55
1997	2298.14	528.31	16.45	603.94	1677.75
1998	2668.13	602.72	19.46	660.64	1988.03
1999	3027.56	710.20	21.05	734.14	2272.37
2000	3233.70	858.61	23.40	768.82	2441.48
2001	3536.41	972.34	23.38	891.87	2621.16
2002	3970.69	1115.25	24.09	1217.29	2729.31
2003	5030.57	1233.52	14.56	1366.10	3649.91
2004	6025.53	1355.84	24.49	2153.67	3847.37
2005	7164.11	1591.90	28.72	2868.45	4266.94
2006	8132.37	1843.51	49.19	3247.29	4835.89
2007	9596.95	2519.13	69.92	3512.12	6014.91
2008	11165.06	2932.34	109.54	3936.80	7118.72
2009	13353.15	2961.32	130.25	4458.17	8764.73
2010	16113.19	3659.69	181.83	5241.53	10689.83
2011	16843.83	4809.91	213.58	5561.01	11069.23
2012	19307.53	5352.79	274.28	6544.31	12488.93
2013	22828.65	6489.59	354.13	7423.12	15051.40
2014	25928.09	7638.45	275.70	8428.21	17224.18
2015	30031.20	8538.47	420.38	10184.51	19426.31

注：1993年以前房地产开发投资主要是商品房建设投资。
Notes: Prior to 1993, investment in real estate development focused mainly on the construction of commercial buildings.

5-3 按资金来源和构成分固定资产投资

Investment in Fixed Assets by Source of Funds and Structure of Investment

年份 Year	按财务拨贷款资金来源分 By Source of Funds				按构成分 By Structure of Investment		
	国家预算资金 State Budget Funds	国内贷款 Domestic Loans	利用外资 Foreign Investment	自筹和其他资金 Fundraising and Others	建筑安装工程 Construction and Installation	设备工具器具购置 Purchase of Equipment and Instruments	其他费用 Others
投资额(亿元)Investment (100 million yuan)							
1985	15.02	45.70	19.00	104.87	138.31	32.71	13.57
1990	12.92	73.92	61.07	261.60	246.56	103.97	30.94
1995	26.98	376.11	465.13	1641.16	1507.92	464.75	354.55
1996	22.52	347.75	494.70	1573.54	1507.04	498.79	321.81
1997	21.75	296.54	477.70	1605.60	1511.58	464.55	322.01
1998	46.53	414.58	394.44	1971.60	1688.14	546.06	433.93
1999	60.95	549.97	323.63	2167.05	1960.22	588.35	478.99
2000	56.80	584.34	357.05	2398.59	2103.78	597.29	532.63
2001	58.10	592.65	361.09	2680.24	2293.93	698.49	543.99
2002	73.58	749.21	439.31	3040.07	2548.91	783.70	638.08
2003	90.23	950.98	568.95	3996.32	3201.16	977.70	851.71
2004	72.39	1132.08	655.75	4864.42	3784.12	1247.82	993.59
2005	69.13	1366.09	786.05	5726.75	4520.62	1593.83	1049.67
2006	105.55	1659.26	865.58	6662.41	5221.87	1796.20	1114.29
2007	179.42	1755.86	984.01	8494.11	6088.11	1979.44	1529.39
2008	253.16	1877.90	779.48	9293.86	7140.54	2264.31	1760.21
2009	379.74	2695.36	682.36	12131.70	8800.83	2467.73	2084.60
2010	411.16	3171.76	630.48	14650.64	10396.22	2966.13	2750.84
2011	412.55	2827.15	574.03	15797.27	11019.16	3022.94	2801.72
2012	1002.17	3255.23	599.17	17799.55	12794.53	3366.14	3146.85
2013	1173.87	4147.42	683.35	21557.09	15262.61	3982.71	3583.33
2014	1418.73	4350.88	405.01	23963.98	17486.27	4265.61	4176.21
2015	1764.42	4546.87	204.11	29836.85	20083.47	5336.57	4611.16
构成(%) Percentage (%)							
1985	8.1	24.8	10.3	56.8	74.9	17.7	7.4
1990	3.2	18.1	14.9	63.9	64.6	27.3	8.1
1995	1.1	15.0	18.5	65.4	64.8	20.0	15.2
1996	0.9	14.3	20.3	64.5	64.7	21.4	13.8
1997	0.9	12.3	19.9	66.9	65.8	20.2	14.0
1998	1.6	14.7	14.0	69.7	63.3	20.5	16.3
1999	2.0	17.7	10.4	69.9	64.7	19.4	15.8
2000	1.7	17.2	10.5	70.6	65.1	18.5	16.5
2001	1.6	16.1	9.8	72.6	64.9	19.8	15.4
2002	1.7	17.4	10.2	70.7	64.2	19.7	16.1
2003	1.6	17.0	10.1	71.3	63.6	19.4	16.9
2004	1.1	16.8	9.8	72.3	62.8	20.7	16.5
2005	0.9	17.2	9.9	72.1	63.1	22.2	14.7
2006	1.1	17.9	9.3	71.7	64.2	22.1	13.7
2007	1.6	15.4	8.6	74.4	63.4	20.6	15.9
2008	2.1	15.4	6.4	76.1	64.0	20.3	15.7
2009	2.4	16.9	4.3	76.4	65.9	18.5	15.6
2010	2.2	16.8	3.3	77.7	64.5	18.4	17.1
2011	2.1	14.4	2.9	80.6	65.4	17.9	16.6
2012	4.4	14.4	2.6	78.6	66.3	17.4	16.3
2013	4.3	15.0	2.5	78.2	66.9	17.4	15.7
2014	4.7	14.4	1.3	79.5	67.4	16.5	16.1
2015	4.9	12.5	0.6	82.1	66.9	17.8	15.4

注：1986年及以后的资金来源为财务拨贷款数，各项相加不等于投资总额。

Note: The source of funds since 1986 refers to financial appropriations, which do not add up to total investment.

5-4 按构成分固定资产投资
Investment in Fixed Assets by Structure of Investment

项目	Item	2014合计 Total	项目投资 Project	房地产开发 Real Estate Developmewt	2015合计 Total	项目投资 Project	房地产开发 Real Estate Developmewt
建设项目个数 （个）	**Number of Projects (unit)**	**33416**	**33416**		**38740**	**38740**	
其中：本年新开工	Newly-commenced Projects	22355	22355		28314	28314	
全部建成投产项目	Projects Completed and Put into Use	22767	22767		27410	27410	
计划总投资 （亿元）	**Total Planned Investment (100 million yuan)**	**101000.17**	**56904.30**	**44095.87**	**110176.52**	**59882.91**	**50293.61**
自开始建设累计完成投资	Investment Completed Since the Beginning of Construction	65938.26	35310.98	30627.28	75670.18	38451.41	37218.78
本年投资总额 （亿元）	**Total Investment in this year (100 million yuan)**	**25928.09**	**18289.64**	**7638.45**	**30031.20**	**21492.74**	**8538.47**
#住宅	Residential Buildings	5489.67	302.35	5187.32	6168.82	278.31	5890.51
按隶属关系分	Investment by Jurisdiction of Management						
中央	Central Investment	1394.23	1203.86	190.37	1590.89	1372.20	218.70
地方	Local Invesement	24533.86	17085.78	7448.08	28440.31	20120.54	8319.77
按构成分	Grouped by Structure						
建筑安装工程	Construction and Installation	17486.27	12059.10	5427.17	20083.47	14035.08	6048.40
设备工具器具购置	Purchase of Equipment and Instruments	4265.61	4187.58	78.03	5336.57	5237.36	99.21
其他费用	Others	4176.21	2042.96	2133.25	4611.16	2220.30	2390.86
财务拨贷款合计 （亿元）	**Total Financial Appropriations (100 million yuan)**	**30138.60**	**18812.00**	**11326.60**	**36352.25**	**22187.95**	**14164.30**
国家预算资金	State and Local Budget	1418.73	1418.73		1764.42	1764.42	
国内贷款	Domestic Loans	4350.88	1918.27	2432.61	4546.87	1969.06	2577.81
利用外资	Foreign Investment	405.01	341.36	63.65	204.11	177.47	26.64
自筹资金	Self-raising Funds	17696.16	13990.59	3705.57	21056.20	17122.79	3933.41
其他资金	Others	6267.82	1143.05	5124.77	8780.65	1154.21	7626.44
新增固定资产 （亿元）	**Newly Increased Fixed Assets (100 million yuan)**	**18090.89**	**14707.03**	**3383.86**	**18466.39**	**15551.60**	**2914.79**
房屋建筑面积(万平方米)	**Floor Space of Buildings (10000 sq.m)**						
施工面积	Floor Space under Construction	81692.25	27714.78	53977.47	84133.98	26192.12	57941.86
竣工面积	Floor Space Completed	17294.71	9966.72	7327.99	15303.96	9259.53	6044.43
#住宅	Residential Buildings	6304.28	861.79	5442.49	4998.12	562.71	4435.41

注：施工项目个数不含房地产开发。
Note: The total number projects under construction excludes the projects of real estate development.

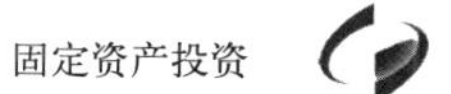

5-5 各市固定资产投资额

Investment in Fixed Assets by City

单位：亿元 (100 million yuan)

市别	City	2000	2005	2009	2010	2011	2012	2013	2014	2015
全省总计	**Provincial Total**	**3233.70**	**7164.11**	**13353.15**	**16113.19**	**16843.83**	**19307.53**	**22828.65**	**25928.09**	**30031.20**
广州	Guangzhou	923.67	1514.01	2659.85	3263.57	3412.20	3758.39	4447.30	4889.50	5405.95
深圳	Shenzhen	677.12	1182.32	1709.15	1944.70	2060.92	2314.43	2490.20	2717.42	3298.31
珠海	Zhuhai	95.08	218.23	410.51	501.55	637.39	787.62	960.89	1135.05	1305.14
汕头	Shantou	112.48	154.14	291.90	361.68	438.15	611.92	780.90	1002.73	1274.32
佛山	Foshan	198.96	741.43	1470.56	1719.63	1933.96	2128.33	2375.60	2612.45	3035.52
#顺德	Shunde	64.11	185.04	342.60	392.75	416.11	449.88	499.24	550.38	643.09
韶关	Shaoguan	56.82	139.75	356.50	433.73	472.20	548.48	664.52	746.74	701.67
河源	Heyuan	26.54	111.10	198.15	242.74	237.34	278.59	342.73	453.29	564.14
梅州	Meizhou	44.45	97.66	162.98	195.52	197.65	230.14	280.50	407.51	568.06
惠州	Huizhou	77.41	352.37	758.97	894.02	1024.21	1208.68	1401.30	1606.71	1863.93
汕尾	Shanwei	36.21	101.86	289.43	366.99	329.65	391.56	462.09	500.97	585.20
东莞	Dongguan	102.89	592.20	1094.08	1114.98	1079.31	1180.35	1383.94	1427.11	1446.52
中山	Zhongshan	109.95	320.92	545.61	660.37	766.95	893.43	962.93	903.66	1055.41
江门	Jiangmen	104.34	228.87	492.07	631.77	741.79	850.41	1000.84	1111.65	1307.87
阳江	Yangjiang	33.23	82.25	239.49	329.20	400.66	483.67	598.66	662.01	691.13
湛江	Zhanjiang	68.94	168.00	393.23	526.57	490.76	572.28	795.58	1020.76	1313.69
茂名	Maoming	73.57	147.72	180.01	244.54	214.51	427.37	660.53	850.55	1115.50
肇庆	Zhaoqing	75.29	178.01	462.77	625.21	710.03	852.60	1007.78	1138.73	1330.03
清远	Qingyuan	48.37	222.42	841.24	996.92	486.07	437.95	505.97	596.35	620.63
潮州	Chaozhou	30.70	97.59	162.98	182.78	198.94	224.16	253.63	313.01	391.95
揭阳	Jieyang	68.43	115.16	393.50	564.07	658.08	663.51	829.39	1093.80	1362.10
云浮	Yunfu	32.98	103.44	240.19	312.66	353.08	463.66	623.38	738.09	794.15
按经济区域分	By Region									
珠三角	Pearl River Delta	2364.71	5328.37	9603.55	11355.80	12366.76	13974.24	16030.78	17542.28	20048.69
东翼	Eastern Region	247.82	468.75	1137.80	1475.51	1624.81	1891.15	2326.01	2910.51	3613.56
西翼	Western Region	175.74	397.97	812.73	1100.32	1105.92	1483.32	2054.77	2533.33	3120.31
山区	Mountainous Region	209.16	674.38	1799.06	2181.56	1746.34	1958.82	2417.10	2941.98	3248.64

注：2008年前全省总计中含不分区部分。

Note: Provincial total prior to 2008 includes investment unclassified by region.

5-6 各市按项目和房地产开发分固定资产投资

Investment in Fixed Assets By Project and Real Estate Development and by City

单位：亿元 (100 million yuan)

市别	City	2014 投资 Total	2014 项目投资 Project	2014 房地产开发 Real Estate Development	2015 投资 Total	2015 项目投资 Project	2015 房地产开发 Real Estate Development
全省总计	**Provincial Total**	**25928.09**	**18289.64**	**7638.45**	**30031.20**	**21492.74**	**8538.47**
广　州	Guangzhou	4889.50	3073.35	1816.15	5405.95	3268.36	2137.59
深　圳	Shenzhen	2717.42	1647.94	1069.49	3298.31	1967.27	1331.03
珠　海	Zhuhai	1135.05	746.75	388.30	1305.14	781.02	524.12
汕　头	Shantou	1002.73	800.68	202.05	1274.32	1028.81	245.51
佛　山	Foshan	2612.45	1779.75	832.70	3035.52	2090.15	945.37
#顺　德	Shunde	550.38	354.55	195.83	643.09	381.65	261.44
韶　关	Shaoguan	746.74	627.32	119.42	701.67	569.78	131.89
河　源	Heyuan	453.29	352.45	100.83	564.14	435.54	128.59
梅　州	Meizhou	407.51	279.22	128.29	568.06	399.67	168.40
惠　州	Huizhou	1606.71	939.41	667.30	1863.93	1253.48	610.45
汕　尾	Shanwei	500.97	489.36	11.61	585.20	559.10	26.10
东　莞	Dongguan	1427.11	839.05	588.06	1446.52	871.30	575.21
中　山	Zhongshan	903.66	474.00	429.66	1055.41	574.40	481.01
江　门	Jiangmen	1111.65	798.64	313.01	1307.87	996.86	311.01
阳　江	Yangjiang	662.01	567.35	94.66	691.13	586.26	104.86
湛　江	Zhanjiang	1020.76	843.42	177.35	1313.69	1134.63	179.05
茂　名	Maoming	850.55	755.49	95.06	1115.50	1012.83	102.67
肇　庆	Zhaoqing	1138.73	949.84	188.89	1330.03	1170.27	159.77
清　远	Qingyuan	596.35	377.28	219.06	620.63	407.05	213.58
潮　州	Chaozhou	313.01	266.31	46.70	391.95	341.14	50.80
揭　阳	Jieyang	1093.80	1026.10	67.70	1362.10	1313.43	48.67
云　浮	Yunfu	738.09	655.92	82.17	794.15	731.38	62.77
按经济区域分	By Region						
珠三角	Pearl River Delta	17542.28	11248.73	6293.55	20048.69	12973.12	7075.57
东　翼	Eastern Region	2910.51	2582.46	328.06	3613.56	3242.47	371.09
西　翼	Western Region	2533.33	2166.26	367.07	3120.31	2733.73	386.58
山　区	Mountainous Region	2941.98	2292.20	649.78	3248.64	2543.42	705.23

5-7 各市按登记注册类型分固定资产投资（2015年）

Investment in Fixed Assets by Status of Registration and City (2015)

单位：亿元 (100 million yuan)

市别	City	总计 Total	内资 Domestic	国有 State-owned	集体 Collective-owned	股份合作 Cooperative	联营 Joint
全省总计	**Provincial Total**	**30031.20**	**26552.22**	**6363.86**	**1281.87**	**108.25**	**14.99**
广州	Guangzhou	5405.95	4438.21	1301.30	268.65	10.67	3.37
深圳	Shenzhen	3298.31	2707.40	800.47	8.58	22.36	1.44
珠海	Zhuhai	1305.14	1119.58	459.98	26.73	2.39	
汕头	Shantou	1274.32	1242.05	154.10	152.59	7.66	0.92
佛山	Foshan	3035.52	2559.70	241.53	141.94	28.03	1.30
#顺德	Shunde	643.09	483.80	53.07	31.95	2.44	0.80
韶关	Shaoguan	701.67	660.97	219.77	4.70	0.79	1.36
河源	Heyuan	564.14	517.05	169.81	1.83	0.85	
梅州	Meizhou	568.06	544.93	126.79	3.25		
惠州	Huizhou	1863.93	1714.13	446.35	47.87	2.85	0.01
汕尾	Shanwei	585.20	542.70	165.43	33.20	0.50	
东莞	Dongguan	1446.52	1178.49	178.24	66.86		0.39
中山	Zhongshan	1055.41	880.36	128.08	57.86	0.27	
江门	Jiangmen	1307.87	1113.85	352.12	45.53	6.53	0.38
阳江	Yangjiang	691.13	669.03	219.40	14.52		0.41
湛江	Zhanjiang	1313.69	1257.30	456.17	102.10	15.44	0.13
茂名	Maoming	1115.50	1094.45	242.87	37.89	2.74	0.10
肇庆	Zhaoqing	1330.03	1269.83	185.99	81.16	4.41	0.19
清远	Qingyuan	620.63	578.50	208.27	8.30	0.27	1.91
潮州	Chaozhou	391.95	377.43	94.56	18.00	0.31	
揭阳	Jieyang	1362.10	1304.30	94.64	154.46	1.54	1.36
云浮	Yunfu	794.15	781.97	118.02	5.84	0.65	1.71
按经济区域分	By Region						
珠三角	Pearl River Delta	20048.69	16981.54	4094.05	745.18	77.51	7.08
东翼	Eastern Region	3613.56	3466.48	508.72	358.25	10.00	2.28
西翼	Western Region	3120.31	3020.77	918.45	154.51	18.18	0.64
山区	Mountainous Region	3248.64	3083.43	842.65	23.92	2.56	4.99

5-7 续表 Continued

单位：亿元 (100 million yuan)

市别	City	其他有限责任公司 Other Limited Liability	股份有限公司 Share-holding	私营 Private	个体 Self-employed Indicuvual	其他 Others	港、澳台商投资 Funds from Hong Kong Macao and Twaiwan	外商投资 Foreign Funded
全省总计	**Provincial Total**	**9228.26**	**1261.28**	**6772.59**	**344.79**	**1176.33**	**2080.99**	**1398.00**
广　州	Guangzhou	1583.98	312.74	949.70	1.52	6.28	534.03	433.71
深　圳	Shenzhen	710.12	320.05	756.03	0.09	88.25	350.95	239.96
珠　海	Zhuhai	399.06	69.06	150.26	1.03	11.07	128.12	57.45
汕　头	Shantou	707.94	22.68	162.34	14.90	18.91	21.35	10.92
佛　山	Foshan	1148.85	142.52	703.86	12.07	139.61	272.31	203.51
#顺　德	Shunde	282.62	17.83	56.10	10.03	28.96	115.84	43.45
韶　关	Shaoguan	301.24	19.55	89.16	8.20	16.21	16.97	23.73
河　源	Heyuan	152.72	47.87	139.25	0.17	4.55	36.36	10.72
梅　州	Meizhou	166.20	34.05	212.52	0.22	1.89	11.45	11.68
惠　州	Huizhou	526.99	37.82	525.69	14.31	112.24	107.26	42.55
汕　尾	Shanwei	29.56	17.56	153.26	15.52	127.67	33.55	8.95
东　莞	Dongguan	512.83	43.62	319.91	10.58	46.06	134.35	133.68
中　山	Zhongshan	406.92	20.13	218.08	29.44	19.60	134.89	40.16
江　门	Jiangmen	286.42	19.41	357.43	9.72	36.31	131.50	62.52
阳　江	Yangjiang	161.66	21.72	209.10	7.63	34.59	16.58	5.52
湛　江	Zhanjiang	231.26	27.71	331.46	11.57	81.45	36.64	19.75
茂　名	Maoming	331.76	13.73	379.20	15.39	70.76	8.57	12.49
肇　庆	Zhaoqing	420.86	23.24	420.08	69.09	64.81	38.79	21.41
清　远	Qingyuan	262.50	9.65	78.64	3.03	5.93	29.05	13.08
潮　州	Chaozhou	118.77	9.66	97.23	0.12	38.79	9.60	4.91
揭　阳	Jieyang	331.34	24.69	369.90	85.43	240.95	19.07	38.73
云　浮	Yunfu	437.27	23.81	149.52	34.75	10.40	9.62	2.56
按经济区域分	By Region							
珠三角	Pearl River Delta	5996.03	988.59	4401.03	147.84	524.23	1832.20	1234.95
东　翼	Eastern Region	1187.61	74.59	782.73	115.97	426.32	83.56	63.52
西　翼	Western Region	724.68	63.16	919.75	34.60	186.80	61.78	37.76
山　区	Mountainous Region	1319.93	134.93	669.08	46.38	38.98	103.45	61.77

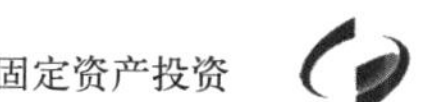

5-8 各市按主要行业分固定资产投资（2015年）
Investment in Fixed Assets by Sector and by City (2015)

单位：亿元 (100 million yuan)

市 别	City	合计 Total	农、林、牧、渔业 Agriculture, Forestry, Animal Husbandry and Fishery	采矿业 Mining	制造业 Manufa-cturing	电力热力燃气及水的生产和供应业 Production and Supply of Electricity, Gas and Water	建筑业 Construction	批发和零售业 Wholesale and Retail Trades
全省总计	**Provincial Total**	**30031.20**	**501.09**	**162.00**	**8783.30**	**1206.47**	**55.80**	**914.86**
广　州	Guangzhou	5405.95	34.18		644.21	110.57	27.82	231.11
深　圳	Shenzhen	3298.31	0.62	0.48	513.04	77.29	0.25	30.49
珠　海	Zhuhai	1305.14	1.72	10.84	219.61	28.24		13.60
汕　头	Shantou	1274.32	10.61	1.29	636.01	22.66	2.21	36.54
佛　山	Foshan	3035.52	12.09	0.36	1154.01	63.89		90.89
#顺　德	Shunde	643.09	2.58		180.60	4.10		14.38
韶　关	Shaoguan	701.67	59.17	15.69	178.98	44.29	0.13	16.95
河　源	Heyuan	564.14	9.45	10.38	192.44	14.25	0.02	4.40
梅　州	Meizhou	568.06	5.65	2.20	150.92	55.72	0.09	4.75
惠　州	Huizhou	1863.93	24.34	3.93	661.68	51.17		27.71
汕　尾	Shanwei	585.20	32.67		81.63	63.02	0.35	29.92
东　莞	Dongguan	1446.52	0.86		432.91	69.93	0.78	19.31
中　山	Zhongshan	1055.41	2.53		274.53	50.37	1.50	32.60
江　门	Jiangmen	1307.87	12.00	5.54	458.32	124.19	0.83	34.17
阳　江	Yangjiang	691.13	28.19	3.46	215.53	139.51		23.87
湛　江	Zhanjiang	1313.69	78.24	24.25	480.16	66.65	0.15	48.14
茂　名	Maoming	1115.50	35.82	48.14	529.31	74.81	3.93	32.45
肇　庆	Zhaoqing	1330.03	94.04	14.85	664.68	20.29	6.14	53.66
清　远	Qingyuan	620.63	7.50	3.05	133.94	25.75		3.87
潮　州	Chaozhou	391.95	8.59	0.40	140.31	20.72	0.12	21.43
揭　阳	Jieyang	1362.10	26.14	3.31	631.58	58.29	4.59	76.78
云　浮	Yunfu	794.15	16.70	13.85	389.49	24.84	6.92	82.21
按经济区域分	By Region							
珠 三 角	Pearl River Delta	20048.69	182.37	36.00	5022.98	595.94	37.32	533.55
东　翼	Eastern Region	3613.56	78.01	5.00	1489.54	164.70	7.26	164.68
西　翼	Western Region	3120.31	142.25	75.84	1225.01	280.98	4.08	104.47
山　区	Mountainous Region	3248.64	98.47	45.17	1045.77	164.85	7.15	112.17

5-8 续表 1 Continued 1

单位：亿元 (100 million yuan)

市别	City	交通运输、仓储和邮政业 Transport, Storage and Post	住宿和餐饮业 Hotels and Catering Services	信息传输、软件和信息技术服务业 Information Transmission, Software and Information Technology Services	金融业 Financial Interme-diation	房地产业 Real Estate	租赁和商务服务业 Leasing and Business Services	科学研究和技术服务 Scientific Research, Technical Service
全省总计	**Provincial Total**	**3104.00**	**462.00**	**486.81**	**113.21**	**10120.53**	**315.35**	**218.14**
广　州	Guangzhou	671.57	90.31	232.50	13.57	2481.13	134.55	81.81
深　圳	Shenzhen	397.54	15.30	45.07	70.67	1663.57	81.84	56.48
珠　海	Zhuhai	205.67	18.69	6.95	0.09	563.05	10.23	6.10
汕　头	Shantou	38.45	13.36	18.64	0.82	286.67	3.19	1.17
佛　山	Foshan	139.32	29.45	36.49	17.01	1110.20	34.43	7.92
#顺　德	Shunde	27.24	6.71	2.17		298.77	19.90	3.99
韶　关	Shaoguan	80.02	22.25	6.26		150.74	2.14	3.78
河　源	Heyuan	105.20	12.93	6.23	0.05	140.28		0.20
梅　州	Meizhou	81.78	26.78	2.77		184.50	0.12	0.50
惠　州	Huizhou	182.73	39.69	10.25		688.38	2.53	2.08
汕　尾	Shanwei	88.15	17.77	12.67	0.84	141.03	1.44	0.43
东　莞	Dongguan	145.90	6.42	19.21	4.02	641.28	3.69	22.56
中　山	Zhongshan	59.92	5.49	13.76	1.44	525.54	11.35	0.73
江　门	Jiangmen	140.82	26.36	20.86	0.25	327.17	2.10	5.66
阳　江	Yangjiang	68.17	20.41	3.31		110.10	2.19	1.85
湛　江	Zhanjiang	131.69	22.91	12.16	1.00	207.29	0.72	1.81
茂　名	Maoming	130.93	10.47	5.25	0.90	110.53	3.57	7.12
肇　庆	Zhaoqing	159.24	15.30	11.08	1.14	176.12	9.83	5.79
清　远	Qingyuan	79.36	9.85			243.20	0.12	1.85
潮　州	Chaozhou	49.77	15.88	8.42		57.24	2.70	1.52
揭　阳	Jieyang	75.84	34.48	6.59	1.33	225.30	4.93	2.11
云　浮	Yunfu	71.95	7.91	8.34	0.08	87.21	3.72	6.68
按经济区域分	By Region							
珠三角	Pearl River Delta	2102.70	247.01	396.17	108.20	8176.44	290.54	189.13
东　翼	Eastern Region	252.21	81.49	46.32	2.99	710.24	12.25	5.23
西　翼	Western Region	330.78	53.79	20.72	1.90	427.92	6.47	10.78
山　区	Mountainous Region	418.31	79.72	23.59	0.13	805.94	6.09	13.00

5-8 续表 2 Continued 2

单位：亿元 (100 million yuan)

市别	City	水利、环境和公共设施管理业 Management of Water Conservancy, Environment and Public Facilities	居民、修理服务和其他服务业 Services to Households and Other Services	教育 Education	卫生和社会工作 Health and Social Service	文化、体育和娱乐业 Culture, Sports and Entertainment	公共管理、社会保障和社会组织 Public Management, Social Security and Social Organization
全省总计	**Provincial Total**	**2443.42**	**48.03**	**415.29**	**254.75**	**292.56**	**133.55**
广　州	Guangzhou	415.18	10.22	70.66	71.58	52.60	32.40
深　圳	Shenzhen	235.75	4.19	39.74	43.84	17.96	4.20
珠　海	Zhuhai	168.20	0.15	9.61	7.92	26.90	7.57
汕　头	Shantou	142.06	3.51	27.50	4.16	13.84	11.62
佛　山	Foshan	260.17	7.87	24.15	19.28	20.06	7.94
#顺　德	Shunde	51.06	3.14	3.74	4.83	15.30	4.60
韶　关	Shaoguan	92.36	0.32	7.27	7.80	8.92	4.61
河　源	Heyuan	47.80	0.30	12.79	5.65	1.52	0.25
梅　州	Meizhou	38.11	0.20	2.57	5.80	4.33	1.28
惠　州	Huizhou	129.28	3.05	14.90	10.05	6.15	6.00
汕　尾	Shanwei	71.16	1.81	24.28	2.90	6.76	8.36
东　莞	Dongguan	43.70	0.91	23.97	7.28	2.03	1.75
中　山	Zhongshan	49.47	0.36	4.35	7.58	12.40	1.49
江　门	Jiangmen	114.17	1.23	8.72	6.98	14.72	3.79
阳　江	Yangjiang	54.85	2.26	8.64	2.73	4.32	1.74
湛　江	Zhanjiang	152.72	2.41	36.03	16.84	24.02	6.50
茂　名	Maoming	70.72	0.91	34.13	3.47	7.99	5.04
肇　庆	Zhaoqing	74.23	0.68	11.02	5.74	1.70	4.50
清　远	Qingyuan	91.76	0.15	4.79	2.73	11.08	1.64
潮　州	Chaozhou	34.16	0.71	10.08	6.23	9.92	3.74
揭　阳	Jieyang	116.19	4.98	22.84	8.14	40.10	18.59
云　浮	Yunfu	41.37	1.81	17.25	8.06	5.24	0.53
按经济区域分	By Region						
珠三角	Pearl River Delta	1490.15	28.65	207.13	180.24	154.52	69.64
东　翼	Eastern Region	363.58	11.01	84.70	21.43	70.62	42.32
西　翼	Western Region	278.29	5.58	78.80	23.04	36.32	13.28
山　区	Mountainous Region	311.40	2.78	44.67	30.04	31.09	8.31

5-9 国有经济固定资产投资主要指标

Main Indicators of Investment in Fixed Assets of State-owned Economy

项 目	Item	2000	2005	2010	2013	2014	2015
建设项目个数 （个）	**Number of Projects (unit)**						
施工项目	Projects under Construction	8934	7095	8669	8933	9219	9997
全部建成投产项目	Projects Completed and Put into Use	4070	3062	4659	4683	5220	5863
投资总额 （亿元）	**Total Investment (100 million yuan)**	**1286.91**	**2062.31**	**5152.60**	**5393.84**	**5824.56**	**6363.86**
#住宅	Residential Buildings	185.38	54.08	171.36	272.30	181.56	184.86
按构成分	Grouped by Structure of Investment						
建筑安装工程	Construction and Installation	835.63	1365.02	3558.70	3841.22	4343.61	4747.02
设备工具器具购置	Purchase of Equipment and Instruments	222.31	345.90	741.84	719.06	700.78	777.93
其他费用	Others	228.97	351.41	852.06	833.57	780.16	838.91
按建设性质分	Grouped by Type of Construction						
#新建	New Construction	635.88	1220.11	3291.99	4033.18	4283.19	4588.39
扩建	Expansion	280.76	478.22	684.71	506.06	644.90	865.39
改建	Reconstruction	128.62	262.00	844.39	684.30	683.52	718.42
按资金来源分	Grouped by Source of Funds						
国家预算资金	State and Local Budget	48.77	58.78	366.85	1055.21	1213.39	1591.75
国内贷款	Domestic Loans	275.53	558.68	1111.67	1093.32	1048.29	906.61
利用外资	Foreign Investment	55.08	9.28	35.97	48.24	24.64	1.62
自筹资金	Self-raising Funds	743.32	1282.55	3303.88	3022.67	3176.16	3576.48
其他资金	Others	164.21	153.02	533.65	521.56	432.73	668.40
新增固定资产 （亿元）	**Newly Increased Fixed Assets (100 million yuan)**	**1022.34**	**1195.42**	**3305.85**	**4101.68**	**4551.30**	**3901.13**
房屋建筑面积（万平方米）	**Floor Space of Buildings (10000 sq.m)**						
施工面积	Floor Space under Construction	5010.21	3878.94	5043.04	6777.11	5946.25	5241.35
竣工面积	Floor Space Completed	2062.14	1592.14	1261.43	1590.57	1158.37	1078.40
#住宅	Residential Buildings	1024.44	343.53	231.48	276.14	226.66	139.32

注：建设项目个数、投资总额按建设性质分不含房地产开发部分。

Note: Number of projects and total investment by type of construction exclude real estate development.

5-10 基础产业和基础设施完成投资额

Completed Investment in Basic Industries and Infrastructure

单位：亿元 (100 million yuan)

年份 Year	基础产业 Basic Industries	基础设施 Infrastructure	电力、燃气及水的生产和供应业 Production and Supply of Electric Power, Gas and Water	交通运输和邮政业 Transport and Postal Services	信息传输、互联网和相关服务业 Information Transmission, Internet and Related Services	水利、环境和公共设施管理业 Management of Water Conservancy, Environment and Public Facilities
1990	139.95	132.62	24.73	46.77	28.75	32.37
1995	779.53	738.70	137.77	260.49	160.13	180.31
2000	1159.40	1098.68	204.91	387.43	238.16	268.18
2001	1187.24	1049.32	225.93	340.61	247.38	235.40
2002	1237.56	1127.94	300.13	348.87	242.34	236.60
2003	1655.29	1426.24	338.85	473.57	264.35	349.47
2004	2221.66	1858.46	548.32	627.93	267.91	414.30
2005	2612.47	2154.45	691.16	675.40	241.07	546.82
2006	2800.36	2392.07	714.76	820.49	218.37	638.45
2007	2989.95	2462.09	636.07	891.56	214.35	720.11
2008	3559.61	2935.03	749.57	1106.76	242.05	836.65
2009	5151.98	4488.32	1222.37	1664.65	278.46	1322.84
2010	5981.47	5394.68	1332.84	1908.64	239.17	1914.02
2011	5314.74	4544.10	934.31	1657.06	343.39	1609.34
2012	5642.85	4693.66	1063.32	1700.77	298.32	1631.25
2013	6578.24	5477.03	1133.46	2243.47	268.04	1832.06
2014	7392.42	5984.42	1099.42	2528.29	330.82	2025.89
2015	8558.98	6976.83	1206.47	2929.05	397.89	2443.42

5-11 按行业分固定资产投资主要指标（2015年）

Main Indicators of Investment by Sector (2015)

行　业	Sector	投资额（亿元）Investment (100 million yuan)	施工项目个数（个）Number of Projects under Construction (unit)	全部建成投产项目个数（个）Number of Projects Completed and Put into Use (unit)	新增固定资产（亿元）Newly Increased Fixed Assets (100 million yuan)
全省总计	**Provincial Total**	**30013.20**	**38740**	**27410**	**18466.39**
农、林、牧、渔业	**Farming, Forestry, Animal Husbandry and Fishery**	**501.09**	**1759**	**1340**	**463.37**
农业	Farming	218.62	700	524	197.89
林业	Forestry	49.45	159	131	48.11
畜牧业	Animal Husbandry	96.06	339	257	93.35
渔业	Fishery	56.24	204	171	52.77
农、林、牧、渔服务业	Service Activities for Farming, Forestry, Animal Husbandry and Fishery	80.71	357	257	71.24
采矿业	**Mining**	**162.00**	**346**	**264**	**113.75**
煤炭开采和洗选业	Mining and Washing of Coal				
石油和天然气开采业	Extraction of Petroleum and Natural Gas	23.74	4	1	0.25
黑色金属矿采选业	Mining and Dressing of Ferrous Metal Ores	7.74	15	13	8.52
有色金属矿采选业	Mining and Dressing of Non-Ferrous Metal Ores	19.24	30	19	7.54
非金属矿采选业	Mining and Dressing of Nonmetal Ores	103.72	285	221	94.48
开采辅助活动	Auxiliary Minning Operations	6.03	7	6	1.37
其他采矿业	Mining of Other Ores	1.54	5	4	1.59
制造业	**Manufacture**	**8783.30**	**16372**	**11965**	**6800.52**
农副食品加工业	Processing of Farm and Sideline Food	245.37	608	443	177.50
食品制造业	Manufacture of Food	230.29	490	311	146.36
酒、饮料和精制茶制造业	Manufacture of Wine, Beverage and Refined Tea	150.48	251	196	112.34
烟草制品业	Tobacco Products	9.00	9	5	63.00
纺织业	Textile Industry	307.20	707	601	276.17
纺织服装、服饰业	Manufacture of Textile Garments, Apparel	425.71	939	741	394.70
皮革、毛皮、羽毛及其制品和制鞋业	Leather, Fur, Feather and Related Products, and Footwear	184.42	529	411	162.96
木材加工及木、竹、藤、棕、草制品业	Timber Processing, Bamboo, Cane, Palm Fiber & Straw Products	150.09	414	340	131.68
家具制造业	Manufacture of Furniture	245.18	546	431	206.91
造纸和纸制品业	Papermaking and Paper Products	213.62	345	250	181.31
印刷业和记录媒介复制业	Printing and Record Medium Reproduction	153.27	338	259	137.85
文教、工美、体育和娱乐用品制造业	Manufacture of Culture, Arts, Sports and Entertainment Articles	204.02	470	377	177.95
石油加工、炼焦及核燃料加工业	Petroleum Refining, Coking and Nuclear Fuel Processing	258.70	142	102	62.43
化学原料及化学制品制造业	Manufacture of Raw Chemical Materials and Chemical Products	487.01	919	685	382.84
医药制造业	Manufacture of Medicines	202.24	369	220	160.44
化学纤维制造业	Manufacture of Chemical Fibers	11.21	19	14	7.01
橡胶和塑料制品业	Manufacture of Rubber and Plastic Products	435.83	1010	763	337.22
非金属矿物制品业	Nonmetal Mineral Products	823.84	1769	1350	711.86
黑色金属冶炼及压延加工业	Smelting and Pressing of Ferrous Metals	246.13	131	97	55.30
有色金属冶炼及压延加工业	Smelting and Pressing of Nonferrous Metals	125.61	199	143	84.39
金属制品业	Metal Products	616.95	1420	1081	490.98
通用设备制造业	Manufacture of General-purpose Machinery	359.63	720	520	285.23
专用设备制造业	Manufacture of Special-purpose Machinery	378.63	712	465	256.87
汽车制造业	Manufacture of Automobile	435.43	350	224	416.52

注：施工项目个数不含房地产开发。
Note: The number of projects under construction does not include those of real estate development.

5-11 续表 1 continued 1

行　业	Sector	投资额(亿元) Investment (100 million yuan)	施工项目个数(个) Number of Projects under Construction (unit)	全部建成投产项目个数(个) Number of Projects Completed and Put into Use (unit)	新增固定资产(亿元) Newly Increased Fixed Assets (100 million yuan)
铁路、船舶、航空航天和其他运输设备制造业	Manufacture of Railway, Slip, Aeronautics and Other Transport Equipment	93.62	140	96	68.41
电气机械及器材制造业	Manufacture of Electrical Machinery and Equipment	625.57	1347	897	507.36
计算机、通信和其他电子设备制造业	Manufacture of Computers, Communication Equipment and Other Electronic Equipment	937.54	1044	643	662.56
仪器仪表制造业	Manufacture of Instrments and Meters	72.27	117	72	49.52
其他制造业	Other Manufactures	44.75	103	65	28.43
废弃资源综合利用业	Comprehensive Utilization of Waste	92.64	177	135	55.10
金属制品、机械和设备修理业	Manufacture of Metal Products, Machinery and Equipment Maintenance	17.04	38	28	9.32
电力、热力、燃气及水生产和供应业	**Production and Supply of Electric Power, Heat Power, Gas and Water**	**1206.47**	**1932**	**1063**	**865.47**
电力、热力生产和供应业	Production and Supply of Electric Power and Heat Power	923.76	1263	648	659.68
燃气生产和供应业	Production and Supply of Gas	83.48	120	58	34.15
水的生产和供应业	Production and Supply of Water	199.23	549	357	171.64
建筑业	**Construction**	**55.80**	**80**	**55**	**40.25**
房屋建筑业	Housing Construciton	12.79	20	15	9.55
土木工程建筑业	Civil Engineering Construction	25.28	18	11	16.16
建筑安装业	Construction and Installation	3.28	8	3	2.06
建筑装饰和其他建筑业	Architectural Decoration and Other Construction	14.45	34	26	12.48
批发和零售业	**Wholesale and Retail Trades**	**914.86**	**1963**	**1529**	**776.36**
批发业	Wholesale	369.25	779	592	305.67
零售业	Retail Trade	545.61	1184	937	470.69
交通运输、仓储和邮政业	**Transport, Storage and Postal Services**	**3104.00**	**2288**	**1405**	**1122.31**
铁路运输业	Railway Transport	266.41	34	5	4.88
道路运输业	Road Transport	2141.96	1778	1155	813.64
水上运输业	Waterway Transport	203.18	123	46	58.27
航空运输业	Air Transport	237.17	28	13	85.58
管道运输业	Pipeline Transport	1.19	6	4	6.51
装卸搬运和运输代理业	Transportation and Handling	51.54	52	31	31.75
仓储业	Storage	174.96	219	110	104.18
邮政业	Postal Services	27.59	48	41	17.51
住宿和餐饮业	**Hotels and Catering Services**	**462.00**	**904**	**682**	**405.77**
住宿业	Hotels	353.19	587	419	305.28
餐饮业	Catering Services	108.82	317	263	100.49
信息传输、软件和信息技术服务业	**Information Transmission, Software and Information Technology Services**	**486.81**	**1292**	**1170**	**468.50**
电信、广播电视和卫星传输服务	Telecommunications, Broadcasting Television and Satellite Transmission Services	326.62	1056	1019	340.22
互联网和相关服务	Internet and Related Services	71.27	114	78	51.73
软件和信息技术服务业	Software and Information Technology Services	88.93	122	73	76.55
金融业	**Finance**	**113.21**	**69**	**39**	**52.76**
货币金融服务	Monetary and Financial Services	34.50	38	27	35.05

5-11 续表 2 continued 2

行 业	Sector	投资额(亿元) Investment (100 million yuan)	施工项目个数(个) Number of Projects under Construction	全部建成投产项目个数(个) Number of Projects Completed and Put into Use	新增固定资产(亿元) Newly Increased Fixed Assets (100 million yuan)
资本市场服务	Capital Market Services	37.58	15	7	7.91
保险业	Insurance	29.96	7		6.11
其他金融活动	Other Financial Activities	11.17	9	5	3.69
房地产业	**Real Estate**	**10120.53**	**2295**	**1666**	**3991.52**
房地产业	Real Estate	10120.53	2295	1666	3991.52
租赁和商务服务业	**Leasing and Business Services**	**315.35**	**250**	**153**	**151.03**
租赁业	Leasing	102.17	20	15	30.02
商务服务业	Business Services	213.19	230	138	121.01
科学研究、技术服务业	**Scientific Research, Technological Services**	**218.14**	**308**	**167**	**131.12**
研究与试验发展	Research and Experimental Development	120.09	117	46	50.10
专业技术服务业	Professional Technical Services	74.24	133	81	55.69
科技推广和应用服务业	Science and Technology Popularization and Application Services	23.81	58	40	25.33
水利、环境和公共设施管理业	**Management of Water Conservancy, Environment and Public Facilities**	**2443.42**	**6032**	**3957**	**2102.65**
水利管理业	Management of Water Conservancy	345.10	1128	751	292.06
生态保护和环境治理业	Ecological Protection and Environmental Treatment	69.80	164	106	104.79
公共设施管理业	Management of Public Facilities	2028.53	4740	3100	1705.80
居民服务、修理和其他服务业	**Households' service, Repair and Other Services**	**48.03**	**128**	**94**	**43.24**
居民服务业	Services to Households	16.28	57	41	16.08
机动车、电子产品和日用产品修理业	Motor Vehicle, Electronic Products and Consumer Products Repair	21.63	52	41	18.83
其他服务业	Other Services	10.12	19	12	8.32
教育	**Education**	**415.29**	**1308**	**935**	**386.53**
教育	Education	415.29	1308	935	386.53
卫生和社会工作	**Health and Social Work**	**254.75**	**442**	**248**	**203.79**
卫生	Health	209.74	349	190	174.54
社会工作	Social Work	45.01	93	58	29.24
文化、体育和娱乐业	**Culture, Sports and Recreation**	**292.56**	**607**	**427**	**214.06**
新闻出版业	Publication	3.30	7	2	1.53
广播、电视、电影和影视录音制作业	Production of Radio, Television, Film and Video Recording	13.90	34	26	12.98
文化艺术业	Culture and Arts	116.69	296	192	90.22
体育	Sports	75.60	149	110	38.52
娱乐业	Recreation	83.07	121	97	70.81
公共管理、社会保障和社会组织	**Public Administration, Social Security and Social Organizations**	**133.55**	**365**	**251**	**133.40**
中国共产党机关	Organs of Communist Party of China	2.28	1	1	4.20
国家机构	Government Agencies	70.65	186	108	67.21
人民政协、民主党派	Chinese Peoples Political Consultative Conference, Democratic Parties				
社会保障	Social Security	0.06	1		
群众社团、社会团体和其他成员组织	Mass Organizations, Social Organizations and Other Member Organizations	45.33	115	96	48.82
基层群众自治组织	Self-governing Mass Organizations at the Grass-roots Level	15.23	62	46	13.16

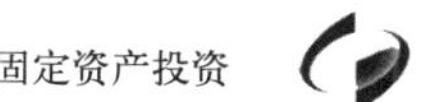

5-12 各行业财务拨贷款资金来源主要指标(2015年)
Main Indicators on Sources of Funds and Loans for Investment by Sector (2015)

单位：亿元 (100 million yuan)

项　目	Item	本年资金来源合计 Sources of Funds	国家预算资金 State and Local Budget	国内贷款 Domestic Loans	利用外资 Foreign Investment	自筹资金 Self-raising Fund	其他资金 Others
全省总计	**Provincial Total**	**36352.25**	**1764.42**	**4546.87**	**204.11**	**21056.20**	**8780.65**
农、林、牧、渔业	**Farming, Forestry, Animal Husbandry and Fishery**	**510.74**	**33.54**	**7.49**	**1.70**	**413.85**	**54.16**
农业	Farming	225.85	14.82	3.48	0.66	191.75	15.15
林业	Forestry	50.00	4.77	0.91		29.46	14.86
畜牧业	Animal Husbandry	96.69	0.05	1.84	0.48	90.30	4.01
渔业	Fishery	56.46	0.70	0.81	0.57	48.28	6.10
农、林、牧、渔服务业	Service Activities for Farming, Forestry, Animal Husbandry and Fishery	81.74	13.21	0.45		54.05	14.03
采矿业	**Mining**	**162.10**	**5.00**	**7.54**	**0.18**	**146.59**	**2.79**
煤炭开采和洗选业	Mining and Washing of Coal						
石油和天然气开采业	Extraction of Petroleum and Natural Gas	22.74				22.74	
黑色金属矿采选业	Mining and Dressing of Ferrous Metal Ores	9.44		2.58		6.86	
有色金属矿采选业	Mining and Dressing of Non-Ferrous Metal Ores	18.28		0.30		17.65	0.33
非金属矿采选业	Mining and Dressing of Nonmetal Ores	103.69		4.67	0.18	97.18	1.66
开采辅助活动	Auxiliary Minning Operations	6.37	5.00			0.57	0.80
其他采矿业	Mining of Other Ores	1.59				1.59	
制造业	**Manufacture**	**9032.27**	**25.06**	**523.58**	**160.88**	**8089.19**	**233.57**
农副食品加工业	Processing of Farm and Sideline Food	261.53	1.32	8.35	3.98	233.97	13.90
食品制造业	Manufacture of Food	232.37	0.54	7.31	1.74	216.26	6.51
酒、饮料和精制茶制造业	Manufacture of Wine,Beverage and refined tea	152.02	0.53	5.47	1.56	97.19	47.27
烟草制品业	Tobacco Products	9.98				9.98	
纺织业	Textile Industry	308.60	0.35	8.86	3.83	291.30	4.25
纺织服装、服饰业	Manufacture of Textile Garments, Apparel	425.93	0.64	21.60	3.90	396.57	3.22
皮革、毛皮、羽毛及其制品和制鞋业	Leather, Fur, Feather and Related Products, and Footwear	190.84	0.60	2.00	2.78	166.71	18.74
木材加工及木、竹、藤、棕、草制品业	Timber Processing, Bamboo, Cane, Palm Fiber & Straw Products	156.65	0.25	6.49	0.35	146.96	2.61
家具制造业	Manufacture of Furniture	264.73		7.21	1.77	247.91	7.85
造纸和纸制品业	Papermaking and Paper Products	227.82	0.09	8.81	11.99	201.12	5.82
印刷业和记录媒介复制业	Printing and Record Medium Reproduction	150.98		2.85	1.15	144.96	2.02
文教、工美、体育和娱乐用品制造业	Manufacture of Culture, Arts, Sports and Entertainment Articles	227.70		3.50	2.15	218.91	3.13
石油加工、炼焦及核燃料加工业	Petroleum Refining, Coking and Nuclear Fuel Processing	261.30		2.82		258.23	0.25
化学原料及化学制品制造业	Manufacture of Raw Chemical Materials and Chemical Products	491.82		16.47	11.60	446.02	17.73
医药制造业	Manufacture of Medicines	198.13		6.30	2.17	183.93	5.73
化学纤维制造业	Manufacture of Chemical Fibers	11.20		0.03	0.30	10.71	0.16
橡胶和塑料制品业	Manufacture of Rubber and Plastic Products	448.67	0.63	26.70	8.58	407.49	5.27
非金属矿物制品业	Nonmetal Mineral Products	822.35	0.21	49.68	3.92	749.98	18.56
黑色金属冶炼及压延加工业	Smelting and Pressing of Ferrous Metals	251.86		116.36		124.28	11.21
有色金属冶炼及压延加工业	Smelting and Pressing of Nonferrous Metals	125.55	0.19	9.93	4.87	109.45	1.11
金属制品业	Metal Products	610.65	1.01	25.23	13.33	562.50	8.58
通用设备制造业	Manufacture of General-purpose Machinery	364.54	0.24	12.41	7.74	338.48	5.66
专用设备制造业	Manufacture of Special-purpose Machinery	383.54	1.90	8.84	3.60	358.59	10.61
汽车制造业	Manufacture of Automobile	455.54	0.56	7.31	8.85	434.31	4.51

5-12 续表 1 Contunued 1

单位：亿元 (100 million yuan)

项　　目	Item	本年资金来源合计 Sources of Funds	国家预算内资金 State Budget	国内贷款 Domestic Loans	利用外资 Foreign Inves-tment	自筹资金 Self-raising Fund	其他资金 Others
铁路、船舶、航空航天和其他运输设备制造业	Manufacture of Railway, Slip, Aeronautics and Other Transport Equipment	103.04	9.29	9.93	0.28	82.15	1.38
电气机械及器材制造业	Manufacture of Electrical Machinery and Equipment	646.64	0.34	26.11	9.00	601.34	9.84
计算机、通信和其他电子设备制造业	Manufacture of Computers, Communication Equipment and Other Electronic Equipment	1014.77	5.34	78.79	47.25	866.87	16.52
仪器仪表制造业	Manufacture of Instrments and Meters	77.24	0.42	7.79	2.80	65.66	0.57
其他制造业	Other Manufactures	46.34	0.16	0.30	0.43	45.14	0.31
废弃资源综合利用业	Comprehensive Utilization of Waste	92.92	0.44	31.24	0.95	60.05	0.24
金属制品、机械和设备修理业	Manufacture of Metal Products, Machinery and Equipment Maintenance	17.03		4.89		12.14	
电力、热力、燃气及水生产和供应业	**Production and Supply of Electric Power, Heat Power, Gas and Water**	**1377.27**	**82.95**	**198.88**	**0.47**	**1008.81**	**86.16**
电力、热力生产和供应业	Production and Supply of Electric Power and Heat Power	1099.85	59.03	174.26	0.09	803.75	62.73
燃气生产和供应业	Production and Supply of Gas	86.79	0.97	17.03	0.38	66.85	1.57
水的生产和供应业	Production and Supply of Water	190.62	22.95	7.59		138.21	21.87
建筑业	**Construction**	**53.66**	**0.94**	**4.00**		**47.31**	**1.42**
房屋建筑业	Housing Construciton	11.55				10.31	1.24
土木工程建筑业	Civil Engineering Construction	24.74	0.94	1.82		21.99	
建筑安装业	Construction and Installation	3.07		0.09		2.98	
建筑装饰和其他建筑业	Architectural Decoration and Other Construction	14.31		2.10		12.03	0.18
批发和零售业	**Wholesale and Retail Trades**	**913.96**	**6.38**	**32.70**	**1.40**	**827.90**	**45.57**
批发业	Wholesale	362.69	0.96	19.25	0.48	326.18	15.81
零售业	Retail Trade	551.27	5.42	13.45	0.92	501.72	29.76
交通运输、仓储和邮政业	**Transport, Storage and Postal Services**	**3344.01**	**562.65**	**865.53**	**6.28**	**1594.53**	**315.02**
铁路运输业	Railway Transport	272.72	6.88	76.33		121.09	68.42
道路运输业	Road Transport	2254.15	511.02	425.63		1082.51	234.99
水上运输业	Waterway Transport	229.90	23.88	51.88	1.10	152.54	0.50
航空运输业	Air Transport	281.01	0.94	252.50		21.21	6.36
管道运输业	Pipeline Transport	1.20	0.21	0.04		0.94	
装卸搬运和运输代理业	Transportation and Handling	79.85		39.23		40.51	0.10
仓储业	Storage	199.14	19.46	19.91	5.18	149.95	4.64
邮政业	Postal Services	26.05	0.27			25.78	
住宿和餐饮业	**Hotels and Catering Services**	**471.91**	**1.31**	**16.14**	**1.24**	**440.75**	**12.48**
住宿业	Hotels	359.33	1.31	12.74	1.24	333.70	10.33
餐饮业	Catering Services	112.59		3.40		107.05	2.14
信息传输、软件和信息技术服务业	**Information Transmission, Software and Information Technology Services**	**493.59**	**8.03**	**10.17**		**468.55**	**6.85**
电信、广播电视和卫星传输服务	Telecommunications, Broadcasting Television and Satellite Transmission Services	328.30	2.45	1.34		321.20	3.31
互联网和相关服务	Internet and Related Services	74.67	2.55	1.21		70.81	0.10
软件和信息技术服务业	Software and Information Technology Services	90.63	3.03	7.63		76.54	3.44
金融业	**Finance**	**101.54**	**0.17**			**99.93**	**1.45**
货币金融服务	Monetary and Financial Services	21.36	0.17			20.43	0.76

5-12 续表 2 Continued 2

单位：亿元 (100 million yuan)

项　目	Item	本年资金来源合计 Sources of Funds	国家预算内资金 State Budget	国内贷款 Domestic loans	利用外资 Foreign Inivestment	自筹资金 Self-raising Fund	其他资金 Others
资本市场服务	Capital Market Services	44.33				43.64	0.69
保险业	Insurance	29.65				29.65	
其他金融活动	Other Financial Activities	6.20				6.20	
房地产业	**Real Estate**	**15739.63**	**103.27**	**2682.56**	**28.17**	**5233.00**	**7692.62**
房地产业	Real Estate	15739.63	103.27	2682.56	28.17	5233.00	7692.62
租赁和商务服务业	**Leasing and Business Services**	**320.48**	**11.61**	**24.35**		**276.56**	**7.96**
租赁业	Leasing	102.26		7.01		95.25	
商务服务业	Business Services	218.22	11.61	17.34		181.31	7.96
科学研究、技术服务业	**Scientific Research, Technological Services**	**226.87**	**35.29**	**1.15**	**0.18**	**180.79**	**9.46**
研究与试验发展	Research and Experimental Development	127.26	14.65	0.42		110.18	2.01
专业技术服务业	Professional Technical Services	77.07	19.73	0.43	0.18	50.94	5.79
科技推广和应用服务业	Science and Technology Popularization and Application Services	22.55	0.91	0.30		19.67	1.67
水利、环境和公共设施管理业	**Management of Water Conservancy, Environment and Public Facilities**	**2436.80**	**620.39**	**138.46**	**1.62**	**1450.18**	**226.14**
水利管理业	Management of Water Conservancy	352.39	135.87	15.08	0.92	170.76	29.76
生态保护和环境治理业	Ecological Protection and Environmental Treatment	66.63	12.55	1.12		43.09	9.87
公共设施管理业	Management of Public Facilities	2017.78	471.97	122.27	0.70	1236.33	186.52
居民服务、修理和其他服务业	**Households'service,Repair and Other Services**	**48.82**	**2.91**	**0.62**		**41.93**	**3.37**
居民服务业	Services to Households	16.71	1.81	0.26		12.42	2.22
机动车、电子产品和日用产品修理业	Motor Vehicle, Electronic Products and Consumer Products repair	22.03	1.10	0.36		19.79	0.78
其他服务业	Other Services	10.09				9.72	0.37
教育	**Education**	**410.51**	**124.71**	**9.01**	**0.35**	**241.03**	**35.42**
教育	Education	410.51	124.71	9.01	0.35	241.03	35.42
卫生和社会工作	**Health and Social Work**	**262.58**	**61.77**	**3.81**	**0.13**	**188.39**	**8.49**
卫生	Health	220.12	53.36	3.39	0.13	155.61	7.63
社会工作	Social Work	42.47	8.41	0.42		32.78	0.86
文化、体育和娱乐业	**Culture, Sports and Recreation**	**313.75**	**43.43**	**19.10**	**1.51**	**227.87**	**21.84**
新闻出版业	Publication	3.46				3.46	
广播、电视、电影和影视录音制作业	Production of Radio, Television, Film and Video Recording	15.15	0.57			14.11	0.48
文化艺术业	Culture and Arts	133.46	37.78	0.75	1.30	79.26	14.37
体育	Sports	78.31	4.84	13.20		57.54	2.73
娱乐业	Recreation	83.37	0.24	5.15	0.21	73.50	4.27
公共管理、社会保障和社会组织	**Public Administration, Social Security and Social Organizations**	**131.74**	**35.02**	**1.76**		**79.07**	**15.89**
中国共产党机关	Organs of Communist Party of China	2.28				2.28	
国家机构	Government Agencies	68.55	34.67	0.04		30.03	3.81
人民政协、民主党派	Chinese Peoples Political Consultative Conference, Democratic Parties						
社会保障	Social Security	0.06	0.06				
群众社团、社会团体和其他成员组织	Mass Organizations, Social Organizations and Other Member Organizations	45.29	0.19	0.52		34.29	10.29
基层群众自治组织	Self-governing Mass Organizations at the Grass-roots Level	15.56	0.10	1.20		12.46	1.79

5-13 各市财务拨贷款资金来源主要指标（2015年）

Main Indicators on Sources of Funds and Loans for Investment by City (2015)

单位：亿元 (100 million yuan)

市别	City	本年资金来源合计 Sources of Funds	国家预算资金 State and Local Budget	国内贷款 Domestic Loans	利用外资 Foreign Investment	自筹资金 Self-raising Fund	其他资金 Others
全省总计	**Provincial Total**	**36352.25**	**1764.42**	**4546.87**	**204.11**	**21056.20**	**8780.65**
广州	Guangzhou	6070.40	393.87	845.12	17.57	3110.13	1703.72
深圳	Shenzhen	5302.20	434.24	1021.69	10.72	2384.02	1451.53
珠海	Zhuhai	1913.32	79.02	552.92	16.64	596.11	668.63
汕头	Shantou	1290.97	28.27	41.48	0.56	1168.89	51.77
佛山	Foshan	3871.30	62.76	519.63	34.21	2190.65	1064.04
#顺德	Shunde	843.78	15.97	107.63	5.18	446.88	268.13
韶关	Shaoguan	750.23	36.88	45.23	1.87	501.84	164.41
河源	Heyuan	626.10	45.33	118.82	4.27	350.08	107.60
梅州	Meizhou	617.70	68.56	101.75	0.32	350.17	96.90
惠州	Huizhou	2178.18	54.81	162.62	11.71	1303.31	645.73
汕尾	Shanwei	752.26	38.12	14.67	0.14	630.76	68.57
东莞	Dongguan	2002.77	55.31	208.75	69.87	899.82	769.02
中山	Zhongshan	1364.38	45.53	74.58	12.19	713.56	518.52
江门	Jiangmen	1440.57	17.09	175.21	11.52	947.10	289.65
阳江	Yangjiang	762.73	37.61	63.48	1.05	504.14	156.44
湛江	Zhanjiang	1420.14	73.15	190.77	1.28	853.49	301.45
茂名	Maoming	1203.13	144.75	67.32	0.86	916.14	74.06
肇庆	Zhaoqing	1422.43	22.41	117.11	4.72	1058.95	219.23
清远	Qingyuan	739.38	77.06	56.74	2.85	383.10	219.63
潮州	Chaozhou	407.06	32.46	23.75		314.94	35.91
揭阳	Jieyang	1372.16	4.79	66.00	1.75	1196.49	103.13
云浮	Yunfu	844.86	12.39	79.25		682.51	70.71
按经济区域分	By Region						
珠三角	Pearl River Delta	25565.55	1165.05	3677.62	189.15	13203.65	7330.08
东翼	Eastern Region	3822.45	103.65	145.89	2.45	3311.08	259.38
西翼	Western Region	3385.99	255.51	321.57	3.20	2273.77	531.95
山区	Mountainous Region	3578.26	240.21	401.79	9.32	2267.70	659.24

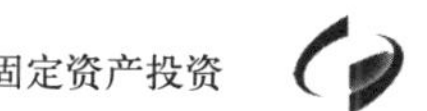

5-14 各市按构成和建设性质分固定资产投资（2015年）

Investment in Fixed Assets in Urban Area by Composition of Funds,Type of Construction and City (2015)

单位：亿元 (100 million yuan)

市别	City	投资额 Total Investment	按构成分 By Composition of Funds 建筑安装工程 Construction and Installion	设备、工具器具购置 Purchase of Equipment and Instruments	其他费用 Others	按建设性质分 By Type of Construction #新建 New Construction	#扩建 Expansion	#改建和技术改造 Recons-truction and Technological Transformation
全省总计	**Provincial Total**	**30031.20**	**20083.47**	**5336.57**	**4611.16**	**22023.47**	**3375.28**	**3210.15**
广　州	Guangzhou	5405.95	3496.56	830.05	1079.35	3762.57	312.51	804.09
深　圳	Shenzhen	3298.31	2129.18	439.31	729.81	2863.34	143.49	287.46
珠　海	Zhuhai	1305.14	938.98	91.68	274.48	1127.43	75.94	51.99
汕　头	Shantou	1274.32	598.03	484.72	191.56	528.78	624.39	110.18
佛　山	Foshan	3035.52	2134.70	495.23	405.59	2241.98	201.91	465.36
#顺　德	Shunde	643.09	458.61	73.73	110.75	463.38	45.70	117.39
韶　关	Shaoguan	701.67	521.94	95.64	84.09	546.25	76.78	73.12
河　源	Heyuan	564.14	388.43	119.17	56.53	451.97	39.76	40.69
梅　州	Meizhou	568.06	418.45	81.07	68.55	487.82	18.14	61.12
惠　州	Huizhou	1863.93	1378.89	338.21	146.83	1466.16	226.66	78.04
汕　尾	Shanwei	585.20	430.40	90.01	64.78	325.61	127.91	122.25
东　莞	Dongguan	1446.52	873.07	297.65	275.79	1106.54	67.75	89.54
中　山	Zhongshan	1055.41	751.01	125.36	179.05	827.20	77.78	89.08
江　门	Jiangmen	1307.87	895.99	235.58	176.31	1027.23	139.09	112.02
阳　江	Yangjiang	691.13	490.93	139.85	60.35	553.87	65.03	49.81
湛　江	Zhanjiang	1313.69	967.39	238.04	108.26	790.50	311.63	148.17
茂　名	Maoming	1115.50	697.91	310.76	106.82	693.77	195.25	204.38
肇　庆	Zhaoqing	1330.03	723.18	393.02	213.84	720.89	362.94	128.56
清　远	Qingyuan	620.63	434.33	77.74	108.57	525.56	35.73	48.67
潮　州	Chaozhou	391.95	271.81	72.83	47.31	282.99	24.47	73.32
揭　阳	Jieyang	1362.10	974.34	225.26	162.49	1083.39	169.61	102.29
云　浮	Yunfu	794.15	567.98	155.37	70.80	609.59	78.52	70.00
按经济区域分	By Region							
珠三角	Pearl River Delta	20048.69	13321.55	3246.09	3481.06	15143.37	1608.06	2106.13
东　翼	Eastern Region	3613.56	2274.58	872.83	466.14	2220.78	946.38	408.05
西　翼	Western Region	3120.31	2156.22	688.66	275.43	2038.14	571.90	402.36
山　区	Mountainous Region	3248.64	2331.12	528.99	388.54	2621.18	248.93	293.61

5-15 各市农业、能源、原材料、运输邮电业投资和比重（2015年）

Volume and Proportion of Investment in Capital Construction of Agriculture, Energy, Raw Materials, Transport, Post and Telecommunications (2015)

市别	City	投资额(亿元) Volume of Investment (100 million yuan)				比重(以投资总额为100) Proportion (total investment=100)			
		农、林、牧、渔业 Farming, Forestry, Animal Husbandry and Fishery	能源 Energy	原材料 Raw Materials	交通运输、仓储和邮政业 Transport, Storage and Postal Services	农、林、牧、渔业 Farming, Forestry, Animal Husbandry and Fishery	能源 Energy	原材料 Raw Materials	交通运输、仓储和邮政业 Transport, Storage and Postal Services
全省总计	**Provincial Total**	**501.09**	**1289.68**	**1774.37**	**3104.00**	**1.7**	**4.3**	**5.9**	**10.3**
广州	Guangzhou	34.18	90.02	47.48	671.57	0.6	1.7	0.9	12.4
深圳	Shenzhen	0.62	61.51	21.01	397.54		1.9	0.6	12.1
珠海	Zhuhai	1.72	43.32	49.06	205.67	0.1	3.3	3.8	15.8
汕头	Shantou	10.61	16.32	38.06	38.45	0.8	1.3	3.0	3.0
佛山	Foshan	12.09	53.69	230.73	139.32	0.4	1.8	7.6	4.6
#顺德	Shunde	2.58	1.82	5.10	27.24	0.4	0.3	0.8	4.2
韶关	Shaoguan	59.17	36.37	104.18	80.02	8.4	5.2	14.8	11.4
河源	Heyuan	9.45	9.39	35.40	105.20	1.7	1.7	6.3	18.6
梅州	Meizhou	5.65	54.11	31.81	81.78	1.0	9.5	5.6	14.4
惠州	Huizhou	24.34	198.20	62.33	182.73	1.3	10.6	3.3	9.8
汕尾	Shanwei	32.67	56.57	6.69	88.15	5.6	9.7	1.1	15.1
东莞	Dongguan	0.86	61.45	23.49	145.90	0.1	4.2	1.6	10.1
中山	Zhongshan	2.53	27.00	21.32	59.92	0.2	2.6	2.0	5.7
江门	Jiangmen	12.00	119.72	72.64	140.82	0.9	9.2	5.6	10.8
阳江	Yangjiang	28.19	132.71	48.99	68.17	4.1	19.2	7.1	9.9
湛江	Zhanjiang	78.24	78.94	243.99	131.69	6.0	6.0	18.6	10.0
茂名	Maoming	35.82	97.54	195.64	130.93	3.2	8.7	17.5	11.7
肇庆	Zhaoqing	94.04	18.25	184.04	159.24	7.1	1.4	13.8	12.0
清远	Qingyuan	7.50	22.94	69.18	79.36	1.2	3.7	11.1	12.8
潮州	Chaozhou	8.59	15.15	10.41	49.77	2.2	3.9	2.7	12.7
揭阳	Jieyang	26.14	77.33	73.23	75.84	1.9	5.7	5.4	5.6
云浮	Yunfu	16.70	19.13	204.68	71.95	2.1	2.4	25.8	9.1
按经济区域分	By Region								
珠三角	Pearl River Delta	182.37	673.17	712.09	2102.70	0.9	3.4	3.6	10.5
东翼	Eastern Region	78.01	165.37	128.40	252.21	2.2	4.6	3.6	7.0
西翼	Western Region	142.25	309.20	488.62	330.78	4.6	9.9	15.7	10.6
山区	Mountainous Region	98.47	141.94	445.26	418.31	3.0	4.4	13.7	12.9

5-16 各市工业投资和比重（2015年）

Investment in Industry and Proportion by City (2015)

单位：亿元 (100 million yuan)

市别	City	投资额（亿元）Volume of Investment (100 million yuan)				比重（以投资总额为100）Proportion (total investment=100)			
		工业合计 Total	采矿业 Mining	制造业 Manufacturing	电力热力燃气及水的生产和供应业 Production and Supply of Electricity,Gas and Water	合计 Total	采矿业 Mining	制造业 Manufacturing	电力、燃气及水的生产和供应业 Production and Supply of Electricity,Gas and Water
全省总计	**Provincial Total**	**10151.77**	**162.00**	**8783.30**	**1206.47**	**33.8**	**0.5**	**29.2**	**4.0**
广州	Guangzhou	754.78		644.21	110.57	14.0		11.9	2.0
深圳	Shenzhen	590.80	0.48	513.04	77.29	17.9		15.6	2.3
珠海	Zhuhai	258.69	10.84	219.61	28.24	19.8	0.8	16.8	2.2
汕头	Shantou	659.96	1.29	636.01	22.66	51.8	0.1	49.9	1.8
佛山	Foshan	1218.26	0.36	1154.01	63.89	40.1		38.0	2.1
#顺德	Shunde	184.70		180.60	4.10	28.7		28.1	0.6
韶关	Shaoguan	238.96	15.69	178.98	44.29	34.1	2.2	25.5	6.3
河源	Heyuan	217.07	10.38	192.44	14.25	38.5	1.8	34.1	2.5
梅州	Meizhou	208.84	2.20	150.92	55.72	36.8	0.4	26.6	9.8
惠州	Huizhou	716.79	3.93	661.68	51.17	38.5	0.2	35.5	2.7
汕尾	Shanwei	144.65		81.63	63.02	24.7		13.9	10.8
东莞	Dongguan	502.84		432.91	69.93	34.8		29.9	4.8
中山	Zhongshan	324.89		274.53	50.37	30.8		26.0	4.8
江门	Jiangmen	588.05	5.54	458.32	124.19	45.0	0.4	35.0	9.5
阳江	Yangjiang	358.50	3.46	215.53	139.51	51.9	0.5	31.2	20.2
湛江	Zhanjiang	571.06	24.25	480.16	66.65	43.5	1.8	36.6	5.1
茂名	Maoming	652.26	48.14	529.31	74.81	58.5	4.3	47.5	6.7
肇庆	Zhaoqing	699.82	14.85	664.68	20.29	52.6	1.1	50.0	1.5
清远	Qingyuan	162.74	3.05	133.94	25.75	26.2	0.5	21.6	4.1
潮州	Chaozhou	161.44	0.40	140.31	20.72	41.2	0.1	35.8	5.3
揭阳	Jieyang	693.18	3.31	631.58	58.29	50.9	0.2	46.4	4.3
云浮	Yunfu	428.18	13.85	389.49	24.84	53.9	1.7	49.0	3.1
按经济区域分	By Region								
珠三角	Pearl River Delta	5654.93	36.00	5022.98	595.94	28.2	0.2	25.1	3.0
东翼	Eastern Region	1659.23	5.00	1489.54	164.70	45.9	0.1	41.2	4.6
西翼	Western Region	1581.82	75.84	1225.01	280.98	50.7	2.4	39.3	9.0
山区	Mountainous Region	1255.79	45.17	1045.77	164.85	38.7	1.4	32.2	5.1

5-17 投资效益指标
Indicators on Investment Efficiency

项目	Item	2005	2010	2013	2014	2015
固定资产交付使用率	**Rate of Fixed Assets Put into Use**					
本年完成投资 (亿元)	Investment Completed in Current Year (100 million yuan)	7164.11	16113.19	22828.65	25928.09	30031.20
本年新增固定资产(亿元)	Newly Increased Fixed Assets in Current Year (100 million yuan)	4668.97	10744.63	14976.47	18090.89	18466.39
固定资产交付使用率(%)	Rate of Fixed Assets Put into Use (%)	65.2	66.7	65.6	69.8	61.5
建成项目投产率	**Rate of Projects Completed and Put into Use**					
本年施工项目 (个)	Number of Projects under Construction (unit)	23472	50626	31082	33416	38740
本年建成投产项目 (个)	Projects Completed and Put into Use (unit)	10680	36926	19896	22767	27410
建成项目投产率 (%)	Rate of Projects Completed and Put into Use(%)	45.5	72.9	64.0	68.1	70.8
房屋建筑面积	**Floor Space of Buildings Completed**					
本年房屋施工面积 (万平方米)	Floor Space of Buildings under Construction (10000 sq.m)	38351.76	57221.79	74295.64	81692.25	84133.98
本年房屋竣工面积 (万平方米)	Floor Space of Buildings Completed (10000 sq.m)	17053.80	20420.60	16199.46	17294.71	15303.96
房屋面积竣工率 (%)	Rate of Floor Space of Buildings Completed(%)	44.5	35.7	21.8	21.2	18.2
建设周期	**Period to Complete Total Planned Investment**					
计划总投资 (亿元)	Total Planned Investment (100 million yuan)	26335.04	62193.20	91060.73	101000.17	110176.52
本年完成投资 (亿元)	Investment Completed in Current Year (100 million yuan)	7164.11	16113.19	22828.65	25928.09	30031.20
建设周期 (年/月)	Period to Complete Total Planned Investment (year/month)	3/8	3/10	4/0	3/11	3/8

5-18 新增主要生产能力或效益

Newly Increased Production Capacity or Efficiency

指标	Item	2005	2010	2013	2014	2015
石油加工:	Petroleum Refining:					
蒸馏设备能力 (处理万吨/年)	Distillation Equipment Capacity (10000 tons/year)	300		3	17	20
裂化设备能力 (处理万吨/年)	Cracking Equipment Capacity (10000 tons/year)	10	102	5	24	17
加氢精制设备能力 (处理万吨/年)	Hydro-refining Equipment Capacity (10000 tons/year)	120	200			
钢材:	Steels:			293.95	197.60	512.85
热轧钢材 (万吨/年)	Hot-roll (10000 tons/year)	280.35	103.60			
冷轧(拔)钢材 (万吨/年)	Non-hot-roll (10000 tons/year)	377.55	75.45			
铜冶炼 (吨/年)	Copper Smelting (tons/year)	25477	155000	1500	15350	3200
铝加工材 (吨/年)	Aluminum Processing (tons/year)	119780	184230	404317	846000	397572
铜加工材 (吨/年)	Copper Material (tons/year)				90982	15030
发电机组装机容量 (万千瓦)	Capacity of Generating Sets (10000 kw)	526.93	763.96	501.07	628.01	770.20
#水力发电 (万千瓦)	Hydropower (10000 kw)	37.32	108.39	32.18	11.28	7.26
火力发电 (万千瓦)	Thermal Power (10000 kw)	433.57	580.00	264.60	345.00	559.20
输电线路(11万伏及以上) (公里)	Transmission Lines(≥110000kv) (km)	4066.05	6996.95	2581.96	5534.52	3171.11
水泥 (万吨/年)	Cement (10000 tons/year)	1792	1751	1033	635	638
塑料树脂及共聚物 (吨/年)	Plastic Resin and Copolymer (ton/year)	32999	340713	236100	685115	204103
内燃机 (台/年)	Internal Combustion Engine (set/year)			380	360000	
(万千瓦/年)	(10000 kw/year)			734	3852	
轿车制造 (万辆/年)	Manufacture of Car (10000 units/year)			10	23	28
电视机 (万部/年)	Television (10000 units/year)			5	250	
新建公路 (公里)	Newly Constructed Highways (km)	1860.61	3028.90	2809.09	3128.64	2441.95
#高速公路 (公里)	Express Highways (km)	187.86	508.70	112.40	723.35	751.01
改建公路 (公里)	Reconstructed Highways (km)	5379.79	4253.65	3975.84	2560.31	2664.16
#一级公路 (公里)	First Class Highways (km)	309.70	237.85	121.18	169.82	197.76
新建独立公路桥梁 (延长米)	Length of Newly Constructed Highway Bridges (m)	13032	22739	12062	14602	14080
(座)	Number of Newly Constructed Highway Bridges(unit)	118	48	37	32	22
新(扩)建港口码头 (年吞吐量:万吨)	Annual Handling Capacity of Newly Constructed or Expanded Ports (10000 tons)	3158	3516	2600	222	704
(泊位:个)	Number of Berths in Newly Constructed or Expanded Ports (unit)	13	28	9	11	14
新(扩)建客、货运站 (个)	Number of Newly Constructed or Expanded Passenger and Freight Stations (unit)	29	22	13	8	10
(平方米)	Area of Newly Constructed or Expanded Passenger and Freight Stations (sq.m)	90564	221957	211283	97085	107349
程控交换机(指安装能力)(万线/年)	Program-controlled Switchboards (10 000 lines/year)	82				
飞机购置 (架)	Aircraft Purchase (unit)			38	29	33
城市自来水供水能力 (万吨/日)	Capacity of City Tap Water Supply (10000 tons/day)	359.41	62.77	29.70	20.10	0.50
城市污水处理能力 (万吨/日)	Disposal Capacity of City Sewage (10000 tons/day)	124.46	506.88	34.36	52.00	17.68

5-19 各市施工和竣工面积(2015年)

Floor Space Under Construction and Floor Space Completed(2015)

市 别	City	施工建筑面积(万平方米) Floor Space under Construction (10000 sq.m)	#住宅 Residential Buildings	竣工建筑面积(万平方米) Floor Space Completed (10000 sq.m)	#住宅 Residential Buildings
总 计	**Provincial Total**	**84133.98**	**42641.20**	**15303.96**	**4998.12**
广 州	Guangzhou	13129.83	6461.25	2712.01	1031.79
深 圳	Shenzhen	7010.06	3343.16	818.86	206.60
珠 海	Zhuhai	2674.24	1479.86	259.86	164.89
汕 头	Shantou	2743.24	1274.51	626.98	108.16
佛 山	Foshan	8790.24	4367.16	1076.22	296.19
#顺 德	Shunde	2551.37	1313.70	301.84	38.68
韶 关	Shaoguan	2194.95	1103.77	322.60	76.10
河 源	Heyuan	1650.95	722.77	192.05	125.60
梅 州	Meizhou	1658.84	919.51	448.41	281.11
惠 州	Huizhou	7876.60	4709.16	1219.52	434.59
汕 尾	Shanwei	925.40	609.39	234.22	94.54
东 莞	Dongguan	5314.96	2948.63	499.49	266.35
中 山	Zhongshan	6281.74	3312.79	1017.76	515.75
江 门	Jiangmen	4518.01	1848.05	930.46	239.01
阳 江	Yangjiang	1842.30	1234.10	245.80	115.84
湛 江	Zhanjiang	2625.54	1387.46	561.65	199.51
茂 名	Maoming	2321.16	1179.62	497.80	86.64
肇 庆	Zhaoqing	2693.02	1625.81	435.01	99.71
清 远	Qingyuan	3428.28	2407.07	580.68	367.40
潮 州	Chaozhou	790.03	382.20	113.16	68.36
揭 阳	Jieyang	4301.18	616.19	2364.16	136.08
云 浮	Yunfu	1363.40	708.74	147.27	83.91

 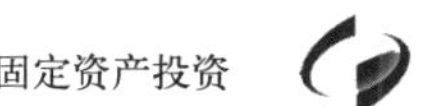

5-20 房地产开发主要指标

Main Indicators on Real Estate Development

项　　目	Item	2000	2010	2013	2014	2015
土地开发及购置（万平方米）	**Land Development and Purchases(10000 sq.m)**					
本年土地购置面积	Land Space Purchased in Current Year	1942.30	1726.31	2250.96	1956.99	1478.80
本年完成投资额（亿元）	**Investment Completed in Current Year (100 million yuan)**	**858.61**	**3659.69**	**6489.59**	**7638.45**	**8538.47**
#住宅	Residential Buildings	593.74	2539.03	4530.63	5187.32	5890.51
资金来源小计（亿元）	**Source of Funds (100 million yuan)**	**1064.51**	**7426.13**	**10472.94**	**11326.60**	**14164.30**
#国内贷款	Domestic Loans	228.53	1256.11	2143.59	2432.61	2577.81
利用外资	Foreign Investment	39.16	90.85	36.29	63.65	26.65
自筹资金	Self-raising Funds	287.71	1582.94	2798.34	3705.57	3933.40
其他资金	Others	509.11	4496.22	5494.73	5124.77	7626.44
房屋建筑面积（万平方米）	**Floor Space of Buildings (10000 sq.m)**					
施工面积	Floor Space under Construction	9922.12	29301.36	46480.47	53977.47	57941.86
#住宅	Residential Buildings	7400.38	22253.76	33690.67	38290.06	40388.82
竣工面积	Floor Space Completed	3161.39	5659.10	6273.30	7327.99	6044.43
#住宅	Residential Buildings	2598.52	4589.22	4748.25	5442.49	4435.40
竣工房屋价值（亿元）	**Value of Buildings Completed (10000yuan)**	**511.46**	**1587.46**	**2114.38**	**2634.41**	**2256.69**
#住宅	Residential Buildings	415.94	1276.09	1536.53	1936.15	1639.45
商品房屋销售额（亿元）	**Total Sales (100 million yuan)**	**729.50**	**5480.77**	**8941.05**	**8461.84**	**11442.80**
#住宅	Residential Buildings	597.36	4589.82	7476.10	6960.26	9967.32
商品房屋销售面积（万平方米	**Floor Space of Commerdal Buildings Sold (10000 sq.m)**	**2259.95**	**7321.76**	**9836.39**	**9315.76**	**11681.01**
#住宅	Residential Buildings	2009.34	6552.81	8830.95	8163.56	10497.62

5-21 房地产开发投资情况

Investment in Real Estate Development

单位：亿元 (100 million yuan)

按登记注册类型分组	By Registration Status	2014 完成投资额 Investment Completed	2014 #住宅 Residential Buildings	2015 完成投资额 Investment Completed	2015 #住宅 Residential Buildings
全省总计	**Provincial Total**	**7638.45**	**5187.32**	**8538.47**	**5890.51**
内资	Domestic	6425.83	4466.52	7202.59	5010.05
国有	State-owned	161.18	110.62	159.89	97.77
集体	Collective-owned	76.03	54.02	72.20	52.93
股份合作	Cooperative	2.96	2.22	7.05	6.14
联营	Joint				
有限责任公司	Limited Liability	3712.67	2568.66	4358.05	3037.02
股份有限公司	Share-holding	262.20	182.91	272.09	197.43
私营	Private	2195.02	1535.15	2284.95	1584.33
其他	Others	15.77	12.94	48.36	34.43
港澳台商投资	Funds from Hong Kong, Macao and Taiwan	805.82	455.90	961.90	636.33
外商投资	Foreign Funded	406.80	264.90	373.98	244.13

5-22 房地产开发房屋建筑面积及价值（2015年）

Floor Space and Value of Buildings in Real Estate Development (2015)

按登记注册类型分组	By Registration Status	房屋建筑面积(万平方米) Floor Space of Buildings(10000 sq.m) 施工面积 Floor Space of Buildings under Construction	竣工面积 Floor Space of Buildings Completed	#住宅 Residential Buildings	竣工房屋价值(万元) Value of Buildings Completed (10000yuan)	#住宅 Residential Buildings
全省总计	**Provincial Total**	**57941.86**	**6044.43**	**4435.40**	**22566918**	**16394456**
内资	Domestic-funded Economy	49913.18	5000.53	3744.86	18885553	13993461
国有	State-owned	1214.48	64.24	50.83	163698	135928
集体	Collective-owned	499.24	119.85	101.78	318543	274909
股份合作	Cooperative	59.21	5.24	5.24	15095	15095
联营	Joint					
有限责任公司	Limited Liability	29691.76	2714.18	1997.85	10532752	7790903
股份有限公司	Share-holding	1468.37	176.66	127.80	534995	389939
私营	Private	16787.75	1903.16	1446.51	7289796	5361504
其他	Others	192.37	17.19	14.85	30674	25183
港澳台商投资	Funds from Hong Kong, Macao and Taiwan	5583.47	760.66	504.06	2639657	1672411
外商投资	Foreign Funded	2445.20	283.24	186.49	1041708	728584

5-23 各市房地产开发投资情况（2015年）
Investment in Real Estate Development by City (2015)

单位：亿元 (100 million yuan)

市别	City	完成投资额 Investment Completed	按用途分 By use #住宅 Residential Buildings	#别墅、高档公寓 Villas,High-grade Apartments	办公楼 Office Buildings	商业营业用房 Houses for Business Use	其他 Others
全省总计	**Provincial Total**	**8538.47**	**5890.51**	**440.82**	**564.00**	**1085.78**	**998.19**
广州	Guangzhou	2137.59	1331.03	79.23	217.54	319.09	269.93
深圳	Shenzhen	1331.03	897.13	104.70	158.84	142.72	132.34
珠海	Zhuhai	524.12	385.37	29.32	41.20	47.88	49.66
汕头	Shantou	245.51	169.26	8.07	1.93	22.34	51.97
佛山	Foshan	945.37	644.57	36.79	55.09	119.45	126.26
#顺德	Shunde	261.44	176.47	21.22	9.42	42.18	33.37
韶关	Shaoguan	131.89	92.36	3.21	1.36	25.44	12.73
河源	Heyuan	128.59	93.67	4.03	2.00	26.32	6.60
梅州	Meizhou	168.40	109.11	3.72	0.68	41.13	17.47
惠州	Huizhou	610.45	488.24	44.78	11.57	60.76	49.88
汕尾	Shanwei	26.10	17.40	0.89	0.01	1.36	7.32
东莞	Dongguan	575.21	401.69	65.97	37.73	64.82	70.97
中山	Zhongshan	481.01	346.12	11.80	7.93	68.55	58.41
江门	Jiangmen	311.01	220.50	17.82	3.99	43.68	42.85
阳江	Yangjiang	104.86	89.00	4.81	0.95	9.05	5.87
湛江	Zhanjiang	179.05	113.21	2.82	12.84	25.76	27.24
茂名	Maoming	102.67	81.14	5.01	1.02	12.04	8.47
肇庆	Zhaoqing	159.77	119.41	5.62	4.15	19.02	17.18
清远	Qingyuan	213.58	167.49	7.47	2.90	22.46	20.74
潮州	Chaozhou	50.80	29.73		1.88	4.82	14.38
揭阳	Jieyang	48.67	44.57			2.58	1.52
云浮	Yunfu	62.77	49.49	4.77	0.38	6.52	6.37
按经济区域分	By Region						
珠三角	Pearl River Delta	7075.57	4834.06	396.03	538.04	885.97	817.49
东翼	Eastern Region	371.09	260.96	8.96	3.82	31.10	75.20
西翼	Western Region	386.58	283.35	12.64	14.80	46.85	41.58
山区	Mountainous Region	705.23	512.13	23.19	7.33	121.86	63.91

5-24 各市房地产开发房屋建筑面积及价值（2015年）
Floor Space and Value of Buildings in Real Estate Development by City (2015)

市别	City	房屋建筑面积(万平方米) Floor Spaceof Buildings(10000 sq.m)			竣工房屋价值(万元) Value of Buildings Completed (10000 yuan)	
		施工面积 Floor Space of Buildings under Construction	竣工面积 Floor Space of Buildings Completed	#住宅 Residential Buildings		#住宅 Residential Buildings
全省总计	**Provincial Total**	**57941.86**	**6044.43**	**4435.40**	**22566918**	**16394456**
广州	Guangzhou	9345.57	1511.49	981.30	5060951	3335570
深圳	Shenzhen	4978.41	360.21	202.37	3015998	1697810
珠海	Zhuhai	2245.42	196.39	156.79	753819	590597
汕头	Shantou	1836.43	140.77	98.50	334413	236660
佛山	Foshan	6754.32	363.41	262.11	1823591	1293396
#顺德	Shunde	1994.32	51.17	38.68	276412	194577
韶关	Shaoguan	1449.01	78.02	65.55	196923	159118
河源	Heyuan	931.56	142.52	125.50	439743	385447
梅州	Meizhou	1179.41	329.29	267.44	1155499	857713
惠州	Huizhou	5883.41	449.48	346.27	1348106	1063336
汕尾	Shanwei	316.80	37.38	32.54	114633	105776
东莞	Dongguan	3921.20	325.43	266.01	1494203	1263758
中山	Zhongshan	4623.63	704.05	513.89	2108868	1568588
江门	Jiangmen	2612.24	287.85	225.68	1112840	931056
阳江	Yangjiang	1531.00	115.40	102.99	392920	356284
湛江	Zhanjiang	1885.80	226.01	187.00	919674	781148
茂名	Maoming	1356.77	71.41	60.18	178188	148695
肇庆	Zhaoqing	2210.42	128.45	84.25	393181	285371
清远	Qingyuan	2878.70	310.88	244.78	899596	671682
潮州	Chaozhou	487.04	79.39	63.75	349612	281040
揭阳	Jieyang	592.73	65.02	64.59	158652	157491
云浮	Yunfu	921.99	121.59	83.91	315508	223920
按经济区域分	By Region					
珠三角	Pearl River Delta	42574.62	4326.75	3038.66	17111557	12029482
东翼	Eastern Region	3233.00	322.56	259.38	957310	780967
西翼	Western Region	4773.58	412.82	350.17	1490782	1286127
山区	Mountainous Region	7360.67	982.29	787.19	3007269	2297880

5-25 按用途分商品房屋销售面积(2015年)

Floor Space of Commercialized Buildings Sold by Use(2015)

单位：万平方米 (10 000 sq.m)

按登记注册类型分组	By Registration Status	商品房销售面积合计 Floor Space of Commercialized Buildings Sold	按用途分 By use 住宅 Residential Buildings	#别墅、高档公寓 Villas, Highgrade Apartments	办公楼 Office Buildings	商业营业用房 Houses for Business Use	其他 Others
全省总计	**Provincial Total**	**11681.01**	**10497.62**	**536.12**	**311.12**	**479.21**	**393.05**
内资	Domestic-funded Economy	10155.98	9159.07	451.51	254.84	424.02	318.05
国有	State-owned	145.35	118.21	9.99	6.70	15.44	5.01
集体	Collective-owned	131.34	112.08	0.62	1.85	8.41	9.00
股份合作	Cooperative	12.81	12.69	0.12		0.11	
联营	Joint						
有限责任公司	Limited Liability	5977.34	5372.23	322.72	156.23	238.05	210.83
股份有限公司	Share-holding	347.22	312.05	13.56	20.90	9.87	4.41
私营	Private	3522.23	3216.69	104.49	66.09	151.22	88.23
其他	Others	19.69	15.12		3.08	0.92	0.57
港澳台商投资	Funds from Hong Kong, Macao and Taiwan	1040.78	910.17	60.72	40.75	37.24	52.62
外商投资	Foreign Funded	484.25	428.39	23.89	15.53	17.95	22.38

5-26 按用途分商品房屋销售额(2015年)

Sales Volume of Commercialized Buildings Sold by Use(2015)

单位：亿元 (100 million yuan)

按登记注册类型分组	By Registration Status	商品房销售额合计 Floor Space of Commercialized Buildings Sold	按用途分 By use 住宅 Residential Buildings	#别墅、高档公寓 Villas, Highgrade Apartments	办公楼 Office Buildings	商业营业用房 Houses for Business Use	其他 Others
全省总计	**Provincial Total**	**11442.80**	**9967.32**	**923.18**	**583.87**	**624.73**	**266.87**
内资	Domestic-funded Economy	9446.09	8257.37	757.71	442.39	533.90	212.42
国有	State-owned	235.57	194.10	65.99	21.13	15.97	4.37
集体	Collective-owned	90.05	73.59	0.51	1.12	9.58	5.76
股份合作	Cooperative	7.93	7.78	0.11		0.16	
联营	Joint						
有限责任公司	Limited Liability	5380.00	4704.84	477.55	243.75	287.64	143.77
股份有限公司	Share-holding	532.58	447.15	19.52	61.13	19.92	4.38
私营	Private	3189.25	2825.27	194.04	110.47	199.50	54.01
其他	Others	10.70	4.65		4.80	1.13	0.13
港澳台商投资	Funds from Hong Kong, Macao and Taiwan	1411.47	1203.09	139.14	108.45	59.67	40.26
外商投资	Foreign Funded	585.24	506.86	26.32	33.03	31.16	14.19

5-27 各市商品房屋销售情况（2015年）

Sales of Commercial Buildings by City (2015)

市　别	City	商品房销售面积（万平方米）Floor Space of Buildings Commerdal Actually Sold (10000 sq.m)	#住宅 Residential Buildings	商品房销售额（亿元）Sales Volume of Buildings Commerdal Actually Sold (100 million yuan)	#住宅 Residential Buildings
全省总计	**Provincial Total**	**11681.01**	**10497.62**	**11442.80**	**9967.32**
广　州	Guangzhou	1653.07	1344.86	2415.52	1894.01
深　圳	Shenzhen	831.46	747.83	2822.17	2517.30
珠　海	Zhuhai	417.69	385.80	594.47	541.31
汕　头	Shantou	223.56	200.92	164.80	143.64
佛　山	Foshan	1421.50	1234.75	1195.89	1048.50
#顺　德	Shunde	434.97	366.64	336.18	288.97
韶　关	Shaoguan	314.92	285.35	137.15	115.57
河　源	Heyuan	242.00	231.43	102.25	94.83
梅　州	Meizhou	302.57	269.60	139.80	118.27
惠　州	Huizhou	1299.78	1246.44	800.38	758.34
汕　尾	Shanwei	95.97	95.16	45.81	45.06
东　莞	Dongguan	1040.65	948.50	1019.11	914.50
中　山	Zhongshan	1042.77	921.77	613.53	531.52
江　门	Jiangmen	504.76	466.03	286.97	260.42
阳　江	Yangjiang	284.37	269.20	127.73	117.73
湛　江	Zhanjiang	325.32	312.22	180.41	169.79
茂　名	Maoming	270.43	255.73	127.50	118.75
肇　庆	Zhaoqing	495.19	424.38	249.00	193.06
清　远	Qingyuan	537.63	510.91	256.96	241.06
潮　州	Chaozhou	81.90	79.52	43.57	41.04
揭　阳	Jieyang	114.69	109.29	46.70	41.82
云　浮	Yunfu	180.79	157.93	73.11	60.79
按经济区域分	By Region				
珠三角	Pearl River Delta	8706.88	7720.36	9997.02	8658.96
东　翼	Eastern Region	516.11	484.89	300.89	271.57
西　翼	Western Region	880.12	837.15	435.63	406.27
山　区	Mountainous Region	1577.91	1455.22	709.26	630.52

主要统计指标解释

固定资产投资额 是以货币形式表现的在一定时期内建造和购置固定资产的工作量以及与此有关的费用的总称。它是反映固定资产投资规模、结构和发展速度的综合性指标，又是观察工程进度和考核投资效果的重要依据。

房地产开发投资 各种登记注册类型的房地产开发公司 、商品房建设公司及其他房地产开发单位统一开发的包括统代建、拆迁还建的住宅、厂房、仓库、饭店、宾馆、度假村、写字楼、办公楼等房屋建筑物和配套的服务设施、土地开发工程，如道路、给水、排水、供电 、供热、通讯、平整场地等基础设施工程的投资。包括实际从事房地产开发或经营活动的附营房地产开发单位。不包括单纯的土地交易活动。

固定资产投资的资金来源 根据固定资产投资的资金来源不同，分为国家预算内资金、国内贷款、债券、利用外资、自筹资金和其他资金来源。

(1)国家预算资金 自 2011 年起，按照全国人大和国务院的要求，各级财政的所有资金，包括税收和非税收入，均必须纳入预算管理，我国已不存在预算外资金的概念，因此各级政府用于固定资产投资的财政资金均为预算资金。由于已经没有预算外资金，因此名称改为国家预算资金，包括中央预算资金和地方预算资金，旧的国家预算内资金的内容和现中央预算资金的内容基本一致。

国家预算包括一般预算、政府性基金预算、国有资本经营预算和社保基金预算。各类预算中用于固定资产投资的资金全部作为国家预算资金填报，其中一般预算中用于固定资产投资的部分包括基建投资、车购税、灾后恢复重建基金和其他财政投资。各级政府债券也应归入国家预算资金。

(2)国内贷款 指报告期固定资产投资单位向银行及非银行金融机构借入的用于固定资产投资的各种国内借款，包括银行利用自有资金及吸收存款发放的贷款、上级主管部门拨入的国内贷款、国家专项贷款（包括煤代油贷款、劳改煤矿专项贷款等），地方财政专项资金安排的贷款、国内储备贷款、周转贷款等。

(3)债券 是企业（公司）或金融机构通过发行各种债券筹集到的用于固定资产投资的资金，包括由银行代理发行的重点企业债券和重点建设债券。

(4)利用外资 指报告期内收到的用于固定资产建造和购置的国外资金（包括设备、材料、技术）。包括对外借款、外商直接投资、外商其他投资。不包括我国自有外汇资金。

(5)自筹资金 指固定资产投资单位报告期内收到的，由各地区、各部门及企事业单位筹集用于固定资产投资的预算外资金，包括中央各部门、各级地方和企事业单位的自筹资金。

(6)其他资金来源 指报告期收到的除以上各种资金之外其他用于固定资产投资的资金。包括集资、个人资金、无偿捐赠的资金及其他单位拨入的资金。

新增生产能力（或工程效益） 指通过固定资产投资活动而增加的设计能力（或工程效益），是以实物形态表示的固定资产投资成果的指标，也是考核投资经济效果的重要依据之一。

房屋建筑面积 是房屋建筑物勒脚以上外墙外围的水平截面面积，包括房屋建筑物的有效面积和结构面积。房屋建筑面积统计指标是建设规模和建设成果的重要指标之一，也是检查工程形象进度、计算工程造价、分析投资效果、研究施工任务和建筑材料之间平衡情况的重要依据。

住宅 指供人们居住的房屋，包括职工家属宿舍、集体宿舍（包括职工单身宿舍和学生宿舍）及供居住的各种公寓等。住宅建筑面积中不包括作为人防用、不住人的地下室面积和供办公用的公寓。

房屋施工面积 指在报告期内施工的全部房屋建筑面积。包括本期新开工的面积和上期开工跨入本期继续施工的面积，以及上期已停建在本期恢复施工的房屋面积。本期竣工和本期施工后又停缓建的房屋，其建筑面积仍计入本期房屋施工面积中。

房屋竣工面积 指在报告期内房屋建筑按照设计要求已经全部完工，达到住人和使用条件，经验收鉴定合格（或达到竣工验收标准），正式移交使用的各栋房屋建筑面积的总和。

房屋建筑面积竣工率 是指一定时期内房屋竣工面积与施工面积的比率。它是从房屋建筑施工速度的角度反映投资效果的指标。

新增固定资产 指已经完成建造和购置过程，并已交付生产或使用单位的固定资产的价值。它是表示固定资产投资成果的价值指标，也是反映建设进度，计算固定资产投资效果的重要依据。

固定资产交付使用率 指一定时期新增固定资产与同期完成投资额的比率。它是反映各个时期固定资产动用速度，衡量建设过程中投资效果的一个综合性指标。

建设项目投产率 是建设周期的逆指标，是指一定时期内全部建成投产项目个数与同期施工项目个数的比率。它是从建设速度的角度反映投资效果的指标。

基础设施 基础设施投资指在电力、热水的生产和供应业，燃气生产和供应业，水的生产和供应业，铁路运输业，道路运输业，水上运输业，航空运输业，管道运输业，装卸搬运和运输代理业，邮政业，电信、广播电视和卫星传输服务，互联网和相关服务，水利管理业，生态保护和环境治理业和公共设施管理业等行业方面的固定资产投资。

 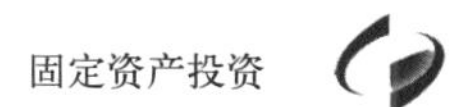

Explanatory Notes on Main Statistical Indicators

Amount of Investment in Fixed Assets refers to the sum in monetary terms of the volume of activities in the construction and purchase of fixed assets as well as related expenses. It is not only a comprehensive indicator of the size, proportional relations and developmental pace of investment in fixed assets, but also an important basis to follow the progress of projects and check the result of investment on. By status of registration, investment in fixed assets consists state-owned, collectively-owned, cooperative, joint, limited-liability, share-holding,, private, self-employed individual, funds from Hong Kong, Macao and Taiwan, foreign funded, and others.

Investment in Real Estate Development refers to investment by real estate development companies, commercialized buildings construction companies and other real estate development units of various types of ownership in the construction of buildings, such as residential buildings, factory buildings, warehouses, hotels, guesthouses, holiday villages, office buildings, and the complementary service facilities and land development projects, such as roads, water supply, water drainage, power supply, heating supply, telecommunications, land leveling and other infrastructural projects. It does not include activities in pure land transactions.

Sources of Funds for Investment in Fixed Assets are categorized as funds from the State budget, domestic loans, foreign investment, self-raised funds, and others, depending on the sources of investment.

(1)State Budgetary Funds Since 2011, in accordance with the requirements of the National People's Congress and the State Council, budgetary funds at all levels, including tax and non-tax revenues, must be included into budgetary management. As a result, the concept of "extra-budgetary funds" no longer exist. Therefore, all the fiscal funds used in fixed asset investment by governments at all levels are state budgetary funds. Without extra-budgetary funds, the name is changed into State Budgetary Funds. It includes central budgetary funds and local budgetary funds. The contents of the previously named "Fund from the State budget" is basically the same as the content of the central budgetary funds.

State budget includes general budget, government fund budget, state-owned capital operation budget and social insurance fund budget. Of all the budgets, the funds used in fixed asset investment are recorded as state budgetary funds. In general budget, the funds used in fixed asset investment include investment in infrastructure, vehicle purchase tax, post-disaster reconstruction fund and other fiscal investments. Government bonds at all levels shall also be included in state budgetary funds.

(2) Domestic loans refer to loans of various forms borrowed by investing units from banks and non-bank financial institutions during the reference period for the purpose of investment in fixed assets, including loans issued by banks from their self-owned funds and deposit, loans appropriated by higher authorities, special loans by government, loans arranged by local government from special funds, domestic reserve loan, and working loan.

(3) Bonds refer to funds raised by enterprises (companies) and financial institutions through issuing various bonds for the purpose of investment in fixed assets, including key enterprise bonds and key construction bonds issued through the agency of banks.

(4) Foreign investment refers to foreign funds received during the reference period for the purpose of construction and purchase of fixed assets (including equipment, materials and technologies). It includes foreign loans, foreign direct investment and other foreign investment, but excludes self-owned foreign exchanges of China.

(5) Fundraising refers to extra-budgetary funds received and raised by enterprises and institutions at all levels during the reference period for the purpose of investment in fixed assets, including funds raised by various departments under the central government, government departments of various levels, enterprises and institutions.

(6) Other funds refer to funds received during the reference period for the purpose of investment in fixed assets which are not included in the above-mentioned sources, including mass financing, individual funds, donations and funds from other units.

Newly Increased Production Capacity (or Project Efficiency) refers to the increase of designed capacity or project efficiency through investment in fixed assets, which is not only an indicator of the accomplishment in kind of investment in fixed assets but also an important basis to check the economic result of investment on..

Floor Space of Buildings refers to level cross-section floor space in each story of buildings calculated from the outside line of building walls above the plinth, including the effective space and structural space occupied by constructions. It is one of the important indicators of construction size and results, as well as an important foundation for checking the progress of projects, calculating the value of project, analyzing the investment result and studying the balance between building materials.

Residential Buildings refer to buildings used as residence by people, including dormitories for families of staff and workers, mass dormitories like those for single workers and students, and various apartments. The floor space of residential buildings excludes the floor space of basement used for air-raid shelters and other purposes than residence and apartments used as offices.

Floor Space under Construction refers to total floor space of all buildings under construction during the reference period, including floor space of newly started buildings during the reference period, floor space of construction extended from the previous period to the current period, and floor space of construction suspended during the previous period but resumed in the current period. Floor space of construction completed in the current period and floor space of construction started and then suspended in the current period are also included in floor space under construction.

Floor Space of Buildings Completed refers to total floor space of all buildings completed in the reference period, which have come up to the designed standards with proper conditions of residence and use, and have been examined and accepted (or met the standards for completion), and put into use.

Completion Rate of Floor Space of Buildings refers to the ratio of the floor space of buildings completed in a certain period of time to the floor space of buildings under construction in the same period, which reflects the investment result of the construction industry from the perspective of the speed of project construction.

Newly Increased Fixed Assets refer to the value of fixed assets which have been completed and transferred to production units or users. It is a value indicator of the achievements of investment in fixed assets as well as an important basis to evaluate the result of investment in fixed assets on.

Rate of Projects of Fixed Assets Completed and Put into Use refers to the ratio of newly increased fixed assets to total investment made in the same period. It is a comprehensive indicator of the speed of the deployment of fixed assets and investment efficiency.

Rate of Construction Projects Completed and Put into Use is the inverse indicator of construction period, referring to the ratio of the number of construction projects completed and put into use in certain period of time to the number of projects under construction in the same period. This reflects the investment efficiency from the perspective of the speed of project construction.

Infrastructure Investment Infrastructure investment refers to the fixed assets investments in the industry of electric power, hot water production and supply industry, gas production and supply industry, water production and supply industry, railway transport, road transport, water transport, air transport industry, pipeline transportation, handling and transportation agent industry, postal services, telecommunications, radio, television and satellite transmission service, Internet and related services, water management industry, ecological protection and environmental governance industry and public facilities management.

六、对外经济

FOREIGN ECONOMY

六　对外经济

简要说明

一、本篇资料综合反映广东对外贸易、利用外资、对外承包工程和劳务合作以及“三资”企业工商登记等历年概况和近年发展的详细情况。

二、本篇资料由广东省统计局贸易外经处负责整理、编辑。

三、资料来源和统计范围：

1．人民币对美元、日元、港元的年平均汇价资料来源于外汇管理部门，是根据当年国家外汇管理局提供的每日汇价进行加权平均计算而得出的。

2．进出口贸易规模、结构情况资料，来源于海关总署广东分署，统计范围为在广东境内经海关报关注册登记的经营单位（包括有进出口经营权和无进出口经营权的经营单位）。进出口商品价值，出口按离岸价（FOB）、进口按到岸价（CIF）统计；进出口商品分类按海关合作理事会制定的《商品名称及编码协调制度》（HS）目录进行分类统计。

3. 利用外资规模、结构和广东对外承包工程和劳务合作状况资料来源于广东省商务厅。

4. 外商投资企业注册登记情况资料来源于广东省工商行政管理局。

5. 对外开放使用口岸分布状况资料来源于广东省商务厅。

6　Foreign Economy

Brief Introduction

Ⅰ. The data in this chapter show the development of Guangdong's foreign trade, utilization of foreign capital, contracted projects and labor services cooperation with foreign countries or regions, and registration status of enterprises with foreign investment over the years.

Ⅱ. The data in this chapter are prepared and edited by the Division of Trade and External Economic Relations Statistics of Statistics Bureau of Guangdong Province.

Ⅲ. Data sources and statistical coverage:

(1) The data on the average exchange rates of RMB yuan to US dollar, Japanese yen and Hong Kong dollar over the years come from the State Administration of Foreign Exchange. The annual average exchange rate is calculated as the weighted mean of the daily exchange rates provided by the State Administration of Foreign Exchange in current year.

(2) The data on the size and composition of Guangdong's imports and exports come from Guangdong Customs Office. The statistics cover the operating units (with or without the right to handle imports and exports) which have a declaration and register at customs within the boundary of Guangdong. The values of export commodities are calculated on an FOB basis, while the values of import commodities are calculated on a CIF basis. The Harmonized Commodity Description and Coding System (HS) stipulated by the Customs Cooperation Council is used in the classification of import and export commodities.

(3) The data on the scale and composition of the utilization of foreign capital and the conditions of contracted projects and labor cooperation with foreign countries or territories in Guangdong come from the Department of Commerce of Guangdong Province.

(4) The data on registration status of enterprises with foreign investment come from the Administration of Industry and Commerce of Guangdong Province.

(5) The data on the distribution of ports opening to the outside world come from the Department of Commerce of Guangdong Province.

6-1 对外经济主要指标

Main Indicators of Foreign Trade and Economic Cooperation

指　标	Item	2000	2010	2013	2014	2015
进出口总额 (亿美元)	Total Value of Imports and Exports (USD 100 million)	1701.06	7848.96	10918.22	10765.84	10227.96
出口总额	Total Exports	919.19	4531.91	6363.64	6460.87	6434.68
#农产品	Farm Produce		56.71	81.31	84.32	86.45
机电产品	Machanical and Electrical Products	499.75	3156.48	4395.69	4285.59	4380.34
高新技术产品	High and New-tech Products	170.20	1753.39	2564.07	2310.17	2325.47
进口总额	Total Imports	781.87	3317.05	4554.58	4304.97	3793.28
#农产品	Farm Produce		97.93	148.82	168.19	178.48
机电产品	Machanical and Electrical Products	358.34	2055.00	2836.64	2543.12	2489.04
高新技术产品	High and New-tech Products	183.15	1489.79	2186.64	1932.83	1932.84
签订利用外资协议(合同)项目 (个)	Number of Projects with Contracted Foreign Capital (unit)	16879	6022	5740	6175	7033
#外商直接投资	Foreign Direct Investment	4245	5641	5520	6016	7029
签订利用外资协议(合同)金额 (亿美元)	Amount of Contracted Foreign Capital (USD 100 million)	110.86	251.70	366.63	433.94	561.46
#外商直接投资	Foreign Direct Investment	86.84	246.01	363.13	430.59	561.10
实际利用外资额 (亿美元)	Amount of Foreign Capital Actually Utilized (USD 100 million)	145.75	210.26	253.27	272.78	270.25
#外商直接投资	Foreign Direct Investment	122.37	202.61	249.52	268.71	268.75
外商投资企业年底工商登记数 (户)	Number of Registered Enterprises with Foreign Investment at the Year-end (unit)	49865	71525	100639	104555	111169
投资总额 (亿美元)	Total Investment (USD 100 million)	2165.09	4212.60	5126.40	5620.63	6443.10
注册资本 (亿美元)	Registered Capital (USD 100 million)	1280.86	2494.93	3037.15	3377.37	3906.14
对外承包工程合同数 (份)	Number of Contracted Projects with Foreign Countries and Territories (unit)	86	605	617	1139	1937
合同金额 (亿美元)	Contracted Value (USD 100 million)	3.66	98.67	236.65	152.49	207.24
完成营业额 (亿美元)	Value of Turnover Fulfilled(USD 100 million)	3.45	82.08	228.65	124.11	198.78
对外劳务人员合同工资总额(亿美元	Contracted Value (USD 100 million)	1.29	7.66	5.39	13.88	13.97
对外劳务人员实际工资总额(亿美元	Value of Turnover Fulfilled(USD 100 million)	1.08	5.84	4.47	6.62	11.78

6–2 人民币对主要外币年平均汇价

Annual Average Exchange Rates of RMB Yuan against Main Convertible Currencies

单位：人民币，元 (RMB/yuan)

年份 Year	100美元 100 US Dollars	100日元 100 Japanese Yen	100港元 100 Hong Kong Dollars	100欧元 100 Euros
1987	372.21	2.5799	47.74	
1988	372.21	2.9082	47.70	
1989	376.59	2.7360	48.28	
1990	478.38	3.3233	61.39	
1991	532.27	3.9602	68.45	
1992	551.49	4.3608	71.24	
1993	576.19	5.2020	74.41	
1994	861.87	8.4370	111.53	
1995	835.07	8.9225	107.96	
1996	830.57	7.6238	107.40	
1997	828.97	6.8623	107.09	
1998	827.90	6.3487	106.88	
1999	827.83	7.2913	106.66	
2000	827.84	7.6950	106.17	
2001	827.71	6.8098	106.07	
2002	827.70	6.6651	106.08	801.45
2003	827.70	7.1347	106.24	937.77
2004	827.70	7.6552	106.23	1029.00
2005	819.17	7.4484	105.00	1019.53
2006	797.18	6.8570	102.62	1001.90
2007	760.40	6.4632	97.46	1041.75
2008	694.51	6.7427	89.19	1022.27
2009	683.10	7.2986	88.12	952.70
2010	676.95	7.7279	87.13	897.25
2011	645.88	8.1050	82.97	900.11
2012	631.25	7.9029	81.04	810.78
2013	619.36	6.3354	79.85	821.95
2014	614.28	5.8196	79.22	816.51
2015	622.84	5.1543	80.34	691.41

6–3 进出口总额

Total Value of Imports and Exports

单位：亿美元 (USD 100 million)

年份 Year	进出口总额 Total Imports and Exports	出口 Exports	进口 Imports	差额 Balance
1987	210.37	101.40	108.97	-7.57
1988	310.19	148.17	162.02	-13.85
1989	355.78	181.13	174.65	6.48
1990	418.98	222.21	196.77	25.44
1991	525.21	270.73	254.48	16.25
1992	657.48	334.58	322.90	11.68
1993	783.44	373.94	409.50	-35.56
1994	966.63	502.11	464.52	37.59
1995	1039.72	565.92	473.80	92.12
1996	1099.60	593.46	506.14	87.32
1997	1301.20	745.64	555.56	190.08
1998	1297.98	756.18	541.80	214.38
1999	1403.68	777.05	626.63	150.42
2000	1701.06	919.19	781.87	137.32
2001	1764.87	954.21	810.66	143.55
2002	2210.92	1184.58	1026.34	158.24
2003	2835.22	1528.48	1306.74	221.74
2004	3571.29	1915.69	1655.60	260.09
2005	4280.02	2381.71	1898.31	483.40
2006	5272.07	3019.48	2252.59	766.89
2007	6340.35	3692.39	2647.96	1044.43
2008	6834.92	4041.88	2793.04	1248.83
2009	6111.18	3589.56	2521.62	1067.93
2010	7848.96	4531.91	3317.05	1214.86
2011	9133.34	5317.93	3815.41	1502.52
2012	9839.47	5740.59	4098.88	1641.71
2013	10918.22	6363.64	4554.58	1809.06
2014	10765.84	6460.87	4304.97	2155.90
2015	10227.96	6434.68	3793.28	2641.41

注：进出口差额负数为入超。
Note: A negative balance indicates trade deficit. That is, imports surpassing exports.

6-4 按贸易方式和经济类型分的进出口额

Total Value of Imports and Exports by Customs Regime and Ownership Type

单位：亿美元 (USD 100 million)

项 目	Item	2000		2005		2010	
		出口 Exports	进口 Imports	出口 Exports	进口 Imports	出口 Exports	进口 Imports
总 计	**Total**	**919.19**	**781.87**	**2381.71**	**1898.31**	**4531.91**	**3317.05**
按贸易方式分	By Customs Regime						
一般贸易	Ordinary Trade	174.36	208.55	533.21	485.00	1492.16	1192.60
来料加工	Processing and Assembling with Customer's Materials	265.80	179.09	402.71	286.27	513.93	331.39
补偿贸易	Compensation Trade	0.08		0.01		…	
进料加工	Processing and Assembling with Import Materials	452.00	314.62	1347.97	884.13	2241.82	1375.22
加工设备	Processing Equipments		15.24		24.49		7.48
外资设备	Foreign-funded Equipments		34.53		64.44		31.16
保税仓库	Bonded Warehouse	24.04	23.36	97.54	142.07	280.61	364.80
捐赠	Donation	0.02	0.19	0.04	0.09	…	0.17
其他	Others	2.89	6.29	0.21	11.81	3.38	14.23
按经济类型分	By Type of Ownership						
国有经济	State-owned Economy	389.65	317.51	445.63	396.43	545.07	471.22
集体经济	Collective-owned Economy	25.31	25.64	88.66	47.70	163.86	68.82
私营经济	Private Economy	6.14	5.54	299.48	209.35	998.97	686.25
外商投资经济	Foreign-funded Economy	495.09	425.27	1546.77	1240.07	2818.47	2026.45
其他经济	Others	3.00	7.91	1.17	4.76	5.55	64.32

6-4 续表 continued

项 目	Item	2013		2014		2015	
		出口 Exports	进口 Imports	出口 Exports	进口 Imports	出口 Exports	进口 Imports
总 计	**Total**	**6363.64**	**4554.58**	**6460.87**	**4304.97**	**6434.68**	**3793.28**
按贸易方式分	By Customs Regime						
一般贸易	Ordinary Trade	2145.75	1542.37	2498.65	1657.55	2760.71	1550.87
来料加工	Processing and Assembling with Customer's Materials	358.82	237.81	349.82	255.83	312.29	231.39
补偿贸易	Compensation Trade						
进料加工	Processing and Assembling with Import Materials	2875.38	1795.18	2856.07	1740.90	2499.81	1359.82
加工设备	Processing Equipments		2.24		20.92		3.03
外资设备	Foreign-funded Equipments		14.53		22.22		7.45
保税仓库	Bonded Warehouse	965.02	944.94	643.82	601.50	623.95	613.27
捐赠	Donation	0.03				0.23	0.03
其他	Others	18.64	17.51	112.51	6.06	237.70	27.43
按经济类型分	By Type of Ownership						
国有经济	State-owned Economy	504.76	401.56	497.69	380.57	496.31	302.58
集体经济	Collective-owned Economy	150.88	44.92	173.08	50.81	185.48	51.53
私营经济	Private Economy	2130.95	1419.72	2222.75	1284.68	2181.77	1336.91
外商投资经济	Foreign-funded Economy	3572.93	2347.78	3560.75	2327.71	3329.59	2097.16
其他经济	Others	4.13	340.59	6.59	261.20	241.54	5.09

6–5 按产品类型分的进出口额

Total Value of Imports and Exports by Product Type

单位：亿美元 (USD 100 million)

项 目	Item	2000	2010	2012	2013	2014	2015
出口总额	**Total Exports**	**919.19**	**4531.91**	**5740.59**	**6363.64**	**6460.87**	**6434.68**
#农产品	Farm Produce		56.71	75.04	81.31	84.32	86.45
机电产品	Machanical and Electrical Products	499.75	3156.84	3894.54	4395.69	4285.59	4380.34
金属制品	Metal Products	15.45	133.67	151.69	156.94	188.62	218.97
机械及设备	Machinery and Equipments	133.33	867.14	1010.09	1002.39	994.44	940.56
电器及电子产品	Electric and Electronic Products	228.00	1704.46	2151.00	2600.31	2424.96	2508.05
运输工具	Transport Equipments	14.87	112.87	133.06	130.48	153.07	160.07
仪器仪表	Instruments and Meters	28.77	172.15	251.18	273.87	253.26	251.05
其他	0thers	79.38	166.56	197.51	231.69	271.23	301.65
高新技术产品	High and New-tech Products	170.20	1753.39	2213.70	2564.07	2310.17	2325.47
生物技术	Biotechnology	0.09	0.07	0.08	0.15	0.13	0.28
生命科学技术	Life Sciences Technology	2.12	13.26	16.73	18.06	20.20	21.30
光电技术	Photoelectric Technology	6.01	102.20	152.66	158.74	135.48	134.47
计算机与通信技术	Computer and Communication Technology	141.54	1448.96	1693.16	1775.66	1820.42	1792.00
电子技术	Electronic Technology	17.54	162.74	316.41	571.60	280.27	320.19
计算机集成制造技术	Computer Integrated Manufacturing Technology	1.46	14.86	18.33	22.77	26.57	28.81
材料技术	Material Technology	0.26	7.39	12.16	13.12	11.24	11.17
航空航天技术	Aerospace Technology	0.14	3.05	3.18	2.91	14.86	16.28
其他	Others	1.04	0.86	0.98	1.06	1.00	0.97
进口总额	**Total Imports**	**781.87**	**3317.05**	**4098.88**	**4554.58**	**4304.97**	**3793.28**
#农产品	Farm Produce		97.93	138.21	148.82	168.19	178.48
机电产品	Machinery and Electrical Products	358.34	2055.00	2453.31	2836.64	2543.12	2489.04
金属制品	Metal Products	3.19	26.38	29.51	29.86	34.77	30.00
机械及设备	Machinery and Equipments	105.39	407.40	460.32	425.79	444.18	379.90
电器及电子产品	Electric and Electronic Products	204.74	1256.87	1525.33	1938.66	1656.69	1706.94
运输工具	Transport Equipments	8.63	77.20	72.97	68.94	76.98	74.52
仪器仪表	Instruments and Meters	21.64	270.26	337.04	346.60	309.46	277.07
其他	0thers	14.75	16.89	28.15	26.79	21.04	20.62
高新技术产品	High and New-tech Products	183.15	1489.79	1860.68	2186.64	1932.83	1932.84
生物技术	Biotechnology	0.10	0.50	0.92	1.00	0.74	0.77
生命科学技术	Life Sciences Technology	2.86	14.43	20.20	23.01	27.76	27.79
光电技术	Photoelectric Technology	2.55	183.90	240.66	246.18	208.11	181.80
计算机与通信技术	Computer and Communication Technology	64.65	384.11	539.25	577.68	532.64	511.68
电子技术	Electronic Technology	90.48	790.21	930.42	1228.49	1015.15	1079.60
计算机集成制造技术	Computer Integrated Manufacturing Technology	16.12	59.04	64.30	46.60	71.21	59.07
材料技术	Material Technology	1.46	19.08	23.33	24.70	23.87	17.32
航空航天技术	Aerospace Technology	1.81	37.34	39.86	37.89	52.67	54.39
其他	Others	3.12	1.18	1.74	1.10	0.68	0.43

6–6 广东同主要国家(地区)进出口额

Total Value of Imports and Exports with Main Countries and Regions

单位：亿美元 (USD 100 million)

国别（地区）	Country (Region)	2014			2015		
		进出口 Total	出口 Exports	进口 Imports	进出口 Total	出口 Exports	进口 Imports
合计	**Total**	**10765.84**	**6460.87**	**4304.97**	**10227.96**	**6434.68**	**3793.28**
亚洲	**Asia**	**7136.37**	**3887.16**	**3249.21**	**6646.23**	**3690.98**	**2955.25**
#中国香港	Hong Kong, China	2352.24	2293.69	58.55	2097.80	2051.55	46.24
中国澳门	Macao, China	22.53	20.64	1.89	23.24	21.63	1.61
中国台湾	Taiwan, China	638.54	78.28	560.26	606.19	73.87	532.32
日本	Japan	679.17	259.39	419.78	622.59	242.84	379.75
韩国	Republic of Korea	723.08	257.38	465.70	649.49	237.84	411.65
菲律宾	Philippines	115.96	49.25	66.71	133.29	64.58	68.70
泰国	Thailand	211.90	76.70	135.20	219.12	86.68	132.44
马来西亚	Malaysia	251.62	92.00	159.62	283.07	114.19	168.88
新加坡	Singapore	192.17	110.83	81.35	195.97	127.41	68.56
印度尼西亚	Indonesia	112.98	67.19	45.79	109.37	67.62	41.75
印度	India	125.30	94.41	30.89	144.14	118.14	25.99
沙特阿拉伯	Saudi Arabia	69.83	50.60	19.23	75.38	59.99	15.38
阿联酋	United Arab Emirates	126.80	97.59	29.22	114.84	91.77	23.07
东盟	Association of Southeast Asian Nations	1122.86	512.87	609.99	1133.83	579.10	554.72
非洲	**Africa**	**493.31**	**217.21**	**276.09**	**432.37**	**267.13**	**165.24**
#埃及	Egypt	18.29	17.75	0.54	27.17	26.58	0.59
南非	South Africa	264.99	35.73	229.27	176.79	34.89	141.89
欧洲	**Europe**	**1250.06**	**903.49**	**346.56**	**1210.95**	**918.02**	**292.92**
#比利时	Belgium	48.45	37.69	10.76	49.90	40.79	9.10
丹麦	Denmark	20.88	14.32	6.56	20.99	13.61	7.38
英国	United Kingdom	163.87	142.65	21.22	186.50	166.71	19.80
德国	Germany	236.26	152.02	84.24	232.36	157.32	75.04
法国	France	110.98	73.33	37.66	108.56	71.94	36.62
意大利	Italy	88.31	58.13	30.18	89.34	61.64	27.70
荷兰	Netherlands	139.79	125.19	14.60	137.01	122.81	14.20
西班牙	Spain	54.08	45.94	8.14	60.72	53.40	7.32
奥地利	Austria	12.70	5.51	7.19	11.81	5.33	6.48
芬兰	Finland	13.35	9.07	4.28	10.62	6.32	4.30
瑞士	Switzerland	87.05	8.08	78.97	54.70	7.74	46.96
波兰	Poland	34.20	31.68	2.52	36.67	34.56	2.11
俄罗斯	Russia	80.30	72.92	7.38	58.72	52.22	6.50
欧盟	European Union	1056.31	803.89	252.42	1071.59	841.63	229.96
拉丁美洲	**Latin America**	**390.02**	**286.57**	**103.45**	**385.72**	**303.37**	**82.35**
#阿根廷	Argentina	16.66	13.54	3.12	25.47	20.55	4.92
巴西	Brazil	103.20	70.02	33.18	82.83	54.46	28.38
智利	Chile	40.78	22.30	18.48	40.74	23.49	17.25
墨西哥	Mexico	100.15	80.78	19.36	104.86	86.59	18.27
北美洲	**North America**	**1315.03**	**1068.56**	**246.47**	**1380.70**	**1151.00**	**229.70**
#加拿大	Canada	96.81	69.27	27.53	95.04	71.22	23.82
美国	United States of America	1217.76	998.83	218.93	1283.92	1078.09	205.83
大洋洲及其他	**Oceania and others**	**178.91**	**97.86**	**81.05**	**172.00**	**104.18**	**67.82**
#澳大利亚	Australia	151.56	84.67	66.88	144.26	88.26	56.00
新西兰	New Zealand	23.40	9.87	13.53	20.32	11.09	9.23

注：本表数字按产销国别原则统计。
Note:The data in the table are calculated on the basis of production and consumption courtries.

6-7 进出口市场结构

Market Structure of Imports and Exports

单位：亿美元 (USD 100 million)

地　　区	Region	2000 金额 Amount	2000 比重(%) Percentage (%)	2005 金额 Amount	2005 比重(%) Percentage (%)	2010 金额 Amount	2010 比重(%) Percentage (%)
出口总额	**Total Value of Exports**	**919.19**	**100.0**	**2381.71**	**100.0**	**4531.91**	**100.0**
亚洲	Asia	491.57	53.5	1269.40	53.3	2504.24	55.3
#港澳地区	Hong Kong and Macao	321.05	34.9	850.10	35.7	1542.96	34.0
中国台湾	Taiwan, China	17.51	1.9	35.38	1.5	57.72	1.3
日本	Japan	77.47	8.4	138.41	5.8	216.39	4.8
东盟	Association of Southeast Asian Nations	42.41	4.6	115.79	4.9	313.30	6.9
中东十七国	The Seventeen Countries of the Middle East			59.87	2.5	171.89	3.8
非洲	Africa	9.70	1.1	36.91	1.5	120.58	2.7
欧洲	Europe	137.14	14.9	385.00	16.2	741.72	16.4
#欧盟	European Union	125.79	13.7	333.12	14.0	667.32	14.7
俄罗斯	Russia	1.43	0.2	15.93	0.7	45.58	1.0
拉丁美洲	Latin America	21.21	2.3	58.33	2.4	203.46	4.5
北美洲	North America	247.14	26.9	600.59	25.2	894.62	19.7
#美国	United States of America	236.27	25.7	571.07	24.0	838.53	18.5
大洋洲及其他	Oceania and others	12.43	1.4	31.47	1.3	67.29	1.5
进口总额	**Total Value of Imports**	**781.87**	**100.0**	**1898.31**	**100.0**	**3317.05**	**100.0**
亚洲	Asia	602.64	77.1	1542.61	81.3	2610.49	78.7
#港澳地区	Hong Kong and Macao	53.35	6.8	64.26	3.4	60.84	1.8
中国台湾	Taiwan, China	151.28	19.3	308.64	16.3	438.43	13.2
日本	Japan	140.13	17.9	302.52	15.9	465.92	14.0
东盟	Association of Southeast Asian Nations	91.25	11.7	253.22	13.3	492.97	14.9
中东十七国	The Seventeen Countries of the Middle East			67.56	3.6	108.79	3.3
非洲	Africa	7.61	1.0	19.01	1.0	61.52	1.9
欧洲	Europe	84.64	10.8	165.93	8.7	300.21	9.1
#欧盟	European Union	70.03	9.0	134.60	7.1	262.20	7.9
俄罗斯	Russia	6.22	0.8	12.34	0.7	15.17	0.5
拉丁美洲	Latin America	8.52	1.1	40.83	2.2	95.29	2.9
北美洲	North America	60.26	7.7	101.15	5.3	169.96	5.1
#美国	United States of America	53.05	6.8	89.19	4.7	144.97	4.4
大洋洲及其他	Oceania and others	18.21	2.3	28.78	1.5	79.59	2.4

6-7 续表 continued

单位：亿美元 (USD 100 million)

地　区	Region	2013 金额 Amount	2013 比重(%) Percentage (%)	2014 金额 Amount	2014 比重(%) Percentage (%)	2015 金额 Amount	2015 比重(%) Percentage (%)
出口总额	**Total Value of Exports**	**6363.64**	**100.0**	**6460.87**	**100.0**	**6434.68**	**100.0**
亚洲	Asia	4030.30	63.3	3887.16	60.2	3690.98	57.4
#港澳地区	Hong Kong and Macao	2639.60	41.5	2314.32	35.8	2073.19	32.2
中国台湾	Taiwan, China	80.61	1.3	78.28	1.2	73.87	1.1
日本	Japan	263.96	4.1	259.39	4.0	242.84	3.8
东盟	Association of Southeast Asian Nations	456.17	7.2	512.87	7.9	579.10	9.0
中东十七国	The Seventeen Countries of the Middle East	236.46	3.7	319.20	4.9	313.86	4.9
非洲	Africa	156.67	2.5	217.21	3.4	267.13	4.2
欧洲	Europe	813.01	12.8	903.49	14.0	918.02	14.3
#欧盟	European Union	711.63	11.2	803.89	12.4	841.63	13.1
俄罗斯	Russia	70.03	1.1	72.92	1.1	52.22	0.8
拉丁美洲	Latin America	272.58	4.3	286.57	4.4	303.37	4.7
北美洲	North America	1003.77	15.8	1068.56	16.5	1151.00	17.9
#美国	United States of America	936.95	14.7	998.83	15.5	1078.09	16.8
大洋洲及其他	Oceania and others	87.31	1.4	97.86	1.5	104.18	1.6
进口总额	**Total Value of Imports**	**4554.58**	**100.0**	**4304.97**	**100.0**	**3793.28**	**100.0**
亚洲	Asia	3425.76	75.2	3249.21	75.5	2955.25	77.9
#港澳地区	Hong Kong and Macao	69.48	1.5	60.44	1.4	47.86	1.3
中国台湾	Taiwan, China	672.10	14.8	560.26	13.0	532.32	14.0
日本	Japan	415.52	9.1	419.78	9.8	379.75	10.0
东盟	Association of Southeast Asian Nations	566.04	12.4	609.99	14.2	554.72	14.6
中东十七国	The Seventeen Countries of the Middle East	164.05	3.6	179.13	4.2	105.30	2.8
非洲	Africa	291.27	6.4	276.09	6.4	165.24	4.4
欧洲	Europe	344.10	7.6	346.56	8.1	292.92	7.7
#欧盟	European Union	254.39	5.6	252.42	5.9	229.96	6.1
俄罗斯	Russia	10.12	0.2	7.38	0.2	6.50	0.2
拉丁美洲	Latin America	102.03	2.2	103.45	2.4	82.35	2.2
北美洲	North America	282.12	6.2	246.47	5.7	229.70	6.1
#美国	United States of America	251.76	5.5	218.93	5.1	205.83	5.4
大洋洲及其他	Oceania and others	109.29	2.4	81.05	1.9	67.82	1.8

6-8 进出口商品分类金额

Total Value of Imports and Exports by Category of Commodities

单位：万美元 (USD 10000)

商品类别	Category of Commodities	2014		2015	
		出口 Exports	进口 Imports	出口 Exports	进口 Imports
总 计	**Total Value**	**64608701**	**43049738**	**64346836**	**37932769**
第一类 活动物；动物产品	**Live Animals and Animal Products**	**225250**	**296619**	**219363**	**266927**
活动物	Live Animals	23514	5386	22803	2493
肉及食用杂碎	Meat and Edible Haslets	31423	113221	32940	136795
水产品	Aquatic Products	154147	65780	149026	69875
乳品、蛋品、天然蜂蜜、其他食用动物产品	Dairy Products, Eggs, Natural Honey and Other Edible Animal Products	6964	104229	7162	50237
其他动物产品	Other Animal Products	9202	8002	7433	7527
第二类 植物产品	**Plant Products**	**107959**	**809223**	**100825**	**803169**
树苗及花草	Saplings, Flowers and Herbs	4493	3343	4834	3224
蔬菜	Edible Vegetables	24334	3501	24175	4464
水果及坚果	Fruits and Nuts	23426	231948	16874	258647
咖啡、茶叶及调味香料	Coffee, Tea and Spices	16705	7300	15861	5932
谷物	Cereals	104	164298	292	223965
制粉工业产品	Flour, Starch and Related Products	13205	19897	11299	19214
植物油籽及果实、种子、药材及饲料	Oil Seeds and Kernels, Seeds, Medical Materials and Forage	14649	368144	15746	278040
虫胶、树胶、树脂	Shellac, Gum, Resin	6918	3825	6214	3545
编结植物材料、其他植物产品	Stuff of Knitting Plant, Other Plants and Related Products	4125	6967	5529	6139
第三类 动、植物油脂及蜡	**Animal Fat, Vegetable Oil and Wax**	**14428**	**84038**	**12583**	**139546**
动、植物油脂及蜡	Animal Fat, Vegetable Oil and Wax	14428	84038	12583	139546
第四类 食品、烟草及制品	**Food, Tobacco and Related Products**	**481402**	**394520**	**514103**	**489139**
动物产品制品	Animal Products	167666	2702	155179	2330
糖及糖食	Sugar and Sugar Products	62561	22092	63747	38969
可可及可可制品	Cocoa and Cocoa Products	15360	12958	17338	15288
粮食及乳制品、糕饼点心	Foodstuff, Dairy Products and Pastry Products	48933	136106	51136	129302
蔬菜、水果等植物制品	Products of Vegetables and Fruits	30107	15632	38929	18121
杂项制品	Miscellaneous Edible Products	48625	38526	51185	50348
饮料、酒及醋	Beverages, Liquor and Vinegar	85731	85157	118143	138737
食品的残渣、动物饲料	Dreg of Food, Animal Forage	13613	65693	8499	69178
烟草及烟草制品	Tobacco and Related Products	8805	15652	9948	26865
第五类 矿产品	**Minerals**	**559361**	**2754419**	**457202**	**1613961**
盐、硫磺、建筑材料	Salt, Sulphur, Building Materials	62960	63063	61910	47295
矿砂、矿渣及矿灰	Ore, Slag and Mortar	2668	286831	4103	203779
矿物燃料、矿物油及产品	Mineral Fuels, Mineral Oils and Related Products	493733	2404526	391189	1362887
第六类 化工产品	**Chemicals**	**853068**	**1505930**	**824835**	**1319361**
无机化学品	Inorganic Chemicals	110051	101912	110105	81370
有机化学品	Organic Chemicals	161635	385376	129074	296802
药品	Medicinal and Pharmaceutical Products	65992	218632	70449	228208
肥料	Fertilizer	24243	16856	21472	18592
鞣料、染料浸膏、染料、颜料、油漆、油墨	Tanning Materials, Dyeing Extracts, Dyestuff, Colourant, Paint and Printing Ink	68999	117741	64236	102592

6-8 续表 1 continued

单位：万美元 (USD 10000)

商品类别	Category of Commodities	2014 出口 Exports	2014 进口 Imports	2015 出口 Exports	2015 进口 Imports
化妆品及其原料、芳香料制品	Cosmetics and Cosmetic Raw Materials, Perfume Products	135169	48100	151503	66934
洗涤用品	Detergents	62428	84514	58381	74787
蛋白类物质、改性淀粉、胶、酶	Protein Materials, Modified Starch, Gum and Enzyme	55079	107414	55493	101626
炸药、烟火制品、易燃材料制品	Explosive, Pyrotechnic Products, Inflammable Material Products	6130	400	6466	576
照相及电影用品	Photographic and Film Products	28418	70106	25985	61427
杂项化学产品	Miscellaneous Chemical Products	134923	354880	131672	286447
第七类 塑料、橡胶及其制品	**Plastics, Rubber and Related Products**	**1768272**	**2547966**	**1840314**	**2252378**
塑料及其制品	Plastics and Related Products	1618608	2357105	1698193	2082277
橡胶及其制品	Rubber and Related Products	149664	190861	142121	170101
第八类 皮革、毛皮及其制品、旅行用品、手提包	**Leather, Furs and Related Products, Travel Articles, Handbags**	**1033373**	**323614**	**1178392**	**303936**
生皮及皮革	Raw Hides and Leather	20590	269126	25244	244050
皮革制品、旅行用品及手提包	Leather Products, Travel Articles and Handbags	982938	18871	1122817	21388
毛皮、人造毛皮及制品	Furs, Artificial Furs and Related Products	29844	35617	30331	38498
第九类 木及木制品、草柳编结品	**Wood and Wooden Products, Straw and Wicker Knitting Products**	**178534**	**378395**	**203155**	**322608**
木及木制品、木炭	Wood and Wooden Products, Charcoal	149089	377620	171729	321964
软木及软木制品	Cork and Related Products	187	323	325	252
草柳编结品	Straw and Wicker Knitting Products	29258	452	31101	392
第十类 木浆、纸、纸板及制品	**Wood Pulp, Paper, Paperboard and Related Products**	**671880**	**481180**	**721823**	**465319**
木浆及其他纤维素浆、废碎纸板	Wood Pulp and Cellulose Pulp, Waste Paper and Paperboard	67	316025	271	303028
纸及纸板、纸浆、纸制品	Paper, Paperboard, Paper Pulp, Paper Products	431223	117029	475945	111390
书籍、印刷品、设计图纸	Books, Printed Matter, Design Blueprint	240590	48126	245607	50901
第十一类 纺织原料及纺织制品	**Textile Materials and Products**	**4663832**	**785831**	**5045013**	**749805**
蚕丝	Natural Silk	11622	3119	9896	3033
羊毛、动物毛、毛纱线及制品	Wool, Animal Hair, Woolen Yarn and Woven Fabrics	15109	21205	12805	24630
棉花	Cotton	213271	280108	205971	261287
其他纺织纤维、纸纱线及机织物	Other Textile Fibers, Yarn and Related Woven Fabrics	23225	15709	27336	13311
化学纤维长丝	Chemical Fiber, Continuous Filament	60381	109214	64834	97242
化学纤维短丝	Chemical Fiber, Staple Fiber	44435	56539	41406	54575
絮胎、毡尼及无纺物、特种纱线、线绳索缆	Wadding, Felt and Adhesive-bond Fabrics, Special Yarn, Threads, Ropes, Cables	73179	39521	75567	37748
地毯及纺织铺地制品	Carpets and Related Woven Products	21360	1185	27933	1051
特种机织物、纺织装饰品、刺绣品	Special Woven Fabrics, Woven Ornaments, Embroidery	83128	25625	100898	22934
浸渍、涂布、包覆或层压的纺织物	Impregnated, Coated, Covered or Laminated Textile Products	104227	56666	94418	51244
针织物及钩编织物	Knit Wear and Crocheted Fabrics	332873	90195	342871	81082
针织或钩编的服装及衣着附件	Knitted or Crocheted Garments and Clothing Accessories	1845425	36562	1751783	37097
非针织或非钩编的服装及衣着附件	Garments Not Knitted or Not Crocheted and Clothing Accessories	1610136	41764	2029385	55819
其他纺织制成品、成套物品	Other Textile Products	225461	8420	259910	8752
第十二类 鞋帽伞杖、加工羽毛、人造花、人发制品	**Footwear, Headgear, Umbrellas, Canes, Processed Feather, Artificial Flowers, Wigs**	**1743213**	**28839**	**1825181**	**29956**
鞋类及零件	Footwear and Accessories	1538725	25259	1599050	27190
帽类及零件	Headgear and Accessories	82082	1188	84275	1029

6-8 续表 2 continued

单位：万美元 (USD 10000)

商品类别	Category of Commodities	2014 出口 Exports	2014 进口 Imports	2015 出口 Exports	2015 进口 Imports
伞、杖、鞭及零件	Umbrellas, Canes, Whips and Accessories	36930	1253	35491	434
加工羽毛、羽绒及制品、人造花、人发制品	Processed Feathers, Down and Related Products, Artificial Flowers, Wigs	85476	1140	106365	1303
第十三类 石材制品、陶瓷产品、玻璃及其制品	**Stone Products, Ceramics, Glass and Glassware**	**1320713**	**367259**	**1466848**	**310778**
矿物材料的制品	Stone and Related Products	170189	36765	224875	34271
陶瓷产品	Ceramics	767244	10456	874154	9088
玻璃及其制品	Glass and Glassware	383280	320038	367819	267419
第十四类 珠宝首饰、硬币	**Jewellery, Coins**	**4043937**	**2223701**	**1930577**	**826263**
珠宝首饰	Jewellery	4043937	2223701	1930577	826263
第十五类 贱金属及其制品	**Base Metals and Related Products**	**2752865**	**2251275**	**2947577**	**1806921**
钢铁	Iron and Steel	340684	492933	281443	370149
钢铁制品	Iron and Steel Products	935087	209731	1103530	165049
铜及其制品	Copper and Related Products	129166	950154	100387	736601
镍及其制品	Nickel and Related Products	1946	29026	807	38930
铝及其制品	Aluminum and Related Products	479492	371331	507056	328855
铅及其制品	Lead and Related Products	350	1420	353	810
锌及其制品	Zinc and Related Products	28650	56528	12524	32105
锡及其制品	Tin and Related Products	1810	17910	1047	14314
其他贱金属金属陶瓷及其制品	Other Base Metals, Metallic Ceramics and Related Products	67881	32763	51470	35152
贱金属工具器具利口器餐具及零件	Base Metal Tools, Utensils, Sharp Tools, Dinner-sets and Accessories	294954	52263	308838	47960
贱金属杂项制品	Miscellaneous Base Metal Products	472846	37215	580121	36997
第十六类 机械、电气设备、电视机及音响设备	**Machinery, Electric Equipment, TV Sets, Sound Appliances**	**34194055**	**21008748**	**34477443**	**20867915**
核反应堆、锅炉、机械设备及零件	Nuclear Reactor, Boilers, Mechanic Equipment and Accessories	9944452	4441841	9402742	3798780
机电、电气设备、电视机及音响设备	Machinery, Electric Equipment, TV Sets and Sound Appliances	24249603	16566906	25074700	17069136
第十七类 车辆、航空器、船舶及有关运输设备	**Vehicles, Aircraft, Ships and Related Transport Equipment**	**1530715**	**769828**	**1599820**	**745392**
铁道及电车机车、车辆及零件	Rail Locomotives, Tramcars and Accessories	247646	3196	161260	3550
车辆及零附件	Vehicles and Related Parts and Accessories	961417	345002	1007269	281852
航空器、航天器及零件	Aircraft, Spacecraft and Related Parts and Accessories	78930	400531	72766	431226
船舶及浮动结构体	Ships and Related Products	242723	21099	358525	28764
第十八类 仪器、医疗器械、钟表及乐器	**Instruments, Medical Instruments and Equipment,Clocks and Watches, Musical Instruments**	**2928018**	**3256788**	**2930972**	**2934747**
光学、照相电影、计量检验、医疗仪器设备	Optical, Photographic, Film, Measuring and Checking, Medical Instruments and Equipment	2532563	3094602	2510061	2771115
钟表及零件	Clocks, Watches and Parts	345892	158061	374494	159817
乐器及零附件	Musical Instruments and Parts	49562	4125	46418	3816
第十九类杂项制品	**Miscellaneous Manufactured Articles**	**5531505**	**186278**	**6012350**	**168031**
家具、床上用品、照明装置、发光标志	Furniture, Bed Articles, Lighting Apparatus, Radiate Marks	3222570	48027	3582990	46995
玩具、游戏、运动用品及零附件	Toys, Game Goods, Sports Articles and Related Parts and Accessories	2046436	94004	2139660	70106
杂项制品	Miscellaneous Manufactured Articles	262499	44247	289700	50930
第二十类 艺术品、收藏品及古物	**Works of Art, Collection Pieces and Antiques**	**4433**	**585**	**6446**	**1174**
第二十一类 特殊交易品及未分类商品	**Special Trading Goods and Unclassified Goods**	**1890**	**2594701**	**2386**	**1515032**

6-9 出口主要商品数量和金额

Main Export Commodities in Volume and Value

单位：万美元 (USD 10000)

商品名称	Item	2014 数量 Volume	2014 金额 Value	2015 数量 Volume	2015 金额 Value
活猪 (吨)	Live Hogs (ton)		18672	70671	18664
活家禽 (吨)	Live Poultry (ton)		1581	4793	1357
鲜、冻猪肉 (吨)	Fresh and Frozen Pork (ton)	14004	5939	12602	5366
冻鸡 (吨)	Frozen Chicken (ton)	3023	952	3089	1022
水产品 (吨)	Aquatic Products (ton)	452255	298194	480741	280756
#活鱼 (吨)	Live Fish (ton)	57691	24738	59155	23947
鲜冻对虾 (吨)	Fresh and Frozen Prawn (ton)	5101	5054	3311	3461
谷物 (吨)	Cereals (ton)	107532	7134	106117	6793
#大米 (吨)	Rice (ton)	2153	103	4410	196
蔬菜 (吨)	Vegetables (ton)	654761	30255	639335	31281
#鲜蔬菜 (吨)	Fresh Vegetables (ton)	607635	17987	585874	17680
鲜、干果类 (吨)	Fresh and Dried Fruit (ton)	164158	23080	111989	16635
#柑桔橙 (吨)	Mandarins and Oranges (ton)	52482	7141	21449	2734
食用油籽 (吨)	Edible Oil Seeds (ton)	1810	219	1528	216
食用植物油 (吨)	Edible Vegetable Oil (ton)	20022	4001	21670	3726
食糖 (吨)	Sugar (ton)	41065	3206	67672	4018
茶叶 (吨)	Tea (ton)	5956	5749	5076	4073
猪肉罐头 (吨)	Canned Pork (ton)	18	5	22	8
蘑菇罐头 (吨)	Canned Mushroom (ton)	7828	1434	7170	1389
羽毛、羽绒 (吨)	Feather and Down (ton)	3029	6655	3802	4673
药材 (吨)	Medicinal Materials (ton)	15353	16283	22333	15663
纸烟	Cigarettes		2377		2064
生丝 (吨)	Raw Silk (ton)	661	3388	644	2960
成品油 (吨)	Finished Petroleum Products (ton)	2799555	211969	2794370	130086
合成有机染料 (吨)	Synthetic Organic Dyestuff (ton)	4968	2604	4601	2170
医药品 (吨)	Medicinal and Pharmaceutical Products (ton)	67350	103235	65694	108052
#抗菌素 (吨)	Antibiotics (ton)	8280	32473	8201	31336
烟花爆竹 (吨)	Fireworks and Firecrackers (ton)	21531	5501	21750	5982
松香、树脂 (吨)	Rosin, Resin (ton)	26652	6310	20200	4035
轮胎	Rubber Tire		58645		57045
纸及纸板 (吨)	Paper and Paperboard (ton)	903535	96312	831452	95289
纺织品	Textiles		1202066		1258733
#棉纱线 (吨)	Cotton Yarn (ton)	104219	49960	80925	42011
丝绸	Silk		7397		7570
棉布	Cotton Cloth		167517		168822
麻纺布 (万米)	Linen Cloth (10000 m)	5043	20584	5971	24183
混纺布 (万米)	Blended Cloth (10000 m)	4301	5156	3123	4013
玻璃制品	Glass Products		136939		140686
家用陶瓷	Porcelain and Pottery Wares for Household Use		268340		382697
家用或装饰用木制品(吨)	Wood Articles for Household or Decoration Use(ton)	99144	33598	101529	36747
珍珠、宝石	Pearls and Precious Stones		176750		126304

6-9 续表 continued

单位：万美元 (USD 10000)

商品名称	Item	2014 数量 Volume	2014 金额 Value	2015 数量 Volume	2015 金额 Value
贵金属及首饰	Precious Metal and Jewelry		3461015		1542947
钢材 (吨)	Steel Products (ton)	3422718	429143	4129760	375052
铝材 (吨)	Aluminum Products (ton)	645692	213508	719365	219200
铜材 (吨)	Copper Products (ton)	127200	101015	113382	78676
工具	Tools		132381		140853
微波炉 (万个)	Microwave Ovens (10000 units)	4582	205953	4313	196143
电扇 (万台)	Electric Fans (10000 sets)	36815	291611	35507	291468
普通缝纫机 (万台)	Sewing Machines (10000 sets)	274	12328	247	10520
金属加工机床 (台)	Machine Tools (set)	363248	39702	365724	42838
电子计算器 (万台)	Electric Calculators (10000 sets)	14771	41301	10694	28735
数据处理设备 (万台)	Data Processing Equipment (10000 sets)	103335	4664324	92685	4169423
电动、发电机 (万台)	Electric Motors and Generators (10000 sets)	189981	363537	191104	378877
静止式变流器 (万个)	Static Converters (10000 units)	251577	1160792	244159	1148854
原电池 (万个)	Primary Cells and Batteries (10000 units)	1463900	94944	1462476	90150
蓄电池 (万个)	Electric Accumulators (10000 units)	124103	432211	136807	508144
有线电话 (万台)	Landline Telephone Sets (10000 sets)	8996	148554	8293	137407
手持或车载无线电话(万台)	Hand-held or Vehicle-mounted Cordless Telephone (10000 sets)	81721	4918980	81021	4974279
扬声器 (万个)	Loudspeakers (10000 units)	101258	449381	94527	487189
收录机、组合音响 (万台)	Radio Recorders and Audio Systems(10000 sets)	16609	295297	16784	359432
彩电(整套散件) (万台)	Colour TV Sets (Complete Sets of Spare Parts) (10000 sets)	4310	727229	4218	674285
集成电路、微电子件(万个)	Integrated Circuit and Parts of Electronic Compoments (10000 units)	2396600	970673	3181308	1251870
集装箱 (个)	Containers (unit)	740501	242877	513318	154728
自行车 (万辆)	Bicycles (10000 units)	760	66029	754	68063
船舶	Ships		211731		323979
照相机 (万架)	Cameras (10000 sets)	3321	180479	3086	160573
手表 (万只)	Wrist Watches (10000 units)	39527	187305	40741	201859
#电子手表 (万只)	Electronic Watches (10000 units)	39080	178302	40250	191712
日用钟 (万只)	Clocks (10000 units)	7363	28226	7221	30027
家具	Furniture		1964855		2071092
床垫、卧具用品	Mattress and Bedding Articles		89039		92308
灯具、照明用品	Lights and Lighting Apparatus		1120938		1372896
箱包、旅行用品	Boxes and Bags, Travel Goods		897329		1043634
服装、衣着附件	Garments and Clothing Accessories		3634325		3962660
#织物服装	Textile Garments		3177254		3463217
皮革服装 (万件)	Leather Garments (10000 pcs)	135	7858	103	6232
皮革手套	Leather Gloves		36367		33937
帽类 (万个)	Headgear (10000 units)	134954	79609	135462	81748
鞋	Footwear		1472141		1522551
#橡胶、塑料鞋	Rubber and Plastic Shoes		281257		339294
皮鞋	Leather Shoes		514158		479774
塑料制品	Plastic Articles		1041281		1137680
玩具	Toys		952496		1072605
体育用品及设备	Sports Articles and Facilities		376039		338195

6-10 进口主要商品数量和金额
Volume and Value of Main Import Commodities

单位：万美元 (USD 10000)

商品名称		Item		2014		2015	
				数量 Volume	金额 Value	数量 Volume	金额 Value
谷物	(吨)	Cereals	(ton)	4783700	165911	7305866	225101
#小麦	(吨)	Wheat	(ton)	617956	20455	450829	13924
稻谷和大米	(吨)	Paddy and Rice	(ton)	1320377	65531	1657097	72334
大豆	(吨)	Soybean	(ton)	5284095	292106	5228442	221056
鲜、干果类	(吨)	Fresh and Dried Fruit	(ton)	1101324	230116	1200222	256026
#香蕉	(吨)	Mandarins and Oranges	(ton)	17736	1771	30527	2868
食用植物油	(吨)	Edible Vegetable Oil	(ton)	498442	41415	1589614	101900
#棕榈油	(吨)	Palm Oil	(ton)	459122	35689	1543434	95391
食糖	(吨)	Sugar	(ton)	342140	14540	819070	28834
饲料	(吨)	Forage	(ton)	158852	23514	189145	32695
纸烟	(万条)	Cigarettes	(carton)	1340	14357		14763
天然橡胶	(吨)	Natural Rubber	(ton)	114835	21204	127180	18002
合成橡胶	(吨)	Synthetic Rubber	(ton)	202136	58785	218187	54021
原木	(立方米)	Logs	(cu.m)	2311103	143480	2120286	91142
锯材	(立方米)	Sawn Timber	(cu.m)	4657500	203431	3819832	202178
纸浆	(吨)	Paper Pulp	(ton)	1580006	102287	1628261	102447
羊毛	(吨)	Wool	(ton)	2352	1653	3366	1664
原棉	(吨)	Raw Cotton	(ton)	82499	16507	47425	8285
合成纤维	(吨)	Synthetic Fiber	(ton)	35531	10890	37410	9675
#聚酯纤维	(吨)	Polyester Fiber	(ton)	26043	4438	29249	4070
聚丙烯晴纤维	(吨)	Polyacrylonitrile Fibre	(ton)	5320	1591	4400	1288
人造纤维	(吨)	Artificial Fiber	(ton)	5045	1321	4334	1276
铁矿砂	(吨)	Iron Ore	(ton)	18656020	181489	17007520	98894
氧化铝	(吨)	Aluminum Oxide	(ton)	907725	33893	580064	20824
原油	(万吨)	Crude Oil	(10000 tons)	1784	1325633	1406	555994
成品油	(万吨)	Finished Petroleum Products	(10000 tons)	286	226928	277	129822
液化石油气	(万吨)	LPG	(10000 tons)	725	367575	839	299138
乙二醇	(吨)	Glycol	(ton)	158523	14962	191824	15364
对苯二甲酸	(吨)	Terephthalic Acid	(ton)	182893	17062	205759	13071
己内酰胺	(吨)	Caprolactam	(ton)	55948	12710	36749	6079
医药品	(吨)	Medicinal and Pharmaceutical Products	(ton)	48465	223425	34640	233586
#抗菌素	(吨)	Antibiotics	(ton)	66	3480	37	3151
肥料	(吨)	Fertilizer	(ton)	517263	16853	575118	18622
#氯化钾	(吨)	Potassium Chloride	(ton)	464409	14513	568249	18303
合成有机染料	(吨)	Synthetic Organic Dyestuff	(ton)	7596	7580	7215	7143
初级型状聚乙烯	(吨)	Polyethylene in Primary Form	(ton)	1155354	177088	1300666	166409
初级型状聚丙烯	(吨)	Polypropylene in Primary Form	(ton)	1528669	244889	1505071	201312
初级型状聚苯乙烯	(吨)	Polystyrene in Primary Form	(ton)	1563587	314919	1514422	267355
#ABS树脂	(吨)	ABS Copolymer Resin	(ton)	949911	199370	917571	171094
初级型状聚氯乙烯	(吨)	Polyvinyl Chloride in Primary Form	(ton)	430378	49815	430654	42448
初级型状聚酯	(吨)	Polyester in Primary Form	(ton)	905530	282717	839798	250376
农药	(吨)	Pesticides	(ton)	7001	4476	6600	4579
牛皮革、马皮革	(吨)	Cattlehide and Horsehide	(ton)	387402	198276	368507	182245

6-10 续表 continued

单位：万美元 (USD 10000)

商品名称	Item	2014 数量 Volume	2014 金额 Value	2015 数量 Volume	2015 金额 Value
胶合板 (立方米)	Plywood (cu.m)	72709	3553		3810
纸及纸板 (吨)	Paper and Paperboard (ton)	762079	91436	796348	87469
#牛皮纸 (吨)	Kraft-paper (ton)	171029	13539	173549	13202
毛纱线 (吨)	Wool and Cotton Thread (ton)	11669	13755	12513	17248
棉纱线 (吨)	Cotton Yarn (ton)	567922	194922	643646	195498
合成纤维纱线 (吨)	Synthetic Fiber,Continuous Filament and Yarn(ton)	140071	75562	134175	72116
丝绸	Silk		2976		2939
棉布	Cotton Cloth		67233		56911
化纤布 (万米)	Chemical Fibre Cloth (10000 m)	33739	49585	30785	43294
钢材 (吨)	Steel Products (ton)	4541066	474990	3824861	354387
#钢铁板材 (吨)	Iron & Steel Plate (ton)	3979860	377923	3374103	281565
铜材 (吨)	Copper Products (ton)	351034	324101	319833	267269
铝材 (吨)	Aluminium Products (ton)	277874	108015	133902	69000
制冷压缩机 (台)	Refrigeration Compressors (set)	4455112	28151	4119219	25685
空调 (台)	Air Conditioners (set)	13370	2115	4104	1882
制冷设备	Refrigerating Equipments		2507		3113
机械装卸设备	Mechanical Handling Equipments		57543		61227
建筑采矿设备	Building and Mining Equipments		47174		44500
食品机械	Food-processing Machinery		5886		5860
造纸、纸品机械	Paper and Pulp Mill Machinery		11863		9632
印刷机械	Printing Machinery		482473		412947
纺织机械	Textile Machinery		33696		31163
工业缝纫机 (台)	Industrial Sewing Machines (set)	2422	1108	4048	1349
机床 (台)	Machine Tools (set)	29848	196770	21887	140966
橡、塑加工机械	Rubber and Plastic Processing Machinery		56739		43437
数据处理设备	Data Processing Equipments		1311994		1096380
电动、发电机 (万台)	Electric Motors and Generators (10000 sets)	101284	123371	82453	102224
发电机组、变流机 (台)	Generating Sets and Converters (set)	2846	17150	2461	15707
电视机 (台)	TV Sets (set)	11419	262	5085	111
#彩色电视机 (台)	Colour TV Sets (set)	11419	262	5085	111
半导体器件 (万个)	Parts of Semi-conductor Devices (10000 units)	26598800	1192531	26145060	1209823
电路保护装置	Circuit Protection Devices		798550		766790
显像管	Kinescopes		468		31
集成电路、电子件(万个)	Integrated Circuits and Parts of Electronic Components (10000 units)	10669300	7932789	12013507	8653083
电线、电缆 (吨)	Electric Wires and Cables (ton)	99072	220460	90161	206115
汽车及底盘 (辆)	Motor Vehicles and Chassis (unit)	2126	15028	4461	28941
#小轿车 (辆)	Sedan Cars (unit)	171	1504	125	927
旅行车 (辆)	Station Wagons (unit)	480	1623	431	3048
船舶 (艘)	Ships (unit)	1983	7634	369	24143
塑料制品	Plastic Products		111945		107828
印刷品 (吨)	Presswork (ton)	42029	48126	38763	50901

6-11 各市出口总额

Total Value of Exports by City

单位：亿美元 (USD 100 million)

市别	City	2000	2005	2010	2011	2012	2013	2014	2015
全省合计	**Provincial Total**	**919.19**	**2381.71**	**4531.91**	**5317.93**	**5740.59**	**6363.64**	**6460.87**	**6434.68**
广州	Guangzhou	117.90	266.68	483.79	564.68	589.15	628.07	727.07	811.70
深圳	Shenzhen	345.64	1015.22	2041.80	2453.99	2713.56	3057.02	2843.62	2640.40
珠海	Zhuhai	36.46	107.68	208.62	239.77	216.37	265.81	290.15	288.11
汕头	Shantou	25.95	31.82	49.35	59.53	61.63	66.02	69.66	67.55
佛山	Foshan	57.36	170.80	330.38	390.91	401.50	425.23	467.17	482.05
#顺德	Shunde	25.94	85.55	144.30	169.27	171.47	186.77	206.41	206.90
韶关	Shaoguan	1.32	3.40	6.59	7.22	8.70	9.20	12.20	14.25
河源	Heyuan	0.93	2.96	17.15	19.16	19.53	22.47	26.49	28.33
梅州	Meizhou	2.97	3.10	9.51	10.94	12.70	15.44	18.87	22.72
惠州	Huizhou	44.97	106.55	202.32	231.22	292.04	333.20	363.31	347.75
汕尾	Shanwei	3.64	6.42	11.12	12.77	14.69	19.51	18.32	15.78
东莞	Dongguan	171.42	409.29	696.03	783.26	850.53	908.61	970.67	1036.10
中山	Zhongshan	36.77	122.54	225.04	245.46	246.44	264.75	278.78	280.07
江门	Jiangmen	29.85	60.25	104.09	122.52	129.70	139.99	150.87	153.72
阳江	Yangjiang	5.43	9.13	16.06	19.19	19.64	20.92	23.21	24.04
湛江	Zhanjiang	3.78	9.57	16.84	20.95	22.09	26.23	29.41	28.07
茂名	Maoming	10.03	2.39	5.59	5.99	6.29	8.06	9.76	10.99
肇庆	Zhaoqing	7.40	14.16	25.97	33.08	37.81	48.26	46.05	47.66
清远	Qingyuan	2.41	9.32	19.33	23.43	23.82	22.50	23.91	27.09
潮州	Chaozhou	6.94	14.80	23.41	27.09	26.96	27.83	28.50	27.64
揭阳	Jieyang	5.98	11.32	30.80	37.92	38.10	43.80	50.81	67.04
云浮	Yunfu	2.03	4.31	8.13	8.84	9.34	10.72	12.04	13.62
按经济区域分	By Region								
珠三角	Pearl River Delta	847.77	2273.18	4318.02	5064.89	5477.09	6070.93	6137.68	6087.57
东翼	Eastern Region	42.51	64.36	114.68	137.30	141.38	157.17	167.29	178.02
西翼	Western Region	19.24	21.09	38.49	46.13	48.02	55.21	62.38	63.10
山区	Mountainous Region	9.67	23.08	60.72	69.61	74.09	80.33	93.52	106.00

6-12 各市进口总额
Total Value of Imports by City

单位：亿美元 (USD 100 million)

市 别	City	2000	2005	2010	2011	2012	2013	2014	2015
全省合计	**Provincial Total**	**781.87**	**1898.31**	**3317.05**	**3815.41**	**4098.88**	**4554.58**	**4304.97**	**3793.28**
广 州	Guangzhou	115.60	268.08	553.83	596.94	582.52	560.89	578.69	526.92
深 圳	Shenzhen	293.80	812.69	1425.83	1685.76	1954.47	2317.73	2033.79	1784.15
珠 海	Zhuhai	55.19	149.58	226.21	276.53	240.44	277.07	259.44	188.26
汕 头	Shantou	16.17	17.78	24.31	28.35	26.39	26.33	25.86	25.29
佛 山	Foshan	45.91	86.31	186.21	217.98	209.08	214.17	220.91	175.07
#顺 德	Shunde	21.48	40.55	42.28	51.50	48.72	56.65	58.68	50.80
韶 关	Shaoguan	1.36	5.80	9.16	10.57	11.73	14.02	11.34	9.65
河 源	Heyuan	0.67	2.32	10.01	8.77	9.73	9.85	13.06	11.98
梅 州	Meizhou	0.52	0.52	2.21	2.71	2.33	2.19	2.95	1.82
惠 州	Huizhou	37.12	83.66	140.03	156.91	202.90	240.70	230.81	195.81
汕 尾	Shanwei	2.44	5.66	9.39	12.27	13.74	22.23	21.16	16.24
东 莞	Dongguan	148.82	334.39	519.63	569.07	594.64	622.09	654.30	639.33
中 山	Zhongshan	24.12	64.97	86.08	96.39	88.78	91.48	90.81	75.94
江 门	Jiangmen	18.48	30.29	39.25	54.37	58.02	57.34	52.87	44.59
阳 江	Yangjiang	0.77	1.12	1.97	2.31	2.59	2.88	3.67	4.51
湛 江	Zhanjiang	7.89	8.70	18.59	23.10	24.91	28.90	33.75	23.39
茂 名	Maoming	2.56	1.28	2.43	3.25	4.11	4.17	3.98	5.36
肇 庆	Zhaoqing	4.11	7.60	17.94	24.04	25.71	21.91	32.25	34.42
清 远	Qingyuan	1.98	7.82	18.35	21.97	21.55	21.08	20.09	17.87
潮 州	Chaozhou	1.27	4.12	14.82	14.72	15.35	11.34	5.72	3.77
揭 阳	Jieyang	1.84	2.60	5.47	4.32	4.65	3.12	3.81	3.40
云 浮	Yunfu	1.24	3.02	5.34	5.05	5.23	5.10	5.74	5.50
按经济区域分	By Region								
珠三角	Pearl River Delta	743.15	1837.57	3195.01	3678.00	3956.56	4403.38	4153.86	3664.49
东 翼	Eastern Region	21.72	30.16	53.98	59.67	60.13	63.01	56.54	48.70
西 翼	Western Region	11.22	11.10	22.99	28.66	31.62	35.95	41.39	33.26
山 区	Mountainous Region	5.78	19.48	45.07	49.08	50.57	52.24	53.18	46.83

6-13 各市外商投资企业出口总额

Total Value of Exports of Enterprises with Foreign Investment by City

单位：亿美元 (USD 100 million)

市 别	City	2000	2005	2010	2011	2012	2013	2014	2015
全省合计	**Provincial Total**	**495.09**	**1546.77**	**2818.47**	**3247.63**	**3405.23**	**3572.93**	**3560.75**	**3329.98**
广 州	Guangzhou	60.29	167.64	285.26	322.61	339.31	329.87	344.16	342.86
深 圳	Shenzhen	194.97	675.85	1207.70	1384.31	1401.59	1458.41	1414.10	1291.43
珠 海	Zhuhai	26.24	89.05	166.03	186.36	160.13	168.36	157.64	150.19
汕 头	Shantou	7.10	15.33	20.74	22.83	23.16	23.10	20.38	15.17
佛 山	Foshan	36.21	109.33	188.74	218.09	216.78	212.18	217.87	199.35
#顺 德	Shunde	18.22	66.65	107.10	124.17	122.89	130.27	137.53	128.13
韶 关	Shaoguan	0.64	1.38	4.16	4.76	5.75	6.14	6.43	7.05
河 源	Heyuan	0.63	2.46	14.04	15.82	16.32	18.91	23.36	22.45
梅 州	Meizhou	0.78	0.72	5.13	5.58	6.28	6.63	6.92	7.23
惠 州	Huizhou	31.56	92.11	176.15	198.48	261.51	305.69	332.63	312.87
汕 尾	Shanwei	0.85	5.35	8.98	9.98	11.75	14.76	14.47	12.89
东 莞	Dongguan	83.51	235.32	442.62	542.80	633.64	683.56	670.88	636.96
中 山	Zhongshan	20.16	75.70	150.74	166.44	165.20	175.57	176.50	164.11
江 门	Jiangmen	15.15	37.13	65.71	78.54	80.29	84.95	88.79	83.45
阳 江	Yangjiang	1.27	2.42	4.22	3.83	3.18	2.79	2.46	2.37
湛 江	Zhanjiang	1.36	4.43	8.98	10.77	10.01	11.29	11.05	9.46
茂 名	Maoming	2.92	1.13	2.34	2.62	2.18	2.38	2.11	1.97
肇 庆	Zhaoqing	4.16	8.00	18.15	19.83	18.57	20.61	22.11	23.64
清 远	Qingyuan	1.18	6.44	17.73	20.60	20.36	19.79	20.66	19.89
潮 州	Chaozhou	3.14	7.36	10.40	11.22	9.11	7.79	7.28	5.92
揭 阳	Jieyang	1.65	6.08	13.84	14.99	13.76	14.27	13.58	14.00
云 浮	Yunfu	1.31	3.54	6.81	7.18	6.35	5.87	7.38	6.71
按经济区域分	By Region								
珠 三 角	Pearl River Delta	472.26	1490.13	2701.10	3117.46	3277.01	3439.19	3424.68	3204.86
东 翼	Eastern Region	12.75	34.12	53.96	59.02	57.78	59.93	55.71	47.98
西 翼	Western Region	5.54	7.98	15.54	17.21	15.37	16.46	15.62	13.81
山 区	Mountainous Region	4.54	14.54	47.87	53.93	55.06	57.34	64.74	63.34

6-14 各市外商投资企业进口总额

Total Value of Imports of Enterprises with Foreign Investment by City

单位：亿美元 (USD 100 million)

市 别	City	2000	2005	2010	2011	2012	2013	2014	2015
全省合计	**Provincial Total**	**425.27**	**1240.07**	**2026.45**	**2250.96**	**2306.43**	**2347.78**	**2327.71**	**2097.49**
广 州	Guangzhou	57.91	154.97	308.54	336.84	326.89	314.39	333.78	301.99
深 圳	Shenzhen	162.17	565.67	907.10	961.33	945.24	944.01	955.93	877.09
珠 海	Zhuhai	25.19	87.45	126.75	146.43	118.16	117.35	88.83	90.77
汕 头	Shantou	7.20	11.35	11.11	11.48	9.84	9.75	8.61	8.40
佛 山	Foshan	34.02	62.50	96.17	102.20	102.62	93.13	88.86	85.17
#顺 德	Shunde		32.76	30.62	31.49	27.98	27.54	28.93	34.69
韶 关	Shaoguan	0.93	1.30	1.24	2.08	1.52	1.91	1.70	1.73
河 源	Heyuan	0.46	2.17	9.02	7.76	7.25	8.95	10.39	9.04
梅 州	Meizhou	0.47	0.40	1.62	1.59	1.68	1.51	1.65	1.46
惠 州	Huizhou	24.37	68.30	118.95	140.70	185.41	224.43	211.43	173.48
汕 尾	Shanwei	0.61	4.82	7.48	9.67	11.18	18.15	17.77	13.92
东 莞	Dongguan	70.59	188.21	302.97	365.15	434.17	454.63	444.62	391.34
中 山	Zhongshan	15.61	48.98	66.98	75.14	70.57	72.65	70.50	63.24
江 门	Jiangmen	12.09	18.99	25.64	39.28	40.57	39.39	36.09	29.83
阳 江	Yangjiang	0.21	0.18	0.65	0.69	0.28	1.28	2.91	3.74
湛 江	Zhanjiang	6.60	6.86	9.61	13.94	17.34	16.17	21.63	10.41
茂 名	Maoming	0.29	0.39	0.34	0.34	0.68	0.41	0.60	0.86
肇 庆	Zhaoqing	2.97	5.52	12.89	15.32	12.94	12.04	14.49	18.21
清 远	Qingyuan	1.12	5.56	12.02	13.71	12.71	11.82	10.46	10.05
潮 州	Chaozhou	0.55	2.71	2.68	2.54	3.30	2.28	2.94	1.90
揭 阳	Jieyang	0.89	1.61	1.44	1.50	1.48	1.19	1.03	1.10
云 浮	Yunfu	1.02	2.13	3.24	3.28	2.61	2.36	3.49	3.77
按经济区域分	By Region								
珠 三 角	Pearl River Delta	404.92	1200.59	1965.99	2182.39	2236.56	2272.02	2244.53	2031.12
东 翼	Eastern Region	9.25	20.49	22.72	25.18	25.80	31.36	30.35	25.32
西 翼	Western Region	7.09	7.43	10.60	14.97	18.30	17.85	25.14	15.01
山 区	Mountainous Region	4.00	11.56	27.14	28.42	25.78	26.55	27.69	26.04

6-15 外商投资企业进出口主要指标

Main Indicators on Imports and Exports of Enterprises with Foreign Investment

单位：亿美元 (USD 100 million)

项目	Item	2005		2010		2014		2015	
		出口 Exports	进口 Imports	出口 Exports	进口 Imports	出口 Exports	进口 Imports	出口 Exports	进口 Imports
总计	**Total**	**1546.77**	**1240.07**	**2818.47**	**2026.45**	**3560.75**	**2327.71**	**3329.98**	**2097.49**
按贸易方式分	By Customs Regime								
一般贸易	Ordinary Trade	133.38	146.51	410.06	422.79	620.41	518.72	645.54	495.00
来料加工	Processing and Assembling with Customer's Materials	61.54	48.60	170.21	92.69	199.97	128.63	181.24	137.14
进料加工	Processing and Assembling with Import Materials	1301.35	863.11	2108.57	1277.01	2486.04	1395.63	2285.61	1216.69
加工设备	Processing Equipments		7.67		3.80		3.22		2.51
外资设备	Foreign-funded Equipments		64.44		31.08		22.22		7.47
保税仓库	Bonded Warehouse	50.50	109.34	129.64	194.82	253.71	257.31	216.86	236.40
其他	Others		0.40		4.26	0.63	1.98	0.73	2.28
按经济类型分	By Type of Ownership								
合作经营企业	Joint Ventures	99.02	61.19	102.88	31.49	78.90	35.43	64.12	19.55
合资经营企业	Cooperative Enterprises	355.07	286.71	547.47	400.27	766.09	498.97	712.34	447.95
外资(独资)企业	Enterprises with Sole Foreign Investment	1092.68	892.17	2168.18	1593.78	2715.75	1793.32	2553.51	1629.99
按产品类型分	By Type of Product								
#机电产品	Machanical and Electrical Products	1181.08	830.47	2193.11	1410.55	2684.48	1576.10	2548.43	1451.50
#机械及设备	Machinery and Equipments	423.96	185.02	698.87	292.57	727.68	277.67	643.07	223.23
电器及电子产品	Electric and Electronic Products	525.14	526.56	1147.05	861.46	1462.76	1005.35	1419.96	984.14
高新技术产品	High and New-tech Products	666.60	532.70	1319.76	1013.65	1536.54	1167.54	1433.23	1079.62
#计算机与通信技术	Computer and Communication Technology	581.19	166.53	1078.35	282.89	1212.76	349.30	1105.20	315.55
电子技术	Electronic Technology	52.88	323.14	141.33	524.26	181.09	575.44	196.40	569.60
按主要国家(地区)分	By Main Country (Region)								
亚洲	**Asia**	**862.45**	**1045.16**	**1633.98**	**1702.51**	**2216.30**	**1938.01**	**2014.47**	**1723.35**
中国香港	Hong Kong, China	607.66	29.49	1126.75	20.32	1421.44	17.55	1271.20	12.76
中国澳门	Macao, China	7.83	1.30	7.33	0.42	7.13	0.62	8.15	0.55
中国台湾	Taiwan, China	23.88	223.12	40.67	309.90	55.71	339.98	49.55	304.43
日本	Japan	95.05	210.14	151.99	323.34	203.54	310.74	186.08	265.26
韩国	Republic of Korea	33.61	112.10	74.05	210.60	212.44	294.72	189.00	264.46
东盟	Association of Southeast Asian Nations	66.47	169.02	145.72	281.30	201.35	325.14	197.97	293.27
中东十七国	The Seventeen Countries of the Middle East	19.27	17.56	52.12	30.75	74.73	45.93	74.18	32.39
非洲	**Africa**	**8.14**	**9.79**	**26.80**	**18.55**	**35.21**	**52.50**	**33.38**	**77.04**
欧洲	**Europe**	**235.13**	**85.50**	**419.16**	**139.20**	**463.34**	**145.58**	**440.82**	**133.37**
欧盟	European Union	219.15	73.19	388.63	125.03	424.14	131.06	413.45	116.81
#英国	United Kingdom	37.99	7.33	64.93	9.81	73.59	9.80	76.33	9.69
德国	Germany	45.19	22.74	83.00	45.76	86.18	41.21	84.04	39.13
法国	France	17.73	9.16	36.52	13.14	39.04	22.58	36.27	15.39
意大利	Italy	13.43	9.01	29.20	12.20	28.08	17.88	26.42	17.23
荷兰	Netherlands	49.55	3.79	67.51	7.65	78.27	8.38	73.77	7.29
芬兰	Finland	2.67	2.18	4.57	3.03	3.43	1.88	2.21	1.81
瑞士	Switzerland	4.95	7.15	4.68	7.38	5.42	7.48	4.96	9.75
俄罗斯	Russia	7.11	3.32	18.85	4.98	27.88	2.32	17.78	3.37
拉丁美洲	**Latin America**	**26.07**	**25.63**	**94.11**	**51.30**	**121.10**	**49.93**	**126.63**	**35.18**
北美洲	**North America**	**397.71**	**60.22**	**608.83**	**92.91**	**679.97**	**116.38**	**670.39**	**105.73**
加拿大	Canada	16.90	7.30	31.26	11.74	37.21	9.12	35.26	9.64
美国	United States of America	380.81	52.95	577.56	81.15	642.33	107.25	633.51	96.09
大洋洲	**Oceania**	**17.27**	**13.77**	**35.64**	**21.06**	**44.83**	**24.66**	**44.28**	**21.69**
澳大利亚	Australia	15.54	12.64	32.20	18.95	40.05	20.55	38.39	17.40
新西兰	New Zealand	1.57	1.08	2.94	2.08	4.09	4.02	4.19	4.18

6-16 外商投资企业出口主要商品数量和金额

Volume and Value of Main Export Commodities of Enterprises with Foreign Investment

单位：万美元 (USD 10000)

商品名称	Item	2014		2015	
		数量 Volume	金额 Value	数量 Volume	金额 Value
活猪 (吨)	Live Hogs (ton)		682	2471	673
活家禽 (吨)	Live Poultry (ton)		32		
冻鸡 (吨)	Frozen Chicken (ton)	7	3	292	111
水产品 (吨)	Aquatic Products (ton)	126422	95313	103870	76636
#活鱼 (吨)	Live Fish (ton)	2145	822	1096	382
鲜冻对虾 (吨)	Fresh and Frozen Prawn (ton)	2678	2591	911	830
谷物 (吨)	Cereals (ton)	98784	6633	91037	5934
蔬菜 (吨)	Vegetables (ton)	45397	7472	39779	7294
#鲜蔬菜 (吨)	Fresh Vegetables (ton)	30908	1304	26103	1133
鲜、干果类 (吨)	Fresh and Dried Fruit (ton)	10420	1957	8319	1288
#柑桔橙 (吨)	Mandarins and Oranges (ton)	565	61	648	82
食用植物油 (吨)	Edible Vegetable Oil (ton)	17435	3501	16981	2955
食糖 (吨)	Sugar (ton)	6129	380	6743	378
茶叶 (吨)	Tea (ton)	256	248	454	477
烤鳗鱼 (吨)	Daked Eel (ton)	1109	3403	2045	4934
蘑菇罐头 (吨)	Canned Mushroom (ton)	2910	603	2782	608
羽毛、羽绒 (吨)	Feather and Down (ton)	950	4815	1960	3202
药材 (吨)	Medicinal Materials (ton)	4119	7597	3928	7027
成品油 (吨)	Finished Petroleum Products (ton)	1308919	120726	1114615	62788
合成有机染料 (吨)	Synthetic Organic Dyestuff (ton)	745	454	662	338
医药品 (吨)	Medicinal and Pharmaceutical Products (ton)	40688	43423	39361	38722
#抗菌素 (吨)	Antibiotics (ton)	6033	19516	4654	14387
美容护肤用品 (吨)	Cosmetic and Skin Care Products (ton)	39706	42245	40640	47042
口腔清洁剂 (吨)	Dental Cleanser (ton)	111683	21946	109558	21134
轮胎	Rubber Tire		36171		39337
纸及纸板 (吨)	Paper and Paperboard (ton)	550602	44194	494287	37556
纺织品	Textiles		622264		591393
#棉纱线 (吨)	Cotton Yarn (ton)	77593	35846	53152	26411
丝绸	Silk		352		305
棉布	Cotton Cloth		58009		53740
麻纺布 (万米)	Linen Cloth (10000 m)	214	881	210	854
混纺布 (万米)	Blended Cloth (10000 m)	310	390	266	362
玻璃制品	Glass Products		23013		20843
家用陶瓷	Porcelain and Pottery Wares for Household Use		52268		52100
家用或装饰用木制品(吨)	Wood Articles for Household or Decoration Use(ton)	40479	11919	40049	12253
珍珠、宝石	Pearls and Gems		165652		125667
贵金属及首饰	Precious Metal and Jewelry		1208055		707582
钢材 (吨)	Steel Products (ton)	1182589	184095	1069132	129734
铝材 (吨)	Aluminum Products (ton)	189725	67294	183925	64065
铜材 (吨)	Copper Products (ton)	104465	79951	86709	56281
工具	Tools		68205		68196
微波炉 (万个)	Microwave Ovens (10000 units)	4522	203335	4172	190434
电扇 (万台)	Electric Fans (10000 sets)	23869	151765	21775	145850
普通缝纫机 (万台)	Sewing Machines (10000 sets)	132	10375	110	8802

6-16 续表 continued

单位：万美元 (USD 10000)

商品名称		Item		2014 数量 Volume	2014 金额 Value	2015 数量 Volume	2015 金额 Value
金属加工机床	(台)	Machine Tools	(set)	149834	8283	182692	7321
电子计算器	(万台)	Electronic Calculators	(10000 sets)	9767	34779	6595	23670
数据处理设备	(万台)	Data Processing Equipment	(10000 sets)	56121	3642208	40744	3017380
#显示器	(万台)	Displays	(10000 sets)	297	33709	227	23757
电动、发电机	(万台)	Electric Motors and Generators	(10000 sets)	141373	246911	119112	238355
静止式变流器	(万个)	Static Converters	(10000 units)	129479	675042	112193	616901
原电池	(万个)	Primary Cells and Batteries	(10000 units)	500800	41025	504522	40435
蓄电池	(万个)	Electric Accumulators	(10000 units)	49407	151888	47674	147533
有线电话	(万台)	Landline Telephone Sets	(10000 sets)	6289	104428	5631	94013
手持或车载无线电话	(万台)	Hand-held or Vehicle-mounted Cordless Telephones	(10000 units)	35705	3162432	28832	2959231
扬声器	(万个)	Loudspeakers	(10000 sets)	43294	221969	37318	215648
收录机、组合音响	(万台)	Radio Recorders and Audio Systems	(10000 sets)	4302	119885	3732	113757
彩电(整套散件)	(万台)	Colour TV Sets (Complete Sets of Spare Parts)	(10000 sets)	2075	350730	2049	339941
电路保护装置		Circuit Protection Devices			566707		562250
半导体器件	(万个)	Parts of Semi-conductor Devices	(10000 units)	9785800	340974	10944414	364196
集成电路、微电子件	(万个)	Integrated Circuits and Parts of Electronic Components	(10000 units)	1712700	509359	2198478	625714
电线、电缆		Electric Wires and Cables			511795		465374
集装箱	(个)	Containers	(unit)	667753	238428	488415	152487
自行车	(万辆)	Bicycles	(10000 units)	322	36108	255	33524
船舶		Ships			62563		193369
照相机	(万架)	Cameras	(10000 sets)	2782	164675	2458	130308
手表	(万只)	Wrist Watches	(10000 units)	23462	147462	23250	148151
#电子手表	(万只)	Electronic Watches	(10000 units)	23126	140948	22928	142111
日用钟	(万只)	Clocks	(10000 units)	3529	15307	3418	16033
家具		Furniture			618594		577240
床垫、卧具用品		Mattresses and Bedding Articles			36150		32974
灯具、照明用品		Lights and Lighting Apparatus			387204		392992
箱包、旅行用品		Boxes, Bags and Travel Goods			355899		351725
服装、衣着附件		Garments and Clothing Accessories			1167218		1093406
#织物服装		Textile Garments			933556		860094
皮革服装	(万件)	Leather Garments	(10000 units)	56	4299	43	3510
裘皮服装		Fur Garments			3115		3337
皮革手套		Leather Gloves			16466		14665
帽类	(万个)	Headgear	(10000 units)	61240	44955	59574	41936
鞋		Footwear			642365		617329
#橡胶、塑料鞋		Rubber and Plastic Shoes			184414		176129
皮鞋		Leather Shoes			309091		270883
塑料制品		Plastic Articles			508240		500174
圣诞用品		Articles for Christmas			53565		51547
玩具		Toys			531545		556025
体育用品及设备		Sports Articles and Facilities			226894		208461

6−17 外商投资企业进口主要商品数量和金额

Volume and Value of Main Import Commodities by Enterprises with Foreign Investment

单位：万美元 (USD 10000)

商品名称	Item	2014 数量 Volume	2014 金额 Value	2015 数量 Volume	2015 金额 Value
谷物 (吨)	Cereals (ton)	1186787	36848	1649493	46563
#小麦 (吨)	Wheat (ton)	303085	10043	265085	8082
面粉 (吨)	Flour (ton)	5047	221	4280	192
大豆 (吨)	Soya Bean (ton)	2350833	127089	2189730	91689
食用植物油 (吨)	Edible Vegetable Oil (ton)	229201	20845	525694	34995
#棕榈油 (吨)	Palm Oil (ton)	196964	16544	494140	30538
食糖 (吨)	Sugar (ton)	39878	2207	100548	4027
饲料 (吨)	Forage (ton)	72111	10282	39430	6540
天然橡胶 (吨)	Natural Rubber (ton)	45960	9461	53333	8700
合成橡胶 (吨)	Synthetic Rubber (ton)	137493	41432	128716	35103
原木 (立方米)	Logs (cu.m)	207269	7108	198789	4375
纸浆 (吨)	Paper Pulp (ton)	985768	64453	1086886	70393
羊毛 (吨)	Wool (ton)	2205	1571	2161	1483
原棉 (吨)	Raw Cotton (ton)	56196	11501	33933	5944
合成纤维 (吨)	Synthetic Fiber (ton)	21167	7868	18773	6718
#聚酯纤维 (吨)	Polyester Fiber (ton)	14544	2507	13187	2082
聚丙烯晴纤维 (吨)	Polyacrylonitrile Fibre (ton)	3072	997	2551	820
人造纤维 (吨)	Artificial Fiber (ton)	3528	931	3918	1194
铁矿砂 (吨)	Iron Ore (ton)	2091257	22103	3837071	23480
氧化铝 (吨)	Aluminium Oxide (ton)	3290	1249	2900	541
原油 (吨)	Crude Oil (ton)	3385349	249166	2091356	88361
成品油 (吨)	Finished Petroleum Products (ton)	835555	82203	676751	43808
苯乙烯 (吨)	Styrene (ton)	152840	24135	168098	17446
乙二醇 (吨)	Glycol (ton)	156106	14694	181258	14547
对苯二甲酸 (吨)	Terephthalic Acid (ton)	158602	14777	184352	11703
己内酰胺 (吨)	Caprolactam (ton)	46896	10630	34759	5726
医药品 (吨)	Medicinal and Pharmaceutical Products(ton)	21093	107914	14492	143332
肥料 (吨)	Fertilizer (ton)	515843	16808	572709	18572
#氯化钾 (吨)	Potassium Chloride (ton)	464409	14513	568249	18303
复合肥料 (吨)	Compound Fertilizer (ton)	18950	943	0	0
合成有机染料 (吨)	Synthetic Organic Dyestuff (ton)	5957	5748	5664	5451
初级型状聚乙烯 (吨)	Polyethylene in Primary Form (ton)	576113	86969	658245	84506
初级型状聚丙烯 (吨)	Polypropylene in Primary Form (ton)	906953	147211	911859	126363
初级型状聚苯乙烯(吨)	Polystyrene in Primary Form (ton)	1109950	227585	1053608	191479
#ABS树脂 (吨)	ABS Copolymer Resin (ton)	659759	141122	640872	122776
初级型状聚氯乙烯(吨)	Polyvinyl Chloride in Primary Form (ton)	358565	41091	366120	35196
初级型状聚酯 (吨)	Polyester in Primary Form (ton)	656313	212182	609555	188196
农药 (吨)	Pesticides (ton)	2265	1590	2252	1627
牛皮革、马皮革 (吨)	Cattlehide and Horsehide (ton)	187998	146413	180621	130486
胶合板 (立方米)	Plywood (cu.m)	20238	1231	12770	1347
纸及纸板 (吨)	Paper and Paperboard (ton)	536099	63458	576392	60633
#牛皮纸 (吨)	Kraft-paper (ton)	98928	7584	99324	7099

6-17 续表 continued

单位：万美元 (USD 10000)

商品名称	Item	2014 数量 Volume	2014 金额 Value	2015 数量 Volume	2015 金额 Value
毛纱线 (吨)	Wool and Cotton Thread (ton)	9052	11007	9952	13346
棉纱线 (吨)	Cotton Yarn (ton)	382589	142440	376012	129663
合成纤维纱线 (吨)	Synthetic Fiber, Continuous Filament and Yarn(ton)	125200	68986	120739	66255
丝绸	Silk		2700		2605
棉布	Cotton Cloth		54712		47636
化纤布 (万米)	Chemical Fibre Cloth (10000 m)	25705	38716	110	493
钻石 (千克拉)	Diamond (1000 carats)	1242	343563	4853	283524
钢材 (吨)	Steel Products (ton)	3783120	385648	3236123	290110
#钢铁板材 (吨)	Iron & Steel Plate (ton)	3390605	313451	2919536	234487
铜材 (吨)	Copper Products (ton)	307367	279820	278556	227831
铝材 (吨)	Aluminium Products (ton)	133042	68774	111369	55518
制冷压缩机 (台)	Refrigeration Compressors (set)	3288120	17104	2910634	14659
空调 (台)	Air Conditioners (set)	6327	776	1414	517
制冷设备	Refrigeration Equipments		1434		1690
机械装卸设备	Mechanical Handling Equipments		45373		42582
建筑采矿设备	Building and Mining Equipments		11075		12435
食品机械	Food-processing Machinery		4257		4084
造纸、纸品机械	Paper and Pulp Mill Machinery		7925		5783
印刷机械	Printing Machinery		399266		324776
纺织机械	Textile Machinery		23744		19969
工业缝纫机 (台)	Industrial Sewing Machines (set)	1792	738	3174	1061
机床 (台)	Machine Tools (set)	15501	120148	8882	69726
橡、塑加工机械	Rubber and Plastic Processing Machinery		30369		27453
数据处理设备 (万台)	Data Processing Equipment (10000 sets)	18894	637703	13247	464209
电动、发电机 (万台)	Electric Motors and Generators (10000 sets)	90804	107505	70104	87965
发电机组、变流机 (台)	Generating Sets and Converters (set)	935	7517	632	8784
电视摄像机 (万台)	Pickup Cameras (10000 sets)	21659	165012	17074	131919
电视机 (台)	Colour TV Sets (set)	6756	125	4693	65
半导体器件 (万个)	Parts of Semi-conductor Devices (10000 units)	12048200	638495	11802476	609285
电路保护装置	Circuit Protection Devices		596603		542049
显像管 (万只)	Kinescopes (10000 units)		3		20
集成电路、电子件(万个)	Integrated Circuits and Parts of Electronic Components (10000 units)	5819600	4332086	6200103	4394679
电线、电缆 (吨)	Electric Wires and Cables (ton)	77941	176855	72345	166400
汽车及底盘 (辆)	Motor Vehicles and Chassis (unit)	33	1103	120	1450
#小轿车 (辆)	Sedan Cars (unit)	2	9	51	565
货车 (辆)	Trucks (unit)				
船舶 (艘)	Ships (unit)	237	1771	73	1919
塑料制品 (吨)	Plastic Products (ton)	90714	89936	80911	84010
印刷品 (吨)	Presswork (ton)	31366	13958	28161	11436

6-18 私营企业进出口主要指标

Main Indicators on Imports and Exports of Private Enterprises

单位：亿美元 (USD 100 million)

项目	Item	2000		2005		2010	
		出口 Exports	进口 Imports	出口 Exports	进口 Imports	出口 Exports	进口 Imports
总计	**Total**	**6.14**	**5.54**	**299.48**	**209.35**	**998.97**	**686.25**
按贸易方式分	By Customs Regime						
一般贸易	Ordinary Trade	5.72	4.27	216.69	137.75	763.62	466.50
来料加工	Processing and Assembling with Customer's Materials	0.09	0.07	57.06	45.63	96.67	65.93
进料加工	Processing and Assembling with Import Materials	0.28	0.16	19.40	11.35	98.21	49.02
加工设备	Processing Equipments				0.94		1.18
保税仓库	Bonded Warehouse	0.04	1.03	6.27	13.64	38.85	102.74
其他	Others			0.06	0.04	1.62	0.88
按产品类型分	By Type of Product						
#机电产品	Machanical and Electrical Products	2.24	2.50	133.91	95.56	482.54	330.47
#机械及设备	Machinery and Equipments	0.23	1.07	25.82	26.73	83.08	69.15
电器及电子产品	Electric and Electronic Products	0.81	0.61	61.36	51.40	261.44	211.93
高新技术产品	High and New-tech Products	0.28	1.22	35.67	49.92	182.03	249.02
#计算机与通信技术	Computer and Communication Technology	0.20	0.72	30.04	15.38	153.63	56.05
电子技术	Electronic Technology	0.02	0.20	1.58	28.96	10.83	146.52
按主要国家(地区)分	By Main Country (Region)						
亚洲	**Asia**	**3.21**	**3.75**	**156.90**	**146.87**	**526.28**	**469.85**
中国香港	Hong Kong, China	1.66	0.24	87.26	13.38	235.66	18.49
中国澳门	Macao, China	0.15	0.01	2.09	0.61	3.59	0.53
中国台湾	Taiwan, China	0.08	0.72	3.44	26.27	11.16	76.31
日本	Japan	0.25	1.04	9.61	26.19	32.28	64.90
韩国	Republic of Korea	0.08	0.68	4.74	14.97	16.55	59.91
东盟	Association of Southeast Asian Nations	0.52	0.91	24.68	30.23	108.28	120.28
中东十七国	The Seventeen Countries of the Middle East	0.33	0.03	20.16	5.12	84.28	14.09
非洲	**Africa**	**0.16**	**0.02**	**11.60**	**3.12**	**52.67**	**13.49**
欧洲	**Europe**	**0.85**	**1.01**	**50.91**	**32.99**	**182.97**	**94.17**
欧盟	European Union	0.74	0.82	41.84	27.23	156.68	81.29
#英国	United Kingdom	0.14	0.08	7.33	2.40	24.01	5.35
德国	Germany	0.13	0.36	8.31	11.00	31.10	23.77
法国	France	0.06	0.04	4.00	1.87	18.70	8.52
意大利	Italy	0.11	0.12	4.41	2.86	16.04	6.04
荷兰	Netherlands	0.12	0.02	5.72	0.69	15.45	3.13
俄罗斯	Russia	0.01	0.01	3.96	3.52	15.68	8.00
拉丁美洲	**Latin America**	**0.29**	**0.08**	**14.08**	**5.39**	**65.99**	**25.84**
北美洲	**North America**	**1.50**	**0.56**	**60.48**	**14.44**	**153.33**	**46.34**
加拿大	Canada	0.09	0.06	5.14	1.64	13.98	10.76
美国	United States of America	1.42	0.49	55.34	12.80	139.34	35.58
大洋洲及其他	**Oceania and others**	**0.12**	**0.12**	**5.51**	**6.54**	**17.74**	**32.34**
澳大利亚	Australia	0.10	0.10	4.80	5.30	15.49	29.62
新西兰	New Zealand	0.01	0.02	0.59	1.20	1.86	2.65

6-18 续表 continued

单位：亿美元 (USD 100 million)

项　目	Item	2013 出口 Exports	2013 进口 Imports	2014 出口 Exports	2014 进口 Imports	2015 出口 Exports	2015 进口 Imports
总　计	**Total**	**2130.95**	**1419.72**	**2222.75**	**1284.68**	**2411.52**	**1337.42**
按贸易方式分	By Customs Regime						
一般贸易	Ordinary Trade	1170.34	663.03	1463.04	778.40	1675.06	799.15
来料加工	Processing and Assembling with Customer's Materials	70.94	44.57	85.16	46.26	81.15	67.71
进料加工	Processing and Assembling with Import Materials	309.88	95.78	327.07	156.86	176.07	123.74
加工设备	Processing Equipments		0.36		1.09		0.26
保税仓库	Bonded Warehouse	563.63	615.59	236.69	301.31	246.24	344.65
其他	Others	16.17	0.38	110.79	0.77	233.00	1.91
按产品类型分	By Type of Product						
#机电产品	Machanical and Electrical Products	1260.69	983.01	1149.60	776.00	1354.04	843.72
#机械及设备	Machinery and Equipments	144.56	98.77	175.06	125.99	204.42	117.04
电器及电子产品	Electric and Electronic Products	871.33	767.80	679.73	554.27	778.44	626.36
高新技术产品	High and New-tech Products	747.42	814.02	523.59	619.34	623.33	703.23
#计算机与通信技术	Computer and Communication Technology	307.59	137.00	389.66	151.92	456.46	167.81
电子技术	Electronic Technology	378.41	576.83	88.47	373.33	110.03	442.05
按主要国家(地区)分	By Main Country (Region)						
亚洲	**Asia**	**1458.00**	**1096.72**	**1353.71**	**993.20**	**1349.82**	**992.84**
中国香港	Hong Kong, China	1028.87	29.12	743.95	29.45	652.82	28.84
中国澳门	Macao, China	4.69	2.56	7.39	1.05	6.82	0.93
中国台湾	Taiwan, China	15.71	290.26	17.19	192.89	20.29	200.50
日本	Japan	30.28	72.45	38.14	77.26	41.25	85.66
韩国	Republic of Korea	24.02	126.14	36.11	146.23	41.03	127.86
东盟	Association of Southeast Asian Nations	185.39	196.58	247.24	219.18	307.67	197.39
中东十七国	The Seventeen Countries of the Middle East	121.09	22.31	191.15	25.97	185.91	22.23
非洲	**Africa**	**82.60**	**28.23**	**138.43**	**45.29**	**183.05**	**78.40**
欧洲	**Europe**	**239.83**	**103.83**	**310.59**	**89.53**	**350.37**	**116.30**
欧盟	European Union	197.53	91.09	265.35	79.48	315.37	75.60
#英国	United Kingdom	37.10	7.63	52.00	7.97	69.83	6.64
德国	Germany	36.43	35.44	47.95	25.83	57.34	25.47
法国	France	20.02	8.27	25.59	7.96	27.43	10.87
意大利	Italy	17.70	9.58	23.64	8.97	28.34	8.19
荷兰	Netherlands	20.80	5.92	31.85	3.75	35.34	4.04
俄罗斯	Russia	29.88	6.15	34.18	4.29	25.38	1.77
拉丁美洲	**Latin America**	**99.06**	**32.75**	**113.54**	**38.16**	**121.58**	**38.09**
北美洲	**North America**	**222.54**	**124.22**	**270.41**	**87.26**	**364.03**	**78.98**
加拿大	Canada	18.59	13.11	21.37	14.27	25.32	12.28
美国	United States of America	203.95	111.10	249.03	72.98	338.71	66.65
大洋洲及其他	**Oceania and others**	**28.92**	**32.92**	**36.07**	**31.14**	**42.68**	**32.17**
澳大利亚	Australia	25.22	26.48	36.07	22.23	35.93	27.19
新西兰	New Zealand	2.85	6.14	4.24	8.50	5.21	4.41

6-19 利用外资情况

Utilization of Foreign Capital

年份 Year	签订项目 (个) Number of Signed Projects (unit)	#外商直接投资 Foreign Direct Investment	合同外资额 (万美元) Amount of Contracted Foreign Capital (USD 10000)	#外商直接投资 Foreign Direct Investment	实际利用外资 (万美元) Amount of Foreign Capital Actually Utilized (USD 10000)	#外商直接投资 Foreign Direct Investment
1979	1642	70	22889	14616	9143	3074
1980	5048	188	138920	120046	21419	12320
1981	6803	236	167507	156206	28837	17326
1982	8171	151	155916	147698	28103	17123
1983	11318	412	72660	61552	40685	24523
1984	17452	1105	144489	116958	64379	54163
1985	13621	1640	256521	200073	91910	51529
1986	9417	774	183480	85902	142829	64392
1987	6999	1186	201750	124647	121671	59396
1988	7662	2741	382748	224196	243965	91906
1989	6636	2438	362311	243813	239915	115644
1990	7196	3042	316751	268958	202347	145984
1991	8507	4554	580152	490530	258250	182286
1992	12916	9769	1986673	1885764	486147	355150
1993	19012	16768	3489660	3314887	965225	749805
1994	11956	10558	2638753	2382441	1144664	939708
1995	9345	8177	2610480	2483244	1210037	1018028
1996	5955	4608	1744639	1554584	1389943	1162362
1997	17737	3744	964527	769202	1420519	1171083
1998	15459	4349	1237802	916180	1509945	1202005
1999	14824	3013	871592	617451	1447383	1220300
2000	16879	4245	1108598	868393	1457466	1223720
2001	13198	5317	1580386	1343463	1575526	1297240
2002	11706	6613	1890108	1617119	1658946	1311071
2003	11472	7306	2446711	2178926	1894081	1557779
2004	10530	8322	2217800	1936046	1289900	1001158
2005	11786	8384	2675695	2374365	1517358	1236391
2006	11276	8452	2838923	2456820	1780780	1451065
2007	11705	9506	3646583	3393817	1961771	1712603
2008	8980	6999	3071447	2863991	2126657	1916703
2009	5693	4346	1824109	1755834	2028688	1953460
2010	6022	5641	2516987	2460075	2102646	2026098
2011	7289	7035	3485492	3469238	2232847	2179836
2012	6263	6043	3544579	3499424	2410578	2354911
2013	5740	5520	3666273	3631343	2532719	2495210
2014	6175	6016	4339446	4305905	2727751	2687144
2015	7033	7029	5614566	5611000	2702512	2687546

注：1．2002年起外商直接投资统计口径调整，企业投资总额内的境外借款只包括外方股东贷款。
2．2004年实际利用外商直接投资统计口径作了调整，与2003年以前的年份不可比。
3．2004年起签订项目数、合同外资额、实际利用外资不包含对外借款。

Notes:a)Since 2002, the foreign direct investment statistic has been adjusted, of which the overseas borrowings in total investment of enterprises only include loans by foreign shareholders.
b)The foreign direct investment actually utilized of 2004 is adjusted, incomparable to values of preceding years.
c)Since2004,the number of signed projects,amount of contracted foreign capital and foreign capital actually utilized exclude foreign borrowings.

6-20 分方式利用外资（2015年）
Utilization of Foreign Capital by Type (2015)

指　标	Item	签订项目（个）Number of Signed Projects (unit)	合同外资额（万美元）Amount of Contracted Foreign Capital (USD 10000)	实际利用外资（万美元）Amount of Foreign Capital Actually Utilized (USD 10000)
总　计	**Total**	**7033**	**5614566**	**2702512**
外商直接投资	**Foreign Direct Investment**	**7029**	**5611000**	**2687546**
合资经营企业	Joint Ventures	955	777974	425770
合作经营企业	Cooperative Enterprises	12	47278	47429
外资(独资)企业	Enterprises with Sole Foreign Investment	6053	4736066	2187399
外商投资股份制	Foreign Share-holding Corporations Ltd.	9	49682	26948
合作开发	Cooperative Development			
其他	Others			
外商其它投资	**Other Foreign Investment**	**4**	**3566**	**14966**
加工装配	Processing and Assembly	4	3566	14966

6-21 分行业外商直接投资（2015年）
Foreign Direct Investment by Sector (2015)

指　标	Item	签订项目（个）Number of Signed Projects (unit)	合同外资额（万美元）Amount of Contracted Foreign Capital (USD 10000)	实际利用外资（万美元）Amount of Foreign Capital Actually Utilized (USD 10000)
总　计	**Total**	**7029**	**5611000**	**2687546**
农、林、牧、渔业	Farming, Forestry, Animal Husbandry and Fishery	74	64924	7880
采矿业	Mining	5	7167	2735
制造业	Manufacture	1111	1385901	1027615
电力、燃气及水的生产和供应业	Production and Supply of Electric Power, Gas and Water	20	70912	51054
建筑业	Construction	45	8068	68566
交通运输、仓储和邮政业	Transport, Storage and Postal Services	89	109736	47364
信息传输、计算机服务和软件业	Information Transmission, Computer Services and Software	375	261488	67876
批发和零售业	Wholesale and Retail Trades	2838	537416	184168
住宿和餐饮业	Hotels and Catering Services	128	28971	12428
金融业	Finance	468	1411842	140102
房地产业	Real Estate	135	741609	704087
租赁和商务服务业	Leasing and Business Services	1245	806158	286303
科学研究、技术服务和地质勘查业	Scientific Research, Technical Servicesand Geologic Prospecting	362	145883	57466
水利、环境和公共设施管理业	Management of Water Conservancy, Environment and Public Facilities	10	7574	2534
居民服务和其他服务业	Services to Households and Other Services	62	12040	13445
教育	Education			
卫生、社会保障和社会福利业	Health, Social Security and Social Welfare	12	663	155
文化、体育和娱乐业	Culture, Sports and Recreation	8	4237	3473
公共管理和社会组织	Public Administration and Social Organizations	42	6411	10295

6-22 分国别(地区)外商直接投资
Foreign Direct Investment by Country (Region)

指 标	Item	1979-2015	2000	2005	2010	2014	2015
签订协议(合同)数(个)	**Number of Agreements (Contracts) Signed (unit)**	**186297**	**4245**	**8384**	**5641**	**6016**	**7029**
亚洲	**Asia**	**160795**	**3482**	**6912**	**4991**	**5462**	**6312**
#中国香港	Hong Kong, China	134592	2474	5208	4051	4414	4855
中国台湾	Taiwan, China	11977	482	531	326	276	376
中国澳门	Macao, China	9525	304	448	133	288	476
日本	Japan	2402	51	191	108	40	51
新加坡	Singapore	2503	76	137	72	100	104
韩国	Republic of Korea	2097	52	108	97	160	189
马来西亚	Malaysia	893	14	52	47	37	57
泰国	Thailand	681	12	11	8	7	12
文莱	Brunei	636		99	19	5	3
印度尼西亚	Indonesia	209	6	15	4	11	9
印度	India	182		9	18	22	27
约旦	Jordan	132		15	16	7	8
伊朗	Iran	134		7	16	6	15
非洲	**Africa**	**1204**	**14**	**85**	**120**	**99**	**147**
#毛里求斯	Mauritius	513	12	58	20	4	6
塞舌尔	Seychelles	437			73	51	64
埃及	Egypt	74	1	6	2	10	22
欧洲	**Europe**	**2984**	**81**	**223**	**115**	**131**	**190**
#英国	United Kingdom	758	18	39	14	26	31
德国	Germany	473	11	35	19	20	35
法国	France	372	7	34	17	9	18
意大利	Italy	388	8	36	16	14	32
荷兰	Netherlands	214	14	17	9	9	11
瑞士	Switzerland	137	3	11	5	6	3
西班牙	Spain	132	4	8	7	6	4
瑞典	Sweden	62	2	5	1	3	5
丹麦	Denmark	60	1	6	4	4	3
比利时	Belgium	60		5	1	4	4
奥地利	Austria	38		2	2	1	1
芬兰	Finland	39	2	6	2	3	1
波兰	Poland	34		1	1		1
俄罗斯	Russia	74	2	3	5	9	15
拉丁美洲	**Latin America**	**6492**	**428**	**605**	**158**	**121**	**123**
#维尔京群岛	Virgin Islands	5629	380	534	138	97	77
开曼群岛	Cayman Islands	388	26	33	5	12	16
巴拿马	Panama	93	3	3	1	1	2
伯利兹	Belize	67	9	7	5	1	3
巴哈马	Bahamas	61	8	2		1	1
委内瑞拉	Venezuela	57	2	2	2	2	9
北美洲	**North America**	**5869**	**229**	**412**	**139**	**131**	**192**
#美国	United States of America	4882	193	332	110	94	142
加拿大	Canada	1086	32	73	28	35	48
百慕大	Bermuda	47	3	6	1	2	1
大洋洲	**Oceania**	**3208**	**96**	**319**	**154**	**105**	**123**
#萨摩亚	Samoa	2161	52	233	114	72	65
澳大利亚	Australia	953	31	68	30	25	48
新西兰	New Zealand	139	4	9	5	5	10
东萨摩亚	East Samoa	47	8	1			
其它	**Others**	**696**	**2**	**18**	**31**	**35**	**34**
投资性公司投资	Investment Companies	309		14	31	32	33

6-22 续表 1 continued

指 标	Item	1979-2015	2000	2005	2010	2014	2015
协议利用外资额(万美元)	**Amount of Utilization of Foreign Capital through Signed Agreements (USD 10000)**	**59944707**	**868393**	**2374365**	**2460075**	**4305905**	**5611000**
亚洲	**Asia**	**48228102**	**548646**	**1566619**	**2065786**	**3682923**	**4938547**
#中国香港	Hong Kong, China	41293718	412219	1220865	1853437	3217530	4530090
新加坡	Singapore	1492166	46516	53125	37456	159427	57345
中国台湾	Taiwan, China	1398193	48354	60237	29271	49285	81894
日本	Japan	1326796	19608	99260	37066	67556	39835
中国澳门	Macao, China	1490540	12863	79936	44138	107875	171068
韩国	Republic of Korea	544772	8143	14018	30011	62986	172
文莱	Brunei	131691		18576	8679	3390	
印度尼西亚	Indonesia	79570		3587	3573		862
阿联酋	United Arab Emirates	53941	27	1039	7576	182	163
印度	India	17306			818	6622	1963
以色列	Israel	9928	105	189	1506	371	594
菲律宾	Philippines	10134				203	46
马来西亚	Malaysia	170791	4006	9699	3508	5927	30110
非洲	**Africa**	**380359**	**4397**	**33044**	**17872**	**19391**	**25965**
#毛里求斯	Mauritius	274938	4275	30220	10292	5970	8676
塞舌尔	Seychelles	73963		-150	7401	9173	15722
埃及	Egypt	5812	6	70	17	127	667
欧洲	**Europe**	**1873574**	**28033**	**69444**	**37902**	**97094**	**148081**
#英国	United Kingdom	516069	7158	9593	-2261	6581	80601
荷兰	Netherlands	451565	5948	10817	7537	38810	17332
法国	France	302189	5670	19646	5187	20676	16138
德国	Germany	273777	2461	6428	4971	17093	22321
瑞士	Switzerland	69533	619	344	244	322	1349
意大利	Italy	59605	411	3116	1315	2626	2543
西班牙	Spain	34846	858	1227	3945	1236	395
丹麦	Denmark	21043	765	2884	3646		305
爱尔兰	Eire	22735		211	3748		4660
芬兰	Finland	16565	440	6709	208	511	57
奥地利	Austria	14442		251	2884	813	42
瑞典	Sweden	13198	333	1291	31	272	979
比利时	Belgium	10169	187	-14	-11	2524	72
拉丁美洲	**Latin America**	**5675877**	**208680**	**490204**	**155430**	**298428**	**233811**
#维尔京群岛	Virgin Islands	4980283	181692	430621	137874	244456	164486
开曼群岛	Cayman Islands	521505	20578	41739	8907	49590	53313
巴巴多斯	Barbados	49257		10476		2136	
巴拿马	Panama	34137	1793	911	921	1580	125
巴哈马	Bahamas	34448	2897	1569	8718	150	5420
伯利兹	Belize	19335	1690	1486	875	319	222
委内瑞拉	Venezuela	15602	15	19	320	20	10088
巴西	Brazil	5071		7	20	3	30
北美洲	**North America**	**1567681**	**48580**	**74124**	**34076**	**55968**	**44928**
#美国	United States of America	1200568	44389	42046	28995	21969	32507
加拿大	Canada	201378	3126	11111	927	4491	13147
百慕大	Bermuda	165163	1039	20937	4154	29608	
大洋洲	**Oceania**	**1012894**	**26715**	**94320**	**72007**	**40264**	**48307**
#萨摩亚	Samoa	804781	16151	74611	70040	34970	46587
澳大利亚	Australia	145334	7507	13045	281	4630	352
马绍尔群岛	Marshall Islands	22206	1073	1962	1196	598	188
新西兰	New Zealand	14581	108	1302	284	117	95
其它太平洋岛屿	Other Pacific Islands	5555		802	126		1085
其它	**Others**	**1205982**	**3342**	**46594**	**76972**	**111832**	**171128**
投资性公司投资	Investment Companies	968568		44913	76806	109692	172325

6-22 续表 2 continued

指　　标	Item	1979—2015	2000	2005	2010	2014	2015
实际利用外资（万美元）	**Foreign Capital Actually Utilized (USD 10000)**	**37750042**	**1223720**	**1236391**	**2026098**	**2687144**	**2687546**
亚洲	**Asia**	**28632615**	**927071**	**794244**	**1486723**	**2084743**	**2268764**
#中国香港	Hong Kong, China	23850823	744826	582361	1291738	1713978	2047856
日本	Japan	1317319	30852	94365	51044	85179	45514
新加坡	Singapore	1074986	49115	29207	46482	127119	47343
中国台湾	Taiwan, China	856644	49746	33370	24543	22927	10525
中国澳门	Macao, China	753908	26137	28579	30189	36989	73718
韩国	Republic of Korea	426757	13671	10904	20658	87577	34770
文莱	Brunei	95034		6911	8825	3748	3133
马来西亚	Malaysia	85520	4993	3761	5133	1452	4541
泰国	Thailand	63063	2895	1044	998	626	822
印度尼西亚	Indonesia	52653	3352	473	877	4420	36
阿联酋	Unit Arab Emirates	22385	100	2070	5370	5	10
菲律宾	Philippines	8719	191	69	91	30	5
印度	India	4835	964	407	69	125	148
非洲	**Africa**	**226084**	**4272**	**11283**	**16972**	**15895**	**12060**
#毛里求斯	Mauritius	186974	4576	10776	14738	8512	7327
塞舌尔	Seychelles	30522		75	1772	6918	4635
欧洲	**Europe**	**1409502**	**38643**	**83276**	**78713**	**145539**	**83864**
#荷兰	Netherlands	340769	7886	38768	9646	38015	7246
英国	United Kingdom	300352	8258	12096	1859	17353	13139
法国	France	264750	4551	14148	52008	25058	21078
德国	Germany	236389	10057	8041	3657	35841	33898
瑞士	Switzerland	59544	3349	2385	2839	4369	1191
意大利	Italy	53961		4991	1736	2240	1344
西班牙	Spain	29740	44	1052	2089	1318	444
芬兰	Finland	22097	2302	150	18	2935	
奥地利	Austria	16710	101	178	1000	1427	
卢森堡	Luxembourg	20053	90		660	5262	860
丹麦	Denmark	12911		235	201	398	11
瑞典	Sweden	12348	360	257	500	349	647
爱尔兰	Ireland	20131		286	2010	7906	3762
比利时	Belgium	8376	499	73	60	2928	129
拉丁美洲	**Latin America**	**4808078**	**161983**	**237757**	**303059**	**264845**	**142932**
#维尔京群岛	Virgin Islands	4242544	149200	210548	270979	222940	123429
开曼群岛	Cayman Islands	425655	6694	20526	24644	39212	16671
巴哈马	Bahamas	47048	3543	2183	1649	88	1019
巴巴多斯	Barbados	43230		1100	3254	1321	701
巴拿马	Panama	26065	1544	1541	1953	874	288
北美洲	**North America**	**1083054**	**74453**	**34704**	**40816**	**31702**	**35221**
#美国	United States of America	827363	66972	25694	25388	12446	19049
百慕大	Bermuda	154920	2320	6252	13341	18398	15808
加拿大	Canada	98883	5161	2728	2087	858	364
大洋洲	**Oceania**	**784145**	**14510**	**57743**	**53171**	**36247**	**57284**
#萨摩亚	Samoa	667020	8942	50651	49714	34475	54362
澳大利亚	Australia	85393	4697	4315	2869	1118	2538
马绍尔群岛	Marshall Islands	8782	680	959	183	507	384
新西兰	New Zealand	7047	86	189	181	127	
其它	**Others**	**806319**		**17384**	**46644**	**108073**	**87276**
投资性公司投资	Investment Companies	579096		16770	35196	102318	87119
创业投资公司投资	Resuccess Investments Limited	2177				496	157

6-23 各市外商直接投资
Foreign Direct Investment by City

市别	City	2014 签订项目(个) Number of Signed Projects (unit)	2014 合同外资额(万美元) Amount of Contracted Foreign Capital (USD 10000)	2014 实际利用外资(万美元) Amount of Foreign Capital Actually Utilized (USD 10000)	2015 签订项目(个) Number of Signed Projects (unit)	2015 合同外资额(万美元) Amount of Contracted Foreign Capital (USD 10000)	2015 实际利用外资(万美元) Amount of Foreign Capital Actually Utilized (USD 10000)
全省合计	**Provincial Total**	**6016**	**4305905**	**2687144**	**7029**	**5611000**	**2687546**
广州	Guangzhou	1155	803977	510714	1429	836327	541635
深圳	Shenzhen	2490	1089526	580465	3359	2558852	649731
珠海	Zhuhai	330	299592	193107	649	361435	217787
汕头	Shantou	23	35663	17812	22	41557	21767
佛山	Foshan	235	373220	265588	238	289848	237726
#顺德	Shunde	86	108165	81190	102	64590	93034
韶关	Shaoguan	88	28916	19061	21	13532	4807
河源	Heyuan	97	32918	22617	26	34329	14425
梅州	Meizhou	139	44823	14710	31	36720	7130
惠州	Huizhou	314	305469	196580	234	204521	110499
汕尾	Shanwei	27	15700	16282	10	19130	9958
东莞	Dongguan	465	431459	452919	439	505854	531982
中山	Zhongshan	124	88632	68079	192	103127	45683
江门	Jiangmen	168	130076	85378	141	96327	87940
阳江	Yangjiang	40	75870	11719	27	20655	8497
湛江	Zhanjiang	12	39228	15027	4	8072	15717
茂名	Maoming	69	20986	15576	44	31910	17190
肇庆	Zhaoqing	107	333056	133318	98	348511	139447
清远	Qingyuan	29	34067	22749	17	24207	14201
潮州	Chaozhou	46	15601	10921	7	10091	2044
揭阳	Jieyang	29	70668	23889	14	28520	3929
云浮	Yunfu	29	36458	10633	27	37475	5451
按经济区域分	By Region						
珠三角	Pearl River Delta	5388	3855007	2486148	6779	5304802	2562430
东翼	Eastern Region	125	137632	68904	53	99298	37698
西翼	Western Region	121	136084	42322	75	60637	41404
山区	Mountainous Region	382	177182	89770	122	146263	46014

6-24 对外经济技术合作情况

Economic and Technical Cooperation with Foreign Countries and Regions

年 份 Year	对外承包工程 Contracted Projects				对外劳务合作 Labor Services		
	签订合同数 (宗) Number of Contracts Signed (unint)	合同金额 (万美元) Contracted Value (USD 10000)	营业金额 (万美元) Value of Turnover (USD 10000)	年末在外人数 (人) Number of Persons Abroad at the Year-end (person)	劳务人员合同工资总额 (万美元) Total Wages of Contract Workers (USD 10000)	劳务人员实际收入总额 (万美元) Actual Total Income of Contract Workers (USD 10000)	年末在外人数 (人) Number of Persons Abroad at the Year-end (person)
1985	28	1897	2491	305	424	433	1197
1990	23	5953	7586	688	6055	3189	8045
1995	29	19183	10924	850	20593	17775	33263
1996	37	14823	9474	1680	11784	19365	23319
1997	67	22435	10940	354	17356	14743	22857
1998	28	13331	17526	566	12925	14464	20816
1999	63	52961	21857	603	9327	13230	19128
2000	86	36555	34515	634	12941	10777	19564
2001	250	53924	26192	641	13271	11752	30695
2002	165	64827	58986	643	19114	17059	18922
2003	193	97055	86898	730	23132	21926	21738
2004	810	168338	161287	856	27392	28315	17043
2005	2061	326752	247189	606	32762	30878	20469
2006	1625	458442	344170	752	41898	37030	27024
2007	757	597733	546069	946	80824	62927	27880
2008	331	844352	686045	886	68209	58420	33691
2009	556	814859	758799	2105	45718	59469	33124
2010	605	986740	820815	4554	76575	58428	33901
2011	528	1343526	1134158	4017	46578	46445	38621
2012	517	1905053	1605342	3863	46643	38600	44301
2013	617	2366492	2286507	3243	53917	44689	54272
2014	1139	1524873	1241121	3405	138820	66218	72788
2015	1937	2072350	1987790	3633	139705	117787	81600

注：1．2009年以后，“对外承包工程”包含“对外设计咨询”。
2．2011年对外劳务合作统计口径调整。

Note: a) Since 2009, foreign design cousultation is inclued in foreign contracted projects.
b) The statistics coverage of foreign labor service has been adjusted in 2011.

6–25 分行业外商投资企业工商注册登记情况（2015年末）
Registration Status of Enterprises with Foreign Investment by Sector (Year-end of 2015)

行业	Sector	企业数（户）Number of Registered Enterprises (unit)	投资总额（亿美元）Total Investment (USD 100 million)	注册资本（亿美元）Registered Capital (USD 100 million)	#外方 Capital Invested by Foreign Partners
总计	**Total**	**111169**	**6443.1**	**3906.14**	**3080.91**
农、林、牧、渔业	Farming, Forestry, Animal Husbandry and Fishery	1672	46.12	32.89	29.51
采矿业	Mining	65	5.12	2.62	1.98
制造业	Manufacture	46999	3036.62	1832.15	1552.43
电力、燃气及水的生产和供应业	Production and Supply of Electric Power, Gas and Water	660	401.53	145.09	76.08
建筑业	Construction	880	113.65	50.36	33.34
交通运输、仓储和邮政业	Transport, Storage and Postal Services	24552	501.61	257.07	210.77
信息传输、计算机服务和软件业	Information Transmission, Computer Services and Software	3096	238.99	123.85	77.78
批发和零售业	Wholesale and Retail Trades	4876	66.11	42.91	35.46
住宿和餐饮业	Hotels and Catering Services	5841	187.25	128.93	98.09
金融业	Finance	1786	251.81	244.54	149.73
房地产业	Real Estate	4974	799.16	491.64	420.64
租赁和商务服务业	Leasing and Business Services	9464	456.83	359.54	249.01
科学研究、技术服务和地质勘查业	Scientific Research, Technical Services and Geological Prospecting	4213	238.87	130.56	91.4
水利、环境和公共设施管理业	Management of Water Conservancy, Environment and Public Facilities	151	17.36	9.55	8.04
居民服务和其他服务业	Households and Other Servies	1201	38.32	27.63	23.22
教育	Education	90	1.6	1.03	0.92
卫生、社会保障和社会福利业	Health Care, Social Security and Social Welfare	39	4.78	2.62	1.79
文化、体育和娱乐业	Culture, Sports and Recreation	537	36.36	22.52	20.4
其他	Others	73	1.01	0.65	0.31

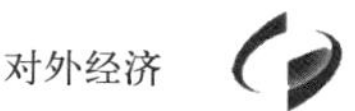

6-26 各市外商投资企业工商注册登记情况（2015年末）

Registration Status of Enterprises with Foreign Investment by City (Year-end of 2015)

市 别	City	企业数(户) Number of Registered Enterprises(unit)	投资总额 (亿美元) Total Investment (USD 100 million)	注册资本 (亿美元) Registered Capital (USD 100 million)	#外 方 Capital Invested by Foreign Partners
全省合计	**Provincial Total**	**111169**	**6443.10**	**3906.14**	**3080.91**
广 州	Guangzhou	21059	1506.14	782.05	585.23
深 圳	Shenzhen	37529	1694.92	1107.25	776.29
珠 海	Zhuhai	5864	410.74	248.23	207.38
汕 头	Shantou	1389	69.66	45.98	36.82
佛 山	Foshan	3780	275.08	166.10	143.35
#顺 德	Shunde	2179	141.95	93.25	76.34
韶 关	Shaoguan	737	34.97	23.05	20.39
河 源	Heyuan	1255	53.07	37.30	34.54
梅 州	Meizhou	1215	24.59	17.92	15.83
惠 州	Huizhou	7000	398.12	241.40	211.04
汕 尾	Shanwei	537	39.52	26.44	25.80
东 莞	Dongguan	12279	647.07	432.44	410.68
中 山	Zhongshan	3797	228.95	132.64	118.08
江 门	Jiangmen	4912	331.13	177.90	136.87
阳 江	Yangjiang	540	36.81	22.00	18.93
湛 江	Zhanjiang	637	64.97	31.76	17.72
茂 名	Maoming	695	22.03	15.61	13.50
肇 庆	Zhaoqing	1912	147.90	103.55	96.43
清 远	Qingyuan	845	88.63	53.68	42.84
潮 州	Chaozhou	612	17.64	11.81	8.61
揭 阳	Jieyang	670	24.22	18.75	16.40
云 浮	Yunfu	457	19.14	11.06	9.44
局本部	Unclassified by Region	1269	165.85	105.96	58.41

6-27 一类口岸开放使用情况（2015年末）

Opening and Operating Status of Category-1 Ports (Year-end of 2015)

市别	City	个数 Number	口岸类型 Name of Ports				
			水运	Water Transport	陆运	Land Transport	空运 Air Transport
合计	**Total**	**58**	**39**		**14**		**5**
广州	Guangzhou	6	广州港口岸	Guangzhou Port	天河铁路客运	Tianhe Railway	白云机场
			广州南沙港口岸	Nansha Port		Station for	Baiyun Airport
			广州莲花山港口岸	Lianhuashan Port		Passenger Service	
			增城新塘港客运口岸	Xintang Port			
深圳	Shenzhen	17	蛇口码头	Shekou Port	罗湖	Luohu	深圳机场
			赤湾码头	Chiwan Port	文锦渡	Wenjindu	Shenzhen Airport
			梅沙旅游专用口岸	Meisha Port	沙头角	Shatoujiao	
			东角头码头	Dongjiaotou Port	皇岗	Huanggang	
			妈湾码头	Mawan Port	深圳湾	Shenzhen Bay	
			盐田码头	Yiantian Port	福田	Futian	
			大亚湾核电站专用码头	Dayawan Port			
			西冲旅游专用口岸	Xichong Port			
			大铲湾港区	Dachan Bay Port			
			深圳机场配套客、货、	Shenzhen Airport			
			油码头	Passenger,Cargo, Oil			
				Terminal Facilities			
珠海	Zhuhai	8	九州港口岸	Jiuzhou Port	拱北	Gongbei	
			湾仔口岸	Wanzai Port	横琴	Hengqin	
			珠海港口岸	Zhuhai Port	珠澳跨境工业	The Industrial Zone	
			万山港口岸	Wanshan Port	区专用口岸	Dedicated port cross-	
			斗门港口岸	Doumen Port		border between The	
汕头	Shantou	3	汕头港口岸	Shantou Port		Pearl River Delta	揭阳潮汕机场
			潮阳港口岸	Chaoyang Port		and Macao	Jieyang Chaoshan Airport
							(Temporary Open)
梅州	Meizhou	1					梅州机场
惠州	Huizhou	1	惠州港口岸	Huizhou Port			Meizhou Airport
汕尾	Shanwei	1	汕尾港口岸	Shanwei Port			
东莞	Dongguan	2	虎门港口岸	Humen Port	东莞铁路客运	Dongguan Railway	
中山	Zhongshan	1	中山港口岸	Zhongshan Port		Stations for	
江门	Jiangmen	5	江门客运港口岸	Jiangmen Port		Passenger Service	
			开平三埠港客运口岸	Sanfu Port			
			台山广海港口岸	Guanghai Port			
			鹤山港客运口岸	Heshan Port			
			新会港口岸	Xinhui Port			
佛山	Foshan	4	顺德容奇港口岸	Shunde Port	佛山铁路客运	Foshan Railway	
			南海港口岸	Nanhai Port		Stations for	
			高明港客运口岸	Gaoming Port		Passenger Service	
阳江	Yangjiang	1	阳江港口岸	Yangjiang Port			
湛江	Zhanjiang	2	湛江港口岸	Zhanjiang Port			湛江机场
茂名	Maoming	1	水东港口岸	Shuidong Port			Zhanjiang Airport
肇庆	Zhaoqing	2	肇庆港客运口岸	Zhaoqing Port	肇庆铁路客运	Zhaoqing Railway	
潮州	Chaozhou	1	潮州港口岸	Chaozhou Port		Station for	
揭阳	Jieyang	1	揭阳港口岸	Jieyang Port		Passenger Service	
河源	Heyuan	1			河源口岸	Heyuan Highway Port	

注：1. 2015年末全省二类口岸88个，其中水运84个，陆运4个。进出境货运车辆检查场65个。
2. 2015年水运口岸中，深圳梅沙、西冲旅游专用口岸已停止运作；广州增城新塘客运口岸、江门开平三阜客运口岸、新会港口岸、佛山南海港口岸、肇庆港客运口岸等已停止客运运作。

Note: a) In 2015, there are 88 category-2 ports in Guangdong province, including 83 water transports and 5 land transports, and 64 freight vehicle inspection yard in the border.
b) In 2015,Nanao Port has been revoked, Meisha Port and Xichong Port has been out of operation, Xintang Port,Sanfu Port,Xinhui Port, Nanhai Port and Zhaoqing Port hans been stopped operation for passenger Service.

主要统计指标解释

进出口总额　指实际进出我国国境的货物（包括贸易和非贸易）的价值总和。主要包括对外贸易实际进出口货物，来料加工装配、补偿贸易、进料加工进出口货物，国家间及国际组织无偿援助物资和赠送品，华侨、港澳台同胞和外籍华人捐赠品，租赁期满归承租人所有的租赁货物，边境地方贸易及边境地区小额贸易进出口货物（边民互市贸易除外），中外合资、合作经营企业、外商独资经营企业进出口货物和公用物品，到、离岸价格在规定限额以上的进出口货样和广告品（无商业价值、无使用价值和免费提供出口的除外），从保税仓库提取在中国境内销售的进出口货物，以及其他进出口货物。进出口总额反映一个国家在对外经济贸易方面实际进出口货物的总规模。

产消国　即原产国（地）和最终目的国。原产国指进口货物的生产、开采或加工制造的国家。最终目的国指出口货物已知的消费、使用或进一步加工制造的国家。

利用外资　指我国政府、部门、企业和其他经济组织通过对外借款、吸收客商直接投资以及向境外发行债券、股票等方式筹借的境外资金。

外资的形式可以是现汇、实物、工业产权或专有技术等有形资本和无形资本。

我国自有外汇和中国银行自有外汇资金发放的外汇贷款购置国外设备和材料，华侨、港澳同胞的捐赠，联合国或其他国际组织的无偿赠送资金、无偿援建的项目均不属于外资范围 。

利用外资的方式有：对外借款，外国（或港澳地区）企业和经济组织或个人在我国境内开办独资企业、与我国境内的企业或组织共同开办合资企业、合作经营(企业)项目或合作开发资源，以及补偿贸易、国际租赁等。

补偿贸易　是以商品或劳务偿还贷款的一种贸易方式。即由客商提供设备、原材料、生产技术，以这些设备、原材料、生产技术生产的产品或是用双方协商的其他产品价值去支付 （偿还）进口设备、原材料价款。

对外借款　指我国政府、部门、企业和中国银行等单位向国际金融组织 、外国政府、企业等借用的长期、短期资本，到期需还本付息。借款按不同渠道划分为：①外国政府贷款； ②国际金融组织贷款；③外国银行贷款；④出口信贷；⑤发行债券。

外商直接投资　指外国企业和经济组织或个人（包括华侨、港澳同胞以及我在境外注册的企业）按我国有关政策、法规，在我国境内开办外商独资企业，与我国境内的企业或经济组织共同举办中外合资企业、合作经营企业或合作开发资源的投资，以及外商从企业得到收益的再投资。2002 年起“外商直接投资”统计口径调整，“企业投资总额内的境外借款”只包括“企业投资总额内直接投资者对企业的贷款,即外方股东贷款”。不包括“直接投资者提供担保的第三方对企业的贷款即外方股东担保贷款”和“其他方式的企业境外借款即其他境外借款。”

国际租赁　指出租者用自有资金，或向银行借款购买资本设备租给承租者在约定的期限内使用，承租者依约按期付给出租者一定租金，在租赁期内设备的使用属于承租者，设备的所有权属于出租者，租期满后，出租者对设备具有支配权：收回、作价出卖或赠送企业。

中间价　指人民银行每日公布的银行买入卖出外汇的参考价。银行在买入卖出业务中可以在中间价上下浮动 5 ‰。

Explanatory Notes on Main Statistical Indicators

Total Imports and Exports refer to the real value of commodities (both trade and non-trade) imported and exported across the border of China. They mainly include actual imports and exports through foreign trade, imported and exported goods in the categories of processing and assembling of customer's materials, compensation trade, and processing of import materials, supplies and gifts as aid given gratis between governments and by international organizations, donations by overseas Chinese, compatriots in Hong Kong, Macao and Taiwan and Chinese with foreign citizenship, leasing commodities owned by tenants at the expiration of leasing period, local trade and Small-amount trade in border areas (excluding exchange trade between border residents), imported and exported commodities and articles for public use of Sino-foreign joint ventures, cooperative enterprises and ventures with sole foreign investment. Also included are import or export of samples and advertising articles above designated CIF or FOB prices (excluding goods of no trading or use value and free commodities for export), import and export goods sold in China from bonded warehouse and other import and export goods. Total imports and exports is an indicator of the total size of actual imported and exported goods of a country in foreign trade and economic cooperation.

Production and Consumption Countries refer to the country of origin and the country of final destination. The country of origin refers to the country where the imported goods are produced, exploited or processed. The country of final destination refers to the country where the imported goods are consumed, utilized or further processed.

Utilization of Foreign Capital refers to funds financed from abroad by means of loans, foreign direct investment, and issuing bonds and shares undertaken by the Chinese governments at all levels, various departments, enterprises and other economic units.

The types of foreign capital include tangible capital and intangible capital, such as remittance, goods, industrial property rights and know-how.

Those excluded are the purchases of foreign equipment and materials with loans from state-owned foreign exchange and foreign exchange owned by the Bank of China, donations by overseas Chinese, compatriots in Hong Kong and Macao, and funds and projects as aid given gratis by the United Nations and other international organizations.

Utilization of foreign capital takes the forms of loans from abroad, sole investment in enterprises in the boundary of China by foreign (or Hong Kong and Macao) enterprises, economic organizations or individuals, investment in Sino-foreign joint ventures, cooperative projects (enterprises), cooperative exploitation of natural resources with enterprises or organizations in China, compensation trade and international lease, etc.

Compensation Trade is a kind of trade returning loans with commodities or services, i.e. imported equipment, raw materials and production technology provided by foreign entrepreneurs are repaid (returned) by means of the products produced with such equipment, raw materials and production technology or by means of the value of other products negotiated by both sides.

Foreign Loans refer to long-term capital and short-term capital borrowed from international financial organizations, foreign governments and enterprises by the Chinese governments at all levels, by various departments, enterprises and the Bank of China, etc, and repaid with interest at maturity. Foreign loans can be divided according to channels into: ①loans from foreign governments; ②loans from international financial organizations; ③loans from foreign banks; ④export credit; ⑤bonds and shares issued abroad.

Foreign Direct Investment refers to investment inside China by foreign enterprises and economic organizations or individuals (including overseas Chinese, compatriots from Hong Kong and Macao, and Chinese enterprises registered abroad), following the relevant policies and laws of China, for the establishment of foreign sole investment enterprises, Sino-foreign joint ventures and cooperative enterprises or for cooperative exploitation of resources with enterprises or economic organizations in China, and re-investment of foreign entrepreneurs with the profits gained from such enterprises and corporations. Starting from 2002, the foreign direct investment statistic has been adjusted such that the overseas borrowings in total investment of enterprises only include loans to the enterprises by direct investors or, in other terms, loans by foreign shareholders, but exclude loans from the third party guaranteed by the direct investors or, in other terms, loans guaranteed by the foreign shareholders, and overseas borrowings by enterprises in other manners or, in other terms, other overseas borrowings.

International Lease refers to the lease of which tenants rent the equipment purchased by lessors with their own money or loans from banks during a fixed period and repay a sum of leasing expenses to lessors according to contracts. During the leasing period, tenants have the right to use the equipment while lessors maintain possession of the equipment. At the expiration of the leasing period, lessors have the right to dispose the equipment: take it back, sell it at a fixed price, or donate it to an enterprise.

Middle Exchange Rate refers to the reference rate of banks buying and selling foreign exchanges issued by the People's Bank of China on a daily basis. There is a 5‰ floating range for the middle exchange rate in the operation of banks buying and selling foreign exchanges.

七、能源、资源和环境

ENERGY, RESOURCES AND ENVIRONMENT

七 能源、资源和环境

简要说明

一、本篇资料反映广东自然资源状况、能源生产、能源消费、能耗水平和环境保护事业等情况。能源情况主要包括：能源生产、消费及品种构成，分行业能源消费总量，综合能源平衡，各市能源单耗，能源生产和消费弹性系数，能源加工转换效率，生活用能源消费等资料。自然资源包括土地 、气候、森林、水利、矿产资源情况。环保部分主要包括水环境、大气环境、生态环境、城市环境、农村环境、自然灾害，“三废”的排放、治理、综合利用，环境管理、环保系统自身建设情况等。

二、本篇资料由广东省统计局综合处、能源统计处根据有关资料和调查结果整理提供。

三、能源资料取自全省《地区能源平衡表》和《工业企业能源购进、消费及库存表》等。地区能源平衡表编制范围为辖区内生产和消费能源的单位，其中规模以上工业企业的能源消费根据国家统计局制发的报表制度由统计系统搜集资料逐级汇总上报；加工转换消费来源于《工业企业能源购进、消费及库存附表》；其他数据来源于有关厅 (局)、公司或企业。矿产、土地资源资料由省国土资源厅提供；海洋资料由省海洋与渔业局提供；气象资料由省气象局提供；森林资源资料由省林业厅提供；水利资料由省水利厅提供；环保事业情况由环保部门提供。

四、关于数据口径与计算的说明：

1．2010 年以后的数据已按第三次经济普查结果进行调整，2013 年与 2012 年对比数按同口径计算。

2．能源生产与消费弹性系数分别以能源生产、消费增长速度与地区生产总值增长速度相比求得。

3．能源平衡表中，进口量和出口量采用海关统计数据，电力折算标准煤系数按平均发电煤耗计算。

4．能源加工转换效率表中的电力折算标准煤系数采用当量值计算，每千瓦小时折 0.1229 千克标准煤。

7 Energy ,Resources and Environment

Brief Introduction

Ⅰ. The data in this chapter reflect the natural resource, energy production, consumption, and efficiency and environmental protection of Guangdong Province. The data on energy mainly including the energy production and consumption and their composition, the energy consumption by sector, the overall balance of energy, energy consumption per unit by city, the elasticity ratios of energy production and consumption, the efficiency of energy conversion and the consumption of energy for non-production use, etc. The data on natural resource cover land, climate, forest, water conservancy and mineral resources. The data on environmental protection mainly include water environment, atmospheric environment, ecological environment, urban environment, rural environment, natural disasters, the discharge, treatment and comprehensive utilization of waste water, waste gas and solid wastes, environment management and the improvement of environmental protection departments, etc. The data are provided by Guangdong Provincial Bureau of Environmental Protection.

Ⅱ. The data in this chapter are prepared and provided by the Division of Comprehensive Statistics of Statistics Bureau of Guangdong Province and the Division of Energy Statistics of Statistics Bureau of Guangdong Province.

Ⅲ. The data in this chapter come from the Energy Balance Sheet of the whole province and the Sheets of Energy Purchase, Consumption and Storage of Key Energy Consumption Industrial Enterprises. The coverage of the regional energy balance includes the units that produce and consume energy. Among them, the data on the energy consumption of industrial enterprises above designated size are collected by the statistical agencies in accordance with the statistical reporting scheme stipulated by the National Bureau of Statistics and tabulated and reported to the higher authorities level by level; the data on the energy processing, transformation and consumption are derived from the Sheets of Energy Purchase, Consumption and Storage of Key Energy Consumption Industrial

Enterprises; other data are provided by related government departments, companies and enterprises. The data on mineral and land resources are provided by the Land and Resources Department of Guangdong Province. The data on ocean are provided by the Oceanic and Fishery Administration of Guangdong Province. The data on meteorological phenomena are provided by the Meteorological Bureau of Guangdong Province. The data on forest are provided by the Forestry Administration of Guangdong Province. The data on water conservancy are provided by the Water Resources Department of Guangdong Province. The data on environmental protection are provided by Guangdong Provincial Bureau of Environmental Protection.

Ⅳ. Data coverage and calculation:

(1) Since 2010,data have been adjusted in accordance with the figures from the third china economics census. Comparable data of 2013 and 2012 are calculated with the same scope.

(2) The elasticity ratio of energy production is calculated as the quotient of the growth rate of energy production divided by the growth rate of GDP; and the elasticity ratio of energy consumption is calculated as the quotient of the growth rate of energy consumption divided by the growth rate of GDP.

(3) In the energy balance sheet, the data on the imports and exports are data from the customs statistics.The ratio for converting electric power into the standard coal equivalent is calculated according to the average consumption of coal for generating electricity.

(4) In the table on the efficiency of energy conversion, the ratio for converting electric power into the standard coal equivalent is calculated on the basis of heat value equivalent.One kilowatt is equal to 0.1229 kg SCE.

7−1 能源生产总量及构成

Total Production of Energy and its Composition

项　目	Item	2000	2005	2010	2012	2013	2014	2015
能源生产总量（万吨标准煤）	**Total Energy Production (10000 tons of SCE)**	**3711.69**	**4758.79**	**4858.07**	**5088.88**	**5365.36**	**5594.56**	**6862.51**
构　成　(%)	Composition (%)	100.0	100.0	100.0	100.0	100.0	100.0	100.0
原　煤	Coal	8.0	7.2					
原　油	Crude Oil	53.6	44.1	37.8	34.0	34.4	31.8	32.8
电　力	Electricity	27.1	36.2	40.7	44.2	47.0	48.3	48.5
天然气	Natural Gas	11.3	12.5	21.5	21.8	18.6	19.9	18.7

7−2 能源消费总量及构成

Total Consumption of Energy and Its Composition

年份 Year	一次能源消费量 (万吨标准煤) Primary Energy Consumption (10000 tons of SCE)	构成(%) Composition(%)					终端能源消费量 (万吨标准煤) Final Energy Consumption (10000 tons of SCE)	构成(%) Composition(%)				
		合计 Total	原煤 Coal	原油 Crude Oil	电力 Elect-ricity	天然气 Natural Gas		合计 Total	原煤 Coal	油品 Oil Products	电力 Elect-ricity	其他 Others
1990	3690.25	100.0	56.5	35.3	8.2		3936.44	100.0	33.6	22.4	33.0	11.0
1995	6147.61	100.0	56.4	28.5	14.9	0.2	7062.28	100.0	27.0	20.9	39.7	12.4
2000	7983.46	100.0	52.2	35.0	12.6	0.2	9080.20	100.0	17.1	22.6	45.4	14.9
2001	8169.60	100.0	52.5	34.0	13.5		9775.15	100.0	15.9	22.6	46.1	15.4
2002	9036.40	100.0	51.9	31.0	17.1		10861.68	100.0	14.5	21.6	49.2	14.7
2003	10462.09	100.0	53.5	28.6	17.7	0.2	12414.48	100.0	17.8	22.6	44.5	15.1
2004	12013.14	100.0	51.4	28.4	20.0	0.2	14487.74	100.0	11.7	20.7	52.6	15.0
2005	13086.58	100.0	52.8	26.1	20.8	0.3	17255.84	100.0	10.9	23.6	50.7	14.8
2006	15281.00	100.0	50.4	26.2	22.1	1.3	19254.03	100.0	12.5	23.7	48.7	15.1
2007	17344.10	100.0	52.0	24.2	20.3	3.5	21427.33	100.0	12.0	22.2	49.3	16.5
2008	17679.13	100.0	50.8	24.6	20.5	4.1	22671.76	100.0	13.8	21.2	48.5	16.5
2009	19235.86	100.0	46.5	27.5	20.6	5.4	23943.39	100.0	12.2	20.9	46.3	20.6
2010	21942.15	100.0	45.2	29.0	20.1	5.7	24594.92	100.0	9.7	18.8	50.4	21.1
2011	23318.44	100.0	50.2	27.0	16.4	6.4	26223.64	100.0	10.3	16.8	51.5	21.4
2012	23786.60	100.0	46.4	27.1	20.1	6.4	26763.90	100.0	9.7	16.7	52.2	21.4
2013	24930.93	100.0	46.4	27.1	20.0	6.5	27666.36	100.0	10.4	16.8	51.0	21.8
2014	25636.29	100.0	43.7	26.6	22.9	6.8	28669.57	100.0	10.2	16.6	53.5	19.7
2015	25662.31	100.0	42.3	27.3	24.0	6.4	29386.66	100.0	10.0	16.8	52.2	21

7-3 综合能源平衡表

Overall Energy Balance Sheet

单位：万吨标准煤 (10000 tons of SCE)

项 目	Item	2000	2010	2012	2013	2014	2015
可供本地区消费的能源量	**Total Energy Available for Consumption by Locality**	**9447.70**	**25445.22**	**27530.85**	**28479.70**	**29593.26**	**30145.49**
年初库存量	Stock at the Year-beginning	675.20	1347.93	1599.37	1551.98	1435.36	1635.41
一次能源生产量	Primary Energy Output	3711.69	4858.07	5088.88	5365.35	5594.57	6862.51
外省调入量	Allocation from Other Provinces	5628.27	15570.94	15913.87	17342.55	19278.01	20771.89
进口量	Imports	2757.39	8112.34	8241.96	8580.37	8938.27	6739.99
境内轮船和飞机在境外加油量	Petroleum Consumed by Chinese Airplanes and Ships Abroad		183.44	220.07	217.93	219.79	220.81
本省调出量(-)	Allocation over Other Provinces(-)	-1599.39	-1294.98	-839.13	-1436.57	-1512.21	-2392.60
出口量(-)	Exports(-)	-980.31	-1700.12	-821.43	-1357.42	-2390.03	-1378.80
境外轮船和飞机在境内加油量(-)	Petroleum Consumed by Foreign Airplanes and Ships in China(-)	-62.51	-275.16	-320.75	-333.10	-335.08	-336.16
年末库存量(-)	Stock at the Year-end(-)	-779.26	-1357.25	-1551.98	-1451.39	-1635.41	-1977.58
加工转换投入(-)产出(+)量	**Input Output in Processing and Transformation**	**-35.74**	**-92.50**	**89.12**	**98.81**	**-13.59**	**-0.11**
火力发电	Thermal Power			…			
供热	Heating		-90.80	-140.00	-150.05	-189.64	-128.38
洗选煤	Coal Washing						
炼焦	Coking	-3.85	-2.25	-5.51	-9.04	-9.41	-8.76
炼油	Petroleum Refining	-26.89	205.83	-93.41	-102.15	-176.10	-185.30
制气	Gas Production	-5.00	-1.08	0.03	0.35	-1.54	-31.76
回收能	Recovery of Energy	96.59	123.70	330.80	364.03	366.98	365.40
损失量	**Losses**	**331.76**	**757.80**	**856.07**	**912.14**	**910.10**	**758.72**
#运输和输配损失	Losses in Transmission	318.75	732.46	792.81	902.29	885.55	742.82
终端消费量	**End-use**	**9080.20**	**24594.92**	**26763.90**	**27666.36**	**28669.57**	**29386.66**
第一产业	Primary Industry	353.56	400.60	460.67	473.85	490.85	502.45
农、林、牧、渔业	Farming, Forestry, Animal Husbandry and Fishery	353.56	400.60	460.67	473.85	490.85	502.45
第二产业	Secondary Industry	5790.91	16452.13	17290.56	17668.42	18097.05	18310.07
工业	Industry	5693.02	15813.16	16579.00	16976.38	17358.86	17575.93
#用作原材料、燃料	As Raw Materials and Fuel	86.44	990.06	1120.92	1246.11	1157.69	585.31
建筑业	Construction	97.90	638.97	711.56	692.03	738.19	734.13
第三产业	Tertiary Industry	1648.93	4749.44	5418.21	5802.09	6001.63	6209.59
交通运输仓储及邮电通信业	Transport, Storage, Postal and Telecommunication Services	957.92	2332.91	2578.34	2867.06	3004.83	3123.41
批发和零售贸易业、餐饮业	Wholesale and Retail Trade and Catering	403.21	1202.83	1373.01	1442.92	1415.48	1445.20
其他	ServicesOthers	287.81	1213.70	1466.85	1492.11	1581.32	1640.98
生活消费	Residential Consumption	1286.80	2992.75	3594.45	3722.01	4080.05	4364.56
城镇	Urban Areas	818.33	1896.70	2311.89	2402.57	2624.22	2736.99
乡村	Rural Areas	468.45	1096.05	1282.57	1319.44	1455.83	1627.56
平衡差额	**Balance**						
消费量合计	**Total Energy Consumption**	**9447.70**	**25445.22**	**27530.85**	**28479.70**	**29593.26**	**30145.49**

7-4 分行业能源消费总量和原煤、电力消费量（2015年）
Consumption of Total Energy, Coal and Electricity by Sector (2015)

行　业	Sector	能源消费总量（万吨标准煤）Total Energy Consumption (10000 tons of SCE)	原煤消费量（万吨）Coal Consumption (10000 tons)	电力消费量（亿千瓦小时）Electricity Consumption (100 million kwh)
消费总量	**Total**	**30145.49**	**15473.23**	**5310.69**
农、林、牧、渔业	**Farming,Forestry,Animal Husbandry and Fishery**	**502.45**	**60.16**	**90.14**
工业合计	**Industry**	**18305.70**	**15312.52**	**3437.45**
采矿业	**Mining and Quarrying**	**191.87**	**6.41**	**21.73**
煤炭开采和洗选业	Mining and Washing of Coal	0.37		0.04
石油和天然气开采业	Extraction of Petroleum and Natural Gas	98.99		0.73
黑色金属矿采选业	Mining and Dressing of Ferrous Metal Ores	24.10	0.65	6.50
有色金属矿采选业	Mining and Dressing of Nonferrous Metal Ores	13.59	1.59	3.92
非金属矿采选业	Mining and Dressing of Nonmetal Ores	54.08	4.17	10.48
开采辅助活动	Auxiliary Minning Operations	0.58		0.06
其他采矿业	Mining and Dressing of Other Ores	0.18		
制造业	**Manufacturing**	**15831.88**	**5227.92**	**2711.76**
农副食品加工业	Processing of Farm and Sideline Food	350.95	106.41	45.20
食品制造业	Manufacture of Food	159.46	32.97	29.48
酒、饮料和精制茶制造业	Manufacture of Wine, Beverage and Tea	103.59	29.69	19.49
烟草制品业	Tobacco Products	9.61	3.17	1.98
纺织业	Textile Industry	712.61	499.73	107.75
纺织服装、服饰业	Manufacture of Textile Garments, Footwear and	308.31	53.17	74.08
皮革、毛皮、羽毛(绒)及其制品业	Leather, Fur, Feather, Down and Related Products	196.75	13.71	54.10
木材加工及木、竹、藤、棕、草制品业	Timber Processing, Bamboo, Cane, Palm Fiber & Straw Products	118.37	2.09	25.45
家具制造业	Manufacture of Furniture	116.63	0.81	32.48
造纸及纸制品业	Papermaking and Paper Products	1107.00	1075.83	169.16
印刷业和记录媒介的复制	Printing and Record Medium Reproduction	133.81	3.61	35.74
文教、工美、体育和娱乐用品制造业	Manufacture of Cultural, Educational and Sports Articles	215.22	2.92	64.00
石油加工、炼焦及核燃料加工业	Petroleum Refining, Coking, and Nuclear Fuel Processing	1534.32	187.94	61.62
化学原料及化学制品制造业	Manufacture of Raw Chemical Materials and Chemical Products	1381.21	207.43	142.07
医药制造业	Manufacture of Medicines	157.46	30.98	20.80
化学纤维制造业	Manufacture of Chemical Fibers	74.20	6.61	18.82
橡胶和塑料制品业	Rubber Products	791.61	89.72	208.19
非金属矿物制品业	Nonmetal Mineral Products	3550.68	2515.85	359.41
黑色金属冶炼及压延加工业	Smelting and Pressing of Ferrous Metals	999.90	227.86	160.90
有色金属冶炼及压延加工业	Smelting and Pressing of Nonferrous Metals	467.68	54.30	101.17
金属制品业	Metal Products	580.57	17.99	159.24
通用设备制造业	Manufacture of General-purpose Machinery	182.46	6.76	49.79
专用设备制造业	Manufacture of Special-purpose Machinery	177.63	3.36	52.30
汽车制造业	Manufacture of Automobile	212.35	0.96	60.95
铁路、船舶、航空航天和其他运输设备制造业	Manufacture of Railway ,Ship,Aeronautics and Other Transport Equipment	78.82	2.73	19.82
电气机械及器材制造业	Manufacture of Electrical Machinery and Equipment	632.91	6.98	184.34
通信设备、计算机及其他电子设备制造业	Manufacture of Communication Equipment, Computers and Other Electronic Equipment	1316.48	5.42	412.98
仪器仪表制造业	Manufacture of Instruments and Meters	70.05	0.05	21.25
其他制造业	Handicraft and Other Manufactures	46.87	35.77	9.68
废弃资源综合利用业	Recycling and Disposal of Waste	37.35	3.10	7.57
金属制品、机械和设备修理业	Manufacture of Metal Products,Machinery and Equipment Maintenance	7.04		1.95
电力、燃气及水的生产和供应业	**Production and Supply of Electric Power,Gas and Water**	**2281.94**	**10078.19**	**703.96**
电力、热力的生产和供应业	Production and Supply of Electric Power and Heat Power	2113.05	10075.54	653.76
燃气生产和供应业	Production and Supply of Gas	24.72	1.29	3.81
水的生产和供应业	Production and Supply of Water	144.17	1.36	46.39
建筑业	**Construction**	**734.13**	**4.03**	**60.31**
交通运输、仓储及邮政业	**Transport, Storage,Postal and Telecommunication Services**	**3152.46**	**4.42**	**82.42**
批发和零售贸易餐饮业	**Wholesale and Retail Trade and Catering Services**	**1445.20**	**44.46**	**292.75**
其他行业	**Others**	**1640.98**	**2.30**	**501.66**
生活消费	**Non-production Consumption**	**4364.56**	**45.34**	**845.96**

7-5 各市电力消费量

Electricity Consumption by City

单位：亿千瓦小时 (100 million kwh)

市别	City	2000	2005	2009	2010	2011	2012	2013	2014	2015
全省总计	**Provincial Total**	**1334.58**	**2673.56**	**3609.64**	**4060.13**	**4399.02**	**4619.42**	**4830.13**	**5235.23**	**5310.69**
广州	Guangzhou	238.78	425.67	567.08	625.90	663.55	694.13	710.69	765.85	779.32
深圳	Shenzhen	190.35	440.21	585.68	663.55	696.02	714.01	721.48	779.93	806.68
珠海	Zhuhai	30.82	61.58	91.72	102.26	112.56	117.47	121.73	134.32	145.37
汕头	Shantou	43.91	87.60	120.92	136.81	149.69	154.36	160.62	174.20	178.01
佛山	Foshan	168.84	316.29	416.77	463.08	485.62	506.95	527.06	564.13	587.84
韶关	Shaoguan	35.81	58.72	72.96	84.06	95.60	96.67	109.28	119.14	111.31
河源	Heyuan	9.27	23.90	43.94	51.52	58.91	58.38	65.60	74.38	78.06
梅州	Meizhou	22.70	40.40	56.00	60.88	66.20	66.33	69.78	76.51	77.98
惠州	Huizhou	43.53	105.22	165.83	192.46	209.66	227.36	248.44	276.41	290.62
汕尾	Shanwei	9.35	16.87	26.72	29.73	32.32	35.19	37.74	43.80	47.05
东莞	Dongguan	179.78	419.83	495.58	562.00	586.07	604.28	622.51	660.99	666.84
中山	Zhongshan	54.54	123.63	161.58	186.65	198.55	206.49	217.10	237.64	245.51
江门	Jiangmen	64.65	113.63	141.97	165.21	187.68	196.14	207.31	227.87	237.13
阳江	Yangjiang	12.09	22.46	32.76	40.43	47.48	64.00	77.15	90.71	98.21
湛江	Zhanjiang	24.15	49.09	68.98	78.68	85.43	93.45	98.16	109.48	116.04
茂名	Maoming	29.98	40.11	60.47	65.80	70.71	75.12	81.94	94.77	98.40
肇庆	Zhaoqing	24.00	48.58	87.92	105.08	122.09	131.03	142.50	156.24	152.30
清远	Qingyuan	22.60	59.47	109.09	125.53	135.71	142.44	156.74	173.89	179.27
潮州	Chaozhou	13.95	33.17	51.41	59.16	63.65	66.12	68.20	74.62	75.59
揭阳	Jieyang	22.51	51.13	85.57	98.68	112.67	120.87	138.50	158.93	152.71
云浮	Yunfu	12.14	21.55	30.58	34.89	39.06	42.43	48.93	54.85	57.81
按经济区域分	By Region									
珠三角	Pearl River Delta	995.29	2054.64	2714.12	3066.18	3261.79	3397.86	3518.83	3803.37	3911.61
东翼	Eastern Region	89.72	188.77	284.62	324.38	358.33	376.55	405.06	451.55	453.34
西翼	Western Region	66.22	111.66	162.21	184.91	203.63	232.57	257.25	294.95	312.65
山区	Mountainous Region	102.52	204.04	312.57	356.88	395.49	406.25	450.33	498.78	504.43

注：由于各市电力消费量不包含不分区域线损，全省数不等于分市数合计。

Note: Becausee the electricity consumption by region doesn't include line losses , the sum of electricity consumption by cities is different from the provincial total.

7-6 各市单位GDP能耗增长速度
Energy Consumption per Unit of GDP by City

单位：% (%)

市 别	City	2008	2009	2010	2011	2012	2013	2014	2015
全省总计	**Provincial Total**	**-4.32**	**-4.27**	**-2.94**	**-3.78**	**-5.38**	**-4.55**	**-3.56**	**-5.71**
广 州	Guangzhou	-4.56	-4.01	-4.60	-4.91	-4.94	-5.14	-3.52	-4.52
深 圳	Shenzhen	-2.90	-2.76	-2.94	-4.39	-4.51	-5.12	-4.35	-3.26
珠 海	Zhuhai	-3.31	-3.60	-3.67	-3.93	-4.75	-4.98	-4.12	-2.80
汕 头	Shantou	-2.54	-3.85	-3.19	-3.44	-4.48	-3.99	-3.85	-6.81
佛 山	Foshan	-7.97	-6.93	-4.38	-4.01	-4.53	-4.54	-4.45	-5.64
韶 关	Shaoguan	-4.91	-4.51	-1.57	-3.68	-4.31	-4.31	-5.01	-7.95
河 源	Heyuan	-4.98	-3.65	-1.06	-3.67	-6.36	-3.67	-2.21	-4.08
梅 州	Meizhou	-4.03	-3.90	-3.23	-4.39	-4.86	-4.51	-3.69	-5.91
惠 州	Huizhou	-5.89	-0.95	-5.82	-3.97	-3.91	-4.35	-3.69	-7.10
汕 尾	Shanwei	0.28	-5.60	-2.02	-3.73	-3.63	-5.69	-1.12	2.03
东 莞	Dongguan	-5.11	-4.48	-2.02	-4.61	-4.46	-5.35	-5.88	-7.90
中 山	Zhongshan	-3.96	-4.03	-1.50	-4.18	-3.91	-3.98	-3.81	-3.91
江 门	Jiangmen	-6.68	-5.79	-2.30	-3.66	-5.23	-4.49	-3.02	-6.63
阳 江	Yangjiang	-3.62	-3.56	-1.00	-3.47	-3.91	-3.97	-3.38	-4.12
湛 江	Zhanjiang	-3.38	-2.76	-0.30	-3.67	-4.21	-4.04	-4.03	-2.57
茂 名	Maoming	-5.29	-3.73	-4.25	-3.90	-5.16	-4.21	-2.38	-7.36
肇 庆	Zhaoqing	-3.50	-4.80	-2.44	-3.74	-4.94	-4.03	-3.51	-4.51
清 远	Qingyuan	-5.70	-3.82	-1.96	-3.94	-6.82	-2.81	-3.03	-7.73
潮 州	Chaozhou	-3.43	-3.54	-3.32	-3.71	-5.55	-4.82	-3.55	-6.67
揭 阳	Jieyang	-3.99	-3.15	-2.21	-4.22	-5.00	-4.50	-2.00	-6.35
云 浮	Yunfu	-3.64	-3.27	-1.54	-3.68	-6.95	-3.90	-3.08	-2.86

7－7　各市单位GDP电耗增长速度

Growth Rate of Electricity Consumption per Unit by GDP by City

单位：%　　　　(%)

市　别	City	2008	2009	2010	2011	2012	2013	2014	2015
全省总计	**Provincial Total**	**-6.44**	**-6.13**	**0.03**	**-1.46**	**-2.90**	**-3.62**	**0.59**	**-6.10**
广　州	Guangzhou	-7.98	-6.96	-2.53	-4.74	-4.59	-8.21	-0.77	-6.13
深　圳	Shenzhen	-7.44	-9.33	1.00	-4.69	-3.28	-8.30	-0.65	-5.01
珠　海	Zhuhai	-2.21	-3.92	-1.21	-1.05	-2.49	-6.23	0.04	-1.61
汕　头	Shantou	-4.44	-3.19	-0.62	-2.27	-5.87	-5.37	-0.79	-5.78
佛　山	Foshan	13.72	-7.23	-2.76	-5.83	-3.48	-5.07	-1.44	-3.95
韶　关	Shaoguan	-2.81	-9.88	2.44	1.45	-7.32	0.80	-0.04	-12.00
河　源	Heyuan	-5.70	2.45	3.54	1.11	-11.21	0.30	2.97	-2.96
梅　州	Meizhou	-4.58	-2.00	-4.67	-4.25	-8.37	-5.32	1.06	-6.18
惠　州	Huizhou	-5.48	-4.56	-1.64	-4.93	-3.68	-3.82	1.15	-3.56
汕　尾	Shanwei	-3.89	-6.05	-5.82	-4.61	-4.08	-4.46	6.59	-0.63
东　莞	Dongguan	-12.49	-8.42	2.84	-3.40	-2.85	-6.17	-1.50	-6.54
中　山	Zhongshan	-8.38	-6.34	1.38	-5.98	-6.31	-4.42	1.35	-4.73
江　门	Jiangmen	-9.93	-7.73	1.60	0.53	-3.32	-3.71	1.96	-4.00
阳　江	Yangjiang	-5.98	-3.92	5.66	2.24	19.28	4.50	6.41	-0.21
湛　江	Zhanjiang	-8.51	-2.25	-0.12	-3.89	0.74	-6.17	1.39	-2.28
茂　名	Maoming	-5.46	-3.00	-4.65	-2.99	-3.95	-6.32	4.75	-3.86
肇　庆	Zhaoqing	-1.16	-1.12	1.74	1.33	-3.31	-2.46	-0.40	-9.92
清　远	Qingyuan	-18.07	-2.54	-2.32	-0.18	-0.10	1.74	2.82	-4.91
潮　州	Chaozhou	-2.68	-4.89	0.85	-4.75	-6.12	-7.05	1.12	-6.44
揭　阳	Jieyang	-6.09	-2.23	-3.58	-0.34	-3.62	-1.80	3.66	-11.03
云　浮	Yunfu	-5.01	-4.84	0.24	-2.04	-3.70	1.74	1.64	-2.85

7-8 各市单位工业增加值能耗增长速度

Growth Rate of Energy Consumption per Unit of Industrial Value-added by City

单位：% (%)

市别	City	2008	2009	2010	2011	2012	2013	2014	2015
全省总计	**Provincial Total**	**-11.32**	**-6.94**	**-6.88**	**-5.13**	**-11.18**	**-4.97**	**-9.25**	**-10.47**
广州	Guangzhou	-10.72	-10.52	-12.61	-10.06	-16.98	-10.89	-11.91	-13.03
深圳	Shenzhen	-4.46	-3.59	-3.72	-24.02	-12.68	-9.49	-8.45	-11.07
珠海	Zhuhai	-2.40	-5.74	-10.52	-6.61	-16.62	-9.17	-8.49	-1.88
汕头	Shantou	-22.49	12.65	18.74	-4.37	-22.41	5.35	-11.22	-16.00
佛山	Foshan	-21.24	-9.37	-10.48	-8.17	-4.91	-11.45	-12.54	-13.77
韶关	Shaoguan	-18.93	-3.87	-2.11	-4.32	-16.04	-10.61	-12.81	-8.66
河源	Heyuan	-21.87	61.14	-1.15	0.03	-27.94	-15.94	-19.33	-13.26
梅州	Meizhou	-8.02	12.84	-15.33	-24.00	-18.71	-3.25	-14.92	-15.48
惠州	Huizhou	-11.13	0.69	-16.87	0.15	-11.08	-18.18	-14.15	-12.31
汕尾	Shanwei	684.61	-22.70	-14.25	2.75	6.26	-30.74	-14.92	26.15
东莞	Dongguan	-10.94	-0.26	-10.92	-6.12	-11.42	-8.45	-9.74	-10.88
中山	Zhongshan	-6.07	-11.70	-3.84	-8.51	-21.83	-12.34	-3.84	4.91
江门	Jiangmen	-19.13	-18.45	-12.91	-0.96	-15.35	-0.53	-17.45	-14.93
阳江	Yangjiang	-12.60	11.54	58.95	-5.11	-17.53	-16.69	-1.16	-10.30
湛江	Zhanjiang	-14.82	-4.04	-4.35	-4.94	-5.21	-7.40	-17.83	-11.45
茂名	Maoming	-6.46	-6.26	-9.91	-7.48	-20.08	-11.53	-5.04	-11.60
肇庆	Zhaoqing	-10.81	-14.14	-7.65	-8.44	-9.04	-9.31	-9.80	-12.94
清远	Qingyuan	-23.67	-11.14	-16.28	-11.77	-20.63	-0.74	-9.52	-9.16
潮州	Chaozhou	-3.91	-10.54	17.93	17.99	-18.92	-16.05	-21.13	-13.16
揭阳	Jieyang	-5.25	-15.50	-15.49	-18.98	-23.59	24.31	-18.62	-15.54
云浮	Yunfu	-15.61	-4.05	-9.70	-17.32	-25.69	-21.35	-14.19	-10.32

7-9 平均每天各种能源消费量

Average Daily Energy Consumption by Variety

能源品种	Energy Variety	2000	2005	2010	2012	2013	2014	2015
合　计(吨标准煤)	**Total (ton of SCE)**	**248773**	**472363**	**673833**	**733257**	**757982**	**785468**	**805114**
煤　炭　(吨)	Coal (Ton)	59590	78227	120155	124986	122417	135491	135415
焦　炭　(吨)	Coke (Ton)	3973	8058	13314	14936	16005	15286	14875
原　油　(吨)	Crude Oil (Ton)	250	178	480	437	569	580	635
燃料油　(吨)	Fuel Oil (Ton)	9248	18288	13141	8427	8881	8481	8253
汽　油　(吨)	Gasoline (Ton)	8226	19330	22849	26443	29313	30408	33601
煤　油　(吨)	Kerosene (Ton)	2444	4212	5532	6661	7104	7332	7510
柴　油　(吨)	Diesel Oil (Ton)	18726	34920	45370	42122	42062	42886	43303
液化石油气　(吨)	Liquefied Petroleum Gas(Ton)	8720	16676	13584	13594	14698	16046	18510
电　力(万千瓦时)	Electricity (10000 kwh)	33978	69671	105290	119813	124810	135908	139035

7-10 平均每人年生活用能源

Annual per Capita Energy Consumption of Households

能源品种	Energy Variety	2000	2005	2010	2012	2013	2014	2015
合　计(千克标准煤)	**Total (kg of SCE)**	**148.90**	**227.85**	**290.97**	**340.72**	**350.10**	**381.88**	**404.63**
煤　炭　(千克)	Coal (kg)	9.63	10.54	6.14	6.05	6.11	6.10	6.17
汽　油　(千克)	Gasoline (kg)	4.42	14.57	36.95	41.69	45.91	45.86	49.93
煤　油　(千克)	Kerosene (kg)	0.24	0.33	0.35	0.37	0.38	0.37	0.38
柴　油　(千克)	Diesel Oil (kg)	0.57	0.98	1.39	1.58	1.75	1.74	1.77
液化石油气　(千克)	Liquefied Petroleum Gas(kg)	31.47	43.66	27.42	26.75	28.73	31.50	43.16
电　力　(千瓦时)	Electricity (kwh)	239.09	359.06	536.60	653.89	669.90	759.93	784.28

7−11 分品种生活能源年消费总量

Annual Total Energy Consumption of Households by Variety

能源品种	Energy Variety	2000	2005	2010	2012	2013	2014	2015
合 计(万吨标准煤)	**Total (10000 tons of SCE)**	**1286.80**	**2100.39**	**2992.75**	**3594.45**	**3722.01**	**4080.05**	**4364.56**
煤 炭 (万吨)	Coal (10000 tons)	83.22	96.46	63.19	63.87	64.89	65.21	66.57
汽 油 (万吨)	Gasoline (10000 tons)	38.20	133.36	380.05	439.82	487.55	489.99	538.63
煤 油 (万吨)	Kerosene (10000 tons)	2.10	2.98	3.60	3.88	3.99	4.00	4.11
柴 油 (万吨)	Diesel Oil (10000 tons)	4.90	8.93	14.30	16.72	18.55	18.64	19.10
液化石油气 (万吨)	Liquefied Petroleum Gas(10000 tons)	271.96	399.55	282.01	282.21	305.13	336.52	465.57
电 力(亿千瓦小时)	Electricity (100 million kwh)	206.62	328.62	551.92	689.82	711.37	810.84	845.96

7−12 能源加工转换效率

Efficiency of Energy Conversion

单位：% (%)

年 份 Year	火力发电 Thermal Power Generation	供 热 Heating	炼 焦 Coking	炼 油 Petroleum Refining	制 气 Gas Production
1990	31.13	79.21	93.48	99.44	
1995	31.85	80.07	90.93	99.89	86.17
2000	37.20	87.19	94.35	99.02	79.18
2001	37.21	85.09	95.23	99.12	77.90
2002	36.36	76.40	94.27	98.40	80.08
2003	40.69	71.43	82.36	98.57	78.67
2004	35.53	86.10	91.53	99.29	79.70
2005	36.22	95.99	96.66	99.53	79.18
2006	37.74	88.49	96.95	99.80	95.40
2007	38.80	70.66	99.02	99.79	97.22
2008	38.00	77.34	98.43	99.10	95.65
2009	38.69	82.15	98.31	99.58	93.47
2010	38.90	82.80	99.08	98.12	87.81
2011	38.22	79.19	98.69	98.54	89.87
2012	38.49	78.26	97.57	98.17	89.77
2013	39.66	79.57	96.01	98.48	91.00
2014	39.72	75.73	96.15	97.42	71.51
2015	40.62	84.02	97.15	97.69	57.39

7-13 能源生产弹性系数

Elasticity Ratio of Energy Production

年 份 Year	能源生产比上年增长% Growth Rate of Energy Production over Preceding Year(%)	电力生产比上年增长% Growth Rate of Electricity Production over Preceding Year(%)	本省生产总值比上年增长% Growth Rate of Gross Domestic Product(GDP) over Preceding Year(%)	能源生产弹性系数 Elasticity Ratio of Energy Production	电力生产弹性系数 Elasticity Ratio of Electricity Production
1986	1.0	8.0	12.7	0.08	0.63
1990	0.3	15.3	11.6	0.02	1.32
1995	14.7	6.6	15.6	0.94	0.42
1996	43.3	10.7	11.3	3.83	0.95
1997	8.5	8.0	11.2	0.76	0.71
1998	-4.1	5.6	10.8		0.52
1999	-10.3	9.8	10.1		0.97
2000	5.8	18.7	11.5	0.50	1.63
2001	-8.2	5.9	10.5		0.56
2002	6.5	12.4	12.4	0.52	1.00
2003	12.7	17.7	14.8	0.86	1.20
2004	18.6	11.9	14.8	1.26	0.80
2005	-6.7	7.4	13.8		0.54
2006	-8.1	8.5	14.6		0.58
2007	-5.7	8.9	14.7		0.61
2008	12.5	-0.4	10.1	1.24	
2009	-0.6	-0.6	9.7		
2010	10.6	20.1	12.4	0.85	1.62
2011	-0.2	15.6	10.0		1.56
2012	5.0	-1.8	8.2	0.61	
2013	6.5	6.7	8.5	0.76	0.79
2014	-0.8	0.5	7.8		0.06
2015	1.2	0.5	8.0	0.15	0.06

7-14 能源消费弹性系数
Elasticity Ratio of Energy Consumption

年份 Year	能源消费比上年增长 (%) Growth Rate of Energy Consumption over Preceding Year(%)	电力消费比上年增长% Growth Rate of Electricity Consumption over Preceding Year(%)	本省生产总值比上年增长% Growth Rate of Gross Domestic Product(GDP) over Preceding Year(%)	能源消费弹性系数 Elasticity Ratio of Energy Consumption	电力消费弹性系数 Elasticity Ratio of Electricity Consumption
1986	8.4	4.7	12.7	0.66	0.37
1990	4.1	14.3	11.6	0.35	1.24
1995	9.2	7.6	15.6	0.59	0.49
1996	5.5	8.9	11.3	0.48	0.79
1997	2.7	7.1	11.2	0.24	0.64
1998	5.3	7.5	10.8	0.49	0.70
1999	4.3	10.0	10.1	0.42	0.99
2000	8.2	22.9	11.5	0.71	1.99
2001	7.7	9.3	10.5	0.74	0.88
2002	11.6	15.7	12.4	0.93	1.27
2003	15.4	20.3	14.8	1.04	1.37
2004	16.1	17.5	14.8	1.09	1.18
2005	16.8	12.0	13.8	1.22	0.87
2006	11.2	12.4	14.6	0.77	0.85
2007	10.9	13.0	14.7	0.74	0.88
2008	5.3	3.3	10.1	0.52	0.32
2009	6.9	2.9	9.7	0.71	0.30
2010	8.9	12.5	12.4	0.72	1.00
2011	5.8	8.3	10.0	0.58	0.83
2012	2.3	5.0	8.2	0.28	0.61
2013	3.6	4.5	8.5	0.42	0.53
2014	3.9	8.4	7.8	0.50	1.08
2015	1.9	1.4	8.0	0.24	0.18

7-15 自然资源（2015年）

Natural Resources (2015)

项　目		Item		2015
一、土地资源和海洋		**Land Resources and Sea**		
土地面积	（平方公里）	Total Land Area	(sq.km)	179716.02
耕　地	（万公顷）	Cultivated Land	(10000 hectares)	261.59
林　地	（万公顷）	Afforested Land	(10000 hectares)	1003.43
园　地	（万公顷）	Plantation	(10000 hectares)	127.13
牧草地	（万公顷）	Grass Land	(10000 hectares)	0.31
海域总面积	（万平方公里）	Total Area of Sea	(10000 sq.km)	41.9
海洋滩涂面积	（万公顷）	Sea Beach Area	(10000 hectares)	20.4
海岛面积	（平方公里）	Area of Islands	(sq.km)	1592.7
大陆海岸线长度	（公里）	Length of Continental Coastline	(km)	4114.3
岛屿岸线长度	（公里）	Length of Island Coastline	(km)	2428.7
岛屿个数	（个）	Number of Islands	(unit)	1431
二、气候		**Climate**		
年平均降雨量	（毫米）	Annual Average Precipitation	(mm)	1845.7
年平均气温	（摄氏度）	Annual Average Temperature	(℃)	22.6
年日照时数	（小时）	Annual Sunshine Hours	(hour)	1735.8
三、森林		**Forest**		
活立木蓄积量	（亿立方米）	Total Standing Stock Volume	(100 million cu.m)	5.66
森林覆盖率	（%）	Forest Coverage Rate	(%)	58.88
四、水力水产		**Hydropower and Aquatic Products**		
水力资源理论蕴藏量	（万千瓦）	Theoretical Hydropower Resources	(10000 kw)	1137.23
#可开发装机容量		Developable Resources		992.50
海水养殖可养面积	（万公顷）	Cultivatable Area in Marine Areas	(10000 hectares)	77.6
淡水可养面积	（万公顷）	Cultivatable Area in Freshwater Areas	(10000 hectares)	49.42
五、矿产		**Mineral Resources**		
煤保有资源储量	（万吨）	Ensured Reserve of Coal	(10000 tons)	59858.99
铁矿石保有资源储量	（万吨）	Ensured Reserve of Iron Ore	(10000 tons)	64023.12
硫铁矿保有资源储量	（万吨）	Ensured Reserve of Pyrite Ore	(10000 tons)	33121.76

注：1．海岛面积、岛岸线长度、岛屿个数是1994年调查数据。
2．海域总面积包括200海里专属经济区面积。
3．土地面积为2015年土地变更调查结果数据，土地资源数据未经国土资源部认可，仅供参考，最终数据以国土资源部确认的为准。

Notes: a) Data of the area of islands, length of island coastline and number of islands were obtained from surveys in 1994.
b) Total area of sea includes 200 sea miles of exclusive economic zone.
c) Data on land area are result of the land research of 2015. The land data in this table is for reference only because the data has not been examined or confirmed by Ministry of Land and Resources The final result is subject to be comfired by Ministry of Land and Resources.

7-16 各地区年平均气温

Average Temperature by Region

单位：摄氏度 (℃)

年份 Year	粤北 Northern Regions	粤东北 North Eastern Regions	粤西北 North Western Regions	粤东 Eastern Regions	粤中 Central Regions	粤西 Western Regions
1980	20.7	21.5	22.5	21.2	22.2	23.4
1985	20.2	20.9	22.0	21.1	21.6	22.6
1990	21.1	21.5	22.8	21.8	22.6	23.4
1995	20.0	20.0	22.2	21.6	22.3	23.0
1996	19.9	21.4	22.4	21.9	21.6	23.3
1997	20.4	21.3	22.7	22.1	22.0	23.7
1998	21.2	22.5	23.3	23.0	22.8	24.5
1999	20.8	21.9	22.7	22.6	22.5	24.0
2000	20.4	21.9	22.6	22.5	22.5	23.8
2001	20.5	22.0	22.5	22.7	22.6	23.8
2002	21.0	22.3	22.8	23.0	23.0	24.1
2003	20.9	21.9	22.9	22.6	23.0	24.4
2004	20.8	21.6	22.6	22.6	22.8	23.2
2005	20.5	21.6	22.5	22.3	22.8	23.0
2006	20.8	22.1	23.1	22.8	23.2	23.4
2007	21.2	22.0	23.0	22.9	23.2	23.2
2008	20.5	21.5	22.1	22.3	22.5	22.4
2009	20.6	22.3	22.9	22.6	23.0	23.3
2010	20.0	21.8	22.4	22.3	22.5	23.3
2011	19.6	21.7	22.3	22.1	21.4	22.4
2012	19.6	22.0	22.4	22.3	21.7	23.2
2013	20.0	21.2	22.7	22.6	21.5	23.0
2014	20.4	21.7	22.8	22.8	21.7	23.3
2015	20.8	22.0	23.4	23.5	22.3	24.3

7-17 各地区年降雨量

Annual Precipitation by Region

单位：毫米 (mm)

年份 Year	粤北 Northern Regions	粤东北 North Eastern Regions	粤西北 North Western Regions	粤东 Eastern Regions	粤中 Central Regions	粤西 Western Regions
1980	1459.4	1461.7	1586.1	1369.1	1492.2	2274.0
1985	1360.2	1607.8	1726.9	1481.3	1706.0	2411.3
1990	1436.6	1709.0	1284.8	2236.9	1239.5	1510.2
1995	1506.9	1171.0	1766.4	1512.2	1752.4	2082.9
1996	1633.1	1361.5	1693.1	1409.0	1683.4	1222.6
1997	2045.3	1847.5	1815.3	2040.9	1997.3	2344.3
1998	1862.3	1458.2	1737.5	1593.6	1736.1	1266.4
1999	1314.3	1033.8	1318.7	1517.4	1620.4	1392.6
2000	1565.8	1850.9	1318.2	1486.7	1798.9	1762.7
2001	1689.8	1560.3	1889.2	1947.9	2678.9	2314.5
2002	1814.9	1110.3	1480.9	1409.7	1866.7	2263.3
2003	1388.2	1415.2	1251.8	1406.6	1338.7	1372.4
2004	1156.3	1251.8	1034.7	1379.7	1636.5	1068.5
2005	1772.2	1647.3	1905.2	1631.3	1986.2	1387.3
2006	1782.8	2040.2	1727.0	2507.7	2175.7	1149.8
2007	1502.3	1399.2	1252.4	1482.2	1370.3	1620.8
2008	1553.1	1300.2	2221.0	2123.6	2284.0	1865.2
2009	1275.5	1246.7	1440.4	927.9	1472.6	1849.9
2010	2104.4	1416.1	1419.6	1350.3	2353.6	1952.3
2011	1443.0	1233.1	1277.2	1027.0	1632.3	1408.5
2012	2056.3	1460.5	1919.2	1247.1	1813.9	2068.6
2013	1654.0	1930.2	1736.2	1887.2	2095.4	2084.2
2014	1517.0	1164.9	1788.2	1416.5	2234.0	1468.9
2015	2128.7	1696.3	1848.1	1446.6	2471.9	1328.9

7-18 各地区年日照时数

Annual Sunshine Hours by Region

单位：小时 (hour)

年份 Year	粤 北 Northern Regions	粤东北 North Eastern Regions	粤西北 North Western Regions	粤 东 Eastern Regions	粤 中 Central Regions	粤 西 Western Regions
1980	1754.1	1811.1	1945.8	1989.2	1921.8	2036.5
1985	1701.6	1926.7	1613.3	1900.6	1406.0	1868.4
1990	1613.9	1893.1	1542.8	1921.3	1648.7	1877.4
1995	1420.6	1868.7	1704.6	2038.3	1559.6	1828.3
1996	1626.5	1965.7	1796.9	2094.8	1564.7	2042.3
1997	1349.1	1490.2	1454.9	1985.8	1209.8	1895.1
1998	1578.3	1689.6	1546.1	1917.5	1469.4	1994.0
1999	1564.0	1819.7	1699.0	2237.0	1599.5	2050.7
2000	1497.2	1672.6	1714.1	2126.3	1609.2	1855.3
2001	1613.0	1884.0	1559.2	2199.8	1651.0	1794.6
2002	1506.4	1813.2	1521.7	2266.6	1566.5	1783.8
2003	1821.1	2030.1	1762.6	2341.5	1741.6	2144.5
2004	1818.5	2117.1	1640.2	2433.5	1767.4	2024.7
2005	1491.2	1736.4	1345.6	1849.5	1288.5	1784.4
2006	1487.7	1779.4	1454.8	1843.5	1328.7	1664.3
2007	1736.3	1750.6	1722.4	1961.2	1616.0	1778.7
2008	1545.0	1853.1	1638.8	1852.1	1482.2	1864.4
2009	1852.9	1962.9	1531.8	2059.8	1671.8	1981.8
2010	1631.0	1676.9	1356.5	1855.5	1484.0	1878.4
2011	1783.8	1901.1	1709.7	2077.9	1878.4	1822.3
2012	1501.0	1660.3	1361.1	1650.4	1471.2	1544.0
2013	1731.5	1827.8	1624.2	1865.8	1582.9	1811.2
2014	1886.2	1997.5	1744.5	1957.8	1613.6	1991.5
2015	1540.8	1740.4	1583.0	2010.7	1594.3	2008.1

7-19 各市土地面积和人口密度

Land Area and Population Density by City

市 别	City	土地面积 (平方公里) Land Area (sq.km)	人口密度 (人/平方公里) Population Density (persons/sq.km)							
			2000	2005	2010	2011	2012	2013	2014	2015
全省合计	**Provincial Total**	**179716.02**	**486**	**511**	**581**	**584**	**590**	**592**	**597**	**604**
广 州	Guangzhou	7248.86	1337	1277	1744	1750	1771	1783	1804	1863
深 圳	Shenzhen	1997.27	3596	4239	5311	5360	5282	5323	5398	5697
珠 海	Zhuhai	1732.33	758	839	944	948	918	922	936	943
汕 头	Shantou	2199.04	2263	2395	2400	2409	2492	2506	2512	2525
佛 山	Foshan	3797.72	1400	1507	1871	1879	1912	1921	1936	1957
#顺 德	Shunde	806.57	2100	2424	3054	3067	3078	3091	3112	3143
韶 关	Shaoguan	18412.53	149	159	154	155	156	157	158	159
河 源	Heyuan	15653.63	143	176	189	191	192	194	196	196
梅 州	Meizhou	15864.51	240	259	267	269	271	271	273	274
惠 州	Huizhou	11346.14	288	332	405	408	412	414	417	419
汕 尾	Shanwei	4865.02	465	531	600	603	610	614	618	621
东 莞	Dongguan	2460.08	2615	2662	3328	3340	3371	3381	3391	3355
中 山	Zhongshan	1783.67	1313	1352	1735	1746	1769	1779	1790	1799
江 门	Jiangmen	9505.42	414	430	467	468	472	473	475	475
阳 江	Yangjiang	7955.87	278	297	304	307	310	312	314	316
湛 江	Zhanjiang	13262.59	487	536	530	535	536	540	544	546
茂 名	Maoming	11427.07	457	510	510	515	522	526	529	532
肇 庆	Zhaoqing	14891.23	227	247	265	267	267	270	271	273
清 远	Qingyuan	19035.54	164	188	193	195	198	199	201	201
潮 州	Chaozhou	3145.93	780	810	862	866	858	862	865	839
揭 阳	Jieyang	5265.38	999	1068	1117	1123	1131	1139	1146	1151
云 浮	Yunfu	7785.11	277	301	304	306	310	312	314	316

注：1．2000、2005年数据来源于2000年广东省第五次全国人口普查公报和广东省2005年全国1%人口抽样调查公报。

2．土地面积为2015年土地变更调查结果数据，全省合计面积包含岛屿面积。

Note: a) Data of 2000 and 2005 are based on the Communique of the Fifth National Population Census in Guangdong in 2000 and the Communique of 1% National Population Sample Survey in 2005.

b) Data on land area are result of the land research of 2015, provincial total area includes areas of the islands with jurisdiction.

7-20 环境保护基本情况

Basic Conditions of Environmental Protection

项 目	item	2010	2012	2013	2014	2015
水环境	**Water Environment**					
降水量 (毫米)	Precipitation (mm)	1927.1	1979.3	2179.3	1691.2	1875.7
水资源总量 (亿立方米)	Total Amount of Water Resource (100 million cu.m)	1998.8	2026.6	2263.2	1718.5	1933.4
人均水资源量 (立方米/人)	Per Capita Amount of Water Resource (cu.m/person)	1915	1922	1910	1608	1782
用水总量 (亿立方米)	Total Water Consumption (100 million cu.m)	469.0	451.0	443.2	442.5	443.1
#农业用水	Agriculture	231.3	227.6	223.7	224.3	227.0
工业用水	Industry	138.8	121.6	119.5	117.0	112.5
生活用水	Living	90.4	95.3	94.8	96.1	98.3
生态环境补水	Ecology	8.6	6.5	5.2	5.1	5.3
万元GDP用水量(立方米/万元)	Water Consumption per 10000 Yuan of GDP (cu.m/10000 yuan)	103	75	71	65	61
万元工业增加值用水量 (立方米/万元)	Water Consumption per 10000 Yuan of Value-added of Industry (cu.m/10000 yuan)	65	46	44	40	37
废水排放总量 (亿吨)	Total Volume of Waste Water Discharged (100 million tons)	72.30	83.85	86.25	90.51	91.15
#城镇生活污水	Living Waste Water	53.59	65.19	69.13	72.68	74.93
工业废水	Industrial Waste Water	18.70	18.61	17.05	17.76	16.15
废水中COD排放量 (万吨)	Volume of COD Discharged from Waste Water (10000 tons)	85.84	180.29	173.39	167.06	160.69
废水中氨氮排放量 (万吨)	Volume of Ammonia and Nitrogen Discharged from Waste Water (10000 tons)	10.7	22.4	21.6	20.8	20.0
大气环境	**Atmospheric Environment**					
工业废气排放总量 (亿立方米)	Total Volume of Industrial Waste Gas Emission (100 million cu.m)	24092	27078	28434	29793	30923
二氧化硫排放总量 (万吨)	Total Volume of Industrial Sulfur Dioxide Emission (10000 tons)	105.1	79.9	76.2	73.0	67.8
#工业二氧化硫	Volume of Industrial Sulfur Dioxide Emission	98.9	77.2	73.2	69.9	64.9
氮氧化物排放总量 (万吨)	Nitrogen Oxides (10000 tons)		130.3	120.4	112.2	99.7
#工业氮氧化物	Industrial Nitrogen Oxides		80.9	72.3	68.3	58.8
烟(粉)尘排放总量 (万吨)	Volume of Soot(Dust) Emission (10000 tons)		32.8	35.4	45.0	34.8
#工业烟(粉)尘排放量	Volume of Industrial Soot(Dust) Emission		26.8	29.7	39.5	30.0
空气质量达二级标准城市数(个)	Number of Cities Meeting Grade Ⅱ Air Quality Standard (unit)	21	21	21	6	15
生态环境	**Ecological Environment**					
人均耕地面积 (亩)	Per Capita Area of Cultivated Land (mu)	0.45	0.45	0.45	0.44	0.44
累计水土流失治理面积(千公顷)	Area of Soil Erosion under Control (1000 hectares)	44.6	39.5	44.1	47.5	72.6
森林面积 (万公顷)	Forest Area (10000 hectares)	1036.28	1061.68	1074.28	1082.79	1086.11

注：2014年起，空气质量达二级标准的统计标准有变。
Note: The scope of meeting grade Ⅱ air quality standard has been changed since 2014.

7-20 续表 1 continued

项 目	item	2010	2012	2013	2014	2015
森林覆盖率 (%)	Forest Coverage Rate (%)	57.00	57.70	58.20	58.69	58.88
人均森林面积 (公顷)	Per Capita Forest Area (hectare)	0.1	0.1	0.1	0.1	0.1
活立木蓄积量 (万立方米)	Volume of Standing Forest Stock (10000 cu.m)	43936	49204	52425	54679	56636
森林蓄积量 (万立方米)	Stock Volume of Forest (10000 cu.m)	43190	48639	51647	54138	56128
当年营造林面积 (万公顷)	Afforested Area in Current Year (10000 hectares)	9.51	10.80	13.91	15.15	11.85
自然保护区数 (个)	Number of Natural Reserves (unit)	368	368	369	369	369
自然保护区面积 (万公顷)	Area of Natural Reserves (10000 hectares)	182.4	178.4	171.9	171.9	172.7
城市环境	**Urban Environment**					
城区面积 (平方公里)	Urban Area (sq.km)	18130.1	15984.1	16136.5	17036.4	16825.7
#建成区面积	Built-up Area	4618.07	5026.44	5232.11	5398.07	5633.19
城市建设用地面积 (平方公里)	Area of City Land Used for Construction (sq.km)	4774.76	4083.37	4000.64	4415.55	4958.73
城市供水总量 (万立方米)	Total Volume of Water Supply in Urban Areas (10000 cu.m)	806144	817348	815410	721646	852512
#生活用水量	Domestic Water Consumption	394036	410690	425461	448647	460359
城市用水普及率 (%)	Popularization Rate of Tap Water in Urban Areas(%)	98.4	97.6	97.5	97.3	98.5
城市污水排放量 (万吨)	Volume of Municipal Sewage Discharge(10000 tons)	506546	615779	636504	652251	671363
城市污水处理量 (万吨)	Volume of Municipal Sewage Disposal (10000 tons)	436041	549661	586519	596142	628706
城市污水处理厂集中处理率(%)	Rate of Municipal Sewage Disposal (%)	73.1	88.0	92.0	91.4	93.3
城市生活垃圾清运量 (万吨)	Transportation Amount of Urban Domestic Waste (10000 tons)	1398.01	2106.54	2092.12	2214.23	2320.33
城市生活垃圾无害化处理量 (万吨)	Volume of Harmless Disposal of Urban Domestic Waste (10000 tons)	1938.55	1654.71	1770.32	1912.70	2124.58
城市生活垃圾无害化处理率(%)	Rate of Harmless Disposal of Urban Domestic Waste (%)	72.1	79.1	84.6	86.4	91.6
城市燃气普及率 (%)	Popularization Rate of Gas in Urban Areas (%)	95.8	94.9	96.9	96.6	97.6
城市人均公园绿地面积(平方米)	Per Capita Urban Public Green Area (sq.m)	13.29	15.82	15.94	16.28	17.40
建成区绿化覆盖率 (%)	Green Coverage Rate in Built-up Areas (%)	41.3	41.2	41.5	41.4	41.4
城市公共交通车辆运营数(标台)	Number of Public Transportation Vehicles (Unit)		61948	65844	61685	62947
农村环境	**Rural Environment**					
农村改水受益率 (%)	Percentage of Population Benefiting from Water Improvement (%)	99.0	98.8	99.0	99.2	99.2
农村自来水普及率 (%)	Popularization Rate of Tap Water in Rural Areas (%)	83.9	86.7	88.4	89.5	90.1
农村卫生厕所普及率 (%)	Popularization Rate of Sanitary Toilets in Rural Areas (%)	85.8	88.6	90.0	91.1	92.3
无害化卫生厕所普及率 (%)	Popularization Rate of Harmless Sanitary Toilets (%)	77.7	81.1	83.2	84.9	87.2
农村沼气池产气总量 (万立方米)	Total Output of Biogas from Rural Biogas Pools (10000 cu.m)	18724	35203	35399	35788	36617

7–20　续表 2　continued

项　　目	item	2010	2012	2013	2014	2015
自然灾害	**Natural Disasters**					
地质灾害次数　(次)	Number of Geological Disasters (unit)	600	231	1502	268	191
地质灾害直接经济损失(万元)	Direct Economic Loss due to Geological Disasters (10000 yuan)	22732	4309	19685	5423	3666
海洋灾害发生次数　(次)	Number of Marine Disasters (time)	14	39	13	20	9
海洋灾害直接经济损失 (亿元)	Direct Economic Loss due to Marine Disasters (100 million yuan)		17.48	74.41	60.41	28.77
森林火灾次数　(次)	Number of Forest Fires (time)	59	65	158	140	273
突发环境事件　(次)	Emergent Environment Cases (time)	30	23	14	31	29
工业固体废物	**Industrial Solid Wastes**					
固体废物产生量　(万吨)	Volume of Industrial Solid Wastes Produced (10000 tons)	5455.80	5965.49	5911.84	5665.09	5608.60
固体废物排放量　(万吨)	Volume of Industrial Solid Wastes Discharged (10000 tons)	14.2	3.1	1.6	1.9	1.1
固体废物贮存量　(万吨)	Volume of Industrial Solid Wastes Accumulated (10000 tons)	177.4	252.5	168.9	150.0	73.7
固体废物综合利用量（万吨）	Solid Wastes Comprehensively Utilized (10000 tons)	4952.60	5198.30	5023.74	4893.04	5102.66
工业“三废”治理设施	**Facilities for Treatment of Industrial Waste**					
工业废水处理设施总数（套）	Water, Waste Gas and Solid Wastes (set)	9651	10608	9918	9861	9733
工业废气治理设施总数（套）	Number of Facilities for Treatment of Waste Water (set)	12789	18667	19392	22311	25673
企事业单位污染治理	**Number of Facilities for Treatment of Waste Gas**					
污染治理资金　(万元)	Pollution Treated by Enterprises and Institutions Funds for Pollution Treatment (10000 yuan)	310584	280995	372162	378641	356173
当年安排治理项目　(个)	Number of Projects for Pollution Treatment in Current Year (unit)	657	615	510	420	536
当年竣工项目数　(个)	Number of Projects Completed in Current Year (unit)	613	629	596	503	424
环境管理	**Environmental Management**					
排污费收入总额　(万元)	Total Fees for Discharging Waste in Current Year	88401	87351	92938	87763	74985

7-21 各市“三废”排放情况（2015年）

Statistics on Discharge of Waste Water, Waste Gas and Solid Wastes by City (2015)

市 别	City	废水排放总量（亿吨）Total Volume of Waste Water Discharged (100 million tons)	#工业废水 Industrial Waste Water	工业废气排放总量（亿立方米）Total Volume of Industrial Waste Gas Emission (100million cu.m)	工业烟(粉)尘排放总量（万吨）Volume of Industrial Soot(Dust) Emission (10000 tons)	工业固体废物产生量（万吨）Volume of Industrial Solid Wastes Produced (10000tons)	工业固体废物丢弃量（万吨）Volume of Industrial Solid Wastes Discharged (10000 tons)
广 州	Guangzhou	16.23	1.90	3550.92	0.93	459.63	
深 圳	Shenzhen	18.38	1.91	2312.25	0.11	92.66	
珠 海	Zhuhai	2.51	0.59	2420.81	1.04	292.45	
汕 头	Shantou	2.62	0.58	798.94	0.44	107.37	0.01
佛 山	Foshan	5.81	1.07	1490.64	2.63	359.86	
#顺 德	Shunde	2.58	0.56	604.16	0.30	15.61	
韶 关	Shaoguan	1.90	0.67	1827.11	4.02	740.24	0.02
河 源	Heyuan	1.10	0.15	538.58	0.62	224.41	0.04
梅 州	Meizhou	1.48	0.39	1630.78	1.43	545.79	
惠 州	Huizhou	4.32	0.86	1611.47	1.57	74.21	
汕 尾	Shanwei	1.20	0.21	647.29	0.37	111.56	
东 莞	Dongguan	11.41	2.04	3218.81	1.44	486.35	0.12
中 山	Zhongshan	3.95	0.75	852.28	1.23	93.32	0.01
江 门	Jiangmen	3.76	0.93	1372.42	1.30	224.03	
阳 江	Yangjiang	1.12	0.30	1217.22	1.96	502.23	0.73
湛 江	Zhanjiang	2.65	0.60	1078.30	0.94	229.08	0.01
茂 名	Maoming	1.57	0.41	915.36	1.15	208.75	
肇 庆	Zhaoqing	2.32	0.81	1469.35	3.06	180.48	
清 远	Qingyuan	1.69	0.49	1204.14	4.09	205.23	
潮 州	Chaozhou	1.24	0.25	710.85	0.22	104.11	
揭 阳	Jieyang	2.47	0.56	702.73	0.34	115.58	0.11
云 浮	Yunfu	0.83	0.12	748.27	0.78	235.66	

7-22 各市环境保护基本情况

Basic Statistics on Urban Sanitation by City

市别	City	城镇污水处理率 (%) Rate of Sewage Treatment				城镇生活垃圾无害化处理率 (%) Rate of Consumption Waste Treatment			
		2010	2013	2014	2015	2010	2013	2014	2015
全省	**Province Total**	**73.1**	**92.0**	**91.4**	93.7	**72.1**	**84.6**	**86.4**	**91.6**
广州	Guangzhou	88.1	91.4	98.7	93.2	92.0	87.1	86.8	95.2
深圳	Shenzhen	88.9	96.2	96.6	96.6	94.6	98.4	100.0	100.0
珠海	Zhuhai	84.7	88.5	90.1	95.7	92.3	100.0	100.0	100.0
汕头	Shantou	57.9	92.0	92.1	90.2	64.4	80.6	76.9	92.6
佛山	Foshan	79.7	94.3	79.7	94.4	95.6	99.4	94.2	100.0
韶关	Shaoguan	53.6	81.5	81.4	86.2	100.0	98.1	100.0	100.0
河源	Heyuan	43.0	89.4	93.1	92.9	96.5	100.0	100.0	100.0
梅州	Meizhou	33.7	80.0	85.0	88.6	100.0	100.0	100.0	100.0
惠州	Huizhou	71.5	97.0	97.5	97.6	100.0	88.2	96.2	100.0
汕尾	Shanwei	18.6	86.0	88.1	89.1		80.0	100.0	100.0
东莞	Dongguan	91.1	95.2	95.6	96.5	100.0	63.7	66.4	100.0
中山	Zhongshan	85.1	90.7	90.6	96.0	100.0	100.0	100.0	100.0
江门	Jiangmen	63.5	88.9	91.2	91.6	100.0	100.0	100.0	100.0
阳江	Yangjiang	54.6	81.8	68.7	85.5	100.0	100.0	100.0	100.0
湛江	Zhanjiang	39.6	90.0	96.7	88.5	97.4	100.0	100.0	100.0
茂名	Maoming	34.4	86.7	88.2	88.4		100.0	100.0	100.0
肇庆	Zhaoqing	70.5	94.1	93.2	85.1	83.8	98.7	100.0	100.0
清远	Qingyuan	70.4	83.8	85.6	87.6	100.0	100.0	100.0	100.0
潮州	Chaozhou	33.5	86.3	63.1	79.7	100.0	100.0	80.7	79.3
揭阳	Jieyang	20.8	74.1	77.1	89.8	90.0	93.0	94.0	95.0
云浮	Yunfu	63.7	81.5	75.5	93.1	100.0	100.0	79.5	100.0

7-22 续表 continued

市别	City	城市公共交通车辆标准运营数（标台） Number of Public Transportation Vehicles (unit)				城市人均公园绿地面积（平方米） Per Capital Area of Parks and Green Land in City (sq.m)			
		2010	2013	2014	2015	2010	2013	2014	2015
全　省	**Province Total**		**65844**	**61685**	**62947**	**13.29**	**15.94**	**16.28**	**17.40**
广　州	Guangzhou	10232	19658	16750	16179	11.87	19.72	20.19	21.82
深　圳	Shenzhen	14677	19883	17797	17943	16.40	16.70	16.84	16.91
珠　海	Zhuhai	1557	2375	2266	2349	13.70	18.50	18.75	19.50
汕　头	Shantou	1111	1208	1085	1253	12.20	13.90	14.41	15.01
佛　山	Foshan	3715	5433	5915	6783	10.20	12.13	12.95	14.69
韶　关	Shaoguan	460	522	535	635	11.80	12.14	12.36	12.50
河　源	Heyuan	294	267	320	330	12.10	12.36	12.50	12.55
梅　州	Meizhou	238	523	443	925	11.80	12.83	15.80	16.70
惠　州	Huizhou	1124	1770	2000	2446	11.10	16.80	17.27	17.75
汕　尾	Shanwei	199	267	265	344	10.70	13.21	12.66	13.48
东　莞	Dongguan	6129	6092	6286	5346	15.30	16.71	17.28	19.36
中　山	Zhongshan	2151	2472	2395	2436	11.90	17.41	17.80	18.39
江　门	Jiangmen	924	1427	1502	1524	11.00	17.35	17.60	17.75
阳　江	Yangjiang	143	174	189	242	10.60	11.51	11.07	11.17
湛　江	Zhanjiang	735	941	1061	1167	12.70	12.93	12.97	13.94
茂　名	Maoming	392	491	498	511	10.00	12.58	12.54	13.74
肇　庆	Zhaoqing	443	618	703	814	22.70	21.67	21.17	20.73
清　远	Qingyuan	633	875	818	778	11.30	15.94	16.18	13.03
潮　州	Chaozhou	140	212	231	192	10.30	13.08	10.55	10.57
揭　阳	Jieyang	377	270	272	387	12.90	8.39	8.39	8.65
云　浮	Yunfu	176	367	357	362	12.10	13.52	13.17	12.70

主要统计指标解释

能源生产总量 指一定时期内全国（地区）一次能源生产量的总和，是观察全国（地区）能源生产水平、规模、构成和发展速度的总量指标。一次能源生产量包括原煤、原油、天然气、水电、核能及其他动力能（如风能、地热能等）发电量。不包括低热值燃料生产量、生物质能、太阳能等的利用和由一次能源加工转换而成的二次能源产量。

能源消费总量 指一定时期内全国（地区）生产和生活消费的各种能源的总和，是观察能源消费水平、构成和增长速度的总量指标，能源消费总量包括原煤和原油及其制品、天然气、电力。不包括低热值燃料、生物质能和太阳能等的利用 。能源消费总量分为三部分，即终端能源消费量、能源加工转换损失量和损失量。

(1)终端能源消费量 指一定时期内全国（地区）生产和生活消费的各种能源在扣除了用于加工转换二次能源消费量和损失量以后的数量。

(2)能源加工转换损失量 指一定时期内全国（地区）投入加工转换的各种能源数量之和与产出各种能源产品之和的差额。它是观察能源在加工转换过程中损失量变化的指标。

(3)能源损失量 指一定时期内能源在输送、分配、储存过程中发生的损失和由客观原因造成的各种损失量。不包括各种气体能源放空、放散量。

能源生产弹性系数 是研究能源生产增长速度与国民经济增长速度之间关系的指标。计算公式：

$$\text{能源生产弹性系数}=\frac{\text{能源生产总量增长速度}}{\text{国民经济增长速度}}$$

国民经济增长速度，可根据不同的目的或需要，用国民生产总值，国内生产总值等指标来计算，本资料是采用国内生产总值指标计算的。

电力生产弹性系数 是研究电力生产增长速度与国民经济增长速度之间关系的指标。一般来说，电力的发展应当快于国民经济的发展，也就是说电力应超前发展。计算公式：

$$\text{电力生产弹性系数}=\frac{\text{电力生产量增长速度}}{\text{国民经济增长速度}}$$

能源消费弹性系数 是反映能源消费增长速度与国民经济增长速度之间比例关系的指标。计算公式：

$$\text{能源消费弹性系数}=\frac{\text{能源消费量增长速度}}{\text{国民经济增长速度}}$$

电力消费弹性系数 是反映电力消费增长速度与国民经济增长速度之间比例关系的指标。计算公式：

$$\text{电力消费弹性系数}=\frac{\text{电力消费量增长速度}}{\text{国民经济增长速度}}$$

能源加工转换效率 指一定时期内能源经过加工、转换后，产出的各种能源产品的数量与同期内投入加工转换的各种能源数量的比率。它是观察能源加工转换装置和生产工艺先进与落后、管理水平高低等的重要指标。计算公式：

$$\text{能源加工转换效率}=\frac{\text{能源加工、转换产出量}}{\text{能源加工、转换投入量}}\times 100\%$$

土地资源 土地指陆地的表层部分，它主要由岩石、岩石的风化物和土壤构成。土地资源按利用类型可以分为农用地、建筑用地和未利用地。农用地包括耕地、园地、林地、牧草地和水面。建筑用地包括居民点及工矿用地、交通用地和水利设施用地。未利用地指农用地和建筑用地以外的土地，包括滩涂、荒漠、戈壁、冰川和石山等。

耕地面积　指经过开垦用以种植农作物并经常进行耕耘的土地面积。包括种有作物的土地面积、休闲地、新开荒地和抛荒未满三年的土地面积。

林业用地面积　指生长乔木、竹类、灌木、沿海红树林等林木的土地面积，包括有林地、灌木林、疏林地、未成林造林地、迹地、苗圃等。

草地面积　指牧区和农区用于放牧牲畜或割草，植被盖度在 5% 以上的草原、草坡、草山等面积。包括天然的和人工种植或改良的草地面积。

森林资源　指森林、林木、林地以及依托森林、林木、林地生存的野生动物、植物和微生物。林木指树木和竹子。森林指以乔木为主体的植物群落，是集生的乔木及与共同作用的植物、动物、微生物和土壤、气候等的总体。

活立木总蓄积量　指一定范围内土地上全部树木蓄积的总量，包括森林蓄积、疏林蓄积、散生木蓄积和四旁树蓄积。

森林覆盖率　指一个国家或地区森林面积占土地总面积的百分比。森林覆盖率是反映森林资源的丰富程度和生态平衡状况的重要指标。在计算森林覆盖率时，森林面积包括郁闭度 0.2 以上的乔木林地面积和竹林地面积，国家特别规定的灌木林地面积、农田林网以及四旁(村旁、路旁、水旁、宅旁)林木的覆盖面积。计算公式为:

$$\text{森林覆盖率}(\%)=\frac{\text{森林面积}}{\text{土地总面积}}\times 100\%$$

森林面积　指由乔木树种构成，郁闭度 0.2 以上(含 0.2)的林地或冠幅宽度 10 米以上的林带的面积，即有林地面积。森林面积包括天然起源和人工起源的针叶林面积、阔叶林面积、针阔混交林面积和竹林面积，不包括灌木林地面积和疏林地面积。

森林蓄积量　指一定森林面积上存在着的林木树干部分的总材积。它是反映一个国家或地区森林资源总规模和水平的基本指标之一，也是反映森林资源的丰富程度、衡量森林生态环境优劣的重要依据。

水资源　水在自然界中以固体、液体和气态三种聚集状态存在，分布于海洋、陆地(包括土壤)以及大气之中，通过水循环形成水资源。水资源包括经人类控制并直接可供灌溉、发电、给水、航运、养殖等用途的地表水和地下水，以及江河、湖泊、井、泉、潮汐、港湾和养殖水域等。水资源是发展国民经济不可缺少的重要自然资源。

矿产资源　矿产资源指由地质作用形成的，具有利用价值的，呈固态、液态、气态的自然资源，是社会发展的重要物质基础。

矿产基础储量　基础储量是查明矿产资源的一部分。它能满足现行采矿和生产所需的指标要求，是控制的、探明的并通过可行性或预可行性研究认为属于经济的、边界经济的部分，用未扣除设计、采矿损失的数量表表示。

矿产保有资源储量　指查明的矿产资源储量（资源储量=基础储量+资源量）扣除已开采部分损失量和加减应勘查，重算或其它原因增减量而得出的年底实有资源储量。

废水排放总量　包括生产废水和生活污水。生产废水指企、事业单位在生产、科研过程中所有排放口向外环境排放的废水量总和。生活污水指城镇居民区和企、事业单位职工集中居住区排放的污水量。

工业废水排放总量　指经过工业企业厂区所有排放口排到企业外部的工业废水量。包括外排的直接冷却水、超标排放的矿井地下水和与工业废水混排的厂区生活污水，不包括外排的间接冷却水（清污不分流的间接冷却水应计算在内）。

废气排放总量 指燃料燃烧和生产工艺过程中排放的各种废气总量,以标准状态下每年万标立方米表示。

燃料燃烧过程废气排放量　指燃煤、燃油、燃气锅炉、锻造加热炉、退火炉和其它工业炉窑在燃烧过程(燃料和物料不混合的纯加热过程)中所排废气的总量。它可以根据烟气计算公式或经验计算公式求得。

工业固体废物产生量　指工业企业在生产过程中产生的固体状、半固体状和高浓度液体状废弃物的总量，包括冶炼废渣、粉煤灰、炉渣、煤矸石、化工废渣、尾矿、放射性废渣和其它废渣等；不包括矿山开采的剥离废石和掘进废石（煤矸石和呈酸性或碱性的废石除外）。酸性或碱性废石是指采掘的废石其流经水、雨淋水 PH 值小于 4 或 PH 值大于 10. 5 者。

工业固体废物综合利用量　指已用作农业肥料、造田、生产建筑材料、筑路以及其它方式综合利用的固体废物量（包括当年利用往年的工业固体废物堆存量）。综合利用量由原产固体废物的单位统计。

Explanatory Notes on Main Statistical Indicators

Total Energy Production refers to the total production of primary energy by all energy producing enterprises in the country (region) in a given period of time. It is a comprehensive indicator of the capacity, scale, composition and development speed of energy production of the country (region). The production of primary energy includes that of coal, crude oil, natural gas, hydropower and electricity generated by nuclear energy and other means such as wind power and geothermal power. However, it excludes the production of fuel of low calorific value, bioenergy, solar energy and secondary energy converted from primary energy.

Total Domestic Energy Consumption refers to the total consumption of energy of various kinds by production sectors and households in the country (region) in a given period of time. It is a comprehensive indicator of the scale, composition and development speed of energy consumption. The total energy consumption includes that of coal, crude oil and their products, natural gas and electricity, but excludes the consumption of fuel of low calorific value, bioenergy and solar energy. Total domestic energy consumption can be divided into three parts:

(1) Final Energy Consumption: This refers to the total energy consumption by production sectors and households in the country (region) in a given period of time, excluding primary energy consumption and loss in the process of conversion into secondary energy.

(2)Loss During the Process of Energy Conversion: This refers to the total input of various kinds of energy for conversion minus the total output of various kinds of energy in the country (region) in a given period of time. It is an indicator of the loss that occurs during the process of energy conversion.

(3)Loss: This refers to the total loss of energy during the course of energy transmission, distribution and storage and the loss caused by any objective reason in a given period of time, excluding the loss of various kinds of gas due to gas discharges and stocktaking.

Elasticity Ratio of Energy Production is an indicator of the relationship between the growth rate of energy production and the growth rate of the national economy. The formula is:

$$\text{Elasticity Ratio of Energy Production} = \frac{\text{Growth Rate of Energy Production}}{\text{Growth Rate of National Economy}}$$

The average annual growth rate of the national economy can be shown by the gross national product, gross domestic product and other indicators, depending on the purposes or needs. The gross domestic product is used in the calculation of the ratio in this chapter.

Elasticity Ratio of Electricity Production is an indicator of the relationship between the growth rate of electricity production and the growth rate of the national economy. Generally speaking, the growth rate of electricity production should be higher than that of the national economy; in other words, electricity production should develop in advance of the national economy. Its formula is:

$$\text{Elasticity Ratio of Electricity Production} = \frac{\text{Growth Rate of Electricity Production}}{\text{Growth Rate of National Economy}}$$

Elasticity Ratio of Energy Consumption is an indicator of the relationship between the growth rate of energy consumption and the growth rate of the national economy. The formula is:

$$\text{Elasticity Ratio of Energy Consumption} = \frac{\text{Growth Rate of Energy Consumption}}{\text{Growth Rate of National Economy}}$$

Elasticity Ratio of Electricity Consumption is an indicator of the relationship between the growth rate of electricity consumption and the growth rate of the national economy. The formula is:

$$\text{Elasticity Ratio of Electricity Consumption} = \frac{\text{Growth Rate of Electricity Consumption}}{\text{Growth Rate of National Economy}}$$

Efficiency of Energy Processing and Conversion refers to the ratio of the total output of energy products of various kinds after processing and conversion to the total input of energy of various kinds for processing and conversion in the same reference period. It is an important indicator of the current conditions of energy processing and conversion equipment, production technique and management. The formula is:

$$\text{Efficiency of Energy Processing \& Conversion} = \frac{\text{Output of Energy after Processing \& Conversion}}{\text{Input of Energy for Processing \& Conversion}} \times 100\%$$

Land Resource Land refers to the surface of the earth, consisting of mainly rocks and its weathering and earth. Land resource can be classified, by its utilization, as land for agriculture, land for construction and unused land. Land for agriculture includes cultivated land, plantation, forestland, grassland and waters. Land for construction includes land for residential purpose, for manufacturing and mining, for transportation and for water conservancy projects. Unused land refers to land other than land for agriculture and construction, including beaches, deserts, Gobi, glaciers and rock mountains.

Area of Cultivated Land refers to area of land reclaimed for the regular cultivation of various farm crops, including crop-cover land, fallow, newly reclaimed land and land laid idle for less than 3 years.

Area of Afforested Land refers to land for trees, bamboos, bushes and mangrove including forest-cover land, bush-covered land, sparse forest land, land planned for forestation, slash and nurseries of young trees.

Area of Grassland refers to areas of grassland, grass-slopes and grass-covered hills with a vegetation-covering rate of over 5% that are used for animal husbandry or harvesting of grass. It includes natural, cultivated and improved grassland areas.

Forest Resource refers to forests, trees, forestland and wild animals, plants and microorganism that live on forests and trees. Trees include trees and bamboos. Forest refers to the population of clusters of trees and other plants, animals and microorganism as well as the earth and climate that have interactions with the trees.

Total Standing Stock Volume refers to the total stock volume of trees growing in land, including trees in forests, tress in sparse forests, scattered trees and trees planted by the side of villages, farm houses and along roads and rivers.

Forest Coverage Rate refers to the ratio of area of afforested land to total land area. It is a very important indicator that reflects the status of abundance of forest resource and ecosystem balance. Forest area includes the area of trees and bamboo growing with a canopy density above 0.2, the area of shrubby trees according to regulations of the government, the area of forest land inside farm land and the area of trees planted by the side of villages, farm houses and along roads and rivers. The formula for calculating forest coverage rate is as follows:

$$\text{Forest Coverage Rate (\%)} = (\text{Area of Afforested Land/Area of Total Land}) \times 100\%$$

Forest Area refers to wooded area, i.e. the area of forest where trees and bamboo grow with a canopy density above 0.2 (inclusive) or a crown width above 10 meters, including natural and planted coniferous forest, broad-leaved forest, mixed forest, and bamboo groves, but excluding shrubbery and open forest.

Stock Volume of Forest refers to total stock volume of wood growing in forest area, which shows the total size and level of forest resources of a country or a region. It is also an important indicator of the richness of forest resource and the status of forest ecological environment.

Water Resource Water exists in the nature in solid, liquid and gaseous states, is distributed in the ocean, land (including earth) and air, and constitutes water resource through circulation. Water resource includes surface water and underground water that is controlled by human beings for irrigation, power-generation, water supply, navigation and cultivation. It also includes rivers, lakes, wells, springs, tides, gulfs and water area for cultivation. Water resource as an indispensable natural resource for the development of national economy.

Mineral Resources refer to useful natural resources enriched due to geological processes, in the form of solid, liquid or gas. Minerals are important material basis for social development.

Basic Reserves of Mineral Resources Basic reserves are part of total identified mineral resources that meet present mining and production standards, which is the part of reserve controlled, proven, and found to be of economic or marginal value through feasibility assessment or pre-feasibility study. Basic reserves are indicated as a figure including designing and mining loss.

Ensured Reserves of Mineral Resources refer to the actual reserves of mineral resources at the year-end, calculated as the proven reserves of mineral resources (Reserves of Mineral Resources = Basic Reserves + Resource) minus losses in previous extraction processes, plus or minus increases or losses due to exploration, recalculation or other reasons.

Total Volume of Waste Water Discharged includes the volume of production waste water and domestic sewage Production waste water refers to the total waste water discharged in the process of production and scientific research by enterprises and institutions, through all outlets to the outside environment Domestic sewage refers to the sewage volume discharged in the urban residential areas and the residential areas of staff and workers of enterprises and institutions.

Total Volume of Industrial Waste Water Discharged refers to the volume of industrial waste water discharged, through all outlets to the outside of industrial enterprises, including direct cooling water, underground water from mines that does not meet the discharge standards, and domestic sewage mixed up with industrial waste water when discharged, but excluding indirect cooling water discharged (except unclassified discharge of indirect cooling water).

Total Volume of Waste Gas Emission refers to waste gas emitted from burning of fuels and from the production process, and is measured by 10, 000 standard cubic meters each year under normal condition.

Volume of Waste Gas Emission from Burning of Fuels refers to the total volume of waste gas emitted from burning of fuels (the pure heating process not mixed with materials), such as burning of coal, burning of oil, gas fired boiler, forging furnace, annealing furnace and other industrial furnaces It can be calculated with the gas smoke formula or an empirical formula.

Volume of Industrial Solid Wastes Produced refers to the total volume of solid, semi solid or high concentration liquid residues produced by industrial enterprises in their production process, including residues from melting, slag, powdered coal ash, gangue, chemical residues, tailings, radioactive residues and other residues, but excluding stripped or dug stones in mining (except gangue and acid or alkali waste stones, which are waste stones washed or soaked by water with a PH value smaller than 4 or larger than 10. 5).

Volume of Industrial Solid Wastes Utilized in a Comprehensive Way refers to the volume of solid wastes utilized in a comprehensive way, such as the solid wastes utilized as fertilizers, building materials, for building up fields and making roads or for other purposes (including the volume of industrial solid wastes stored up in previous years and utilized in the current year). Statistical data on utilization of industrial solid wastes are collected by solid wastes producing units.

八、财政、银行和保险

GOVERNMENT FINANCE, BANKING AND INSURANCE

八　财政、银行和保险

简要说明

一、本篇资料反映广东地方公共财政预算收支、银行、保险等方面的基本情况。

二、本篇资料由广东省统计局综合处负责整理、编辑。

三、资料来源：

财政资料根据广东省财政厅提供的历年《广东省财政总决算报表》的有关项目加工整理。

银行资料由中国人民银行广州分行提供。

保险业务资料由中国保险监督管理委员会广东监管局提供。

8 Government Finance, Banking and Insurance

Brief Introduction

Ⅰ. The data in this chapter show the basic situation of local government general budgetary revenue and expenditure, banking and insurance of Guangdong Province.

Ⅱ. The data in this chapter are prepared by the Division of Comprehensive Statistics of Statistics Bureau of Guangdong Province.

Ⅲ. Data sources:

The data on local government finance are prepared in accordance with the related tables of the Total Final Accounts of Government Finance of Guangdong provided by Guangdong Provincial Department of Finance.

The data on banking are provided by Guangzhou Branch of the People's Bank of China.

The data on insurance are provided by Guangdong Bureau of China Insurance Regulatory Commission.

8-1 地方一般公共预算收支和增长速度

Local Government General Budgetary Revenue and Expenditure and Their Growth Rates

单位：亿元 (100 million yuan)

年份 Year	地方一般公共预算收入 Local Government General Budgetary Revenue	地方一般公共预算支出 Local Government General Budgetary Expenditure	收支差额 Balance	增长速度 (%) Growth Rate (%)		一般公共预算收入占地区生产总值的比重(%) Percentage of Budgetary Revenue to GDP (%)
				地方一般公共预算收入 Local General Government Budgetary Revenue	地方一般公共预算支出 Local General Government Budgetary Expenditure	
1978	41.82	28.70	13.12	17.9	42.6	22.5
1979	36.25	29.88	6.37	-13.3	4.1	17.3
1980	37.79	27.04	10.75	4.2	-9.5	15.1
1981	41.01	29.60	11.41	8.5	9.5	14.1
1982	42.23	33.34	8.89	3.0	12.6	12.4
1983	44.29	37.45	6.84	4.9	12.3	12.0
1984	49.28	47.18	2.10	11.3	26.0	10.7
1985	69.27	66.74	2.53	40.6	41.5	12.0
1986	82.41	89.55	-7.14	19.0	34.2	12.3
1987	95.88	96.59	-0.71	16.3	7.9	11.3
1988	107.57	115.20	-7.63	12.2	19.3	9.3
1989	136.87	141.16	-4.29	27.2	22.5	9.9
1990	131.02	150.69	-19.67	-4.3	6.8	8.4
1991	177.35	182.48	-5.13	35.4	21.1	9.4
1992	222.64	219.61	3.03	25.5	20.3	9.1
1993	346.56	331.27	15.29	55.7	50.8	10.0
1994	298.70	416.83	-118.13	-13.8	25.8	6.5
1995	382.34	525.63	-143.29	28.0	26.1	6.4
1996	479.45	601.23	-121.78	25.4	14.4	7.0
1997	543.95	682.66	-138.71	13.5	13.5	7.0
1998	640.75	825.61	-184.86	17.8	20.9	7.5
1999	766.19	1034.44	-268.25	19.6	25.3	8.3
2000	910.56	1069.86	-159.30	18.8	3.4	8.5
2001	1160.51	1321.33	-160.82	27.5	23.5	9.6
2002	1201.61	1521.08	-319.47	3.5	15.1	8.9
2003	1315.52	1695.63	-380.11	9.5	11.5	8.3
2004	1418.51	1852.95	-434.44	7.8	9.3	7.5
2005	1807.20	2289.07	-481.87	27.4	23.5	8.1
2006	2179.46	2553.34	-373.88	20.6	11.5	8.3
2007	2785.80	3159.57	-373.77	27.8	23.7	9.0
2008	3310.32	3778.57	-468.25	18.8	19.6	9.3
2009	3649.81	4334.37	-684.56	10.3	14.7	9.2
2010	4517.04	5421.54	-904.50	23.8	25.1	9.8
2011	5514.84	6712.40	-1197.56	22.1	23.8	10.4
2012	6229.18	7387.86	-1158.68	13.0	10.1	10.9
2013	7081.47	8411.00	-1329.53	13.7	13.8	11.4
2014	8065.08	9152.64	-1087.56	13.9	8.8	11.9
2015	9366.78	12827.80	-3461.01	11.9	40.1	12.9

注：2015年起，地方公共财政预算收入和地方公共财政预算支出统一更名为地方一般公共预算收入和地方一般公共预算支出。

Note: From 2015, the name of local government budgetary revenue and local government budgetary expenditure have been changed to local public budgetary revenue and local public budgetary expenditure.

8-2 地方一般公共预算收支基本情况

Basic Conditions of General Public Budget Revenue and Expenditure

单位：亿元 (100 million yuan)

指 标	Item	2010	2011	2012	2013	2014	2015
一、一般公共预算收入	**General Public Budget Revenue**	**4517.04**	**5514.84**	**6229.18**	**7081.47**	**8065.08**	**9366.78**
税收收入	Tax Revenue	3803.47	4548.66	5073.88	5767.94	6510.47	7377.07
#增值税	Value-added Tax	657.82	701.17	793.84	1058.85	1233.17	1339.16
营业税	Business Tax	1244.26	1431.16	1556.80	1636.20	1730.87	2054.00
企业所得税	Corporate Income Tax	678.75	827.90	891.03	974.68	1136.19	1303.11
个人所得税	Individual Income Tax	287.26	341.40	322.71	348.02	408.91	510.14
城市维护建设税	City Maintenance and Construction Tax	135.97	295.45	338.31	383.48	413.75	457.05
房产税	House Property Tax	122.44	145.40	175.42	198.63	233.89	241.00
印花税	Stamp Tax	69.93	74.42	81.16	95.57	112.00	141.41
土地增值税	Land Appriciation Tax	189.79	295.21	408.01	417.51	505.90	576.75
耕地占用税	Farm Land Occupation Tax	56.03	50.84	69.67	80.43	86.35	95.38
契税	Deed Tax	235.51	238.44	271.83	372.50	419.91	427.24
非税收入	Non-tax Revenue	713.57	966.18	1155.30	1313.53	1554.61	1989.71
专项收入	Special Program Receipts	97.35	179.78	202.56	233.09	255.71	598.77
行政事业性收费收入	Charge of Administrative and Units	293.43	369.64	391.62	450.10	497.67	408.19
罚没收入	Penalty Receipts	95.62	112.33	139.99	134.89	134.69	155.77
国有资本经营收入	Operation Income from State-owned Assets	90.00	86.09	120.08	123.02	60.90	62.70
国有资源(资产)有偿使用收入	Income from Use of State-owned Resources Assets	81.88	102.71	142.24	190.09	281.69	355.19
其他收入	Other Non-tax Revenue	55.29	115.64	158.80	182.34	323.95	409.09
二、一般公共预算支出	**General Public Budget Expenditure**	**5421.54**	**6712.40**	**7387.86**	**8411.00**	**9152.64**	**12827.80**
#一般公共服务	Expenditure for General Public Services	685.39	807.41	892.62	996.45	959.44	1018.91
教育	Expenditure for Education	921.48	1227.87	1501.22	1744.59	1808.97	2040.65
科学技术	Expenditure for Science and Technology	214.44	203.92	246.71	344.94	274.33	569.55
文化体育与传媒	Expenditure for Culture, Sports and Media	166.16	170.56	137.64	141.68	168.16	194.58
社会保障和就业	Expenditure for Social Safety Net and Employment Effort	469.58	548.65	611.04	746.97	797.01	1064.91
医疗卫生与计划生育	Expenditure for Medical and Health Care, Family Planning	304.04	433.75	505.14	569.32	777.55	918.36
节能环保	Expenditure for Energy Conservation and Environment Protection	239.16	232.62	235.44	307.78	259.04	322.33
城乡社区	Expenditure for Urban and Rural Community Affairs	407.64	518.16	623.28	664.77	770.11	1174.16
农林水	Expenditure for Agriculture, Forestry and Water Conservancy	325.02	420.34	539.56	595.28	557.59	811.90
交通运输	Expenditure for Transportation	318.17	533.40	503.57	688.04	882.86	1982.63
其他支出	Other Expenditure	331.54	382.36	282.93	308.71	297.09	428.10

8-3 各市地方一般公共预算收支

Local Government General Budgetary Revenue and Expenditure by City

单位：亿元　　(100 million yuan)

市别	City	地方一般财政预算收入 Local Government General Budgetary Revenue								
		2000	2005	2009	2010	2011	2012	2013	2014	2015
全省合计	**Provincial Total**	**910.56**	**1807.20**	**3649.81**	**4517.04**	**5514.84**	**6229.18**	**7081.47**	**8065.08**	**9366.78**
广州	Guangzhou	200.55	371.26	702.65	872.65	979.48	1102.40	1141.80	1243.10	1349.47
深圳	Shenzhen	221.92	412.38	880.82	1106.82	1339.57	1482.08	1731.26	2082.73	2726.85
珠海	Zhuhai	24.23	48.97	101.41	124.53	143.41	162.60	194.20	224.31	269.96
汕头	Shantou	18.94	29.44	58.54	72.65	85.58	96.34	112.11	123.97	131.26
佛山	Foshan	59.53	130.85	254.70	306.05	341.73	384.08	438.21	501.19	557.55
#顺德	Shunde	21.22	47.38	89.29	106.75	122.06	136.52	154.14	174.21	187.47
韶关	Shaoguan	8.63	19.93	40.71	47.81	53.91	61.48	71.78	82.01	85.23
河源	Heyuan	2.55	8.52	20.18	25.09	31.37	37.64	48.79	60.47	67.48
梅州	Meizhou	7.18	15.18	30.77	38.95	46.89	56.27	69.37	85.28	103.59
惠州	Huizhou	12.94	34.72	101.57	131.23	162.83	200.88	250.17	300.75	340.02
汕尾	Shanwei	4.16	7.09	19.71	26.23	32.71	41.09	48.15	49.23	28.83
东莞	Dongguan	30.22	103.97	231.16	277.84	313.06	356.32	409.29	455.21	517.97
中山	Zhongshan	17.46	54.26	110.44	139.38	183.22	201.89	225.42	251.74	287.51
江门	Jiangmen	21.24	41.63	83.63	104.29	119.17	135.03	158.03	177.20	199.01
阳江	Yangjiang	3.89	8.70	20.16	26.77	34.95	43.12	53.72	62.97	67.93
湛江	Zhanjiang	12.44	24.01	52.65	66.23	80.03	92.09	105.92	114.42	121.86
茂名	Maoming	9.08	21.26	41.70	51.95	66.12	78.12	90.36	100.37	113.92
肇庆	Zhaoqing	10.97	20.44	55.92	76.80	92.23	103.81	120.77	139.13	143.36
清远	Qingyuan	4.53	13.25	50.04	72.79	84.31	86.87	92.82	102.65	108.38
潮州	Chaozhou	4.60	8.64	18.25	23.25	27.27	31.93	37.09	41.26	47.20
揭阳	Jieyang	9.24	11.19	28.87	38.65	46.35	56.70	66.69	73.69	77.40
云浮	Yunfu	3.65	9.33	18.78	23.54	29.80	36.76	45.76	52.87	58.70
按经济区域分	By Region									
珠三角	Pearl River Delta	599.06	1218.48	2522.29	3139.58	3674.70	4129.09	4669.16	5375.37	6391.70
东翼	Eastern Region	36.94	56.38	125.36	160.78	191.91	226.07	264.04	288.15	284.69
西翼	Western Region	25.41	53.96	114.51	144.95	181.10	213.33	250.00	277.76	303.71
山区	Mountainous Region	26.54	66.21	160.48	208.18	246.28	279.02	328.52	383.27	423.38

8−3 续表 continued

单位：亿元 (100 million yuan)

市 别	City	地方一般公共预算支出 Local Government General Budgetary Expenditure								
		2000	2005	2009	2010	2011	2012	2013	2014	2015
全省合计	**Provincial Total**	**1069.86**	**2289.07**	**4334.37**	**5421.54**	**6712.40**	**7387.86**	**8411.00**	**9152.64**	**12827.80**
广 州	Guangzhou	240.72	438.41	789.92	977.32	1181.25	1343.65	1386.13	1436.22	1727.72
深 圳	Shenzhen	225.04	599.16	1000.84	1266.07	1590.56	1569.01	1690.83	2166.18	3521.67
珠 海	Zhuhai	31.14	57.77	121.31	166.41	190.37	212.20	252.03	275.90	388.77
汕 头	Shantou	27.90	50.14	99.35	121.71	151.66	172.93	191.26	213.72	280.98
佛 山	Foshan	72.48	150.85	266.99	363.35	388.68	433.96	488.40	525.01	799.93
#顺 德	Shunde	25.16	54.21	83.23	134.52	130.50	148.25	149.63	156.39	203.87
韶 关	Shaoguan	19.94	44.55	88.59	100.24	128.56	148.04	168.32	197.18	287.07
河 源	Heyuan	16.78	37.00	79.24	94.55	110.04	134.47	169.72	210.61	268.38
梅 州	Meizhou	23.84	46.25	97.26	117.98	148.21	175.53	206.30	270.02	376.37
惠 州	Huizhou	20.14	52.41	134.75	185.44	227.21	274.08	328.29	372.97	486.07
汕 尾	Shanwei	9.99	20.05	53.21	56.51	74.37	87.99	105.31	124.85	212.95
东 莞	Dongguan	33.61	117.04	232.62	289.83	351.92	385.58	444.66	457.68	581.24
中 山	Zhongshan	19.24	56.71	117.90	145.85	192.67	215.32	237.24	261.46	355.37
江 门	Jiangmen	28.18	54.24	111.08	132.98	165.30	188.12	212.61	236.10	292.90
阳 江	Yangjiang	11.00	23.17	56.64	64.92	81.05	102.90	114.30	123.60	170.91
湛 江	Zhanjiang	27.82	57.95	123.27	153.65	186.81	218.24	265.44	279.53	412.36
茂 名	Maoming	20.67	45.28	98.28	122.49	161.79	192.27	218.59	263.24	346.78
肇 庆	Zhaoqing	20.09	40.64	106.93	127.66	157.01	176.49	200.40	241.71	267.71
清 远	Qingyuan	16.35	38.15	100.05	132.81	157.76	172.01	185.65	213.99	292.59
潮 州	Chaozhou	11.31	21.36	44.30	55.99	63.50	77.81	86.22	106.12	147.67
揭 阳	Jieyang	19.50	30.99	76.79	94.68	123.92	149.48	163.75	187.41	276.88
云 浮	Yunfu	11.18	23.87	48.54	69.28	77.18	95.15	109.08	133.14	157.42
按经济区域分	By Region									
珠 三 角	Pearl River Delta	690.64	1567.23	2882.33	3654.91	4444.97	4798.40	5240.59	5973.23	8421.36
东 翼	Eastern Region	68.70	122.50	273.64	328.89	413.45	488.21	546.54	632.11	918.47
西 翼	Western Region	59.49	126.40	278.18	341.06	429.65	513.42	598.33	666.37	930.04
山 区	Mountainous Region	88.09	189.83	413.69	514.86	621.75	725.20	839.08	1024.94	1381.84

8-4 各市人均地方一般公共预算收入

Per Capita Local Government General Budgetary Revenue by City

单位：元　　(yuan)

市别	City	2000	2005	2009	2010	2011	2012	2013	2014	2015
全省	**Provincial Total**	**1087.68**	**1974.59**	**3645.50**	**4390.34**	**5265.78**	**5904.72**	**6668.67**	**7548.74**	**8683.80**
广州	Guangzhou	2061.72	3875.93	6103.90	7100.70	7693.97	8615.73	8862.98	9559.65	10153.45
深圳	Shenzhen	3327.64	5064.37	9037.32	10892.78	12856.12	14105.11	16350.94	19457.70	24613.26
珠海	Zhuhai	2024.57	3492.54	6643.34	8025.47	9166.01	10323.14	12241.05	13999.46	16621.83
汕头	Shantou	409.83	596.51	1129.16	1368.64	1582.87	1773.45	2051.88	2253.51	2370.24
佛山	Foshan	1146.57	2265.69	3787.59	4349.20	4736.35	5300.29	6020.44	6843.94	7544.00
#顺德	Shunde			3895.47	4439.32	4945.20	5507.95	6193.72	6963.66	7431.60
韶关	Shaoguan	314.70	686.57	1424.05	1683.27	1898.17	2150.02	2491.77	2827.09	2918.61
河源	Heyuan	111.86	311.21	704.99	860.81	1056.23	1256.37	1613.41	1982.27	2199.23
梅州	Meizhou	188.06	370.01	737.88	924.97	1101.64	1314.38	1613.10	1976.18	2391.27
惠州	Huizhou	408.85	946.27	2379.32	2931.87	3526.46	4316.39	5337.57	6380.78	7171.79
汕尾	Shanwei	170.37	255.84	674.01	893.66	1109.94	1387.30	1617.23	1642.84	956.42
东莞	Dongguan	503.97	1585.20	3008.51	3454.53	3799.37	4306.79	4928.56	5464.83	6241.63
中山	Zhongshan	762.08	2231.98	3818.31	4578.83	5848.99	6411.82	7123.35	7908.30	8981.32
江门	Jiangmen	540.87	1014.97	1933.44	2365.62	2673.09	3018.13	3519.54	3933.88	4407.32
阳江	Yangjiang	179.12	375.62	850.92	1116.06	1435.25	1754.75	2170.56	2529.40	2711.43
湛江	Zhanjiang	207.35	361.18	760.55	950.34	1137.36	1298.97	1483.88	1591.39	1686.16
茂名	Maoming	173.63	366.48	706.11	887.70	1129.39	1318.51	1508.45	1664.37	1878.43
肇庆	Zhaoqing	325.95	558.68	1463.01	1979.41	2342.76	2616.91	3017.68	3453.32	3541.77
清远	Qingyuan	143.50	372.24	1362.84	1972.39	2265.84	2315.36	2456.43	2697.59	2832.14
潮州	Chaozhou	192.52	343.30	698.43	877.50	1018.33	1186.31	1370.58	1519.18	1760.93
揭阳	Jieyang	178.24	200.52	497.84	660.97	785.70	955.16	1116.16	1225.06	1280.02
云浮	Yunfu	169.61	400.53	803.48	1002.33	1256.82	1533.09	1889.12	2169.95	2393.45
按经济区域分	By Region									
珠三角	Pearl River Delta	1442.48	2688.72	4804.27	5717.85	6525.32	7284.81	8188.04	9365.92	10984.52
东翼	Eastern Region	252.38	356.63	758.87	960.44	1133.50	1327.14	1541.01	1672.48	1647.57
西翼	Western Region	189.61	365.50	753.48	952.37	1181.64	1377.88	1601.12	1768.05	1922.57
山区	Mountainous Region	187.58	423.54	1009.27	1300.73	1524.16	1712.03	2001.04	2321.72	2550.51

注：本表按年中常住人口数计算。

Note: The data in this table are calculated by permanent population of the year.

8-5 各市财政收支（2015年）

单位：亿元

项　　目	Item	全省 Provincial Total	广州 Guangzhou
一、一般公共预算收入	**General Public Budget Revenue**	**9366.78**	**1349.47**
税收收入	Tax Revenue	7377.07	1056.12
#增值税	Value-added Tax	1339.16	269.24
营业税	Business Tax	2054.00	157.14
企业所得税	Corporate Income Tax	1303.11	149.36
个人所得税	Individual Income Tax	510.14	66.76
城市维护建设税	City Maintenance and Construction Tax	457.05	118.92
房产税	House Property Tax	241.00	76.05
土地增值税	Land Appriciation Tax	576.75	61.03
耕地占用税	Farm Land Occupation Tax	95.38	5.63
契税	Deed Tax	427.24	92.49
非税收入	Non-tax Revenue	1989.71	293.35
专项收入	Special Program Receipts	598.77	113.66
行政性收费收入	Charge of Administrative and Units	408.19	42.05
罚没收入	Penalty Receipts	155.77	19.33
国有资本经营收入	Operation Income from State-owned Assets	62.70	
国有资源(资产)有偿使用收入	Income from Use of State-owned Resources Assets	355.19	55.79
其他收入	Other Non-tax Revenue	409.09	62.53
二、一般公共预算支出	**General Public Budget Expenditure**	**12827.80**	**1727.72**
#一般公共服务	Expenditure for General Public Services	1018.91	124.23
教育	Expenditure for Education	2040.65	287.07
科学技术	Expenditure for Science and Technology	569.55	88.67
文化体育与传媒	Expenditure for Culture, Sports and Media	194.58	27.41
社会保障和就业	Expenditure for Social Safety Net and Employment Effort	1064.91	204.96
医疗卫生与计划生育	Expenditure for Medical and Health Care,Family Planning	918.36	134.88
节能环保	Expenditure for Energy Conservation and Environment Protection	322.33	20.97
城乡社区	Expenditure for Urban and Rural Community Affairs	1174.16	250.98
农林水	Expenditure for Agriculture, Forestry and Water Conservancy	811.90	75.69
交通运输	Expenditure for Transportation	1982.63	93.39

Basic Conditions of Local Government General Budgetary Revenue and Expenditure by City(2015)

(100 million yuan)

深 圳 Shenzhen	珠 海 Zhuhai	汕 头 Shantou	佛 山 Foshan	#顺 德 Shunde	韶 关 Shaoguan	河 源 Heyuan	梅 州 Meizhou	惠 州 Huizhou	汕 尾 Shanwei
2726.85	**269.96**	**131.26**	**557.55**	**187.47**	**85.23**	**67.48**	**103.59**	**340.02**	**28.83**
2272.23	210.65	80.44	398.88	135.41	52.16	46.43	73.83	211.57	18.49
336.20	56.30	20.89	99.09	38.68	11.01	7.21	10.73	56.24	2.95
684.68	31.75	11.63	69.03	19.52	8.85	8.21	10.53	39.71	4.84
464.96	31.48	9.13	45.62	15.24	2.98	2.82	4.67	17.86	2.11
223.98	10.28	3.05	14.86	5.56	1.50	0.90	1.75	5.81	0.56
121.63	20.79	7.91	37.74	13.76	6.07	3.06	6.49	22.11	1.50
49.98	8.90	5.01	25.19	9.78	2.70	1.72	2.54	9.69	0.86
191.54	13.03	3.97	22.98		2.00	1.81	4.94	13.17	1.38
	7.82	1.85	5.82	7.22	5.48	7.65	12.64	3.72	-0.11
104.67	21.01	7.75	45.49	2.68	4.15	7.49	7.46	22.78	1.86
454.62	59.31	50.82	158.67	4.80	33.07	21.05	29.76	128.44	10.33
156.20	19.61	9.44	36.62	52.07	6.69	3.20	5.69	18.23	2.07
43.87	17.71	12.96	45.59	11.75	6.89	7.56	8.88	19.72	3.63
30.31	5.88	4.32	13.53	12.49	3.69	1.82	2.33	11.85	1.30
1.01		2.60	7.67	3.32	0.67	0.71	0.30	1.84	0.72
71.64	11.59	7.29	22.56		9.69	2.27	10.41	18.21	0.99
151.60	4.53	14.21	32.70	-74.82	5.43	5.49	2.15	58.59	1.63
3521.67	**388.77**	**280.98**	**799.93**	**203.87**	**287.07**	**268.38**	**376.37**	**486.07**	**212.95**
180.20	35.21	27.23	86.51	22.15	23.64	28.62	36.54	54.51	13.21
288.55	52.88	73.71	128.00	36.63	45.91	45.62	68.39	94.94	39.70
214.32	28.63	3.42	30.27	13.24	6.12	4.54	4.07	19.79	2.25
52.73	7.31	3.34	10.32	2.05	5.20	4.15	5.35	8.42	2.75
84.58	29.20	30.63	46.61	10.75	30.51	36.68	48.15	40.10	28.47
150.60	18.11	35.67	47.83	20.01	23.62	28.05	39.32	57.81	22.12
108.35	5.62	10.78	23.88	7.05	11.67	9.18	11.72	14.78	4.78
465.65	69.47	16.08	80.43	13.95	19.02	14.51	18.92	53.60	7.27
44.15	11.63	23.90	32.91	7.45	47.32	37.95	59.49	41.28	37.04
1044.59	15.37	11.69	108.00	29.80	25.39	17.37	27.51	20.66	8.81

8–5 续表

单位：亿元

项　目	Item	东 莞 Dongguan	中 山 Zhongshan
一、一般公共预算收入	**General Public Budget Revenue**	**517.97**	**287.51**
税收收入	Tax Revenue	399.52	197.87
#增值税	Value-added Tax	142.17	57.55
营业税	Business Tax	53.82	34.14
企业所得税	Corporate Income Tax	39.65	20.58
个人所得税	Individual Income Tax	14.48	6.24
城市维护建设税	City Maintenance and Construction Tax	40.09	17.23
房产税	House Property Tax	18.41	12.82
土地增值税	Land Appriciation Tax	14.93	12.40
耕地占用税	Farm Land Occupation Tax	7.65	4.32
契税	Deed Tax	35.43	18.55
非税收入	Non-tax Revenue	118.45	89.63
专项收入	Special Program Receipts	41.26	17.59
行政性收费收入	Charge of Administrative and Units	37.63	32.93
罚没收入	Penalty Receipts	8.83	6.81
国有资本经营收入	Operation Income from State-owned Assets	5.76	0.02
国有资源(资产)有偿使用收入	Income from Use of State-owned Resources Assets	23.88	18.43
其他收入	Other Non-tax Revenue	6.86	13.88
二、一般公共预算支出	**General Public Budget Expenditure**	**581.24**	**355.37**
#一般公共服务	Expenditure for General Public Services	47.09	23.22
教育	Expenditure for Education	130.93	62.80
科学技术	Expenditure for Science and Technology	30.83	16.56
文化体育与传媒	Expenditure for Culture, Sports and Media	11.41	6.60
社会保障和就业	Expenditure for Social Safety Net and Employment Effort	52.96	22.06
医疗卫生与计划生育	Expenditure for Medical and Health Care,Family Planning	26.20	18.47
节能环保	Expenditure for Energy Conservation and Environment Protection	21.35	12.36
城乡社区	Expenditure for Urban and Rural Community Affairs	55.22	30.31
农林水	Expenditure for Agriculture, Forestry and Water Conservancy	31.30	20.54
交通运输	Expenditure for Transportation	54.26	64.21

continued

(100 million yuan)

江 门 Jiangmen	阳 江 Yangjiang	湛 江 Zhanjiang	茂 名 Maoming	肇 庆 Zhaoqing	清 远 Qingyuan	潮 州 Chaozhou	揭 阳 Jieyang	云 浮 Yunfu
199.01	**67.93**	**121.86**	**113.92**	**143.36**	**108.38**	**47.20**	**77.40**	**58.70**
144.59	38.00	68.34	64.65	73.23	70.21	31.86	50.90	32.22
38.62	6.55	15.19	11.24	12.36	12.11	9.49	15.69	5.34
21.09	7.39	14.92	9.53	12.63	15.36	3.49	6.37	5.46
14.45	3.15	5.19	4.41	5.16	5.63	3.39	5.66	2.30
4.13	1.02	2.56	1.44	1.81	1.89	1.05	1.67	1.34
13.20	2.60	8.03	8.57	5.10	4.99	2.93	5.49	2.33
8.70	1.34	3.00	2.19	3.58	3.02	1.89	2.04	1.37
8.07	2.67	3.76	9.83	5.62	5.11	0.93	1.70	3.28
1.89	4.13	2.66	4.52	6.59	4.63	2.08	2.99	3.41
16.55	3.90	6.86	6.19	7.29	8.59	1.98	3.04	3.72
54.42	29.93	53.52	49.28	70.13	38.17	15.34	26.50	26.48
13.40	3.30	10.45	10.06	7.43	8.08	2.65	4.78	3.74
16.11	8.30	16.27	14.15	17.40	9.68	4.27	8.52	5.47
7.01	2.95	5.44	4.11	6.88	4.62	1.80	3.34	1.28
11.74	6.44	3.10	0.86	11.38	0.15	1.51	2.53	3.69
4.25	4.48	10.07	19.35	24.99	5.68	1.90	3.65	5.02
13.65	10.90	11.29	1.62	13.44	10.11	4.73	6.20	10.98
292.90	**170.91**	**412.36**	**346.78**	**267.71**	**292.59**	**147.67**	**276.88**	**157.42**
29.39	16.61	32.23	31.88	39.17	29.28	10.58	22.23	14.47
64.15	27.85	99.67	90.13	55.22	54.58	32.40	68.95	32.52
7.99	1.78	2.31	2.36	4.98	2.86	2.89	1.45	3.64
3.54	1.85	8.82	3.11	5.05	2.66	1.59	2.71	2.04
41.42	23.14	57.68	50.78	29.73	34.25	19.85	33.64	19.60
28.24	19.63	53.94	41.87	31.51	30.10	16.61	40.42	22.06
4.55	2.02	4.14	4.67	4.39	4.63	3.76	10.87	3.69
10.34	5.87	13.85	8.09	18.81	13.85	4.07	6.43	6.87
30.17	27.84	44.05	36.43	27.80	46.53	17.40	33.05	24.14
13.07	15.48	41.22	40.54	14.01	29.82	9.59	11.57	6.20

8-6 历年金融机构存贷款

Deposits and Loans in All Financial Institutions

单位：亿元 (100million yuan)

年份 Year	金融机构本外币存款余额 Deposits in Renminbi and Foreign Currencies in All Financial Institutions	#住户存款 Savings Deposit by Household	金融机构本外币贷款余额 Loans and Loans in Renminbi and Foreign Currencies in Financial Institutions	金融机构人民币存款余额 Deposits in Renminbi Currencies in Financial Institutions	#人民币住户存款 Savings Deposit by Household in Renminbi	金融机构人民币贷款余额 Loans in Renminbi Currencies in Financial Institutions
2000	19083.64	10031.68	13227.62	16919.98	8667.29	11787.14
2001	21714.85	11386.03	14472.08	19449.34	9930.12	13192.74
2002	25409.90	13372.85	16840.39	22975.88	11819.09	15314.56
2003	29640.83	15590.68	20126.24	27240.23	14061.77	18287.58
2004	33252.01	17631.07	21955.28	30869.62	16193.41	19671.52
2005	38119.91	20267.76	23261.21	35958.71	19051.35	20965.55
2006	43262.20	22677.19	25935.19	41146.58	21584.60	23617.49
2007	48955.03	23013.34	30617.27	47016.48	22242.70	27497.88
2008	56119.28	28181.18	33755.62	54309.57	27481.56	30964.62
2009	69691.46	32136.32	44510.22	67742.59	31411.40	39683.65
2010	82019.40	36965.75	51799.30	79957.97	36318.66	47191.56
2011	91590.15	41061.56	58615.27	89168.60	40405.07	53411.83
2012	105099.55	46265.58	67077.08	99934.60	45533.78	59967.26
2013	119685.15	50638.64	75664.16	114855.02	49891.35	68491.93
2014	127881.47	53215.87	84921.79	121964.85	52410.55	77889.50
2015	160388.22	55008.70	95661.12	153551.79	54238.30	89289.27

注：2015年前，住户存款主要为居民储蓄存款。

Note: Before 2015, the savings by households are mainly savings by residents.

8-7 金融机构本外币存贷款余额

Deposits and Loans in Renminbi and Foreign Currencies in All Financial Institutions

单位：亿元 (100million yuan)

指　　标	Item	2015	2015年比2014年增长(%) Growth Rate in 2015 over 2014(%)
一、各项存款	**Total Deposits**	**160388.22**	**11.6**
境内存款	Domestic Deposits	154559.04	15.8
住户存款	Deposits of Households	55008.70	4.5
活期存款	Demand Deposits	27350.11	9.4
定期及其他存款	Time & Other Deposits	27658.59	0.0
非金融企业存款	Deposits of Non-financial Enterprises	49345.26	16.1
活期存款	Demand Deposits	17169.43	21.1
定期及其他存款	Time & Other Deposits	32175.83	13.6
政府存款	Deposits of Government	26090.27	4.4
财政性存款	Fiscal Deposits	5635.35	30.7
机关团体存款	Deposits of Government Departments &	20454.91	-1.1
非银行业金融机构存款	Deposits of Non-banking Financial Institutions	24114.81	80.4
境外存款	Overseas Deposits	5829.18	-42.6
二、各项贷款	**Total Loans**	**95661.12**	**12.3**
境内贷款	Domestic Loans	93116.97	11.9
住户贷款	Loans to Households	33099.57	27.1
#短期贷款	Short-term Loans	7465.07	18.4
中长期贷款	Mid & Long-term Loans	25634.50	29.8
非金融企业及机关团体贷款	Loans to Non-financial Enterprises and Government Departments & Organizations	59872.35	5.1
#短期贷款	Short-term Loans	22474.01	3.6
中长期贷款	Mid & Long-term Loans	32407.28	3.2
非银行业金融机构贷款	Loans to Non-banking Financial Institutions	145.04	-30.8
境外贷款	Overseas Loans	2544.16	31.6

注：2015年起银行资金来源项目使用新的分类。
Note: Since 2015, new categorization is applied to items of bank fund sources.

8-8 金融机构人民币存贷款余额

Deposits and Loans in Renminbi in All Financial Institutions

单位：亿元 (100 million yuan)

指　标	Item	2015	2015年比2014年增长(%) Growth Rate in 2015 over 2014(%)
一、各项存款	**Total Deposits**	**153551.79**	**11.6**
境内存款	Domestic Deposits	148231.81	15.9
住户存款	Deposits of Households	54238.30	4.2
活期存款	Demand Deposits	26874.25	9.0
定期及其他存款	Time & Other Deposits	27364.05	-0.2
非金融企业存款	Deposits of Non-financial Enterprises	43998.61	16.6
活期存款	Demand Deposits	16138.81	20.8
定期及其他存款	Time & Other Deposits	27859.80	14.4
政府存款	Deposits of Government	26079.31	4.6
财政性存款	Fiscal Deposits	5635.35	30.7
机关团体存款	Deposits of Government Departments & Organizations	20443.95	-0.9
非银行业金融机构存款	Deposits of Non-banking Financial Institutions	23915.59	81.1
境外存款	Overseas Deposits	5319.98	-45.2
二、各项贷款	**Total Loans**	**89289.27**	**14.3**
境内贷款	Domestic Loans	88609.07	14.1
住户贷款	Loans to Households	33093.02	27.1
#短期贷款	Short-term Loans	7461.11	18.5
中长期贷款	Mid & Long-term Loans	25631.92	29.8
非金融企业及机关团体贷款	Loans to Non-financial Enterprises and Government Departments & Organizations	55371.12	7.7
#短期贷款	Short-term Loans	19387.33	7.3
中长期贷款	Mid & Long-term Loans	31131.24	5.1
非银行业金融机构贷款	Loans to Non-banking Financial Institutions	144.93	-30.8
境外贷款	Overseas Loans	680.20	49.3

注：2015年起银行资金来源项目使用新的分类。
Note: Since 2015, new categorization is applied to items of bank fund sources.

8-9 各市中资金融机构基本情况

Basic Conditions of Chinese-funded Financial Institutions by City

市别	City	2005				2010			
		机构数(个) Number of Financial Institutions	年末从业人员(人) Number of Employed Persons at the Year-end	人民币存款(亿元) Total Deposits (100 million yuan)	人民币贷款(亿元) Total Loans (100 million yuan)	机构数(个) Number of Financial Institutions	年末从业人员(人) Number of Employed Persons at the Year-end	人民币存款(亿元) Total Deposits (100 million yuan)	人民币贷款(亿元) Total Loans (100 million yuan)
全省合计	**Provincial Total**	**15433**	**222738**	**35783.57**	**20745.27**	**14983**	**258254**	**78285.89**	**46099.26**
广州	Guangzhou	2053	45800	11065.22	6873.34	2395	58412	22775.49	14597.74
深圳	Shenzhen	1119	28354	8478.18	6168.03	1286	41483	20210.75	13708.16
珠海	Zhuhai	417	6798	925.47	424.33	406	7664	2542.56	1203.85
汕头	Shantou	655	9196	955.34	391.08	632	9476	1849.14	627.91
佛山	Foshan	1913	21732	3770.74	2056.29	1775	25815	8293.02	4729.61
#顺德	Shunde	645	6909	1204.02	689.91	627	7921	2531.53	1615.82
韶关	Shaoguan	406	5153	461.78	166.55	401	5317	903.67	346.28
河源	Heyuan	349	3759	204.20	107.99	325	3828	496.83	335.32
梅州	Meizhou	635	7373	429.79	206.37	529	6371	835.07	330.25
惠州	Huizhou	664	8012	781.79	367.23	650	9065	2038.58	1096.21
汕尾	Shanwei	246	2937	140.77	57.21	217	2965	326.96	130.20
东莞	Dongguan	1262	14985	2933.40	1500.52	1221	19395	5915.54	3302.49
中山	Zhongshan	586	7837	1131.19	479.02	568	9017	2596.88	1324.65
江门	Jiangmen	906	11627	1163.76	534.17	819	11194	2214.97	973.75
阳江	Yangjiang	289	3986	245.37	99.66	268	3806	564.19	283.93
湛江	Zhanjiang	931	10663	705.32	285.97	780	10321	1556.00	714.40
茂名	Maoming	717	7915	521.02	225.46	612	7670	1025.39	361.30
肇庆	Zhaoqing	551	7120	478.15	229.43	494	6874	1057.35	642.04
清远	Qingyuan	471	5510	386.23	175.08	447	5620	986.45	510.26
潮州	Chaozhou	304	4087	324.04	132.34	275	4187	649.81	205.91
揭阳	Jieyang	613	6120	468.15	169.19	586	6178	963.79	400.68
云浮	Yunfu	346	3774	213.66	96.02	297	3596	483.45	274.32
按经济区域分	By Region								
珠三角	Pearl River Delta	9642	159817	35103.66	20939.71	9614	188919	67645.13	41578.51
东翼	Eastern Region	1762	22454	2147.42	788.51	1710	22806	3789.69	1364.70
西翼	Western Region	1846	22857	1692.94	643.84	1660	21797	3145.59	1359.62
山区	Mountainous Region	2156	25791	1958.72	810.10	1999	24732	3705.47	1796.43

8–9 续表 continued

市别	City	2014 机构数(个) Number of Financial Institutions	2014 年末从业人员(人) Number of Employed Persons at the Year-end	2014 人民币存款(亿元) Total Deposits (100 million yuan)	2014 人民币贷款(亿元) Total Loans (100 million yuan)	2015 机构数(个) Number of Financial Institutions	2015 年末从业人员(人) Number of Employed Persons at the Year-end	2015 人民币存款(亿元) Total Deposits (100 million yuan)	2015 人民币贷款(亿元) Total Loans (100 million yuan)
全省合计	**Provincial Total**	**16029**	**306630**	**118907.82**	**76096.24**	**16465**	**316630**	**150444.23**	**87325.97**
广　州	Guangzhou	2594	68232	33215.35	22154.37	2654	70506	40732.02	25540.40
深　圳	Shenzhen	1520	51064	32497.75	22671.10	1648	55359	51806.18	27129.99
珠　海	Zhuhai	462	10399	4260.16	2292.28	487	10714	5058.51	2828.35
汕　头	Shantou	653	10667	2603.25	1038.06	663	11019	2794.66	1151.51
佛　山	Foshan	1871	32333	10838.66	7362.86	1904	32196	11435.44	7749.71
#顺　德	Shunde	666	10552	3073.53	2593.56	673	9843	3327.85	2685.73
韶　关	Shaoguan	420	5710	1387.16	641.90	421	5848	1523.01	712.33
河　源	Heyuan	338	4263	865.47	692.32	343	4398	984.48	794.27
梅　州	Meizhou	534	6751	1405.89	632.88	574	7055	1558.03	734.11
惠　州	Huizhou	704	11439	3124.89	2151.97	722	11973	3598.22	2442.04
汕　尾	Shanwei	221	3253	540.50	260.27	221	3237	625.86	300.00
东　莞	Dongguan	1320	23780	9020.31	5284.45	1357	23880	9685.91	5756.04
中　山	Zhongshan	615	11108	3909.00	2435.76	636	11617	4113.72	2765.24
江　门	Jiangmen	876	12769	3454.44	1869.67	892	13093	3624.16	2095.66
阳　江	Yangjiang	276	4394	907.07	692.20	276	4496	1011.13	748.77
湛　江	Zhanjiang	800	12095	2417.79	1344.89	805	12067	2671.33	1548.63
茂　名	Maoming	620	8281	1766.29	748.94	618	8325	1967.92	849.72
肇　庆	Zhaoqing	536	8266	1649.71	1140.46	550	8433	1756.42	1253.29
清　远	Qingyuan	465	6525	1520.52	939.28	470	6723	1685.06	1046.31
潮　州	Chaozhou	290	4412	998.61	353.56	292	4464	1067.94	364.89
揭　阳	Jieyang	606	6970	1701.39	862.20	619	7240	1831.08	922.77
云　浮	Yunfu	307	3919	823.63	526.83	313	3987	913.14	591.96
按经济区域分	By Region								
珠三角	Pearl River Delta	10498	229390	101970.26	67362.91	10850	237771	131810.58	77560.70
东　翼	Eastern Region	1770	25302	5843.75	2514.09	1795	25960	6319.55	2739.17
西　翼	Western Region	1696	24770	5091.15	2786.03	1699	24888	5650.38	3147.12
山　区	Mountainous Region	2064	27168	6002.67	3433.21	2121	28011	6663.72	3878.98

注：1．本表存贷款统计口径为中资金融机构人民币存贷款。
　　2．机构数和年末从业人员统计范围为银行业及相关金融机构(不含人民银行、外资银行及资产管理公司)。

Notes: a) Deposits and loans in this table refer to the deposits and loans in Renminbi in domestic-funded financial institutions.
b) The number of financial institutions and the number of employed persons at the year-end refer to those in banking and related financial institutions (excluding the People's Bank of China, foreign-funded banks and assets management companies).

8-10 各市金融机构本外币存贷款

Deposits and Loans in Renminbi and Foreign Currencies in All Financial Institutions by City

单位：亿元 (100 million yuan)

市别	City	各项存款 Total Deposits 2000	2005	2009	2010	2011	2012	2013	2014	2015
全省合计	**Provincial Total**	**19083.64**	**38119.91**	**69691.46**	**82019.40**	**91590.15**	**105099.55**	**119685.15**	**127881.47**	**160388.22**
广州	Guangzhou	6200.47	11734.10	20944.19	23953.96	26460.80	30186.57	33838.20	35469.29	42843.67
深圳	Shenzhen	3942.00	9486.76	18357.47	21937.89	25095.78	29662.40	33943.15	37350.50	57778.90
珠海	Zhuhai	521.71	1014.08	2105.20	2748.70	2980.01	3449.70	4121.58	4570.67	5383.73
汕头	Shantou	600.21	995.64	1623.06	1873.03	1989.65	2285.36	2530.16	2664.46	2857.20
佛山	Foshan	2119.08	3906.93	7211.14	8462.33	9116.84	10167.55	11387.13	11275.63	11867.67
#顺德	Shunde	684.72	1249.91	2158.35	2531.53	2757.91	3146.27	3453.20	3155.83	3421.88
韶关	Shaoguan	263.73	468.35	794.40	907.75	1005.35	1117.81	1255.76	1394.20	1532.91
河源	Heyuan	91.12	205.94	409.59	500.02	561.36	638.58	754.24	875.92	988.90
梅州	Meizhou	219.47	438.71	705.69	839.63	946.24	1063.83	1245.21	1411.88	1565.28
惠州	Huizhou	394.44	823.96	1778.95	2090.14	2401.05	2696.97	3138.79	3394.60	3836.10
汕尾	Shanwei	78.19	144.45	279.78	332.70	373.30	422.71	487.35	545.74	631.03
东莞	Dongguan	1327.79	3036.77	5094.92	6077.87	6756.66	7691.24	8874.91	9323.28	9968.80
中山	Zhongshan	619.44	1186.76	2211.13	2665.35	2993.67	3469.71	4021.81	4149.69	4378.36
江门	Jiangmen	805.18	1279.67	1995.14	2285.75	2559.66	2905.50	3335.27	3587.64	3766.81
阳江	Yangjiang	142.73	248.75	477.87	575.32	649.29	729.35	816.84	910.89	1014.74
湛江	Zhanjiang	408.90	716.97	1316.10	1565.19	1728.19	1902.35	2173.39	2430.26	2684.61
茂名	Maoming	332.55	524.90	855.78	1028.67	1188.72	1332.42	1571.63	1772.22	1974.75
肇庆	Zhaoqing	281.64	493.23	920.63	1072.54	1210.67	1355.59	1594.43	1679.26	1785.01
清远	Qingyuan	213.85	393.96	832.57	995.36	1117.31	1215.34	1401.35	1534.81	1699.82
潮州	Chaozhou	162.70	328.97	556.31	653.27	743.18	836.51	919.35	1004.29	1076.19
揭阳	Jieyang	240.07	473.60	816.18	967.03	1130.77	1311.12	1529.69	1709.93	1837.87
云浮	Yunfu	118.37	217.40	405.35	486.93	581.66	658.93	744.90	826.30	915.88
按经济区域分	By Region									
珠三角	Pearl River Delta	16211.75	32962.25	60618.78	71294.51	79575.13	91585.24	104255.28	110800.56	141609.04
东翼	Eastern Region	1081.18	1942.66	3275.34	3826.04	4236.89	4855.70	5466.56	5924.42	6402.29
西翼	Western Region	884.18	1490.63	2649.75	3169.17	3566.20	3964.12	4561.87	5113.37	5674.10
山区	Mountainous Region	906.54	1724.37	3147.60	3729.68	4211.93	4694.49	5401.45	6043.11	6702.78

8-10 续表 continued

单位：亿元 (100 million yuan)

市 别	City	各项贷款 Total Loans 2000	2005	2009	2010	2011	2012	2013	2014	2015
全省合计	**Provincial Total**	**13227.62**	**23261.21**	**44510.22**	**51799.30**	**58615.27**	**67077.08**	**75664.16**	**84921.79**	**95661.12**
广 州	Guangzhou	4226.65	7622.20	13851.83	16284.31	17732.88	19936.52	22016.18	24231.71	27296.16
深 圳	Shenzhen	3032.13	7596.72	14783.39	16808.12	19248.73	21808.34	24680.07	27922.13	32449.04
珠 海	Zhuhai	349.20	486.72	1062.44	1472.54	1638.21	1920.30	2071.90	2426.24	2969.70
汕 头	Shantou	476.66	421.36	570.47	661.52	728.18	811.95	971.93	1072.83	1199.00
佛 山	Foshan	1581.90	2122.74	4101.97	4868.99	5615.15	6391.47	7111.31	7595.79	7950.53
#顺 德	Shunde	498.38	704.48	1232.06	1615.82	1873.13	2243.78	2514.95	2651.97	2731.45
韶 关	Shaoguan	149.23	169.68	320.02	376.06	425.23	497.90	581.38	671.16	731.84
河 源	Heyuan	62.19	108.13	294.26	338.69	389.26	472.89	573.18	699.01	801.08
梅 州	Meizhou	147.02	206.44	274.26	331.10	389.97	454.04	547.53	635.46	736.41
惠 州	Huizhou	221.42	409.44	1134.26	1225.71	1439.09	1735.12	2036.92	2436.97	2701.60
汕 尾	Shanwei	68.74	57.21	98.56	131.12	157.59	190.83	228.54	269.61	306.14
东 莞	Dongguan	642.33	1540.48	3017.07	3441.99	3860.92	4446.82	4989.50	5562.36	5980.90
中 山	Zhongshan	382.09	498.05	1196.59	1373.62	1626.77	1969.07	2315.87	2644.90	2894.32
江 门	Jiangmen	574.26	565.45	892.58	1032.46	1205.30	1467.17	1715.51	2024.51	2218.01
阳 江	Yangjiang	89.71	100.66	229.38	292.24	369.12	445.73	537.60	706.97	757.74
湛 江	Zhanjiang	294.70	310.03	629.71	721.00	868.48	1067.54	1227.29	1372.57	1568.76
茂 名	Maoming	211.96	230.93	299.77	362.40	444.74	540.64	642.08	759.50	858.33
肇 庆	Zhaoqing	217.44	232.13	568.31	652.01	766.51	893.63	1051.40	1172.51	1281.52
清 远	Qingyuan	150.82	179.13	442.53	520.62	617.00	725.87	853.65	953.48	1061.23
潮 州	Chaozhou	118.57	137.20	192.71	219.41	256.64	290.20	322.97	357.21	369.04
揭 阳	Jieyang	131.25	169.40	335.18	407.06	502.33	615.58	717.84	873.59	931.72
云 浮	Yunfu	84.12	97.10	214.93	278.34	333.17	395.46	471.52	533.29	598.05
按经济区域分	By Region									
珠 三 角	Pearl River Delta	11227.42	21073.93	40608.44	47159.74	53133.57	60568.45	67988.65	76017.12	85741.78
东 翼	Eastern Region	795.23	785.17	1196.92	1419.10	1644.74	1908.56	2241.28	2573.24	2805.90
西 翼	Western Region	596.37	641.62	1158.86	1375.65	1682.34	2053.91	2406.96	2839.04	3184.82
山 区	Mountainous Region	593.39	760.49	1546.00	1844.81	2154.62	2546.16	3027.27	3492.40	3928.63

8-11 各市金融机构住户存款

Savings Deposit by Household in All Financial Institutions by City

单位：亿元 (100 million yuan)

市别	City	中外资金融机构本外币住户存款 Savings Deposit by Household in Renminbi and Foreign Currencies in All Financial Institutions							
		2000	2005	2010	2011	2012	2013	2014	2015
全省合计	**Provincial Total**	**10031.68**	**20267.76**	**36965.75**	**41061.56**	**46265.58**	**50638.64**	**53215.87**	**55008.70**
广　州	Guangzhou	2683.38	5475.77	9302.33	10260.54	11557.00	12496.69	12825.64	13602.38
深　圳	Shenzhen	1391.78	3525.70	6918.19	7963.54	8910.98	9690.28	10193.04	9680.24
珠　海	Zhuhai	262.41	513.72	982.54	1102.85	1234.72	1360.23	1423.01	1322.97
汕　头	Shantou	401.88	765.26	1305.62	1384.40	1549.33	1679.13	1764.78	1918.05
佛　山	Foshan	1359.52	2465.51	4460.82	4707.06	5215.16	5602.58	5806.94	6232.20
#顺　德	Shunde	453.34	825.15	1517.91	1603.10	1805.47	1904.01	1936.80	2091.64
韶　关	Shaoguan	172.46	320.00	562.11	619.79	701.41	787.84	859.52	925.18
河　源	Heyuan	71.32	146.36	314.33	364.52	416.29	480.14	531.49	591.09
梅　州	Meizhou	166.95	326.86	582.20	665.74	761.27	888.88	985.46	1061.20
惠　州	Huizhou	276.61	548.27	1044.17	1185.53	1362.56	1545.08	1651.81	1729.01
汕　尾	Shanwei	58.89	111.83	231.32	261.45	298.38	340.35	376.34	388.93
东　莞	Dongguan	753.78	1796.69	3425.89	3750.36	4246.97	4517.59	4648.27	4630.69
中　山	Zhongshan	409.23	764.69	1462.96	1603.23	1771.65	1950.56	2057.33	2108.53
江　门	Jiangmen	607.54	951.96	1516.72	1690.52	1898.06	2073.97	2218.80	2270.52
阳　江	Yangjiang	107.92	192.35	386.82	433.90	496.04	558.52	609.46	665.27
湛　江	Zhanjiang	310.23	514.85	945.28	1081.46	1251.64	1410.98	1520.22	1684.28
茂　名	Maoming	251.70	413.71	752.61	853.88	986.18	1137.67	1273.71	1413.64
肇　庆	Zhaoqing	197.68	347.39	657.31	751.94	862.12	981.92	1075.02	1160.94
清　远	Qingyuan	152.70	279.69	593.11	663.28	744.74	840.57	927.07	1013.87
潮　州	Chaozhou	111.07	246.32	461.35	510.18	588.53	647.49	698.39	748.54
揭　阳	Jieyang	190.83	392.24	716.17	810.98	950.56	1128.99	1196.57	1251.86
云　浮	Yunfu	93.82	168.58	343.92	396.41	462.00	519.18	573.00	609.30
按经济区域分	By Region								
珠三角	Pearl River Delta	7941.93	16389.71	29770.92	33015.57	37059.20	40218.90	41899.85	42737.49
东　翼	Eastern Region	762.66	1515.65	2714.46	2967.02	3386.80	3795.95	4036.09	4307.37
西　翼	Western Region	669.84	1120.91	2084.70	2369.23	2733.86	3107.18	3403.39	3763.19
山　区	Mountainous Region	657.25	1241.49	2395.67	2709.74	3085.72	3516.61	3876.55	4200.64

8-11 续表 continued

单位：亿元 (100 million yuan)

市别	City	中资金融机构人民币住户存款 Savings Deposit by Household in Renminbi in Chinese-funded Financial Institutions							
		2000	2005	2010	2011	2012	2013	2014	2015
全省合计	**Provincial Total**	**8667.29**	**19051.35**	**36219.15**	**39725.24**	**44803.43**	**49287.89**	**51835.12**	**54114.45**
广　州	Guangzhou	2239.64	5024.69	9013.15	9911.95	11174.68	12178.58	12498.70	13236.26
深　圳	Shenzhen	1082.43	3229.38	6717.05	7251.39	8132.16	8926.10	9410.59	9429.42
珠　海	Zhuhai	216.08	480.87	957.58	1066.39	1196.27	1331.14	1390.93	1296.96
汕　头	Shantou	351.40	733.50	1291.11	1365.36	1528.12	1661.21	1747.76	1897.90
佛　山	Foshan	1216.98	2358.78	4406.34	4653.70	5155.01	5548.32	5752.38	6170.92
#顺　德	Shunde	407.94	790.88	1500.57	1587.37	1784.58	1888.90	1936.80	2074.89
韶　关	Shaoguan	165.47	313.97	559.16	616.99	698.58	784.91	856.57	921.64
河　源	Heyuan	69.96	145.12	313.64	363.82	415.52	479.29	530.65	590.09
梅　州	Meizhou	155.14	318.77	578.33	662.21	757.67	885.46	982.16	1057.84
惠　州	Huizhou	249.31	522.21	1031.63	1172.86	1349.23	1533.01	1639.54	1717.05
汕　尾	Shanwei	54.18	108.39	229.73	259.39	296.29	337.14	373.32	385.72
东　莞	Dongguan	672.07	1728.28	3384.45	3697.27	4187.68	4467.60	4598.76	4587.86
中　山	Zhongshan	354.65	725.06	1442.18	1582.18	1747.90	1930.79	2036.77	2082.30
江　门	Jiangmen	483.75	851.93	1461.98	1644.86	1852.48	2029.55	2173.73	2228.65
阳　江	Yangjiang	104.99	189.91	385.69	432.63	494.59	556.95	607.83	663.22
湛　江	Zhanjiang	298.14	505.70	940.08	1076.41	1245.66	1404.49	1513.75	1675.56
茂　名	Maoming	247.45	410.02	750.67	851.75	984.03	1135.23	1271.20	1410.49
肇　庆	Zhaoqing	184.21	335.91	650.23	744.57	851.29	973.60	1066.31	1151.53
清　远	Qingyuan	146.27	273.86	590.26	660.50	741.99	837.35	924.16	1010.55
潮　州	Chaozhou	104.19	242.65	459.60	507.78	585.92	644.11	695.15	744.83
揭　阳	Jieyang	180.82	387.29	714.16	808.42	947.98	1125.55	1193.52	1247.84
云　浮	Yunfu	90.13	165.09	342.13	394.81	460.38	517.51	571.34	607.82
按经济区域分	By Region								
珠三角	Pearl River Delta	6699.12	15257.09	29064.60	31725.17	35646.70	38918.70	40567.69	41900.94
东　翼	Eastern Region	690.59	1471.82	2694.60	2940.94	3358.31	3768.00	4009.75	4276.29
西　翼	Western Region	650.58	1105.62	2076.44	2360.79	2724.28	3096.67	3392.78	3749.27
山　区	Mountainous Region	626.97	1216.81	2383.51	2698.34	3074.14	3504.52	3864.89	4187.95

8-12 财产保险公司主要指标
Main Indicators of Property Insurance Companies

单位：万元 (10000 yuan)

项　　目	Item	2012		2013	
		保费收入 Premium Income	赔款支出 Indemnity Expenditure	保费收入 Premium Income	赔款支出 Indemnity Expenditure
合　　计	**Total**	**5945717.47**	**3169726.96**	**6893185.27**	**3687147.79**
企业财产保险	Enterprise Property Insurance	436317.10	276186.41	490361.23	348070.02
家庭财产保险	Household Property Insurance	28777.77	4908.57	34438.63	8622.12
#投资型家财险	Of Which: Investment-Linked Household Property Insurance	1260.00	112.70	942.86	104.01
机动车辆保险	Motor Vehicle Insurance	4199161.55	2387272.08	4939532.04	2697476.04
工程保险	Project Insurance	114142	42058.83	101565.39	59631.84
责任保险	Liability Insurance	227736.57	87408.53	269565.66	104944.55
信用保险	Credit Insurance	191319.05	72591.59	216083.36	110549.88
保证保险	Guarantee Insurance	146644.96	10258.17	173482.88	20178.06
#机动车辆消费贷款保证保险	Of Which: Motor Vehicle Consumption Loan Guarantee Insurance	220.78	1101.46	236.18	173.59
个人贷款抵押房屋保证保险	Personal Loan Home Mortgage Guarantee Insurance	3610.74	204.49	3948.17	200.43
船舶保险	Ship Insurance	48154.34	38851.89	39556.99	28372.75
货物运输保险	Freight Transport Insurance	128523.65	62370.27	127119.29	69316.84
特殊风险保险	Peculiar Risk Insurance	147285.63	48146.74	144095.42	42123.86
农业保险	Agriculture Insurance	44667.69	24326.80	65143.20	36830.09
健康险	Health Insurance	103001.45	77406.05	135824.15	117442.58
意外伤害保险	Accident Injury Insurance	129661.25	37817.85	155931.32	43178.77
其他险	Other Property Insurance	324.44	123.19	485.73	410.40

8-12 续表 continued

单位：万元 (10000 yuan)

项　　目	Item	2014		2015	
		保费收入 Premium Income	赔款支出 Indemnity Expenditure	保费收入 Premium Income	赔款支出 Indemnity Expenditure
合　　计	**Total**	**8321449.51**	**4139816.65**	**9237353.31**	**4588892.60**
企业财产保险	Enterprise Property Insurance	519924.91	360518.17	533112.09	280062.76
家庭财产保险	Household Property Insurance	34679.72	5912.32	37451.72	8912.44
#投资型家财险	Of Which: Investment-Linked Household Property Insurance	907.03	160.35	2724.64	246.63
机动车辆保险	Motor Vehicle Insurance	5920909.47	3042629.14	6688160.08	3376575.15
工程保险	Project Insurance	155354.72	51913.16	137597.69	67898.19
责任保险	Liability Insurance	345735.07	131845.55	380426.73	165378.20
信用保险	Credit Insurance	244326.72	105970.24	273938.65	161012.13
保证保险	Guarantee Insurance	313287.37	39523.21	324476.39	85274.09
#机动车辆消费贷款保证保险	Of Which: Motor Vehicle Consumption Loan Guarantee Insurance	390.57	743.68	5509.87	1499.95
个人贷款抵押房屋保证保险	Personal Loan Home Mortgage Guarantee Insurance	2687.41	73.42	563.95	82.25
船舶保险	Ship Insurance	52797.89	48293.80	54291.80	28399.92
货物运输保险	Freight Transport Insurance	129688.03	62129.04	132217.10	61215.95
特殊风险保险	Peculiar Risk Insurance	154023.37	37319.12	119860.94	48307.25
农业保险	Agriculture Insurance	86325.95	38334.06	91046.05	51009.06
健康险	Health Insurance	168080.9	154281.22	190808.35	173637.74
意外伤害保险	Accident Injury Insurance	183879.81	51603.60	247881.36	61474.76
其他险	Other Property Insurance	12435.58	9544.03	26084.35	19734.95

注：本表数据包括深圳，来源于中国保险监督管理委员会广东监管局。
Note: The data in the table include those of Shenzhen， and are obtained from Guangdong Bureau of China Insurance Regulatory Commission.

8−13 人身保险公司主要指标

Main Indicators of Life Insurance Companies

单位：亿元 (100 million yuan)

项 目	Item	2012	2013	2014	2015
保费收入	**Premium Income**	**1097.55**	**1213.59**	**1509.49**	**1890.64**
按险种分	Premium by Line of Business:				
寿险	Life Insurance	970.75	1057.87	1297.09	1537.11
个人业务	Personal Business	963.68	1047.77	1287.46	1527.41
新单保费	New Business Premium	410.89	435.58	632.24	846.76
续期保费	Renewal Premium	552.79	612.19	655.23	680.65
团体业务	Group Business	7.07	10.10	9.62	9.70
新单保费	New Business Premium	3.81	6.98	6.67	6.88
续期保费	Renewal Premium	3.26	3.11	2.96	2.82
意外伤害险	Accident Injury Insurance	30.92	38.02	47.83	62.09
一年期以内业务	Within One-year	1.66	2.38	1.57	1.73
一年期业务	One Year	26.65	29.67	34.62	40.77
一年以上业务	Over One-year Period Business	2.61	5.97	11.64	19.59
健康险	Health Insurance	95.88	117.70	164.57	291.44
一年期以内及一年期业务	Within One Year and One-year Period Business	28.84	33.58	44.47	58.70
个人业务	Personal Business	9.99	10.75	12.32	16.55
团体业务	Group Business	18.85	22.83	32.15	42.16
一年期以上业务	Over One-year Period Business	67.04	84.12	120.10	232.74
个人业务	Personal Business	66.89	83.88	118.81	230.69
团体业务	Group Business	0.15	0.24	1.29	2.04
按新型产品分:	Premium by New Product:				
寿险保费收入合计	Total Life Insurance Premium Income	970.75	1057.87	1297.09	1537.11
普通寿险	Ordinary Insurance	104.09	126.00	473.70	770.13
新单保费	New Business Premium	13.49	30.57	370.06	632.80
续期保费	Renewal Premium	90.60	95.43	103.64	137.33
分红寿险	Dividend Insurance	857.32	921.60	813.28	756.86
新单保费	New Business Premium	399.35	410.55	267.72	219.86
续期保费	Renewal Premium	457.97	511.05	545.56	537.01
投资连结保险	Investment Link Insurance	0.89	0.99	1.06	1.08
万能寿险	Universal Life Insurance	8.46	9.27	9.05	9.04
赔付支出	**Total Payment Expenditure**	**168.04**	**250.38**	**288.47**	**423.43**
赔款支出	Total Indemnity Expenditure	25.36	30.62	40.95	49.83
意外伤害险	Accident Injury Insurance	5.77	5.99	7.00	7.92
一年期以内业务	Within One-year Period Business	0.07	0.19	0.20	0.27
一年期业务	One-year Period Business	5.70	5.80	6.80	7.66
一年期以内及一年期健康险	Within One Year and One-year Period Health Insurance Business	19.59	24.63	33.95	41.91
个人业务	Personal Business	4.72	5.07	5.23	5.51
团体业务	Group Business	14.87	19.56	28.72	36.40
死伤医疗给付合计	Total Payment for Death, Injury and Medical Treatment	19.26	23.57	28.20	34.02
寿险	Life Insurance	11.48	13.06	14.86	16.52
个人业务	Personal Business	10.28	11.69	13.45	15.07
团体业务	Group Business	1.19	1.37	1.42	1.45
一年期以上健康险	Over One-year Period Health Insurance	7.79	10.51	13.33	17.50
个人业务	Personal Business	7.69	10.48	13.16	16.93
团体业务	Group Business	0.09	0.03	0.17	0.58
满期给付合计	Total Mature Payment	89.47	159.61	179.45	280.73
寿险	Life Insurance	89.08	158.71	179.28	280.55
个人业务	Personal Business	85.56	155.72	176.62	277.41
团体业务	Group Business	3.53	2.99	2.66	3.14
一年期以上健康险	Over One-year Period Health Insurance	0.38	0.90	0.17	0.18
个人业务	Personal Business	0.38	0.90	0.17	0.18
团体业务	Group Business	…	…	…	…
年金给付合计	Total Annuity Payment	33.95	36.58	39.87	58.85
个人业务	Personal Business	30.61	34.34	37.13	55.46
团体业务	Group Business	3.35	2.24	2.73	3.38
退保金	**Withdrawal Amount Insured**	**130.40**	**182.40**	**278.68**	**403.58**
寿险	Life Insurance	128.83	180.67	276.30	395.86
个人业务	Personal Business	127.91	178.98	273.49	393.26
团体业务	Group Business	0.92	1.69	2.81	2.60
一年期以上健康险	Over One-year Period Health Insurance	1.57	1.73	2.39	7.72

注：本表数据包括深圳，来源于中国保险监督管理委员会广东监管局。

Note: The data in the table include those of Shenzhen and are obtained from Guangdong Bureau of China Insurance Regulatory Commission.

8-14 保险业务主要指标
Main Indicators of Insurance Business

指　　标	Indicators	2008	2009	2010	2011	2012	2013	2014	2015
保费收入　　（亿元）	**Premium of Insurance (100 million yuan)**	**1124.98**	**1231.17**	**1421.68**	**1578.96**	**1692.12**	**1902.91**	**2341.63**	**2814.37**
财产险	Property Insurance	292.62	336.17	429.62	507.54	571.31	660.14	796.95	879.87
人寿险	Life Insurance	734.66	805.63	892.71	947.90	970.75	1057.87	1297.09	1537.11
健康险	Health Insurance	70.03	60.63	67.34	85.03	106.18	131.29	181.38	310.52
人身意外伤害险	Personal Accident Insurance	27.67	28.74	32.01	38.50	43.89	53.61	66.21	86.88
各项赔款和给付（亿元）	**Payment (100 million yuan)**	**283.17**	**306.67**	**318.21**	**398.66**	**485.01**	**619.09**	**702.45**	**882.32**
财产险	Property Insurance	172.04	181.85	194.77	232.31	305.45	352.65	393.39	435.38
人寿险	Life Insurance	84.88	92.84	85.58	109.28	134.51	208.35	234.01	355.92
健康险	Health Insurance	17.88	24.05	29.52	48.26	35.50	47.78	62.88	76.95
人身意外伤害险	Personal Accident Insurance	8.37	7.93	8.34	8.81	9.55	10.31	12.16	14.07
保险公司数　　（家）	**Number of Insurance Companies (unit)**	**57**	**61**	**65**	**69**	**82**	**84**	**87**	**90**
#财产保险公司	Property Insurance Companies	27	29	32	34	39	39	40	40
人身保险公司	Life Insurance Companies	30	32	33	35	43	45	47	50
#中资保险公司	Domestic Funded Insurance Companies	39	40	41	46	57	58	59	60
外资保险公司	Foreign-funded Insurance Companies	18	21	24	23	25	26	28	30
保险公司总资产（亿元）	**Total Assets of Insurance Companies(100 million yuan)**	**2182.28**	**2605.12**	**3252.03**	**4002.30**	**4684.92**	**5607.95**	**6957.85**	**9959.67**
#财产险公司	Property Insurance Companies	335.51	308.45	289.98	317.78	363.93	417.30	508.38	776.08
寿险公司	Life Insurance Companies	1823.48	2269.83	2916.99	3556.80	4113.22	4893.34	6073.89	8190.30
保险公司分支机构（家）	**Number of Institutions of Insurance Companies (Unit)**	**2192**	**2285**	**2288**	**2359**	**2425**	**2540**	**4915**	**5578**
从业人员数　　（万人）	**Employed Persons (person)**	**24.23**	**25.38**	**26.47**	**29.17**	**29.19**	**31.13**	**35.95**	**51.98**

8-15 分市原保险保费收入和赔付支出情况（2015年）
Premium of Primary Insurance and Payment by City (2015)

单位：亿元 (100 million yuan)

地 区	Region	原保险保费收入 Premium of Primary Insurance			赔付支出 Payment		
		小计 Sub-total	财产险业务 Property Insurance	人身险业务 Life Insurance	小计 Sub-total	财产险业务 Property Insurance	人身险业务 Life Insurance
全省合计	**Provincial Total**	**2814.37**	**879.87**	**1934.51**	**882.32**	**435.38**	**446.94**
广 州	Guangzhou	708.83	208.14	500.69	222.95	103.69	119.25
深 圳	Shenzhen	647.55	214.55	433.00	176.74	104.53	72.21
珠 海	Zhuhai	78.69	24.83	53.86	27.07	13.76	13.31
汕 头	Shantou	73.71	20.03	53.68	27.05	9.60	17.45
佛 山	Foshan	256.51	90.20	166.31	81.73	44.68	37.05
韶 关	Shaoguan	36.78	10.27	26.51	13.77	4.98	8.79
河 源	Heyuan	22.50	7.87	14.63	7.54	3.68	3.86
梅 州	Meizhou	42.55	11.24	31.30	11.55	5.07	6.48
惠 州	Huizhou	99.30	30.84	68.46	26.58	14.32	12.26
汕 尾	Shanwei	12.57	3.99	8.58	4.87	2.16	2.71
东 莞	Dongguan	305.48	96.57	208.90	89.10	46.08	43.02
中 山	Zhongshan	112.92	37.31	75.61	37.57	17.70	19.87
江 门	Jiangmen	93.75	27.45	66.29	37.71	13.66	24.05
阳 江	Yangjiang	26.49	9.85	16.65	11.51	4.71	6.80
湛 江	Zhanjiang	71.00	16.33	54.67	24.49	10.66	13.83
茂 名	Maoming	56.39	14.73	41.66	17.77	7.12	10.64
肇 庆	Zhaoqing	47.50	14.36	33.15	15.45	6.61	8.85
清 远	Qingyuan	35.00	13.28	21.72	13.69	6.26	7.43
潮 州	Chaozhou	25.97	8.16	17.81	11.93	4.27	7.66
揭 阳	Jieyang	42.18	12.89	29.29	14.04	6.31	7.73
云 浮	Yunfu	17.47	6.25	11.22	6.18	2.66	3.51

主要统计指标解释

一般公共预算收入 指国家财政参与社会产品分配所取得的收入，是实现国家职能的财力保证。主要包括：

（1）各项税收：包括国内增值税、国内消费税、进口货物增值税和消费税、出口货物退增值税和消费税、营业税、企业所得税、个人所得税、资源税、城市维护建设税、房产税、印花税、城镇土地使用税、土地增值税、车船税、船舶吨税、车辆购置税、关税、耕地占用税、契税、烟叶税等。

（2）非税收入：包括专项收入、行政事业性收费、罚没收入和其他收入。

一般公共预算支出 指国家财政将筹集起来的资金进行分配使用，以满足经济建设和各项事业的需要。主要包括：一般公共服务、外交、国防、公共安全、教育、科学技术、文化教育与传媒、社会保障和就业、医疗卫生、环境保护、城乡社区事务、农林水事务、交通运输、商业服务等事务。

信贷资金 指金融机构以信用方式积聚和分配的货币资金。金融机构信贷资金的来源有各项存款、对国际金融机构负债、流通中货币、银行自有资金及当年结益等；信贷资金的运用有各项贷款、黄金占款、外汇占款、财政借款及在国际金融机构中的资产等。

存款 机构或个人在保留资金或货币所有权的条件下，以不可流通的存款凭证为依据，暂时让渡或接受资金使用权所形成的债权或债务。存款可分为单位存款、个人存款、财政性存款等项目。

贷款 机构或个人在保留资金或货币所有权的条件下，以不可流通的贷款凭证或类似凭证为依据，暂时让渡或接受资金使用权所形成的债权或债务。贷款分个人贷款、单位贷款、融资租赁等项目。

住户存款 个人客户在其他存款性公司开立账户并存入资金或货币，由其他存款性公司出具存款凭证，个人客户凭存款凭证可以支取本金或利息的存款。

保险金额 指保险人承担赔偿或者给付保险金责任的最高限额。

保费 指投保人为取得保险人在约定范围内所承担赔偿责任而支付给保险人的费用。

赔款 指保险人根据保险合同的规定，向被保险人支付的赔偿保险责任损失的金额。

给付 包括死伤医疗给付和满期给付。死伤医疗给付是指保险人根据人寿保险及长期健康保险合同的规定，因被保险人在保险期内发生保险责任范围内的保险事故支付给被保险人（或受益人）的金额。满期给付是指被保险人生存期满，保险人按人寿保险合同规定支付给被保险人的满期保险金额。

Explanatory Notes on Main Statistical Indicators

General Public Budgetary Revenue refers to income for the government finance through participating in the distribution of social products. It is the financial guarantee to ensure government functioning. The contents of government revenue include the following main items:

(1) Various tax revenues, including domestic value added tax (VAT), domestic consumption tax, VAT and consumption tax from imports, VAT and consumption tax rebate for exports, business tax, corporate income tax, individual income tax, resource tax, city maintenance and construct tax, house property tax, stamp tax, urban land use tax, land appreciation tax, tax on vehicles and boat operation, ship tonnage tax, vehicle purchase tax, tariffs, farm land occupation tax, deed tax, and tobacco leaf tax, etc.

(2) Non-tax revenue, including special program receipts, charge of administrative and institutional units, penalty receipts and others non-tax receipts.

General Public Budgetary Expenditure refers to the distribution and use of the funds which the government finance has raised, so as to meet the needs of economic construction and various causes. It mainly includes the following items: expenditure for general public services, expenditure for foreign affairs, expenditure for national defence, expenditure for public security, expenditure for education, Expenditure for science and technology, expenditure for culture, sport and media, expenditure for social safety net and employment effort, expenditure for medical and health care, expenditure for environment protection, expenditure for urban and rural community affairs, expenditure for agriculture, forestry and water conservancy, expenditure for transportation, expenditure for industry, commerce and banking.

Credit Funds refer to the monetary funds accumulated and distributed in the means of credit by the financial institutions. The sources of credit funds include deposits, liabilities to international financial institutions, currency in circulation, self-owned funds and current retained profits, etc. The uses of credit funds include loans, position for bullion purchase, position for foreign exchange purchase, advances to treasury, and assets with international financial institutions.

Deposit refers to the creditor's right or debt that is formed when the institution or individual temporarily gives up or accepts the right to use the capital while keeping the ownership of the capital with the untransferrable deposit certificate as the proof. It includes corporate deposits, personal deposits, fiscal deposits, etc..

Loan refers to the creditor's right or debt that is formed when the institution or individual temporarily gives up or accepts the right to use the capital while keeping the ownership of the capital with the untransferrable loan certificate or other certificates as the proof. It includes personal loans, corporate loans, financial lease, etc..

Savings Deposits refer to the capital which is deposited in the account opened in the reserve corporation by the individual with a deposit certificate as the proof, the principal and interest of which can be withdrew with the deposit certificate.

Amount Insured refers to the maximum that the insurant will get for the claim of the case sured.

Premium is the fee paid by the insurant to the insurer to obtain the obligation of compensation from the insurance within the agreed terms. is the compensation paid by the insurer to the insurant in accordance with the insurance contract.

Settled Claim is the compensation paid by the insurer to the insurant in accordance with the insurance contract.

Payment includes payment for death, injury or medical treatment and payment at maturity. Payment for death, injury or medical treatment refers to the money paid to the insurant (or the beneficiary) in accordance with the life or health insurance contract when the insurant encounters accidents within the insured period covered in the contract. Payment at maturity refers to the payment to the insurant in accordance with the life insurance contract at the end of the insured period.

九、价格

PRICE

九　价格

简要说明

一、本篇资料反映生产、流通、消费与投资等环节的价格变动情况。主要包括居民消费价格指数、商品零售价格指数、农业生产资料价格指数、工业生产者出厂价格指数、工业生产者购进价格指数、农产品生产者价格指数和固定资产投资价格指数。

二、本篇资料由国家统计局广东调查总队消费价格调查处和生产投资价格调查处整理提供。

三、居民消费价格指数、商品零售价格指数采用分层随机抽样调查方法编制，即在全省选择不同经济区域的市、县以及有代表性的商品和服务项目作为样本，对市场价格进行经常性调查，以样本推断总体。

四、工业生产者出厂价格指数和工业生产者购进价格指数均采用重点调查与典型调查相结合的方法统计。

五、固定资产投资价格指数采用重点调查与典型调查相结合的方法统计。

六、农产品生产者价格指数采用抽样调查和重点调查相结合的调查方法进行统计。

9 Price

Brief Introduction

Ⅰ. The data in this chapter reflect price changes in production, circulation，consumption and investment, including mainly consumer price indices, retail price indices, price indices of means of agricultural production, producer price indices for manufactured goods, producer price indices for purchased goods, producers' price indices for farm products and price indices for investment in fixed assets.

Ⅱ. The data are prepared and provided by the Division of Consumers Price Survey and the Division of Production Price Survey under Guangdong Survey Office of the National Bureau of Statistics.

Ⅲ. The data for the calculation of consumer price indices and retail price indices in the province are collected through stratified random sampling. Cities and counties distributed in different economic regions of the province are selected as sample areas, and representative commodities and services are selected as sample commodities and services. Regular surveys are conducted to collect data on market prices. The data on the population are estimated on the basis of the sample.

Ⅳ. The data for the calculation of producer price indices for manufactured goods and producer price indices for purchased goods are all collected through key-point survey combined with typical survey.

Ⅴ. The data for the calculation of price indices of investment in fixed assets are collected through key-point survey combined with typical survey.

VI. The data for the calculation of producers' price indices of farm products are collected through sampling survey combined with key-point survey.

9-1 各种价格指数

Price Indices

上年=100 (preceding year=100)

年份 Year	商品零售价格指数 Retail Price Index	居民消费价格指数 Consumer Price Index	城市居民消费价格指数 Urban Household	农村居民消费价格指数 Rural Household	工业生产者出厂价格指数 Producer Price Index for Manufactured Goods	工业生产者购进价格指数 Producer Price Index for Purchased Goods	固定资产投资价格指数 Price Index for Investment in Fixed Assets
1978	100.4		100.3				
1979	103.0		104.6				
1980	108.5		109.5				
1981	109.3		106.3				
1982	102.3		102.6				
1983	100.7		102.8				
1984	101.2	101.3	101.9	100.4			
1985	113.6	114.8	117.1	111.2			
1986	104.8	104.9	104.7	105.3			
1987	111.7	111.2	112.8	109.7			
1988	130.2	129.4	129.5	129.3			
1989	121.0	122.1	121.9	122.4			
1990	95.6	97.5	97.4	97.6			
1991	100.6	101.2	102.3	99.9			
1992	105.8	107.3	108.4	105.9			
1993	118.2	121.6	122.0	120.6			
1994	118.9	121.7	121.0	122.5			
1995	111.6	114.0	113.1	115.3			
1996	104.4	107.0	107.2	106.5			
1997	100.1	101.9	102.1	101.5	100.1	97.3	
1998	97.0	98.2	98.3	98.1	94.8	91.4	
1999	96.7	98.2	98.4	97.7	97.7	97.8	
2000	99.9	101.4	102.2	100.0	103.4	110.9	
2001	98.7	99.3	99.2	99.6	98.5	99.1	100.2
2002	98.5	98.6	98.6	98.6	96.5	96.3	99.7
2003	100.0	100.6	100.7	100.4	99.3	104.1	102.2
2004	102.9	103.0	102.6	103.7	101.7	110.6	106.4
2005	101.8	102.3	102.0	102.7	101.5	105.0	101.6
2006	101.5	101.8	101.8	101.6	101.4	103.6	100.7
2007	103.4	103.7	103.7	103.5	101.3	103.3	102.4
2008	106.0	105.6	105.5	105.8	103.1	107.9	108.6
2009	96.8	97.7	97.6	97.8	95.8	93.8	96.7
2010	103.3	103.1	103.1	103.2	103.2	107.3	103.0
2011	105.1	105.3	105.3	105.6	103.7	107.3	105.5
2012	102.2	102.8	102.8	102.9	99.5	99.5	101.5
2013	101.0	102.5	102.4	102.7	98.8	98.2	101.4
2014	101.4	102.3	102.3	102.1	98.9	98.8	101.5
2015	99.6	101.5	101.6	101.3	96.8	94.7	99.0

9-2 各种价格定基指数
Fixed-base Price Indices

年份 Year	商品零售价格指数(1978年为100) Retail Price Index (1978=100)	居民消费价格指数(1983年为100) Consumer Price Index (1983=100)	城市居民消费价格指数(1983年为100) Urban Household (1983=100)	农村居民消费价格指数(1983年为100) Rural Household (1983=100)	工业生产者出厂价格指数(1996年为100) Producer Price Index for Manufactured Goods (1996=100)	工业生产者购进价格指数(1996年为100) Producer Price Index for Purchased Goods (1996=100)	固定资产投资价格指数(2000年为100) Price Index for Investment in Fixed Assets (2000=100)
1978	100.0						
1979	103.0						
1980	111.8						
1981	122.0						
1982	124.9						
1983	125.7	100.0	100.0	100.0			
1984	127.2	101.3	101.9	100.4			
1985	144.5	116.3	119.3	111.6			
1986	151.5	122.0	124.9	117.6			
1987	169.2	135.7	140.9	129.0			
1988	220.3	175.5	182.5	166.8			
1989	266.6	214.3	222.5	204.1			
1990	254.8	209.0	216.7	199.2			
1991	256.4	211.5	221.7	199.0			
1992	271.3	226.9	240.3	210.7			
1993	320.6	275.9	293.1	254.2			
1994	381.3	335.8	354.7	311.3			
1995	425.6	382.8	401.2	359.0			
1996	444.3	409.6	430.1	382.3	100.0	100.0	
1997	444.7	417.4	439.1	388.1	100.1	97.3	
1998	431.4	409.9	431.6	380.7	94.9	88.9	
1999	417.1	402.5	424.7	371.9	92.7	86.9	
2000	416.7	408.1	434.1	371.9	95.9	96.4	100.0
2001	411.3	405.3	430.6	370.4	94.5	95.5	100.2
2002	405.1	399.6	424.6	365.3	91.2	92.0	99.9
2003	405.1	402.0	427.5	366.7	90.6	95.8	102.1
2004	416.9	414.1	438.6	380.3	92.1	106.0	108.6
2005	424.4	423.6	447.4	390.5	93.5	111.3	110.3
2006	430.8	431.2	455.5	396.8	94.8	115.3	111.1
2007	445.4	447.2	472.3	410.7	96.0	119.1	113.8
2008	472.2	472.2	498.3	434.5	99.0	128.4	123.6
2009	457.1	461.3	486.3	424.9	94.9	120.4	119.5
2010	472.2	475.6	501.4	438.5	97.9	129.2	123.0
2011	496.3	500.8	528.0	463.1	101.4	138.6	129.9
2012	507.2	514.8	542.8	476.5	100.9	137.9	131.8
2013	512.3	527.7	555.8	489.4	99.7	135.4	133.6
2014	519.5	539.8	568.6	499.7	98.6	134.0	135.6
2015	517.4	547.9	577.7	506.2	95.4	126.9	134.3

9-3 居民消费价格分类指数（2015年）

Consumer Price Indices by Category (2015)

上年=100 (preceding year=100)

项 目	Item	全省 Provincial Indices	城市 Urban Indices	农村 Rural Indices
居民消费价格指数	**Consumer Price Index**	**101.5**	**101.6**	**101.3**
非食品价格指数	**Non-foods Price Index**	**100.4**	**100.5**	**99.9**
服务项目价格指数	**Service Price Index**	**102.6**	**102.7**	**101.6**
工业品价格指数	**Industrial Products Price Index**	**98.7**	**98.7**	**98.7**
扣除食品烟酒和能源价格指数	**Price Index Deducting Foods, Tobacco, Liquor and Energy Sources**	**101.5**	**101.6**	**101.1**
扣除鲜菜鲜果价格指数	**Price Index Deducting Fresh Vegetables and Fruits**	**101.4**	**101.4**	**101.1**
消费品价格指数	**Consumer Goods Price Index**	**101.1**	**101.1**	**101.2**
食品	**Foods**	**103.5**	**103.5**	**103.5**
粮食	Grain	101.8	102.1	100.9
#大米	Rice	101.1	101.1	101.0
粮食制品	Grain Products	102.7	103.0	101.2
淀粉及制品	Starches and Its Products	102.0	102.4	100.3
干豆类及豆制品	Beans and Bean Products	103.7	103.6	104.0
油脂	Oil or Fat	97.3	96.9	98.8
肉禽及其制品	Meat, Poultry and Processed Products	106.0	106.0	106.1
#猪肉	Pork	106.9	106.5	108.6
蛋	Eggs	98.6	98.6	98.5
水产品	Aquatic Products	103.5	103.4	104.4
菜	Vegetables	107.4	108.0	104.6
#鲜菜	Fresh Vegetables	107.8	108.4	104.9
干菜及菜制品	Dried Vegetables and Vegetable Products	107.1	107.6	105.3
调味品	Flavoring	102.2	102.3	101.9
糖	Carbohydrate	99.5	98.6	103.4
#食糖	Sugar	99.0	97.8	103.1
糖果	Candy	100.0	99.6	102.1
茶及饮料	Tea and Beverages	101.5	101.5	101.3
茶叶	Tea	101.6	101.4	102.3
饮料	Beverages	101.4	101.6	100.6
干鲜瓜果	Dried and Fresh Melons and Fruits	100.4	99.8	104.2
#鲜瓜果	Fresh Melons and Fruits	99.5	98.9	102.8
糕点饼干面包	Cake, Biscuit and Bread	101.2	101.3	100.3
液体乳及乳制品	Milk and Its Products	99.1	99.0	100.3
在外用膳食品	Outward Dinner Food	103.2	103.4	100.9
其它食品	Other Foods	100.0	99.9	100.6
烟酒及用品	**Tobacco, Liquor and Articles**	**101.7**	**101.6**	**101.8**
烟草	Tobacco	103.4	103.6	102.8
酒	Liquor	99.2	98.8	100.6
衣着	**Clothing**	**102.3**	**102.3**	**102.1**
服装	Garments	102.7	102.7	102.2
衣着材料	Clothing Material	100.0	99.4	101.3
鞋袜帽	Footgear and Hats	101.3	101.1	102.2

9－3 续表 continued

上年=100 (preceding year=100)

项 目	Item	全省 Provincial Indices	城市 Urban Indices	农村 Rural Indices
衣着加工服务	Clothing Manufacturing Services	101.5	101.8	100.7
家庭设备用品及维修服务	**Household Facilities, Articles and Services**	**100.9**	**100.8**	**101.5**
耐用消费品	Durable Consumer Goods	98.9	98.7	100.6
家具	Furniture	101.1	100.9	102.1
家庭设备	Household Facilities	97.6	97.3	99.5
室内装饰品	Interior Decorations	99.9	99.9	100.0
床上用品	Bed Articles	97.4	96.8	100.6
家庭日用杂品	Daily-use Household Articles	100.5	100.5	100.7
家庭服务及加工维修服务	Household Services and Maintenance and Renovation	106.8	106.9	106.1
医疗保健和个人用品	**Health Care and Personal Articles**	**101.8**	**101.8**	**101.5**
医疗保健	Health Care	102.5	102.6	102.0
#中药材及中成药	Traditional Chinese Medicine	102.1	102.3	101.0
西药	Western Medicine	102.5	102.2	104.3
医疗保健服务	Health Care Services	102.7	103.0	101.0
个人用品及服务	Personal Articles and Services	100.5	100.5	100.5
化妆美容用品	Cosmetics	100.5	100.5	100.6
清洁化妆用品	Sanitary Articles	100.8	100.8	100.5
个人饰品	Personal Ornaments	94.9	94.8	95.3
个人服务	Personal Services	104.6	104.9	103.7
交通和通信	**Transportation and Communication**	**97.9**	**97.8**	**98.6**
交通	Transportation	97.1	97.0	98.0
交通工具	Transportation Facility	97.9	97.7	99.2
车用燃料及零配件	Fuels and Parts	85.4	85.4	85.9
车辆使用及维修费	Fees for Vehicles Use and Maintenance	104.5	105.0	101.7
市区公共交通费	Incity Traffic Fare	101.1	100.5	107.2
城市间交通费	Intercity Traffic Fare	100.6	100.3	102.6
通信	Telecommunication	99.1	99.1	99.3
通信工具	Communication Facility	93.8	93.4	95.4
通信服务	Communication Service	99.8	99.8	100.0
娱乐教育文化用品及服务	**Recreation, Education, Culture Articles and Services**	**101.4**	**101.5**	**101.3**
文娱用耐用消费品及服务	Durable Consumer Goods for Cultural and Recreational Use and Services	96.9	96.6	98.4
教育	Education	102.8	103.0	101.5
教材及参考书	Teaching Materials and Reference Books	100.9	101.1	100.2
教育服务	Education Services	103.1	103.3	101.9
文化娱乐类	Culture and Recreation	103.2	103.2	103.4
文化娱乐用品	Cultural and Recreational Articles	100.1	100.1	100.4
书报杂志	Newspapers and Magazines	111.3	111.3	110.8
文娱费	Expenditure on Culture and Recreation	101.1	101.2	100.9
旅游	Touring and Outing	100.0	99.8	102.2
居住	**Residence**	**100.0**	**100.3**	**98.0**
建房及装修材料	Building and Building Decoration Materials	100.0	100.0	99.7
住房租金	Rental Housing	104.6	104.9	101.5
自有住房	Private Housing	103.3	103.7	100.9
水、电、燃料	Water, Electricity and Fuels	94.4	94.7	92.7

9-4 商品零售价格分类指数（2015年）

Retail Price Indices by Category (2015)

上年=100 (preceding year=100)

项 目	Item	全省 Provincial Indices	城市 Urban Indices	农村 Rural Indices
商品零售价格指数	**Retail Price Index**	**99.6**	**99.5**	**100.2**
食品	**Foods**	**103.3**	**103.2**	**103.5**
粮食	Grain	101.9	102.4	101.0
#大米	Rice	100.9	100.9	101.0
粮食制品	Grain Products	102.8	103.5	101.1
淀粉及制品	Starches and Its Products	102.3	103.2	99.6
干豆类及豆制品	Beans and Bean Products	103.6	103.5	104.0
油脂	Oil or Fat	97.5	96.5	99.0
肉禽及其制品	Meat, Poultry and Processed Products	105.8	105.5	106.3
食用畜肉及副产品	Edible Meat and By-products	105.2	104.9	105.9
禽	Poultry	108.1	107.9	108.6
肉禽加工制品	Processed Products	104.0	104.2	103.4
蛋	Eggs	97.4	96.9	98.9
水产品	Aquatic Products	102.9	102.7	103.8
鱼	Fish	102.9	102.3	104.7
其它水产品	Other Aquatic Products	103.0	103.3	101.7
菜	Vegetables	106.6	107.3	104.8
#鲜菜	Fresh Vegetables	106.8	107.4	104.9
干菜及菜制品	Dried Vegetables and Vegetable Products	107.3	107.9	105.9
调味品	Flavoring	102.6	103.0	101.8
糖	Carbohydrate	100.2	98.7	103.7
#食糖	Sugar	100.5	98.7	103.6
糖果	Candy	100.3	99.7	101.9
干鲜瓜果	Dried and Fresh Melons and Fruits	100.6	99.2	104.3
#鲜瓜果	Fresh Melons and Fruits	99.5	98.2	102.9
糕点饼干面包	Cake, Biscuit and Bread	101.5	101.7	100.3
液体乳及乳制品	Milk and Its Products	99.4	99.2	100.3
在外用膳食品	Outward Dinner Food	103.0	103.4	101.1
其它食品	Other Foods	99.9	99.6	100.6
饮料、烟酒	**Beverages, Tobacco and Liquor**	**101.8**	**101.9**	**101.6**
茶及饮料	Tea and Beverages	101.4	101.5	101.3
茶叶	Tea	101.6	101.4	102.2
饮料	Beverages	101.3	101.6	100.7
烟草	Tobacco	103.5	103.8	102.7
酒	Liquor	99.7	99.1	100.6
服装、鞋帽	**Garments, Shoes and Hats**	**102.4**	**102.5**	**102.1**
服装	Garments	102.9	103.2	102.2
男式服装	Men's Garments	101.8	101.8	101.8
女式服装	Women's Garments	103.4	103.6	102.8
儿童服装	Children's Garments	103.8	105.1	101.6
鞋袜帽	Footgear and Hats	101.3	100.9	102.3
其它	Others	100.3	100.5	100.0
纺织品	**Textiles**	**98.6**	**97.7**	**100.6**
衣着材料	Clothing Materials	99.9	99.5	100.7
床上用品	Bed Articles	98.1	96.9	100.6
家用电器及音像器材	**Household Appliances, Audio and Video Equipment**	**97.3**	**96.6**	**99.0**
家庭设备	Household Facilities	97.4	96.6	99.6

9-4 续表 continued

上年=100 (preceding year=100)

项 目	Item	全省 Provincial Indices	城市 Urban Indices	农村 Rural Indices
文娱用耐用消费品	Durable Consumer Goods for Cultural and Recreational Use	97.0	96.2	98.3
音像器材	Audio and Video Equipment	98.1	97.7	99.6
文化办公用品	**Cultural and Office Appliances**	**98.5**	**98.3**	**99.7**
日用品	**Articles for Daily Use**	**100.6**	**100.6**	**100.4**
日用百货	General Merchandise for Daily Use	100.9	101.0	100.6
日用杂品	Miscellaneous for Daily Use	100.9	100.9	100.7
洗涤用品	Detergents	100.8	101.0	100.1
其它日用品	Other Articles for Daily Use	99.7	99.7	100.2
体育娱乐用品	**Sports and Recreation Articles**	**100.7**	**100.8**	**100.3**
体育用品	Sports Articles	100.3	100.2	100.4
娱乐用品	Recreation Articles	101.0	101.2	100.0
交通、通信用品	**Transportation and Communication Appliances**	**97.5**	**97.4**	**98.2**
交通运输机械	Transportation Machinery	98.4	98.2	99.3
通信器材	Communication Equipment	95.3	94.5	96.9
家具	**Furniture**	**101.6**	**101.5**	**102.1**
化妆品	**Cosmetics**	**100.7**	**100.7**	**100.7**
金银珠宝	**Gold, Silver and Jewelry**	**92.1**	**92.2**	**91.9**
中西药品及医疗保健用品	**Traditional Chinese & Western Medicines and Health Care Articles**	**102.1**	**102.1**	**102.0**
医疗器具及用品	Medical Apparatus and Articles	99.4	99.1	100.4
中药材及中成药	Traditional Chinese Medicinal Materials and Medicines	102.0	102.5	100.9
西药	Western Medicines	102.3	101.8	103.8
保健器具及用品	Health Care Appliances and Articles	102.7	103.4	101.1
书报杂志及电子出版物	**Books, Newspapers, Magazines and Electronic Publications**	**103.6**	**103.5**	**104.1**
教材及参考书	Teaching Materials and Reference Books	101.2	101.5	100.1
书报杂志	Newspapers and Magazines	110.3	110.3	110.6
电子音像制品	Electronic Audio and Video Products	98.6	98.4	100.0
燃料	**Fuels**	**84.2**	**84.3**	**83.9**
煤炭及制品	Coal and Its Products	101.1	101.6	100.6
石油及制品	Petroleum and Its Products	83.2	83.6	81.5
建筑材料及五金电料	**Building Materials and Hardware**	**99.0**	**99.0**	**98.9**
建筑装璜材料	Building Decoration Materials	98.5	98.4	98.7
五金电料	Hardware	100.4	100.5	100.0

9-5 居民消费价格分类指数

Consumer Price Indices by Category

上年=100 (preceding year=100)

项 目	Item	2010	2011	2012	2013	2014	2015
居民消费价格指数	**Consumer Price Index**	**103.1**	**105.3**	**102.8**	**102.5**	**102.3**	**101.5**
非食品价格指数	**Non-food Price Index**	**101.8**	**102.5**	**101.4**	**101.9**	**101.2**	**100.4**
服务项目价格指数	**Service Price Index**	**101.4**	**103.3**	**101.6**	**103.6**	**102.2**	**102.6**
工业品价格指数	**Industrial Products Price Index**	**102.0**	**101.9**	**101.3**	**100.5**	**100.4**	**98.7**
扣除食品烟酒和能源价格指数	**Price Index Deducting Foods, Tobacco, Liquor and Energy Sources**	**100.9**	**102.0**	**101.3**	**102.0**	**101.4**	**101.5**
扣除鲜菜鲜果价格指数	**Price Index Deducting Fresh Vegetables and Fruits**	**102.5**	**105.3**	**102.5**	**102.1**	**102.0**	**101.4**
消费品价格指数	**Consumer Goods Price Index**	**103.7**	**106.2**	**103.3**	**102.0**	**102.4**	**101.1**
食品	**Food**	**105.9**	**111.4**	**105.6**	**103.6**	**104.4**	**103.5**
粮食	Grain	107.5	112.7	105.0	101.9	102.7	101.8
#大米	Rice	109.2	115.4	105.9	100.7	101.4	101.1
粮食制品	Grain Products	103.7	109.2	104.9	103.1	103.2	102.7
淀粉及制品	Starches and Its Products	103.7	106.6	104.9	102.9	101.0	102.0
干豆类及豆制品	Beans and Bean Products	111.3	102.5	100.2	103.4	103.4	103.7
油脂	Oil or Fat	105.2	109.8	106.0	101.0	95.8	97.3
#食用植物油	Edible Vegetable Oil	106.8	110.3	107.0	101.5	95.9	98.8
肉禽及其制品	Meat, Poultry and Processed Products	102.0	118.9	104.4	102.0	103.3	106.0
#猪肉	Pork	100.6	128.8	100.6	99.6	98.8	106.9
蛋	Eggs	107.5	112.9	98.2	105.4	107.2	98.6
水产品	Aquatic Products	106.0	112.1	107.3	104.4	107.5	103.5
菜	Vegetables	117.4	101.2	114.9	110.7	101.6	107.4
#鲜菜	Fresh Vegetables	118.7	100.3	117.5	111.4	101.0	107.8
干菜及菜制品	Dried Vegetables and Vegetable Products	107.3	105.4	101.5	103.6	106.1	107.1
调味品	Flavoring	102.4	105.1	103.1	101.6	102.7	102.2
糖	Carbohydrate	107.2	111.7	103.0	100.2	99.7	99.5
茶及饮料	Tea and Beverages	100.4	104.0	102.4	100.8	101.0	101.5
茶叶	Tea	100.2	103.6	102.3	100.8	101.3	101.6
饮料	Beverages	100.5	104.2	102.4	100.8	100.7	101.4
干鲜瓜果	Dried and Fresh Melons and Fruits	112.0	113.0	98.9	105.5	115.5	100.4
#鲜瓜果	Fresh Melons and Fruits	111.2	112.5	98.4	106.5	119.1	99.5
糕点饼干面包	Cake, Biscuit and Bread	104.2	106.9	104.0	101.6	101.0	101.2
液体乳及乳制品	Milk and Its Products	103.6	105.9	103.9	105.5	105.9	99.1
在外用膳食品	Outward Dinner Food	103.9	109.8	106.8	102.7	104.1	103.2
其它食品	Other Foods	100.9	104.1	103.7	101.4	101.2	100.0
烟酒及用品	**Tobacco, Liquor and Articles**	**102.3**	**102.6**	**102.6**	**100.6**	**99.6**	**101.7**
烟草	Tobacco	102.0	100.8	100.8	101.0	100.1	103.4
酒	Liquor	102.9	105.4	105.3	99.9	98.8	99.2
衣着	**Clothing**	**99.6**	**101.9**	**104.0**	**101.6**	**103.0**	**102.3**
服装	Garments	100.4	102.1	104.7	101.8	103.4	102.7
男式服装	Men's Garments	98.7	100.5	103.7	100.3	102.7	101.9
女式服装	Women's Garments	101.9	102.8	105.1	102.9	103.5	102.8
儿童服装	Children's Garments	98.3	103.9	105.5	102.1	104.9	104.1
衣着材料	Clothing Material	102.7	106.1	101.2	100.4	100.0	100.0
鞋袜帽	Footgear and Hats	96.6	100.6	102.5	100.9	102.2	101.3

9－5 续表 continued

上年=100 (preceding year=100)

项　目	Item	2010	2011	2012	2013	2014	2015
衣着加工服务	Clothing Manufacturing Services	100.5	105.3	102.5	104.0	102.5	101.5
家庭设备用品及维修服务	**Household Facilities, Articles and Services**	**100.0**	**102.8**	**101.9**	**101.8**	**100.8**	**100.9**
耐用消费品	Durable Consumer Goods	98.4	99.9	99.5	99.7	99.0	98.9
家具	Furniture	100.0	101.3	100.7	101.7	101.1	101.1
家庭设备	Household Facilities	97.5	99.1	98.9	98.5	97.8	97.6
室内装饰品	Interior Decorations	100.3	101.7	100.9	100.1	100.2	99.9
床上用品	Bed Articles	98.0	103.6	98.6	98.6	97.9	97.4
家庭日用杂品	Daily-use Household Articles	99.9	100.9	102.0	100.7	100.2	100.5
家庭服务及加工维修服务	Household Services and Maintenance and Revonation	105.3	113.9	109.9	109.8	106.5	106.8
医疗保健和个人用品	**Health Care & Personal Articles**	**103.8**	**103.9**	**101.9**	**101.3**	**100.9**	**101.8**
医疗保健	Health Care	104.4	104.5	101.7	101.6	101.2	102.5
#中药材及中成药	Traditional Chinese Medicinal Materials and Medicines	112.2	114.2	104.4	104.4	101.3	102.1
西药	Western Medicines	102.0	100.2	99.8	98.6	101.3	102.5
医疗保健服务	Health Care Services	100.2	100.2	101.1	101.9	100.2	102.7
个人用品及服务	Personal Articles and Services	102.4	103.1	102.3	100.8	100.4	100.5
化妆美容用品	Cosmetics	99.8	100.6	101.4	100.8	100.6	100.5
清洁化妆用品	Sanitation Articles	101.2	101.8	103.1	101.8	100.7	100.8
个人饰品	Personal Ornaments	108.3	107.2	99.9	95.0	95.6	94.9
个人服务	Personal Services	101.4	103.4	104.3	105.1	103.9	104.6
交通和通信	**Transportation and Communication**	**99.6**	**99.8**	**99.2**	**99.5**	**99.6**	**97.9**
交通	Transportation	101.3	102.5	100.6	100.0	99.9	97.1
交通工具	Transportation Facility	97.3	97.6	98.4	99.2	99.7	97.9
车用燃料及零配件	Fuels and Parts	111.2	111.4	102.5	98.9	97.9	85.4
车辆使用及维修	Fees for Vehicles Use and Maintenance	99.9	102.8	101.3	102.1	103.3	104.5
市区公共交通费	Incity Traffic Fare	101.5	101.5	101.0	100.3	100.7	101.1
城市间交通费	Intercity Traffic Fare	101.6	101.9	101.2	100.9	99.0	100.6
通信	Communication	97.5	96.1	97.3	98.7	99.2	99.1
通信工具	Communication Facility	86.6	85.3	86.8	90.8	94.5	93.8
通信服务	Communication Service	99.3	98.3	99.1	99.9	99.8	99.8
娱乐教育文化用品及服务	**Recreation, Education, Culture Articles and Services**	**100.4**	**101.0**	**100.7**	**101.9**	**101.1**	**101.4**
文娱用耐用消费品及服务	Durable Consumer Goods for Cultural and Recreational Use and Services	96.0	94.3	95.4	96.7	96.7	96.9
教育	Education	100.4	101.3	103.0	103.8	102.2	102.8
教材及参考书	Teaching Materials and Reference Books	100.5	100.6	101.1	101.4	100.5	100.9
教育服务	Education Services	100.4	101.4	103.3	104.3	102.6	103.1
文化娱乐类	Culture and Recreation	100.3	100.9	100.6	101.0	101.4	103.2
文化娱乐用品	Cultural and Recreational Articles	100.3	101.3	100.8	100.3	100.3	100.1
书报杂志	Newspapers and Magazines	100.3	101.1	100.7	101.4	103.4	111.3
文娱费	Expenditure on Culture and Recreation	100.2	100.5	100.4	101.4	101.3	101.1
旅游	Touring and Outing	104.0	106.3	100.3	102.3	101.4	100.0
居住	**Residence**	**104.8**	**104.5**	**101.8**	**103.7**	**101.9**	**100.0**
建房及装修材料	Building and Building Decoration Materials	103.3	102.6	101.9	101.6	101.5	100.0
住房租金	Rental Housing	103.0	107.3	102.1	106.9	103.8	104.6
自有住房	Private Housing	102.0	105.1	101.2	105.3	103.0	103.3
水、电、燃料	Water, Electricity and Fuels	107.7	103.7	102.5	101.7	100.3	94.4

9-6 商品零售价格分类指数
Retail Price Indices by Category

上年=100 (preceding year=100)

项 目	Item	2010	2011	2012	2013	2014	2015
商品零售价格指数	**Retail Price Index**	**103.3**	**105.1**	**102.2**	**101.0**	**101.4**	**99.6**
食品	**Food**	**106.4**	**111.6**	**105.6**	**103.8**	**104.4**	**103.3**
粮食	Grain	106.9	112.0	104.9	102.4	103.0	101.9
#大米	Rice	108.5	114.8	105.8	101.0	101.3	100.9
粮食制品	Grain Products	103.5	109.2	105.3	103.7	103.3	102.8
淀粉及制品	Starches and Its Products	103.1	107.1	105.7	103.7	101.2	102.3
干豆类及豆制品	Beans and Bean Products	112.2	103.2	100.3	103.8	103.6	103.6
油脂	Oil or Fat	105.4	109.6	106.1	100.9	95.7	97.5
#食用植物油	Edible Vegetable Oils	107.4	110.3	107.3	101.6	95.7	98.6
肉禽及其制品	Meat, Poultry and Processed Products	102.3	119.0	104.7	102.0	103.0	105.8
食用畜肉及副产品	Edible Meat and By-products	101.7	124.3	104.7	103.0	100.3	105.2
禽	Poultry	104.4	112.4	103.2	99.8	110.0	108.1
肉禽加工制品	Processed Products	101.1	110.6	106.9	101.3	102.6	104.0
蛋	Eggs	108.2	112.4	97.7	105.1	107.7	97.4
水产品	Aquatic Products	106.3	111.6	107.5	104.4	107.4	102.9
鱼	Fish	104.0	111.6	107.5	102.2	106.8	102.9
其它水产品	Other Aquatic Products	109.6	111.5	107.6	108.8	108.6	103.0
菜	Vegetables	118.0	101.8	114.2	111.1	101.8	106.6
#鲜菜	Fresh Vegetables	119.0	100.9	117.0	111.9	101.2	106.8
干菜及菜制品	Dried Vegetables and Vegetable Products	107.5	106.2	100.6	103.7	106.1	107.3
调味品	Flavoring	102.3	105.2	103.9	101.9	102.5	102.6
糖	Carbohydrate	107.3	112.5	103.3	100.6	99.9	100.2
#食糖	Sugar	120.3	127.1	101.7	98.2	96.7	100.5
干鲜瓜果	Dried and Fresh Melons and Fruits	111.7	114.4	98.4	105.6	115.7	100.6
#鲜瓜果	Fresh Melons and Fruits	110.3	114.1	97.9	106.5	119.2	99.5
糕点饼干面包	Cake, Biscuit and Bread	104.7	107.0	104.2	101.7	100.9	101.5
液体乳及乳制品	Milk and Its Products	103.8	105.8	103.9	105.7	106.0	99.4
在外用膳食品	Outward Dinner Food	104.1	109.9	106.8	102.4	103.8	103.0
其它食品	Other Foods	100.5	103.8	103.7	101.7	100.9	99.9
饮料、烟酒	**Beverages, Tobacco and Liquor**	**101.7**	**103.4**	**103.1**	**100.4**	**100.2**	**101.8**
茶及饮料	Tea and Beverages	100.8	104.5	103.0	100.8	101.2	101.4
茶叶	Tea	100.7	104.9	103.3	101.0	101.6	101.6
饮料	Beverages	100.8	104.3	102.8	100.7	100.9	101.3
烟草	Tobacco	101.3	101.1	101.1	100.7	100.6	103.5
酒	Liquor	103.3	105.7	106.0	99.4	98.7	99.7
服装、鞋帽	**Garments, Shoes and Hats**	**99.5**	**101.9**	**103.8**	**101.7**	**103.1**	**102.4**
服装	Garments	100.5	102.6	104.5	102.2	103.4	102.9
男式服装	Men's Garments	98.2	101.2	104.1	100.8	102.9	101.8
女式服装	Women's Garments	102.7	103.2	104.7	103.3	103.6	103.4
儿童服装	Children's Garments	99.3	103.9	105.1	102.2	104.0	103.8
鞋袜帽	Footgear and Hats	96.3	100.0	102.1	100.6	102.8	101.3
其它	Others	100.9	100.8	100.7	100.0	100.2	100.3
纺织品	**Textiles**	**97.9**	**104.4**	**99.0**	**98.0**	**99.5**	**98.6**
衣着材料	Clothing Materials	100.9	106.3	102.3	99.4	103.1	99.9
床上用品	Bed Articles	96.8	103.7	97.7	97.5	98.0	98.1
家用电器及音像器材	**Household Appliances, Audio and Video Equipment**	**96.6**	**97.0**	**98.1**	**97.9**	**97.4**	**97.3**
家庭设备	Household Facilities	97.4	99.2	99.5	98.5	97.8	97.4

9-6 续表 continued

上年=100 (preceding year=100)

项 目	Item	2010	2011	2012	2013	2014	2015
文娱用耐用消费品	Durable Consumer Goods for Cultural and Recreational Use	95.4	93.7	96.0	96.7	96.3	97.0
音像器材	Audio and Video Equipment	97.7	98.4	97.8	98.5	99.0	98.1
文化办公用品	**Cultural and Office Articles**	**98.4**	**99.0**	**99.4**	**99.3**	**99.2**	**98.5**
日用品	**Articles for Daily Use**	**100.0**	**101.5**	**102.0**	**100.4**	**100.1**	**100.6**
日用百货	General Merchandise for Daily Use	100.5	102.6	101.7	100.2	100.3	100.9
日用杂品	Sundries for Daily Use	99.9	100.9	102.1	100.2	100.2	100.9
洗涤用品	Detergents	100.3	101.1	103.2	100.5	99.4	100.8
其它日用品	Miscellaneous for Daily Use	99.4	101.1	101.2	100.7	100.4	99.7
体育娱乐用品	**Sports and Recreation Articles**	**98.5**	**101.1**	**101.7**	**100.6**	**101.0**	**100.7**
体育用品	Sports Articles	99.4	102.3	103.4	101.0	100.4	100.3
娱乐用品	Recreation Articles	97.4	100.2	100.4	100.4	101.5	101.0
交通、通信用品	**Transportation and Communication Facilities**	**94.0**	**94.6**	**95.0**	**97.3**	**98.8**	**97.5**
交通运输机械	Transportation Machinery	97.8	97.8	97.4	98.9	100.0	98.4
通讯器材	Communication Equipment	89.5	88.5	89.9	93.5	95.9	95.3
家具	**Furniture**	**100.1**	**101.9**	**100.4**	**101.6**	**101.0**	**101.6**
化妆品	**Cosmetics**	**100.1**	**101.3**	**102.3**	**101.4**	**100.8**	**100.7**
金银珠宝	**Gold, Silver and Jewelry**	**112.6**	**112.5**	**101.8**	**90.6**	**91.9**	**92.1**
中西药品及医疗保健用品	**Traditional Chinese & Western Medicines and Health Care Articles**	**105.7**	**105.8**	**101.7**	**100.8**	**101.4**	**102.1**
医疗器具及用品	Medical Apparatus and Articles	103.8	100.5	103.9	100.7	100.4	99.4
中药材及中成药	Traditional Chinese Medicinal Materials and Medicines	112.1	115.0	103.5	103.5	101.8	102.0
西药	Western Medicines	101.9	99.9	100.0	98.0	100.8	102.3
保健器具及用品	Health Care Appliances and Articles	103.5	104.1	100.9	101.8	102.3	102.7
书报杂志及电子出版物	**Books, Newspapers, Magazines and Electronic Publications**	**99.7**	**100.5**	**100.4**	**101.0**	**101.0**	**103.6**
教材及参考书	Teaching Materials and Reference Books	99.7	100.3	101.0	101.2	100.4	101.2
书报杂志	Newspapers and Magazines	100.3	101.1	100.6	101.6	103.5	110.3
电子音像制品	Electronic Audio-video Products	98.3	99.9	99.6	100.1	98.8	98.6
燃料	**Fuels**	**115.4**	**111.1**	**102.5**	**99.2**	**98.4**	**84.2**
煤炭及制品	Coal and Its Products	109.3	107.9	100.1	97.3	100.9	101.1
石油及制品	Petroleum and Its Products	116.1	111.3	102.6	99.3	98.3	83.2
建筑材料及五金电料	**Building Materials and Hardware**	**103.5**	**103.5**	**100.4**	**100.8**	**100.7**	**99.0**
建筑装璜材料	Building Decoration Materials	104.5	104.1	100.0	100.6	100.6	98.5
五金电料	Hardware	100.5	101.6	101.5	101.3	100.9	100.4

9-7 居民消费定基价格分类指数（2015年）

Fixed-base Consumer Price Indices by Category (2015)

2010年=100 (2010=100)

项 目	Item	全省 Provincial Indices	城市 Urban Indices	农村 Rural Indices
居民消费价格指数	**Consumer Price Index**	**115.3**	**115.2**	**115.5**
非食品价格指数	**Non-food Price Index**	**107.5**	**107.5**	**107.8**
服务项目价格指数	**Service Price Index**	**113.9**	**114.1**	**112.9**
工业品价格指数	**Industrial Products Price Index**	**102.8**	**102.5**	**104.3**
扣除食品烟酒和能源价格指数	**Price Index Deducting Foods, Tobacco, Liquor and Energy Sources**	**108.4**	**108.3**	**108.7**
扣除鲜菜鲜果价格指数	**Price Index Deducting Fresh Vegetables and Fruits**	**114.0**	**114.0**	**113.8**
消费品价格指数	**Consumer Goods Price Index**	**115.8**	**115.7**	**116.4**
食品	**Food**	**131.7**	**132.0**	**130.1**
粮食	Grain	126.1	126.9	123.4
#大米	Rice	126.2	126.8	123.8
粮食制品	Grain Products	125.2	125.8	122.4
淀粉及制品	Starches and Its Products	118.6	120.9	108.7
干豆类及豆制品	Beans and Bean Products	113.9	112.9	118.2
油脂	Oil or Fat	109.6	109.2	110.9
肉禽及其制品	Meat, Poultry and Processed Products	138.6	139.1	136.8
#猪肉	Pork	136.3	136.4	135.8
蛋	Eggs	123.5	125.2	117.0
水产品	Aquatic Products	139.6	140.6	135.0
菜	Vegetables	140.5	140.4	140.9
#鲜菜	Fresh Vegetables	142.8	142.3	145.7
干菜及菜制品	Dried Vegetables and Vegetable Products	125.8	127.8	117.7
调味品	Flavoring	115.7	115.2	117.4
糖	Carbohydrate	114.3	111.8	126.3
#食糖	Sugar	120.7	119.1	125.8
茶及饮料	Tea and Beverages	109.9	110.0	109.8
茶叶	Tea	109.9	109.9	110.0
饮料	Beverages	110.0	110.0	109.7
干鲜瓜果	Dried and Fresh Melons and Fruits	136.8	134.8	149.6
#鲜瓜果	Fresh Melons and Fruits	139.6	137.4	154.3
糕点饼干面包	Cake, Biscuit and Bread	115.5	116.6	107.6
液体乳及乳制品	Milk and Its Products	121.9	122.8	113.9
在外用膳食品	Outward Dinner Food	129.2	130.1	121.2
其它食品	Other Foods	110.9	111.4	108.2
烟酒及用品	**Tobacco, Liquor and Articles**	**107.2**	**106.7**	**108.8**
烟草	Tobacco	106.2	105.6	108.6
酒	Liquor	108.7	108.5	109.1
衣着	**Clothing**	**113.4**	**113.5**	**112.9**
服装	Garments	115.5	115.6	114.6
衣着材料	Clothing Material	107.9	107.0	109.8
鞋袜帽	Footgear and Hats	107.8	107.7	108.4
衣着加工服务	Clothing Manufacturing Services	116.7	118.3	112.9

9-7 续表 continued

2010年=100 (2010=100)

项　目	Item	全省 Provincial Indices	城市 Urban Indices	农村 Rural Indices
家庭设备用品及维修服务	**Household Facilities, Articles and Services**	**108.5**	**108.4**	**108.6**
耐用消费品	Durable Consumer Goods	97.1	96.2	104.9
家具	Furniture	106.1	105.3	111.4
家庭设备	Household Facilities	92.1	91.1	100.6
室内装饰品	Interior Decorations	102.9	103.0	102.4
床上用品	Bed Articles	96.0	94.5	104.5
家庭日用杂品	Daily-use Household Articles	104.4	104.0	107.0
家庭服务及加工维修服务	Household Services and Manufacturing Upkeep	156.3	160.0	127.7
医疗保健和个人用品	**Health Care & Personal Articles**	**110.2**	**110.0**	**111.5**
医疗保健	Health Care	112.0	111.7	113.4
#中药材及中成药	Traditional Chinese Medicinal Materials and Medicines	128.7	127.5	134.9
西药	Western Medicines	102.4	101.5	107.4
医疗保健服务	Health Care Services	106.2	106.5	104.6
个人用品及服务	Personal Articles and Services	107.3	107.1	108.2
化妆美容用品	Cosmetics	104.0	104.3	102.4
清洁化妆用品	Sanitation Articles	108.4	108.7	106.9
个人饰品	Personal Ornaments	92.2	91.4	97.0
个人服务	Personal Services	123.1	123.6	121.1
交通和通信	**Transportation and Communication**	**96.0**	**95.7**	**98.0**
交通	Transportation	100.0	99.5	103.3
交通工具	Transportation Facility	93.0	92.2	98.7
车用燃料及零配件	Fuels and Parts	94.5	94.4	94.8
车辆使用及维修	Fees for Vehicles Use and Maintenance	114.9	116.2	106.8
市区公共交通费	Incity Traffic Fare	104.8	103.9	114.8
城市间交通费	Intercity Traffic Fare	103.7	102.1	114.7
通信	Communication	90.7	90.6	91.7
通信工具	Communication Facility	59.5	57.4	70.6
通信服务	Communication Service	97.0	97.1	96.6
娱乐教育文化用品及服务	**Recreation, Education, Culture Articles and Services**	**106.4**	**106.0**	**108.8**
文娱用耐用消费品及服务	Durable Consumer Goods for Cultural and Recreational Use and Services	81.6	79.6	91.3
教育	Education	113.8	114.2	111.4
教材及参考书	Teaching Materials and Reference Books	104.7	105.2	102.9
教育服务	Education Services	115.6	115.8	114.4
文化娱乐类	Culture and Recreation	107.4	107.3	107.9
文化娱乐用品	Cultural and Recreational Articles	102.8	102.8	103.5
书报杂志	Newspapers and Magazines	118.8	119.0	117.3
文娱费	Expenditure on Culture and Recreation	104.8	104.7	105.5
旅游	Touring and Outing	110.6	108.8	126.3
居住	**Residence**	**112.4**	**113.0**	**109.2**
建房及装修材料	Building and Building Decoration Materials	107.7	107.9	107.2
住房租金	Rental Housing	127.2	127.6	122.8
自有住房	Private Housing	119.2	119.7	116.5
水、电、燃料	Water, Electricity and Fuels	102.4	103.0	99.2

9-8 各市居民消费价格分类指数（2015年）

Consumer Price Indices by Category and by City (2015)

上年=100 (preceding year=100)

市 别	City	总指数 General Index	服务项目 Services	食品 Food	#粮食 Grain	油脂 Oil or Fat	肉禽及其制品 Meat, Poultry and Processed Foods	蛋 Eggs	水产品 Aquatic Products	菜 Vegetables	干鲜瓜果 Dried and Fresh Melons and Fruits
广 州	Guangzhou	101.7	104.3	102.6	102.4	96.1	103.5	92.1	101.1	106.7	97.9
深 圳	Shenzhen	102.2	103.8	103.2	104.2	95.8	105.2	101.6	101.1	107.7	99.8
珠 海	Zhuhai	101.7	103.2	103.4	101.8	93.1	107.7	96.0	105.1	103.9	97.4
汕 头	Shantou	101.1	100.9	104.3	102.1	94.3	105.9	102.8	107.6	105.0	105.2
佛 山	Foshan	101.6	101.9	104.0	100.2	100.1	106.1	101.2	104.5	109.2	101.2
#顺 德	Shunde	101.5	103.3	103.6	101.5	101.5	110.7	103.4	104.9	106.4	101.4
韶 关	Shaoguan	101.2	103.4	101.7	102.7	97.1	106.1	93.5	97.3	104.0	96.6
河 源	Heyuan	102.1	102.9	104.1	103.0	100.1	108.6	103.1	103.4	100.8	106.1
梅 州	Meizhou	101.6	102.9	104.3	100.8	95.7	107.2	99.8	102.6	110.2	107.0
惠 州	Huizhou	101.9	101.3	105.1	99.7	101.2	107.2	103.5	106.0	109.9	102.5
汕 尾	Shanwei	101.3	101.8	104.1	100.6	100.9	105.8	108.8	109.7	108.9	92.6
东 莞	Dongguan	101.4	101.9	103.8	101.3	99.0	106.7	97.7	102.5	112.7	96.0
中 山	Zhongshan	100.8	101.0	102.5	100.8	97.1	105.7	98.6	103.0	101.2	96.7
江 门	Jiangmen	101.8	103.0	104.4	101.3	98.9	107.3	90.7	103.5	108.4	102.8
阳 江	Yangjiang	101.4	101.1	103.6	103.9	98.1	106.0	107.6	103.7	107.6	99.4
湛 江	Zhanjiang	101.3	101.9	103.9	101.9	95.7	108.3	98.6	103.6	105.8	95.3
茂 名	Maoming	101.3	102.4	103.1	101.2	97.5	106.3	102.8	100.5	109.1	96.8
肇 庆	Zhaoqing	100.8	100.0	104.0	103.0	96.3	106.7	92.3	102.1	117.2	100.8
清 远	Qingyuan	101.7	100.7	103.6	99.8	101.2	105.6	100.6	101.3	109.3	108.0
潮 州	Chaozhou	101.2	99.4	105.1	103.5	97.8	105.8	104.7	104.5	113.2	105.5
揭 阳	Jieyang	101.1	101.6	103.6	101.8	98.0	107.1	93.8	105.2	106.4	98.3
云 浮	Yunfu	101.2	101.4	102.8	104.1	95.4	105.7	99.3	96.7	105.5	111.4

9-8 续表 continued

上年＝100 (preceding year＝100)

市别	City	在外用膳食品 Dining Out	烟酒及用品 Tobacco, Liquor and Articles	衣着 Clothing	家用设备用品及维修服务 Household Facilities, Articles and Services	医疗保健和个人用品 Health Care and Personal Articles	交通和通信 Transportation and Communication	娱乐教育文化用品及服务 Recreation, Education and Culture Articles and Services	居住 Residence
广州	Guangzhou	103.7	102.4	102.3	99.4	100.7	99.2	103.7	101.0
深圳	Shenzhen	103.2	101.6	104.6	103.1	102.0	96.6	101.1	103.4
珠海	Zhuhai	104.0	101.7	100.1	102.2	107.7	98.7	102.4	98.3
汕头	Shantou	103.8	100.8	101.7	100.9	102.1	98.1	100.8	96.1
佛山	Foshan	103.7	102.5	102.3	100.1	101.2	99.0	99.7	100.3
#顺德	Shunde	100.0	102.5	104.1	101.7	101.4	96.5	103.7	99.6
韶关	Shaoguan	99.3	100.9	101.2	100.4	101.1	99.0	101.5	101.5
河源	Heyuan	101.7	100.9	102.3	101.5	101.1	99.1	102.2	100.7
梅州	Meizhou	100.3	103.0	100.4	101.9	102.9	96.7	101.4	98.6
惠州	Huizhou	105.8	104.8	102.2	99.9	100.6	98.3	99.2	100.8
汕尾	Shanwei	100.5	100.4	97.9	99.6	103.4	97.6	100.0	98.8
东莞	Dongguan	103.9	100.4	102.4	101.2	101.5	96.0	100.2	101.0
中山	Zhongshan	103.4	102.3	103.2	101.0	101.5	97.7	99.5	99.2
江门	Jiangmen	104.7	103.2	100.9	102.1	100.7	98.7	102.3	99.0
阳江	Yangjiang	100.3	101.6	101.8	101.9	100.0	98.7	101.3	98.5
湛江	Zhanjiang	101.3	101.1	100.9	100.3	99.8	97.8	102.6	98.1
茂名	Maoming	101.5	101.9	104.2	100.9	100.9	98.6	102.5	98.4
肇庆	Zhaoqing	102.3	98.7	98.2	99.3	103.6	94.4	101.3	97.1
清远	Qingyuan	100.7	105.4	104.1	100.8	103.4	98.6	101.5	98.1
潮州	Chaozhou	102.2	102.6	102.0	101.2	100.7	96.9	99.6	95.8
揭阳	Jieyang	103.2	102.1	102.1	100.9	102.3	98.3	99.5	97.4
云浮	Yunfu	100.3	101.6	103.3	103.5	103.4	98.3	101.1	98.0

9-9 各市服务项目价格分类指数（2015年）

Service Price Indices by Category and by City (2015)

上年=100 (preceding year=100)

市别	City	总指数 General Index	#家庭服务加工维修 Household Services and Maintenance	医疗保健服务 Health Care Services	个人服务 Personal Services	市区公共交通费 Incity Traffic Fare	城市间交通费 Intercity Traffic Fare	通信服务 Communi-cation Services	教育服务 Education Services	文娱费 Expenditure on Culture and Recreation	旅游 Touring and Outing	住房租金 Rental Housing
广州	Guangzhou	104.3	107.9	100.3	102.2	100.0	104.3	99.8	106.4	100.8	106.1	105.1
深圳	Shenzhen	103.8	111.5	100.0	105.0	98.7	96.6	99.9	101.7	101.9	101.3	108.8
珠海	Zhuhai	103.2	109.3	127.4	100.6	100.0	101.0	100.0	103.9	99.4	102.5	102.1
汕头	Shantou	100.9	103.5	100.6	102.7	111.1	100.0	100.0	102.8	99.6	94.6	100.4
佛山	Foshan	101.9	108.4	100.0	111.4	100.0	101.2	100.0	102.2	100.2	93.7	104.0
#顺德	Shunde	103.3	102.2	100.0	105.8	102.4	103.5	100.0	101.6	103.4	106.4	103.6
韶关	Shaoguan	103.4	106.8	100.3	106.1	99.9	102.7	100.1	102.4	103.8	98.8	112.0
河源	Heyuan	102.9	107.1	100.0	103.9	105.3	98.7	100.0	101.2	99.1	102.2	104.3
梅州	Meizhou	102.9	112.7	102.3	113.3	100.0	102.2	100.1	104.9	101.5	100.3	101.4
惠州	Huizhou	101.3	100.5	100.0	100.9	100.0	102.8	100.0	101.5	100.2	90.3	102.6
汕尾	Shanwei	101.8	102.1	100.0	98.9	105.3	98.4	98.1	101.0	100.0	96.5	111.6
东莞	Dongguan	101.9	101.1	105.4	101.0	100.0	97.5	99.1	102.4	100.5	96.9	106.6
中山	Zhongshan	101.0	108.9	99.6	101.8	101.1	103.2	99.2	101.0	100.4	93.4	102.5
江门	Jiangmen	103.0	111.5	101.6	121.9	100.0	105.8	100.0	103.4	100.0	103.3	103.8
阳江	Yangjiang	101.1	104.6	99.9	101.0	100.0	101.7	100.1	103.2	100.0	100.2	104.8
湛江	Zhanjiang	101.9	111.0	100.0	108.4	100.7	100.1	100.0	103.7	104.3	100.3	100.7
茂名	Maoming	102.4	105.6	100.0	103.5	101.7	98.8	100.0	104.7	100.4	100.8	103.8
肇庆	Zhaoqing	100.0	106.3	102.3	107.3	100.3	103.5	97.6	100.6	100.1	102.4	97.9
清远	Qingyuan	100.7	101.2	101.0	101.7	100.1	101.7	100.0	101.5	100.0	100.2	99.9
潮州	Chaozhou	99.4	100.0	100.0	100.0	100.8	99.5	99.2	101.4	99.9	92.6	99.8
揭阳	Jieyang	101.6	105.7	100.0	101.3	99.7	99.6	100.0	101.1	101.7	97.3	100.4
云浮	Yunfu	101.4	114.9	101.0	113.8	100.0	98.9	100.7	100.4	108.4	97.9	97.2

9-10 各市居民消费定基价格分类指数（2015年）

Fixed-base Consumer Price Indices by Category and by City (2015)

2010年=100 (2010=100)

市别	City	总指数 General Index	服务项目 Services	食品 Food	烟酒及用品 Tobacco, Liquor and Articles	衣着 Clothing	家用设备用品及维修服务 Household Facilities, Articles and Services	医疗保健和个人用品 Health Care and Personal Articles	交通和通信 Transportation and Communication	娱乐教育文化用品及服务 Recreation, Education and Culture Articles and Services	居住 Residence
广州	Guangzhou	116.0	114.3	136.0	110.1	113.8	106.0	104.9	95.1	103.5	116.5
深圳	Shenzhen	116.0	116.8	128.6	108.2	119.1	109.1	113.6	96.2	109.8	117.0
珠海	Zhuhai	115.9	118.2	128.9	105.9	110.2	110.8	119.4	97.0	112.2	113.8
汕头	Shantou	114.5	113.6	128.0	105.7	111.5	111.8	111.5	97.1	108.4	108.5
佛山	Foshan	115.3	115.6	133.0	106.5	115.5	108.3	109.5	96.9	103.0	114.1
#顺德	Shunde	114.6	120.5	127.7	108.3	116.2	110.8	106.0	93.6	117.2	116.8
韶关	Shaoguan	113.6	114.3	128.2	103.7	108.1	101.7	102.4	95.2	114.2	109.2
河源	Heyuan	115.2	115.9	126.5	107.2	115.8	111.6	110.1	95.3	103.8	118.2
梅州	Meizhou	113.5	111.7	129.2	108.0	110.4	107.1	112.3	93.2	102.4	107.4
惠州	Huizhou	114.7	109.2	133.8	107.6	123.0	102.9	103.7	99.5	97.6	111.0
汕尾	Shanwei	115.2	106.0	137.5	108.4	98.5	109.0	108.9	99.7	98.4	105.2
东莞	Dongguan	114.0	109.9	133.9	104.3	105.7	114.5	111.8	92.1	104.4	110.5
中山	Zhongshan	112.8	109.2	131.1	108.5	108.2	110.6	110.1	91.8	105.7	107.2
江门	Jiangmen	114.5	114.8	127.3	109.0	106.1	111.3	114.9	101.8	110.2	108.7
阳江	Yangjiang	113.0	104.6	131.3	107.0	112.1	102.9	109.4	97.9	101.6	102.4
湛江	Zhanjiang	115.7	110.5	134.5	104.5	107.7	105.6	104.0	97.9	109.5	108.5
茂名	Maoming	115.3	111.6	130.9	106.0	105.3	110.0	109.6	99.6	107.2	111.0
肇庆	Zhaoqing	115.5	109.9	136.1	101.5	113.6	105.4	119.6	92.5	102.9	104.8
清远	Qingyuan	114.1	107.5	128.8	112.6	127.2	111.9	115.3	95.4	102.0	102.8
潮州	Chaozhou	112.3	106.8	131.7	91.0	106.9	107.9	103.7	93.7	106.0	101.9
揭阳	Jieyang	114.2	113.1	130.6	109.6	109.8	108.9	109.6	98.0	108.1	104.5
云浮	Yunfu	114.8	123.7	122.1	107.0	99.4	116.4	114.8	99.0	111.9	119.3

9-11 工业生产者出厂价格指数

Producer Price Indices for Manufactured Goods

上年=100 (preceding year=100)

项 目	Item	2010	2011	2012	2013	2014	2015
工业生产者出厂价格指数	**Producer Price Index for Manufactured Goods**	**103.2**	**103.7**	**99.5**	**98.8**	**98.9**	**96.8**
按轻重工业分	**Grouped by Light and Heavy Industries**						
轻工业	Light Industry	101.7	103.1	100.7	99.6	99.9	99.3
以农产品为原料	Using Farm Products as Raw Materials	103.1	105.1	102.1	100.6	100.4	99.5
以非农产品为原料	Using Non-farm Products as Raw Materials	101.3	101.8	99.8	99.0	99.6	99.2
重工业	Heavy Industry	105.7	104.0	98.8	98.3	98.3	95.3
采 掘	Mining and Quarrying	127.9	120.5	98.8	96.3	94.7	72.0
原 料	Raw Materials	107.9	108.4	100.3	98.3	97.9	89.6
加 工	Processing	103.3	102.3	98.3	98.3	98.6	97.4
按生产生活资料分	**Grouped by Production and Living Materials**						
生产资料	Production Materials	104.1	104.6	99.0	98.3	98.4	95.1
采 掘	Mining and Quarrying	127.9	120.5	98.8	96.3	94.7	72.0
原 料	Raw Materials	108.3	108.6	100.2	98.4	97.9	89.9
加 工	Processing	102.4	103.1	98.6	98.4	98.6	97.1
生活资料	Living Materials	101.4	101.9	100.5	99.6	99.9	99.8
食 品	Food	103.3	106.0	102.6	99.8	99.5	100.1
衣 着	Clothing	101.3	103.9	102.5	101.7	101.9	101.8
一般日用品	Articles for Daily Use	102.7	103.4	100.5	99.8	100.6	99.2
耐用消费品	Durable Consumer Goods	99.9	99.0	99.1	98.6	98.8	99.3
按工业部门分	**Grouped by Industrial Sectors**						
冶金工业	Metallurgical Industry	109.1	107.9	94.9	97.0	96.4	93.4
电力工业	Power Industry	98.7	100.6	102.1	99.0	99.1	97.7
煤炭及炼焦工业	Coal and Coking Industry	107.0					
石油工业	Petroleum Industry	122.1	116.5	103.3	96.9	95.8	72.1
化学工业	Chemical Industry	105.3	107.7	98.6	98.8	99.6	96.9
机械工业	Machine Manufacturing Industry	100.2	100.5	99.1	98.6	98.8	98.6
建筑材料工业	Building Materials Industry	104.3	104.4	101.2	100.2	101.4	95.9
森林工业	Timber Industry	103.4	102.2	100.9	100.8	100.6	100.4
食品工业	Food Industry	103.7	106.9	103.5	100.9	99.2	98.0
纺织工业	Textile Industry	102.2	110.6	101.8	98.6	100.6	97.4
缝纫工业	Tailoring Industry	101.1	103.5	102.1	101.2	101.6	101.3
皮革工业	Leather Industry	101.8	104.6	103.7	103.1	102.2	102.1
造纸工业	Paper Making Industry	107.0	101.0	97.6	96.8	99.5	100.0
文教艺术用品工业	Industry for Cultural, Educational & Art Articles	100.0	101.2	101.1	99.2	99.0	99.1
其它工业	Others	106.4	103.5	99.4	99.7	101.5	99.1

9-12 各市工业生产者出厂价格指数

Producer Price Indices for Manufactured Goods by City

上年=100 (preceding year=100)

市别	City	2005	2010	2011	2012	2013	2014	2015
全省	**Provincial Total**	**101.5**	**103.2**	**103.7**	**99.5**	**98.8**	**98.9**	**96.8**
广州	Guangzhou	101.7	102.4	103.1	99.7	98.0	98.2	96.8
深圳	Shenzhen	98.7	101.4	101.8	99.9	98.0	99.1	97.6
珠海	Zhuhai	100.8	102.2	103.3	99.4	98.6	98.5	96.9
汕头	Shantou	102.4	102.4	103.8	100.6	99.6	100.0	98.6
佛山	Foshan	101.8	102.8	104.0	99.5	98.9	98.8	97.2
韶关	Shaoguan	103.2	107.5	108.6	95.8	96.9	97.1	92.1
河源	Heyuan	103.9	104.6	105.7	96.7	98.3	97.5	93.6
梅州	Meizhou	101.9	103.8	105.0	99.1	98.8	99.7	95.8
惠州	Huizhou	97.5	104.0	104.0	99.4	97.1	97.5	92.5
汕尾	Shanwei	99.7	102.3	103.2	99.9	98.8	99.9	98.6
东莞	Dongguan	100.4	102.6	102.9	99.8	98.9	99.0	98.2
中山	Zhongshan	101.4	102.6	103.1	99.9	99.4	99.4	98.0
江门	Jiangmen	102.1	103.6	104.4	99.7	99.4	99.4	97.8
阳江	Yangjiang	103.0	103.8	105.5	99.2	98.6	98.6	95.2
湛江	Zhanjiang	111.8	110.4	111.6	102.0	99.1	97.7	91.7
茂名	Maoming	112.1	114.7	113.0	102.0	98.2	97.0	81.8
肇庆	Zhaoqing	100.6	105.9	105.7	98.4	99.0	98.5	96.3
清远	Qingyuan	103.5	108.0	106.8	97.3	98.6	99.0	94.6
潮州	Chaozhou	102.5	101.3	104.6	102.2	100.4	100.0	97.2
揭阳	Jieyang	101.6	102.9	105.1	99.7	99.2	99.5	97.6
云浮	Yunfu	101.6	104.7	105.8	100.7	99.4	100.5	96.8

9-13 分行业工业生产者出厂价格指数
Producer Price Indices for Manufactured Goods by Sector

上年=100 (preceding year=100)

项 目	Item	2005	2010	2014	2015
工业生产者出厂价格指数	**Producer Price Index for Manufactured Goods**	**101.5**	**103.2**	**98.9**	**96.8**
按工业行业分	**Grouped by Industrial Sector**				
#石油和天然气开采业	Extraction of Petroleum and Natural Gas	134.3	138.9	95.8	62.7
黑色金属矿采选业	Mining and Processing of Ferrous Metal Ores	128.2	119.6	81.6	62.6
有色金属矿采选业	Mining and Processing of Non-ferrous Metal Ores	122.3	130.2	102.8	97.9
非金属矿采选业	Mining and Processing of Nonmetal Ores	102.3	105.1	97.3	97.5
农副食品加工业	Processing of Foods from Agricultural Products	103.1	107.1	97.0	92.9
食品制造业	Processing of Foodstuff	101.2	102.2	100.5	101.6
饮料制造业	Manufacture of Beverages	99.4	100.3	100.8	100.4
烟草制品业	Manufacture of Tobacco	100.7	98.9	100.4	100.8
纺织业	Textile Industry	101.6	101.3	101.6	99.1
纺织服装、鞋、帽制造业	Manufacture of Textile Garments, Footwear and Headgear	99.9	101.5	100.9	101.0
皮革、毛皮、羽毛(绒)及其制品业	Manufacture of Leather, Fur, Feather and Related Products	101.1	101.9	102.3	102.0
木材加工及木、竹、藤、棕、草制品业	Processing of Timber, Manufacture of Wood, Bamboo, Rattan, Palm and Straw Products	100.9	104.0	99.4	99.7
家具制造业	Manufacture of Furniture	100.7	102.3	100.9	101.1
造纸及纸制品业	Manufacture of Paper and Paper Products	101.0	107.2	99.5	100.0
印刷业和记录媒介的复制	Printing, Reproduction of Recording Media	99.5	101.5	100.8	100.6
文教体育用品制造业	Manufacture of Cultural, Educational and Sports Articles	101.5	99.5	100.1	97.9
石油加工、炼焦及核燃料加工业	Processing of Petroleum, Coking, Processing of Nuclear Fuel	122.7	119.6	95.6	73.5
化学原料及化学制品制造业	Manufacture of Raw Chemical Materials and Chemical Products	102.3	108.1	99.6	95.5
医药制造业	Manufacture of Medicines	101.5	102.0	101.2	101.9
化学纤维制造业	Manufacture of Chemical Fibers	104.5	120.9	98.4	95.5
橡胶制品业	Manufacture of Rubber	102.8	102.1	98.6	96.6
塑料制品业	Manufacture of Plastics	106.3	102.9	99.8	98.3
非金属矿物制品业	Manufacture of Non-metallic Mineral Products	97.3	103.9	101.7	96.1
黑色金属冶炼及压延加工业	Smelting and Pressing of Ferrous Metals	103.3	107.9	92.4	83.5
有色金属冶炼及压延加工业	Smelting and Pressing of Nonferrous Metals	108.5	118.7	95.2	94.0
金属制品业	Manufacture of Metal Products	103.6	102.8	99.1	97.8
通用设备制造业	Manufacture of General-purpose Machinery	102.2	104.1	99.6	98.0
专用设备制造业	Manufacture of Special-purpose Machinery	100.6	98.5	100.8	99.9
交通运输设备制造业	Manufacture of Transport Equipment	99.1	99.6	98.0	99.1
电气机械及器材制造业	Manufacture of Electrical Machinery and Equipment	102.5	102.3	98.9	98.6
通信设备、计算机及其他电子设备制造业	Manufacture of Communication Equipment, Computers and Other Electronic Equipment	97.1	99.0	98.8	98.4
仪器仪表及文化、办公用机械制造业	Manufacture of Measuring Instruments, and Machinery for Cultural Activity and Office Work	100.1	99.8	98.0	99.0
工艺品及其他制造业	Manufacture of Artwork and Other Manufacturing	100.5	109.3	101.5	98.6
废弃资源和废旧材料回收加工业	Recycling and Disposal of Waste		113.4	96.9	93.7
电力、热力的生产和供应业	Production and Supply of Electric Power and Heat Power	102.4	98.8	99.1	97.7
燃气生产和供应业	Production and Supply of Gas	115.9	112.1	96.9	75.9
水的生产和供应业	Production and Supply of Water	100.8	102.8	101.4	100.4

9-14 工业生产者购进价格指数

Producer Price Indices for Purchased Goods

上年=100 (preceding year=100)

项 目	Item	2005	2010	2011	2012	2013	2014	2015
工业生产者购进价格指数	**Producer Price Index for Purchased Goods**	**105.0**	**107.3**	**107.3**	**99.5**	**98.2**	**98.8**	**94.7**
按材料类别分	**Grouped by Type of Material**							
燃料、动力类	Fuels and Power	112.2	107.8	108.8	102.4	95.7	98.4	91.7
黑色金属材料类	Ferrous Materials	110.5	106.6	107.8	94.1	97.1	96.1	85.4
#钢材	Steel	108.5	105.9	105.3	95.4	95.8	95.9	86.1
其它	Others	114.2	107.6	111.9	91.9	99.1	96.2	84.1
有色金属材料和电线类	Nonferrous Materials and Wires	111.4	117.8	111.6	93.9	97.5	97.0	88.8
化工原料类	Chemical Materials	107.2	109.4	110.2	97.1	97.8	98.7	93.3
木材及纸浆类	Timber and Paper Pulp	102.3	107.6	103.7	98.2	99.0	99.4	99.9
建筑材料及非金属矿类	Building Materials and Nonmetal Minerals	100.6	113.6	105.7	97.0	99.2	103.5	88.9
其它工业原材料及半成品类	Other Raw Materials and Semi-finished Products	99.1	103.7	102.8	98.9	99.2	99.0	97.5
农副产品类	Farm and Products	104.8	112.9	112.4	100.6	100.0	100.9	97.9
纺织原料类	Textile Raw Materials	99.1	109.3	116.0	103.1	99.6	97.8	97.7

9-15 固定资产投资价格指数

Price Indices for Investment in Fixed Assets

上年=100 (preceding year=100)

项 目	Item	2005	2010	2011	2012	2013	2014	2015
固定资产投资价格指数	**Price Index of Investment in Fixed Assets**	**101.6**	**103.0**	**105.5**	**101.5**	**101.4**	**101.5**	**99.0**
建筑安装、装饰工程	Construction, Installation and Decoration	102.3	104.3	108.0	101.9	101.9	102.0	98.4
人工费	Manpower	104.5	109.0	111.2	109.6	108.9	107.7	106.8
材料费	Materials	101.7	103.4	107.5	99.6	99.7	100.2	95.3
钢材	Steel	100.2	103.4	108.9	95.9	96.0	96.3	89.6
木材	Timber	101.3	103.1	105.4	102.3	102.6	102.1	101.5
水泥	Cement	100.0	105.7	106.2	99.2	101.3	102.4	97.8
地方建筑材料	Local Building Materials	103.3	102.9	106.9	104.1	103.6	104.1	100.6
化工材料	Chemical Materials	106.7	106.2	108.3	104.1	101.1	100.4	96.4
电料	Electrical Materials and Appliances	105.0	101.7	103.4	101.8	100.7	101.1	100.4
其他材料	Other Materials	101.7	101.3	103.1	101.7	101.7	102.1	101.7
机械费	Machinery	101.8	102.7	106.2	104.2	103.7	102.3	101.1
设备、工器具购置	Purchase of Equipment, Tools and Instruments	98.7	99.8	100.5	98.7	99.1	99.7	99.4
其他费用	Others	102.2	101.4	101.8	103.3	101.7	101.3	101.1

9-16 农业生产资料价格分类指数

Price Indices for Means of Agricultural Production by Category

上年=100 (preceding year=100)

项 目	Item	2010	2011	2012	2013	2014	2015
农业生产资料价格指数	**Price Index of Means of Agricultural Production**	**101.7**	**109.6**	**104.0**	**99.7**	**99.9**	**101.2**
农用手工工具	Farm Handtools	101.7	104.2	102.0	102.0	103.9	101.5
饲料	Forage	102.1	105.1	104.3	104.9	104.7	99.0
混合饲料	Mixed Forage	101.5	105.2	103.7	103.5	103.6	99.8
其他	Others	103.4	104.9	105.7	108.0	107.2	97.2
产品畜	Product Livestock	95.9	129.0	103.3	89.7	94.0	112.0
半机械化农具	Semi-mechanized Farm Tools	100.9	102.3	101.4	100.9	100.1	99.8
机械化农具	Mechanized Farm Machinery	100.6	103.3	101.6	99.5	99.8	99.5
化学肥料	Chemical Fertilizer	101.7	113.3	105.5	98.4	97.5	102.0
氮肥	Nitrogenous Fertilizer	101.9	119.0	105.3	98.1	97.2	102.0
磷肥	Phosphate Fertilizer	102.0	111.4	107.7	98.6	97.9	102.6
钾肥	Potash Fertilizer	99.8	103.8	103.1	104.7	98.9	100.4
复合肥料	Compound Fertilizer	101.8	109.0	105.3	97.2	97.4	102.2
农药及农药器械	Pesticide and Its Appliances	100.0	102.7	100.7	100.7	101.0	101.0
化学农药	Chemical Pesticide	99.8	102.9	100.4	100.9	101.0	100.8
杀虫剂	Insecticide	100.8	102.5	100.2	99.9	99.4	100.6
杀菌剂	Bactericide	98.8	103.4	100.5	102.1	101.6	101.3
除草剂	Herbicide	98.0	103.2	100.7	102.1	103.8	100.9
农药器械	Appliances for Pesticide	101.3	101.6	102.3	99.2	101.0	102.0
农用机油	Oil for Farm Machinery	108.4	109.7	101.5	99.1	98.2	88.3
其他农业生产资料	Other Means of Agricultural Production	104.0	108.5	105.0	101.5	102.5	102.6
农用种子	Seeds for Farming	103.6	112.6	107.8	102.2	103.8	104.1
其他	Others	104.6	102.2	100.3	100.1	100.2	99.8
农用薄膜	Pellicle for Farming	105.7	101.5	100.6	100.2	100.3	100.1
其他	Others	102.3	103.3	99.8	100.0	100.1	99.4
农业生产服务	Services for Agricultural Production	103.2	104.8	107.0	102.0	103.2	102.8
排灌费	Expenditure of Irrigation and Drainage	99.9	100.2	101.7	100.0	100.0	100.0
机械作业费	Expenditure of Mechanical Operations	101.6	110.5	111.7	101.9	105.2	102.6
农业用电	Agricultural Use of Electricity		100.5	100.6	100.0	100.0	100.0
农业用工	Agricultural Labor		104.6	111.1	106.1	105.4	107.9

9-17 农产品生产者价格指数

Producer Price Indices for Agricultural Products

上年=100 (preceding year=100)

项 目	Item	2010	2011	2012	2013	2014	2015
农产品生产者价格指数	**Producer Price Indices of Agricultural Products**	**107.9**	**112.4**	**103.4**	**103.5**	**102.2**	**102.3**
农业产品	**Farm Products**	**113.4**	**108.6**	**106.9**	**106.3**	**102.4**	**103.2**
谷物	Cereal	107.8	119.4	106.0	100.0	103.4	106.3
#稻谷	Rice	107.7	120.7	106.0	99.9	103.5	106.4
薯类	Potato	109.5	119.9	90.3	110.5	106.1	104.0
油料	Oil-bearing Crops	114.4	129.5	104.2	99.9	101.9	105.3
豆类	Beans	117.6	117.1	102.0	107.1	107.3	100.6
糖料	Sugar Crops	131.1	121.4	75.6	93.6	99.2	99.4
未加工烟草	Raw Tobacco	106.8	112.3	122.1	108.1	99.6	103.3
蔬菜及食用菌	Vegetables & Edible Fungi	115.6	100.8	111.5	109.5	99.4	103.7
#叶菜类蔬菜	Leaf Vegetable		104.9	112.1	111.8	101.7	100.9
白菜类蔬菜	Chinese Cabbage Vegetable		106.7	108.5	113.2	98.2	103.2
芥菜类蔬菜	Mustard Vegetable		99.7	110.7	107.6	97.6	100.0
甘蓝类蔬菜	Brassica Vegetable		106.6	112.2	108.8	97.8	109.6
根茎类蔬菜	Root Vegetable		125.4	108.0	94.6	111.5	106.3
瓜菜类蔬菜	Coucurbita Vegetable		87.3	106.5	116.5	94.6	106.5
豆类蔬菜	Bean Vegetable		93.0	115.6	107.0	106.5	103.4
茄果类蔬菜	Solanaceous Vegetable		72.8	127.1	101.3	96.7	101.7
莴苣及菊苣类蔬菜	Lettuce Vegetable		91.3	118.4	115.1	93.6	102.4
葱蒜类蔬菜	Bulb Vegetable		89.9	106.5	105.0	100.7	111.7
花卉	Flowers	97.3	107.3	103.4	100.2	103.1	99.7
盆景及园艺产品	Potted Landscape and Gardening Products		106.2	101.3	95.0	104.2	96.8
水果及坚果	Fruit and Nuts	113.9	110.0	104.1	112.4	103.7	103.9
茶及饮料原料	Tea and Beveage Raw Meterials	99.6	116.0	117.3	99.7	116.7	102.7
林业产品	**Forestry Products**	**116.9**	**108.7**	**101.8**	**105.2**	**103.6**	**99.9**
育种和育苗	Seed breeding and seedling		111.2	104.2	107.1	106.8	96.0
木材采伐产品	Wood logging	113.1	106.8	101.8	103.3	101.3	101.6
竹材采伐产品	Bamboo logging	115.7	106.6	104.2	101.9	101.6	100.4
林产品	Forestry products	132.1	116.4	92.5	110.0	105.8	100.2
饲养动物及其产品	**Farm Animal and Products**	**99.2**	**121.7**	**97.6**	**99.7**	**98.6**	**103.1**
活牲畜	Live Animals	95.6	129.1	94.2	99.1	93.9	107.0
#猪	Pig	96.8	132.3	91.2	97.2	93.5	107.0
活家禽	Live Birds	104.0	111.1	101.7	99.6	104.4	100.3
#鸡	Chicken	102.1	111.3	102.2	100.9	103.6	98.9
鸭	Duck	106.0	112.5	100.3	99.1	102.7	99.8
畜禽产品	Animal and Bird Products		107.1	103.5	105.5	102.3	98.1
#鸡蛋	Chicken Eggs	102.1	107.8	103.6	103.5	103.3	98.3
鸭蛋	Duck Eggs	100.0	102.9	103.3	109.9	99.7	97.5
渔业产品	**Fishing Products**	**107.9**	**107.6**	**104.5**	**102.8**	**105.4**	**101.1**
海水养殖产品	Marine Farm Products		106.1	104.2	100.0	101.5	103.0
#海水养殖鱼	Marine farm fish		111.2	99.5	94.3	100.8	101.2
海水养殖虾	Marine farm shrimp		103.0	101.5	97.5	109.7	102.4
海水捕捞产品	Marine Catching Products		113.8	108.5	106.6	104.1	103.5
#海水捕捞鲜鱼	Marine catching fish		121.9	109.6	108.1	105.2	103.4
海水捕捞虾	Marine catching shrimp		100.9	110.7	104.8	103.8	108.2
淡水养殖产品	Freshwater Farm Products		108.3	101.9	102.5	107.9	98.4
#养殖淡水鱼	Freshwater fram fish		104.7	100.3	101.6	105.0	96.5
淡水养殖虾	Freshwater fram shrimp		119.3	102.7	107.9	116.7	105.2
淡水捕捞产品	Freshwater catching products		109.0	109.7	105.2	107.7	100.1
#捕捞淡水鱼	Freshwater catching fish		106.0	108.7	103.0	108.4	104.7
淡水捕捞鲜虾	Freshwater catching shrimp		104.5	120.4	105.1	101.5	97.8

注：2011年开始农产品生产者价格调查制度变更，部分分类指标以前年份没数据。

Note: Since 2011, the system of agricultural product price survey is changed, therefore no data are available for some indexes in previous years.

主要统计指标解释

居民消费价格指数 是度量生活消费品及服务项目价格水平随着时间而变动的相对数，反映居民家庭购买的消费品及服务项目价格水平的变动情况。该指数是宏观经济分析、决策、调控和价格总水平监测以及国民经济核算的重要指标，其按年度计算的变动率通常被用来作为反映通货膨胀(或紧缩)程度的指标。

城市居民消费价格指数 是反映城市居民家庭所购买的生活消费品和服务项目价格变动趋势和变动程度的相对数。编制该指数，可以观察和分析消费品的零售价格和服务项目价格变动对城市居民生活消费支出的影响，作为研究城市居民生活和制定工资政策的依据。

农村居民消费价格指数 是反映农村居民家庭所购买的生活消费品和服务项目价格变动趋势和变动程度的相对数。编制该指数，可以观察农村消费品的零售价格和服务项目价格变动对农村居民生活消费支出的影响，反映农村居民生活水平的实际变化情况，为分析和研究农村居民生活问题提供依据。

商品零售价格指数 是度量市场商品零售价格水平变动趋势和变动程度的相对数，反映商品在流通过程中最后一个环节的价格即工业、商业、餐饮业和其他零售企业向城乡居民、机关团体出售生活消费品和办公用品价格水平的变动趋势和变动程度。其目的在于掌握商品价格的变动趋势，为国家宏观调控和国民经济核算提供参考依据。

工业生产者出厂价格指数 是反映工业企业产品第一次出售时的出厂价格变化趋势和变动幅度的相对数（2010 年前称工业品出厂价格指数），是综合了工业企业出售给本企业以外所有单位和个人的各种产品价格指数计算取得。是反映某一时期工业生产领域价格变动情况的重要经济指标，也是制定有关经济政策和国民经济核算的重要依据。

工业生产者购进价格指数 是反映工业企业作为中间投入产品购进价格的变化趋势和变动幅度的相对数（2010 年前称原材料、燃料、动力购进价格指数）。反映工业企业作为生产投入而从物资交易市场和能源、原材料生产企业购买原材料，燃料和动力产品时，所支付的价格水平变动趋势和程度的重要指标，是扣除工业企业物质消耗成本中的价格变动影响的重要依据。

固定资产投资价格指数 是反映全社会及各类工程固定资产投资价格变动幅度和变动趋势的相对数。编制该价格指数，用以消除按现价计算的固定资产指标中的价格变动因素，真实地反映全社会及各类工程固定资产投资的规模、速度、结构和效益，为国家及各部门科学地制定、检查固定资产投资计划和进行国民经济核算提供科学的、可靠的依据。

农业生产资料价格指数 是反映一定时期内农业生产资料在流通领域最后一个环节的价格即工业、商业及其他单位和个人向农民出售农业生产资料及服务价格水平的变动趋势和程度的相对数。其编制目的是了解农业生产中物质资料及服务投入价格的变动状况，为制定经济政策提供依据。1994 年以前，农业生产资料价格指数为商品零售价格指数的一个类别，此后单独编制。

农产品生产者价格指数 是反映农产品生产者第一手(直接)出售其产品时实际获得的单位产品价格。开展农产品生产者价格调查是为了全面收集农产品生产者价格资料，客观反映农产品生产者价格水平和结构变动情况，满足农业与国民经济核算需要，为各级政府制定农业保护与农产品流通政策提供决策依据，向社会各界提供优质的农产品价格信息报务。

Explanatory Notes on Main Statistical Indicators

Consumer Price Indices measure the relative change with time in prices of consumer goods and services, reflecting the rates of change in consumer goods and services purchased by households. It is an important indicator for macroeconomic analysis, decision-making, regularization and control, supervision of general price level and national economic accounting. The annualized rates of change are generally considered as an indicator of inflation or deflation.

Consumer Price Indices of Urban Households reflect the trend and degree of changes in prices of consumer goods and services purchased by urban households and can be used to observe and analyze the impact of price changes in consumer goods and services on urban household living expenditures, thus providing the basis for policy making concerning the living cost and the wages of urban staff and workers.

Consumer Price Indices of Rural Households reflect the trend and degree of changes in prices of consumer goods and services purchased by rural households and can be used to observe and analyze the impact of change in prices of consumer goods and services on living expenditure and actual changes in the living standards of rural residents, thus providing the basis for analysis and research on the conditions of life in rural areas.

Retail Price Indices measure the relative trend and degree of changes in retail prices of commodities, reflecting the trend of changes in prices in the last link of circulation, i.e. prices of consumer goods and office appliances sold to households or organizations by enterprises of industry, commerce, catering services and other retail trades. It reflects the trend of price changes and provides a reference for macroeconomic adjustment and control as well as national economic accounting.

Producer Price Indices for Manufactured Goods reflect the trend and degree of changes in general ex-factory prices of all manufactured goods on first sale (it was referred to as Ex-factory Price Indices for Industrial Goods). It is calculated on the basis of sales of manufactured goods by an industrial enterprise to all units outside the enterprise, as well as sales of consumer goods to residents.It is an import index reflecting the price changes on the course of industrial production, and provides important data for economic policy making and national economic accounting

Producer Price Indices for Purchased Goods reflect the trend and degree of changes in prices paid by industrial enterprises when they purchase production input (it was referred to as Purchasing Price Indices of Raw Materials, Fuels and Power). They reflect changes in the level and degree of prices paid by industrial enterprises when they purchase production input such as raw materials, fuels and power from the market or from other energy or raw materials producing enterprises. These indices provide an important basis for measuring the material consumption of industrial enterprises after removing the influence of price changes.

Price Indices of Investment in Fixed Assets reflect the trend and degree of changes in prices of investment in fixed assets in various projects and in the whole country. It can be used to remove the factor of price changes in the data of investment in fixed assets calculated at current prices, to truly reflect the scale, growth rate, structure, proportion and efficiency of investment in fixed assets in various projects and in the whole country, and to provide a scientific and reliable basis for formulating the plan for investment in fixed assets and examining its fulfillment as well as for conducting national economic accounting.

Price Indices for Means of Agricultural Production reflect the trend and degree of changes in the prices of the means of agricultural production at the final stage of the circulation, or the prices at which industrial, commercial or other units sell the means of agricultural production or services to farmers. Compilation of these indices helps to understand the changes in prices of input into agricultural production and services and facilitate formulation of economic policies. Before 1994, price indices for means of agricultural production were asub-category in the retail price indices for commodities, and it has been compiled separately since 1994.

Producer Price Indices of Agricultural Products refer to the actual prices per unit of agricultural products at which the producers of the agricultural products directly sell them. The purpose of conducting the survey of producer prices of agricultural products is to comprehensively collect the data on the producer prices of agricultural products, objectively reflect the situations of the level and structural changes of the producer prices of agricultural products, meet the needs of conducting the agricultural accounts and national accounts, provide the government at different levels with the base data for making the policies of protecting agriculture and circulation of agricultural products and provide the various social circles with the high quality information on the prices of agricultural products.

十、人民生活

PEOPLE'S LIVING CONDITIONS

十 人民生活

简要说明

一、本篇资料反映广东居民生活状况，主要内容包括广东全体居民及分城乡居民家庭人口、收入与消费支出结构、住房面积和主要耐用消费品拥有量等。

二、本篇资料由国家统计局广东调查总队居民收支调查处、住户专项调查处整理提供。

三、居民调查资料采用二相抽样和多阶段抽样相结合的调查方法统计。

四、2013 年国家统计局实行城乡住户一体化调查改革，将过去城镇与农村分别开展的调查体系，按照统一指标、统一方法、统一标准、统一调查、统一程序的原则，整合为城乡一体化住户调查新体系。由于新旧调查体系在调查范围和对象、城乡划分标准、样本抽选方法、计算和汇总方式、指标名称和口径等都发生了变化，新旧口径指标数据衔接困难。

五、旧调查体系的农村居民纯收入指标在新的调查体系中统一为城乡可比的可支配收入，旧调查体系中的城乡经营性收入、财产性收入与转移性收入在新的调查体系中统一为经营净收入、财产净收入与转移净收入。

六、2013 年起为新口径数据， 2013 年以前的为旧调查体系的数据。

10 People's Living Conditions

Brief Introduction

Ⅰ. The data in this chapter show the basic conditions of the people’s livelihood in the urban and rural areas of Guangdong Province. The main contents include urban and rural households population, per capita income and consumption expenditure structure, housing area and possession of the major consumer goods.

Ⅱ.The data in this chapter are prepared and provided by Division of Income and Expenditure Survey and Division of Special Surveys under Guangdong Survey Office of the National Bureau of Statistics.

Ⅲ.The survey data of urban and rural residents are collected through two-phase sampling scheme combined with multi-stage sampling scheme.

Ⅳ.The National Bureau of Statistics of China started an integrated reform of household survey in 2013, including both rural and urban households. According to the principle of unified index, unified standard, unified survey, unified software, unified release, the separate urban and rural household surveys are changed to the integrated household income and expenditure survey. Because there are great difference of survey scope and object, survey methodology, sample selection, data collection methodology between the integrated and the separate household survey, the data produced by the integrated system of household survey are not comparable to those produced by the separate urban and rural household surveys prior to 2013.

Ⅴ.The net income of rural households of the old household survey are integrated to the disposal income of rural households in the new household survey since 2013. Income from properties, transfers and business of the old household survey are unified to net income from properties, transfers and business in the new household survey.

Ⅵ.Data before 2013 are produced by the old survey system , data since 2013 are new scope.

10-1 全省常住居民家庭基本情况
Basic Conditions of All Permanent Households in the Province

指　标	Item	2013	2014	2015
调查户数 （户）	**Survey of households (households)**	**7795**	**7825**	**7972**
平均每户常住人口 （人）	Average Number of per Permanent Household (person)	2.88	2.92	2.99
平均每户就业人口 （人）	Average Number of Employed Persons per Household(person)	1.67	1.69	1.74
人均住房建筑面积（平方米）	**Per Capita housing construction area (square meter)**	**31.81**	**34.29**	**35.44**
人均可支配收入 （元）	Per Capita Disposable Income (yuan)	23420.75	25684.96	27858.86
1.工资性收入	Income of Wages and Salaries	17282.35	18439.35	19878.15
2.经营净收入	Net Business Income	3094.25	3458.11	3748.05
3.财产净收入	Net Income from Properties	1977.29	2376.20	2683.22
4.转移净收入	Net Income from Transfers	1066.87	1411.30	1549.43
可支配收入构成 (%)	Composition of Disposable Income (%)	100.0	100.0	100.0
1.工资性收入	Income of Wages and Salaries	73.8	71.8	71.4
2.经营净收入	Net Business Income	13.2	13.5	13.5
3.财产净收入	Net Income from Properties	8.4	9.3	9.6
4.转移净收入	Net Income from Transfers	4.6	5.4	5.6
人均消费支出 （元）	Per Capita Consumption Expenditure (yuan)	17421.00	19205.50	20975.70
1.食品烟酒	Food,Tobacco and Liquor	6097.33	6589.77	7236.65
2.衣着	Clothing	951.06	1014.62	1103.37
3.居住	Living	3962.71	4300.16	4677.06
4.生活用品及服务	Daily Necessities and Services	999.30	1116.53	1245.27
5.交通通信	Transportation and Telecommunication	2400.12	2795.14	3020.19
6.教育文化娱乐	Education,Culture and Entertainment	1810.95	1964.98	2117.29
7.医疗保健	Health Service	728.89	890.45	976.08
8.其他用品和服务	Other Necessities and Services	470.63	533.85	599.79
消费支出构成 (%)	Composition of Consumption Expenditure (%)	100.0	100.0	100.0
1.食品烟酒	Food,Tobacco and Liquor	35.0	34.3	34.5
2.衣着	Clothing	5.5	5.3	5.3
3.居住	Living	22.7	22.4	22.3
4.生活用品及服务	Daily Necessities and Services	5.7	5.8	5.9
5.交通通信	Transportation and Telecommunication	13.8	14.6	14.4
6.教育文化娱乐	Education,Culture and Entertainment	10.4	10.2	10.1
7.医疗保健	Health Service	4.2	4.6	4.7
8.其他用品和服务	Other Necessities and Services	2.7	2.8	2.8

10–2 全省常住居民人均主要食品消费量

Per Capita Consumption of Major Foods Provincewide

单位:千克 (Kg)

指 标	Item	2013	2014	2015
粮食(原粮)	**Grain(Unprocessed)**	116.06	116.91	118.31
谷物	Cereal	108.99	109.12	110.49
薯类	Tuber	1.13	1.39	1.42
豆类	Beans and the productor	5.94	6.39	6.40
油脂类	Oil and Fats	9.41	10.39	10.18
#食用植物油	Edible Vegetable Oil	8.94	9.97	9.66
蔬菜及菜制品	Vegetable and Mushroom	90.94	96.60	98.94
#鲜菜	Fresh Vegetables	87.45	92.92	94.93
肉类	Products of Meat	33.97	35.30	36.46
#猪肉	Pork	27.82	29.04	29.70
禽类	Poultry	16.39	16.90	18.65
#鸡	Chick	10.60	10.92	12.26
水产品	Aquatic Products	19.71	20.81	22.03
#鱼类	Fresh	15.22	15.70	16.19
蛋类	Eggs	5.92	6.36	6.95
#鲜蛋	Fresh Eggs	5.49	5.99	6.55
奶及奶制品	Milk and Dairy Products	7.62	7.85	8.33
#鲜奶	Fresh Milk	4.89	4.89	4.87
干鲜瓜果类	Dried and Fresh Melons and Fruits	29.47	32.29	36.00
#鲜瓜果	Fresh Melons and Fruits	26.54	29.27	32.71
糖果糕点类	Candy Pastry	6.51	6.54	6.73
#食糖	Sugar	1.41	1.50	1.45

10-3 全省常住居民家庭平均每百户年末主要耐用消费品拥有量

Number of Major Durable Consumer Goods Owned per 100 Permanent Households

指 标		Item		2013	2014	2015
家用汽车	(辆)	Car	(set)	19.46	20.71	24.58
摩托车	(辆)	Motorcycle	(set)	50.22	57.61	60.75
电动助力车	(台)	Electric Bicycle	(set)	16.93	19.66	23.05
洗衣机	(台)	Washing Machine	(set)	60.62	64.06	69.28
电冰箱(柜)	(台)	Refrigerator	(set)	67.56	70.79	76.10
微波炉	(台)	Microwave Oven	(set)	31.83	32.62	33.96
彩色电视机	(台)	Color Television	(set)	97.92	102.85	104.27
空调	(台)	Air Conditioner	(set)	104.91	109.39	122.24
热水器	(台)	Water Heater	(unit)	74.33	77.31	81.98
排油烟机	(台)	Fume hood	(set)	47.19	48.68	49.98
固定电话	(部)	Telephone	(set)	48.38	55.42	51.61
移动电话	(部)	Mobile Phone	(set)	209.69	220.78	233.72
计算机	(台)	Computer	(set)	64.54	67.88	70.90
摄像机	(台)	Video Camera	(set)	4.79	5.15	4.79
照相机	(台)	Camera	(set)	30.14	29.81	28.36
健身器材	(台)	Fitness Equipment	(set)	2.12	2.90	5.00
组合音响	(套)	Stereophonic Phonograph	(set)	16.15	17.14	15.07

10-4 全省常住居民家庭年末住房情况

Housing Condition of All Permanent Households in the Province at the Year-end

单位：%

指 标	Item	2013	2014	2015
一、住户居住类型	**Residential type**	**100.0**	**100.0**	**100.0**
普通住宅	Ordinary Residence	83.5	85.6	87.5
集体宿舍和工棚	Dormitory and Shed	16.2	14.0	12.3
工作地住宿	Work Accommodation	0.3	0.4	0.2
二、住户居住空间样式	**Residential Space Type**	**100.0**	**100.0**	**100.0**
单栋楼房	Single building	28.8	32.3	30.6
单栋平房	Single Bungalow	10.8	11.5	10.1
四居室及以上单元房	Four Bedroom and above Apartment	4.0	3.7	4.1
三居室单元房	Tree Bedroom Apartment	17.8	17.6	17.7
二居室单元房	Two Bedroom Apartment	15.1	14.2	13.5
一居室单元房	One Bedroom Apartment	22.2	19.3	22.8
筒子楼或连片平房	Tube-shaped Apartment or Contiguous Bungalow	1.2	1.2	1.1
其他	Others	0.1	0.2	0.1
三、主要建筑材料	**Main Building Materials**	**100.0**	**100.0**	**100.0**
钢筋混凝土	Reinforced concrete	71.3	69.4	73.7
砖混材料	brick and concrete Materials	21.5	22.8	19.7
砖瓦砖木	Brick and tile	6.8	7.4	6.4
其他	Others	0.4	0.4	0.2
四、住户主要饮用水来源情况	**Main Source of Householders'drinking Water**	**100.0**	**100.0**	**100.0**
经过净化处理的自来水	Purified Tap Water	82.6	81.0	82.2
受保护的井水和泉水	Protected Well and Spring	6.5	7.7	8.2
不受保护的井水和泉水	Unprotected well and spring	4.5	4.9	4.0
桶装水	Bottled Water	5.2	5.3	4.5
其他	Others	1.2	1.1	1.1
五、住户厕所使用情况	**Household Toilet Usage**	**100.0**	**100.0**	**100.0**
本住户独用	Sole Household Use	78.8	81.1	83.7
几户合用	Several Household Share	17.8	15.7	13.8
公用厕所	Public Toilet	3.4	3.2	2.5
六、主要炊用能源状况	**Main Cooking Energy Condition**	**100.0**	**100.0**	**100.0**
柴草	Firewood	9.8	11.7	10.4
煤炭	Coal	0.5	0.2	0.1
罐装液化石油气	Canned Liquefied Petroleum Gas	53.4	52.7	52.4
管道液化石油气	Pipeline Liquefied Petroleum Gas	3.4	2.8	2.2
管道煤气	Pipeline Gas	1.0	0.9	0.8
管道天然气	Pipeline Natural Gas	11.0	12.3	13.8
电	Electricity	8.8	8.9	11.7
其他	Others	12.1	10.5	8.6

10-5 各市全体常住居民人均可支配收入与消费支出

Per Capita Disposable Income and Consumption Expenditure of Urban Permanent Households by City

单位：元 (yuan)

市别	City	人均可支配收入 Per Capita Disposable Income		人均消费支出 Per Capita Consumption Expenditure	
		2014	2015	2014	2015
广州	Guangzhou	39229.1	42718.2	30578.7	32886.7
深圳	Shenzhen	40948.0	44633.3	28852.8	32359.2
珠海	Zhuhai	33234.9	36157.9	25125.8	27199.0
汕头	Shantou	17266.3	18996.0	14562.5	16181.3
佛山	Foshan	35139.8	38501.3	24849.1	27713.1
韶关	Shaoguan	16622.7	18143.1	12221.0	13383.3
河源	Heyuan	13283.1	14548.1	9978.0	10765.2
梅州	Meizhou	14893.8	16404.4	11223.2	12394.3
惠州	Huizhou	22901.6	25219.6	16985.8	18314.9
汕尾	Shanwei	15211.6	16473.5	11596.3	12728.9
东莞	Dongguan	35711.9	38650.6	26532.4	28255.6
中山	Zhongshan	32847.4	35712.2	22013.4	23399.1
江门	Jiangmen	20585.7	22364.4	14257.7	15610.9
阳江	Yangjiang	16311.2	17777.3	13144.7	14013.9
湛江	Zhanjiang	15301.8	16631.7	11438.8	12273.8
茂名	Maoming	15266.2	16847.3	11238.7	12427.5
肇庆	Zhaoqing	17333.5	18991.4	11492.1	12554.7
清远	Qingyuan	15637.0	17070.0	11763.7	12811.9
潮州	Chaozhou	15242.5	16815.6	11899.4	12749.9
揭阳	Jieyang	14953.2	16308.4	11527.1	12440.4
云浮	Yunfu	14061.3	15212.4	10636.9	11432.2

注：按照国家统计局的统一部署，广东省分市、县城乡一体化住户调查工作从2013年10月正式启动，从2014年开始正式对外发布各市全体常住居民人均可支配收入和消费支出指标。

Note: Under the unified deployment by NBS, Guangdong province started an integrated househould survey by city and county since October 2013, inluding both urban and rural households . Since 2014 the data of per caipita disposal income and expenditures of all permannet househoulds in the province by city is realsed officially after the transitional period.

10-6 城镇常住居民家庭基本情况

Basic Conditions of Urban Permanent Households

指　　标	Item	2000	2010	2013	2014	2015
调查户数　(户)	**Survey of households　(household)**	**1600**	**3150**	**4761**	**5221**	**5453**
平均每户常住人口　(人)	Average number of residents per Permanent Household　(person)	3.57	3.21	2.59	2.69	2.77
平均每户就业人口　(人)	Average Number of Employed Persons per Permanent Household　(person)	1.97	1.7	1.54	1.59	1.63
人均住房建筑面积(平方米)	**Per Capita housing construction area (sq.m)**	**24.60**	**34.13**	**30.27**	**31.88**	**32.25**
人均可支配收入　(元)	**Per Capita Disposable Income　(yuan)**	**9761.57**	**23897.80**	**29537.29**	**32148.11**	**34757.16**
1.工资性收入	Income of Wages and Salaries	7418.31	18902.43	23031.59	24315.60	26136.85
2.经营净收入	Net Business Income	545.59	2666.53	3117.21	3547.42	3823.19
3.财产净收入	Income from Properties	429.94	956.60	2762.22	3376.82	3799.54
4.转移净收入	Income from Transfers	1459.81	4371.30	626.27	908.27	997.58
人均消费支出　(元)	**Per Capita Consumption Expenditure(yuan)**	**8016.91**	**18489.53**	**21621.46**	**23611.74**	**25673.08**
1.食品烟酒	Food,Tobacco and Liquor	3096.33	6746.62	7254.04	7850.17	8533.35
2.衣着	Clothing	369.99	1230.72	1283.22	1344.75	1453.68
3.居住	Living	1099.99	1925.21	4987.86	5291.47	5715.35
4.生活用品及服务	Daily Necessities and Services	603.19	1208.03	1235.16	1365.10	1526.29
5.交通通信	Transportation and Telecommunication	1076.80	3419.74	3139.02	3625.42	3905.05
6.教育文化娱乐	Education,Culture and Entertainment	921.44	2375.96	2315.55	2468.38	2671.54
7.医疗保健	Health Service	346.56	929.50	793.62	988.32	1096.42
8.其他用品和服务	Other Necessities and Services	502.61	653.75	612.98	678.14	771.41
消费支出构成　(%)	**Composition of Consumption Expenditure**	**100.0**	**100.0**	**100.0**	**100.0**	**100.0**
1.食品烟酒	Food,Tobacco and Liquor	38.6	36.5	33.6	33.2	33.2
2.衣着	Clothing	4.6	6.7	5.9	5.7	5.7
3.居住	Living	13.7	10.4	23.1	22.4	22.3
4.生活用品及服务	Daily Necessities and Services	7.5	6.5	5.7	5.8	5.9
5.交通通信	Transportation and Telecommunication	13.4	18.5	14.5	15.4	15.2
6.教育文化娱乐	Education,Culture and Entertainment	11.5	12.9	10.7	10.5	10.4
7.医疗保健	Health Service	4.3	5.0	3.7	4.2	4.3
8.其他用品和服务	Other Necessities and Services	6.4	3.5	2.8	2.8	3.0

注：2013年起为新口径数据；2000年、2010年为旧口径数据。
Note: The data since 2013 are caculated by new scope and standard and data of 2010 and 2000 are caculated by old one.

10-7 历年城镇常住居民人均可支配收入及生活消费支出

Per Capita Disposable Income and Consumption Expenditure of Urban Permanent Households

年份 Year	人均可支配收入(元) Per Capita Disposable Income (yuan)	增长速度(%) Growth Rate (%)			人均消费支出(元) Per Capita Consumption Expenditure (yuan)	增长速度(%)		恩格尔系数(%) Engle Coefficient (%)
		名义增长(上年为100) Nominal Growth (preceding year=100)	实际增长(上年为100) Real Growth (preceding year=100)	实际增长(1978年为100) Real Growth (1978=100)		名义增长(上年为100) Nominal Growth (preceding year=100)	实际增长(上年为100) Real Growth (preceding year=100)	
1978	412.13				399.96			66.6
1979	416.33	1.0	-3.4	96.6	424.96	6.3	1.5	67.0
1980	472.57	13.5	3.7	100.1	485.76	14.3	4.5	65.5
1981	560.69	18.6	11.6	111.7	517.44	6.5	0.2	65.8
1982	631.45	12.6	9.8	122.7	592.08	14.4	11.5	64.2
1983	714.20	13.1	10.0	135.0	660.12	11.5	8.5	64.5
1984	818.37	14.6	12.4	151.8	744.36	12.8	10.7	63.6
1985	954.12	16.6	-0.4	151.1	889.56	19.5	2.1	58.3
1986	1102.09	15.5	10.3	166.7	998.88	12.3	7.2	58.6
1987	1320.89	19.9	6.3	177.1	1215.84	21.7	7.9	56.7
1988	1583.13	19.9	-7.4	163.9	1506.99	23.9	-4.3	56.7
1989	2086.21	31.8	8.1	177.2	1921.05	27.5	4.6	56.5
1990	2303.15	10.4	13.3	200.8	1983.86	3.3	6.0	57.2
1991	2752.18	19.5	16.8	234.6	2388.77	20.4	17.7	53.1
1992	3476.70	26.3	16.5	273.4	2830.62	18.5	10.4	51.5
1993	4632.38	33.2	9.2	298.6	3777.43	33.4	10.3	48.9
1994	6367.08	37.4	13.6	339.2	5181.30	37.2	13.4	46.4
1995	7438.68	16.8	3.3	350.4	6253.68	20.7	6.7	48.0
1996	8157.81	9.7	2.3	358.4	6736.09	7.7	0.5	47.3
1997	8561.71	5.0	2.8	368.4	6853.48	1.7	-0.3	46.0
1998	8839.68	3.2	5.0	387.0	7054.09	2.9	4.7	44.1
1999	9125.92	3.2	4.9	406.0	7517.81	6.6	8.3	40.6
2000	9761.57	7.0	4.7	424.9	8016.91	6.6	4.3	38.6
2001	10415.19	6.7	7.6	457.0	8099.63	1.0	1.8	38.1
2002	11137.20	9.1	10.6	495.7	8988.48	11.0	12.6	38.5
2003	12380.40	11.2	10.4	547.2	9636.24	7.2	6.5	37.2
2004	13627.65	10.1	7.3	587.0	10694.79	11.0	8.2	37.0
2005	14769.94	8.4	6.3	623.8	11809.87	10.4	8.2	36.1
2006	16015.58	8.4	6.5	664.3	12432.22	5.3	3.4	36.2
2007	17699.30	10.5	6.6	707.9	14336.87	15.3	11.2	35.3
2008	19732.86	11.5	5.7	748.3	15527.97	8.3	2.7	37.8
2009	21574.72	9.3	12.0	838.1	16857.51	8.6	11.3	36.9
2010	23897.80	10.8	7.5	901.0	18489.53	9.7	6.4	36.5
2011	26897.48	12.6	6.9	963.2	20251.82	9.5	4.0	36.9
2012	30226.71	12.4	9.3	1052.8	22396.35	10.6	7.6	36.9
2013	29537.29	9.5	6.9	1125.4	21621.46	7.8	5.3	33.6
2014	32148.11	8.8	6.4	1197.4	23611.74	9.2	6.7	33.2
2015	34757.16	8.1	6.4	1274.0	25673.08	8.7	7.0	33.2

注：2013年起按新口径计算。
Note: The data have been caculated by new scope since 2013.

10-8 按收入五等份分组的城镇常住居民家庭平均每人收支及构成（2015）

Per Capita of Disposal Income and Expenditure and and Composition of Urban Permanent Households by Income Quintile (2015)

指 标	Item	低收入户（20%）Low Income Households（20%）	中等偏下户（20%）Lower Middle Income Households（20%）	中等收入户（20%）Middle Income Households（20%）	中等偏上户（20%）Upper Middle Income Households（20%）	高收入户（20%）High Income Households（20%）
人均可支配收入（元）	**Per Capita Disposable Income (yuan)**	**14598.16**	**25397.51**	**33971.07**	**43051.04**	**69313.20**
1.工资性收入	Income of Wages and Salaries	10218.07	19364.54	27688.51	33984.17	49427.92
2.经营净收入	Net Business Income	2291.64	3187.49	3595.30	3317.06	7581.05
3.财产净收入	Net Income from Properties	1080.69	1960.22	2940.85	4726.01	10042.02
4.转移净收入	Net Income from Transfers	1007.76	885.26	-253.60	1023.80	2262.22
可支配收入构成 (%)	**Composition of Disposable Income (%)**	**100.0**	**100.0**	**100.0**	**100.0**	**100.0**
1.工资性收入	Income of Wages and Salaries	70.0	76.2	81.5	78.9	71.3
2.经营净收入	Net Business Income	15.7	12.6	10.5	7.7	10.9
3.财产净收入	Net Income from Properties	7.4	7.7	8.7	11.0	14.5
4.转移净收入	Net Income from Transfers	6.9	3.5	-0.7	2.4	3.3
人均消费支出 （元）	**Per Capita Consumption Expenditure (yuan)**	**12610.95**	**18892.21**	**25643.91**	**30604.36**	**48898.26**
1.食品烟酒	Food,Tobacco and Liquor	5187.14	7112.53	8960.87	10196.47	13318.53
2.衣着	Clothing	540.24	999.66	1467.95	1864.71	2976.01
3.居住	Living	2747.73	4217.49	5565.83	6647.01	11250.82
4.生活用品及服务	Daily Necessities and Services	593.00	1101.33	1570.72	1912.72	3038.20
5.交通通信	Transportation and Telecommunication	1443.08	2399.46	3985.25	4806.71	8504.10
6.教育文化娱乐	Education,Culture and Entertainment	1224.70	1846.78	2311.14	3147.84	5732.52
7.医疗保健Health	Service	601.65	735.84	1043.59	1119.93	2303.35
8.其他用品和服务	Other Necessities and Services	273.43	479.14	738.56	908.98	1774.73
消费支出构成 (%)	**Composition of Consumption Expenditure(%)**	**100.0**	**100.0**	**100.0**	**100.0**	**100.0**
1.食品烟酒	Food,Tobacco and Liquor	41.1	37.6	34.9	33.3	27.2
2.衣着	Clothing	4.3	5.3	5.7	6.1	6.1
3.居住	Living	21.8	22.4	21.7	21.7	23.1
4.生活用品及服务	Daily Necessities and Services	4.7	5.8	6.1	6.2	6.2
5.交通通信	Transportation and Telecommunication	11.4	12.7	15.5	15.7	17.4
6.教育文化娱乐	Education,Culture and Entertainment	9.7	9.8	9.1	10.3	11.7
7.医疗保健	Health Service	4.8	3.9	4.1	3.7	4.7
8.其他用品和服务	Other Necessities and Services	2.2	2.5	2.9	3.0	3.6

10-9 全省城镇常住居民人均主要食品消费量

Per Capita Consumption of Major Foods Urban Househoulds

单位:千克 (Kg)

指 标	Item	2013	2014	2015
粮食(原粮)	**Grain(Unprocessed)**	**97.29**	**97.75**	**97.78**
谷物	Cereal	89.70	89.80	89.88
薯类	Tuber	1.15	1.32	1.46
豆类	Beans and the productor	6.44	6.63	6.44
油脂类	Oil and Fats	8.35	8.82	9.08
#食用植物油	Edible Vegetable Oil	8.04	8.51	8.88
蔬菜及菜制品	Vegetable and Mushroom	91.12	95.90	97.64
#鲜菜	Fresh Vegetables	87.04	91.47	92.96
肉类	Products of Meat	35.19	36.03	36.67
#猪肉	Pork	27.80	28.59	28.73
禽类	Poultry	16.25	16.45	18.01
#鸡	Chick	10.52	10.42	11.81
水产品	Aquatic Products	21.31	22.53	23.63
#鱼类	Fresh	16.10	16.53	16.84
蛋类	Eggs	6.43	6.76	7.28
#鲜蛋	Fresh Eggs	5.98	6.30	6.78
奶及奶制品	Milk and Dairy Products	10.24	10.46	11.03
#鲜奶	Fresh Milk	6.80	6.70	6.62
干鲜瓜果类	Dried and Fresh Melons and Fruits	35.80	38.09	42.04
#鲜瓜果	Fresh Melons and Fruits	32.27	34.52	38.18
糖果糕点类	Candy Pastry	7.40	7.58	7.56
#食糖	Sugar	1.33	1.38	1.24

10-10 城镇常住居民家庭年末住房情况

Housing Condition of the Urban Permanent Households at the Year-end

单位：%

指 标	Item	2013	2014	2015
一、住户居住类型	**Residential Type**	**100.0**	**100.0**	**100.0**
普通住宅	Ordinary Residence	78.3	80.7	83.0
集体宿舍和工棚	Dormitory and Shed	21.3	18.9	16.8
工作地住宿	Work Accommodation	0.4	0.4	0.2
二、住户居住空间样式	**Residential Space Type**	**100.0**	**100.0**	**100.0**
单栋楼房	Single Building	18.9	22.2	17.4
单栋平房	Single Bungalow	3.2	4.4	4.3
四居室及以上单元房	Four Bedroom and Above Apartment	4.9	4.8	5.4
三居室单元房	Tree Bedroom Apartment	23.2	23.5	23.7
二居室单元房	Two Bedroom Apartment	19.9	19.0	18.0
一居室单元房	One Bedroom Apartment	29.6	25.7	30.8
筒子楼或连片平房	Tube-shaped Apartment or Contiguous Bungalow	0.3	0.4	0.4
其他	Others	…	…	…
三、主要建筑材料	**Main Building Materials**	**100.0**	**100.0**	**100.0**
钢筋混凝土	Reinforced Concrete	84.8	83.7	85.4
砖混材料	brick and Concrete Materials	13.1	13.7	12.0
砖瓦砖木	Brick and Tile	1.9	2.6	2.5
其他	Others	0.2	…	0.1
四、住户主要饮用水来源情况	**Main Source of Householders'drinking Water**	**100.0**	**100.0**	**100.0**
经过净化处理的自来水	Purified Tap Water	91.9	90.9	92.1
受保护的井水和泉水	Protected Well and Spring	0.7	1.0	0.9
不受保护的井水和泉水	Unprotected Well and Spring	0.3	0.6	0.7
桶装水	Bottled Water	6.9	7.2	6.1
其他	Others	0.2	0.3	0.2
五、住户厕所使用情况	**Household Toilet Usage**	**100.0**	**100.0**	**100.0**
本住户独用	Sole Household Use	75.9	78.6	81.0
几户合用	Several Household Share	22.5	19.9	17.9
公用厕所	Public Toilet	1.6	1.5	1.1
六、主要炊用能源状况	**Main Cooking Energy Condition**	**100.0**	**100.0**	**100.0**
柴草	Firewood	0.3	0.9	0.8
煤炭	Coal	0.5	0.1	0.1
罐装液化石油气	Canned Liquefied Petroleum Gas	53.7	54.5	53.3
管道液化石油气	Pipeline Liquefied Petroleum Gas	4.6	3.8	2.9
管道煤气	Pipeline Gas	1.3	1.1	1.0
管道天然气	Pipeline Natural Gas	14.8	16.8	18.8
电	Electricity	9.1	9.0	11.9
其他	Others	15.7	13.8	11.2

10-11 各市城镇常住居民人均可支配收入与消费支出

Per Capita Disposable Income and Consumption Expenditure of Urban Permanent Households by City

单位：元 (yuan)

市 别	City	人均可支配收入 Per Capita Disposable Income		人均消费支出 Per Capita Consumption Expenditure	
		2014	2015	2014	2015
广 州	Guangzhou	42954.6	46734.6	33384.7	35752.5
深 圳	Shenzhen	40948.0	44633.3	28852.8	32359.2
珠 海	Zhuhai	35287.3	38322.0	26637.8	28741.5
汕 头	Shantou	21445.9	23260.1	18036.5	19352.4
佛 山	Foshan	36554.7	39756.9	26043.2	28396.4
韶 关	Shaoguan	21583.3	23504.2	15224.0	16592.5
河 源	Heyuan	18246.0	20015.8	12467.5	13430.6
梅 州	Meizhou	19845.6	21810.3	14064.3	15295.0
惠 州	Huizhou	27299.6	30056.9	20065.2	21580.8
汕 尾	Shanwei	19036.2	20616.2	14829.4	15874.5
东 莞	Dongguan	36764.0	39793.4	27071.1	29000.9
中 山	Zhongshan	34303.9	37254.0	22943.9	24326.9
江 门	Jiangmen	24976.2	27116.7	16761.5	18330.9
阳 江	Yangjiang	21239.8	23087.7	16723.2	17794.2
湛 江	Zhanjiang	21317.4	23129.4	15923.2	17092.6
茂 名	Maoming	19540.5	21396.8	13929.8	15294.9
肇 庆	Zhaoqing	21725.8	23746.3	15214.6	16361.2
清 远	Qingyuan	21093.4	22907.4	14976.3	15920.7
潮 州	Chaozhou	18854.7	20457.3	13966.8	14831.6
揭 阳	Jieyang	19635.2	21343.5	14015.2	15089.3
云 浮	Yunfu	18678.6	20154.2	12991.8	13926.6

10-12 农村常住居民家庭基本情况

Basic Conditions of Rural Permanent Households

指　标	Item	2000	2010	2013	2014	2015
调查户数　（户）	**Survey of households (household)**	**2560**	**2560**	**3034**	**2604**	**2602**
平均每户常住人口　（人）	Average number of residents per Permanent Household (person)	5.15	4.95	3.71	3.54	3.60
平均每户就业人口　（人）	Average Number of Employed Persons per Permanent Household (person)			2.03	1.98	2.04
人均住房建筑面积(平方米)	**Per Capita housing construction area (sq.m)**	**22.42**	**29.23**	**34.92**	**39.32**	**42.14**
人均可支配收入　（元）	**Per Capita Disposable Income (yuan)**	**3654.48**	**7890.25**	**11067.79**	**12245.56**	**13360.44**
1.工资性收入	Income of Wages and Salaries	1362.16	4799.52	5671.20	6220.34	6724.01
2.经营净收入	Net Business Income	2002.93	2203.74	3047.86	3272.39	3590.14
3.财产净收入	Income from Properties	73.68	401.15	392.04	295.53	337.01
4.转移净收入	Income from Transfers	215.71	485.85	1956.69	2457.30	2709.27
人均消费支出　（元）	**Per Capita Consumption Expenditure(yuan)**	**2646.02**	**5515.58**	**8937.76**	**10043.21**	**11103.03**
1.食品烟酒	Food,Tobacco and Liquor	1317.48	2630.05	3761.23	3968.92	4511.34
2.衣着	Clothing	104.21	215.51	280.23	328.15	367.13
3.居住	Living	378.86	986.70	1892.33	2238.82	2494.84
4.生活用品及服务	Daily Necessities and Services	125.65	235.01	522.97	599.65	654.65
5.交通通信	Transportation and Telecommunication	205.52	637.08	907.84	1068.68	1160.44
6.教育文化娱乐	Education,Culture and Entertainment	313.46	326.53	791.85	918.22	952.41
7.医疗保健	Health Service	100.31	307.43	598.17	686.95	723.15
8.其他用品和服务	Other Necessities and Services	100.53	177.27	183.15	233.82	239.09
消费支出构成　（%）	**Composition of Consumption Expenditure**	**100.0**	**100.0**	**100.0**	**100.0**	**100.0**
1.食品烟酒	Food,Tobacco and Liquor	49.8	47.7	42.1	39.5	40.6
2.衣着	Clothing	3.9	3.9	3.1	3.3	3.3
3.居住	Living	14.3	17.9	21.2	22.3	22.5
4.生活用品及服务	Daily Necessities and Services	4.7	4.3	5.9	6.0	5.9
5.交通通信	Transportation and Telecommunication	7.8	11.6	10.2	10.6	10.5
6.教育文化娱乐	Education,Culture and Entertainment	11.8	5.9	8.9	9.1	8.6
7.医疗保健	Health Service	3.9	5.6	6.7	6.8	6.5
8.其他用品和服务	Other Necessities and Services	3.8	3.1	1.9	2.4	2.2

注：2013年起为新口径数据，2000年、2010年的可支配收入为人均纯收入。

Note: Since 2013, the relative data of rural households have been caculated according to the new standard and data of income prior to 2013 are per capita net income of rural households.

10-13 历年农村常住居民人均收入及生活消费支出

Per Capita Income and Consumption Expenditure of Rural Households

年份 Year	人均可支配收入(元) Per Capita Net Income (yuan)	增长速度(%) Growth Rate (%) 名义增长(上年为100) Nominal Growth (preceding year=100)	实际增长(上年为100) Real Growth (preceding year=100)	实际增长(1978年为100) Real Growth (1978=100)	人均生活消费支出(元) Per Capita Living Expenditure (yuan)	增长速度(%) Growth Rate (%) 名义增长(上年为100) Nominal Growth (preceding year=100)	实际增长(上年为100) Real Growth (preceding year=100)	实际增长(1978年为100) Real Growth (1978=100)	恩格尔系数(%) Engle Coefficient (%)
1978	193.25	7.9		100.0	184.89	-2.6		100.0	61.7
1979	222.72	15.2	13.6	113.6	205.18	11.0	10.1	110.1	59.9
1980	274.37	23.2	19.4	135.6	222.22	8.3	3.9	114.4	60.4
1981	325.37	18.6	11.4	151.1	266.05	19.7	12.1	128.2	59.3
1982	381.79	17.3	12.7	170.3	312.44	17.4	16.2	149.0	58.4
1983	395.92	3.7	7.0	182.2	328.76	5.2	6.3	158.4	60.3
1984	425.34	7.4	7.2	195.3	346.19	5.3	5.0	166.3	59.3
1985	495.31	16.5	9.8	214.5	388.00	12.1	5.7	175.8	60.4
1986	546.43	10.3	7.6	230.8	454.06	17.0	11.1	195.3	58.8
1987	662.24	21.2	11.1	256.4	545.25	20.1	9.5	213.9	57.3
1988	808.70	22.1	2.7	263.3	684.67	25.6	3.2	220.7	55.2
1989	955.02	18.1	2.0	268.6	870.59	27.2	7.3	236.8	53.7
1990	1043.03	9.2	1.6	272.9	932.63	7.1	-0.3	236.1	57.7
1991	1143.06	9.6	9.4	298.5	942.40	1.1	1.2	238.9	57.4
1992	1307.65	14.4	10.4	329.6	1060.29	12.5	8.8	259.9	54.0
1993	1674.78	28.1	6.1	349.7	1391.01	31.2	6.8	277.6	52.8
1994	2181.52	30.3	3.8	363.0	1882.00	35.3	3.6	287.6	55.6
1995	2699.24	23.7	6.5	386.6	2255.01	19.8	5.3	302.9	54.5
1996	3183.46	17.9	7.6	415.9	2584.16	14.6	6.9	323.8	51.6
1997	3467.69	8.9	4.2	433.4	2617.65	1.3	0.3	324.7	52.3
1998	3527.14	1.7	3.4	448.2	2683.18	2.5	3.8	337.1	51.1
1999	3628.93	2.9	6.2	475.9	2645.94	-1.4	1.7	342.8	50.7
2000	3654.48	0.7	0.9	480.2	2646.02	…	…	342.9	49.8
2001	3769.79	3.2	3.5	497.0	2703.36	2.2	2.5	351.4	49.9
2002	3911.91	3.8	5.1	522.4	2825.01	4.5	6.0	372.5	47.6
2003	4054.58	3.6	3.4	540.1	2927.35	3.6	3.4	385.2	47.9
2004	4365.87	7.7	4.0	561.8	3240.78	10.7	6.7	411.0	48.8
2005	4690.49	7.4	4.5	587.0	3707.73	14.4	11.4	457.9	48.3
2006	5079.78	8.3	6.4	624.6	3885.97	4.8	3.2	472.6	48.6
2007	5624.04	10.7	6.5	665.5	4202.32	8.1	4.5	493.8	49.7
2008	6399.77	13.8	7.6	715.8	4872.96	15.9	9.6	541.3	49.0
2009	6906.93	7.9	10.7	792.4	5019.81	3.0	5.3	570.0	48.3
2010	7890.25	14.2	10.3	874.0	5515.58	9.9	6.5	607.1	47.7
2011	9371.73	18.8	11.9	978.0	6725.55	21.9	15.5	701.2	49.1
2012	10542.84	12.5	9.3	1069.0	7458.56	10.9	7.8	755.9	49.1
2013	11067.79	10.7	7.8	1152.4	8937.76	11.9	9.0	823.9	42.1
2014	12245.56	10.6	8.3	1248.0	10043.21	12.4	10.1	907.1	39.5
2015	13360.44	9.1	7.7	1344.1	11103.03	10.3	9.2	990.4	40.6

注：2013年起按新口径计算，2013年以前的收入数据为人均纯收入。

Note: Since 2013, the relative data of rural households have been caculated according to the new standard and data of income prior to 2013 are per capita net income of rural households.

10-14 按收入五等份分组的农村常住居民家庭平均每人收支及构成（2015）

Per Capita of Disposal Income and Expenditure and Composition of Rural Permanent Households by Income Quintile (2015)

指 标	Item	低收入户 (20%) Low Income Households (20%)	中等偏下户 (20%) Lower Middle Income Households (20%)	中等收入户 (20%) Middle Income Households (20%)	中等偏上户 (20%) Upper Middle Income Households (20%)	高收入户 (20%) High Income Households (20%)
人均可支配收入（元）	**Per Capita Disposable Income (yuan)**	**5243.58**	**9647.46**	**12901.29**	**17222.47**	**26738.10**
1.工资性收入	Income of Wages and Salaries	2815.68	4442.33	6940.73	9306.50	12402.27
2.经营净收入	Net Business Income	643.61	2542.82	3168.81	4658.23	8764.97
3.财产净收入	Net Income from Properties	46.77	127.52	271.90	374.25	1115.82
4.转移净收入	Net Income from Transfers	1737.52	2534.79	2519.85	2883.49	4455.04
可支配收入构成（%）	**Composition of Disposable Income (%)**	**100.0**	**100.0**	**100.0**	**100.0**	**100.0**
1.工资性收入	Income of Wages and Salaries	53.7	46.0	53.8	54.0	46.3
2.经营净收入	Net Business Income	12.3	26.4	24.6	27.1	32.8
3.财产净收入	Net Income from Properties	0.9	1.3	2.1	2.2	4.2
4.转移净收入	Net Income from Transfers	33.1	26.3	19.5	16.7	16.7
人均消费支出 （元）	**Per Capita Consumption Expenditure(yuan)**	**7460.90**	**8871.36**	**10921.31**	**12983.11**	**17710.89**
1.食品烟酒	Food,Tobacco and Liquor	3295.10	3803.81	4352.00	5118.40	6822.13
2.衣着	Clothing	226.23	271.90	335.24	455.68	649.80
3.居住	Living	1581.25	1946.01	2563.21	3029.20	3905.58
4.生活用品及服务	Daily Necessities and Services	432.49	480.24	643.75	804.55	1069.67
5.交通通信	Transportation and Telecommunication	614.51	759.79	976.40	1434.36	2468.13
6.教育文化娱乐	Education,Culture and Entertainment	714.62	808.21	1070.72	1058.57	1226.06
7.医疗保健	Health Service	442.05	598.28	780.01	798.16	1154.73
8.其他用品和服务	Other Necessities and Services	154.64	203.12	199.98	284.17	414.79
消费支出构成 （%）	**Composition of Consumption Expenditure**	**100.0**	**100.0**	**100.0**	**100.0**	**100.0**
1.食品烟酒	Food,Tobacco and Liquor	44.2	42.9	39.8	39.4	38.5
2.衣着	Clothing	3.0	3.1	3.1	3.5	3.7
3.居住	Living	21.2	21.9	23.5	23.3	22.1
4.生活用品及服务	Daily Necessities and Services	5.8	5.4	5.9	6.2	6.0
5.交通通信	Transportation and Telecommunication	8.2	8.6	8.9	11.0	13.9
6.教育文化娱乐	Education,Culture and Entertainment	9.6	9.1	9.8	8.2	6.9
7.医疗保健	Health Service	5.9	6.7	7.2	6.1	6.5
8.其他用品和服务	Other Necessities and Services	2.1	2.3	1.8	2.3	2.4

10-15 全省农村常住居民人均主要食品消费量

Per Capita Consumption of Major Foods Rural Househoulds

单位:千克 (Kg)

指　标	Item	2013	2014	2015
粮食(原粮)	**Grain(Unprocessed)**	**165.05**	**156.76**	**161.45**
谷物	Cereal	159.02	149.32	153.80
薯类	Tuber	1.08	1.54	1.34
豆类	Beans and the productor	4.95	5.91	6.30
油脂类	Oil and Fats	11.53	13.64	12.78
#食用植物油	Edible Vegetable Oil	10.75	13.01	12.02
蔬菜及菜制品	Vegetable and Mushroom	90.57	98.47	101.68
#鲜菜	Fresh Vegetables	88.28	95.92	99.07
肉类	Products of Meat	31.50	33.77	36.00
#猪肉	Pork	27.85	29.97	31.72
禽类	Poultry	16.66	17.83	19.99
#鸡	Chick	10.81	11.95	13.21
水产品	Aquatic Products	16.48	17.25	18.68
#鱼类	Fresh	13.45	13.98	14.83
蛋类	Eggs	4.87	5.52	6.24
#鲜蛋	Fresh Eggs	4.70	5.34	6.07
奶及奶制品	Milk and Dairy Products	2.34	2.40	2.65
#鲜奶	Fresh Milk	1.04	1.12	1.19
干鲜瓜果类	Dried and Fresh Melons and Fruits	16.68	20.24	23.28
#鲜瓜果	Fresh Melons and Fruits	14.97	18.37	21.21
糖果糕点类	Candy Pastry	4.70	4.39	4.99
#食糖	Sugar	1.58	1.77	1.90

10-16 农村常住居民家庭年末住房情况

Housing Condition of the Rural Permanent Households at the Year-end

单位：%

指　　标	Item	2013	2014	2015
一、住户居住类型	**Residential Type**	**100.0**	**100.0**	**100.0**
普通住宅	Ordinary Residence	98.4	98.9	99.8
集体宿舍和工棚	Dormitory and Shed	1.3	0.8	0.1
工作地住宿	Work Accommodation	0.3	0.3	0.1
二、住户居住空间样式	**Residential Space Type**	**100.0**	**100.0**	**100.0**
单栋楼房	Single Building	57.5	60.1	66.7
单栋平房	Single Bungalow	32.6	31.0	26.1
四居室及以上单元房	Four Bedroom and Above Apartment	1.5	0.6	0.9
三居室单元房	Tree Bedroom Apartment	2.3	1.7	1.2
二居室单元房	Two Bedroom Apartment	1.1	0.8	1.1
一居室单元房	One Bedroom Apartment	0.8	1.7	0.8
筒子楼或连片平房	Tube-shaped Apartment or Contiguous Bungalow	3.6	3.6	2.8
其他	Others	0.6	0.5	0.4
三、主要建筑材料	**Main Building Materials**	**100.0**	**100.0**	**100.0**
钢筋混凝土	Reinforced Concrete	32.2	30.3	41.8
砖混材料	brick and Concrete Materials	45.6	48.0	40.6
砖瓦砖木	Brick and Tile	21.0	20.8	16.9
其他	Others	1.2	0.9	0.7
四、住户主要饮用水来源情况	**Main Source of Householders'drinking Water**	**100.0**	**100.0**	**100.0**
经过净化处理的自来水	Purified Tap Water	55.9	53.7	55.2
受保护的井水和泉水	Protected Well and Spring	23.4	25.9	28.2
不受保护的井水和泉水	Unprotected Well and Spring	16.4	16.7	13.0
桶装水	Bottled Water	0.3	0.3	0.3
其他	Others	4.0	3.4	3.3
五、住户厕所使用情况	**Household Toilet Usage**	**100.0**	**100.0**	**100.0**
本住户独用	Sole Household Use	87.1	87.8	91.2
几户合用	Several Household Share	4.4	4.0	2.5
公用厕所	Public Toilet	8.5	8.2	6.3
六、主要炊用能源状况	**Main Cooking Energy Condition**	**100.0**	**100.0**	**100.0**
柴草	Firewood	37.3	41.2	36.7
煤炭	Coal	0.5	0.3	0.0
罐装液化石油气	Canned Liquefied Petroleum Gas	52.6	47.8	50.0
管道液化石油气	Pipeline Liquefied Petroleum Gas	0.2		0.1
管道煤气	Pipeline Gas	0.3	0.2	0.2
管道天然气	Pipeline Natural Gas			0.1
电	Electricity	7.8	8.7	11.0
其他	Others	1.3	1.8	1.9

10-17 各市农村常住居民人均可支配收入和消费支出

Per Capita Net Income and Consumption Expenditure of Rural Permanent Households by City

单位：元 (yuan)

市 别	City	人均可支配收入 Per Capita Disposable Income		人均消费支出 Per Capita Consumption Expenditure	
		2014	2015	2014	2015
广 州	Guangzhou	17662.8	19323.1	12867.8	14086.5
深 圳	Shenzhen				
珠 海	Zhuhai	18394.8	20510.2	14303.3	16045.9
汕 头	Shantou	11190.3	12454.8	9526.2	10798.3
佛 山	Foshan	20094.0	22063.2	13474.3	15050.3
韶 关	Shaoguan	10532.2	11606.5	8826.0	9656.6
河 源	Heyuan	9884.0	10803.2	8193.8	8939.6
梅 州	Meizhou	10785.6	11799.4	8803.0	9923.3
惠 州	Huizhou	14364.4	15829.6	11008.1	11975.2
汕 尾	Shanwei	10415.3	11290.2	7964.9	8930.5
东 莞	Dongguan	22327.1	24224.9	18504.5	19888.6
中 山	Zhongshan	22166.3	24405.1	15189.4	16595.5
江 门	Jiangmen	12746.3	13817.0	9191.1	10323.7
阳 江	Yangjiang	11488.5	12543.2	9734.1	10410.8
湛 江	Zhanjiang	11381.1	12405.4	8517.4	9180.0
茂 名	Maoming	11913.5	13224.0	9861.8	10645.3
肇 庆	Zhaoqing	12642.3	13982.4	7996.3	8934.7
清 远	Qingyuan	10600.3	11681.5	8798.3	9942.3
潮 州	Chaozhou	10551.1	11458.5	9215.2	9888.7
揭 阳	Jieyang	10145.6	11332.6	8719.5	9541.8
云 浮	Yunfu	11066.8	12007.5	8464.2	9089.7

注：1.按照国家统计局的统一部署，广东自2012年12月起正式启动城乡住户调查一体化改革工作。在经历了为期一年的过渡期后，从2014年开始正式对外发布农村常住居民人均可支配收入，不再发布农村居民人均纯收入指标。改革前后，农村住户调查在调查范围、调查方法和统计口径均有一定变化，2014年发布的农村常住居民人均可支配收入与2013年以前所发布农村居民人均纯收入指标的不完全可比。

2.深圳因完全城市化，无相关数据。

Note: a)The NBS started an integrated househould survey since the fourth quarter of 2012,inluding both urban and rural households. Since 2014 the data of per caipita disposal income and expenditures of all househoulds in the province by city is realsed officially after the transitional period. The coverage, methodology and difinitions used in the integrated rural survey are differern from the survey prior to 2013, therefore the disposable income of rural permannet household of 2014 are different from the net income of rural household prior to 2013.

b)There is no data of Shenzhen city due to its totally urbanization.

10−18 按收入五等份分组的城乡常住居民家庭平均每百户主要耐用消费品年末拥有量（2015）

Grouped by Five Equal Shares of Number of Major Durable Consumer Goods Owned per100 Rural and Urban Permanent Households at Year-end (2015)

指　　标		Item		低收入户 (20%) Low income families (20%)	中等偏下户 (20%) Below Average families (20%)	中等收入户 (20%) Average families (20%)	中等偏上户 (20%) Above Average families (20%)	高收入户 (20%) High income family (20%)
城镇居民		**Urban Households**						
家用汽车	(辆)	Car	(set)	15.09	21.21	22.94	30.36	58.73
摩托车	(辆)	Motorcycle	(set)	77.43	54.83	28.63	22.40	17.49
电动助力车	(台)	Electric Bicycle	(set)	31.53	24.19	18.80	13.89	12.65
洗衣机	(台)	Washing Machine	(set)	79.58	73.04	53.64	62.16	86.13
电冰箱(柜)	(台)	Refrigerator	(set)	81.66	76.40	59.95	67.19	91.29
微波炉	(台)	Microwave Oven	(set)	34.52	36.35	28.54	37.80	59.79
彩色电视机	(台)	Color Television	(set)	109.19	104.61	76.78	90.24	116.83
空调	(台)	Air Conditioner	(set)	108.06	137.82	106.83	143.37	225.16
热水器	(台)	Water Heater	(unit)	90.89	86.49	67.56	75.16	97.63
排油烟机	(台)	Fume Hood	(set)	58.12	56.86	44.54	52.17	75.80
固定电话	(部)	Telephone	(set)	55.11	51.24	37.31	43.44	64.19
移动电话	(部)	Mobile Phone	(set)	246.54	237.89	194.49	201.70	226.68
计算机	(台)	Computer	(set)	65.66	82.59	68.64	82.71	122.63
摄像机	(台)	Video Camera	(set)	2.39	2.75	4.09	7.32	15.05
照相机	(台)	Camera	(set)	14.97	27.89	33.22	42.86	66.59
健身器材	(台)	Fitness Equipment	(set)	2.25	4.53	5.00	7.33	13.63
组合音响	(套)	Stereophonic Phonograph	(set)	12.82	12.16	12.18	14.44	25.52
农村居民		**Rural Huoseholds**						
家用汽车	(辆)	Car	(set)	4.19	5.60	7.99	13.01	22.55
摩托车	(辆)	Motorcycle	(set)	101.85	115.17	123.20	120.17	124.37
电动助力车	(台)	Electric Bicycle	(set)	28.84	32.54	31.10	31.78	29.70
洗衣机	(台)	Washing Machine	(set)	53.66	59.59	70.11	69.44	71.27
电冰箱(柜)	(台)	Refrigerator	(set)	71.65	69.48	80.97	84.48	84.90
微波炉	(台)	Microwave Oven	(set)	15.61	18.18	19.34	21.02	21.34
彩色电视机	(台)	Color Television	(set)	109.74	116.50	117.51	119.54	122.78
空调	(台)	Air Conditioner	(set)	30.75	43.66	70.07	73.74	92.49
热水器	(台)	Water Heater	(unit)	63.42	74.97	82.39	82.22	85.51
排油烟机	(台)	Fume Hood	(set)	21.60	23.85	34.24	32.89	34.74
固定电话	(部)	Telephone	(set)	47.38	54.29	56.61	58.31	59.96
移动电话	(部)	Mobile Phone	(set)	241.32	255.82	268.82	285.05	284.83
计算机	(台)	Computer	(set)	18.33	21.49	35.08	40.72	54.02
摄像机	(台)	Video Camera	(set)			0.40	1.55	1.15
照相机	(台)	Camera	(set)	1.84	3.76	3.42	6.94	6.40
健身器材	(台)	Fitness Equipment	(set)		0.25	0.54	0.64	2.03
组合音响	(套)	Stereophonic Phonograph	(set)	10.29	12.81	14.64	15.37	17.46

10-19 城乡常住居民平均每百户主要耐用品年末拥有量

Number of Major Durable Consumer Goods Owned per 100 Rural and Urban Permanent Households at the Year-end

项 目	Item	2000	2010	2012	2013	2014	2015
城镇常住居民平均每百户主要耐用品年末拥有量	**Number of Major Durable Consumer Goods Owned per 100 Urban Permanent Households**						
摩托车 (辆)	Motorcycle (set)	58.84	44.90	42.58	32.56	39.21	40.15
家用汽车 (辆)	Car (set)	1.70	26.58	36.63	23.10	25.53	29.67
洗衣机 (台)	Washing Machine (set)	97.50	97.68	98.55	63.44	67.57	70.91
电冰箱 (台)	Refrigerator (set)	81.87	96.62	99.15	68.06	71.67	75.30
彩色电视机 (台)	Color Television (set)	135.59	142.99	141.07	92.61	98.68	99.53
计算机 (台)	Computer (set)	25.78	96.80	113.89	77.45	81.55	84.45
组合音响 (台)	Hi-fi Stereo Component System (set)	48.55	49.83	48.15	15.99	17.63	15.42
摄像机 (台)	Pickup Camera (set)	1.97	12.05	13.89	6.16	6.71	6.32
微波炉 (台)	Microwave Oven (set)	29.86	69.90	71.90	36.98	38.52	39.40
空调 (台)	Air Conditioner (set)	98.04	206.86	226.89	125.63	132.26	144.26
移动电话 (台)	Mobile Telephone (set)	57.94	222.12	242.74	200.43	210.70	221.45
农村常住居民平均每百户主要耐用品年末拥有量	**Number of Major Durable Goods Owned per 100 Rural Permanent Households**						
热水器 (台)	Water Heater (unit)	20.94	57.89	65.94	64.98	69.36	77.71
彩色电视机 (台)	Color Television (set)	73.20	119.26	118.32	113.24	114.28	117.22
空调 (台)	Air Conditioner (set)	3.05	36.17	55.29	45.04	46.67	62.15
洗衣机 (台)	Washing Machine (set)	25.00	45.78	55.16	52.45	54.43	64.82
摩托车 (辆)	Motorcycle (unit)	54.18	107.11	108.16	101.20	108.06	116.95
电冰箱 (台)	Refrigerator (set)	15.12	49.10	66.39	66.10	68.36	78.29
固定 电话机(部)	Fixed Telephone (set)	40.82	82.38	69.29	54.12	60.49	55.31
移动电话 (部)	Mobile Telephone (set)	14.49	203.83	244.48	236.45	248.41	267.18
计算机 (台)	Computer (set)	1.95	19.53	31.68	27.23	30.40	33.93

注：2013年起按新口径计算。

Note: The data have been caculated by new Scope since 2013.

主要统计指标解释

居民可支配收入:指调查户在调查期内获得的、可用于最终消费支出和储蓄的总和，即调查户可以用来自由支配的收入。可支配收入既包括现金,也包括实物收入。按收入来源,可支配收入包含四项,分别为:工资性收入、经营净收入、财产净收入和转移净收入。计算公式为:

可支配收入=工资性收入+经营净收入+财产净收入+转移净收入

其中：经营净收入=经营收入-经营费用-生产性固定资产折旧-生产税

财产净收入=财产性收入-财产性支出

转移净收入=转移性收入-转移性支出

居民消费支出:指住户用于满足家庭日常生活消费需要的全部支出,包括用于消费品的支出和用于服务性消费的支出。根据用途不同,消费支出分为食品烟酒、衣着、居住、生活用品及服务、交通通信、教育文化娱乐、医疗保健、其他用品及服务八大类。根据来源不同,消费支出可划分为现金消费支出、实物消费支出(含自产自用、来自单位、来自政府和其他社会组织)。

Explanatory Notes on Main Statistical Indicators

Disposable Income of Households has a national coverage comparable between urban and rural households, and refers to the kind of income that households can have at their disposal. It includes income both in cash and in kind from four categories: income from wages and salaries, cash net income from household operations, net income from properties and net income from transfers.It is calculated as follows:

Disposable Income=income from wages and salaries+cash net income from household operations+net income from properties+net income from transfers

cash net income from household operations=cash income from household operations - household operation expenses - taxes and fees-depreciation of fixed assets for production - production taxes

net income from properties=income from properties-expenses for properties

net income from transfers=income from transfers-expenses for transfers

Consumption Expenditure of Households has a national coverage comparable between urban and rural households, and refers to the all the expenditures of households for consumption in daily life. It includes expenditure in cash and in kind on eight categories: food; clothing; housing; household appliances and services; transport and communications; education, cultural and recreational activities; and medical care. The expenditure on housing also includes rents, water, electricity, fuels and imputed rents of owner-occupied dwellings.

十一、农业

AGRICULTURE

十一 农业

简要说明

一、本篇资料反映广东省农业生产和农村经济的基本情况。内容主要包括农村劳动力、农业产值、主要产品产量、农村居民家庭主要农产品生产与出售情况、农业自然灾害等方面的统计资料。

二、本篇资料主要由广东省统计局农村社会经济统计处整理提供。

三、本篇资料主要来源于《广东省农林牧渔业综合统计报表制度》和农村住户调查资料。农林牧渔业综合统计报表制度的统计范围包括各市县区的各种经济类型的全部农林牧渔业以及各非农行业附属的农林牧渔业生产单位。

四、根据国务院第二次全国农业普查条例，本篇资料的 2006、2007 年部分数据以普查结果为基础做了调整。

11 Agriculture

Brief Introduction

Ⅰ.The data in this chapter show the basic conditions of agricultural production and rural economy in Guangdong Province, including mainly rural labor force, output value of agriculture, output of major products, production and sale of major agricultural products by rural households, as well as statistics on natural disasters in agriculture enterprises.

Ⅱ.The data in this chapter are mainly prepared and provided by the Division of Rural Socio-economic Statistics of Statistics Bureau of Guangdong Province.

Ⅲ.The data in this chapter mainly come from The Comprehensive Statistical Report System on Farming, Forestry, Animal Husbandry and Fishery of Guangdong Province and sample surveys on rural households. The statistical coverage of the statistical reporting summary scheme includes all productive units of farming, forestry, animal husbandry and fishery and units engaged in farming, forestry, animal husbandry and fishery in non-agricultural sectors with various types of ownership in cities, counties and districts of Guangdong Province.

Ⅳ. Some data of 2006 and 2007 in this chapter are adjusted in accordance with the regulations of the second national agricultural census.

11-1 农业主要指标

Main Indicators of Agriculture

指 标	Item	2000	2010	2013	2014	2015	2015比2014增长(%) Growth Rate in 2015 over 2014 (%)
乡镇户数 (万户)	Number of Rural Households (10000 households)	1419.91	1686.62	1721.96	1697.44	1689.97	-0.4
乡镇人口 (万人)	Rural Population (10000 persons)	6046.62	6805.44	6973.03	6901.08	6863.20	-0.5
乡镇就业人员 (万人)	Number of Rural Employed Persons(10000 persons)	2789.89	3425.28	3560.97	3542.59	3496.95	-1.3
#农、林、牧、渔业	Farming, Forestry, Animal Husbandry and Fishery	1572.07	1468.25	1363.95	1363.19	1351.83	-0.8
按性别分	Grouped by Sex						
男	Male	1450.37	1802.67	1881.12	1876.40	1854.11	-1.2
女	Female	1339.52	1622.61	1679.86	1666.19	1642.84	-1.4
化肥施用量(折纯)(万吨)	Consumption of Chemical Fertilizers (100 percent equivalent,10000 tons)	176.20	237.29	243.91	249.58	256.46	2.8
#氮肥	Nitrogenous Fertilizer	95.89	100.01	100.54	101.75	103.64	1.9
磷肥	Phosphate Fertilizer	18.36	21.5	21.90	22.88	24.39	6.6
钾肥	Potash Fertilizer	35.84	46.99	48.38	49.34	50.27	1.9
农药施用量 (万吨)	Consumption of Pesticides (10000 tons)	8.47	10.44	11.01	11.27	11.38	1.0
农村用电量 (亿千瓦时)	Electricity Consumed in Rural Areas (100 million kwh)	405.45	1044.26	1234.84	1314.00	1326.20	0.9
农业总产值 (亿元)	Gross Output Value of Agriculture (100 million yuan)	1701.18	3754.86	4946.81	5234.21	5520.03	3.1
农业增加值 (亿元)	Value-added of Agriculture (100 million yuan)	1000.06	2286.98	3047.51	3242.57	3426.12	3.4
主要产品产量 (万吨)	Output of Major Products (10000 tons)						
粮食	Grain	1822.33	1316.50	1315.90	1357.34	1358.13	0.1
糖蔗	Sugarcane	1137.59	1134.35	1358.77	1308.84	1250.93	-4.4
花生	Peanuts	77.68	87.13	99.85	104.31	109.04	4.5
烟叶	Tobacco	6.21	5.51	5.70	5.58	5.57	-0.1
蔬菜	Vegetables	2214.80	2718.59	3144.47	3274.75	3438.78	5.0
水果	Fruits	643.52	1128.73	1368.73	1438.49	1519.89	5.7
水产品	Aquatic Products	593.19	729.03	816.13	836.34	857.23	2.5
猪肉	Pork	206.85	275.46	277.77	282.64	274.15	-3.0
荒山造林面积 (万亩)	Afforested Area in Barren Mountains (10000 mu)	25.76	142.72	178.62	199.83	177.69	-11.1
农村基层组织 (个)	Rural Grassroots Units (unit)						
镇政府	Number of Town Governments	1556	1134	1128	1128	1128	
乡政府	Number of Township Governments	33	11	11	11	11	
村民委员会	Number of Villagers' Committees	22962	22140	19453	19347	19632	

注：1. 表中农业总产值、农业增加值按当年价格计算，增长速度按可比价格计算。
2. 2004年起，粮食产量含大豆。

Notes: a) Gross output value and value-added of agriculture in this table are calculated at current prices, whereas the growth rates are calculated at comparable prices.
b) Since 2004, the output of grain has included that of soybeans.

11-2 各市农村基层组织情况（2015年）

Basic Conditions of Rural Grassroots Units by City (2015)

市别	City	乡镇个数(个) Number of Townships (unit)	乡镇户数(万户) Number of Rural Households (10000 households)	乡镇人口(万人) Rural Population (10000 persons)	乡镇就业人员(万人) Rural Employed Persons (10000 persons)	#农、林、牧、渔业 Farming, Forestry,Animal Husbandry and Fishery	按性别分 By Sex 男 Male	女 Female
全省	Provincial Total	1139	1689.97	6863.20	3496.95	1351.83	1854.11	1642.84
广州	Guangzhou	34	157.42	536.22	337.56	62.93	174.14	163.41
深圳	Shenzhen							
珠海	Zhuhai	15	12.26	52.11	27.41	6.16	14.40	13.00
汕头	Shantou	32	90.67	437.79	182.54	63.50	96.39	86.15
佛山	Foshan	21	83.79	301.98	174.90	21.63	90.73	84.17
#顺德	Shunde	6	28.58	103.36	59.16	5.32	31.17	27.98
韶关	Shaoguan	94	63.42	231.14	111.16	58.61	58.94	52.22
河源	Heyuan	95	72.04	321.26	149.90	70.30	79.64	70.26
梅州	Meizhou	104	90.90	344.25	179.09	77.94	91.93	87.16
惠州	Huizhou	53	83.84	357.69	204.35	49.76	108.18	96.17
汕尾	Shanwei	44	71.77	346.47	145.62	51.86	84.22	61.41
东莞	Dongguan	28	52.10	174.64	96.35	6.09	51.21	45.14
中山	Zhongshan	18	62.53	236.03	158.22	9.82	82.10	76.13
江门	Jiangmen	61	81.39	284.30	172.86	79.78	88.66	84.20
阳江	Yangjiang	38	68.10	260.92	128.53	47.43	70.09	58.44
湛江	Zhanjiang	84	151.86	682.32	332.99	202.19	178.93	154.06
茂名	Maoming	87	129.81	538.62	256.94	139.50	138.04	118.90
肇庆	Zhaoqing	92	87.74	323.94	158.45	112.16	80.53	77.92
清远	Qingyuan	80	83.99	344.12	176.04	97.76	92.14	83.90
潮州	Chaozhou	41	55.25	235.73	113.51	39.69	60.58	52.93
揭阳	Jieyang	63	125.37	598.21	252.67	81.96	140.14	112.53
云浮	Yunfu	55	65.69	255.44	137.85	72.78	73.10	64.76
按经济区域分	By Region							
珠三角	Pearl River Delta	322	621.08	2266.93	1330.10	348.33	689.96	640.14
东翼	Eastern Region	180	343.06	1618.20	694.34	237.00	381.33	313.01
西翼	Western Region	209	349.78	1481.86	718.46	389.12	387.06	331.40
山区	Mountainous Region	428	376.04	1496.22	754.05	377.38	395.75	358.30

注：乡镇个数为广东省民政厅统计年报数。
Note: The number of townships comes from the annual reports of Guangdong Provincial Department of Civil Affairs.

11-3 农业自然灾害情况

Statistics on Agriculture Covered and Affected by Natural Disasters

项 目	Item	2000	2010	2013	2014	2015
农作物受灾面积 （万亩）	Area of Farm Crops Covered by Natural Disasters(10000 mu)	948.43	916.21	1726.65	1265.72	1268.90
#绝收面积	Area without Output	84.14	106.45	186.08	239.01	139.31
受灾人口 （万人）	Number of Persons Covered by Natural Disasters (10000 persons)	1801.00	1197.00	2194.16	744.89	848.74
紧急转移安置人口（万人）	Number of Persons Receiving Evacuation and Re-settlement (10000 persons)	27.73	71.61	232.31	54.03	38.59
饮水困难人口 （万人）	Number of Persons Lacking Access to Clean Drinking Water (10000 persons)	23.16	1.96	8.11		7.31
因灾死亡人口 （人）	DeathToll in Natural Disasters (person)	102	177	174	54	28
因灾伤病人口 （人）	Number of Wounded Persons in Natural Disasters (person)	14454	1121	2164	33	263
倒塌房屋 （间）	Number of Broken Buildings (room)	27743	73666	68682	33597	9646
损坏房屋 （间）	Number of Damaged Buildings (room)	74052	137066	197167	157328	150161
因灾死亡大牲畜(头、只)	Number of Large Livestock Killed in Natural Disasters (head)	62417	74002	71668	1597	1310
直接经济损失 （亿元）	Volume of Direct Economic Loss (100 million yuan)	38.20	180.01	492.42	336.98	315.54

11-4 农村经济主要比例关系和效益指标

Main Proportions and Efficiency Indicators of Rural Economy

项目	Item	2000	2010	2013	2014	2015
投入产出率 （%）	**Input-output Ratio (%)**					
农林牧渔业	Farming, Forestry, Animal Husbandry and Fishery	41.2	39.1	38.4	38.1	37.9
农业	Farming	31.6	30.2	30.2	30.2	30.2
林业	Forestry	24.7	25.5	25.5	25.5	25.5
牧业	Animal Husbandry	54.6	54.7	54.6	54.6	54.6
渔业	Fishery	41.4	40.2	40.2	40.2	40.2
农林牧渔服务业	Services for Farming, Forestry, Animal Husbandry and Fishery		58.7	58.7	58.7	58.7
产出率	**Output Ratio**					
园地 （元/亩）	Garden Plot (yuan/mu)	914	2206	3107	3363	3542
淡水养殖水面(元/亩)	Freshwater Aquatic Cultivation Area (yuan/mu)	3643	6930	8665	9782	9875
生猪出栏率 （%）	Slaughtered Fattened Hog Rate (%)	146	156	166	166	172

11-5 农副产品人均拥有量

Per Capita Possession of Farm and Sideline Products

单位：公斤/人 (kg/person)

年份 Year	粮食 Grain	#稻谷 Rice	花生 Peanuts	糖蔗 Sugarcane	蔬菜 Vegetables	水果 Fruits	肉类 Meat	#猪肉 Pork	#家禽 Poultry	水产品 Aquatic Products
1978	298.08	262.35	6.94	164.97		5.81				12.93
1980	321.73	291.51	9.56	159.68		5.57				12.12
1985	283.68	257.14	10.09	323.82		20.56				19.49
1990	303.60	270.09	9.28	335.17	156.38	52.60				33.25
1991	295.09	260.14	8.84	360.12	174.23	62.74				35.86
1992	280.11	247.91	9.33	351.38	186.22	70.19				38.84
1993	249.79	218.60	10.12	245.79	207.73	61.70				41.66
1994	250.53	216.08	9.60	210.53	225.65	60.51				47.33
1995	267.55	230.55	10.38	218.43	250.98	61.43				52.57
1996	276.57	237.84	10.68	203.58	270.43	55.74	36.54	23.49	12.67	57.74
1997	282.77	240.01	10.65	234.25	284.58	59.59	39.30	25.18	13.59	74.53
1998	266.70	239.01	9.82	228.88	282.63	64.14	41.78	26.60	14.61	78.46
1999	268.59	226.18	10.17	169.04	289.04	86.40	43.28	28.00	14.52	79.91
2000	246.30	206.59	10.50	153.76	295.36	86.98	43.27	27.59	14.87	80.17
2001	228.57	191.37	10.59	142.51	314.28	78.43	44.05	28.24	14.99	80.95
2002	195.10	163.46	9.88	149.39	319.31	91.87	44.92	28.78	14.53	82.56
2003	193.59	162.68	10.50	123.97	334.59	93.49	46.42	30.14	14.51	84.38
2004	179.03	144.66	9.85	121.17	327.70	101.47	46.81	31.02	14.04	86.47
2005	176.58	141.40	9.60	119.75	328.63	105.28	48.65	32.44	14.39	88.01
2006	154.36	126.22	9.51	127.43	295.77	111.01	47.47	31.24	14.72	81.86
2007	157.51	128.25	9.40	134.49	288.31	116.56	47.29	28.86	16.84	81.45
2008	150.41	121.36	9.74	130.55	294.11	118.96	49.83	30.72	17.69	82.25
2009	157.12	126.48	10.00	133.41	306.86	126.93	51.04	31.33	18.23	84.01
2010	154.49	124.46	10.22	133.11	319.03	132.46	51.76	32.32	17.95	85.55
2011	157.57	127.00	10.52	139.25	330.08	139.52	50.33	31.37	17.40	88.24
2012	161.69	130.45	11.06	148.14	345.39	148.11	51.32	32.00	17.77	91.42
2013	150.23	119.30	11.40	155.12	358.98	156.26	49.69	31.71	16.33	93.17
2014	152.74	122.84	11.74	147.28	368.49	161.87	48.32	31.80	14.84	94.13
2015	150.76	120.82	12.10	138.86	381.73	168.72	47.09	30.43	14.96	95.16

注：1. 表中2006、2007年数据为第二次全国农业普查后调整数。
2. 表中数据均按户籍人口计算。

Note: a) Data of 2006 and 2007 in this table are adjusted according to the second national agricultural census.
b)The data are calculated according to population with residence registration.

11-6 农林牧渔业总产值

Gross Output Value of Farming, Forestry, Animal Husbandry and Fishery

单位：亿元 (100 million yuan)

年份 Year	农林牧渔业总产值 Gross Output Value of Farming, Forestry, Animal Husbandry and Fishery	农业产值 Farming	林业产值 Forestry	牧业产值 Animal Husbandry	渔业产值 Fishery	农林牧渔服务业产值 Services for Farming,Forestry, Animal Husbandry and Fishery
1978	85.94	59.56	4.98	15.98	5.42	
1979	91.53	67.19	7.67	13.58	3.09	
1980	126.25	97.15	6.83	17.75	4.52	
1981	133.85	99.33	7.81	21.62	5.09	
1982	135.52	98.33	8.33	21.73	7.13	
1983	169.96	120.06	10.72	28.57	10.61	
1984	200.07	141.22	12.13	33.81	12.91	
1985	245.21	149.09	21.09	54.68	20.35	
1986	279.15	168.68	24.38	60.74	25.35	
1987	348.61	214.47	16.74	78.26	39.14	
1988	473.78	277.38	27.66	114.28	54.46	
1989	548.60	323.15	28.00	134.60	62.85	
1990	600.71	359.39	28.46	143.68	69.18	
1991	654.82	388.90	29.64	156.08	80.20	
1992	737.11	428.99	32.86	175.36	99.90	
1993	899.03	486.46	35.51	223.16	153.90	
1994	1151.38	628.17	41.07	279.98	202.16	
1995	1445.48	777.72	46.12	349.11	272.53	
1996	1577.89	825.60	49.64	398.12	304.53	
1997	1656.46	851.35	52.10	425.67	327.34	
1998	1705.44	861.97	54.65	441.61	347.21	
1999	1745.02	859.66	58.77	457.51	369.08	
2000	1701.18	807.94	59.64	450.18	383.42	
2001	1722.35	817.95	56.78	457.56	390.06	
2002	1781.06	841.77	57.09	465.91	416.29	
2003	1908.66	851.72	55.72	482.83	432.74	85.65
2004	2154.79	959.97	61.72	571.09	466.45	95.56
2005	2447.57	1109.18	66.25	638.61	523.79	109.74
2006	2536.27	1235.40	67.60	623.34	519.03	90.90
2007	2821.24	1328.70	73.45	775.62	541.87	101.60
2008	3298.01	1481.69	79.41	967.91	652.59	116.41
2009	3337.59	1551.03	88.30	917.14	661.23	119.89
2010	3754.86	1760.18	176.34	947.25	741.44	129.66
2011	4384.44	2042.16	208.68	1146.42	843.01	144.18
2012	4656.85	2229.27	222.74	1134.14	914.04	156.66
2013	4946.81	2444.70	249.43	1106.86	975.28	170.53
2014	5234.21	2613.18	279.83	1077.37	1080.31	183.53
2015	5520.03	2793.76	296.75	1117.15	1117.16	195.21

注：1. 本表按当年价格计算。
2. 表中2006、2007年数据为第二次全国农业普查后调整数。
3. 从2010年起，农业产值、林业产值统计范围作了调整，原农业中的野生植物采集归入林业，原林业中板栗、桂皮等归入农业。

Note: a) Data in value terms in this table are calculated at current prices.
b) Data in value terms of 2006 and 2007 in this table are adjusted according to the second national agricultural census.
c) Since 2010, the coverage of the output value of agriculture and that of forestry have been adjusted. The output value of wild plants have been moved from Farming to Forestry, and those of chestnuts and cinnamon bark have beenmoved from Forestry to Farming.

11-7 农林牧渔业总产值指数（1978年＝100）

Indices of Gross Output Value of Farming, Forestry, Animal Husbandry and Fishery (year of 1978=100)

1978年＝100 (year of 1978=100)

年份 Year	农林牧渔业总产值 Gross Output Value of Farming, Forestry, Animal Husbandry and Fishery	农业产值 Farming	林业产值 Forestry	牧业产值 Animal Husbandry	渔业产值 Fishery	农林牧渔服务业产值 Services for Farming,Forestry, Animal Husbandry and Fishery
1978	100.0	100.0	100.0	100.0	100.0	
1979	99.2	99.4	85.1	104.6	93.7	
1980	110.2	111.8	108.3	104.4	102.8	
1981	112.8	110.3	119.6	122.9	111.9	
1982	131.2	127.4	133.4	148.6	135.0	
1983	134.6	127.2	140.4	159.8	164.3	
1984	147.1	138.9	147.6	175.5	185.5	
1985	157.8	145.5	154.8	202.2	216.2	
1986	167.5	151.0	173.4	219.6	257.0	
1987	183.6	165.8	166.9	237.7	313.2	
1988	197.7	173.4	223.2	259.2	350.3	
1989	213.2	186.9	232.3	279.4	389.9	
1990	228.9	201.5	215.7	306.2	429.3	
1991	243.0	211.9	213.8	332.6	470.1	
1992	257.7	220.3	218.9	357.8	536.5	
1993	267.6	213.7	222.6	398.9	644.5	
1994	279.5	219.5	227.5	415.1	716.3	
1995	302.7	237.1	239.6	443.5	800.1	
1996	320.9	245.0	246.5	485.9	882.9	
1997	342.7	263.7	249.2	509.5	953.5	
1998	359.3	272.7	258.1	535.8	1033.7	
1999	379.1	286.8	271.8	563.9	1101.9	
2000	389.3	288.6	281.3	579.6	1184.5	
2001	400.1	295.6	294.0	592.7	1230.1	
2002	426.1	323.4	285.8	601.4	1310.6	
2003	438.2	331.6	277.8	614.8	1367.5	100.0
2004	457.9	350.5	287.2	625.9	1433.1	107.8
2005	479.9	362.3	295.5	660.4	1514.2	120.5
2006	499.1	375.2	280.8	680.7	1605.1	132.3
2007	515.5	385.3	291.3	701.0	1670.8	143.1
2008	535.9	391.5	300.6	749.9	1749.3	155.0
2009	562.6	413.3	323.7	778.5	1838.6	163.2
2010	586.6	433.0	338.1	803.1	1920.9	171.4
2011	609.6	456.8	365.7	794.2	2021.4	180.8
2012	632.2	474.2	388.7	810.1	2120.4	191.1
2013	646.2	487.9	410.3	795.4	2205.2	203.2
2014	665.5	508.9	430.2	786.4	2282.9	213.5
2015	685.9	529.1	455.3	782.9	2358.2	224.7

注：1. 本表按可比价格计算。
2. 表中2007年数据为第二次全国农业普查后调整数。

Note: a) The indices are calculated at comparable prices.
b) Indices of 2007 in this table are adjusted according to the second national agricultural census.

11-8 农林牧渔业总产值指数（上年=100）

Indices of Gross Output Value of Farming, Forestry, Animal Husbandry and Fishery (preceding year=100)

上年=100 (preceding year=100)

年份 Year	农林牧渔业总产值 Gross Output Value of Farming, Forestry, Animal Husbandry and Fishery	农业产值 Farming	林业产值 Forestry	牧业产值 Animal Husbandry	渔业产值 Fishery	农林牧渔服务业产值 Services for Farming, Forestry,Animal Husbandry and Fishery
1979	99.2	99.4	85.1	104.6	93.7	
1980	111.1	112.5	127.3	99.8	109.7	
1981	102.4	98.7	110.4	117.6	108.9	
1982	116.3	115.5	111.5	120.9	120.6	
1983	102.6	99.9	105.2	107.6	121.7	
1984	109.3	109.2	105.1	109.8	112.9	
1985	107.3	104.8	104.9	115.2	116.5	
1986	106.1	103.8	112.0	108.6	118.9	
1987	109.6	109.8	96.3	108.2	121.9	
1988	107.7	104.6	133.7	109.0	111.8	
1989	107.8	107.8	104.1	107.8	111.3	
1990	107.4	107.8	92.9	109.6	110.1	
1991	106.2	105.1	99.1	108.6	109.5	
1992	106.0	103.9	102.4	107.6	114.1	
1993	103.8	97.0	101.7	111.5	120.1	
1994	104.4	102.7	102.2	104.1	111.1	
1995	108.3	108.0	105.3	106.8	111.7	
1996	106.0	103.3	102.9	109.6	110.3	
1997	106.8	107.6	101.1	104.8	108.0	
1998	104.8	103.4	103.6	105.2	108.4	
1999	105.5	105.2	105.3	105.2	106.6	
2000	102.7	100.6	103.5	102.8	107.5	
2001	102.8	102.4	104.5	102.2	103.8	
2002	106.5	109.4	97.2	101.5	106.5	
2003	102.8	102.5	97.2	102.2	104.3	
2004	104.5	105.7	103.4	101.8	104.8	107.8
2005	104.8	103.4	102.9	105.5	105.7	111.8
2006	104.0	103.6	95.0	103.1	106.0	109.8
2007	103.3	102.7	103.7	103.0	104.1	108.2
2008	104.0	101.6	103.2	107.0	104.7	108.3
2009	105.0	105.6	107.7	103.8	105.1	105.3
2010	104.3	104.8	104.5	103.2	104.5	105.0
2011	103.9	105.5	108.1	98.9	105.2	105.5
2012	103.7	103.8	106.3	102.0	104.9	105.7
2013	102.2	102.9	105.6	98.2	104.0	106.3
2014	103.0	104.3	104.8	98.9	103.5	105.1
2015	103.1	104.0	105.8	99.5	103.3	105.2

注：1．本表按可比价格计算。
2．表中2007年数据为第二次全国农业普查后调整数。

Note: a) The indices are calculated at comparable prices.
b) Indices of 2007 in this table are adjusted according to the second national agricultural census.

11-9 各市农林牧渔业总产值（2015年）
Gross Output Value of Farming, Forestry, Animal Husbandry and Fishery by City (2015)

单位：亿元 (100 million yuan)

市别	City	农林牧渔业总产值 Gross Output Value of Farming, Forestry, Animal Husbandry and Fishery	农业产值 Farming	林业产值 Forestry	牧业产值 Animal Husbandry	渔业产值 Fishery	农林牧渔服务业产值 Services for Farming,Forestry, Animal Husbandry and Fishery
广州	Guangzhou	413.46	226.05	4.22	61.80	75.13	46.25
深圳	Shenzhen	15.95	3.28	0.20	2.24	9.55	0.68
珠海	Zhuhai	85.62	12.95	0.34	12.01	52.21	8.12
汕头	Shantou	177.68	89.86	0.71	29.19	53.84	4.07
佛山	Foshan	275.69	95.15	1.33	53.51	110.31	15.39
#顺德	Shunde	86.02	19.22	0.01	4.73	57.37	4.70
韶关	Shaoguan	243.35	172.99	19.18	39.77	7.58	3.84
河源	Heyuan	151.71	88.35	21.80	32.00	4.19	5.36
梅州	Meizhou	304.95	201.57	14.62	70.69	10.23	7.84
惠州	Huizhou	245.30	169.05	4.85	46.61	20.30	4.49
汕尾	Shanwei	197.20	84.56	4.46	27.66	71.47	9.06
东莞	Dongguan	34.35	21.97	0.37	3.69	7.32	1.00
中山	Zhongshan	112.84	39.58	0.02	8.05	63.83	1.35
江门	Jiangmen	319.88	105.17	8.25	76.02	125.17	5.27
阳江	Yangjiang	345.02	104.98	16.76	53.23	150.23	19.83
湛江	Zhanjiang	723.88	399.73	20.77	103.31	182.75	17.32
茂名	Maoming	618.31	321.20	34.87	165.91	74.41	21.93
肇庆	Zhaoqing	435.59	214.25	63.28	108.98	44.74	4.33
清远	Qingyuan	296.40	178.97	28.20	66.57	15.63	7.03
潮州	Chaozhou	111.67	55.20	3.06	18.46	29.80	5.15
揭阳	Jieyang	258.58	163.14	21.71	45.66	19.56	8.51
云浮	Yunfu	238.81	96.84	33.43	92.89	10.16	5.51
按经济区域分	By Region						
珠三角	Pearl River Delta	1938.68	887.46	82.85	372.92	508.56	86.89
东翼	Eastern Region	745.13	392.76	29.94	120.96	174.67	26.80
西翼	Western Region	1687.21	825.91	72.40	322.45	407.39	59.07
山区	Mountainous Region	1235.22	738.71	117.23	301.91	47.80	29.58

注：本表按当年价格计算。
Note: Data in this table are calculated at current prices.

11-10 各市农林牧渔业总产值指数（2015年）

Indices of Gross Output Value of Farming, Forestry, Animal Husbandry and Fishery by City (2015)

上年=100 (preceding year=100)

市别	City	农林牧渔业总产值 Gross Output Value of Farming, Forestry, Animal Husbandry and Fishery	农业产值 Farming	林业产值 Forestry	牧业产值 Animal Husbandry	渔业产值 Fishery	农林牧渔服务业产值 Services for Farming,Forestry, Animal Husbandry and Fishery
广州	Guangzhou	102.2	103.8	104.2	91.8	103.1	108.6
深圳	Shenzhen	108.6	87.3	157.8	84.0	126.2	125.5
珠海	Zhuhai	99.8	101.7	163.2	87.9	101.5	104.0
汕头	Shantou	102.9	102.6	104.0	100.0	105.2	100.3
佛山	Foshan	101.4	103.0	98.5	97.1	101.6	105.6
#顺德	Shunde	101.2	105.1	103.2	65.3	104.2	103.4
韶关	Shaoguan	103.8	104.6	105.1	99.8	103.5	107.0
河源	Heyuan	103.6	102.8	110.2	100.7	102.3	108.0
梅州	Meizhou	103.3	104.3	105.3	99.7	105.4	105.6
惠州	Huizhou	104.2	105.4	97.1	100.3	103.9	107.5
汕尾	Shanwei	104.3	105.4	103.1	100.1	104.5	106.5
东莞	Dongguan	99.8	106.4	102.6	78.0	94.9	100.0
中山	Zhongshan	99.7	100.1	47.3	97.0	99.6	105.2
江门	Jiangmen	103.2	103.4	103.7	102.5	103.4	104.0
阳江	Yangjiang	104.1	101.5	120.9	100.8	105.1	105.9
湛江	Zhanjiang	103.0	103.6	96.4	100.2	103.6	108.3
茂名	Maoming	103.9	104.1	107.4	100.8	107.5	108.3
肇庆	Zhaoqing	103.7	103.8	107.1	100.4	105.6	108.4
清远	Qingyuan	104.4	106.6	102.5	100.0	103.0	104.3
潮州	Chaozhou	103.0	105.2	96.2	101.0	100.2	108.1
揭阳	Jieyang	103.7	104.2	107.2	100.7	100.5	108.4
云浮	Yunfu	103.1	101.9	103.6	104.1	100.1	110.4
按经济区域分	By Region						
珠三角	Pearl River Delta	102.6	103.8	105.9	97.9	102.7	107.2
东翼	Eastern Region	103.6	104.2	105.3	100.4	103.5	105.1
西翼	Western Region	103.6	103.5	106.7	100.6	104.9	107.5
山区	Mountainous Region	103.7	104.4	105.0	101.3	102.9	106.8

注：本表按可比价格计算。
Note: The indices are calculated at comparable prices.

11-11 农作物播种面积

Total Sown Area of Farm Crops

单位：万亩 (10000 mu)

年份 Year	农作物总播种面积 Total Sown Area	一、粮食作物 Grain Crops	#稻谷 Rice	#薯类 Tubers	二、大豆 Soybean
1978	9962.46	7603.47	5790.39	873.02	163.71
1979	9492.62	7300.54	5691.88	845.65	185.91
1980	8954.84	6908.02	5596.10	800.67	198.18
1981	8567.83	6548.40	5450.29	767.07	199.33
1982	8539.77	6475.65	5373.51	778.51	218.52
1983	8364.03	6485.66	5406.97	780.98	197.43
1984	8313.00	6269.47	5272.01	765.51	193.21
1985	8036.82	5750.76	4815.81	730.83	175.22
1986	8037.18	5731.76	4804.77	745.48	177.59
1987	8064.78	5679.94	4750.06	743.22	174.25
1988	8063.89	5598.29	4678.26	726.61	172.60
1989	8322.71	5777.18	4768.32	743.93	173.64
1990	8507.35	5822.06	4763.67	751.70	172.44
1991	8489.09	5643.92	4596.92	746.74	163.30
1992	8231.36	5303.82	4313.79	710.56	157.48
1993	7718.41	4840.76	3944.83	681.66	160.54
1994	7807.99	4959.10	4005.47	747.93	157.12
1995	7957.19	5052.24	4052.13	775.96	155.84
1996	8156.22	5120.09	4066.33	778.70	155.04
1997	8267.25	5144.06	4055.92	772.52	149.14
1998	8310.73	5147.65	4029.10	768.09	146.06
1999	7894.24	4912.04	3836.30	697.22	144.52
2000	7735.35	4649.83	3619.05	640.15	145.46
2001	7868.21	4634.79	3638.28	661.15	132.19
2002	7207.37	4021.44	3151.22	582.81	102.14
2003	7294.58	4012.81	3144.56	578.14	114.54
2004	7211.96	4184.55	3208.50	581.55	120.60
2005	7223.06	4179.75	3206.40	579.75	125.70
2006	6573.85	3700.00	2912.90	468.40	96.90
2007	6544.56	3719.30	2908.50	476.40	92.00
2008	6606.46	3749.91	2920.35	479.15	93.00
2009	6714.06	3807.75	2939.55	491.74	96.85
2010	6786.77	3797.90	2929.12	493.67	95.38
2011	6858.04	3795.63	2911.39	498.93	95.55
2012	6944.40	3810.27	2924.07	495.81	93.05
2013	7047.13	3761.43	2863.19	501.75	93.70
2014	7117.43	3760.52	2839.92	523.75	93.95
2015	7177.08	3758.76	2830.95	526.86	95.36

注：1．2004年起粮食播种面积含大豆。
2．表中2006、2007年数据为第二次全国农业普查后调整数。

Note: a) Since 2004, the sown area of grain has included that of soybeans.
b) Data of 2006 and 2007 in this table are adjusted according to the second national agricultural census.

11-11 续表 continued

单位：万亩 (10000 mu)

年份 Year	三、经济作物 Economic Crops	#糖蔗 Sugarcane	#花生 Peanuts	#烟叶 Tobacco	四、其他作物 Other Crops	#蔬菜 Vegetables
1978	1277.28	258.96	486.62	69.19	918.00	
1979	1258.28	227.15	519.73	59.44	747.89	
1980	1213.98	218.57	553.24	38.62	634.66	
1981	1302.19	272.52	595.41	45.06	517.91	
1982	1327.84	331.53	588.01	48.73	517.76	
1983	1126.05	312.86	489.74	43.25	554.89	
1984	1213.32	341.02	523.56	39.06	637.00	
1985	1417.68	442.83	545.78	55.25	693.16	
1986	1334.07	405.07	560.80	41.87	793.76	
1987	1324.67	344.72	533.13	41.42	885.92	
1988	1318.08	354.90	497.82	61.39	974.92	
1989	1324.88	338.02	486.05	72.25	1047.01	
1990	1338.43	419.73	485.96	68.55	1174.42	776.00
1991	1374.36	453.90	472.15	81.93	1307.51	867.95
1992	1393.07	461.14	471.88	79.08	1376.99	946.88
1993	1295.77	353.65	499.78	73.92	1421.34	1057.02
1994	1224.21	325.62	505.35	53.15	1467.56	1147.53
1995	1185.17	320.18	499.60	44.33	1563.94	1244.96
1996	1202.15	329.28	497.42	45.10	1678.94	1348.64
1997	1211.80	334.02	499.70	55.45	1762.26	1416.62
1998	1185.21	325.59	510.83	50.30	1831.81	1484.82
1999	1071.27	261.47	468.50	42.72	1766.41	1441.85
2000	1093.04	239.60	496.61	46.64	1847.01	1515.15
2001	1088.71	215.25	511.57	53.48	2012.52	1685.69
2002	1068.46	222.66	472.49	46.27	2015.33	1692.00
2003	1055.55	198.29	488.66	44.86	2111.68	1792.29
2004	1008.72	193.45	462.20	47.42	2018.69	1720.01
2005	1001.56	188.08	464.11	47.47	2041.75	1744.08
2006	947.98	195.13	462.28	30.23	1925.87	1627.80
2007	944.03	206.46	453.71	29.39	1881.24	1597.50
2008	957.45	204.06	471.21	35.23	1899.11	1668.94
2009	979.23	203.72	483.22	37.11	1927.09	1707.65
2010	998.59	204.62	492.77	35.80	1990.28	1769.69
2011	1024.29	210.86	501.66	36.36	2038.12	1813.22
2012	1063.74	218.28	514.75	35.90	2070.39	1843.77
2013	1091.35	229.28	526.52	35.32	2194.35	1960.39
2014	1103.00	222.76	536.04	34.10	2253.91	2025.60
2015	1114.49	212.25	548.87	33.79	2303.83	2072.97

注：1．2004年起粮食播种面积含大豆。
2．表中2006、2007年数据为第二次全国农业普查后调整数。

Note: a) Since 2004, the sown area of grain has included that of soybeans.
b) Data of 2006 and 2007 in this table are adjusted according to the second national agricultural census.

11-12 农作物产量

Output of Farm Crops

单位：万吨 (10000 tons)

年份 Year	粮食作物 Grain Crops	#稻谷 Rice	#薯类 Tubers	大豆 Soybean	主要经济作物 Major Economic Crops 糖蔗 Sugarcane	花生 Peanuts	烟叶 Tobacco	蔬菜 Vegetables
1978	1509.51	1328.56	121.04	7.99	835.42	35.17	4.73	
1979	1605.36	1435.22	125.15	9.56	742.90	40.70	4.00	
1980	1681.91	1523.92	123.68	11.47	834.73	50.00	2.72	
1981	1521.00	1372.22	122.53	12.01	1235.50	57.39	3.68	
1982	1795.72	1627.37	138.98	14.44	1496.10	61.90	4.67	
1983	1817.48	1673.12	138.98	10.80	1159.83	48.08	3.41	
1984	1819.33	1666.08	130.21	11.90	1454.15	53.40	3.50	
1985	1604.37	1454.29	131.88	11.32	1831.40	57.07	4.89	
1986	1567.00	1421.55	128.01	12.27	1622.13	60.40	3.50	
1987	1701.81	1536.46	146.48	12.43	1338.60	53.50	4.05	
1988	1636.70	1472.95	143.42	12.32	1538.68	51.80	5.80	
1989	1817.21	1630.29	153.47	13.25	1681.34	55.38	7.15	
1990	1896.29	1687.00	167.05	13.87	2093.46	57.95	7.08	976.83
1991	1873.50	1651.65	176.59	12.60	2286.38	56.11	8.46	1106.19
1992	1810.40	1602.27	170.28	13.94	2271.06	60.30	8.62	1203.54
1993	1629.11	1425.81	169.20	15.28	1603.11	66.02	7.70	1367.22
1994	1662.66	1434.04	194.68	15.44	1397.22	63.71	5.30	1509.93
1995	1803.33	1553.90	209.40	16.50	1472.21	69.98	5.04	1703.86
1996	1891.43	1626.29	210.28	17.32	1392.00	73.05	5.29	1865.10
1997	1966.75	1669.33	228.35	17.61	1629.27	74.10	7.33	1995.99
1998	1884.13	1688.53	238.28	17.32	1616.94	69.38	6.61	2011.13
1999	1935.82	1630.13	214.38	17.91	1218.30	73.31	5.80	2109.68
2000	1822.33	1528.53	199.05	18.73	1137.59	77.68	6.21	2214.80
2001	1721.55	1441.35	198.15	17.36	1073.38	79.73	6.79	2377.60
2002	1484.16	1243.46	171.02	12.67	1136.45	75.19	6.08	2442.53
2003	1488.00	1250.38	166.77	14.92	952.87	80.73	6.00	2584.20
2004	1390.00	1123.13	180.28	18.10	940.77	76.47	6.27	2557.65
2005	1394.97	1116.99	185.48	18.87	946.02	75.86	6.30	2596.02
2006	1242.42	1015.90	150.48	14.92	1025.66	76.54	4.23	2380.56
2007	1284.70	1046.05	157.40	13.53	1096.87	76.66	4.18	2351.48
2008	1243.44	1003.30	154.56	13.86	1079.30	80.53	4.93	2431.43
2009	1314.50	1058.10	162.43	14.67	1116.11	83.63	5.36	2567.17
2010	1316.50	1060.60	162.32	14.70	1134.35	87.13	5.51	2718.59
2011	1360.95	1096.90	166.35	15.16	1202.69	90.85	5.63	2850.99
2012	1396.33	1126.57	167.35	15.26	1279.30	95.52	5.81	2982.71
2013	1315.90	1045.00	165.89	15.90	1358.77	99.85	5.70	3144.47
2014	1357.34	1091.64	165.16	16.27	1308.84	104.31	5.58	3274.75
2015	1358.13	1088.42	167.73	16.66	1250.93	109.04	5.57	3438.78

注：1．2004年起粮食产量含大豆。
2．表中2006、2007年数据为第二次全国农业普查后调整数。

Note: a) Since 2004, the output of grain has included that of soybeans.
b) Data of 2006 and 2007 in this table are adjusted according to the second national agricultural census.

11-13 主要农作物播种面积、亩产及总产量

Sown Area, Yield per Mu and Total Output of Major Farm Crops

单位：万亩、公斤、万吨 (10000 mu, kg, 10000 tons)

作物名称	Farm Crop	2010			2014			2015		
		播种面积 Sown Area	亩产 Yield per Mu	总产量 Total Output	播种面积 Sown Area	亩产 Yield per Mu	总产量 Total Output	播种面积 Sown Area	亩产 Yield per Mu	总产量 Total Output
农作物播种面积	**Total Sown Area**	**6786.77**			**7117.43**			**7177.08**		
粮食作物	**Grain Crops**	**3797.90**	**347**	**1316.50**	**3760.52**	**361**	**1357.34**	**3758.76**	**361**	**1358.13**
稻谷	Rice	2929.12	362	1060.60	2839.92	384	1091.64	2830.95	384	1088.42
早稻	Early Rice	1412.00	362	511.10	1339.80	390	523.19	1334.10	394	524.97
晚稻	Late Rice	1517.12	362	549.50	1500.12	379	568.45	1496.85	376	563.45
小麦	Wheat	1.31	188	0.25	1.40	212	0.30	1.36	221	0.30
旱粮	Upland Grain	278.43	282	78.63	301.51	279	83.97	304.23	279	85.02
#玉米	Corn	243.39	296	72.09	265.78	289	76.86	268.44	290	77.85
薯类	Tubers	493.67	329	162.32	523.75	315	165.16	526.86	318	167.73
大豆	Soybean	95.38	154	14.70	93.95	173	16.27	95.36	175	16.66
经济作物	**Economic Crops**	**998.59**			**1103.00**			**1114.49**		
甘蔗	Sugarcane and Fruit Cane	232.29	5597	1300.15	252.77	5953	1504.67	243.54	5966	1452.85
#糖蔗	Sugarcane	204.62	5544	1134.35	222.76	5876	1308.84	212.25	5894	1250.93
油料作物	Oil-bearing Crops	506.13	174	88.16	550.17	192	105.48	563.37	196	110.34
#花生	Peanuts	492.77	177	87.13	536.04	195	104.31	548.87	199	109.04
麻类	Fiber Crops	0.31	162	0.05	0.23	163	0.04	0.16	172	0.03
烟叶	Tobacco	35.80	154	5.51	34.10	164	5.58	33.79	165	5.57
木薯	Cassava	125.05	1236	154.57	124.03	1325	164.29	123.29	1362	167.97
药材	Medicinal Plants	16.70			30.56			33.55		
其他经济作物	Other Economic Crops	82.32			111.13			116.79		
其他作物	**Other Crops**	**1990.28**			**2253.91**			**2303.83**		
#蔬菜	Vegetables	1769.69	1536	2718.59	2025.60	1617	3274.75	2072.97	1659	3438.78

11-14 各市主要农作物播种面积、亩产及总产量（2015年）
Sown Area, Yield per Mu and Total Output of Major Farm Crops by City (2015)

单位：亩、公斤、吨 (mu, kg, ton)

市别	City	粮食作物 Grain Crops 播种面积 Sown Area	亩产 Yield per Mu	总产量 Total Output	#稻谷 Rice 播种面积 Sown Area	亩产 Yield per Mu	总产量 Total Output
广州	Guangzhou	1344503	328	440898	896663	346	310138
深圳	Shenzhen	152	412	63			
珠海	Zhuhai	105589	394	41552	66335	436	28901
汕头	Shantou	1066320	441	470349	718667	453	325670
佛山	Foshan	309491	317	98208	142804	361	51618
#顺德	Shunde	1243	245	304			
韶关	Shaoguan	2366662	377	892525	1852470	414	766551
河源	Heyuan	2454567	372	912228	2014863	406	817808
梅州	Meizhou	3219785	385	1238428	2581928	412	1064382
惠州	Huizhou	1748916	341	597234	1204677	349	420099
汕尾	Shanwei	1426510	317	452864	1034642	332	343597
东莞	Dongguan	42089	301	12675	11056	371	4106
中山	Zhongshan	223771	348	77882	77404	386	29890
江门	Jiangmen	2863089	334	955729	2568623	345	886067
阳江	Yangjiang	2189973	324	709626	1575177	354	556978
湛江	Zhanjiang	4309214	334	1441318	3128078	354	1108410
茂名	Maoming	3724802	389	1448716	2976569	411	1222005
肇庆	Zhaoqing	3032932	382	1159255	2474232	409	1011061
清远	Qingyuan	2687045	297	798781	2012020	323	650789
潮州	Chaozhou	664053	413	274455	483488	441	213096
揭阳	Jieyang	2049128	419	858655	1157754	414	478984
云浮	Yunfu	1759009	398	699891	1332050	446	594050
按经济区域分	By Region						
珠三角	Pearl River Delta	9670532	350	3383495	7441794	368	2741880
东翼	Eastern Region	5206011	395	2056323	3394551	401	1361347
西翼	Western Region	10223989	352	3599660	7679824	376	2887393
山区	Mountainous Region	12487068	364	4541853	9793331	398	3893580

11-14 续表 1 continued

单位：亩、公斤、吨 (mu, kg, ton)

市 别	City	大豆 Soybean 播种面积 Sown Area	亩产 Yield per Mu	总产量 Total Output	经济作物 Economic Crops 播种面积 Sown Area	#糖蔗 Sugarcane 播种面积 Sown Area	亩产 Yield per Mu	总产量 Total Output
广 州	Guangzhou	24740	236	5843	496589	812	6613	5370
深 圳	Shenzhen				6702			
珠 海	Zhuhai	1322	362	478	28871	526	3426	1802
汕 头	Shantou	3788	136	517	22243			
佛 山	Foshan	4698	178	834	207004	2	39000	78
#顺 德	Shunde				48497			
韶 关	Shaoguan	133473	201	26766	1060071	41712	5216	217558
河 源	Heyuan	155760	169	26342	460535	6099	4158	25359
梅 州	Meizhou	134172	179	24011	525829			
惠 州	Huizhou	34711	139	4835	381728	12604	5062	63804
汕 尾	Shanwei	29593	129	3810	233649	1000	5000	5000
东 莞	Dongguan	2122	153	325	15545			
中 山	Zhongshan	11121	216	2402	99457	431	3868	1667
江 门	Jiangmen	35794	172	6139	418685	30246	6245	188897
阳 江	Yangjiang	107527	146	15653	498315	15361	4231	64999
湛 江	Zhanjiang	23297	186	4325	3224037	1885132	5980	11272595
茂 名	Maoming	24049	208	5013	962959	68201	4885	333170
肇 庆	Zhaoqing	30786	177	5464	824316	8206	4945	40577
清 远	Qingyuan	78895	154	12186	890233	48979	5498	269287
潮 州	Chaozhou	5458	146	796	41716	1085	8100	8789
揭 阳	Jieyang	45913	168	7692	167580	1894	5039	9544
云 浮	Yunfu	66381	198	13169	578829	161	5180	834
按经济区域分	By Region							
珠 三 角	Pearl River Delta	145294	181	26320	2478897	52827	5720	302195
东 翼	Eastern Region	84752	151	12815	465188	3979	5864	23333
西 翼	Western Region	154873	161	24991	4685311	1968694	5928	11670764
山 区	Mountainous Region	568681	180	102474	3515497	96951	5292	513038

11-14 续表 2 continued

单位：亩、公斤、吨 (mu, kg, ton)

市别	City	#花生 Peanuts			#烟叶 Tobacco		
		播种面积 Sown Area	亩产 Yield per Mu	总产量 Total Output	播种面积 Sown Area	亩产 Yield per Mu	总产量 Total Output
广州	Guangzhou	105610	178	18824	6	167	1
深圳	Shenzhen	9	556	5			
珠海	Zhuhai	4591	263	1206			
汕头	Shantou	19284	176	3387			
佛山	Foshan	24818	209	5190	6	167	1
#顺德	Shunde	10	500	5			
韶关	Shaoguan	610326	227	138386	199686	166	33050
河源	Heyuan	392549	205	80426			
梅州	Meizhou	228992	178	40714	72940	147	10753
惠州	Huizhou	351585	179	62995			
汕尾	Shanwei	183901	150	27612			
东莞	Dongguan	922	219	202			
中山	Zhongshan	1613	247	399			
江门	Jiangmen	186756	172	32204	50	120	6
阳江	Yangjiang	379395	150	57027	754	178	134
湛江	Zhanjiang	880488	235	207195	7603	218	1658
茂名	Maoming	694180	205	142047	14309	205	2940
肇庆	Zhaoqing	380287	192	73082	24515	173	4243
清远	Qingyuan	608977	188	114725	15889	163	2594
潮州	Chaozhou	22096	163	3600			
揭阳	Jieyang	114107	218	24860	49	306	15
云浮	Yunfu	298165	189	56321	2080	149	309
按经济区域分	By Region						
珠三角	Pearl River Delta	1056191	184	194107	24577	173	4251
东翼	Eastern Region	339388	175	59459	49	306	15
西翼	Western Region	1954063	208	406269	22666	209	4732
山区	Mountainous Region	2139009	201	430572	290595	161	46706

11-14 续表 3 continued

单位：亩、公斤、吨 (mu, kg, ton)

市 别	City	#木薯 Cassava 播种面积 Sown Area	亩产 Yield per Mu	总产量 Total Output	其他作物 Other Crops 播种面积 Sown Area	#蔬菜 Vegetables 播种面积 Sown Area	亩产 Yield per Mu	总产量 Total Output
广 州	Guangzhou	1067	1260	1344	2209890	2183701	1690	3690969
深 圳	Shenzhen				65504	65249	966	63030
珠 海	Zhuhai	415	1942	806	145301	112087	1409	157953
汕 头	Shantou	495	3434	1700	749954	741969	2395	1776778
佛 山	Foshan	1967	1781	3503	910622	735684	1722	1267044
#顺 德	Shunde				147473	84344	1194	100724
韶 关	Shaoguan	29715	1410	41905	1703569	1417507	1555	2204779
河 源	Heyuan	42415	949	40243	646212	579677	1247	722882
梅 州	Meizhou	142627	1108	157985	1560993	1146392	2005	2298181
惠 州	Huizhou	1393	1554	2165	1831800	1767786	1569	2773793
汕 尾	Shanwei	23995	2260	54236	847679	799040	1502	1200385
东 莞	Dongguan				316857	313509	1312	411247
中 山	Zhongshan	25	720	18	362496	352393	1547	545101
江 门	Jiangmen	38082	1494	56890	1026982	922181	1412	1302156
阳 江	Yangjiang	59646	993	59218	969887	921105	1098	1011822
湛 江	Zhanjiang	159465	2002	319192	2455538	2294495	1589	3645581
茂 名	Maoming	100104	1189	119012	1665035	1606695	1731	2781850
肇 庆	Zhaoqing	242604	1227	297611	1469181	1205188	1999	2409578
清 远	Qingyuan	129861	1175	152610	2238480	1959506	1490	2919713
潮 州	Chaozhou	4565	1414	6453	257611	218889	2200	481523
揭 阳	Jieyang	17820	1274	22702	1059314	989609	2227	2204187
云 浮	Yunfu	236631	1446	342061	545369	397040	1308	519269
按经济区域分	By Region							
珠 三 角	Pearl River Delta	285553	1269	362337	8338633	7657778	1648	12620871
东 翼	Eastern Region	46875	1815	85091	2914558	2749507	2060	5662873
西 翼	Western Region	319215	1558	497422	5090460	4822295	1543	7439253
山 区	Mountainous Region	581249	1264	734804	6694623	5500122	1575	8664824

11−15 造林面积及主要林产品产量

Area of Afforestation and Output of Major Forest Products

项　目	Item	2000	2010	2012	2013	2014	2015
当年荒山造林面积(万亩)	Total Afforested Area in Barren Mountains in Current Year (10000 mu)	25.76	142.72	161.27	178.62	199.83	177.69
年末实有育苗面积(万亩)	Actual Area of Seedlings Raising at the Year-end (10000 mu)	3.12	4.54	5.66	6.74	9.44	12.17
主要林产品产量	Output of Major Forest Products						
油桐籽 (吨)	Tung-oil Seeds (ton)	3817	6050	7563	7650	7720	7500
油茶籽 (吨)	Tea-oil Seeds (ton)	26268	82417	65239	83547	85341	149374
棕片 (吨)	Palm Pieces (ton)	663	2536	2597	2714	2579	3463
松脂 (万吨)	Rosin (10000 tons)	11.31	18.11	19.63	21.61	21.06	23.51
竹笋干 (吨)	Dried Bamboo Shoots (ton)	14132	30291	34921	38220	41602	39805
板栗 (吨)	Chinese Chestnuts (ton)	5440	10616	11828	13274	14439	21229
松香类产品 (万吨)	Rosin Products (10000 tons)	9.61	12.91	9.76	11.03	11.98	15.62

11−16 水产养殖面积和水产品产量

Area of Cultivation and Output of Aquatic Products

指　标	Item	2000	2010	2012	2013	2014	2015
水产品产量(万吨)	**Output of Aquatic Products(10000 tons)**	**593.19**	**729.03**	**789.50**	**816.13**	**836.34**	**857.23**
海水产品	Seawater Aquatic Products	360.45	401.50	432.34	442.40	450.60	458.24
捕捞	Catches	191.48	152.43	156.61	155.40	156.20	155.02
养殖	Artificially Cultured	168.97	249.07	275.73	287.00	294.40	303.22
淡水产品	Freshwater Aquatic Products	232.74	327.53	357.16	373.72	385.74	398.99
捕捞	Catches	13.52	12.86	13.06	12.98	12.58	12.43
养殖	Artificially Cultured	219.22	314.67	344.09	360.74	373.16	386.56
养殖面积 (万亩)	**Area of Cultivation (10000 mu)**	**846.76**	**845.12**	**862.81**	**855.21**	**847.48**	**848.52**
海水养殖	Seawater	292.33	298.89	302.75	295.80	290.54	292.29
淡水养殖	Freshwater	554.43	546.24	560.06	559.41	556.95	556.23

11−17 牲畜头数及肉类产量

Number of Livestock and Output of Meat

项　目	Item	2000	2010	2012	2013	2014	2015
牛年末存栏头数（万头）	**Number of Cattle and Buffaloes(at the year-end) (10000 heads)**	**420.64**	**229.18**	**232.77**	**238.19**	**241.95**	**242.34**
役用牛	Farming Cattle	295.20	118.96	119.20	114.66	110.40	104.82
肉用牛	Beef Cattle		104.86	107.83	117.75	126.14	132.21
奶牛	Milch Cows	3.72	5.36	5.74	5.78	5.42	5.31
牛奶产量（万吨）	**Output of Milk (10000 tons)**	**9.19**	**14.23**	**13.64**	**13.76**	**13.51**	**12.95**
山羊年末存栏只数(万只)	**Number of Goats on Hand at the Year-end (10000 heads)**	**29.33**	**37.01**	**40.18**	**39.34**	**39.84**	**41.50**
生猪年末存栏头数(万头)	**Number of Hogs at the Year-end (10000 heads)**	**2034.79**	**2253.29**	**2256.63**	**2282.58**	**2130.10**	**2135.85**
#能繁殖母猪	Number of Female Hogs with Fertility	143.75	252.73	250.51	253.59	227.50	224.38
肉猪出栏头数（万头）	**Number of Slaughtered Fattened Hogs (10000 heads)**	**2954.98**	**3732.02**	**3736.18**	**3744.79**	**3790.78**	**3663.44**
家禽年末存栏（亿只）	**Poultry at year-end (100 million heads)**	**3.89**	**3.84**	**3.56**	**3.23**	**3.30**	**3.24**
出售和自宰的家禽(亿只)	**Poultry sold or slaughtered (100 million heads)**	**9.29**	**11.37**	**11.31**	**10.41**	**9.51**	**9.74**
禽蛋产量（万吨）	**Poultry Eggs (10 000 tons)**	**33.08**	**34.41**	**31.81**	**32.31**	**32.97**	**33.84**
肉类产量（万吨）	**Output of Meat (10000 tons)**	**324.48**	**441.10**	**443.21**	**435.22**	**429.43**	**424.25**
#猪肉	Pork	206.85	275.46	276.39	277.77	282.64	274.15
牛肉	Beef	5.17	6.27	6.68	6.97	6.97	6.97
羊肉	Mutton	0.43	0.91	0.88	0.88	0.90	0.91
禽肉	Meat of Poultry	111.50	152.99	153.46	143.02	131.86	134.80
兔肉	Rabbit Meat	0.53	0.65	0.81	0.83	0.91	0.90

11−18 各市造林面积、水产品产量、牲畜头数及猪肉产量（2015年）
Area of Afforestation, Output of Aquatic Products, Number of Livestock and Output of Pork by City (2015)

市别	City	荒山荒(沙)地造林面积(万亩) Area of Afforestation of Barren Mountains and Lands (10000 mu)	水产品产量(万吨) Output of Aquatic Products (10000 tons)	#淡水养殖 Freshwater	牛年末存栏头数(万头) Number of Cattles and Buffalos at the Year-end (10000 heads)	生猪年末存栏头数(万头) Number of Hogs at the Year-end (10000 heads)	肉猪出栏头数(万头) Number of Slaughtered Fattened Hogs (10000 heads)	猪肉产量(万吨) Output of Pork (10000 tons)
广　州	Guangzhou		48.39	35.10	4.20	50.15	111.20	8.33
深　圳	Shenzhen	0.21	4.04	0.04	0.37	1.56	5.15	0.36
珠　海	Zhuhai	2.35	29.16	21.81	0.17	37.45	51.44	3.97
汕　头	Shantou	1.90	44.59	7.98	1.00	45.01	90.01	6.68
佛　山	Foshan		61.60	60.95	0.53	81.55	153.65	11.28
#顺　德	Shunde		24.35	24.35	0.01	6.45	19.44	1.36
韶　关	Shaoguan	30.21	8.25	7.95	12.80	105.13	164.25	12.16
河　源	Heyuan	33.35	4.50	4.31	14.47	75.03	97.73	7.41
梅　州	Meizhou	38.02	11.11	10.12	16.12	158.86	263.65	19.76
惠　州	Huizhou	2.20	16.70	8.31	11.54	109.13	189.71	14.35
汕　尾	Shanwei	21.14	63.20	5.27	11.43	41.75	81.71	6.12
东　莞	Dongguan		6.89	5.47	0.12	6.30	13.66	0.99
中　山	Zhongshan		33.95	32.15	0.05	15.75	30.12	2.11
江　门	Jiangmen	3.47	77.10	44.73	4.45	172.88	300.73	22.04
阳　江	Yangjiang	0.70	121.59	11.30	14.30	131.17	193.19	14.53
湛　江	Zhanjiang	0.83	126.22	17.49	61.03	194.13	343.73	25.70
茂　名	Maoming	5.47	84.88	26.52	36.24	307.40	574.85	43.85
肇　庆	Zhaoqing	4.08	42.49	41.96	22.77	232.78	418.83	31.61
清　远	Qingyuan	11.98	12.42	12.23	14.16	143.72	215.41	15.55
潮　州	Chaozhou	6.55	20.30	5.11	1.77	39.91	61.22	4.60
揭　阳	Jieyang	11.99	15.93	7.56	6.08	94.63	152.84	11.50
云　浮	Yunfu	2.34	10.61	10.46	8.75	91.56	150.37	11.27
按经济区域分	By Region							
珠三角	Pearl River Delta	12.31	320.32	250.53	44.19	707.55	1274.49	95.03
东　翼	Eastern Region	41.58	144.03	25.91	20.27	221.30	385.78	28.89
西　翼	Western Region	7.00	332.69	55.31	111.58	632.71	1111.76	84.07
山　区	Mountainous Region	103.92	46.88	45.08	66.30	574.30	891.40	66.15

11-19 茶叶、桑、水果面积及产量

Planted Area and Output of Tea, Mulberry and Fruits

指 标	Item	2000	2010	2012	2013	2014	2015
茶叶年末实有面积 (万亩)	Planted Area of Tea at the Year-end(10000 mu)	64.80	61.24	62.76	66.36	72.36	74.07
茶叶总产量 (万吨)	Output of Tea (10000 tons)	4.21	5.33	6.31	6.98	7.39	7.93
桑地年末实有面积 (万亩)	Planted Area of Mulberries at the Year-end (10000 mu)	26.89	47.73	49.50	51.56	51.71	51.25
蚕茧总产量 (万吨)	Output of silkworm cocoon (10000 tons)	3.09	9.14	9.73	10.20	10.54	11.00
水果年末实有面积 (万亩)	Planted Area of Fruits at the Year-end (10000 mu)	1502.35	1627.21	1650.36	1679.75	1682.77	1704.93
水果总产量 (万吨)	Gross Output of Fruits (10000 tons)	643.52	1128.73	1279.09	1368.73	1438.49	1519.89
#柑桔橙年末实有面积 (万亩)	Planted Area of Citruses at the Year-end (10000 mu)	123.34	375.06	382.06	389.06	389.27	389.13
柑桔橙总产量 (万吨)	Output of Citruses (10000 tons)	81.06	293.07	346.56	377.36	390.42	403.60
香(大)蕉年末实有面积 (万亩)	Planted Area of Bananas at the Year-end (10000 mu)	151.51	188.22	187.93	191.76	191.83	196.71
香(大)蕉总产量 (万吨)	Output of Bananas (10000 tons)	235.30	371.27	403.16	420.29	426.32	451.67
菠萝年末实有面积(万亩)	Planted Area of Pineapples at the Year-end (10000 mu)	44.58	41.27	44.64	51.97	49.88	50.59
菠萝总产量 (万吨)	Output of Pineapples (10000 tons)	47.53	67.55	82.10	88.95	91.76	96.86
荔枝年末实有面积(万亩)	Planted Area of Lychees at the Year-end (10000 mu)	474.83	409.67	410.29	409.22	410.64	410.84
荔枝总产量 (万吨)	Output of Lychees (10000 tons)	64.75	100.83	105.91	111.91	124.05	128.05
龙眼年末实有面积(万亩)	Planted Area of Longans at the Year-end (10000 mu)	236.31	190.91	191.30	190.48	188.83	187.74
龙眼总产量 (万吨)	Output of Longans (10000 tons)	34.68	60.70	67.49	70.15	78.43	82.60

11-20 各市水果面积及产量（2015年）

Planted Area and Output of Fruits by City (2015)

单位：万亩、万吨 (10000 mu，10000 tons)

市别	City	水果合计 Fruits		#柑桔橙 Citrus		#香(大)蕉 Banana	
		年末面积 Year-end Area	总产量 Total Output	年末面积 Year-end Area	总产量 Total Output	年末面积 Year-end Area	总产量 Total Output
广州	Guangzhou	93.81	48.58	5.26	5.45	7.58	17.71
深圳	Shenzhen	3.55	0.40	0.02	0.00	0.01	0.00
珠海	Zhuhai	9.61	7.84	0.39	0.79	1.95	3.41
汕头	Shantou	19.51	20.90	1.23	2.26	3.57	6.22
佛山	Foshan	4.15	4.17	0.28	0.27	1.74	3.12
#顺德	Shunde	0.39	0.83			0.37	0.82
韶关	Shaoguan	55.34	50.00	26.63	25.55	0.46	0.42
河源	Heyuan	57.71	39.67	14.40	10.97	1.46	1.32
梅州	Meizhou	132.56	141.66	14.17	18.21	6.63	8.06
惠州	Huizhou	87.20	72.91	36.25	39.27	8.68	13.83
汕尾	Shanwei	57.66	29.94	2.15	4.03	3.95	4.61
东莞	Dongguan	19.59	6.30	0.01	0.01	3.10	4.30
中山	Zhongshan	9.47	18.21	0.32	0.64	4.52	10.92
江门	Jiangmen	31.01	25.73	6.58	8.08	6.03	10.99
阳江	Yangjiang	121.57	63.89	32.81	33.76	5.87	6.80
湛江	Zhanjiang	155.65	283.24	4.36	3.78	55.50	151.74
茂名	Maoming	355.99	308.76	3.21	2.38	63.09	176.69
肇庆	Zhaoqing	121.39	148.69	94.42	120.08	8.27	11.74
清远	Qingyuan	97.71	82.80	67.92	61.51	1.16	1.67
潮州	Chaozhou	25.29	23.85	2.57	4.10	1.02	2.01
揭阳	Jieyang	122.09	61.38	7.58	7.22	6.47	10.25
云浮	Yunfu	124.09	80.96	68.59	55.24	5.64	5.86
按经济区域分	By Region						
珠三角	Pearl River Delta	379.76	332.84	143.52	174.59	41.88	76.02
东翼	Eastern Region	224.56	136.07	13.53	17.60	15.01	23.10
西翼	Western Region	633.21	655.89	40.37	39.92	124.47	335.22
山区	Mountainous Region	467.41	395.09	191.71	171.49	15.35	17.33

11-20 续表 continued

单位：万亩、万吨 (10000 mu，10000 tons)

市 别	City	#菠萝 Pineapple		#荔枝 Lychee		#龙眼 Longan	
		年末面积 Year-end Area	总产量 Total Output	年末面积 Year-end Area	总产量 Total Output	年末面积 Year-end Area	总产量 Total Output
广 州	Guangzhou	0.13	0.08	45.88	6.72	11.67	4.11
深 圳	Shenzhen			3.07	0.29	0.44	0.09
珠 海	Zhuhai	…	…	4.42	0.50	0.61	0.21
汕 头	Shantou	0.11	0.07	3.75	0.80	0.59	0.37
佛 山	Foshan	0.01	0.04	0.38	0.15	0.90	0.17
#顺 德	Shunde			…	…	0.01	…
韶 关	Shaoguan			…	…	0.28	0.13
河 源	Heyuan	0.09	0.03	6.84	0.63	1.98	0.59
梅 州	Meizhou	0.26	0.16	6.50	2.39	6.29	3.48
惠 州	Huizhou	0.54	0.47	24.38	8.91	10.60	5.40
汕 尾	Shanwei	2.25	1.02	25.61	10.69	4.25	2.63
东 莞	Dongguan			13.83	1.13	1.92	0.34
中 山	Zhongshan	0.31	0.28	1.16	0.69	0.88	0.42
江 门	Jiangmen	0.03	0.04	9.01	2.04	6.23	2.10
阳 江	Yangjiang	0.32	0.17	45.90	9.87	22.00	6.85
湛 江	Zhanjiang	39.64	86.44	26.66	12.97	11.72	6.06
茂 名	Maoming	0.33	0.27	140.00	51.35	77.94	36.57
肇 庆	Zhaoqing	0.61	0.45	2.61	2.30	3.14	2.01
清 远	Qingyuan	0.02	0.01	2.17	0.88	2.25	1.21
潮 州	Chaozhou	1.01	1.20	4.21	2.42	4.45	2.72
揭 阳	Jieyang	4.60	5.81	26.74	8.79	10.77	3.26
云 浮	Yunfu	0.32	0.32	17.71	4.52	8.83	3.87
按经济区域分	By Region						
珠 三 角	Pearl River Delta	1.63	1.36	104.75	22.74	36.38	14.86
东 翼	Eastern Region	7.97	8.11	60.31	22.69	20.05	8.98
西 翼	Western Region	40.30	86.88	212.56	74.19	111.67	49.49
山 区	Mountainous Region	0.69	0.52	33.22	8.43	19.63	9.27

11-21 主要农副产品产量与最高年份比较（2015年）

Output of Major Farm and Sideline Products in Comparison with Peak Year (2015)

指标		Item		2015	建国以来最高年 Peak Year since 1949		
					年份 Year	产量 Output	2015为建国以来最高年份% Percentage of 2015 to Peak Year%
粮食总产量	**（万吨）**	**Total Output of Grain**	**(10000 tons)**	**1358.13**	**1997**	**1966.75**	**69.05**
#稻谷		Output of Rice		1088.42	1998	1688.53	64.46
早稻		Early Rice		524.97	1983	862.25	60.88
晚稻		Late Rice		563.45	1998	866.51	65.03
薯类		Tubers		167.73	1998	238.28	70.39
经济作物	**（万吨）**	**Economic Crops**	**(10000 tons)**				
甘蔗		Sugarcane and Fruit Canes		1452.85	1992	2376.62	61.13
#糖蔗		Sugarcane		1250.93	1992	2271.06	55.08
油料作物		Oil-bearing Crops		110.34	2014	105.48	104.60
#花生		Peanuts		109.04	2014	104.31	104.54
烟叶		Tobacco		5.57	1992	8.62	64.62
其他作物		**Other Crops**					
#蔬菜	（万吨）	Vegetables	(10000 tons)	3438.78	2014	3274.75	105.01
水果	**（万吨）**	**Fruits**	**(10000 tons)**	**1519.89**	**2014**	**1438.49**	**105.66**
水产品	**（万吨）**	**Aquatic Products**	**(10000 tons)**	**857.23**	**2014**	**836.34**	**102.48**
生猪年末存栏量	**（万头）**	**Number of Hogs at the Year-end**	**(10000 heads)**	**2135.85**	**2009**	**2392.28**	**89.28**
生猪出栏头数	**（万头）**	**Number of Slaughtered Fattened Hogs**	**(10000 heads)**	**3663.44**	**2014**	**3790.78**	**96.64**
猪肉产量	**（万吨）**	**Output of Pork**	**(10000 tons)**	**274.15**	**2014**	**282.64**	**97.00**
家禽年末存栏	**（亿只）**	**Poultry at year-end**	**(100 million heads)**	**3.24**	**2010**	**3.84**	**84.64**
出售和自宰的家禽	**（亿只）**	**Poultry sold or slaughtered**	**(100 million heads)**	**9.74**	**2010**	**11.37**	**85.66**
禽肉产量	**（万吨）**	**Output of Poultry Meat**	**(10 000 tons)**	**134.80**	**2012**	**153.46**	**87.84**

注：1．1998年起水产品产量按新标准计算。
2．1998年起主要农产品产量采用抽样调查数，其他年份均为全面统计数。
3．2004年起粮食产量含大豆。

Notes: a) The outputs of aquatic products since 1998 have been calculated in accordance with new criteria.
b) Since 1998, the outputs of major agricultural products have been obtained from the sample surveys, while those of other years were obtained from complete enumeration.
c) Since 2004, the output of grain has included that of soybeans.

主要统计指标解释

农林牧渔业增加值 是指农、林、牧、渔及农林牧渔服务业在一定时期内生产货物或提供服务活动而增加的价值。它反映了农业生产经营活动的最终成果和对社会的贡献。

农业增加值的计算方法有两种：(1)生产法，是从生产角度进行计算的一种方法。即用农业总产出减去农业中间消耗求得。由于农户没有健全的核算记录，故农业增加值一般是采用生产法计算。(2)分配法，是从分配角度进行计算的一种方法。是通过农业生产单位在生产经营和劳务活动过程中形成的不含中间消耗的各种收入来计算。具体包括农业劳动者收入、福利基金、利税、固定资产折旧及大修理和其他。

农林牧渔业总产值 是以货币表现的农林牧渔业的全部产品总量和对农林牧渔业生产活动进行的各种支持性服务活动的价值。它反映一定时期内农林牧渔业生产总规模和总成果，是观察农林牧渔业生产水平和发展速度，研究农林牧渔业内部比例关系、农林牧渔业与工业、农林牧渔业与国家建设、人民生活比例关系的重要指标，同时也是计算农林牧渔业劳动生产率和农林牧渔业增加值的基础资料。

农林牧渔业总产值的计算，一般采用“产品法”，即凡有产品产量的，都按单位产品价格乘产量的办法求得每种产品产量的产值，然后相加求得各业的产值，最后各业相加求出农林牧渔业总产值。

农作物播种面积 是指一定生产季节结束时实际播种或移植有农作物的面积。播种面积的大小，反映农作物的生产规模和耕地的利用程度。正确地核算播种面积，对于组织农业生产活动，计算农作物产量，研究农作物的种植结构和分布情况以及制定各项增产技术措施，都是非常必要的。

播种面积的统计年度，凡是能在本日历年度内（自 1 月 1 日至 12 月 31 日）收获的农作物（包括上年秋冬播和本年春播、夏播以及南方地区的晚秋播而在本年收获的全部作物）播种面积，都包括在内。

农作物总产量 是指在一定时期内（通常是一年）生产的各种农作物产品总产量。它是衡量农业生产成果，统筹安排城乡人民生活，研究生产、积累和消费比例关系及编制国民经济计划的基本数据。不论是种植在耕地上或非耕地上的农作物产量，都包括在内。有的农作物收割期较长，虽在当年冬季就开始收割，但需跨年延到来年春季才能收完的，仍计算为本年农作物总产量。

农作物总产量是指全社会的产量，包括国有农场等国有经济单位的产量、集体统一经营的和农户承包地的产量，还包括农民自留地、工矿企业职工农属办的农场和其他单位生产的农作物产量。

农作物总产量是统计晒干入库的产量。有些地区，粮食脱粒、晒干、入库比较迟，是按照折干比例折成晒干的粮食产量进行统计的。

Explanatory Notes on Main Statistical Indicators

Value-added of Farming, Forestry, Animal Husbandry and Fishery refers to the value-added of goods produced or services provided by farming, forestry, animal husbandry, fishery in a given period of time. It shows the final results of the activities of production and management of agriculture and its contributions to the society.

The value-added of agriculture is calculated with two approaches:

(1) Production approach is a method from the production angle, i.e. total output of agriculture minus intermediate consumption of agriculture. The value-added of agriculture is usually calculated with the production approach as no complete accounting records of the rural households are available;

(2) Distribution approach is a method from the distribution angle, i.e. various incomes from the activities of production and management of the productive units of agriculture without intermediate consumption, including incomes of the rural laborers, welfare funds, profit and tax, depreciation of fixed assets and major overhaul and others.

Gross Output Value of Agriculture refers to the total volume of products of farming, forestry, animal husbandry, and fishery and the value of various services supporting the production of farming, forestry, animal husbandry and fishery in monetary terms, which reflects the total scale and total results of farming, forestry, animal husbandry and fishery production during a given period of time. It is an important indicator to observe the production level and development speed of farming, forestry, animal husbandry and fishery, to study the internal structure of farming, forestry, animal husbandry and fishery, and to review the proportionate relationship of farming, forestry, animal husbandry and fishery to industry, to national construction and to people's life. It is also the foundation for calculating the labor productivity and value-added of farming, forestry, animal husbandry and fishery.

Generally, the gross output value of farming, forestry, animal husbandry and fishery is calculated with the production approach. Where applicable, the gross output value of each single product is obtained by multiplying the output of each product by its price. These values are then summed up to obtain the output value of each sector. The sum of output values of all sectors is the gross output value of farming, forestry, animal husbandry and fishery.

Sown Area of Crops refers to area of land sown or transplanted with crops at the end of a production season, which reflects the scale of crops and the use of cultivated area. It is imperative to calculate the sown area correctly in order to organize the production activities of agriculture, calculate the yield of crops, study the composition and distribution of crops and work out technical measures to increase production.

Sown area within a statistical year refers to area of sown land with a harvest of crops within the calender year (from Jan.1 to Dec.31), including all area sown in the autumn and winter of the preceding year, in the spring and summer of the current year, and in the late autumn in southern regions, provided that it is harvested within the current year.

Total Output of Crops refers to the total output of farm crops of various kinds during a given period of time (usually a year). It is the basic figure to examine the production results of agriculture, make overall arrangements in the life of urban and rural households, study the proportionate relationships between production, accumulation and consumption and work out a plan of national economy. It covers the output of crops in both cultivated and uncultivated area. Crops with an extensive reaping period beginning in the winter of the current year are included in the total output of crops of the current year, even if harvest is extended until the spring of the following year.

The total output of crops refers to the total output of the whole society, including the output from state-owned units (e.g. state-owned farms), collective-owned units and contracted land of rural households as well as plots for family use, farms owned by rural family members of staff and workers of industrial and mining enterprises and others.

The total output of crops is the output of dry crops in storage. In areas with delayed threshing, drying and storing, it is converted from the output of undried crops according to certain rates.

十二、工业

INDUSTRY

十二 工业

简要说明

一、本篇主要包括如下资料：1. 全省及各地市全部工业和规模以上工业生产主要指标总量及速度。2. 规模以上工业主要产品产量。3. 全省及各地市规模以上工业主要经济效益指标。4. 规模以上工业企业按主要经济类型和企业规模分组的主要财务指标。5. 规模以上工业中高技术制造业、先进制造业主要经济指标。6. 全省工业总产值、主营业务收入、固定资产净值 50 强企业排行榜。

二、本篇资料由广东省统计局工业交通处整理提供。

三、本篇工业资料是根据国家统计局工业统计报表制度填报。2011 年定报及以前数据经各市、县统计局布置、收集、汇总整理，2011 年起通过网上直报系统收集、汇总整理。其中 1995 年度资料通过第三次全国工业普查取得，2004 年数据根据 2004 年广东省第一次全国经济普查取得，2008 年数据根据 2008 年广东省第二次全国经济普查取得。2013 年数据根据 2013 年广东省第三次全国经济普查取得。

四、规模以上工业企业的统计范围。1998 年至 2006 年为全部国有和年主营业务收入 500 万元及以上的非国有工业企业；2007 至 2010 年为年主营业务收入 500 万元及以上的工业企业（即规模以上工业企业）；从 2011 年开始，为年主营业务收入 2000 万元及以上的工业企业（即规模以上工业企业）。

五、从 2011 年年报起，工业行业分类按 2011 年《国民经济行业分类标准》划分；企业规模划分按 2011 年《统计上大中小微型企业划分办法》标准执行，增加了微型企业分组。

六、本篇规模以上工业增加值从 2011 年起按收入法公布。

12 Industry

Brief Introduction

Ⅰ. This chapter covers the following data: (1) Principal aggregate indicators and growth rates of industrial production of total industry and industry above designated size of the province and cities, (2) Output of major products of industry above designated size, (3) Main indicators on economic benefits of industry above designated size of the province and cities, (4) Main financial indicators on industry above designated size grouped by sector and scale, (5) Main economic indicators on advanced manufacturing industries and hi-tech manufacturing industries above designated size, (6) Top 50 Industrial Enterprises of the Province in terms of gross industrial output value, principal business revenue, and net value of fixed assets.

Ⅱ. The data in this chapter are prepared and provided by the Division of Industry and Transport Statistics of Statistics Bureau of Guangdong Province.

Ⅲ. The data in this chapter are compiled mainly in accordance with the industrial statistical reporting scheme stipulated by the National Bureau of Statistics. The annual data of 2011 and before 2011 are collected, tabulated and prepared by the municipal and county statistical bureaus. Since 2011, the annual data are collected, tabulated and prepared by the network reporting system. Of which the annual data of 1995 were collected in the Third National Industrial Census and the data of 2004 were collected in the First National Economic Census of Guangdong, the data of 2008 were collected in the Second National Economic Census of Guangdong, the data of 2013 were collected in the Third National Economic Census of Guangdong.

Ⅳ. Industrial enterprises above designated size refers to all State-owned industrial enterprises and non-State-owned industrial enterprises with revenue from principal business over 5 million yuan from 1998 to 2006. For 2007 to 2010, the scopes of industrial statistics were all industrial enterprises with revenue from principal business over 5 million yuan, (or the industrial enterprises above designated size). Since 2011, the scope is adjusted to all industrial enterprises with revenue from principal business above 20 million yuan (i.e. industrial enterprises above designated size).

Ⅴ. Industrial sectors since 2011 in this chapter has been categorized in accordance with the 2011 Industrial Classification of the National Economy and the sizes of industrial enterprises have been categorized in accordance with the 2011 Interim Regulations on Statistical Categorization of Large, Medium , Small and Micro Industrial Enterprises. Micro industrial enterprises are added

VI. The value-added of industrial enterprises above designated size in this chapter is calculated by income approach since 2011.

12-1 工业主要指标

Main Indicators of Industry

指 标	Item	2000	2010	2013	2014	2015	2015比2014增长(%) Growth Rate in 2015 over 2014 (%)
全部工业	**All Industrial Enterprises**						
企业单位数 (个)	Number of Enterprises (unit)	380231	481022	500487	531992	582813	
工业总产值 (亿元)	Gross Industrial Output Value (100 million yuan)	16904.47	93462.97	119139.72	130081.02	135308.14	3.8
工业增加值 (亿元)	Value-added of Industry (100 million yuan)	4463.06	21269.96	26894.54	29144.15	30259.49	7.0
规模以上工业	**Industrial Enterprises above Designated Size**						
企业单位数 (个)	Number of Enterprises (unit)	19695	53418	41205	41154	42134	
亏损企业数 (个)	Number of Loss-making Enterprises	4805	6385	5286	5224	5850	23.2
工业总产值 (亿元)	Gross Industrial Output Value (100 million yuan)	12480.93	85824.64	109673.07	119713.04	124649.16	3.7
工业增加值 (亿元)	Value-added of Industry (100 million yuan)	3422.60	20338.34	26540.01	28188.69	29446.21	7.2
工业销售产值 (亿元)	Sales Output Value of Industy(100 million yuan)	12156.19	83646.51	106853.68	116336.46	121049.68	3.5
出口交货值 (亿元)	Export Delivery Value (100 million yuan)	4634.44	25919.08	30205.44	32885.91	32035.16	-2.4
主营业务收入 (亿元)	Main Business Revenue (100 million yuan)	12380.65	84114.85	106361.21	115451.13	119157.86	2.3
资产总计 (亿元)	Total Assets (100 million yuan)	14370.57	62626.90	79655.27	87590.27	95411.22	6.6
流动资产合计 (亿元)	Average Balance of Circulating Funds (100 million yuan)	6891.49	34339.97	46450.89	50805.77	54715.38	6.7
固定资产合计 (亿元)	Average Balance of Net Value of Fixed Assets (100 million yuan)	5884.78	22407.53	22385.82	25305.19	26943.69	6.5
负债总计 (亿元)	Total Liabilities (100 million yuan)	8272.36	35073.74	46283.08	51173.28	54747.90	4.7
所有者权益合计(亿元)	Total Creditors' Equity (100 million yuan)	6098.21	27461.84	33092.80	36149.22	40239.01	11.3
利润总额 (亿元)	Total Profits (100 million yuan)	564.75	6239.64	6496.42	7014.99	7723.16	8.2
亏损企业亏损额(亿元)	Loss Value of Loss-making Enterprises (100 million yuan)	156.03	227.26	379.15	452.56	510.18	17.7
利税总额 (亿元)	Total Pre-tax Profits (100 million yuan)	1042.77	9418.42	11008.36	11663.66	12375.00	9.5
应交增值税 (亿元)	Value-added Tax Payable (100 million yuan)	360.83	2280.56	3343.02	3430.87	3284.50	11.5
所得税费用 (亿元)	Fee of Income Tax Payable (100 million yuan)	62.79	820.89	1024.14	1082.16	1179.43	9.0
本年应付工资总额 (亿元)	Total Salary Payable in Current Year (100 million yuan)	676.06	5747.72	7339.46	8773.60	9888.11	12.7
就业人员平均人数 (万人)	Average Employed Persons (10000 persons)	572.79	1568.00	1455.81	1455.78	1439.33	-1.1

注：1. 2011年统计口径从年主营业务收入500万元及以上调整为2000万元及以上，为反映可比口径速度，本表规模以上工业主要指标增速使用快报增速。

2. 表中全部工业增加值及增长速度是核算的年度数据，2010年及以后规模以上工业增加值按照收入法计算，与全社会工业增加值不可直接比对。2010年全部工业增加值按照三经普数据修正。

3. 2011年开始本年应付工资总额指标数据为本年应付职工薪酬；所得税费用数据2014年以前为应交所得税。

Notes: a) Since 2011,the annual principal business revenue of industrial enterprises above designated size is changed from 5 million yuan or above to 20 million yuan or above. Growth rates in this table are calculated at current price with flash statistics report in order to compare the rate.

b) The value-added and growth rates of all industries in this talbe are calculated figures of the year. The value-added of industry above designated size is calculated by income approach since 2010, and hence is not directly comparable with the value-added of all industries. All value-added of industry from 2010 have been adjusted with the third economic census.

c) Total salary payable in current year from 2011 are total employee pay payable and income tax payable are tax expenses.Data of fee of income tax payable before 2014 are income tax payable.

12-2 规模以上工业企业增加值和指数

Value-added of Industrial Enterprises above Designated Size and Their Indices

项 目	Item	2000	2010	2013	2014	2015
工业增加值 (亿元)	**Value-added of Industry (100 million yuan)**	**3422.60**	**20338.34**	**26540.01**	**28188.69**	**29446.21**
按经济类型分	Grouped by Ownership					
#国有控股工业	Of the Total: State-holding Industry	1035.41	3729.48	5107.57	5159.63	5051.87
国有工业	State-owned Industry	574.73	1172.21	484.56	189.51	173.46
集体工业	Collective-owned Industry	301.48	199.38	125.87	119.38	116.59
股份合作工业	Share-holding Cooperative Industry	29.15	42.23	22.12	22.32	23.10
股份制工业	Share-holding Industry	158.86	7351.85	13009.17	14817.42	16289.21
外商投资工业	Foreign-funded Industry	575.31	5200.37	6142.89	6086.66	5689.44
港澳台投资工业	Industry with Funds from Hong Kong, Macao and Taiwan	1290.47	5393.8	6139.72	6375.92	6545.58
按轻重工业分	Grouped by Light and Heavy Industries					
轻工业	Light Industry	1628.13	8038.97	10336.98	10853.38	11387.50
重工业	Heavy Industry	1794.47	12299.37	16203.03	17335.31	18058.71
按企业规模分	Grouped by Size of Enterprises					
大型企业	Large Enterprises	610.13	6579.38	11709.16	13283.18	13698.60
中型企业	Medium Enterprises	1513.26	7107.28	7176.83	7477.53	7864.85
小微型企业	Small and Micro Enterprises	1298.55	6651.68	7654.01	7427.98	7882.76
工业增加值指数(2000年=100)	**Indices of Value-added of Industry(2000=100)**	**100.0**	**592.4**	**785.9**	**851.9**	**913.2**
按经济类型分	Grouped by Ownership					
#国有控股工业	Of the Total: State-holding Industry	100.0	354.9	462.7	491.9	502.2
国有工业	State-owned Industry	100.0	226.2	284.3	296.6	304.3
集体工业	Collective-owned Industry	100.0	81.0	97.4	100.1	110.3
股份合作工业	Share-holding Cooperative Industry	100.0	188.0	252.3	301.0	345.9
股份制工业	Share-holding Industry	100.0	4296.3	6284.0	7044.4	7734.8
外商投资工业	Foreign-funded Industry	100.0	844.5	1049.6	1104.2	1126.3
港澳台投资工业	Industry with Funds from Hong Kong, Macao and Taiwan	100.0	468.8	574.2	602.3	640.9
按轻重工业分	Grouped by Light and Heavy Industries					
轻工业	Light Industry	100.0	532.0	703.3	755.3	790.1
重工业	Heavy Industry	100.0	653.6	869.5	948.7	1032.2
按企业规模分	Grouped by Size of Enterprises					
大型企业	Large Enterprises	100.0	978.4	1286.4	1393.2	1481.0
中型企业	Medium Enterprises	100.0	412.9	509.0	546.7	578.4
小微型企业	Small and Micro Enterprises	100.0	637.7	905.7	993.5	1095.9

注：1. 本表统计口径从2011年起从年主营业务收入500万元及以上调整为2000万元及以上。
2. 本表工业增加值2010年以前采用生产法计算，2011年起采用收入法计算，按当年价格计算，速度为可比口径计算。
3. 企业规模划分：2003年以前是一个标准，2003—2010年是一个标准，2011年起采用新的标准，增加了微型企业。

Note: a) Since 2011, the annual principal business revenue of industrial enterprises above designated size is changed from 5 million yuan or above to 20 million yuan or above.
b) Data of value-added in this table prior to 2010 are calculated with production approach and since 2011 calculated with income approach.Data of value-added of industry are calculated at current prices and the growth rates are calculated at comparable coverage.
c) Size of Industrial enterprise categorization: The standard prior to 2003 is not the same as the period from 2003 to 2010.Since 2011, New standard is adopted and micro-enterprieses is added.

12-3 历年规模以上工业增加值增长速度

Growth Rates of Industrial Enterprises above Designated Size

单位：% (%)

年份 Year	工 业 增加值 Gross Industrial Output Value	按轻重工分 Grouped by Light & Heavy Industry		按规模分 Grouped by Size			按经济类型分 Grouped by Ownership	
		轻工业 Light Industry	重工业 Heavy Industry	大型企业 Large Enterprises	中型企业 Medium Enterprises	小微型企业 Small and Micro Enterprises	国有控股工业 Of the Total: State-holding Industry	外商及港澳台商投资工业 Industry with Investment from Fordeign Country , Hong Kong, Macao and Taiwan
2001	15.1	12.4	18.4				4.0	14.2
2002	20.0	20.4	19.7				14.7	15.9
2003	28.4	23.4	38.5				20.8	22.2
2004	28.0	26.0	31.1	30.8	26.8	27.4	20.8	23.9
2005	24.7	20.6	25.0	23.2	21.5	28.0	6.1	16.2
2006	23.4	18.2	24.2	15.5	19.3	32.4	19.4	14.8
2007	18.2	24.2	13.2	19.2	14.2	22.1	12.6	16.9
2008	12.8	14.2	12.2	14.2	9.1	16.3	7.8	10.9
2009	8.9	7.4	10.0	11.4	-0.1	17.5	7.0	4.1
2010	16.8	16.4	17.1	15.0	13.4	22.2	12.8	14.5
2011	12.6	12.4	12.8	12.1	8.8	17.7	12.5	8.4
2012	8.4	9.2	7.9	8.1	6.0	8.8	7.3	5.7
2013	8.7	7.7	9.3	8.5	6.9	10.9	8.0	7.1
2014	8.4	7.4	9.1	8.3	7.4	9.7	6.3	5.0
2015	7.2	4.6	8.8	6.3	5.8	10.3	2.1	4.1

注：本表按可比口径计算。
Note: Data in this table are caculated in comparable coverage.

12-4 规模以上分行业工业增加值和增长速度

Value-added and Growth Rates of Industry above Designated Size by Sector

行　业	Sector	工业增加值（亿元）Value-added of Industry (100 million yuan)		2015比2014增长(%) Growth Rate in 2015 over 2014 (%)
		2014	2015	
总　计	**Total**	**28188.69**	**29446.21**	**7.2**
煤炭开采和洗选业	Mining and Washing of Coal	0.78		
石油和天然气开采业	Extraction of Petroleum and Natural Gas	550.08	382.91	28.5
黑色金属矿采选业	Mining and Dressing of Ferrous Metal Ores	63.05	41.35	14.0
有色金属矿采选业	Mining and Dressing of Nonferrous Metal Ores	34.04	25.72	-32.4
非金属矿采选业	Mining and Dressing of Nonmetal Ores	97.40	111.53	20.7
开采辅助活动	Auxiliary Minning Operations	10.59	15.96	-35.5
其他采矿业	Mining and Dressing of Other Ores		0.06	59.1
农副食品加工业	Processing of Farm and Sideline Food	420.82	449.72	9.6
食品制造业	Manufacture of Food	544.79	578.51	2.3
酒、饮料和精制茶制造业	Manufacture of Wine, Beverage and Refined Tea	316.82	323.90	4.3
烟草制品业	Tobacco Products	330.62	348.79	1.0
纺织业	Textile Industry	567.27	588.12	6.2
纺织服装、服饰业	Manufacture of Textile Garments, Footwear and Headgear	1035.44	1021.83	4.7
皮革、毛皮、羽毛及其制品和制鞋业	Leather, Fur, Feather, Down and Related Products	645.13	689.57	3.3
木材加工和木、竹、藤、棕、草制品业	Timber Processing, Bamboo, Cane, Palm Fiber & Straw Products	183.59	206.52	14.0
家具制造业	Manufacture of Furniture	410.36	465.33	4.7
造纸和纸制品业	Papermaking and Paper Products	384.90	424.00	4.9
印刷和记录媒介复制业	Printing and Record Medium Reproduction	314.93	333.29	4.5
文教、工美、体育和娱乐用品制造业	Manufacture of Cultural, Educational,Sports and Entertainment Articles	739.55	771.06	-4.9
石油加工、炼焦和核燃料加工业	Petroleum Refining, Coking and Nuclear Fuel Processing	801.69	810.57	-2.6
化学原料和化学制品制造业	Manufacture of Raw Chemical Materials and Chemical Products	1409.09	1487.10	8.7
医药制造业	Manufacture of Medicines	402.26	439.63	7.7
化学纤维制造业	Manufacture of Chemical Fibers	35.00	33.16	9.6
橡胶和塑料制品业	Rubber and Plastic Products	1067.58	1149.90	6.2
非金属矿物制品业	Nonmetal Mineral Products	1209.49	1236.36	8.9
黑色金属冶炼和压延加工业	Smelting and Pressing of Ferrous Metals	406.05	364.65	6.2
有色金属冶炼和压延加工业	Smelting and Pressing of Nonferrous Metals	554.17	474.08	-1.5
金属制品业	Metal Products	1243.36	1354.42	9.9
通用设备制造业	Manufacture of General-purpose Machinery	758.57	806.32	8.3
专用设备制造业	Manufacture of Special-purpose Machinery	612.07	696.83	9.8
汽车制造业	Manufacture of Automobile	1361.51	1443.89	7.6
铁路、船舶、航空航天和其他运输设备制造业	Manufacture of Railway ,Ship,Aeronautics and Other Transport equipment	266.39	261.93	6.4
电气机械和器材制造业	Manufacture of Electrical Machinery and Equipment	2581.01	2703.24	6.1
计算机、通信和其他电子设备制造业	Manufacture of Communication Equipment, Computers and Other Electronic Equipment	6125.27	6499.71	10.5
仪器仪表制造业	Manufacture of Instruments and Meters	230.48	253.08	-5.3
其他制造业	Other Manufactures	59.88	64.59	0.0
废弃资源综合利用业	Comprehensive Utilization of Waste	228.30	247.11	16.8
金属制品、机械和设备修理业	Manufacture of Metal Products,Machinery and Equipment Maintenance	19.02	41.70	9.9
电力、热力生产和供应业	Production and Supply of Electric Power and Heat Power	1853.10	1929.80	3.0
燃气生产和供应业	Production and Supply of Gas	170.74	201.82	34.6
水的生产和供应业	Production and Supply of Water	143.49	168.18	7.1

注：本表工业增加值按当年价格计算，增长速度按快报可比价格计算。

Note: Data of value-added of industry in this table are calculated at current prices by income approach according to 2002 industry classification, whereas their growth rates are calculated at constant prices in accordance with flash reports.

12-5 规模以上工业企业单位数和产值

Number of Industrial Enterprises above Designated Size and Their Gross Output Values

项 目	Item	2000	2010	2013	2014	2015
工业企业单位数（个）	**Total Number of Industrial Enterprises (unit)**	**19695**	**53418**	**41205**	**41154**	**42134**
按经济类型分	Grouped by Ownership					
#国有控股工业	Of the Total: State-holding Industry	3320	1279	1054	1038	1056
国有工业	State-owned Industry	2383	567	263	210	200
集体工业	Collective-owned Industry	4158	872	290	228	212
股份合作工业	Share-holding Cooperative Industry	299	223	83	69	59
股份制工业	Share-holding Industry	1875	25490	23551	24741	26200
外商投资工业	Foreign-funded Industry	1682	5790	4726	4523	4374
港澳台投资工业	Industry with Funds from Hong Kong, Macao and Taiwan	6731	13151	9784	9274	9006
按轻重工业分	Grouped by Light and Heavy Industries					
轻工业	Light Industry	12255	29678	21840	21509	21746
重工业	Heavy Industry	7440	23740	19365	19645	20388
按企业规模分	Grouped by Size of Enterprises					
大型企业	Large Enterprises	823	524	1480	1578	1575
中型企业	Medium Enterprises	1228	6968	9243	9019	8880
小微型企业	Small and Micro Enterprises	17644	45926	30482	30557	31679
工业总产值 （亿元）	**Gross Industrial Output Value (100 million yuan)**	**12480.93**	**85824.64**	**109673.07**	**119713.04**	**124649.16**
按经济类型分	Grouped by Ownership					
#国有控股工业	Of the Total: State-holding Industry	3126.12	13166.37	17525.16	18225.94	17032.30
国有工业	State-owned Industry	1450.86	4595.82	1242.18	635.82	605.34
集体工业	Collective-owned Industry	1202.49	767.03	442.55	423.11	445.29
股份合作工业	Share-holding Cooperative Industry	106.87	175.69	89.01	98.32	99.43
股份制工业	Share-holding Industry	1780.64	30626.84	52649.00	61240.45	66999.08
外商投资工业	Foreign-funded Industry	2527.06	23705.89	28073.94	28784.75	25952.65
港澳台投资工业	Industry with Funds from Hong Kong, Macao and Taiwan	4747.30	21813.34	24603.71	26020.34	27825.74
按轻重工业分	Grouped by Light and Heavy Industries					
轻工业	Light Industry	6607.84	32867.3	41669.48	45756.65	47604.61
重工业	Heavy Industry	5873.09	52957.34	68003.59	73956.39	77044.55
按企业规模分	Grouped by Size of Enterprises					
大型企业	Large Enterprises	4523.92	28306.79	47329.39	53770.86	55405.51
中型企业	Medium Enterprises	1427.65	28566.98	29088.43	31423.53	33097.77
小微型企业	Small and Micro Enterprises	6529.37	28950.88	33255.25	34518.65	36145.87

注：1．本表统计口径从2011年起从年主营业务收入500万元及以上调整为2000万元及以上。

2．企业规模划分：2003年以前是一个标准，2003-2010年是一个标准，2011年起采用新的标准，增加了微型企业．

Note: a) Since 2011, the annual principal business revenue of industrial enterprises above designated size is changed from 5 million yuan or above to 20 million yuan or above.

b) Size of Industrial enterprise categorization: The standard prior to 2003 is not the same as the period from 2003 to 2010. Since 2011, New standard is adopted and micro enterpriseses is added.

12-6 全部工业总产值和指数

Gross Industrial Output Value of All Industrial Enterprises and Theirs Indices

年份 Year	绝对数（亿元） Absolute Figures (100 million yuan)			指数（1978年＝100） Indices(1978=100)	
	全部工业总产值 Gross Industrial Output Value	#国有控股工业 State-holding Industry	#国有工业 State-owned Industry	全部工业总产值 Gross Industrial Output Value	#国有工业 State-owned Industry
1978	206.56		131.83	100.0	100.0
1979	221.46		142.64	107.5	106.1
1980	248.68		146.95	117.4	109.2
1981	282.95		165.53	134.5	120.3
1982	313.76		178.78	145.7	129.5
1983	356.91		204.68	163.4	144.1
1984	433.40		240.19	196.4	164.0
1985	534.72		298.42	249.6	194.0
1986	632.89		334.59	288.3	209.7
1987	878.29		427.10	384.6	255.4
1988	1318.90		594.98	519.3	316.7
1989	1647.24		714.93	603.9	335.8
1990	1902.25		765.43	707.1	366.9
1991	2524.12		973.59	909.6	442.1
1992	3479.39		1202.46	1243.0	532.5
1993	5237.37		1445.38	1731.0	552.4
1994	7273.95		1562.24	2305.9	536.8
1995	9720.54		1709.89	2880.8	539.8
1995(新规定) (New Stipulations)	8849.90		1465.82		
1996	10530.93		1544.58	3404.9	549.8
1997	12372.69		1574.39	4040.7	590.0
1998	13799.16		1453.79	4708.5	526.3
1999	15303.33	3025.68	1427.42	5385.9	487.2
2000	16904.47	3126.12	1536.50	6376.7	472.1
2001	18909.91	3309.51	1186.24	7428.9	374.8
2002	21788.71	3369.50	1217.66	8847.8	392.4
2003	27375.56	4017.54	979.19	11281.8	379.3
2004	34443.48	6039.24	1862.55	13958.7	709.5
2005	41661.74	6375.54	2068.75	16634.5	776.4
2006	51131.94	7253.17	2923.76	20137.8	1082.3
2007	62759.92	8603.94	2791.73	24399.0	1267.4
2008	74414.31	11144.50	2877.31	27636.7	1267.0
2009	75886.62	10790.11	3654.86	29405.4	1280.4
2010	93462.97	13166.37	4595.82	35110.0	1554.0
2011	103493.35	13927.70	5102.02	39358.3	1765.3
2012	105049.54	15529.16	5938.25	43490.9	1899.5
2013	119139.72	17525.16	1242.18	48796.8	2076.2
2014	130081.02	18225.94	635.82	52944.5	2153.0
2015	135308.14	17032.30	605.34	54956.4	2200.4

注：1．工业总产值按当年价计算，2008年根据经普结果进行调整，指数按可比价计算。
2．2000年起全部工业总产值中规模以下部分为抽样调查数。

Notes: a) Gross industrial output values are calculated at current prices, whereas their indices have been adjusted in accordance with the national economic census in 2008 and are calculated at constant prices.
b) Since 2000, data of the industrial enterprises below designated size in the gross industrial output value have been obtained from sample surveys.

12-7 规模以上工业总产值和指数

Gross Output Value of Industrial Enterprises above Designated Size and Their Indices

单位:亿元 (100 million yuan)

年份 Year	工业总产值 Gross Industrial Output Value	轻工业 Light Industry	重工业 Heavy Industry	#大中型工业 Large and Medium-sized Industry	指数(1978年=100) Indices (1978=100)	轻工业 Light Industry	重工业 Heavy Industry	#大中型工业 Large and Medium-sized Industry
1978	180.73	102.32	78.41	49.34	100.0	100.0	100.0	100.0
1979	194.64	110.28	84.36	54.91	105.8	105.3	106.4	109.5
1980	212.69	128.17	84.52	56.33	115.8	127.7	100.7	103.1
1981	241.93	152.97	88.96	66.89	128.7	151.3	102.1	133.0
1982	263.02	164.17	98.85	75.37	139.9	164.2	111.2	148.5
1983	293.70	180.60	113.10	92.78	157.1	184.5	124.7	181.5
1984	359.87	223.29	136.58	110.63	188.1	226.1	142.8	209.9
1985	471.83	289.68	182.15	166.11	236.0	279.6	179.8	302.0
1986	550.49	344.70	205.79	210.27	269.5	327.7	194.7	379.7
1987	747.47	472.45	275.02	299.19	350.1	426.5	252.2	522.3
1988	1118.00	718.03	399.97	459.74	472.5	582.1	332.2	720.2
1989	1399.45	893.20	506.25	622.42	543.2	594.3	389.2	863.6
1990	1605.80	1057.02	548.78	734.35	637.6	795.5	435.8	1042.2
1991	2144.93	1371.46	773.47	1057.02	820.0	1009.7	622.1	1476.1
1992	2884.93	1796.12	1088.23	1408.48	1096.0	1331.0	854.4	1980.5
1993	4252.70	2515.77	1736.93	1891.29	1470.7	1751.6	1188.8	2412.8
1994	5565.48	3224.69	2340.79	2563.27	1819.1	2135.9	1507.6	2863.3
1995(原规定) (Original Stipulaticns)	7189.24	4148.78	3040.46	3227.59	2274.1	2581.8	1993.2	3519.7
1995(新规定) (New Stipulations)	6502.97	3776.94	2726.03	2824.61				
1996	7490.49	4344.25	3146.24	3470.81	2625.4	2989.5	2290.2	4253.6
1997	8442.32	4914.09	3528.23	3950.86	3045.3	3470.5	2652.8	5176.4
1998	9738.56	5765.51	3973.05	4169.16	3508.2	3866.1	3228.5	5927.0
1999	10538.17	6011.06	4527.11	4711.94	4016.9	4299.1	3861.3	7070.9
2000	12480.93	6607.84	5873.09	5951.56	4757.4	4737.6	5027.4	8590.8
2001	14035.35	7165.90	6869.44	7534.70	5637.5	5400.9	6234.0	12181.8
2002	16378.60	8161.63	8216.97	8755.02	6787.6	6313.7	7742.6	14472.0
2003	21513.46	9959.51	11553.95	14353.53	9051.9	7845.4	11063.4	19955.4
2004	29554.92	12146.01	17408.91	19799.88	12228.7	9549.6	15380.9	27054.8
2005	35942.74	14506.76	21435.97	24403.13	14652.0	11434.3	17914.1	32852.0
2006	44674.75	17148.09	27526.65	30828.93	17963.7	13549.8	21927.5	40937.6
2007	55252.86	21221.12	34031.74	37718.60	21931.9	16667.6	26370.0	49436.3
2008	65424.61	25035.86	40388.76	43866.65	25188.6	19373.2	29468.8	55765.6
2009	68275.77	26685.86	41589.91	44755.10	27430.4	20806.8	32415.7	57494.3
2010	85824.64	32867.30	52957.34	56873.77	33437.7	25200.5	39064.6	70824.4
2011	94871.68	36005.33	58866.35	67492.96	38954.9	29333.4	45549.3	79606.6
2012	95602.09	35817.39	59784.70	70178.27	43162.0	32032.1	49147.7	86134.3
2013	109673.07	41669.48	68003.59	76417.82	48686.7	36420.5	55192.9	95695.2
2014	119713.04	45756.65	73956.39	85194.40	53019.8	39953.3	59829.1	103446.5
2015	124649.16	47604.61	77044.55	88503.28	54981.5	41471.5	62042.8	106239.6

注：1. 工业总产值按当年价格计算，指数按可比价计算。
2. 1997年以前为乡及乡以上工业，2011年起规模以上统计口径从年主营业务收入500万元及以上调整为2000万元及以上。

Notes: a) Gross industrial output values are calculated at current prices, whereas their indices are calculated at constant prices.
b) Data prior to 1997 refer to the industrial enterprises at or above the township level.Since 2011, the annual principal business revenue of industrial enterprises above designated size is changed from 5 million yuan or above to 20 milliom yuan.

12-8 规模以上工业产品产量

Output of Industrial Products of Enterprises above Designated Size

产品名称		Item		2000	2010	2013	2014	2015
化学纤维	(万吨)	Chemical Fiber	(10000 tons)	45.00	44.54	55.95	59.13	58.32
#合成纤维	(万吨)	Synthetic Fiber	(10000 tons)	45.00	42.45	52.34	55.55	54.43
纱	(万吨)	Yarn	(10000 tons)	16.99	45.16	36.86	41.08	38.43
布	(亿米)	Cloth	(100 million m)	16.99	28.27	27.53	37.72	28.65
#棉布	(亿米)	Pure Cotton Cloth	(100 million m)	7.49	19.54	19.58	28.19	19.24
蚕丝	(万吨)	Silk	(10000 tons)	0.05	0.17	0.17	0.23	0.27
呢绒	(万米)	Woolen Piece Goods	(10000 m)	676.00	13.00	238.00	738.60	786.90
服装	(万件)	Clothing	(10000 pieces)	219886	702623	559840	636308	658547
皮革鞋靴	(万双)	Leather Shoes and Boots	(10000 pair)	90492	121778	75858	73956	70799
机制纸及纸板	(万吨)	Machine-made Paper and Paperboard	(10000 tons)	260.30	1434.68	1911.14	2070.74	2078.29
家用电冰箱	(万台)	Household Refrigerators	(10000 sets)	320.70	1457.76	1946.02	2293.95	2195.94
家用冷柜	(万台)	Freezers	(10000 sets)		180.14	258.84	338.96	380.87
家用洗衣机	(万台)	Household Washing Machines	(10000 sets)	244.18	467.83	665.24	690.88	747.42
家用吸尘器	(万台)	Vacuum Cleaners	(10000 sets)	251.80	2626.67	2438.44	2546.87	2651.32
家用电风扇	(万台)	Electric Fans	(10000 sets)	6759.02	14813.38	12489.89	13592.75	14239.15
家用房间空气调节器	(万台)	House Air Conditioners	(10000 sets)	697.91	5477.85	5168.63	5923.74	6227.86
家用吸排油烟机	(万台)	Smoke Absorbers	(10000 sets)	43.39	1324.67	1767.95	2032.65	1886.72
微波炉	(万台)	Microwave Ovens	(10000 sets)	906.51	5341.00	5731.37	6573.80	7642.47
电话单机	(万部)	Telephone Sets	(10000 sets)	7700.05	14766.80	10854.89	10438.56	9682.46
移动通信手持机(手机)	(万台)	Mobile Communication Handset	(10000 units)	1001.30	48626.59	77818.03	92435.64	84447.75
传真机	(万部)	Fax Machines	(10000 sets)	109.57	176.61	157.24	169.37	161.45
微型电子计算设备	(万台)	Micro-computers	(10000 units)	169.74	3581.11	3613.96	2830.58	3241.72
集成电路	(亿块)	Semiconductor Integrated Circuit	(100 million pieces)	11.76	161.01	181.80	190.50	162.65
彩色电视机	(万部)	Color TV Sets	(10000 sets)	1531.53	4494.78	6691.07	7039.89	7003.58
数字激光音、视盘机	(万台)	Laser Digital Audio,Video Disc Machine	(10000sets)	637.69	7589.01	17020.14	19035.91	16175.33
组合音响	(万部)	Hi-fi Stereo Component System	(10000 sets)	2344.58	9713.01	10386.22	11755.41	8447.43
照相机	(万架)	Cameras	(10000 sets)	3545.88	3798.93	2667.49	1210.14	889.44
表	(万只)	Watches	(10000 units)	19123.23	11892.26	11545.06	14333.52	13979.59
日用玻璃制品	(万吨)	Daily Use Glassware	(10000 tons)	51.46	150.93	38.46	62.17	63.67
合成洗涤剂	(万吨)	Synthetic Detergents	(10000 tons)	26.31	224.61	359.18	429.78	476.85
精制食用植物油	(万吨)	Refined Edible Vegetablc oil	(100000tons)	7.87	244.21	648.33	589.64	512.80
成品糖	(万吨)	Refined Sugar	(10000 tons)	91.30	91.66	140.21	137.99	128.93
卷烟	(万箱)	Cigarettes	(10000 units)	177.30	260.69	278.38	281.68	280.60
罐头	(万吨)	Canned Food	(10000 tons)	7.11	30.18	38.25	50.63	58.81
饮料酒	(万千升)	Alcoholic Beverages (mixed weight)	(10000 kiloliter)	178.66	415.80	497.10	454.92	451.58
#白酒	(万千升)	Spirits	(10000 kiloliter)	17.88	10.27	11.88	17.13	19.29
啤酒	(万千升)	Beer	(10000 kiloliter)	158.89	401.40	480.79	433.29	424.15
乳制品	(万吨)	Dairy Products	(10000 tons)	1.29	58.12	88.85	57.00	66.43
中成药	(万吨)	Traditional Chinese Patent Medicine	(10000 tons)	6.05	19.01	21.82	24.22	24.53
化学药品原药	(万吨)	Chemical Active Pharmaceutical Ingredient	(10000 tons)	1.94	4.78	7.87	7.70	8.16

12-8 续表 continued

产 品 名 称		Item		2000	2010	2013	2014	2015
农用氮、磷、钾化学肥料(折纯)	(万吨)	Chemical Fertilizer	(10000 tons)	34.65	62.15	53.92	57.50	71.47
#氮肥(折含氮100%)	(万吨)	Nitrogen Fertilizer	(10000 tons)	15.98	11.49	0.23		
磷肥(折五氧化二磷100%)	(万吨)	Phosphate Fertilizer	(10000 tons)	18.67	50.66	44.66	57.50	71.47
化学农药原药(折有效成分100%)	(万吨)	Chemical Pesticide	(10000 tons)	0.84	0.86	2.31	3.84	4.32
乙烯	(万吨)	Ethylene	(10000 tons)	54.85	203.96	238.26	239.74	215.07
合成橡胶	(万吨)	Synthetic Rubber	(10000 tons)	5.45	38.36	45.15	79.62	64.72
橡胶轮胎外胎	(万条)	Tires	(10000 pieces)	359.13	6907.25	6049.96	5063.27	4946.68
交流电动机	(万千瓦)	Alternating Current Motors	(10000 kw)	236.21	753.39	844.42	1023.46	1070.59
汽车	(万辆)	Motor Vehicles	(10000 units)	3.94	156.29	203.17	219.59	242.23
#载货汽车	(万辆)	Trucks	(10000 units)	0.53	0.34	0.43	3.13	3.05
客车	(万辆)	Buses	(10000 units)	0.18	0.20	0.09	0.09	0.02
轿车	(万辆)	Cars	(10000 units)	3.22	132.67	206.17	160.83	152.30
摩托车整车	(万辆)	Motorcycles	(10000 units)	146.31	917.60	859.43	888.30	774.40
两轮脚踏自行车	(万辆)	Bicycles	(10000 units)	1038.00	788.75	959.65	779.21	687.77
生铁	(万吨)	Pig Iron	(10000 tons)	201.57	806.68	1149.88	1082.35	1146.33
粗钢	(万吨)	Crude Steel	(10000 tons)	286.99	1239.34	1735.22	1710.39	1761.74
成品钢材	(万吨)	Rolled Steel Products	(10000 tons)	406.28	2918.89	3384.52	3447.15	3271.01
十钟有色金属	(万吨)	Ten Kinds of Nonferrous Metas	(10000 tons)		45.31	44.76	39.51	36.56
铝材	(万吨)	Aluminum	(10000 tons)		496.85	510.72	581.68	537.80
水泥	(万吨)	Cement	(10000 tons)	5872.00	11536.67	13394.93	14737.37	14489.66
平板玻璃	(万重量箱)	Plate Glass	(10000 wt.cases)	632.59	7821.07	8586.64	8189.19	7061.90
硫酸(折100%)	(万吨)	Sulphuric Acid	(10000 tons)	138.75	236.74	282.87	278.18	279.97
纯碱（碳酸钠)	(万吨)	Soda Ash	(10000 tons)	24.28	40.01	60.73	60.17	62.97
烧碱(折100%)	(万吨)	Caustic Soda	(10000 tons)	16.43	27.62	32.39	32.72	31.25
合成氨(无水氨)	(万吨)	Synthetic Ammonia	(10000 tons)	23.43	6.88	6.30	2.90	0.59

注：1. 纱包括纯棉纱、棉混纺纱、化学纤维纱，不包括棉线、代用纤维纱和手工纺纱。

2. 布包括纯棉布、棉混纺布、化学纤维布，不包括代用纤维布、手工织布。

3. 农用化肥按有效成分100%计算。

4. 成品钢材已剔除重复加工的钢材。

Notes: a) Yarn includes pure and blended cotton yarn, chemical fiber yarn, but excludes cotton thread, substitute fiber yarn and handmade yarn.

b) Cloth includes pure and blended cotton cloth,chemical fiber cloth and canvas,but excludes substitute fiber cloth,hand-woven cloth and cord fabric.

c) The output of chemical fertilizers is calculated on the basis of 100 percent effective content equivalent.

d) The output of rolled steel products excludes the steel products reprocessed.

12-9 各市规模以上工业企业单位数和工业总产值

Number and Gross Output Value of Industrial Enterprises above Designated Size by City

市别	City	工业企业单位数（个） Number of Industrial Enterprises (unit)							
		2000	2005	2010	2011	2012	2013	2014	2015
广州	Guangzhou	4531	5240	6969	4438	4373	4811	4767	4644
深圳	Shenzhen	1834	5214	8249	5692	5835	6523	6355	6539
珠海	Zhuhai	771	992	1347	893	927	1054	1008	1023
汕头	Shantou	794	1490	2580	1877	1880	1845	1808	1771
佛山	Foshan	2180	5148	7684	6318	5950	6163	5883	5787
#顺德	Shunde	513	1558	2676	1914	1761	1874	1708	1630
韶关	Shaoguan	406	392	559	408	482	556	622	628
河源	Heyuan	148	226	440	361	383	436	513	575
梅州	Meizhou	371	392	521	340	326	368	396	440
惠州	Huizhou	689	1243	1853	1428	1430	1702	1815	1893
汕尾	Shanwei	94	179	452	243	257	251	246	238
东莞	Dongguan	1663	4504	5899	4243	4526	5361	5377	5688
中山	Zhongshan	1074	3291	5063	3170	3192	2973	2963	3045
江门	Jiangmen	1599	2365	3246	2766	1851	2007	1961	2036
阳江	Yangjiang	250	498	596	521	527	569	564	571
湛江	Zhanjiang	458	578	850	651	695	772	789	828
茂名	Maoming	447	590	792	628	675	844	850	957
肇庆	Zhaoqing	981	684	1131	1054	1046	1086	1083	1110
清远	Qingyuan	304	426	813	635	497	514	580	611
潮州	Chaozhou	326	727	1245	726	768	865	871	890
揭阳	Jieyang	455	714	2525	1511	1731	1884	1971	2030
云浮	Yunfu	320	264	604	401	460	621	732	830
按经济区域分	By Region								
珠三角	Pearl River Delta	15322	28681	41441	30002	29130	31680	31212	31765
东翼	Eastern Region	1669	3110	6802	4357	4636	4845	4896	4929
西翼	Western Region	1155	1666	2238	1800	1897	2185	2203	2356
山区	Mountainous Region	1549	1700	2937	2145	2148	2495	2843	3084

注：本表统计口径从2011年起从年主营业务收入500万元及以上调整为2000万元及以上。

Note: Since 2011, the annual principal business revenue of industrial enterprises above designated size is changed from 5 million yuan or above to 20 million yuan or above.

12-9 续表 continued

市别	City	工业总产值（亿元） Gross Industrial Output Value (100 million yuan)							
		2000	2005	2010	2011	2012	2013	2014	2015
广州	Guangzhou	2568.57	6032.05	13831.25	15712.72	14857.09	17192.88	17997.97	18424.73
深圳	Shenzhen	2566.93	9867.55	18526.82	20432.12	21363.05	23095.21	24777.59	25542.44
珠海	Zhuhai	630.17	1569.56	2976.18	3377.25	3072.56	3460.86	3702.26	3966.02
汕头	Shantou	344.34	761.37	1897.57	1892.26	2111.54	2481.80	2771.68	2968.80
佛山	Foshan	1560.55	4780.88	14527.47	14425.03	14653.96	17121.88	18796.65	19544.95
#顺德	Shunde	640.38	1820.30	4785.24	4808.53	4914.61	5353.32	5883.54	6027.16
韶关	Shaoguan	151.01	393.36	773.37	917.86	1000.18	1160.59	1286.70	1221.78
河源	Heyuan	35.81	182.10	832.73	1041.39	953.66	1140.14	1402.30	1443.02
梅州	Meizhou	81.81	206.98	455.97	546.78	502.91	567.99	651.03	704.76
惠州	Huizhou	657.83	1428.66	3905.17	4765.03	5477.28	6605.29	6901.35	7044.73
汕尾	Shanwei	30.08	113.45	432.42	579.41	760.63	968.72	1095.15	1166.08
东莞	Dongguan	914.64	3940.11	7739.09	8469.69	9492.55	11023.45	12133.71	12744.42
中山	Zhongshan	532.95	2221.45	5023.63	5746.84	5702.16	5673.75	6032.09	6345.28
江门	Jiangmen	871.15	1453.25	3828.91	4671.20	2519.47	3107.86	3625.49	3998.76
阳江	Yangjiang	66.17	213.82	693.46	964.52	1197.42	1564.09	1861.94	1990.04
湛江	Zhanjiang	269.10	644.27	1404.95	1752.66	1717.67	2041.37	2257.33	2272.40
茂名	Maoming	373.22	702.04	1360.15	1703.91	1775.52	2146.12	2401.85	2328.05
肇庆	Zhaoqing	392.04	321.20	1744.19	2468.96	2816.44	3410.29	3863.50	4034.37
清远	Qingyuan	77.51	364.34	2887.04	1752.20	1334.44	1432.42	1669.76	1680.13
潮州	Chaozhou	73.88	293.72	723.12	840.22	891.63	1088.31	1221.99	1325.80
揭阳	Jieyang	136.46	298.82	1794.82	2298.98	2828.79	3604.19	4290.68	4803.12
云浮	Yunfu	146.71	153.77	466.34	512.63	573.13	785.87	972.02	1099.49
按经济区域分	By Region								
珠三角	Pearl River Delta	10694.83	31614.71	72102.70	80068.84	79954.57	90691.47	97830.61	101645.70
东翼	Eastern Region	584.76	1467.36	4847.93	5610.88	6592.59	8143.02	9379.49	10263.80
西翼	Western Region	708.49	1560.13	3458.56	4421.10	4690.61	5751.58	6521.12	6590.49
山区	Mountainous Region	492.85	1300.55	5415.45	4770.86	4364.33	5087.01	5981.82	6149.17

注：本表产值按当年价格计算。

Note: Data of gross industrial output value in this table are calculated at current prices.

12-10 各市规模以上工业增加值和指数

Value-added and Indices of Industry above Designated Size by City

市别	City	工业增加值(亿元) Value-add of Industry (100 million yuan)							
		2000	2005	2010	2011	2012	2013	2014	2015
广州	Guangzhou	708.40	1654.03	4073.35	4008.38	3945.18	4446.93	4364.66	4535.25
深圳	Shenzhen	706.85	2571.95	5015.33	4769.43	5107.24	5794.50	6252.09	6426.39
珠海	Zhuhai	156.16	328.74	683.98	675.48	664.93	783.68	881.04	916.94
汕头	Shantou	88.56	190.30	483.20	416.86	510.21	599.23	660.49	694.62
佛山	Foshan	401.78	1303.31	3915.12	2991.38	3302.10	3872.79	4138.71	4364.33
#顺德	Shunde	145.21	492.95	1288.00	1035.45	1111.20	1226.58	1289.32	1357.02
韶关	Shaoguan	50.72	108.63	219.25	241.88	264.21	310.91	326.29	309.71
河源	Heyuan	10.66	57.78	312.36	265.44	245.41	318.41	325.36	327.57
梅州	Meizhou	29.46	72.49	166.00	161.71	160.17	188.42	206.68	214.34
惠州	Huizhou	129.08	315.32	881.16	1013.54	1173.97	1423.20	1475.02	1617.38
汕尾	Shanwei	8.74	29.17	112.34	183.10	185.74	222.14	231.47	245.10
东莞	Dongguan	259.44	1060.49	1760.02	1642.45	1978.13	2425.62	2490.84	2611.96
中山	Zhongshan	136.16	551.20	1263.08	1234.73	1227.06	1195.97	1209.10	1281.05
江门	Jiangmen	189.49	355.10	1053.39	1069.84	576.13	696.94	847.29	965.74
阳江	Yangjiang	21.55	66.26	184.14	224.86	294.86	390.31	429.74	452.02
湛江	Zhanjiang	99.80	229.87	528.83	517.50	557.52	684.86	738.07	721.26
茂名	Maoming	78.44	165.28	362.29	426.18	498.04	666.70	734.35	757.29
肇庆	Zhaoqing	36.36	76.86	434.51	570.95	664.99	807.02	924.53	961.07
清远	Qingyuan	21.22	90.83	686.02	362.99	290.92	320.27	392.84	396.65
潮州	Chaozhou	20.19	69.46	194.91	215.79	241.49	301.41	329.88	352.08
揭阳	Jieyang	39.09	77.62	512.46	547.05	685.73	878.55	974.68	1054.89
云浮	Yunfu	22.37	41.70	146.58	123.77	146.78	212.16	255.58	240.58
按经济区域分	By Region								
珠三角	Pearl River Delta	2723.72	8217.00	19079.95	17976.18	18639.71	21446.65	22583.28	23680.10
东翼	Eastern Region	156.58	366.55	1302.91	1362.80	1623.17	2001.33	2196.51	2346.69
西翼	Western Region	199.79	461.41	1075.26	1168.54	1350.43	1741.87	1902.15	1930.57
山区	Mountainous Region	134.43	371.44	1530.20	1155.78	1107.49	1350.17	1506.75	1488.84

注：1. 本表统计口径从2011年起从年主营业务收入500万元及以上调整为2000万元及以上。
2. 本表增加值2010年及以前用生产法计算，2011年起用收入法计算。

Note:a) Since 2011, the annual principal business revenue of industrial enterprises above designated size is changed from 5 million yuan or above to 20 million yuan or above.

b) The value-added in this table in 2010 and prior to are calculated with production approach and since 2011 calculated with income approach.

12-10 续表 continued

市 别	City	指数(2000年=100) Indices (2000=100)								
		2000	2005	2009	2010	2011	2012	2013	2014	2015
广 州	Guangzhou	100.0	223.8	391.6	455.8	510.5	566.2	623.9	674.5	723.0
深 圳	Shenzhen	100.0	391.6	635.6	723.3	814.5	873.9	957.8	1038.3	1118.2
珠 海	Zhuhai	100.0	229.9	360.5	426.1	492.2	523.2	581.8	647.0	709.1
汕 头	Shantou	100.0	183.0	346.9	407.9	481.4	551.1	628.3	697.4	749.7
佛 山	Foshan	100.0	312.0	713.0	851.3	977.3	1093.6	1232.5	1354.5	1461.5
#顺 德	Shunde	100.0	242.1	476.0	565.0	637.9	700.4	785.1	863.7	932.8
韶 关	Shaoguan	100.0	159.8	286.3	332.4	383.9	428.4	504.7	570.3	587.4
河 源	Heyuan	100.0	460.0	1488.9	1844.7	2215.5	2618.8	3071.8	3624.7	3922.0
梅 州	Meizhou	100.0	210.7	355.6	422.1	511.2	587.4	669.6	741.3	808.0
惠 州	Huizhou	100.0	215.2	457.3	582.5	700.2	830.5	977.4	1104.5	1215.0
汕 尾	Shanwei	100.0	367.4	1169.4	1541.3	2017.5	2588.5	3233.0	3698.5	3972.2
东 莞	Dongguan	100.0	327.6	430.2	512.0	550.4	581.2	646.9	703.8	741.1
中 山	Zhongshan	100.0	494.0	869.0	1026.2	1182.2	1365.5	1504.8	1655.2	1779.4
江 门	Jiangmen	100.0	207.7	424.5	525.1	625.4	701.1	799.9	887.9	959.0
阳 江	Yangjiang	100.0	266.8	530.5	705.0	927.8	1156.1	1516.7	1800.4	2038.0
湛 江	Zhanjiang	100.0	183.7	287.8	340.2	389.5	436.6	501.7	562.4	618.1
茂 名	Maoming	100.0	163.6	242.3	276.9	319.8	390.2	456.9	533.7	577.5
肇 庆	Zhaoqing	100.0	211.8	712.5	952.6	1218.4	1464.5	1729.5	1976.9	2127.1
清 远	Qingyuan	100.0	353.0	1716.2	2310.0	2848.3	2888.2	3136.5	3581.9	3850.6
潮 州	Chaozhou	100.0	321.1	663.3	796.0	968.0	1129.6	1316.0	1462.1	1576.1
揭 阳	Jieyang	100.0	188.3	633.4	879.7	1142.8	1394.2	1726.0	1998.7	2142.6
云 浮	Yunfu	100.0	174.7	393.1	517.4	709.8	895.1	1127.8	1304.8	1428.8
按经济区域分	By Region									
珠 三 角	Pearl River Delta	100.0	205.0	343.0	399.6	444.8	480.8	522.7	566.0	606.8
东 翼	Eastern Region	100.0	208.4	430.3	532.7	639.2	757.5	873.4	988.6	1060.8
西 翼	Western Region	100.0	199.8	318.1	373.3	428.5	500.5	573.6	660.8	726.2
山 区	Mountainous Region	100.0	207.5	507.7	638.6	763.1	845.5	934.3	1068.8	1142.6

注：本表工业增加值按当年价格计算，指数按可比价格计算。
Note: Data of value-added of industry in this table are calculated at current prices, whereas their indices are calculated at constant prices.

12-11 各市规模以上工业企业单位数（2015年）

单位：个

项 目	Item	全省 Provincial Total	广州 Guangzhou
全省总计	**Provincial Total**	**42134**	**4644**
按经济类型分	Grouped by Ownership		
在总计中：国有控股工业	Of the Total:State-holding Industry	1056	247
国有工业	State-owned Industry	200	26
集体工业	Collective-owned Industry	212	26
股份合作工业	Share-holding Cooperative Industry	59	15
股份制工业	Share-holding Industry	26200	2841
外商投资工业	Foreign-funded Industry	4374	702
港澳台投资工业	Industry with Funds from Hong Kong, Macao and Taiwan	9006	867
按轻重工业分	Grouped by Light and Heavy Industries		
轻工业	Light Industry	21746	2582
重工业	Heavy Industry	20388	2062
按企业规模分	Grouped by Size of Enterprises		
大型企业	Large Enterprises	1575	180
中型企业	Medium Enterprises	8880	712
小微型企业	Small and Micro Enterprises	31679	3752
按行业分	Grouped by Sector		
煤炭开采和洗选业	Mining and Washing of Coal		
石油和天然气开采业	Extraction of Petroleum and Natural Gas	4	
黑色金属矿采选业	Mining and Dressing of Ferrous Metal Ores	54	
有色金属矿采选业	Mining and Dressing of Nonferrous Metal Ores	34	
非金属矿采选业	Mining and Dressing of Nonmetal Ores	267	2
开采辅助活动	Auxiliary Minning Operations	5	
其他采矿业	Mining and Dressing of Other Ores	1	
农副食品加工业	Processing of Farm and Sideline Food	936	92
食品制造业	Manufacture of Food	705	124
酒、饮料和精制茶制造业	Manufacture of Wine, Beverage and Refined Tea	259	27
烟草制品业	Tobacco Products	11	1
纺织业	Textile Industry	1503	200
纺织服装、服饰业	Manufacture of Textile Garments, Footwear and Headgear	2925	497
皮革、毛皮、羽毛及其制品和制鞋业	Leather, Fur, Feather, Down and Related Products	1843	310
木材加工和木、竹、藤、棕、草制品业	Timber Processing, Bamboo, Cane, Palm Fiber & Straw Products	548	40
家具制造业	Manufacture of Furniture	1257	96
造纸和纸制品业	Papermaking and Paper Products	1058	89
印刷和记录媒介复制业	Printing and Record Medium Reproduction	840	93
文教、工美、体育和娱乐用品制造业	Manufacture of Cultural, Educational,Sports and Entertainment Articles	1598	156
石油加工、炼焦和核燃料加工业	Petroleum Refining, Coking and Nuclear Fuel Processing	80	11
化学原料和化学制品制造业	Manufacture of Raw Chemical Materials and Chemical Products	2165	398
医药制造业	Manufacture of Medicines	398	74
化学纤维制造业	Manufacture of Chemical Fibers	60	7
橡胶和塑料制品业	Rubber and Plastic Products	3344	308
非金属矿物制品业	Nonmetal Mineral Products	2812	176
黑色金属冶炼和压延加工业	Smelting and Pressing of Ferrous Metals	462	42
有色金属冶炼和压延加工业	Smelting and Pressing of Nonferrous Metals	630	53
金属制品业	Metal Products	3347	234
通用设备制造业	Manufacture of General-purpose Machinery	1614	233
专用设备制造业	Manufacture of Special-purpose Machinery	1451	151
汽车制造业	Manufacture of Automobile	715	275
铁路、船舶、航空航天和其他运输设备制造业	Manufacture of Railway ,Ship,Aeronautics and Other Transport equipment	397	91
电气机械和器材制造业	Manufacture of Electrical Machinery and Equipment	4203	320
计算机、通信和其他电子设备制造业	Manufacture of Communication Equipment, Computers and Other Electronic Equipment	4869	380
仪器仪表制造业	Manufacture of Instruments and Meters	485	54
其他制造业	Other Manufactures	241	17
废弃资源综合利用业	Comprehensive Utilization of Waste	278	10
金属制品、机械和设备修理业	Manufacture of Metal Products,Machinery and Equipment Maintenance	47	15
电力、热力生产和供应业	Production and Supply of Electric Power and Heat Power	338	24
燃气生产和供应业	Production and Supply of Gas	96	15
水的生产和供应业	Production and Supply of Water	254	29

Number of Industrial Enterprises above Designated Size by City (2015)

(unit)

深圳 Shenzhen	珠海 Zhuhai	汕头 Shantou	佛山 Foshan	#顺德 Shunde	韶关 Shaoguan	河源 Heyuan	梅州 Meizhou	惠州 Huizhou	汕尾 Shanwei
6539	**1023**	**1771**	**5787**	**1630**	**628**	**575**	**440**	**1893**	**238**
159	47	32	72	5	79	16	27	46	12
8	1	11	13	1	21	6	9	11	6
7	4	8	27	2	6	1	2	9	9
1		11	14		1		1		
3822	504	1365	4052	1085	503	378	329	908	142
689	202	84	462	139	17	33	22	239	5
1990	311	161	778	332	58	137	46	649	60
2557	380	1431	2704	845	209	253	193	938	164
3982	643	340	3083	785	419	322	247	955	74
385	54	24	154	51	13	19	12	106	78
1669	267	430	1001	245	92	106	74	440	53
4485	702	1317	4632	1334	523	450	354	1347	107
2	1								
					6	9	6	3	
		1			10	5	3	2	
			4		26	35	5	23	
2									
37	18	42	80	34	17	22	16	32	15
41	16	50	37	13	6	15	9	9	9
16	5	10	27	4	12	12	12	8	4
1		2			3		2		
52	15	177	336	53	15	20	8	42	11
196	38	442	249	122	6	30	7	77	34
78	10	21	180	21	6	14	4	179	10
20	7		51	11	25	11	7	38	3
137	7	8	307	121	6	7	27	87	
148	29	64	134	34	10	7	3	31	5
140	19	72	107	21	2	10	6	33	2
323	13	267	100	24	19	29	26	72	34
5	6		11	2				2	
164	87	83	320	82	121	12	11	123	7
50	22	19	30	7	7	11	8	12	1
4	3	1	7	2		2	1	1	
529	86	223	451	141	25	32	8	179	30
136	36	21	438	43	64	60	84	88	13
16	2	1	151	26	31	19	8	10	
58	10	6	208	29	17	10	3	17	
385	59	32	729	188	26	19	11	89	15
299	63	28	302	75	23	13	10	47	3
353	56	35	256	73	28	11	8	38	
47	22	13	147	37	9	1	15	26	
59	16	2	51	13	1	1	3	19	2
946	132	47	693	339	22	36	18	154	5
1968	195	36	229	92	19	72	76	379	10
200	24	4	34	6	3	13	2	19	
67	1	10	12	4	1	10		12	1
2	3	24	53	2	15	3	5	13	4
10	3	2	1		1				3
17	9	16	13	4	38	17	24	14	12
2	7	3	6		4	5	1	2	
29	3	9	33	7	4	2	3	13	5

12−11 续表

单位：个

项　目	Item	东 莞 Dongguan	中 山 Zhongshan
全省总计	**Provincial Total**	**5688**	**3045**
按经济类型分	Grouped by Ownership		
在总计中：国有控股工业	Of the Total:State-holding Industry	31	28
国有工业	State-owned Industry	2	
集体工业	Collective-owned Industry	31	19
股份合作工业	Share-holding Cooperative Industry	2	
股份制工业	Share-holding Industry	2628	1870
外商投资工业	Foreign-funded Industry	1057	351
港澳台投资工业	Industry with Funds from Hong Kong, Macao and Taiwan	1918	633
按轻重工业分	Grouped by Light and Heavy Industries		
轻工业	Light Industry	2909	1878
重工业	Heavy Industry	2779	1167
按企业规模分	Grouped by Size of Enterprises		
大型企业	Large Enterprises	240	107
中型企业	Medium Enterprises	1701	595
小微型企业	Small and Micro Enterprises	3747	2343
按行业分	Grouped by Sector		
煤炭开采和洗选业	Mining and Washing of Coal		
石油和天然气开采业	Extraction of Petroleum and Natural Gas		
黑色金属矿采选业	Mining and Dressing of Ferrous Metal Ores		
有色金属矿采选业	Mining and Dressing of Nonferrous Metal Ores		
非金属矿采选业	Mining and Dressing of Nonmetal Ores	1	1
开采辅助活动	Auxiliary Minning Operations		
其他采矿业	Mining and Dressing of Other Ores		
农副食品加工业	Processing of Farm and Sideline Food	49	32
食品制造业	Manufacture of Food	36	36
酒、饮料和精制茶制造业	Manufacture of Wine, Beverage and Refined Tea	14	14
烟草制品业	Tobacco Products		
纺织业	Textile Industry	123	118
纺织服装、服饰业	Manufacture of Textile Garments, Footwear and Headgear	420	309
皮革、毛皮、羽毛及其制品和制鞋业	Leather, Fur, Feather, Down and Related Products	339	87
木材加工和木、竹、藤、棕、草制品业	Timber Processing, Bamboo, Cane, Palm Fiber & Straw Products	31	13
家具制造业	Manufacture of Furniture	291	112
造纸和纸制品业	Papermaking and Paper Products	203	90
印刷和记录媒介复制业	Printing and Record Medium Reproduction	121	42
文教、工美、体育和娱乐用品制造业	Manufacture of Cultural, Educational,Sports and Entertainment Articles	263	92
石油加工、炼焦和核燃料加工业	Petroleum Refining, Coking and Nuclear Fuel Processing	3	3
化学原料和化学制品制造业	Manufacture of Raw Chemical Materials and Chemical Products	186	142
医药制造业	Manufacture of Medicines	10	23
化学纤维制造业	Manufacture of Chemical Fibers	16	3
橡胶和塑料制品业	Rubber and Plastic Products	594	289
非金属矿物制品业	Nonmetal Mineral Products	121	75
黑色金属冶炼和压延加工业	Smelting and Pressing of Ferrous Metals	31	13
有色金属冶炼和压延加工业	Smelting and Pressing of Nonferrous Metals	72	36
金属制品业	Metal Products	349	268
通用设备制造业	Manufacture of General-purpose Machinery	246	175
专用设备制造业	Manufacture of Special-purpose Machinery	243	99
汽车制造业	Manufacture of Automobile	57	34
铁路、船舶、航空航天和其他运输设备制造业	Manufacture of Railway ,Ship,Aeronautics and Other Transport equipment	28	14
电气机械和器材制造业	Manufacture of Electrical Machinery and Equipment	623	654
计算机、通信和其他电子设备制造业	Manufacture of Communication Equipment, Computers and Other Electronic Equipment	1022	175
仪器仪表制造业	Manufacture of Instruments and Meters	83	29
其他制造业	Other Manufactures	50	26
废弃资源综合利用业	Comprehensive Utilization of Waste	3	2
金属制品、机械和设备修理业	Manufacture of Metal Products,Machinery and Equipment Maintenance	3	1
电力、热力生产和供应业	Production and Supply of Electric Power and Heat Power	15	9
燃气生产和供应业	Production and Supply of Gas	6	7
水的生产和供应业	Production and Supply of Water	36	22

12-11 continued

(unit)

江门 Jiangmen	阳江 Yangjiang	湛江 Zhanjiang	茂名 Maoming	肇庆 Zhaoqing	清远 Qingyuan	潮州 Chaozhou	揭阳 Jieyang	云浮 Yunfu
2036	**571**	**828**	**957**	**1110**	**611**	**890**	**2030**	**830**
29	20	64	35	33	27	10	22	20
3	7	19	16	10	9	6	14	2
3	1	4	12	4	3	3	28	5
1		1	3			8		1
1183	425	671	723	744	403	554	1526	629
201	26	33	14	93	40	46	43	15
546	63	41	57	191	141	113	152	94
1096	376	486	493	425	201	673	1510	288
940	195	342	464	685	410	217	520	542
45	13	16	8	40	21	9	43	8
356	118	96	76	288	154	207	355	90
1635	440	716	873	782	436	674	1632	732
		1						
			8	17	3			2
		3	2	2	3		1	2
20	2	16	66	23	12		5	26
		2		1				
		1						
48	45	119	111	19	20	28	71	23
38	9	32	32	9	6	48	127	16
6	2	22	18	10	5	9	17	9
	1	1						
100	4	18	22	43	29	5	153	12
114	17	5	15	24	16	43	361	25
85	9	36	68	39	32	61	224	51
24	26	88	84	41	4	1	15	19
60	13	25	22	18	4	3	19	8
68	12	28	13	33	10	28	38	15
28	8	18	2	13	6	59	56	3
29	4	7	22	27	16	14	78	7
2		2	32	2			1	
137	7	27	83	94	47	24	38	54
12	6	17	27	13	7	7	31	11
5				3			7	
148	30	48	53	67	36	25	154	29
126	41	81	149	128	113	349	148	365
15	20	1	11	9	19	5	58	
33	4	4	1	36	38	7	11	6
347	226	29	26	179	30	99	153	42
59	10	8	11	41	14	7	10	12
34	9	25	13	29	10	6	39	8
30	2	4		17	10		4	2
83	3	3	1	4	4		9	3
220	13	108	13	39	20	16	101	23
120	7	7	20	47	18	11	55	23
1	1		1	7	2	2	5	1
17	2	1		3	1	1	6	3
2	15	12	3	39	49	2	15	4
2		2		1			2	1
9	12	13	17	19	21	8	12	19
	5	6	1	4		20		2
14	6	8	10	10	6	2	6	4

12-12 各市规模以上工业总产值（2015年）

单位：亿元

项目	Item	全省 Provincial Total	广州 Guangzhou
全省总计	**Provincial Total**	**124649.16**	**18424.73**
按经济类型分	Grouped by Ownership		
在总计中：国有控股工业	Of the Total:State-holding Industry	17032.30	4524.98
国有工业	State-owned Industry	605.34	79.21
集体工业	Collective-owned Industry	445.29	58.80
股份合作工业	Share-holding Cooperative Industry	99.43	17.41
股份制工业	Share-holding Industry	66999.08	7011.46
外商投资工业	Foreign-funded Industry	25952.65	8054.02
港澳台投资工业	Industry with Funds from Hong Kong, Macao and Taiwan	27825.74	3093.16
按轻重工业分	Grouped by Light and Heavy Industries		
轻工业	Light Industry	47604.61	6448.96
重工业	Heavy Industry	77044.55	11975.76
按企业规模分	Grouped by Size of Enterprises		
大型企业	Large Enterprises	55405.51	10050.58
中型企业	Medium Enterprises	33097.77	3383.34
小微型企业	Small and Micro Enterprises	36145.87	4990.81
按行业分	Grouped by Sector		
煤炭开采和洗选业	Mining and Washing of Coal		
石油和天然气开采业	Extraction of Petroleum and Natural Gas	521.71	
黑色金属矿采选业	Mining and Dressing of Ferrous Metal Ores	127.53	
有色金属矿采选业	Mining and Dressing of Nonferrous Metal Ores	74.72	
非金属矿采选业	Mining and Dressing of Nonmetal Ores	385.54	2.24
开采辅助活动	Auxiliary Minning Operations	27.51	
其他采矿业	Mining and Dressing of Other Ores	0.24	
农副食品加工业	Processing of Farm and Sideline Food	3130.38	465.67
食品制造业	Manufacture of Food	1805.54	474.35
酒、饮料和精制茶制造业	Manufacture of Wine, Beverage and Refined Tea	1146.10	300.93
烟草制品业	Tobacco Products	460.90	217.63
纺织业	Textile Industry	2639.51	266.91
纺织服装、服饰业	Manufacture of Textile Garments, Footwear and Headgear	4073.91	422.79
皮革、毛皮、羽毛及其制品和制鞋业	Leather, Fur, Feather, Down and Related Products	2460.87	289.31
木材加工和木、竹、藤、棕、草制品业	Timber Processing, Bamboo, Cane, Palm Fiber & Straw Products	841.51	32.09
家具制造业	Manufacture of Furniture	1873.33	177.33
造纸和纸制品业	Papermaking and Paper Products	2013.29	132.11
印刷和记录媒介复制业	Printing and Record Medium Reproduction	1218.89	99.38
文教、工美、体育和娱乐用品制造业	Manufacture of Cultural, Educational,Sports and Entertainment Articles	3934.30	320.80
石油加工、炼焦和核燃料加工业	Petroleum Refining, Coking and Nuclear Fuel Processing	2331.04	504.07
化学原料和化学制品制造业	Manufacture of Raw Chemical Materials and Chemical Products	6315.93	2069.81
医药制造业	Manufacture of Medicines	1484.49	244.73
化学纤维制造业	Manufacture of Chemical Fibers	128.15	6.61
橡胶和塑料制品业	Rubber and Plastic Products	4860.96	388.50
非金属矿物制品业	Nonmetal Mineral Products	5007.36	178.61
黑色金属冶炼和压延加工业	Smelting and Pressing of Ferrous Metals	2332.54	361.15
有色金属冶炼和压延加工业	Smelting and Pressing of Nonferrous Metals	3181.13	415.95
金属制品业	Metal Products	5855.38	376.30
通用设备制造业	Manufacture of General-purpose Machinery	3646.22	653.66
专用设备制造业	Manufacture of Special-purpose Machinery	2479.64	200.40
汽车制造业	Manufacture of Automobile	5955.96	3930.79
铁路、船舶、航空航天和其他运输设备制造业	Manufacture of Railway ,Ship,Aeronautics and Other Transport equipment	1241.12	435.47
电气机械和器材制造业	Manufacture of Electrical Machinery and Equipment	12428.41	1080.89
计算机、通信和其他电子设备制造业	Manufacture of Communication Equipment, Computers and Other Electronic Equipment	30658.71	2407.42
仪器仪表制造业	Manufacture of Instruments and Meters	866.87	64.97
其他制造业	Other Manufactures	253.44	18.54
废弃资源综合利用业	Comprehensive Utilization of Waste	1151.96	28.39
金属制品、机械和设备修理业	Manufacture of Metal Products,Machinery and Equipment Maintenance	133.86	56.37
电力、热力生产和供应业	Production and Supply of Electric Power and Heat Power	6405.36	1395.47
燃气生产和供应业	Production and Supply of Gas	789.54	317.22
水的生产和供应业	Production and Supply of Water	405.29	87.88

注：本表产值按当年价格计算。

Gross Output Value of Industry above Designated Size by City (2015)

(100 million yuan)

深 圳 Shenzhen	珠 海 Zhuhai	汕 头 Shantou	佛 山 Foshan	#顺 德 Shunde	韶 关 Shaoguan	河 源 Heyuan	梅 州 Meizhou	惠 州 Huizhou	汕 尾 Shanwei
25542.44	**3966.02**	**2968.80**	**19544.95**	**6027.16**	**1221.78**	**1443.02**	**704.76**	**7044.73**	**1166.08**
3590.40	1210.02	322.65	874.23	8.75	479.84	112.02	175.37	1119.15	95.18
11.62	0.30	72.31	23.08	0.72	35.65	19.81	27.07	20.31	19.46
9.46	1.34	13.84	92.56	0.53	6.12	0.46	1.55	14.34	79.69
0.67		11.44	45.90		0.28		1.34		
14070.19	2017.43	2156.09	12616.32	3914.89	980.06	916.81	522.04	2475.99	569.56
4165.57	1211.73	261.52	2711.70	571.90	54.18	186.57	46.97	2258.36	109.84
7252.81	734.98	251.36	3432.24	1457.11	124.82	304.58	88.57	2068.83	319.68
5840.10	1485.28	2133.74	9000.23	4264.81	351.77	380.40	253.28	1925.77	630.19
19702.35	2480.74	835.06	10544.72	1762.35	870.01	1062.62	451.48	5118.95	535.89
16289.71	2156.54	456.27	6930.01	3935.47	377.02	458.73	185.91	3950.20	760.88
5093.22	1020.56	1159.30	5570.67	1005.11	345.29	493.48	267.61	1457.20	243.35
4159.52	788.93	1353.23	7044.27	1086.58	499.47	490.81	251.25	1637.33	161.85
254.05	104.69								
					12.25	38.63	3.04	4.40	
		2.01			21.41	3.26	12.29	0.54	
			3.22		32.39	48.46	4.86	33.42	
17.81									
213.04	60.74	102.16	314.97	80.00	22.36	30.19	16.56	77.97	31.45
54.73	41.69	46.16	297.23	32.90	5.64	21.33	6.20	25.16	6.03
142.13	16.26	8.10	223.70	6.77	9.84	31.79	9.84	39.18	4.75
64.08		8.27			68.16		81.26		
62.57	20.82	217.26	687.33	91.25	24.01	31.37	3.67	67.04	22.91
243.23	34.62	551.49	461.59	102.52	4.56	20.93	7.71	128.52	167.09
129.00	14.66	19.41	286.48	17.87	4.47	25.45	10.72	203.09	32.70
13.17	9.10		161.37	47.25	38.74	8.14	2.03	55.16	1.45
128.71	13.40	93.78	464.10	91.27	6.09	2.98	18.68	187.98	
141.44	45.82	70.62	258.07	30.99	6.75	4.27	1.00	35.84	10.36
184.26	11.42	124.77	195.06	19.04	3.62	9.33	2.38	45.33	4.89
1133.02	13.64	422.77	677.10	388.84	57.65	34.34	14.22	81.08	241.25
61.05	90.22		160.41	0.55				415.24	
242.34	215.25	180.88	843.72	172.46	164.31	9.61	10.61	497.48	52.95
207.19	150.44	39.88	99.06	17.77	15.04	27.17	11.24	23.04	0.26
4.44	32.84	0.67	23.65	1.63		0.60	6.97	2.58	
655.07	77.21	373.35	1029.28	273.82	23.36	19.72	22.12	260.08	119.38
270.58	35.30	29.68	1350.36	45.21	67.63	77.57	90.43	177.97	51.18
32.29	66.18	0.81	542.82	137.67	205.54	201.67	13.84	111.47	
390.99	48.75	19.61	1150.31	94.13	79.32	16.40	13.31	21.78	
472.83	66.28	41.03	1554.59	344.98	42.18	28.29	10.32	201.13	62.34
645.89	145.96	36.05	729.83	160.74	24.90	37.97	5.52	101.15	1.67
695.11	93.24	42.23	634.46	209.82	20.41	46.04	4.54	58.42	
538.10	63.45	40.49	700.02	232.23	11.07	0.43	25.26	175.30	
153.06	24.77	1.24	111.15	22.96	0.42	8.28	3.85	16.10	0.46
2002.40	1000.94	99.92	4281.40	3194.87	40.10	87.30	34.66	478.09	9.18
15001.89	1079.99	55.46	1077.47	185.18	27.87	444.27	127.73	3164.28	219.04
340.93	32.89	5.39	113.09	2.29	5.94	16.21	3.00	21.03	
70.02	0.93	6.24	14.41	1.34	0.20	4.47		9.94	0.34
2.50	1.13	28.40	451.48	1.71	11.32	3.11	2.22	18.07	8.25
11.60	45.13	1.12	0.18		0.20				1.16
793.82	245.52	288.48	526.92	13.88	159.83	99.64	121.57	290.21	114.92
64.97	51.63	3.60	74.03		2.41	2.96	1.03	4.66	
104.11	11.08	7.48	46.09	5.22	1.80	0.83	2.07	11.99	2.08

Note: Data in this table are calculated at current prices.

12-12 续表

单位：亿元

项　　目	Item	东莞 Dongguan	中山 Zhongshan
全省总计	**Provincial Total**	**12744.42**	**6345.28**
按经济类型分	Grouped by Ownership		
在总计中：国有控股工业	Of the Total:State-holding Industry	721.84	528.12
国有工业	State-owned Industry	1.91	
集体工业	Collective-owned Industry	27.17	32.77
股份合作工业	Share-holding Cooperative Industry	1.62	
股份制工业	Share-holding Industry	5565.15	2804.86
外商投资工业	Foreign-funded Industry	2924.84	2065.49
港澳台投资工业	Industry with Funds from Hong Kong, Macao and Taiwan	4186.36	1354.41
按轻重工业分	Grouped by Light and Heavy Industries		
轻工业	Light Industry	4650.00	3313.79
重工业	Heavy Industry	8094.42	3031.49
按企业规模分	Grouped by Size of Enterprises		
大型企业	Large Enterprises	6045.12	2534.25
中型企业	Medium Enterprises	3790.94	1923.17
小微型企业	Smal and Micro Enterprises	2908.36	1887.86
按行业分	Grouped by Sector		
煤炭开采和洗选业	Mining and Washing of Coal		
石油和天然气开采业	Extraction of Petroleum and Natural Gas		
黑色金属矿采选业	Mining and Dressing of Ferrous Metal Ores		
有色金属矿采选业	Mining and Dressing of Nonferrous Metal Ores		
非金属矿采选业	Mining and Dressing of Nonmetal Ores	0.33	1.73
开采辅助活动	Auxiliary Minning Operations		
其他采矿业	Mining and Dressing of Other Ores		
农副食品加工业	Processing of Farm and Sideline Food	331.79	51.17
食品制造业	Manufacture of Food	111.98	174.19
酒、饮料和精制茶制造业	Manufacture of Wine, Beverage and Refined Tea	82.20	94.15
烟草制品业	Tobacco Products		
纺织业	Textile Industry	164.29	184.66
纺织服装、服饰业	Manufacture of Textile Garments, Footwear and Headgear	537.82	344.65
皮革、毛皮、羽毛及其制品和制鞋业	Leather, Fur, Feather, Down and Related Products	354.64	125.06
木材加工和木、竹、藤、棕、草制品业	Timber Processing, Bamboo, Cane, Palm Fiber & Straw Products	18.28	24.97
家具制造业	Manufacture of Furniture	270.41	123.06
造纸和纸制品业	Papermaking and Paper Products	572.55	143.73
印刷和记录媒介复制业	Printing and Record Medium Reproduction	151.59	81.79
文教、工美、体育和娱乐用品制造业	Manufacture of Cultural, Educational,Sports and Entertainment Articles	425.22	140.32
石油加工、炼焦和核燃料加工业	Petroleum Refining, Coking and Nuclear Fuel Processing	7.81	3.88
化学原料和化学制品制造业	Manufacture of Raw Chemical Materials and Chemical Products	286.63	240.74
医药制造业	Manufacture of Medicines	21.06	205.01
化学纤维制造业	Manufacture of Chemical Fibers	12.86	1.14
橡胶和塑料制品业	Rubber and Plastic Products	621.22	333.35
非金属矿物制品业	Nonmetal Mineral Products	185.76	101.28
黑色金属冶炼和压延加工业	Smelting and Pressing of Ferrous Metals	50.30	30.93
有色金属冶炼和压延加工业	Smelting and Pressing of Nonferrous Metals	73.62	51.02
金属制品业	Metal Products	368.70	315.12
通用设备制造业	Manufacture of General-purpose Machinery	538.85	422.04
专用设备制造业	Manufacture of Special-purpose Machinery	275.84	127.54
汽车制造业	Manufacture of Automobile	145.84	135.92
铁路、船舶、航空航天和其他运输设备制造业	Manufacture of Railway ,Ship,Aeronautics and Other Transport equipment	70.34	96.81
电气机械和器材制造业	Manufacture of Electrical Machinery and Equipment	996.74	1233.35
计算机、通信和其他电子设备制造业	Manufacture of Communication Equipment, Computers and Other Electronic Equipment	5186.94	1006.20
仪器仪表制造业	Manufacture of Instruments and Meters	145.31	87.71
其他制造业	Other Manufactures	35.54	50.80
废弃资源综合利用业	Comprehensive Utilization of Waste	1.64	7.55
金属制品、机械和设备修理业	Manufacture of Metal Products,Machinery and Equipment Maintenance	1.19	0.20
电力、热力生产和供应业	Production and Supply of Electric Power and Heat Power	626.77	271.35
燃气生产和供应业	Production and Supply of Gas	38.68	91.23
水的生产和供应业	Production and Supply of Water	31.67	42.62

12-12 continued

(100 million yuan)

江门 Jiangmen	阳江 Yangjiang	湛江 Zhanjiang	茂名 Maoming	肇庆 Zhaoqing	清远 Qingyuan	潮州 Chaozhou	揭阳 Jieyang	云浮 Yunfu
3998.76	**1990.04**	**2272.40**	**2328.05**	**4034.37**	**1680.13**	**1325.80**	**4803.12**	**1099.49**
367.52	329.15	576.88	961.24	270.19	293.24	160.36	222.28	97.64
19.62	18.23	57.54	31.29	29.58	35.27	43.26	59.26	0.55
5.60	5.55	6.24	9.23	5.59	1.30	6.22	61.43	6.04
0.24		0.22	2.82			14.94		2.54
1860.30	1394.59	1535.14	2048.05	2385.83	1066.01	850.05	3369.96	783.20
520.96	234.61	80.72	24.05	575.73	124.61	92.91	207.72	40.56
1498.27	243.27	519.57	75.90	874.04	442.43	173.67	559.85	226.92
2058.71	956.78	1264.66	721.09	1244.09	353.69	811.21	3389.32	391.54
1940.05	1033.27	1007.74	1606.96	2790.28	1326.43	514.59	1413.80	707.95
1155.70	385.83	521.80	915.62	834.08	391.50	152.95	719.88	132.95
1391.89	719.83	788.94	296.26	1814.16	866.66	432.94	1706.49	332.50
1451.16	884.39	961.66	1116.18	1386.13	421.97	739.91	2376.75	634.03
		162.97						
			7.30	59.35	1.83			0.74
		1.11	1.85	20.33	1.80		2.61	7.51
13.59	1.12	39.38	84.76	75.07	5.28		10.23	29.46
		6.25		3.46				
		0.24						
149.41	153.61	500.53	257.32	54.07	48.40	47.57	149.92	51.48
97.95	36.39	25.82	37.21	42.75	20.17	70.21	201.00	9.37
30.02	9.92	34.40	15.88	31.58	17.66	13.60	26.01	4.15
	1.16	20.33						
150.65	9.79	14.55	24.97	104.13	39.27	4.23	510.46	28.64
134.36	51.72	4.42	25.68	70.57	10.89	46.17	783.36	21.74
96.36	23.60	30.96	72.31	168.01	86.87	66.08	394.84	26.85
24.88	81.27	109.28	100.52	124.88	5.83	1.93	13.70	14.74
83.31	37.45	113.62	23.45	82.30	3.91	2.80	35.94	4.03
162.67	18.54	163.76	11.70	75.06	23.65	32.39	80.31	22.67
50.12	20.39	15.12	1.16	51.30	20.58	56.92	86.63	2.84
32.15	8.00	5.80	31.09	87.70	29.48	15.92	157.50	5.23
3.98		202.75	878.11	3.46			0.03	
493.16	20.75	66.42	252.58	375.65	83.55	27.79	99.78	81.90
20.66	21.60	20.54	33.28	55.54	8.87	12.69	242.46	24.72
13.56				3.55			18.69	
165.02	54.16	41.35	55.64	185.46	38.59	22.73	350.96	24.43
223.27	122.04	104.08	152.86	457.56	323.88	420.73	220.29	366.29
36.99	161.41	18.82	27.50	34.26	58.93	1.92	375.71	
70.00	262.69	13.32	1.39	288.92	191.64	42.66	15.32	14.14
516.86	548.26	52.93	25.55	577.60	46.30	94.87	324.24	129.67
113.91	23.35	11.87	8.48	60.38	29.01	14.87	18.20	22.67
50.60	16.57	51.29	21.61	56.27	4.25	3.52	62.74	14.55
76.21	2.29	8.14		70.00	15.13		9.17	8.36
279.69	2.05	1.73	0.28	15.87	1.60		16.42	1.53
370.22	31.98	246.66	16.86	88.44	70.61	27.49	191.55	39.63
244.12	12.59	11.82	30.18	295.37	40.34	40.24	127.40	58.08
0.46	4.90		0.47	8.44	1.01	1.26	13.51	0.35
12.23	9.98	0.28		8.97	0.92	1.27	6.82	1.52
2.41	55.91	11.48	2.90	213.15	266.49	0.88	31.04	3.66
0.87		0.69		4.16			9.58	1.41
269.60	168.80	139.13	117.54	156.08	179.04	158.18	209.57	72.90
	9.65	15.06	1.97	13.58		94.93		1.93
9.49	8.11	5.48	5.63	11.12	4.35	1.98	7.12	2.31

12-13 各市规模以上工业增加值（2015年）

单位：亿元

项　　目	Item	全省 Provincial Total	广州 Guangzhou
全省总计	**Provincial Total**	**29446.21**	**4535.25**
按经济类型分	Grouped by Ownership		
在总计中：国有控股工业	Of the Total:State-holding Industry	5051.87	1302.95
国有工业	State-owned Industry	173.46	27.44
集体工业	Collective-owned Industry	116.59	24.92
股份合作工业	Share-holding Cooperative Industry	23.10	3.54
股份制工业	Share-holding Industry	16289.21	1787.00
外商投资工业	Foreign-funded Industry	5689.44	1987.39
港澳台投资工业	Industry with Funds from Hong Kong, Macao and Taiwan	6545.58	678.85
按轻重工业分	Grouped by Light and Heavy Industries		
轻工业	Light Industry	11387.50	1770.01
重工业	Heavy Industry	18058.71	2765.24
按企业规模分	Grouped by Size of Enterprises		
大型企业	Large Enterprises	13698.60	2729.54
中型企业	Medium Enterprises	7864.85	752.51
小微型企业	Small and Micro Enterprises	7882.76	1053.20
按行业分	Grouped by Sector		
煤炭开采和洗选业	Mining and Washing of Coal		
石油和天然气开采业	Extraction of Petroleum and Natural Gas	382.91	
黑色金属矿采选业	Mining and Dressing of Ferrous Metal Ores	41.35	
有色金属矿采选业	Mining and Dressing of Nonferrous Metal Ores	25.72	
非金属矿采选业	Mining and Dressing of Nonmetal Ores	111.53	0.61
开采辅助活动	Auxiliary Minning Operations	15.96	
其他采矿业	Mining and Dressing of Other Ores	0.06	
农副食品加工业	Processing of Farm and Sideline Food	449.72	30.67
食品制造业	Manufacture of Food	578.51	156.69
酒、饮料和精制茶制造业	Manufacture of Wine, Beverage and Refined Tea	323.90	98.66
烟草制品业	Tobacco Products	348.79	164.54
纺织业	Textile Industry	588.12	49.61
纺织服装、服饰业	Manufacture of Textile Garments, Footwear and Headgear	1021.83	141.40
皮革、毛皮、羽毛及其制品和制鞋业	Leather, Fur, Feather, Down and Related Products	689.57	85.85
木材加工和木、竹、藤、棕、草制品业	Timber Processing, Bamboo, Cane, Palm Fiber & Straw	206.52	7.71
家具制造业	Manufacture of Furniture	465.33	56.76
造纸和纸制品业	Papermaking and Paper Products	424.00	19.56
印刷和记录媒介复制业	Printing and Record Medium Reproduction	333.29	28.71
文教、工美、体育和娱乐用品制造业	Manufacture of Cultural, Educational and Sports Articles	771.06	101.50
石油加工、炼焦和核燃料加工业	Petroleum Refining, Coking and Nuclear Fuel Processing	810.57	198.66
化学原料和化学制品制造业	Manufacture of Raw Chemical Materials and Chemical Products	1487.10	535.78
医药制造业	Manufacture of Medicines	439.63	79.41
化学纤维制造业	Manufacture of Chemical Fibers	33.16	1.78
橡胶和塑料制品业	Rubber and Plastic Products	1149.90	90.46
非金属矿物制品业	Nonmetal Mineral Products	1236.36	37.03
黑色金属冶炼和压延加工业	Smelting and Pressing of Ferrous Metals	364.65	15.57
有色金属冶炼和压延加工业	Smelting and Pressing of Nonferrous Metals	474.08	38.58
金属制品业	Metal Products	1354.42	79.95
通用设备制造业	Manufacture of General-purpose Equipment	806.32	171.16
专用设备制造业	Manufacture of Special-purpose Equipment	696.83	53.83
汽车制造业	Manufacture of Transport Equipment	1443.89	997.66
铁路、船舶、航空航天和其他运输设备制造业	Manufacture of Railway ,Ship,Aeronautics and Other Transport equipment	261.93	80.95
电气机械和器材制造业	Manufacture of Electrical Machinery and Equipment	2703.24	192.10
计算机、通信和其他电子设备制造业	Manufacture of Communication Equipment, Computers and Other Electronic Equipment	6499.71	425.27
仪器仪表制造业	Manufacture of Instruments and Meters	253.08	22.70
其他制造业	Other Manufactures	64.59	3.90
废弃资源综合利用业	Comprehensive Utilization of Waste	247.11	7.67
金属制品、机械和设备修理业	Manufacture of Metal Products,Machinery and Equipment Maintenance	41.70	24.80
电力、热力生产和供应业	Production and Supply of Electric Power and Heat Power	1929.80	386.21
燃气生产和供应业	Production and Supply of Gas	201.82	100.12
水的生产和供应业	Production and Supply of Water	168.18	49.38

注：本表工业增加值按收入法、当年价格计算。

Value-added of Industry above Designated Size by City (2015)

(100 million yuan)

深圳 Shenzhen	珠海 Zhuhai	汕头 Shantou	佛山 Foshan	#顺德 Shunde	韶关 Shaoguan	河源 Heyuan	梅州 Meizhou	惠州 Huizhou	汕尾 Shanwei
6426.39	**916.94**	**694.62**	**4364.33**	**1357.02**	**309.71**	**327.57**	**214.34**	**1617.38**	**245.10**
1178.97	358.31	92.24	221.33	3.40	133.18	32.12	86.11	334.04	32.25
4.03	0.14	14.43	5.79	0.21	15.12	5.29	7.94	6.80	4.07
2.12	0.40	3.53	20.16	0.18	2.08	0.11	0.32	3.26	15.13
0.18		2.76	10.34		0.06		0.31		
3985.93	510.10	481.54	2841.09	902.31	239.94	207.63	163.68	627.19	120.35
825.08	217.46	88.27	608.96	119.40	11.08	28.46	15.91	478.13	12.10
1601.11	188.76	60.98	737.13	316.96	36.10	82.48	21.80	462.00	77.72
1259.93	398.52	495.98	2080.85	974.10	126.51	93.19	101.29	420.72	124.99
5166.46	518.41	198.65	2283.48	382.92	183.20	234.38	113.05	1196.66	120.11
4332.34	466.29	106.85	1629.19	918.87	64.91	96.46	85.88	881.30	162.74
1185.03	288.55	299.17	1266.42	232.15	132.96	115.27	72.98	367.21	47.63
909.02	162.09	288.60	1468.72	206.00	111.84	115.83	55.48	368.87	34.73
209.73	40.14								
					4.37	11.86	1.00	1.45	
		0.46			16.11	1.03	1.01	0.27	
			0.88		11.94	10.70	1.33	15.98	
12.30									
26.90	4.89	12.85	45.17	7.29	1.85	4.41	1.87	13.65	4.24
13.20	16.45	10.43	108.29	8.42	1.87	5.49	1.42	5.90	2.00
34.87	5.04	2.40	57.83	3.20	3.21	9.23	2.87	11.77	0.84
54.39		1.59			50.90		61.79		
17.70	4.29	47.81	158.37	21.86	7.03	9.03	0.82	15.97	5.71
85.26	12.32	128.33	104.49	26.38	1.36	5.89	1.67	33.63	38.75
48.11	5.76	5.69	68.02	5.27	1.32	5.99	4.42	62.52	4.57
3.33	1.33		30.33	6.69	8.74	1.76	0.49	16.73	0.34
33.61	4.01	23.10	110.22	20.39	1.54	0.72	5.35	38.72	
34.97	8.09	18.15	59.33	7.14	1.98	1.04	0.20	5.12	1.87
69.75	3.87	30.64	42.72	4.27	0.98	3.10	0.89	9.57	0.54
104.09	3.78	105.37	119.28	61.18	16.31	10.30	3.99	23.44	44.10
23.00	13.23		29.71	0.09				133.08	
54.85	20.96	36.66	183.37	32.34	40.24	1.90	2.02	126.18	2.23
84.40	44.48	12.11	28.55	6.88	6.51	7.29	1.80	5.99	0.07
1.66	10.71	0.16	6.50	0.47		0.18	0.67	0.58	
182.96	15.70	81.89	221.30	57.22	5.91	5.54	3.46	61.75	25.60
77.25	6.79	5.26	342.43	10.26	14.88	16.04	21.71	50.35	5.84
3.66	11.89	0.12	90.44	18.55	8.45	48.77	1.99	24.53	
8.62	12.77	3.31	199.46	11.20	5.40	1.63	1.08	4.08	
137.85	19.82	9.22	325.27	76.75	10.26	5.77	1.81	51.51	10.67
143.43	41.75	8.36	162.60	32.89	5.39	8.15	1.12	24.02	0.41
240.55	27.74	11.71	150.72	50.74	4.08	11.21	1.20	15.64	
67.95	16.26	8.41	167.49	59.73	2.44	0.11	5.17	51.62	
45.40	3.84	0.33	22.81	4.34	0.10	1.71	0.73	4.65	0.11
433.75	260.38	14.56	987.15	764.50	10.90	19.53	3.83	97.97	2.22
3718.03	185.83	13.39	250.71	51.40	7.45	80.57	30.95	607.60	49.37
97.30	13.46	1.33	29.05	0.63	2.72	4.58	0.97	6.21	
19.96	0.38	1.38	3.49	0.34	0.05	0.92		2.81	0.08
2.78	0.24	4.40	86.33	0.49	2.29	0.67	0.48	2.85	0.73
4.52	7.31	0.41	0.03		0.11				0.24
263.17	84.09	90.83	133.72	4.04	51.31	31.32	44.96	86.29	43.84
22.96	2.97	0.91	22.10		0.61	0.75	0.26	1.16	
44.11	6.37	3.07	16.15	2.09	1.06	0.38	1.02	3.78	0.72

Note: Data of value-added of industry in this table are calculated with income approach and at current prices.

12-13 续表

单位：亿元

项　目	Item	东 莞 Dongguan	中 山 Zhongshan
全省总计	**Provincial Total**	**2611.96**	**1281.05**
按经济类型分	Grouped by Ownership		
在总计中：国有控股工业	Of the Total:State-holding Industry	185.21	93.80
国有工业	State-owned Industry	0.63	
集体工业	Collective-owned Industry	12.35	7.32
股份合作工业	Share-holding Cooperative Industry	0.62	
股份制工业	Share-holding Industry	965.37	556.23
外商投资工业	Foreign-funded Industry	596.33	387.84
港澳台投资工业	Industry with Funds from Hong Kong, Macao and Taiwan	1028.88	312.64
按轻重工业分	Grouped by Light and Heavy Industries		
轻工业	Light Industry	1114.68	729.37
重工业	Heavy Industry	1497.28	551.68
按企业规模分	Grouped by Size of Enterprises		
大型企业	Large Enterprises	1132.66	504.70
中型企业	Medium Enterprises	860.33	431.23
小微型企业	Small and Micro Enterprises	618.98	345.11
按行业分	Grouped by Sector		
煤炭开采和洗选业	Mining and Washing of Coal		
石油和天然气开采业	Extraction of Petroleum and Natural Gas		
黑色金属矿采选业	Mining and Dressing of Ferrous Metal Ores		
有色金属矿采选业	Mining and Dressing of Nonferrous Metal Ores		
非金属矿采选业	Mining and Dressing of Nonmetal Ores	0.09	0.47
开采辅助活动	Auxiliary Minning Operations		
其他采矿业	Mining and Dressing of Other Ores		
农副食品加工业	Processing of Farm and Sideline Food	22.98	5.55
食品制造业	Manufacture of Food	36.30	83.63
酒、饮料和精制茶制造业	Manufacture of Wine, Beverage and Refined Tea	21.92	21.45
烟草制品业	Tobacco Products		
纺织业	Textile Industry	46.23	34.47
纺织服装、服饰业	Manufacture of Textile Garments, Footwear and Headgear	135.18	71.94
皮革、毛皮、羽毛及其制品和制鞋业	Leather, Fur, Feather, Down and Related Products	126.18	32.51
木材加工和木、竹、藤、棕、草制品业	Timber Processing, Bamboo, Cane, Palm Fiber & Straw Products	4.14	5.78
家具制造业	Manufacture of Furniture	65.05	28.29
造纸和纸制品业	Papermaking and Paper Products	112.28	25.50
印刷和记录媒介复制业	Printing and Record Medium Reproduction	50.15	8.83
文教、工美、体育和娱乐用品制造业	Manufacture of Cultural, Educational and Sports Articles	111.54	42.53
石油加工、炼焦和核燃料加工业	Petroleum Refining, Coking and Nuclear Fuel Processing	2.35	1.17
化学原料和化学制品制造业	Manufacture of Raw Chemical Materials and Chemical Products	52.68	67.91
医药制造业	Manufacture of Medicines	9.92	47.59
化学纤维制造业	Manufacture of Chemical Fibers	1.90	0.28
橡胶和塑料制品业	Rubber and Plastic Products	155.56	68.18
非金属矿物制品业	Nonmetal Mineral Products	46.19	23.20
黑色金属冶炼和压延加工业	Smelting and Pressing of Ferrous Metals	9.69	3.94
有色金属冶炼和压延加工业	Smelting and Pressing of Nonferrous Metals	20.12	5.25
金属制品业	Metal Products	116.45	60.53
通用设备制造业	Manufacture of General-purpose Machinery	86.18	88.10
专用设备制造业	Manufacture of Special-purpose Machinery	82.88	27.26
汽车制造业	Manufacture of Automobile	38.95	35.27
铁路、船舶、航空航天和其他运输设备制造业	Manufacture of Railway ,Ship,Aeronautics and Other Transport equipment	15.84	15.50
电气机械和器材制造业	Manufacture of Electrical Machinery and Equipment	225.78	212.36
计算机、通信和其他电子设备制造业	Manufacture of Communication Equipment, Computers and Other Electronic Equipment	765.77	159.19
仪器仪表制造业	Manufacture of Instruments and Meters	47.46	18.79
其他制造业	Other Manufactures	9.75	12.24
废弃资源综合利用业	Comprehensive Utilization of Waste	0.35	0.60
金属制品、机械和设备修理业	Manufacture of Metal Products,Machinery and Equipment Maintenance	0.34	0.04
电力、热力生产和供应业	Production and Supply of Electric Power and Heat Power	173.11	55.69
燃气生产和供应业	Production and Supply of Gas	7.24	10.12
水的生产和供应业	Production and Supply of Water	11.39	6.92

12-13 continued

(100 million yuan)

江门 Jiangmen	阳江 Yangjiang	湛江 Zhanjiang	茂名 Maoming	肇庆 Zhaoqing	清远 Qingyuan	潮州 Chaozhou	揭阳 Jieyang	云浮 Yunfu
965.74	**452.02**	**721.26**	**757.29**	**961.07**	**396.65**	**352.08**	**1054.89**	**240.58**
104.36	62.73	200.65	345.49	66.89	71.38	51.83	69.46	28.55
4.60	5.00	17.25	13.44	5.19	8.84	12.40	14.94	0.14
1.23	1.16	1.88	3.07	2.52	0.36	1.14	12.40	1.11
0.06		0.07	1.05			3.41		0.71
415.86	316.40	413.67	666.84	571.11	248.20	225.69	774.57	170.81
120.31	49.55	17.37	6.21	138.04	23.51	23.97	44.69	8.75
403.69	56.54	252.00	25.07	202.25	113.10	47.43	108.32	48.72
509.17	217.70	320.29	212.94	294.46	92.50	208.20	744.49	71.72
456.57	234.32	400.97	544.34	666.62	304.15	143.88	310.41	168.85
342.50	76.99	229.71	328.54	190.64	93.34	46.79	166.92	30.32
319.02	178.50	225.80	88.88	447.66	201.93	126.14	394.29	63.34
304.23	196.53	265.75	339.87	322.77	101.38	179.15	493.69	146.92
		133.04						
			3.22	18.64	0.60			0.21
		0.54	0.85	1.28	0.65		1.28	2.23
3.23	0.30	11.14	28.16	17.02	1.46		0.44	7.76
		2.83		0.83				
		0.06						
20.18	31.15	86.40	63.25	11.12	14.42	8.40	34.10	5.68
25.46	8.46	6.96	12.03	11.13	4.47	17.32	48.81	2.19
9.75	1.79	10.83	4.69	9.39	7.41	2.85	5.89	1.23
	0.20	15.37						
33.96	2.46	2.91	7.57	25.12	7.60	1.05	106.04	4.38
37.49	12.45	0.93	7.50	16.85	3.41	13.94	162.19	6.84
22.79	6.30	8.89	24.62	40.13	23.19	17.72	88.88	6.08
5.46	18.26	32.13	32.28	29.33	1.51	0.34	3.36	3.17
19.50	7.44	35.26	7.06	19.82	0.86	0.63	6.50	0.89
32.27	4.65	48.79	2.74	15.92	3.53	7.87	16.19	3.95
18.86	5.02	4.62	0.31	13.99	5.36	14.53	20.02	0.83
7.14	1.03	0.75	10.43	20.04	7.44	4.74	32.19	1.04
1.20		89.63	317.90	0.64			0.01	
140.17	3.94	14.00	65.10	80.83	13.33	7.00	16.37	21.61
7.92	4.70	6.15	11.07	10.16	2.39	4.11	59.39	5.62
2.23				1.29			5.23	
38.49	13.62	9.43	19.83	46.70	10.45	8.28	81.27	3.52
48.48	28.61	29.54	51.55	110.61	84.79	112.92	34.71	88.18
7.52	25.09	2.79	9.43	8.06	9.50	0.28	82.90	
14.02	47.91	3.01	0.21	64.70	35.12	2.85	3.85	2.10
120.98	127.64	15.02	6.55	124.43	10.18	23.40	77.29	19.84
23.92	6.71	2.38	2.38	12.90	5.95	3.61	3.46	4.36
11.11	4.26	15.06	5.86	12.26	1.44	1.00	17.08	1.94
20.82	0.58	3.43		18.56	4.94		2.14	2.08
59.99	0.51	0.44	0.07	4.80	0.38		3.38	0.38
77.63	8.19	70.99	4.74	20.60	10.41	5.53	37.33	7.29
57.24	3.65	1.32	9.59	66.63	11.78	19.00	24.32	12.03
0.21	1.30		0.16	1.96	0.69	0.44	3.53	0.22
2.90	2.43	0.04		1.87	0.24	0.36	1.40	0.38
0.47	12.00	3.10	0.64	53.20	62.88	0.19	4.16	1.04
0.20		0.12		0.83			2.41	0.33
89.19	55.96	47.36	44.01	61.91	47.65	50.49	66.55	22.14
	2.44	3.82	0.50	3.44		21.94		0.49
4.97	2.95	2.22	2.98	4.08	2.62	1.26	2.20	0.55

12-14 规模以上工业企业主要经济指标
Main Indicators of Industrial Enterprises above Designated Size

年份 Year	全部就业人员平均人数(万人) Annual Average Number of Employed Persons (10000 persons)	总产值(亿元) Gross Output Value of Industry (100 million yuan)	固定资产原价(亿元) Original Value of Fixed Assets (100 million yuan)	主营业务收入(亿元) Principal Business Revenue (100 million yuan)	利税总额(亿元) Total Pre-tax Profits (100 million yuan)	百元固定资产实现利税(元) Pre-tax Profits per 100 yuan of Original Value of Fixed Assets (yuan)	总资产贡献率 Ratio of Total Assets to Industrial Output Value	产值利税率(%) Ratio of Pre-tax Profits to Gross Output Value (%)	百元主营业务收入实现利税(元) Pre-tax Profits per 100 yuan of Main Business Revenue (yuan)	全员劳动生产率(元/人) Overall Labor Productivity (yuan/person)
1978	170.51	168.91	111.42		32.91	29.54		19.48		9906
1979	171.76	181.96	129.09	170.09	34.48	26.71		18.45	20.27	10594
1980	182.39	198.83	136.59	189.97	38.51	28.19		19.37	20.27	10902
1981	189.08	226.26	152.58	215.09	42.12	27.60		18.61	19.58	11966
1982	194.33	245.54	172.00	231.20	44.62	25.94		18.17	19.30	12635
1983	197.50	275.25	226.58	226.91	48.59	21.45		17.65	21.42	13937
1984	241.42	336.45	221.46	313.33	56.83	25.66		16.89	18.14	13937
1985	298.66	438.91	269.13	412.77	75.99	29.23		17.31	18.41	14696
1986	323.16	522.35	335.19	498.80	80.90	24.14		15.49	16.22	16164
1987	353.95	711.04	433.95	692.47	102.24	23.56		14.38	14.76	20089
1988	382.19	1056.47	540.37	1016.20	140.65	26.03		13.31	13.84	27643
1989	387.90	1321.33	700.66	1222.20	138.71	19.80		10.50	11.35	34064
1990	390.28	1379.98	843.88	1287.91	121.50	14.40		8.80	9.43	35359
1991	433.18	2018.62	1339.04	1875.02	188.08	14.05		9.32	10.03	46600
1992	450.99	2696.47	1485.36	2537.84	248.78	22.32		9.23	9.80	59790
1993	478.39	4085.35	2099.09	3920.98	397.40	18.93		9.73	10.14	85379
1994	537.57	5325.35	3309.63	4826.68	478.41	14.46		8.89	9.91	99063
1995	537.83	6325.19	4298.15	6195.84	445.53	10.37		7.04	7.19	117606
1996	529.13	7308.51	5066.23	6808.08	489.26	9.66		6.69	7.19	36094
1997	522.94	8201.71	5904.95	7767.79	617.90	10.46	7.54	7.53	7.95	40040
1998	548.59	9738.56	6968.36	9243.42	622.82	8.94	7.37	6.40	6.74	44553
1999	537.77	10538.17	7399.10	10208.99	778.94	10.53	7.62	7.39	7.63	50307
2000	572.89	12480.93	8005.77	12380.65	1042.77	13.03	8.86	8.35	8.42	58836
2001	578.94	14035.35	8655.82	13891.46	1139.98	13.17	8.70	8.12	8.21	67012
2002	644.39	16378.60	9550.47	16247.73	1380.24	14.45	9.17	8.43	8.50	58940
2003	741.17	21513.46	10768.77	21566.93	1850.90	17.19	10.42	8.60	8.56	77150
2004	996.44	29554.92	12713.34	28998.45	2329.79	18.33	10.52	7.90	8.03	74661
2005	1085.65	35942.74	14453.16	34781.58	2877.81	19.91	11.29	8.01	8.27	86735
2006	1203.58	44674.75	17824.33	43550.87	3907.10	21.92	12.24	8.75	8.97	97882
2007	1307.40	55252.86	19763.42	53927.94	5105.93	25.83	13.59	9.24	9.46	107880
2008	1493.38	65424.61	24529.17	63371.65	6136.69	25.02	14.32	9.38	9.68	117940
2009	1436.02	68275.77	26293.23	66117.81	6793.59	25.84	14.18	9.95	10.27	126984
2010	1568.00	85824.64	33489.49	84114.85	9418.42	28.12	15.63	10.97	11.20	129709
2011	1463.86	94871.68	33244.26	92996.88	9608.33	28.9	14.98	10.13	10.33	147987
2012	1452.16	95602.09	35983.70	93821.74	9383.63	26.08	13.94	9.82	10.00	156463
2013	1455.81	109673.07	39339.68	106361.21	11008.36	27.98	14.53	10.04	10.35	182303
2014	1455.78	119713.04	43635.95	115451.13	11663.66	26.73	13.97	9.74	10.10	193633
2015	1439.33	124649.16	48104.10	119157.86	12375.00	25.73	13.58	9.93	10.39	204582

注：1．利税总额包括增值税。
2．全员劳动生产率1996年后按工业增加值计算。
3．1997年以前为独立核算工业企业，1998年起统计口径改为年主营业务收入500万元及以上的规模以上工业，2011年调整为年主营业务收入2000万元及以上工业企业。

Note: a) Total pre-tax profits include value-added tax.
b) Since 1996, figures of overall labor productivity have been calculated by value-added of industry.
c) From 1998 to 2010, data are statistics of industrial enterprises above designated size with annual principal business revenue of over 5 million yuan, while data prior to 1997 are statistics of industrial enterprises with independent accounting systems. Since 2011, data are statistics of legal person industrial enterprises with annual principal business revenue of over 20 million yuan.

12-15 规模以上国有控股工业企业主要经济指标
Main Indicators of State-owned and State-holding Industrial Enterprises above Designated Size

年份 Year	全部就业人员平均人数(万人) Annual Average Number of Employed Persons (10000 persons)	总产值(亿元) Gross Output Value of Industry (100 million yuan)	固定资产原价(亿元) Original Value of Fixed Assets (100 million yuan)	主营业务收入(亿元) Principal Business Revenue (100 million yuan)	利税总额(亿元) Total Pre-tax Profits (100 million yuan)	百元固定资产实现利税(元) Pre-tax Profits per 100 yuan of Original Value of Fixed Assets (yuan)	总资产贡献率 Ratio of Total Assets to Industrial Output Value	产值利税率(%) Ratio of Pre-tax Profits to Gross Output Value (%)	百元主营业务收入实现利税(元) Pre-tax Profits per 100 yuan of Main Business Revenue (yuan)	全员劳动生产率(元/人) Overall Labor Productivity (yuan/person)
1978	120.35	122.28	96.06		26.09	27.16		21.34		10159
1979	121.97	132.30	103.51	126.87	26.89	25.96		20.31	21.18	10847
1980	126.09	136.30	107.27	127.97	28.33	25.90		20.57	22.19	10829
1981	132.60	153.54	118.82	147.85	31.18	26.24		20.31	21.09	11579
1982	139.90	165.82	131.82	158.43	33.29	25.26		20.08	21.01	11853
1983	142.18	188.09	147.53	178.04	38.18	25.88		20.30	21.45	13228
1984	143.08	222.35	162.13	205.73	44.02	27.15		19.80	21.39	15540
1985	144.14	277.87	203.80	265.05	56.34	27.64		20.28	21.26	19278
1986	150.14	312.74	235.47	305.42	59.70	25.36		19.09	19.55	20829
1987	156.48	400.55	294.46	402.63	72.44	24.60		18.09	17.99	25598
1988	162.43	555.41	328.58	545.00	91.05	27.71		16.39	16.71	34194
1989	162.85	670.95	404.50	631.61	94.11	23.26		14.93	14.90	41200
1990	163.80	713.88	488.36	689.83	84.35	17.27		11.82	12.23	43582
1991	173.85	906.72	612.24	853.62	116.26	18.99		12.82	13.62	52155
1992	171.60	1118.86	751.42	1073.94	131.24	17.47		11.73	12.22	65202
1993	153.26	1371.58	856.85	1372.66	169.40	19.77		12.35	12.34	89494
1994	152.25	1498.80	1076.47	1400.87	176.81	16.42		11.80	12.62	98443
1995	142.83	1396.35	1315.16	1499.25	160.57	12.21		11.50	10.71	97763
1996	137.50	1476.12	1599.77	1555.28	139.01	8.69		9.42	8.94	34057
1997	124.71	1505.06	1794.89	1657.79	160.92	8.97		10.69	9.71	36596
1998	102.67	1453.79	1790.91	1616.64	163.10	9.11		11.22	10.09	47019
1999	128.16	3025.68	3520.17	3153.04	376.11	10.68	8.63	12.34	11.93	72606
2000	104.39	3126.12	3513.50	3583.55	433.35	12.33	9.09	13.86	12.09	91413
2001	91.77	3236.65	3982.54	3757.95	486.46	12.21	9.53	15.03	12.94	112515
2002	83.25	3264.46	3942.57	3800.38	483.25	12.26	9.34	14.80	12.72	132894
2003	75.20	3949.03	4603.66	4717.48	623.49	13.54	10.88	15.79	13.22	191590
2004	72.53	6039.24	4913.92	6031.47	779.41	15.86	12.39	12.91	12.92	213941
2005	69.42	6375.54	5153.83	6261.70	800.26	15.53	13.03	12.55	12.78	243447
2006	60.80	7253.17	6557.86	6887.69	1213.73	18.50	14.89	16.73	17.62	391250
2007	60.86	8603.94	6702.65	8258.85	1603.72	23.92	17.68	18.63	19.41	464322
2008	77.84	11144.50	8327.10	11045.88	1676.74	20.14	15.49	15.05	15.18	430063
2009	75.33	10790.11	9249.22	10637.39	1747.60	18.89	14.73	16.20	16.43	457743
2010	78.89	13166.37	10456.03	13418.41	2398.44	22.94	17.21	18.22	17.87	518203
2011	82.98	13927.70	10891.43	13871.28	1963.69	18.03	13.54	14.10	14.16	441471
2012	82.87	15529.16	12395.46	15602.52	2172.26	17.52	14.03	13.99	13.92	515822
2013	81.67	17525.16	13124.26	17095.26	2800.64	21.34	16.57	15.98	16.38	625429
2014	79.95	18225.94	14561.95	17804.39	2810.73	19.30	15.61	15.42	15.79	645329
2015	83.23	17032.30	15949.18	16453.02	2660.82	16.68	13.53	15.62	16.17	606956

注：1998年以前为国有工业，1999年起为国有及国有控股工业，2007年起改为国有控股工业。

Note: Data prior to 1998 are statistics of state-owned industrial enterprises,data since 1999 are statistics of state-owned and state-holding industrial enterprises, and data since 2007 are statistics of state-holding industrial enterprises.

12-16　规模以上工业企业主要经济指标（2015年）

单位：亿元

项　　目	Item	企业单位数（个） Number of Enterprises (unit)	工业总产值（当年价） Gross Industrial Output Value (at current prices)
全省总计	**Provincial Total**	**42134**	**124649.16**
按经济类型分	Grouped by Ownership		
在总计中：国有控股工业	Of the Total: State-holding Industry	1056	17032.30
国有工业	State-owned Industry	200	605.34
集体工业	Collective-owned Industry	212	445.29
股份合作工业	Share-holding Cooperative Industry	59	99.43
股份制工业	Share-holding Industry	26200	66999.09
外商投资工业	Foreign-funded Industry	4374	25952.65
港澳台投资工业	Industry with Funds from Hong Kong, Macao and Taiwan	9006	27825.74
按轻重工业分	Grouped by Light and Heavy Industries		
轻工业	Light Industry	21746	47604.61
重工业	Heavy Industry	20388	77044.55
按企业规模分	Grouped by Size of Enterprises		
大型企业	Large Enterprises	1575	55405.51
中型企业	Medium Enterprises	8880	33097.77
小微型企业	Small and Mciro Enterprises	31679	36145.87
按行业分	Grouped by Sector		
煤炭开采和洗选业	Mining and Washing of Coal		
石油和天然气开采业	Extraction of Petroleum and Natural Gas	4	521.71
黑色金属矿采选业	Mining and Dressing of Ferrous Metal Ores	54	127.53
有色金属矿采选业	Mining and Dressing of Nonferrous Metal Ores	34	74.72
非金属矿采选业	Mining and Dressing of Nonmetal Ores	267	385.54
开采辅助活动	Auxiliary Minning Operations	5	27.51
其他采矿业	Mining and Dressing of Other Ores	1	0.24
农副食品加工业	Processing of Farm and Sideline Food	936	3130.38
食品制造业	Manufacture of Food	705	1805.54
酒、饮料和精制茶制造业	Manufacture of Wine, Beverage and Refined Tea	259	1146.10
烟草制品业	Tobacco Products	11	460.90
纺织业	Textile Industry	1503	2639.51
纺织服装、服饰业	Manufacture of Textile Garments, Footwear and Headgear	2925	4073.91
皮革、毛皮、羽毛及其制品和制鞋业	Leather, Fur, Feather, Down and Related Products	1843	2460.87
木材加工和木、竹、藤、棕、草制品业	Timber Processing, Bamboo, Cane, Palm Fiber & Straw Products	548	841.51
家具制造业	Manufacture of Furniture	1257	1873.33
造纸和纸制品业	Papermaking and Paper Products	1058	2013.29
印刷和记录媒介复制业	Printing and Record Medium Reproduction	840	1218.89
文教、工美、体育和娱乐用品制造业	Manufacture of Cultural, Educational,Sports and Entertainment Articles	1598	3934.30
石油加工、炼焦和核燃料加工业	Petroleum Refining, Coking and Nuclear Fuel Processing	80	2331.04
化学原料和化学制品制造业	Manufacture of Raw Chemical Materials and Chemical Products	2165	6315.93
医药制造业	Manufacture of Medicines	398	1484.49
化学纤维制造业	Manufacture of Chemical Fibers	60	128.15
橡胶和塑料制品业	Rubber and Plastic Products	3344	4860.96
非金属矿物制品业	Nonmetal Mineral Products	2812	5007.36
黑色金属冶炼和压延加工业	Smelting and Pressing of Ferrous Metals	462	2332.54
有色金属冶炼和压延加工业	Smelting and Pressing of Nonferrous Metals	630	3181.13
金属制品业	Metal Products	3347	5855.38
通用设备制造业	Manufacture of General-purpose Machinery	1614	3646.22
专用设备制造业	Manufacture of Special-purpose Machinery	1451	2479.64
汽车制造业	Manufacture of Automobile	715	5955.96
铁路、船舶、航空航天和其他运输设备制造业	Manufacture of Railway ,Ship,Aeronautics and Other Transport equipment	397	1241.12
电气机械和器材制造业	Manufacture of Electrical Machinery and Equipment	4203	12428.41
计算机、通信和其他电子设备制造业	Manufacture of Communication Equipment, Computers and Other Electronic Equipment	4869	30658.71
仪器仪表制造业	Manufacture of Instruments and Meters	485	866.87
其他制造业	Other Manufactures	241	253.44
废弃资源综合利用业	Comprehensive Utilization of Waste	278	1151.96
金属制品、机械和设备修理业	Manufacture of Metal Products,Machinery and Equipment Maintenance	47	133.86
电力、热力生产和供应业	Production and Supply of Electric Power and Heat Power	338	6405.36
燃气生产和供应业	Production and Supply of Gas	96	789.54
水的生产和供应业	Production and Supply of Water	254	405.29

Main Economic Indicators of Industrial Enterprises above Designated Size (2015)

(100 million yuan)

工业增加值 Value-added of Industry	年末资产总计 Total Assets at the Year-end	流动资产合计 Total Working Capital	固定资产合计 Toatal Fixed Assets	主营业务收入 Principal Business Revenue	主营业务税金及附加 Tax and Extra Charges on Main Business	利润总额 Total Profits	利税总额 Total Pre-tax Profits	本年应交增值税 Value-added Tax Payable in Current Year	全部就业人员年平均人数(万人) Annual Average Number of Employed Persons (10000 persons)
29446.21	**95411.22**	**54715.38**	**26943.69**	**119157.86**	**1354.64**	**7723.16**	**12375.00**	**3284.50**	**1439.33**
5051.87	21190.57	7486.36	10072.96	16453.02	763.28	1196.46	2660.82	697.02	83.23
173.46	714.82	206.47	436.89	610.02	3.38	17.46	46.44	25.43	8.03
116.59	170.20	68.64	66.50	420.32	2.20	20.30	31.00	8.37	9.70
23.10	32.24	20.83	8.27	90.34	0.64	3.18	6.25	2.41	1.03
16289.21	54503.47	29465.88	16109.94	64450.57	919.37	4475.62	7363.29	1961.91	655.59
5689.44	17349.59	10748.96	4830.19	24520.06	191.35	1566.28	2418.18	656.30	254.45
6545.58	21797.61	13773.10	5184.49	26414.13	218.60	1470.77	2254.49	563.81	480.47
11387.50	33314.77	21247.15	7324.00	45465.16	465.17	2873.51	4625.77	1283.22	711.77
18058.71	62096.45	33468.22	19619.69	73692.70	889.46	4849.65	7749.23	2001.28	727.56
13698.60	43147.67	25660.51	11338.82	52771.47	856.77	3893.10	6410.53	1655.53	532.80
7864.85	26306.51	14565.54	7669.66	31454.07	295.38	1967.42	3063.60	796.80	520.90
7882.76	25957.05	14489.32	7935.22	34932.32	202.50	1862.64	2900.88	832.17	385.63
382.91	1054.27	69.25	562.28	493.02	41.82	124.53	194.12	27.76	0.57
41.35	139.92	63.60	37.45	119.37	2.29	10.53	19.75	6.93	0.82
25.72	54.43	22.55	19.24	76.08	1.04	7.00	11.86	3.82	0.79
111.53	160.60	63.16	68.07	367.80	6.24	33.39	53.52	13.86	2.85
15.96	47.14	18.39	26.50	27.29	0.73	5.05	5.97	0.19	0.24
0.06	0.04	0.01	0.02	0.22		0.01	0.02	0.01	0.01
449.72	2039.54	1446.48	361.35	3006.57	8.59	136.41	179.94	34.51	17.00
578.51	1342.13	810.94	352.72	1775.40	14.62	233.69	347.65	98.51	19.16
323.90	807.35	427.11	262.95	1062.76	20.84	92.04	164.91	51.84	9.71
348.79	527.29	398.50	123.24	434.68	222.25	46.59	319.29	50.45	0.78
588.12	1376.94	769.31	468.15	2530.24	11.82	135.84	206.37	58.55	37.96
1021.83	1872.26	1210.81	490.31	3919.14	21.15	171.61	288.09	95.08	96.14
689.57	1123.63	789.03	233.16	2390.29	14.42	97.62	169.87	57.59	72.75
206.52	436.90	223.11	139.14	797.33	6.38	57.02	89.90	26.44	8.87
465.33	1107.42	695.23	233.91	1803.34	9.08	94.56	154.72	50.89	34.32
424.00	1908.63	973.71	730.44	1893.14	6.99	92.23	142.54	43.23	23.13
333.29	920.07	538.63	243.47	1157.11	6.11	84.07	125.93	35.55	23.09
771.06	2365.51	1787.61	319.08	3889.63	11.67	131.99	197.05	53.32	78.25
810.57	1185.06	473.95	554.84	2321.45	428.93	125.92	682.82	124.63	2.66
1487.10	4274.18	2408.41	1238.84	5862.76	37.33	478.76	732.37	215.92	34.20
439.63	1975.89	1153.39	330.86	1407.88	9.79	175.97	249.96	64.11	12.82
33.16	121.47	61.59	41.99	122.87	0.56	10.85	14.80	3.39	1.44
1149.90	3091.33	1773.36	895.90	4667.57	23.48	234.22	364.58	106.59	83.90
1236.36	3577.27	1807.15	1303.25	4697.52	28.28	291.65	454.39	134.09	60.22
364.65	1818.16	598.53	700.22	2143.78	7.12	62.33	85.84	16.35	10.80
474.08	1916.58	1116.50	601.84	2943.67	8.61	110.88	158.97	39.44	14.76
1354.42	3207.61	1823.70	1019.72	5535.43	30.16	342.87	520.35	147.08	82.24
806.32	2948.46	2046.29	531.95	3448.07	16.37	235.39	336.60	84.49	46.26
696.83	2470.00	1533.57	513.55	2367.23	13.16	194.67	272.57	64.54	39.77
1443.89	4239.66	2650.47	1135.98	5724.30	122.48	468.72	777.20	184.76	38.02
261.93	1074.92	705.32	243.12	1120.84	4.66	58.97	83.28	19.59	13.26
2703.24	10079.31	7013.76	1623.46	11757.43	55.82	820.83	1193.31	316.21	173.63
6499.71	22256.73	15886.15	3343.53	29421.29	110.78	1680.27	2451.99	659.70	337.71
253.08	804.62	557.28	129.70	837.92	4.78	61.63	89.57	23.07	21.89
64.59	190.35	121.09	37.96	243.41	1.43	12.08	18.99	5.47	5.84
247.11	458.18	274.03	131.50	1133.08	4.27	95.36	123.41	23.77	4.33
41.70	158.98	103.91	47.32	131.86	0.70	9.69	14.04	3.65	1.93
1929.80	9965.13	1682.49	6800.79	6374.43	35.14	586.55	937.31	314.35	20.37
201.82	575.61	169.91	302.22	755.28	1.78	55.74	70.83	13.23	1.55
168.18	1737.67	447.11	743.68	396.37	2.97	55.63	70.33	11.52	5.30

12-17 规模以上国有控股工业企业主要经济指标（2015年）

单位：亿元

项目	Item	企业单位数（个）Number of Enterprises (unit)	工业总产值（当年价）Gross Industrial Output Value (at current prices)
全省总计	**Provincial Total**	**1056**	**17032.30**
按轻重工业分	Grouped by Light and Heavy Industries		
轻工业	Light Industry	357	2706.41
重工业	Heavy Industry	699	14325.89
按企业规模分	Grouped by Size of Enterprises		
大型企业	Large Enterprises	134	11742.66
中型企业	Medium Enterprises	329	2876.38
小微型企业	Small and Mciro Enterprises	593	2413.25
按行业分	Grouped by Sector		
煤炭开采和洗选业	Mining and Washing of Coal		
石油和天然气开采业	Extraction of Petroleum and Natural Gas	1	104.69
黑色金属矿采选业	Mining and Dressing of Ferrous Metal Ores	4	7.51
有色金属矿采选业	Mining and Dressing of Nonferrous Metal Ores	10	50.01
非金属矿采选业	Mining and Dressing of Nonmetal Ores	11	37.50
开采辅助活动	Auxiliary Minning Operations	3	20.02
其他采矿业	Mining and Dressing of Other Ores		
农副食品加工业	Processing of Farm and Sideline Food	55	265.39
食品制造业	Manufacture of Food	23	71.89
酒、饮料和精制茶制造业	Manufacture of Wine, Beverage and Refined Tea	18	150.44
烟草制品业	Tobacco Products	7	449.48
纺织业	Textile Industry	15	24.43
纺织服装、服饰业	Manufacture of Textile Garments, Footwear and Headgear	7	7.07
皮革、毛皮、羽毛及其制品和制鞋业	Leather, Fur, Feather, Down and Related Products	5	4.08
木材加工和木、竹、藤、棕、草制品业	Timber Processing, Bamboo, Cane, Palm Fiber & Straw Products	9	10.96
家具制造业	Manufacture of Furniture	2	3.05
造纸和纸制品业	Papermaking and Paper Products	14	78.11
印刷和记录媒介复制业	Printing and Record Medium Reproduction	26	28.31
文教、工美、体育和娱乐用品制造业	Manufacture of Cultural, Educational,Sports and Entertainment Articles	16	35.89
石油加工、炼焦和核燃料加工业	Petroleum Refining, Coking and Nuclear Fuel Processing	8	1925.68
化学原料和化学制品制造业	Manufacture of Raw Chemical Materials and Chemical Products	47	394.63
医药制造业	Manufacture of Medicines	36	170.13
化学纤维制造业	Manufacture of Chemical Fibers	1	13.75
橡胶和塑料制品业	Rubber and Plastic Products	29	105.48
非金属矿物制品业	Nonmetal Mineral Products	43	135.58
黑色金属冶炼和压延加工业	Smelting and Pressing of Ferrous Metals	18	444.66
有色金属冶炼和压延加工业	Smelting and Pressing of Nonferrous Metals	22	496.92
金属制品业	Metal Products	31	124.49
通用设备制造业	Manufacture of General-purpose Machinery	28	153.41
专用设备制造业	Manufacture of Special-purpose Machinery	18	53.11
汽车制造业	Manufacture of Automobile	24	1113.30
铁路、船舶、航空航天和其他运输设备制造业	Manufacture of Railway ,Ship,Aeronautics and Other Transport equipment	28	279.17
电气机械和器材制造业	Manufacture of Electrical Machinery and Equipment	49	979.86
计算机、通信和其他电子设备制造业	Manufacture of Communication Equipment, Computers and Other Electronic Equipment	85	2592.68
仪器仪表制造业	Manufacture of Instruments and Meters	8	21.71
其他制造业	Other Manufactures	1	2.37
废弃资源综合利用业	Comprehensive Utilization of Waste	5	3.71
金属制品、机械和设备修理业	Manufacture of Metal Products,Machinery and Equipment Maintenance	13	53.26
电力、热力生产和供应业	Production and Supply of Electric Power and Heat Power	214	6076.98
燃气生产和供应业	Production and Supply of Gas	22	329.38
水的生产和供应业	Production and Supply of Water	100	213.18

Main Economic Indicators of State-holding Industrial Enterprises above Designated Size (2015)

(100 million yuan)

工业增加值 Value-added of Industry	年末资产总计 Total Assets at the Year-end	流动资产合计 Total Working Capital	固定资产合计 Total Fixed Assets	主营业务收入 Principal Business Revenue	主营业务税金及附加 Tax and Other Charges on Principal Business	利润总额 Total Profits	利税总额 Total Pre-tax Profits	本年应交增值税 Value-added Tax Payable in Current Year	全部就业人员年平均人数(万人) Annual Average Number of Employed Persons (10000 persons)
5051.87	**21190.57**	**7486.36**	**10072.96**	**16453.02**	**763.28**	**1196.46**	**2660.82**	**697.02**	**83.23**
929.08	4129.13	2643.06	783.65	2836.98	236.28	265.06	629.69	128.03	22.26
4122.79	17061.44	4843.30	9289.30	13616.04	527.00	931.40	2031.12	568.99	60.97
3418.01	11854.41	4785.62	5183.97	11280.85	584.43	675.70	1754.56	491.77	55.43
940.06	4633.36	1487.02	2122.84	2719.09	151.97	252.98	507.99	102.58	20.26
693.79	4702.80	1213.73	2766.15	2453.08	26.88	267.78	398.26	102.68	7.54
40.14	296.36	23.10	268.75	45.93	3.44	6.63	15.20	5.13	0.04
3.82	25.60	6.27	4.79	6.50	0.22	-0.37	0.64	0.78	0.18
16.74	30.62	11.17	11.03	54.07	0.78	6.32	9.73	2.63	0.55
8.47	14.83	8.45	2.62	36.24	0.22	2.43	3.42	0.77	0.15
13.33	41.76	15.71	23.82	20.02	0.54	3.24	3.80	0.02	0.17
37.54	109.03	78.58	23.59	305.82	0.36	3.82	5.46	1.28	1.34
19.55	56.61	28.38	18.57	70.08	0.39	4.93	8.67	3.35	1.00
57.08	82.52	44.48	29.38	105.67	2.62	6.97	15.94	6.32	1.57
346.27	502.56	385.97	115.99	422.83	222.18	44.91	317.14	50.04	0.67
6.49	12.30	7.30	3.53	23.40	0.15	1.02	2.04	0.85	0.64
1.83	4.78	2.85	1.00	6.95	0.05	0.12	0.37	0.20	0.14
1.54	2.17	0.90	1.25	3.81	0.05	0.22	0.46	0.18	0.10
3.39	7.95	2.84	3.95	10.34	0.07	1.06	1.53	0.39	0.20
0.83	1.51	0.60	0.89	2.89	0.09	0.50	0.74	0.15	0.05
9.24	250.06	139.64	74.06	74.20	0.31	8.47	10.93	2.16	1.06
9.50	41.19	26.11	12.30	28.57	0.17	1.61	3.76	1.95	0.55
8.34	41.16	22.05	7.44	54.78	0.21	2.33	3.40	0.86	0.58
710.28	814.01	256.45	472.46	1912.30	421.19	97.45	633.45	113.60	1.80
105.86	375.29	103.04	244.12	386.58	3.06	39.70	65.22	22.46	1.08
57.73	348.74	165.68	41.77	179.81	1.50	22.53	33.62	9.56	2.52
5.53	11.49	8.68	1.30	13.40	0.10	3.93	4.87	0.83	0.04
28.12	197.50	86.99	74.39	112.76	0.53	6.77	10.49	3.15	1.87
37.93	184.02	66.84	86.06	119.85	0.57	10.66	18.62	7.32	0.96
16.83	1006.17	192.65	408.24	376.95	0.61	-35.82	-56.38	-21.16	2.21
51.76	226.27	117.35	69.82	467.01	1.26	12.76	19.59	5.57	0.99
30.73	147.26	84.17	37.86	106.03	0.61	5.73	9.55	3.21	1.75
47.49	272.04	196.27	38.51	147.75	1.16	38.59	47.97	8.20	2.00
18.08	138.88	70.15	32.32	54.22	0.37	4.74	5.83	0.68	1.04
292.91	575.71	319.39	160.52	1024.32	42.15	79.58	160.48	37.92	2.88
50.13	284.15	186.60	71.35	259.10	0.69	-1.86	3.55	4.72	2.29
233.77	1752.92	1414.10	84.44	1155.27	5.60	145.39	191.35	40.28	6.23
793.22	2738.44	1705.86	507.09	2203.55	16.72	88.37	169.83	64.61	21.92
6.45	21.13	18.66	1.81	22.64	0.13	2.49	3.74	1.11	0.34
1.20	1.16	0.36	0.80	2.06	0.01	0.43	0.54	0.10	0.12
0.90	5.53	1.20	1.98	3.55	0.02	0.14	0.29	0.13	0.01
23.66	98.33	55.72	38.44	53.44	0.39	2.71	5.66	2.55	1.14
1782.13	8925.06	1339.14	6252.49	6051.98	32.27	524.68	857.20	298.99	18.96
66.68	356.64	61.90	231.32	320.56	0.86	27.21	36.27	8.13	0.64
106.42	1188.81	230.75	612.93	207.81	1.59	26.06	35.85	8.02	3.47

12-18 规模以上集体工业企业主要经济指标（2015年）

单位：亿元

项目	Item	企业单位数（个） Number of Enterprises (unit)	工业总产值（当年价） Gross Industrial Output Value (at current prices)
全省总计	**Provincial Total**	**212**	**445.29**
按轻重工业分	Grouped by Light and Heavy Industries		
轻工业	Light Industry	137	343.14
重工业	Heavy Industry	75	102.15
按企业规模分	Grouped by Size of Enterprises		
大型企业	Large Enterprises	9	166.10
中型企业	Medium Enterprises	37	88.51
小微型企业	Small and Mciro Enterprises	166	190.68
按行业分	Grouped by Sector		
煤炭开采和洗选业	Mining and Washing of Coal		
石油和天然气开采业	Extraction of Petroleum and Natural Gas		
黑色金属矿采选业	Mining and Dressing of Ferrous Metal Ores		
有色金属矿采选业	Mining and Dressing of Nonferrous Metal Ores		
非金属矿采选业	Mining and Dressing of Nonmetal Ores	8	11.02
开采辅助活动	Auxiliary Minning Operations		
其他采矿业	Mining and Dressing of Other Ores		
农副食品加工业	Processing of Farm and Sideline Food	6	20.59
食品制造业	Manufacture of Food	5	6.24
酒、饮料和精制茶制造业	Manufacture of Wine, Beverage and Refined Tea	1	0.25
烟草制品业	Tobacco Products		
纺织业	Textile Industry	7	33.30
纺织服装、服饰业	Manufacture of Textile Garments, Footwear and Headgear	11	44.05
皮革、毛皮、羽毛及其制品和制鞋业	Leather, Fur, Feather, Down and Related Products	11	11.53
木材加工和木、竹、藤、棕、草制品业	Timber Processing, Bamboo, Cane, Palm Fiber & Straw Products	5	15.73
家具制造业	Manufacture of Furniture	3	1.98
造纸和纸制品业	Papermaking and Paper Products	9	14.64
印刷和记录媒介复制业	Printing and Record Medium Reproduction	4	4.76
文教、工美、体育和娱乐用品制造业	Manufacture of Cultural, Educational,Sports and Entertainment Articles	13	103.51
石油加工、炼焦和核燃料加工业	Petroleum Refining, Coking and Nuclear Fuel Processing		
化学原料和化学制品制造业	Manufacture of Raw Chemical Materials and Chemical Products	8	10.68
医药制造业	Manufacture of Medicines		
化学纤维制造业	Manufacture of Chemical Fibers		
橡胶和塑料制品业	Rubber and Plastic Products	11	17.79
非金属矿物制品业	Nonmetal Mineral Products	13	11.72
黑色金属冶炼和压延加工业	Smelting and Pressing of Ferrous Metals	1	1.10
有色金属冶炼和压延加工业	Smelting and Pressing of Nonferrous Metals	6	8.94
金属制品业	Metal Products	7	6.83
通用设备制造业	Manufacture of General-purpose Machinery	3	14.34
专用设备制造业	Manufacture of Special-purpose Machinery	2	1.07
汽车制造业	Manufacture of Automobile		
铁路、船舶、航空航天和其他运输设备制造业	Manufacture of Railway ,Ship,Aeronautics and Other Transport equipment	6	3.55
电气机械和器材制造业	Manufacture of Electrical Machinery and Equipment	8	19.19
计算机、通信和其他电子设备制造业	Manufacture of Communication Equipment, Computers and Other Electronic Equipment	12	38.84
仪器仪表制造业	Manufacture of Instruments and Meters	2	1.58
其他制造业	Other Manufactures	1	0.27
废弃资源综合利用业	Comprehensive Utilization of Waste		
金属制品、机械和设备修理业	Manufacture of Metal Products,Machinery and Equipment Maintenance		
电力、热力生产和供应业	Production and Supply of Electric Power and Heat Power	7	6.25
燃气生产和供应业	Production and Supply of Gas	1	1.00
水的生产和供应业	Production and Supply of Water	41	34.56

Main Economic Indicators of Collective-owned Industrial Enterprises above Designated Size (2015)

(100 million yuan)

工业增加值 Value-added of Industry	年末资产总计 Total Assets at the Year-end	流动资产合计 Total Working Capital	固定资产合计 Total Fixed Assets	主营业务收入 Principal Business Revenue	主营业务税金及附加 Tax and Other Charges on Principal Business	利润总额 Total Profits	利税总额 Total Pre-tax Profits	本年应交增值税 Value-added Tax Payable in Current Year	全部就业人员年平均人数(万人) Annual Average Number of Employed Persons (10000 persons)
116.59	**170.20**	**68.64**	**66.50**	**420.32**	**2.20**	**20.30**	**31.00**	**8.37**	**9.70**
85.35	135.89	53.55	55.45	331.25	1.46	15.17	22.57	5.93	7.94
31.25	34.31	15.09	11.06	89.07	0.74	5.13	8.43	2.44	1.76
45.65	26.01	8.83	16.65	163.84	0.27	5.93	7.67	1.47	5.13
23.55	35.70	15.39	10.87	85.31	0.61	2.95	5.63	2.08	2.74
47.39	108.49	44.42	38.98	171.17	1.32	11.42	17.69	4.83	1.83
3.14	3.90	0.47	3.21	10.20	0.27	1.28	1.96	0.41	0.11
3.90	3.56	1.44	1.43	20.03	0.07	1.86	2.61	0.68	0.07
1.44	0.64	0.21	0.42	6.10	0.02	0.29	0.47	0.16	0.08
0.09	0.08	0.05	0.03	0.25		0.02	0.03	0.01	0.01
7.51	3.51	1.46	2.05	33.10	0.41	0.87	2.32	1.04	0.33
8.43	11.69	3.61	7.84	43.76	0.05	1.40	1.73	0.28	1.15
5.68	4.25	3.54	0.70	11.72	0.01	-0.31	-0.28	0.02	1.32
3.52	3.29	1.23	2.06	15.15	0.05	1.45	1.95	0.46	0.10
0.46	0.35	0.18	0.11	1.92		0.06	0.08	0.02	0.03
2.91	2.87	2.00	0.64	14.48	0.07	0.87	1.31	0.37	0.10
1.33	1.92	0.79	1.02	4.72	0.06	0.79	1.07	0.22	0.02
23.77	15.52	5.75	9.52	100.94	0.30	5.52	7.51	1.69	2.88
2.21	1.73	0.89	0.84	9.60	0.05	0.96	1.40	0.39	0.06
4.73	3.88	1.92	1.91	17.51	0.14	0.70	1.18	0.34	0.47
2.47	9.16	4.92	1.33	11.28	0.06	0.34	0.76	0.35	0.15
0.22	0.36	0.36		0.27	0.01	0.02	0.04		
1.47	1.85	1.25	0.37	8.00	0.02	0.11	0.19	0.06	0.09
1.54	1.84	1.12	0.63	6.19	0.05	0.38	0.58	0.15	0.05
4.22	1.73	0.92	0.14	6.44	0.05	0.89	1.53	0.47	0.20
0.30	0.31	0.25	0.02	1.09		0.08	0.11	0.03	0.02
0.75	0.92	0.79	0.10	3.54	0.01	0.08	0.17	0.08	0.06
4.22	17.61	7.53	2.87	13.13	0.08	0.30	0.40	0.02	0.12
18.94	7.41	3.57	3.29	38.97	0.01	0.22	0.28	0.05	1.68
0.42	0.12	0.12		1.48		-0.05	-0.04	0.01	0.10
0.05	0.21	0.09	0.12	0.27		0.01	0.02		0.01
2.65	6.81	1.69	1.58	5.53	0.16	0.39	0.80	0.25	0.05
0.23	0.51	0.21	0.07	1.00		0.10	0.14	0.04	
9.97	64.19	22.27	24.19	33.65	0.24	1.66	2.68	0.79	0.48

12-19 规模以上股份合作工业企业主要经济指标（2015年）

单位：亿元

项　　目	Item	企业单位数（个） Number of Enterprises (unit)	工业总产值（当年价） Gross Industrial Output Value (at current prices)
全省总计	**Provincial Total**	**59**	**99.43**
按轻重工业分	Grouped by Light & Heavy Industries		
轻工业	Light Industry	28	45.09
重工业	Heavy Industry	31	54.34
按企业规模分	Grouped by Size of Enterprises		
大型企业	Large Enterprises		
中型企业	Medium Enterprises	12	29.09
小微型企业	Small and Micro Enterprises	47	70.35
按行业分	Grouped by Sector		
煤炭开采和洗选业	Mining and Washing of Coal		
石油和天然气开采业	Extraction of Petroleum and Natural Gas		
黑色金属矿采选业	Mining and Dressing of Ferrous Metal Ores		
有色金属矿采选业	Mining and Dressing of Nonferrous Metal Ores	1	1.22
非金属矿采选业	Mining and Dressing of Nonmetal Ores		
开采辅助活动	Auxiliary Minning Operations		
其他采矿业	Mining and Dressing of Other Ores		
农副食品加工业	Processing of Farm and Sideline Food		
食品制造业	Manufacture of Food	1	0.43
酒、饮料和精制茶制造业	Manufacture of Wine, Beverage and Refined Tea		
烟草制品业	Tobacco Products		
纺织业	Textile Industry	4	8.18
纺织服装、服饰业	Manufacture of Textile Garments, Footwear and Headgear	3	3.44
皮革、毛皮、羽毛及其制品和制鞋业	Leather, Fur, Feather, Down and Related Products	2	0.96
木材加工和木、竹、藤、棕、草制品业	Timber Processing, Bamboo, Cane, Palm Fiber & Straw Products	1	0.22
家具制造业	Manufacture of Furniture		
造纸和纸制品业	Papermaking and Paper Products	1	1.40
印刷和记录媒介复制业	Printing and Record Medium Reproduction	2	3.99
文教、工美、体育和娱乐用品制造业	Manufacture of Cultural, Educational,Sports and Entertainment Articles	2	1.93
石油加工、炼焦和核燃料加工业	Petroleum Refining, Coking and Nuclear Fuel Processing		
化学原料和化学制品制造业	Manufacture of Raw Chemical Materials and Chemical Products	6	13.98
医药制造业	Manufacture of Medicines		
化学纤维制造业	Manufacture of Chemical Fibers		
橡胶和塑料制品业	Rubber and Plastic Products	6	8.53
非金属矿物制品业	Nonmetal Mineral Products	5	10.24
黑色金属冶炼和压延加工业	Smelting and Pressing of Ferrous Metals		
有色金属冶炼和压延加工业	Smelting and Pressing of Nonferrous Metals	1	2.50
金属制品业	Metal Products	5	8.05
通用设备制造业	Manufacture of General-purpose Machinery	2	1.95
专用设备制造业	Manufacture of Special-purpose Machinery	1	1.10
汽车制造业	Manufacture of Automobile		
铁路、船舶、航空航天和其他运输设备制造业	Manufacture of Railway ,Ship,Aeronautics and Other Transport equipment		
电气机械和器材制造业	Manufacture of Electrical Machinery and Equipment	6	17.25
计算机、通信和其他电子设备制造业	Manufacture of Communication Equipment, Computers and Other Electronic Equipment	3	7.28
仪器仪表制造业	Manufacture of Instruments and Meters	2	0.71
其他制造业	Other Manufactures	1	0.37
废弃资源综合利用业	Comprehensive Utilization of Waste	1	0.24
金属制品、机械和设备修理业	Manufacture of Metal Products,Machinery and Equipment Maintenance		
电力、热力生产和供应业	Production and Supply of Electric Power and Heat Power	1	0.50
燃气生产和供应业	Production and Supply of Gas	2	4.96
水的生产和供应业	Production and Supply of Water		

Main Economic Indicators of Share-holding Cooperative Industrial Enterprises above Designated Size (2015)

(100 million yuan)

工业增加值 Value-added of Industry	年末资产总计 Total Assets at the Year-end	流动资产合计 Total Working Capital	固定资产合计 Total Fixed Assets	主营业务收入 Principal Business Revenue	主营业务税金及附加 Tax and Other Charges on Principal Business	利润总额 Total Profits	利税总额 Total Pre-tax Profits	本年应交增值税 Value-added Tax Payable in Current Year	全部就业人员年平均人数(万人) Annual Average Number of Employed Persons (10000 persons)
23.10	**32.24**	**20.83**	**8.27**	**90.34**	**0.64**	**3.18**	**6.25**	**2.41**	**1.03**
9.56	14.23	9.48	3.47	41.80	0.25	1.50	2.86	1.09	0.61
13.54	18.01	11.35	4.79	48.54	0.39	1.67	3.40	1.32	0.41
6.51	13.05	8.33	3.33	28.19	0.18	1.18	2.27	0.90	0.55
16.59	19.19	12.49	4.94	62.15	0.46	2.00	3.99	1.51	0.48
0.56	0.37	0.36	0.01	0.52		0.04	0.04		
0.15	0.25	0.13	0.10	0.41		0.01	0.03		
2.15	1.73	0.74	0.96	7.79	0.05	0.21	0.34	0.08	0.12
0.77	1.09	0.59	0.43	3.34	0.04	0.07	0.22	0.11	0.05
0.30	0.47	0.45	0.02	0.96		0.01	0.04	0.03	0.04
0.07	0.08	0.05	0.03	0.21		-0.01	-0.01		
0.35	0.21	0.10	0.11	1.39	0.01	0.12	0.17	0.04	0.02
0.62	0.57	0.50	0.06	3.23	0.03	0.09	0.17	0.05	0.02
0.54	0.33	0.26	0.06	1.92		0.19	0.19		0.07
2.65	10.51	8.49	0.68	11.98	0.12	0.35	0.96	0.48	0.11
1.93	1.14	0.42	0.71	7.43	0.05	0.18	0.38	0.15	0.06
2.68	4.76	2.33	1.69	9.90	0.05	0.48	0.84	0.30	0.12
0.57	0.22	0.17	0.06	2.39	0.03	0.06	0.19	0.10	0.04
1.78	2.59	1.22	1.22	6.57	0.03	0.31	0.44	0.10	0.20
0.33	0.43	0.27	0.15	1.91	0.02	0.14	0.22	0.06	0.02
0.24	0.46	0.22	0.23	1.09		0.18	0.26	0.07	0.02
3.65	3.15	1.91	1.02	15.55	0.17	0.21	1.01	0.63	0.07
2.04	1.61	1.10	0.08	7.08	0.02	0.04	0.09	0.03	0.02
0.20	0.58	0.55	0.02	0.69		0.01	0.04	0.03	0.02
0.08	0.57	0.26	0.28	0.34			0.01	0.01	0.01
0.05	0.39	0.39		0.24			0.01		
0.25	0.16		0.06	0.50	0.01	0.16	0.26	0.08	
1.14	0.58	0.31	0.27	4.91		0.34	0.38	0.03	0.02

12-20 规模以上股份制工业企业主要经济指标（2015年）

单位：亿元

项　　目	Item	企业单位数（个） Number of Enterprises (unit)	工业总产值（当年价） Gross Industrial Output Value (at current prices)
全省总计	**Provincial Total**	**26200**	**66999.08**
按轻重工业分	Grouped by Light and Heavy Industries		
轻工业	Light Industry	13313	25787.92
重工业	Heavy Industry	12887	41211.15
按企业规模分	Grouped by Size of Enterprises		
大型企业	Large Enterprises	565	25809.79
中型企业	Medium Enterprises	4277	17438.60
小微型企业	Small and Mciro Enterprises	21358	23750.69
按行业分	Grouped by Sector		
煤炭开采和洗选业	Mining and Washing of Coal		
石油和天然气开采业	Extraction of Petroleum and Natural Gas	1	104.69
黑色金属矿采选业	Mining and Dressing of Ferrous Metal Ores	45	93.28
有色金属矿采选业	Mining and Dressing of Nonferrous Metal Ores	26	66.73
非金属矿采选业	Mining and Dressing of Nonmetal Ores	189	292.74
开采辅助活动	Auxiliary Minning Operations	4	23.48
其他采矿业	Mining and Dressing of Other Ores	1	0.24
农副食品加工业	Processing of Farm and Sideline Food	682	2125.65
食品制造业	Manufacture of Food	456	846.04
酒、饮料和精制茶制造业	Manufacture of Wine, Beverage and Refined Tea	168	396.25
烟草制品业	Tobacco Products	11	460.90
纺织业	Textile Industry	855	1307.42
纺织服装、服饰业	Manufacture of Textile Garments, Footwear and Headgear	1876	2376.15
皮革、毛皮、羽毛及其制品和制鞋业	Leather, Fur, Feather, Down and Related Products	1055	1109.83
木材加工和木、竹、藤、棕、草制品业	Timber Processing, Bamboo, Cane, Palm Fiber & Straw Products	397	595.98
家具制造业	Manufacture of Furniture	829	1138.61
造纸和纸制品业	Papermaking and Paper Products	668	1026.42
印刷和记录媒介复制业	Printing and Record Medium Reproduction	546	673.64
文教、工美、体育和娱乐用品制造业	Manufacture of Cultural, Educational,Sports and Entertainment Articles	806	1700.35
石油加工、炼焦和核燃料加工业	Petroleum Refining, Coking and Nuclear Fuel Processing	60	1988.19
化学原料和化学制品制造业	Manufacture of Raw Chemical Materials and Chemical Products	1434	2739.14
医药制造业	Manufacture of Medicines	280	944.48
化学纤维制造业	Manufacture of Chemical Fibers	34	52.49
橡胶和塑料制品业	Rubber and Plastic Products	1915	2426.42
非金属矿物制品业	Nonmetal Mineral Products	2060	3435.59
黑色金属冶炼和压延加工业	Smelting and Pressing of Ferrous Metals	321	1425.32
有色金属冶炼和压延加工业	Smelting and Pressing of Nonferrous Metals	413	1976.25
金属制品业	Metal Products	2118	3423.76
通用设备制造业	Manufacture of General-purpose Machinery	998	1516.72
专用设备制造业	Manufacture of Special-purpose Machinery	923	1474.76
汽车制造业	Manufacture of Automobile	276	675.99
铁路、船舶、航空航天和其他运输设备制造业	Manufacture of Railway ,Ship,Aeronautics and Other Transport equipment	238	694.09
电气机械和器材制造业	Manufacture of Electrical Machinery and Equipment	2715	8113.69
计算机、通信和其他电子设备制造业	Manufacture of Communication Equipment, Computers and Other Electronic Equipment	2786	14256.68
仪器仪表制造业	Manufacture of Instruments and Meters	223	300.09
其他制造业	Other Manufactures	121	141.60
废弃资源综合利用业	Comprehensive Utilization of Waste	239	1028.20
金属制品、机械和设备修理业	Manufacture of Metal Products,Machinery and Equipment Maintenance	26	27.07
电力、热力生产和供应业	Production and Supply of Electric Power and Heat Power	198	5539.58
燃气生产和供应业	Production and Supply of Gas	50	262.87
水的生产和供应业	Production and Supply of Water	157	217.71

Main Economic Indicators of Share-holding Industrial Enterprises above Designated Size (2015)

(100 million yuan)

工业增加值 Value-added of Industry	年末资产总计 Total Assets at the Year-end	流动资产合计 Total Working Capital	固定资产合计 Total Fixed Assets	主营业务收入 Principal Business Revenue	主营业务税金及附加 Tax and Other Charges on Principal Business	利润总额 Total Profits	利税总额 Total Pre-tax Profits	本年应交增值税 Value-added Tax Payable in Current Year	全部就业人员年平均人数(万人) Annual Average Number of Employed Persons (10000 persons)
16289.21	**54503.47**	**29465.88**	**16109.94**	**64450.57**	**919.36**	**4475.62**	**7363.28**	**1961.90**	**655.59**
6110.00	18238.10	11594.51	3797.85	24745.18	350.78	1640.48	2696.97	704.26	324.60
10179.21	36265.37	17871.36	12312.09	39705.39	568.57	2835.14	4666.32	1257.65	330.99
7029.55	23002.20	12977.17	6266.66	24697.01	623.05	2098.45	3690.43	965.78	185.98
3996.50	14537.05	7445.51	4322.36	16702.86	157.32	1122.36	1707.00	426.25	224.46
5263.16	16964.22	9043.21	5520.93	23050.69	138.99	1254.81	1965.85	569.88	245.15
40.14	296.36	23.10	268.75	45.93	3.44	6.63	15.20	5.13	0.04
30.56	125.13	59.52	27.76	85.49	1.86	7.00	13.76	4.90	0.73
22.46	42.65	18.51	14.88	70.12	0.96	7.37	11.93	3.59	0.67
84.49	121.79	46.42	51.12	278.30	4.68	25.09	40.06	10.26	2.16
14.16	42.70	16.20	24.27	23.25	0.59	3.49	4.27	0.19	0.21
0.06	0.04	0.01	0.02	0.22		0.01	0.02	0.01	0.01
313.06	1404.01	988.03	228.02	2012.53	5.88	85.44	113.06	21.67	12.08
231.27	547.43	287.32	162.06	804.33	5.04	82.57	119.63	32.00	9.30
128.29	237.11	113.92	87.91	335.87	9.16	26.84	49.90	13.90	4.05
348.79	527.29	398.50	123.24	434.68	222.25	46.59	319.29	50.45	0.78
297.27	596.18	294.61	222.15	1257.39	6.62	70.72	109.29	31.87	16.71
580.33	1051.61	687.47	270.10	2265.54	12.52	109.62	181.52	59.20	46.19
286.14	430.20	292.69	95.78	1089.84	6.13	41.41	73.99	26.39	24.24
151.97	269.94	119.96	94.24	569.84	4.64	42.71	67.04	19.64	5.89
276.43	654.77	396.48	118.42	1096.71	5.56	65.20	105.52	34.64	18.98
224.08	751.52	367.58	298.28	971.94	3.70	43.79	69.33	21.76	12.15
175.38	472.82	253.52	133.30	646.13	3.60	47.13	69.87	19.01	10.46
270.97	1261.03	965.57	123.25	1714.40	4.92	67.13	94.81	22.75	22.10
683.56	909.73	299.51	488.79	1972.14	360.12	104.68	570.84	104.82	2.28
574.28	1915.66	1043.73	502.56	2681.66	15.05	182.64	260.89	63.09	18.96
281.93	1405.41	821.64	210.45	920.22	6.30	117.14	161.38	37.87	8.40
11.83	30.85	15.99	9.26	52.92	0.21	1.94	3.32	1.17	0.82
569.45	1424.51	742.45	457.01	2353.71	12.97	138.64	208.30	56.49	33.30
821.64	2224.64	1112.54	789.08	3220.82	19.06	199.51	310.10	91.25	37.84
248.38	1237.35	336.87	446.95	1324.64	5.06	41.72	50.93	4.11	7.73
257.28	1123.06	687.97	298.94	1871.11	5.20	76.80	104.63	22.60	8.42
778.38	1716.37	929.43	550.99	3255.62	18.94	207.21	316.34	90.02	42.70
357.60	1369.51	898.69	272.70	1434.14	6.83	114.50	165.46	44.06	20.75
418.12	1509.55	915.11	278.91	1411.18	8.63	129.41	177.98	39.81	21.57
141.18	683.99	410.01	157.04	674.93	10.11	32.85	60.87	17.06	7.38
129.76	587.13	356.97	149.93	584.94	2.29	31.20	44.43	10.92	6.80
1805.95	6866.44	4725.14	1058.58	7751.81	39.01	632.30	908.44	236.91	92.59
3659.16	11877.97	8771.97	1226.85	13782.36	71.50	1080.28	1598.23	445.68	128.16
81.65	394.11	278.34	41.46	293.19	1.78	27.58	40.05	10.68	5.42
34.77	123.09	74.87	20.57	134.30	0.88	8.67	12.48	2.91	2.35
227.95	408.23	246.95	116.47	1011.54	3.75	88.54	114.89	22.59	3.81
7.83	16.17	11.68	3.21	25.51	0.13	1.87	2.89	0.89	0.60
1570.74	8543.29	1193.44	5995.98	5525.59	27.95	437.96	734.84	267.86	15.39
59.41	290.33	41.36	198.26	254.95	0.74	12.48	19.72	6.42	0.86
92.53	1013.51	221.80	492.44	210.78	1.30	29.00	37.79	7.33	2.70

12-21 规模以上“三资”工业企业主要经济指标（2015年）

单位：亿元

项　目	Item	企业单位数（个） Number of Enterprises (unit)	工业总产值（当年价） Gross Industrial Output Value (at current prices)
全省总计	**Provincial Total**	**13380**	**53778.39**
按经济类型分	Grouped by Ownership		
外商投资工业	Foreign-funded Industry	4374	25952.65
港澳台投资工业	Industry with Funds from Hong Kong, Macao and Taiwan	9006	27825.74
按轻重工业分	Grouped by Light and Heavy Industries		
轻工业	Light Industry	6947	19862.67
重工业	Heavy Industry	6433	33915.72
按企业规模分	Grouped by Size of Enterprises		
大型企业	Large Enterprises	969	29046.73
中型企业	Medium Enterprises	4323	14713.77
小微型企业	Small and Micro Enterprises	8088	10017.89
按行业分	Grouped by Sector		
煤炭开采和洗选业	Mining and Washing of Coal		
石油和天然气开采业	Extraction of Petroleum and Natural Gas	3	417.02
黑色金属矿采选业	Mining and Dressing of Ferrous Metal Ores	1	5.95
有色金属矿采选业	Mining and Dressing of Nonferrous Metal Ores	1	2.05
非金属矿采选业	Mining and Dressing of Nonmetal Ores	8	4.53
开采辅助活动	Auxiliary Minning Operations	1	4.03
其他采矿业	Mining and Dressing of Other Ores		
农副食品加工业	Processing of Farm and Sideline Food	160	832.03
食品制造业	Manufacture of Food	193	900.57
酒、饮料和精制茶制造业	Manufacture of Wine, Beverage and Refined Tea	78	734.33
烟草制品业	Tobacco Products		
纺织业	Textile Industry	498	1099.45
纺织服装、服饰业	Manufacture of Textile Garments, Footwear and Headgear	851	1415.98
皮革、毛皮、羽毛及其制品和制鞋业	Leather, Fur, Feather, Down and Related Products	682	1251.90
木材加工和木、竹、藤、棕、草制品业	Timber Processing, Bamboo, Cane, Palm Fiber & Straw Products	86	175.45
家具制造业	Manufacture of Furniture	366	688.63
造纸和纸制品业	Papermaking and Paper Products	291	869.84
印刷和记录媒介复制业	Printing and Record Medium Reproduction	218	467.95
文教、工美、体育和娱乐用品制造业	Manufacture of Cultural, Educational,Sports and Entertainment Articles	714	2049.19
石油加工、炼焦和核燃料加工业	Petroleum Refining, Coking and Nuclear Fuel Processing	18	342.31
化学原料和化学制品制造业	Manufacture of Raw Chemical Materials and Chemical Products	660	3500.76
医药制造业	Manufacture of Medicines	103	527.49
化学纤维制造业	Manufacture of Chemical Fibers	26	75.66
橡胶和塑料制品业	Rubber and Plastic Products	1222	2180.65
非金属矿物制品业	Nonmetal Mineral Products	469	1219.19
黑色金属冶炼和压延加工业	Smelting and Pressing of Ferrous Metals	105	761.77
有色金属冶炼和压延加工业	Smelting and Pressing of Nonferrous Metals	170	1147.14
金属制品业	Metal Products	955	2027.98
通用设备制造业	Manufacture of General-purpose Machinery	552	2044.79
专用设备制造业	Manufacture of Special-purpose Machinery	499	972.70
汽车制造业	Manufacture of Automobile	430	5274.17
铁路、船舶、航空航天和其他运输设备制造业	Manufacture of Railway ,Ship,Aeronautics and Other Transport equipment	134	506.59
电气机械和器材制造业	Manufacture of Electrical Machinery and Equipment	1351	4132.99
计算机、通信和其他电子设备制造业	Manufacture of Communication Equipment, Computers and Other Electronic Equipment	2007	16193.66
仪器仪表制造业	Manufacture of Instruments and Meters	256	558.53
其他制造业	Other Manufactures	110	103.26
废弃资源综合利用业	Comprehensive Utilization of Waste	22	90.83
金属制品、机械和设备修理业	Manufacture of Metal Products,Machinery and Equipment Maintenance	17	90.84
电力、热力生产和供应业	Production and Supply of Electric Power and Heat Power	63	502.38
燃气生产和供应业	Production and Supply of Gas	39	513.07
水的生产和供应业	Production and Supply of Water	21	92.74

Main Economic Indicators of Foreign-funded Industrial Enterprises above Designated Size (2015)

(100 million yuan)

工业增加值 Value-added of Industry	年末资产总计 Total Assets at the Year-end	流动资产合计 Total Working Capital	固定资产合计 Total Fixed Assets	主营业务收入 Principal Business Revenue	主营业务税金及附加 Tax and Other Charges on Principal Business	利润总额 Total Profits	利税总额 Total Pre-tax Profits	本年应交增值税 Value-added Tax Payable in Current Year	全部就业人员年平均人数(万人) Annual Average Number of Employed Persons (10000 persons)
12235.02	**39147.20**	**24522.06**	**10014.68**	**50934.19**	**409.95**	**3037.04**	**4672.67**	**1220.11**	**734.92**
5689.44	17349.59	10748.96	4830.19	24520.06	191.35	1566.28	2418.18	656.30	254.45
6545.58	21797.61	13773.10	5184.49	26414.13	218.60	1470.77	2254.49	563.81	480.47
4806.94	14198.29	9292.72	3128.32	18796.73	100.90	1123.43	1762.43	536.16	356.30
7428.07	24948.91	15229.34	6886.37	32137.46	309.06	1913.61	2910.24	683.95	378.62
6535.82	19801.70	12580.50	4863.66	27531.84	231.41	1775.45	2682.40	673.62	336.35
3619.27	11244.26	6935.37	3071.10	13821.18	133.55	796.83	1274.90	341.68	280.91
2079.93	8101.23	5006.19	2079.93	9581.17	45.00	464.76	715.37	204.82	117.65
342.77	757.91	46.14	293.53	447.09	38.38	117.90	178.92	22.63	0.54
1.84	3.19	0.58	2.60	5.94	0.06	0.56	0.98	0.36	0.02
0.62	4.99	0.78	3.09	1.18	0.02	-0.11	-0.07	0.02	0.02
1.50	8.68	5.01	2.62	4.39	0.05	0.17	0.37	0.16	0.06
1.80	4.44	2.19	2.24	4.03	0.14	1.56	1.70		0.03
103.58	595.86	437.31	120.71	813.13	1.25	38.85	49.32	9.17	3.94
331.20	772.08	512.05	182.82	903.10	9.02	146.48	221.15	64.86	9.22
192.40	564.80	311.34	172.69	710.75	11.42	64.43	113.59	37.59	5.56
241.49	721.11	446.34	222.05	1045.16	3.66	55.45	80.35	21.17	18.36
378.63	724.96	469.18	182.65	1373.48	7.08	48.12	86.78	31.51	44.76
373.94	666.81	479.85	129.39	1203.73	7.54	51.49	87.75	28.56	45.42
36.63	148.31	96.30	34.29	158.34	1.02	8.36	14.14	4.75	2.23
178.17	435.52	290.24	109.41	661.89	3.20	26.90	45.37	15.24	14.64
177.40	1126.76	589.03	421.47	806.35	2.48	42.31	63.98	19.19	9.85
139.38	414.50	263.54	102.34	436.25	2.03	30.90	46.90	13.92	11.86
455.48	1062.43	803.40	175.18	1992.63	5.96	52.40	86.39	27.97	51.60
126.84	275.15	174.26	66.05	348.73	68.81	21.24	111.97	19.81	0.38
895.65	2328.06	1344.79	730.78	3110.10	21.71	292.89	465.51	150.66	14.59
154.92	564.01	327.35	118.74	475.89	3.45	58.68	88.12	25.99	4.24
21.33	90.63	45.59	32.73	69.95	0.35	8.91	11.48	2.23	0.62
522.21	1578.73	991.73	398.39	2070.84	8.76	81.97	135.85	45.03	46.79
329.61	1244.92	644.72	469.10	1136.27	5.55	72.97	113.14	34.57	18.82
83.88	556.97	249.89	242.54	673.13	1.86	5.63	14.77	7.27	2.68
208.20	773.42	414.28	299.70	1019.53	3.27	32.71	52.20	16.22	5.90
482.97	1349.61	826.97	414.57	1893.65	9.33	103.24	159.64	47.02	35.56
430.22	1550.41	1132.44	253.00	1939.66	9.19	115.85	163.64	38.45	24.43
270.97	946.45	612.09	230.79	926.36	4.38	63.06	91.40	23.88	17.83
1301.34	3551.96	2237.78	978.02	5043.65	112.35	435.64	715.91	167.53	30.52
123.57	469.70	337.45	86.26	494.96	2.00	25.74	35.45	7.67	6.06
855.91	3140.76	2245.23	547.68	3834.20	15.91	180.25	271.65	75.28	79.04
2794.70	10314.94	7067.95	2105.73	15433.72	38.70	596.17	843.10	207.78	206.25
168.73	405.00	276.60	85.09	536.56	2.89	33.35	48.44	12.14	16.14
27.09	62.54	43.65	15.36	101.03	0.45	2.59	5.30	2.26	3.28
14.22	35.89	21.38	12.82	89.22	0.16	5.75	6.81	0.90	0.33
27.98	109.00	67.86	35.38	90.89	0.49	7.32	9.92	2.12	0.93
262.16	1092.60	416.25	568.03	497.73	5.28	143.43	176.73	27.90	1.20
139.29	282.41	126.97	103.11	486.82	1.01	42.29	49.95	6.64	0.62
36.39	411.69	163.51	63.71	93.84	0.77	21.61	24.05	1.66	0.57

12-22 规模以上私营工业企业主要经济指标（2015年）

单位：亿元

项　　目	Item	企业单位数（个） Number of Enterprises (unit)	工业总产值（当年价） Gross Industrial Output Value (at current prices)
全省总计	**Provincial Total**	**16581**	**26898.56**
按轻重工业分	Grouped by Light & Heavy Industries		
轻工业	Light Industry	8809	12380.66
重工业	Heavy Industry	7772	14517.90
按企业规模分	Grouped by Size of Enterprises		
大型企业	Large Enterprises	232	4625.38
中型企业	Medium Enterprises	2471	8331.22
小微型企业	Small and Micro Enterprises	13878	13941.97
按行业分	Grouped by Sector		
煤炭开采和洗选业	Mining and Washing of Coal		
石油和天然气开采业	Extraction of Petroleum and Natural Gas		
黑色金属矿采选业	Mining and Dressing of Ferrous Metal Ores	25	60.74
有色金属矿采选业	Mining and Dressing of Nonferrous Metal Ores	8	7.92
非金属矿采选业	Mining and Dressing of Nonmetal Ores	114	156.13
开采辅助活动	Auxiliary Minning Operations	1	3.46
其他采矿业	Mining and Dressing of Other Ores		
农副食品加工业	Processing of Farm and Sideline Food	324	791.79
食品制造业	Manufacture of Food	261	341.42
酒、饮料和精制茶制造业	Manufacture of Wine, Beverage and Refined Tea	83	147.96
烟草制品业	Tobacco Products	2	8.27
纺织业	Textile Industry	615	976.65
纺织服装、服饰业	Manufacture of Textile Garments, Footwear and Headgear	1383	1798.78
皮革、毛皮、羽毛及其制品和制鞋业	Leather, Fur, Feather, Down and Related Products	749	768.06
木材加工和木、竹、藤、棕、草制品业	Timber Processing, Bamboo, Cane, Palm Fiber & Straw Products	266	328.60
家具制造业	Manufacture of Furniture	557	658.92
造纸和纸制品业	Papermaking and Paper Products	465	561.22
印刷和记录媒介复制业	Printing and Record Medium Reproduction	369	369.16
文教、工美、体育和娱乐用品制造业	Manufacture of Cultural, Educational,Sports and Entertainment Articles	579	1171.85
石油加工、炼焦和核燃料加工业	Petroleum Refining, Coking and Nuclear Fuel Processing	16	120.12
化学原料和化学制品制造业	Manufacture of Raw Chemical Materials and Chemical Products	802	1326.33
医药制造业	Manufacture of Medicines	95	183.33
化学纤维制造业	Manufacture of Chemical Fibers	22	32.51
橡胶和塑料制品业	Rubber and Plastic Products	1245	1485.51
非金属矿物制品业	Nonmetal Mineral Products	1137	1748.70
黑色金属冶炼和压延加工业	Smelting and Pressing of Ferrous Metals	196	781.17
有色金属冶炼和压延加工业	Smelting and Pressing of Nonferrous Metals	267	994.80
金属制品业	Metal Products	1502	2236.41
通用设备制造业	Manufacture of General-purpose Machinery	640	753.46
专用设备制造业	Manufacture of Special-purpose Machinery	565	683.94
汽车制造业	Manufacture of Automobile	147	189.60
铁路、船舶、航空航天和其他运输设备制造业	Manufacture of Railway ,Ship,Aeronautics and Other Transport equipment	143	371.61
电气机械和器材制造业	Manufacture of Electrical Machinery and Equipment	1714	2409.33
计算机、通信和其他电子设备制造业	Manufacture of Communication Equipment, Computers and Other Electronic Equipment	1885	4630.45
仪器仪表制造业	Manufacture of Instruments and Meters	130	139.76
其他制造业	Other Manufactures	91	94.41
废弃资源综合利用业	Comprehensive Utilization of Waste	114	477.69
金属制品、机械和设备修理业	Manufacture of Metal Products,Machinery and Equipment Maintenance	11	13.96
电力、热力生产和供应业	Production and Supply of Electric Power and Heat Power	19	25.81
燃气生产和供应业	Production and Supply of Gas	16	31.50
水的生产和供应业	Production and Supply of Water	23	17.23

Main Economic Indicators of Private Industrial Enterprises above Designated Size (2015)

(100 million yuan)

工业增加值 Value-added of Industry	年末资产总计 Total Assets at the Year-end	流动资产合计 Total working Capital	固定资产合计 Total Fixed Assets	主营业务收入 Principal Business Revenue	主营业务税金及附加 Tax and Other Charges on Principal Business	利润总额 Total Profits	利税总额 Total Pre-tax Profits	本年应交增值税 Value-added Tax Payable in Current Year	全部就业人员年平均人数(万人) Annual Average Number of Employed Persons (10000 persons)
5680.70	**15366.86**	**9958.08**	**3527.42**	**25868.70**	**129.73**	**1385.80**	**2088.01**	**570.91**	**331.95**
2740.98	6452.97	4136.56	1506.79	11862.39	64.02	614.47	951.08	271.98	179.29
2939.72	8913.89	5821.52	2020.64	14006.31	65.71	771.34	1136.92	298.93	152.66
838.17	2881.22	2030.90	513.20	4439.14	16.92	254.12	357.55	86.12	48.06
1838.92	5010.61	2982.23	1361.13	7987.57	36.79	505.34	731.62	189.17	125.13
3003.62	7475.03	4944.95	1653.10	13441.99	76.02	626.34	998.83	295.62	158.77
17.98	41.87	21.99	17.34	59.22	1.05	4.19	8.63	3.39	0.27
2.90	2.45	1.18	1.17	7.70	0.11	0.30	0.57	0.16	0.05
43.17	54.45	19.13	28.27	149.06	1.92	13.27	20.24	5.05	0.99
0.83	0.94	0.49	0.45	3.23	0.05	0.25	0.47	0.17	0.04
122.08	520.35	334.80	91.36	717.81	3.13	31.31	44.13	9.65	5.09
81.72	126.12	65.07	44.65	332.57	1.99	25.21	37.16	9.96	4.13
40.06	85.54	41.09	26.78	139.76	2.86	13.69	21.05	4.49	1.38
1.59	20.13	10.15	6.26	8.47	0.04	1.07	1.37	0.26	0.06
217.32	405.23	193.16	150.93	948.74	5.28	49.94	78.41	23.13	11.56
440.94	704.02	468.05	181.00	1727.51	9.36	79.37	130.10	41.20	34.71
196.10	254.28	173.70	59.92	755.95	4.28	25.62	46.43	16.49	15.77
81.41	150.92	66.68	49.47	315.50	2.95	18.45	30.63	9.22	3.65
157.83	343.10	217.89	68.73	635.13	2.70	31.24	50.99	17.00	11.05
117.40	303.66	179.47	83.74	547.66	2.67	25.11	40.01	12.17	7.36
96.89	192.45	113.44	58.33	359.76	1.92	21.83	33.37	9.61	6.00
187.19	842.72	667.17	81.69	1146.36	3.30	42.11	59.64	14.23	15.46
23.53	103.07	45.30	30.09	117.38	0.10	3.36	3.82	0.36	0.20
267.14	802.86	454.47	238.06	1249.06	6.88	74.76	110.75	29.07	9.69
49.98	272.90	184.36	34.29	171.87	1.34	15.55	21.25	4.34	1.61
8.56	16.21	10.12	4.15	33.27	0.14	1.68	2.54	0.71	0.58
346.06	761.71	414.02	269.06	1434.15	8.17	85.11	125.65	32.33	21.27
413.02	911.60	469.82	335.81	1662.18	10.64	102.92	156.30	42.62	19.82
159.98	233.27	117.91	97.24	764.21	2.57	46.43	65.50	16.47	3.65
127.94	613.64	422.12	139.05	928.33	2.58	40.52	52.90	9.78	4.64
515.22	986.73	528.97	322.68	2121.46	11.50	135.62	203.98	56.74	27.96
177.08	543.89	364.79	113.76	716.79	3.15	47.69	70.00	19.11	11.12
185.31	521.33	326.10	112.38	654.53	3.82	42.96	64.51	17.67	10.80
44.98	153.36	94.15	34.64	178.61	0.61	9.35	13.39	3.42	2.48
68.78	188.17	127.62	32.58	298.46	1.53	11.47	18.58	5.58	3.21
515.94	1511.02	1056.30	262.73	2309.53	12.85	127.58	195.39	54.89	35.18
775.96	3145.64	2428.69	404.62	4581.23	16.12	185.51	282.82	80.63	54.70
39.42	140.41	106.12	21.19	135.73	0.84	11.20	16.54	4.49	2.95
22.24	51.68	36.90	8.43	88.55	0.44	4.49	6.99	2.06	1.58
105.74	228.12	143.94	61.65	484.93	2.27	51.08	64.76	11.40	2.08
3.51	5.65	2.52	2.48	14.10	0.04	0.68	1.18	0.46	0.26
11.42	73.56	31.81	29.88	22.20	0.27	1.57	3.34	1.50	0.18
7.75	8.00	3.73	3.04	31.00	0.10	1.95	2.58	0.53	0.17
5.72	45.80	14.89	19.51	16.71	0.16	1.35	2.08	0.56	0.27

12-23 规模以上大中型工业企业主要经济指标（2015年）

单位：亿元

项目	Item	企业单位数（个） Number of Enterprises (unit)	工业总产值（当年价） Gross Industrial Output Value (at current prices)
全省总计	**Provincial Total**	**10455**	**88503.29**
按轻重工业分	Grouped by Light & Heavy Industry		
轻工业	Light Industry	5636	31679.00
重工业	Heavy Industry	4819	56824.28
按企业规模分	Grouped by Size of Enterprises		
大型企业	Large	1575	55405.51
中型企业	Medium	8880	33097.77
按行业分	Grouped by Sector		
煤炭开采和洗选业	Mining and Washing of Coal		
石油和天然气开采业	Extraction of Petroleum and Natural Gas	3	519.28
黑色金属矿采选业	Mining and Dressing of Ferrous Metal Ores	6	49.15
有色金属矿采选业	Mining and Dressing of Nonferrous Metal Ores	9	50.91
非金属矿采选业	Mining and Dressing of Nonmetal Ores	11	57.00
开采辅助活动	Auxiliary Minning Operations	3	22.50
其他采矿业	Mining and Dressing of Other Ores		
农副食品加工业	Processing of Farm and Sideline Food	155	1456.33
食品制造业	Manufacture of Food	138	1233.74
酒、饮料和精制茶制造业	Manufacture of Wine, Beverage and Refined Tea	68	899.56
烟草制品业	Tobacco Products	7	434.41
纺织业	Textile Industry	319	1463.44
纺织服装、服饰业	Manufacture of Textile Garments, Footwear and Headgear	812	2420.88
皮革、毛皮、羽毛及其制品和制鞋业	Leather, Fur, Feather, Down and Related Products	525	1455.41
木材加工和木、竹、藤、棕、草制品业	Timber Processing, Bamboo, Cane, Palm Fiber & Straw Products	71	296.05
家具制造业	Manufacture of Furniture	280	1143.98
造纸和纸制品业	Papermaking and Paper Products	185	1137.85
印刷和记录媒介复制业	Printing and Record Medium Reproduction	188	665.93
文教、工美、体育和娱乐用品制造业	Manufacture of Cultural, Educational,Sports and Entertainment Articles	686	2770.93
石油加工、炼焦和核燃料加工业	Petroleum Refining, Coking and Nuclear Fuel Processing	13	2095.99
化学原料和化学制品制造业	Manufacture of Raw Chemical Materials and Chemical Products	263	3260.64
医药制造业	Manufacture of Medicines	119	1013.61
化学纤维制造业	Manufacture of Chemical Fibers	14	84.66
橡胶和塑料制品业	Rubber and Plastic Products	710	2538.76
非金属矿物制品业	Nonmetal Mineral Products	483	2449.85
黑色金属冶炼和压延加工业	Smelting and Pressing of Ferrous Metals	78	1282.99
有色金属冶炼和压延加工业	Smelting and Pressing of Nonferrous Metals	99	1956.58
金属制品业	Metal Products	674	3054.22
通用设备制造业	Manufacture of General-purpose Machinery	345	2512.56
专用设备制造业	Manufacture of Special-purpose Machinery	312	1430.56
汽车制造业	Manufacture of Automobile	264	5339.26
铁路、船舶、航空航天和其他运输设备制造业	Manufacture of Railway ,Ship,Aeronautics and Other Transport equipment	112	924.76
电气机械和器材制造业	Manufacture of Electrical Machinery and Equipment	1164	9817.05
计算机、通信和其他电子设备制造业	Manufacture of Communication Equipment, Computers and Other Electronic Equipment	1871	27815.60
仪器仪表制造业	Manufacture of Instruments and Meters	190	616.50
其他制造业	Other Manufactures	61	142.46
废弃资源综合利用业	Comprehensive Utilization of Waste	37	551.51
金属制品、机械和设备修理业	Manufacture of Metal Products,Machinery and Equipment Maintenance	14	116.23
电力、热力生产和供应业	Production and Supply of Electric Power and Heat Power	115	4928.12
燃气生产和供应业	Production and Supply of Gas	10	263.80
水的生产和供应业	Production and Supply of Water	41	230.19

Main Economic Indicators of Large and Medium-sized Industrial Enterprises above Designated Size (2015)

(100 million yuan)

工业增加值 Value-added of Industry	年末资产总计 Total Assets at the Year-end	流动资产合计 Total Working Capital	固定资产合计 Total Fixed Assets	主营业务收入 Principal Business Revenue	主营业务税金及附加 Tax and Extra Charges on Main Business	利润总额 Total Profits	利税总额 Total Pre-tax Profits	本年应交增值税 Value-added Tax Payable in Current Year	全部就业人员年平均人数(万人) Annual Average Number of Employed Persons (10000 persons)
21563.45	**69454.18**	**40226.05**	**19008.48**	**84225.54**	**1152.14**	**5860.52**	**9474.12**	**2452.33**	**1053.70**
7915.67	23934.14	15382.34	5167.29	29962.16	371.23	2131.35	3448.92	944.00	508.52
13647.78	45520.04	24843.72	13841.18	54263.38	780.92	3729.17	6025.20	1508.33	545.18
13698.60	43147.67	25660.51	11338.82	52771.47	856.77	3893.10	6410.53	1655.53	532.80
7864.85	26306.51	14565.54	7669.66	31454.07	295.38	1967.42	3063.60	796.80	520.90
380.85	1047.47	64.67	560.05	490.58	41.73	124.32	193.82	27.76	0.56
16.44	79.71	37.48	13.92	46.27	0.96	5.56	9.31	2.78	0.38
17.42	39.19	14.79	13.64	56.31	0.75	6.42	9.92	2.75	0.60
16.46	35.39	14.06	10.92	55.89	1.16	4.48	8.57	2.93	0.73
13.71	42.03	15.83	23.97	22.28	0.55	3.27	4.01	0.19	0.20
209.24	1200.01	908.24	176.84	1341.07	2.72	64.02	81.58	14.80	8.81
427.85	980.81	604.80	253.13	1231.43	10.43	190.87	282.04	79.94	12.04
259.54	629.25	359.64	183.85	835.43	17.58	80.35	143.86	45.78	7.49
331.57	483.48	372.13	110.58	409.56	212.33	43.06	303.37	47.98	0.68
333.73	794.83	446.80	276.75	1408.28	5.57	86.35	126.65	34.66	23.69
626.22	1165.51	730.95	315.75	2320.80	11.29	111.40	184.29	61.50	66.25
432.04	735.69	516.12	146.76	1414.06	8.86	58.08	105.33	38.23	54.38
66.04	188.21	93.60	49.06	276.26	1.75	21.28	32.99	9.96	3.40
297.13	761.32	460.83	164.44	1097.41	5.50	65.57	106.49	35.38	22.22
253.64	1339.19	618.90	590.71	1052.52	3.16	58.08	84.61	23.33	13.04
196.36	578.21	323.14	151.10	625.01	3.19	50.18	72.86	19.32	15.43
578.98	1531.92	1087.00	245.85	2690.79	7.98	97.58	145.84	40.24	65.27
746.95	1041.21	400.47	506.21	2084.60	423.11	113.68	658.54	118.42	2.14
896.39	2257.03	1243.51	649.55	2929.48	21.76	299.49	464.01	142.58	16.13
327.80	1548.38	924.92	256.02	967.06	7.51	143.93	204.03	52.52	9.06
22.85	88.81	42.74	33.72	78.98	0.32	9.12	12.03	2.60	0.90
630.35	1750.06	965.89	557.58	2432.67	11.89	133.07	198.17	53.02	54.18
631.90	2075.24	1012.71	803.94	2266.99	11.62	154.53	232.32	65.93	36.20
182.29	1469.30	386.13	599.06	1165.64	3.31	13.11	13.49	-2.94	6.93
327.43	1148.87	581.62	435.22	1851.33	5.97	81.82	113.50	25.68	9.62
733.61	1788.07	973.88	602.69	2869.67	15.78	199.34	295.41	80.17	48.72
553.40	2033.58	1431.68	347.78	2378.81	10.86	176.11	243.05	55.92	30.93
429.49	1630.00	988.46	347.84	1354.80	7.26	135.37	178.47	35.69	25.38
1313.18	3762.92	2343.62	1017.79	5127.90	120.03	436.33	727.47	170.14	31.86
204.22	859.52	557.88	200.97	837.71	3.07	50.42	67.38	13.84	9.77
2184.17	8323.65	5735.97	1345.87	9194.23	40.96	731.77	1032.42	259.38	135.72
5966.71	19666.02	14136.01	3038.09	26518.13	99.89	1587.62	2299.09	610.70	294.36
186.37	610.43	410.08	102.11	590.32	3.43	45.43	65.30	16.38	17.52
37.33	114.91	66.45	24.21	136.85	0.79	7.9	11.87	3.18	3.61
125.03	196.16	112.59	66.32	562.01	1.65	58.42	72.76	12.68	2.12
35.63	138.29	88.79	43.69	115.96	0.57	7.93	11.52	3.01	1.65
1359.03	5803.79	810.50	4049.62	4916.57	24.02	343.22	601.24	233.39	18.07
106.38	298.01	64.64	165.13	245.59	0.91	29.65	36.22	5.60	0.65
105.75	1217.71	278.51	527.73	226.26	1.93	31.40	40.32	6.91	3.00

12-24 规模以上高技术制造业主要经济指标（2015年）

单位：亿元

项　　目	Item	企业单位数（个） Number of Enterprises (unit)	工业总产值（当年价） Gross Industrial Output Value (at current prices)
高技术制造业合计	**Total**	**6194**	**34666.67**
一、信息化学品制造	Manufacture of Information Chemical Products	45	110.95
二、医药制造业	Manufacture of Medicines	398	1484.49
#化学药品制造	Manufacture of Chemical Medicines	110	717.16
中成药生产	Manufacture of Traditional Chinese Patent Medicines	92	320.36
生物药品制造	Manufacture of Biological and Biochemical Products	59	183.14
三、航空航天器及设备制造	Manufacture of Aircraft and Spacecraft	10	79.25
1. 飞机制造	Manufacture of Aircraft	3	1.43
2. 航天器制造	Manufacture of Spacecraft		
3. 航空、航天相关设备制造	Manufacture of Aircraft and Spacecraft related products		
4. 其他飞行器制造	Manufacture of Air Vehicle	2	6.54
5. 航空航天器修理	Repair of Aircraft and Spacecraft	5	71.28
四、电子及通信设备制造业	Manufacture of Electronic and Communication Equipment	4624	27964.24
1. 通信设备制造	Manufacture of Communication Equipment	615	13526.34
#通信系统设备制造	Manufacture of Communication Transmission Equipment	187	6759.56
通信终端设备制造	Manufacture of Communication Exchange Equipment	428	6766.77
2. 广播电视设备制造	Manufacture of Broadcasting and Television Equipment	152	321.45
3. 雷达及配套设备制造	Manufacture of Radar Equipment	8	18.85
4. 视听设备制造	Manufacture of Audio-visual Equipment	556	2500.34
5. 电子器件制造	Manufacture of Electronic Parts	812	4980.43
电子真空器件制造	Manufacture of Electronic Vacuum Devices	12	28.94
半导体分立器件制造	Manufacture of Semiconductor Discrete Devices	40	138.33
集成电路制造	Manufacture of Integrated Circuits	109	595.22
光电子器件及其他电子器件制造	Manufacture of Optical and Other Electronic Devices and Other Electronic Equipment	651	4217.95
6. 电子元件制造	Manufacture of Electronic Parts	1760	5024.53
7. 电子工业专用设备制造	Equipment for Electronic Industry	116	201.62
8. 光纤、光缆制造	Optical Fiber,Cable Manufacturing	33	79.17
9. 锂离子电池制造	Lithium Ion Battery Manufacturing	197	637.14
10.其他电子设备制造	Manufacture of Electronic Devices	375	674.38
五、电子计算机及办公设备制造业	Manufacture of Computers and Office Equipment	672	4185.14
1. 计算机整机制造	Manufacture of Complete Computers	83	1090.52
2. 计算机零部件制造	Manufacture of Computer part Equipment	229	1024.05
3. 计算机外围设备制造	Manufacture of Computer Peripheral Equipment	219	1290.60
4. 其他计算机制造	Other computer equipment	60	207.22
5. 办公设备制造	Manufacture of Office Equipment	81	572.75
六、医疗设备及仪器仪表制造业	Manufacture of Medical Equipment, Instruments and Meters	445	842.59
1. 医疗设备及器械制造	Manufacture of Medical Equipment and Appliances	160	322.51
2. 仪器仪表制造	Manufacture of Instruments and Meters	285	520.08

Main Indicators on High-tech Manufacturingl Enterprises above Designated Size (2015)

(100 million yuan)

工业增加值 Value-added of Industry	年末资产总计 Total Assets at the Year-end	流动资产合计 Total Working Capital	固定资产 Fixed Assets	主营业务收入 Principal Business Revenue	主营业务税金及附加 Tax and Extra Charges on Main Business	利润总额 Total Profits	利税总额 Total Pre-tax Profits	本年应交增值税 Value-added Tax Payable in Current Year	全部就业人员年平均人数(万人) Annual Average Number of Employed Persons (10000 persons)
7537.34	**26882.61**	**18871.51**	**4077.07**	**33308.07**	**132.20**	**2034.14**	**2953.78**	**785.94**	**389.01**
22.86	115.90	64.21	37.73	105.51	0.62	9.85	12.88	2.41	1.02
439.63	1975.89	1153.39	330.86	1407.88	9.79	175.97	249.96	64.11	12.82
196.51	928.87	570.04	150.26	673.10	4.37	85.90	123.80	33.49	4.73
93.07	446.39	218.28	72.05	302.88	2.43	38.65	56.51	15.41	3.57
75.57	386.66	237.85	57.67	185.47	1.52	29.47	38.99	8.00	1.55
26.31	80.46	60.31	14.70	80.28	0.51	8.12	10.72	2.10	0.70
0.62	3.39	2.86	0.41	2.08		0.05	0.05		0.02
2.25	2.79	2.41	0.33	6.55	0.07	1.25	1.40	0.08	0.07
23.44	74.29	55.04	13.95	71.65	0.44	6.82	9.27	2.01	0.60
6249.16	21264.34	15064.16	3276.02	26881.72	107.82	1592.98	2351.71	649.87	312.20
3293.48	9866.60	7778.70	758.89	13169.95	63.33	960.43	1452.22	427.96	90.05
2405.77	5934.21	4614.11	366.30	6378.51	47.38	764.94	1128.73	316.28	38.86
887.71	3932.39	3164.58	392.59	6791.44	15.95	195.49	323.49	111.67	51.18
63.83	282.12	182.82	37.89	314.89	0.98	14.64	20.72	5.09	5.56
4.69	21.05	17.34	1.51	18.09	0.10	1.22	1.56	0.25	0.32
353.72	1897.97	1273.16	198.84	2347.78	6.83	39.04	81.24	35.26	29.94
980.07	3929.58	2273.91	1128.05	4579.99	11.42	247.14	330.45	71.73	54.84
6.66	10.31	5.38	3.42	27.97	0.10	2.49	3.52	0.93	0.25
27.16	110.60	55.09	41.64	129.78	0.38	3.77	5.99	1.85	2.42
116.14	492.25	323.65	126.15	547.07	1.59	28.71	38.42	8.11	7.24
830.12	3316.42	1889.79	956.84	3875.16	9.35	212.18	282.52	60.85	44.93
1189.63	3753.11	2424.37	914.86	4879.72	18.36	245.72	337.28	73.07	103.78
57.73	245.62	144.71	81.51	193.85	0.91	6.34	12.73	5.47	3.76
12.84	106.02	63.14	13.94	86.78	0.30	4.21	5.92	1.34	0.73
146.82	695.84	542.51	79.54	630.31	2.50	35.63	56.50	18.36	11.11
146.35	466.43	363.52	61.00	660.37	3.10	38.60	53.08	11.34	12.12
560.92	2408.19	1850.12	281.52	4010.86	8.07	161.47	215.02	45.17	47.01
99.34	555.26	437.36	51.32	1049.46	0.69	48.19	57.39	8.32	5.49
178.39	626.16	498.75	86.33	993.58	2.78	36.41	51.54	12.32	18.16
162.62	668.99	500.85	92.76	1201.92	2.70	41.61	55.85	11.48	14.77
27.58	189.45	135.39	12.09	205.55	0.51	7.26	10.65	2.87	2.69
92.99	368.32	277.78	39.02	560.35	1.40	28.00	39.59	10.17	5.89
238.46	1037.83	679.32	136.24	821.82	5.40	85.73	113.48	22.28	15.27
104.86	436.38	260.14	57.75	317.08	2.29	47.10	57.44	8.04	5.43
133.60	601.45	419.18	78.48	504.74	3.11	38.63	56.04	14.24	9.84

12−25 规模以上先进制造业主要经济指标（2015年）

单位：亿元

项 目	Item	企业单位数（个）Number of Enterprises (unit)	工业总产值（当年价）Gross Industrial Output Value (at current prices)
合 计	**Total**	**15556**	**60459.79**
一、装备制造业	Equipment Manufacturing	12547	48575.81
#汽车制造	Automobile	715	5955.96
船舶制造	Ship	114	516.41
#金属船舶制造	Metal ship	54	408.49
飞机制造及修理业	Airplane manufacturing and maintenance	8	72.71
环境污染防治专用设备制造	Special equipment for Environmental pollution prevention	39	40.26
二、钢铁冶炼及加工	Steel and Iron and Processing	380	2206.39
#炼铁	Iron smelting	5	15.89
炼钢	Steel smelting	23	114.41
钢材加工	Steel processing	349	2029.86
铁合金冶炼	Iron alloy smelting	3	46.22
三、石油及化学	Petroleum and Chemical Industry	2629	9677.60
1．石油和天然气开采业	Oil and Natural Gas Extraction	4	521.71
2．石油加工、炼焦及核燃料加工业	Petroleum Refining, Coking and Nuclear Fuel Processing	80	2331.04
3．化学原料及化学制品制造业	Raw Chemical Materials and Chemical Products	2165	6315.93
4．橡胶制品业	Rubber products	380	508.93

Main Indicators on Advanced Manufacturing Enterprises above Designated Size (2015)

(100 million yuan)

工业增加值 Value-added of Industry	年末资产总计 Total Assets at the Year-end	流动资产合计 Total Working Capital	固定资产合计 Total Fixed Assets	主营业务收入 Principal Business Revenue	主营业务税金及附加 Tax and Extra Charges on Main Business	利润总额 Total Profits	利税总额 Total Pre-tax Profits	本年应交增值税 Value-added Tax Payable in Current Year	全部就业人员年平均人数(万人) Annual Average Number of Employed Persons (10000 persons)
14102.48	**44707.36**	**28329.55**	**9990.49**	**57680.64**	**813.98**	**3792.95**	**6144.91**	**1530.82**	**609.93**
10957.93	36037.91	24613.45	6838.80	46481.93	296.83	2988.90	4427.12	1137.97	553.97
1443.89	4239.66	2650.47	1135.98	5724.30	122.48	468.72	777.20	184.76	38.02
121.55	608.26	373.77	173.91	423.22	1.53	21.38	30.02	7.08	4.52
92.32	444.38	285.63	114.31	327.02	0.73	17.73	23.17	4.69	2.95
24.06	77.68	57.90	14.36	73.74	0.44	6.87	9.32	2.01	0.63
11.93	39.11	27.42	6.92	39.20	0.32	3.21	4.88	1.35	0.54
335.43	1745.38	554.72	675.79	2026.92	6.47	56.27	75.72	12.95	9.22
4.21	3.29	2.00	0.57	16.29	0.11	1.76	2.87	1.01	0.05
17.25	32.13	18.44	12.56	113.33	0.28	4.36	5.72	1.07	0.41
308.21	1654.62	520.45	623.21	1854.66	6.08	49.43	66.38	10.85	8.67
5.75	55.34	13.82	39.45	42.65		0.73	0.75	0.02	0.09
2809.12	6924.07	3161.37	2475.90	9171.80	510.68	747.78	1642.07	379.90	46.75
382.91	1054.27	69.25	562.28	493.02	41.82	124.53	194.12	27.76	0.57
810.57	1185.06	473.95	554.84	2321.45	428.93	125.92	682.82	124.63	2.66
1487.10	4274.18	2408.41	1238.84	5862.76	37.33	478.76	732.37	215.92	34.20
128.54	410.57	209.77	119.94	494.57	2.60	18.57	32.77	11.58	9.32

12-26 规模以上工业企业主要经济效益指标（2015年）

项　　目	Item
全省总计	**Provincial Total**
按经济类型分	Grouped by Ownership
在总计中：国有控股工业	Of the Total: State-holding Industry
国有工业	State-owned Industry
集体工业	Collective-owned Industry
股份合作工业	Share-holding Cooperative Industry
股份制工业	Share-holding Industry
外商投资工业	Foreign-funded Industry
港澳台投资工业	Industry with Funds from Hong Kong, Macao and Taiwan
按轻重工业分	Grouped by Light and Heavy Industries
轻工业	Light Industry
重工业	Heavy Industry
按企业规模分	Grouped by Size of Enterprises
大型企业	Large Enterprises
中型企业	Medium Enterprises
小微型企业	Small and Micro Enterprises
按行业分	Grouped by Sector
煤炭开采和洗选业	Mining and Washing of Coal
石油和天然气开采业	Extraction of Petroleum and Natural Gas
黑色金属矿采选业	Mining and Dressing of Ferrous Metal Ores
有色金属矿采选业	Mining and Dressing of Nonferrous Metal Ores
非金属矿采选业	Mining and Dressing of Nonmetal Ores
开采辅助活动	Auxiliary Minning Operations
其他采矿业	Mining and Dressing of Other Ores
农副食品加工业	Processing of Farm and Sideline Food
食品制造业	Manufacture of Food
酒、饮料和精制茶制造业	Manufacture of Wine, Beverage and Refined Tea
烟草制品业	Tobacco Products
纺织业	Textile Industry
纺织服装、服饰业	Manufacture of Textile Garments, Footwear and Headgear
皮革、毛皮、羽毛及其制品和制鞋业	Leather, Fur, Feather, Down and Related Products
木材加工和木、竹、藤、棕、草制品业	Timber Processing, Bamboo, Cane, Palm Fiber & Straw Products
家具制造业	Manufacture of Furniture
造纸和纸制品业	Papermaking and Paper Products
印刷和记录媒介复制业	Printing and Record Medium Reproduction
文教、工美、体育和娱乐用品制造业	Manufacture of Cultural, Educational,Sports and Entertainment Articles
石油加工、炼焦和核燃料加工业	Petroleum Refining, Coking and Nuclear Fuel Processing
化学原料和化学制品制造业	Manufacture of Raw Chemical Materials and Chemical Products
医药制造业	Manufacture of Medicines
化学纤维制造业	Manufacture of Chemical Fibers
橡胶和塑料制品业	Rubber and Plastic Products
非金属矿物制品业	Nonmetal Mineral Products
黑色金属冶炼和压延加工业	Smelting and Pressing of Ferrous Metals
有色金属冶炼和压延加工业	Smelting and Pressing of Nonferrous Metals
金属制品业	Metal Products
通用设备制造业	Manufacture of General-purpose Machinery
专用设备制造业	Manufacture of Special-purpose Machinery
汽车制造业	Manufacture of Automobile
铁路、船舶、航空航天和其他运输设备制造业	Manufacture of Railway ,Ship,Aeronautics and Other Transport equipment
电气机械和器材制造业	Manufacture of Electrical Machinery and Equipment
计算机、通信和其他电子设备制造业	Manufacture of Communication Equipment, Computers and Other Electronic Equipment
仪器仪表制造业	Manufacture of Instruments and Meters
其他制造业	Other Manufactures
废弃资源综合利用业	Comprehensive Utilization of Waste
金属制品、机械和设备修理业	Manufacture of Metal Products,Machinery and Equipment Maintenance
电力、热力生产和供应业	Production and Supply of Electric Power and Heat Power
燃气生产和供应业	Production and Supply of Gas
水的生产和供应业	Production and Supply of Water

Main Indicators on Economic Benefit of Industrial Enterprises above Designated Size (2015)

总资产贡献率(%) Ratio of Total Assets to Industrial Output Value (%)	资产负债率(%) Assets-Liability Ratio (%)	成本费用利润率(%) Ratio of Profits to Industrial Costs (%)	全员劳动生产率(元/人) Overall Labor Productivity (yuan/person)	产品销售率(%) Proportion of Products Sold (%)
13.58	**57.38**	**6.85**	**204582**	**97.11**
13.53	57.01	7.88	606956	97.62
7.91	57.69	2.91	216055	99.01
19.38	60.42	4.99	120202	98.58
19.66	56.97	3.64	224735	96.93
14.23	58.76	7.39	248467	97.31
14.33	53.66	6.76	223601	97.13
10.81	57.22	5.79	136233	96.49
14.42	55.96	6.64	159988	96.51
13.13	58.14	6.98	248209	97.48
15.21	59.72	7.83	257106	96.94
12.48	54.16	6.63	150986	96.84
11.99	56.75	5.60	204411	97.63
18.64	88.15	37.42	6687225	99.46
15.18	54.14	9.74	506624	95.53
23.77	64.52	10.25	325733	94.92
34.46	42.45	10.18	391385	97.09
12.88	16.82	22.98	672463	99.18
46.27	42.00	2.54	70398	92.00
9.64	67.64	4.64	264600	95.98
26.33	43.96	15.15	301872	97.01
20.88	54.64	9.14	333518	97.09
60.85	26.06	15.82	4481408	122.28
15.71	53.00	5.66	154943	97.72
16.07	53.20	4.57	106282	97.00
15.65	52.91	4.27	94785	98.19
21.89	52.94	7.75	232935	96.10
14.58	52.93	5.53	135600	97.68
8.62	57.58	5.00	183272	95.06
14.27	45.60	7.79	144343	96.42
9.07	60.51	3.49	98538	96.80
58.20	73.50	7.00	3046235	99.23
17.80	48.62	8.82	434827	96.36
13.22	40.26	14.31	343043	95.15
13.04	45.69	9.65	229607	97.42
12.37	50.44	5.26	137062	97.50
13.58	56.59	6.61	205299	96.38
5.83	68.22	2.95	337710	96.46
9.31	69.98	3.95	321182	97.85
16.90	52.77	6.59	164690	96.41
11.66	53.98	7.17	174285	96.39
11.46	50.40	8.78	175232	96.87
18.74	63.13	8.85	379768	98.86
8.37	65.00	5.38	197477	96.40
12.11	61.77	7.24	155690	95.50
11.16	61.38	5.89	192463	96.98
11.42	43.70	7.75	115607	97.03
10.41	49.48	5.20	110625	96.14
27.63	60.77	9.27	570868	96.58
9.87	57.00	7.83	216149	99.07
10.98	50.81	9.95	947372	100.01
13.78	57.78	7.76	1302761	98.57
5.92	59.26	15.42	317350	97.38

12-27 规模以上制造业工业企业主要经济指标

Main Economic Indicators of Manufacturing Enterprises above Designated Size

项 目	Item	2000	2010	2013	2014	2015	2015比2014增长(%) Growth Rate of 2015 over 2014(%)
企业单位数 (个)	Number of Enterprises (unit)	18571	52102	40261	40156	41081	
工业总产值 (亿元)	Gross Industrial Output Value (100 million yuan)	11352.62	79504.12	101623.58	110962.87	115911.71	4.1
工业增加值 (亿元)	Value-added of Industry (100 million yuan)	2768.88	18317.74	23885.44	25265.42	26568.90	6.8
主营业务收入 (亿元)	Main Business Revenue (100 million yuan)	10865.66	77730.85	98388.86	106839.05	110548.00	2.5
资产总计 (亿元)	Total Assets (100 million yuan)	11653.11	52734.31	68214.34	74598.07	81676.43	7.3
流动资产合计 (亿元)	Total Liquid Assets (100 million yuan)		32414.52	44142.30	48375.15	52178.92	6.9
固定资产合计 (亿元)	Total Fixed Assets (100 million yuan)		16420.14	15904.00	17052.02	18383.46	7.8
负债总计 (亿元)	Total Liabilities (100 million yuan)	6950.47	29407.47	39867.48	43747.09	47206.36	5.6
所有者权益合计 (亿元)	Total Creditors' Equity (100 million yuan)	4576.24	23243.24	28081.20	30598.23	34079.15	9.8
利润总额 (亿元)	Total Profits (100 million yuan)	348.92	5313.74	5627.89	6110.88	6844.73	10.0
亏损企业亏损额 (亿元)	Loss Value of Loss-making Enterprises (100 million yuan)	131.89	195.53	357.30	417.14	475.63	19.6
利税总额 (亿元)	Total Pre-tax Profits (100 million yuan)	729.92	8150.46	9703.75	10276.84	11011.30	11.4
应交增值税 (亿元)	Value-added Tax Payable(100 million yuan)	277.66	2003.07	3000.78	3048.20	2892.83	13.6
从业人员平均人数(万人)	Average Employed Persons (10000 persons)	546.03	1533.72	1423.41	1423.93	1406.84	-2.3

注：本表总产值和增加值绝对数按当年价格计算，增加值2009年及以前用生产法计算，2010年起用收入法计算，2011年统计口径从年业务收入500万元及以上调整为2000万元及以上。为反映可比口径，本表中增速使用快报数据。

Note: Gross industrial output values and value-added are calculated at current prices.Value-added is calculated by production approach in 2009 and prior to and since 2010 by income approach.Growth rates in this table are calculated at constant prices with the coverage of over 20 million yuan.

12-28 各市规模以上工业企业主要经济指标（2015年）
Main Economic Indicators of Industrial Enterprises above Designated Size by City (2015)

单位：亿元 (100 million yuan)

市 别	City	主营业务收入 Main Business Revenue	资产合计 Total Assets	负债合计 Total Liabilities	利润总额 Total Profits	利税总额 Total Pre-tax Profits	就业人员平均人数(万人) Average Number of Employed Persons (10000 persons)
广 州	Guangzhou	16843.23	14981.16	7864.82	1105.40	2033.21	138.49
深 圳	Shenzhen	24972.22	25869.10	15831.25	1831.49	2680.10	324.61
珠 海	Zhuhai	3951.12	5087.53	3276.66	279.54	401.56	43.84
汕 头	Shantou	2887.42	2298.20	914.03	210.89	297.34	43.08
佛 山	Foshan	18510.23	11409.34	6377.76	1450.40	2042.18	168.00
#顺 德	Shunde	5496.17	3867.80	2306.11	459.33	660.53	61.42
韶 关	Shaoguan	1130.57	1249.07	820.00	42.21	126.03	16.16
河 源	Heyuan	1355.06	927.46	522.92	75.60	115.77	17.00
梅 州	Meizhou	636.81	690.28	340.80	45.81	118.15	11.16
惠 州	Huizhou	6938.54	4500.37	2619.15	373.13	713.49	81.49
汕 尾	Shanwei	1129.00	605.58	288.50	40.99	52.23	23.98
东 莞	Dongguan	12454.22	9134.65	5369.92	407.50	648.04	254.19
中 山	Zhongshan	5880.90	3839.23	2254.45	322.83	551.79	89.20
江 门	Jiangmen	3649.04	2965.05	1667.35	226.24	354.31	47.63
阳 江	Yangjiang	1843.85	1667.72	1135.48	157.38	221.45	14.95
湛 江	Zhanjiang	2033.52	2538.96	1902.44	85.61	214.99	14.49
茂 名	Maoming	2328.77	1062.50	479.64	253.38	533.07	15.72
肇 庆	Zhaoqing	3905.11	2112.91	1000.15	235.27	397.96	34.71
清 远	Qingyuan	1601.50	1361.41	807.29	92.34	146.13	20.78
潮 州	Chaozhou	1275.77	677.34	245.72	131.41	183.98	20.86
揭 阳	Jieyang	4794.41	1711.02	659.41	283.57	430.17	46.28
云 浮	Yunfu	1036.58	722.34	370.16	72.15	113.05	12.71
按经济区域分	By Region						
珠 三 角	Pearl River Delta	97104.61	79899.34	46261.50	6231.81	9822.63	1182.16
东 翼	Eastern Region	10086.60	5292.15	2107.67	666.87	963.72	134.20
西 翼	Western Region	6206.14	5269.17	3517.56	496.37	969.52	45.16
山 区	Mountainous Region	5760.51	4950.56	2861.18	328.12	619.13	77.81

12-29 各市私营工业企业主要经济指标（2015年）

Main Economic Indicators of Private Industrial Enterprises by City (2015)

单位：亿元 (100 million yuan)

市 别	City	主营业务收入 Main Business Revenue	资产合计 Total Assets	负债合计 Total Liabilities	利润总额 Total Profits	利税总额 Total Pre-tax Profits	就业人员平均人数(万人) Average Number of Employed Persons (10000 persons)
广 州	Guangzhou	2557.97	1817.43	1055.10	77.71	138.69	36.81
深 圳	Shenzhen	4523.09	4417.17	2941.36	203.32	306.31	74.99
珠 海	Zhuhai	287.69	257.19	164.82	10.37	16.38	5.26
汕 头	Shantou	1285.61	681.38	302.11	92.48	116.46	20.32
佛 山	Foshan	4813.73	2520.32	1468.59	315.11	433.94	42.14
#顺 德	Shunde	382.57	201.49	139.83	19.15	29.42	5.48
韶 关	Shaoguan	128.03	75.06	48.25	8.11	12.13	1.14
河 源	Heyuan	358.28	194.56	117.55	21.71	31.99	2.61
梅 州	Meizhou	111.75	82.42	47.17	3.72	7.30	2.22
惠 州	Huizhou	771.07	376.97	259.19	50.50	76.00	9.42
汕 尾	Shanwei	328.38	70.52	26.12	4.95	8.43	8.62
东 莞	Dongguan	2673.64	1693.01	1322.90	81.11	141.29	34.32
中 山	Zhongshan	1124.07	655.86	460.51	49.77	87.31	20.83
江 门	Jiangmen	648.29	368.61	260.71	21.85	40.60	9.47
阳 江	Yangjiang	656.73	223.60	113.41	60.68	87.75	7.07
湛 江	Zhanjiang	547.82	255.83	203.64	9.57	22.74	4.39
茂 名	Maoming	412.15	195.65	69.49	54.34	80.49	5.19
肇 庆	Zhaoqing	1243.24	458.12	189.22	95.34	150.86	9.83
清 远	Qingyuan	392.79	266.59	189.71	34.91	45.79	3.28
潮 州	Chaozhou	522.80	210.58	67.00	49.18	69.99	10.45
揭 阳	Jieyang	2291.57	439.10	138.66	128.39	193.98	21.53
云 浮	Yunfu	190.01	106.88	55.40	12.69	19.57	2.06
按经济区域分	By Region						
珠 三 角	Pearl River Delta	18642.78	12564.69	8122.40	905.07	1391.39	243.06
东 翼	Eastern Region	4428.36	1401.58	533.89	274.99	388.86	60.92
西 翼	Western Region	1616.71	675.08	386.54	124.59	190.97	16.66
山 区	Mountainous Region	1180.86	725.51	458.08	81.14	116.78	11.31

12-30 各市工业企业主要经济效益指标（2015年）

Main Indicators on Economic Benefit of Industrial Enterprises by City (2015)

市 别	City	总资产贡献率(%) Ratio of Total Assets to Industrial Output Value (%)	资 产 负债率 (%) Assets-Liability Ratio (%)	成本费用利润率(%) Ratio of Profits to Industrial Costs (%)	全员劳动生产率 (元/人) Overall Labor Productivity (yuan/person)	产 品 销售率 (%) Proportion of Products Sold (%)
全省合计	**Provincial Total**	**13.58**	**57.38**	**6.85**	**204582**	**97.11**
广 州	Guangzhou	14.29	52.50	6.98	327486	96.85
深 圳	Shenzhen	10.75	61.20	7.68	197971	98.09
珠 海	Zhuhai	7.90	64.41	7.18	209138	94.35
汕 头	Shantou	13.78	39.77	7.84	161234	97.02
佛 山	Foshan	18.47	55.90	8.43	259779	96.96
#顺 德	Shunde	17.66	59.62	8.99	220957	94.88
韶 关	Shaoguan	11.47	65.65	3.86	191653	98.30
河 源	Heyuan	13.19	56.38	5.90	192734	97.17
梅 州	Meizhou	18.35	49.37	7.81	192072	98.81
惠 州	Huizhou	16.20	58.20	5.63	198485	97.88
汕 尾	Shanwei	9.73	47.64	3.77	102217	97.18
东 莞	Dongguan	7.51	58.79	3.33	102756	97.94
中 山	Zhongshan	14.90	58.72	5.79	143613	94.71
江 门	Jiangmen	12.93	56.23	6.39	202780	93.58
阳 江	Yangjiang	14.94	68.09	9.60	302325	94.40
湛 江	Zhanjiang	9.20	74.93	4.59	497791	94.69
茂 名	Maoming	51.77	45.14	13.31	481693	98.20
肇 庆	Zhaoqing	20.10	47.34	6.41	276892	97.56
清 远	Qingyuan	11.69	59.30	6.10	190855	96.58
潮 州	Chaozhou	28.40	36.28	11.55	168754	98.13
揭 阳	Jieyang	26.93	38.54	6.32	227943	99.48
云 浮	Yunfu	16.83	51.24	7.53	189215	96.47

12-30 续表 continued

市 别	City	总资产贡献率比去年增长百分点 Percentage Gain in Ratio of Total Assets to Industrial Output Value over Preceding Year	资产负债率比去年增长百分点 Percentage Gain in Assets-Liability Ratio over Preceding Year	成本费用利润率比去年增长百分点 Percentage Gain in Ratio of Profits to Industrial Costs over Preceding Year	全员劳动生产率比去年增长(%) Growth in Overall Labor Productivity over Preceding Year (%)	产品销售率比去年增长百分点 Percentage Gain in Proportion of Products Sold over Preceding Year
全省合计	**Provincial Total**	**-0.95**	**-0.72**	**0.39**	**4.95**	**-0.32**
广 州	Guangzhou	-1.06	-1.79	-0.13	4.92	-1.54
深 圳	Shenzhen	-0.49	-0.41	1.65	7.22	1.55
珠 海	Zhuhai	-1.17	1.95	0.67	13.98	-2.69
汕 头	Shantou	-1.35	0.66	-0.76	-0.90	1.56
佛 山	Foshan	0.10	-0.38	0.07	3.70	-0.49
#顺 德	Shunde	1.36	-0.02	1.09	8.79	-2.38
韶 关	Shaoguan	-2.09	1.04	-2.56	-5.88	-1.28
河 源	Heyuan	-2.95	-0.88	-1.96	6.93	1.52
梅 州	Meizhou	0.59	-3.82	-0.17	5.47	0.13
惠 州	Huizhou	-1.30	-0.74	1.18	-1.24	-0.51
汕 尾	Shanwei	-3.45	0.01	-0.25	3.50	-1.10
东 莞	Dongguan	-0.29	-0.74	0.37	5.62	-0.42
中 山	Zhongshan	0.13	-1.54	0.41	5.21	-1.60
江 门	Jiangmen	2.10	-2.21	0.76	15.11	-1.74
阳 江	Yangjiang	-16.05	3.63	-3.23	3.83	-2.45
湛 江	Zhanjiang	-8.54	-5.20	-1.17	-1.35	-0.83
茂 名	Maoming	-4.60	-7.06	5.70	-14.45	-0.13
肇 庆	Zhaoqing	-1.91	-2.79	-0.75	4.55	0.07
清 远	Qingyuan	0.67	0.23	0.35	13.30	-0.39
潮 州	Chaozhou	3.67	-8.32	1.14	13.21	-0.99
揭 阳	Jieyang	-1.47	-4.98	-2.26	-3.22	0.22
云 浮	Yunfu	0.29	-3.82	0.00	12.17	0.04

注：全员劳动生产率比去年增长为快报数，其他增速为年报可比口径。
Note: Growth in overall labor productivity over preceding Year is caculated by flash report，others are caculated by comparable scope.

12−31 各市规模以上国有控股工业企业主要经济效益指标（2015年）

Main Indicators on Economic Benefit of State-holding Industrial Enterprises above Designated Size by City (2015)

市 别	City	总资产贡献率 (%) Ratio of Total Assets to Industrial Output Value (%)	资产负债率 (%) Assets-Liability Ratio (%)	成本费用利润率 (%) Ratio of Profits to Industrial Costs (%)	全员劳动生产率 (元/人) Overall Labor Productivity (yuan/person)	产品销售率 (%) Proportion of Products Sold (%)
全省合计	**Provincial Total**	**13.53**	**57.01**	**7.88**	**606956**	**97.62**
广 州	Guangzhou	13.95	48.67	7.99	764469	99.29
深 圳	Shenzhen	10.67	58.54	7.88	507153	94.94
珠 海	Zhuhai	9.95	72.82	14.14	657741	90.43
汕 头	Shantou	12.46	39.89	8.89	473852	99.30
佛 山	Foshan	13.18	47.93	8.12	429687	99.05
#顺 德	Shunde	6.02	51.78	13.78	180211	63.36
韶 关	Shaoguan	9.59	75.62	-0.95	304295	101.92
河 源	Heyuan	12.11	53.18	5.72	458911	98.85
梅 州	Meizhou	34.77	41.17	7.80	703587	110.25
惠 州	Huizhou	22.96	64.75	7.01	922207	99.58
汕 尾	Shanwei	12.14	53.32	11.13	439971	99.80
东 莞	Dongguan	11.87	52.81	5.38	533494	99.68
中 山	Zhongshan	11.48	58.29	3.97	462947	97.81
江 门	Jiangmen	14.21	48.68	10.59	614021	96.72
阳 江	Yangjiang	4.31	75.67	5.22	410127	95.99
湛 江	Zhanjiang	10.35	60.27	3.36	660151	95.83
茂 名	Maoming	60.95	51.60	10.22	1696009	98.69
肇 庆	Zhaoqing	7.19	46.25	3.38	300936	98.88
清 远	Qingyuan	10.82	54.66	3.45	493540	97.74
潮 州	Chaozhou	22.14	43.71	18.24	806831	100.00
揭 阳	Jieyang	15.29	51.36	9.69	616452	99.98
云 浮	Yunfu	15.30	58.53	9.14	571636	99.92

12-32 各市按经济类型分的工业企业资产（2015年）

Total Assets of Industrial Enterprises by Ownership and by City (2015)

单位：亿元 (100 million yuan)

市别	City	资产合计 Total Assets	#国有控股工业 State-holding Industry	集体工业 Collective-owned Industry	股份合作制工业 Share-holding Cooperative Industry	股份制工业 Share-holding Industry	外商投资工业 Foreign-funded Industry	港澳台投资工业 Industry with Funds from Hong Kong, Macao and Taiwan
广州	Guangzhou	14981.16	6052.52	17.12	14.17	7884.15	4450.96	2353.42
深圳	Shenzhen	25869.10	4369.98	1.67	0.82	14973.79	4148.41	6707.31
珠海	Zhuhai	5087.53	2407.46	0.73		3242.32	1017.40	825.95
汕头	Shantou	2298.20	426.50	3.40	3.47	1576.57	320.48	238.09
佛山	Foshan	11409.34	907.25	33.24	5.33	7533.08	1640.21	1949.30
#顺德	Shunde	3867.80	40.12	1.14		2652.57	328.02	857.25
韶关	Shaoguan	1249.07	669.14	3.93	0.98	1055.72	40.41	92.57
河源	Heyuan	927.46	115.71	0.60		579.82	77.10	246.30
梅州	Meizhou	690.28	189.92	1.27	1.58	555.73	42.60	54.37
惠州	Huizhou	4500.37	1018.53	7.16		1629.83	1322.25	1481.23
汕尾	Shanwei	605.58	142.96	10.79		313.56	15.40	230.48
东莞	Dongguan	9134.65	676.07	41.01	1.10	3847.12	1855.50	3367.21
中山	Zhongshan	3839.23	372.93	8.76		1665.43	1229.42	901.18
江门	Jiangmen	2965.05	403.33	0.67	0.73	1286.58	413.19	1224.75
阳江	Yangjiang	1667.72	933.65	0.82		1428.14	66.25	125.54
湛江	Zhanjiang	2538.96	980.72	14.70	0.08	1764.43	54.79	653.54
茂名	Maoming	1062.50	474.90	3.38	0.98	899.00	34.92	32.78
肇庆	Zhaoqing	2112.91	308.14	4.53		1137.98	428.97	471.49
清远	Qingyuan	1361.41	223.92	0.44		805.51	84.31	434.94
潮州	Chaozhou	677.34	166.28	1.65	2.61	489.93	23.68	86.44
揭阳	Jieyang	1711.02	245.30	11.67		1354.28	46.41	151.10
云浮	Yunfu	722.34	105.35	2.65	0.39	480.48	36.93	169.61
按经济区域分	By Region							
珠三角	Pearl River Delta	79899.34	16516.23	114.89	22.14	43200.28	16506.31	19281.84
东翼	Eastern Region	5292.15	981.04	27.52	6.08	3734.35	405.97	706.12
西翼	Western Region	5269.17	2389.27	18.90	1.06	4091.57	155.96	811.86
山区	Mountainous Region	4950.56	1304.04	8.89	2.95	3477.27	281.34	997.80

12-33 各市规模以上大中型工业企业产值资产（2015年）
Gross Output Value and Total Assets of Large and Medium-sized Industrial Enterprises above Designated Size by City (2015)

单位：亿元 (100 million yuan)

市 别	City	企业个数(个) Number of Enterprises (unit)	#大型 Large-sized	工业总产值（当年价格） Gross Industrial Output Value (at current prices)	#大型 Large-sized	资产总计 Total Assets	#大型 Large-sized
全省合计	**Provincial Total**	**10455**	**1575**	**88503.29**	**55405.51**	**69454.18**	**43147.67**
广 州	Guangzhou	892	180	13433.92	10050.58	9450.52	6474.15
深 圳	Shenzhen	2054	385	21382.92	16289.71	20653.96	15198.12
珠 海	Zhuhai	321	54	3177.10	2156.54	4133.77	2583.46
汕 头	Shantou	454	24	1615.57	456.27	1469.10	398.33
佛 山	Foshan	1155	154	12500.68	6930.01	8163.34	4590.24
#顺 德	Shunde	296	51	4940.58	3935.47	3165.91	2485.69
韶 关	Shaoguan	105	13	722.31	377.02	820.10	437.98
河 源	Heyuan	125	19	952.21	458.73	614.49	228.74
梅 州	Meizhou	86	12	453.51	185.91	453.45	180.50
惠 州	Huizhou	546	106	5407.39	3950.20	3523.43	2605.55
汕 尾	Shanwei	131	78	1004.23	760.88	421.78	268.42
东 莞	Dongguan	1941	240	9836.06	6045.12	6796.34	3930.02
中 山	Zhongshan	702	107	4457.42	2534.25	2717.73	1541.79
江 门	Jiangmen	401	45	2547.59	1155.70	2034.49	951.56
阳 江	Yangjiang	131	13	1105.66	385.83	1364.73	918.16
湛 江	Zhanjiang	112	16	1310.73	521.80	2091.05	777.14
茂 名	Maoming	84	8	1211.87	915.62	582.28	379.41
肇 庆	Zhaoqing	328	40	2648.24	834.08	1355.86	587.09
清 远	Qingyuan	175	21	1258.16	391.50	953.25	333.47
潮 州	Chaozhou	216	9	585.89	152.95	435.74	155.13
揭 阳	Jieyang	398	43	2426.37	719.88	1080.44	507.28
云 浮	Yunfu	98	8	465.45	132.95	338.35	101.13
按经济区域分	By Region						
珠 三 角	Pearl River Delta	8340	1311	75391.33	49946.18	58829.42	38461.98
东 翼	Eastern Region	1199	154	5632.06	2089.99	3407.06	1329.16
西 翼	Western Region	327	37	3628.26	1823.24	4038.06	2074.70
山 区	Mountainous Region	589	73	3851.64	1546.10	3179.63	1281.83

12–34 各市现代产业增加值及比重（2015年）

Value Added and Ratio of Modern Industries by City (2015)

市 别	City	先进制造业增加值（亿元） Value Added of Advanced Manufacturing Industry (100 Million yuan)	先进制造业增加值占规模以上工业比重(%) Ratio of the Value Added to that of Industry (%)	高技术制造业增加值（亿元） Added of High-tech Industry (100 Million yuan)	高技术制造业增加值占规模以上工业比重(%) Ratio of the Value Added to that of Industry (%)
全省合计	**Provincial Total**	**14102.48**	**47.9**	**7537.34**	**25.6**
广 州	Guangzhou	2564.59	56.5	568.73	12.5
深 圳	Shenzhen	4715.66	73.4	4055.97	63.1
珠 海	Zhuhai	414.16	45.2	264.47	28.8
汕 头	Shantou	95.93	13.8	36.04	5.2
佛 山	Foshan	1451.23	33.3	328.00	7.5
#顺 德	Shunde	346.59	25.5	63.48	4.7
韶 关	Shaoguan	84.21	27.2	14.91	4.8
河 源	Heyuan	156.82	47.9	92.10	28.1
梅 州	Meizhou	47.57	22.2	33.28	15.5
惠 州	Huizhou	1006.00	62.2	654.95	40.5
汕 尾	Shanwei	64.07	26.1	49.46	20.2
东 莞	Dongguan	1208.60	46.3	869.18	33.3
中 山	Zhongshan	472.54	36.9	225.46	17.6
江 门	Jiangmen	404.52	41.9	67.71	7.0
阳 江	Yangjiang	72.96	16.1	11.72	2.6
湛 江	Zhanjiang	272.02	37.7	7.93	1.1
茂 名	Maoming	416.66	55.0	26.19	3.5
肇 庆	Zhaoqing	324.27	33.7	82.53	8.6
清 远	Qingyuan	63.58	16.0	14.31	3.6
潮 州	Chaozhou	32.16	9.1	27.32	7.8
揭 阳	Jieyang	188.40	17.9	88.54	8.4
云 浮	Yunfu	46.54	19.3	18.56	7.7
按经济区域分	By Region				
珠 三 角	Pearl River Delta	12561.56	53.0	7116.99	30.1
东 翼	Eastern Region	380.56	16.2	201.36	8.6
西 翼	Western Region	761.64	39.5	45.83	2.4
山 区	Mountainous Region	398.72	26.8	173.16	11.6

注：本表现代产业增加值按年报收入法计算；高技术制造业增加值采用新的国家统计局高技术产业(制造业)分类(2013)。

Note: Value Added of modern industries in this table is calculated in accordance with the income method of the annual report.

12－35 全省工业总产值最大的50家工业企业（2015年）

Top 50 Industrial Enterprises of the Province in Terms of Gross Industrial Output Value (2015)

序号 Rank	企业名称	Name of Enterprises
1	华为技术有限公司	HUAWEI TECHNOLOGIES CO., LTD
2	广东电网公司	GUANGDONG POWER GRID CORPORATION
3	美的集团股份有限公司	GUANGDONG MD HOLDING CO., LTD
4	富泰华工业(深圳)有限公司	FUTAIHUA INDUSTRY (SHENZHEN) CO., LTD
5	中兴通讯股份有限公司	ZTE CORPORATION
6	东风汽车有限公司东风日产乘用车公司	DONGFENG MOTOR CO. LTD. PASSENGER VEHICLE COMPANY
7	惠州三星电子有限公司	HUIZHOU SAMSUNG ELECTRONICS CO.,LTD
8	华为终端（东莞）有限公司	HUAWEI DEVICE (DONGGUAN) CO., LTD.
9	中国南方电网有限责任公司	CHINA SOUTHERN POWER GRID CO., LTD
10	中国石油化工股份有限公司茂名分公司	SINOPEC MAOMING COMPANY
11	珠海格力电器股份有限公司	GREE ELECTRIC APPLIANCES, INC. OF ZHUHAI
12	广汽本田汽车有限公司	GUANGQI HONDA AUTOMOBILE CO., LTD
13	广汽丰田汽车有限公司	GAC TOYOTA MOTOR CO.,LTD
14	深圳供电局有限公司	SHENZHEN POWER SUPPLY BUREAU CO.,LTD
15	广东格兰仕集团有限公司	GUANGDONG GALANZ GROUP CO., LTD
16	中国石油化工股份有限公司广州分公司	SINOPEC GUANGZHOU COMPANY
17	广州供电局有限公司	GUANGZHOU POWER SUPPLY BUREAU CO.,LTD
18	乐金显示（广州）有限公司	LG DISPLAY (GUANGZHOU)CO.,LTD
19	鸿富锦精密工业(深圳)有限公司	HONG FU JIN PRECISION (SHENZHEN) CO., LTD
20	佛山群志光电有限公司	INNOLUX CORPORATION-FOSHAN
21	中海石油炼化有限责任公司惠州炼化分公司	CNOOC OIL & PETROCHEMICALS CO.,LTD HUIZHOU COMPANY
22	广东中烟工业有限责任公司	GUANGDONG CHINA TOBACCO INDUSTRIAL CO., LTD
23	伟创力制造（珠海）有限公司	FLEXTRONICS MANUFACTURING (ZHUHAI) CO., LTD
24	比亚迪汽车工业有限公司	BYD AUTO INDUSTRY CO.,LTD
25	深圳创维－RGB电子有限公司	SHENZHEN SKYWORTH-RGB ELECTRONICS CO., LTD
26	联想信息产品(深圳)有限公司	LENOVO INFORMATION PRODUCTS (SHENZHEN)CO., LTD
27	维沃通信科技有限公司	VIVO COMMUNICATION TECHNOLOGY CO., LTD
28	东莞市欧珀精密电子有限公司	DONGGUAN OPPO PRECISION ELECTRONIC CORP.,LTD
29	纬创资通(中山)有限公司	WISTRON INFOCOMM (ZHONGSHAN) CORPORATION
30	东莞三星视界有限公司	SAMSUNG MOBILE DISPLAY
31	中海石油（中国）有限公司深圳分公司	CNOOC (CHINA) LIMITED SHENZHEN BRANCH
32	无限极（中国）有限公司	INFINITUS (CHINA) CO., LTD.
33	安利（中国）日用品有限公司	AMWAY (CHINA) CO., LTD
34	伯恩光学（惠州）有限公司	BIEL CRYSTAL MANUFACTORY(HUIZHOU) LIMITED
35	东风本田发动机有限公司	DONGFENG HONDA ENGINE CO., LTD
36	广州宝洁有限公司	PROCTER & GAMBLE (GUANGZHOU) CO., LTD
37	海信科龙电器股份有限公司	HISENSE KELON ELECTRICAL HOLDINGS CO., LTD
38	魅族科技（中国）有限公司	MEIZU TELECOM EQUIPMENT CO., LTD
39	捷普电子(广州)有限公司	JABIL CIRCUIT (GUANGZHOU) CO., LTD
40	华为机器有限公司	HUAWEI MACHINE CO., LTD
41	周大福珠宝金行（深圳）有限公司	CHOW TAI FOOK JEWELLERY(SHENZHEN) CO.,LTD.
42	惠州TCL移动通信有限公司	HUIZHOU TCL MOBILE COMMUNICATION CO., LTD.
43	中国石化湛江东兴石油化工有限公司	SINOPEC ZHANJIANG DONGXING PETROLEUM ENTERPRISE CO., LTD
44	广州金发科技股份有限公司	KINGFA SCI.& TECH.CO.,LTD
45	康佳集团股份有限公司	KONKA GROUP CO., LTD
46	日立电梯(中国)有限公司	HITACHI ELEVATOR (CHINA) CO.,LTD
47	深圳市华星光电技术有限公司	SHENZHEN CHINA STAR OPTOELECTRONICS TECHNOLOGY CO., LTD.
48	中海壳牌石油化工有限公司	CNOOC AND SHELL PETROCHEMICALS COMPANY LIMITED
49	乐金显示(中国)有限公司	LG DISPLAY (CHINA)CO.,LTD
50	中海石油(中国)有限公司湛江分公司	CNOOC (CHINA) LIMITED ZHANJIANG BRANCH

12-36 全省主营业务收入最大的50家工业企业（2015年）

Top 50 Industrial Enterprises of the Province in Terms of Principal Business Revenue (2015)

序号 Rank	企业名称	Name of Enterprises
1	华为技术有限公司	HUAWEI TECHNOLOGIES CO., LTD
2	广东电网公司	GUANGDONG POWER GRID CORPORATION
3	美的集团股份有限公司	GUANGDONG MD HOLDING CO., LTD
4	富泰华工业(深圳)有限公司	FUTAIHUA INDUSTRY (SHENZHEN) CO., LTD
5	惠州三星电子有限公司	HUIZHOU SAMSUNG ELECTRONICS CO.,LTD
6	中兴通讯股份有限公司	ZTE CORPORATION
7	东风汽车有限公司东风日产乘用车公司	DONGFENG MOTOR CO. LTD. PASSENGER VEHICLE COMPANY
8	珠海格力电器股份有限公司	GREE ELECTRIC APPLIANCES, INC. OF ZHUHAI
9	华为终端（东莞）有限公司	HUAWEI DEVICE (DONGGUAN) CO., LTD.
10	中国南方电网有限责任公司	CHINA SOUTHERN POWER GRID CO., LTD
11	中国石油化工股份有限公司茂名分公司	SINOPEC MAOMING COMPANY
12	广汽本田汽车有限公司	GUANGQI HONDA AUTOMOBILE CO., LTD
13	广汽丰田汽车有限公司	GAC TOYOTA MOTOR CO.,LTD
14	深圳供电局有限公司	SHENZHEN POWER SUPPLY BUREAU CO.,LTD
15	广州供电局有限公司	GUANGZHOU POWER SUPPLY BUREAU CO.,LTD
16	中国石油化工股份有限公司广州分公司	SINOPEC GUANGZHOU COMPANY
17	广东格兰仕集团有限公司	GUANGDONG GALANZ GROUP CO., LTD
18	鸿富锦精密工业(深圳)有限公司	HONG FU JIN PRECISION (SHENZHEN) CO., LTD
19	佛山群志光电有限公司	INNOLUX CORPORATION-FOSHAN
20	中海石油炼化有限责任公司惠州炼化分公司	CNOOC OIL & PETROCHEMICALS CO.,LTD HUIZHOU COMPANY
21	伟创力制造（珠海）有限公司	FLEXTRONICS MANUFACTURING (ZHUHAI) CO., LTD
22	广东中烟工业有限责任公司	GUANGDONG CHINA TOBACCO INDUSTRIAL CO., LTD
23	东莞市欧珀精密电子有限公司	DONGGUAN OPPO PRECISION ELECTRONIC CORP.,LTD
24	乐金显示（广州）有限公司	LG DISPLAY (GUANGZHOU)CO.,LTD
25	维沃通信科技有限公司	VIVO COMMUNICATION TECHNOLOGY CO., LTD
26	深圳创维-RGB电子有限公司	SHENZHEN SKYWORTH-RGB ELECTRONICS CO., LTD
27	联想信息产品(深圳)有限公司	LENOVO INFORMATION PRODUCTS (SHENZHEN)CO., LTD
28	中海石油（中国）有限公司深圳分公司	CNOOC (CHINA) LIMITED SHENZHEN BRANCH
29	比亚迪汽车工业有限公司	BYD AUTO INDUSTRY CO.,LTD
30	东莞三星视界有限公司	SAMSUNG MOBILE DISPLAY
31	纬创资通(中山)有限公司	WISTRON INFOCOMM (ZHONGSHAN) CORPORATION
32	海信科龙电器股份有限公司	HISENSE KELON ELECTRICAL HOLDINGS CO., LTD
33	广州宝洁有限公司	PROCTER & GAMBLE (GUANGZHOU) CO., LTD
34	周大福珠宝金行（深圳）有限公司	CHOW TAI FOOK JEWELLERY(SHENZHEN) CO.,LTD.
35	捷普电子(广州)有限公司	JABIL CIRCUIT (GUANGZHOU) CO., LTD
36	安利（中国）日用品有限公司	AMWAY (CHINA) CO., LTD
37	华为机器有限公司	HUAWEI MACHINE CO., LTD
38	东风本田发动机有限公司	DONGFENG HONDA ENGINE CO., LTD
39	伯恩光学（惠州）有限公司	BIEL CRYSTAL MANUFACTORY(HUIZHOU) LIMITED
40	无限极（中国）有限公司	INFINITUS (CHINA) CO., LTD.
41	中国石化湛江东兴石油化工有限公司	SINOPEC ZHANJIANG DONGXING PETROLEUM ENTERPRISE CO., LTD
42	日立电梯(中国)有限公司	HITACHI ELEVATOR (CHINA) CO.,LTD
43	康佳集团股份有限公司	KONKA GROUP CO., LTD
44	ＴＣＬ王牌电器（惠州）有限公司	TCL KING ELECTRICAL APPLIANCES(HUIZHOU) CO. LTD
45	中海壳牌石油化工有限公司	CNOOC AND SHELL PETROCHEMICALS COMPANY LIMITED
46	惠州TCL移动通信有限公司	HUIZHOU TCL MOBILE COMMUNICATION CO., LTD.
47	魅族科技（中国）有限公司	MEIZU TELECOM EQUIPMENT CO., LTD
48	广州汽车集团乘用车有限公司	GUANGZHOU AUTOMOBILE GROUP MOTOR CO., LTD
49	深圳市华星光电技术有限公司	SHENZHEN CHINA STAR OPTOELECTRONICS TECHNOLOGY CO., LTD.
50	广州金发科技股份有限公司	KINGFA SCI.& TECH.CO.,LTD

12-37　全省固定资产合计最大的50家工业企业（2015年）

Top 50 Industrial Enterprises of the Province in Terms of Net Value of Fixed Assets (2015)

序号 Rank	企业名称	Name of Enterprises
1	广东电网公司	GUANGDONG POWER GRID CORPORATION
2	中国南方电网有限责任公司	CHINA SOUTHERN POWER GRID CO., LTD
3	广州供电局有限公司	GUANGZHOU POWER SUPPLY BUREAU CO.,LTD
4	美的集团股份有限公司	GUANGDONG MD HOLDING CO., LTD
5	深圳供电局有限公司	SHENZHEN POWER SUPPLY BUREAU CO.,LTD
6	中海石油（中国）有限公司深圳分公司	CNOOC (CHINA) LIMITED SHENZHEN BRANCH
7	阳江核电有限公司	YANGJIANG NUCLEAR POWER CO., LTD.
8	中海石油深海开发有限公司	CNOOC DEEPWATER DEVELOPMENT LIMITED
9	广州市净水有限公司	GUANGZHOU SEWAGE PURIFICATION CO.,LTD
10	岭东核电有限公司	LING DONG NUCLEAR POWER CO., LTD
11	深圳市华星光电技术有限公司	SHENZHEN CHINA STAR OPTOELECTRONICS TECHNOLOGY CO., LTD.
12	中海石油炼化有限责任公司惠州炼化分公司	CNOOC OIL & PETROCHEMICALS CO.,LTD HUIZHOU COMPANY
13	中海壳牌石油化工有限公司	CNOOC AND SHELL PETROCHEMICALS COMPANY LIMITED
14	华为技术有限公司	HUAWEI TECHNOLOGIES CO., LTD
15	中国石油化工股份有限公司茂名分公司	SINOPEC MAOMING COMPANY
16	宝钢集团广东韶关钢铁有限公司	BAOSTEEL GROUP GUANGDONG SHAOGUAN IRON & STEEL CO., LTD.
17	岭澳核电有限公司	LING'AO NUCLEAR POWER CO., LTD
18	伯恩光学（惠州）有限公司	BIEL CRYSTAL MANUFACTORY(HUIZHOU) LIMITED
19	华能国际电力股份有限公司海门电厂	HUANENG HAIMEN POWER PLANT
20	富泰华工业(深圳)有限公司	FUTAIHUA INDUSTRY (SHENZHEN) CO., LTD
21	宝钢湛江钢铁有限公司	BAOSTEEL ZHANJIANG IRON & STEEL CO., LTD
22	乐金显示(中国)有限公司	LG DISPLAY (CHINA)CO.,LTD
23	广东国华粤电台山发电有限公司	GUANGDONG GUOHUA YUEDIAN TAISHAN POWER GENERATION CO.,LTD
24	广东中烟工业有限责任公司	GUANGDONG CHINA TOBACCO INDUSTRIAL CO., LTD
25	广州市自来水公司	GUANGZHOU WATER SUPPLY COMPANY
26	东莞玖龙纸业有限公司	DONGGUAN NINE DRAGONS PAPER INDUSTRIES CO.，LTD.
27	湛江晨鸣浆纸有限公司	ZHANJIANG CHENMING PULP & PAPER CO., LTD
28	广东粤电靖海发电有限公司	GUANGDONG YUEDIAN JINGHAI POWER GENERATION CO., LTD
29	阳西县海滨电力发展有限公司	YANGXI HARBOR ELECTRIC POWER DEVELOPMENT CO.,LTD
30	东风汽车有限公司东风日产乘用车公司	DONGFENG MOTOR CO. LTD. PASSENGER VEHICLE COMPANY
31	亚洲铝业（中国）有限公司	ASIA ALUMINUM(CHINA) CO., LTD
32	中兴通讯股份有限公司	ZTE CORPORATION
33	肇庆亚洲铝厂有限公司	ZHAOQING ASIA ALUMINUM FACTORY CO., LTD
34	比亚迪汽车工业有限公司	BYD AUTO INDUSTRY CO.,LTD
35	广东大唐国际潮州发电有限责任公司	GUANDDONG DATANG INTERNATIONAL CHAOZHOU POWER
36	广东红海湾发电有限公司	GUANGDONG RED BAY POWER GENERATION CO., LTD
37	天马微电子股份有限公司	TIANMA MICROELECTRONICS COMPANY, LIMITED
38	鞍钢联众（广州）不锈钢有限公司	ANSHAN LIANZHONG STAINLESS STEEL CO. LTD. (GUANGZHOU)
39	中国石油化工股份有限公司广州分公司	SINOPEC GUANGZHOU COMPANY
40	华润电力（海丰）有限公司	CHINA RESOURCES POWER (HAIFENG) CO . , LTD.
41	广东汉能薄膜太阳能有限公司	GUANG DONG HANERGY THIN-FILM SOLAR CO.,LTD
42	深超光电（深圳）有限公司	CENTURY TECHNOLOGY SHENZHEN CORPORATION.LTD
43	广东省天然气管网有限公司	GUANGDONG NATURAL GAS GRID CO., LTD
44	广东省韶关粤江发电有限责任公司	SHAOGUAN POWER PLANT
45	广汽本田汽车有限公司	GUANGQI HONDA AUTOMOBILE CO., LTD
46	广东惠州平海发电厂有限公司	GUANGDONG HUIZHOU PINGHAI POWER STATION CO., LTD
47	广船国际有限公司	GUANGZHOU SHIPYARD INTERNATIONAL COMPANY LIMITED
48	天生桥一级水电开发有限责任公司	TIANSHENGQIAO HYDROPOWER DEVELOPMENT CO., LTD
49	广汽丰田汽车有限公司	GAC TOYOTA MOTOR CO.,LTD
50	湛江中粤能源有限公司	ZHANJIANG ZHONGYUE ENERGY CO.,LTD

主要统计指标解释

工业 指从事自然资源的开采，对采掘品和农产品进行加工和再加工的物质生产部门。具体包括：(1)对自然资源的开采，如采矿、晒盐、森林采伐等（但不包括禽兽捕猎和水产捕捞）；(2)对农副产品的加工、再加工，如粮油加工、食品加工、轧花、缫丝、纺织、制革等；(3)对采掘品的加工、再加工，如炼铁、炼钢、化工生产、石油加工、机器制造、木材加工等，以及电力、自来水、煤气的生产和供应等；(4)对工业品的修理、翻新，如机器设备的修理、交通运输工具（包括小卧车）的修理等。

1984年以前农村的村及村以下办工业归属农业，1984年以后划归工业。

工业统计调查单位 工业统计调查单位分为两类：独立核算法人工业企业和工业生产活动单位。

(1)独立核算法人工业企业 是指从事工业生产经营活动的单位。独立核算法人工业企业应同时具备以下条件：①依法成立，有自己的名称、组织机构和场所，能够承担民事责任；②独立拥有和使用资产，承担负债，有权与其他单位签订合同；③独立核算盈亏，并能够编制资产负债表。

(2)工业生产活动单位 是指在一个场所从事一种或主要从事一种工业生产活动的经济单位。它包括独立核算工业企业按主营业务活动(即工业生产活动)划分的主营业务活动单位和非工业企业所属的工业生产活动单位（即原非独立核算工业生产单位）。工业生产活动单位，一般应同时具备以下三个条件：①具有一个场所，从事一种或主要从事一种工业活动；②单独组织工业生产、经营或业务活动；③单独核算收入和支出。

轻工业 指主要提供生活消费品和制作手工工具的工业。按其所使用的原料不同，可分为两大类：(1)以农产品为原料的轻工业，是指直接或间接以农产品为基本原料的轻工业。主要包括食品制造、饮料制造、烟草加工、纺织、缝纫、皮革和毛皮制作、造纸以及印刷等工业；(2)以非农产品为原料的轻工业，是指以工业品为原料的轻工业。主要包括文教体育用品、化学药品制造、合成纤维制造、日用化学制品、日用玻璃制品、日用金属制品、手工工具制造、医疗器械制造、文化和办公用机械制造等工业。

重工业 是指为国民经济各部门提供物质技术基础的主要生产资料的工业。按其生产性质和产品用途，可分为下列三类：(1)采掘（伐）工业，是指对自然资源的开采，包括石油开采、煤炭开采、金属矿开采、非金属矿开采和木材采伐等工业；(2)原材料工业，指向国民经济各部门提供基本材料、动力和燃料的工业。包括金属冶炼及加工、炼焦及焦炭化学、化工原料、水泥、人造板以及电力、石油和煤炭加工等工业；(3)加工工业，是指对工业原材料进行再加工制造的工业。包括装备国民经济各部门的机械设备制造工业、金属结构、水泥制品等工业，以及为农业提供的生产资料如化肥、农药等工业。

根据上述划分原则，修理业中以重工业产品为修理作业对象的划为重工业，反之划为轻工业。

工业总产值 是以货币表现的工业企业在一定时期内生产的已出售或可供出售工业产品总量，它反映一定时间内工业生产的总规模和总水平。它包括：在本企业内不再进行加工，经检验、包装入库（规定不需包装的产品除外）的成品价值，对外加工费收入，自制半成品、在产品期末期初差额价值。工业总产值采用“工厂法”计算，即以工业企业作为一个整体，按企业工业生产活动的最终成果来计算，企业内部不允许重复计算，不能把企业内部各个车间（分厂）生产的成果相加。但在企业之间、行业之间、地区之间存在着重复计算。

轻重工业总产值的划分也是按“工厂法”计算的，即一个工业企业在正常情况下生产的主要产品的性质属于轻工业，则该企业的全部总产值作为轻工业总产值；一个工业企业生产的主要产品的性质属于重工业，则该企业的全部总产值作为重工业总产值。

工业销售产值（当年价格） 是以货币形式表现的，工业企业在本年内销售的本企业生产的工业产品或提供工业性劳务价值的总价值量。工业销售产值包括的内容为：

（1）销售成品价值：指企业在报告期内实际销售（包括本期生产和非本期生产）的全部成品、半成品的总价值，即按报告期产品的实际销售数量乘以不含增值税（销项税额）的产品实际销售平均单价计算。销售成品价值中包括企业生产的自制设备及提供给本企业在建工程、其他非工业部门和生活福利部门等单位使用的成品价值，但不包括用订货者来料加工，并且只收取加工费的成品（半成品）价值。

（2）对外加工费收入：指企业在报告期内完成的对外承接的工业品加工（包括用定货者来料加工的产品）的加工费收入；对外工业品修理作业可收取的加工费收入和对内非工业部门提供的加工修理、设备安装等收入。对外加工费收入按不含增值税（销项税额）的价格计算。

对于以对外加工生产为主，对外加工费收入所占比重较大的企业，如果对外加工费收入出现跨年度支付的情况，为保证总产值生产口径计算的准确性，则应将对外加工费收入按实际情况调整，记录本年应实际收取的对外加工费收入。

出口交货值 指工业企业交给外贸部门或自营（委托）出口（包括销往香港、澳门、台湾），用外汇价格结算的产品价值，以及外商来样、来料加工、来件装配和补偿贸易等生产的产品价值。在计算出口交货值时，要把外汇价格按交易时的汇率折成人民币计算。

工业增加值 是指工业行业在报告期内以货币表现的工业生产活动的最终成果，是企业全部生产活动的总成果扣除了在生产过程中消耗或转移的物质产品和劳务价值后的余额，是企业生产过程中新增加的价值。

计算工业增加值通常采用两种方法。

一是“生产法”，即从工业生产过程中产品和劳务价值形成的角度入手，剔除生产环节中间投入的价值，从而得到新增价值的方法。公式为：

工业增加值＝工业总产值－工业中间投入＋本期应交增值税

二是“收入法”，即从工业生产过程中创造的原始收入初次分配的角度，对工业生产活动最终成果进行核算的一种方法，其计算公式为：

工业增加值＝固定资产折旧＋劳动者报酬＋生产税净额＋营业盈余

流动资产 指企业可以在一年内或者超过一年的一个生产周期内变现或者耗用的资产，包括现金及各种存款、短期投资，应收及预付款项、存货等。根据会计“资产负债表”中“流动资产合计”项的期末数填列。

应收账款 指企业因销售商品、产品、提供劳务等，应向购货单位或接受劳务单位收取款项。该指标根据会计“资产负债表”中“应收账款”项的年末数填报。

存货 指企业在生产经营过程中为销售或耗用而储备的各种资产，包括原材料、周转材料、包装物、低值易耗品、在产品、自制半成品、产成品等。

产成品 指企业报告期末已经加工生产并完成全部生产过程，可以对外销售的制成产品。

固定资产 指企业使用期限超过一年的房屋、建筑物、机器、机械、运输工具以及其他与生产、经营有关的设备、器具、工具等。不属于生产经营主要设备的物品，单位价值在2000元以上，并且使用年限超过2年的，也应当作为固定资产。

固定资产折旧 指对固定资产由于磨损和损耗而转移到产品中去的那一部分价值的补偿。一般根据固定资产原价(选用双倍余额递减法计提折旧的企业，为固定资产帐面净值)和确定的折旧率计算。“累计折旧”：指企业在报告期末提取的历年固定资产折旧累计数。

固定资产净值 固定资产净值指固定资产原价减去累计折旧后的净额。

资产总计 指企业拥有或控制的能以货币计量的经济资源，包括各种财产、债权和其他权利。资产按其流动性(即资产的变现能力和支付能力)划分为：流动资产、长期投资、固定资产、无形资产、递延资产和其他资产。

无形资产 指企业长期使用而没有实物形态的资产。包括专利权、非专利技术、商标权、著作权、土地使用权、商誉等。

负债合计 指企业所承担的能以货币计量，将以资产或劳务偿付的债务，偿还形式包括货币、资产或提供劳务。负债一般按偿还期长短分为流动负债和长期负债。

流动负债合计 指企业在一年内或超过一年的一个营业周期内需要偿还的债务，包括短期借款、应付票据、应付帐款、预收帐款、应付工资、应交税金、应付利润、预提费用等。

长期负债合计 指企业偿还期在一年以上或者超过一年的一个营业周期以上的债务，包括长期借款、长期应付款、应付债券等。

所有者权益合计 指企业投资人对企业净资产的所有权。企业净资产为企业全部资产与企业全部负债的差额，包括实收资本、资本公积、盈余公积、未分配利润等。

实收资本 指企业投资者实际投入的资本(或股本)，包括货币、实物、无形资产等各种形式的投入。实收资本按投资主体可分为国家资本、集体资本、法人资本、个人资本、港澳台资本和外商资本。

国家资本 指有权代表国家投资的政府部门或机构、直属事业单位对企业形成的资本金。

集体资本 指由本企业职工等自然人集体投资或各种机构对企业进行扶持形成的集体性质的资本金。

法人资本 指法人以其依法可支配的资产投入企业形成的资本金。

个人资本 指自然人实际投入企业的资本金。

港澳台资本 指我国香港、澳门和台湾地区投资者实际投入企业的资本金。

外商资本 指外国投资者实际投入企业的资本金。

营业收入 是指企业在销售产品（商品）或提供劳务等经营业务中实现的收入。一般可分为主营业务收入（或基本业务收入）和其他业务收入（或附营业务收入）两部分。

主营业务收入 是企业销售产品的销售收入和提供劳务等经营业务取得的业务收入。

主营业务成本 是指企业销售产品和提供劳务等主要经济业务的实际成本。

主营业务税金及附加 是指企业销售产品和提供劳务等主要经营业务应负担的城市维护建设税、消费税、资源税和教育费附加。

主营业务利润 指企业销售产品和提供工业性劳务等主要经营业务收入扣除其成本、费用、税金后的利润。

营业费用 指企业在销售商品过程中发生的各项费用以及为销售本企业商品而专设的销售机构（含销售网点、售后服务网点等）的经营费用。包括运输费、装卸费、包装费、保险费、广告费、业务费、差旅费、招待费、社保费等。

管理费用 指企业为组织和管理企业生产经营所发生的管理费用，包括企业的董事会和行政管理部门在企业经营管理中发生的，或者应当由企业统一负担的各项管理费用。包括行政管理部门职工工资、福利费、差旅费、办公费、会议费、印刷费、水电费、社保肥、招待费、技术转让费等。

财务费用 指企业为筹集生产经营所需资金而发生的费用，包括企业生产经营期间发生的利息支出（减利息收入）、汇兑损失（减汇兑收益）以及相关的手续费等。

营业利润 指企业从事生产经营活动所产生的利润，即主营业务利润加其他业务利润扣除管理费用、财务费用后的净额。

利润总额 指企业在生产经营过程中各种收入扣除各种耗费后的盈余，反映企业在报告期内实现的亏盈总额，包括营业利润、补贴收入、投资净收益和营业外收支净额。

本年应交增值税 指企业按税法规定，从事货物销售或提供加工、修理修配劳务等增加货物价值的活动本期应交纳的税金。计算公式为：

本年应交增值税=销项税额－（进项税额－进项税额转出）－出口抵减内销产品应纳税额
－减免税款+出口退税

本年进项税额：指工业企业在报告期内购入货物或接受应税劳务而支付的、准予从销项税额中抵扣的增值税额。

本年销项税额：指工业企业在报告期内销售货物或提供应税劳务应收取的增值税额。

利税总额 指企业利润总额、产品销售税金及附加和应交增值税之和。

工业经济效益综合指数 是指现行综合评价工业经济效益总体水平及工业经济运行质量的指数。它是用工业产品销售率、总资产贡献率、资本保值增值率、资产负债率、流动资金周转率、成本费用利润率、全员劳动生产率等七项代表性经济效益指标，分别除以各项指标的标准值，再乘以各自的权数，加总后除以总权数求得。其计算公式为：

$$工业经济效益综合指数=\sum(\frac{某项经济效益指标报告期数值}{该项指标标准值}\times 权数)\div 总权数$$

上式总权数为 100。

总资产贡献率 是指企业一定时期内全部资产获利能力，是企业经营业绩和管理水平的集中体现，是评价和考核企业盈利能力的核心指标。计算公式为：

$$总资产贡献率（\%）=\frac{利润总额+税金总额+利息支出}{平均资产总额}\times 100\%$$

税金总额为产品销售税金及附加与应交增值税之和，平均资产总额为期初、期末资产总计的算术平均值 。

资本保值增值率 是反映企业净资产变动状况的一个重要指标，是企业发展能力的集中体现。它是指期末所有者权益总额与上年同期期末所有者权益总额的比率。计算公式为：

$$资本保值增值率（\%）=\frac{报告期期末所有者权益}{上年同期期末所有者权益}\times 100\%$$

所有者权益等于资产总计减负债总计。

资产负债率 是指反映企业经营风险的大小，反映企业利用债权人提供的资金从事经营活动的能力。计算公式为：

$$资产负债率（\%）=\frac{负债总计}{资产总计}\times 100\%$$

资产及负债均为报告期末数。

流动资金周转率 是指一定时期内流动资产完成的周转次数，反映投入工业企业流动资金的周转速度，一般以一年时间内周转多少次表示。计算公式为：

$$流动资产周转率（次）=\frac{主营业务收入}{流动资产平均余额}$$

成本费用利润率 是指工业企业投入生产成本及费用的经济效益，同时也反映企业降低成本所取得的经济效益。计算公式为：

$$成本费用利润率（\%）=\frac{利润总额}{成本费用总额}\times 100\%$$

成本费用总额为主营业务成本和营业费用、管理费用、财务费用三项期间费用。

全员劳动生产率 是指反映企业的生产效率和劳动投入的经济效益。一般用平均每人一年创造的工业增加值表示。计算公式为：

$$全员劳动生产率（元/人）=\frac{工业增加值}{全部职工平均人数}\times 100\%$$

全部职工平均人数为企业在报告期内全部从业人员的平均人数，计算公式为：

$$全部从业人员年平均人数=\frac{1至12月各月全部从业人员平均人数之和}{12}$$

或：

$$全部从业人员年平均人数=\frac{1至12月各月月初、月末全部从业人员之和}{24}$$

工业产品销售率 是指反映工业产品已实现销售的程度，是分析工业产销衔接情况、研究工业产品满足社会需求的指标。计算公式为：

$$产品销售率（\%）=\frac{现价工业销售产值}{现价工业总产值}\times 100\%$$

Explanatory Notes on Main Statistical Indicators

Industry refers to the material production sector which is engaged in extraction of natural resources and processing and reprocessing of minerals and agricultural products, including (1) extraction of natural resources, such as mining, salt production, and logging (but excluding hunting and fishing); (2) processing and reprocessing of farm and sideline produces, such as rice husking, flour milling, wine making, oil pressing, cotton ginning, silk reeling, spinning and weaving, and leather making; (3) manufacture of industrial products, such as steel making, iron smelting, chemicals manufacturing, petroleum processing, machine building, timber processing; and production and supply of electricity, water and gas; (4) repair and renovation of industrial products, such as the repair of machinery and means of transport (including cars).

Prior to 1984, industrial enterprises run by villages and cooperative organizations under village were classified into agriculture. Since 1984, these enterprises have been grouped into industry.

Units of Industrial Statistics Survey These are classified into two categories: corporate industrial enterprises with independent accounting system and industrial establishments.

(1) Corporate industrial enterprises with independent accounting system refer to enterprises engaging in industrial production activities which simultaneously meet the following requirements: ①They are established legally, having their own names, organizations, location, able to take civil liability; ②They possess and use their assets independently, assume liabilities, and are entitled to sign contracts with other units; ③They are financially independent and compile their own balance sheets.

(2) Industrial establishments refer to economic units located in one single place and engaged entirely or primarily in one kind of industrial production activity, including units engaged in main business activities (industrial production activities) under industrial enterprises with independent accounting system and units engaged in industrial production activities under non-industrial enterprises (formerly industrial establishments with dependent accounting system). Industrial establishments generally meet the following requirements simultaneously: ① They have each one location and are engaged entirely or primarily in one kind of industrial activity each; ② They operate and manage their industrial production activities separately; ③ They have accounts of income and expenditure separately.

Light Industry refers to the industry that produces consumer goods and hand tools. It consists of two categories, depending on the materials used:

(1) Industries using farm products as raw materials. These are branches of light industry which directly or indirectly use farm products as basic raw materials, including the manufacture of food and beverages, tobacco processing, textile, clothing, fur and leather manufacturing, paper making, printing, etc.

(2) Industries using non-farm products as raw materials. These are branches of light industry which use manufactured goods as raw materials, including the manufacture of cultural, educational and sports articles, chemicals, synthetic fiber, chemical products for daily use, glass products for daily use, metal products for daily use, hand tools, medical apparatus and instruments, and the manufacture of cultural and clerical machinery.

Heavy Industry refers to the industry which produces capital goods and provides various sectors of the national economy with necessary material and technical basis. It consists of the following three branches according to the purpose of production or the use of products:

(1) Mining, quarrying and logging industry refers to the industry that extracts natural resources, including extraction of petroleum, coal, metal and non-metal ores, and logging.

(2) Raw materials industry refers to the industry that provides various sectors of the national economy with raw materials, fuels and power. It includes smelting and processing of metals, coking and coke chemistry, chemical

materials and building materials such as cement, plywood, and power, petroleum refining and coal dressing.

(3) Manufacturing industry refers to the industry that processes raw materials. It includes machine-building industry which equips sectors of the national economy, industries of metal structure and cement products, industries producing means of agricultural production, such as chemical fertilizers and pesticides.

According to the above principle of classification, repairing trades engaged primarily in repairing products of heavy industry are classified into heavy industry, while those engaged in repairing products of light industry are classified into light industry.

Gross Industrial Output Value refers to the total volume of industrial products sold or available for sale in monetary terms during a given period, which reflects the total achievements and overall scale of industrial production during a given period. It includes the value of the finished products in the enterprises, which are not to be further processed and have been inspected, packed and put in storage (where applicable), the income from external processing and the value gain of semi-finished products at the end of the reference period over the beginning. The gross industrial output value is calculated by the factory approach, i.e. the whole industrial enterprise is regarded as the basic accounting unit in calculating the gross industrial output value. No double calculations are to be made within the same enterprise and the output value of different workshops (branch factories) should not be added. However, this approach does not exclude the possibility of double calculations between enterprises, sectors and regions.

Output value of light and heavy industries is also classified by the factory approach. Under normal conditions, if the major products of an industrial enterprise belong to light industry products, the gross output value of that enterprise is classified wholly into light industry; the same principle applies to heavy industry.

Sales Value of Industry (Current Price) refers to refers to the total value of industrial products sold or industrial services provided in monetary terms within the current year. It includes:

(1) Sales Value of Finished Products. Sale value of finished products refers to the total value of finished and semi-finished products sold within the reporting period (including those produced within and outside the period). It equals the actual sales volume of products sold within the reporting period timing the actual average sales price (excluding value added or sales tax). It includes the equipment made by the enterprise itself, as well as the finished products provided to the projects under construction, non-industrial departments and welfare department, and excludes the value of finished or semi-finished products of external processing with supplied materials that produces only processing charges.

(2) Income from External Processing: refers to income from contracted external processing of industrial products (including processing of industrial products using materials from the clients), and the income from industrial repairing work provided to other units. Income from external processing is calculated using information from the item "products sales income" in the enterprise accounting at the prices excluding value-added tax.

For an enterprise whose main business is external processing and the charges of external processing constitute a large proportion of its income, in case of cross-year payment, the income of external processing charges shall be adjusted and the actual income of external processing charges of the current year shall be recorded to ensure the accuracy of the coverage of gross industrial output.

Export Delivery Value refers to the value of the products that an industrial enterprises have delivered to export units or have exported on its own or per procurationem (including those sold to Hong Kong, Macaw and Taiwan), and the value of the products from processing and compensation trades(processing with given materials or samples, assembling supplied components). In calculating the export delivery value, the foreign exchanges shall be converted into yuan at current exchange rates.

Value-added of Industry refers to the final results of industrial production of industrial enterprises in monetary terms during the reference period. It equals to the total achievements of all industrial production minus the goods and services consumed or transferred during the industrial production of enterprises, in other terms the newly added value during the industrial production of enterprises. It is calculated by the following two approaches:

a) The production approach. The value added is calculated by taking the value of industrial intermediate input out of the final value of products and labor services that comes from industrial production. The formula used is:

Value-added of industry = gross industrial output－industrial intermediate input + value-added tax

b) The income approach. It is calculation of the final value of industrial activities by approaching the primary distribution of the primary income of industrial production. The formula used is:

Value-added of industry = depreciation of fixed assets + remuneration of laborers + net production tax+ operating surplus

Working Capital refers to capital that an enterprise can cash or use during one year or one production cycle that may exceed one year, including cash and savings deposits of various forms, short-term investment,money receivable and prepaid money, inventories, etc. It is recorded at the item of "Total Working Capital" of the "Balance Sheet".

Account Receivable: refers to accounts receivable from purchasers or receivers due to the delivery of goods, products or services. The index is recorded in accordance with the year-end figure of Account Receivable of the balance sheet.

Inventory: refers to various assets stored by an enterprise during production and operation for the purpose of sale or use, including raw materials, circulation materials, wrappages, low-value consumables, work-in-process, self-made semi-finished products and finished products.

Finished Products: refers to the products that have completed the entire production process at the end of the reference period and are ready or sale.

Fixed Assets: refers to houses, buildings machines, vehicles and other equipment, appliances and tools related to production and operation that have been used for more than one year. It also includes articles that are not major equipment of production or operation, but the value of which exceeds 2000 yuan and the service period of which exceeds 2 years.

Depreciation of Fixed Assets: refers to the value that has been transferred to products as a result of the depletion of fixed assets. In general, it is calculated in accordance with the original price of the fixed assets (or the book value of the fixed assets in case of calculation by the double declining balance method) and the depreciation rate. "Accumulated Depreciation" refers to the accumulated depreciation of fixed assets over the years calculated by an enterprise at the end of the reference period.

Net Value of Fixed Assets: refers to original value of fixed assets minus accumulated depreciation.

Total Assets refer to all economic resources, in monetary terms, that is owned or controlled by enterprises, including properties, creditors' equity and other economic rights of all forms. Classified by the degree of equitability, total assets include circulating assets, long-term investment, fixed assets, intangible assets and deferred assets, and other assets.

Intangible Assets refer to the assets without material form used by enterprises over a long time, including patents, non-patent technologies, trade marks, copyright, land use right and business reputation, etc.

Total Liabilities refer to payable liabilities of enterprises that have to be repaid in terms of money, assets or labor services. In terms of payment, it can be classified as liquid liabilities, long-term liabilities and deferred taxes,etc.

Total Liquid Liabilities refer to total debt payable by enterprises within an operating cycle of one year or over one year, including short-term loans, payables and advance payments, wages payable, taxes payable and profits payable, etc.

Total Long-term Liabilities refer to total debt payable by enterprises within an operation cycle of one year or over one year, including long-term loans, payable liabilities and long-term payables, etc.

Creditors' Equity refers to investors' ownership of net assets of the enterprise. It is equal to the total assets of the enterprise minus its total liabilities, including the primary input from investors, capital accumulation fund, surplus accumulation fund and undistributed profit.

Paid-in Capital refers to the capital (or share) actually invested by the investors of an enterprise, including currency, goods, intangible assets, etc. Classified by the investing bodies, paid-in capital includes state capital, collective capital, corporate capital, individual capital, Hong Kong, Macaw and Taiwan capital and foreign capital.

State Capital refers to the investment in an enterprises made by government departments or agencies under government's jurisdiction on behalf of state.

Collective Capital refers to the collective capital contributed by work staff or other institutions to support an enterprise.

Corporate Capital refers to the investment in an enterprise made by a corporate body out of its legal disposable assets.

Individual Capital refers to the capital actually invested in an enterprise by an individual.

Hong Kong, Macaw and Taiwan Capital refers to the capital actually invested in an enterprises by investors from Hong Kong, Macaw and Taiwan.

Foreign Capital refers to the capital actually invested in an enterprise by a foreign investor.

Business Revenue refers to the revenue from the sales of products (or commodities) and from rendering of industrial services by industrial enterprises. It is classified into two categories: principal business revenue (or basic business revenue) and other business revenue (or additional business revenue).

Principal Business Revenue refers to the revenue from the principal business, including the sales of products and from rendering of industrial services by industrial enterprises.

Principal Business Cost refers to the actual cost of products sold and industrial services provided by industrial enterprises.

Tax and Extra Charges on Principal Business refer to the tax on city maintenance and construction, consumption tax, resources tax and extra charges for education, which should be borne by the enterprises in selling products and providing industrial services.

Principal Business Profits refer to the main business revenue of the enterprises from the sales of products and from rendering of industrial services minus cost, charges, and taxes.

Business Cost refers to the costs from sales of commodities and the operational costs of sales agencies (including sales stores and service centers, etc.), including the costs of transport, loading, packaging, advertising, business operation, travelling, reception, social security, etc..

Management Cost refers to the costs of organizing and managing enterprise operation, including the operational cost of the board of directors and the executive body in management that shall be borne by the enterprise. Management costs include staff wages, welfare, the costs of administration, meeting, printing, water and electricity, social security, reception, technology transfer, etc.

Financial Cost refers to the cost from raising fund for production and operation, including expenditure of interests, loss of momentary exchange and related charges.

Business Profits refers to the profits from production and operation. It equals to principal business profits plus other business profits minus management costs and financial costs.

Total Profits refer to the profits gained by the enterprises.

Value-added Tax Payable refers to the amount of the value-added tax which should be paid by the enterprises according to tax laws during the reference period of selling goods or providing such services as processing, repairing or assembling that add value to goods. The formula used is:

Value-added Tax Payable=Output Tax－(Input Tax－Input Tax Returns)

－Export Deduct Domestic Sales Goods Tax－Tax Deduction+ Export Tax Refund

Amount of Input Tax at Current Year refers to the VAT an industrial enterprise pays for purchasing goods or receiving taxable services within the reference period, which is allowed to be deducted from the amount of output tax.

Amount of Output Tax at Current Year refers to the VAT an industrial enterprise pays for selling goods or providing taxable services within the reference period.

Total Pre-Tax Profits refers to the sum of total profits, sales tax as well as additional and payable value-added taxes.

Comprehensive Index on Economic Benefit of Industry refers to the current comprehensive evaluation of the general level of economic benefit of industry and the performance of industrial economy. It is calculated by a selection of representative indicators on economic benefit divided by the standard value of each indicator respectively, multiplied by the weight of each indicator, summed and divided by total weight. The formula used is:

$$\text{Comprehensive Index on Economic Benefit of Industry} = \left(\frac{\text{Value of an Indicator on Economic Benefit in the Reference Period}}{\text{Standard Value of the Indicator}} \times \text{Weight}\right) \div \text{Total Weight where Total Weight} = 100$$

Ratio of Total Assets to Industrial Output Value refers to the profit-making capability of all assets of the enterprise. As a core indicator for the evaluation and assessment of the profit-making potential of the enterprise, it is a focused reflection of the performance and management efficiency of the enterprise. This ratio is calculated as follows:

$$\text{Ratio of Total Assets to Industrial Output Value (\%)} = \left(\frac{\text{Total Profits + Total Taxes + Interest Expenditure}}{\text{Average Assets}}\right) \times 100\% \times \left(\frac{12}{\text{cumulative number of months}}\right)$$

where Total Taxes are the sum of tax and extra charges on the sales of products and value-added tax payable; and Average Assets are the arithmetic mean of beginning assets and ending assets.

Ratio of Capital Maintenance and Appreciation is an important indicator of the changes of net assets of an enterprise and a focused reflection of the development capability of enterprises. It is the ratio of total creditors' equity at the end of the reference period to that of the same period of the previous year, calculated as follows:

$$\text{Ratio of Capital Maintenance and Appreciation (\%)} = \left(\frac{\text{Total Creditors' Equity at the End of the Reference Period}}{\text{Total Creditors' Equity of the Same Period of the Previous Year}}\right) \times 100\%$$

where Creditors' equity is equal to the total assets of the enterprise minus its total liabilities.

Assets-Liability Ratio reflects both the operation risk and the capability of the enterprise in making use of the capital from the creditors. It is calculated as follows:

$$\text{Assets-Liability Ratio(\%)} = \left(\frac{\text{Total Debts}}{\text{Total Assets}}\right) \times 100\%$$

where both assets and debts are figures at the end of the reference period.

Number of Times of Turnover of Circulating Funds refers to the number of times in which turnover of circulating funds is completed in a given period of time, which reflects the speed of the turnover of circulating funds. It is expressed as times of turnover within a year and is calculated as follows:

$$\text{Number of Times of Turnover of Circulating Funds} = \left(\frac{\text{Sales Revenue of Products}}{\text{Average Balance of Total Number of Times of Turnover of Circulating Funds}}\right) \times \left(\frac{12\%}{\text{Cumulative Number of Months}}\right)$$

Ratio of Profits to Industrial Costs refers to the ratio of profits realized in a given period to the total production costs of industrial enterprises in the same period, which also reflects the economic benefit attained by the enterprises from reduced costs. This ratio is calculated as follows:

$$\text{Ratio of Profits to Industrial Costs (\%)} = \left(\frac{\text{Total Profits}}{\text{Total Costs}}\right) \times 100\%$$

where Total costs are the sum of cost of products sold, marketing cost, management cost and financial cost.

Value-added Labor Productivity reflects the production efficiency of the enterprise and economic benefit of its labor input. It is usually expressed as the industrial value-added created by an average member of an industrial enterprise in a year. The formula used is:

$$\text{Value-added Labor Productivity (yuan/person)} = \left(\frac{\text{Value-added of Industry}}{\text{Average Number of Staff and Workers}}\right) \times \left(\frac{12}{\text{Cumulative Number of Months}}\right)$$

Average Number of Staff and Workers refers to the average number of all employed persons by an industrial enterprise within the reference period. The formula used is:

$$\text{Average Number of Staff and Workers} = \frac{\text{Sum of Average Monthly Numbers from January to December}}{12}$$

Or

$$\text{Average Number of Staff and Workers} = \frac{\text{Sum of Average Numbers at the Beginning and End of Each Month from January to December}}{24}$$

Proportion of Products Sold refers to the sales of industrial products to the gross industrial output value, and is used to analyze the linkage between production and sales and the extent to which the needs of the society are met by the supply of industrial products. It is calculated as follows:

$$\text{Proportion of Products Sold (\%)} = \left(\frac{\text{Value of Industrial Sales at Current Prices}}{\text{Gross Industrial Output Value at Current Prices}}\right) \times 100\%$$

十三、建筑业

CONSTRUCTION

十三　建筑业

简要说明

一、本篇资料反映广东省建筑业发展的基本情况。主要内容包括全省和各市建筑业企业生产经营的情况，主要指标有企业个数、就业人员数、建筑业总产值、房屋建筑面积、建筑业企业房屋建筑施工新开工面积、利润总额、利税总额等。

二、本篇资料由广东省统计局固定资产投资统计处整理提供。

三、本篇资料是根据国家统计局制定的《建筑业统计报表制度》整理汇总的。统计范围包括：广东境内具有法人资格的独立核算建筑业企业和辖区内建筑业法人所属的产业活动单位。

四、从 2004 年开始，统计范围为具有建筑业资质的独立核算建筑业企业。

13 Construction

Brief Introduction

Ⅰ. The data in this chapter show the development of the construction industry in Guangdong Province. They cover mainly the statistics of production and management of the enterprises of construction of the whole province and its cities, including the number of enterprises, the number of employed persons, gross output value of construction, floor space of buildings, value-added of construction, total profits and total pre-tax profits, etc.

Ⅱ. The data in this chapter are prepared and provided by the Division of Investment and Construction Statistics of Statistics Bureau of Guangdong Province.

Ⅲ. The data in this chapter are collected in accordance with the Reporting Scheme of Construction Statistics stipulated by the National Bureau of Statistics. The coverage of construction statistics includes construction enterprises with legal person qualifications and independent accounting system and industrial establishments affiliated with corporate construction enterprises under the jurisdiction of Guangdong Province.

Ⅳ. The data since 2004 include all construction enterprises with construction qualifications and independent accounting system.

13-1 建筑业企业生产情况

Production Conditions of Construction Enterprises

项目	Item	2014 合计 Total of 2014	#国有及国有控股企业 State-owned and State-holding	2015 合计 Total of 2015	#国有及国有控股企业 State-owned and State-holding
企业个数 （个）	**Number of Construction Enterprises (unit)**	**4982**	**478**	**4926**	**463**
建筑业合同情况	**Contracts of Construction**				
签订的合同额 （亿元）	Value of Contracts Signed (100 million yuan)	19151.97	9112.94	20890.89	10158.80
上年结转合同额(亿元)	Value of Contracts Carried-over from the Previous Year (100 million yuan)	9303.87	4865.78	10679.12	5447.50
本年新签合同额(亿元)	Value of Newly-signed Contracts in Current Year (100 million yuan)	9848.10	4247.16	10211.77	4711.30
承包工程完成情况	**Contracted Projects Completed**				
直接从建设单位承揽工程完成产值 （亿元）	Completed Output Value of Contracted Projects Directly from Construction Units (100 million yuan)	8988.76	3606.95	9461.69	3836.70
自行完成施工产值 （亿元）	Output Value of Self-completed Projects (100 million yuan)	7986.95	2978.26	8496.21	3218.73
分包出去工程的产值 （亿元）	Output Value of Outsourcing Projects (100 million yuan)	1001.81	628.69	965.48	617.97
从建设单位以外承揽工程完成产值 （亿元）	Completed Output Value of Contracted Projects outside Construction Units (100 million yuan)	369.55	206.81	369.48	207.24
建筑业总产值 （亿元）	**Gross Output Value of Construction (100 million yuan)**	**8440.29**	**3192.92**	**8984.86**	**3437.23**
#装饰装修产值 （亿元）	Output Value of Decoration Projects (100 million yuan)	1285.79	182.86	1212.75	192.86
在外省完成的产值 （亿元）	Output Value Completed in Other Provinces (100 million yuan)	2081.52	1039.63	2031.60	1085.00
建筑工程产值 （亿元）	Output Value of Construction Projects (100 million yuan)	7306.67	2891.47	7698.72	3109.46
安装工程产值 （亿元）	Output Value of Installation Projects (100 million yuan)	862.30	245.86	954.67	239.76
其他产值 （亿元）	Other Output Values (100 million yuan)	271.32	55.59	331.47	88.01
竣工产值 （亿元）	**Output Value Completed (100 million yuan)**	**3995.21**	**1266.65**	**4865.27**	**1700.06**
房屋建筑施工面积 （万平方米）	**Floor Space of Buildings under Construction (10000 sq.m)**	**53443.21**	**22493.08**	**50461.59**	**21466.92**
#新开工面积 （万平方米）	Floor Space of Newly-started Buildings (10000 sq.m)	21257.33	6618.75	15802.23	5066.55
#实行投标承包面积 （万平方米）	Floor Space of Contracted Projects through Bidding (10000 sq.m)	32794.54	15968.84	30737.12	14644.20
劳动人员情况	**Labor Force**				
从事建筑业活动的就业人员平均人数 （万人）	Average Number of Employed Persons in the main business activities (10000 persons)	231.70	63.15	234.85	64.31
期末就业人数 （万人）	Number of Employed Persons at the Year-end (10000 persons)	211.07	49.32	185.50	39.47
#工程技术人员 （万人）	Number of Engineering Technical Personnel (10000 persons)	43.80	13.77	29.37	8.27

13−2 建筑业企业主要指标

Main Indicators on Construction Enterprises

年份 Year	建筑业企业单位数(个) Number of Construction Enterprises (unit)	建筑业企业总产值(亿元) Gross Output Value of Construction Enterprises (100 million yuan)	建筑业企业增加值(亿元) Value-added of Construction Enterprises (100 million yuan)	建筑业企业利税总额(亿元) Total Pre-tax Profits of Construction Enterprises (100 million yuan)	建筑业企业就业人员(万人) Number of Employed Persons of Construction Enterprises (10000 persons)
1978	178	5.47		0.20	14.78
1979	188	6.32		0.23	16.27
1980	204	8.88		0.32	19.45
1981	224	13.44		0.49	24.29
1982	246	19.66		0.72	29.94
1983	269	24.51		0.90	36.23
1984	357	36.83		1.31	47.12
1985	462	50.45		1.54	54.47
1986	448	57.14		1.28	58.24
1987	492	65.96		1.56	59.08
1988	596	86.74		2.74	66.56
1989	646	125.65		3.62	71.88
1990	686	113.40		3.12	67.22
1991	705	137.30		4.33	67.71
1992	910	216.56		9.65	84.80
1993	1766	459.95		23.03	144.12
1994	1587	535.75		31.29	150.05
1995	1618	635.83		39.47	135.56
1996	2031	632.16	182.74	35.74	146.56
1997	2399	732.97	170.13	38.26	143.89
1998	2961	800.00	176.70	43.11	142.82
1999	3283	954.44	199.50	53.06	144.78
2000	4593	944.61	205.89	58.24	141.46
2001	3699	1179.03	266.00	84.51	147.07
2002	4019	1418.41	363.65	88.95	150.12
2003	4488	1702.87	364.20	127.48	161.48
2004	4166	1901.86	794.88	143.75	152.10
2005	4182	2200.58	855.87	164.38	166.78
2006	4172	2594.04	930.40	191.62	169.33
2007	4326	3005.32	1029.08	256.59	179.13
2008	4601	3282.55	1197.41	289.23	172.54
2009	4508	3826.83	1324.14	329.00	179.34
2010	4551	4742.09	1551.81	393.87	196.32
2011	4589	5804.21	1797.78	470.75	190.28
2012	4637	6564.37	1888.10	517.82	198.31
2013	4977	7927.13	2001.23	653.70	204.79
2014	4982	8440.29	2341.18	675.99	211.07
2015	4926	8984.86	2441.85	724.74	185.50

13−3 各市建筑业企业个数

Number of Construction Enterprises by City

单位：个 (unit)

市 别	City	2000	2005	2009	2010	2011	2012	2013	2014	2015
全省总计	**Provincial Total**	**4593**	**4182**	**4508**	**4551**	**4589**	**4637**	**4977**	**4982**	**4926**
广 州	Guangzhou	757	764	804	779	781	786	882	890	877
深 圳	Shenzhen	447	604	801	808	814	822	898	818	776
珠 海	Zhuhai	143	165	161	144	151	170	309	375	393
汕 头	Shantou	271	199	209	212	197	191	186	180	175
佛 山	Foshan	248	502	496	497	452	443	424	434	427
#顺 德	Shunde	70	243	252	262	234	233	224	223	210
韶 关	Shaoguan	110	66	76	76	93	99	101	95	94
河 源	Heyuan	117	82	94	85	103	102	104	102	104
梅 州	Meizhou	154	111	130	146	149	155	153	151	151
惠 州	Huizhou	241	124	115	111	118	112	121	111	103
汕 尾	Shanwei	100	43	37	38	37	37	36	34	36
东 莞	Dongguan	183	361	404	444	448	473	502	536	540
中 山	Zhongshan	385	273	304	314	315	315	327	329	319
江 门	Jiangmen	342	156	160	165	165	158	160	162	164
阳 江	Yangjiang	122	91	94	95	111	123	117	113	113
湛 江	Zhanjiang	238	125	106	106	108	122	128	131	127
茂 名	Maoming	146	100	100	97	114	118	125	125	129
肇 庆	Zhaoqing	136	122	120	119	122	101	98	92	90
清 远	Qingyuan	136	74	68	80	71	69	72	77	88
潮 州	Chaozhou	139	90	87	83	82	80	77	73	66
揭 阳	Jieyang	121	84	96	107	114	117	112	111	111
云 浮	Yunfu	57	46	46	45	44	44	45	43	43
按经济区域分	By Region									
珠 三 角	Pearl River Delta	2882	3071	3365	3381	3366	3380	3721	3747	3689
东 翼	Eastern Region	631	416	429	440	430	425	411	398	388
西 翼	Western Region	506	316	300	298	333	363	370	369	369
山 区	Mountainous Region	574	379	414	432	460	469	475	468	480

13-4 各市建筑业企业总产值
Gross Output Value of Construction Enterprises by City

单位：亿元 (100 million yuan)

市 别	City	2000	2005	2009	2010	2011	2012	2013	2014	2015
全省总计	**Provincial Total**	**944.61**	**2200.58**	**3826.83**	**4742.09**	**5804.21**	**6564.37**	**7927.13**	**8440.29**	**8984.86**
广 州	Guangzhou	256.13	633.99	1023.66	1296.19	1578.38	1763.21	2216.18	2377.92	2546.94
深 圳	Shenzhen	153.02	545.62	1184.47	1460.99	1858.96	2103.05	2422.26	2217.23	2275.20
珠 海	Zhuhai	33.11	52.48	80.70	100.81	121.64	184.47	291.45	402.78	477.45
汕 头	Shantou	80.67	127.78	188.66	219.12	252.49	292.37	361.31	376.44	405.52
佛 山	Foshan	73.08	154.68	262.38	315.42	350.60	338.54	403.17	487.12	497.09
#顺 德	Shunde	30.62	59.42	115.31	159.18	145.50	135.57	173.42	217.22	210.74
韶 关	Shaoguan	24.14	29.25	69.28	102.76	130.15	166.07	213.94	218.64	214.35
河 源	Heyuan	5.74	17.01	18.26	20.68	30.88	33.90	39.37	50.46	69.31
梅 州	Meizhou	15.14	54.81	100.91	125.91	158.32	169.66	185.37	216.98	241.12
惠 州	Huizhou	20.35	46.94	52.87	69.83	86.93	93.74	103.28	122.04	141.29
汕 尾	Shanwei	5.49	6.95	12.20	15.44	15.08	11.54	9.64	11.11	14.41
东 莞	Dongguan	40.45	84.35	99.40	122.06	131.71	157.57	187.90	204.21	224.59
中 山	Zhongshan	26.20	73.41	118.10	133.70	141.81	160.08	160.84	166.84	153.67
江 门	Jiangmen	47.18	56.06	90.29	119.18	171.60	173.33	203.59	212.38	225.24
阳 江	Yangjiang	18.80	32.97	53.35	66.18	72.41	81.60	115.08	124.71	120.05
湛 江	Zhanjiang	45.61	75.96	146.67	168.08	203.88	248.75	334.52	430.12	461.75
茂 名	Maoming	39.05	92.14	104.75	134.67	185.74	271.70	325.38	417.76	481.04
肇 庆	Zhaoqing	15.40	39.99	78.58	99.40	101.04	103.71	108.58	119.80	125.49
清 远	Qingyuan	11.49	20.19	39.97	52.78	66.70	64.83	73.35	96.56	101.72
潮 州	Chaozhou	12.71	18.99	23.99	25.98	30.61	30.75	34.70	40.50	43.84
揭 阳	Jieyang	12.24	21.78	61.18	75.06	92.89	91.36	107.11	114.35	133.02
云 浮	Yunfu	8.61	15.20	17.16	17.85	22.40	24.13	30.10	32.36	31.75
按经济区域分	By Region									
珠三角	Pearl River Delta	664.92	1687.53	2990.45	3717.58	4542.68	5077.70	6097.24	6310.31	6666.97
东 翼	Eastern Region	111.11	175.50	286.03	335.60	391.07	426.03	512.76	542.39	596.79
西 翼	Western Region	103.46	201.08	304.77	368.93	462.03	602.04	774.99	972.59	1062.85
山 区	Mountainous Region	65.12	136.47	245.58	319.98	408.44	458.59	542.14	615.00	658.26

13-5 各市建筑业企业利税总额

Total Pre-tax Profits of Construction Enterprises by City

单位：亿元 (100 million yuan)

市 别	City	2000	2005	2009	2010	2011	2012	2013	2014	2015
全省总计	**Provincial Total**	**58.24**	**164.38**	**329.00**	**393.87**	**470.75**	**517.82**	**653.70**	**675.99**	**724.74**
广 州	Guangzhou	15.17	45.42	93.25	118.16	123.81	129.12	154.74	162.11	171.85
深 圳	Shenzhen	13.79	39.76	80.35	105.09	141.93	166.61	183.80	184.30	212.92
珠 海	Zhuhai	1.43	4.16	7.20	7.44	9.03	12.31	20.35	25.84	34.12
汕 头	Shantou	4.14	9.86	17.30	17.64	21.39	22.11	28.86	30.36	32.64
佛 山	Foshan	4.70	14.31	24.95	30.47	26.19	24.65	47.72	50.13	38.40
#顺 德	Shunde	2.17	5.17	13.70	17.48	14.22	11.77	20.39	29.56	22.33
韶 关	Shaoguan	2.00	1.57	5.37	6.66	8.76	12.35	16.95	14.16	14.55
河 源	Heyuan	0.53	1.23	1.78	2.08	2.39	3.67	5.53	7.04	10.72
梅 州	Meizhou	0.81	6.47	18.13	13.70	24.70	24.71	24.68	25.60	26.53
惠 州	Huizhou	1.02	3.63	4.61	4.96	6.06	5.56	7.53	5.32	5.44
汕 尾	Shanwei	0.58	0.58	0.93	1.43	1.40	0.77	0.58	0.83	1.29
东 莞	Dongguan	2.25	6.36	9.99	9.80	9.77	10.74	16.56	16.93	17.09
中 山	Zhongshan	1.53	6.09	12.89	13.71	14.25	13.91	14.87	14.72	11.87
江 门	Jiangmen	2.37	3.79	8.41	9.61	15.69	14.23	16.10	17.27	20.34
阳 江	Yangjiang	1.15	3.24	5.01	6.26	6.30	7.87	10.32	9.90	9.09
湛 江	Zhanjiang	1.69	3.80	10.96	10.69	12.03	14.40	16.26	22.57	23.94
茂 名	Maoming	1.82	5.97	8.17	10.01	17.67	28.34	45.53	47.33	52.94
肇 庆	Zhaoqing	0.77	2.55	5.08	6.32	6.71	6.23	8.45	8.75	7.79
清 远	Qingyuan	0.40	1.20	3.70	6.24	5.38	5.48	5.18	5.17	5.78
潮 州	Chaozhou	0.66	1.17	2.05	2.12	2.94	2.50	4.09	3.17	3.18
揭 阳	Jieyang	0.73	2.09	7.23	9.48	12.16	9.69	22.43	20.71	21.01
云 浮	Yunfu	0.70	1.13	1.64	1.98	2.17	2.55	3.19	3.77	3.26
按经济区域分	By Region									
珠三角	Pearl River Delta	43.03	126.06	246.73	305.57	353.45	383.36	470.12	485.38	519.81
东 翼	Eastern Region	6.11	13.70	27.52	30.68	37.90	35.08	55.95	55.08	58.12
西 翼	Western Region	4.66	13.01	24.14	26.96	36.00	50.62	72.11	79.80	85.97
山 区	Mountainous Region	4.44	11.61	30.61	30.66	43.39	48.76	55.52	55.73	60.84

13-6 各市建筑业企业利润总额
Total Profits of Construction Enterprises by City

单位：亿元 (100 million yuan)

市别	City	2000	2005	2009	2010	2011	2012	2013	2014	2015
全省总计	**Provincial Total**	**22.73**	**70.53**	**173.42**	**205.47**	**252.73**	**283.88**	**363.20**	**376.19**	**396.36**
广 州	Guangzhou	5.20	18.64	48.67	65.51	67.09	70.58	87.81	90.46	96.23
深 圳	Shenzhen	7.57	15.65	38.04	50.44	73.43	92.97	101.55	103.03	115.51
珠 海	Zhuhai	0.37	1.98	3.72	3.47	4.33	6.45	10.12	13.83	19.05
汕 头	Shantou	1.36	3.74	8.34	8.23	9.90	9.89	14.99	15.15	15.63
佛 山	Foshan	2.00	6.54	14.67	19.27	15.43	14.57	27.11	36.55	24.99
#顺 德	Shunde	0.92	2.84	9.43	12.09	9.15	6.98	14.51	22.68	16.05
韶 关	Shaoguan	0.23	0.43	2.52	2.95	3.84	6.04	9.15	6.21	5.44
河 源	Heyuan	0.29	0.48	0.79	0.95	0.99	2.29	3.92	4.90	7.71
梅 州	Meizhou	0.21	4.56	13.81	8.44	18.98	18.70	16.23	14.84	17.08
惠 州	Huizhou	0.35	1.02	1.79	1.68	2.93	2.14	3.61	1.24	2.37
汕 尾	Shanwei	0.22	0.18	0.38	0.56	0.57	0.30	0.17	0.32	0.55
东 莞	Dongguan	1.14	3.81	6.15	5.78	4.98	5.64	9.79	10.44	9.67
中 山	Zhongshan	0.78	3.63	8.88	7.46	9.04	8.54	8.86	9.00	6.25
江 门	Jiangmen	0.34	1.55	4.56	4.88	8.55	7.46	8.40	8.67	11.33
阳 江	Yangjiang	0.61	1.38	2.63	3.59	3.47	4.46	5.55	5.20	4.71
湛 江	Zhanjiang	0.28	1.19	4.71	3.76	4.25	5.22	6.14	8.14	8.68
茂 名	Maoming	0.77	2.49	3.91	4.43	9.17	15.50	23.03	24.03	27.67
肇 庆	Zhaoqing	0.09	0.65	1.77	2.51	2.92	2.22	3.96	4.28	3.26
清 远	Qingyuan	0.01	0.46	1.70	3.44	2.72	2.83	2.88	2.54	3.24
潮 州	Chaozhou	0.28	0.49	0.80	1.12	1.82	1.38	2.52	1.64	1.77
揭 阳	Jieyang	0.26	1.22	4.77	5.90	7.14	5.18	15.55	13.45	13.46
云 浮	Yunfu	0.37	0.43	0.81	1.10	1.18	1.51	1.85	2.29	1.77
按经济区域分	By Region									
珠 三 角	Pearl River Delta	17.84	53.48	128.25	161.00	188.70	210.59	261.22	277.49	288.67
东 翼	Eastern Region	2.12	5.62	14.30	15.81	19.43	16.75	33.23	30.56	31.41
西 翼	Western Region	1.66	5.06	11.25	11.78	16.89	25.18	34.72	37.37	41.05
山 区	Mountainous Region	1.11	6.36	19.63	16.87	27.70	31.37	34.03	30.77	35.23

13-7 各市建筑业企业房屋建筑施工面积

Floor Space of Buildings under Construction by Construction Enterprises by City

单位：万平方米 (10000 sq.m)

市 别	City	2000	2005	2009	2010	2011	2012	2013	2014	2015
全省总计	**Provincial Total**	**16333.82**	**26886.00**	**30126.96**	**33140.39**	**38604.41**	**42431.74**	**52397.21**	**53443.21**	**50461.59**
广 州	Guangzhou	3161.25	5311.14	6190.86	7135.48	8439.12	9119.66	15055.70	16398.88	15163.70
深 圳	Shenzhen	1999.65	4800.07	5690.62	5980.34	7505.14	9731.89	11502.80	7015.83	7682.65
珠 海	Zhuhai	733.57	625.51	728.52	877.39	980.71	1004.81	1270.67	1676.35	1969.64
汕 头	Shantou	1477.16	2176.29	2243.67	2381.63	2697.29	3016.58	3478.43	3856.83	4218.81
佛 山	Foshan	1763.57	2782.45	3225.96	3335.62	3405.59	3240.44	3288.92	3243.14	2731.91
#顺 德	Shunde	652.00	809.73	1442.69	1248.00	1271.10	1136.34	989.82	750.29	697.38
韶 关	Shaoguan	362.44	424.57	751.88	781.78	950.89	1031.84	1145.51	1090.14	1063.36
河 源	Heyuan	79.80	294.41	217.42	218.83	265.33	247.43	252.72	345.04	453.06
梅 州	Meizhou	273.56	776.23	1146.44	1315.80	1239.34	1299.41	1340.77	1433.24	1632.23
惠 州	Huizhou	366.05	772.13	839.73	942.90	1010.97	1073.02	1410.92	1317.62	1162.39
汕 尾	Shanwei	127.42	114.77	149.15	175.11	168.34	127.50	92.78	92.42	118.61
东 莞	Dongguan	1217.56	1234.98	739.73	733.44	756.01	777.57	790.43	1102.92	1045.99
中 山	Zhongshan	400.99	945.60	640.83	601.02	704.94	757.35	573.77	542.07	470.87
江 门	Jiangmen	1329.02	1585.95	1377.80	1640.13	1917.19	1713.24	2119.12	2611.16	2457.27
阳 江	Yangjiang	270.81	525.95	699.48	825.31	761.45	820.89	1109.02	1020.00	920.64
湛 江	Zhanjiang	857.19	1399.47	1724.16	1943.66	2427.94	2971.01	3187.28	5988.40	3361.23
茂 名	Maoming	734.43	1395.55	1458.04	1770.78	1898.70	2840.62	2933.13	3096.70	3264.79
肇 庆	Zhaoqing	386.93	531.11	696.23	728.47	773.93	760.58	772.31	593.25	640.44
清 远	Qingyuan	249.02	466.45	572.66	632.87	727.12	645.76	613.31	612.68	562.07
潮 州	Chaozhou	217.15	206.67	356.79	373.12	460.99	531.09	629.79	543.70	597.67
揭 阳	Jieyang	193.91	277.75	488.99	559.41	572.49	526.15	595.67	639.41	638.29
云 浮	Yunfu	132.34	238.96	187.99	187.29	213.27	194.90	234.18	223.43	305.99
按经济区域分	By Region									
珠 三 角	Pearl River Delta	11358.59	18588.94	20130.30	21974.80	25493.61	28178.56	36784.63	34501.23	33324.85
东 翼	Eastern Region	2015.64	2775.47	3238.61	3489.27	3899.10	4201.31	4796.66	5132.36	5573.38
西 翼	Western Region	1862.43	3320.97	3881.67	4539.75	5088.09	6632.53	7229.42	10105.10	7546.67
山 区	Mountainous Region	1097.16	2200.62	2876.39	3136.57	3395.96	3419.34	3586.49	3704.51	4016.70

13-8 各市建筑业企业房屋建筑施工新开工面积

Floor Space of Buildings Started This Year by Construction Enterprises by City

单位：万平方米 (10000 sq.m)

市别	City	2000	2005	2009	2010	2011	2012	2013	2014	2015
全省总计	**Provincial Total**	**6423.16**	**11879.41**	**11995.73**	**14529.68**	**15889.34**	**16118.27**	**21604.60**	**21257.33**	**15802.23**
广州	Guangzhou	1153.97	2313.48	2236.24	2995.47	3119.47	2543.37	5768.19	4487.47	3473.80
深圳	Shenzhen	791.59	1933.19	2046.14	2443.02	3016.70	3833.09	4015.85	2172.19	1833.43
珠海	Zhuhai	236.23	298.50	276.09	476.92	303.37	322.40	469.98	767.08	687.28
汕头	Shantou	576.48	942.72	783.18	1129.55	1060.91	1073.15	1355.32	1448.64	1421.14
佛山	Foshan	943.98	1230.74	1389.33	931.63	945.76	1127.34	1397.99	1147.02	682.05
#顺德	Shunde	410.99	414.65	674.97	479.60	262.90	329.86	496.55	320.95	172.95
韶关	Shaoguan	160.10	196.57	331.29	360.77	380.87	532.82	567.55	550.72	551.67
河源	Heyuan	40.48	151.18	113.02	126.65	174.15	108.93	146.65	197.65	283.87
梅州	Meizhou	124.38	323.52	576.51	655.48	642.42	490.15	672.79	629.71	541.14
惠州	Huizhou	185.75	380.49	236.38	444.14	275.72	279.39	480.66	322.31	325.94
汕尾	Shanwei	84.60	50.11	64.93	122.07	110.30	46.22	50.42	37.39	55.53
东莞	Dongguan		589.95	259.75	345.07	415.59	345.91	427.39	592.81	328.25
中山	Zhongshan	200.38	503.83	277.66	287.82	339.35	277.53	271.99	214.55	212.48
江门	Jiangmen	668.83	631.55	682.75	833.99	1032.47	596.56	896.52	1093.60	928.62
阳江	Yangjiang	354.20	249.55	346.54	369.70	355.32	322.04	450.81	479.74	326.31
湛江	Zhanjiang	290.52	639.64	657.25	922.67	1325.28	1426.14	1714.57	4390.03	1299.72
茂名	Maoming	138.54	600.67	699.29	848.76	1139.95	1617.99	1640.95	1523.30	1614.28
肇庆	Zhaoqing	115.93	248.72	268.86	298.32	279.41	270.24	289.45	243.66	337.26
清远	Qingyuan	97.89	235.35	256.27	318.47	309.58	303.68	276.63	266.00	269.03
潮州	Chaozhou	99.95	96.79	133.54	134.94	121.82	118.48	161.57	125.75	98.21
揭阳	Jieyang	108.93	147.23	267.66	388.76	424.99	367.03	426.31	474.75	408.95
云浮	Yunfu	50.43	115.64	93.03	95.48	115.91	115.82	123.02	92.97	123.25
按经济区域分	By Region									
珠三角	Pearl River Delta	4296.66	8130.45	7673.20	9056.38	9727.84	9595.83	14018.02	11040.68	8809.12
东翼	Eastern Region	869.96	1236.84	1249.31	1775.32	1718.02	1604.88	1993.62	2086.53	1983.84
西翼	Western Region	783.26	1489.86	1703.09	2141.14	2820.55	3366.17	3806.33	6393.07	3240.31
山区	Mountainous Region	473.28	1022.26	1370.13	1556.84	1622.93	1551.39	1786.63	1737.05	1768.97

13−9 各市建筑业企业期末就业人员

Number of Employed Persons of Construction Enterprises at the Year-end by City

单位：万人 (10000 persons)

市 别	City	2000	2005	2009	2010	2011	2012	2013	2014	2015
全省总计	**Provincial Total**	**141.46**	**166.78**	**179.34**	**196.32**	**190.28**	**198.31**	**204.79**	**211.07**	**185.50**
广 州	Guangzhou	26.40	30.80	38.30	39.65	39.14	40.25	37.56	43.95	40.03
深 圳	Shenzhen	20.15	26.85	36.91	45.59	44.55	52.26	47.76	47.87	41.35
珠 海	Zhuhai	3.55	3.24	3.84	4.36	2.90	3.46	9.45	8.26	6.37
汕 头	Shantou	14.29	12.63	13.06	14.35	13.02	13.02	15.47	14.78	13.60
佛 山	Foshan	8.62	13.71	12.29	11.02	10.34	11.66	8.71	8.52	10.49
#顺 德	Shunde	3.14	7.12	6.16	5.33	4.34	3.83	3.39	2.73	2.15
韶 关	Shaoguan	4.46	3.69	6.08	5.71	5.92	7.10	9.04	8.41	6.81
河 源	Heyuan	1.74	2.09	1.69	1.72	1.86	1.69	1.77	1.87	1.92
梅 州	Meizhou	3.58	7.27	7.63	9.13	7.78	7.01	7.90	7.79	6.55
惠 州	Huizhou	3.33	3.94	3.12	3.24	2.96	3.34	3.61	3.47	1.57
汕 尾	Shanwei	1.25	1.28	1.12	1.31	0.95	0.78	0.72	0.72	0.70
东 莞	Dongguan	6.65	7.78	5.38	5.73	6.07	6.35	6.40	7.97	7.58
中 山	Zhongshan	3.71	5.75	4.90	5.32	5.45	5.06	5.50	5.18	4.00
江 门	Jiangmen	10.26	10.58	7.43	8.50	11.29	7.26	6.89	7.02	6.12
阳 江	Yangjiang	3.54	4.54	5.37	5.49	5.22	5.23	6.45	5.67	4.85
湛 江	Zhanjiang	8.03	7.87	9.63	10.29	8.92	9.79	10.62	12.63	10.71
茂 名	Maoming	8.92	10.44	7.86	8.27	8.68	10.00	11.88	11.41	10.53
肇 庆	Zhaoqing	3.61	3.70	4.06	4.12	2.78	3.05	3.40	3.46	2.53
清 远	Qingyuan	2.74	2.46	2.59	3.43	2.88	2.48	3.18	3.89	2.87
潮 州	Chaozhou	2.10	2.17	1.37	1.46	1.49	1.45	1.57	2.16	1.54
揭 阳	Jieyang	2.88	3.86	4.65	5.75	6.26	5.42	5.13	4.45	3.85
云 浮	Yunfu	1.65	2.13	2.09	1.85	1.84	1.65	1.78	1.60	1.51
按经济区域分	By Region									
珠 三 角	Pearl River Delta	86.28	106.35	116.21	127.54	125.47	132.68	129.26	135.70	120.03
东 翼	Eastern Region	20.52	19.94	20.20	22.88	21.73	20.67	22.90	22.11	19.70
西 翼	Western Region	20.49	22.86	22.86	24.06	22.82	25.02	28.96	29.71	26.09
山 区	Mountainous Region	14.17	17.64	20.07	21.84	20.27	19.93	23.68	23.55	19.67

13−10 各市建筑业企业劳动生产率

Labor Productivity of Construction Enterprises by City

单位：元/人 (yuan/person)

市 别	City	2000	2005	2009	2010	2011	2012	2013	2014	2015
全省总计	**Provincial Total**	**66780**	**132049**	**212420**	**239595**	**290806**	**356696**	**362507**	**364270**	**382579**
广 州	Guangzhou	91086	204454	271428	315033	357975	506773	542086	525416	552068
深 圳	Shenzhen	107549	183515	291311	300502	365620	350511	340574	344326	345823
珠 海	Zhuhai	85936	162503	203730	228342	351646	656863	358547	352152	385938
汕 头	Shantou	56057	99266	147170	159623	199497	253241	261516	269587	296273
佛 山	Foshan	86795	115051	226936	285616	368172	417531	492072	545077	586097
#顺 德	Shunde	97509	84095	214870	301529	327837	435826	590269	748452	878613
韶 关	Shaoguan	57743	83704	130287	189045	212203	328545	326916	275767	313316
河 源	Heyuan	33395	82741	110034	121383	175090	230341	239005	261644	280999
梅 州	Meizhou	44258	78866	135454	141903	211947	275983	259046	306114	327465
惠 州	Huizhou	60374	119974	174962	217933	279815	357245	332841	349105	406527
汕 尾	Shanwei	46496	51367	115906	116927	175038	170432	174520	157869	211873
东 莞	Dongguan	64176	108136	184034	218052	208933	309757	285850	275080	263489
中 山	Zhongshan	73597	119772	223833	249502	271956	380332	312868	327054	333178
江 门	Jiangmen	49612	64418	118329	147038	197196	259535	347379	294889	336038
阳 江	Yangjiang	59689	78360	110279	123368	111674	189791	230866	240397	241168
湛 江	Zhanjiang	57160	98452	156933	173336	226382	262224	311805	316124	315036
茂 名	Maoming	46992	90457	136748	170522	224550	343345	309067	359623	396918
肇 庆	Zhaoqing	46380	107435	211363	257334	344042	306971	307105	280641	385010
清 远	Qingyuan	42073	90596	156001	158598	221388	268486	250075	242105	266337
潮 州	Chaozhou	57817	91838	146613	146120	170587	261483	261170	264270	237822
揭 阳	Jieyang	40672	57368	125337	131884	148945	190814	246950	227618	242247
云 浮	Yunfu	49773	74640	86311	101721	130305	198521	190725	199710	204748
按经济区域分	By Region									
珠三角	Pearl River Delta	82426	156714	251417	283028	338546	397550	399713	400612	418380
东 翼	Eastern Region	53458	87357	140285	149042	181481	234253	255941	255566	274993
西 翼	Western Region	55234	90945	139523	160692	194444	277491	295332	319822	334707
山 区	Mountainous Region	47252	81395	129410	151686	203225	281286	272995	272680	298647

主要统计指标解释

建筑业总产值 是以货币表现的建筑业企业在一定时期内生产的建筑业产品和服务的总和。建筑业总产值包括三部分内容：

⑴建筑工程产值：指列入建筑工程预算内的各种工程价值。

⑵设备安装工程产值：指设备安装工程价值，但不包括设备本身的价值。

⑶其他产值：建筑业总产值中除建筑工程、安装工程以外的产值。包括房屋构筑物修理产值、非标准设备制造产值、总包企业向分包企业收取的管理费以及不能明确划分的施工活动所完成的产值。

①房屋构筑物修理产值：指房屋和构筑物的修理所完成的价值，但不包括被修理房屋构筑物的本身价值和生产设备的修理价值。

②非标准设备制造产值：指加工制造没有定型的非标准生产设备的加工费和原材料价值以及附属加工厂为本企业承建工程制作的非标准设备的价值。

竣工产值 一般是以单位工程为对象，当该工程按照设计所规定的工程内容全部完成，达到了设计规定的交工条件，经有关部门检查验收鉴定合格的单位工程价值，即为竣工产值。

房屋施工面积 指在报告期内施工的全部房屋建筑面积，它包括本期新开工的房屋面积、上期跨入本期继续施工的房屋面积、上期停缓建在本期恢复施工的房屋面积、本期竣工的房屋面积以及本期施工后又停缓建的房屋面积。

房屋新开工面积 指房地产开发企业本年新开工建设的房屋建筑面积，以单位工程为核算对象。不包括在上年开工跨入本年继续施工的房屋建筑面积和上年停缓建而在本年恢复施工的房屋建筑面积。房屋的开工应以房屋正式开始破土刨槽（地基处理或打永久桩）的日期为准。房屋新开工面积指整栋房屋的全部建筑面积，不能分割计算。

计算建筑业劳动生产率的平均人数 指建筑业企业(或单位)报告期实际拥有的、与建筑施工活动有关的人员的平均人数，包括参加本企业(或单位)建筑施工活动的非本企业(或单位)人员，但不包括企业内部社会服务性机构的人员以及由本企业支付工资但所从事的工作与本企业生产基本无关的人员。

年末就业人员中工程技术人员 指负担工程技术和工程技术管理工作，并具有工程技术工作能力的人员。

利润总额 指企业在生产经营过程中各种收入扣除各种耗费后的盈余，反映企业在报告期内实现的亏盈总额，包括营业利润、补贴收入、投资净收益和营业外收支净额。

工程结算税金及附加 指因从事建筑业生产活动，取得工程价款结算收入而按规定应该交纳的营业税、城市维护建设税等以及随同营业税金一并计算交纳的教育费附加等。

管理费用中税金 指企业按规定从管理费用中支付的各种税金,包括房产税、土地使用税、车船使用税、印花税等。

利税总额=工程结算税金及附加+管理费用中税金+利润总额

建筑业全员劳动生产率=建筑业总产值÷计算建筑业劳动生产率的平均人数

Explanatory Notes on Main Statistical Indicators

Gross Output Value of Construction refers to the sum in monetary terms of construction products and services completed by construction enterprises during a given period of time. It includes:

(1) Output value of construction projects, which is the value of various projects covered by the project budgets;

(2)Output value of equipment installation projects refers to the value of the installation of equipment. It does not include the value of the equipment itself.

(3) Other output values, which are output values other than output value of construction projects and output value of installation projects, including output value of house and building repair, output value of non-standard equipment manufacture, management expenses received by overall contractor enterprises from subcontractor enterprises and output value completed in unclassified construction activities.

①Output value of house and building repair is the value created through the repairs of houses and buildings, excluding the value of houses or buildings being repaired and the value of the repair of production equipment.

②Output value of non-standard equipment manufacture is the value of non-standard production equipment with unique specifications (including raw materials and manufacturing costs), and equipment manufactured by subsidiary workshops for construction projects contracted by construction enterprises.

Output Value Completed refers to the value of unit project completed, which has come up to the designed standards for putting into use and has been checked and accepted as qualified project by related departments.

Floor Space of Buildings under Construction refers to the floor space of buildings under construction during the reference period, including newly started buildings, buildings started earlier and continued into the reference period, buildings suspended in preceding periods but resumed during the reference period, buildings completed during the reference period, and buildings started and then suspended during the reference period.

Floor Space of Buildings Started This Year refers to the total floor space area of the buildings started in the year by real estate development companies. It excludes the buildings started in previous years and continued in the year, and the buildings suspended in previous years but restarted in the year. The start of a construction is defined by the date of ground breaking or pile driving. The floor space of the building includes that of the entire building.

Average Number of Persons for Labor Productivity Calculation of the Construction Industry refers to the average number of persons actually employed in the construction enterprises (units) and engaged in related activities of construction in the reference period, including non-staff personnel engaged in the construction activities of the enterprises (units), but excluding personnel employed in social service institutions of the enterprises and those receiving remunerations therefrom but engaged in activities basically irrelevant to the production of the enterprises.

Number of Engineering Technical Personnel Employed at the Year-end refers to personnel capable of and engaged in engineering technical work and related management.

Total Profits refer to the surplus of various incomes in the production and operation of the enterprises after deducting all expenses. This reflects the total profits or losses realized by the enterprises in the reference period, including profits from operation, income from subsidies, net investment earnings and net income from activities other than operations.

Taxes and Extra Charges on Project Settlement Accounts refer to business tax, city maintenance and construction tax and extra charges for education calculated and paid with business tax, which should be borne by the enterprises obtaining project settlement incomes from the production activities of construction.

Taxes from Management Expenses refer to the taxes which should be borne by the enterprises from management expenses, including property tax, land use tax, vehicle and vessel use tax, and stamp tax.

Total Pre-tax Profits = Taxes and Extra Charges on Project Settlement Accounts + Taxes from Management Expenses + Total Profits

Overall Labor Productivity of Construction = Gross Output Value of Construction ÷ Average Number of Persons for Labor Productivity Calculation

十四、规模以上服务业

SERVICE ENTERPRISES ABOVE DESIGNATED SIZE

十四 规模以上服务业

简要说明

一、本篇资料主要反映规模以上服务业的基本情况、财务状况、从业人员及劳动报酬情况等。

二、本篇资料由广东省统计局服务业统计处整理、编辑。

三、据国家统计报表制度，2012 年规模以上服务业年报首次纳入“一套表”联网直报系统。规模以上服务业统计范围：包括交通运输、仓储和邮电业，信息传输、软件和信息技术服务业，租赁和商务服务业，科学研究和技术服务业，水利、环境和公共设施管理业，教育，卫生和社会工作，以及物业管理、房地产中介服务、自有房地产经营活动和其他房地产业等行业中年营业收入 1000 万元以上或年末就业人数 50 人以上的服务业法人企业；居民服务、修理和其他服务业，文化、体育和娱乐业等行业中年营业收入 500 万元以上或年末就业人数 50 人以上的服务业法人企业。调查方法为符合上述条件企业的全面调查。

14 Service Enterprises Above Designated Size

Brief Introduction

I. This data in this chapter reflect the basic information, financial condition, employed persons, labor remuneration and E-commerce transactions of some service enterprises above designated size.

II. Data of some service enterprises above designated size are prepared and edited by the Division of Service Statistics of Statistics Bureau of Guangdong Province.

III. According to the National Statistical Reporting System, some service enterprises above designated size have been integrated into the "network reporting" system since 2012. The statistical coverage of some service enterprises above designated size all the corporative enterprises of services sector with over 50 employees by the end of the year or with annual business revenue of over 10 million yuan, including transport, storage and postal services, information transmission, software and information technology services, leasing and business services, scientific research and technical services, management of Water Conservancy, Environment and Public Facilities, education, health and social work, real estate agent services, real estate intermediary services, own real estate business activities and other real estate,etc. Also, it covers some service enterprises above designated size all the corporative enterprises of services sector with over 50 employees by the end of the year or with annual business revenue of over 5 million yuan, including households' service, repair and other services, culture, sports and entertainment services. Survey method is a comprehensive survey.

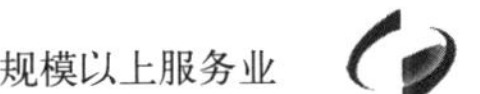

14-1 规模以上服务业企业财务指标

Main Financial Indicators of Service Enterprises above the Designated

单位：亿元 (100 million yuan)

项　　目	Item	2014	2015	2015年比2014年增长(%) Growth Rate in 2015 Over 2014(%)
一、年初存货	Inventory at the Year-beginning	1966.95	2270.22	15.5
二、期末资产负债	Closing Balance			
固定资产原价	Original Value of Fixed Assets	22360.04	23438.40	3.9
本年折旧	Depreciation Drawn in Current Year	1205.88	1291.25	10.3
资产总计	Total Assets	66452.67	74160.20	14.0
负债合计	Total Liabilities	33806.83	36842.61	11.9
所有者权益合计	Total Creditors'Equity	32645.84	37317.59	16.2
三、损益及分配	Profits and Loss			
营业收入	Business Revenue	16125.56	16821.46	10.1
其中：主营业务收入	Main Business Revenue	15651.44	16342.11	9.8
营业成本	Business Costs	11452.81	11882.79	11.4
其中：主营业务成本	Main Business Costs	11022.16	11310.01	10.0
营业税金及附加	Tax and Extra Charges on Business	239.07	241.63	-0.4
其中：主营业务税金及附加	Tax and Extra Charges on Main Business	211.47	224.42	4.2
销售费用	Sales Expenses	1098.36	1086.18	-1.3
管理费用	Management Expenses	1979.88	2060.33	3.5
其中：税金	Taxes	54.76	52.69	-2.9
财务费用	Financial Expenses	510.81	602.80	16.0
其中：利息收入	Interest Revenue	176.71	199.76	13.5
利息支出	Interest Expense	596.94	614.93	1.0
投资收益(损失以“–”号记)	Investment Income(loss with “-”mark)	1260.22	1272.04	1.9
营业利润	Business Profits	2213.06	2469.06	16.6
利润总额	Total Profits	2495.60	2835.42	16.1
应交所得税	Income Taxes Payable	374.25	425.12	19.8
四、人工成本及增值税	Labor Cost and Value-added Tax			
应付职工薪酬(本年贷方累计发生额)	Total Wages Payable(Credit Accumulated Amount in this year)	2843.83	3252.15	14.0
应交增值税	Value-added Tax Payable	314.00	359.70	19.7

注：增速按可比口径计算。
Note: The growdth rates are callculated on comparable coverage.

14−2 规模以上服务业企业分行业主要指标（2015年）

单位：亿元

项　目	Item	企业单位数（个）Number of Enterprises (unit)	资产总计 Total Assets at the end of the year	
			总量 Total	比2014年增长(%) Growth Rate in 2015 Over 2014(%)
全省总计	**Provincial Total**	**15527**	**74160.20**	**14.0**
按经济类型分	Grouped by Ownership			
内资企业	Domestic-funded Enterprises	13914	64372.49	14.2
#国有企业	State-owned Enterprises	561	6849.33	14.4
集体企业	Collective-owned Enterprises	597	753.47	6.4
有限责任公司	Limited Liability Corporations	5141	38372.36	13.6
私营企业	Private Enterprises	6041	5717.11	17.2
港澳台商投资企业	Enterprises with Investment from Hong Kong, Macao and Taiwan	979	6129.68	15.2
外商投资企业	Enterprises with Foreign Investment	634	3658.03	10.2
按行业分	Grouped by Sector			
交通运输、仓储和邮政业	Transport, Storage and Postal Services	2921	23183.90	13.2
铁路运输业	Railway Transport Service	16	6752.54	14.9
#铁路旅客运输	Railway Passenger Transport	6	5793.18	13.5
铁路货物运输	Railway Freight Transport	8	179.43	-3.1
道路运输业	Road Transport Services	1293	9085.21	15.5
#城市公共交通运输	Urban Public Trasport	221	4892.05	18.6
公路旅客运输	Highway Passenger Transport	225	359.39	9.5
道路货物运输	Road Freight Transport	720	417.85	31.3
水上运输业	Waterway Transport Service	255	2505.92	4.8
#水上旅客运输	Waterway Passenger Trasport	30	50.24	10.0
水上货物运输	Waterway Freight Transport	126	1286.59	3.7
航空运输业	Air Transport Service	25	2536.27	7.4
#航空客货运输	Air Passenger and Freight Transport	18	2247.38	8.1
管道运输业	Pipeline Transport Service	3	51.73	-6.6
装卸搬运和运输代理业	Handling and Transportation Agency	935	803.34	4.5
#运输代理业	Transportation Agency	815	519.03	8.2
仓储业	Warehousing Service	314	1137.22	32.1
邮政业	Postal Service	80	311.67	6.2
#快递服务	Express Service	57	208.54	23.1
信息传输、软件和信息技术服务业	Information Transmission, Software and Information Technology Services	1833	9134.74	24.8
电信、广播电视和卫星传输服务	Telecommunications, Broadcasting Television and Satellite Transmission Services	171	3882.54	5.5
#电信	Telecommunications	137	3762.30	5.3
互联网和相关服务	Internet and Related Services	133	2487.56	66.8
#互联网信息服务	Internet Information Services	107	2465.57	67.6
软件和信息技术服务业	Software and Information Technology Services	1529	2764.63	28.5
#软件开发	Software Development	1036	1949.17	28.1
信息系统集成服务	Information System Integration Service	239	402.37	26.5
信息技术咨询服务	Information Technology Consulting Services	92	123.59	42.7
物业管理业	Property Management Industry	1688	1968.53	13.1
房地产中介服务业	Real Estate Agent Services	141	531.80	1.5

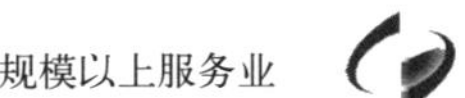

Main Indicators of Service Enterprises above Designated Size by Sector(2015)

(100 million yuan)

本年折旧 Depreciation Drawn in Current Year		营业收入 Business Revenue		营业成本 Business Costs		营业税金及附加 Tax and Extra Charges on Business		销售费用 Selling Expenses	
总量 Total	比2014年增长(%) Growth Rate in 2015 Over 2014(%)	总量 Total	比2014年增长(%) Growth Rate in 2015 Over 2014(%)	总量 Total	比2014年增长(%) Growth Rate in 2015 Over 2014(%)	总量 Total	比2014年增长(%) Growth Rate in 2015 Over 2014(%)	总量 Total	比2014年增长(%) Growth Rate in 2015 Over 2014(%)
1291.25	**10.3**	**16821.46**	**10.1**	**11882.79**	**11.4**	**241.63**	**-0.4**	**1086.18**	**-1.3**
1115.18	11.4	14263.72	10.3	10477.98	11.2	206.22	1.5	879.91	-3.9
119.07	-10.0	1405.50	6.4	1266.33	14.5	17.28	18.8	33.86	-8.4
25.97	10.0	154.35	7.1	75.97	12.2	5.51	16.7	3.96	1.3
583.35	16.4	6290.11	12.4	4504.98	13.0	102.59	-2.9	488.76	
87.93	12.5	3501.48	14.8	2534.22	14.2	55.34	14.2	214.20	6.7
93.63	2.1	1620.84	11.9	884.44	21.4	22.75	-5.8	128.37	17.5
82.45	5.7	936.90	4.2	520.37	1.9	12.66	-18.0	77.89	3.0
520.65	11.1	5510.46	6.4	4800.56	8.8	35.24	3.7	145.39	-8.5
100.66	-13.1	945.04	10.1	946.66	21.3	6.51	21.9	1.46	-72.3
97.36	-13.5	928.16	10.2	925.54	21.8	6.44	22.7	1.45	-72.3
3.19	-1.3	16.57		20.56	1.0	0.06	-32.8	0.00	-55.8
158.49	27.3	1237.64	4.7	1065.17	4.8	16.95	-5.0	23.96	-8.9
46.66	17.5	272.79	7.8	359.33	7.2	3.56	76.1	2.78	24.6
20.40	16.3	147.87	-9.0	120.85	-9.9	1.29	-2.5	1.90	-3.8
14.85	12.1	503.90	10.9	432.64	10.5	1.79	-19.2	17.26	-14.6
102.66	33.2	598.02	-2.7	494.85	5.6	2.25	4.3	7.50	37.2
1.82	-38.2	25.21	5.0	14.93	-6.0	0.24	6.5	0.65	5.9
61.16	51.9	324.92	-5.8	288.64	-4.9	0.93	-4.8	4.91	46.6
107.23	4.0	1236.98		1044.35	-2.7	3.68	14.0	69.56	-16.2
95.47	4.0	1138.89	-0.4	980.41	-2.8	2.63	18.0	67.75	-16.7
2.46	59.9	12.90	131.3	5.11	76.8	0.03	-4.0	0.03	10.5
21.24	15.8	752.09	12.4	652.29	14.4	2.07	-12.9	18.57	6.0
11.09	37.7	676.55	13.3	597.05	14.8	1.66	-12.6	17.52	5.1
17.84	-7.3	364.37	11.9	304.45	12.3	2.28	34.0	15.80	10.5
10.07	12.1	363.42	25.8	287.69	26.0	1.48	12.0	8.51	21.7
5.70	9.6	249.01	30.4	200.85	29.3	0.64	19.4	8.51	21.7
383.39	8.6	4081.82	11.8	2239.03	17.5	31.00	-39.3	508.86	-10.1
343.26	8.9	1650.47	1.6	952.61	13.7	10.11	-67.3	244.25	-28.1
337.74	9.0	1597.05	1.3	923.99	13.8	9.82	-67.7	240.38	-28.4
15.38	-8.0	768.95	24.1	369.78	37.4	7.84	-0.7	95.60	25.5
15.03	-8.8	751.13	24.0	359.20	37.0	7.68	-0.2	91.11	24.9
24.75	16.2	1662.40	18.1	916.63	14.8	13.06	6.9	169.01	12.3
15.65	14.2	1177.39	17.7	646.00	17.3	9.30	3.1	127.05	14.2
3.46	16.4	237.43	21.0	146.33	16.4	1.76	13.1	12.60	-9.7
1.25	-24.5	89.16	22.5	48.10	15.9	0.94	40.0	14.52	19.7
27.37	12.5	682.47	8.7	425.96	7.7	37.48	3.8	31.76	14.8
1.70	-6.7	143.71	47.0	62.28	72.9	7.40	51.1	31.99	23.3

14-2 续表 1

单位：亿元

项目	Item	管理费用 Management Expenses		财务费用 Financial Expenses	
		总量 Total	比2014年增长(%) Growth Rate in 2015 Over 2014(%)	总量 Total	比2014年增长(%) Growth Rate in 2015 Over 2014(%)
全省总计	**Provincial Total**	**2060.33**	**3.5**	**602.80**	**16.0**
按经济类型分	Grouped by Ownership				
内资企业	Domestic-funded Enterprises	1649.09	3.7	532.42	14.9
#国有企业	State-owned Enterprises	129.18	-24.2	53.67	-28.3
集体企业	Collective-owned Enterprises	34.36	-54.6	3.03	-15.4
有限责任公司	Limited Liability Corporations	723.69	10.6	272.20	13.7
私营企业	Private Enterprises	464.53	15.8	61.18	10.5
港澳台商投资企业	Enterprises with Investment from Hong Kong, Macao and Taiwan	265.33	2.8	36.77	50.9
外商投资企业	Enterprises with Foreign Investment	145.91	2.6	33.61	5.3
按行业分	Grouped by Sector				
交通运输、仓储和邮政业	Transport, Storage and Postal Services	366.89	-8.8	304.62	15.4
铁路运输业	Railway Transport Service	28.76	-66.5	74.74	-22.2
#铁路旅客运输	Railway Passenger Transport	27.73	-67.3	67.92	-23.8
铁路货物运输	Railway Freight Transport	0.91	1.4	6.74	-2.8
道路运输业	Road Transport Services	111.29	6.7	89.69	2.1
#城市公共交通运输	Urban Public Trasport	32.77	8.6	24.44	16.4
公路旅客运输	Highway Passenger Transport	22.04	2.2	2.45	5.2
道路货物运输	Road Freight Transport	36.43	8.9	4.30	26.6
水上运输业	Waterway Transport Service	51.37	-0.6	27.02	6.5
#水上旅客运输	Waterway Passenger Trasport	2.81	2.8	0.12	-53.5
水上货物运输	Waterway Freight Transport	23.58	-1.0	12.44	4.0
航空运输业	Air Transport Service	40.95	3.1	84.17	160.1
#航空客货运输	Air passenger and freight Transport	34.25	5.1	83.38	166.2
管道运输业	Pipeline Transport Service	1.08	16.4	0.98	4386.8
装卸搬运和运输代理业	Handling and Transportation Agency	59.29	12.0	10.18	6.9
#运输代理业	Transportation Agency	49.06	13.4	4.37	-16.8
仓储业	Warehousing Service	29.07	10.0	15.07	28.2
邮政业	Postal Service	45.08	11.3	2.77	186.8
#快递服务	Express Service	30.07	17.7	2.67	204.5
信息传输、软件和信息技术服务业	Information Transmission, Software and Information Technology Services	524.76	13.9	-38.98	-40.6
电信、广播电视和卫星传输服务	Telecommunications, Broadcasting Television and Satellite Transmission Services	95.02	-0.8	-17.83	-5.5
#电信	Teleccommunications	87.40	-1.7	-17.60	-4.6
互联网和相关服务	Internet and Related Services	113.93	15.5	-18.30	-102.3
#互联网信息服务	Internet Information Services	107.42	10.9	-18.53	-99.3
软件和信息技术服务业	Software and Information Technology Services	315.81	18.6	-2.85	-60.0
#软件开发	Software Development	235.91	20.3	-3.38	-12.3
信息系统集成服务	Information System Integration Service	38.75	13.7	0.53	-58.7
信息技术咨询服务	Information Technology Consulting services	14.83	25.0	0.96	39.6
物业管理业	Property Management Industry	127.92	3.3	18.48	-9.3
房地产中介服务业	Real Estate Agent Services	29.70	16.5	1.34	5.0

14-2 1 continued

(100 million yuan)

利润总额 Total Profits		应交所得税 Income Taxes Payable		应付职工薪酬 Total Wages Payable		应交增值税 Value-added Taxes Payable		就业人员平均人数（万人） Average number of employed persons (10000 persons)
总量 Total	比2014年增长(%) Growth Rate in 2015 Over 2014(%)	总量 Total	比2014年增长(%) Growth Rate in 2015 Over 2014(%)	总量 Total	比2014年增长(%) Growth Rate in 2015 Over 2014(%)	总量 Total	比2014年增长(%) Growth Rate in 2015 Over 2014(%)	
2835.42	**16.1**	**425.12**	**19.8**	**3252.15**	**14.0**	**359.70**	**19.7**	**357.20**
2103.21	20.1	311.39	16.2	2705.46	13.1	306.34	20.2	315.13
119.17	114.7	20.86	23.1	373.35	8.8	52.24	14.5	39.66
38.99	-0.1	2.37	-6.6	34.22	14.4	0.73	0.5	7.59
984.26	10.5	189.62	5.4	1218.90	16.1	162.16	27.1	134.71
266.09	61.9	47.64	55.5	524.41	13.0	51.75	2.8	87.06
508.64	9.6	75.99	47.2	322.97	18.9	30.81	12.7	24.15
223.58	-1.1	37.74	7.4	223.72	17.9	22.55	22.9	17.92
348.08	28.3	98.86	24.0	1095.16	10.6	100.14	7.7	110.80
-52.11		9.29	104.1	231.62	9.5	46.85	9.9	23.08
-39.35		9.50	120.8	228.57	9.5	46.71	10.2	22.86
-12.51		-0.216	-187.6	1.86	10.1	0.13	-48.6	0.18
145.77	-6.8	35.83	-0.1	306.35	10.1	21.88	8.0	41.77
13.87	516.1	1.76	2.9	169.51	11.3	7.95	7.1	20.22
13.01	-13.1	3.06	2.7	38.96	7.7	3.92	-6.1	6.98
18.66	19.0	4.78	42.0	61.59	11.0	9.23	17.9	10.18
78.08	-21.1	16.26	-4.2	95.74	-0.5	6.66	8.8	6.67
8.38	57.5	2.16	37.1	5.78	28.5	0.30	-24.1	0.61
3.05	-86.2	3.49	-11.2	45.27	-6.7	3.49	67.1	2.82
79.06	68.1	15.78	78.7	235.12	10.8	5.89	35.1	11.40
54.71	99.5	9.90	135.4	201.86	10.6	3.92	59.3	9.02
5.75	231.8	1.43	217.7	0.48	34.2	0.14	10.6	0.02
27.17	-9.9	6.82	-13.5	74.26	12.6	7.32	-21.2	11.36
18.05	4.1	4.47	-0.6	54.98	17.0	5.56	-21.6	7.51
29.80	102.8	8.59	121.6	28.14	15.3	3.98	19.2	3.60
34.58	13.3	4.86	270.5	123.45	21.4	7.41	8.5	12.89
20.45	0.8	4.39	269.3	76.30	25.6	7.12	9.1	8.88
1006.65	10.1	154.67	16.2	624.75	22.3	161.48	27.2	43.93
477.86	3.5	88.31	-6.8	182.14	11.7	82.69	59.1	12.68
464.05	3.1	87.04	-7.5	170.77	11.6	81.09	61.1	11.78
225.99	22.8	32.71	137.1	93.29	55.3	5.01	-35.6	4.47
229.79	25.5	32.51	138.7	87.14	53.6	4.53	-40.1	4.00
302.80	12.9	33.64	37.0	349.33	21.4	73.79	9.9	26.78
218.91	3.8	23.18	30.0	242.92	19.2	57.04	11.3	17.45
41.05	51.0	4.54	35.7	36.57	16.5	7.74	-5.6	3.17
12.23	80.1	1.74	35.3	28.66	27.1	3.37	9.8	2.28
59.76	23.9	15.30	6.6	254.03	18.1	1.57	16.0	45.97
14.79	79.6	3.27	28.0	69.51	47.0	0.84	35.9	7.04

14-2 续表 2

单位：亿元

项　目	Item	企业单位数（个）Number of Enterprises (unit)	资产总计 Total Assets at the end of the year	
			总量 Total	比2014年增长(%) Growth Rate in 2015 Over 2014(%)
租赁和商务服务业	Leasing and Business Services	4511	32885.98	12.6
租赁业	Leasing	128	1026.08	27.2
#机械设备租赁	Machinery Equipment Leasing	120	1017.85	26.9
商务服务业	Business Services	4383	31859.90	12.2
#企业管理服务	Enterprise Management Service	1801	26805.92	11.0
咨询与调查	Consultation and Investigation	570	1720.99	17.1
广告业	Advertising	545	436.67	16.0
旅行社及相关服务	Travel Agency and Related Services	367	323.43	19.2
科学研究和技术服务业	Scientific Research and Technical Services	1943	3212.58	17.7
研究和试验发展	Research and Experimental Development	282	857.80	23.1
#工程和技术研究和试验发展	Engineering and Technology Research and Experimental Development	210	678.47	14.8
专业技术服务业	Professional Technical Services	1483	1823.98	14.3
科技推广和应用服务业	Services of Science and Technology Exchanges and Promotion	178	530.80	21.5
水利环境和公共设施管理业	Management of Water Conservancy, Environment and Public Facilities	343	736.82	11.7
水利管理业	Management of Water Conservancy	22	14.97	22.1
生态保护和环境治理业	Ecological Protection and Environmental Treatment	70	110.49	11.9
#生态保护	Ecological Protection	5	5.85	1.2
环境治理业	Environmental Treatment	65	104.64	12.6
公共设施管理业	Management of Public Facilities	251	611.36	11.5
居民服务、修理和其他服务业	Households' service, Repair and Other Services	635	164.55	4.9
居民服务业	Services to Households	176	55.06	0.2
机动车、电子产品和日用产品修理业	Motor Vehicle, Electronic Products and Consumer Products repair	199	47.95	12.3
#汽车、摩托车修理与维护	Automobile, Motorcycle Repair and Maintenance	121	22.82	12.5
其他服务业	Other Services	260	61.54	4.1
教育	Education	579	343.60	10.7
#中等教育	Secondary Education	113	79.60	8.3
高等教育	Higher Education	20	119.70	6.7
卫生和社会工作	Health and Social Work	259	189.90	1.1
卫生	Health	246	187.16	1.1
#医院	Hospital	187	166.74	-0.3
社区医疗与卫生院	Community Medical and Health Center	11	1.39	10.4
社会工作	Social Work	13	2.74	1.6
文化、体育和娱乐业	Culture, Sports and Entertainment	507	1041.93	4.3
新闻和出版业	News and Publication	73	270.26	4.0
#出版业	Publication	70	259.84	2.9
广播、电视、电影和影视录音制作业	Production of Radio, Television, Film and Video Recording	160	235.95	13.1
文化艺术业	Culture and Arts	47	16.19	23.4
体育	Sports	101	229.78	-3.2
娱乐业	Entertainment	126	289.75	3.4

14-2 2 continued

(100 million yuan)

本年折旧 Depreciation Drawn in Current Year		营业收入 Business Revenue		营业成本 Business Costs		营业税金及附加 Tax and Extra Charges on Business		销售费用 Selling Expenses	
总量 Total	比2014年增长(%) Growth Rate in 2015 Over 2014(%)	总量 Total	比2014年增长(%) Growth Rate in 2015 Over 2014(%)	总量 Total	比2014年增长(%) Growth Rate in 2015 Over 2014(%)	总量 Total	比2014年增长(%) Growth Rate in 2015 Over 2014(%)	总量 Total	比2014年增长(%) Growth Rate in 2015 Over 2014(%)
230.21	14.9	3552.52	15.3	2443.05	15.1	75.01	10.3	195.30	17.0
16.32	49.9	106.52	51.7	77.86	67.6	0.83	-10.1	4.52	5.7
16.10	50.8	104.54	52.9	76.69	68.8	0.77	-11.4	4.33	5.2
213.89	12.9	3446.00	14.4	2365.19	13.9	74.18	10.6	190.78	17.3
176.52	14.4	1194.01	12.6	693.17	9.3	43.64	4.2	47.25	19.7
8.82	30.6	348.10	21.9	167.01	28.4	4.90	21.3	38.18	30.5
3.11	-32.9	454.80	10.7	375.40	10.6	3.41	-3.7	22.34	5.9
2.13	-6.9	530.85	18.0	487.03	17.9	3.28	32.0	21.09	21.0
46.68	7.2	1652.94	4.6	1155.97	1.9	19.26	9.6	77.32	13.1
11.35	-1.9	361.63	13.1	238.75	7.0	1.95	20.0	14.97	-9.3
8.12	2.2	301.60	15.4	200.99	6.8	1.67	20.1	9.19	9.0
30.15	4.0	1214.37	1.7	868.80	-0.1	16.21	7.1	57.92	20.2
5.18	74.4	76.95	16.5	48.42	17.8	1.10	36.8	4.42	20.3
12.07	-6.2	240.84	12.2	152.69	22.2	7.39	7.8	7.03	-1.0
0.45	2.8	6.89	12.5	5.08	17.6	0.13	13.8	0.09	42.2
4.96	6.8	38.32	-1.3	27.42	2.3	0.40	-11.5	1.33	-4.9
0.32	6.3	3.79	5.2	1.65	13.6	0.06	-34.6	0.59	-5.8
4.64	6.8	34.53	-2.0	25.77	1.7	0.34	-5.1	0.74	-4.3
6.66	-14.5	195.63	15.3	120.19	28.1	6.86	9.1	5.61	-0.5
3.61	-13.9	160.16	7.6	106.58	7.7	5.73	-7.7	17.23	5.0
1.20	-32.4	38.13	3.6	21.79	-1.3	1.62	2.7	7.87	12.5
0.78	-9.4	47.86	4.5	32.79	4.2	0.66	-48.7	4.22	-6.0
0.56	-19.0	22.21	9.2	14.63	10.8	0.23	-74.0	2.19	-5.9
1.63	4.8	74.18	11.9	51.99	14.6	3.45	3.1	5.14	4.2
18.25	30.0	166.79	9.9	103.56	9.2	2.44	-15.0	8.43	17.8
6.98	56.9	36.85	10.2	26.69	11.2	0.17	-78.9	0.11	2.0
5.07	32.3	33.00	8.0	17.90	-7.2	0.12	12.6	0.06	-3.2
11.05	-8.8	176.49	11.7	123.93	11.5	0.13	-61.2	13.76	22.0
10.98	-8.9	174.55	11.6	123.54	11.5	0.13	-61.9	13.32	22.7
9.97	-9.7	152.90	10.7	110.25	10.2	0.08	-71.2	9.56	20.9
0.10	28.5	1.53	13.5	0.98	7.3	…	-99.7	0.36	16.4
0.07	9.0	1.94	19.3	0.39	21.1	…	40.6	0.44	4.7
22.24	-0.7	339.02	9.4	212.34	7.3	10.08	1.9	44.81	8.1
4.45	-9.7	89.17	-6.3	66.07	-4.9	1.41	-15.7	8.57	-10.9
4.42	-9.7	87.37	-6.4	64.27	-4.8	1.33	-16.6	8.55	-10.9
4.95	-0.5	128.43	19.5	81.79	18.2	2.36	1.6	19.07	15.4
0.56	46.5	11.70	28.8	7.46	34.6	0.31	37.2	1.21	22.3
5.89	14.8	40.37	4.4	25.96	7.5	2.40	-1.1	7.62	4.2
6.39	-8.4	69.35	16.4	31.06	5.1	3.61	10.9	8.34	18.7

14-2 续表 3

单位：亿元

项　　目	item	管理费用 Management Expenses		财务费用 Financial Expenses	
		总量 Total	比2014年增长(%) Growth Rate in 2015 Over 2014(%)	总量 Total	比2014年增长(%) Growth Rate in 2015 Over 2014(%)
租赁和商务服务业	Leasing and Business Services	567.63	1.2	259.79	21.2
租赁业	Leasing	10.75	21.3	8.53	231.3
#机械设备租赁	Machinery Equipment Leasing	10.29	22.7	8.38	231.1
商务服务业	Business Services	556.89	0.9	251.26	18.7
#企业管理服务	Enterprise Management Service	288.66	-6.5	216.68	14.0
咨询与调查	Consultation and Investigation	113.95	22.1	21.38	46.8
广告业	Advertising	28.06	-2.5	1.89	4.5
旅行社及相关服务	Travel Agency and Related Services	15.07	15.2	1.49	66.8
科学研究和技术服务业	Scientific Research and Technical Services	229.08	5.7	14.63	21.9
研究和试验发展	Research and Experimental Development	51.09	9.8	6.65	23.9
#工程和技术研究和试验发展	Engineering and Technology Research and Experimental Development	38.55	9.1	6.36	45.9
专业技术服务业	Professional Technical Services	160.21	3.4	5.65	3.2
科技推广和应用服务业	Services of Science and Technology Exchanges and Promotion	17.79	16.6	2.33	101.9
水利环境和公共设施管理业	Management of Water Conservancy, Environment and Public Facilities	28.03	12.1	11.35	15.9
水利管理业	Management of Water Conservancy	1.10	-10.5	0.22	-13.7
生态保护和环境治理业	Ecological Protection and Environmental Treatment	4.43	4.4	1.02	-39.5
#生态保护	Ecological Protection	0.40	6.4	0.09	19.1
环境治理业	Environmental Treatment	4.03	4.2	0.94	-42.1
公共设施管理业	Management of Public Facilities	22.50	15.3	10.11	28.9
居民服务、修理和其他服务业	Households' service, Repair and Other Services	24.20	1.5	0.97	-7.4
居民服务业	Services to Households	5.63	-1.7	0.20	-28.5
机动车、电子产品和日用产品修理业	Motor Vehicle, Electronic Products and Consumer Products repair	7.75	8.0	0.31	6.6
#汽车、摩托车修理与维护	Automobile, Motorcycle Repair and	4.18	14.1	0.15	15.0
其他服务业	Other Services	10.82	-1.1	0.46	-3.5
教育	Education	46.80	9.6	2.46	-2.7
#中等教育	Secondary Education	11.64	36.2	0.28	8.2
高等教育	Higher Education	8.52	-8.6	0.78	-32.7
卫生和社会工作	Health and Social Work	31.79	7.5	7.33	150.9
卫生	Health	30.66	7.1	7.32	150.5
#医院	Hospital	26.47	6.4	6.96	163.6
社区医疗与卫生院	Community Medical and Health Center	0.30	9.9	0.05	619.8
社会工作	Social Work	1.13	19.0	0.01	317.7
文化、体育和娱乐业	Culture, Sports and Entertainment	59.07	3.4	10.90	15.5
新闻和出版业	News and Publication	15.84	-1.8	-0.03	-106.9
#出版业	Publication	15.04	-1.8	-0.02	-103.6
广播、电视、电影和影视录音制作业	Production of Radio, Television, Film and Video Recording	16.00	10.3	2.64	60.3
文化艺术业	Culture and Arts	3.16	12.9	-0.05	-14.6
体育	Sports	14.50		1.59	-2.5
娱乐业	Entertainment	9.58	4.1	6.75	16.5

14-2 3 continued

(100 million yuan)

利润总额 Total Profits		应交所得税 Income Taxes Payable		应付职工薪酬 Total Wages Payable		应交增值税 Value-added Tax Payable		就业人员平均人数(万人) Average Number of Employed Persons (10000 persons)
总量 Total	比2014年增长(%) Growth Rate in 2015 Over 2014(%)	总量 Total	比2014年增长(%) Growth Rate in 2015 Over 2014(%)	总量 Total	比2014年增长(%) Growth Rate in 2015 Over 2014(%)	总量 Total	比2014年增长(%) Growth Rate in 2015 Over 2014(%)	
1103.27	19.5	92.88	28.8	544.62	12.2	42.75	30.6	73.64
11.28	30.9	3.17	53.4	11.08	15.2	8.28	153.3	1.58
8.50	1.2	2.59	32.6	10.63	15.9	8.25	154.6	1.51
1091.98	19.4	89.71	28.1	533.54	12.1	34.48	16.9	72.06
795.22	21.8	41.08	39.1	161.87	9.4	8.06	19.8	18.93
67.87	0.3	13.73	48.4	116.67	24.5	9.05	32.2	11.53
29.49	33.0	5.36	17.8	30.11	0.4	6.56	-3.3	2.76
5.60	48.2	2.59	60.4	19.46	15.6	0.16	9.4	3.47
199.65	6.1	32.17	7.5	365.44	9.4	41.45	21.3	30.89
58.13	-3.2	4.61	-2.0	51.85	3.1	7.43	63.8	4.57
52.13	-5.6	3.85	-2.9	38.96	6.5	6.79	69.8	3.30
128.30	5.7	25.26	5.8	295.99	9.6	32.04	13.9	24.42
13.22	96.0	2.31	71.2	17.59	29.7	1.99	29.6	1.89
45.80	-13.4	11.81	10.7	37.16	17.8	1.83	62.7	6.26
0.33	412.5	0.08	-11.9	1.36	7.0	0.17	28.8	0.15
4.87	25.1	0.79	13.2	5.66	7.2	0.50	137.2	0.62
1.02	-0.2	0.20	27.3	0.81	2.1	0.02	24.1	0.10
3.85	34.2	0.59	9.2	4.84	8.1	0.49	144.3	0.52
40.59	-17.0	10.94	10.8	30.14	20.6	1.15	48.1	5.49
6.73	29.6	1.97	10.8	59.69	9.8	2.69	5.1	14.14
2.10	217.8	0.71	4.2	10.65	4.7	0.20	12.2	2.11
2.28	1.8	0.63	20.1	9.88	6.2	1.75	8.5	1.52
1.08	-5.9	0.36	24.3	4.78	6.3	0.89	17.3	0.84
2.35	2.5	0.63	10.1	39.16	12.2	0.74	-3.7	10.51
9.63	9.5	1.77	18.5	63.92	12.0	0.14	58.7	9.11
0.41	22.6	0.46	122.2	16.73	9.2			2.28
6.19	25.2	0.06	29.8	10.32	23.5	…	20.5	1.01
0.61	-85.1	1.76	54.8	49.04	15.9	0.10	114.3	6.29
0.59	-85.4	1.74	54.8	48.13	15.8	0.10	114.3	6.08
0.11	-96.8	1.56	69.5	40.79	14.9	…	2.2	5.10
0.01		0.00	60.0	0.43	2.8			0.08
0.01		0.01	57.5	0.92	21.1			0.21
18.85	74.4	7.16	27.1	79.25	5.6	6.34	-16.9	7.86
5.45	12.8	0.83	34.8	29.20	0.9	1.82	-18.1	2.27
5.33	1.3	0.60	0.3	27.84	1.4	1.80	-18.8	2.21
10.58	68.5	1.99	57.7	14.01	-5.8	3.49	-20.8	1.32
1.60	22.2	0.33	14.0	3.25	16.4	0.18	12.2	0.32
-10.02		0.55	23.7	19.69	21.0	0.21	-3.1	2.03
11.24	128.1	3.46	14.5	13.10	7.8	0.64	2.8	1.92

14-3　各市规模以上服务业企业主要指标（2015年）

单位：亿元

市　别	City	企业单位数（个）Number of Enterprises (unit)	资产总计 Total Assets at the end of the year		本年折旧 Depreciation Drawn in Current Year	
			总量 Total	比2014年增长(%) Growth Rate in 2015 Over 2014(%)	总量 Total	比2014年增长(%) Growth Rate in 2015 Over 2014(%)
广　州	Guangzhou	6333	34406.04	10.5	541.49	7.7
深　圳	Shenzhen	4478	28031.11	20.5	303.23	10.8
珠　海	Zhuhai	561	3230.57	10.7	28.47	14.5
汕　头	Shantou	125	281.82	14.6	13.51	-32.1
佛　山	Foshan	651	1483.31	8.5	73.50	35.9
#顺　德	Shunde	242	618.52	18.8	12.77	1.8
韶　关	Shaoguan	132	88.75	16.9	6.56	-9.4
河　源	Heyuan	51	146.83	2.6	6.06	-7.5
梅　州	Meizhou	40	59.99	12.8	7.16	26.3
惠　州	Huizhou	359	1175.22	14.1	36.62	21.5
汕　尾	Shanwei	38	53.27	0.6	7.78	-19.3
东　莞	Dongguan	1175	2545.52	10.4	111.43	10.1
中　山	Zhongshan	430	960.11	10.5	31.39	43.5
江　门	Jiangmen	199	319.38	7.9	20.25	18.3
阳　江	Yangjiang	67	69.54	13.3	24.47	-5.3
湛　江	Zhanjiang	319	498.76	3.9	23.64	12.2
茂　名	Maoming	168	150.35	13.9	11.04	16.7
肇　庆	Zhaoqing	114	155.99	19.1	7.13	-2.8
清　远	Qingyuan	141	179.47	3.7	8.50	12.7
潮　州	Chaozhou	46	60.03	9.9	6.91	16.5
揭　阳	Jieyang	71	77.38	10.3	12.04	5.8
云　浮	Yunfu	29	186.76	1.1	10.07	39.8
按经济区域分	By Region					
珠三角	Pearl River Delta	14300	72307.25	14.2	1153.51	11.6
东　翼	Eastern Region	280	472.50	11.6	40.24	-14.1
西　翼	Western Region	554	718.65	6.7	59.15	4.9
山　区	Mountainous Region	393	661.80	5.1	38.35	12.1

Main Indicators of Service Enterprises above Designated Size by City (2015)

(100 million yuan)

营业收入 Business Revenue		营业成本 Business Costs		营业税金及附加 Tax and Extra Charges on Business		销售费用 Selling Expenses	
总量 Total	比2014年增长(%) Growth Rate in 2015 Over 2014(%)	总量 Total	比2014年增长(%) Growth Rate in 2015 Over 2014(%)	总量 Total	比2014年增长(%) Growth Rate in 2015 Over 2014(%)	总量 Total	比2014年增长(%) Growth Rate in 2015 Over 2014(%)
7107.51	8.2	5434.68	8.8	87.54	-4.1	423.46	-0.3
6583.85	13.2	4488.01	14.8	101.68	8.7	440.25	9.0
459.56	13.9	284.15	19.1	9.07	0.8	21.53	-12.4
142.70	3.9	91.95	2.7	1.07	-37.9	17.32	4.2
482.88	3.4	301.56	4.9	8.03	-26.8	36.70	-20.1
138.40	-5.8	94.90	-5.8	3.17	-30.8	6.64	4.0
49.18	7.6	35.96	16.8	0.57	-30.2	4.16	-26.9
30.22	7.2	21.57	14.9	0.39	-37.2	3.34	-26.6
34.41	3.1	23.97	12.2	0.22	-53.2	3.65	-30.6
253.07	8.1	169.61	10.0	3.94	-7.4	15.22	-22.3
32.41	6.1	25.63	10.5	0.24	-55.7	2.94	-33.8
777.95	14.9	426.25	15.9	17.13	23.6	45.09	-15.7
241.27	2.4	155.24	3.7	4.45	-18.3	21.77	-9.8
126.71	7.8	79.89	12.5	2.09	-11.6	10.00	-20.9
40.79	4.4	27.93	14.9	0.25	-51.1	3.65	-21.1
147.12	5.0	102.80	12.2	1.51	-22.6	9.20	-24.8
84.65	3.2	57.10	4.9	1.13	-7.3	6.63	-18.8
62.97	8.7	40.83	23.8	0.61	-49.4	5.14	-30.6
62.88	-1.7	42.90	6.1	0.96	-29.3	4.73	-28.1
29.99	-5.5	21.00	3.6	0.17	-60.3	3.57	-28.9
43.49	4.1	27.18	22.0	0.25	-62.3	5.21	-30.9
27.84	7.1	24.59	9.1	0.33	-33.5	2.63	-29.4
16095.76	10.4	11380.22	11.5	234.55	1.1	1019.16	0.3
248.60	3.0	165.75	6.8	1.74	-48.5	29.03	-13.6
272.56	4.4	187.83	10.3	2.88	-21.5	19.48	-22.2
204.54	3.7	148.98	11.3	2.46	-34.4	18.50	-28.3

14-3 续表

单位：亿元

市别	City	管理费用 Management Expenses 总量 Total	管理费用 比2014年增长(%) Growth Rate in 2015 Over 2014(%)	财务费用 Financial Expenses 总量 Total	财务费用 比2014年增长(%) Growth Rate in 2015 Over 2014(%)	利润总额 Total Profits 总量 Total	利润总额 比2014年增长(%) Growth Rate in 2015 Over 2014(%)
广州	Guangzhou	777.01	-4.9	299.00	20.0	807.54	30.7
深圳	Shenzhen	911.03	10.1	175.62	13.7	1373.03	13.1
珠海	Zhuhai	70.40	5.8	29.81	20.6	165.89	-2.5
汕头	Shantou	13.66	6.3	3.95	31.4	18.98	4.3
佛山	Foshan	55.19	4.1	13.33	0.3	87.28	18.1
#顺德	Shunde	19.15	-0.1	6.72	9.3	16.18	-8.0
韶关	Shaoguan	5.99	-6.8	0.59	14.0	4.20	39.3
河源	Heyuan	3.67	12.8	3.65	-5.6	-1.03	
梅州	Meizhou	3.65	10.9	0.19	-14.9	5.49	27.9
惠州	Huizhou	24.05	3.8	20.50	11.3	46.33	-3.6
汕尾	Shanwei	5.65	66.4	0.10	-22.0	1.63	-2.6
东莞	Dongguan	85.28	10.8	31.33	17.4	198.46	18.4
中山	Zhongshan	32.87	18.2	5.97	-8.5	51.79	27.9
江门	Jiangmen	13.89	5.6	5.08	5.6	19.01	8.2
阳江	Yangjiang	4.43	-5.3	0.28	-20.0	6.73	14.1
湛江	Zhanjiang	19.05	0.5	2.65	11.2	16.84	-18.0
茂名	Maoming	9.09	10.5	0.80	20.9	12.08	-2.6
肇庆	Zhaoqing	8.33	4.2	1.05	27.5	8.37	-18.1
清远	Qingyuan	7.84	2.4	3.21	-9.5	3.27	-43.4
潮州	Chaozhou	2.69	-0.9	0.54	-16.7	3.70	-0.4
揭阳	Jieyang	3.59	12.7	0.62	22.6	8.86	-8.6
云浮	Yunfu	2.98	3.6	4.54	-4.4	-3.02	
按经济区域分	By Region						
珠三角	Pearl River Delta	1978.05	3.4	581.69	16.6	2757.70	16.9
东翼	Eastern Region	25.58	15.5	5.20	21.5	33.17	-0.3
西翼	Western Region	32.57	2.3	3.73	9.9	35.65	-8.2
山区	Mountainous Region	24.13	2.7	12.18	-5.6	8.90	-7.1

14-3 continued

(100 million yuan)

应交所得税 Income Taxes Payable		应付职工薪酬 Total Wages Payable		应交增值税 Value-added Tax Payable		就业人员平均人数(万人) Average Number of Employed Persons (10000 persons)
总量 Total	比2014年增长(%) Growth Rate in 2015 Over 2014(%)	总量 Total	比2014年增长(%) Growth Rate in 2015 Over 2014(%)	总量 Total	比2014年增长(%) Growth Rate in 2015 Over 2014(%)	
145.59	11.8	1410.54	11.2	152.09	14.1	137.60
179.01	36.1	1274.45	18.6	130.15	9.8	132.84
20.43	11.9	97.22	16.4	10.25	26.5	11.01
4.13	4.9	22.75	3.3	2.36	22.1	2.97
12.36	0.9	89.85	12.3	10.96	67.3	15.28
2.84	-29.0	32.69	16.0	1.77	-19.7	7.21
1.03	51.6	10.56	3.8	1.40	62.8	1.94
0.63	70.1	5.97	12.9	0.95	70.3	0.98
1.61	58.7	6.99	11.0	2.06	168.6	0.92
8.13	26.2	36.51	15.2	3.53	57.1	6.19
0.74	15.6	8.13	18.3	0.91	49.6	1.04
25.53	10.3	118.96	6.0	20.59	115.6	20.60
5.97	10.8	48.36	12.1	6.34	13.2	7.54
4.56	10.6	22.51	14.3	3.42	61.3	3.64
1.54	35.7	8.28	16.4	0.88	61.9	1.20
3.34	-21.1	35.82	15.3	3.88	49.1	4.88
2.91	5.1	13.75	11.1	3.03	44.2	2.59
2.27	-12.6	12.15	6.4	1.82	17.8	1.83
1.58	-22.4	12.71	14.6	2.84	69.4	1.91
0.70	1.5	4.16	10.1	0.92	126.3	0.60
2.20	0.1	6.79	5.7	1.02	54.9	0.88
0.37	-32.3	5.65	9.5	0.29	11.1	0.77
403.85	20.9	3110.56	14.2	339.15	18.0	336.53
7.76	4.1	41.83	7.0	5.21	44.5	5.48
8.28	-5.5	57.86	14.4	7.79	48.5	8.67
5.22	12.4	41.89	10.2	7.55	82.8	6.52

主要统计指标解释

从事服务业活动从业人员平均人数 指报告期内平均拥有的从事服务业活动的人员数。按“谁用工，谁统计”的原则实施统计，包括参加企业服务业活动的正式人员，劳务派遣人员和临时聘用人员。不包括在本企业领取工资、股息、红利未参加服务业活动的人员。

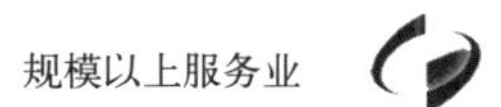

Explanatory Notes on Main Statistical Indicators

The average number of persons engaged in service activities refers to the average number of persons engaged in the service industry activities within the reporting period. According to the statistics principle of "who labor, who statistics,", including the formal staff, labor dispatch personnel and temporary staff who participate in the activities of the service industry enterprises. Not including the people receive wages, dividends, bonus from the enterprise but did not participate in the service industry activities.

十五、运输和邮电

TRANSPORTATION, POSTAL AND TELECOMMUNICATION SERVICES

十五　运输和邮电

简要说明

一、本篇资料反映广东运输和邮电通信业发展的基本状况。

交通运输业资料主要包括：运输线路里程、运输设备拥有量、货物运输量和旅客运输量、港口设备和吞吐量、航站吞吐量等。

邮电通信业资料主要包括：邮电通信主要工具及设备情况，主要邮电业务完成情况，邮电通信发展水平等。

二、资料调查范围和统计单位

1. 铁路资料：包括国家铁路、地方铁路和合资铁路运营情况，不含军用铁路及由厂矿企事业单位自建的铁路专用线和专用铁道。

2. 公路、水路、港口资料：(1)公路和水路线路里程为年末通车和通航里程数。公路里程、桥梁、渡口统计从 2006 年起包括农村公路。(2)民用汽车拥有量，根据公安交通管理局所属车管部门登记注册的车辆资料整理；(3)民用运输船舶拥有量，不含渔船、水上施工作业船，根据水上航运管理部门登记注册的船舶资料整理；(4)公路、水路客货运输量资料，包括在广东公路水路运输管理部门注册登记或审批备案的、从事营业性公路、水路客、货运输的营业性运输工具(包括个体联户)所完成的运输量。此部分数据 2005 年之前由统计局收集整理，2005 年起改由省交通运输厅通过抽样调查方法负责收集整理。2009 年，交通运输部统一部署更换调查方法收集整理。2014-2015 年，按交通运输部要求，公路水路客货运输量采用经济调查结果进行推算。每次更换调查方法，均会导致公路水路客货运输量数据与以往不可比，使用时敬请注意。(5)港口设备及吞吐量，根据各地港务管理部门注册的港口企业和从事港口生产活动单位的资料整理。

3. 管道运输资料：包括输原油、输成品油、输天然气、输其他气体的管线长度、输送能力及完成的运输量。数据主要来源于中国石油天然气集团公司和中国石油化工集团公司所属的本地各管道运输单位。

4. 民航运输资料：统计对象为在广东境内注册、从事民用航空运输飞行和通用飞行的航空运输企业和民用航空机场，不包括在境内运输飞行的国内其他航空公司及外国航空公司。统计范围为各航空公司从事国内运输、港澳台运输、国际运输的定期航班航线条数及里程、运输量及期末飞机在册架数、民用航空机场航班起降架次和客货吞吐量等。

5. 邮电通信资料：包括全省电信和邮政运营企业为社会公众提供的各类电信和邮政服务，不含专用网业务资料。资料主要来源于省通信管理局、邮政管理局以及邮政、电信、移动、联通和铁通等运营单位。

三、本篇资料由广东省统计局服务业统计处整理、编辑。资料主要来源于省内民航、铁路、公路、水运、港口、公安、邮政、通信等行业主管部门以及各有关单位。

15 Transportation,Postal and Telecommunication Services

Brief Introduction

Ⅰ. The data in this chapter cover mainly the basic conditions of the development of transport, postal and telecommunication services in Guangdong Province.

The data on transport cover mainly the route length of five means of transportation, the possession of transport equipment, the freight and passenger traffic the possession of port equipment and the volume of freight handled in ports, the passenger and freight throughput of airports, etc.

The data on postal and telecommunication services cover mainly major means and equipment of post and telecommunications, achievements of main businesses of postal and telecommunication services, and the level of development of postal and telecommunication services, etc.

Ⅱ. Coverage and Statistical Units

1. Data on railway transportation: including the operation and management of the national, local and joint-venture railways, but excluding the railways for military purpose, lines built by factories, mines, enterprises and institutions for exclusive use, and special railways.

2. Data on highways, waterways and ports: (1) The length of highways and waterways refer to the length open to traffic or navigation at the end of the year. The Statistical of leng of highways,bridges,ferries from 2006 include rural highway. (2) The data on the possession of civil motor vehicles are compiled according to registration data of vehicles at the divisions of vehicle management under the traffic management departments of public security authorities. (3) The data on the possession of civil vessels exclusive of fishing boats and engineering ships over water are compiled according to registration data of vessels at the authorities of navigation and port management. (4) The data on the volume of transportation by highways and waterways, including all enterprises, institutions, and individuals (or individual partnerships) registered in Guangdong for passenger and freight transportation by highways and waterways, were collected and prepared by the Bureau of Statistics before 2005. Since 2005, the data were collected and prepared by the Department of Transport of Guangdong through sample survey. Since 2009, the data are collected and prepared in accordance with the new survey method stipulated by the Ministry of Transport. Since 2015, the data are prepared according to the third economic census of Guangdong Province. Since the new survey method has new criteria for survey target and urban-rural division, the data are not comparable with those of the previous years. (5) The data on possession of port equipment and production capacity and handling capacity of ports are compiled according to registration data of port enterprises and production units at local port authorities.

3. Data on pipeline transport: The data on pipeline transport cover the length, transport capacity and the volume transported of pipelines of petroleum (crude oil), petroleum products, natural gas and other gases. The data are mainly provided by enterprises engaged in the pipeline transport subordinate to the China National Petroleum Corporation and China Petrochemical Corporation.

4. Data on civil aviation transport: Data on civil aviation transport include air transport enterprises and civil airports registered for civil aviation transport and general aviation, excluding other domestic aviation companies and foreign aviation companies engaged in air transport within Chinese territory. The statistics cover regular flights of domestic transport, transport between the mainland of China and Hong Kong, Macao and Taiwan, and international transport managed by various aviation companies, concerning the number of lines, length, transport volume, number of registered aircrafts at the end of the reference period, sorties at civil airports, and volumes of passenger and freight handled at civil airports.

5. Data on post and telecommunications: Data in this category include telecommunications and postal services rendered to the public by telecommunications and postal enterprises of the whole province, but exclude services provided through dedicated networks. Statistics are mainly provided by Guangdong Communications Administration and corresponding enterprises, including China Post, China Telecom, China Mobile, China Unicom, China TieTong, and China Netcom.

Ⅲ. The data in this chapter are prepared and compiled by the Division of Service Industry Statistics of Statistics Bureau of Guangdong Province. Raw data are mainly provided by authorities and related enterprises and institutions within the province of civil aviation, railways, highways, waterways, ports, public securities, and post and telecommunications.

15-1 运输邮电主要指标

Main Indicators on Transport, Postal and Telecommunication Services

指 标	Item	2000	2010	2014	2015	2015 比 2014增长% Growth Rate in 2015over 2014 (%)
铁路营业里程 (公里)	Length of Railways in Operation (km)	1942	2297	3818	5141	34.6
公路通车里程 (公里)	Length of Highways (km)	102606	190144	212094	216023	1.9
内河通航里程 (公里)	Length of Navigable Inland Waterways (km)	13696	13596	12150	12150	
民航航线里程 (万公里)	Length of Civil Aviation Routes (10000 km)	50.03	180.74	228.58	237.29	3.8
管道输油(气)里程 (公里)	Length of Petroleum and Gas Pipelines (km)	1535.57	6033.62	5404.26	6500.90	20.3
港口码头泊位 (个)	Number of Berths in Coastal Ports (unit)	3191	3082	3111	3093	-0.6
#万吨级泊位	Berths at 10000 Ton Class	126	245	281	291	3.6
码头泊位长度 (米)	Length of Quay Line (m)	180238	252762	265783	266828	0.4
公路桥梁 (座)	Number of Highway Bridges (unit)	19668	42330	45196	45589	0.9
#永久式	Permanent	19656	42233	45110	45501	0.9
民用汽车 (万辆)	Number of Civil Motor Vehicles (10000 units)	172.91	783.50	1332.94	1472.33	10.5
机动船舶数 (艘)	Number of Motor Vessels (unit)	21733	8793	8709	8716	0.1
吨位数 (万净载重吨)	Tonnage (10000 dead weight ton)	526.88	1140.71	2728.05	2703.55	-0.9
民用运输飞机 (架)	Number of Civil Aircrafts (unit)	106	441	581	625	7.6
长途电话交换机容量 (万路端)	Capacity of Automatic Long-distance Telephone Exchanges (10000 lines)	70.34	269.11	66.34	63.30	-4.6
本地交换设备容量 (万门)	Capacity of Local Telephone Exchanges (10000 lines)	1939.45	5383.59	3167.62	2810.28	-11.3
移动电话交换机容量 (万户)	Capacity of Mobile Telephone Exchanges (10000 subscribers)	1825.40	14766.90	21418.10	22025.80	2.8
本地电话用户 (万户)	Subscribers of Local Fixed Telephones (10000 subscribers)	1414.94	3169.14	2949.46	2807.11	-4.8
移动电话用户 (万户)	Subscribers of Mobile Telephones (10000 subscribers)	1357.26	9710.09	14943.37	15009.75	0.4
客运量 (万人)	Passenger Traffic (10000 persons)	164791	467049	193363	207345	7.2
旅客周转量 (亿人公里)	Passenger-kilometers (100 million passenger-km)	1218.59	3342.23	3967.28	4335.79	9.3
货运量 (万吨)	Freight Traffic (10000 tons)	119216	205034	353732	376434	6.4
货物周转量 (亿吨公里)	Freight Ton-kilometers (100 million ton-km)	3064.51	5933.88	15020.92	15130.59	0.7
港口货物吞吐量 (万吨)	Volume of Freight Handled in Ports (10000 tons)	31649	122258	165455	171109	3.4
港口旅客吞吐量 (万人)	Volume of Passengers Handled in Ports(10000 persons)	1670.32	2483.21	3346.87	3432.96	2.6
航站旅客吞吐量 (万人)	Volume of Passengers Handled at Airports (10000 persons)	2142.84	7188.64	9923.96	10493.78	5.7
邮电业务总量 (亿元)	Business Volume of Postal and Telecommunication Services (100 million yuan)	602.31	4832.94	3394.39	4397.09	29.5
邮政 (亿元)	Postal Service (100 million yuan)	40.09	118.57	859.81	1228.75	42.9
通信 (亿元)	Telecommunication Service (100 million yuan)	562.22	4714.37	2534.58	3168.34	25.0

注：1. 邮电业务总量从2011年起按2010年不变价格计算，之前年份按2000年不变价格计算。增长速度按可比价格计算。
2. 2014–2015年，因公路和水路运输调查方法调整，客运量和旅客周转量、货运量与货物周转量与之前数据不可比。增长速度按可比口径计算。

Note: a) Since 2011, total business volume of postal and telecommunication services is calculated at 2010 constant price, and those of the previous years are calculated at 2000 constant price. The growth rate is calculated at constant price.
b)The survey method of highway and waterway has been adjusted, the data of transportation are not comparable with those of the previous years. Increase rates are caculated by comparable coverage in 2014 and 2015.

15-2 全社会旅客运输量
Total Passenger Traffic

年份 Year	客运量(万人) Passenger Traffic (10000 persons)					旅客周转量（亿人公里） Passenger-kilometers (100 million passenger-km)				
	合计 Total	铁路 Railways	公路 Highways	水路 Waterways	民航 Civil Aviation	合计 Total	铁路 Railways	公路 Highways	水路 Waterways	民航 Civil Aviation
1985	49848	3357	41826	4427	238	270.23	50.41	178.27	20.46	21.09
1986	126890	3742	113561	9295	292	450.35	56.70	346.81	19.82	27.02
1987	158715	4129	144684	9557	345	796.86	66.98	678.04	21.20	30.64
1988	218915	4828	204278	9420	389	402.34	82.53	261.18	22.43	35.20
1989	66727	4882	58110	3377	358	447.62	84.38	309.25	20.50	33.49
1990	78046	4467	70681	2428	470	453.21	82.56	307.40	19.68	43.57
1991	83460	5004	75570	2317	569	526.66	102.11	348.85	20.89	54.81
1992	93678	6243	83128	3503	804	624.55	131.99	385.76	25.75	81.05
1993	95468	6835	84708	3078	847	696.92	161.04	422.88	25.60	87.40
1994	125036	6920	111447	5636	1033	929.48	164.11	619.52	33.21	112.64
1995	130998	6283	118406	5146	1163	936.29	163.11	613.07	31.13	128.98
1996	128831	5593	117815	4232	1191	938.65	153.86	626.60	20.65	137.54
1997	123649	6201	113259	3032	1157	957.20	177.61	616.48	17.21	145.90
1998	132462	6743	121795	2729	1195	994.84	194.16	630.65	13.87	156.16
1999	148636	7553	137324	2605	1154	1082.14	212.13	700.74	13.62	155.65
2000	164791	12165	148945	2363	1318	1218.59	241.51	780.74	11.65	184.69
2001	178676	12783	161967	2382	1544	1342.12	252.37	858.86	11.40	219.49
2002	188657	13310	171191	2347	1809	1490.34	273.19	945.16	11.31	250.68
2003	191202	12935	174288	2208	1771	1505.83	267.14	983.67	11.41	243.61
2004	202414	15142	183012	1827	2433	1738.21	308.38	1076.06	10.17	343.60
2005	212104	16106	189881	2062	4055	2122.14	327.74	1190.73	9.54	594.13
2005(调整) (Adjusted)	161357	16106	139158	2038	4055	2043.23	327.74	1111.57	9.79	594.13
2006	197314	15109	175567	2073	4565	2245.37	347.60	1212.76	12.14	672.87
2007	211215	16762	186835	2071	5548	2626.71	387.61	1410.72	10.98	817.40
2007(调整) (Adjusted)	206504	12050	186835	2071	5548	2626.71	387.61	1410.72	10.98	817.40
2008	238375	13739	216902	1902	5832	2844.79	420.12	1566.73	9.80	848.14
2008(调整) (Adjusted)	484161	13739	462997	1593	5832	2551.92	420.12	1276.12	7.54	848.14
2009	428705	13394	406704	1873	6734	2853.30	407.72	1470.06	7.06	968.46
2010	467049	14956	442224	2241	7628	3342.23	456.46	1736.34	8.36	1141.07
2011	522095	17902	493618	2594	7981	3851.84	505.16	2082.68	9.63	1254.37
2012	586299	18528	556510	2725	8535	4372.06	514.88	2470.11	10.01	1377.06
2013	636816	20459	604934	2426	8997	4852.41	565.91	2776.08	10.23	1500.19
2013(调整) (Adjusted)	175109	20459	143406	2247	8997	3538.10	565.91	1462.82	9.18	1500.19
2014	193363	23744	157234	2613	9771	3967.28	670.78	1629.79	10.67	1656.05
2015	207345	26536	168028	2728	10054	4335.79	747.05	1769.61	10.50	1808.63

15-3 旅客运输量指数

Indices of Passenger Traffic

上年=100 (preceding year=100)

年份 Year	客运量 Passenger Traffic					旅客周转量 Passenger-kilometers				
	合计 Total	铁路 Railways	公路 Highways	水路 Waterways	民航 Civil Aviation	合计 Total	铁路 Railways	公路 Highways	水路 Waterways	民航 Civil Aviation
1978	107.9	105.6	109.0	104.8	144.8	110.4	112.8	109.8	102.3	151.9
1979	114.9	115.5	116.0	109.2	144.2	123.5	129.1	119.8	117.1	165.2
1980	117.3	101.0	125.2	97.7	118.6	121.2	120.4	128.0	109.3	97.4
1981	107.4	100.0	110.0	99.1	125.1	110.9	109.0	112.2	106.0	121.0
1982	119.7	95.7	126.6	99.9	122.4	111.8	102.6	117.1	102.4	125.4
1983	107.2	107.2	108.6	96.4	89.6	111.9	117.8	114.0	99.7	94.6
1984	119.7	109.2	124.4	87.3	142.9	125.6	115.3	130.4	98.3	183.2
1985	109.2	112.6	109.1	103.6	131.6	118.1	121.3	116.1	101.0	148.7
1986	90.0	102.8	88.2	91.7	125.2	95.0	106.7	86.0	91.4	130.8
1987	125.1	110.3	127.4	102.8	118.2	176.9	118.1	195.5	107.0	113.4
1988	137.9	116.9	141.2	98.6	112.8	50.5	123.2	38.5	105.8	118.1
1989	30.5	101.1	28.4	35.8	92.0	111.3	102.2	118.4	91.4	92.5
1990	117.0	91.5	121.6	71.9	131.3	101.2	97.8	99.4	96.0	130.1
1991	106.9	112.0	106.9	95.4	121.1	116.2	123.7	113.5	106.1	125.8
1992	112.2	124.8	110.0	151.2	141.3	118.6	129.3	110.6	123.3	147.9
1993	101.9	109.5	101.9	87.9	105.3	111.6	122.0	109.6	99.4	107.8
1994	131.0	101.2	131.6	183.1	122.0	133.4	101.9	146.5	129.7	128.9
1995	104.8	90.8	106.2	91.3	112.6	100.7	99.4	99.0	93.7	114.5
1996	98.3	89.0	99.5	82.2	102.4	100.3	94.3	102.2	66.3	106.6
1997	96.0	110.9	96.1	71.6	97.1	102.0	115.4	98.4	83.3	106.1
1998	107.1	108.7	107.5	90.0	103.3	103.9	109.3	102.3	80.6	107.0
1999	112.2	112.0	112.8	95.5	96.6	108.8	109.3	111.1	98.2	99.7
2000	108.4	111.9	108.5	90.7	114.2	112.6	113.8	111.4	85.5	118.7
2001	108.4	105.1	108.7	100.8	117.1	110.1	104.5	110.0	97.9	118.8
2002	105.6	104.1	105.7	98.5	117.2	111.0	108.2	110.0	99.2	118.8
2003	101.3	97.2	101.8	94.1	97.9	101.0	97.8	104.1	100.9	93.5
2004	105.9	117.1	105.0	82.7	137.4	115.4	115.4	109.4	89.1	141.0
2005	104.8	106.4	103.8	112.9	166.7	122.1	106.3	110.7	93.8	172.9
2006	122.3	93.8	126.2	101.7	112.6	109.9	106.1	109.1	124.0	113.3
2007	107.0	110.9	106.4	99.9	121.5	117.0	111.5	116.3	90.4	121.5
2008	115.4	114.0	116.1	91.8	105.1	108.3	108.4	111.1	89.3	103.8
2009	88.5	97.5	87.8	117.6	115.4	111.8	97.0	115.2	93.6	114.2
2010	108.9	111.7	108.7	119.6	113.3	117.1	112.0	118.1	118.4	117.8
2011	111.8	119.7	111.6	115.8	104.6	115.2	110.7	119.9	115.2	109.9
2012	112.3	103.5	112.7	105.1	106.9	113.5	101.9	118.6	103.9	109.8
2013	108.6	110.4	108.7	89.0	105.4	111.0	109.9	112.4	102.2	108.9
2014	110.5	116.1	109.6	116.2	108.6	112.1	118.5	111.4	116.2	110.4
2015	107.2	111.8	106.9	104.4	102.9	109.3	111.4	108.6	98.4	109.2

15-4 各市客运量

Passenger Traffic by City

单位：万人 (10000 persons)

市 别	City	2005	2009	2010	2011	2012	2013	2013(调整) (Adjusted)	2014	2015
总 计	**Total**	**161357**	**428705**	**467049**	**522095**	**586299**	**636816**	**175109**	**193363**	**207345**
广 州	Guangzhou	22583	43995	47872	51186	62142	70891	70891	78762	85170
深 圳	Shenzhen	9500	141992	151404	163376	179724	195998	6387	6831	7040
珠 海	Zhuhai	4874	16858	19078	22547	26645	28642	3314	3726	4017
汕 头	Shantou	1991	2302	2539	2925	3406	3794	1821	1766	1642
佛 山	Foshan	11472	21041	25166	34881	42935	49146	5168	5768	5387
#顺 德	Shunde	5661	6326	6997	9660	13331	16304	1983	2450	2186
韶 关	Shaoguan	2280	8861	10200	11878	15451	17144	4223	5032	5515
河 源	Heyuan	1969	3025	3294	3878	4653	5575	2406	2922	3257
梅 州	Meizhou	3550	3891	4399	5055	5803	6415	2420	2627	2859
惠 州	Huizhou	5049	11657	12763	13008	16026	16673	5939	6411	6799
汕 尾	Shanwei	3800	5014	7250	9524	11883	12636	1116	1171	1237
东 莞	Dongguan	30951	73324	77446	80337	79739	78113	5638	5555	5071
中 山	Zhongshan	9200	12009	13258	21083	28044	33903	1985	2256	1822
江 门	Jiangmen	8249	17607	18096	19052	19578	20102	10162	9546	10272
阳 江	Yangjiang	1585	3749	4111	4285	4324	4315	1521	1571	1586
湛 江	Zhanjiang	6413	12019	12745	13892	14712	15643	6508	7764	9026
茂 名	Maoming	5079	6398	6830	7427	8175	8672	4954	5664	6367
肇 庆	Zhaoqing	4436	6045	6388	7322	7571	7674	3089	3114	3119
清 远	Qingyuan	1959	8618	9874	11061	12691	14354	2271	2668	3088
潮 州	Chaozhou	733	1670	2056	2717	3389	3762	1757	1987	2255
揭 阳	Jieyang	3014	4216	4789	5380	5886	6216	1836	1944	2041
云 浮	Yunfu	2509	4286	4907	5398	6458	7693	2246	2762	3188
不分地区	Unclassified	20161	20128	22584	25883	27064	29456	29456	33516	36589
按经济区域分	By Region									
珠 三 角	Pearl River Delta	126475	364656	394055	438675	489468	530597	142030	155484	165285
东 翼	Eastern Region	9538	13202	16634	20546	24564	26408	6529	6869	7175
西 翼	Western Region	13077	22166	23686	25604	27211	28630	12983	14999	16979
山 区	Mountainous Region	12267	28681	32674	37270	45056	51181	13567	16011	17907

注：分市数据仅含公路和水路运输，铁路和民航运输在“不分地区”反映。下表同。

Note: Data by city only include the figures of highway and waterway transportation, whereas data of railway and civil aviation transportation are reflected in the category “Unclassified by Region”. The same applies to the following table.

15-5 各市旅客周转量

Passenger-kilometers by City

单位：亿人公里 (100 million passenger-km)

市别	City	2005	2009	2010	2011	2012	2013	2013(调整) (Adjusted)	2014	2015
总计	**Total**	**2043.23**	**2853.30**	**3342.23**	**3851.84**	**4372.06**	**4852.41**	**3538.10**	**3967.28**	**4335.79**
广州	Guangzhou	193.24	394.17	461.34	516.84	607.61	698.67	698.66	793.50	861.08
深圳	Shenzhen	71.42	207.82	242.13	286.18	320.76	357.20	129.70	137.85	144.31
珠海	Zhuhai	41.69	57.57	68.90	73.20	81.40	80.42	57.76	63.45	69.18
汕头	Shantou	21.08	45.42	51.67	61.80	73.48	84.87	26.30	24.24	22.45
佛山	Foshan	50.94	67.39	82.76	105.10	117.54	125.27	51.40	60.09	59.31
#顺德	Shunde	10.12	17.09	24.95	34.27	37.61	39.00	18.49	19.46	19.46
韶关	Shaoguan	14.17	34.21	40.41	48.54	63.12	70.74	21.42	26.04	28.55
河源	Heyuan	36.97	34.75	38.18	44.11	53.41	63.91	27.39	33.49	38.44
梅州	Meizhou	41.73	42.98	51.79	63.70	78.66	88.14	33.35	35.46	39.52
惠州	Huizhou	35.97	38.78	49.46	73.05	116.48	124.59	46.60	51.90	57.43
汕尾	Shanwei	26.90	33.43	52.98	71.80	93.34	106.96	10.77	12.39	14.05
东莞	Dongguan	158.53	105.35	129.07	145.88	156.88	155.99	86.71	85.46	81.55
中山	Zhongshan	48.84	75.95	88.99	155.82	216.61	277.03	11.61	14.15	21.77
江门	Jiangmen	60.30	54.09	58.99	60.55	64.46	67.31	61.65	59.61	64.71
阳江	Yangjiang	26.29	18.98	21.80	28.98	30.03	31.14	10.58	10.91	11.01
湛江	Zhanjiang	62.10	71.33	82.45	94.29	103.00	114.06	65.33	80.23	95.49
茂名	Maoming	64.83	55.19	61.47	70.58	80.05	87.22	43.80	50.87	59.23
肇庆	Zhaoqing	25.40	29.34	33.22	39.53	41.85	42.72	14.67	14.68	14.71
清远	Qingyuan	35.45	33.58	38.68	43.98	51.19	57.68	17.04	20.51	24.08
潮州	Chaozhou	19.37	19.78	23.93	31.07	38.84	43.13	21.30	24.24	27.53
揭阳	Jieyang	67.53	32.06	37.28	45.40	53.20	60.70	19.82	21.12	22.22
云浮	Yunfu	18.62	24.95	29.21	31.92	38.21	48.55	16.15	20.29	23.49
不分地区	Unclassified	921.87	1376.18	1597.53	1759.53	1891.94	2066.10	2066.10	2326.82	2555.68
按经济区域分	By Region									
珠三角	Pearl River Delta	1608.20	2406.66	2812.37	3215.67	3615.53	3995.29	3224.87	3607.50	3929.73
东翼	Eastern Region	134.87	130.68	165.86	210.07	258.86	295.67	78.19	81.98	86.25
西翼	Western Region	153.23	145.49	165.72	193.85	213.08	232.43	119.70	142.01	165.73
山区	Mountainous Region	146.93	170.47	198.27	232.25	284.59	329.02	115.35	135.79	154.08

15-6 全社会货物运输量
Total Freight Traffic

年份 Year	货运量(万吨) Freight Traffic (10000 tons)						货物周转量(亿吨公里) Freight Ton-kilometers (100 million ton-km)					
	合计 Total	铁路 Railways	公路 Highways	水路 Waterways	民航 Civil Aviation	管道 Pipelines	合计 Total	铁路 Railways	公路 Highways	水路 Waterways	民航 Civil Aviation	管道 Pipelines
1985	58726	3000	42813	12045	4	864	1767.86	102.29	156.45	1503.47	0.38	5.27
1986	65078	4269	49030	10831	4	944	1845.33	130.02	127.28	1581.60	0.45	5.98
1987	74571	4493	57393	11664	5	1016	1982.59	142.56	179.41	1653.81	0.54	6.27
1988	79811	4504	57717	16583	6	1001	2209.11	151.55	216.22	1834.41	0.67	6.26
1989	85054	4888	63254	15820	6	1086	2419.57	168.39	301.16	1942.79	0.71	6.52
1990	85809	4803	63709	16198	8	1091	2598.88	179.54	346.27	2065.69	0.90	6.48
1991	94136	5347	69784	17718	10	1277	3181.83	206.18	386.49	2580.79	1.06	7.31
1992	113119	6089	84181	21346	12	1491	3560.59	239.34	583.36	2727.97	1.41	8.51
1993	125273	6595	87567	29660	14	1437	3797.09	261.91	428.17	3097.19	1.70	8.12
1994	119901	6971	81361	30165	20	1384	4326.09	280.31	443.54	3592.35	2.39	7.50
1995	111063	7634	68884	32952	21	1572	4642.91	290.78	352.45	3990.19	2.75	6.74
1996	95598	8138	60131	25699	24	1606	3761.09	294.12	327.81	3129.27	3.27	6.62
1997	99763	8430	62728	26873	25	1707	3837.78	294.45	341.08	3185.26	3.99	13.00
1998	101933	8288	65682	25669	28	2266	3453.92	290.65	371.08	2750.19	4.90	37.10
1999	106334	8150	70626	24857	31	2670	2980.69	282.68	426.70	2223.75	5.45	42.11
2000	119216	15172	75365	25696	31	2952	3064.51	295.97	472.49	2247.86	6.45	41.74
2001	131621	15435	86555	26434	35	3162	3221.47	296.79	522.89	2350.73	7.54	43.52
2002	137032	14790	92736	26263	42	3201	3229.39	277.87	576.35	2323.27	9.94	41.96
2003	143964	15375	97806	27412	42	3329	3666.83	285.02	614.01	2719.83	11.76	36.21
2004	156094	19495	102843	29783	49	3924	4148.54	341.26	657.49	3091.39	13.22	45.18
2005	158470	18647	105581	30179	73	3989	4359.97	319.68	781.41	3195.85	17.45	45.58
2005(调整) (adjusted)	133992	18647	84861	26422	73	3989	3917.43	319.68	646.55	2888.17	17.45	45.58
2006	145911	16170	97461	27503	79	4698	4162.77	333.12	742.67	2964.89	18.70	103.39
2007	165426	16480	112611	30893	87	5355	4430.93	337.31	906.84	3043.53	20.14	123.11
2007(调整) (adjusted)	160455	11285	112611	30893	87	5578	4489.69	337.31	906.84	3043.53	20.14	181.87
2008	176279	11545	126068	32318	85	6263	4520.12	344.96	1064.55	2878.85	18.38	213.38
2008(调整) (adjusted)	153256	11545	101428	33935	85	6263	4591.22	344.96	1225.30	2853.92	18.38	148.66
2009	179722	11254	125433	36623	90	6322	4942.83	309.55	1518.43	2937.94	18.83	158.08
2010	205034	12170	142389	43092	116	7267	5933.88	329.49	1753.40	3642.22	32.98	175.79
2011	234978	12034	166567	48856	118	7403	7113.29	322.25	2150.04	4427.64	37.00	176.36
2012	266359	12002	189034	57737	128	7458	9780.56	306.04	2434.95	6820.29	42.40	176.89
2013	305833	12042	217630	68378	131	7652	12495.93	301.55	2875.68	9104.57	44.20	169.94
2013(调整) (adjusted)	328138	12042	239462	68851	131	7652	12212.56	301.55	2668.03	9028.84	44.20	169.94
2014	353732	11143	257135	77220	144	8090	15020.92	274.81	3113.84	11407.80	51.05	173.42
2015	376434	10072	279983	78093	149	8137	15130.59	253.90	3454.99	11190.91	56.47	174.33

15-7 货物运输量指数

Indices of Freight Traffic

上年=100 (preceding year=100)

年份 Year	货运量 Freight Traffic						货物周转量 Freight Ton-kilometers					
	合计 Total	铁路 Railways	公路 Highways	水路 Waterways	民航 Civil Aviation	管道 Pipelines	合计 Total	铁路 Railways	公路 Highways	水路 Waterways	民航 Civil Aviation	管道 Pipelines
1978	96.3	109.2	74.9	104.5	126.6		110.9	110.9	93.0	111.1	140.0	
1979	92.1	103.5	88.9	87.2	100.0	197.2	138.4	103.5	96.6	141.9	142.9	192.9
1980	101.4	93.8	85.3	111.3	151.0	151.4	98.2	99.1	90.7	98.1	100.0	596.3
1981	92.2	84.8	87.0	93.1	102.6	165.3	84.3	92.7	93.8	83.5	100.0	280.7
1982	104.6	107.8	98.1	105.7	125.8	105.7	104.9	105.4	105.3	104.9	130.0	103.8
1983	100.4	104.9	92.4	100.5	118.5	108.7	110.1	108.8	87.6	110.3	123.1	109.8
1984	100.0	108.6	92.6	98.4	133.8	105.3	98.8	112.2	84.7	97.9	162.5	101.9
1985	177.1	105.5	225.5	115.1	133.3	101.2	109.2	111.8	206.5	104.0	146.2	100.4
1986	110.8	142.3	114.5	89.9	100.0	109.3	104.4	127.1	81.4	105.2	118.4	113.5
1987	114.6	105.2	117.1	107.7	125.0	107.6	107.4	109.6	141.0	104.6	120.0	104.8
1988	107.0	100.2	100.6	142.2	120.0	98.5	111.4	106.3	120.5	110.9	124.1	99.8
1989	106.6	108.5	109.6	95.4	100.0	108.5	109.5	111.1	139.3	105.9	106.0	104.2
1990	100.9	98.3	100.7	102.4	133.3	100.5	107.4	106.6	115.0	106.3	126.8	99.4
1991	109.7	111.3	109.5	109.4	125.0	117.0	122.4	114.8	111.6	124.9	117.8	112.8
1992	120.2	113.9	120.6	120.5	120.0	116.8	111.9	116.1	150.9	105.7	133.0	116.4
1993	110.7	108.3	104.0	138.9	116.7	96.4	106.6	109.4	73.4	113.5	120.6	95.4
1994	95.7	105.7	92.9	101.7	142.9	96.3	113.9	107.0	103.6	116.0	140.6	92.4
1995	92.6	109.5	84.7	109.2	105.0	113.6	107.3	103.7	79.5	111.1	115.1	89.9
1996	86.1	106.6	87.3	78.0	114.3	102.2	81.0	101.1	93.0	78.4	118.9	98.2
1997	104.4	103.6	104.3	104.6	104.2	106.3	102.0	100.1	104.0	101.8	122.0	196.4
1998	102.2	98.3	104.7	95.5	112.0	132.7	90.0	98.7	108.8	86.3	122.8	285.4
1999	104.3	98.3	107.5	96.8	110.7	117.8	86.3	97.3	115.0	80.9	111.2	113.5
2000	106.0	106.0	106.7	103.4	100.0	110.6	102.8	104.7	110.7	101.1	118.3	99.1
2001	110.4	101.7	114.8	102.9	112.9	107.1	105.1	100.3	110.7	104.6	116.9	104.3
2002	104.1	95.8	107.1	99.4	120.0	101.2	100.2	93.6	110.2	98.8	131.8	96.4
2003	105.1	104.0	105.5	104.4	100.0	104.0	113.5	102.6	106.5	117.1	118.3	86.3
2004	108.4	126.8	105.1	108.6	116.7	117.9	113.1	119.7	107.1	113.7	112.4	124.8
2005	101.5	95.7	102.7	101.3	149.0	101.7	105.1	93.7	118.8	103.4	132.0	100.9
2006	108.9	86.7	114.8	104.1	108.1	117.8	106.3	104.2	114.9	102.7	107.2	226.8
2007	113.4	101.9	115.5	112.3	110.5	114.0	106.4	101.3	122.1	102.7	107.7	119.1
2008	109.9	102.3	111.9	104.6	97.1	112.3	100.7	102.3	117.4	94.6	91.3	117.3
2009	117.3	97.5	123.7	107.9	106.8	101.0	107.7	89.7	123.9	102.9	102.4	106.3
2010	114.1	108.1	113.5	117.7	128.1	114.9	120.1	106.4	115.5	124.0	175.1	111.2
2011	114.6	98.9	117.0	113.4	102.4	101.9	119.9	97.8	122.6	121.6	112.2	100.3
2012	111.5	99.7	113.5	109.1	107.9	100.7	116.0	95.0	113.3	119.5	114.6	100.3
2013	114.8	100.3	115.1	118.4	102.7	102.6	127.8	98.5	118.1	133.5	104.2	96.1
2014	107.8	92.5	107.4	112.2	110.0	105.7	123.0	91.1	116.7	126.3	115.5	102.0
2015	106.4	90.4	108.9	101.1	102.9	100.6	100.7	92.4	111.0	98.1	110.6	100.5

15-8 各市货运量
Freight Traffic by City

单位：万吨 (10000 tons)

市别	City	2005	2009	2010	2011	2012	2013	2013(调整) (Adjusted)	2014	2015
总计	**Total**	**133992**	**179722**	**205034**	**234978**	**266359**	**305833**	**328138**	**353732**	**376434**
广州	Guangzhou	28026	45251	51335	56585	67678	82052	93804	90208	94303
深圳	Shenzhen	7837	21834	25706	28408	28217	29226	27055	29183	32331
珠海	Zhuhai	2225	6682	7038	6887	7581	8457	9862	10874	11626
汕头	Shantou	1703	2782	3087	3576	4078	4628	5349	6055	6469
佛山	Foshan	17354	17649	19153	23496	24757	27206	27206	28756	29428
#顺德	Shunde	4096	4310	5381	7458	7887	8696	8696	9689	10171
韶关	Shaoguan	3251	5483	6364	7056	9738	12184	13916	17291	19024
河源	Heyuan	986	2025	2244	2698	3296	3995	4789	5755	6509
梅州	Meizhou	3751	3501	4092	4747	5608	6325	6325	7159	7820
惠州	Huizhou	4786	8413	11104	14224	17111	19063	17821	21545	23435
汕尾	Shanwei	1106	860	1232	1596	1765	1934	2310	2432	2536
东莞	Dongguan	5127	8733	9312	10165	11191	12863	14690	15375	15923
中山	Zhongshan	5985	7167	7820	11439	14770	16719	16719	18864	17963
江门	Jiangmen	5626	6691	7458	8180	8996	9999	11292	13926	15407
阳江	Yangjiang	417	1422	1752	2980	4173	7672	7372	10340	11385
湛江	Zhanjiang	5016	5549	6808	8847	9530	10590	12391	14157	16528
茂名	Maoming	4388	3660	4365	5202	6157	7123	8451	8860	9895
肇庆	Zhaoqing	3689	2647	2869	3342	3681	4472	5226	6382	7303
清远	Qingyuan	3200	6171	7155	8038	9238	10363	12048	13989	15267
潮州	Chaozhou	1310	1860	2339	2970	3541	3944	3944	4413	4928
揭阳	Jieyang	2213	1591	1945	2280	2559	2784	3333	3547	3898
云浮	Yunfu	3286	2085	2303	2707	3106	4410	4410	5244	6099
不分地区	Unclassified	22710	17666	19553	19555	19588	19825	19825	19377	18358
按经济区域分	By Region									
珠三角	Pearl River Delta	103365	142733	161348	182281	203570	229882	243500	254491	266078
东翼	Eastern Region	6332	7093	8603	10422	11943	13290	14936	16447	17831
西翼	Western Region	9821	10631	12925	17029	19860	25385	28214	33357	37808
山区	Mountainous Region	14474	19265	22158	25246	30986	37277	41488	49438	54719

注：分市数据仅含公路和水路运输，铁路、民航和管道运输在“不分地区”反映。下表同。

Note: Data by city only include the figures of highway and waterway transportation, whereas data of railway, civil aviation and pipeline transportation are reflected in the category “Unclassified by Region”. The same applies to the following table.

15-9 各市货物周转量

Freight Ton-kilometers by City

单位：亿吨公里 (100 million ton-km)

市别	City	2005	2009	2010	2011	2012	2013	2013(调整) (Adjusted)	2014	2015
总计	**Total**	**3917.43**	**4942.83**	**5933.88**	**7113.29**	**9780.56**	**12495.93**	**12212.56**	**15020.92**	**15130.59**
广州	Guangzhou	2431.16	1865.01	2032.86	2436.53	4570.28	6563.75	6527.54	8396.58	8225.53
深圳	Shenzhen	317.28	1118.37	1627.56	1931.80	1969.89	2090.03	1986.97	2374.25	2241.11
珠海	Zhuhai	84.89	148.49	168.12	101.02	115.17	133.39	135.31	155.75	167.01
汕头	Shantou	38.41	79.66	101.79	133.88	161.12	183.93	185.99	186.80	170.80
佛山	Foshan	182.11	167.94	152.08	199.45	215.99	240.72	221.95	252.45	266.40
#顺德	Shunde	115.50	65.81	40.67	56.53	60.42	69.42	63.12	72.56	80.49
韶关	Shaoguan	26.97	97.74	118.91	143.07	206.87	255.05	262.45	330.35	359.42
河源	Heyuan	8.48	30.52	34.02	40.74	50.39	60.47	63.21	76.60	87.46
梅州	Meizhou	45.95	59.99	73.69	92.39	115.02	133.26	133.26	157.63	177.60
惠州	Huizhou	40.29	125.41	152.97	217.17	287.86	336.30	297.99	390.28	476.75
汕尾	Shanwei	8.60	9.01	13.44	17.56	22.97	26.07	22.25	25.77	29.30
东莞	Dongguan	32.94	101.65	109.03	187.48	296.71	432.27	435.39	448.01	508.71
中山	Zhongshan	43.03	58.65	64.81	94.28	122.05	146.55	146.55	171.06	167.46
江门	Jiangmen	70.96	75.69	112.55	107.19	115.29	135.07	138.32	168.24	182.29
阳江	Yangjiang	2.98	28.59	39.93	64.88	95.35	152.64	139.95	183.83	195.05
湛江	Zhanjiang	57.47	136.13	177.54	300.77	301.27	388.21	321.69	406.03	469.13
茂名	Maoming	23.78	78.75	92.42	118.35	140.43	162.06	167.27	190.25	211.71
肇庆	Zhaoqing	24.87	33.11	38.56	45.36	50.73	60.39	53.07	65.15	76.11
清远	Qingyuan	29.37	100.82	118.19	136.96	158.39	179.57	186.52	223.74	262.28
潮州	Chaozhou	25.27	85.73	103.37	130.88	163.68	175.63	175.63	201.64	234.40
揭阳	Jieyang	22.64	20.86	26.93	34.08	42.34	51.18	53.41	65.10	77.53
云浮	Yunfu	17.26	34.25	36.83	43.85	53.44	73.72	42.13	52.13	59.85
不分地区	Unclassified	382.72	486.46	538.26	535.61	525.33	515.69	515.69	499.28	484.69
按经济区域分	By Region									
珠三角	Pearl River Delta	3610.25	4180.77	4996.80	5855.88	8269.29	10654.14	10458.78	12921.04	12796.07
东翼	Eastern Region	94.92	195.26	245.54	316.40	390.11	436.81	437.29	479.31	512.03
西翼	Western Region	84.22	243.46	309.90	484.00	537.05	702.91	628.92	780.11	875.89
山区	Mountainous Region	128.04	323.34	381.64	457.01	584.11	702.07	687.57	840.45	946.61

15-10 运输工具和线路拥有量

Number of Means of Transport and Length of Transport Routes

项　　目		Item		2000	2010	2012	2013	2014	2015
铁　路		**Railways**							
铁路机车	(台)	Number of Locomotives	(unit)	538	448	395	356	354	350
铁路营业里程	(公里)	Length of Railways in Operation	(km)	1942	2297	2577	3203	3818	5141
中央铁路		National Railways		694	629	629	629	629	629
地方铁路		Local Railways		1248	1668	1948	2574	3189	4512
公　路		**Highways**							
公路通车里程	(公里)	Length of Highways	(km)	102606	190144	194943	202915	212094	216023
民用汽车	(万辆)	Civil Motor Vehicles	(10000 units)	172.91	783.50	1038.51	1178.51	1332.94	1472.33
载客汽车	(万辆)	Passenger Vehicles	(10000 units)	85.34	629.30	861.60	992.39	1144.18	1290.57
	(万客位)	Passenger Vehicle Seats	(10000 seats)	796.92	4148.85	5429.96	6089.14	6832.82	7572.21
私人轿车	(万辆)	Private Vehicles	(10000 units)	25.39	380.46	531.88	619.69	722.23	820.12
载货汽车	(万辆)	Freight Vehicles	(10000 units)	84.38	147.53	169.86	178.89	181.81	174.90
	(万吨位)	Tonnage of Freight Vehicles	(10000 tonnages)	351.75	268.23	316.00	340.11	357.46	354.81
水　运		**Waterways**							
内河通航里程	(公里)	Length of Navigable Inland Waterways	(km)	13696	13596	13780	12096	12150	12150
机动船	(艘)	Number of Motor Vessels	(unit)	21733	8793	8545	8474	8709	8716
	(万净载重吨位)	Tonnage of Motor Vessels	(dead weight tonnage)	526.88	1140.71	2255.17	2401.37	2728.05	2703.55
	(客位)	Number of Motor Vessel Seats	(seat)	149004	65960	78953	78700	83020	80219
	(总功率万千瓦)	Total Power	(10000 kws)		420.54	606.9	632.26	677.39	688.33
驳　船	(艘)	Number of Barges	(unit)	1076	23	18	20	19	19
	(净载重吨位)	Tonnage of Barges	(dead weight tonnage)	274836	29318	29872	33208	33717	28220
	(客位)	Number of Barge Seats	(seat)	395					
民　航		**Civil Aviation**							
民用航空航线条数	(条)	Number of Civil Aviation Routes	(line)	329	815	826	886	930	963
民用航空航线里程	(万公里)	Length of Civil Aviation Routes	(10000 kms)	50.03	180.74	185.1	214.06	228.58	237.29
民用运输飞机	(架)	Number of Civil Aircrafts	(unit)	106	441	496	560	581	625
管　道		**Pipelines**							
条　数	(条)	Number of Pipelines	(line)	45	105	109	107	107	116
输油(气)里程	(公里)	Length of Petroleum and Gas Pipelines	(km)	1535.57	6033.62	6448.00	6470.39	5404.26	6500.90

注：1. 2006年起，公路通车里程含农村公路。
2. 2006年起，船舶统计使用广东省交通厅数据。

Notes: a) Length of highways since 2006 includes data of rural highways.
b) Data of vessels since 2006 are provided by Guangdong Provincial Department of Transportation.

15-11 各市民用汽车拥有量（2015年）

Possession of Civil Vehicles by City (2015)

单位：辆 (unit)

市别	City	民用汽车总计 Total	载客汽车 Passenger Vehicles	#轿车 Sedan Cars	按车型分 By Vehicle Type 大型 Large	中型 Medium	小型 Small	微型 Minibuses
总计	**Total**	**14723299**	**12905714**	**8699182**	**153062**	**87211**	**12562489**	**102952**
广州	Guangzhou	2237782	1947615	1236210	35852	21186	1878699	11878
深圳	Shenzhen	3147043	2817908	1924865	33764	17187	2751349	15608
珠海	Zhuhai	408138	368046	258442	6720	2153	359152	21
汕头	Shantou	501561	428751	304360	3179	2025	417251	6296
佛山	Foshan	1772503	1592503	1083280	12081	7465	1561078	11879
#顺德	Shunde	545074	478183	339583	3524	2344	468438	3877
韶关	Shaoguan	204252	174944	117029	1806	1328	170103	1707
河源	Heyuan	183976	150932	98521	2137	1331	146364	1100
梅州	Meizhou	259087	210309	149457	2133	1581	202824	3771
惠州	Huizhou	643392	584719	414679	6788	2301	571333	4297
汕尾	Shanwei	71229	58961	39265	1550	575	56205	631
东莞	Dongguan	1844948	1694322	1114622	16947	5812	1663711	7852
中山	Zhongshan	710303	607309	401120	5004	2653	590836	8816
江门	Jiangmen	518282	442309	309630	3434	3052	430592	5231
阳江	Yangjiang	212844	179385	136264	1247	847	175635	1656
湛江	Zhanjiang	312999	254333	182105	4274	2280	245319	2460
茂名	Maoming	330677	271085	199637	2991	2333	262258	3503
肇庆	Zhaoqing	319573	257231	166792	3014	1784	250408	2025
清远	Qingyuan	344527	280645	174568	2968	2441	272505	2731
潮州	Chaozhou	214744	185002	124914	852	624	177307	6219
揭阳	Jieyang	288494	240399	167564	2903	1291	232946	3259
云浮	Yunfu	155106	125227	84865	1433	1596	120198	2000
不分地区	Unclassified	41839	33779	10993	1985	5366	26416	12
按经济区域分	By Region							
珠三角	Pearl River Delta	11643803	10345741	6920633	125589	68959	10083574	67619
东翼	Eastern Region	1076028	913113	636103	8484	4515	883709	16405
西翼	Western Region	856520	704803	518006	8512	5460	683212	7619
山区	Mountainous Region	1146948	942057	624440	10477	8277	911994	11309

15−11 续表 continued

单位：辆 (unit)

市 别	City	载货汽车 Freight Vehicles	按车型分 By Vehicle Type 重型 Heavy	中型 Medium	轻型 Light	微型 Mini Trucks	其他汽车 Others
总 计	**Total**	**1748981**	**263616**	**128972**	**1322001**	**34392**	**68604**
广 州	Guangzhou	279687	45019	23146	205776	5746	10480
深 圳	Shenzhen	314730	71165	19930	223127	508	14405
珠 海	Zhuhai	38320	6531	1500	30283	6	1772
汕 头	Shantou	71474	6642	3347	51609	9876	1336
佛 山	Foshan	175328	21424	13228	139338	1338	4672
#顺 德	Shunde	65374	6720	6017	51907	730	1517
韶 关	Shaoguan	28211	3543	916	23333	419	1097
河 源	Heyuan	28525	3434	2893	21688	510	4519
梅 州	Meizhou	46805	5578	2841	37512	874	1973
惠 州	Huizhou	55713	7117	3562	44561	473	2960
汕 尾	Shanwei	11527	1753	1906	7548	320	741
东 莞	Dongguan	145659	19820	13963	111375	501	4967
中 山	Zhongshan	100430	8083	6278	85058	1011	2564
江 门	Jiangmen	74024	8668	5678	58562	1116	1949
阳 江	Yangjiang	32277	4912	2631	24273	461	1182
湛 江	Zhanjiang	56445	8908	6335	40377	825	2221
茂 名	Maoming	56944	8725	4126	41965	2128	2648
肇 庆	Zhaoqing	61123	10420	5788	44781	134	1219
清 远	Qingyuan	61693	13056	4439	43900	298	2189
潮 州	Chaozhou	27323	1533	1529	21565	2696	2419
揭 阳	Jieyang	46946	4305	3619	37723	1299	1149
云 浮	Yunfu	29055	2931	1125	21152	3847	824
不分地区	Unclassified	6742	49	192	6495	6	1318
按经济区域分	By Region						
珠 三 角	Pearl River Delta	1251756	198296	93265	949356	10839	46306
东 翼	Eastern Region	157270	14233	10401	118445	14191	5645
西 翼	Western Region	145666	22545	13092	106615	3414	6051
山 区	Mountainous Region	194289	28542	12214	147585	5948	10602

15−12 各市私人汽车拥有量（2015年）

Possession of Private Vehicles by City (2015)

单位：辆 (unit)

市别	City	汽车总计 Total	载客汽车 Passenger Vehicles	#轿车 Sedan Cars	载货汽车 Freight Vehicles	其它汽车 Others
总计	**Total**	**12935104**	**11812887**	**8201193**	**1093159**	**29058**
广州	Guangzhou	1806508	1680563	1111801	122205	3740
深圳	Shenzhen	2679280	2559700	1800861	115079	4501
珠海	Zhuhai	350976	326944	237980	23422	610
汕头	Shantou	461161	406585	293498	54222	354
佛山	Foshan	1632221	1501234	1041888	129075	1912
#顺德	Shunde	501093	451965	327227	48544	584
韶关	Shaoguan	181179	160463	110995	20355	361
河源	Heyuan	164704	137299	92297	23715	3690
梅州	Meizhou	236466	195964	143039	39330	1172
惠州	Huizhou	592389	551517	400613	39891	981
汕尾	Shanwei	61758	52094	36573	9216	448
东莞	Dongguan	1669530	1587813	1068484	80440	1277
中山	Zhongshan	645318	568517	382460	75873	928
江门	Jiangmen	464444	411306	295974	52423	715
阳江	Yangjiang	197030	169226	131407	27293	511
湛江	Zhanjiang	276997	230682	171808	44835	1480
茂名	Maoming	303659	255109	192471	46446	2104
肇庆	Zhaoqing	289676	238031	159611	50961	684
清远	Qingyuan	314533	262421	167848	51031	1081
潮州	Chaozhou	199182	176199	120583	21730	1253
揭阳	Jieyang	267357	225909	160574	40670	778
云浮	Yunfu	140736	115311	80428	24947	478
按经济区域分	By Region					
珠三角	Pearl River Delta	10130342	9425625	6499672	689369	15348
东翼	Eastern Region	989458	860787	611228	125838	2833
西翼	Western Region	777686	655017	495686	118574	4095
山区	Mountainous Region	1037618	871458	594607	159378	6782

15-13 各市公路基本情况（2015年）
Basic Conditions of Highways by City (2015)

单位：公里 (km)

市别	City	通车里程 Length of Highways	按等级分 By Class 等级路 Expres-sways and Class I to IV Highways	等外路 Highways below Class IV	按路面分 By Pavement 有铺装路面 Paved Highways	简易铺装路面 Simply-paved Highways	未铺装路面 Unpaved Highways	桥梁 Bridges 座 Number (unit)	米 Span (meter)
总计	**Total**	**216023**	**201456**	**14567**	**147976**	**9418**	**58629**	**45589**	**3205460**
广州	Guangzhou	9317	8219	1098	8063	77	1178	2985	494636
深圳	Shenzhen	1644	1644		1644			818	118008
珠海	Zhuhai	1447	1421	26	1260	35	151	466	112777
汕头	Shantou	3808	3798	10	2868	11	930	1063	58236
佛山	Foshan	5249	5249		5249			2326	397202
韶关	Shaoguan	16125	15848	277	11377	304	4445	2332	152092
河源	Heyuan	15795	15079	717	10743	74	4979	3305	102567
梅州	Meizhou	17704	16427	1276	13752	8	3944	3758	175217
惠州	Huizhou	13476	13443	33	9206	893	3377	3071	153789
汕尾	Shanwei	5483	5249	234	3659	76	1747	1281	41267
东莞	Dongguan	5165	5078	86	5114	10	41	1422	242319
中山	Zhongshan	2610	2566	44	2503	6	101	1226	174594
江门	Jiangmen	10017	8199	1817	6725	70	3221	2591	128483
阳江	Yangjiang	10061	9406	655	5430	2330	2301	2110	78188
湛江	Zhanjiang	21792	15275	6517	10724	1766	9303	2274	86082
茂名	Maoming	17461	16649	812	9761	301	7399	3889	112151
肇庆	Zhaoqing	14129	14108	21	10789	282	3059	2327	127687
清远	Qingyuan	24804	24677	127	13867	3064	7873	3785	235065
潮州	Chaozhou	5048	4981	67	4041	2	1006	1010	36270
揭阳	Jieyang	7282	7173	109	5139	2	2141	1927	78163
云浮	Yunfu	7606	6966	640	6064	108	1434	1623	100667
按经济区域分	By Region								
珠三角	Pearl River Delta	63054	59928	3125	50553	1373	11128	17232	1949494
东翼	Eastern Region	21621	21201	421	15707	91	5824	5281	213936
西翼	Western Region	49314	41330	7983	25915	4396	19003	8273	276421
山区	Mountainous Region	82034	78997	3037	55802	3558	22674	14803	765609

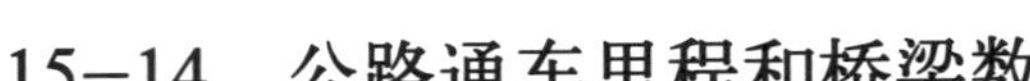

15-14 公路通车里程和桥梁数

Length of Highways and Number of Bridges

项 目	Item	2000	2010	2011	2012	2013	2014	2015
通车里程 （公里）	**Length of Highways (km)**	**102606**	**190144**	**190724**	**194943**	**202915**	**212094**	**216023**
按等级分	By Class							
等级路	Expressways and Class Ⅰ to Ⅳ Highways	93695	170144	172382	177204	186357	197131	201456
高速公路	Expressways	1186	4839	5049	5524	5703	6266	7021
一 级	First Class	5391	10126	10339	10544	10621	10787	10936
二 级	Second Class	13397	19082	19044	19042	19125	19233	19213
三 级	Third Class	9156	16089	16996	17210	17364	17840	18662
四 级	Fourth Class	64565	120008	120955	124884	133544	143005	145624
等外公路	Highways below Class Ⅳ	8911	19999	18342	17740	16558	14963	14567
按路面分	By Pavement							
有铺装路面	Paved Highways		123784	129440	134808	139115	143953	147976
简易铺装路面	Simply-paved Highways		5721	5272	4892	4972	9837	9418
未铺装路面	Unpaved Highways		60638	56013	55244	58828	58304	58629
桥 梁 （座）	**Number of Bridges (unit)**	**19668**	**42330**	**43769**	**44468**	**45501**	**45196**	**45589**
（米）	Span of Bridges (m)	819770	2340261	2660957	2801751	3019570	3137439	3205460
#永久式 （座）	Number of Permanent Bridges (unit)	19656	42233	43686	44385	45417	45110	45501
（米）	Span of Permanent Bridges (m)	819502	2337490	2658574	2799398	3017251	3134981	3202958
半永久式 （座）	Number of Semi-permanent Bridges (unit)	12	52	39	40	42	46	48
（米）	Span of Semi-permanent Bridges (m)	268	1391	1023	1032	1020	1222	1266
渡 口 （个）	**Number of Ferries (unit)**	**33**	**71**	**72**	**80**	**80**	**80**	**79**

15-15 输油(气)管道长度和运输量

Length and Traffic of Petroleum and Gas Pipelines

项 目	Item	2000	2010	2011	2012	2013	2014	2015
总 计	**Total**							
条 数 （条）	Number of Pipelines (line)	45	105	106	109	107	107	116
输送里程 （公里）	Length of Pipelines (km)	1535.57	6033.62	6436.91	6448.01	6470.39	5404.26	6500.90
输油(气)量 （万吨）	Pipeline Traffic (10000 tons)	2952	7267	7403	7458	7652	8090	8137
输油(气)周转量(万吨公里)	Ton-kilometers (10000 ton-km)	417432	1757891	1763644	1768918	1699404	1734197	1743309
原油管道	**Crude Oil Pipelines**							
条 数 （条）	Number of Pipelines (line)	7	17	17	17	42	25	25
输送里程 （公里）	Length of Pipelines (km)	352.67	634.18	603.88	603.88	906.18	615.53	595.38
输油量 （万吨）	Pipeline Traffic (10000 tons)	1912	3364	3640	3366	3919	3807	4474
输油周转量 （万吨公里）	Ton-kilometers (10000 ton-km)	189623	352764	359526	354884	365214	390996	382146
成品油管道	**Refined Oil Pipelines**							
条 数 （条）	Number of Pipelines (line)	27	62	61	63	35	53	53
输送里程 （公里）	Length of Pipelines (km)	211.00	3925.88	4384.17	4382.77	4091.06	4144.67	4283.67
输油量 （万吨）	Pipeline Traffic (10000 tons)	663	3015	2889	3366	3036	3645	3431
输油周转量 （万吨公里）	Ton-kilometers (10000 ton-km)	13250	1153210	1164877	1206717	1178405	1219624	1247144
其他管道	**Other Pipelines**							
条 数 （条）	Number of Pipelines (line)	11	26	28	29	30	29	38
输送里程 （公里）	Length of Pipelines (km)	971.90	1473.56	1448.86	1461.36	1473.15	644.06	1621.85
输气量 （万吨）	Pipeline Traffic (10000 tons)	377	887	874	726	697	637	233
输气周转量 （万吨公里）	Ton-kilometers(10000 ton-km)	214559	251917	239241	207317	155784	123577	114020

15-16 民航航站吞吐量

Throughput of Civil Aviation Airports

年 份 Year	合 计 Total			进 港 In-port			出 港 Out-port		
	架次 (万次) Sorties (10000 sorties)	旅客 (万人) Passenger Traffic (10000 persons)	货物 (万吨) Freight Traffic (10000 tons)	架次 (万次) Sorties (10000 sorties)	旅客 (万人) Passenger Traffic (10000 persons)	货物 (万吨) Freight Traffic (10000 tons)	架次 (万次) Sorties (10000 sorties)	旅客 (万人) Passenger Traffic (10000 persons)	货物 (万吨) Freight Traffic (10000 tons)
1980	1.60	161	2.90	0.80	81	1.40	0.80	80	1.50
1985	4.00	318	6.20	2.00	160	3.00	2.00	158	3.20
1990	6.20	687	13.50	3.10	343	5.90	3.10	344	7.60
1995	17.70	1963	39.50	8.80	963	14.10	8.90	1000	25.40
1996	18.20	2025	45.60	9.10	993	15.90	9.10	1032	29.70
1997	19.00	1981	49.00	9.50	974	16.70	9.50	1007	32.30
1998	20.80	2010	55.80	10.40	986	20.80	10.40	1024	35.00
1999	22.20	1929	63.70	11.10	942	25.60	11.10	987	38.10
2000	23.60	2143	73.00	11.80	1044	30.90	11.80	1099	42.10
2001	25.10	2344	81.00	12.50	1136	33.90	12.60	1208	47.10
2002	28.00	2731	95.70	14.00	1340	40.40	14.00	1391	55.30
2003	28.10	2751	82.40	14.10	1351	34.90	14.00	1400	47.50
2004	34.70	3661	115.80	17.30	1801	50.80	17.40	1860	65.00
2005	38.40	4100	133.00	19.20	2023	58.60	19.20	2077	74.40
2006	42.36	4599	151.13	21.18	2262	64.40	21.18	2337	86.70
2007	46.61	5407	133.20	23.30	2614	53.00	23.31	2793	80.20
2008	49.33	5738	130.47	24.60	2756	52.70	24.60	2982	77.78
2009	54.20	6462	158.50	27.10	3150	65.30	27.10	3312	93.20
2010	58.56	7189	198.40	29.30	3533	83.00	29.30	3655	115.50
2011	61.18	7768	203.96	30.59	3837	84.56	30.59	3931	119.40
2012	65.60	8283	213.59	32.79	4090	86.81	32.81	4193	126.78
2013	70.83	9124	226.75	35.41	4502	91.96	35.42	4622	134.79
2014	76.90	9924	246.27	38.45	4877	99.93	38.45	5047	146.34
2015	79.90	10494	260.26	39.95	5170	108.06	39.96	5324	152.20

注：从2007年起，货物吞吐量不含行李。
Note: Since 2007, freight traffic handled excludes luggage traffic.

15-17 港口泊位及吞吐量

Berth and Throughput of Coastal Ports

项　　目	Item	2000	2010	2012	2013	2014	2015
码头泊位合计　（个）	**Number of Berths　(unit)**	**3191**	**3082**	**3125**	**3128**	**3111**	**3093**
沿海港口	**Coastal Ports**	**1373**	**1884**	**1963**	**1980**	**1993**	**2005**
#广州港	Guangzhou Port	141	633	657	568	579	584
湛江港	Zhanjiang Port	41	184	184	177	177	174
汕头港	Shantou Port	28	91	91	92	92	92
深圳港	Shenzhen Port	121	172	172	159	153	156
内河港口	**Ports of Inland Rivers**	**1818**	**1198**	**1162**	**1148**	**1118**	**1088**
万吨级码头泊位合计　（个）	**Berths at 10000 Ton Class　(unit)**	**126**	**245**	**265**	**273**	**281**	**291**
沿海港口	**Coastal Ports**	**126**	**245**	**265**	**273**	**281**	**291**
#广州港	Guangzhou Port	32	62	68	68	71	74
湛江港	Zhanjiang Port	24	31	31	30	32	33
汕头港	Shantou Port	6	18	18	19	19	19
深圳港	Shenzhen Port	34	69	69	67	67	67
内河港口	**Ports of Inland Rivers**						
码头泊位长度　（米）	**Length of Quay Line　(m)**	**180238**	**252762**	**261368**	**264769**	**265783**	**266828**
沿海港口	**Coastal Ports**	**105193**	**176753**	**187593**	**192302**	**194738**	**200025**
#广州港	Guangzhou Port	13496	51673	55675	49273	50654	51722
湛江港	Zhanjiang Port	6635	17458	17458	17243	17243	18419
汕头港	Shantou Port	3152	9715	9715	9898	9898	9898
深圳港	Shenzhen Port	17150	31377	31461	30790	30231	30627
内河港口	**Ports of Inland Rivers**	**75045**	**76009**	**73775**	**72467**	**71045**	**66803**
货物吞吐量合计　（万吨）	**Total Volume of Freight Handled　(10000 tons)**	**31649**	**122258**	**140776**	**156373**	**165455**	**171109**
沿海港口	**Coastal Ports**	**25495**	**105300**	**121266**	**130831**	**137631**	**142059**
#广州港	Guangzhou Port	11128	42526	43517	45517	48217	50053
湛江港	Zhanjiang Port	2038	13638	17092	18006	20238	22036
汕头港	Shantou Port	1284	3509	4563	5038	5161	5181
深圳港	Shenzhen Port	4224	22097	22807	23398	22324	21706
内河港口	**Ports of Inland Rivers**	**6154**	**16958**	**19510**	**25542**	**27824**	**29050**
集装箱吞吐量合计（万TEU）	**Total Volume of Containers Handled　(10000 TEUS)**	**862.68**	**4360.14**	**4763**	**4951.07**	**5325.93**	**5512.12**
沿海港口	**Coastal Ports**	**655.15**	**3867.77**	**4256.20**	**4420.12**	**4752.08**	**4914.73**
#广州港	Guangzhou Port	142.98	1270.00	1454.74	1531.11	1638.86	1739.66
湛江港	Zhanjiang Port	7.48	32.01	41.21	45.18	58.08	60.12
汕头港	Shantou Port	11.44	93.50	125.02	128.80	130.30	117.86
深圳港	Shenzhen Port	395.84	2250.96	2294.13	2327.85	2403.73	2420.45
内河港口	**Ports of Inland Rivers**	**207.53**	**492.37**	**506.79**	**530.95**	**573.85**	**597.38**
旅客吞吐量合计　（万人）	**Total Volume of Passengers Handled(10000 persons)**	**1670.32**	**2483.21**	**2869.27**	**3045.42**	**3346.87**	**3432.96**
沿海港口	**Coastal Ports**	**1330.81**	**2109.39**	**2457.39**	**2597.65**	**2842.60**	**2867.17**
#广州港	Guangzhou Port	15.00	79.01	74.89	77.02	71.07	61.32
湛江港	Zhanjiang Port	29.60	1051.41	1215.23	1235.34	1303.18	1299.79
汕头港	Shantou Port	5.50					
深圳港	Shenzhen Port	203.36	333.88	432.57	490.20	568.55	586.52
内河港口	**Ports of Inland Rivers**	**339.51**	**373.82**	**411.88**	**447.77**	**504.27**	**565.79**

15-18 各市港口货物吞吐量
Freight Throughput of Ports by City

单位：万吨 (10000 tons)

市别	City	2000	2005	2010	2011	2012	2013	2014	2015
总计	**Total**	**31649**	**70926**	**122258**	**133704**	**140776**	**156373**	**165455**	**171109**
广州	Guangzhou	12455	27283	42526	44770	45125	47200	50008	52096
深圳	Shenzhen	5697	15351	22098	22325	22807	23398	22324	21706
珠海	Zhuhai	1770	3557	6056	7170	7745	10023	10703	11209
汕头	Shantou	1284	1736	3509	4005	5253	5038	5161	5181
佛山	Foshan	2033	3951	5410	5423	4563	5474	5907	6147
韶关	Shaoguan	131	118	40	53	82	53	58	62
河源	Heyuan	45	49						
梅州	Meizhou	145	306	132	135	128	125	124	114
惠州	Huizhou	825	1515	4673	5170	5257	8045	6486	7013
汕尾	Shanwei	25	107	489	564	772	628	646	858
东莞	Dongguan	746	2280	5657	6848	9228	11187	12900	13149
中山	Zhongshan	635	2072	4798	5485	5153	6876	7845	7319
江门	Jiangmen	879	2438	4965	5914	6211	6737	7352	7525
阳江	Yangjiang	68	222	799	1121	1605	2055	1748	2139
湛江	Zhanjiang	2688	6620	13638	15539	17092	18006	20238	22036
茂名	Maoming	1104	1360	2284	2307	2390	2370	2654	2685
肇庆	Zhaoqing	189	520	1597	2489	2729	2954	3033	2945
清远	Qingyuan	193	461	639	697	729	1008	2513	2927
潮州	Chaozhou	60	80	635	936	951	1051	1136	1144
揭阳	Jieyang	266	248	1290	1547	1601	2510	2709	2851
云浮	Yunfu	411	654	1023	1206	1355	1635	1909	2002
按经济区域分	By Region								
珠三角	Pearl River Delta	25229	58966	97779	105594	108818	121895	126558	129108
东翼	Eastern Region	1635	2171	5924	7051	8577	9226	9653	10035
西翼	Western Region	3860	8202	16721	18967	21087	22431	24640	26860
山区	Mountainous Region	925	1588	1834	2092	2294	2821	4604	5106

15-19 各市城市公共交通情况（2015年）

Basic Statistics on Public Transportation in Cities by City (2015)

市 别	City	公共汽电车 Public Bus and Trolly Bus				出租汽车 Taxi	
		运营车辆（辆）Number of Vehicles under Operation (unit)	公共汽车 Bus	运营线路网长度(公里) Length under Operation (Km)	客运量（万人）Passenger Traffic (10000 persons)	运营车辆（辆）Number of Vehicles in Operation (unit)	客运量（万人）Passangers Transported (10000 persons)
总 计	**Total**	**57224**	**56950**	**100088**	**737382**	**70281**	**185398**
广 州	Guangzhou	14204	13930	19397	254954	22022	65765
深 圳	Shenzhen	15120	15120	20561	206892	16596	39113
珠 海	Zhuhai	1887	1887	3676	36150	3195	7867
汕 头	Shantou	1199	1199	2531	12348	1032	2248
佛 山	Foshan	6666	6666	15236	66148	4140	9490
#顺 德	Shunde	1865	1865	3920	16991	1143	1924
韶 关	Shaoguan	597	597	1407	6621	1027	3574
河 源	Heyuan	349	349	456	5530	762	2545
梅 州	Meizhou	1092	1092	1783	2585	833	2039
惠 州	Huizhou	2372	2372	4852	26417	1970	6794
汕 尾	Shanwei	416	416	1592	1800	673	1015
东 莞	Dongguan	4904	4904	8882	41838	7761	20534
中 山	Zhongshan	2336	2336	3404	24197	1769	4695
江 门	Jiangmen	1444	1444	4769	14247	1197	3186
阳 江	Yangjiang	253	253	421	2012	677	1105
湛 江	Zhanjiang	1212	1212	1950	11559	1661	5855
茂 名	Maoming	551	551	1677	4447	520	1070
肇 庆	Zhaoqing	828	828	2364	8689	1126	3429
清 远	Qingyuan	811	811	2584	6762	984	2119
潮 州	Chaozhou	192	192	526	1154	917	748
揭 阳	Jieyang	415	415	586	1155	1009	1353
云 浮	Yunfu	376	376	1436	1878	410	856
按经济区域分	By Region						
珠 三 角	Pearl River Delta	49761	49487	83141	679532	59776	160873
东 翼	Eastern Region	2222	2222	5235	16457	3631	5364
西 翼	Western Region	2016	2016	4048	18018	2858	8030
山 区	Mountainous Region	3225	3225	7666	23376	4016	11133

15-19 续表 continued

市别	City	轨道交通 Subway, Light Rail and Streetcar 运营车数(辆) Number of Vehicles under Operation (unit)	运营线路长度(公里) Length under Operation (km)	客运量(万人) Passangers Transported (10000 persons)	客运轮渡 Passanger Ferryboat 运营船舶(艘) Number of Vehicles under Operation (unit)	客运量(万人) Passangers Transported (10000 persons)
总计	**Total**	**3196**	**451**	**352880**	**65**	**2371**
广州	Guangzhou	1912	274	240692	51	2056
深圳	Shenzhen	1284	177	112188		
珠海	Zhuhai					
汕头	Shantou				7	250
佛山	Foshan				2	33
#顺德	Shunde					
韶关	Shaoguan					
河源	Heyuan					
梅州	Meizhou					
惠州	Huizhou					
汕尾	Shanwei					
东莞	Dongguan					
中山	Zhongshan					
江门	Jiangmen				1	22
阳江	Yangjiang					
湛江	Zhanjiang				4	11
茂名	Maoming					
肇庆	Zhaoqing					
清远	Qingyuan					
潮州	Chaozhou					
揭阳	Jieyang					
云浮	Yunfu					
按经济区域分	By Region					
珠三角	Pearl River Delta	3196	451	352880	54	2110
东翼	Eastern Region				7	250
西翼	Western Region				4	11
山区	Mountainous Region					

15−20 邮电业务总量和指数

Business Volume of Postal and Telecommunication Services and Their Indices

年份 Year	邮电业务总量(亿元) Business Volume of Postal and Telecommunication Services (100million yuan)			指数(上年=100) Indices (preceding year=100)		
	合计 Total	邮政 Postal Services	通信 Telecommunication Services	合计 Total	邮政 Postal Services	通信 Telecommunication Services
1978	0.90			103.4		
1979	0.96			106.7		
1980	1.05			109.4		
1981	1.15			109.5		
1982	1.17			101.7		
1983	1.31			112.0		
1984	1.56			119.1		
1985	2.05			131.4		
1986	2.54			123.9		
1987	3.49			137.4		
1988	5.11			146.4		
1989	10.33	0.75	9.58	135.9	90.4	141.5
1990	26.30	3.91	22.39	254.6	521.3	233.7
1991	38.89	4.60	34.29	147.9	117.6	153.1
1992	57.06	5.59	51.47	146.7	121.5	150.1
1993	94.25	7.10	87.15	165.2	127.0	169.3
1994	142.78	8.32	134.46	151.5	117.2	154.3
1995	204.93	9.63	202.60	143.5	115.7	150.7
1996	265.56	10.92	254.64	129.6	113.4	125.7
1997	330.38	11.44	318.94	124.4	104.8	125.3
1998	418.18	15.20	402.98	126.6	132.9	126.3
1999	542.65	19.72	522.93	129.8	129.8	129.8
2000	757.22	50.40	706.82	139.5	255.5	135.2
2001	782.67	42.13	740.54	129.9	105.1	131.7
2002	917.87	48.36	869.51	117.3	114.8	117.4
2003	1202.52	54.33	1148.19	131.0	112.3	132.1
2004	1781.78	55.12	1726.66	148.2	101.5	150.4
2005	2121.94	59.82	2062.12	119.1	108.5	119.4
2006	2540.54	69.48	2471.06	119.7	116.1	119.8
2007	3070.55	77.30	2993.25	120.9	111.3	121.1
2008	3564.85	87.97	3476.88	116.1	113.8	116.2
2009	3938.15	101.16	3837.00	110.5	115.0	110.4
2010	4832.94	118.57	4714.37	122.7	117.2	124.4
2011	1918.01	291.36	1626.65	116.4	129.9	114.3
2012	2174.67	395.18	1779.49	113.4	135.6	109.4
2013	2507.99	592.00	1915.99	115.3	149.8	107.7
2013(调整) (Adjusted)	2820.42	592.00	2228.42	115.3	149.8	107.7
2014	3394.39	859.81	2534.58	120.4	145.2	113.7
2015	4397.09	1228.75	3168.34	129.5	142.9	125.0

注：1. 邮电业务总量1988年及以前按1980年不变价格计算，1989−2000年按1990年不变价格计算，2001−2010年按2000年不变价格计算，2011年起按2010年不变价格计算。2014年起工信部对2010年个别业务不变价作了调整，指数按可比价格计算。

2. 统计范围是辖区内全社会所有从事电信运营企业和国家邮政企业，以及获得快递业务经营许可的快递服务企业。

Notes: a) The business volume of postal and telecommunication services in and before 1988 was calculated at 1980 constant prices, that from 1989 to 2000 was calculated at 1990 constant prices, that from 2001 to 2010 was calculated at 2000 constant prices, and that from 2011 on was calculated at 2010 constant prices.

b) The statistical coverages of business volume of postal and Telecommunication services are all telecom enter prises, the national postal enterprises and express mail enterprises with express license.

15-21 各市邮电业务总量

Business Volume of Postal and Telecommunication Services by City

单位：亿元 (100 million yuan)

市 别	City	2000	2005	2010	2011	2012	2013	2013(调整) (Adjusted)	2014	2015
总 计	**Total**	**757.22**	**2121.94**	**4832.94**	**1918.01**	**2174.67**	**2507.99**	**2820.42**	**3394.39**	**4397.09**
广 州	Guangzhou	168.26	484.79	1051.65	525.32	495.88	568.74	656.00	838.40	1092.94
深 圳	Shenzhen	154.20	471.53	1031.26	404.40	463.95	598.10	622.99	798.22	1069.43
珠 海	Zhuhai	22.31	61.48	137.61	43.85	49.11	54.39	61.29	72.14	91.22
汕 头	Shantou	36.61	76.95	173.81	60.13	68.82	75.39	86.45	102.98	134.46
佛 山	Foshan	66.29	177.20	428.72	134.57	148.78	165.35	190.28	222.89	282.87
韶 关	Shaoguan	11.11	27.42	69.58	21.68	25.59	27.49	31.16	36.08	45.17
河 源	Heyuan	6.26	16.17	46.33	19.36	23.75	26.36	29.69	33.64	41.85
梅 州	Meizhou	12.87	23.24	52.48	35.69	43.17	46.72	49.69	54.58	68.43
惠 州	Huizhou	27.19	80.00	201.02	65.92	80.05	86.44	95.58	118.40	146.50
汕 尾	Shanwei	11.10	19.38	48.01	17.59	20.73	23.05	26.46	30.74	38.05
东 莞	Dongguan	74.05	313.97	674.09	218.36	250.47	254.73	289.37	359.56	475.59
中 山	Zhongshan	30.10	83.16	194.98	69.35	80.22	87.33	101.35	123.85	156.64
江 门	Jiangmen	32.02	61.13	135.08	50.34	56.64	60.07	70.06	82.96	102.06
阳 江	Yangjiang	8.60	19.58	50.67	21.36	25.25	28.09	30.82	36.11	45.30
湛 江	Zhanjiang	19.38	40.48	116.85	56.98	68.72	76.45	88.26	99.03	122.72
茂 名	Maoming	13.21	32.97	87.27	39.23	48.50	53.53	59.36	68.39	86.71
肇 庆	Zhaoqing	13.22	37.97	95.05	32.28	37.48	41.13	47.84	55.66	69.81
清 远	Qingyuan	9.96	21.27	56.06	28.14	33.50	36.86	42.10	48.46	61.24
潮 州	Chaozhou	12.78	25.13	54.52	21.70	24.70	27.26	30.98	36.50	46.13
揭 阳	Jieyang	20.81	34.67	94.01	35.57	41.29	45.36	51.80	66.89	96.30
云 浮	Yunfu	6.89	13.47	33.91	16.18	20.34	21.53	24.61	29.34	37.69
不分地区	Unclassified					67.74	103.62	134.28	79.57	85.99
按经济区域分	By Region									
珠 三 角	Pearl River Delta	587.64	1771.22	3949.45	1544.39	1730.31	2019.89	2269.05	2751.65	3573.05
东 翼	Eastern Region	81.31	156.12	370.35	134.99	155.53	171.07	195.69	237.12	314.94
西 翼	Western Region	41.19	93.03	254.79	117.58	142.47	158.07	178.44	203.52	254.72
山 区	Mountainous Region	47.09	101.57	258.35	121.05	146.36	158.96	177.25	202.11	254.38

注：1．2000年的邮电业务总量按1990年不变价格计算，2011年起按2010年不变价格计算，其余年份按2000年不变价格计算。
2．统计范围是辖区内全社会所有从事电信运营企业和国家邮政企业，以及获得快递业务经营许可的快递服务企业。

Note: a) Business volume of postal and telecommunication services of 2000 is calculated at 1990 constant prices，business volumes after 2011 is calculated at 2010 constant prices，business volumes of other years are calculated at 2000 constant prices.
b) Statistics coverage in this table refers to all telecom operation enterprise, the national postal enterprises and express mail enterprises with express license.

15-22 各市邮电业务情况（2015年）

Conditions of Postal and Telecommunication Services by City (2015)

市 别	City	业务总量（亿元）Business Volume of Postal and Telecommunication Services (100million yuan)	#通信 Business Volume of Telecommunications	函 件（万件）Number of Letters (10000 pcs)	报刊累计数（万份）Newspaper and Magazine Issue (10000 copies)	快递（万件）Pieces of Express Mail Services (10000 pcs)	移动电话用户（万户）Subscribers of Mobile Telephones (10000 subscribers)	城市电话用户（万户）Telephone Subscribers in Urban Areas (10000 subscribers)	乡村电话用户（万户）Telephone Subscribers in Rural Areas (10000 subscribers)
总 计	**Total**	**4397.09**	**3168.34**	**64546.63**	**91158.81**	**501335.16**	**15009.75**	**2072.31**	**734.80**
广 州	Guangzhou	1092.94	695.19	18449.10	19099.82	195207.70	2976.66	467.54	40.04
深 圳	Shenzhen	1069.43	639.91	17623.36	9733.31	140134.90	2988.86	518.70	17.70
珠 海	Zhuhai	91.22	76.38	5726.82	2484.77	5430.35	369.89	57.64	16.45
汕 头	Shantou	134.46	108.71	1094.58	3208.17	11730.04	613.85	81.22	52.51
佛 山	Foshan	282.87	235.90	5009.01	9490.16	20332.42	1272.44	239.28	13.99
韶 关	Shaoguan	45.17	41.23	618.39	2353.96	745.55	234.86	38.43	16.02
河 源	Heyuan	41.85	39.02	147.87	3540.03	735.99	175.32	23.41	20.15
梅 州	Meizhou	68.43	62.83	752.66	3166.78	1178.35	259.11	31.10	25.68
惠 州	Huizhou	146.50	125.73	722.72	4399.37	8989.48	531.77	66.08	43.09
汕 尾	Shanwei	38.05	35.09	72.69	971.99	1021.40	187.38	15.21	21.55
东 莞	Dongguan	475.59	304.04	6718.32	5062.85	75121.93	1869.82	147.04	148.58
中 山	Zhongshan	156.64	124.40	1380.35	3180.54	14761.35	610.96	44.51	63.98
江 门	Jiangmen	102.06	89.48	1164.52	5459.20	4344.86	491.24	83.35	51.18
阳 江	Yangjiang	45.30	39.42	1065.61	1739.88	1811.64	203.32	27.55	18.45
湛 江	Zhanjiang	122.72	114.80	991.46	3236.95	1708.68	487.48	41.66	24.29
茂 名	Maoming	86.71	80.46	744.60	3106.12	1249.03	353.27	32.46	31.92
肇 庆	Zhaoqing	69.81	63.92	483.23	2588.56	1666.75	325.75	42.08	25.47
清 远	Qingyuan	61.24	57.21	768.56	3452.79	1189.18	292.98	25.12	15.02
潮 州	Chaozhou	46.13	39.86	457.30	1721.62	2458.35	243.07	30.48	26.05
揭 阳	Jieyang	96.30	73.81	227.34	1688.43	11165.70	369.97	43.22	41.22
云 浮	Yunfu	37.69	34.96	328.16	1473.51	351.52	151.74	16.24	21.44
不分地区	Unclassified	85.99	85.99						
按经济区域分	By Region								
珠 三 角	Pearl River Delta	3573.05	2440.95	57277.43	61498.59	465989.73	11437.39	1666.20	420.48
东 翼	Eastern Region	314.94	257.47	1851.91	7590.21	26375.48	1414.27	170.13	141.34
西 翼	Western Region	254.72	234.68	2801.66	8082.95	4769.35	1044.08	101.68	74.66
山 区	Mountainous Region	254.38	235.24	2615.63	13987.06	4200.60	1114.01	134.30	98.32

注：1．邮电业务总量按2010年不变价格计算。

2．统计范围是辖区内全社会所有从事电信运营企业和国家邮政企业，以及获得快递业务经营许可的快递服务企业。

Note: a) The business volume of postal and telecommunication services is calculated at 2010 constant prices.

b) The statistics coverage in this table refers to all telecom operation enterprises, national postal enterprises and express mail service enterprises with express license.

15-23 邮政通信业基本情况

Basic Conditions of Postal and Telecommunication Services

项　　目	Item	2000	2010	2012	2013	2014	2015
邮运汽车 (辆)	Number of Postal Vehicles (unit)	1154	1155	1067	1057	1016	956
邮路长度 (公里)	Length of Postal Routes (km)	180724	137740	110345	121579	122537	137945
农村投递路线 (公里)	Length of Rural Delivery Routes (km)	185223	214877	215842	222384	224371	231858
长途光缆线路长度 (公里)	Length of Long-distance Optical Cable Routes (km)		46289	46530	47357	50650	52662
长途电话交换机容量 (万路端)	Capacity of Long-distance Telephone Exchanges (10000 lines)	70.34	269.11	261.81	261.81	66.34	63.30
本地交换设备容量 (万门)	Capacity of Local Telephone Exchanges (10000 lines)	1939.45	5383.59	4360.56	4086.51	3167.62	2810.28
移动电话交换机容量(万户)	Capacity of Mobile Telephone Exchanges (10000 subscribers)	1825.40	14766.90	20305.60	21147.70	21418.10	22025.80
本地电话用户 (万户)	Number of Subscribers of Local Telephones (10000 subscribers)	1414.94	3169.14	3135.81	3099.89	2949.46	2807.11
#城市电话	Urban Subscribers	916.03	2236.05	2220.87	2265.73	2165.54	2072.31
移动电话用户 (万户)	Number of Mobile Telephones Subscribers (10000 subscribers)	1357.26	9710.09	12467.99	14706.06	14943.37	15009.75
(固定)互联网用户 (万户)	Number of Internet Subscribers (10000 subscribers)	216.41	1523.22	1975.39	2154.28	2243.87	2285.19
互联网用户使用时长 (亿分钟)	Duration of Internet Use by Subscribers (100million minutes)	90.06	19871.15	30835.73	44314.07	51451.00	56479.47
函件 (万件)	Number of Letters (10000 pcs)	106603	76204	80390	70115	69568	64547
快递 (万件)	Pieces of Express Mail Services (10000 pcs)	1328	59108	133770	210670	335556	501335
报刊累计数 (万份)	Newspaper and Magazine Circulation (10000 copies)	107755	87895	105321	102717	93826	91159
全省平均每人每年发函件数 (件)	Annual Number of Per Capita Letter Mailed (pcs)	13.80	8.31	9.45	8.73	6.54	5.95
全省平均每百人每年订报刊数 (份)	Annual Average Number of Newspapers and Magazines Subscribed per 100 Persons(copies)	15.10	8.21	12.00	10.58	8.94	8.40
本地电话普及率 (户/百人)	Popularization Rate of Local Telephones (subscribers/100 persons)	18.40	30.38	29.60	29.12	27.51	25.87
移动电话普及率 (户/百人)	Popularization Rate of Mobile Telephones (subscribers/100 persons)	17.61	93.09	117.69	138.16	139.35	138.35

注：从2010年起，由于速递物流和邮政储蓄从国家邮政业分离，因此邮路、邮运汽车等数据与往年不可比。

Note: Since 2010, Since express logistics and postal savings have been seperated from national postal services, data on length of postal routes and number of postal vehicles are not comparable with the previous years.

主要统计指标解释

铁路营业里程 又称营业长度(包括正式营业和临时营业里程)，指办理客货运输业务的铁路正线总长度。凡是全线或部分建成双线及以上的线路，以第一线的实际长度计算；复线、站线、段管线、岔线和特殊用途线以及不计算运费的联络线都不计算营业里程。该指标可以反映铁路运输业基础设施的发展水平，也是计算客货周转量、运输密度和机车车辆运用效率等指标的基础资料。

公路通车里程 指在一定时期内实际达到《公路工程技术标准 JTJ01-88》规定的等级公路，并经公路主管部门正式验收交付使用的公路里程数。包括大中城市的郊区公路以及通过小城镇街道部分的公路里程和桥梁、渡口的长度，不包括大中城市的街道、厂矿、林区生产用道和农业生产用道的里程。两条或多条公路共同经由同一路段，只计算一次，不得重复计算里程长度。该指标可以反映公路建设的发展规模，也是计算运输网密度等指标的基础资料。

内河航道里程 也称内河通航里程，指在一定时期内，能通航运输船舶及排筏的天然河流、湖泊水库、运河及通航渠道的长度。包括全年季节性通航累计三个月以上的航道，不包括仅供零散流放竹、木排的河道。该指标可以反映内河水运网的规模、水平和发展情况。

民用航空航线里程 指民航运输定期班机飞行的航线长度的总和。航线长度按机场之间的距离计算，通常有两种计算方法：一是将每条航线长度相加称为重复计算航线里程；一是将两线或两条以上航线经过同一区段里程，只计算一次航线长度称为不重复计算航线里程。一般常用的是后者，该指标可以确切反映民航运输网的规模，是表明民航事业为国民经济服务和方便人民生活程度的主要指标。

输油(气)管道里程 指油品(或天然气)的实际输送距离，一般按输油(气)管道的单线长度计算。若包括复线和备用线长度则称为输油(气)管道延展长度，是指管道铺设的实际长度。我们通常使用的是不包括复线的“输油(气)管道里程”，该指标可以反映管道运输的发展规模和水平。

货(客)运量 指在一定时期内，各种运输工具实际运送的货物(旅客)数量。该指标是反映运输业为国民经济和人民生活服务的数量指标，也是制定和检查运输生产计划、研究运输发展规模和速度的重要指标。货运按吨计算，客运按人计算。货物不论运输距离长短、货物类别，均按实际重量统计。旅客不论行程远近或票价多少，均按一人一次客运量统计；半价票、小孩票也按一人统计。

货物(旅客)周转量 指在一定时期内，由各种运输工具运送的货物(旅客)数量与其相应运输距离的乘积之总和。该指标可以反映运输业生产的总成果，也是编制和检查运输生产计划，计算运输效率、劳动生产率以及核算运输单位成本的主要基础资料。计算货物(旅客)周转量通常按发出站与到达站之间的最短距离，也就是计费距离计算。计算公式为：

货物（旅客）周转量=Σ（货物（旅客）运输量×运输距离）

港口货物吞吐量 指经水运进出港区范围，并经过装卸的货物数量，包括邮件及办理托运手续的行李、包裹以及补给运输船舶的燃料、物料和淡水。货物吞吐量按货物流向分为进口、出口吞吐量，按货物交流性质分为外贸货物吞吐量和国内贸易货物吞吐量。货物吞吐量的货类构成及其流向，是衡量港口生产能力大小的重要指标。

民用汽车 指报告期末，在公安交通管理部门按照《机动车注册登记工作规范》，已注册登记领有民用车辆牌照的全部汽车数量。汽车统计的主要分类：根据汽车结构分为载客汽车、载货汽车及其他汽车；根据汽车所有者不同分为个人(私人)汽车、单位汽车；根据汽车的使用性质分为营运汽车、非营运汽车；根据汽车大小规格不同载客汽车分为大型、中型、小型和微型，载货汽车分为重型、中型、轻型和微型。

机动船 又称自航船，指装有各种发动机推进装置，以机械动力行驶的船舶。

驳船 指本身无动力装置，或只设简易动力装置，依靠拖船或推船带动的平底船。

船舶净载重量 指报告期末所拥有船舶的总载重量减去燃（物）料、淡水、粮食及供应品、人员及其行李等的重量及船舶常数后，能够装载货物的实际重量。

沿海港口 指位于海沿岸，具有一定设施和条件，供船舶停靠、旅客上下、货物装卸、生活物料供应等作业的港口。

内河港口 指位于江、河、湖沿岸，具有一定设施和条件，供船舶停靠、旅客上下、货物装卸、生活物料供应等作业的港口。

民用航空航线条数 民用航空航线指出于商业的目的，运输飞机从地球表面一点(起飞)飞到另一点(终点)的航行线路。应同时具备三个条件：一是有运输飞机定期飞行，二是有足以保证运输飞机飞行和起降所需要的机场及地面设施，三是经过批准并在一个航季中正常执行。计算条数时，来回程计为一条。分为国内航线、国际航线和地区航线。

民航运输飞机 从事公共航空运输的民用飞机。分为大中型飞机和小型飞机，大中型飞机指 100 座及以上的运输飞机，小型飞机指 100 座以下的运输飞机。

城市公共交通 指城市中供公众乘用的、经济方便的各种交通方式的总称。包括公共汽车、电车、轨道交通（地铁、轻轨、有轨电车、磁悬浮、索道、缆车等）、出租汽车、公共轮渡等客运交通设施。

运营线路网长度 指公共交通线路所通过的运营线路净长度。计算公式：运营线路网长度=运营线路总长度－Σ重复的线路长度

运营线路总长度 指全部运营线路长度之和。计算公式：运营线路长度=Σ各条运营线路长度=Σ［1/2（上行起点至终点里程+下行起点至终点里程+上下行终点掉头里程）。单向行驶的环行线路长度等于起点至终点里程与终点下客站至起点里程之和的一半，不包括折返、试车、联络线等非运营线路。

运营车辆数 指城市中用于公共交通运营业务的全部车辆数。地铁和轻轨在统计时一自然节为一辆。出租汽车指已经领取出租汽车专用牌照的运营车辆，包括技术完好的、在修的、长期行驶的以及拟报废尚未经上级机关批准的车辆。

轮渡运营船舶数 指用于城市客渡运营业务的全部船舶数。不含旅游客轮（长途旅游、市内供游人游览江、河、湖泊的船只）。

城市公共交通客运总量 指报告期内城市公共交通各种运输方式运送乘客的总人次。

邮电业务总量 指以价值量形式表现的邮电通信企业为社会提供各类邮电通信服务的总数量。邮电业务量按专业分类包括函件、包件、汇票、报刊发行、邮政快件、特快专递、邮政储蓄、集邮、公众电报、用户电报、传真、长途电话、出租电路、无线寻呼、移动电话、分组交换数据通信、出租代维等。计算方法为各类产品乘以相应的平均单价(不变价)之和，再加上出租电路和设备、代用户维护电话交换机和线路等的服务收入。该指标综合反映了一定时期邮电业务发展的总成果，是研究邮电业务量构成和发展趋势的重要指标。计算公式为：

邮电业务总量=Σ（各类邮电业务量×不变单价）+出租代维及其他业务收入

=邮政业务总量+通信业务总量

移动电话用户 指通过移动电话交换机进入移动电话网、占用移动电话号码的各类电话用户。包括签约用户和智能网预付费用户。一个移动电话号码统计为一户。

本地电话用户 指接入本地电信运营商固定电话网上的电话用户。包括：住宅用户、单位用户、公用电话用户等。按电话用户位置又分为城市电话用户和乡村电话用户。按通信手段又分为固定电话用户和无线市话用户。1997 年以前，“城市（内）电话用户”是指接入县城及县以上城市的电话网上的电话用户；“乡（农）村电话用户”是指接入县邮电局农话台及县以下农村电话交换点，以县城为中心(除市话用户外)联通县、乡(镇)、行政村、村民小组的用户。从 1997 年起，电话用户数分组调整为以用户所在区域划分为“城市电话用户”和“乡村电话用户”，与过去的按市内电话和农村电话划分方法不同。

城市电话用户 指直辖市、省辖市、地级市、县级市的市区、市郊区及县城(包括县人民政府所在地的县城关区或行政建制相当于县人民政府所在地的镇)范围内接入局用交换机的电话用户数，包括分布在农村地区的独立工矿区、林区、驻军等电话用户数。

乡村电话用户 指按行政区划属于城市范围以外的乡(镇)、村的电话用户数。

国际互联网用户 包括互联网窄带拨号用户和互联网宽带接入用户。互联网窄带拨号用户又分为互联网注册拨号用户、互联网主叫电话记费用户、互联网上网卡用户等几种。互联网注册拨号用户指由基础电信运营商用户提供的，使用固定帐号上网的一种方式，由用户到运营商的营业厅或业务代理商处申请办理，获得拨号上网帐号及密码，用户根据该帐号及密码拨叫上网特服号，通过认证获得动态 IP 地址接入宽带互联网。互联网主叫电话记费用户指用户不需要到运营商的营业厅或业务代理商处申请办理，只需要拨打某一运营商已经开通的主叫特服号码即可上网，上网费用随主叫电话收取。互联网上网卡用户指使用上网卡

上的帐号和密码认证，通过PSTN、N-ISDN等方式接入宽带互联网的用户。互联网宽带接入用户指采用分组交换网、DDN网、帧中继/ATM网以及模拟专线、数字专线等方式，不经过基础电信运营商的宽带IP城域网，直接接入宽带互联网节点的用户，不含XDSL、专线和LAN专线用户。

长途电话交换机容量 指用于接入长途电话网的电话交换机设备的额定容量，包括国际电话交换机容量。

本地交换设备容量 指安装在电信运营企业内用于接续本地固定电话的电话交换机容量，包括现用和备用的人工或自动交换机的全部容量。包括局用交换机容量、接入网设备容量（含无线市话）和用户交换机容量。

移动电话交换机容量 指移动电话交换机根据一定话务模型和交换机处理能力计算出来的最大同时服务用户的数量。

Explanatory Notes on Main Statistical Indicators

Length of Railways in Operation refers to the total length of the trunk line under passenger and freight transportation (including both regular operations and temporary operations). In the case of wholly or partially double- or multi-track railways, calculation is based on the actual length of the first track, regardless of other tracks, station sidings, tracks under the charge of stations, branch lines, special-purpose lines and non-payable connecting lines. The length of railways in operation is an important indicator of the development of infrastructure for railway transport, as well as the foundation for the calculation of passenger-kilometers and freight ton-kilometers, traffic density and utilization efficiency of locomotives and carriages.

Length of Highways refers to the length of highways built in conformity with the grades specified by the Technical Standards JTJ01-88 for Highway Engineering, formally checked and accepted by highway authorities and put into use. The length of highways includes that of suburban highways at large and medium-sized cities and highways passing through streets at small cities and towns, as well as the span of bridges and ferries. However, it does not include the length of streets in large and medium-sized cities and highways built for production purposes at factories, mines, forest areas and agricultural areas. If two or more highways share the same segment, the length of the shared segment is only calculated for once and no duplication is allowed. The length of highways is an important indicator of the scale of development of highway construction, as well as the foundation for the calculation of transport network density and other indicators.

Length of Navigable Inland Waterways refers to the length of natural rivers, lakes, reservoirs, canals, and ditches open to navigation during a given period, which enables the transport by ships and rafts. This includes channels open to seasonal navigation for an accumulative period of over 3 months in a year, but excludes river courses used exclusively for wood or bamboo rafts on an irregular basis. This indicator reflects the scale, level and development situation of the inland waterway network.

Length of Civil Aviation Routes refers to the length of all routes for regular civil aviation flights. Calculation of route lengths is based on the distance between airports, usually in either of the following ways: duplicated calculation of route lengths, which directly sums up the length of every single air route; or singular calculation of route lengths, which calculates the same segments of aviation routes shared by two or more routes only once. In general practice, the latter is used, as it can precisely reflect the size of the civil aviation network and indicate the extent to which civil aviation serves the national economy and the needs of the people.

Length of Petroleum and Gas Pipelines refers to the actual transport distance of oil or gas products, generally calculated as the length of single pipelines. Inclusion of double pipelines and alternate pipeline in the calculation is termed the extension length of petroleum and gas pipelines, which indicates the actual length of the pipelines built. In general practice, the "Length of Petroleum and Gas Pipelines" exclusive of double pipelines is used, which reflects the scale and degree of development in pipeline transport.

Freight (Passenger) Traffic refers to the volume of freight (passengers) transported with various means. This indicator provides a quantitative measure of how the transport industry serves the national economy and the needs of the people, as well as an important reference for drafting and checking production plans in the transport industry and for studying the scale and speed of development in the transport industry. Freight transport is calculated in tons and passenger traffic is calculated in the number of persons. Freight transport is calculated in the actual weight of goods regardless of traveling distances and types of freight; while passenger traffic is calculated as the number of individuals traveling once, regardless of traveling distances, ticket prices, whether the passengers are traveling with half-price tickets or child tickets.

Freight Ton-kilometers (Passenger-kilometers) refer to the sum of the products of the volume of transported cargo (passengers) multiplied by the transport distance. These are important indicators of the total achievements of the transport industry, as well as the major foundation for drafting and checking production plans in the transport industry and for calculating the efficiency, labor productivity and the cost of transport enterprises. Normally, the shortest distance between the departure station and the destination station (i.e. the payable distance) is the basis to calculate the freight ton-kilometers and passenger-kilometers on. These indicators are calculated as follows:

Freight Ton-kilometers (Passenger-kilometers) = Σ (Freight (Passenger) Traffic ×Transport Distance)

Volume of Freight Handled in Ports refers to the volume of cargo passing in and out of the harbor area that undergoes the loading and unloading processes, including mails, checked baggage and bales, as well as fuel, material and fresh water supplies to ships. The volume of freight handled may be classified by direction of flow as import volume and export volume, or by nature of cargo as volume of freight for domestic trade and volume of freight for foreign trade. The classification of volume of freight handled and its direction of flow are important indicators of the production capacity of ports.

Possession of Civil Motor Vehicles refers to the total number of vehicles that are registered at transport management offices under the public security authorities and provided with civil vehicle licenses and tags according to the Work Standard for Motor Vehicles Registration at the end of the reference period. Major categories of vehicle are: passenger vehicles, freight vehicles and other vehicles in terms of structure; private vehicles and organization-owned vehicles in terms of ownership; commercial vehicles and non-commercial vehicles in terms of use; large, medium, small and mini passenger vehicles, and heavy, medium, light and mini trucks in terms of size.

Motor Vessels refer to vessels installed with power units and propelled by mechanical power. It is also known as self-propelled vessels.

Barges refer to flat-bottomed vessels driven by drawers or propellers. It has no power units or has only simple power units.

Dead Weight Tonnage of Vessels refers to the actual tonnage all the vessels within the reference period are capable of carrying. It equals the tonnage of all the vessels minus that of fuel, material and fresh water, foods, supplies, persons and luggages on vessels.

Coastal Seaports refer to seaports located alongside the coasts that have the right facilities and conditions for vessel mooning, passenger boarding and alighting, cargo loading and disloading, and supply of daily life materials.

Inland Ports refer to ports located along rivers and lakes that have the right facilities and conditions for vessel mooning, passenger boarding and alighting, cargo loading and disloading, and supply of daily life materials.

Number of Civil Aviation Routes refers to the number of all routes of commercial civil aviation flights from one point of the earth to another. Civil aviation routes shall meet three conditions. First, there shall be regular flights. Second, there shall be adequate airport and ground facilities to ensure the flight, takeoff and landing. Third, the flights are approved and carried out normally during the flight season. Singular calculation is used in calculating the number of routes. Civil aviation routes are divided into domestic routes, international routes and regional routes.

Civil Aviation Aircraft refer to aircraft used in public civil aero transport. They are divided into large and medium-sized aircraft and small-sized aircraft. The former refer to those with 100 seats and above, and the latter refer to those with less than 100 seats.

Urban Public Transportation refers to all the economical transport taken by the public in cities. It includes buse, trolley bus, rail transport (subway, light rail, streetcar, magnetically levitated trains, cableway, telpher, etc.), taxi, ferry boast, etc.

Length of Public Transportation Network refers to the net length covered by the public transportation routes. The following formula is used:

Length of Public Transportation Network=Length of Public Transportation under Operation - ΣLength of Repeated Routes

Length of Public Transportation under Operation refers to the sum of all public transportation routes under operation. The following formula is used:

Length of Public Transportation under Operation= -Σ(1/2 (length from starting station to terminal of forward trip+length from terminal to beginning station of backward trip+length of take-turning of both trips)

Number of Vehicles under Operation refers to the total number of vehicles under operation in public transportation in cities. For subway and light rail, each compartment is calculated as one unit. Taxi refers to all those with special operation license, including those in good condition, under maintenance, in long-term operation and with pending approval for writing-off.

Number of Ferry Boats refer to the total number of boats for ferry operation., excluding the long-distance or intra-city cruiser.

Total Passenger Traffic in Cities refers to the total number of persons transported by public transportation in cities.

Business Volume of Postal and Telecommunication Services refers to the total amount of postal and telecommunication services, expressed in value terms, provided by postal and telecommunication enterprises for the society. Postal and telecommunication services can be classified as letters, parcels, remittance, delivery of newspapers and magazines, fast mail service, express mail service, savings deposits, stamps for collection, public and individual telegraph service, facsimiles, long-distance telephone service, leasing of telephone lines, urban paging service, mobile telephone service, data communication through packet networks, network elements lease and maintenance, etc. To calculate the volume, the business volume of each product is multiplied by its average unit price (at constant prices), summed, and added to income from other services such as leasing of telephone lines and equipment, maintenance of telephone switchboards and lines on behalf of customers. This indicator reflects the overall achievements of postal and telecommunication services during a given period, and is an important reference for studying the composition of business volume and the development trend of postal and telecommunication services. This volume is calculated as follows:

Business Volume of Postal and Telecommunication Services = Σ(Business Volume of Each Product× Constant Unit Price) + Income from Leasing, Maintenance, and Other Services = Business Volume of Postal Services + Business Volume of Telecommunication Services

Mobile Telephone Subscribers refer to persons who own mobile telephone numbers and are connected with the mobile telephone communication network through mobile telephone switchboards, including contracted subscribers and pre-paid subscribers for intelligent network. One mobile telephone number is calculated as one subscriber.

Local Telephone Subscribers refer to subscribers that are connected to the local telecommunication service provider through fix line network, including household subscribers, institutional subscribers and public telephones. They are also classified as urban subscribers and rural subscribers according to locations, or fixed-line subscribers and wireless subscribers according to the means of telecommunication. Before 1997, urban subscribers referred to those connected to urban telephone networks in county towns and cities, while rural subscribers referred to those connected to rural telephone stations at or below the county level, clustered around the county town (excluding urban subscribers), and further connected to the county, towns and townships, administrative villages and villagers' groups. Since 1997, the classification of telephone subscribers into urban telephone subscribers and rural telephone subscribers was modified on the basis of geographical location of the subscribers, which is different from the previous distinction between urban telephones and rural telephones.

Urban Telephone Subscribers refer to the number of telephone subscribers located at municipalities under the jurisdiction of the central government, cities under the jurisdiction of provinces, cities at prefecture level, downtown and suburb of cities at county level and county towns (including county towns where the county governments are located, and towns where the governments of other administrative regions at county level are located), that are connected to the public line telephone network, including the number of telephone subscribers in independent mining areas, forest areas, and military zones located in rural areas.

Rural Telephone Subscribers refer to telephone subscribers located at townships, towns and villages outside the range of cities according to administrative jurisdiction.

Number of Internet Subscribers include both narrow-band dial-up users and broad-band access users of the internet. Narrow-band dial-up users are further classified into registered dial-up users, pay-per-calling users, and pre-pay card users. Registered dial-up service enables internet access through fixed accounts provided by basic telecommunication operators. Users of this service apply to the operators or their agents for accounts and passwords, with which they dial special numbers for internet connection and acquire dynamic IP addresses through authentification to gain access to the broad-band internet. Pay-per-calling service implies that instead of applying to the operators or their agents, users only need to dial a certain operator's special numbers to gain access to the internet and pay internet fees together with their calling fees. Pre-pay card users refer to those connected to the broad-band internet through PSTN and N-ISDN networks with accounts and passwords provided by the pre-pay cards. Broad-band access users (exclusive of XDSL and LAN users) refer to users directly connected to broad-band internet nodes through packet networks, DDN networks, frame relay/ATM networks, and special analog or digital lines, bypassing the broad-band IP MAN provided by basic telecommunication operators.

Capacity of Long Distance Telephone Exchanges refers to the rated capacity of telephone exchanges connected to long distance telephone networks, including capacity of international telephone exchanges.

Capacity of Local Telephone Exchanges refers to the capacity of telephone exchanges installed in the offices of telecommunication service providers for communication between fixed telephones. It includes the capacity of both manual and automatic exchanges in use and for stand-by purpose. It consists of the capacity of office telephone exchanges, access network equipment(including wireless city call) and subscriber exchanges.

Capacity of Mobile Telephone Exchanges refers to the maximum number of subscribers that can be served simultaneously, calculated according to a certain calling model and the handling capacity of the mobile telephone exchanges.

十六、批发和零售业

WHOLESALE AND RETAIL TRADES

十六　批发零售业

简要说明

一、本篇资料反映包括批发零售业商品流通情况、社会消费品零售总额等。

二、本篇资料主要根据国家统计局《批发和零售业统计报表制度》进行搜集和加工整理。资料中限额以上批发和零售业采用全面调查的方法自下而上逐级综合汇总而得，限额以下企业及个体户资料采用抽样调查方法推算而得。

三、各表的调查范围：

限额以上批发和零售业统计限额标准：批发业年销售额2000万元及以上；零售业年销售额500万元及以上。

商品购、销、存总额表为各种经济类型的限额以上和限额以下批发零售业法人及产业活动单位和个体户。

社会消费品零售总额表为各种经济类型的法人及产业活动单位、个体户对城乡居民和社会集团的零售。

四、本篇资料由广东省统计局贸易外经处整理提供。

16 Wholesale and Retail Trades

Brief Introduction

Ⅰ. The date in this chapter show the development of Guangdong's domestic market，including mainly the circulation of commodities in the wholesale and retail trades and the total retail sales of consumer goods，etc.

Ⅱ. The data are collected and processed in accordance with the Statistical Reporting Scheme on Wholesale and Retail Trades stipulated by the National Bureau of Statistics. Data on basic conditions for all corporate enterprises of wholesale, retail above the designated size are collected through comprehensive reporting systems and data are reported level by level in a bottom-up manner. Data on small-size enterprises and individual enterprises below the designated size are collected through sample surveys.

Ⅲ. The statistical coverage in this chapter comes as follows:

Criteria for wholesale and retail sale trades above designated size is defined as follows：wholesale trade with annual sales of 20 million yuan or above, retail sale trade with annual sales of 5 million yuan or above.

The table of total purchases，sales and inventory include corporate units, establishments and individuals of various types of ownership both above and below designated size by category of commodities.

The table of total retail sales of consumer goods includes the retail sales of corporate units, establishments and individuals of various types of ownership to urban and rural residents and institutions.

Ⅳ. The data in this chapter are prepared and provided by the Division of Trade and External Economic Relations Statistics of　Statistics Bureau of Guangdong Province.

16-1 批发零售业主要指标

Main Indicators on Domestic Trade

指标	Item	2000	2010	2013	2014	2015	2015比2014增长(%) Growth Rate in 2015 over 2014 (%)
社会消费品零售总额（亿元）	**Total Retail Sales of Consumer Goods (100 million yuan)**	**4379.81**	**17458.44**	**25453.93**	**28471.15**	**31517.56**	**10.1**
按行业分	By Sector						
#批发零售业	Wholesale and Retail Trades	3625.37	15565.04	22728.10	25518.70	28285.78	10.0
限额以上	Above Designated Size	885.95	5747.82	10552.17	11978.86	12650.76	7.3
限额以下	Below Designated Size	2739.42	9817.22	12175.93	13539.84	15635.02	12.3
住宿餐饮业	Hotels and Catering Services	655.94	1893.40	2725.83	2952.45	3231.78	10.7
限额以上	Above Designated Size		671.58	1124.90	1196.52	1179.97	6.7
限额以下	Below Designated Size		1221.82	1600.93	1755.93	2051.81	13.0
按城乡分	By Urban and Rural Area						
城镇	Urban Areas	3290.33	14896.98	22283.48	24939.92	27610.44	10.0
乡村	Rural Areas	1089.48	2561.46	3170.46	3531.23	3907.12	10.4
批发零售业商品销售总额（亿元）	**Total Sales in Wholesale and Retail Trades (100 million yuan)**	**10316.88**	**47217.39**	**91735.70**	**106900.75**	**115442.98**	**8.0**
批发额	Wholesale Value	6691.51	31727.96	69218.27	81430.22	87415.19	7.4
零售额	Retail Value	3625.37	15489.43	22517.43	25470.53	28027.79	10.0
按行业分	By Sector						
批发业销售额	Sales in Wholesale Trade	7053.14	30173.58	70613.60	82875.98	89258.24	7.7
批发额	Wholesale Value	6247.11	28849.48	67179.84	78943.69	84796.41	7.4
零售额	Retail Value	806.03	1324.10	3433.76	3932.29	4461.83	12.9
零售业销售额	Sales in Retail Trade	3263.74	17043.81	21122.1	24024.77	26184.74	9.0
批发额	Wholesale Value	444.40	2878.48	2038.43	2486.53	2618.78	5.1
零售额	Retail Value	2819.34	14165.33	19083.67	21538.23	23565.96	9.4
按规模分	By Size						
限额以上销售额	Sales above Designated Size	4922.10	30316.84	66179.5	72282.30	66166.10	5.3
批发额	Wholesale Value	4036.15	24600.85	55656.3	60351.79	53553.50	4.9
零售额	Retail Value	885.95	5715.99	10523.2	11930.51	12612.60	7.3
限额以下销售额	Sales below Designated Size	5394.78	16900.55	25556.2	34618.45	49276.88	11.8
批发额	Wholesale Value	2655.36	7127.11	13561.97	21078.43	33861.69	11.6
零售额	Retail Value	2739.42	9773.44	11994.23	13540.02	15415.19	12.3
限额以上连锁总店数（个）	**Number of General Chain Stores above Designated Size (unit)**		**206**	**308**	**387**	**386**	**-0.3**
限额以上连锁门店数（个）	**Number of Branch Chain Stores above Designated Size (unit)**		**23096**	**24546**	**28305**	**25903**	**-8.5**
限额以上连锁店销售总额（亿元）	**Total Sales of Chain Stores above Designated Size (100 million yuan)**		**3502.08**	**5244.13**	**5597.23**	**5241.15**	**-6.4**
#零售额	Retail Value		2980.36	3817.63	4563.17	4420.51	**-3.1**
亿元以上商品交易市场成交额（亿元）	**Transaction Value of Commodity Markets above 100 Million Yuan (100 million yuan)**		**4828.13**	**5418.15**	**5657.02**	**5576.63**	**-1.4**

16-2 按行业及城乡分社会消费品零售总额

Total Retail Sales of Consumer Goods by Sector and by Urban and Rural Area

单位：亿元 (100 million yuan)

年份 Year	社会消费品零售总额 Total Retail Sales of Consumer Goods	按行业分 By Sector		按城乡分 By Urban and Rural Area	
		#批发零售业 Wholesale and Retail Trades	#住宿餐饮业 Hotels and Catering Services	城镇 Urban Areas	乡村 Rural Areas
1978	79.86	66.92	5.39	38.42	41.44
1979	92.69	76.76	6.09	43.25	49.44
1980	117.67	94.52	7.30	66.72	50.95
1981	142.38	114.56	8.85	71.19	71.19
1982	164.23	131.86	10.19	82.77	81.46
1983	183.62	144.88	11.58	97.32	86.30
1984	226.13	170.06	16.04	131.61	94.52
1985	289.23	209.38	26.74	178.45	110.78
1986	327.02	235.59	28.68	172.67	154.35
1987	405.19	294.17	37.83	214.34	190.85
1988	568.07	414.30	50.79	306.19	261.88
1989	636.15	451.24	65.69	345.43	290.72
1990	667.36	463.92	71.11	457.34	210.02
1991	786.64	535.40	87.87	531.57	255.07
1992	1109.55	951.21	128.60	809.96	299.59
1993	1518.31	1309.60	168.75	1137.80	380.51
1994	1991.33	1705.13	234.42	1511.03	480.30
1995	2478.35	2121.16	300.24	1864.90	613.45
1996	2772.83	2358.28	356.23	2093.18	679.65
1997	3139.32	2653.90	409.95	2362.67	776.65
1998	3567.01	2962.27	505.56	2688.64	878.37
1999	3932.44	3268.96	569.18	2960.30	972.14
2000	4379.81	3625.37	655.94	3290.33	1089.48
2001	4856.65	3996.92	751.32	3638.52	1218.13
2002	5392.64	4443.64	843.82	4044.52	1348.12
2003	6029.86	5021.81	897.26	4540.94	1488.92
2004	6852.03	5734.94	953.84	5177.13	1674.90
2005	7915.51	6773.37	1016.63	5967.71	1947.80
2006	9194.29	7944.17	1155.39	6913.19	2281.10
2007	10731.28	9373.42	1298.31	8064.08	2667.20
2008	12986.60	11423.07	1498.91	9754.30	3232.30
2009	14891.78	13228.45	1656.30	11278.66	3613.12
2010	17458.44	15565.04	1893.40	14896.98	2561.46
2011	20297.52	18110.21	2187.31	17399.70	2897.82
2012	22677.11	20231.14	2445.97	19767.95	2909.16
2013	25453.93	22728.10	2725.83	22283.48	3170.46
2014	28471.15	25518.70	2952.45	24939.92	3531.23
2015	31517.56	28285.78	3231.78	27610.44	3907.12

注：本表1992—2004年数据根据广东省第一次全国经济普查资料进行了调整，2005—2008年数据根据广东省第二次全国经济普查资料进行了调整，2009—2013年数据根据广东省第三次全国经济普查资料进行了调整。

Note: Data of 1992 to 2004 in this table have been adjusted in accordance with the figures from the first national economic census of Guangdong Province，Data of 2005 to 2008 in this table have been adjusted in accordance with the figures from the second national economic census of Guangdong Province，Data of 2009 to 2013 in this table have been adjusted in accordance with the figures from the third national economic census of Guangdong Province.

16-3 各市社会消费品零售总额（2015年）

Total Retail Sales of Consumer Goods by City (2015)

单位：亿元 (100 million yuan)

市 别	City	社会消费品零售总额 Total Retail Sales of Consumer Goods	按行业分 By Sector #批发和零售业 Wholesale and Retail Trades	#住宿和餐饮业 Hotels and Catering Services	按城乡分 By Urban and Rural Area 城镇 Urban Area	乡村 Rural Area
广 州	Guangzhou	7987.96	6984.57	1003.39	7762.42	225.54
深 圳	Shenzhen	5017.84	4448.14	569.70	5017.84	
珠 海	Zhuhai	915.20	811.38	103.82	893.14	22.06
汕 头	Shantou	1349.34	1269.66	79.68	981.15	368.19
佛 山	Foshan	2705.22	2419.31	285.91	2144.77	560.45
#顺 德	Shunde	876.82	784.63	92.19	561.16	315.66
韶 关	Shaoguan	580.79	526.42	54.37	505.58	75.21
河 源	Heyuan	482.99	449.63	33.36	371.19	111.80
梅 州	Meizhou	559.50	519.44	40.06	391.65	167.85
惠 州	Huizhou	1070.72	970.77	99.95	873.01	197.71
汕 尾	Shanwei	489.61	436.72	52.89	359.08	130.54
东 莞	Dongguan	2184.70	2033.10	151.60	2011.67	173.03
中 山	Zhongshan	1086.74	983.32	103.42	995.03	91.71
江 门	Jiangmen	1034.30	929.29	105.01	786.07	248.23
阳 江	Yangjiang	584.46	525.98	58.48	456.15	128.31
湛 江	Zhanjiang	1308.95	1158.01	150.94	1068.11	240.84
茂 名	Maoming	1214.38	1110.88	103.50	828.23	386.15
肇 庆	Zhaoqing	648.36	579.68	68.68	457.56	190.80
清 远	Qingyuan	571.50	525.50	46.00	465.40	106.10
潮 州	Chaozhou	444.15	406.64	37.51	355.32	88.83
揭 阳	Jieyang	872.42	836.89	35.53	627.62	244.80
云 浮	Yunfu	304.71	276.62	28.09	238.81	65.90
按经济区域分	By Region					
珠三角	Pearl River Delta	22651.04	20159.56	2491.48	20941.51	1709.53
东 翼	Eastern Region	3155.52	2949.91	205.61	2323.17	832.36
西 翼	Western Region	3107.79	2794.87	312.92	2352.49	755.30
山 区	Mountainous Region	2499.49	2297.61	201.88	1972.63	526.86

16-4 各市社会消费品零售总额

Total Retail Sales of Consumer Goods by City

单位：亿元 (100 million yuan)

市 别	City	2000	2005	2010	2011	2012	2013	2014	2015
广 州	Guangzhou	1121.13	1905.84	4500.28	5243.02	5977.27	6426.91	7144.45	7987.96
深 圳	Shenzhen	735.02	1441.61	3000.76	3520.87	4008.78	4500.46	4919.00	5017.84
珠 海	Zhuhai	121.17	220.19	486.03	567.86	635.20	720.52	815.71	915.20
汕 头	Shantou	218.99	345.23	830.41	972.21	1029.82	1056.81	1186.04	1349.34
佛 山	Foshan	337.55	650.18	1687.13	1931.41	2019.50	2122.63	2400.58	2705.22
#顺 德	Shunde	93.18	212.27	539.71	617.99	652.01	682.33	775.63	876.82
韶 关	Shaoguan	85.40	141.67	329.78	383.99	409.59	471.11	522.68	580.79
河 源	Heyuan	37.12	73.02	163.07	188.04	209.37	381.02	435.01	482.99
梅 州	Meizhou	67.28	131.85	319.05	372.79	403.5	450.18	499.97	559.50
惠 州	Huizhou	126.48	252.01	582.53	684.72	754.15	857.91	968.70	1070.72
汕 尾	Shanwei	69.84	130.45	352.06	414.59	424.32	398.72	440.11	489.61
东 莞	Dongguan	235.16	506.29	1108.06	1266.31	1354.58	1786.66	1942.29	2184.70
中 山	Zhongshan	141.81	277.08	648.11	756.07	809.33	890.55	981.80	1086.74
江 门	Jiangmen	177.03	310.44	655.86	759.15	807.21	831.85	923.35	1034.30
阳 江	Yangjiang	86.46	159.22	370.58	440.11	467.01	481.98	531.90	584.46
湛 江	Zhanjiang	156.59	269.98	679.79	805.59	861.33	1010.70	1162.10	1308.95
茂 名	Maoming	158.11	287.96	704.97	842.86	902.20	983.13	1093.90	1214.38
肇 庆	Zhaoqing	77.31	142.99	332.89	389.71	433.39	493.12	559.90	648.36
清 远	Qingyuan	72.27	130.03	370.50	433.69	459.63	466.45	520.28	571.50
潮 州	Chaozhou	60.57	103.32	245.47	287.73	317.04	354.71	395.86	444.15
揭 阳	Jieyang	82.38	144.76	446.62	573.45	521.05	657.66	759.02	872.42
云 浮	Yunfu	31.30	59.71	136.97	167.58	180.31	224.73	268.49	304.71
按经济区域分	By Region								
珠 三 角	Pearl River Delta	3204.99	5878.70	12613.24	14575.57	16552.69	18630.61	20655.78	22651.04
东 翼	Eastern Region	450.38	745.58	1818.56	2167.17	2258.56	2467.90	2781.03	3155.52
西 翼	Western Region	418.44	738.78	1702.90	2013.47	2197.78	2475.81	2787.90	3107.79
山 区	Mountainous Region	306.00	552.45	1279.96	1490.51	1668.08	1993.49	2246.43	2499.49

16−5 批发零售业商品销售总额

Total Sales of Commodities in Wholesale and Retail Trades

单位：亿元 (100 million yuan)

项 目	Item	2000	2010	2013	2014	2015
合 计	**Total**	**10316.88**	**47217.39**	**91735.70**	**106900.75**	**115442.98**
按行业分组	By sector					
批发业	Wholesale Trade	7053.14	30173.58	70613.60	82875.98	89258.24
零售业	Retail Trade	3263.74	17043.81	21122.10	24024.76	26184.74
按规模分组	By Size of Enterprises					
限额以上企业和个体户	**Enterprises above Designated Size and Individuals**	**4922.10**	**30316.84**	**66179.50**	**72282.30**	**66166.10**
食品、饮料、烟酒类	Food, Beverages, Tobacco and Liquor	843.07	2635.17	4818.73	6351.61	7097.34
粮油类	Grain and Edible Oil	17.02	366.51	655.79	901.87	1134.22
肉禽蛋类	Meat, Poultry and Eggs	110.80	230.13	505.51	614.20	703.26
饮料类	Beverages	24.27	192.76	456.41	772.78	1046.10
烟酒类	Tobacco and Liquor	464.74	1175.56	1619.14	1796.16	1939.10
其它食品类	Other Food	226.24	670.21	1581.87	2266.60	2274.66
服装鞋帽、针纺织品类	Garments,Footwear,Headgear,Knitwear and Textiles	437.67	1869.06	4716.05	4761.54	5244.01
服装类	Garments	277.69	1133.19	3160.31	3038.33	3451.73
鞋帽类	Footwear and Headgear	49.29	206.49	539.44	661.30	689.94
针、纺织品类	Knitwear and Textiles	110.69	529.38	1016.31	1061.90	1102.33
化妆品类	Cosmetics	20.12	138.83	254.91	297.17	401.67
金银珠宝类	Gold, Silver and Jewelry	26.10	221.13	916.55	1105.96	1280.64
日用品类	Daily-use Articles	206.22	762.55	1741.22	2106.68	2347.19
#洗涤用品类	Detergents	22.54	232.11	413.35	502.84	
儿童玩具类	Toys for Children	15.33	32.61	67.04	90.92	96.89
五金、电料类	Hardware and Electrical Appliances	50.65	266.24	426.43	682.53	761.81
体育、娱乐用品类	Sports and Recreational Articles	22.79	153.92	152.21	180.43	168.46
书报杂志类	Newspapers and Magazines	43.41	77.67	102.84	140.34	161.28
电子出版物及音像制品类	E-journals and Video Products	6.67	23.12	24.07	26.97	29.96
家用电器和音像器材类	Household Appliances and Video Appliances	329.32	1221.85	1755.18	2329.42	2459.14
中西药品类	Traditional Chinese and Western Medicines	275.71	1248.10	2231.66	2576.08	2957.35
#西药	Western Medicines	170.09	848.37	1488.40	1706.07	1939.97
中草药及中成药	Traditional Chinese Medicines	70.92	256.71	523.11	576.89	659.07
文化办公用品类	Articles for Cultural and Office Use	55.91	637.27	5302.74	3792.30	3586.88
家具类	Furniture	31.98	189.07	361.21	448.86	542.19
通讯器材类	Communication Appliances	70.47	719.27	2896.48	2935.62	3176.14
煤炭及制品类	Coal and Related Products	82.94	1144.17	1829.58	1982.29	1293.35
木材及制品类	Timber and Related Products	10.08	60.20	166.79	149.09	163.68
石油及制品类	Petroleum and Related Products	1176.36	7779.83	15206.60	15469.34	7792.01
化工材料及制品类	Chemical Materials and Products	172.79	1566.66	3511.56	4355.75	3952.91
金属材料类	Metal Materials	324.60	4380.16	8855.71	9768.75	8268.17
建筑及装潢材料类	Construction and Decoration Materials	36.43	432.07	928.78	1458.48	1171.45
机电产品及设备类	Mechanical and Electrical Products and Equipment	119.99	1235.24	3071.61	2436.26	2888.60
汽车类	Motor Vehicles	213.08	2773.14	4205.26	5473.14	6494.43
种子饲料类	Seeds and Feedstuff	22.64	53.57	123.31	144.15	208.81
棉麻类	Cotton and Hemp	6.52	20.81	101.79	97.83	93.09
其它类	Others	336.58	707.74	2478.23	3211.71	3625.54
限额以下企业和个体户	**Enterprises below Designated Size and Individuals**	**5394.78**	**16900.55**	**25556.20**	**34618.45**	**49276.88**

16−6 批发零售业商品批发额

Total Wholesale Value of Commodities in Wholesale and Retail Trades

单位：亿元 (100 million yuan)

项　　目	Item	2000	2010	2013	2014	2015
合　计	**Total**	**6691.51**	**31727.96**	**69218.27**	**81430.22**	**87415.19**
按行业分组	By sector					
批发业	Wholesale Trade	6247.11	28849.48	67179.84	78943.69	84796.41
零售业	Retail Trade	444.40	2878.48	2038.43	2486.53	2618.78
按规模分组	By Size of Enterprises					
限额以上企业和个体户	**Enterprises above Designated Size and Individuals**	**4036.15**	**24600.85**	**55656.30**	**60351.79**	**53553.50**
食品、饮料、烟酒类	Food, Beverages, Tobacco and Liquor	677.15	2067.13	3883.02	5314.86	5863.76
粮油类	Grain and Edible Oil	6.87	279.88	474.22	719.76	928.33
肉禽蛋类	Meat, Poultry and Eggs	94.01	168.66	383.77	468.94	536.39
饮料类	Beverages	13.88	134.29	357.55	658.68	907.60
烟酒类	Tobacco and Liquor	418.34	1065.75	1466.39	1623.80	1737.72
其它食品类	Other Food	144.05	418.55	1201.07	1843.68	1753.71
服装鞋帽、针纺织品类	Garments,Footwear,Headgear,Knitwear and Textiles	344.17	1385.88	3597.74	3515.21	3993.25
服装类	Garments	210.88	786.06	2369.23	2178.21	2606.88
鞋帽类	Footwear and Headgear	35.16	117.36	318.15	396.48	415.44
针、纺织品类	Knitwear and Textiles	98.13	482.46	910.38	940.52	970.92
化妆品类	Cosmetics	5.45	56.22	107.88	171.01	228.49
金银珠宝类	Gold, Silver and Jewelry	12.37	151.49	669.16	866.62	1045.36
日用品类	Daily-use Articles	147.50	569.53	1306.11	1623.41	1760.89
#洗涤用品类	Detergents	11.35	166.98	305.81	392.51	
儿童玩具类	Toys for Children	12.05	19.52	44.96	58.61	61.29
五金、电料类	Hardware and Electrical Appliances	44.79	241.86	356.15	584.11	635.55
体育、娱乐用品类	Sports and Recreational Articles	15.68	131.35	108.60	133.38	97.62
书报杂志类	Newspapers and Magazines	29.11	50.89	68.80	95.36	109.76
电子出版物及音像制品类	E-journals and Video Products	2.42	16.38	12.19	14.91	14.56
家用电器和音像器材类	Household Appliances and Video Appliances	255.61	790.44	1174.63	1659.53	1742.73
中西药品类	Traditional Chinese and Western Medicines	217.40	957.64	1802.79	2055.94	2349.21
#西药	Western Medicines	136.84	651.83	1189.88	1335.48	1524.78
中草药及中成药	Traditional Chinese Medicines	55.80	216.34	455.30	500.41	571.22
文化办公用品类	Articles for Cultural and Office Use	41.13	570.14	4895.43	3495.93	3229.34
家具类	Furniture	23.41	156.89	228.99	325.09	392.91
通讯器材类	Communication Appliances	65.29	639.96	2572.11	2605.09	2731.33
煤炭及制品类	Coal and Related Products	82.62	1137.75	1808.95	1955.68	1264.48
木材及制品类	Timber and Related Products	9.73	60.20	166.79	149.07	163.68
石油及制品类	Petroleum and Related Products	1043.57	6488.12	13123.70	13278.28	5822.76
化工材料及制品类	Chemical Materials and Products	169.88	1566.66	3511.56	4355.75	3952.91
金属材料类	Metal Materials	322.33	4380.16	8855.71	9768.75	8268.17
建筑及装潢材料类	Construction and Decoration Materials	33.07	392.48	807.11	1291.55	1021.24
机电产品及设备类	Mechanical and Electrical Products and Equipment	102.51	1200.20	2880.22	2314.42	2741.70
汽车类	Motor Vehicles	100.37	920.60	1402.54	1826.79	2720.82
种子饲料类	Seeds and Feedstuff	22.64	53.57	123.31	144.15	208.81
棉麻类	Cotton and Hemp	6.52	20.81	101.50	97.57	92.93
其它类	Others	261.43	594.50	2091.31	2709.33	3101.24
限额以下企业和个体户	**Enterprises below Designated Size and Individuals**	**2655.36**	**7127.11**	**13561.97**	**21078.43**	**33861.69**

16-7 批发零售业商品零售额

Total Retail Value of Commodities in Wholesale and Retail Trades

单位：亿元 (100 million yuan)

项　目	Item	2000	2010	2013	2014	2015
合　计	**Total**	**3625.37**	**15489.43**	**22517.43**	**25470.53**	**28027.79**
按行业分组	By sector					
批发业	Wholesale Trade	806.03	1324.10	3433.76	3932.29	4461.83
零售业	Retail Trade	2819.34	14165.33	19083.67	21538.23	23565.96
按规模分组	By Size of Enterprises					
限额以上企业和个体户	**Enterprises above Designated Size and Individuals**	**885.95**	**5715.99**	**10523.20**	**11930.51**	**12612.60**
食品、饮料、烟酒类	Food, Beverages, Tobacco and Liquor	165.92	568.04	935.71	1036.75	1233.58
粮油类	Grain and Edible Oil	10.15	86.63	181.57	182.11	205.89
肉禽蛋类	Meat, Poultry and Eggs	16.79	61.47	121.74	145.26	166.87
饮料类	Beverages	10.39	58.47	98.86	114.10	138.50
烟酒类	Tobacco and Liquor	46.40	109.81	152.75	172.36	201.38
其它食品类	Other Food	82.19	251.66	380.80	422.92	520.95
服装鞋帽、针纺织品类	Garments,Footwear,Headgear,Knitwear and Textiles	93.50	483.18	1118.31	1246.33	1250.76
服装类	Garments	66.81	347.13	791.08	860.12	844.85
鞋帽类	Footwear and Headgear	14.13	89.13	221.29	264.82	274.50
针、纺织品类	Knitwear and Textiles	12.56	46.92	105.93	121.38	131.41
化妆品类	Cosmetics	14.67	82.61	147.03	126.16	173.18
金银珠宝类	Gold, Silver and Jewelry	13.73	69.64	247.39	239.34	235.28
日用品类	Daily-use Articles	58.72	193.02	435.11	483.27	586.30
#洗涤用品类	Detergents	11.19	65.13	107.54	110.33	
儿童玩具类	Toys for Children	3.28	13.09	22.08	32.31	35.60
五金、电料类	Hardware and Electrical Appliances	5.86	24.38	70.28	98.42	126.26
体育、娱乐用品类	Sports and Recreational Articles	7.11	22.57	43.61	47.05	70.84
书报杂志类	Newspapers and Magazines	14.30	26.78	34.04	44.98	51.52
电子出版物及音像制品类	E-journals and Video Products	4.25	6.74	11.88	12.06	15.40
家用电器和音像器材类	Household Appliances and Video Appliances	73.71	431.41	580.55	669.89	716.41
中西药品类	Traditional Chinese and Western Medicines	58.31	290.46	428.87	520.14	508.14
#西药	Western Medicines	33.25	196.54	298.52	370.59	415.19
中草药及中成药	Traditional Chinese Medicines	15.12	40.37	67.81	76.48	87.85
文化办公用品类	Articles for Cultural and Office Use	14.78	67.13	407.31	296.37	357.54
家具类	Furniture	8.57	32.18	132.22	123.77	149.28
通讯器材类	Communication Appliances	5.18	79.31	324.37	330.53	444.81
煤炭及制品类	Coal and Related Products	0.32	6.42	20.63	26.61	28.87
木材及制品类	Timber and Related Products	0.35			0.02	
石油及制品类	Petroleum and Related Products	132.79	1291.71	2082.90	2191.06	1969.25
化工材料及制品类	Chemical Materials and Products	2.91				
金属材料类	Metal Materials	2.27				
建筑及装潢材料类	Construction and Decoration Materials	3.36	39.59	121.67	166.93	150.21
机电产品及设备类	Mechanical and Electrical Products and Equipment	17.48	35.04	191.39	121.84	146.90
汽车类	Motor Vehicles	112.71	1852.54	2802.72	3646.35	3773.61
种子饲料类	Seeds and Feedstuff					
棉麻类	Cotton and Hemp			0.29	0.26	0.16
其它类	Others	75.15	113.24	386.92	502.38	524.30
限额以下企业和个体户	**Enterprises below Designated Size and Individuals**	**2739.42**	**9773.44**	**11994.23**	**13540.02**	**15415.19**

16－8　各市批发零售业商品销售总额

Total Sales of Enterprises in Wholesale and Retail Trades by City

单位：亿元　　(100 million yuan)

市　别	City	2014			2015		
		销售总额 Total Sales	批发 Wholesale Trade	零售 Retail Trade	销售总额 Total Sales	批发 Wholesale Trade	零售 Retail Trade
广　州	Guangzhou	46206.18	39722.33	6483.85	50902.38	43674.66	7227.72
深　圳	Shenzhen	23367.18	19353.89	4013.29	23490.77	19477.02	4013.75
珠　海	Zhuhai	3825.74	3241.04	584.70	4180.07	3526.66	653.41
汕　头	Shantou	2211.29	1195.83	1015.46	2540.27	1280.61	1259.66
佛　山	Foshan	7554.67	5802.12	1752.54	8749.90	6799.18	1950.72
#顺　德	Shunde	2782.76	2200.17	582.59	3066.05	2432.35	633.70
韶　关	Shaoguan	775.80	334.11	441.69	857.21	369.01	488.20
河　源	Heyuan	483.63	125.95	357.68	534.35	138.30	396.05
梅　州	Meizhou	650.97	214.75	436.22	722.35	241.62	480.73
惠　州	Huizhou	1649.82	784.65	865.16	1811.82	859.64	952.18
汕　尾	Shanwei	492.05	90.99	401.06	539.05	99.66	439.39
东　莞	Dongguan	4806.69	2980.99	1825.70	5331.17	3332.04	1999.13
中　山	Zhongshan	2457.61	1568.93	888.68	2500.82	1540.27	960.55
江　门	Jiangmen	1718.97	914.12	804.85	1791.50	903.09	888.41
阳　江	Yangjiang	632.43	261.43	371.00	693.00	294.25	398.75
湛　江	Zhanjiang	2599.75	1781.75	818.00	2885.13	1992.95	892.18
茂　名	Maoming	2839.40	1915.06	924.34	2639.95	1634.15	1005.80
肇　庆	Zhaoqing	1091.14	579.27	511.87	1230.51	657.31	573.20
清　远	Qingyuan	723.90	367.70	356.20	783.20	386.10	397.10
潮　州	Chaozhou	732.41	394.88	337.52	815.75	438.17	377.58
揭　阳	Jieyang	1552.53	954.49	598.04	1795.06	1097.02	698.04
云　浮	Yunfu	528.47	291.57	236.90	582.32	319.74	262.58
按经济区域分	By Region						
珠三角	Pearl River Delta	92678.00	74947.35	17730.65	99988.94	80769.87	19219.07
东　翼	Eastern Region	4988.28	2636.19	2352.08	5690.13	2915.46	2774.67
西　翼	Western Region	6071.58	3958.24	2113.34	6218.08	3921.35	2296.73
山　区	Mountainous Region	3162.77	1334.08	1828.69	3479.43	1454.77	2024.66

16-9 限额以上批发企业商品购、销、存总额（2015年）
Total Purchases, Sales and Inventory of Enterprises above Designated Size in Wholesale Trade (2015)

单位：亿元 (100 million yuan)

项　目	Item	企业单位数（个）Number of Enterprises (unit)	购进总额 Total Purchases	#进口 Imports	商品销售总额 Total Sales of Commodities
批发业合计	**Total Wholesale Trade**	**13254**	**49257.17**	**4243.93**	**52907.49**
#国有控股	State-owned and State-controlled Enterprises	815	15110.67	887.23	15450.89
按登记注册类型分组	By Status of Registration				
内资企业	Domestic-funded Enterprises	12201	43196.87	2927.61	46112.96
国有企业	State-owned Enterprises	272	1049.77	48.95	1084.01
集体企业	Collective-owned Enterprises	82	102.63	0.00	107.36
股份合作企业	Share-holding Cooperative Enterprises	22	23.52	0.81	26.41
联营企业	Joint-operation Enterprises	8	10.58	1.46	12.06
国有联营企业	State-owned Joint-operation Enterprises	1	2.87		3.72
集体联营企业	Collective Joint-operation Enterprises	3	3.19		3.16
国有与集体联营企业	State-collective Joint-operation Enterprises	1	1.57		1.54
其他联营企业	Other Joint-operation Enterprises	3	2.94	1.46	3.64
有限责任公司	Limited Liability Corporations	4572	23989.43	1636.58	25980.25
国有独资企业	State Sole Investment Enterprises	127	4257.52	74.40	4487.84
其他有限责任公司	Other Limited Liability Companies	4445	19731.90	1562.19	21492.41
股份有限公司	Share-holding Corporations Ltd.	235	4571.37	115.01	4170.21
私营企业	Private Enterprises	6952	13393.62	1124.51	14567.21
私营独资企业	Private Sole Investment Enterprises	51	172.49	0.58	197.19
私营合伙企业	Private Partnership Enterprises	11	17.58		19.86
私营有限责任公司	Private Limited Liability Corporations	6738	12804.34	1097.82	13901.47
私营股份有限公司	Private Share-holding Corporations Ltd.	152	399.20	26.11	448.69
其他企业	Other Enterprises	58	55.96	0.28	165.44
港、澳、台商投资企业	Enterprises with Investment from Hong Kong, Macao and Taiwan	658	2401.53	390.00	2839.12
合资经营企业	Joint Ventures	97	381.02	28.39	445.18
合作经营企业	Cooperative Enterprises	7	17.25		20.67
独资经营企业	Sole Investment Enterprises	542	1979.08	360.19	2339.75
投资股份有限公司	Share-holding Corporations Ltd.	12	24.18	1.41	33.52
其他港、澳、台商投资企业	Others				
外商投资企业	Enterprises with Foreign Investment	395	3658.77	926.31	3955.41
中外合资经营企业	Sino-foreign Joint Ventures	74	1655.11	642.23	1740.98
中外合作经营企业	Sino-foreign Cooperative Enterprises	5	18.26	6.16	20.23
外资企业	Foreign-funded Enterprises	296	1760.61	276.73	1954.96
外商投资股份有限公司	Share-holding Corporations Ltd.	9	213.11	0.65	226.34
其他外商投资企业	Others	11	11.68	0.54	12.89
按国民经济行业分组	By Economic Sector				
农、林、牧产品批发	Wholesale of Farm and Livestock Products	263	864.21	115.16	942.25
食品、饮料及烟草制品批发业	Wholesale of Food, Beverages and Tobacco Products	1242	4394.59	196.19	5173.62
#米、面制品及食用油批发业	Wholesale of Rice, Flour Products and Edible Oil	175	502.97	91.46	509.73
烟草制品批发业	Wholesale of Tobacco Products	47	1109.80	3.95	1476.15
纺织、服装及日用品批发业	Wholesale of Textiles, Garments and Daily-use Products	2090	4897.55	192.43	5664.68
#服装批发业	Wholesale of Garments	496	1501.64	24.16	1766.32
家用电器批发	Wholesale of Household Appliance	357	945.19	32.26	1047.77
文化、体育用品及器材批发业	Wholesale of Cultural and Sports Articles and Appliances	606	1499.75	61.26	1690.17
医药及医疗器材批发业	Wholesale of Medicines and Medical Appliances and Chemical Products	1039	2438.88	164.13	2715.65
矿产品、建材及化工产品批发	Wholesale of Mineral Products, Building Materials	4745	23393.73	1463.54	24083.99
#煤炭及制品批发业	Wholesale of Coal and Related Products	221	1172.26	50.42	1255.23
石油及制品批发业	Wholesale of Petroleum and Related Products	679	8446.06	910.43	8157.16
金属及金属矿批发业	Wholesale of Metal and Related Products	1257	7485.50	159.20	7877.87
建材批发业	Wholesale of Building Materials	594	1867.81	82.19	2005.12
化肥批发业	Wholesale of Chemical Fertilizers	109	203.74	15.88	221.73
机械设备、五金交电及电子产品批发业	Wholesale of Machinery, Hardware, Electric and Electronic Products	2362	7825.33	955.06	8410.48
#汽车批发	Wholesale of Motor Vehicles	85	1808.22	6.66	1964.49
汽车零配件批发业	Wholesale of Motor Vehicles Parts	176	535.12	118.52	559.65
计算机、软件及辅助设备批发业	Wholesale of Computers, Software and Assistant Equipments	252	625.54	35.11	658.34
贸易经纪与代理	Trade Broker and Agency	379	2322.57	414.95	2472.07
其他批发业	Other Wholesale Trades	528	1620.57	681.21	1754.57

16-9 续表 continued

单位：亿元 (100 million yuan)

项 目	Item	批发 Wholesale Trade	#出口 Exports	零售 Retail Trade	年末库存总额 Inventory at the Year-end
批发业合计	**Total Wholesale Trade**	**50312.41**	**5175.99**	**2595.08**	**2766.99**
#国有控股	State-owned and State-controlled Enterprises	14393.63	1133.00	1057.27	665.53
按登记注册类型分组	By Status of Registration				
内资企业	Domestic-funded Enterprises	43900.45	4266.77	2212.51	2264.14
国有企业	State-owned Enterprises	1050.03	114.77	33.97	91.34
集体企业	Collective-owned Enterprises	96.12	7.32	11.24	3.90
股份合作企业	Share-holding Cooperative Enterprises	26.13	4.84	0.28	1.00
联营企业	Joint-operation Enterprises	11.85		0.22	1.63
国有联营企业	State-owned Joint-operation Enterprises	3.50		0.22	0.65
集体联营企业	Collective Joint-operation Enterprises	3.16			0.26
国有与集体联营企业	State-collective Joint-operation Enterprises	1.54			0.04
其他联营企业	Other Joint-operation Enterprises	3.64			0.68
有限责任公司	Limited Liability Corporations	25192.92	2090.26	787.33	1107.40
国有独资企业	State Sole Investment Enterprises	4460.16	188.68	27.68	145.41
其他有限责任公司	Other Limited Liability Companies	20732.76	1901.58	759.65	961.99
股份有限公司	Share-holding Corporations Ltd.	3415.14	384.56	755.07	210.66
私营企业	Private Enterprises	13954.74	1664.73	612.47	843.56
私营独资企业	Private Sole Investment Enterprises	193.90	1.02	3.30	3.44
私营合伙企业	Private Partnership Enterprises	19.79		0.07	0.99
私营有限责任公司	Private Limited Liability Corporations	13311.81	1643.36	589.65	805.03
私营股份有限公司	Private Share-holding Corporations Ltd.	429.24	20.35	19.45	34.09
其他企业	Other Enterprises	153.52	0.28	11.93	4.65
港、澳、台商投资企业	Enterprises with Investment from Hong Kong, Macao and Taiwan	2595.62	112.53	243.50	308.78
合资经营企业	Joint Ventures	434.35	8.73	10.83	25.95
合作经营企业	Cooperative Enterprises	20.00	11.70	0.67	0.46
独资经营企业	Sole Investment Enterprises	2108.73	92.10	231.02	278.39
投资股份有限公司	Share-holding Corporations Ltd.	32.53		0.98	3.98
其他港、澳、台商投资企业	Others				
外商投资企业	Enterprises with Foreign Investment	3816.34	796.69	139.08	194.07
中外合资经营企业	Sino-foreign Joint Ventures	1635.32	606.95	105.66	55.38
中外合作经营企业	Sino-foreign Cooperative Enterprises	14.69		5.54	0.80
外资企业	Foreign-funded Enterprises	1939.65	189.66	15.31	129.37
外商投资股份有限公司	Share-holding Corporations Ltd.	218.07	0.09	8.28	7.23
其他外商投资企业	Others	8.60		4.29	1.29
按国民经济行业分组	By Economic Sector				
农畜产品批发业	Wholesale of Farm and Livestock Products	920.89	40.70	21.37	71.71
食品、饮料及烟草制品批发业	Wholesale of Food, Beverages and Tobacco Products	5061.47	128.32	112.14	293.07
#米、面制品及食用油批发业	Wholesale of Rice, Flour Products and Edible Oil	494.59	25.44	15.14	75.47
烟草制品批发业	Wholesale of Tobacco Products	1472.39		3.76	45.91
纺织、服装及日用品批发业	Wholesale of Textiles, Garments and Daily-use Products	5232.99	1431.18	431.69	478.11
#服装批发业	Wholesale of Garments	1558.40	379.79	207.92	136.37
家用电器批发	Wholesale of Household Appliance	1001.09	202.28	46.68	125.62
文化、体育用品及器材批发业	Wholesale of Cultural and Sports Articles and Appliances	1620.69	74.77	69.49	262.74
医药及医疗器材批发业	Wholesale of Medicines and Medical Appliances and Chemical Products	2396.67	24.94	318.98	289.01
矿产品、建材及化工产品批发	Wholesale of Mineral Products, Building Materials	22822.88	868.13	1261.11	808.15
#煤炭及制品批发业	Wholesale of Coal and Related Products	1227.97	0.07	27.26	66.65
石油及制品批发业	Wholesale of Petroleum and Related Products	7288.83	453.91	868.33	234.96
金属及金属矿批发业	Wholesale of Metal and Related Products	7757.44	171.54	120.43	237.82
建材批发业	Wholesale of Building Materials	1873.41	146.44	131.71	76.15
化肥批发业	Wholesale of Chemical Fertilizers	207.79	0.57	13.94	19.73
机械设备、五金交电及电子产品批发业	Wholesale of Machinery, Hardware, Electric and Electronic Products	8096.07	1029.31	314.42	433.34
#汽车批发	Wholesale of Motor Vehicles	1882.90	0.06	81.59	18.77
汽车零配件批发业	Wholesale of Motor Vehicles Parts	548.90	95.42	10.76	24.54
计算机、软件及辅助设备批发业	Wholesale of Computers, Software and Assistant Equipments	634.07	70.35	24.28	65.53
贸易经纪与代理	Trade Broker and Agency	2463.32	846.62	8.75	72.34
其他批发业	Other Wholesale Trades	1697.43	732.03	57.14	58.52

16-10 限额以上零售企业商品购、销、存总额（2015年）
Total Purchases, Sales and Inventory of Enterprises above Designated Size in Retail Trade (2015)

单位：亿元 (100 million yuan)

项目	Item	企业单位数(个) Number of Enterprises (unit)	购进总额 Total Purchases	#进口 Imports	商品销售总额 Total Sales of Commodities
零售业合计	**Total Retail Trade**	**7747**	**9750.58**	**365.43**	**11293.80**
#国有控股	State-owned and State-controlled Enterprises	426	2071.35	31.76	2383.19
按登记注册类型分组	By Status of Registration				
内资企业	Domestic-funded Enterprises	7332	7980.09	286.75	9147.45
国有企业	State-owned Enterprises	113	104.81	0.36	113.03
集体企业	Collective-owned Enterprises	181	80.90	0.16	88.98
股份合作企业	Share-holding Cooperative Enterprises	35	11.16		9.44
联营企业	Joint-operation Enterprises	34	29.01		33.57
国有联营企业	State-owned Joint-operation Enterprises	7	2.88		5.33
集体联营企业	Collective Joint-operation Enterprises	10	18.81		18.65
国有与集体联营企业	State-collective Joint-operation Enterprises	5	2.60		2.99
其他联营企业	Other Joint-operation Enterprises	12	4.71		6.60
有限责任公司	Limited Liability Corporations	3239	4287.18	144.71	4791.14
国有独资企业	State Sole Investment Enterprises	46	111.55	13.59	136.46
其他有限责任公司	Other Limited Liability Companies	3193	4175.64	131.12	4654.68
股份有限公司	Share-holding Corporations Ltd.	161	869.34	0.42	1227.27
私营企业	Private Enterprises	3476	2564.71	141.07	2846.41
私营独资企业	Private Sole Investment Enterprises	387	100.91	8.77	107.44
私营合伙企业	Private Partnership Enterprises	34	7.64		8.47
私营有限责任公司	Private Limited Liability Corporations	2986	2397.59	125.30	2658.67
私营股份有限公司	Private Share-holding Corporations Ltd.	69	58.58	7.01	71.84
其他企业	Other Enterprises	93	32.96	0.03	37.60
港、澳、台商投资企业	Enterprises with Investment from Hong Kong, Macao and Taiwan	238	770.25	63.64	982.16
合资经营企业	Joint Ventures	51	350.52	14.41	479.17
合作经营企业	Cooperative Enterprises	13	9.06		11.22
独资经营企业	Sole Investment Enterprises	168	404.85	49.07	484.32
投资股份有限公司	Share-holding Corporations Ltd.	6	5.83	0.16	7.45
其他港澳台投资企业	Others				
外商投资企业	Enterprises with Foreign Investment	177	1000.24	15.04	1164.19
中外合资经营企业	Sino-foreign Joint Ventures	71	568.40	8.96	665.06
中外合作经营企业	Sino-foreign Cooperative Enterprises	10	87.66		92.71
外资企业	Foreign-funded Enterprises	85	339.84	6.08	389.63
外商投资股份有限公司	Share-holding Corporations Ltd.	9	4.11		6.15
其他外商投资企业	Other Foreign Enterprises	2	0.23		10.64
按国民经济行业分组	By Economic Sector				
综合零售业	Comprehensive Retail Trade	783	1793.91	2.58	2192.87
#百货零售业	Retail of General Merchandise	362	863.47	0.14	1097.04
超级市场零售业	Retail in Supermarkets	324	849.19	2.25	1003.93
食品、饮料及烟草制品专门零售业	Retail of Food, Beverages and Tobacco Products	499	218.17	12.38	278.49
纺织、服装及日用品专门零售业	Retail of Textiles, Garments and Daily-use Products	578	345.40	9.71	492.92
#服装零售业	Retail of Garments	258	157.56	6.50	252.63
文化、体育用品及器材专门零售业	Retail of Cultural and Sports Articles and Appliances	355	195.18	0.06	232.17
#体育用品零售业	Retail of Sports Articles and Appliances	21	11.33		14.85
图书零售业	Retail of Books	120	59.02		65.44
医药及医疗器材专门零售业	Retail of Medicines and Medical Appliances	414	409.01	2.02	434.47
#药品零售业	Retail of Medicines	309	367.53	0.04	380.84
汽车、摩托车、燃料及零配件零售业	Retail of Motor Vehicles, Motorcycles and Parts	3067	5019.49	323.32	5702.09
#汽车零售业	Retail of Motor Vehicles	1921	3634.20	321.34	4100.66
机动车燃料零售业	Retail of Motor Vehicle Fuels	849	1297.05	0.54	1505.09
家用电器及电子产品专门零售业	Retail of Household Appliances and Electronic Products	937	810.46	4.40	895.24
#家用电器零售业	Retail of Household Appliances	420	440.73	2.33	494.37
计算机、软件及辅助设备零售业	Retail of Computers, Software and Assistant Equipments	269	70.86	0.35	82.86
通讯设备零售业	Retail of Communication Equipments	115	263.00		274.84
五金、家具及室内装修材料专门零售业	Retail of Hardware, Furniture and Interior Decoration Materials	577	197.50	1.69	237.80
无店铺及其他零售业	Non-shop and Other Retails	537	761.46	9.27	827.74

16-10 续表 continued

单位：亿元 (100 million yuan)

项 目	Item	批发 Wholesale Trade	#出口 Exports	零售 Retail Trade	年末库存总额 Inventory at the Year-end
零售业合计	**Total Retail Trade**	**1637.49**	**11.92**	**9656.31**	**1440.88**
#国有控股	State-owned and State-controlled Enterprises	448.81		1934.38	237.22
按登记注册类型分组	By Status of Registration				
内资企业	Domestic-funded Enterprises	1469.67	10.51	7677.78	1145.71
国有企业	State-owned Enterprises	28.70		84.33	9.52
集体企业	Collective-owned Enterprises	13.09	0.12	75.90	4.96
股份合作企业	Share-holding Cooperative Enterprises	2.30		7.14	0.99
联营企业	Joint-operation Enterprises	5.99		27.58	1.47
国有联营企业	State-owned Joint-operation Enterprises	0.38		4.96	0.06
集体联营企业	Collective Joint-operation Enterprises	5.52		13.14	1.28
国有与集体联营企业	State-collective Joint-operation Enterprises	0.05		2.94	0.09
其他联营企业	Other Joint-operation Enterprises	0.05		6.55	0.04
有限责任公司	Limited Liability Corporations	559.32	6.32	4231.82	725.50
国有独资企业	State Sole Investment Enterprises	29.97		106.48	18.47
其他有限责任公司	Other Limited Liability Companies	529.34	6.32	4125.34	707.03
股份有限公司	Share-holding Corporations Ltd.	301.33	0.11	925.94	68.79
私营企业	Private Enterprises	554.05	3.94	2292.35	332.38
私营独资企业	Private Sole Investment Enterprises	8.06	0.20	99.37	4.78
私营合伙企业	Private Partnership Enterprises	1.31		7.15	0.24
私营有限责任公司	Private Limited Liability Corporations	522.45	3.73	2136.22	316.91
私营股份有限公司	Private Share-holding Corporations Ltd.	22.23		49.61	10.45
其他企业	Other Enterprises	4.89	0.01	32.71	2.11
港、澳、台商投资企业	Enterprises with Investment from Hong Kong, Macao and Taiwan	80.44	0.95	901.71	213.64
合资经营企业	Joint Ventures	22.62		456.56	135.40
合作经营企业	Cooperative Enterprises			11.22	0.46
独资经营企业	Sole Investment Enterprises	56.49	0.95	427.83	76.57
投资股份有限公司	Share-holding Corporations Ltd.	1.34		6.11	1.21
其他港澳台投资企业	Others				
外商投资企业	Enterprises with Foreign Investment	87.37	0.46	1076.82	81.53
中外合资经营企业	Sino-foreign Joint Ventures	70.11	0.03	594.95	33.16
中外合作经营企业	Sino-foreign Cooperative Enterprises	0.87		91.84	5.68
外资企业	Foreign-funded Enterprises	15.99	0.43	373.64	41.44
外商投资股份有限公司	Share-holding Corporations Ltd.	0.41		5.74	0.53
其他外商投资企业	Other Foreign Enterprises			10.64	0.73
按国民经济行业分组	By Economic Sector				
综合零售业	Comprehensive Retail Trade	180.45		2012.42	262.43
#百货零售业	Retail of General Merchandise	84.39		1012.65	169.29
超级市场零售业	Retail in Supermarkets	86.46		917.47	80.68
食品、饮料及烟草制品专门零售业	Retail of Food, Beverages and Tobacco Products	102.02	0.04	176.47	26.47
纺织、服装及日用品专门零售业	Retail of Textiles, Garments and Daily-use Products	123.33	3.31	369.59	129.65
#服装零售业	Retail of Garments	57.73	0.72	194.91	61.56
文化、体育用品及器材专门零售业	Retail of Cultural and Sports Articles and Appliances	93.19	0.57	138.99	46.42
#体育用品零售业	Retail of Sports Articles and Appliances	0.54		14.31	1.60
图书零售业	Retail of Books	11.53		53.91	14.55
医药及医疗器材专门零售业	Retail of Medicines and Medical Appliances	153.53	0.09	280.94	53.92
#药品零售业	Retail of Medicines	132.35	0.09	248.48	48.89
汽车、摩托车、燃料及零配件零售业	Retail of Motor Vehicles, Motorcycles and Parts	549.97	4.65	5152.12	762.65
#汽车零售业	Retail of Motor Vehicles	371.19	4.31	3729.48	715.05
机动车燃料零售业	Retail of Motor Vehicle Fuels	161.80	0.04	1343.30	31.46
家用电器及电子产品专门零售业	Retail of Household Appliances and Electronic Products	269.86	1.16	625.38	88.66
#家用电器零售业	Retail of Household Appliances	64.95	0.74	429.42	56.66
计算机、软件及辅助设备零售业	Retail of Computers, Software and Assistant Equipments	23.69	0.04	59.17	4.70
通讯设备零售业	Retail of Communication Equipments	168.63		106.21	22.82
五金、家具及室内装修材料专门零售业	Retail of Hardware, Furniture and Interior Decoration Materials	45.12	1.13	192.68	19.87
无店铺及其他零售业	Non-shop and Other Retails	120.03	0.97	707.72	50.82

16-11 各市限额以上批发零售企业商品购、销、存总额（2015年）

Total Purchases, Sales and Inventory of Enterprises above Designated Size in Wholesale and Retail Trades by City (2015)

单位：万元 (10000 yuan)

市别	City	商品购进总额 Total Purchases	#进口 Imports	商品销售总额 Total Sales	批发 Wholesale Trade	#出口 Exports	零售 Retail Trade	年末库存总额 Inventory at the Year-end
合计	**Total**	**590077500**	**46093557**	**642012920**	**519498936**	**51879194**	**122513985**	**42078718**
批发业	**Wholesale Trade**	**492571724**	**42439255**	**529074905**	**503124057**	**51759949**	**25950848**	**27669877**
广州	Guangzhou	214674642	13247414	223780206	212408908	14943011	11371298	11156748
深圳	Shenzhen	130275401	20809901	139547749	133013881	19469399	6533867	8363615
珠海	Zhuhai	18277832	3408592	20365273	19871356	559604	493917	1181933
汕头	Shantou	8630916	481924	9750193	9221769	285727	528425	571181
佛山	Foshan	41421980	959563	46319430	44949593	5142401	1369837	2136200
#顺德	Shunde	9697459	401217	10296764	9952863	2153437	343901	1037793
韶关	Shaoguan	2463098	12211	2742353	2265151	24925	477202	85192
河源	Heyuan	376694	13687	504643	502385	266	2258	15437
梅州	Meizhou	1199742	7395	1349219	1250388	44965	98831	42213
惠州	Huizhou	2974547	24033	3951822	3502405	396529	449418	236058
汕尾	Shanwei	678567		485223	466290		18933	15084
东莞	Dongguan	19387581	1346803	21421159	20965112	4825427	456047	1508339
中山	Zhongshan	10039558	486044	10950495	10674174	3279908	276321	589467
江门	Jiangmen	6266442	388698	6959608	6670595	1448503	289013	293900
阳江	Yangjiang	850382	1490	1055168	1028230	204474	26938	57943
湛江	Zhanjiang	6765702	11540	8563460	7994809	158816	568651	527573
茂名	Maoming	12258984	178823	12918292	12738838	46122	179454	213971
肇庆	Zhaoqing	3850122	1033261	4285952	3411606	660814	874346	216167
清远	Qingyuan	1930641	2080	2192592	1726777	30845	465816	121856
潮州	Chaozhou	1578888	12625	1822633	1706111	172441	116522	28273
揭阳	Jieyang	7098578	1291	8058305	6736169	63377	1322136	162959
云浮	Yunfu	1571428	11879	2051130	2019509	2395	31621	145770
零售业	**Retail Trade**	**97505777**	**3654302**	**112938016**	**16374879**	**119244**	**96563137**	**14408841**
广州	Guangzhou	34682630	1323460	38155039	7584423	47084	30570616	3205013
深圳	Shenzhen	19133740	1099967	23529748	3086556	46595	20443192	4541543
珠海	Zhuhai	1990042	90718	2607015	387844		2219171	320691
汕头	Shantou	2269570	30662	2413889	336622	4096	2077267	257312
佛山	Foshan	7725286	212125	8645319	879392	3199	7765927	801774
#顺德	Shunde	3357114	118439	3855337	346370	585	3508967	380883
韶关	Shaoguan	573044	7030	648548	17321		631227	71387
河源	Heyuan	534874	16938	953865	91207		862658	86363
梅州	Meizhou	799890	8090	1133762	122005	450	1011758	94243
惠州	Huizhou	4431575	77139	4045585	633902	185	3411683	275450
汕尾	Shanwei	204371	3235	382970	73155		309815	18979
东莞	Dongguan	8469521	529516	10770613	879764	10034	9890849	3261272
中山	Zhongshan	3536944	109068	4241410	248777	2824	3992632	398855
江门	Jiangmen	2851306	14177	3255422	288699	238	2966723	286380
阳江	Yangjiang	675541	1646	743092	91314		651778	45044
湛江	Zhanjiang	1296048	24106	2020295	216688	120	1803607	159653
茂名	Maoming	1923715	8383	2201758	406167		1795591	148022
肇庆	Zhaoqing	1409055	14296	1531704	120795		1410909	112938
清远	Qingyuan	717556	28444	771625	37098		734527	100629
潮州	Chaozhou	377363	28373	446198	30803		415395	43258
揭阳	Jieyang	3152227	4987	3604162	738776	4419	2865386	104572
云浮	Yunfu	751480	21943	835999	103571		732427	75464

16-12 限额以上批发零售业个体户商品购、销、存总额（2015年）
Total Purchases, Sales and Inventory of Enterprises above Designated Size in Wholesale and Retail Trade Individuals(2015)

单位：万元　　(10000 yuan)

项　目	Item	单位数（个） Number of Enterprises (unit)	购进总额 Total Purchases	商品销售总额 Total Sales of Commodities
合计	**Total**	**5864**	**51748552**	**60689085**
批发业	**Wholesale Trade**	**2594**	**45703497**	**50843220**
农、林、牧产品批发业	Wholesale of Farm and Livestock Products	15	79935	88381
食品、饮料及烟草制品批发业	Wholesale of Food, Beverages and Tobacco Products	549	4498657	4973365
纺织、服装及日用品批发业	Wholesale of Textiles, Garments and Daily-use Products	1122	9728326	12629116
纺织品、针织品及原料批发	Wholesale of Textiles,Knitwear and Raw Material	113	2158582	2740784
服装批发	Wholesale of Garments	474	2133637	3731494
灯具、装饰物品批发	Wholesale of Lamps and Lanterns,Decorative Items	251	3465624	3996051
文化、体育用品及器材批发业	Wholesale of Cultural and Sports Articles and Appliances	211	3963378	4049519
首饰、工艺品及收藏品批发	Wholesale of Jewelry,Art Work and Collector	184	3734448	3795770
医药及医疗器材批发业	Wholesale of Medicines and Medical Appliances and Chemical Products	92	785513	854701
中药批发	Wholesale of Traditional Chinese Medicine	92	785513	854701
矿产品、建材及化工产品批发	Wholesale of Mineral Products, Building Materials	82	678459	758995
机械设备、五金交电及电子产品批发业	Wholesale of Machinery, Hardware, Electric and Electronic Products	512	25920576	27436657
电气设备批发	Wholesale of Electric Apparatus	64	7147084	7570839
计算机、软件及辅助设备批发	Wholesale of Computers, Software and Assistant Equipments	147	7181611	7672275
通讯及广播电视设备批发	Wholesale of Communications and Broadcasting Equipment	154	10848498	11355562
其他批发业	Other Wholesale Trades	11	48652	52486
零售业	**Retail Trade**	**3270**	**6045056**	**9845865**
综合零售业	Comprehensive Retail Trade	425	525857	588560
百货零售	Retail of General Merchandise	221	249035	290842
超级市场零售	Retail in Supermarkets	137	205377	219689
食品、饮料及烟草制品专门零售业	Retail of Food, Beverages and Tobacco Products	463	511760	606451
纺织、服装及日用品专门零售业	Retail of Textiles, Garments and Daily-use Products	427	676578	1619951
纺织品及针织品零售	Retail of Textiles and Knitwear	59	56180	71273
服装零售	Retail of Garments	84	91951	108056
鞋帽零售	Retail of Footwear and Headgear	52	404258	463823
文化、体育用品及器材专门零售业	Retail of Cultural and Sports Articles and	584	638085	2733132
珠宝首饰零售	Retail of Bijouterie	151	492805	621968
工艺美术品及收藏品零售	Retail of Art Work and Collector	370	27670	1975395
医药及医疗器材专门零售业	Retail of Medicines and Medical Appliances	54	58000	64203
药品零售	Retail of Medicines	54	58000	64203
汽车、摩托车、燃料及零配件零售业	Retail of Motor Vehicles, Motorcycles and Parts	206	379524	431247
家用电器及电子产品专门零售业	Retail of Household Appliances and and Electronic Products	451	2405077	2744879
计算机、软件及辅助设备零售	Retail of Computers, Software and Assistant Equipments	203	463231	578216
通信设备零售	Retail of Communication Equipments	87	1700817	1859722
五金、家具及室内装修材料专门	Retail of Hardware, Furniture and Interior	603	778958	974748
无店铺及其他零售业	Non-shop and Other Retails	57	71218	82694

16-12 续表 continued

单位：万元 (10000 yuan)

项　目	Item	批发 Wholesale Trade	零售 Retail Trade	年末库存总额 Inventory at the Year-end
合计	**Total**	**49280714**	**11408371**	**781671**
批发业	**Wholesale Trade**	**47611054**	**3232167**	**396328**
农畜产品批发业	Wholesale of Farm and Livestock Products	86047	2334	656
食品、饮料及烟草制品批发业	Wholesale of Food, Beverages and Tobacco Products	4773987	199378	127028
纺织、服装及日用品批发业	Wholesale of Textiles, Garments and Daily-use Products	11899928	729189	100554
纺织品、针织品及原料批发	Wholesale of Textiles,Knitwear and Raw Material	2736220	4565	8661
服装批发	Wholesale of Garments	3295007	436488	64844
灯具、装饰物品批发	Wholesale of Lamps and Lanterns,Decorative Items	3743422	252629	12556
文化、体育用品及器材批发业	Wholesale of Cultural and Sports Articles and Appliances	3869676	179843	58841
首饰、工艺品及收藏品批发	Wholesale of Jewelry,Art Work and Collector	3617438	178333	58628
医药及医疗器材批发业	Wholesale of Medicines and Medical Appliances and Chemical Products	854274	427	36023
中药批发	Wholesale of Traditional Chinese Medicine	854274	427	36023
矿产品、建材及化工产品批发	Wholesale of Mineral Products, Building Materials	689081	69913	16340
机械设备、五金交电及电子产品批发业	Wholesale of Machinery, Hardware, Electric and Electronic Products	25390626	2046031	56228
电气设备批发	Wholesale of Electric Apparatus	6982341	588498	10268
计算机、软件及辅助设备批发	Wholesale of Computers, Software and Assistant Equipments	7046864	625411	16451
通讯及广播电视设备批发	Wholesale of Communications and Broadcasting Equipment	10650914	704648	16030
其他批发业	Other Wholesale Trades	47435	5051	659
零售业	**Retail Trade**	**1669660**	**8176204**	**385342**
综合零售业	Comprehensive Retail Trade	20257	568303	32053
百货零售	Retail of General Merchandise	8503	282338	12159
超级市场零售	Retail in Supermarkets	6054	213635	15209
食品、饮料及烟草制品专门零售业	Retail of Food, Beverages and Tobacco Products	33537	572914	14734
纺织、服装及日用品专门零售业	Retail of Textiles, Garments and Daily-use Products	6509	1613442	30930
纺织品及针织品零售	Retail of Textiles and Knitwear	578	70695	2288
服装零售	Retail of Garments	3490	104566	3243
鞋帽零售	Retail of Footwear and Headgear	739	463083	3850
文化、体育用品及器材专门零售业	Retail of Cultural and Sports Articles and	8332	2724800	52438
珠宝首饰零售	Retail of Bijouterie	3326	618642	13507
工艺美术品及收藏品零售	Retail of Art Work and Collector		1975395	35693
医药及医疗器材专门零售业	Retail of Medicines and Medical Appliances	2373	61830	4831
药品零售	Retail of Medicines	2373	61830	4831
汽车、摩托车、燃料及零配件零售业	Retail of Motor Vehicles, Motorcycles and Parts	4854	426394	16007
家用电器及电子产品专门零售业	Retail of Household Appliances and and Electronic Products	1570096	1174784	106000
计算机、软件及辅助设备零售	Retail of Computers, Software and Assistant Equipments	18544	559673	34223
通信设备零售	Retail of Communication Equipments	1532961	326761	5078
五金、家具及室内装修材料专门	Retail of Hardware, Furniture and Interior	22282	952466	124843
无店铺及其他零售业	Non-shop and Other Retails	1421	81273	3457

16-13 限额以上连锁批发零售业经营情况（2015年）

Business of Chain Stores above Designated Size in Wholesale and Retail Trade (2015)

项目	Item	连锁总店数(个) Number of General Chain Stores (unit)	销售总额(万元) Total Sales Revenue) (10000 yuan)	#零售额(万元) Retail Sales (10000 yuan)	营业面积(平方米) Operational Area (sq.m)
批发零售业合计	**Wholesale and Retail Trade**	**299**	**49694100**	**41728588**	**2610085**
按注册登记类型分	By Status of Registration				
内资企业	Domestic-funded Enterprises	237	36681747	30342552	2039861
国有企业	State-owned Enterprises	15	4154651	2422507	182010
集体企业	Collective-owned Enterprises	3	46166	44237	1594
股份合作企业	Share-holding Cooperative Enterprises	1	33011		712
联营企业	Joint-operation Enterprises	1	54556	54556	2156
有限责任公司	Limited Liability Corporations	109	7521628	6564387	355055
股份有限公司	Share-holding Corporations Ltd.	29	22251396	19170681	1376716
私营企业	Private Enterprises	79	2620339	2086185	121616
其他企业	Other Enterprises				
港、澳、台商投资企业	Enterprises with Investment from Hong Kong, Macao and Taiwan	33	4894610	3999828	224767
合资经营企业(港或澳、台资)	Joint Ventures	9	3603731	2912444	131711
合作经营企业(港或澳、台资)	Cooperative Enterprises	2	32769	32769	654
港、澳、台商独资经营企业	Sole Investment Enterprises	20	1193226	989731	90215
港、澳、台商投资股份有限公司	Share-holding Corporations Ltd.	2	64883	64883	2188
外商投资企业	Enterprises with Foreign Investment	29	8117744	7386207	345457
中外合资经营企业	Sino-foreign Joint Ventures	16	1981259	1967619	139017
中外合作经营企业	Sino-foreign Cooperative Enterprises	4	1292770	1201487	75807
外资企业	Foreign-funded Enterprises	8	4825949	4215090	130573
其他外商投资	Others	1	17766	2011	60
按零售业态分	By Type of Operation				
便利店	Convenience Store	10	435782	390896	12600
超市	Supermarket	33	841684	819545	77479
大型超市	HyperMarket	20	7637768	6980242	410162
百货商店	Department Store	16	5187547	4453239	258848
专业店	Specialty Store	145	33050236	27224329	1686932
专卖店	Franchised Store	49	1455967	1101398	125992
家居建材店	Building Material Store	1	18669		1751
其他	Others	25	1066447	758938	36321

16-13 续表 continued

项 目	Item	从业人数(人) Number of Employed Persons (person)	连锁门店数(个) Number of Branch Chain Stores (unit)	直营店(个) Under Direct Management (unit)	加盟店(个) Through License Arrangement (unit)
批发零售业合计	**Retail Trade**	**256481**	**21970**	**17787**	**4183**
按注册登记类型分	By Status of Registration				
内资企业	Domestic-funded Enterprises	161925	16665	13911	2754
国有企业	State-owned Enterprises	15814	946	893	53
集体企业	Collective-owned Enterprises	1967	182	38	144
股份合作企业	Share-holding Cooperative Enterprises	150	29	29	
联营企业	Joint-operation Enterprises	767	154	126	28
有限责任公司	Limited Liability Corporations	55330	4857	4427	430
股份有限公司	Share-holding Corporations Ltd.	55981	6326	6243	83
私营企业	Private Enterprises	31916	4171	2155	2016
其他企业	Other Enterprises				
港、澳、台商投资企业	Enterprises with Investment from Hong Kong, Macao and Taiwan	37386	3141	2531	610
合资经营企业(港或澳、台资)	Joint Ventures	23193	1491	1387	104
合作经营企业(港或澳、台资)	Cooperative Enterprises	466	72	72	
港、澳、台商独资经营企业	Sole Investment Enterprises	13091	1290	784	506
港、澳、台商投资股份有限公司	Share-holding Corporations Ltd.	636	288	288	
外商投资企业	Enterprises with Foreign Investment	57170	2164	1345	819
中外合资经营企业	Sino-foreign Joint Ventures	10876	613	598	15
中外合作经营企业	Sino-foreign Cooperative Enterprises	18033	1120	316	804
外资企业	Foreign-funded Enterprises	28234	428	428	
其他外商投资	Others	27	3	3	
按零售业态分	By Type of Operation				
便利店	Convenience Store	9446	1877	1543	334
超市	Supermarket	13324	549	517	32
大型超市	HyperMarket	60845	778	756	22
百货商店	Department Store	27464	802	801	1
专业店	Specialty Store	103694	11194	10740	454
专卖店	Franchised Store	23130	3539	2176	1363
家居建材店	Building Material Store	483	15	15	
其他	Others	18095	3216	1239	1977

16-14 亿元以上商品交易市场成交额

Turnover of Commodity Exchange Markets with Transaction Value over 100 Million Yuan

单位：亿元 (100 million yuan)

项　目	Item	2005	2010	2011	2012	2013	2014	2015
合　计	**Total**	**1948.95**	**4828.13**	**5106.46**	**5506.48**	**5418.15**	**5657.02**	**5576.63**
食品、饮料、烟酒类	Food, Beverages, Tobacco and Liquor	853.12	1591.87	1783.72	1828.69	1844.52	1852.12	1933.27
#粮油类	Grain and Edible Oil	136.45	192.61	230.45	245.15	172.69	167.86	172.99
服装鞋帽、针、纺织品类	Garments,Footwear,Headgear,Knitwear and Textiles	457.60	1028.01	1062.79	1090.39	1086.16	1273.99	1294.61
化妆品类	Cosmetics	8.18	15.69	15.43	15.33	19.17	15.50	18.67
金银珠宝类	Gold, Silver and Jewelry	1.14	47.17	37.20	36.11	26.92	25.33	21.98
日用品类	Daily-use Articles	42.93	209.48	249.25	275.06	271.20	293.60	197.15
五金、电料类	Hardware and Electrical Appliances	19.07	121.51	103.15	138.41	143.03	125.43	191.98
体育、娱乐用品类	Sports and Recreational Articles	5.09	7.44	6.81	14.21	13.15	10.38	10.09
书报杂志类	Newspapers and Magazines	2.37	4.75	3.92	4.21	3.20	2.70	2.64
电子出版物及音像制品类	E-journals and Video Products	2.22	5.84	4.63	2.23	7.50	11.06	11.52
家用电器和音像器材类	Household Appliances and Video Appliances	15.20	33.88	33.75	33.15	28.59	22.11	19.31
中西药品类	Traditional Chinese and Western Medicines	13.24	12.49	12.47	13.71	13.92	12.31	16.39
#中草药及中成药类	Chinese Herbal Medicines and Chinese Patent Medicines	12.52	11.76	11.77	12.87	13.09	11.49	13.49
文化办公用品类	Articles for Cultural and Office Use	62.63	66.35	50.24	61.32	56.68	48.10	57.66
家具类	Furniture	3.03	9.05	7.64	8.46	8.27	8.50	8.28
通讯器材类	Communication Appliances	2.24	52.00	43.58	55.68	62.99	40.92	38.80
煤炭及制品类	Coal and Related Products							0.17
木材及制品类	Timber and Related Products	34.84	45.27	51.65	90.56	107.74	102.06	70.78
化工材料及制品类	Chemical Materials and Products	5.11	388.17	439.28	474.40	401.25	442.70	431.15
金属材料类	Metal Materials	82.11	485.52	481.03	604.94	562.23	558.53	418.28
建筑及装潢材料类	Construction and Decoration Materials	43.93	73.64	80.70	83.07	87.02	101.91	110.99
机电产品及设备类	Mechanical and Electrical Products and Equipments	17.68	28.11	42.37	32.12	35.30	46.55	47.40
汽车类	Motor Vehicles	175.68	531.59	504.62	509.39	513.61	520.61	555.89
种子饲料类	Seeds and Feedstuff		0.07	0.08	0.08	0.10	0.09	0.08
其他类	Others	101.54	70.23	92.15	134.96	125.60	142.55	119.56

16-15 限额以上批发零售企业财务状况（2015年）

Financial Indicators of Enterprises above Designated Size in Wholesale and Retail Trades Services (2015)

单位：万元 (10000 yuan)

项　目	Item	批发零售业合计 Wholesale and Retail Trades	批发业 Wholesale Trade	零售业 Retail Trade
企业数 (个)	Number of Enterprises (unit)	21074	13319	7755
年初存货	Inventory at the Year-beginning	34193405	25017773	9175632
流动资产合计	Circulating Assets	227683147	185898061	41785086
#存货	Inventory	35022227	25636808	9385419
固定资产原价	Original Value of Fixed Assets	22585244	15269448	7315796
累计折旧	Accumulated Depreciation	8975088	5917264	3057824
#本年折旧	Depreciation Drawn in Current Year	1461934	920406	541528
资产合计	Total Assets	278496800	225872792	52624008
负债合计	Total Liabilities	210287570	174152899	36134671
所有者权益合计	Total Creditors' Equity	68186841	51709622	16477219
实收资本	Paid-up Capital	47400020	38247886	9152133
#国家资本	State Capital	6440370	4736982	1703388
集体资本	Collective Capital	364645	228666	135979
法人资本	Legal Person Capital	16266714	12141366	4125348
个人资本	Personal Capital	18524159	16653239	1870920
港澳台资本	Capital from Hong Kong, Macao and Taiwan	3488310	2698598	739712
外商资本	Foreign Capital	2315822	1789035	526787
营业收入	Business Revenue	576220533	475723891	100496641
#主营业务收入	Main Business Revenue	572572399	473811090	98761309
营业成本	Business Costs	531180322	444018383	87161940
#主营业务成本	Main Business Costs	529339010	442742236	86596774
营业税金及附加	Tax and Extra Charges on Business	2379194	1924235	454958
#主营业务税金及附加	Tax and Extra Charges on Main Business	2318061	1880560	437501
其它业务利润	Profits from Other Businesses	1674086	713313	960774
销售费用	Marketing Expenses	18992186	11960651	7031535
管理费用	Management Expenses	10382635	7495649	2886986
#税　金	Taxes	315283	235100	80183
财务费用	Financial Expenses	2242143	1750585	491558
#利息支出	Interests	2017737	1716737	301000
营业利润	Business Profits	11606212	9084774	2521438
营业外收入	Non-operating Revenue	1008367	828388	179979
利润总额	Total Profits	11693055	9107803	2585252
应交所得税	Income Taxes Payable	2499445	1936637	562809
本年应付职工薪酬	Total Wages Payable in Current Year	9384892	5718092	3666800
本年应交增值税	Value-added Tax Payable in Current Year	7514621	5550169	1964452

16-16 限额以上批发企业财务状况（2015年）

单位：万元

项　　目	Item	企业数（个）Number of Enterprises	年初库存 Beginning Inventory	流动资产合计 Circulating Assets
批发业合计	**Total Wholesale Trade**	**13319**	**25017773**	**185898061**
#国有及国有控股	State-owned and State-controlled Enterprises	821	7089942	38807093
按登记注册类型分	By Status of Registration			
内资企业	Domestic-funded Enterprises	12262	20780497	157602474
国有企业	State-owned Enterprises	273	949162	3288783
集体企业	Collective-owned Enterprises	82	22427	146413
股份合作企业	Share-holding Cooperative Enterprises	22	5637	69902
联营企业	Joint-operation Enterprises	8	16598	45554
国有联营企业	State-owned Joint-operation Enterprises	1	4488	19093
集体联营企业	Collective Joint-operation Enterprises	3	2242	3991
国有与集体联营企业	State-collective Joint-operation Enterprises	1	2005	353
其他联营企业	Other Joint-operation Enterprises	3	7863	22117
有限责任公司	Limited Liability Corporations	4593	9492536	75357103
国有独资企业	State Sole Investment Enterprises	127	1264967	7198093
其他有限责任公司	Other Limited Liability Companies	4466	8227569	68159010
股份有限公司	Share-holding Corporations Ltd.	237	2451454	19064206
私营企业	Private Enterprises	6989	7772283	58584177
私营独资企业	Private Sole Investment Enterprises	51	10611	125266
私营合伙企业	Private Partnership Enterprises	11	12170	50492
私营有限责任公司	Private Limited Liability Corporations	6775	7494422	57017141
私营股份有限公司	Private Share-holding Corporations Ltd.	152	255079	1391279
其他企业	Other Enterprises	58	70400	1046335
港、澳、台商投资企业	Enterprises with Investment from Hong Kong, Macao and Taiwan	661	2628652	14337619
合资经营企业	Joint Ventures	99	267021	2145363
合作经营企业	Cooperative Enterprises	7	5893	44749
独资经营企业	Sole Investment Enterprises	543	2318767	11956401
投资股份有限公司	Share-holding Corporations Ltd.	12	36971	191106
其它港澳台商投资企业	Others			
外商投资企业	Enterprises with Foreign Investment	396	1608624	13957969
中外合资经营企业	Sino-foreign Joint Ventures	74	546283	5928179
中外合作经营企业	Sino-foreign Cooperative Enterprises	5	6337	55533
外资企业	Foreign-funded Enterprises	297	997226	7405825
外商投资股份有限公司	Share-holding Corporations Ltd.	9	43672	258469
其它外商投资企业	Others	11	15107	309962
按国民经济行业分	By Economic Sector			
农林牧产品批发业	Wholesale of Farm and Livestock Products	263	619473	2495964
食品、饮料及烟草制品批发业	Wholesale of Food, Beverages and Tobacco Products	1246	2236845	17633464
#米、面制品及食用油批发业	Wholesale of Rice, Flour Products and Edible Oil	176	694917	2438326
烟草制品批发业	Wholesale of Tobacco Products	48	244863	2915933
纺织、服装及日用品批发业	Wholesale of Textiles, Garments and Daily-use Products	2102	3110031	18795258
#服装批发业	Wholesale of Garments	504	960742	6516386
文化、体育用品及器材批发业	Wholesale of Cultural and Sports Articles and Appliances	609	2428228	7864759
医药及医疗器材批发业	Wholesale of Medicines and Medical Appliances	1039	1986417	11559181
矿产品、建材及化工产品批发	Wholesale of Mineral Products, Building Materials and Chemical Products	4778	9072463	67049647
#煤炭及制品批发业	Wholesale of Coal and Related Products	227	728909	5088915
石油及制品批发业	Wholesale of Petroleum and Related Products	687	2619463	21935266
金属及金属矿批发业	Wholesale of Metal and Related Products	1264	2761517	20813318
建材批发业	Wholesale of Building Materials	600	773556	8745640
化肥批发业	Wholesale of Chemical Fertilizers	109	257524	963101
机械设备、五金交电及电子产品批发业	Wholesale of Machinery, Hardware, Electric and Electronic Products	2374	4156729	37210463
#汽车批发业	Wholesale of Motor Vehicles	85	376701	5832622
汽车零配件批发业	Wholesale of Motor Vehicles, Motorcycles and Parts	175	230233	1079200
计算机、软件及辅助设备批发业	Wholesale of Computers, Software and Assistant Equipments	255	620915	4293950
贸易经纪与代理	Trade Broker and Agency	382	869601	16003432
其他批发业	Other Wholesale Trades	526	537985	7285893

Financial Indicators of Enterprises above Designated Size in Wholesale Trade (2015)

(10000 yuan)

固定资产原价 Original Value of Fixed Assets	累计折旧 Accumulated Depreciation	本年折旧 Depreciation Drawn in Current Year	资产合计 Total Assets	负债合计 Total Liabilities	所有者权益合计 Total Creditors' Equity	实收资本 Paid-up Capital	营业收入 Business Revenue	主营业务收入 Main Business Revenue	营业成本 Business Costs
15269448	**5917264**	**920406**	**225872792**	**174152899**	**51709622**	**38247886**	**475723891**	**473811090**	**444018383**
7416377	2968348	383198	53063762	36174265	16886458	8422069	135573855	134947652	128438819
13101748	5077504	765109	190428067	149991628	40426168	32568744	415605094	414167881	389844614
682633	277449	30349	4573589	3252935	1320653	642252	9960015	9909013	9090272
37839	18094	1533	198767	124239	74528	24167	979551	975679	912991
7100	2845	397	77241	65813	11428	7399	240079	237338	210788
4848	2705	357	50237	18167	32070	10156	118332	118072	101839
2504	1354	250	20349	4998	15352	1800	37194	36991	30187
590	167	6	5416	5069	347	706	31042	30998	27932
2	2	0	353	189	164	150	13188	13188	13122
1752	1183	101	24119	7911	16208	7500	36908	36896	30597
4809855	1878788	290098	88257597	71412605	16844992	18945755	229469139	228880925	216637843
1508503	607368	84763	10026343	7025556	3000787	1147067	38891355	38861744	37351738
3301353	1271420	205334	78231254	64387049	13844205	17798688	190577783	190019181	179286105
4715459	1796555	231018	28560543	17994189	10563316	4906414	39105691	38680563	36443841
2774971	1078651	209603	67585604	56430664	11147708	7489000	134272612	133909980	125181601
44921	4107	531	179805	113937	65868	19355	1712520	1712490	1464568
8936	4313	406	57566	51322	6244	1994	182502	172987	145437
2614309	1028928	201682	65649049	55118245	10523571	7201436	128354103	128015539	119803316
106806	41303	6984	1699184	1147159	552025	266215	4023489	4008965	3768280
69044	22417	1754	1124490	693016	431473	543600	1459675	1456312	1255440
967274	351774	60302	18478396	12358761	6119635	3106591	25288365	25094449	21878931
219912	71043	8610	2556545	1909152	647394	336513	4151941	4112006	3695614
11400	3222	603	66253	36707	29546	15281	196854	196854	183247
725755	273967	50371	15640470	10258897	5381573	2714584	20638668	20493346	17762378
10208	3543	718	215128	154006	61123	40213	300903	292244	237691
1200425	487986	94994	16966328	11802510	5163819	2572552	34830432	34548760	32294838
474105	211286	43862	7015245	5460851	1554393	814183	14834740	14822603	14108639
2927	1776	200	58360	40395	17965	9225	191980	191980	169076
540474	188435	33497	8950887	5736303	3214584	1562065	17676801	17456717	16065945
165635	80097	16822	581163	229673	351490	178450	1954433	1914176	1817007
17284	6393	615	360674	335287	25387	8628	172479	163284	134171
287312	92337	16821	3221761	2149282	1072479	684234	8124671	8104066	7750867
2225281	857947	135641	22845156	14633255	8211902	2245091	44712951	44437098	38227415
321135	101166	16104	3040671	2423312	617358	425456	4797484	4780590	4581604
398251	187081	21881	3430073	871612	2558461	73395	12726172	12716017	9687626
1229957	536460	103580	22578992	17249773	5329605	2318680	51694116	51459963	45040579
449772	215062	34335	8336097	6320910	2015187	701635	16069290	15969093	13107647
468537	176447	36442	9230585	6406427	2824158	1509708	15733396	15581368	14285445
571112	220107	45189	13421146	9952847	3468299	1583593	24421342	24359699	21614394
8477410	3294163	447177	86629551	67005038	19613855	23746262	213843161	213046948	206824661
180034	70225	9202	5868550	4972181	896370	958330	11194137	11187734	10748132
5837443	2330128	306609	31249419	22568429	8677951	16117108	72455481	71934453	69971463
1421497	469745	56401	25681049	22218707	3462342	2552055	69462221	69341046	68305076
328527	132794	20139	11221091	8270130	2950961	1563288	17689556	17625892	16751167
48507	16708	2399	1065870	890060	175810	94866	2182869	2180098	2065692
1386621	537441	94791	41597501	33406454	8191047	4491856	76750449	76463892	71273663
59596	17420	4447	6323721	5709650	614071	720622	17337309	17320165	15566225
61826	27057	4809	1778493	1186374	592119	400218	4812792	4792095	4482733
159544	45710	10809	4719291	3888622	830669	447661	6247438	6233856	5781845
261412	73145	14236	17866469	15982255	1884214	907962	23659725	23642141	23104391
361806	129219	26529	8481631	7367568	1114064	760500	16784081	16715916	15896969

16-16 续表

单位:万元

项目	Item	主营业务成本 Main Business Costs	营业税金及附加 Tax and Extra Charges on Business	主营业务税金及附加 Tax and Extra Charges on Main Business
批发业合计	**Total Wholesale Trade**	**442742236**	**1924235**	**1880560**
#国有及国有控股	State-owned and State-controlled Enterprises	128032496	1302460	1275083
按登记注册类型分	By Status of Registration			
内资企业	Domestic-funded Enterprises	388766335	1808685	1770926
国有企业	State-owned Enterprises	9029317	280137	257792
集体企业	Collective-owned Enterprises	912434	3658	3639
股份合作企业	Share-holding Cooperative Enterprises	210569	293	293
联营企业	Joint-operation Enterprises	101696	448	448
国有联营企业	State-owned Joint-operation Enterprises	30047	151	151
集体联营企业	Collective Joint-operation Enterprises	27930	208	208
国有与集体联营企业	State-collective Joint-operation Enterprises	13122	13	13
其他联营企业	Other Joint-operation Enterprises	30597	76	76
有限责任公司	Limited Liability Corporations	216190711	1126879	1117095
国有独资企业	State Sole Investment Enterprises	37329041	196626	194570
其他有限责任公司	Other Limited Liability Companies	178861671	930253	922525
股份有限公司	Share-holding Corporations Ltd.	36204069	119184	118433
私营企业	Private Enterprises	124852433	274822	269960
私营独资企业	Private Sole Investment Enterprises	1464552	47151	47151
私营合伙企业	Private Partnership Enterprises	136356	693	675
私营有限责任公司	Private Limited Liability Corporations	119487358	220611	215843
私营股份有限公司	Private Share-holding Corporations Ltd.	3764168	6368	6291
其他企业	Other Enterprises	1265106	3266	3265
港、澳、台商投资企业	Enterprises with Investment from Hong Kong, Macao and Taiwan	21785963	74417	71700
合资经营企业	Joint Ventures	3677991	8341	7748
合作经营企业	Cooperative Enterprises	176734	132	132
独资经营企业	Sole Investment Enterprises	17695598	64872	62749
投资股份有限公司	Share-holding Corporations Ltd.	235639	1071	1071
其它港澳台商投资企业	Others			
外商投资企业	Enterprises with Foreign Investment	32189939	41133	37934
中外合资经营企业	Sino-foreign Joint Ventures	14105158	9535	9325
中外合作经营企业	Sino-foreign Cooperative Enterprises	168949	382	382
外资企业	Foreign-funded Enterprises	16006411	28862	25953
外商投资股份有限公司	Share-holding Corporations Ltd.	1775283	1916	1836
其它外商投资企业	Others	134139	439	439
按国民经济行业分	By Economic Sector			
农林牧产品批发业	Wholesale of Farm and Livestock Products	7743378	3607	3589
食品、饮料及烟草制品批发业	Wholesale of Food, Beverages and Tobacco Products	38107510	1252968	1230291
#米、面制品及食用油批发业	Wholesale of Rice, Flour Products and Edible Oil	4573666	6327	4330
烟草制品批发业	Wholesale of Tobacco Products	9653933	1174103	1154416
纺织、服装及日用品批发业	Wholesale of Textiles, Garments and Daily-use Products	44911572	185519	179901
#服装批发业	Wholesale of Garments	13069258	55153	52103
文化、体育用品及器材批发业	Wholesale of Cultural and Sports Articles and Appliances	14164754	39489	38596
医药及医疗器材批发业	Wholesale of Medicines and Medical Appliances	21553597	58823	58228
矿产品、建材及化工产品批发	Wholesale of Mineral Products, Building Materials and Chemical Products	206177985	208838	201674
#煤炭及制品批发业	Wholesale of Coal and Related Products	10738841	20768	20415
石油及制品批发业	Wholesale of Petroleum and Related Products	69628140	54087	50571
金属及金属矿批发业	Wholesale of Metal and Related Products	68186324	44234	43005
建材批发业	Wholesale of Building Materials	16697419	31765	31450
化肥批发业	Wholesale of Chemical Fertilizers	2065319	4767	4760
机械设备、五金交电及电子产品批发业	Wholesale of Machinery, Hardware, Electric and Electronic Products	71147594	110244	105699
#汽车批发业	Wholesale of Motor Vehicles	15561786	29308	27565
汽车零配件批发业	Wholesale of Motor Vehicles, Motorcycles and Parts	4470141	6390	6358
计算机、软件及辅助设备批发业	Wholesale of Computers, Software and Assistant Equipments	5773398	10306	10234
贸易经纪与代理	Trade Broker and Agency	23093486	24198	22381
其他批发业	Other Wholesale Trades	15842362	40549	40202

16-16 continued

(10000 yuan)

其他业务利润 Profits from Other Businesses	销售费用 Marketing Expenses	管理费用 Manag-ement Expenses	财务费用 Financial Expenses	营业利润 Business Profits	营业外收入 Non-operating revenue	利润总额 Total Profits	应交所得税 Income Taxes Payable	本年应付职工薪酬 Staff Salary Payable in Current Year	本年应交增值税 Value-added Tax Payable in Current Year
713313	**11960651**	**7495649**	**1750585**	**9084774**	**828388**	**9107803**	**1936637**	**5718092**	**5550169**
162483	1667403	1279719	328869	2541904	267470	2725417	698695	1457103	1518812
502825	9094692	6052525	1445119	7557985	671751	7612489	1625591	4372364	4687865
38398	180608	198669	40640	176865	69921	210046	54133	183533	154463
2978	17941	19007	2809	23534	1495	23180	2298	12550	11420
1007	6714	4597	1236	15164	406	15569	389	3879	941
46	2689	1926	-112	11752	89	10228	1943	2807	1698
	673	1001	-13	5540		5540	1351	2261	1067
42	380	425	129	1968	59	424	2	81	12
	62	14		-23		-23		23	6
4	1575	486	-228	4267	30	4287	591	443	613
207375	4803366	2194745	710661	4175264	307260	4227886	1025841	1919211	2785019
13289	318376	191207	18033	909045	82971	986749	209342	208610	329290
194085	4484991	2003538	692629	3266219	224289	3241137	816499	1710601	2455728
59006	768909	621147	141396	927221	97722	989531	136794	716468	284226
190925	3290151	2995437	546979	2080146	194622	2084221	400790	1527096	1444016
239	42039	30568	12119	115994	134	106540	16472	5604	147794
216	32600	3870	-207	316	422	577	219	22111	5377
184486	3115623	2886353	521501	1906069	187741	1914627	370918	1448959	1262771
5984	99890	74646	13566	57767	6325	62478	13181	50422	28074
3090	24312	16997	1510	148039	236	51828	3402	6821	6082
154594	1842244	776748	88262	746227	57566	662428	181620	811546	438270
21759	189556	121543	-1437	130112	12373	131231	44108	96996	89679
172	10557	2613	302	4024	200	3801	151	2995	209
126082	1602559	636816	89358	606076	38254	520941	136003	690235	340210
6582	39572	15776	39	6016	6739	6456	1358	21320	8173
55894	1023716	666376	217204	780562	99071	832886	129426	534182	424034
3859	300256	128500	154176	172004	11140	185684	37437	148515	51971
-129	12002	4722	115	5703	28	5295	817	3817	1376
52159	597637	505890	59952	582754	85428	626073	74128	352454	350588
	94013	20517	3752	17447	2133	12859	16525	18645	14492
5	19809	6748	-791	2654	342	2975	518	10751	5608
13355	122697	88729	41411	126919	52804	164100	16477	70144	28030
76803	1920959	1188602	77292	2325876	160615	2343434	458726	1174475	1114580
12421	181449	73612	48919	-95073	81178	-26155	6336	79324	20655
3752	205591	363558	-73657	1438786	6223	1424525	352174	347331	599420
71803	2694767	2013718	38523	1761521	73421	1771349	347220	1133096	1150319
28036	839100	1126788	-1927	931820	23929	926708	174483	333103	370510
51814	684627	384245	66301	309141	79216	324828	71032	364311	209249
99760	1222775	622401	138471	885710	20264	871183	168121	486269	399737
188804	2509826	1538899	855822	1787250	215594	1783962	452176	1171012	1577510
6870	185366	69182	56059	113916	19723	125927	17803	40159	89728
64075	756655	449977	234379	767798	56883	763964	252302	448242	324484
29356	356038	298190	314472	127762	29706	123452	67152	226355	668952
36828	369765	216287	87683	346749	12180	330215	33044	136655	209371
2414	42824	26985	9312	20816	13790	22913	3504	22939	7789
184936	2375720	1258813	240439	1573494	163850	1587238	349502	1079494	822945
4526	949562	50378	11778	744325	12130	754863	212625	55181	329063
12422	127165	71822	14440	140110	2381	141457	12621	62677	34678
8898	174893	159547	12763	110760	9304	119502	15412	146308	76298
14125	188423	186770	111526	82937	51840	54629	38618	100454	120940
11913	240857	213473	180801	231927	10784	207080	34765	138838	126859

16－17　限额以上零售企业财务状况（2015年）

单位：万元

项　目	Item	企业数（个）Number of Enterprises (unit)	年初库存 Beginning Inventory	流动资产合计 Circulating Assets
零售业合计	**Total Retail Trade**	**7755**	**9175632**	**41785086**
#国有及国有控股	State-owned and State-controlled Enterprises	427	1174807	13479557
按登记注册类型分	By Status of Registration			
内资企业	Domestic-funded Enterprises	7341	7737320	35252557
国有企业	State-owned Enterprises	113	103799	983074
集体企业	Collective-owned Enterprises	181	49890	162617
股份合作企业	Share-holding Cooperative Enterprises	35	7217	25536
联营企业	Joint-operation Enterprises	34	3822	50186
国有联营企业	State-owned Joint-operation Enterprises	7	838	5314
集体联营企业	Collective Joint-operation Enterprises	10	846	15278
国有与集体联营企业	State-collective Joint-operation Enterprises	5	536	8575
其他联营企业	Other Joint-operation Enterprises	12	1602	21018
有限责任公司	Limited Liability Corporations	3242	3830142	16773262
国有独资企业	State Sole Investment Enterprises	46	156663	540183
其他有限责任公司	Other Limited Liability Companies	3196	3673479	16233079
股份有限公司	Share-holding Corporations Ltd.	161	614688	7595197
私营企业	Private Enterprises	3482	3075412	9533470
私营独资企业	Private Sole Investment Enterprises	387	32103	149521
私营合伙企业	Private Partnership Enterprises	35	2078	13168
私营有限责任公司	Private Limited Liability Corporations	2991	2979495	9194676
私营股份有限公司	Private Share-holding Corporations Ltd.	69	61736	176105
其他企业	Other Enterprises	93	52350	129214
港、澳、台商投资企业	Enterprises with Investment from Hong Kong, Macao and Taiwan	237	862578	3786794
合资经营企业	Joint Ventures	51	318894	1941710
合作经营企业	Cooperative Enterprises	13	5374	30125
独资经营企业	Sole Investment Enterprises	167	527738	1787102
投资股份有限公司	Share-holding Corporations Ltd.	6	10571	27856
其他港澳台商投资企业	Others			
外商投资企业	Enterprises with Foreign Investment	177	575735	2745736
中外合资经营企业	Sino-foreign Joint Ventures	71	237018	948519
中外合作经营企业	Sino-foreign Cooperative Enterprises	10	44803	305612
外资企业	Foreign-funded Enterprises	85	283001	1455089
外商投资股份有限公司	Share-holding Corporations Ltd.	9	3092	20513
其它外商投资企业	Others	2	7821	16003
按国民经济行业分	By Economic Sector			
综合零售业	Comprehensive Retail	783	1285862	7608605
#百货零售业	Retail of General Merchandise	362	465891	4712578
超级市场零售业	Retail in Supermarkets	324	772660	2723048
食品、饮料及烟草制品专门零售业	Retail of Food, Beverages and Tobacco Products	499	360778	1197091
纺织、服装及日用品专门零售业	Retail of Textiles, Garments and Daily-use Products	580	1078043	2606600
#服装零售业	Retail of Garments	259	521413	1535666
文化、体育用品及器材专门零售业	Retail of Cultural and Sports Articles and Appliances	355	349896	943659
#体育用品零售业	Retail of Sports Articles and Appliances	21	14410	60551
图书零售业	Retail of Books	120	103064	405177
医药及医疗器材专门零售业	Retail of Medicines and Medical Appliances	415	393671	1660758
#药品零售业	Retail of Medicines	310	356961	1387449
汽车、摩托车、燃料及零配件专门零售业	Retail of Motor Vehicles, Motorcycles and Parts	3071	4631607	22661790
#汽车零售业	Retail of Motor Vehicles	1924	4158022	11723535
机动车燃料零售业	Retail of Motor Vehicle Fuels	850	351403	10640838
家用电器及电子产品专门零售业	Retail of Household Appliances and Electronic Products	938	733398	3477393
#家用电器零售业	Retail of Household Appliances	75	44231	367227
计算机、软件及辅助设备零售业	Retail of Computers, Software and Assistant Equipments	270	55593	329219
通讯设备零售业	Retail of Communication Equipments	115	169066	805738
五金、家具及室内装修材料专门零售业	Retail of Hardware, Furniture and Interior Decoration Materials	577	161236	771219
无店铺及其他零售业	Non-shop and Other Retails	537	181143	857971
#邮购及电子销售业	Mail Order and E-commerce	4	2127	21291

Financial Indicators of Enterprises above Designated Size in Retail Trade (2015)

(10000 yuan)

固定资产原价 Original Value of Fixed Assets	累计折旧 Accumulated Depreciation	本年折旧 Depreciation Drawn in Current Year	资产合计 Total Assets	负债合计 Total Liabilities	所有者权益合计 Total Creditors' Equity	实收资本 Paid-up Capital	营业收入 Business Revenue	主营业务收入 Main Business Revenue	营业成本 Business Costs
7315796	**3057824**	**541528**	**52624008**	**36134671**	**16477219**	**9152133**	**100496641**	**98761309**	**87161940**
1837500	827319	138544	16740231	8819832	7920399	1998334	20232225	19928143	17920974
5473025	2195219	363733	44123029	30387511	13735518	7260890	82359940	81093421	72378615
366122	183482	15647	1309325	579687	729638	452798	1267167	1238189	1038021
59432	23574	2828	240464	136493	103971	36031	806424	801843	691931
6382	4175	259	30083	28142	1941	6721	88864	87212	78497
13241	7248	619	67200	43969	23231	17462	315419	315241	282070
5150	3237	341	13045	11486	1560	6685	48505	48502	39691
3803	1542	115	20427	12123	8304	7044	182821	182821	174954
1938	1125	55	10182	4635	5547	1163	25381	25325	19902
2351	1344	109	23546	15725	7820	2570	58712	58594	47523
2557040	991551	184840	21025794	15990923	5034871	3098947	42344675	41725873	37402922
106178	47236	4804	921322	318156	603166	108450	1342296	1293871	1109081
2450862	944315	180035	20104472	15672766	4431705	2990497	41002380	40432002	36293841
952686	391306	42894	9571192	4404126	5167066	763300	10877488	10690177	9683208
1502706	589002	115944	11724578	9124476	2600102	2867133	26301283	25879301	22921133
76970	22162	4940	232495	136721	95774	57265	1045150	1044150	863595
9716	2491	496	22073	9268	12804	8957	78997	78997	66093
1362694	548195	107836	11209497	8836069	2373427	2734987	24558414	24142021	21471260
53326	16155	2672	260514	142417	118096	65925	618722	614133	520185
15416	4881	703	154393	79695	74698	18499	358619	355585	280833
807710	353088	69217	4713138	3014632	1686389	888720	8367743	8094369	6588265
309706	149614	28404	2261362	1345012	904233	252736	3810793	3683420	2912854
11112	8380	402	34759	18833	15926	29735	97026	95487	75394
479768	193263	39644	2373866	1622118	751748	592190	4393325	4250486	3545534
7124	1830	768	43151	28670	14481	14061	66598	64976	54483
1035061	509517	108579	3787841	2732528	1055313	1002523	9768959	9573518	8195060
451490	180644	64875	1532989	763123	769866	501811	5257906	5212010	4628440
90994	54382	3760	373419	313489	59930	72794	861544	821032	726139
453763	262274	39422	1806849	1607186	199663	404160	3497925	3395171	2730095
6612	817	371	28548	24968	3581	6742	56891	50789	48833
32203	11399	150	46035	23762	22273	17017	94693	94516	61555
2283591	1061070	181631	10531799	8005006	2514676	2869860	19268777	18614812	15615520
1126888	525224	65379	6394617	4732172	1650328	1984283	9454179	9068536	7370789
1080143	504541	111000	3874358	3014826	859532	787974	8978220	8731541	7555072
247322	76159	12378	1783789	906623	877166	264752	2376862	2325158	1840269
247043	104324	21353	3233749	1964899	1268850	623896	4444259	4421956	2909108
123646	50285	9617	1922717	1065650	857067	333395	2289991	2273931	1345767
427108	211166	19230	1386322	880383	505939	280734	2382119	2335519	1945308
34327	13255	2222	91690	57783	33907	46830	140853	138327	104959
347928	181666	13943	739049	433976	305074	127895	894289	862329	637223
180271	55243	11757	1934827	1374747	560081	270672	3814047	3771536	3065910
143246	46825	9507	1615884	1185817	430067	220117	3264371	3222542	2692052
3050200	1238020	240251	27404051	18327385	9076666	3709130	50648895	50024833	46629129
1853580	704050	167632	14524629	11617120	2907509	2401906	36177641	35682097	33603412
1156882	517845	69726	12536223	6451321	6084902	1245837	13586311	13461628	12226363
263605	98512	15787	3947429	3092402	855027	508506	8183394	7937843	7050395
20452	8025	1524	422044	297960	124084	56935	869197	855212	764312
25201	10408	2523	371741	211343	160398	107970	783657	778283	651887
30286	14927	4022	917553	747614	169939	109035	2640582	2480445	2285347
148428	52763	7585	973116	654834	318283	210546	2198353	2193845	1737312
468228	160568	31556	1428926	928393	500533	414040	7179934	7135805	6368989
4896	2317	330	30712	23658	7054	14326	77840	75004	63508

16−17 续表

单位:万元

项目	Item	主营业务成本 Main Business Costs	营业税金及附加 Tax and Extra Charges on Business	主营业务税金及附加 Tax and Extra Charges on Main Business
零售业合计	**Total Retail Trade**	**86596774**	**454958**	**437501**
#国有及国有控股	State-owned and State-controlled Enterprises	17765742	70544	63722
按登记注册类型分	By Status of Registration			
内资企业	Domestic-funded Enterprises	71944161	367472	353495
国有企业	State-owned Enterprises	1025015	8178	7235
集体企业	Collective-owned Enterprises	685298	7841	7823
股份合作企业	Share-holding Cooperative Enterprises	78144	313	234
联营企业	Joint-operation Enterprises	281410	2438	2430
国有联营企业	State-owned Joint-operation Enterprises	39236	847	847
集体联营企业	Collective Joint-operation Enterprises	174954	484	484
国有与集体联营企业	State-collective Joint-operation Enterprises	19861	95	95
其他联营企业	Other Joint-operation Enterprises	47360	1013	1005
有限责任公司	Limited Liability Corporations	37209214	177905	169166
国有独资企业	State Sole Investment Enterprises	1086950	3804	1717
其他有限责任公司	Other Limited Liability Companies	36122263	174101	167449
股份有限公司	Share-holding Corporations Ltd.	9586561	35581	33298
私营企业	Private Enterprises	22798147	128460	126582
私营独资企业	Private Sole Investment Enterprises	862997	21179	21144
私营合伙企业	Private Partnership Enterprises	66093	841	833
私营有限责任公司	Private Limited Liability Corporations	21349814	103720	101922
私营股份有限公司	Private Share-holding Corporations Ltd.	519244	2720	2683
其他企业	Other Enterprises	280373	6756	6727
港、澳、台商投资企业	Enterprises with Investment from Hong Kong, Macao and Taiwan	6530287	48136	45847
合资经营企业	Joint Ventures	2895865	25109	24529
合作经营企业	Cooperative Enterprises	75392	462	462
独资经营企业	Sole Investment Enterprises	3504565	22350	20642
投资股份有限公司	Share-holding Corporations Ltd.	54466	214	214
其他港澳台商投资企业	Others			
外商投资企业	Enterprises with Foreign Investment	8122327	39350	38159
中外合资经营企业	Sino-foreign Joint Ventures	4607113	15935	15835
中外合作经营企业	Sino-foreign Cooperative Enterprises	726008	4038	4038
外资企业	Foreign-funded Enterprises	2688323	18159	17078
外商投资股份有限公司	Share-holding Corporations Ltd.	39328	229	219
其它外商投资企业	Others	61555	989	989
按国民经济行业分	By Economic Sector			
综合零售业	Comprehensive Retail	15504071	126373	121471
#百货零售业	Retail of General Merchandise	7317134	77699	74290
超级市场零售业	Retail in Supermarkets	7500450	43260	41772
食品、饮料及烟草制品专门零售业	Retail of Food, Beverages and Tobacco Products	1813518	25787	24591
纺织、服装及日用品专门零售业	Retail of Textiles, Garments and Daily-use Products	2897534	31939	31600
#服装零售业	Retail of Garments	1342539	19196	18883
文化、体育用品及器材专门零售业	Retail of Cultural and Sports Articles and Appliances	1931330	16740	15326
#体育用品零售业	Retail of Sports Articles and Appliances	104906	730	729
图书零售业	Retail of Books	629572	4972	3737
医药及医疗器材专门零售业	Retail of Medicines and Medical Appliances	3048627	16695	16303
#药品零售业	Retail of Medicines	2677572	14538	14159
汽车、摩托车、燃料及零配件专门零售业	Retail of Motor Vehicles, Motorcycles and Parts	46319499	137333	129563
#汽车零售业	Retail of Motor Vehicles	33415478	81203	74662
机动车燃料零售业	Retail of Motor Vehicle Fuels	12106683	51869	50697
家用电器及电子产品专门零售业	Retail of Household Appliances and Electronic Products	7004495	33320	32264
#家用电器零售业	Retail of Household Appliances	757276	3296	3286
计算机、软件及辅助设备零售业	Retail of Computers, Software and Assistant Equipments	648967	3122	3063
通讯设备零售业	Retail of Communication Equipments	2278978	6687	6346
五金、家具及室内装修材料专门零售业	Retail of Hardware, Furniture and Interior Decoration Materials	1730675	36794	36709
无店铺及其他零售业	Non-shop and Other Retails	6347026	29979	29675
邮购及电子销售业	Mail Order and E-commerce	63381	628	628

16-17 continued

(10000 yuan)

其它业务利润 Profits from Other Businesses	销售费用 Marketing Expenses	管理费用 Management Expenses	财务费用 Financial Expenses	营业利润 Business Profits	营业外收入 Non-operating revenue	利润总额 Total Profits	应交所得税 Income Taxes Payable	本年应付职工薪酬 Staff Salary Payable in Current Year	本年应交增值税 Value-added Tax Payable in Current Year
960774	**7031535**	**2886986**	**491558**	**2521438**	**179979**	**2585252**	**562809**	**3666800**	**1964452**
108075	1167472	398471	39959	747904	31723	745759	151184	682368	357398
667987	4912382	2312937	425443	1902049	147151	1912481	384594	2742001	1454606
10691	46045	81281	2292	115059	8156	119087	3802	87723	30037
1360	31700	25457	1643	51339	2252	48238	8674	21155	13516
65	6773	3552	121	-115	22	-315	374	3201	1637
82	8725	5598	538	16541	396	14390	2441	14999	3642
3	2205	2956	28	3233	73	3285	763	10624	1004
79	2167	1273	234	3746	284	1520	277	2668	517
	1100	430	20	3834	8	3841	642	621	1096
	3254	939	256	5728	31	5744	760	1086	1026
362079	2609686	1068183	206801	942888	73051	930806	224191	1397224	742920
16502	60319	29788	-10869	167539	1654	156323	35986	52166	11853
345577	2549368	1038395	217670	775348	71398	774483	188205	1345059	731067
51250	647794	203834	31270	300610	14025	307352	41678	313061	133646
241974	1529668	906554	181047	456033	48343	473613	101072	893281	517500
1221	41055	38960	6660	71502	5861	59079	6323	26191	16777
	3357	3325	888	4585	0	4378	696	2150	2330
240198	1440660	839511	169432	357358	41516	385958	89275	837080	472195
555	44595	24759	4067	22588	966	24199	4778	27861	26199
487	31990	18479	1731	19695	906	19310	2361	11357	11709
152195	1094641	317195	31705	334482	17139	367041	110859	487205	206368
78312	516023	119729	9988	269889	7435	307865	87663	213844	97895
1498	12155	4345	223	4446	114	4350	1875	7245	3466
71659	558688	190210	21420	59522	9564	54716	21221	262756	102333
726	7774	2910	74	625	26	111	100	3360	2674
140592	1024512	256854	34410	284907	15689	305730	67355	437595	303479
53985	407998	104816	13414	134168	9761	143448	21168	187948	187328
42353	85590	28987	1553	20129	584	25396	7123	27632	11552
43469	515275	111671	18093	118306	5182	124456	37510	218058	100506
608	5728	1517	216	1049	29	1046	406	2898	4092
177	9922	9863	1134	11255	134	11384	1148	1059	
464427	2327190	635281	58739	650850	63281	720362	200130	980295	369235
215839	1214440	275605	31728	540640	25122	550007	163248	472253	245172
235853	1000566	323380	23759	116235	35455	176215	36839	449399	113019
19569	203072	115575	-1311	237277	13571	234712	43626	118971	41508
19208	948970	339535	25866	195520	9222	202840	46182	433104	222309
11515	603679	189147	18361	111816	4455	109355	25261	254873	133645
19874	141425	153681	8111	123118	9934	133091	7952	153114	24882
877	25521	9513	635	-217	49	-1962	225	7640	2191
16066	54975	102270	723	99301	8440	108803	3228	104530	5522
25796	367784	143514	18717	114744	5536	112934	28617	252138	110108
20433	329981	116203	15685	92505	4590	90842	23795	226466	95114
317497	1853239	1011197	329371	732322	55915	724346	156826	1188810	912825
298877	1252316	760030	293853	213723	49497	236716	76751	886408	549890
12989	567095	220280	31337	505264	4473	476314	77959	272624	352468
68564	570126	234485	28997	165605	11998	166129	31759	267406	136261
4227	68391	18716	3154	13225	3257	16086	2788	23969	15093
2003	43715	48959	3005	33796	1715	34706	4646	49241	19254
28305	102632	48865	12083	70750	1452	72301	16454	63406	44369
6686	142448	108226	12066	154470	1921	145826	20340	71611	49306
19153	477282	145491	11001	147532	8601	145011	27376	201352	98019
	10955	2808	-111	8	337	318		4391	1417

16-18 各市限额以上批发零售企业财务状况（2015年）

单位:万元

市别	City	企业数(个) Number of Enterprises (unit)	年初库存 Beginning Inventory	流动资产合计 Circulating Assets	固定资产原价 Original Value of Fixed Assets	累计折旧 Accumulated Depreciation
批发零售业合计	**Total Wholesale and Retail Trades**	**21074**	**34193405**	**227683147**	**22585244**	**8975088**
批发业	**Wholesale Trade**	**13319**	**25017773**	**185898061**	**15269448**	**5917264**
广州	Guangzhou	4439	10603143	60343547	6436928	2705482
深圳	Shenzhen	2758	7271631	71331917	4131511	1457862
珠海	Zhuhai	593	1285806	11117018	670793	203099
汕头	Shantou	392	411447	2033633	276790	126667
佛山	Foshan	1388	1793210	12425200	717951	301799
#顺德	shunde	558	736306	3416429	186831	82775
韶关	Shaoguan	157	123604	886862	133149	41740
河源	Heyuan	24	16761	186659	12031	5239
梅州	Meizhou	51	32363	337552	51589	18517
惠州	Huizhou	246	248481	1421444	215712	72637
汕尾	Shanwei	16	16351	96376	28527	12559
东莞	Dongguan	811	1066369	7544624	699731	250672
中山	Zhongshan	479	591043	3616052	199513	82876
江门	Jiangmen	408	325429	2468017	228103	88578
阳江	Yangjiang	70	26496	221873	81614	25507
湛江	Zhanjiang	320	373910	5036298	435188	165915
茂名	Maoming	492	171308	1755259	116540	40549
肇庆	Zhaoqing	106	222273	1225278	104574	31032
清远	Qingyuan	75	133027	1326744	130586	44859
潮州	Chaozhou	52	25507	355515	113795	42432
揭阳	Jieyang	393	126589	1645947	201038	73524
云浮	Yunfu	49	153023	522247	283786	125720
零售业	**Retail Trade**	**7755**	**9175632**	**41785086**	**7315796**	**3057824**
广州	Guangzhou	1761	2629694	12305223	1729787	778742
深圳	Shenzhen	833	2628051	9839610	1474202	796089
珠海	Zhuhai	264	248367	1610845	251610	96659
汕头	Shantou	271	199083	607985	169932	54798
佛山	Foshan	460	998516	3012932	764942	269185
#顺德	shunde	163	648318	1596620	455069	145017
韶关	Shaoguan	202	60341	210653	63035	21114
河源	Heyuan	161	75964	702777	99963	31793
梅州	Meizhou	96	74025	781416	113783	38251
惠州	Huizhou	278	249289	1641206	252843	95891
汕尾	Shanwei	44	15329	167439	90995	24492
东莞	Dongguan	525	785055	4523848	633366	272476
中山	Zhongshan	448	341113	1257202	234579	99968
江门	Jiangmen	322	219628	814698	328265	122011
阳江	Yangjiang	87	38379	519641	87658	34625
湛江	Zhanjiang	293	129754	1255434	185840	59802
茂名	Maoming	310	137745	487987	227769	68090
肇庆	Zhaoqing	176	106008	949656	207888	67290
清远	Qingyuan	194	75399	246423	76205	23341
潮州	Chaozhou	101	30475	107277	47330	16562
揭阳	Jieyang	664	84817	545465	188142	61950
云浮	Yunfu	265	48600	197369	87663	24697

Financial Indicators of Enterprises above Designated Size in Wholesale and Retail Trades by City (2015)

(10000 yuan)

#本年折旧 Depreciation Drawn in Current Year	资产合计 Total Assets	负债合计 Total Liabilities	所有者权益合计 Total Creditors' Equity	实收资本 Paid-up Capital	营业收入 Business Revenue	主营业务收入 Main Business Revenue	营业成本 Business Costs
1461934	**278496800**	**210287570**	**68186841**	**47400020**	**576220533**	**572572399**	**531180322**
920406	**225872792**	**174152899**	**51709622**	**38247886**	**475723891**	**473811090**	**444018383**
401622	76209921	57472349	18737958	11270600	195290333	194600407	181820393
245793	84728125	66129769	18587698	8417247	129524220	128904184	122278809
29496	13261537	8870714	4390823	2858218	18208897	18040181	16914574
14153	2660951	1718346	942605	513355	9056303	8876038	8452460
46330	14527999	12854162	1673837	1639160	42538051	42507446	40873908
13870	3847843	3455126	392717	904877	9177313	9162651	8865660
7964	1128756	906007	222750	81390	2410477	2399397	2155696
1007	199513	143838	55676	12212	447448	445919	346760
3552	420101	266630	153471	40627	1228666	1227687	1045356
13639	1729863	1282547	447315	178880	3678846	3668115	3226693
1690	121535	43637	77899	15273	432439	431430	328195
54106	8955889	7325111	1630778	10954364	19115822	19057625	18022892
9758	3961991	3505215	456776	326433	9902240	9878803	9273934
15933	2898340	2252100	646240	374593	6302376	6292073	5841760
3777	310958	210482	100476	38807	996870	995816	866862
9992	6255107	5473437	781670	499259	7660103	7619187	7178215
6142	1946081	1608086	337995	306261	11147290	11124826	10712994
9571	1356975	1217433	139542	86338	4077605	4059690	3549985
5755	1571229	1045205	526024	73573	1972453	1952310	1791086
6508	496775	373935	122840	93442	1685024	1682103	1490252
17600	2291582	1106143	1185439	336193	8024163	8024013	6060478
16018	839565	347755	491810	131663	2024264	2023840	1677081
541528	**52624008**	**36134671**	**16477219**	**9152133**	**100496641**	**98761309**	**87161940**
114002	14920408	10937229	3983179	1926036	33343458	32776308	29260404
149777	12122039	8205078	3916961	1984710	20220460	19766436	16620940
13698	2104468	1192318	900033	324406	2346812	2304387	1968528
9661	817229	599782	217446	445906	2197307	2158806	1994320
57437	4037951	3454753	583198	452991	8841873	8717284	7919396
27022	2214777	1797090	417686	222366	4066793	3993740	3679114
5138	284199	202863	81336	69780	597374	587042	514871
6293	844970	536704	308266	64053	855313	847876	760182
8567	919462	514598	404864	337929	983076	975012	885568
19501	2118850	1415796	703054	256692	3600659	3537392	3198540
4227	261697	142916	118782	55654	355489	349911	308209
48304	5333091	3666641	1666451	1471029	8823005	8649165	7976297
15582	1631403	883750	747654	233439	3724438	3665110	3260307
20319	1223207	804470	418737	217047	3045611	3009420	2719744
5813	607999	371985	236014	174581	723873	710350	661749
11197	1491897	893269	598628	146803	1859873	1838690	1659867
11963	763305	539915	223390	136160	1970757	1929155	1746763
9360	1216410	685406	531004	491982	1328889	1295882	1210184
3807	350146	268173	81974	59101	757412	739071	662603
2529	161129	109934	51196	45891	520537	515236	454729
18200	859935	369672	490263	184155	3607755	3600052	2702745
6154	554212	339420	214792	73788	792672	788723	675992

16-18 续表

单位:万元

市别	City	主营业务成本 Main Business Costs	营业税金及附加 Tax and Extra Charges on Business	主营业务税金及附加 Tax and Extra Charges on Main Business	其它业务利润 Profits from Other Businesses	销售费用 Marketing Expenses
批发零售业合计	**Total Wholesale and Retail Trades**	**529339010**	**2379194**	**2318061**	**1674086**	**18992186**
批发业	**Wholesale Trade**	**442742236**	**1924235**	**1880560**	**713313**	**11960651**
广　州	Guangzhou	181254719	487865	479880	249342	5284418
深　圳	Shenzhen	121943890	317394	290899	283963	3362720
珠　海	Zhuhai	16802058	49871	47423	46091	462350
汕　头	Shantou	8449079	90253	90202	4440	157303
佛　山	Foshan	40821454	112749	112392	40712	732330
#顺　德	shunde	8856782	8901	8817	14541	171219
韶　关	Shaoguan	2145041	36028	35999	1984	64926
河　源	Heyuan	346551	34350	34350	2598	13856
梅　州	Meizhou	1045018	46303	46289	1155	35775
惠　州	Huizhou	3220397	56337	56188	3330	145013
汕　尾	Shanwei	327681	32965	32965	54	14773
东　莞	Dongguan	17991484	105426	102895	27847	442863
中　山	Zhongshan	9262400	47546	47401	10282	269601
江　门	Jiangmen	5822483	67484	67401	13783	190886
阳　江	Yangjiang	866750	22372	22371	333	36066
湛　江	Zhanjiang	7108997	57259	56329	13237	104964
茂　名	Maoming	10695396	43213	42483	3878	97106
肇　庆	Zhaoqing	3648498	52704	52688	2885	115699
清　远	Qingyuan	1774537	38890	38887	1366	58526
潮　州	Chaozhou	1480191	33144	31487	1045	44772
揭　阳	Jieyang	6059714	167718	167666	4744	305816
云　浮	Yunfu	1675898	24365	24365	245	20893
零售业	**Retail Trade**	**86596774**	**454958**	**437501**	**960774**	**7031535**
广　州	Guangzhou	29156218	115393	110420	336227	2528249
深　圳	Shenzhen	16517212	91294	86009	254331	2006596
珠　海	Zhuhai	1951586	9839	9260	25808	149234
汕　头	Shantou	1969476	17388	17202	18485	82429
佛　山	Foshan	7861949	29610	28845	72910	383804
#顺　德	shunde	3630768	14554	14072	33640	151033
韶　关	Shaoguan	513496	2340	2262	5157	40010
河　源	Heyuan	754833	2820	2789	1739	42133
梅　州	Meizhou	880939	2422	2347	2445	50120
惠　州	Huizhou	3179518	10688	10574	40462	238410
汕　尾	Shanwei	305958	880	817	4930	37457
东　莞	Dongguan	7917702	22888	21896	93734	477849
中　山	Zhongshan	3244834	10105	9845	36737	247194
江　门	Jiangmen	2674617	7374	7303	25868	170147
阳　江	Yangjiang	654006	2086	2072	2475	39254
湛　江	Zhanjiang	1643025	6585	6430	5114	107295
茂　名	Maoming	1719209	17687	17592	9479	69317
肇　庆	Zhaoqing	1179505	5518	5189	3312	73042
清　远	Qingyuan	657801	2706	2680	9316	48566
潮　州	Chaozhou	449773	4336	1452	5032	18612
揭　阳	Jieyang	2691606	85718	85558	5371	176406
云　浮	Yunfu	673512	7280	6959	1841	45413

16-18 continued

(10000 yuan)

管理费用 Management Expenses	财务费用 Financial Expenses	营业利润 Business Profits	营业外收入 Non-operating revenue	利润总额 Total Profits	应交所得税 Income Taxes Payable	本年应付职工薪酬 Staff Salary Payable in Current Year	本年应交增值税 Value-added Tax Payable in Current Year
10382635	**2242143**	**11606212**	**1008367**	**11693055**	**2499445**	**9384892**	**7514621**
7495649	**1750585**	**9084774**	**828388**	**9107803**	**1936637**	**5718092**	**5550169**
3336667	525399	3695063	230137	3797037	916373	2263909	2340141
2018993	690025	1407372	279226	1469765	336717	1937216	1448251
259210	70340	480448	41488	407740	95395	194811	156994
119228	26485	205927	57702	192192	39768	70685	74483
355362	129033	365163	31577	390568	65199	211856	240707
79974	45449	13683	12783	22282	14184	64134	57556
52935	6284	89751	5904	92353	17257	61103	35555
17575	318	35984	1565	35256	9313	18466	16964
34775	2248	64463	2397	65214	15933	45489	75537
79485	8452	161891	3948	153169	17839	82910	54915
16190	-279	40657	173	40406	10021	17244	14808
266839	79790	235298	46506	248081	60063	215076	235261
121995	18694	172242	24435	188600	40233	126281	264404
79059	25231	104255	49633	143015	34202	86403	72308
24029	1628	45882	599	39734	6190	30873	13427
84484	65495	170620	24196	83900	22659	59067	58021
62029	21703	200208	5307	203388	44858	64530	153134
119759	31477	108668	14365	121395	20388	54361	50070
31353	3541	47748	4049	49569	10045	36606	26937
29205	12369	75271	133	68021	9335	19096	17056
329707	27278	1133970	792	1073900	157222	63533	188558
56770	5075	243893	4258	244500	7630	58577	12637
2886986	**491558**	**2521438**	**179979**	**2585252**	**562809**	**3666800**	**1964452**
898390	123746	430109	45694	501724	136784	1156113	694054
744917	93181	699782	49019	746715	189425	1065114	502036
92280	13474	126405	6303	132344	29853	100806	32762
50401	9615	48777	1830	42356	6350	39669	20230
221218	66907	169843	12861	175815	47399	235242	117682
121729	33088	63479	8236	66817	20335	105029	51173
24234	5024	10981	919	10721	2182	28355	8740
27708	6306	20141	850	18744	1255	28985	16304
31834	4699	8636	1732	12242	2285	31004	11877
75932	21211	53121	5087	56115	11610	104824	28793
9252	371	-1416	258	-1896	173	11059	6458
175297	53295	130845	16416	122173	30515	261294	134387
97424	23009	86305	10189	89986	12974	157846	68528
69318	12542	75541	4254	82053	7703	84272	80837
10979	3891	6562	680	3122	5371	23742	7487
42277	6014	38636	8677	32277	4680	73672	41688
61039	10018	73197	4300	61595	6470	70361	52409
28521	6921	5134	3466	1889	5651	43209	30984
23421	3607	16388	1789	17288	4531	31265	16256
10476	1565	30402	93	13955	845	11519	2473
169323	22320	451215	2620	429043	53749	70664	71362
22745	3844	40835	2943	36993	3004	37787	19105

主要统计指标解释

社会消费品零售总额 指各种经济类型的批发零售业、住宿餐饮业和其他行业的企业（单位）或个体户，售予城乡居民用于生活消费和社会集团用于公共消费的商品金额的总和。

批发零售业商品购进总额 指从本企业以外的单位和个人购进（包括从国外直接进口）作为转卖或加工后转卖的商品金额。本指标由“从生产者购进额”、“从批发零售业购进额”、“进口额”和“其他购进”组成。 这个指标反映批发零售企业从国内、国外市场上购进商品的总量。

批发零售业商品销售总额 指售予本企业以外的单位和个人的商品金额（包括对国（境）外直接出口及售给本单位消费用的商品）。本指标由“对生产经营单位批发额”、“对批发零售业批发额”、“出口额”和“对居民和社会集团商品零售额”项目组成。这个指标反映批发零售业在国内市场上销售商品以及出口商品的总量。

批发 指除零售以外的一切商品销售活动。包括对生产经营单位批发、对批发零售业批发和出口。

对生产经营单位批发 指售给国民经济和社会各部门作为生产或经营使用的商品。

零售 指出售城乡居民用于生活消费商品和社会集团直接用于公用消费商品的活动。

批发零售业年末库存总额 指批发零售企业已取得所有权的全部商品。这个指标反映批发零售贸易企业的商品库存情况，对市场商品供应的保证程度。

批发零售业住宿餐饮业法人单位 指各种经济类型独立核算法人批发零售企业、住宿餐饮企业的单位个数。法人单位应同时具备以下条件：1. 依法成立，有自己的名称、组织机构和场所，能够独立承担民事责任；2. 独立拥有和使用资产，承担负债，有权与其他单位签订合同；3. 独立核算盈亏，并能够编制资产负债表。

批发业 是指从工农业生产者或从商品流通企业单位和个体户购进商品，转卖给工业、农业、建筑业、运输邮电业、住宿餐饮业、服务业等生产经营单位作为生产经营用，以及将商品转卖给其他批发企业或零售企业的商品流通企业(单位)和个体户。

零售业 是指从工农业生产者、批发业或居民购进商品，转卖给城乡居民作为生活消费和售给社会集团作为公共消费的商品流通企业(单位)和个体户。

Explanatory Notes on Main Statistical Indicators

Total Retail Sales of Consumer Goods refer to the sum of retail sales of consumer goods sold by enterprises (establishments) or individuals in wholesale, retail trade, accommodations, catering services and other industries of various types of ownership to urban and rural households for living consumption and to social institutions for public consumption.

Total Purchases of Commodities by Wholesale and Retail Trades refer to the purchases of commodities from other establishments or individuals (including direct import from abroad) for the purpose of reselling, either with or without further processing of the commodities purchased This indicator includes the purchases from producers, the purchases from wholesale and retail trades, imports and other purchases It is used to show the total value of purchases of commodities by wholesale and retail establishments from domestic and overseas markets.

Total Sales of Commodities by Wholesale and Retail Trades refer to the value of commodities sold to other establishments and individuals (including direct export and commodities sold to the sellers themselves for consumption). This indicator includes the value of wholesale to production and operation units, the value of wholesale to wholesale and retail trades, exports and retail sales to urban and rural households and social institutions It is an indicator of the total value of sales of commodities at domestic markets and export.

Wholesale refers to all selling activities of commodities except retail trade, including wholesale to production and operation units, wholesale to wholesale and retail trades and export.

Wholesale to Production and Operation Units refers to commodities sold to departments of national economy and social departments for their production and operation.

Retail Sale refers to the selling of commodities to urban and rural households for living consumption and to social institutions for direct public consumption.

Total Inventory of Wholesale and Retail Trades at the Year-end refers to the total commodities possessed by wholesale and retail enterprises, which reflects the commodity stock level of various wholesale and retail enterprises and the potential for market supply.

Corporate Units in Wholesale and Retail Trades, Accommodations and Catering Services refer to the number of corporate enterprises of various types of ownership in the wholesale and retail trades, accommodations and catering services with independent accounting systems An enterprise can be called a corporate enterprise only when it simultaneously meets the following requirements:(1)It is established according to law, with its own name, organization and location for business operation, as well as the capability to independently assume civil responsibility (2)It owns and uses its assets independently, assumes liabilities and is entitled to sign contracts with other units (3)It has an independent accounting system and is able to compile balance sheets.

Wholesale Trade refers to the commodity circulation enterprises (establishments) and individuals which purchase commodities from producers in industry and agriculture or from commodity circulation enterprises and individuals for the purpose of reselling them to establishments in industry, agriculture, construction, transportation, postal and telecommunications services, accommodations and catering services and other services for their production and operation as well as reselling them to other wholesale or retail enterprises.

Retail Trade refers to the commodity circulation enterprises (establishments) and individuals which purchase commodities from producers in industry and agriculture, wholesale trade or residents for the purpose of reselling them to urban and rural households for living consumption and to social institutions for public consumption.

十七、住宿餐饮业和旅游

HOTELS，CATERING SERVICES AND TOURISM

十七 住宿餐饮业和旅游

简要说明

一、本篇资料主要反映住宿和餐饮业的基本情况、经营情况和旅游产业的发展情况。主要内容包括：限额以上住宿和餐饮业基本情况、经营情况、财务情况；连锁餐饮业经营情况；经广东口岸入境游客人数（港澳台和外国人）、城市接待国内外旅游人数、旅行社组织接待人数、以及旅游收入等基本情况。

二、本篇资料来源

本篇资料中住宿和餐饮业主要根据国家统计局《住宿和餐饮业统计报表制度》进行搜集和加工整理；旅游资料主要由广东省旅游局提供。入境游客人数由广州、深圳、珠海、汕头出入境边防检查站，武警广东省边防总队所报资料汇总而得。

三、本篇资料的统计范围

限额以上住宿和餐饮业的企业、个体户；餐饮连锁集团；旅行社、星级饭店和旅游者。住宿业年营业额 200 万元及以上；餐饮业年营业额 200 万元及以上。

四、本篇的调查方法

限额以上住宿和餐饮业资料采用全面调查的方法自下而上逐级综合汇总而得，限额以下企业及个体户资料采用抽样调查方法推算而得。旅游部门基本情况、住宿设施接待人数、旅行社接待人数由各基层企业上报汇总，城市接待旅游人数、国内外旅游收入根据抽样调查资料测算。

五、本篇资料由广东省统计局贸易外经处整理、编辑。

17 Hotels,Catering Services and Tourism

Brief Introduction

Ⅰ. Data in this chapter reflect the development of hotel and catering services and tourism in China. They mainly include: the basic conditions, operating and financial status of hotel and catering services above the designated size; the operating status of chain catering services; number of international tourists entering China through ports in Guangdong (including foreigners, Chinese compatriots from Hong Kong, Macao and Taiwan), number of domestic and international tourists received by cities, number of tourists received by travel agencies, and earnings from tourism, etc.

Ⅱ. Data sources :

The data are collected and processed in accordance with the Statistical Reporting Scheme on Accommodations and Catering Services stipulated by the National Bureau of Statistics. The data in this chapter are provided by Guangdong Provincial Tourism Administration. Number of international tourists entering China through ports in Guangdong is a summary of data provided by the frontier inspection posts of Guangzhou, Shenzhen, Zhuhai, and Shantou, as well as the Guangdong Provincial Command of the Chinese People's Armed Police Force.

Ⅲ. The statistical coverage in this chapter comes as follows:

Data in this chapter cover the enterprises of hotel and catering services above the designated size, self-employed households of hotel and catering services; chain catering services, travel agencies, star-rated hotels and tourists; hotels with annual turnover of 2 million yuan or above, and catering services with annual turnover of 2 million yuan or above.

Ⅳ. The statistical coverage in this chapter comes as follows:

Data on basic conditions for all corporate enterprises of accommodations and catering services above the designated size are collected through comprehensive reporting systems and data are reported level by level in a bottom-up manner. Data on small-size enterprises and individual enterprises below the designated size are collected through sample surveys. Basic statistics on tourist agencies, the number of tourists received by lodging facilities, and the number of tourists received by travel agencies are summaries of reports from various enterprises, whereas the number of tourists received by cities and earnings from domestic and international tourism are estimates from sample surveys.

V. The data in this chapter are prepared and edited by the Division of Trade and External Economic Relations Statistics of Statistics Bureau of Guangdong Province.

17-1 住宿、餐饮业、旅游主要指标

Main Indicators on Tourism

指 标	Item	2000	2005	2010	2012	2013	2014	2015
限额以上住宿餐饮业营业额（亿元）	**Business Revenue from Hotels and Catering Services above Designated Size (100 million yuan)**		**399.95**	**901.95**	**1278.83**	**14436.67**	**1505.74**	**1600.72**
#客房收入	Revenue from Accommodations		89.35	189.48	231.14	277.16	316.78	326.56
餐费收入	Revenue from Restaurants		271.25	645.66	963.90	1069.14	1078.63	1153.00
商品销售收入	Revenue from Sales of Commodities (100 million yuan)		6.26	15.17	18.80	21.30	25.77	30.78
旅行社数（个）	**Number of Travel Agencies (unit)**	**504**	**884**	**1292**	**1624**	**1810**	**1984**	**2150**
旅行社从业人员（人）	**Engaged Persons of Travel Agencies(person)**		**24162**	**37841**	**47260**	**52418**	**55853**	**52779**
星级宾馆(酒店)数(个)	**Number of Star-rated Hotels (unit)**	**750**	**1128**	**1209**	**1092**	**1083**	**1012**	**960**
入境旅游人数（万人次）	**Number of Overseas Visitor Arrivals (10000 person-times)**	**6729.18**	**9579.12**	**10485.82**	**10794.7**	**10110.60**	**9986.27**	**10512.91**
外国人	Foreigners	283.59	537.27	652.72	764.72	746.20	673.30	656.51
香港同胞	Chinese Compatriots from Hong Kong	5202.98	6358.78	7328.39	7723.28	7108.70	7066.91	7383.50
澳门同胞	Chinese Compatriots from Macao	1051.40	2467.90	2297.81	2109.97	2066.30	2064.29	2285.26
台湾同胞	Chinese Compatriots from Taiwan	191.21	215.17	206.90	196.75	189.40	181.77	187.64
城市接待旅游人数（万人次）	**Number of Visitors Received by Cities (10000 person-times)**	**7662.95**	**11566.61**	**21283.05**	**27412.20**	**30151.01**	**32761.25**	**36225.18**
入境游客	Overseas Visitor Arrivals	1198.94	1792.97	3141.09	3500.65	3397.88	3355.45	3445.36
外国人	Foreigners	212.85	463.91	732.25	774.51	760.49	775.19	781.83
港澳同胞	Chinese Compatriots from Hong Kong and Macao	813.84	1106.20	2091.07	2414.91	2352.15	2301.17	2382.48
台湾同胞	Chinese Compatriots from Taiwan	172.25	222.86	316.74	311.23	285.24	279.09	281.05
国内游客	Domestic Visitors	6464.01	9773.64	18141.96	23911.55	26753.13	29405.80	32779.82
旅行社组织接待人数（万人）	**Number of Visitors Received by Travel Agencies (10000 persons)**	**653.41**	**1538.49**	**2409.36**	**2865.92**	**2604.98**	**2336.49**	**2498.08**
入境游客	Overseas Visitor Arrivals	264.22	368.79	448.74	481.81	406.84	348.46	341.33
国内游客	Domestic Visitors	389.19	1169.70	1960.62	2384.11	2198.14	1988.03	2156.75
团体出境旅游人数（万人）	**Number of Outbound Visitors in Group Tours (10000 persons)**	**116.20**	**196.28**	**426.52**	**663.20**	**774.18**	**860.54**	**899.53**
港澳游	Visits to Hong Kong and Macao	86.07	137.16	276.74	420.29	462.74	498.48	467.56
其他	Others	30.13	59.12	149.78	242.91	311.44	362.06	431.97
旅游收入（亿元）	**Earnings from Tourism (100 million yuan)**	**1149.95**	**1882.60**	**3809.44**	**5794.74**	**6716.69**	**7850.56**	**9080.76**
旅游外汇收入	Foreign Exchange Earnings	340.08	529.06	844.85	986.88	1008.05	1049.31	1104.16
国内旅游收入	Domestic Tourism Earnings	809.87	1353.54	2964.59	4807.86	5708.64	6801.25	7976.60

注：2000年香港同胞包括澳门同胞。

Note: In 2000, data of Chinese compatriots from Hong Kong include those from Macao.

17-2 限额以上住宿业经营情况（2015年）

Business of Hotels above Designated Size (2015)

单位：万元 (10000 yuan)

项目	Item	企业数（个）Number of Enterprises (unit)	营业额 合计 Business Revenue	#客房收入 Revenue from Hotels	#餐费收入 Revenue from Restaurants	#商品销售收入 Revenue from Sales of Commodities
住宿业合计	**Total Accommodations**	**2523**	**5749338**	**2989357**	**1866363**	**124584**
#国有及国有控股	State-owned and State-controlled Enterprises	244	915300	454102	303643	6593
按登记注册类型分组	By Status of Registration					
内资企业	Domestic-funded Enterprises	1889	4147573	2052198	1377707	89149
国有企业	State-owned Enterprises	132	365430	173335	127285	3515
集体企业	Collective-owned Enterprises	44	31429	15715	9889	796
股份合作企业	Share-holding Cooperative Enterprises	8	8466	5458	2796	72
联营企业	Joint-operation Enterprises	4	5041	3586	128	256
国有联营企业	State-owned Joint-operation Enterprises	2	3688	2593	128	256
集体联营企业	Collective Joint-operation Enterprises	1	190	73		
国有与集体联营企业	State-collective Joint-operation Enterprises	1	1163	920		
其他联营企业	Other Joint-operation Enterprises					
有限责任公司	Limited Liability Corporations	726	2231066	1017727	738142	57144
国有独资企业	State Sole Investment Enterprises	32	164058	77159	58409	610
其他有限责任公司	Other Limited Liability Companies	694	2067008	940568	679733	56534
股份有限公司	Share-holding Corporations Ltd.	43	116693	50120	46950	1219
私营企业	Private Enterprises	881	1327465	750674	432084	24981
私营独资企业	Private Sole Investment Enterprises	152	130011	75417	39428	2506
私营合伙企业	Private Partnership Enterprises	38	34318	17759	11933	1086
私营有限责任公司	Private Limited Liability Corporations	666	1129104	641222	367384	20178
私营股份有限公司	Private Share-holding Corporations Ltd.	25	34033	16277	13339	1211
其他企业	Other Enterprises	51	61983	35584	20433	1166
港、澳、台商投资企业	Enterprises with Investment from Hong Kong,Macao and Taiwan	144	729849	420295	216510	23570
合资经营企业	Joint Ventures	47	181279	89270	65484	6088
合作经营企业	Cooperative Enterprises	30	170465	79498	63333	7956
独资经营企业	Sole Investment Enterprises	59	361796	243336	85789	9358
投资股份有限公司	Share-holding Corporations Ltd.	8	16309	8191	1904	168
其他港澳台投资企业	Others					
外商投资企业	Enterprises with Foreign Investment	86	541841	270274	202752	7274
中外合资经营企业	Sino-foreign Joint Ventures	30	208287	116601	69071	1301
中外合作经营企业	Sino-foreign Cooperative Enterprises	15	66220	26219	25443	4291
外资企业	Foreign-funded Enterprises	35	203391	101051	77165	1530
外商投资股份有限公司	Share-holding Corporations Ltd.	4	15905	7762	3664	152
其他外商投资企业	Others	2	48038	18642	27410	
个体工商户	Self-employed Individuals	404	330075	246590	69394	4592
按国民经济行业分组	By Economic Sector					
旅游饭店	Tourist Hotels	1473	4826787	2328744	1689866	110894
一般旅馆	General Hotels	959	821811	598052	149995	12036
其它住宿服务	Others	91	100740	62561	26502	1654

17−3 限额以上餐饮业经营情况（2015年）

Business of Catering Services Enterprises above Designated Size (2015)

单位：万元 (10000 yuan)

项目	Item	企业数（个） Number of Enterprises (unit)	营业额 Business Revenue	#客房收入 Revenue from Hotels	#餐费收入 Revenue from Restaurants	#商品销售收入 Revenue from Sales of Commodities
餐饮业合计	**Total Catering Services**	**6045**	**10257820**	**276289**	**9663652**	**183208**
#国有及国有控股	State-owned and State-controlled Enterprises	49	286994	26068	197200	30349
按登记注册类型分	By Status of Registration					
内资企业	Domestic-funded Enterprises	2613	4278367	234323	3802088	142180
国有企业	State-owned Enterprises	30	74926	16366	52477	637
集体企业	Collective-owned Enterprises	32	50779	11399	32773	1557
股份合作企业	Share-holding Cooperative Enterprises	32	37684		37508	42
联营企业	Joint-operation Enterprises					
国有联营企业	State-owned Joint-operation Enterprises					
集体联营企业	Collective Joint-operation Enterprises					
国有与集体联营企业	State-collective Joint-operation Enterprises					
其他联营企业	Other Joint-operation Enterprises					
有限责任公司	Limited Liability Corporations	570	1495536	88963	1291811	74277
国有独资企业	State Sole Investment Enterprises	5	39176	805	26241	7562
其他有限责任公司	Other Limited Liability Companies	565	1456360	88159	1265570	66715
股份有限公司	Share-holding Corporations Ltd.	23	119346	3704	90345	22373
私营企业	Private Enterprises	1833	2407587	109874	2210048	42593
私营独资企业	Private Sole Investment Enterprises	578	510230	15637	479461	12494
私营合伙企业	Private Partnership Enterprises	96	88472	1789	84862	1093
私营有限责任公司	Private Limited Liability Corporations	1113	1745070	85057	1591169	28500
私营股份有限公司	Private Share-holding Corporations Ltd.	46	63816	7392	54556	506
其他企业	Other Enterprises	93	92509	4017	87126	701
港、澳、台商投资企业	Enterprises with Investment from Hong Kong, Macao and Taiwan	199	1068735	16084	1021492	20287
合资经营企业	Joint Ventures	33	67918	1355	65918	423
合作经营企业	Cooperative Enterprises	11	75227	3746	67393	3228
独资经营企业	Sole Investment Enterprises	153	913924	10984	877005	16151
投资股份有限公司	Share-holding Corporations Ltd.	2	11666		11177	485
外商投资企业	Enterprises with Foreign Investment	73	1426356	4764	1399247	4171
中外合资经营企业	Sino-foreign Joint Ventures	17	378095	1781	357607	2938
中外合作经营企业	Sino-foreign Cooperative Enterprises	4	7590	1298	4038	209
外资企业	Foreign-funded Enterprises	46	1021046	1385	1018318	1024
外商投资股份有限公司	Share-holding Corporations Ltd.	3	16452		16412	
其他外商投资企业	Others	3	3172	300	2872	
个体工商户	Self-employed Individuals	3160	3484362	21118	3440825	16570
按国民经济行业分	By Economic Sector					
正餐服务业	Restaurant Service	5599	7442802	272972	6943061	115162
快餐服务业	Fast Food Service	232	2224435	50	2201087	8744
饮料及冷饮服务业	Beverage and Cold Drink Service	67	257466	250	250344	6057
其他餐饮服务业	Other Services	147	333117	3017	269159	53245

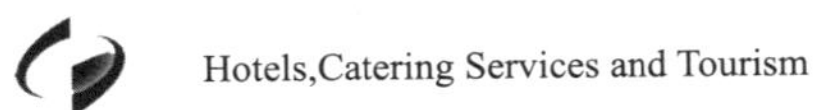

17−4 各市限额以上住宿餐饮业经营情况（2015年）

Business of Enterprises above Designated Size of Hotels and Catering Services by City (2015)

单位：万元 (10000 yuan)

市别	Item	企业(单位)数(个) Number of Enterprises (unit)	营业额 Business Revenue	客房收入 Revenue from Hotels	餐费收入 Revenue from Restaurants	商品销售收入 Revenue from Sales of Commodities
合　计	**Total**	**8568**	**16007157**	**3265645**	**11530014**	**307793**
住宿业	**Accommodation**	**2523**	**5749338**	**2989357**	**1866363**	**124584**
广　州	Guangzhou	635	1791976	1047648	519769	13868
深　圳	Shenzhen	330	1185093	679339	347558	3823
珠　海	Zhuhai	124	555579	212919	126372	28716
汕　头	Shantou	87	95015	50610	31130	1593
佛　山	Foshan	125	268684	100169	126810	14773
#顺　德	Shunde	34	64365	23741	27516	523
韶　关	Shaoguan	69	74993	38530	29779	1184
河　源	Heyuan	55	60105	32250	20594	4566
梅　州	Meizhou	54	98096	35005	44536	7154
惠　州	Huizhou	137	293404	157033	96203	12133
汕　尾	Shanwei	19	18069	9991	6538	144
东　莞	Dongguan	167	370649	153808	174863	1510
中　山	Zhongshan	115	185802	75031	80248	2405
江　门	Jiangmen	118	151784	64723	57843	4773
阳　江	Yangjiang	43	47005	32302	13145	790
湛　江	Zhanjiang	100	117822	56817	52121	2485
茂　名	Maoming	59	55325	36307	15761	1329
肇　庆	Zhaoqing	84	83536	49552	25693	3192
清　远	Qingyuan	55	83752	41911	30335	2949
潮　州	Chaozhou	28	21393	10866	7690	341
揭　阳	Jieyang	55	144057	74654	47169	15662
云　浮	Yunfu	64	47200	29890	12206	1194
餐饮业	**Catering Service**	**6045**	**10257820**	**276289**	**9663652**	**183208**
广　州	Guangzhou	1675	3575931	49268	3407732	78522
深　圳	Shenzhen	749	3538642	55143	3404369	30170
珠　海	Zhuhai	425	305703	4144	300346	1133
汕　头	Shantou	119	93255	806	91575	445
佛　山	Foshan	248	396159	21227	363302	3135
#顺　德	Shunde	72	91547	6879	80435	2340
韶　关	Shaoguan	115	67578	12186	53000	798
河　源	Heyuan	94	51138	6431	40504	2602
梅　州	Meizhou	63	41126	4329	35424	1115
惠　州	Huizhou	216	171100	20316	142696	3483
汕　尾	Shanwei	55	52289	2742	47807	621
东　莞	Dongguan	339	436828	3542	413037	17555
中　山	Zhongshan	268	254151	1051	250410	327
江　门	Jiangmen	280	169392	3320	164057	356
阳　江	Yangjiang	171	147781	8346	135491	2242
湛　江	Zhanjiang	314	278354	18267	247120	8947
茂　名	Maoming	215	142758	9427	131516	1604
肇　庆	Zhaoqing	211	146175	8630	129977	5030
清　远	Qingyuan	92	48343	5734	41314	378
潮　州	Chaozhou	132	61496	2707	54397	1775
揭　阳	Jieyang	94	197066	34039	134711	20286
云　浮	Yunfu	170	82558	4633	74866	2687

17-5 限额以上住宿餐饮企业财务状况（2015年）

Financial Indicators of Enterprises above Designated Size in Hotels and Catering Services (2015)

单位：万元 (10000 yuan)

项目	Item	住宿和餐饮业合计 Total Hotels and Catering Services	住宿业 Hotels Services	餐饮业 Catering Services
企业数 (个)	Number of Enterprises (unit)	4925	2076	2849
年初存货	Inventory at the Year-beginning	483063	306688	176375
流动资产合计	Circulating Assets	8344963	5922436	2422526
#存货	Inventory	531540	370656	160885
固定资产原价	Original Value of Fixed Assets	11887793	9725638	2162155
累计折旧	Accumulated Depreciation	5217672	4229572	988101
#本年折旧	Depreciation Drawn in Current Year	755696	551659	204037
资产合计	Total Assets	20315659	15231786	5083873
负债合计	Total Liabilities	16403252	12748479	3654773
所有者权益合计	Total Creditors' Equity	3912421	2483307	1429114
实收资本	Paid-up Capital	5454774	4099354	1355419
#国家资本	State Capital	896676	830006	66670
集体资本	Collective Capital	88112	70346	17766
法人资本	Legal Person Capital	2095315	1495426	599889
个人资本	Personal Capital	916488	605453	311036
港澳台资本	Capital from Hong Kong, Macao and Taiwan	963451	726215	237237
外商资本	Foreign Capital	494731	371909	122822
营业收入	Business Revenue	11820366	5108816	6711550
#主营业务收入	Main Business Revenue	11642106	4976156	6665950
营业成本	Business Costs	5157545	1910276	3247270
#主营业务成本	Main Business Costs	5039734	1860463	3179272
营业税金及附加	Tax and Extra Charges on Business	626751	272649	354103
#主营业务税金及附加	Tax and Extra Charges on Main Business	616666	265732	350934
其它业务利润	Profits from Other Businesses	147579	86699	60880
销售费用	Marketing Expenses	3661458	1448266	2213191
管理费用	Management Expenses	1984449	1274557	709892
#税　金	Taxes	54451	39050	15402
财务费用	Financial Expenses	425657	359778	65878
#利息支出	Interests	292076	262546	29530
营业利润	Business Profits	27525	-139472	166998
营业外收入	Non-operating Revenue	104566	83726	20840
利润总额	Total Profits	46249	-98366	144614
应交所得税	Income Taxes Payable	103102	43938	59164
本年应付职工薪酬	Total Wages Payable in Current Year	2621870	1286017	1335853

17-6 限额以上连锁住宿餐饮业经营情况（2015年）

Business of Chain Stores above Designated Size in Hotels and Catering Services (2015)

项目	Item	连锁总店数(个) Number of General Chain Stores (unit)	营业收入(万元) Total Business Revenue (10000 yuan)	#零售额(万元) Retail Sales (10000 yuan)	营业面积(平方米) Operational Area (sq.m)
住宿餐饮业合计	**Catering Service**	**87**	**2717419**	**2476548**	**103542.3**
按注册登记类型分	By Status of Registration				
内资企业	Domestic-funded Enterprises	54	817475	726830	38121
国有企业	State-owned Enterprises	3	57097	17951	468
集体企业	Collective-owned Enterprises	2	9772	9058	1258.9
股份合作企业	Cooperative Enterprises	1	653	653	104
有限责任公司	Limited Liability Corporations	14	445737	425496	15287
股份有限公司	Share-holding Enterprises	2	68892	62768	5203.3
私营企业	Private Enterprises	32	235324	210904	15799.5
其他企业	Other Enterprises				
港、澳、台商投资企业	Enterprises with Investment from Hong Kong, Macao and Taiwan	17	625076	502140	18971.3
合资经营企业(港或澳、台资)	Joint Ventures	2	15589	15589	442
合作经营企业(港或澳、台资)	Cooperative Enterprises	1	19985	19985	1700
港、澳、台商独资经营企业	Sole Investment Enterprises	14	589502	466567	16828.9
港、澳、台商投资股份有限公司	Share-holding Corporations Ltd.				
外商投资企业	Enterprises with Foreign Investment	16	1274869	1247578	46450.3
中外合资经营企业	Sino-foreign Joint Ventures	2	336614	309530	3585.4
中外合作经营企业	Sino-foreign Cooperative Enterprises				
外资企业	Foreign-funded Enterprises	14	938254	938049	42864.9
其他外商投资企业	Others				
按行业分	By Sector				
旅游饭店	Tour Hotel	7	204351	3942	689
一般旅馆	General Hotel	6	32173	455	49.5
正餐服务	Restaurant	33	286909	285655	21911.5
快餐服务	Fast Food	33	1985813	1985011	74370.9
咖啡馆服务	Cafe Service	3	191281	191281	5458.5
其他餐饮及冷饮服务	Other dining and beverage service	5	16892	10205	1063.4

17-6 续表 continued

项目	Item	就业人数(人) Number of Employed Persons (person)	连锁门店数(个) Number of Branch Chain Stores (unit)	直营店(个) Under Direct Management (unit)	加盟店(个) Through License Arrangement (unit)
住宿餐饮业合计	**Catering Service**	**103120**	**3933**	**3884**	**49**
按注册登记类型分	By Status of Registration				
内资企业	Domestic-funded Enterprises	33795	1495	1488	7
国有企业	State-owned Enterprises	2693	73	73	
集体企业	Collective-owned Enterprises	653	11	8	3
股份合作企业	Share-holding Cooperative Enterprises	50	2	2	
有限责任公司	Limited Liability Corporations	15970	756	756	
股份有限公司	Share-holding Corporations Ltd.	2294	26	24	2
私营企业	Private Enterprises	12135	627	625	2
其他企业	Other Enterprises				
港、澳、台商投资企业	Enterprises with Investment from Hong Kong, Macao and Taiwan	21885	772	730	42
合资经营企业 (港或澳、台资)	Joint Ventures	551	11	11	
合作经营企业 (港或澳、台资)	Cooperative Enterprises	526	4	4	
港、澳、台商独资经营企业	Sole Investment Enterprises	20808	757	715	42
港、澳、台商投资股份有限公司	Share-holding Corporations Ltd.				
外商投资企业	Enterprises with Foreign Investment	47440	1666	1666	
中外合资经营企业	Sino-foreign Joint Ventures	8596	324	324	
中外合作经营企业	Sino-foreign Cooperative Enterprises				
外资企业	Foreign-funded Enterprises	38844	1342	1342	
其他外商投资企业	Others				
按行业分	By Sector				
旅游饭店	Tourist Hotel	3169	120	120	
一般旅馆	General Hotel	938	101	101	
正餐服务	Restaurant	11194	302	298	4
快餐服务	Fast Food	82303	2795	2754	41
咖啡馆服务	Cafe Service	4608	379	379	
其他餐饮及冷饮服务	Other dining and beverage service	908	236	232	4

17-7 限额以上住宿企业财务状况（2015年）

单位:万元

项　目	Item	企业数（个）Number of Enterprises (unit)	年初库存 Beginning Inventory	流动资产合计 Circulating Assets	固定资产原价 Original Value of Fixed Assets
住宿业合计	**Total Hotels**	**2076**	**306688**	**5922436**	**9725638**
#国有及国有控股	State-owned and State-controlled Enterprises	310	35098	957132	2440014
按登记注册类型分	By Status of Registration				
内资企业	Domestic-funded Enterprises	1850	151121	4067738	6614828
国有企业	State-owned Enterprises	128	9970	243225	796876
集体企业	Collective-owned Enterprises	43	1580	19194	65861
股份合作企业	Share-holding Cooperative Enterprises	8	183	3803	5269
联营企业	Joint-operation Enterprises	4	28	10153	17039
国有联营企业	State-owned Joint-operation Enterprises	2		6650	14621
集体联营企业	Collective Joint-operation Enterprises	1	3	61	1736
国有与集体联营企业	State-collective Joint-operation Enterprises	1	26	3442	682
其他联营企业	Other Joint-operation Enterprises				
有限责任公司	Limited Liability Corporations	707	91645	2605481	3890088
国有独资企业	State Sole Investment Enterprises	32	5357	214244	400185
其他有限责任公司	Other Limited Liability Companies	675	86288	2391237	3489903
股份有限公司	Share-holding Corporations Ltd.	41	3572	121729	214677
私营企业	Private Enterprises	870	42470	1033273	1550251
私营独资企业	Private Sole Investment Enterprises	151	2912	55019	138708
私营合伙企业	Private Partnership Enterprises	38	1092	18882	56938
私营有限责任公司	Private Limited Liability Corporations	657	37373	940079	1313210
私营股份有限公司	Private Share-holding Corporations Ltd.	24	1094	19293	41394
其他企业	Other Enterprises	49	1673	30879	74768
港、澳、台商投资企业	Enterprises with Investment from Hong Kong, Macao and Taiwan	141	137364	1143290	1769697
合资经营企业	Joint Ventures	47	6665	206992	428986
合作经营企业	Cooperative Enterprises	30	9725	340274	570985
独资经营企业	Sole Investment Enterprises	56	119981	548719	741004
投资股份有限公司	Share-holding Corporations Ltd.	8	993	47305	28722
其他港澳台商投资企业	Others				
外商投资企业	Enterprises with Foreign Investment	85	18204	711409	1341113
中外合资经营企业	Sino-foreign Joint Ventures	29	5348	387086	276660
中外合作经营企业	Sino-foreign Cooperative Enterprises	15	2748	108818	153000
外资企业	Foreign-funded Enterprises	35	8731	207853	642451
外商投资股份有限公司	Share-holding Corporations Ltd.	4	784	4320	260723
其它外商投资企业	Others	2	593	3331	8279
按国民经济行业分	By Economic Sector				
旅游饭店	Tourist Hotels	1352	284177	5330790	8790632
一般旅馆	General Hotels	640	19531	536772	815212
其它住宿服务	Others	84	2980	54875	119794
按控股情况分组	By Holdings				
国有控股	State Holdings	244	32969	921313	2323892
集体控股	Collective Holdings	66	2129	35819	116121
私人控股	Private Holdings	1244	92021	2374185	3517864
港澳台商控股	Hongkong,Macaw and Taiwan Holdings	122	136125	1018865	1519725
外商控股	Foreign Holdings	54	12117	381414	1042970
其他	Others	346	31326	1190839	1205066
按星级分组	By sStar Rating				
五星	Five Star	137	155163	2239328	3338941
四星	Four Star	204	34026	1041548	1322116
三星	Three Star	410	21573	518298	871626
二星	Two Star	73	1758	59153	85575
一星	One Star	11	247	1124	5609
其他	Others	1241	93921	2062987	4101772

Financial Indicators of Hotels above Designated Size (2015)

(10000 yuan)

累计折旧 Accumulated Depreciation	本年折旧 Depreciation Drawn in Current Year	资产合计 Total Assets	负债合计 Total Liabilities	所有者权益合计 Total Creditors' Equity	实收资本 Paid-up Capital	营业收入 Business Revenue	主营业务收入 Main Business Revenue	营业成本 Business Costs
4229572	**551659**	**15231786**	**12748479**	**2483307**	**4099354**	**5108816**	**4976156**	**1910276**
1188623	102639	2938023	1625172	1312852	1052191	980299	966602	307383
2718565	394974	10832528	9312424	1520104	2332997	3862867	3771145	1490027
422334	58022	886193	524733	361461	265027	357853	353416	86688
47173	1972	54263	59308	-5044	22235	30900	29604	13211
2933	229	12525	4289	8236	3980	8468	8456	3081
12060	398	17770	6567	11203	8660	7330	7039	1600
11414	388	12200	5989	6211	6000	5977	5687	1596
		1986	429	1557	2000	190	190	4
646	10	3584	149	3434	660	1163	1162	
1402611	195827	6928721	5971853	956868	1384941	2106891	2036073	833790
198582	9753	540270	209471	330799	200068	161921	159276	61309
1204030	186073	6388451	5762381	626070	1184873	1944970	1876797	772482
103205	7375	315083	232346	82737	88578	106812	106094	33716
696256	127343	2534789	2454730	80059	530602	1187685	1174559	496552
64738	8252	166056	89251	76805	66970	126012	125370	66216
18593	3584	68951	52690	16261	15661	34483	34436	16053
593632	109866	2231934	2273380	-41446	421671	994622	982806	396992
19293	5641	67848	39410	28438	26300	32568	31947	17291
31993	3808	83183	58599	24584	28974	56928	55905	21389
957506	74523	2568502	2075964	492538	1056550	720193	685382	263379
246974	18817	563114	420334	142781	218841	182424	178744	62941
298886	20959	695420	650031	45389	280126	169154	168556	71982
404239	33521	1222772	928307	294465	507530	352246	321767	120744
7407	1226	87195	77292	9903	50054	16369	16315	7713
553500	82162	1830756	1360091	470665	709808	525757	519630	156869
153769	15105	639262	440374	198887	183250	189470	185228	37947
110395	23830	170160	186238	-16078	93819	66613	66097	21048
245507	34251	750646	414961	335685	357161	205663	204314	71645
39189	8803	263051	355603	-92552	56253	15973	15954	1053
4640	173	7637	-37086	44723	19325	48038	48038	25177
3865907	498483	13680500	11558133	2122367	3586714	4385913	4268172	1604974
311792	47914	1390569	1085822	304747	443107	625679	617856	269959
51873	5263	160716	104524	56193	69534	97225	90128	35343
1114395	98882	2831721	1531471	1300251	1010787	921741	911822	278333
74228	3757	106302	93701	12601	41405	58558	54780	29050
1222188	241187	6333591	6046854	286737	1082773	2211134	2180621	966712
865187	66872	2232410	1844483	387927	942319	641356	608962	223438
361508	52898	1283207	984403	298804	507909	314913	310370	92547
592066	88064	2444555	2247568	196987	514163	961115	909601	320197
1667593	124067	5130766	4076322	1054444	1408355	1368612	1316742	398642
698118	54025	2228349	2009230	219119	571968	702024	692105	245697
494106	67710	1123035	834537	288498	456872	621399	610640	240115
56905	26997	114086	80369	33717	62789	68604	66828	29751
1959	200	5989	1908	4081	2973	6030	5784	3799
1310891	278661	6629561	5746112	883449	1596399	2342147	2284058	992273

17-7 续表

单位:万元

项　目	Item	主营业务成本 Main Business Costs	营业税金及附加 Tax and Extra Charges on Business	主营业务税金及附加 Tax and Extra Charges on Main Business
住宿业合计	**Total Hotels**	**1860463**	**272649**	**265732**
#国有及国有控股	State-owned and State-controlled Enterprises	300715	55091	54273
按登记注册类型分	By Status of Registration			
内资企业	Domestic-funded Enterprises	1450444	206960	202553
国有企业	State-owned Enterprises	86156	19409	19181
集体企业	Collective-owned Enterprises	12917	1672	1670
股份合作企业	Share-holding Cooperative Enterprises	3081	371	371
联营企业	Joint-operation Enterprises	1433	388	388
国有联营企业	State-owned Joint-operation Enterprises	1429	306	306
集体联营企业	Collective Joint-operation Enterprises	4	16	16
国有与集体联营企业	State-collective Joint-operation Enterprises		65	65
其他联营企业	Other Joint-operation Enterprises			
有限责任公司	Limited Liability Corporations	802988	112739	109447
国有独资企业	State Sole Investment Enterprises	58117	10007	9861
其他有限责任公司	Other Limited Liability Companies	744871	102733	99586
股份有限公司	Share-holding Corporations Ltd.	33487	6111	6110
私营企业	Private Enterprises	489756	63685	62862
私营独资企业	Private Sole Investment Enterprises	65718	5920	5876
私营合伙企业	Private Partnership Enterprises	15836	1991	1991
私营有限责任公司	Private Limited Liability Corporations	390917	54372	53628
私营股份有限公司	Private Share-holding Corporations Ltd.	17285	1402	1368
其他企业	Other Enterprises	20626	2585	2525
港、澳、台商投资企业	Enterprises with Investment from Hong Kong, Macao and Taiwan	255709	36711	34234
合资经营企业	Joint Ventures	61315	9548	9548
合作经营企业	Cooperative Enterprises	71851	8498	8492
独资经营企业	Sole Investment Enterprises	116033	17757	15362
投资股份有限公司	Share-holding Corporations Ltd.	6510	909	831
其他港澳台商投资企业	Others			
外商投资企业	Enterprises with Foreign Investment	154310	28978	28945
中外合资经营企业	Sino-foreign Joint Ventures	35782	10805	10805
中外合作经营企业	Sino-foreign Cooperative Enterprises	21046	3579	3579
外资企业	Foreign-funded Enterprises	71263	11501	11469
外商投资股份有限公司	Share-holding Corporations Ltd.	1042	341	341
其它外商投资企业	Others	25177	2752	2752
按国民经济行业分	By Economic Sector			
旅游饭店	Tourist Hotels	1560587	234370	228748
一般旅馆	Ordinary Hotels	265995	32741	31818
其它住宿服务	Others	33880	5538	5165
按控股情况分组	By Holdings			
国有控股	State Holdings	273846	52035	51246
集体控股	Collective Holdings	26868	3056	3028
私人控股	Private Holdings	955222	115449	113956
港澳台商控股	Hongkong,Macaw and Taiwan Holdings	217124	32798	30320
外商控股	Foreign Holdings	89957	17000	16966
其他	Others	297446	52311	50217
按星级分组	By Star Rating			
五星	Five Star	388618	76826	74568
四星	Four Star	240893	38724	37950
三星	Three Star	236300	33669	33408
二星	Two Star	29559	3713	3661
一星	One Star	3699	354	354
其他	Others	961394	119361	115791

17-7 continued

(10000 yuan)

其它业务利润 Profits from Other Businesses	销售费用 Marketing Expenses	管理费用 Management Expenses	财务费用 Financial Expenses	营业利润 Business Profits	营业外收入 Non-operating revenue	利润总额 Total Profits	应交所得税 Income Taxes Payable	本年应付职工薪酬 Staff Salary Payable in Current Year
86699	**1448266**	**1274557**	**359778**	**-139472**	**83726**	**-98366**	**43938**	**1286017**
14596	316034	278981	28714	12579	12816	18222	13793	305080
56754	1123291	922129	294096	-149652	38229	-108509	28431	989488
7609	134534	119747	6769	-6677	10194	1379	4202	121312
901	10463	6478	778	-1712	709	-1776	345	10042
10	1793	1466	37	1734	52	243	250	1619
4	1926	2266	29	1122	2	1069	272	2033
4	1810	1537	23	705	2	651	166	1672
	116	57	0	-3		-3		96
		671	6	421	0	421	106	265
31004	553299	496871	212104	-96414	17270	-80622	13646	520794
4101	47955	42883	-1496	5573	446	4960	3192	50952
26903	505343	453988	213600	-101987	16824	-85582	10454	469842
101	36196	32421	4821	3518	232	3305	1578	38732
16974	367950	251566	65767	-52551	9750	-33898	7396	280702
1448	26355	19297	2375	5934	241	8210	1286	28090
2720	8849	6913	1343	-675	271	2167	211	9040
12719	325541	220240	60956	-58328	8753	-45080	5662	236690
86	7205	5116	1092	518	485	805	237	6882
151	17131	11315	3791	1329	21	1793	743	14254
11599	169685	206863	39051	-2873	43080	16604	11457	165440
5087	49012	50800	10416	-1046	486	4676	805	43564
4329	34146	52855	13962	-10762	717	-11363	1970	37944
2182	84744	97301	13642	9992	2626	14936	7842	80090
1	1783	5908	1032	-1057	39251	8356	840	3842
18346	155290	145565	26631	13052	2417	-6461	4050	131089
2064	67654	62571	14415	-3796	552	-10640	889	42658
169	23916	18284	705	-942	89	-16341	516	19608
735	49524	51804	10986	10778	536	11793	2624	48823
16	9038	7336	107	-1951	1191	-277	21	8016
15363	5159	5569	418	8964	49	9005		11984
72130	1246040	1101914	335972	-113813	77480	-77262	38158	1104513
14226	176067	141339	22381	-19153	2944	-16867	5192	154231
343	26159	31304	1426	-6506	3303	-4237	589	27273
13389	298303	267937	27451	16279	12100	21922	13299	287617
1207	17732	11043	1263	-3700	716	-3700	494	17463
25469	582183	471581	183027	-101810	22775	-72020	10904	519969
13863	166828	189801	37341	-16093	42950	4977	10353	147087
845	90198	92683	20242	2777	1957	5672	2686	75611
31927	293023	241511	90455	-36925	3228	-55217	6203	238271
32431	423408	406782	101679	-32496	4698	-44783	12960	340427
16203	225491	176826	42659	-25541	42595	-13897	5075	181166
12772	196166	127427	14835	12479	2772	6554	6805	165466
1003	18191	11163	769	4992	248	2591	901	16501
	764	602	17	499	61	383	159	1612
24290	584246	551757	199819	-99405	33353	-49213	18038	580846

17-8 限额以上餐饮企业财务状况（2015年）

单位:万元

项　目	Item	企业数（个）Number of Enterprises (unit)	年初库存 Beginning Inventory	流动资产合计 Circulating Assets	固定资产原价 Original Value of Fixed Assets
餐饮业合计	**Total Catering Services**	**2849**	**176375**	**2422526**	**2162155**
#国有及国有控股	State-owned and State-controlled Enterprises	97	6098	176785	243212
按登记注册类型分	By Status of Registration				
内资企业	Domestic-funded Enterprises	2580	116405	1756629	1408444
国有企业	State-owned Enterprises	25	1707	30782	73520
集体企业	Collective-owned Enterprises	31	747	27008	8887
股份合作企业	Share-holding Cooperative Enterprises	32	5411	8357	5256
联营企业	Joint-operation Enterprises				
国有联营企业	State-owned Joint-operation Enterprises				
集体联营企业	Collective Joint-operation Enterprises				
国有与集体联营企业	State-collective Joint-operation Enterprises				
其他联营企业	Other Joint-operation Enterprises				
有限责任公司	Limited Liability Corporations	563	42667	908816	624743
国有独资企业	State Sole Investment Enterprises	5	678	6705	9143
其他有限责任公司	Other Limited Liability Companies	558	41989	902110	615601
股份有限公司	Share-holding Corporations Ltd.	22	1007	67826	18529
私营企业	Private Enterprises	1821	62510	697431	650103
私营独资企业	Private Sole Investment Enterprises	573	12202	94602	133586
私营合伙企业	Private Partnership Enterprises	94	2616	22108	21130
私营有限责任公司	Private Limited Liability Corporations	1108	46758	535550	470909
私营股份有限公司	Private Share-holding Corporations Ltd.	46	935	45171	24478
其他企业	Other Enterprises	86	2355	16409	27406
港、澳、台商投资企业	Enterprises with Investment from Hong Kong, Macao and Taiwan	197	24979	506609	425741
合资经营企业	Joint Ventures	32	3005	31559	36850
合作经营企业	Cooperative Enterprises	11	4628	25393	30147
独资经营企业	Sole Investment Enterprises	152	17127	445310	351499
投资股份有限公司	Share-holding Corporations Ltd.	2	219	4347	7245
外商投资企业	Enterprises with Foreign Investment	72	34992	159289	327969
中外合资经营企业	Sino-foreign Joint Ventures	17	5322	38153	136576
中外合作经营企业	Sino-foreign Cooperative Enterprises	4		9297	1122
外资企业	Foreign-funded Enterprises	45	29330	109115	182388
外商投资股份有限公司	Share-holding Corporations Ltd.	3	251	2190	7761
其它外商投资企业	Others	3	89	533	123
按国民经济行业分	By Economic Sector				
正餐服务业	Dinner Service	2589	126793	1721129	1595577
快餐服务业	Fast Food Service	120	41731	515298	498164
饮料及冷饮服务业	Beverage and Cold Drink Service	42	3049	77371	33764
其他餐饮服务业	Other Services	98	4802	108728	34651
按控股情况分组	By Holdings				
国有控股	State Holdings	49	4577	138360	220376
集体控股	Collective Holdings	48	1521	38426	22835
私人控股	Private Holdings	2246	91268	1287009	996363
港澳台商控股	Hongkong,Macaw and Taiwan Holdings	196	24372	512308	417605
外商控股	Foreign Holdings	65	34444	153117	323806
其他	Others	245	20193	293307	181171
按经营形式分组	By Type of Operation				
独立门店	Independent Stores	2479	111476	1557232	1457190
连锁总店	Main Chain Stores	91	44484	442673	442144
连锁门店	Chain Stores	76	4831	82781	52664
其他	Others	203	15585	339840	210157

Financial Indicators of Catering Services Enterprises above Designated Size (2015)

(10000 yuan)

累计折旧 Accumulated Depreciation	本年折旧 Depreciation Drawn in Current Year	资产合计 Total Assets	负债合计 Total Liabilities	所有者权益合计 Total Creditors' Equity	实收资本 Paid-up Capital	营业收入 Business Revenue	主营业务收入 Main Business Revenue	营业成本 Business Costs
988101	**204037**	**5083873**	**3654773**	**1429114**	**1355419**	**6711550**	**6665950**	**3247270**
114688	12040	367959	263049	104911	121799	360255	342254	210721
584393	92740	3606921	2800052	806883	906754	4206315	4174836	2198977
52337	3185	77266	41939	35327	13708	64934	64928	37049
7028	175	30427	15718	14709	5984	48451	48435	32797
2209	355	14060	13242	819	1168	37580	37580	18964
239870	45244	1897068	1554120	344053	389902	1472711	1454542	715804
4487	449	11919	5646	6274	749	38397	38313	29455
235383	44795	1885148	1548474	337780	389154	1434314	1416230	686349
8399	827	103007	32507	70500	38789	88512	85209	45596
263493	41691	1444361	1117554	325714	443666	2405580	2395629	1296859
50760	6660	216737	127061	89676	71281	509508	508039	296347
9311	1498	36919	19755	17125	15295	87197	86705	49684
190970	31289	1113001	877387	234561	345284	1744769	1737623	916004
12452	2245	77704	93352	-15648	11807	64106	63262	34823
11058	1262	40733	24972	15761	13536	88547	88513	51908
233744	57840	880506	515804	364702	276625	1075617	1073439	406644
18588	1280	57950	31094	26856	39588	70791	70137	33470
23001	1265	38372	35294	3078	18480	75059	74549	36078
189704	54753	772662	444395	328267	210318	918101	917088	331239
2451	542	11522	5022	6500	8239	11666	11666	5857
169963	53457	596446	338917	257529	172041	1429619	1417674	641649
69477	8972	172098	79875	92222	31473	378252	366485	148492
128	18	12875	5819	7057	1273	7623	7623	4587
97089	42742	400222	249359	150863	133852	1024257	1024153	480777
3147	1725	10699	2048	8652	3703	16396	16323	6131
123	1	553	1817	-1264	1740	3090	3090	1662
717586	103013	3475684	2631851	843847	1076416	4023109	3995527	2044379
236648	93341	1327085	895305	431780	225928	2151884	2136070	950666
15325	3641	132188	50241	81947	18975	246438	246137	80271
18542	4042	148917	77377	71540	34101	290118	288217	171953
98876	8022	315682	234168	81514	99010	281101	267269	162406
15813	4019	52278	28881	23397	22789	79155	74985	48314
398744	70540	2672163	2145280	525791	650395	3429224	3411752	1795813
228301	57496	883234	518904	364330	271170	1053327	1051194	400945
168215	52456	585781	342384	243397	166484	1381361	1377124	608922
78152	11504	574735	385157	190684	145572	487383	483626	230869
643629	94702	3292744	2643736	649021	946174	3686092	3659740	1900667
221364	60469	1060648	499128	561520	215548	2015565	2010250	828464
16430	2492	146469	110214	36255	82734	254099	253733	107920
106678	46374	584013	401695	182318	110963	755793	742226	410218

17-8 续表

单位：万元

项 目	Item	主营业务成本 Main Business Costs	营业税金及附加 Tax and Extra Charges on Business	主营业务税金及附加 Tax and Extra Charges on Main Business
餐饮业合计	**Total Catering Services**	**3179272**	**354103**	**350934**
#国有及国有控股	State-owned and State-controlled Enterprises	194234	16675	15800
按登记注册类型分	By Status of Registration			
内资企业	Domestic-funded Enterprises	2152024	225034	222815
国有企业	State-owned Enterprises	36333	3698	3661
集体企业	Collective-owned Enterprises	32097	1930	1868
股份合作企业	Share-holding Cooperative Enterprises	18964	1978	1973
联营企业	Joint-operation Enterprises			
国有联营企业	State-owned Joint-operation Enterprises			
集体联营企业	Collective Joint-operation Enterprises			
国有与集体联营企业	State-collective Joint-operation Enterprises			
其他联营企业	Other Joint-operation Enterprises			
有限责任公司	Limited Liability Corporations	681795	80242	79474
国有独资企业	State Sole Investment Enterprises	29452	1901	1901
其他有限责任公司	Other Limited Liability Companies	652343	78341	77573
股份有限公司	Share-holding Corporations Ltd.	41969	3627	3580
私营企业	Private Enterprises	1289357	128451	127155
私营独资企业	Private Sole Investment Enterprises	294564	28787	28245
私营合伙企业	Private Partnership Enterprises	49263	4462	4380
私营有限责任公司	Private Limited Liability Corporations	911519	92164	91522
私营股份有限公司	Private Share-holding Corporations Ltd.	34011	3038	3009
其他企业	Other Enterprises	51510	5109	5105
港、澳、台商投资企业	Enterprises with Investment from Hong Kong,Macao and Taiwan	402365	55177	54948
合资经营企业	Joint Ventures	33447	3797	3776
合作经营企业	Cooperative Enterprises	36078	2718	2718
独资经营企业	Sole Investment Enterprises	326983	48028	47820
投资股份有限公司	Share-holding Corporations Ltd.	5857	634	634
外商投资企业	Enterprises with Foreign Investment	624882	73891	73171
中外合资经营企业	Sino-foreign Joint Ventures	136666	18379	17727
中外合作经营企业	Sino-foreign Cooperative Enterprises	4587	310	310
外资企业	Foreign-funded Enterprises	475836	54193	54125
外商投资股份有限公司	Share-holding Corporations Ltd.	6131	842	842
其它外商投资企业	Others	1662	167	167
按国民经济行业分	By Economic Sector			
正餐服务业	Dinner Service	2019626	217815	215922
快餐服务业	Fast Food Service	913243	110679	109898
饮料及冷饮服务业	Beverage and Cold Drink Service	79883	13496	13495
其他餐饮服务业	Other Services	166520	12113	11619
按控股情况分组	By Holdings			
国有控股	State Holdings	148707	13326	12530
集体控股	Collective Holdings	45528	3348	3270
私人控股	Private Holdings	1756244	186029	184104
港澳台商控股	Hongkong,Macaw and Taiwan Holdings	396689	54629	54403
外商控股	Foreign Holdings	603975	71395	71327
其他	Others	228130	25376	25301
按经营形式分组	By Type of Operation			
独立门店	Independent Stores	1855533	194414	192226
连锁总店	Main Chain Stores	827345	107493	107493
连锁门店	Chain Stores	99837	14460	14460
其他	Others	396557	37737	36756

17-8 continued

(10000 yuan)

其它业务利润 Profits from Other Businesses	销售费用 Marketing Expenses	管理费用 Management Expenses	财务费用 Financial Expenses	营业利润 Business Profits	营业外收入 Non-operating revenue	利润总额 Total Profits	应交所得税 Income Taxes Payable	本年应付职工薪酬 Staff Salary Payable in Current Year
60880	**2213191**	**709892**	**65878**	**166998**	**20840**	**144614**	**59164**	**1335853**
3582	66799	50600	4022	34260	1869	37815	4991	100875
48768	1159647	505025	57425	86997	13311	75000	38246	835670
0	13495	11518	509	-623	829	2352	632	18356
20	6502	3421	84	4303	3	3884	1227	8272
133	11361	3617	770	920	42	759	492	6782
31149	475769	157199	27587	21368	5823	23988	12182	293989
85	2971	1992	92	1998	50	1935	74	12007
31064	472798	155207	27496	19370	5772	22053	12108	281982
2042	22635	10378	-238	26853	471	27187	1183	18500
13805	611583	311356	27663	29340	6112	13348	21794	473754
2375	92486	57706	3475	30190	270	26938	6106	86109
467	19199	9593	1003	3095	28	2335	977	15697
10575	488474	232469	19674	-3920	4446	-15942	13999	359172
388	11424	11588	3510	-25	1367	18	712	12775
1618	18304	7536	1050	4837	32	3482	736	16017
9423	484033	95184	2513	57112	2450	52536	15768	215787
17	25072	9926	377	-1774	140	-1749	487	15285
8496	20737	15203	136	188	69	1709	899	17096
906	434016	68833	1930	59022	2227	52887	14382	180337
4	4207	1222	69	-324	13	-311		3069
2690	569511	109682	5940	22889	5079	17079	5150	284396
107	186438	15312	1192	9345	414	5796	817	72852
11	130	1710	58	839		838	30	683
2499	374859	91849	4867	10739	4640	9195	4019	208280
73	7108	705	-197	1807	25	1093	239	1868
	976	107	20	158		157	46	713
43518	1175171	501270	55097	78122	13897	70980	38548	837202
17109	883283	156995	10000	37852	6200	22758	8121	408800
	103279	14634	164	35032	416	34355	9474	34854
253	51458	36994	617	15992	328	16521	3021	54998
2044	51852	43267	3772	28342	1386	31499	2864	84354
1538	14946	7332	250	5918	483	6315	2127	16522
21640	950204	405290	45649	51048	9848	38692	30631	658928
9422	480903	83367	2612	55945	2379	52089	15184	208589
2690	557467	108840	5802	21091	5131	16163	4706	268146
23546	157818	61795	7793	4653	1613	-144	3652	99315
21290	1040610	459207	48562	50256	12316	38614	35624	731755
26163	833355	155766	8367	92689	6430	88479	18451	373207
10134	113862	30313	1881	-4468	390	-8144	1220	50754
3293	225364	64606	7069	28520	1704	25666	3868	180137

17−9 各市限额以上住宿和餐饮企业财务状况（2015年）

单位：万元

市别	City	企业数（个）Number of Enterprises (unit)	年初库存 Beginning Inventory	流动资产合计 Circulating Assets	固定资产原价 Original Value of Fixed Assets	累计折旧 Accumulated Depreciation
住宿餐饮业合计	**Total Hotels and Catering Services**	**4925**	**483063**	**8344963**	**11887793**	**5217672**
住宿业	**Hotels**	**2076**	**306688**	**5922436**	**9725638**	**4229572**
广 州	Guangzhou	562	40132	1543194	2384964	1187149
深 圳	Shenzhen	288	25411	1610886	1761212	893253
珠 海	Zhuhai	111	102960	448021	1598642	467689
汕 头	Shantou	86	4535	117046	303197	130330
佛 山	Foshan	125	23845	247002	491585	232416
#顺 德	shunde	34	17044	80227	108906	49506
韶 关	Shaoguan	68	10922	101131	109898	41432
河 源	Heyuan	39	11475	51792	94268	41120
梅 州	Meizhou	38	7285	71144	171232	37095
惠 州	Huizhou	110	26299	272507	449877	176088
汕 尾	Shanwei	14	633	10495	44054	18076
东 莞	Dongguan	161	25710	546470	898912	457948
中 山	Zhongshan	112	5669	219420	373794	115672
江 门	Jiangmen	63	4593	129069	281180	126533
阳 江	Yangjiang	18	378	21928	24920	11367
湛 江	Zhanjiang	56	5260	123612	176680	51235
茂 名	Maoming	25	2301	87792	33677	14016
肇 庆	Zhaoqing	52	2411	119628	131316	44253
清 远	Qingyuan	48	4235	134484	225739	106006
潮 州	Chaozhou	20	536	14514	37923	17930
揭 阳	Jieyang	52	1297	26551	77237	39510
云 浮	Yunfu	28	801	25752	55333	20454
餐饮业	**Catering Services**	**2849**	**176375**	**2422526**	**2162155**	**988101**
广 州	Guangzhou	988	68858	896001	693787	350750
深 圳	Shenzhen	482	51595	739889	574474	278428
珠 海	Zhuhai	90	4109	37083	26204	14738
汕 头	Shantou	63	2560	9290	18260	7556
佛 山	Foshan	221	8489	145649	161560	78553
#顺 德	shunde	68	2298	61625	46316	21638
韶 关	Shaoguan	105	1945	38251	49904	12554
河 源	Heyuan	34	1924	35524	28490	13121
梅 州	Meizhou	14	451	5516	32396	8070
惠 州	Huizhou	89	2481	44627	65144	24173
汕 尾	Shanwei	16	601	10970	11982	5064
东 莞	Dongguan	147	11184	146976	91892	48884
中 山	Zhongshan	179	4258	67231	37716	18334
江 门	Jiangmen	65	3188	21000	42881	22208
阳 江	Yangjiang	58	3051	35135	48540	11130
湛 江	Zhanjiang	74	4596	38179	104674	33733
茂 名	Maoming	41	844	18207	22998	6848
肇 庆	Zhaoqing	41	1789	50842	41316	15887
清 远	Qingyuan	21	810	41354	43155	11362
潮 州	Chaozhou	32	885	3302	13539	3673
揭 阳	Jieyang	61	1419	26100	35316	13434
云 浮	Yunfu	28	1340	11399	17928	9602

Financial Indicators of Enterprises above Designated Size of Hotels and Catering Services by City (2015)

(10000 yuan)

#本年折旧 Depreciation Drawn in Current Year	资产合计 Total Assets	负债合计 Total Liabilities	所有者权益合计 Total Creditors' Equity	实收资本 Paid-up Capital	营业收入 Business Revenue	主营业务收入 Main Business Revenue	营业成本 Business Costs
755696	**20315659**	**16403252**	**3912421**	**5454774**	**11820366**	**11642106**	**5157545**
551659	**15231786**	**12748479**	**2483307**	**4099354**	**5108816**	**4976156**	**1910276**
103630	3780507	2836449	944058	1105353	1466225	1451729	461395
149395	2950952	2201372	749580	878363	1131123	1050581	371859
79393	2374513	2270354	104159	492230	536366	533021	281117
13101	345390	258745	86646	173109	92513	92202	39765
23014	652518	460322	192196	221398	267711	264803	108247
4883	156226	116794	39432	73952	63861	63715	19428
6827	283854	245108	38747	61113	74768	74227	32839
5665	128349	85208	43140	42271	51736	51440	21191
6087	258582	156695	101887	68657	75987	74264	32321
59887	730047	603182	126865	163368	251021	249964	94454
1859	65725	23614	42110	56668	15491	15436	6722
37139	1225682	1346467	-120785	192072	352662	346317	115086
15375	630428	635228	-4800	186286	184648	180323	60227
12515	353816	315739	38077	141955	130987	119152	44946
1334	39161	20117	19045	20870	24669	23298	13551
4971	411033	397213	13820	50976	89040	88224	39628
3042	147705	132744	14962	18288	34926	33728	16004
10899	236888	231471	5416	59452	58670	58390	25890
9026	287687	336583	-48896	67943	80954	79814	28457
3098	43167	15123	28044	23869	17511	17511	7736
3271	153014	92032	60982	51834	139802	139802	94440
2133	132768	84713	48055	23281	32007	31934	14401
204037	**5083873**	**3654773**	**1429114**	**1355419**	**6711550**	**6665950**	**3247270**
56623	2036880	1464938	571955	566079	2826183	2812571	1281630
83602	1267880	889108	378773	312557	2008427	1984916	930273
1260	68524	59117	9407	22579	121634	121613	63725
686	28209	16098	12111	6254	59025	58698	39941
13587	308680	269262	39418	59180	370506	369140	202478
3068	118795	107962	10833	15040	88479	87588	43578
4108	128176	79699	48477	25223	62864	62819	34105
1367	54666	44816	9851	11156	28034	28031	13355
1156	31273	17618	13655	27112	12611	12599	6910
5783	96563	81178	15384	68538	98236	97557	47059
678	22036	6073	15963	14037	20060	20060	11685
11584	253011	102438	150573	73124	320771	320421	173391
2540	109581	91164	18418	22758	212961	212830	108954
3718	54809	31924	22885	24915	74066	74022	35766
1372	78135	66643	11493	11404	80580	77567	46779
7024	154765	161648	-6883	27577	100204	99262	53712
1267	36533	30125	6407	9319	34581	33527	19353
2645	114888	108439	6449	18060	47361	47194	28383
2515	99345	94646	4699	11606	20708	20687	7352
498	55755	12258	43497	4587	13964	13940	9395
838	59625	8152	51473	35060	175648	175372	120121
1188	24540	19431	5110	4296	23128	23128	12902

17-9 续表

单位：万元

市 别	City	主营业务成本 Main Business Costs	营业税金及附加 Tax and Extra Charges on Business	主营业务税金及附加 Tax and Extra Charges on Main Business	其它业务利润 Profits from Other Businesses
住宿餐饮业合计	**Total Hotels and Catering Services**	**5039734**	**626751**	**616666**	**147579**
住宿业	**Hotels**	**1860463**	**272649**	**265732**	**86699**
广 州	Guangzhou	455081	76035	75239	20644
深 圳	Shenzhen	345536	63995	59750	28222
珠 海	Zhuhai	280530	26131	25722	1781
汕 头	Shantou	39324	6055	5981	1860
佛 山	Foshan	103352	14746	14720	1298
#顺 德	shunde	19330	3469	3461	187
韶 关	Shaoguan	32689	4019	4004	283
河 源	Heyuan	20847	3026	2972	105
梅 州	Meizhou	32230	3388	3312	304
惠 州	Huizhou	91413	13477	12983	1010
汕 尾	Shanwei	6663	932	925	376
东 莞	Dongguan	113902	21468	21365	12692
中 山	Zhongshan	57617	10939	10924	3643
江 门	Jiangmen	43051	7699	7310	4413
阳 江	Yangjiang	12938	1174	1154	118
湛 江	Zhanjiang	38981	4760	4677	2611
茂 名	Maoming	15676	2268	2178	649
肇 庆	Zhaoqing	25748	3018	3018	4872
清 远	Qingyuan	28344	4853	4853	174
潮 州	Chaozhou	7736	1026	1006	396
揭 阳	Jieyang	94440	2125	2125	20
云 浮	Yunfu	14366	1516	1515	1228
餐饮业	**Catering Services**	**3179272**	**354103**	**350934**	**60880**
广 州	Guangzhou	1253590	147640	146622	17024
深 圳	Shenzhen	911652	109943	109064	18953
珠 海	Zhuhai	62140	6778	6728	30
汕 头	Shantou	35111	3243	3238	87
佛 山	Foshan	196967	20455	19977	2746
#顺 德	shunde	43516	4830	4830	2203
韶 关	Shaoguan	33902	3154	3117	187
河 源	Heyuan	13093	1506	1499	3
梅 州	Meizhou	6784	740	704	4
惠 州	Huizhou	46583	5335	5290	707
汕 尾	Shanwei	11685	1099	1099	7
东 莞	Dongguan	171763	15650	15525	14609
中 山	Zhongshan	108897	11803	11803	589
江 门	Jiangmen	35755	4172	4112	827
阳 江	Yangjiang	42093	3506	3387	86
湛 江	Zhanjiang	53016	4689	4486	512
茂 名	Maoming	18950	1685	1612	595
肇 庆	Zhaoqing	27647	2398	2398	2285
清 远	Qingyuan	7352	1649	1649	25
潮 州	Chaozhou	9343	764	731	
揭 阳	Jieyang	120049	6552	6552	194
云 浮	Yunfu	12902	1344	1344	1414

 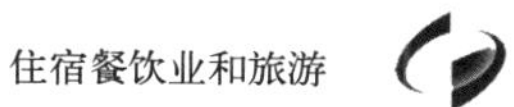

17-9 continued

(10000 yuan)

销售费用 Marketing Expenses	管理费用 Management Expenses	财务费用 Financial Expenses	营业利润 Business Profits	营业外收入 Non-operating revenue	利润总额 Total Profits	应交所得税 Income Taxes Payable	本年应付职工薪酬 Staff Salary Payable in Current Year
3661458	**1984449**	**425657**	**27525**	**104566**	**46249**	**103102**	**2621870**
1448266	**1274557**	**359778**	**-139472**	**83726**	**-98366**	**43938**	**1286017**
437541	396077	56277	51033	15705	59260	20378	397875
300364	299607	69381	22641	45106	42508	10871	282347
94742	106282	115681	-87924	11633	-92005	1306	132372
29504	20212	4683	-6670	221	-482	966	19908
81604	57963	5495	2328	2703	-1659	3172	60402
26880	14933	1298	-1958	174	-1774	132	15011
21736	18388	2749	-4763	706	-3609	355	20497
12504	10911	3109	1022	210	780	77	12754
19257	21344	5326	-5649	948	-4163	289	15746
63608	57267	17852	6271	274	5329	466	53940
6285	3078	8	-1497	6	-976	223	4361
139038	113395	29084	-64281	2247	-53810	329	105511
79332	46213	8096	-19066	693	-18612	803	52567
48066	38115	10811	-21329	1031	-20804	211	30544
5053	3408	680	488	426	872	101	4289
28739	15440	8244	-4963	140	-6657	646	19136
11502	5734	1757	-1783	418	-1486	39	11015
16845	14361	8460	-9874	587	-7510	387	13331
30173	25473	8445	-16212	284	-14865	374	23752
4920	4085	102	-379	45	-398	167	3847
8676	10540	2476	21549	38	20463	2548	13563
8777	6666	1061	-414	308	-543	233	8260
2213191	**709892**	**65878**	**166998**	**20840**	**144614**	**59164**	**1335853**
1022067	285580	22179	88863	7071	79087	28569	542107
721083	206344	13416	43779	8854	46828	14202	448546
38784	14283	1295	-2518	42	-2805	830	24904
10614	5746	1258	3367	81	2280	559	5099
87162	46296	7886	6180	748	-4996	2371	66728
27146	8710	2297	1785	53	-20	604	22255
10562	9129	1161	4833	174	4623	1135	12430
6598	2912	1444	2264	76	2147	56	6209
3024	2340	111	-453	335	-527	66	3163
30346	15050	2680	-1221	269	-1097	354	22732
4845	1366	313	753	11	240	56	3824
92894	33166	565	4434	1041	2432	1604	61717
72134	21847	1709	-3438	233	-3668	2126	47835
23804	9492	242	473	65	-918	708	14270
19245	7248	1155	2605	17	2138	399	15515
24302	18092	2925	-3793	1032	-3404	1377	20850
7111	4617	1226	1072	221	910	482	7185
11782	5930	2446	-3578	392	-652	275	10040
9086	6863	2054	-5747	64	-5147	177	5749
1298	1123	138	1263	113	1161	246	2866
10296	10227	1094	27528		25784	3452	9149
5657	2241	581	333	3	198	120	4935

17-10 各市住宿餐饮业营业收入

Business of Enterprises above Designated Size of Hotels and Catering Services by City

单位：万元 (10000 yuan)

市别	Item	2014		2015	
		住宿业 Hotels Service	餐饮业 Catering Service	住宿业 Hotels Service	餐饮业 Catering Service
广州	Guangzhou	2239426	9189667	2326575	10192043
深圳	Shenzhen	1226292	5446997	1299670	5923074
珠海	Zhuhai	469000	779816	618485	860937
汕头	Shantou	145586	712616	154845	784291
佛山	Foshan	370152	2866023	394293	3122396
#顺德	Shunde	103506	943667	115936	1028169
韶关	Shaoguan	114472	502654	115249	547996
河源	Heyuan	157389	202189	172343	223864
梅州	Meizhou	122367	314635	125743	344765
惠州	Huizhou	327069	783978	368387	856046
汕尾	Shanwei	67904	498265	70966	552311
东莞	Dongguan	475960	1200391	471438	1312367
中山	Zhongshan	256769	922473	259131	993781
江门	Jiangmen	236620	970020	239835	1015522
阳江	Yangjiang	119902	502716	122279	546812
湛江	Zhanjiang	186414	1327322	193226	1470928
茂名	Maoming	245989	967229	267885	1063055
肇庆	Zhaoqing	119378	671087	128916	730803
清远	Qingyuan	153012	396175	166283	430379
潮州	Chaozhou	31874	351506	34300	390157
揭阳	Jieyang	132332	360315	167585	402782
云浮	Yunfu	57792	243279	65670	266988
按经济区域分	By Region				
珠三角	Pearl River Delta	5720666	22830452	6106728	25006969
东翼	Eastern Region	377696	1922702	427696	2129541
西翼	Western Region	552305	2797267	583390	3080796
山区	Mountainous Region	605032	1658932	645289	1813992

17-11 旅游部门基本情况

Basic Statistics on Tourism-related Agencies

指 标	Item	2000	2005	2010	2012	2013	2014	2015
宾馆(酒店) (家)	Number of Hotels (unit)	2655	3837	9179	10733	15368	15926	16440
按星级分：五星	By Star Rating: Five Star	19	41	94	107	115	119	117
四星	Four Star	61	140	194	187	187	184	178
三星	Three Star	283	496	661	630	629	589	566
二星	Two Star	339	412	246	160	145	115	107
一星	One Star	48	39	14	8	7	5	4
未评星级	Unrated	1905	2709	7970	9641	14170	14914	15468
宾馆(酒店)接待能力	Reception Capability of Hotels							
客房 (间)	Number of Guest Rooms (unit)	202277	279302	565582	666807	884942	931516	982628
床位 (张)	Number of Beds (unit)	401718	512582	938389	1106792	1361127	1481397	1535288
客房出租率 (%)	Room Occupancy (%)	58.0	61.4	59.9	59.63	56.48	58.35	61.49
旅行社 (家)	Number of Travel Agencies(unit)	504	884	1292	1624	1810	1984	2150

17-12 城市接待外国游客人数

Number of Foreign Visitors Received by Cities

单位：人次 (person-time)

国 别	Country	1995	2000	2005	2010	2011	2012	2013	2014	2015
总计	**Total**	**1173919**	**2128501**	**4639133**	**7322478**	**7282262**	**7745127**	**7604935**	**7751868**	**7818342**
日本	Japan	288978	413833	962727	1077329	1129635	1156694	1120847	1007828	892362
韩国	Republic of Korea	25172	71841	239213	418115	393164	419950	454828	481319	474549
菲律宾	Philippines	10312	20793	30847	47184	54109	56831	75391	76742	59613
新加坡	Singapore	60760	93762	179559	284832	302893	304594	338151	308000	285197
泰国	Thailand	51185	48341	150502	134313	130521	139158	167255	169965	147501
印度尼西亚	Indonesia	40583	63159	128428	158879	153201	198305	219302	198852	118720
马来西亚	Malaysia	70639	110384	220598	421556	414101	432150	494279	423202	351926
美国	United States	129238	196362	361224	645783	651946	664836	645703	633574	710768
加拿大	Canada	24908	35968	67844	133138	120147	115997	129464	123185	133020
英国	United Kingdom	41020	59123	105238	138353	140467	146587	169879	171919	146989
法国	France	29728	43578	99158	119850	129307	132017	156752	153625	148791
德国	Germany	32864	44707	87158	118332	130290	127784	139769	136736	142266
意大利	Italy	19187	19792	56071	86454	89220	89949	95340	72853	78488
俄罗斯	Russia	1937	10407	26692	58568	68729	82878	121327	128209	84489
澳大利亚	Australia	28789	34595	73346	149780	151006	137042	162316	156491	138169
新西兰	New Zealand	4133	5835	15702	24119	24415	26866	31130	30341	30740
其他	Others	314486	856021	1834826	3305893	3199111	3513489	3083202	3479027	3874754

17−13 各市旅游宾馆(酒店)住宿设施（2015年）

Lodging Facilities of Tourist Hotels by City (2015)

市 别	City	宾馆(酒店)(个) Number of Hotels (unit)	五星级 Five Star	四星级 Four Star	三星级 Three Star	二星级 Two Star	一星级 One Star	客房(间) Number of Rooms (unit)	床位(张) Number of Beds (unit)	客房出租率(%) Room Occupancy (%)
全省合计	**Total**	**16440**	**117**	**178**	**566**	**107**	**4**	**982628**	**1535288**	**61.5**
广 州	Guangzhou	3008	23	41	127	25		207100	308844	65.7
深 圳	Shenzhen	806	25	27	63	21		82114	120654	68.2
珠 海	Zhuhai	493	8	8	56	4		45627	69857	62.5
汕 头	Shantou	527	3	5	18	4	1	34722	48063	47.1
佛 山	Foshan	402	11	15	30	8		27845	42787	57.0
#顺 德	Shunde	176	3	11	4	5		3623	6016	55.8
韶 关	Shaoguan	921	1	4	45	5	1	33235	57581	53.8
河 源	Heyuan	615	1	2	11	5		29273	48309	50.8
梅 州	Meizhou	608	2	5	27	5		25528	44819	63.1
惠 州	Huizhou	749	5	9	34	1		48022	117106	53.9
汕 尾	Shanwei	329	1	2	17			18226	34836	59.9
东 莞	Dongguan	1756	19	17	18	5		125941	158703	51.2
中 山	Zhongshan	562	2	4	13	2	1	38283	55443	58.9
江 门	Jiangmen	828	6	2	14	2		44121	68007	65.0
阳 江	Yangjiang	651	2	2	16	2		34929	64158	52.6
湛 江	Zhanjiang	846	3	8	20	4		42246	66747	61.0
茂 名	Maoming	519	2	3	6			25952	42085	60.2
肇 庆	Zhaoqing	986	1	1	12	6	1	36510	54355	59.5
清 远	Qingyuan	935	1	5	24	1		39583	67404	55.7
潮 州	Chaozhou	189		6	4	3		7751	11492	46.6
揭 阳	Jieyang	338	1	8	5	1		19450	28258	62.2
云 浮	Yunfu	372		4	6	3		16170	25780	46.9
按经济区域分	By Region									
珠 三 角	Pearl River Delta	9590	100	124	367	74	2	655563	995756	
东 翼	Eastern Region	1383	5	21	44	8	1	80149	122649	
西 翼	Western Region	2016	7	13	42	6		103127	172990	
山 区	Mountainous Region	3451	5	20	113	19	1	143789	243893	

注：本表星级宾馆(酒店)指2010年底止已得到国家旅游局或广东省旅游局批准的，不包已报未批部分。

Note: Star-rated hotels in this table refer to those approved by the National Tourism Administration or Guangdong Provincial Tourism Administration by the end of 2010, excluding hotels under examination.

17-14 各市接待过夜旅游者人数
Number of Overnight Tourists by City

单位：万人次 (10000 person-times)

市别	City	2014 合计 Total	2014 入境游客 Overseas Tourist Arrivals	2014 国内游客 Domestic Tourists	2015 合计 Total	2015 入境游客 Overseas Tourist Arrivals	2015 国内游客 Domestic Tourists
全省合计	**Provincial Total**	**32761.24**	**3355.44**	**29405.80**	**36225.20**	**3445.37**	**32779.82**
广州	Guangzhou	5330.05	783.30	4546.75	5657.95	803.58	4854.37
深圳	Shenzhen	4991.47	1182.59	3808.88	5375.21	1218.70	4156.50
珠海	Zhuhai	1807.56	291.34	1516.22	2018.52	309.52	1709.00
汕头	Shantou	1293.30	17.64	1275.65	1447.46	21.15	1426.30
佛山	Foshan	1181.92	137.06	1044.85	1253.14	137.48	1115.66
#顺德	Shunde	310.54	43.79	266.75	330.68	44.11	286.57
韶关	Shaoguan	1219.12	8.61	1210.51	1301.78	5.44	1296.34
河源	Heyuan	949.98	5.88	944.11	1109.59	7.62	1101.96
梅州	Meizhou	1286.07	17.81	1268.25	1544.02	21.30	1522.71
惠州	Huizhou	1655.54	214.85	1440.69	1866.78	222.59	1644.19
汕尾	Shanwei	646.63	3.42	643.21	728.58	4.62	723.96
东莞	Dongguan	1758.51	273.30	1485.21	1878.76	254.55	1624.21
中山	Zhongshan	902.15	60.21	841.95	986.87	59.81	927.05
江门	Jiangmen	1601.77	178.72	1423.05	1738.31	195.07	1543.24
阳江	Yangjiang	881.01	5.00	876.01	1030.93	6.88	1024.05
湛江	Zhanjiang	1525.23	22.56	1502.67	1756.23	26.64	1729.59
茂名	Maoming	529.94	3.16	526.78	711.52	3.67	707.85
肇庆	Zhaoqing	1112.38	49.05	1063.33	1127.72	49.57	1078.15
清远	Qingyuan	988.75	17.14	971.62	1040.03	16.26	1023.77
潮州	Chaozhou	758.41	61.84	696.57	919.24	60.24	859.00
揭阳	Jieyang	1116.16	6.63	1109.53	1406.96	5.23	1401.74
云浮	Yunfu	1225.30	15.33	1209.97	1325.62	15.45	1310.17
按经济区域分	By Region						
珠三角	Pearl River Delta	20341.35	3170.43	17170.93	21903.26	3250.87	18652.39
东翼	Eastern Region	3814.49	89.53	3724.96	4502.23	91.23	4411.00
西翼	Western Region	2936.18	30.72	2905.46	3498.67	37.19	3461.48
山区	Mountainous Region	5669.22	64.76	5604.46	6321.04	66.08	6254.96

17–15 各市旅行社组团出境游人数（2015年）
Number of Outbound Visitors in Group Tours by City (2015)

单位：人 (person)

市 别	City	合计 Total	香港 Hong Kong	澳门 Macao	其它 Others
全省合计	**Provincial Total**	**8995333**	**3319307**	**1356298**	**4319728**
广 州	Guangzhou	2464812	475648	510112	1479052
深 圳	Shenzhen	4532772	2145874	273090	2113808
珠 海	Zhuhai	464524	156328	184744	123452
汕 头	Shantou	44605	7750	7824	29031
佛 山	Foshan	663088	258614	146774	257700
#顺 德	Shunde	287757	129647	58052	100058
韶 关	Shaoguan	4256	619	341	3296
河 源	Heyuan	692	57	15	620
梅 州	Meizhou	2263	303	238	1722
惠 州	Huizhou	95954	42976	17978	35000
汕 尾	Shanwei	396	204	35	157
东 莞	Dongguan	182407	37912	34937	109558
中 山	Zhongshan	311860	150406	52549	108905
江 门	Jiangmen	125428	20997	76314	28117
阳 江	Yangjiang	686	130		556
湛 江	Zhanjiang	11426	1994	1476	7956
茂 名	Maoming	13236	1544	4591	7101
肇 庆	Zhaoqing	40776	6569	32643	1564
清 远	Qingyuan	19341	8182	10540	619
潮 州	Chaozhou	13597	2516	1888	9193
揭 阳	Jieyang	2003	385	161	1457
云 浮	Yunfu	1211	299	48	864
按经济区域分	By Region				
珠三角	Pearl River Delta	8881621	3295324	1329141	4257156
东 翼	Eastern Region	60601	10855	9908	39838
西 翼	Western Region	25348	3668	6067	15613
山 区	Mountainous Region	27763	9460	11182	7121

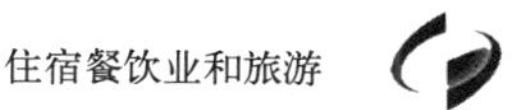

17-16 各市旅游业收入

Tourism Earnings by City

单位：亿元 (100 million yuan)

市别	City	收入合计 Total Earnings		旅游外汇收入 Foreign Exchange Earnings		国内旅游收入 Domestic Tourism Earnings	
		2014	2015	2014	2015	2014	2015
全省合计	**Provincial Total**	**7850.57**	**9080.76**	**1049.31**	**1104.16**	**6801.25**	**7976.60**
广州	Guangzhou	2521.82	2872.18	336.45	351.66	2185.37	2520.52
深圳	Shenzhen	1091.65	1244.96	280.56	306.74	811.09	938.23
珠海	Zhuhai	270.65	276.76	56.60	59.43	214.05	217.33
汕头	Shantou	190.89	260.12	4.33	5.51	186.56	254.61
佛山	Foshan	496.27	546.29	82.00	84.92	414.27	461.37
#顺德	Shunde	138.79	156.41	30.20	31.25	108.59	125.16
韶关	Shaoguan	225.11	271.94	2.75	1.76	222.36	270.18
河源	Heyuan	177.01	211.01	0.68	0.88	176.34	210.13
梅州	Meizhou	254.38	313.46	3.39	6.37	251.00	307.09
惠州	Huizhou	273.20	330.23	52.63	54.63	220.57	275.60
汕尾	Shanwei	96.45	107.88	1.09	1.57	95.36	106.32
东莞	Dongguan	374.60	395.18	96.78	97.39	277.82	297.79
中山	Zhongshan	210.23	227.44	29.58	18.42	180.65	209.02
江门	Jiangmen	279.00	339.62	51.81	59.82	227.19	279.81
阳江	Yangjiang	153.61	181.30	1.57	2.30	152.04	179.00
湛江	Zhanjiang	201.81	271.56	4.02	4.51	197.79	267.05
茂名	Maoming	126.57	185.01	0.96	1.07	125.61	183.94
肇庆	Zhaoqing	221.17	241.62	17.23	19.90	203.94	221.72
清远	Qingyuan	218.39	240.99	8.85	9.64	209.55	231.35
潮州	Chaozhou	115.90	141.62	13.65	13.77	102.26	127.86
揭阳	Jieyang	155.02	206.97	1.84	1.12	153.18	205.84
云浮	Yunfu	196.83	214.62	2.56	2.76	194.27	211.86
按经济区域分	By Region						
珠三角	Pearl River Delta	5738.59	6474.28	1003.64	1052.91	4734.95	5421.39
东翼	Eastern Region	558.26	716.59	20.91	21.97	537.36	694.63
西翼	Western Region	481.99	637.87	6.55	7.88	475.44	629.99
山区	Mountainous Region	1071.72	1252.02	18.23	21.41	1053.52	1230.61

17-17 国际旅游外汇收入

Foreign Exchange Earnings from International Tourism

单位：万美元 (USD 10001)

指 标	Item	2000	2005	2010	2011	2012	2013	2014	2015
全省总计	**Provincial Total**	**411221**	**639739**	**1243154**	**1390619**	**1562257**	**1627808**	**1707588**	**1788466**
商品性收入	**Commodity Earnings**	**87837**	**159295**	**300843**	**328186**	**373379**	**418347**	**467879**	**491471**
商品销售收入	Shopping	40834	104917	203877	230843	226527	284866	326149	346426
饮食销售收入	Food and Beverage	47003	54378	96966	97343	146852	133480	141730	145045
劳务性收入	**Service Earnings**	**323384**	**480444**	**942311**	**1062433**	**1188877**	**1209461**	**1239709**	**1296996**
景区游览费	Sightseeing	14804	16633	44754	45890	62490	56973	81964	54727
宿费	Accommodation	59216	78048	159124	175218	221840	208359	225402	224810
长途交通费	Long Distance Transportation	173535	246939	493532	603529	640525	579499	628392	708590
民航	Civil Aviation	113086	143302	361758	492279	499922	421602	461049	425834
铁路	Railway	43589	67173	44754	40328	59366	61857	59766	55800
轮船	Waterway	6991	23031	45997	40328	34370	35812	34152	183139
汽车	Highway	9869	13435	41024	30594	46868	60229	73426	43817
市内交通费	Local Transportation	7813	11515	26106	26422	28121	35812	30737	36306
邮政电讯费	Postal and Communication Services	9458	21111	19890	20859	21872	161153	22199	27006
文化娱乐费	Cultural and Recreational Services	37010	46701	94480	87609	112482	29301	136607	85131
其他	Others	21548	59496	104425	102906	101547	138364	114408	160425

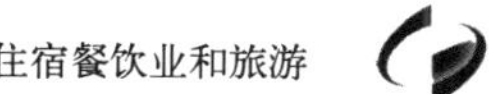

17−18 各市国际旅游外汇收入

Foreign Exchange Earnings from International Tourism by City

单位：万美元 (USD 10000)

市 别	City	2000	2005	2008	2009	2010	2011	2012	2013	2014	2015
全 省	**Provincial Total**	**411221**	**639739**	**917760**	**1002813**	**1243154**	**1390619**	**1562257**	**1627808**	**1707588**	**1788466**
广 州	Guangzhou	150580	229400	313035	362396	468858	485306	514458	516884	547522	569601
深 圳	Shenzhen	141669	200869	270800	276026	318058	374474	432882	453102	456559	496837
珠 海	Zhuhai	39395	70148	94823	102670	122339	106685	95045	83767	92105	96264
汕 头	Shantou	11705	5950	6491	4910	5016	5071	5175	5431	7046	8927
佛 山	Foshan	15973	34485	58176	65194	72896	97283	120984	126984	133448	137548
#顺 德	Shunde	9572	21101	33848	32823	35615	36760	38130	40706	49144	50619
韶 关	Shaoguan	351	2782	2159	2112	10309	6430	3110	3730	4475	2848
河 源	Heyuan	798	850	931	1267	1389	839	926	1097	1100	1420
梅 州	Meizhou	1487	1975	3028	2624	2962	3455	4086	4204	5509	10321
惠 州	Huizhou	5333	16549	33091	40107	50168	57652	67786	77039	85652	88494
汕 尾	Shanwei	387	455	511	511	1175	1076	1418	1180	1768	2538
东 莞	Dongguan	7618	28189	45614	51756	67592	90975	126924	144981	157493	157743
中 山	Zhongshan	14692	21027	22702	20434	27591	24717	21979	23891	48135	29843
江 门	Jiangmen	8295	10521	39129	40891	47657	60167	69917	79768	84318	96887
阳 江	Yangjiang	230	852	1537	1412	1876	2110	2226	2008	2550	3729
湛 江	Zhanjiang	1004	1483	1891	2237	2716	3630	4816	5845	6540	7306
茂 名	Maoming	169	676	1099	981	1198	1264	1315	1395	1556	1739
肇 庆	Zhaoqing	6264	4718	6685	8089	12440	32731	48689	55441	28046	32231
清 远	Qingyuan	834	2051	4446	4511	11062	11737	14417	13579	14395	15608
潮 州	Chaozhou	3071	5264	8774	11072	13207	19773	21303	21770	22208	22296
揭 阳	Jieyang	701	587	862	1481	2150	2679	1768	2109	2990	1820
云 浮	Yunfu	665	907	1975	2132	2499	2563	3033	3602	4173	4468
按经济区域分	By Region										
珠三角	Pearl River Delta	389819	615907	884056	967563	1187597	1329991	1498663	1561857	1633278	1705448
东 翼	Eastern Region	15864	12256	16637	17974	21547	28599	29664	30490	34011	35581
西 翼	Western Region	1403	3012	4527	4629	5790	7004	8357	9248	10647	12774
山 区	Mountainous Region	4135	8564	12539	12647	28220	25025	25573	26212	29653	34664

注：本表数为广东省旅游局抽样调查测算数。

Note: Data in this table are obtained from the sample surveys of Guangdong Provincial Tourism Administration.

主要统计指标解释

住宿业 是指为顾客提供临时住宿服务的企业(单位)和个体户。

餐饮业 是指从事食品的烹饪、调制并直接售给居民和社会集团的企业(单位)和个体户。

入境旅游人数 指来我国参观、访问、旅行、探亲、访友、休养 、考察、参加会议和从事经济、科技、文化、教育、体育、宗教等活动的外国人、华侨、港澳台同胞的人数。不包括外国在我国的常驻机构，如使领馆、通讯社、企业办事处的工作人员；来我国常驻的外国专家、留学生以及在岸逗留不过夜人员。

国际旅游外汇收入 指入境旅游的外国人、华侨、港澳台同胞在中国大陆旅游过程中发生的一切旅游支出，对于国家来说就是国际旅游外汇收入。

Explanatory Notes on Main Statistical Indicators

Hotel Services refers to the enterprises (establishments) and individuals engaged in providing temporary accommodation to customers.

Catering Services refer to the enterprises (establishments) and individuals engaged in food cooking, seasoning and selling food directly to households and social institutions.

Number of Overseas Visitor Arrivals refers to the number of foreigners, overseas Chinese, Chinese compatriots from Hong Kong, Macao and Taiwan coming to China for sight-seeing, visits, tours, family reunions, gatherings of friends, recuperation, inspection, conferences and other activities in the nature of business, science and technology, culture, education, sports, and religion. The statistics excludes representatives and employees of resident institutions of foreign countries in China such as embassies, consulates, news agencies and offices of foreign companies and organizations, as well as long-term foreign experts or students residing in China, and persons in transition without staying overnight in China.

Foreign Exchange Earnings from International Tourism refer to the total expenditures of foreigners, overseas Chinese, Chinese compatriots from Hong Kong, Macao and Taiwan during their stay in the mainland of China, or earnings of foreign exchange from international tourism in terms of national economy.

十八、教育和科技

EDUCATION AND TECHNOLOGY

十八 教育和科技

简要说明

一、本篇资料主要反映广东教育、科学技术活动基本情况。

二、本篇资料主要包括：

1. 高、中、初等教育，幼儿教育和各种类型的各级成人教育，指标主要包括各级各类的学校数、在校生数、招生数、毕业生数、教职工数和专任教师数等。

2. 科技成果奖励和技术市场情况，专利申请受理量和批准量，研究与开发机构基本情况，高校研究与发展人员及经费，科协系统科技活动情况等数据。

三、本篇资料由广东省统计局社会和科技统计处负责整理、编辑。

四、统计资料来源：

教育统计资料根据广东省教育厅、广东省人力资源和社会保障厅提供的统计年报加工整理。科技统计资料根据广东省科技厅、广东省人力资源和社会保障厅、广东省教育厅、广东省科协等部门提供的统计年报加工整理。

18 Education and Technology

Brief Introduction

Ⅰ. The data in this chapter show the basic conditions on the development Guangdong's education, science and technology.

Ⅱ. The data in this chapter mainly include:

(1) The data on tertiary, secondary, primary, and kindergarten education and various types of adult education at all levels, including the number of schools, the number of students enrolled, the number of new enrollments, the number of graduates, the number of staff and workers, and the number of full-time teachers of various levels and categories.

(2) The data on scientific and technological achievements and prizes, conditions of technological markets, numbers of patent applications accepted and granted, basic conditions of R&D institutions, R&D personnel and funds in universities and colleges, and scientific and technological activities of associations of science and technology, etc.

Ⅲ. The data are prepared and edited by the Division of Social, Scientific and Technological Statistics of Statistics Bureau of Guangdong Province.

Ⅳ. Data sources:

Data on education are processed and prepared in accordance with the annual statistical reports provided by Guangdong Provincial Department of Education and Guangdong Provincial Department of Human Resources and Social Security. Data on science and technology are processed and prepared in accordance with the annual statistical reports provided by Guangdong Provincial Department of Science and Technology, Guangdong Provincial Department of Human Resources and Social Security，Guangdong Provincial Department of Education, Guangdong Provincial Department of Personnel and Guangdong Provincial Association of Science and Technology.

18-1 教育、科技主要指标

Main Indicators on Education, Science and Technology and Culture

指 标	Item	2000	2010	2013	2014	2015
在校学生数 (万人)	Number of Total Enrollment (10000 persons)					
普通本专科	Regular Institutions of Higher Education	29.95	142.66	170.99	179.42	185.64
成人本专科	Institutions of Higher Education for Adults	20.14	46.40	53.44	62.69	66.45
中等学校	Secondary Schools	541.72	939.23	853.74	781.25	736.79
#普通中学	Regular Secondary Schools	460.69	709.05	625.24	590.77	560.72
高等教育毛入学率 (%)	Gross Enrollment Rate of High Education (%)	11.4	28.0	30.5	31.9	33.0
高中毛入学率 (%)	Gross Enrollment Rate of Senior Secondary Schools (%)	38.7	86.2	96.0	95.9	95.7
小学毕业生升学率 (%)	Percentage of Graduates of Primary School Entering Junior Secondary School (%)	96.2	95.5	94.9	96.2	95.9
学龄儿童入学率 (%)	Percentage of School-age Children Enrolled (%)	99.7	100.0	99.97	99.99	99.98
每万人口普通高校在校学生数 (人)	Number of Students Enrolled in Regular Institutions of Higher Education per 10000 Population (person)	41.19	148.02	161.40	167.31	171.11
各级学会及农技协 (个)	Number of Learned Societies and Research Societies at Various Levels (unit)	3780	2371	3732	3767	3777
各级学会及农技协会员 (万人)	Number of Members of Learned Societies and Agricultural Technological Associations at Various Levels (10000 persons)	70.41	39.37	56.66	59.23	71.04
科技研究机构数 (个)	Number of R&D Institutions (unit)		4452	5030	5333	8164
研究与实验发展(R&D)人员(万人)	Number of R&D Personnel (10000 persons)		44.66	65.24	67.52	68.02
研究与实验发展(R&D)经费内部支出 (亿元)	R&D Expenditure Internal Expernditure (100 million yuan)	107.12	808.75	1443.45	1605.45	1798.17
占本省生产总值比例 (%)	Percentage of Research and Development Expenditure in Provincial GDP (%)	1.11	1.76	2.32	2.37	2.47
研究与实验发展(R&D)课题(项目)数 (个)	Number of R&D Programs/Projects (item)		72747	107453	108109	112680
省级及以上科技奖励成果 (项)	Number of Achievements in Science and Technology Awarded by Provincial-level and Higher Agencies (item)	289	296	290	295	269
技术合同成交额 (亿元)	Transaction Value of Technological Contracts (100 million yuan)	48.21	242.5	535.86	543.14	663.53
专利申请受理量 (件)	Number of Patent Applications Examined (item)	21123	152907	264265	278351	355939
专利申请批准量 (件)	Number of Patent Applications Granted (item)	15799	119346	170430	179953	241176

注：1. 2000年起报纸出版统计不包校报、院报。
2. 全省小学毕业生升学率，按照教育部统一口径，根据教育统计报表，当年本省初中招生数除以小学毕业生数计算，不考虑学生跨省流动。

Note: a) Since 2000, the number of newspaper published does not include that of college or institute newspaper.
b) According to the Ministry of Eduucation,the percentage of graduates of primary schools entering junior secondary schools is calculated as the number of new enrollments of local junior secondary schools divided by the number of graduates from local primary schools and the trans-provincial flow of students are without consideration.

18-2 各级各类学校在校学生数

Number of Total Enrollment by Level and Type of School

单位：万人 (10000 persons)

年份 Year	高等学校 Institutions of Higher Education	中等学校 Secondary Schools			小学 Primary Schools
		中等职业教育学校 Vocational Secondary Schools	技工学校 Technical Schools	普通中学 Regular Secondary Schools	
1978	3.07	3.64		313.32	743.02
1979	3.79	4.51	0.71	268.73	743.81
1980	4.10	6.28	1.61	252.11	748.86
1981	4.47	6.12	1.39	218.71	734.78
1982	4.09	6.51	0.99	200.19	723.03
1983	4.56	9.96	0.92	199.59	705.34
1984	5.47	12.99	1.01	220.69	692.73
1985	6.99	18.01	1.45	236.45	671.25
1986	7.83	28.22	1.45	249.93	670.62
1987	8.63	34.26	2.63	252.60	677.37
1988	9.72	37.63	3.40	244.23	688.72
1989	10.04	42.09	3.93	235.73	715.15
1990	9.59	45.27	5.22	234.03	747.29
1991	9.27	44.74	5.63	238.28	788.93
1992	9.74	46.29	6.58	255.02	808.98
1993	11.70	50.24	7.68	277.19	832.14
1994	13.75	55.89	9.57	307.38	862.21
1995	15.18	66.67	11.10	339.46	883.19
1996	16.40	67.30	12.28	373.19	897.64
1997	17.47	72.70	13.29	400.85	911.34
1998	18.50	70.50	14.50	423.61	918.02
1999	22.08	69.50	23.00	443.91	920.96
2000	29.95	65.57	15.46	460.69	929.93
2001	38.19	62.00	16.67	489.70	952.98
2002	46.78	61.20	17.82	513.40	979.61
2003	58.78	63.08	23.90	545.91	1025.37
2004	72.69	65.54	28.11	580.86	1049.62
2005	87.47	71.02	32.81	611.69	1067.03
2006	100.86	80.84	38.16	639.29	1056.99
2007	111.97	90.76	45.81	655.38	1017.62
2008	121.64	100.08	53.54	679.65	956.47
2009	133.41	120.46	64.11	696.11	887.65
2010	142.66	154.78	75.56	709.05	848.55
2011	152.73	152.05	85.13	699.47	822.06
2012	161.68	149.57	88.52	668.40	808.24
2013	170.99	140.89	87.62	625.24	807.94
2014	179.42	128.22	62.26	590.77	831.91
2015	185.64	117.21	58.86	560.72	868.88

注：1．高等学校人数指普通本、专科人数，下同。
2．1986年后中等职业教育学校包括普通中专、成人中专、职业高中，1986年前缺成人中专数据。

Notes: a) Number of students in institutions of higher education refers to the number of students in regular universities with full undergraduate courses and colleges with specialized courses. The same applies to the following tables.
b) Since 1986, vocational secondary schools have included regular specialized secondary schools, specialized secondary schools for adults and vocational senior secondary schools. Prior to 1986, no data of specialized secondary schools for adults are available.

18-3 各级各类学校情况
Statistics on Various Levels and Types of Schools

项　　目	Item	2000	2010	2012	2013	2014	2015
高等学校	**Institutions of Higher Education**						
学校数　（所）	Number of Schools (unit)	52	131	138	138	141	143
毕业生数（万人）	Number of Graduates (10000 persons)	5.00	33.42	40.40	41.23	44.09	47.69
本科	Universities with Full Undergraduate Courses	2.40	15.29	18.13	20.05	21.14	22.41
专科	Colleges with Specialized Courses	2.60	18.13	22.27	21.18	22.95	25.28
招生数　（万人）	Number of New Enrollments (10000 persons)	12.08	44.02	51.08	52.62	54.51	56.15
本科	Universities with Full Undergraduate Courses	5.01	21.7	24.53	25.81	26.72	27.54
专科	Colleges with Specialized Courses	7.07	22.31	26.55	26.81	27.79	28.61
在校学生数(万人)	Number of Enrolled Students (10000 persons)	29.95	142.66	161.69	170.99	179.42	185.64
本科	Universities with Full Undergraduate Courses	15.03	77.86	90.04	94.96	99.82	104.08
专科	Colleges with Specialized Courses	14.92	64.8	71.65	76.03	79.60	81.56
教职工数（万人）	Number of Teachers and Staff (10000 persons)	4.68	11.4	12.4	12.82	13.52	13.99
#专任教师	Full-time Teachers	2.04	7.86	8.74	9.11	9.52	9.89
中等职业教育	**Vocational Secondary Schools**						
学校数　（所）	Number of Schools (unit)	658	566	522	502	495	481
毕业生数（万人）	Number of Graduates (10000 persons)	21.54	33.17	41.92	48.83	45.70	41.73
招生数　（万人）	Number of New Enrollment (10000 persons)	21.10	74.13	49.58	47.49	41.70	39.54
在校学生数(万人)	Number of Total Enrollment (10000 persons)	65.57	154.78	149.57	140.89	128.22	117.21
教职工数（万人）	Number of Teachers and Staff (10000 persons)	5.70	5.86	6.08	5.89	5.81	5.78
#专任教师	Full-time Teachers	3.70	4.35	4.62	4.54	4.52	4.50
技工学校	**Technical Schools**						
学校数　（所）	Number of Schools (unit)	186	246	243	243	243	163
毕业生数（万人）	Number of Graduates (10000 persons)	4.28	12.80	14.12	12.71	14.22	14.46
招生数　（万人）	Number of New Enrollments (10000 persons)	5.84	28.2	30.13	27.30	20.25	19.94
在校学生数(万人)	Number of Total Enrollment (10000 persons)	14.46	75.56	88.52	87.62	62.26	58.86
教职工数（万人）	Number of Teachers and Staff (10000 persons)	1.07	2.78	2.84	2.85	2.87	2.94
#专任教师	Full-time Teachers	0.68	1.98	2.08	1.98	2.08	2.10
普通中学	**Regular Secondary Schools**						
学校数　（所）	Number of Schools (unit)	3964	4334	4326	4366	4399	4434
毕业生数（万人）	Number of Graduates (10000 persons)	131.82	210.23	230.83	224.02	211.17	201.96
招生数　（万人）	Number of New Enrollments (10000 persons)	171.16	241.96	217.57	203.06	189.24	182.89
在校学生数(万人)	Number of Total Enrollment (10000 persons)	460.69	709.05	668.40	625.24	590.77	560.72
教职工数（万人）	Number of Teachers and Staff (10000 persons)	27.57	44.53	46.69	47.03	47.36	47.54
#专任教师	Full-time Teachers	22.86	39.15	41.53	42.15	42.69	42.67

注：普通高等学校数包含独立学院数。

Note: The number of regular schools (institutions) of higher education includes independent colleges.

18−3 续表 continued

项 目	Item	2000	2010	2012	2013	2014	2015
小学	**Primary Schools**						
学校数 (万所)	Number of Schools (10000 units)	2.42	1.68	1.34	1.18	1.07	1.01
毕业生数 (万人)	Number of Graduates (10000 persons)	148.48	174.19	149.96	137.04	124.35	121.49
招生数 (万人)	Number of New Enrollments (10000 persons)	155.73	135.92	145.30	150.05	153.67	165.80
在校学生数 (万人)	Number of Students Enrolled (10000 persons)	929.93	848.55	808.24	807.94	831.91	868.88
教职工数 (万人)	Number of Teachers and Staff (10000 persons)	42.08	48.78	48.60	48.61	49.77	51.44
#专任教师	Full-time Teachers	36.41	43.07	43.24	43.75	45.44	46.86
学龄儿童	**School-age Children**						
学龄儿童总数 (万人)	Total number (10000 persons)	905.39	801.82	764.20	768.33	795.74	836.09
已入学学龄儿童数(万人)	Primary School Enrollment number (10000 persons)	902.65	801.45	763.76	768.10	795.63	835.93
学龄儿童入学率 (%)	Enrollment Rate (%)	99.70	99.95	99.94	99.97	99.99	99.98
小学毕业生	**Primary School Graduates**						
小学毕业生人数 (万人)	Number of Graduates (10000 persons)	148.48	174.19	149.96	137.04	124.35	121.49
已升学人数 (万人)	Number of Students Entering into Junior Secondary Schools (10000 persons)	142.77	166.37	140.25	129.99	119.56	116.45
小学毕业生升学率 (%)	Promotion Rate from Primary Schools to Junior Secondary Schools (%)	96.15	95.51	93.52	94.85	96.15	95.85
幼儿园	**Kindergartens**						
幼儿园数 (所)	Number of Kindergartens (unit)	12027	11161	12720	13793	15416	16368
在园幼儿数 (万人)	Number of Children in Kindergartens(10000 persons)	214.18	227.23	330.72	354.58	379.34	402.28
教职工数 (万人)	Number of Teachers and Staff (10000 persons)	12.91	23.68	30.40	33.67	38.80	43.62
#专任教师	Full-time Teachers	8.36	13.63	16.88	18.82	21.38	24.07
特殊教育学校	**Special Schools**						
特殊教育学校数 (所)	Number of Schools (unit)	61	75	94	99	104	116
招生数 (人)	Number of New Enrollments (persons)	2000	3666	4632	3862	5300	7303
在校学生数 (人)	Number of Total Enrollment (persons)	27507	26064	24485	21799	28285	36048

注：1. 2003年起中等职业教育学校包括：普通中等专业学校、成人中等专业学校、职业高中数据。

2. 特殊教育学校是指独立设置招收盲哑和智残儿童，以及其他特殊需要的儿童、青少年进行普通或职业初、中等教育的教学机构。

Notes: a) Since 2003 , vocational secondary schools have included regular specialized secondary schools , specialized secondary schools for adults and vocational senior secondary schools.

b) Special schools refer to separate institutions providing regular or vocational primary and secondary education for blinded, dumb or mentally-retarded children, or other children and adolescents in need of special care in education.

18-4 研究生教育情况
Statistics on Postgraduate Education

项 目	Item	2000	2010	2011	2012	2013	2014	2015
培养单位数（个）	**Number of Institutions of Postgraduate Education (unit)**	**26**	**31**	**31**	**32**	**27**	**28**	**28**
高等学校	Institutions of Higher Education	18	23	23	24	24	25	25
科研单位	Research Institutions	8	8	8	8	3	3	3
招生数 （人）	**Number of New Enrollments (person)**	**5672**	**25798**	**26919**	**28073**	**28798**	**29769**	**30650**
攻读博士学位	For Doctor Degree	1053	3307	3379	3459	3375	3559	3540
高等学校	Institutions of Higher Education	1001	3117	3184	3261	3368	3551	3532
科研单位	Research Institutions	52	190	195	198	7	8	8
攻读硕士学位	For Master Degree	4619	22491	23540	24614	25423	26210	27110
高等学校	Institutions of Higher Education	4510	22135	23209	24274	25342	26134	27018
科研单位	Research Institutions	109	356	331	340	81	76	92
在校学生数（人）	**Number of Enrolled Students (person)**	**13023**	**72455**	**77579**	**81459**	**83788**	**86568**	**89404**
攻读博士学位	For Doctor Degree	2558	12341	12991	13438	13691	14169	14474
高等学校	Institutions of Higher Education	2445	11706	12327	12756	13659	14136	14443
科研单位	Research Institutions	113	635	664	682	32	33	31
攻读硕士学位	For Master Degree	10405	60114	64588	68021	70097	72399	74930
高等学校	Institutions of Higher Education	10161	59159	63650	67069	69863	72164	74682
科研单位	Research Institutions	244	955	938	952	234	235	248
毕业生数 （人）	**Number of Graduates (person)**	**2182**	**17862**	**20538**	**23220**	**23983**	**25538**	**26174**
攻读博士学位	For Doctor Degree	417	2436	2589	2803	2739	2837	2947
高等学校	Institutions of Higher Education	387	2288	2413	2620	2732	2830	2937
科研单位	Research Institutions	30	148	176	183	7	7	10
攻读硕士学位	For Master Degree	1765	15426	17949	20417	21244	22701	23227
高等学校	Institutions of Higher Education	1692	15158	17696	20156	21170	22627	23151
科研单位	Research Institutions	73	268	253	261	74	74	76

注：2014年起中国科学院大学下辖广州化学研究所、南海海洋研究所、华南植物研究所、广州能源研究所和广州地球化学研究所的教育事业报表统一归口中国科学院大学管理，并调整2013年起数据，从2013年起研究生数据均不含以上培养研究生单位数据。

Notes: Since 2014, Guangzhou Institute of Chemistry、South China Sea Institute of Oceanography、South China Institute of Botany、Guangzhou Institute of Energy and the Guangzhou Institute of Geochemistry's education statistics are under the centralized to the University of Chinese Academy of Sciences and since 2013 data has been adjusted and the number of sutdents has excluded the number of students in these institutions.

18-5 各级各类成人教育在校学生数

Number of Total Enrollment by Level and Type of Adult School

单位：人 (person)

项　目	Item	2000	2010	2012	2013	2014	2015
成人高等教育	**Higher Education for Adults**	**201410**	**463987**	**408541**	**534376**	**626927**	**664495**
成人高等学校	Institutions of Higher Education for Adults	84057	22025	18437	16803	16055	17556
广播电视大学	Radio and TV Universities	34242	10980	10856	9196	8799	10256
职工高等学校	Schools of Higher Education for Staff and Workers	17147	6344	5961	5498	5166	5411
管理干部学院	Colleges for Management Cadres	20142	4398				
教育学院	Teachers' Colleges	12526	303	1620	2109	2090	1889
普通高校附设	Departments Run by Institutions of Higher Education	117353	441962	390104	517573	610872	646939
函授部	Correspondence Divisions	51028	173761	174105	185880	235440	281334
夜大学	Evening Universities	43063	265713	215837	331693	375432	365605
成人脱产班	Full-time Courses for Adults	23262	2488	162			
成人中等教育	**Secondary Education for Adults**		**29105**	**31719**	**20951**	**13774**	
成人中专学校	Specialized Secondary Schools for Adults		27327	27134	19732	11743	7341
成人中学	Secondary Schools for Adults	44006	5358	4585	1219	2031	

18−6 高等学校情况（2015年）

Statistics on Institutions of Higher Education (2015)

项　　目	Item	学校数（所）Number of Schools (unit)	毕业生数（人）Number of Graduates (person)	招生数（人）Number of New Enrollments (person)	在校学生数（人）Number of Total Enrollment (person)	教职工数（人）Number of Teachers and Staff (person)	#专任教师 Full-time Teachers
总　计	**Total**	**143**	**476901**	**561456**	**1856355**	**139888**	**98897**
#女性	Female		249403	296136	983556	66744	46792
按隶属关系分	**Grouped by Relation of Leadership**	**143**	**476901**	**561456**	**1856355**	**139888**	**98897**
中央属	Under Central Government	5	21145	23598	91521	14040	8834
地方属	Under Local Government	138	455756	537858	1764834	125848	90063
按学校类别分	**Grouped by Type of Institution**	**143**	**476901**	**561456**	**1856355**	**139888**	**98897**
综合大学	University	69	235867	279181	892049	65921	46012
理工院校	Science and Engineering College	31	110049	131194	419623	28697	21036
农业院校	Agriculture College	3	19321	22994	87451	6067	4558
医药院校	Medicine College	8	22687	21479	92300	11079	8493
师范院校	Teacher Education College	5	25734	26524	104311	9053	5739
语文院校	Language and Literature College	2	7008	7341	29096	2762	1785
财经院校	Economics and Finance College	13	44686	59569	190149	11302	8436
政法院校	Politics and Law College	3	3633	3190	10192	1307	599
体育院校	Physical Culture College	3	3314	3623	10846	1329	733
艺术院校	Art College	6	4602	6361	20338	2371	1506
其他	Others						
总计中：职业技术学院	Vocational Technological College	77	215112	250065	700501	46282	33394

18−7 中等学校情况（2015年）

Statistics on Secondary Schools (2015)

项　　目	Item	学校数（所）Number of Schools (unit)	毕业生数（人）Number of Graduates (person)	招生数（人）Number of New Enrollments (person)	在校学生数（人）Number of Total Enrollment (person)	教职工数（人）Number of Teachers and Staff (person)	#专任教师 Full-time Teachers
中等职业教育	**Vocational Secondary Education**	**481**	**417278**	**395377**	**1172119**	**57760**	**44972**
调整后中等职业学校	Vocational Secondary Schools after Adjustment	309	282906	283937	824376	37972	29218
普通中专	General Secondary Schools	62	55052	50647	154366	7122	5150
成人中等专业学校	Specialized Secondary Schools for Adults	8	3355	1642	6308	386	331
职业高中学校	Vocational Senior Secondary Schools	102	64227	53846	168217	11151	9439
其他机构	Other Institutions	42	10257	3771	13852	1129	834
附设中职班	Affiliated Vocational Class	17	1481	1534	5000		
技工学校	**Technical Schools**	**163**	**144631**	**199406**	**588570**	**29439**	**21011**
普通中学	**Regular Secondary Schools**	**4434**	**2019599**	**1828856**	**5607203**	**475396**	**426648**
#高中	Senior Schools	1019	726690	664376	2054033		150861

注：2011年起增加附设中职班。其他机构和附设中职班不计学校数。普通中专包括中等技术学校和中等师范学校。

Note: Since 2011, the item of Affiliated Vocational Class is added. The number of schools of other institutions and affiliated secondary vocational classes is not included in the total number schools of vocational secondary education. The general secondary schools include the secondary technical schools and secondary normal schools.

18-8 各市普通中学情况（2015年）
Statistics on Regular Secondary Schools by City (2015)

市别	City	学校数（所）Number of Schools (unit)	毕业生数（人）Number of Graduates (person)	高中 Senior Secondary Schools	初中 Junior Secondary Schools	招生数（人）Number of New Enrollments (person)
广州	Guangzhou	510	176666	58087	118579	171091
深圳	Shenzhen	335	118481	36704	81777	135326
珠海	Zhuhai	71	30587	10185	20402	29141
汕头	Shantou	295	143578	54004	89574	123351
佛山	Foshan	199	101246	36900	64346	105375
#顺德	Shunde	62	36178	12622	23556	37387
韶关	Shaoguan	152	54881	21331	33550	51371
河源	Heyuan	183	63506	24162	39344	56512
梅州	Meizhou	229	93852	40384	53468	77324
惠州	Huizhou	241	91389	32093	59296	91585
汕尾	Shanwei	166	80220	29591	50629	62959
东莞	Dongguan	218	84541	25322	59219	103313
中山	Zhongshan	102	48558	15572	32986	50520
江门	Jiangmen	184	74766	27340	47426	71345
阳江	Yangjiang	107	49400	21179	28221	41643
湛江	Zhanjiang	306	197232	66096	131136	144720
茂名	Maoming	260	184703	73531	111172	153738
肇庆	Zhaoqing	176	93069	29602	63467	78200
清远	Qingyuan	175	70413	26672	43741	64185
潮州	Chaozhou	138	55387	22587	32800	45976
揭阳	Jieyang	285	155325	56056	99269	127957
云浮	Yunfu	102	51799	19292	32507	43224
按经济区域分	By Region					
珠三角	Pearl River Delta	2036	819303	271805	547498	835896
东翼	Eastern Region	884	434510	162238	272272	360243
西翼	Western Region	673	431335	160806	270529	340101
山区	Mountainous Region	841	334451	131841	202610	292616

18-8 续表 continued

市别	City	在校学生数(人) Number of Total Enrollment (person)	高中 Senior Secondary Schools	初中 Junior Secondary Schools	教职工数(人) Number of Teachers and Staff (person)	#专任教师 Full-time Teachers
广州	Guangzhou	515228	178564	336664	58507	50615
深圳	Shenzhen	385221	120073	265148	57146	46879
珠海	Zhuhai	87559	29609	57950	9077	7957
汕头	Shantou	386059	154794	231265	35583	31188
佛山	Foshan	306012	115268	190744	27975	25011
#顺德	Shunde	109942	40248	69694	9379	9054
韶关	Shaoguan	154789	60709	94080	15776	14399
河源	Heyuan	176354	65393	110961	20095	18252
梅州	Meizhou	246172	106609	139563	26454	24160
惠州	Huizhou	270727	91082	179645	28072	24616
汕尾	Shanwei	198765	74174	124591	18302	16355
东莞	Dongguan	287582	78905	208677	33601	27765
中山	Zhongshan	145751	47506	98245	15795	14543
江门	Jiangmen	214145	79182	134963	19743	17719
阳江	Yangjiang	129136	50595	78541	15198	13442
湛江	Zhanjiang	480660	183055	297605	39527	36625
茂名	Maoming	495147	196688	298459	40071	37768
肇庆	Zhaoqing	249401	84247	165154	22125	20126
清远	Qingyuan	194474	71005	123469	19776	17705
潮州	Chaozhou	145180	61968	83212	13488	12199
揭阳	Jieyang	402608	153878	248730	36082	32253
云浮	Yunfu	136233	50729	85504	12308	11494
按经济区域分	By Region					
珠三角	Pearl River Delta	2461626	824436	1637190	272041	235231
东翼	Eastern Region	1132612	444814	687798	103455	91995
西翼	Western Region	1104943	430338	674605	94796	87835
山区	Mountainous Region	908022	354445	553577	94409	86010

注：2015年普通中学教职工、专任教师数包含初级中学、九年一贯制学校、职业初中、完全中学、高级中学。

Note: The data of teachers and staff and of full-time teachers of regular secondary schools include junior middle and high schools,the nine-year primary-secondary schools, technical secondary school, combined junior and senior high school and senior high school.

18-9 各市中等职业教育基本情况（2015年）

Basic Statistics on Vocational Secondary Education by City (2015)

市 别	City	学校数（所）Number of Schools (unit)	毕业生数（人）Number of Graduates (person)	招生数（人）Number of New Enrollments (person)	在校学生数（人）Number of Total Enrollment (person)	教职工数（人）Number of Teachers and Staff (person)	#专任教师 Full-time Teachers
广 州	Guangzhou	86	71605	80281	237919	11740	8077
深 圳	Shenzhen	15	11413	13691	38145	3136	2395
珠 海	Zhuhai	9	7289	7556	21326	1302	1013
汕 头	Shantou	22	20861	30462	81172	2103	1622
佛 山	Foshan	36	24745	25074	73773	4800	3988
#顺 德	Shunde	13	9758	8872	27325	2009	1857
韶 关	Shaoguan	21	11095	9000	25003	1963	1516
河 源	Heyuan	13	13898	8293	24933	1508	1199
梅 州	Meizhou	28	18347	10373	40439	2116	1624
惠 州	Huizhou	24	17533	20074	57523	3070	2250
汕 尾	Shanwei	12	13301	4243	18438	861	745
东 莞	Dongguan	22	14134	20014	53434	2958	2326
中 山	Zhongshan	11	7857	8129	24563	1582	1498
江 门	Jiangmen	21	14590	15298	45009	2484	2214
阳 江	Yangjiang	6	6567	4860	14345	711	584
湛 江	Zhanjiang	55	38234	26636	84010	4435	3324
茂 名	Maoming	22	29071	18451	52187	2736	2198
肇 庆	Zhaoqing	20	19987	19264	59057	3129	2502
清 远	Qingyuan	14	13609	11868	39222	1919	1593
潮 州	Chaozhou	10	7824	3584	13897	1042	854
揭 阳	Jieyang	20	44847	49240	135759	2799	2298
云 浮	Yunfu	14	10471	8986	31965	1366	1152
按经济区域分	By Region						
珠 三 角	Pearl River Delta	244	189153	209381	610749	34201	26263
东 翼	Eastern Region	64	86833	87529	249266	6805	5519
西 翼	Western Region	83	73872	49947	150542	7882	6106
山 区	Mountainous Region	90	67420	48520	161562	8872	7084

18-10 各市小学情况（2015年）

Statistics on Primary Schools by City (2015)

市别	City	学校数（所）Number of Schools (unit)	毕业生数（人）Number of Graduates (person)	升学率（%）Percentage of Graduates of Primary Schools Entering Junior Secondary Schools (%)	招生数（人）Number of New Enrollments (person)	在校学生数（人）Number of Total Enrollment (person)	教职工数（人）Number of Teachers and Staff (person)	#专任教师 Full-time Teachers
广州	Guangzhou	941	125188	100.00	178035	937870	44073	40336
深圳	Shenzhen	334	100181	99.93	172097	864841	28157	25003
珠海	Zhuhai	116	19505	91.84	27963	148795	6561	6199
汕头	Shantou	748	76543	99.63	92881	500404	23427	21782
佛山	Foshan	407	68468	100.00	89702	490146	22879	21042
#顺德	Shunde	150	25251	100.00	29110	171736	8279	8226
韶关	Shaoguan	184	32067	100.00	40370	218150	11817	11482
河源	Heyuan	316	36015	100.00	54892	277545	16193	15227
梅州	Meizhou	447	44235	99.91	60014	312546	18957	18135
惠州	Huizhou	454	63240	100.00	96841	504066	21303	19886
汕尾	Shanwei	458	39998	99.10	45019	244762	15757	14031
东莞	Dongguan	327	89575	100.00	140495	719263	23363	20217
中山	Zhongshan	205	37549	100.00	51422	276744	10895	10268
江门	Jiangmen	313	45923	100.00	55769	306211	14468	13602
阳江	Yangjiang	139	26416	99.93	42092	206912	11176	10570
湛江	Zhanjiang	779	88180	99.33	111734	570321	35826	32991
茂名	Maoming	1389	92616	96.57	109481	577167	33357	31857
肇庆	Zhaoqing	218	52460	100.00	65658	342841	17695	16985
清远	Qingyuan	325	41417	99.95	59359	299721	16390	15423
潮州	Chaozhou	633	28275	95.25	35303	192524	10707	9855
揭阳	Jieyang	1231	79066	99.17	88187	491090	29504	27171
云浮	Yunfu	162	27999	100.00	40717	206866	12595	12123
按经济区域分	By Region							
珠三角	Pearl River Delta	3315	602089	92.64	877982	4590777	189394	173538
东翼	Eastern Region	3070	223882	97.01	261390	1428780	79395	72839
西翼	Western Region	2307	207212	99.68	263307	1354400	80359	75418
山区	Mountainous Region	1434	181733	100.00	255352	1314828	75952	72390

注：1．各地市小学毕业生升学率，由于跨地市流动学生较多，如按教育部口径计算将与实际差异较大，因此采用各地填报的小学升上本地及外地高一级学校(包括普通初中、职业初中等)就读的学生数除以小学毕业生进行计算。

2．2011年起小学教职工、专任教师数包含小学、教学点，不含九年一贯制和十二年一贯制学校小学部的教职工和专任教师数。

Note: a) Due to the large number of mobile students,the percentage of graduates of primary schools entering junior secondary schools by city would be greatlly different from the real situation if calculated as the method by the Ministry of Education. Thus the percentage of graduates of primary schools entering junior secondary schools by city in this table is calculated as the number of new enrollments of local junior and outside secondary Schools(ordinary secondary schools and professional secondary schools are incluede) from local primary school divided by the umber of graduates from local primary schools

b) Since 2011,the data of of the number of teachers and staff and of full-time teachers include primary schools and sub-campuses, but exclude the primary education section of the nine-year and twelve-year primary-secondary schools.

18-11 各市学龄儿童入学情况

Statistics on School-age Children Enrolled in Schools by City

市别	City	2014 学龄儿童人数(人) Number of School-age Children (person)	2014 已入学人数(人) Number of School-age Children Enrolled in Schools (person)	2014 入学率(%) Enrollment Rate (%)	2015 学龄儿童人数(人) Number of School-age Children (person)	2015 已入学人数(人) Number of School-age Children Enrolled in Schools (person)	2015 入学率(%) Enrollment Rate (%)
广州	Guangzhou	879276	879276	100.0	921996	921996	100.0
深圳	Shenzhen	778799	778799	100.0	850722	850722	100.0
珠海	Zhuhai	133989	133956	100.0	143002	142823	99.9
汕头	Shantou	443160	443160	100.0	469751	469104	99.9
佛山	Foshan	463688	463688	100.0	480765	480765	100.0
#顺德	Shunde	168121	168121	100.0	101075	101075	100.0
韶关	Shaoguan	202085	202085	100.0	210775	210774	100.0
河源	Heyuan	230782	230782	100.0	243539	243539	100.0
梅州	Meizhou	291272	291272	100.0	304069	304069	100.0
惠州	Huizhou	469995	469995	100.0	502921	502921	100.0
汕尾	Shanwei	233546	233033	99.8	238913	238182	99.7
东莞	Dongguan	664388	664388	100.0	697780	697780	100.0
中山	Zhongshan	227683	227683	100.0	267026	267026	100.0
江门	Jiangmen	279108	279108	100.0	288426	288426	100.0
阳江	Yangjiang	187734	187734	100.0	201392	201392	100.0
湛江	Zhanjiang	525265	525265	100.0	551597	551597	100.0
茂名	Maoming	563247	563247	100.0	577021	577021	100.0
肇庆	Zhaoqing	311054	311054	100.0	319132	319132	100.0
清远	Qingyuan	262005	262005	100.0	281355	281355	100.0
潮州	Chaozhou	169795	169795	100.0	175722	175706	100.0
揭阳	Jieyang	455234	454711	99.9	439922	439922	100.0
云浮	Yunfu	185249	185228	100.0	195062	195062	100.0
按经济区域分	By Region						
珠三角	Pearl River Delta	4207980	4207947	100.0	4471770	4471591	100.0
东翼	Eastern Region	1301735	1300699	99.9	1324308	1322914	99.9
西翼	Western Region	1276246	1276246	100.0	1330010	1330010	100.0
山区	Mountainous Region	1171393	1171372	100.0	1234800	1234799	100.0

18-12 研究与试验发展(R&D)基本情况
Basic Statistics on Research and Development (R&D)

指　　标	Item	2010	2012	2013	2014	2015
研究机构数　（个）	**Number of R&D Institutions　(units)**	**4452**	**4756**	**5030**	**5333**	**8164**
科学研究与技术开发机构	Scientific Research and Technological Development Institutions	186	184	186	189	189
全日制普通高等学校	Full-time Regular Institutions of Higher Education	450	600	652	704	850
工业企业	Industiral Enterprises	3309	3455	3700	3930	6553
其他	Others	507	517	492	510	572
研究与试验发展(R&D)活动人员(人)	**Number of R&D Personnel　(persons)**	**446579**	**629055**	**652405**	**675206**	**680237**
科学研究与技术开发机构	Scientific Research and Technological Development Institutions	9488	14595	14868	15897	15739
全日制普通高等学校	Full-time Regular Institutions of Higher Education	33865	40557	44051	47540	57346
工业企业	Industrial Enterprises	359476	519212	530551	544906	534293
其他	Others	43750	54691	62935	66863	72859
研究与试验发展(R&D)经费内部支出　（亿元）	**Internal Expenditure on R&D　(100 million yuan)**	**808.75**	**1236.15**	**1443.45**	**1605.45**	**1798.17**
科学研究与技术开发机构	Scientific Research and Technological Development Institutions	21.35	39.12	44.80	53.64	63.98
全日制普通高等学校	Full-time Regular Institutions of Higher Education	28.58	44.01	45.83	49.82	62.97
工业企业	Industrial Enterprises	703.68	1077.86	1237.48	1375.29	1520.55
其他	Others	55.14	75.16	115.35	126.70	150.67
研究与试验发展(R&D)活动课题(项目)数　（个）	**Number of R&D Programs/Projects　(item)**	**72747**	**93179**	**107639**	**108109**	**112680**
科学研究与技术开发机构	Scientific Research and Technological Development Institutions	3499	4884	5047	5412	6712
全日制普通高等学校	Full-time Regular Institutions of Higher Education	35749	44800	50119	53138	61677
工业企业	Industrial Enterprises	28423	37460	46948	42941	37375
其他	Others	5076	6035	5525	6618	6916

18-13 国有企业、事业单位专业技术人员年末人数

Number of Professional and Technical Personnel in State-owned Enterprises and Institutions at the Year-end

单位:人 (person)

年 份 Year	专业技术人员 Professional and Technical Personnel	#工程技术人员 Engineering	#农业技术人员 Agriculture	#科学技术人员 Scientific Research	#卫生技术人员 Health Care	#教学人员 Teaching
1978	211149	48836	16017	7852	53068	80287
1979	211117	48641	16975	7277	53155	79748
1980	291939	56144	18176	7356	61445	86192
1981	303892	60071	19017	6763	63536	97109
1982	328455	70699	19431	7822	69056	102178
1983	547038	85327	21636	5744	74183	109210
1984	579740	89348	22505	5573	79806	120016
1985	642542	102506	23030	6431	86174	133013
1986	656380	108210	23854	6368	89545	313009
1987	664085	118601	23553	6231	93553	333245
1988	674085	119167	19478	4904	85092	313419
1989	810130	137803	20644	5986	90751	364965
1990	838403	145535	21194	5731	92912	379894
1991	814651	140906	13050	4810	93141	398276
1992	883821	149916	13749	4566	104334	412681
1993	957725	163440	14246	4388	117959	434036
1994	1017804	174960	14670	4118	128079	460702
1995	1077848	180530	15219	4425	134586	511418
1996	1167583	186156	15449	4610	147155	573934
1997	1223897	191954	15779	4443	156889	613121
1998	1262343	190486	15703	4413	165721	649873
1999	1291078	184304	15660	4585	171461	677110
2000	1297804	180223	15083	4705	175521	696005
2001	1285708	168354	14151	4467	181703	710967
2002	1274140	160458	13386	4425	184192	721719
2003	1264983	135621	12575	4918	202548	734721
2004	1374679	149214	17321	5253	238886	774022
2005	1399042	146411	17407	5434	248547	791255
2006	1375416	137802	16999	5163	246679	805397
2007	1391934	140828	17311	5711	246480	824462
2008	1419852	144941	16701	5745	260940	837059
2009	1462861	153563	15805	5984	268796	856665
2010	1458044	149724	14084	4551	259131	885446
2011	1448011	151700	13475	5260	253992	879621
2012	1459018	151998	12256	5021	264976	861104
2013	1455605	139807	12538	3813	269147	888962
2014	1493095	155964	12772	5850	283499	888862
2015	1449255	139817	16076	6139	288384	928348

注：本表未包中央单位专业技术人员数。
Note:Data in this table do not include professional and technical personnel from the central units stationed in Guangdong.

18−14　高层次人才情况
Statistics on High-level Talents

单位：人　　(person)

项　目	Item	2000	2010	2011	2012	2013	2014	2015
享受国家津贴新增人数	Number of Persons Granted State Allowances	164	137		151		161	
高级职称批准人数	Number of Persons with Senior Professional Titles	6111	19031	20219	23000	22000	13997	16581
博士后招收人数	Number of Persons in Working Stations for Post-doctoral Research	163	560	594	679	746	893	1297
博士生情况	Status of Doctorate Students							
招生数	Number of New Enrollments	1053	3307	3379	3459	3375	3559	3540
在校生	Number of Enrolled Students	2558	12341	12991	13438	14691	14169	14474
毕业生	Number of Graduates	417	2436	2589	2803	2739	2837	2947

注：享受国家津贴的人数从2003年起逢双年评比一次。
Note: The number of persons granted state allowances has been appraised every double-digital year since 2003.

18−15　科技成果项数
Number of Achievements for Scientific and Technological Research

单位：项　　(item)

项　目	Item	2000	2005	2010	2011	2012	2013	2014	2015
国家级科技奖励成果	**National Prizes for Scientific and Technological Research Achievements**	**24**	**15**	**36**	**34**	**26**	**28**	**46**	**32**
国际合作奖	National Coperation Prize							1	
国家发明奖	National Invention Prize		1	2	5	5	10	12	5
国家自然科学奖	National Prize for Natural Sciences		1	1	1	3	4	2	5
国家科技进步奖	National Prize for Progress in Science and Technology	24	13	33	23	18	14	31	22
省级重大科技成果	**Major Provincial Scientific and Technological Achievements**				**1540**	**1799**	**1809**	**1748**	**2133**
基础理论成果	Achievements in Fundamental Theory				53	72	67	55	126
应用技术成果	Achievements in Applied Technology				1437	1691	1713	1656	1990
软科学成果	Achievements in Soft Sciences				50	36	29	37	17
省级科技奖励成果	**Provincial Prizes for Scientific and Technological Achievements**	**265**	**288**	**260**	**272**	**280**	**262**	**249**	**237**
省科技进步奖	Provincial Prize for Progress in Science and Technology	265	288	260	272	280	262	249	237
农业方面	Agriculture	46	51	31	33	45	43	33	31
工业方面	Industry	113	117	145	154	138	132	129	148
医药卫生方面	Medicine and Health Care	72	68	65	65	53	58	42	42
其他	Others	34	52	19	20	44	29	45	16

注：省级重大科技成果为全社会口径。
Note: Data of major provincial scientific and technological achievements are the whole society caliber.

18-16 县级政府部门属研究与开发机构基本情况

Basic Statistics on Research and Development Institutions under Government Departments at County Level

项　目	Item	2000	2005	2010	2011	2012	2013	2014	2015
机构数　(个)	Number of Institutions (unit)	183	166	143	142	133	131	128	124
职工总数　(人)	Number of Staff and Workers(person)	4379	3433	2798	2789	2433	2362	2241	2054
科技活动人员(人)	Scientists and Engineers (person)			1390	1457	1250	1270	1259	1119
经费收入　(万元)	Funds (10000 yuan)	13409	12229	16592	24740	24435	23708	24550	27162
#来自政府的经费	Government Funds	5426	5187	9605	12572	12543	11937	15024	17467

18-17 县级以上政府部门属研究与开发机构基本情况

Basic Statistics on Research and Development Institutions under Government Departments at and above County Level

项　目	Item	2000	2005	2010	2013	2014	2015
总　计	**Total**						
机构数　(个)	Number of Institutions (unit)	296	192	181	181	184	184
职工总数　(人)	Number of Staff and Workers (person)	24926	14216	16922	21181	22233	22582
科技活动人员　(人)	Scientists and Engineers			12819	16886	17873	17929
经费收入　(万元)	Funds (10000 yuan)	358844	384866	665228	1162736	1225429	1450489
#政府拨款	Government Appropriations	98386	153946	332815	605676	653052	781376
经费支出　(万元)	Expenditures (10000 yuan)	330098	363973	674994	1151356	1168470	1363744
科技经费支出(万元)	Expenditures on Purchase of Assets(10000 yuan)			408216	711572	790769	962263
自然科学及技术领域	**Natural Sciences and Technology**						
机构数　(个)	Number of Institutions (unit)	263	163	156	156	158	158
职工总数　(人)	Number of Staff and Workers (person)	23623	13026	15601	19671	20616	21011
科技活动人员　(人)	Scientists and Engineers			11738	15647	16557	16675
经费收入　(万元)	Funds (10000 yuan)	345582	360334	626119	1102749	1165667	1375436
#政府拨款	Government Appropriations	89595	137906	306735	564875	614819	728278
经费支出　(万元)	Expenditures (10000 yuan)	317219	341823	634843	1098374	1110131	1297806
科技经费支出(万元)	Expenditures on Purchase of Assets(10000 yuan)			378555	670022	749993	919010
社会及人文科学领域	**Social Sciences and Humanities**						
机构数　(个)	Number of Institutions (unit)	16	13	10	9	10	10
职工总数　(人)	Number of Staff and Workers (person)	780	655	645	620	631	675
科技活动人员　(人)	Scientists and Engineers			567	555	560	616
经费收入　(万元)	Funds (10000 yuan)	6906	10914	18906	25773	25406	32129
#政府拨款	Government Appropriations	5908	9370	14003	20238	22518	26643
经费支出　(万元)	Expenditures (10000 yuan)	6897	10207	17585	24404	25973	30830
科技经费支出(万元)	Expenditures on Purchase of Assets(10000 yuan)			14334	18250	19933	23636
科技情报和文献机构	**Scientific-Technological Information and Literature Institutions**						
机构数　(个)	Number of Institutions (unit)	17	16	15	16	16	16
职工总数　(人)	Number of Staff and Workers (person)	523	535	676	890	986	896
科技活动人员　(人)	Scientists and Engineers			514	684	756	638
经费收入　(万元)	Funds (10000 yuan)	6356	13619	20203	34215	34356	42923
#政府拨款	Government Appropriations	2883	6670	12078	20563	15715	26455
经费支出　(万元)	Expenditures (10000 yuan)	5982	11944	22566	28578	32367	35108
科技经费支出(万元)	Expenditures on Purchase of Assets(10000 yuan)			15327	23300	20843	19618

18-18 各市县级及以上政府部门属研究与开发机构基本情况(2014年-2015年)

Basic Statistics on Research and Development Institutions under Government Departments at and above County Level by City (2014-2015)

市别	City	2014 机构数(个) Number of Institutions (unit)	就业人员(人) Number of Employed Persons (person)	#科技活动人员(人) R&D Personnel (person)	经费收入(万元) Funds (10000 yuan)	#政府拨款 Government Appropriations	经费支出(万元) Expenditures (10000 yuan)	科技经费支出(万元) R&D Expenditure (100 million yuan)
全省合计	**Provincial Total**	**312**	**24474**	**19132**	**1249979**	**668076**	**1192673**	**803895**
广州	Guangzhou	97	16857	13407	1092685	546359	1039185	691153
深圳	Shenzhen	5	1879	1746	50162	37512	51370	41061
珠海	Zhuhai	4	168	106	3691	2614	3599	1851
汕头	Shantou	11	478	321	6539	4675	6917	4340
佛山	Foshan	5	167	122	8006	6474	7596	5984
韶关	Shaoguan	20	386	272	7448	3447	7023	5206
河源	Heyuan	16	275	133	2028	1605	2073	1199
梅州	Meizhou	15	333	252	4658	4078	4144	2337
惠州	Huizhou	23	568	363	7196	5584	6569	5458
汕尾	Shanwei	6	102	55	830	830	829	480
东莞	Dongguan	9	746	607	24510	21194	23493	17430
中山	Zhongshan	3	106	77	2975	1845	2984	1234
江门	Jiangmen	9	171	121	3880	2762	3687	2371
阳江	Yangjiang	3	88	58	1156	1029	861	671
湛江	Zhanjiang	22	1003	701	22095	18368	20471	14421
茂名	Maoming	17	334	241	4095	3326	4111	3123
肇庆	Zhaoqing	15	191	153	2441	2166	2256	1672
清远	Qingyuan	12	80	51	604	384	635	321
潮州	Chaozhou	4	131	96	1263	1144	1205	902
揭阳	Jieyang	10	339	206	2914	2190	2779	2193
云浮	Yunfu	6	72	44	800	491	890	487

18-18 续表 continued

市别	City	2015						
		机构数(个) Number of Institutions (unit)	就业人员(人) Number of Employed Persons (person)	#科技活动人员(人) R&D Personnel (person)	经费收入(万元) Funds (10000 yuan)	#政府拨款 Government Appropriations	经费支出(万元) Expenditures (10000 yuan)	科技经费支出(万元) R&D Expenditure (100 million yuan)
全省合计	**Provincial Total**	**308**	**24636**	**19048**	**1477651**	**798843**	**1389586**	**975458**
广州	Guangzhou	94	16923	13260	1294362	662633	1201924	837262
深圳	Shenzhen	5	2115	1915	60072	43409	56306	46746
珠海	Zhuhai	3	159	100	6158	2527	5925	2075
汕头	Shantou	11	450	310	7213	4760	7170	4591
佛山	Foshan	5	183	145	7618	4119	6563	1825
韶关	Shaoguan	20	369	280	8095	4854	7516	4978
河源	Heyuan	16	264	126	2218	1776	2112	1009
梅州	Meizhou	15	350	262	4936	4399	4069	2365
惠州	Huizhou	24	552	346	8114	6339	8023	5713
汕尾	Shanwei	6	104	46	902	888	898	454
东莞	Dongguan	9	676	550	27555	24267	41702	36146
中山	Zhongshan	3	104	76	4015	2623	3962	1815
江门	Jiangmen	9	181	127	5168	4077	5065	3332
阳江	Yangjiang	4	115	77	2265	2158	1862	1108
湛江	Zhanjiang	21	995	677	21745	16866	21547	15359
茂名	Maoming	17	316	213	4923	3900	4796	3746
肇庆	Zhaoqing	15	187	148	3672	2676	3284	1840
清远	Qingyuan	12	85	49	910	727	830	514
潮州	Chaozhou	4	122	93	1481	1376	1400	957
揭阳	Jieyang	10	324	207	5095	3768	3470	2971
云浮	Yunfu	5	62	41	1135	703	1161	652

注：本表统计范围不含已转制的科研机构。

Note: The statistical coverage of this table excludes scientific research institutions which have undergone changes in ownership and/or mode of operation.

18−19 三种专利申请受理量与批准量
Three Types of Patent Application Accepted and Granted

单位：件 (item)

项　目	Item	2000	2010	2012	2013	2014	2015
受理量	**Number of Patent Application Accepted**	**21123**	**152907**	**229514**	**264265**	**278351**	**355939**
发明	Inventions	1760	40866	60448	68990	75148	103941
实用新型	Utility Models	6033	47706	78731	93592	96136	135717
外观设计	Designs	13330	64335	90335	101683	107067	116281
批准量	**Number of Patent Application Granted**	**15799**	**119346**	**153598**	**170430**	**179953**	**241176**
发明	Inventions	261	13691	22153	20084	22276	33477
实用新型	Utility Models	4797	43901	65946	77503	83202	105254
外观设计	Designs	10741	61754	65499	72843	74475	102445

18−20 各类技术合同签订情况
Statistics on Technical Contracts Signed by Type

项　目	Item	2000	2005	2010	2013	2014	2015
技术合同项目数(项)	**Number of Technical Contracts (item)**	**5464**	**14432**	**17558**	**20267**	**19150**	**17344**
技术开发合同	Technical Development Contracts	921	5983	11629	15282	14662	13786
技术咨询合同	Technical Consultation Contracts	572	1279	1649	1219	980	430
技术转让合同	Technical Transfer Contracts	297	639	868	1125	1028	1242
技术服务合同	Technical Service Contracts	3674	6531	3412	2641	2480	1886
技术合同金额(万元)	**Value of Technical Contracts(10000 yuan)**	**482104**	**1124740**	**2425045**	**5356814**	**5431388**	**6635253**
技术开发合同	Technical Development Contracts	142107	571458	1961788	2643184	2567383	2359626
技术咨询合同	Technical Consultation Contracts	12530	31696	48539	39690	28058	17050
技术转让合同	Technical Transfer Contracts	110279	288881	344264	1789164	1626221	2923722
技术服务合同	Technical Service Contracts	217188	232705	70454	884776	1209726	1334855

18-21 工业企业研究与试验发展情况

Conditions of Research and Development of Industrial Enterprises

项目	Item	2010	2013	2014	2015
有研究机构的企业数(个)	Number of Enterprises with Research Instituties (unit)	2557	2690	2908	5002
占工业企业的比重 (%)	Percentage of all Industrial Enterprises (%)	4.79	6.53	7.07	11.88
研究机构数 (个)	Number of Research Institutes (unit)	3309	3698	3930	6553
企业R&D人员 (人)	R&D Personnel (persons)	359476	530551	544906	534293
R&D经费 (万元)	R&D Investment (10000 yuan)	7036808	12374791	13752869	15205497
R&D项目 (项)	R&D Projects (items)	28423	46948	42941	37375
新产品开发经费 (万元)	Investment in Developing New Products(10000 yuan)	6896433	13979517	16231377	18310390

注：个别指标计量单位调整为与国家反馈的科技综合年报单位一致。
Notes: Measure of some indictors are adjusted in order to be consistent with national science and technology comprehensive annual report.

18-22 分市工业企业R&D活动人员和经费

R&D Personnel and Expenditure of Industrial Enterprises by City

市别	City	R&D活动人员(人) Number of R&D Personnel (person)			R&D经费内部支出(万元) Internal Expenditure on R&D(10000 yuan)		
		2013	2014	2015	2013	2014	2015
全省	**Provincial Total**	**530551**	**544906**	**534293**	**12374791**	**13752869**	**15205497**
广州	Guangzhou	74008	80623	82594	1710177	1929674	2122613
深圳	Shenzhen	187045	176345	174953	5329402	5883496	6726494
珠海	Zhuhai	15814	18408	16229	345668	386468	434013
汕头	Shantou	7298	7339	7698	110694	100657	111951
佛山	Foshan	75852	78933	68198	1612186	1829277	1929893
韶关	Shaoguan	4908	4822	5280	108226	118628	114858
河源	Heyuan	1822	1829	1285	20368	22594	24141
梅州	Meizhou	2173	2065	1369	30578	32334	22510
惠州	Huizhou	18678	20010	24376	518729	547473	597225
汕尾	Shanwei	2008	2509	2958	46626	46075	50323
东莞	Dongguan	53258	58752	59469	983720	1150506	1267890
中山	Zhongshan	37857	38551	38488	611855	663898	692376
江门	Jiangmen	16033	18098	17584	318046	350441	387361
阳江	Yangjiang	1885	2414	1898	68216	76973	84012
湛江	Zhanjiang	3295	2766	2611	55836	68951	71764
茂名	Maoming	4508	5049	5011	101341	118664	133088
肇庆	Zhaoqing	10568	11200	11513	154060	170701	192157
清远	Qingyuan	3944	4274	3823	67862	57990	57931
潮州	Chaozhou	3402	4105	3281	56176	60579	51109
揭阳	Jieyang	4189	4985	4166	93783	107773	108194
云浮	Yunfu	2006	1829	1509	31244	29719	25596
按经济区域分	By Region						
珠三角	Pearl River Delta	489113	500920	493404	11583840	12911934	14350020
东翼	Eastern Region	16897	18938	18103	307280	315083	321577
西翼	Western Region	9688	10229	9520	225394	264588	288864
山区	Mountainous Region	14853	14819	13266	258278	261265	245035

注：本表统计范围是规模以上工业企业。
Note: Data in this table refer to industrial enterprises above designated size.

18−23 分市工业企业新产品产出情况

Production of New Products by Industrial Enterprises by City

单位：万元 (10000 yuan)

市别	City	2014 新产品产值 Output Value of New Products	2014 新产品销售收入 Sales Revenue of New Products	2014 #出口 Exports	2015 新产品产值 Output Value of New Products	2015 新产品销售收入 Sales Revenue of New Products	2015 #出口 Exports
全　省	**Provincial Total**	**200570230**	**203133184**	**74340709**	**230562117**	**226425002**	**74841360**
广　州	Guangzhou	30017215	29784242	2604787	33191838	33524272	2844457
深　圳	Shenzhen	69415715	73943823	44710213	88719507	87134304	44740272
珠　海	Zhuhai	9686581	9512178	2620874	11035182	10292624	2153180
汕　头	Shantou	1599627	1543520	322196	1655227	1708504	278528
佛　山	Foshan	27273850	27152414	6373798	25330515	24782405	6344438
韶　关	Shaoguan	1297718	1284839	50357	649437	629975	80379
河　源	Heyuan	494870	465934	297188	645023	620923	381576
梅　州	Meizhou	332684	303719	49171	373429	260614	18769
惠　州	Huizhou	17003391	16968772	4007032	18426563	18390244	4338694
汕　尾	Shanwei	1635239	1634484	790580	1519438	1519343	777361
东　莞	Dongguan	22172598	21901522	8113170	24746366	24215567	7917504
中　山	Zhongshan	7791859	7174272	2655345	9132007	8719675	2511742
江　门	Jiangmen	4317273	4161454	1124268	5137711	4852213	1726722
阳　江	Yangjiang	139771	130066	54800	999985	994127	20364
湛　江	Zhanjiang	769588	748269	94227	872689	816611	25433
茂　名	Maoming	1117851	1123109	7583	1116429	1100510	20701
肇　庆	Zhaoqing	2302367	2235962	260670	3058897	2970007	193661
清　远	Qingyuan	1324652	1260320	73902	1679666	1636273	227576
潮　州	Chaozhou	367886	351019	58984	477728	475596	145073
揭　阳	Jieyang	1403798	1353281	62277	1595900	1591584	64725
云　浮	Yunfu	105699	99985	9290	198581	189633	30204
按经济区域分	By Region						
珠 三 角	Pearl River Delta	189980848	192834637	72470156	218778586	214881310	72770671
东　翼	Eastern Region	5006550	4882305	1234036	5248293	5295026	1265687
西　翼	Western Region	2027210	2001444	156610	2989102	2911248	66498
山　区	Mountainous Region	3555623	3414797	479908	3546136	3337417	738505

注：本表统计范围是规模以上工业企业。
Note: Data in this table refer to industrial enterprises above designated size.

18−24 科协机构及活动情况

Statistics on Associations for Science and Technology and Their Activities

项 目	Item	2000	2010	2012	2013	2014	2015
科协机构 （个）	**Number of Associations for Science and Technology (unit)**	**357**	**1026**	**1143**	**143**	**143**	**142**
省科协	Provincial Associations	1	1	1	1	1	1
市科协	City Associations	21	21	21	21	21	21
县(市、区)科协	County (County-level City, District) Associations	123	121	121	121	121	120
厂矿科协	Factory and Mine Associations	212	883	1000			
各级学会及农技协 （个）	**Number of Learned Societies and Research Societies at Various Levels (unit)**	**3780**	**2371**	**3977**	**3732**	**3767**	**3777**
省级学会	Provincial Learned Societies	146	151	154	154	150	151
市级学会	City Learned Societies	734	780	754	795	796	838
县级学会	County Learned Societies			1393	1409	1431	1428
农村专业技术协会	Rural Specialized Technological Societies	2900	1440	1676	1374	1390	1360
各级学会及农技协会员（人）	**Number of Members of Learned Societies and Rural Specialized Technological Societies at Various Levels (person)**	**704094**	**393734**	**570547**	**566641**	**592276**	**710402**
省级学会会员	Members of Provincial Learned Societies	203861	265046	444518	448331	469411	581796
#学会从业人员	Personnel in Learned Societies		574	1744	870	908	909
农村专业技术协会会员	Members of Rural Specialized Technological Societies	223687	128688	126029	118610	122865	128606
科协活动开展情况	**Activities of Associations for Science and Technology**						
举办各类学术交流会(次)	Number of Academic Meetings Held	4769	677	1153	1282	1419	1466
举办科技科普展览 （次）	Number of Scientific and Technological Popularization Exhibitions Lectures (time)	2258	3582	1313	1236	1298	1561
青少年科技竞赛 （次）	Number of Scientific and Technological Competitions for Adolescents (time)	1286	407	312	271	307	327
参加科协各类活动人次 （人次）	**Number of Participants in Activities Organized by Associations for Science and Technology (person-time)**	**8367629**	**11164480**	**7082802**	**8311742**	**7467949**	**8641510**
参加各类学术交流会	Number of Participants in Academic Meetings	505235	295009	196318	235619	251609	335713
参加各类科技培训	Number of Participants in Training Programs	654742	251993	662880	780265	349654	325922
参加各类科普活动	Number of Participants in Scientific and Technological Popularization Activities	7207652	10617478	6223604	7295858	6866686	7979875
主办科技期刊 （种）	**Publications of Academic Journals and Scientific and Technological Popularization Readings (kind)**	**582**	**611**	**264**	**74**	**72**	**110**
科技期刊总印数 （万册、万份）	Number of Academic Journals and Scientific and Technological Popularization Readings Issued (10000 copies)	562	513	956	367	340	303

注：1．2013年，科协机构数不包括厂矿科协。
2．2013年起，主办科技期刊只统计在新闻出版机构注册登记，有正式刊号或内部准印证并由本单位直接主办、负责编辑的期刊。
3．各类科技培训统计口径变更为实用技术培训。

Note: a) In 2013, factory and mice associations are not included in number of associations for science and technology.
b) From 2013,publications of academic journals and scientific and technological popularization readings refer only to those with official numbrs registered by press and publicaton or those with internal permit directly edited by the unit
c) The scope of participants in training programs has been changed to operative technology training.

主要统计指标解释

普通高等学校　指按照国家规定的设置标准和审批程序批准举办，通过国家统一招生考试，收高中毕业生为主要培养对象，实施高等教育的全日制大学、独立设置的学院和高等专科学校，高等职业学校和其他机构。

成人高等学校　指按照国家有关规定审批、招收通过全国成人高教统一招生考试的具有高中毕业或同等学历的在职从业人员利用脱产、半脱产、业余或函授等多种形式对其实施高等学历教育，培养高等教育专科或本科毕业水平的专门人才，修业年限、课程设置和总学时的数按高等学历教育要求付诸实施的学校。包括广播电视大学、职工高等学校、农民高等学校、管理干部学院、教育学院、独立设置的函授学院等。

小学学龄儿童入学率　指调查范围内已入小学学习的学龄儿童占校内外学龄儿童总数（包括弱智儿童在内，但不包括盲聋哑儿童）的比重。

科技活动　是指在所有科学技术领域内，即自然科学、农业科学、医学科学、工程与技术科学、人文科学与社会科学中，与科技知识的产生、发展、传播和应用密切相关的全部的、有组织的、系统的科技活动。所谓有组织的、系统的科技活动，是指在一个机构的范围之内，并列入这一机构的工作计算，由这一机构的人员有计划地进行的科技活动。目前，我们统计的科技活动，是指调查范围内有组织有系统开展的科技活动。它包括三类活动(1)研究与试验发展活动；(2)研究与试验发展成果应用活动；(3)科技服务活动。

研究与发展活动　指为增进知识，及利用这些知识去开创新的用途而进行的系统的创造性工作。它具备四种基本因素：(1)创造性的因素；(2)新颖性或创新的因素；(3)科学方法的运用；(4)新知识的产生。它包括三种类：(1)基础研究；(2)应用研究；(3)实验发展。

科技活动统计单位　指制度调查范围内的调查单位个数，对于自然科学领域、社会与人文科学领域的科学研究与技术开发机构（含县属研究与开发机构）、科学技术情报与文献机构是以一个机构为一个调查单位；对于高等学校，是以一个学校为一个调查单位；对于企业是以一个企业为一个调查单位。

科技活动机构　是指调查范围内有建制的从事科技活动科研机构。包括国有独立核算的科学研究与技术开发机构自然科学领域、社会与人文科学领域）（含机构、大中型工业企业附属的技术开发机构。全日制附属科技活动机构，是指经学校及上级主管部门正式批准的以科技活动为主，相对稳定的开展科技活动机构；大中型工业企业附属的技术开发机构是指企业自办、或与外单位合办、管理上同生产系统相对独立的，或单独核算的专门技术开发机构（如企业办研究所或开发中心开发部等专门技术开发机构）。

从事科技活动人员　指报告期内调查单位中从事科技活动的人员。调查单位中从事科技活动人员为直接从事科技活动和科技活动提供直接服务，累计时间占全年工作时间10%以上的人员。

科学家和工程师　具有大学本科以及以上学历的和不具备上述学历但有高、中级职称的人员。

技术员　指具有大、中专学历和不具备大、中专学历，但有初级职称的人员。

研究与发展人员　指报告期内从事研究与发展活动的人员。调查单位直接从事研究与发展课题活动以及院、所等从事科技行政管理、科技服务等工作为研究与发展课题活动服务，累计时间占全年工作时间10%以上的人员。人员数为全时人员数加非全时人员数之和。

科技活动经费筹集总额　指报告期内调查单位从各种渠道筹集到的科技活动经费（含科研基建费）。包括政府资金、自筹资金、银行贷款、其他经费。

科技活动经费使用总额(内部支出)　指报告期内调查单位用于科技活动的实际支出。包括劳务费、科研业务费、科研管理费、非基建投资购建的固定资产、科研、基建支出以及其他用于科技活动的支出。但不包括生产性活动支出、归还贷款支出及转拨外单位支出。

研究与发展经费支出　指报告期内用于研究与发展课题活动（基础研究、应用研究、试验发展）的全部实际支出。包括用于研究与发展课题活动的直接支出，还包括间接用于研究与发展活动的一切支出（院、所管理费，维持院、所正常运转的必需费用和与研究发展有关的基本建设支出）。

省级以上获奖成果　指科技活动单位在本年度内从省以上政府科技管理部门获得的各种科技成果奖。

由于几个单位合作获得的科技成果奖，为防止重复，仅由第一完成单位填报，多次获奖的成果只填一个。获奖成果包括：国家级奖、省部级奖和地市级奖。国家级奖：指国家自然科学奖、国家发明奖、国家科技进步奖、国家星火奖等。省、部级奖：指以国务院各部门和省、自治区、直辖市名义颁发的重大科技成果奖和科技进步奖。

科技机构内课题(项目)个数 指调查单位列入科研计划或已为本单位科研管理部门认可，可作为本单位科研工作任务，并在当年开展活动的研究与发展、研究与发展成果应用、科技服务课题（项目）数。包括当年新开课题和上年尚未完成，在统计年度内继续进行的课题。

Explanatory Notes on Main Statistical Indicators

Regular Institutions of Higher Education refer to educational establishments set up according to government standards and evaluation and approval procedures, mainly enrolling graduates from senior secondary schools through uniform national matriculation examinations and providing higher education. Such institutions include full-time universities, independent colleges, technical colleges, professional colleges, and other institutions.

Institutions of Higher Learning for Adults refer to educational establishments approved according to relevant government rules, enrolling staff and workers with senior secondary or equivalent education through uniform national matriculation examinations, and providing them with regular higher education in various forms such as full-time, part-time, spare-time and correspondence courses in accordance with requirements of regular higher education in years of education, curricula, and total learning hours, so that they meet the standards for graduation of universities or junior colleges Institutions of higher learning for adults include radio and TV universities, colleges for staff and workers, colleges for farmers, colleges for management cadres, teachers' colleges, and independent correspondence colleges.

Enrollment Rate of Primary School-age Children refers to the proportion of school-age children enrolled at primary schools in the total number of school-age children both in and outside schools (including retarded children, but excluding blind, deaf and dumb children).

Scientific and Technological Activities refer to all those organized and systematic activities of science and technology which are closely connected with the emergence, development, diffusion and application of scientific and technological knowledge in all scientific and technological fields, such as natural sciences, agricultural science, medical science, engineering and technical science, humanities and social sciences. Organized and systematic activities refer to activities within the range of an institution, regarded as regular work of the institution and organized in a planned way by the personnel of the institution. At present, scientific and technological activities include activities in an organized and systematic way within the survey coverage, classified into three categories: (1) activities of research and development; (2) applied activities of research and development; (3) service activities of science and technology.

Activities of Research and Development refer to the systematic and creative work with the aim of widening knowledge and creating new uses for knowledge They entail four basic factors: (1) creative factor; (2) novel or innovative factor; (3) application of scientific methods; (4) emergence of new knowledge. They include three types: (1) basic research; (2) applied research; (3) experiments and development.

Surveyed Units of Scientific and Technological Activities refer to the number of survey units within the survey coverage. As for research and development institutions (including those under county administration) and scientific and technological information and literature institutions in natural sciences, social sciences and humanities, one institution constitutes a survey unit; as for institutions of higher education, one university or college accounts for a survey unit; as for enterprises, one enterprise is a survey unit.

Institutions of Scientific and Technological Activities refer to organic institutions engaged in scientific and technological activities within the survey coverage, including state-owned research and development institutions with independent accounting system (in the field of natural sciences, social sciences and humanities), including technological development institutions affiliated to institutions and large and medium-sized industrial enterprises. Full-time affiliated institutions of scientific and technological activities refer to those mainly and relatively stably engaged in technological activities with formal ratification of educational institutions and higher authorities. Technological development institutions affiliated to large and medium-sized industrial enterprises refer to special development institutions solely run by enterprises or jointly run with other units but keeping relatively independent administration from production system, or having their independent accounting system (such as research institutions or development departments of development centers run by enterprises).

Personnel Engaged in Scientific and Technological Activities refer to all the persons in the survey units engaged in scientific and technological activities during the reference period, i.e. those who are directly engaged in such activities or provide direct services to such activities with over 10% of their annual working hours devoted to scientific and technological activities.

Scientists and Engineers refer to persons who have completed regular undergraduate or higher level education and persons with senior or medium professional titles but without the aforesaid educational background.

Other Technical Personnel refer to persons involved in science and technology with secondary specialized education or junior college education and persons with junior professional titles but without the aforesaid educational background.

Personnel of Research and Development refer to persons who are engaged in research and development activities during the reference period, i.e. those in the survey units who are directly engaged in R & D activities or provide services to R & D activities in such forms as administration and technical services with over 10% of their annual working hours devoted to such activities It is the sum of full-time personnel and non-full-time personnel.

Total Funds for Scientific and Technological Activities refer to the funds for scientific and technological activities (including capital construction funds for scientific research) raised by the survey units from various channels during the reference period, including government funds, self-raised funds, bank loans and other funds.

Total Expenditure for Scientific and Technological Activities (Internal Expenditure) refers to the actual expenditure made for scientific and technological activities by the survey units during the reference period, including service expenses, operating expenses for scientific research, management expenses for scientific research, purchases of fixed assets with investment in non-capital construction, capital construction expenditure for scientific research and others, but excluding expenditure for productive activities, expenditure for return of loans and expenditure transferred to other units.

Total Expenditure on Research and Development refers to all actual expenditure made for R & D (basic research, applied research and experimental development) in the reference period, including direct expenditure on R & D activities and indirect expenditure on R & D activities such as management expenses, administrative expenses and investment in capital construction related to R & D.

Number of Prizes Won at and above Provincial Level refers to the number of various prizes in scientific and technological research won by the units engaged in scientific and technological activities from administrative departments for science and technology in provincial or central governments in the current year. If a prize is won in a cooperative way, it is reported only by the first listed unit so as to avoid duplication. As for achievements that have won several prizes, only one prize is reported Prizes won by achievements include all those at state level, provincial level and city (prefecture) level. State-level prizes are National Prize for Natural Sciences, National Invention Prize, National Prize for Progress in Science and Technology and National Spark Prize Prizes at provincial and ministerial level refer to major achievements and progress in science and technology awarded by the departments of the state council, provinces, autonomous regions and municipalities directly under the central government.

Number of Research Tasks (Projects) of Scientific and Technological Institutions refers to the number of research tasks (projects) on R & D, application of R & D and scientific and technological services, which are listed in the plans of scientific research or approved by administrative departments of the survey units and launched in the current year. It includes those newly started and those uncompleted in the preceding year but continued into the current statistical year.

十九、文化与体育

CULTURE AND SPORTS

十九 文化与体育

简要说明

一、本篇资料主要反映文化事业和体育的基本情况。

二、本篇资料主要包括：

1. 文化艺术、文物、图书馆、新闻出版、广播、电影、电视等文化事业的机构、人员及业务活动开展情况等。

2. 体育系统职工人数、群众体育活动开展情况及运动竞技成绩等。

三、本篇资料由广东省统计局社会和科技统计处负责整理、编辑。

四、统计资料来源：

文化、体育统计资料根据广东省文化厅、广东省新闻出版广电局、广东省体育局及广东省档案局等有关部门提供的统计年报加工整理。

19 Culture and Sports

Brief Introduction

Ⅰ. The data in this chapter show the basic conditions on the development Guangdong's cultural undertakings. as well as Sports.

Ⅱ. The data in this chapter mainly include:

(1) The data on institutions, personnel and business activities of culture and arts, cultural relics, libraries, news and publication, radio, film and television, etc.

(2) the number of staff and workers in sports departments， mass sports and athletics sports， etc.

Ⅲ. The data are prepared and edited by the Division of Social, Scientific and Technological Statistics of Statistics Bureau of Guangdong Province.

Ⅳ. Data sources:

The data on culture and sport are processed and prepared in accordance with the annual statistical reports provided by Guangdong Provincial Department of Culture, Guangdong Provincial Administration of Press, Publication, Radio, Film and Television, Guangdong Provincial Bureau of Sports, Guangdong Provincial Bureau of Archives and the related departments.

19-1 文化、体育主要指标
Main Indicators on Culture and Education

指　标	Item	2000	2010	2013	2014	2015
电影放映单位 (个)	Number of Film Projection Units (unit)	1626	1392	1506	1673	1793
艺术表演团体 (个)	Number of Art Performance Troupes (unit)	138	133	75	72	72
文化馆 (个)	Number of Cultural Centers (unit)	118	129	147	147	146
公共图书馆 (个)	Number of Public Libraries (unit)	125	133	137	138	140
公共图书馆藏量 (万册、件)	Holdings of Public Libraries (10000 volumes)	2330	4615	6101	6367	7008
博物馆（含美术馆） (个)	Number of Museums (including arts museum) (unit)	131	169	191	192	193
博物馆藏品数(含美术馆)(万件)	Holdings of Museums (including arts museum) (10000 pieces)	49.09	84.46	105.46	113.97	101.83
档案馆 (个)	Number of Archives (unit)	161	205	214	218	217
利用档案 (万卷次)	Archives Utilized (10000 volume-times)	36.32	301.00	337.00	380.00	120.00
图书出版量 (万册)	Number of Books Published (10000 copies)	26978	23134	33022	29867	31287
杂志出版量 (万册)	Number of Magazines Published (10000 copies)	26299	21201	17460	15520	14458
报纸出版量 (亿份)	Number of Newspapers Published(100 million copies)	34.63	45.59	43.60	38.99	32.77
广播电台 (座)	Number of Radio Stations (unit)	106	22	22	22	22
电视台 (座)	Number of TV Stations (unit)	67	24	24	24	24
广播综合人口覆盖率 (%)	Overall Population Coverage Rate of Radio (%)	96.0	98.0	99.9	99.9	99.9
电视综合人口覆盖率 (%)	Overall Population Coverage Rate of Television (%)	96.4	98.0	99.9	99.9	99.9
举办全民健身活动次数 (次)	Number of National Body-building Activities Held (time)		9477	4231	4886	5000

注：1．由于统计口径出现变化，已对2012年全省公共图书馆藏量数进行了调整。
　　2．由于文化部门改制，2012年起只统计事业单位和省直企业中的文化部门艺术表演团体。自2013年起，艺术表演团体口径进行调整分为公有制艺术表演团体(事业)和公有制艺术表演团体(企业)。

Note: a)Data of 2012 of holdings of public libraries have been adjusted due to the change of coverage.
b)Due to institutional restructuring of cultural departments, the data of art performance troupes since 2012 only covers those of institutional organizations and directly under provincial jurisdiction.The coverage of art performance troupes has been adjusted to include public ownership art performance troupes(Institution) and public ownershipart performance troupes(Enterprises).

19–2 文化艺术、文物事业机构数

Number of Institutions of Culture, Arts and Cultural Relics

单位：个 (unit)

年份 Year	电影放映单位 Film Projection Units	艺术表演团体 Arts Performance Troupes	文化馆 Cultural Centers	公共图书馆 Public Libraries	博物馆 Museums	档案馆 Archives
1978	6346	172	124	76	30	
1980	7375	195	113	97	26	
1985	6037	171	123	117	106	
1990	4024	130	113	103	106	138
1991	4041	122	110	104	107	147
1992	3917	125	113	108	108	150
1993	3974	126	115	110	108	148
1994	3750	132	116	111	111	156
1995	3668	134	115	114	113	155
1996	3670	136	115	115	114	157
1997	3463	138	117	119	117	157
1998	3621	139	117	120	122	157
1999	2938	140	117	121	128	162
2000	1626	138	118	125	131	161
2001	1794	139	118	129	140	175
2002	904	141	120	131	140	185
2003	840	144	117	129	144	185
2004	684	140	119	128	143	185
2005	720	139	117	129	146	185
2006	1542	138	120	129	147	186
2007	1844	128	122	130	153	186
2008	1450	130	121	132	152	188
2009	1265	127	128	133	160	197
2010	1306	133	129	133	169	205
2011	1357	100	134	134	161	209
2012	1419	61	137	137	168	209
2013	1506	75	147	137	191	214
2014	1673	72	147	138	192	218
2015	1793	72	146	140	193	217

注：由于全国文化文物统计制度统计口径的改变，2009年以后博物馆包含美术馆，其他年份博物馆不含美术馆。

Note: Due to the change in statistical coverage in national culture and cultural relics survey, the number of museums after 2009 includes arts museum, and that of other years does not include arts museum.

19-3 文化部门艺术表演团体演出基本情况（2015年）

Basic Statistics on Performances of Art Troupes under(of) Cultural Departments (2015)

项目	Item	剧团数（个）Number of Troupes (unit)	国内演出场次（万场）Number of Domestic Performances (10000 shows)	#到农村演出 Shows in Rural Areas	国内演出观众人次(万人次) Number of Domestic Spectators (10000 person-times)
合　计	**Total**	**72**	**0.89**	**0.57**	**1053.34**
公有制艺术表演团体(事业)	Public Ownership Arts Performance Troupes (Institution)	41	0.50	0.39	663.54
国有	State-owned	41	0.50	0.39	663.54
集体	Collective-owned				
其他	Others				
公有制艺术表演团体(企业)	Public Ownership Arts Performance Troupes (Enterprises)	31	0.39	0.18	389.80
国有	State-owned	27	0.37	0.16	357.77
集体	Collective-owned				
其他	Others	4	0.02	0.02	32.03
按剧种分	**By Type of Art Performance Troupe**				
话剧、儿童剧、滑稽剧类	Modern Drama, Children Drama, Farce Drama	3	0.02	0.01	20.21
歌舞、音乐类	Dance, Music	21	0.16	0.05	231.30
京剧、昆曲类	Beijing Opera, Kunqu Opera				
地方戏曲类	Local Opera	36	0.54	0.45	654.28
杂技、魔术、马戏类	Magic, Acrobatics, Circus	3	0.02	0.01	45.50
曲艺类	Chinese Folk Art	5	0.09	0.01	36.40
乌兰牧骑	Nei Monggol Cultural Troupe Mounted on Horseback				
综合性艺术表演团体	Comprehensive Art Troupes	4	0.06	0.04	65.65

19−4 文化、文物机构及人员数（2015年）

Number of Institutions and Personnel in Culture and Cultural Relics (2015)

项　目	Item	合计 Total 机构数（个）Number of Institutions (unit)	合计 Total 人数（人）Number of Personnel (person)	文化部门 Cultural Departments 机构数（个）Number of Institutions (unit)	文化部门 Cultural Departments 人数（人）Number of Personnel (person)	其他部门 Others 机构数（个）Number of Institutions (unit)	其他部门 Others 人数（人）Number of Personnel (person)
总　计	**Total**	**19997**	**231887**	**2535**	**33272**	**17462**	**198615**
文化合计	**Culture**	**19727**	**227481**	**2275**	**29009**	**17452**	**198472**
艺术事业	Arts	457	14061	109	5540	348	8521
图书馆事业	Libraries	140	4159	140	4159		
群众文化事业	Mass Culture	1742	11445	1742	11445		
艺术教育业	Art Education	5	699	5	699		
文化市场经营机构(不含非公有制艺术表演团体)	Cultural Market Operating Units	17029	178342			17029	178342
文艺科研	Scientific Research on Arts	7	100	7	100		
艺术展览创作机构	Art Exhibition Creative Agency	16	378	16	378		
文化行政主管部门	Administrative Department	152	4449	152	4449		
其他文化机构	Other Agencies	179	13848	104	2239	75	11609
文物合计	**Cultural Relics**	**270**	**4406**	**260**	**4263**	**10**	**143**
文物科研机构	Institutions for Cultural Relics	4	184	4	184		
文物保护管理机构	Agencies of Cultural Relics Preservation	34	336	32	322	2	14
博物馆	Museums	177	3475	169	3346	8	129
文物商店	Cultural Relics Stores	3	73	3	73		
其他文物机构	Other Agencies	52	338	52	338		

19−5 公共图书馆、群众文化事业机构及人员数（2015年）

Number of Institutions and Personnel in Public Libraries and Mass Culture (2015)

项　目	Item	合计 Total 机构数（个）Number of Institutions (unit)	合计 Total 人数（人）Number of Personnel (person)	文化部门 Cultural Departments 机构数（个）Number of Institutions (unit)	文化部门 Cultural Departments 人数（人）Number of Personnel (person)	其他部门 Others 机构数（个）Number of Institutions (unit)	其他部门 Others 人数（人）Number of Personnel (person)
图书馆事业	**Libraries**	**140**	**4159**	**140**	**4159**		
#少儿图书馆	Children's Libraries	5	171	5	171		
群众文化事业	**Mass Culture**	**1742**	**11445**	**1742**	**11445**		
群众艺术馆、文化馆	Mass Art Centers	146	2384	146	2384		
文化站	Cultural Stations	1596	9061	1596	9061		

19−6 各市文化、文物事业机构数（2015年）

Number of Institutions in Culture and Cultural Relics by City (2015)

单位：个 (unit)

市 别	City	艺术表演团体 Art Troupes	文化馆 Cultural Centers	公共图书馆 Public Libraries	博物馆(含美术馆) Museums (including art museums)	档案馆 Archives
广 州	Guangzhou	7	12	13	30	13
深 圳	Shenzhen	2	8	11	26	8
珠 海	Zhuhai	3	4	3	3	6
汕 头	Shantou	6	8	9	6	11
佛 山	Foshan	2	7	6	16	17
#顺 德	Shunde		1		3	1
韶 关	Shaoguan	2	11	9	9	12
河 源	Heyuan	4	7	7	6	7
梅 州	Meizhou	5	9	10	10	11
惠 州	Huizhou	1	6	5	6	9
汕 尾	Shanwei	4	6	4	5	6
东 莞	Dongguan		1	1	7	4
中 山	Zhongshan		1	1	6	17
江 门	Jiangmen	2	8	7	10	11
阳 江	Yangjiang	1	5	5	4	8
湛 江	Zhanjiang	8	11	8	6	13
茂 名	Maoming	4	7	5	6	8
肇 庆	Zhaoqing	2	9	9	8	11
清 远	Qingyuan	2	9	10	11	11
潮 州	Chaozhou	2	4	4	4	4
揭 阳	Jieyang	5	6	6	6	6
云 浮	Yunfu		6	6	5	9
省直属单位	Units Directly under Provincial Government	10	1	1	3	15
按经济区域分	By Region					
珠 三 角	Pearl River Delta	19	56	56	112	96
东 翼	Eastern Region	17	24	23	21	27
西 翼	Western Region	13	23	18	16	29
山 区	Mountainous Region	13	42	42	41	50

注：1.自2013年起，艺术表演团体分为公有制艺术表演团体(事业)和公有制艺术表演团体(企业)。
2.各区域不包省直单位部分。

Note: a) The coverage of art performance troupes has been adjusted to include public ownership art performance troupes(Institution) and public ownershipart performance troupes(Enterprises) since 2013.
b) By Region does not include agenies directly under provincial jurisdiction.

19-7 各市文化、文物事业机构的人员数（2015年）
Number of Personnel in Culture and Cultural Relics by City (2015)

单位：人 (person)

市 别	City	艺术表演团体 Art Troupes	文化馆 Cultural Centers	公共图书馆 Public Libraries	博物馆(含美术馆) Museums (including art museums)	档案馆 Archives
广 州	Guangzhou	887	221	605	725	140
深 圳	Shenzhen	217	234	1083	470	80
珠 海	Zhuhai	57	65	86	61	39
汕 头	Shantou	200	120	116	59	59
佛 山	Foshan	89	159	328	486	89
#顺 德	Shunde		65		144	
韶 关	Shaoguan	63	180	109	119	98
河 源	Heyuan	127	91	75	80	43
梅 州	Meizhou	115	141	140	120	85
惠 州	Huizhou	118	110	140	149	76
汕 尾	Shanwei	201	61	47	59	23
东 莞	Dongguan		77	181	327	25
中 山	Zhongshan		23	60	122	160
江 门	Jiangmen	70	98	114	107	98
阳 江	Yangjiang	46	58	81	89	69
湛 江	Zhanjiang	320	114	90	105	86
茂 名	Maoming	88	83	147	58	73
肇 庆	Zhaoqing	98	118	122	162	70
清 远	Qingyuan	72	108	97	94	36
潮 州	Chaozhou	111	65	44	58	30
揭 阳	Jieyang	261	117	132	73	25
云 浮	Yunfu		88	64	53	45
省直属单位	Units Directly under Provincial Government	1215	53	298	277	89
按经济区域分	By Region					
珠 三 角	Pearl River Delta	1536	1105	2719	2609	777
东 翼	Eastern Region	773	363	339	249	137
西 翼	Western Region	454	255	318	252	228
山 区	Mountainous Region	377	608	485	466	307

注：1.2012年起，分市数只统计事业单位的文化部门艺术表演团体。
2.各区域不包省直单位部分。

Note: a)Since 2012, number of art troupes by city only covers data of art troupes of institutional organizations.
b)"By Region" does not include agencies directly under provincial jurisdiction.

19-8 图书、杂志、报纸出版数量

Number of Books, Magazines and Newspapers Published

项　目	Item	2000	2010	2012	2013	2014	2015
图书出版	**Books Published**						
种数　(种)	Number of Publications　(kind)	4374	6354	9851	10355	9495	10089
总印数　(万册)	Total Printed Copies(10000 copies)	26978	23134	29622	33022	29867	31287
总印张数(千印张)	Total Printed Sheets　(1000 sheets)	1482942	1597301	2228062	2524984	2326580	2434970
杂志出版	**Magazines Published**						
种数　(种)	Number of Publications　(kind)	337	380	381	381	381	382
总印数　(万册)	Total Printed Copies(10000 copies)	26299	21201	18572	17460	15520	14458
总印张数(千印张)	Total Printed Sheets　(1000 sheets)	919514	1251752	1121048	1080031	917005	844427
报纸出版	**Newspapers Published**						
种数　(种)	Number of Publications　(kind)	101	100	101	101	101	100
总印数　(万份)	Total Printed Copies(10000 copies)	346268	455912	453166	436021	389869	327660
总印张数(千印张)	Total Printed Sheets　(1000 sheets)	17669099	43788152	41319185	38654745	31458182	20081573

注：2000年开始报纸出版统计不包校报、院报。
Note: Since 2000, the number of newspaper published does not include that of college or institute newspaper.

19-9 图书出版情况（2015年）

Statistics on Books Published (2015)

门　类	Category	本版图书种数(种) Number of Publications (kind)	#新出 New Public-ations	总印数(万册) Total Printed Copies (10000 copies)	总印张数(千印张) Total Printed Sheets (1000 sheets)
合　计	**Total**	**10089**	**6092**	**31287**	**2434970**
马克思主义、列宁主义、毛泽东思想	Marxism, Leninism and Mao Zedong Thought	8	3	2	221
哲学	Philosophy	142	113	51	7565
社会科学总论	General Social Sciences	94	66	30	4869
政治、法律	Politics and Law	275	223	79	13886
经济	Economy	745	581	20	3812
军事	Military Affairs	53	45	215	40822
文化、科学、教育、体育	Culture, Science, Education and Sports	5097	2173	28516	2108301
语言、文字	Language, Philology	285	188	134	17283
文学	Literature	1059	938	763	89794
艺术	Arts	720	583	846	50419
历史、地理	History and Geography	559	404	223	35806
自然科学总论	General Natural Sciences	15	14	4	332
数理科学、化学	Mathematics, Physics and Chemistry	48	21	11	1411
天文学、地理科学	Astronomy and Geology	44	43	12	820
生物科学	Biological Science	74	58	62	4883
医药、卫生	Medicine and Health Care	227	152	116	14571
农业科学	Agricultural Science	52	41	28	1906
工业技术	Industrial Technology	386	261	111	16178
交通运输	Transportation	34	22	9	1079
环境科学	Environmental Science	2	2	16	2001
航空、航天	Aeronautics and Aerospace	50	44	1	34
综合性图书	General Books	120	117	40	18980

注：本表图书种数、总印数和总印张不包含非"中国标准书号"部分。
Notes: Total Printed Copies and Total Printed Sheets does not include publications without "China International Standard Book Number".

19-10 杂志出版情况（2015年）

Statistics on Magazines Published (2015)

项目	Item	种数 (种) Number of Publications (kind)	平均期印数 (万册) Average Printed Copies per Issue (10000 copies)	总印数 (万册) Total Printed Copies (10000 copies)	总印张数 (千印张) Total Printed Sheets (1000 sheets)
合　计	**Total**	**382**	**7272383**	**14458**	**844427**
综　合	General	28	268100	397	26193
哲学、社会科学	Philosophy, Social Sciences	96	3578752	7377	430567
自然科学、技术	Natural Sciences, Technology	181	2109906	4263	215922
文化、教育	Culture, Education	46	999734	1756	127844
文学、艺术	Literature, Arts	31	315891	666	43901

19-11 报纸出版情况（2015年）

Statistics on Newspapers Published (2015)

项　目	Item	种数(种) Number of Publications (kind)	平均期印数(万册) Average Printed Copies per Issue (10000 copies)	总印数(万册) Total Printed Copies (10000 copies)	总印张数(千印张) Total Printed Sheets (1000 sheets)
合　计	**Total**	**100**	**1266**	**327660**	**20081573**
按类型分	**By Type**				
综合报	General Newspapers	66	1078	294319	18617713
专业报	Specialized Newspapers	34	188	33341	1463860
按范围分	**By Region**				
省　级	Provincial-level Newspapers	33	588	150900	10154238
市　级	City-level Newspapers	67	678	176760	9927335

注：报纸出版情况统计表中，不含校报、院报数据。

Note: The number of newspaper does not include that of college or institute newspaper.

19－12 广播、电视事业发展情况

Statistics on Radio and Television Stations

项　目	Item	2000	2010	2011	2012	2013	2014	2015
广播电台（座）	Number of Radio Stations	106	22	22	22	22	22	22
中波广播发射台和转播台（座）	Number of Medium Wave Radio Transmission Stations and Relaying Stations	10	21	21	21	27	27	27
电视台（座）	Number of Television Stations	67	24	24	24	24	24	24
1000瓦及以上电视发射台和转播台（座）	Number of Television Transmission and Relaying Stations at 1000 W and above	49	83	83	83	83	83	83
县、市广播电视台(座)	Number of Radio and Television Stations in Counties and Cities	83	79	79	79	79	79	79
有线广播电视用户（万户）	Number of Subscribers to Cable Radio and Television (10000 subscribers)		1701.53	1825.03	1913.01	1980.27	2161.86	2089.00
数字电视用户（万户）	Number of Subscribers to Digital Television (10000 subscribers)		950.45	1116.93	1432.87	1571.11	1971.21	1622.10

注：1000瓦及以上电视发射台和转播台，从2006年起改为100瓦以上(含100瓦)电视发射台和转播台。

Note: Television transmission and relaying stations at 1000 W and above since 2006 have been replaced by television transmission and relaying stations at 100W and above.

19－13 广播电台宣传基本情况（2015年）

Basic Statistics on Radio Stations (2015)

项　目	Item	广播电台（座） Number of Radio Stations (unit)	节目套数（套） Number of Programs (unit)	平均每日播音时间（小时） Average Daily Broadcasting Hours (hour)	#自办节目时间 Self-produced Programs	#新闻节目 News Programs	#专题节目 Special Subject Programs	#文艺节目 Programs of Entertainment
合　计	**Total**	**22**	**206**	**2047**	**1548**	**378**	**350**	**426**
省　级	Provincial Level	1	9	215	211	18	31	25
市　级	City Level	21	126	880	754	140	176	153
县　级	County Level		71	952	583	220	143	248

19−14 电视台宣传基本情况（2015年）
Basic Statistics on Television Stations (2015)

项 目	Item	电视台（座）Television Stations (unit)	节目套数（套）Number of Programs (unit)	平均每日播出音时间(小时) Average Daily Broadcasting Hours (hour)	#自办节目时间 Self-produced Programs	#新闻节目 News Programs	#专题节目 Special Subject Programs	#文艺节目 Entertainment Programs
合 计	**Total**	**24**	**222**	**1995**	**621**	**402**	**280**	**88**
省 级	Provincial Level	2	8	170	83	45	27	4
市 级	City Level	22	64	1012	329	130	157	43
县 级	County Level		150	813	209	227	96	41

19−15 各市广播、电视事业机构数（2015年）
Number of Institutions of Radio and Television by City (2015)

单位：座 (unit)

市 别	City	广播电台 Number of Radio Stations	中波广播发射台和转播台 Number of Medium Wave Radio Transmission Stations and Relaying Stations	电视台 Number of Television Stations	100瓦及以上电视发射台和转播台 Number of Television Transmission and Relaying Stations at 100 W and above	县、市 广播电视台 Number of Radio and Television Stations in Counties and Cities
广 州	Guangzhou	1	2	1	3	7
深 圳	Shenzhen	1	2	2	2	3
珠 海	Zhuhai	1		1	1	2
汕 头	Shantou	1	1	1	6	
佛 山	Foshan	1		1		
韶 关	Shaoguan	1	1	1	8	8
河 源	Heyuan	1		1	2	5
梅 州	Meizhou	1	1	1	8	7
惠 州	Huizhou	1	1	1	6	4
汕 尾	Shanwei	1		1	2	3
东 莞	Dongguan	1		1	1	
中 山	Zhongshan	1		1	1	
江 门	Jiangmen	1		1	6	5
阳 江	Yangjiang	1		1	3	3
湛 江	Zhanjiang	1	1	1	5	5
茂 名	Maoming	1	1	1	4	4
肇 庆	Zhaoqing	1		1	3	6
清 远	Qingyuan	1		1	5	7
潮 州	Chaozhou	1		1	1	2
揭 阳	Jieyang	1		1	5	4
云 浮	Yunfu	1		1	5	4
省直属单位	Units Directly under Provincial Government	1	17	2	6	

19-16 体育事业情况

Statistics on Sports

指　标	Item	2000	2010	2012	2013	2014	2015
体育系统年末职工人数(人)	**Number of Staff and Workers in Sports Departments at the Year-end (person)**	**9635**	**9405**	**10057**	**11795**	**7377**	**10620**
运动员	Athletes	1462	1036	1427	3160	1152	1649
专职教练员	Full-time Coaches	1469	1094	1352	1628	1455	1485
专职文化教师	Full-time Teachers for Literacy Classes	785	918	785	900	751	907
科技人员	Scientific and Technological Personnel	90	113	58	109	84	114
宣传出版人员	Publicity and Publishing Personnel	5					
医务人员	Medical Personnel	196	97	101	80	59	60
管理人员	Administrative Personnel	3131	3328	3610	3793	2499	4401
其他人员	Others	2497	2819	2724	2125	1377	2004
体育比赛成绩	**Achievements in Sports Tournament**						
破世界纪录 (项)	Number of World Records Chalked Up(item)	5	1	1	2	3	1
获世界冠军 (人次)	Number of World Championships Won(unit)	36	27	25	27	17	27
破亚洲纪录 (项)	Number of Asian Records Chalked Up(item)	4	2	2		2	4
破全国纪录 (项次)	Number of National Records Chalked Up (item-time)	6	5	5	5	5	5
获得全国冠军 (项次)	Number of National Championships Won (item-time)	156	132	136	143.5	138	124
体育活动开展情况	**Sports Meets and Activities**						
举办全民健身活动次数(次)	Number of National Body-building Activities Held (time)		9477	8654	4231	4886	5000

注：2009—2012年口径为正式运动员，2013年口径除正式运动员外，还包含集训、实训、职业过渡期运动员。

Note: The number of athletes from 2009 to 2012 refers to formal athletes only.Since 2013, the number of athletes includes trainer athletes and occupation transition athletes besides formal athletes.

主要统计指标解释

文化事业机构 指从事专业文化工作和为专业文化工作服务的独立建制的单独核算的单位。不包括这些单位另外举办独立核算的其他机构和各部门的业余文化组织。

艺术表演团体 指由文化部门主办或者实行行业管理（经文化行政部门审批并领取营业性演出许可证），专门从事表演艺术等活动的各类专业艺术表演团体，含民间职业剧团（不包括群众业余文艺表演团体）。

电影放映单位 指具有放映机器设备、固定或不固定的放映场所与专职或兼职的放映技术人员，经有关部门登记批准，经常为一定的观众对象放映电影的机构。包括经批准对外开放进行营业，并与电影发行放映管理机构分帐的专用放映单位和军委系统租片单位。

艺术表演观众人数(人次) 指售票、包场等有演出收入的场次和政府采纳的公益性演出场次及参加汇演、 等无演出收入的公开演出场次，不包括彩排审查和内部观摩演出的观看人次数。

Explanatory Notes on Main Statistical Indicators

Cultural Institutions refer to units which have their own organizational system and independent accounting system and specialize in or serve cultural development. They exclude other establishments with independent accounting system run by these cultural institutions and amateur cultural groups established by various departments.

Arts Performance Troupes refer to the various professional performing arts groups, which sponsored by the cultural sectors or guided by the cultural society (approved by the cultural administration authority, or registered and permitted with the relative certificate), including non-governmental troupes. The mass amateur arts performance troupes are not included.

Film Projection Units refer to units with film projection equipment, full or part-time projectionists, permanent or non-permanent cinemas, approved by and registered with related administrative departments to show films regularly for certain groups of audience, including film projection units which have been approved to give commercial shows and share profits with administrative agencies of film circulation and projection, as well as film renting units of the military system.

Number of Spectators at Art Performance (person-time) refers to the number of attendants at commercial shows, completely booked shows or free shows given in minority national areas, excluding the number of spectators at rehearsals for examination and internal shows for study.

二十、卫生、社会福利、社会保障和其他

PUBLIC HEALTH, SOCIAL WELFARE, SOCIAL INSURANCE AND OTHERS

二十　卫生、社会福利、社会保障和其他

简要说明

一、本篇资料主要反映广东卫生、社会福利、社会保险、安全生产及其他事业的发展情况。

二、本篇资料由广东省统计局社会科技统计处负责整理、编辑。

三、卫生部分主要包括卫生事业机构、床位及人员数等，资料由广东省卫计委提供。

四、社会福利部分主要包括各种社会福利事业情况、城乡基层社会保障情况、婚姻登记状况等，资料由广东省民政厅提供。

五、社会保险部分主要包括城乡基本养老保险、失业保险、城乡基本医疗保险等基金征缴收入和参保人数，资料由广东省人力资源和社会保障厅提供。

六、亿元生产总值安全生产事故死亡率数据由广东省安全生产监督管理局提供。

七、其他部分主要包括司法工作开展情况和交通、火灾事故发生情况等，资料由广东省司法厅 、广东省公安厅提供。

20 Public Health,Social Welfare,Social Insurance and Others

Brief Introduction

Ⅰ. The data in this chapter mainly show the development of Guangdong’s public health，social welfare，social security, safe production and other undertakings.

Ⅱ. The data are prepared by the Division of Social，Scientific and Technological Statistics of Statistics Bureau of Guangdong Province.

Ⅲ. The data on public health mainly include the number of health institutions， hospital beds and personnel，etc. The data are provided by Health Department of Guangdong Province.

Ⅳ. The data on social welfare mainly include the social welfare services，grassroots social security in urban and rural areas and marriage registration status，etc. The data are provided by Guangdong Provincial Department of Civil Affairs.

Ⅴ.The data on social security mainly include the statistics on basic pension insurance for urban and rural residents, the unemployment insurance, the amount collected and percentage of collection and the number of persons participating in urban and rural basic medical care insurance.The data is provided by Guangdong Provincial Department of Human Resources and Social Security.

VI. The rate of death from work safety accidents per 100 million yuan of GDP is provided by Guangdong Provincial Bureau of Work Safety.

Ⅶ. Other data mainly include judicial conditions and basic statistics on traffic and fire accidents，etc. The data are provided by Guangdong Provincial Department of Justice and Guangdong Provincial Department of Public Security.

20-1 卫生、社会福利和其他主要指标

Main Indicators of Sports, Public Health, Social Welfare, Environmental Protection and Others

指标	Item	2000	2010	2013	2014	2015
卫生事业机构数 (个)	Number of Health Institutions (unit)	8984	16541	19088	19925	21189
#医院、卫生院	Hospitals	2426	2444	2447	2482	2539
卫生事业机构床位数 (万张)	Number of Beds in Health Institutions(10000 units)	16.81	30.01	37.84	40.57	43.57
#医院、卫生院床位	Hospital Beds	15.72	27.71	34.65	37.26	40.07
卫生技术人员数 (万人)	Number of Medical Technical Personnel (10000 persons)	26.49	44.65	54.56	57.57	61.16
#医生	Doctors	11.12	16.85	20.37	21.07	22.27
平均每千人口有卫生机构床位数 (张)	Number of Beds in health Institutions per 1000 Population (bed)	1.94	2.87	3.55	3.78	4.02
平均每千人口有卫生技术人员数 (人)	Number of Medical Technical Personnel per 1000 Population (person)	3.07	4.36	5.22	5.45	5.71
#医生	Doctors	1.29	1.68	1.98	2.03	2.11
优抚收养性单位收养人数(人次)	Number of Persons Adopted by Special Care Units (person)	1785	3179	3647	3734	3389
社会救济总人数 (万人)	Number of Persons Receiving Relief Funds (10000 persons)	154.70	288.00	249.00	231.20	227.20
登记结婚件数 (对)	Registered Marriages (couple)	562118	857146	874723	891457	840411
离婚总数 (对)	Registered Divorces (couple)	47521	127048	176976	177945	193360
执业律师人数 (人)	Number of Full-time Lawyers (person)	7292	20228	25093	27208	29633
公证人员数 (人)	Number of Notarial Personnel (person)	1380	1694	2116	2198	2190
人民调解委员会调解人员数(人)	Number of Mediators of People's Mediation Committees (person)	250117	190775	183188	176764	33592
亿元生产总值生产安全事故死亡率	Rate of Death from Work Safety Accidents per 100 Million Yuan of Gross Regional Product	1.08	0.15	0.1	0.09	0.09
交通事故发生数 (起)	Number of Traffic Accidents (unit)	66072	30480	25416	26875	24672
交通事故损失折款 (万元)	Losses from Traffic Accidents Converted into Cash (10000 yuan)	27526	8051	8011	7389	6784
火灾事故发生数 (起)	Number of Fire Accidents (unit)	8622	6065	21100	22113	17992
火灾事故损失折款 (万元)	Losses from Fire Accidents Converted into Cash (10000 yuan)	10065	17500	37800	41313	37857

注：机构、人员数不含乡村医疗点；2010年起每千人口医师、护士、卫生技术人员含乡村医疗点医生、护士数，分母为常住人口。

Note:Data of village clinics was not included in the total number of health institutons and their personnel.Since 2010, Number of Medical Technical Personnel per 1000 Population includes the number of doctors and nurses of village clinics. Total population used in this table are resident population.

20–2 卫生事业机构、床位及人员数

Number of Health Institutions, Beds and Personnel

年份 Year	机构 (个) Health Institutions (unit)	#医院及 卫生院 Hospitals	床位 (张) Beds (bed)	#医院及 卫生院床位 Hospital Beds	卫生工作人员 (人) Medical Personnel (person)	#卫生技术人员 Medical Technical Personnel
1978	6949	1968	90645	84120	159583	126606
1979	7304	1974	91955	85144	171703	136568
1980	7649	1988	92506	84999	181480	144537
1981	8045	2002	94794	87010	191370	151971
1982	8331	2014	97441	88688	202162	160710
1983	8443	2037	100042	90851	208506	166543
1984	8525	2042	103231	93770	213193	170495
1985	8479	1853	107702	98231	220593	175337
1986	8713	1860	110022	99632	225526	180045
1987	8705	1880	114773	104932	230444	184126
1988	8820	1906	119328	109280	234807	187307
1989	8948	1886	122055	111816	240581	192147
1990	8989	1885	124015	114056	244039	194771
1991	9032	1906	129774	119079	249717	199051
1992	8989	1943	135527	124835	257043	205110
1993	8572	1968	139812	129317	267432	211874
1994	8720	2231	144865	134334	277398	220153
1995	8848	2267	148825	137756	288715	229894
1996	8921	2319	151553	141221	196108	237623
1997	8942	2348	155313	144496	305562	245862
1998	8805	2373	158351	147604	313737	252213
1999	8699	2415	162398	151367	320432	258591
2000	8984	2426	168143	157164	327065	264990
2001	8638	2444	172735	162197	330418	268347
2002	15500	2415	180791	165498	323294	262633
2003	15409	2410	188543	172981	336175	273620
2004	15744	2391	200056	183107	348203	283351
2005	16318	2428	209741	192551	364520	297334
2006	16953	2433	221886	204071	408972	332829
2007	16490	2435	234179	216951	452080	360674
2008	15821	2428	250497	231583	479462	383876
2009	16238	2442	271972	250364	513997	413444
2010	16541	2444	300083	277126	550269	446456
2011	16962	2411	325038	298070	582244	476446
2012	17470	2437	355274	324744	620173	510288
2013	19088	2447	378367	346478	667072	545562
2014	19925	2482	405707	372637	697202	575725
2015	21189	2539	435666	400745	736665	611647

注：从2002年开始，机构数中包含个体诊所机构数；人员、总计中不含乡村医疗点。

Note: Since 2002, the number of institutions has included the number of individual clinics, but has excluded the number of rural medical stations;the number of personnel has excluded the number of certified (assistant) doctors in rural medical stations.

20-3 卫生事业机构、床位和人员数（2015年）
Number of Health Institutions, Beds and Personnel (2015)

机构类别	Type of Institution	机构（个） Number of Institutions (unit)	床位数（张） Beds (bed)	人员数（人） Personnel (person)	#卫生技术人员 Medical Technical Personnel	#执业(助理)医师 Certified (Assistant) Doctors
合　计	**Total**	**21189**	**435666**	**736665**	**611647**	**222663**
医　院	Hospitals	1323	345258	462389	381778	123983
卫生院	Health Centers	1216	55487	85007	71957	30091
疗养院	Sanatoriums	16	1585	1383	781	295
社区卫生服务中心	Community Health Service Centers	1078	8114	43899	37882	16272
社区卫生服务站	Community Health Service Stations	1476	27	5414	4963	2227
门诊部、诊所、卫生所等	Outpatient Departments and Clinics	14068	164	58698	53800	29536
#诊所	Outpatient Departments	8840		23684	22821	14008
卫生所(医务室)	Clinics (Medical Stations)	2892		8285	8072	4477
急救中心(站)	Emergency Centers (Stations)	19	2	488	258	61
采供血机构	Blood Taking and Supply Agencies	41		2399	1735	247
妇幼保健院(所、站)	Maternity and Child Care Centers	130	19993	38973	32821	10284
专科疾病防治院(所、站)	Specialized Prevention and Treatment Stations	131	5036	8289	6418	2628
疾病预防控制中心(防疫站)	Disease Prevention and Control Centers (Antiepidemic Stations)	137		10852	8045	4135
卫生监督所	Sanitation Supervision Stations	195		4802	3569	
卫生监督检验(监测、检测)所(站)	Sanitation Supervision Quarantine Stations	1		3		
医学科学研究机构	Research Institutions of Medical Science	17		97	43	19
医学在职培训机构	On-the-job Medical Training Institutions	15		887	290	112
健康教育所(站、中心)	Health Education Stations (Centers)	30		289	143	72
其他卫生机构	Other Health Agencies	1296		12796	7164	2701
乡村医疗点	**Rural Medical Stations**	**27178**		**34369**	**8357**	**6726**

注：2008年起，门诊部、诊所、卫生所等含护理站；总数中不含乡村医疗点数。
Note: Since 2008, the number of outpatient departments and clinics include that of nurse stations.

20-4 各市卫生事业机构、床位和人员数（2015年）
Number of Health Institutions, Beds and Personnel by City (2015)

市 别	City	机构（个）Number of Institutions (unit)	#医院 Hospitals	床位数（张）Beds (bed)	#医院床位 Hospital Beds	卫生工作人员（人）Medical Personnel (person)	#卫生技术人员 Medical Technical Personnel	执业(助理)医师（人）Certified Doctors (person)
全省总计	**Provincial Total**	**21189**	**1323**	**435666**	**345258**	**736665**	**611647**	**222663**
广 州	Guangzhou	2673	229	82022	73313	152317	126162	42110
深 圳	Shenzhen	3606	127	34009	31617	93506	75417	29225
珠 海	Zhuhai	541	42	8558	7526	17152	14621	5336
汕 头	Shantou	711	39	15512	13159	24361	20399	8430
佛 山	Foshan	1314	102	33133	30560	51815	43424	15266
#顺 德	Shunde	451	33	10080	9630	15996	13298	4676
韶 关	Shaoguan	625	58	16048	11980	21642	17919	6585
河 源	Heyuan	482	33	12090	5872	16377	13772	4895
梅 州	Meizhou	923	36	15547	10155	24748	20839	8653
惠 州	Huizhou	1199	69	21879	15198	32780	27407	9918
汕 尾	Shanwei	358	27	7928	5291	12227	9762	4354
东 莞	Dongguan	2006	98	27457	26715	54403	44791	15667
中 山	Zhongshan	623	47	13259	13161	23615	19840	6633
江 门	Jiangmen	737	42	19838	14434	30008	25345	8612
阳 江	Yangjiang	482	41	10914	8190	15784	13179	4322
湛 江	Zhanjiang	1236	93	31037	21706	39993	33034	11478
茂 名	Maoming	516	60	26723	16579	30693	26358	11186
肇 庆	Zhaoqing	867	52	15088	11171	26154	20918	6271
清 远	Qingyuan	803	49	15066	9843	21759	18719	6872
潮 州	Chaozhou	754	23	6270	4058	10935	8785	3831
揭 阳	Jieyang	370	38	15515	9971	23015	19688	9036
云 浮	Yunfu	363	18	7773	4759	13381	11268	3983
按经济区域分	By Region							
珠 三 角	Pearl River Delta	13566	808	255243	223695	481750	397925	139038
东 翼	Eastern Region	2193	127	45225	32479	70538	58634	25651
西 翼	Western Region	2234	194	68674	46475	86470	72571	26986
山 区	Mountainous Region	3196	194	66524	42609	97907	82517	30988

20-5 各类卫生事业机构、床位和人员数

Number of Health Institutions, Beds and Personnel by Type

指 标	Item	2000	2005	2010	2012	2013	2014	2015
机构数 （个）	**Number of Institutions (unit)**	**8984**	**16318**	**16541**	**17470**	**19088**	**19925**	**21189**
医院	Hospitals	746	965	1088	1185	1222	1260	1323
卫生院	Health Centers	1680	1463	1356	1252	1225	1222	1216
门诊部、诊所、卫生所 （所）	Clinics, Health Stations and Community Health	5710	12675	11056	11903	11989	12766	14068
专科防治机构	Specialized Prevention and Treatment Stations	158	157	147	147	141	136	131
疾病预防控制机构	Sanitation and Anti-epidemic Institutions	171	134	134	138	137	137	137
妇幼保健机构	Maternity and Child Care Centers	31	125	126	127	128	130	130
医学科学研究机构	Research Institutions of Medical Science	20	20	18	18	17	17	17
其他卫生机构	Other Health Care Institutions	468	779	2616	2700	4229	4257	4167
床位数 （张）	**Number of Beds (unit)**	**168143**	**209741**	**300083**	**355274**	**378367**	**405707**	**435666**
人员数 （人）	**Number of Personnel (person)**	**327065**	**364520**	**550269**	**620173**	**667072**	**697202**	**736665**
卫生技术人员	Medical Technical Personnel	264990	297334	446456	510288	545562	575725	611647
#医生	Doctors	111172	118023	168486	192107	203673	210658	222663
注册护士	Nurses	83198	98791	165589	197256	215326	231657	252799
其他技术人员	Other Technical Personnel	8910	16596	20325	21220	23249	23447	24021
管理人员	Administrative Personnel	24320	21600	29541	27619	30250	29156	30638
工勤人员	Logistics Personnel	28845	28990	53947	61046	68011	68874	70359

注：从2002年开始，机构数中包含个体诊所机构数；门诊部(所)含门诊部、诊所、卫生所、医务室、护理站等；妇幼保健院归入妇幼保健机构统计；医生指执业(助理)医师。2008年起，门诊部(所)含护理站，不含社区卫生服务站(纳入其他卫生机构)。

Note: Since 2002, the number of institutions has included the number of individual clinics, covered in the category of outpatient departments (clinics); maternity and child care centers have been included in the number of maternity and child care institutions; doctors have referred to certified (assistant) doctors; and Since 2008, clinics include nurse stations, but excludce community health stations, which is listed as Other Healthcare Institutions.

20-6 各市社会保险基金征缴收入(2015年)

Amount Collected of Security Insurance (2015)

单位：万元 (10000 yuan)

市别	City	城乡基本养老保险基金征缴收入 Amount Collected of Basic Retirement Security Program	失业保险基金征缴收入 Amount Collected of Unemployment Insurance	城乡基本医疗保险基金征缴收入 Amount Collected of Basic Health Care Program	工伤保险基金征缴收入 Amount Collected of Industrial Accident Insurance	生育保险基金征缴收入 Amount Collected of Child-bearing Insurance
合计	**Total**	**23345304**	**1460799**	**12179086**	**611261**	**690247**
广州	Guangzhou	3966277	326496	3254068	97948	211148
深圳	Shenzhen	6162967	576275	2066269	128363	267940
珠海	Zhuhai	863906	43105	325247	17838	21993
汕头	Shantou	392123	30921	349491	7560	15055
佛山	Foshan	1896718	63726	998309	64038	86707
韶关	Shaoguan	253213	16337	268847	8960	4382
河源	Heyuan	176249	9605	223769	4476	6873
梅州	Meizhou	254759	12719	319002	5814	4475
惠州	Huizhou	816449	25426	490263	29231	25
汕尾	Shanwei	117220	5668	164064	2653	1603
东莞	Dongguan	2881681	180387	626356	126442	6166
中山	Zhongshan	1097055	43257	315107	42953	2932
江门	Jiangmen	633439	32928	452054	12168	13012
阳江	Yangjiang	151797	2618	178281	2722	3912
湛江	Zhanjiang	360431	20120	466556	7583	8727
茂名	Maoming	324946	18544	421763	10123	7729
肇庆	Zhaoqing	313706	17434	301034	8761	9447
清远	Qingyuan	271347	15241	293857	6592	8862
潮州	Chaozhou	170527	7837	150192	4483	3331
揭阳	Jieyang	256990	5479	335192	2403	701
云浮	Yunfu	142630	6675	179370	3639	5196
省直	Directly under Provincial Government	1840871			16510	29
按经济区域分	By Region					
珠三角	Pearl River Delta	18632198	1309034	8828707	527742	619370
东翼	Eastern Region	936860	49905	998939	17099	20690
西翼	Western Region	837174	41282	1066600	20428	20368
山区	Mountainous Region	1098198	60577	1284845	29481	29788

注：各区域不包省直单位部分。
Note: "By Region" does not include agencies directly under provincial jurisdiction.

20-7　各市社会保险参保人数（2015年）

Number of Persons Participating in Social Insurance by City (2015)

单位：万人　　(10000 persons)

市　别	City	城乡基本养老保险参保人数 Number of Persons Participating in Basic Retirement Security Program	失业保险参保人数 Number of Persons Participating in Unemployment Insurance	城乡基本医疗保险参保人数 Number of Persons Participating in Basic Health Care Program	工伤保险参保人数 Number of Persons Participating in Industrial Accident Insurance	生育保险参保人数 Number of Persons Participating in Child-bearing Insurance
合　计	**Total**	**7586.24**	**2930.13**	**10136.02**	**3122.72**	**3081.80**
广　州	Guangzhou	1137.51	474.07	1052.62	431.40	436.82
深　圳	Shenzhen	954.34	974.69	1213.16	1032.49	1032.90
珠　海	Zhuhai	121.37	89.59	158.26	90.87	90.28
汕　头	Shantou	350.76	75.04	512.46	72.54	72.73
佛　山	Foshan	495.65	222.32	484.75	225.69	224.06
韶　关	Shaoguan	158.92	29.15	283.40	38.35	23.82
河　源	Heyuan	199.72	28.56	335.92	28.72	22.21
梅　州	Meizhou	265.22	25.61	485.01	28.75	28.57
惠　州	Huizhou	321.15	127.39	427.98	147.86	161.83
汕　尾	Shanwei	190.94	20.01	302.27	20.01	19.01
东　莞	Dongguan	679.07	412.14	601.92	464.46	510.82
中　山	Zhongshan	238.63	141.81	254.62	143.49	143.86
江　门	Jiangmen	347.22	74.72	386.99	77.89	76.57
阳　江	Yangjiang	172.61	21.12	262.96	23.60	19.75
湛　江	Zhanjiang	362.91	38.40	728.96	40.98	43.12
茂　名	Maoming	316.87	25.79	685.37	35.81	28.05
肇　庆	Zhaoqing	225.84	43.05	413.16	45.03	41.42
清　远	Qingyuan	254.77	35.42	409.09	42.28	36.59
潮　州	Chaozhou	149.43	31.78	261.41	31.50	30.36
揭　阳	Jieyang	311.80	21.96	597.71	21.10	21.44
云　浮	Yunfu	159.79	17.52	278.03	18.26	17.58
省　直	Directly under Provincial Government	171.74			61.64	
按经济区域分	By Region					
珠三角	Pearl River Delta	4520.77	2559.78	4993.44	2659.18	2718.57
东　翼	Eastern Region	1002.93	148.78	1673.85	145.15	143.54
西　翼	Western Region	852.38	85.31	1677.28	100.39	90.92
山　区	Mountainous Region	1038.42	136.26	1791.45	156.36	128.77

注：1)各区域不包省直单位部分。

2)2012年8月起，新型社会农村养老保险和城镇居民社会养老保险制度全覆盖工作全面启动，合并为城乡居民社会养老保险。

Note: a) "By Region" does not include agencies directly under provincial jurisdiction.

b) Since August 2012,system of new old-age insurance and urban basice pension insurance have started completely, and called basic pension insurance for urban and rural residents as total.

20-8 优抚、社会救济和福利事业情况
Statistics on Preferential Treatment and Resettlement, Social Relief and Welfare

项 目	Item	2000	2010	2012	2013	2014	2015
优抚事业	**Preferential Treatment and Resettlement**						
优抚收养性事业单位数（个）	Number of Institutions for Preferential Treatment and Resettlement (unit)	63	81	81	79	71	57
编制登记	Registered with State Office for Public Sector Reform		57	57	50	48	46
工商登记	Registered with Industry and Commerce Administration						
民政登记	Registered with Civil Affairs Administration		21	19	6	5	
未登记	Unregistered		3	5	23	18	11
优抚收养性单位收养人数（人次）	Number of Persons Adopted byPreferential Treatment and Resettlement Institutions (person-time)	1785	3179	3836	3647	3734	3389
编制登记	Registered with State Office for Public Sector Reform		2896	3552	3271	3392	3296
工商登记	Registered with Industry and Commerce Administration						
民政登记	Registered with Civil Affairs Administration		177	167	22	10	
未登记	Unregistered		106	117	354	332	93
优抚事业费用（万元）	Expenses onPreferential Treatment and Resettlement (10000 yuan)	57759	181099	261777	314419	340071	378681
民政部门支出	Expenses by Civil Administration Departments	31503	181099	261777	314419	340071	378681
社会救济	**Social Relief**						
社会救济总人数（万人）	Total Number under Social Relief (10000 persons)	154.70	288.00	293.32	249.04	231.15	227.25
#农村传统救济对象人数	Number of People Receiving Traditional Social Relief in Rural Areas	87.10	31.40	31.21	17.51	9.47	12.95
城乡居民最低生活保障人数（万人）	Number of Urban and Rural Residents Receiving Minimum Income Relief (10000 persons)	38.00	224.70	215.00	197.21	190.36	183.30
城镇	Urban Areas	14.90	40.70	37.16	33.99	31.60	29.69
农村	Rural Areas	23.10	184.00	177.84	163.22	158.76	153.60
城乡居民最低生活保障家庭户数（万户）	Number of Urban and Rural Households Receiving Minimum Income Relief (10000 households)	15.00	91.80	94.99	88.29	87.43	86.39
城镇	Urban Areas	5.50	17.30	16.51	16.14	15.68	15.19
农村	Rural Areas	9.50	74.50	78.48	72.15	71.75	71.20
城乡居民最低生活保障金支出（万元）	Expenditures on Minimum Income Relief for Urban and Rural Residents (10000 yuan)	19334	244490	399793	470565	532682	553022
城镇	Urban Areas	11460	79665	105925	130450	154579	159530
农村	Rural Areas	7874	164825	293868	340114	378103	393493

20−8 续表 continued

项　目	Item	2000	2010	2012	2013	2014	2015
社会福利 (亿元)	Expenses on Social Welfare (100 million yuan)			2.76	3.08	3.49	4.09
社会救助(不含优抚对象医疗补助) (亿元)	Expenses on Social Relief(Medical Aid for Special-care Recipient not included (100 million yuan)			5.97	7.21	8.61	9.48
自然灾害救济费 (万元)	Relief Funds for Natural Calamities (10000 yuan)	8456	45995	30013	68784	51646	51051
社会福利	**Social Welfare**						
提供住宿的社会服务机构 (个)	Number of Social Welfare Institutions with Accomodations (unit)	2086	2514	2488	1913	1637	1588
编制登记	Registered with State Office for Scopsr		256	291	429	1045	1282
工商登记	Registered with Industry and Commerce Administration		27	30	30	30	48
民政登记	Registered with Civil Affairs Administration		1791	1786	566	262	220
未登记	Unregistered		440	381	888	300	38
提供住宿的社会服务机构年末在院人数 (人)	Number of People Taken in by Social Welfare Institutions with Accomodations at the year-end (person)		92224	91606	89894	91941	92043
编制登记	Registered with State Office for Scopsr		26402	28336	32786	55991	61360
工商登记	Registered with Industry and Commerce Administration		3188	3566	3780	4058	8481
民政登记	Registered with Civil Affairs Administration		51516	52221	35088	24649	20525
未登记	Unregistered		11118	7483	18240	7243	1677
社会福利企业单位 (个)	Number of Social Welfare Enterprises (unit)	517	172	157	154	147	134
安排"四残"人员就业数 (人)	Number of "Four Kinds of Disabled Persons" Arranged for Employment (person)	8165	4818	5618	5987	5689	5310
编制登记	Registered with State Office for Scopsr		75	148	139	129	125
工商登记	Registered with Industry and Commerce Administration		4743	5470	5848	5560	5185
城乡基层社会保障	**Urban and Rural Social Security**						
城镇社区服务设施数(个)	Number of Urban Community Service Facilities (unit)	4983	15960	34284	45233	55374	57108
社区服务指导中心	Community Service Guidance Centers				31	35	29
社区服务中心	Community Service Centers		1366	1707	2492	2741	2893
社区服务站	Community Service Stations		1632	8194	12381	12992	13284
社区养老机构和设施	Communtiry Nursing Facilities and Insitution					363	621
社区互助型养老设施	Communtiry Mutual Aid Nursing Facilities						
其他社区服务设施	Other Communtiry Service Facilities		12962	24383	30329	39243	40281

注：1.2013年起，社会福利收养性事业单位数和社会福利收养性事业单位收养人数指标分别修改为提供住宿的社会服务机构数和提供住宿的社会服务机构年末在院人数。

2.未登记注册机构包含一个机构多块牌子的机构。

Note: a)Since 2013, the indicator of number of social welfare institutions and number of people taken in by social welfare institutions are amended as the indicator of social welfare institutions with accomodations and number of people taken in by social welfare institutions with accomodations at year-end respectively.

b) Unregistered Institutions include one organization with a few brands.

20–9　婚姻登记情况
Statistics on Marriage Registration

项　　目	Item	2000	2010	2013	2014	2015
登记结婚件数　（对）	**Marriage Registration number (couple)**	**562118**	**857146**	**874723**	**891457**	**840411**
登记结婚人数　（人）	**Nmber of Persons Registered (person)**	**1124236**	**1714292**	**1749446**	**1782914**	**1680822**
按居住地分类	By Place of Residence					
内地居民登记结婚件数(对)	Mainland Residents Marriage Registration Number (couple)	550388	850448	866498	883056	832694
内地居民登记结婚人数(人)	Number of mainland residents registered(person)	1100776	1700896	1732996	1764438	1665442
涉外及华侨、港澳台居民登记结婚件数　(对)	Marriage Registration Number with Foreigners, Overseas Chinese and Citizens of HongKong, Macao and Taiwan (couple)	11730	6698	8225	8401	7717
内地居民　(人)	Mainland Residents (person)	11608	6676	8163	8329	7676
#女性　(人)	Female (person)	9676	5241	5925	5977	5324
香港居民　(人)	Hongkong Residents (person)	5247	1552	2491	2630	2436
澳门居民　(人)	Macao Residents (person)		765	943	948	827
台湾居民　(人)	Taiwan Residents (person)	1409	770	947	887	840
华侨　(人)	Overseas Chinese (person)	1848	1069	1781	1825	1526
外国人　(人)	Foreigners (person)	3348	2564	2125	2183	2129
按婚前状况分类	By pre marital status					
初婚人数　(人)	Number of First Marriages (person)		1583025	1594855	1620113	1501835
再婚人数　(人)	Number of Remarriages (person)		131267	154591	162801	178987
#女性　(人)	Female (person)		57536	70431	76146	85208
恢复结婚件数　(对)	Resumption of Marriages (couple)		12764	16918	19607	27356
按年龄分类	By age					
#20～24　(人)	20～24 (person)		549611	558642	550911	490868
25～29　(人)	25～29 (person)		703191	716686	758750	718631
30～34　(人)	30～34 (person)		237064	244865	241158	230655
35～39　(人)	35～39 (person)		105735	88738	91820	90905
40以上　(人)	above 40 (person)		118691	140515	140275	149763
离婚总数　(对)	**Total Number of Divorce (couple)**	**47521**	**127048**	**176976**	**177945**	**193360**
民政离婚登记　(对)	Registered Divorce (couple)	19786	100759	150631	151645	167544
内地居民登记离婚　(对)	Nmber of Mainland Residents Registered Divorces (couple)	19537	99536	149257	150151	166142
涉外及华侨、港澳台居民登记离婚　(对)	Divorce from Foreigners,Overseas Chinese and Citizens of Hong Kong, Macao and Taiwan (couple)	249	1223	1374	1494	1402
#外国人　(人)	Foreigners (person)		397	292	264	290
法院调解离婚　(对)	Divorces through Law Court Mediation (couple)	15973	17644	17331	16183	15268
法院判决离婚　(对)	Divorces through Law Court Judgment (couple)	11762	8645	9014	10117	10548

20-10 律师、公证、基层司法基本情况

Basic Statistics on Lawyers, Notarization, Grassroots Judicial Work

项目	Item	2000	2012	2013	2014	2015
律师工作	**Lawyers**					
律师事务所 (个)	Number of Law Offices (unit)	822	1950	2065	2346	2550
执业律师 (人)	Number of Full-time Lawyers (person)	7292	23209	25093	27208	29633
担任常年法律顾问 (家)	Number of Units as Permanent Legal Advisors (unit)	15759	39342	40672	48868	59664
民事代理 (件)	Agent of Civil Cases (case)	29769	146482	156992	185879	225385
非诉讼法律事务 (件)	Agent of Non-litigious Legal Affairs (case)	50795	120913	187310	126852	174951
刑事辩护 (件)	Defender of Criminal Cases (case)	13364	22256	21657	28467	30739
解答法律询问 (件)	Agent of Legal Advisory Services (case)	101104	344893	346325	362947	385600
公证工作	**Notarization**					
公证处 (个)	Number of Notary Offices (unit)	146	143	143	145	146
公证人员 (人)	Number of Notarial Personnel (person)	1380	1995	2116	2198	2190
办结公证总数 (件)	Number of Notarized Documents (case)	1189475	1362427	1411234	1343775	1525912
国内公证	Domestic Notary		896256	943587	865093	1044876
涉外及港澳台民事经济公证	Foreign-related and Hong Kong, Macao and Taiwan Related Civil Economic Notarization	489049	466171	467647	478676	481036
基层司法工作	**Grassroots Judicial Work**					
法律服务所 (个)	Number of Law Service Offices (unit)	1916	1132	1244	1191	1078
法律服务所人员 (人)	Number of Personnel Working in Law Service Offices (person)	5992	2420	2256	2353	2086
担任法律顾问 (家)	Number of Units with Legal Advisors	28723	8579	10291	8362	6474
民事诉讼代理 (件)	Agent of Civil Cases (case)	16668	4014	4895	5385	5078
非诉讼代理 (件)	Agent of Non-litigious Legal Affairs (case)	66132	10150	15209	13681	8122
避免、挽回经济损失 (万元)	Avoiding and Retrieving Economic Losses (10000 yuan)	139935	26122	47011	46963	39372
人民调解委员会 (个)	Number of People's Mediation Committees (unit)	29548	33058	33436	33541	33592
调解人员 (人)	Number of Mediators (person)	250117	183963	183188	176764	181205
调解纠纷总数 (件)	Number of Disputes Mediated (case)	136598	341963	350477	331104	326174

注：司法部2012年对公证统计表格进行了修改，不再区分国内民事公证和国内经济公证，统称为国内公证。

Note: Because the Justice Department modified the form of notarization tables in 2012,the items of "domestic civil case notarization" and "domestic economic notary" are both referred to as "the domestic notary".

20-11 交通事故发生情况（2015年）

Statistics on Traffic Accidents (2015)

项 目	Item	合计 Total	按道路横断面位置分 By Cross-section Location of Roads				按事故发生道路类型分 By Type of Roads Where Accidents Occurs			
			机动车道 Roads for Motored Vehicles	非机动车道 Roads for Non-motored Vehicles	混合道 Mixed Roads	其他道 Others	高速公路 Express Highways	等级公路 Classified Highways	城市道路 Urban Roads	其他路 Others
发生 (起)	Number of Traffic Accidents (case)	24672	18487	623	4839	756	853	9731	10102	4017
死亡 (人)	Number of Deaths (person)	5549	4327	101	941	192	521	2436	1810	794
受伤 (人)	Number of Injuries (person)	27765	20666	726	5688	758	1163	11315	10806	4553
损失折款 (万元)	Losses Converted into Cash (10000 yuan)	6784	5694	94	802	204	1690	1945	2394	764
平均每起事故损失 (元)	Average Loss per Traffic Accident (yuan)	2750	3080	1514	1658	2704	19810	1998	2370	1901

注：1．等级公路分为一至四级公路和等外公路；
2．城市道路包括城市快速路和一般城市道路；
3．其他路包括单位小区自建路、公共停车场、公共广场、乡道、村道、田间地头、农垦区等区域。

Notes: a) Classified highways refer to highways of Class I to IV and Unclassified Highway.
b) Urban roads include express roads and normal roads in urban areas.
c) Other roads include roads within residential neighborhoods, public parking lots, squares, country roads, village roads, farm roads and reclaimed areas.

20-12 火灾事故发生情况（2015年）

Statistics on Fire Accidents (2015)

项 目	Item	合计 Total	特大 Extraordinarily Serious Accidents	重大 Serious Accidents	较大 Relatively Serious Accidents	一般 Ordinary Accidents
发生 (起)	Number of Traffic Accidents (case)	17992			9	17983
死亡 (人)	Number of Deaths (person)	141			34	107
受伤 (人)	Number of Injuries (person)	100				100
损失折款 (万元)	Losses Converted into Cash(10000 yuan)	37857			297	37560
平均每起事故损失(元)	Average Loss per Traffic Accident(yuan)	21041			330000	20886

20-13 各市亿元生产总值生产安全事故死亡率

Rate of Death from Work Safety Accidents per 100 Million Yuan of Gross Domestic Product by City

单位：% (%)

市 别	City	2000	2005	2008	2009	2010	2011	2012	2013	2014	2015
全 省	**Provincial Rate**	**1.08**	**0.51**	**0.23**	**0.19**	**0.15**	**0.13**	**0.11**	**0.10**	**0.09**	**0.09**
广 州	Guangzhou	0.77	0.37	0.16	0.13	0.10	0.08	0.07	0.06	0.06	0.05
深 圳	Shenzhen	0.32	0.23	0.11	0.09	0.07	0.05	0.04	0.04	0.03	0.03
珠 海	Zhuhai	0.56	0.33	0.13	0.13	0.11	0.09	0.09	0.08	0.07	0.06
汕 头	Shantou		0.53	0.24	0.22	0.18	0.15	0.15	0.13	0.11	0.11
佛 山	Foshan	1.15	0.42	0.19	0.15	0.13	0.11	0.10	0.07	0.06	0.06
#顺 德	Shunde						0.09	0.08	0.07	0.07	0.07
韶 关	Shaoguan		1.18	0.52	0.43	0.36	0.28	0.26	0.22	0.20	0.17
河 源	Heyuan		0.90	0.28	0.30	0.26	0.22	0.20	0.18	0.17	0.14
梅 州	Meizhou		1.58	0.44	0.39	0.29	0.23	0.22	0.21	0.18	0.18
惠 州	Huizhou	1.51	0.91	0.38	0.26	0.20	0.16	0.13	0.11	0.10	0.10
汕 尾	Shanwei	2.01	1.15	0.52	0.40	0.30	0.25	0.19	0.23	0.20	0.19
东 莞	Dongguan	1.21	0.44	0.17	0.15	0.14	0.11	0.10	0.10	0.09	0.08
中 山	Zhongshan	1.64	0.60	0.26	0.22	0.19	0.15	0.13	0.12	0.11	0.11
江 门	Jiangmen	1.46	0.74	0.35	0.29	0.26	0.22	0.20	0.20	0.17	0.16
阳 江	Yangjiang	1.82	0.87	0.40	0.36	0.28	0.21	0.18	0.16	0.14	0.14
湛 江	Zhanjiang	0.86	0.43	0.24	0.21	0.17	0.14	0.11	0.11	0.09	0.09
茂 名	Maoming		0.48	0.27	0.24	0.19	0.15	0.12	0.12	0.11	0.10
肇 庆	Zhaoqing	1.91	0.80	0.38	0.30	0.24	0.18	0.16	0.15	0.13	0.13
清 远	Qingyuan		1.19	0.33	0.26	0.20	0.17	0.22	0.18	0.15	0.16
潮 州	Chaozhou	0.98	0.56	0.24	0.20	0.17	0.13	0.13	0.11	0.16	0.16
揭 阳	Jieyang	1.27	0.79	0.33	0.25	0.21	0.16	0.13	0.11	0.11	0.10
云 浮	Yunfu	1.38	2.14	0.55	0.42	0.38	0.24	0.22	0.20	0.20	0.17

注：2005—2014年全省生产安全事故包括工矿商贸、道路交通、火灾、铁路路外、水上交通及渔业船舶 死亡人数；各市生产安全事故只包括工矿商贸、道路交通、火灾事故死亡人数。

Note: Work safery accidents from 2005 to 2014 of the Province include the number of deaths related to industry, mining, traffic、fire, railway, water traffic and fishing boats accidents, and work safety accidents of each city include the number of deaths related to mining, traffic and fire accidents.

主要统计指标解释

卫生技术人员 指卫生事业机构支付工资的全部固定职工和合同制职工，现任职务为卫生技术工作的专业人员。包括中医师、西医师、中西医结合高级医师、护师、中药师、西药师、检验师、其他技师、中医士、西医士、护士、助产士、中药剂士、西药剂士、检验士、其他技士、其他中医、护理员、中药剂员、西药剂员、检验员，其他初级卫生技术人员。

医生 指经卫生部门审查合格，具有执业资格的医疗专业人员。

提供住宿的社会服务活动机构 根据《2014年社会服务业统计制度》，提供住宿的社会服务活动机构包括：为老年人与残疾人提供收留抚养服务的机构、为智障与精神病人提供收留抚养服务的机构、为儿童提供收留抚养和救助服务机构以及其他提供住宿的服务机构。

律师 指受聘参加法律顾问处工作，提任法律顾问、刑（民）事代理人、刑事辩护人，办理非诉讼事件、解答法律询问，代写法律事务文书等主要从事律师事务的司法人员。

公证人员 指在国家公证机关依法办理公证事务的司法人员。包括公证员、助理公证员和在公证处工作的其他人员。

调解人员 在人民调解委员会担负调解民间一般民事纠纷和轻微违法行为所引起的纠纷的工作人员。包括调解委员会的委员和调解小组的调解员。

亿元生产总值生产安全事故死亡率 指一定时期内，每生产亿元生产总值，因各类生产安全事故造成的死亡人数。

Explanatory Notes on Main Statistical Indicators

Medical Technical Personnel refer to all permanent and contract medical staff and workers employed by medical institutions, including doctors of Chinese and Western medicine, senior doctors who integrate traditional Chinese therapeutics with Western therapeutics in practice, senior nurses, pharmacists of Chinese and Western medicine, laboratory specialists, other specialists, paramedics of Chinese and Western medicine, nurses, midwives, druggists in Chinese and Western medicine, laboratory technicians, other technicians, other practitioners of Chinese medicine, nursing attendants, pharmacological workers of Chinese and Western medicine, laboratory workers, and other primary medical personnel.

Doctors refer to qualified medical professionals approved to practice by public health departments.

Social Welfare Institutions with Accomodations In accordance with Statistical System of Social Service in 2014, Social Welfare Institutions with Accomodations includes: Institutions taking care of old people and handicapped people, institutions taking care of retarded people and mental patients, institutions adopting and salving children and other social welfare institutions with accomodations. That is, from 1995 to 2012 the caliber is Number of Social Welfare Institutions (unit); since 2013, due to the change of system in Ministry of Civil Affairs, the caliber changes to Social Welfare Institutions with Accomodations .

Lawyers refer to legal workers who are employed by legal counseling firms to act as legal advisers, agents in criminal or civil lawsuits, or defenders in criminal lawsuits, or to handle non litigious legal affairs, to advise on matters of law or to write legal papers for others.

Notary Personnel refer to judicial workers of the state notary offices handling notarization work according to law They include notaries, assistant notaries, and other people working for notary offices.

Mediators refer to workers on people' s mediation committees responsible for mediating in civil disputes and cases of slight infraction of the law They include members of the mediation committees and mediators of mediation groups.

Rate of Death from Work Safety Accidents per 100 Million Yuan of Gross Domestic Product refers to the number of deaths due to various work safety accidents in the production process of every 100 million yuan of gross domestic product within a certain period.

二十一、区域经济主要指标

MAJOR ECONOMIC REGIONS

二十一　区域主要经济指标

简要说明

一、本篇主要反映广东境内主要区域社会经济发展的基本情况，内容主要包括：珠江三角洲、广州和深圳、东西两翼、山区县以及少数民族县等经济区域的主要统计指标数据。

二、本篇资料分别由广东省统计局各有关专业处整理提供，综合处负责编辑。

三、本篇资料根据国家统计局制定的各有关专业统计报表制度，由全省 21 个地级市统计局填报汇总而成。

四、本篇各项指标数据为各经济区域汇总数，由于各市生产总值等指标汇总数不等于全省数，因此仅适合反映该地区发展变化情况。

21 Major Economic Regions

Brief Introduction

Ⅰ. The data in this chapter mainly reflect the basic conditions of social and economic development of main economic regions in Guangdong, including the main indicators on the cities of the Pearl River Delta, Guangzhou and Shenzhen, the East and West Wings, counties in mountainous areas and minority counties.

Ⅱ. The data in this chapter are prepared and provided by the related specialized divisions and compiled by the Division of Comprehensive Statistics of Statistics Bureau of Guangdong Province.

Ⅲ. The data in this chapter are tabulated and reported by the 21 prefectural statistical bureaus of Guangdong Province in accordance with the various statistical reporting schemes stipulated by the National Bureau of Statistics.

Ⅳ. The indicators in this chapter are overall figures of various economic regions that only reflect the status of development of the corresponding regions, as the provincial total is not equal to the sum of indicators of various cities, such as gross domestic product.

 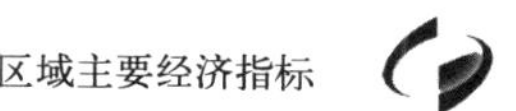

21-1 区域主要经济指标
Main Indicators on Regional Economies

指标	Item	2014 珠江三角洲 Pearl River Delta	东翼 East Wing	西翼 West Wing	山区 Mountainous Areas
土地面积 (平方公里)	Land Area (sq.km.)	54754	15475	32644	76751
年末常住人口 (万人)	Permanent Population at the Year-end (10000 persons)	5763.38	1728.61	1576.09	1655.91
#城镇人口 (万人)	Urban Population (10000 persons)	4848.41	1029.38	646.72	767.81
年末就业人员 (万人)	Employed Persons at the Year-end (10000 persons)	3845.25	759.46	750.10	828.42
地区生产总值 (亿元)	Gross Domestic Product (100 million yuan)	57650.02	5064.17	5776.57	4630.02
第一产业	Primary Industry	1068.60	419.63	986.54	718.69
第二产业	Secondary Industry	25941.28	2800.94	2430.17	1930.07
第三产业	Tertiary Industry	30640.14	1843.60	2359.86	1981.26
人均生产总值 (元)	Per Capita GDP (yuan)	100448	29393	36770	28047
地区生产总值指数(上年=100)	Index of Gross Domestic Product (preceding year=100)	107.8	109.2	110.0	108.9
第一产业	Primary Industry	102.8	103.9	103.4	104.0
第二产业	Secondary Industry	107.5	109.8	114.5	111.7
第三产业	Tertiary Industry	108.2	109.4	107.9	107.4
人均生产总值指数(上年=100)	Index of Per Capita Gross Domestic Product (preceding year=100)	107.0	108.5	109.3	108.2
规模以上工业增加值 (亿元)	Value-added of Industry above Designated Size(100 million yuan)	22583.28	2196.51	1902.15	1506.75
固定资产投资总额 (亿元)	Investment in Fixed Assets (100 million yuan)	17542.28	2910.51	2533.33	2941.98
#房地产开发投资	Investment in Real Estate Development	6293.55	328.06	367.07	649.78
社会消费品零售总额 (亿元)	Total Retail Sales of Consumer Goods (100 million yuan)	20655.78	2781.03	2787.90	2246.43
出口总额 (亿美元)	Total Exports (USD 100 million)	6137.68	167.29	62.38	93.52
进口总额 (亿美元)	Total Imports (USD 100 million)	4153.86	56.54	41.39	53.18
实际外商直接投资 (亿美元)	Foreign Direct Investment Actually Utilized (USD 100 million)	248.61	6.89	4.23	8.98
地方一般公共预算收入(亿元)	Local Public Budgetary Revenue (100 million yuan)	5375.37	288.15	277.76	383.27
地方一般公共预算支出(亿元)	Local Public Budgetary Expenditure (100 million yuan)	5973.23	632.11	666.37	1024.94
金融机构本外币存款 (亿元)	Deposits in Renminbi and Foreign Currencies in All Financial Institutions (100 million yuan)	110800.56	5924.42	5113.37	6043.11
#本外币住户存款	Savings Deposits by Resident	41899.85	4036.09	3403.39	3876.55
金融机构本外币贷款 (亿元)	Loans in Renminbi and Foreign Currencies in All Financial Institutions (100 million yuan)	76017.12	2573.24	2839.04	2492.40

21-1 续表 continued

指 标	Item	2015 珠江三角洲 Pearl River Delta	2015 东翼 East Wing	2015 西翼 West Wing	2015 山区 Mountainous Areas
土地面积 (平方公里)	Land Area (sq.km.)	54763	15475	32646	76751
年末常住人口 (万人)	Permanent Population at the Year-end (10000 persons)	5874.27	1727.31	1583.35	1664.07
#城镇人口 (万人)	Urban Population (10000 persons)	4969.10	1035.16	665.13	784.96
年末就业人员 (万人)	Employed Persons at the Year-end (10000 persons)	3871.26	758.37	751.42	838.26
地区生产总值 (亿元)	Gross Domestic Product (100 million yuan)	62267.78	5430.21	6075.66	4910.84
第一产业	Primary Industry	1116.89	446.70	1047.41	775.82
第二产业	Secondary Industry	27136.63	2921.19	2472.30	1941.51
第三产业	Tertiary Industry	34014.26	2062.32	2555.96	2193.50
人均生产总值 (元)	Per Capita GDP (yuan)	107011	31426	38461	29583
地区生产总值指数(上年=100)	Index of Gross Domestic Product (preceding year=100)	108.6	108.2	108.3	107.9
第一产业	Primary Industry	102.7	103.6	103.6	103.8
第二产业	Secondary Industry	107.5	107.2	109.5	106.7
第三产业	Tertiary Industry	109.8	110.9	108.7	110.6
人均生产总值指数(上年=100)	Index of Per Capita Gross Domestic Product (preceding year=100)	107.1	107.9	107.7	107.3
规模以上工业增加值 (亿元)	Value-added of Industry above Designated Size(100 million yuan)	23680.10	2346.69	1930.57	1488.84
固定资产投资总额 (亿元)	Investment in Fixed Assets (100 million yuan)	20048.69	3613.56	3120.31	3248.64
#房地产开发投资	Investment in Real Estate Development	7075.57	371.09	386.58	705.23
社会消费品零售总额 (亿元)	Total Amount of Retail Sales of Consumer Goods (100 million yuan)	22651.04	3155.52	3107.79	2499.49
出口总额 (亿美元)	Total Exports (USD 100 million)	6087.57	178.02	63.10	106.00
进口总额 (亿美元)	Total Imports (USD 100 million)	3664.49	48.70	33.26	46.83
实际外商直接投资 (亿美元)	Foreign Direct Investment Actually Utilized (USD 100 million)	256.24	3.77	4.14	4.60
地方一般公共预算收入(亿元)	Local Public Budgetary Revenue (100 million yuan)	6391.70	284.69	303.71	423.38
地方一般公共预算支出(亿元)	Local Public Budgetary Expenditure (100 million yuan)	8421.36	918.47	930.04	1381.84
金融机构本外币存款 (亿元)	Deposits in Renminbi and Foreign Currencies in All Financial Institutions (100 million yuan)	141609.04	6402.29	5674.10	6702.78
#本外币住户存款	Savings Deposits by Resident	42737.49	4307.37	3763.19	4200.64
金融机构本外币贷款 (亿元)	Loans in Renminbi and Foreign Currencies in All Financial Institutions (100 million yuan)	85741.78	2805.90	3184.82	3928.63

注：1．珠江三角洲包括：广州、深圳、珠海、佛山、江门、东莞、中山、惠州和肇庆。东翼指汕头、汕尾、潮州和揭阳。西翼指湛江、茂名和阳江。山区指韶关、河源、梅州、清远和云浮。

2．本表地区生产总值、工业增加值绝对数按当年价格计算，增长速度按可比价格计算，下表同。

Notes: a) The pearl river delta include Guangzhou, Shenzhen, Zhuhai, Foshan, Jiangmen, Dongguan, Zhongshan, Huizhou and Zhaoqing. The East Wing includes Shantou, Shanwei, Chaozhou and Jieyang. The West Wing includes Zhanjiang, Maoming and Yangjiang.The mountainous areas include Shaoguan, Heyuan, Meizhou, Qingyuan and Yunfu.

b) The figures in value terms on GDP and value-added of industry are calculated at current prices, whereas the growth rates are calculated at comparable prices.The same applies to the following tables.

21-2 区域主要经济指标占全省比重

Percentage of Main Regional Economic Indicators to the Provincial Total

单位：% (%)

指 标	Item	2014 珠江三角洲占全省比重 Percentage of Pearl River Delta to the Whole Province	东翼占全省比重 Percentage of East Wing to the Whole Province	西翼占全省比重 Percentage of West Wing to the Whole Province	山区占全省比重 Percentage of Mountainous Areas to the Whole Province
土地面积	Land Area	30.5	8.6	18.2	42.7
年末常住人口	Permanent Population at the Year-end	53.8	16.1	14.7	15.4
#城镇人口	Urban Population	66.5	14.1	8.9	10.5
年末就业人员	Employed Persons at the Year-end	62.2	12.3	12.1	13.4
地区生产总值	Gross Domestic Product	78.9	6.9	7.9	6.3
第一产业	Primary Industry	33.5	13.1	30.9	22.5
第二产业	Secondary Industry	78.4	8.5	7.3	5.8
第三产业	Tertiary Industry	83.2	5.0	6.4	5.4
规模以上工业增加值	Value-added of Industry above Designated Size	80.1	7.8	6.7	5.3
固定资产投资总额	Investment in Fixed Assets	67.7	11.2	9.8	11.3
#房地产开发投资	Investment in Real Estate Development	82.4	4.3	4.8	8.5
社会消费品零售总额	Total Retail Sales of Consumer Goods	72.5	9.8	9.8	7.9
出口总额	Total Exports	95.0	2.6	1.0	1.4
进口总额	Total Imports	96.5	1.3	1.0	1.2
实际外商直接投资	Foreign Direct Investment Actually Utilized	92.5	2.6	1.6	3.3
地方一般公共预算收入	Local Public Budgetary Revenue	85.0	4.6	4.4	6.1
地方一般公共预算支出	Local Public Budgetary Expenditure	72.0	7.6	8.0	12.4
金融机构本外币存款	Deposits in Renminbi and Foreign Currencies in All Financial Institutions	86.7	4.6	4.0	4.7
#本外币住户存款	Savings Deposits by Resident	78.7	7.6	6.4	7.3
金融机构本外币贷款	Loans in Renminbi and Foreign Currencies in All Financial Institutions	90.6	3.0	3.4	3.0

21-2 续表 continued

单位：% (%)

指标	Item	2015 珠江三角洲占全省比重 Percentage of Pearl River Delta to the Whole Province	东翼占全省比重 Percentage of East Wing to the Whole Province	西翼占全省比重 Percentage of West Wing to the Whole Province	山区占全省比重 Percentage of Mountainous Areas to the Whole Province
土地面积	Land Area	30.5	8.6	18.2	42.7
年末常住人口	Permanent Population at the Year-end	54.1	15.9	14.6	15.3
#城镇人口	Urban Population	66.7	13.9	8.9	10.5
年末就业人员	Employed Persons at the Year-end	62.2	12.2	12.1	13.5
地区生产总值	Gross Domestic Product	79.1	6.9	7.7	6.3
第一产业	Primary Industry	33.0	13.2	30.9	22.9
第二产业	Secondary Industry	78.7	8.5	7.2	5.6
第三产业	Tertiary Industry	83.3	5.1	6.3	5.4
规模以上工业增加值	Value-added of Industry above Designated Size	80.4	8.0	6.6	5.1
固定资产投资总额	Investment in Fixed Assets	66.8	12.0	10.4	10.8
#房地产开发投资	Investment in Real Estate Development	82.9	4.3	4.5	8.3
社会消费品零售总额	Total Retail Sales of Consumer Goods	72.1	10.0	9.9	8.0
出口总额	Total Exports	94.6	2.8	1.0	1.6
进口总额	Total Imports	96.6	1.3	0.9	1.2
实际外商直接投资	Foreign Direct Investment Actually Utilized	95.3	1.4	1.5	1.7
地方一般公共预算收入	Local Public Budgetary Revenue	86.3	3.8	4.1	5.7
地方一般公共预算支出	Local Public Budgetary Expenditure	72.3	7.9	8.0	11.9
金融机构本外币存款	Deposits in Renminbi and Foreign Currencies in All Financial Institutions	88.3	4.0	3.5	4.2
#本外币住户存款	Savings Deposits by Resident	77.7	7.8	6.8	7.6
金融机构本外币贷款	Loans in Renminbi and Foreign Currencies in All Financial Institutions	89.6	2.9	3.3	4.1

注：各指标在计算分区域占全省比重时，分母为21个市相加的合计数。

Notes: While calaulating the percentage of each indicator of Pearl River Delta, East Wing, West Wing and Mountainous Areas to the whole province, the denominator is the sum of 21 cities.

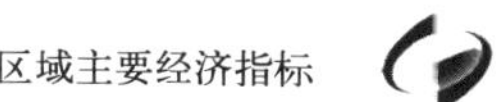

21−3 珠江三角洲主要经济指标

Main Economic Indicators of the Pearl River Delta Economic Zone

年份 Year	年末常住人口（万人） Permanent Population at the Year-end (10000 persons)	#城镇人口 Urban Population	年末户籍总人口（万人） Total Population with Residence Registration at the Year-end (10000 persons)	年末就业人员（万人） Employed Persons at the Year-end (10000 persons)	#城镇单位就业人员 Employed Persons in Urban Areas
1990	2369.93	1696.63	2371.57		
1995	3292.03		2372.76		
2000	4289.78	2981.23	2563.60	1902.93	495.46
2001	4376.10		2595.24	1947.10	480.97
2002	4414.68		2595.24	2034.09	498.78
2003	4463.55		2660.46	2250.43	523.34
2004	4516.50		2714.08	2492.27	570.64
2005	4547.14	3516.06	2763.32	2822.60	636.10
2006	4735.47	3771.33	2821.27	2963.93	675.38
2007	4930.68	3919.89	2872.47	3107.38	718.88
2008	5138.48	4119.52	2920.82	3232.88	724.38
2009	5361.72	4375.17	2967.02	3412.10	767.05
2010	5616.39	4645.88	3024.57	3572.01	823.67
2011	5646.51	4687.17	3073.87	3630.21	927.40
2012	5689.64	4770.19	3105.01	3638.83	969.59
2013	5715.19	4802.55	3156.02	3784.09	1552.80
2014	5763.38	4848.41	3207.94	3845.25	1555.45
2015	5874.27	4969.10	3265.69	3871.26	1532.73

注：2006—2009年年末常住人口根据2010年第六次全国人口普查快速汇总数进行平滑调整，城镇人口也作了相应的调整。

Note: The year-end populations from 2006 to 2009 have been adjusted in accordance with the fast sum figure obtained from the 6th National Population Census and the same applied to urban population.

21−3 续表 1 continued

年份 Year	地区生产总值（亿元） Gross Domestic Product (100 million yuan)	第一产业 Primary Industry	第二产业 Secondary Industry	第三产业 Tertiary Industry	#工业 Industry
1990	1006.88	153.78	441.65	411.45	388.89
1995	4076.16	346.42	1983.39	1746.35	1710.30
2000	8422.24	458.30	4009.14	3954.80	3618.01
2001	9560.64	475.94	4500.11	4584.59	4094.73
2002	10956.75	496.63	5133.78	5326.34	4705.82
2003	12960.09	511.32	6263.90	6184.87	5758.61
2004	15488.13	556.37	7650.42	7281.34	7080.88
2005	18279.63	557.96	9266.58	8455.09	8664.74
2006	21686.34	561.77	11137.08	9987.49	10481.75
2007	25759.83	624.99	13015.56	12119.28	12301.40
2008	29945.66	722.86	14932.71	14290.09	14123.72
2009	32247.20	723.62	15430.49	16093.09	14521.55
2010	37875.45	809.78	18317.30	18748.36	17227.01
2011	43750.39	924.09	20959.80	21866.51	19681.61
2012	47824.18	983.24	22083.64	24757.29	20730.73
2013	53307.67	1017.02	24098.90	28191.76	22566.47
2014	57650.02	1068.60	25941.28	30640.14	24360.22
2015	62267.78	1116.89	27136.63	34014.26	25482.89

21−3 续表 2 continued

年份 Year	人均生产总值(元) Per Capita Gross Domestic Product(yuan)	地区生产总值指数(上年=100) Index of Gross Domestic Product (preceding year=100)	第一产业 Primary Industry	第二产业 Secondary Industry	第三产业 Tertiary Industry	#工业 Industry
1990	4295	117.5	107.2	119.9	119.0	121.5
1995	12676	120.4	108.2	122.4	120.0	124.6
2000	20280	113.7	104.3	114.4	113.9	115.1
2001	22065	113.3	104.9	113.6	114.0	114.5
2002	24928	114.4	105.9	115.5	114.1	116.5
2003	29195	116.9	101.7	122.0	113.3	122.7
2004	34495	116.8	102.6	120.1	114.4	121.4
2005	40336	115.7	103.5	118.2	113.7	119.0
2006	46725	116.8	98.8	118.8	115.7	119.6
2007	53299	116.3	101.6	116.0	117.5	116.7
2008	59480	112.8	103.8	111.8	114.3	112.4
2009	61422	109.4	103.9	108.7	110.4	108.4
2010	69002	112.2	104.2	114.2	110.4	114.2
2011	77689	109.9	103.5	110.3	109.7	110.5
2012	84434	108.1	103.2	106.6	109.7	106.8
2013	93548	109.3	101.8	107.5	111.2	107.7
2014	100448	107.8	102.8	107.5	108.2	107.8
2015	107011	108.6	102.7	107.5	109.8	107.6

21−3 续表 3 continued

年份 Year	人均生产总值指数(上年=100) Index of Per Capita Gross Domestic Product (preceding year=100)	公路通车里程(公里) Total Length of Highways in Operation (km)	货运量(万吨) Freight Traffic (10000 tons)	邮电业务总量(亿元) Total Business Volume of Postal and Telecommunication Services (100 million yuan)	本地电话年末用户(万户) Number of Subscribers of Local Telephones at the Year-end (10000 subscribers)	移动电话年末用户 (万户) Number of Subscribers of Mobile Telephones at the Year-end (10000 subscribers)
1990	115.2					
1995	112.9	20323		152.60		
2000	107.2	29029		587.64		
2001	108.6	29792		614.33	1069.79	1867.67
2002	112.7	30354		728.24	1253.95	2508.32
2003	115.8	30919		967.45	1663.32	3118.25
2004	115.5	31582		1446.30	1915.25	4502.45
2005	114.6	32312	103365	1738.94	2355.10	5317.71
2006	114.0	52139	113275	2068.19	2559.62	5497.75
2007	111.7	53106	122408	2348.22	2651.33	6075.36
2008	108.3	53418	120916	2754.77	2529.77	6463.22
2009	104.9	54261	142733	2983.47	2400.25	6867.61
2010	107.3	55848	161348	3949.45	2269.84	7457.64
2011	107.1	56380	182281	1544.39	2284.31	8285.85
2012	107.4	58590	203570	1730.31	2295.29	9573.16
2013	108.6	59555	243500	2019.89	2288.94	11228.38
2014	107.0	61548	254491	2751.65	2195.47	11318.90
2015	107.1	63054	266078	3573.05	2086.68	11437.39

21−3 续表 4 continued

年份 Year	固定资产投资额(亿元) Investment in Fixed Assets (100 million yuan)	#房地产开发投资 Investment in Real Estate Development	社会消费品零售总额(亿元) Total Retail Sales of Consumer Goods (100 million yuan)	出口总额(亿美元) Total Exports (USD 100 million)	进口总额(亿美元) Total Imports (USD 100 million)	实际外商直接投资额(亿美元) Foreign Direct Investment Actually Utilized (USD 100 million)
1990	264.34		424.35	222.21	196.77	12.36
1995	1515.82		1694.60	513.31	429.29	79.47
2000	2364.71		3204.99	847.77	743.15	103.87
2001	2612.88		3581.35	908.29	776.32	114.96
2002	2945.74		3996.23	1126.08	992.57	116.17
2003	3749.51		4497.21	1450.56	1262.47	137.41
2004	4515.27		5106.86	1824.44	1596.44	90.16
2005	5328.37		5878.70	2273.18	1837.58	113.34
2006	5964.60		6810.19	2887.45	2181.97	130.86
2007	6909.74		7919.89	3540.85	2560.28	151.88
2008	7829.03		9539.76	3872.08	2697.61	169.21
2009	9603.55	2583.17	10834.73	3417.77	2430.46	175.08
2010	11355.80	3118.66	12613.24	4318.02	3195.01	183.47
2011	12366.76	4022.87	14575.57	5064.89	3678.00	195.29
2012	13974.24	4483.67	16552.69	5477.09	3956.56	215.53
2013	16030.78	5362.75	18630.61	6070.93	4403.38	230.62
2014	17542.28	6293.55	20655.78	6137.68	4153.86	248.61
2015	20048.69	7075.57	22651.04	6087.57	3664.49	256.24

21−3 续表 5 continued

年份 Year	地方一般公共预算收入(亿元) Local Public General Budgetary Revenue (100 million yuan)	地方一般公共预算支出(亿元) Local Public General Budgetary Expenditure (100 million yuan)	金融机构本外币存款(亿元) Deposits in Renminbi and Foreign Currencies in All Financial Institutions (100 million yuan)	#本外币住户存款(亿元) Savings Deposits by Urban and Rural Residents (100 million yuan)	金融机构本外币贷款(亿元) Loans in Renminbi and Foreign Currencies in All Financial Institutions (100 million yuan)
1990	97.98	80.03			
1995	275.26	322.81			
2000	599.06	690.64	16118.10		11061.27
2001	749.65	832.94	18562.11		12447.65
2002	772.97	976.78	21881.50		14689.30
2003	867.88	1113.18	25574.00		17772.73
2004	930.99	1234.13	28704.24		19642.60
2005	1218.48	1567.23	32962.25		21073.93
2006	1460.77	1714.73	37367.68		23613.32
2007	1882.01	2145.82	42555.31		27982.87
2008	2248.16	2550.77	48512.14		31044.80
2009	2522.29	2882.33	60618.78		40608.44
2010	3139.58	3654.91	71294.51	29770.92	47159.74
2011	3674.70	4444.97	79575.13	33015.57	53133.57
2012	4129.09	4798.40	91585.24	37059.20	60568.45
2013	4669.16	5240.59	104255.28	40218.90	67988.65
2014	5375.37	5973.23	110800.56	41899.85	76017.12
2015	6391.70	8421.36	141609.04	42737.49	85741.78

注：珠江三角洲包括广州、深圳、珠海、佛山、江门、东莞、中山、惠州、肇庆九市。

Notes: The Pearl River Delta Economic Zone covers the areas of 13 cities and counties (districts), including Guangzhou, Shenzhen, Zhuhai, Foshan, Jiangmen, Dongguan, Zhongshan, urban districts of Huizhou, Huidong County, Boluo County, urban districts of Zhaoqing, Gaoyao County-level City and Sihui County-level City. The data on banking refer to the sum of the nine cities in the Pearl River Delta, including Guangzhou, Shenzhen, Zhuhai, Foshan, Jiangmen, Dongguan, Zhongshan, Huizhou and Zhaoqing.

21-4 珠江三角洲工业企业主要指标（2015年）

单位：亿元

项　　目	Item	企业单位数(个) Number of Enterprises (unit)	#亏损企业 Loss-making Enterprises
总　计	**Total**	**31765**	**4980**
按经济类型分	Grouped by Ownership		
在总计中：国有控股经济	Of the Total: State-controlled Economy	692	156
国有经济	State-owned Economy	74	20
集体经济	Collective-owned Economy	130	29
股份合作经济	Share-holding Cooperative Economy	33	3
股份制经济	Share-holding Economy	18552	2349
外商投资经济	Economy with Foreign Investment	3996	830
港澳台投资经济	Economy with Investment from Hong Kong, Macao and Taiwan	7883	1672
按轻重工业分	Grouped by Light and Heavy Industry		
轻工业	Light Industry	15469	2389
重工业	Heavy Industry	16296	2591
按企业规模分	Grouped by Size of Enterprise		
大型企业	Large	1311	96
中型企业	Medium	7029	975
小微型企业	Small and Micro	23425	3909
按行业分	Grouped by Sector		
煤炭开采和洗选业	Mining and Washing of Coal		
石油和天然气开采业	Extraction of Petroleum and Natural Gas	3	
黑色金属矿采选业	Mining and Dressing of Ferrous Metal Ores	20	1
有色金属矿采选业	Mining and Dressing of Nonferrous Metal Ores	4	2
非金属矿采选业	Mining and Dressing of Nonmetal Ores	74	9
开采辅助活动	Auxiliary Minning Operations	3	
其他采矿业	Mining and Dressing of Other Ores		
农副食品加工业	Processing of Farm and Sideline Food	407	54
食品制造业	Manufacture of Food	346	53
酒、饮料和精制茶制造业	Manufacture of Beverage	127	25
烟草制品业	Tobacco Products	2	
纺织业	Textile Industry	1029	157
纺织服装、服饰业	Manufacture of Textile Garments, Footwear and Headgear	1924	262
皮革、毛皮、羽毛及其制品和制鞋业	Leather, Fur, Feather, Down and Related Products	1307	220
木材加工和木、竹、藤、棕、草制品业	Timber Processing, Bamboo, Cane, Palm Fiber & Straw Products	265	35
家具制造业	Manufacture of Furniture	1115	148
造纸和纸制品业	Papermaking and Paper Products	825	113
印刷和记录媒介复制业	Printing and Record Medium Reproduction	596	98
文教、工美、体育和娱乐用品制造业	Manufacture of Cultural, Educational and Sports Articles	1075	201
石油加工、炼焦和核燃料加工业	Petroleum Refining, Coking and Nuclear Fuel Processing	45	9
化学原料和化学制品制造业	Manufacture of Raw Chemical Materials and Chemical Products	1651	189
医药制造业	Manufacture of Medicines	246	32
化学纤维制造业	Manufacture of Chemical Fibers	49	4
橡胶和塑料制品业	Plastic Products	2651	407
非金属矿物制品业	Nonmetal Mineral Products	1324	189
黑色金属冶炼和压延加工业	Smelting and Pressing of Ferrous Metals	289	50
有色金属冶炼和压延加工业	Smelting and Pressing of Nonferrous Metals	523	76
金属制品业	Metal Products	2639	350
通用设备制造业	Manufacture of General-purpose Machinery	1465	216
专用设备制造业	Manufacture of Special-purpose Machinery	1259	185
汽车制造业	Manufacture of Automobile	655	97
铁路、船舶、航空航天和其他运输设备制造业	Manufacture of Railway ,Ship,Aeronautics and Other Transport equipment	365	88
电气机械和器材制造业	Manufacture of Electrical Machinery and Equipment	3781	614
计算机、通信和其他电子设备制造业	Manufacture of Communication Equipment, Computers and Other Electronic Equipment	4515	897
仪器仪表制造业	Manufacture of Instruments and Meters	451	81
其他制造业	Other Manufactures	205	27
废弃资源综合利用业	Comprehensive Utilization of Waste	127	21
金属制品、机械和设备修理业	Manufacture of Metal Products,Machinery and Equipment Maintenance	36	3
电力、热力生产和供应业	Production and Supply of Electric Power and Heat Power	129	24
燃气生产和供应业	Production and Supply of Gas	49	8
水的生产和供应业	Production and Supply of Water	189	35

注：本表统计范围为年主营业务收入2000万元及以上的工业法人企业。

Main Indicators of Industrial Enterprises of the Pearl River Delta (2015)

(100 million yuan)

工业总产值(当年价) Gross Industrial Output Value (at current prices)	工业增加值(收入法) Value-added of Industry (by production approach)	年末资产总计 Total Assets at the Year-end	#产成品 Finished Products	流动资产合计 Total Current Asserts	固定资产合计 Net Value of Fixed Assets	年末负债合计 Total Liabilities at the Year-end
101645.70	**23680.10**	**79899.34**	**3987.22**	**48255.12**	**20612.97**	**46261.50**
13206.44	3845.87	16516.23	409.10	6486.79	7447.57	9264.29
185.62	54.62	337.16	6.45	115.85	168.90	136.90
247.63	74.29	114.89	1.84	49.71	39.74	75.12
65.85	14.73	22.14	1.43	14.97	5.02	13.69
50807.52	12259.88	43200.28	2145.57	24866.65	11394.99	25726.24
24488.40	5359.55	16506.31	781.18	10350.82	4457.66	8900.52
24495.11	5615.33	19281.84	1032.10	12596.45	4430.25	11099.21
35966.95	8577.71	27322.92	1674.10	17923.11	5365.88	15686.35
65678.75	15102.40	52576.42	2313.12	30332.01	15247.09	30575.14
49946.18	12209.16	38461.98	1719.16	24063.77	9380.01	23003.44
25445.14	5917.95	20367.45	1064.47	11995.54	5212.92	10991.20
26254.37	5553.00	21069.92	1203.58	12195.80	6020.04	12266.86
358.74	249.87	681.73	2.06	54.50	561.78	586.18
63.75	20.09	34.96	0.71	11.73	21.54	13.07
20.87	1.54	6.57	0.66	4.08	0.66	4.03
129.61	38.29	45.75	3.61	22.10	18.04	19.58
21.27	13.13	41.92	1.18	15.62	24.34	7.95
1718.84	181.11	943.85	49.87	608.37	177.11	538.53
1320.03	457.06	1096.78	41.70	690.72	273.08	491.52
960.14	270.66	682.29	15.69	376.83	201.44	381.16
281.71	218.93	304.40	8.22	236.23	67.93	71.31
1708.39	385.72	1027.90	60.17	590.40	318.44	555.72
2378.14	638.57	1257.92	118.32	911.28	219.90	724.29
1666.60	491.88	874.13	67.43	644.82	147.11	473.96
463.90	104.13	295.99	16.08	161.77	79.12	152.39
1530.60	375.97	921.72	60.09	586.36	201.56	500.83
1567.29	313.04	1575.98	64.07	851.25	543.48	900.91
870.24	246.45	717.91	27.40	433.35	185.63	349.38
2911.04	533.36	1953.32	335.92	1579.38	207.87	1296.90
1250.14	403.04	832.87	22.09	360.63	366.27	685.00
5264.78	1262.70	3614.61	159.67	2083.78	1008.15	1761.10
1026.73	318.42	1385.02	72.80	786.49	223.11	571.79
101.24	26.92	108.51	6.64	54.68	37.97	49.69
3715.19	881.11	2600.54	146.52	1575.79	644.46	1381.29
2980.70	742.33	2296.26	132.66	1228.66	731.64	1359.05
1266.40	175.32	796.96	41.72	374.57	320.55	560.59
2511.34	367.60	1513.33	197.56	879.96	499.53	1068.60
4449.39	1036.79	2760.32	129.53	1629.85	802.29	1481.30
3411.68	754.04	2778.24	182.74	1957.76	481.70	1503.16
2191.89	621.99	2236.25	112.36	1394.67	450.51	1145.59
5835.62	1414.59	4140.37	129.56	2593.39	1106.27	2613.49
1203.25	253.78	1056.55	51.19	695.94	237.12	689.92
11532.47	2507.72	9548.56	534.38	6715.62	1454.13	5948.50
29463.68	6236.28	21531.53	1091.66	15488.19	3110.24	13303.79
814.82	237.14	785.26	47.74	548.71	120.55	344.70
221.39	57.31	170.38	8.46	110.31	32.07	84.83
726.31	154.51	277.54	13.76	166.33	83.47	170.92
119.70	38.07	148.08	2.01	97.21	44.03	86.10
4575.75	1333.39	6732.54	25.92	1165.54	4660.98	3133.14
656.00	170.10	514.01	3.54	148.14	271.96	294.50
356.06	147.16	1608.46	1.51	420.09	676.98	956.74

Notes: The statistical coverage of industry refers to the legal person industrial enterprises with annual main business revenue over 20 million yuan.

21-4 续表

单位：亿元

项　　目	Item	年末所有者权益合计 Total Creditors' Equity at the Year-end
总　计	**Total**	**33303.85**
按经济类型分	Grouped by Ownership	
在总计中：国有控股经济	Of the Total: State-controlled Economy	7234.93
国有经济	State-owned Economy	150.49
集体经济	Collective-owned Economy	34.64
股份合作经济	Share-holding Cooperative Economy	8.44
股份制经济	Share-holding Economy	17288.47
外商投资经济	Economy with Foreign Investment	7534.01
港澳台投资经济	Economy with Investment from Hong Kong, Macao and Taiwan	8116.91
按轻重工业分	Grouped by Light and Heavy Industry	
轻工业	Light Industry	11512.99
重工业	Heavy Industry	21790.86
按企业规模分	Grouped by Size of Enterprise	
大型企业	Large	15462.57
中型企业	Medium	9345.99
小微型企业	Small and Micro	8495.29
按行业分	Grouped by Sector	
煤炭开采和洗选业	Mining and Washing of Coal	
石油和天然气开采业	Extraction of Petroleum and Natural Gas	95.55
黑色金属矿采选业	Mining and Dressing of Ferrous Metal Ores	20.47
有色金属矿采选业	Mining and Dressing of Nonferrous Metal Ores	2.54
非金属矿采选业	Mining and Dressing of Nonmetal Ores	24.13
开采辅助活动	Auxiliary Minning Operations	33.97
其他采矿业	Mining and Dressing of Other Ores	
农副食品加工业	Processing of Farm and Sideline Food	403.75
食品制造业	Manufacture of Food	604.97
酒、饮料和精制茶制造业	Manufacture of Beverage	300.89
烟草制品业	Tobacco Products	233.09
纺织业	Textile Industry	465.34
纺织服装、服饰业	Manufacture of Textile Garments, Footwear and Headgear	518.57
皮革、毛皮、羽毛及其制品和制鞋业	Leather, Fur, Feather, Down and Related Products	393.28
木材加工和木、竹、藤、棕、草制品业	Timber Processing, Bamboo, Cane, Palm Fiber & Straw Products	136.32
家具制造业	Manufacture of Furniture	414.96
造纸和纸制品业	Papermaking and Paper Products	669.42
印刷和记录媒介复制业	Printing and Record Medium Reproduction	363.81
文教、工美、体育和娱乐用品制造业	Manufacture of Cultural, Educational and Sports Articles	645.75
石油加工、炼焦和核燃料加工业	Petroleum Refining, Coking and Nuclear Fuel Processing	145.77
化学原料和化学制品制造业	Manufacture of Raw Chemical Materials and Chemical Products	1843.06
医药制造业	Manufacture of Medicines	807.01
化学纤维制造业	Manufacture of Chemical Fibers	58.69
橡胶和塑料制品业	Plastic Products	1168.22
非金属矿物制品业	Nonmetal Mineral Products	917.26
黑色金属冶炼和压延加工业	Smelting and Pressing of Ferrous Metals	233.93
有色金属冶炼和压延加工业	Smelting and Pressing of Nonferrous Metals	457.42
金属制品业	Metal Products	1259.04
通用设备制造业	Manufacture of General-purpose Machinery	1268.28
专用设备制造业	Manufacture of Special-purpose Machinery	1083.21
汽车制造业	Manufacture of Automobile	1512.16
铁路、船舶、航空航天和其他运输设备制造业	Manufacture of Railway ,Ship,Aeronautics and Other Transport equipment	361.44
电气机械和器材制造业	Manufacture of Electrical Machinery and Equipment	3574.52
计算机、通信和其他电子设备制造业	Manufacture of Communication Equipment, Computers and Other Electronic Equipment	8143.78
仪器仪表制造业	Manufacture of Instruments and Meters	439.60
其他制造业	Other Manufactures	85.19
废弃资源综合利用业	Comprehensive Utilization of Waste	103.25
金属制品、机械和设备修理业	Manufacture of Metal Products,Machinery and Equipment Maintenance	61.43
电力、热力生产和供应业	Production and Supply of Electric Power and Heat Power	3587.37
燃气生产和供应业	Production and Supply of Gas	218.89
水的生产和供应业	Production and Supply of Water	647.50

21-4 continued

(100 million yuan)

主营业务收入 Principal Business Revenue	主营业务税金及附加 Tax and Extra Charges on Principal Business	利润总额 Total Profits	#亏损总额 Total Losses	利税总额 Total Pretax Profits	本年应交增值税 Value-added Tax Payable in Current Year	全部从业人员年平均人数（万人） Annual Average Number of Employed Persons (10000 persons)
97104.61	**898.32**	**6231.81**	**419.40**	**9822.63**	**2681.19**	**1182.16**
12769.20	436.53	978.59	78.63	1965.49	546.85	63.93
201.60	1.34	10.02	1.82	17.94	6.49	2.59
227.60	0.78	10.35	1.80	16.24	4.99	6.17
58.50	0.41	1.17	0.02	3.12	1.51	0.51
48908.09	574.13	3416.94	157.75	5532.36	1535.71	494.02
23154.89	185.22	1476.83	129.68	2289.87	623.65	238.30
23241.64	129.94	1246.52	127.40	1851.63	473.93	426.82
34264.26	314.02	2138.12	162.29	3456.91	1001.56	545.41
62840.36	584.30	4093.69	257.11	6365.72	1679.63	636.75
47495.02	617.22	3582.49	94.66	5693.73	1489.28	469.70
24145.98	164.27	1425.16	134.43	2186.15	593.02	421.57
25463.61	116.83	1224.16	190.31	1942.75	598.89	290.89
333.54	27.54	88.57		136.12	20.01	0.35
62.87	0.91	5.91	0.02	10.40	3.58	0.22
28.99	0.11	0.19	0.07	0.34	0.04	0.08
121.38	2.06	8.11	0.14	14.40	4.24	0.64
21.04	0.53	3.57		4.27	0.17	0.12
1697.09	1.76	58.46	13.45	75.06	14.73	6.43
1302.03	11.51	198.48	5.64	295.40	84.60	13.11
890.61	17.43	80.09	6.22	143.58	45.88	7.83
267.23	141.40	28.81		202.04	31.83	0.36
1615.90	6.77	88.58	5.54	132.54	37.03	24.11
2238.84	11.01	76.62	9.10	148.15	60.29	64.51
1611.32	9.42	60.44	8.28	110.93	40.87	57.13
445.63	3.33	31.92	0.55	49.19	13.92	4.69
1478.23	7.00	78.66	4.32	124.19	38.40	30.16
1478.04	4.92	63.34	6.89	104.02	35.68	19.02
824.02	4.14	54.07	2.91	84.34	26.00	18.45
2907.31	7.23	78.39	7.96	125.02	39.34	53.27
1241.66	197.32	51.67	6.52	328.67	76.38	1.52
4858.43	31.14	396.71	26.10	619.75	191.57	26.55
974.23	6.99	121.02	7.85	175.02	46.94	9.41
94.47	0.45	9.17	0.46	12.24	2.61	1.11
3544.84	14.69	160.50	27.12	258.89	83.42	67.62
2823.15	13.35	155.16	13.80	241.58	72.81	36.16
1159.42	3.30	41.93	14.98	64.49	19.23	5.19
2334.87	7.09	98.38	7.01	134.22	28.72	12.12
4191.14	21.80	242.79	16.02	369.25	104.46	66.06
3232.72	15.16	219.85	16.18	313.68	78.33	43.34
2097.93	11.02	178.08	12.32	247.11	57.81	36.06
5616.04	121.94	463.76	17.52	769.71	182.77	35.70
1083.69	4.23	56.12	12.58	78.83	18.42	12.85
10905.99	50.66	775.99	36.03	1124.49	297.45	163.15
28277.46	105.42	1620.68	106.17	2368.66	641.32	318.99
787.69	4.39	56.94	7.05	83.21	21.80	20.71
212.83	1.15	10.40	0.99	16.13	4.58	5.14
700.22	2.62	57.11	0.72	74.75	15.01	2.30
118.85	0.66	8.71	0.16	12.64	3.26	1.68
4551.49	23.88	410.14	10.15	651.63	216.79	11.15
624.35	1.42	41.08	5.85	53.30	10.72	1.05
349.08	2.59	51.40	2.74	64.37	10.19	3.83

21-5 广州、深圳主要经济指标（2015年）
Main Economic Indicators of Guangzhou and Shenzhen (2015)

指标	Item	合计 Total	广州市 Guangzhou	深圳市 Shenzhen
土地面积 (平方公里)	Land Area (sq.km)	9246.13	7248.86	1997.27
年末常住人口 (万人)	Permanent Population at the Year-end (10000 persons)	2487.98	1350.11	1137.87
#城镇人口	Urban Population	2292.62	1154.75	1137.87
年末户籍总人口 (万人)	Total Population with Residence Registration at the Year-end (10000 persons)	1223.83	854.19	369.64
年末就业人员 (万人)	Employed Persons at the Year-end (10000 persons)	1717.13	810.99	906.14
#城镇单位就业人员	Employed Persons in Urban Areas	780.28	320.31	459.96
地区生产总值 (亿元)	Gross Domestic Product (100 million yuan)	35603.28	18100.41	17502.86
第一产业	Primary Industry	233.49	226.84	6.65
第二产业	Secondary Industry	12934.01	5726.08	7207.94
第三产业	Tertiary Industry	22435.77	12147.49	10288.28
人均生产总值 (元)	Per Capita Gross Domestic Product (yuan)	146097	136188	157985
地区生产总值指数(上年=100)	Index of Gross Domestic Product (preceding year=100)	108.6	108.4	108.9
第一产业	Primary Industry	102.2	102.2	104.8
第二产业	Secondary Industry	107.1	106.8	107.3
第三产业	Tertiary Industry	109.7	109.4	110.1
人均生产总值指数(上年=100)	Index of Per Capita Gross Domestic Product (preceding year=100)	105.6	106.0	105.2
公路通车里程 (公里)	Total Length of Highways in Operation (km)	10961	9317	1644
民用汽车拥有量 (万辆)	Number of Civil Vehicles Owned (100 million unit)	538.48	223.78	314.70
#私人汽车拥有量	Number of Private Vehicles Owned	448.58	180.65	267.93
邮电业务总量 (亿元) (按2010年不变价计算)	Total Business Volume of Postal and Telecommunication Services (calculated at 2010 constant Prices) (100 million yuan)	2162.37	1092.94	1069.43
本地电话年末用户 (万户)	Number of Subscribers of Local Telephones at the Year-end (10000 subscribers)	1042.98	507.58	536.40
#城市	Subscribers in Urban Areas	985.24	467.54	518.70
移动电话年末用户 (万户)	Number of Subscribers of Mobile Telephones at the Year-end (10000 subscribers)	5965.52	2976.66	2988.86
固定资产投资额 (亿元)	Investment in Fixed Assets (100 million yuan)	8704.26	5405.95	3298.31
#项目投资 (亿元)	Urban (100 million yuan)	5235.64	3268.36	1967.27
房地产开发投资 (亿元)	Investment in Real Estate Development (100 million yuan)	3468.62	2137.59	1331.03
社会消费品零售总额 (亿元)	Total Retail Sales of Consumer Good (100 million yuan)	13005.80	7987.96	5017.84
出口总额 (亿美元)	Total Exports (USD 100 million)	3452.10	811.70	2640.40
进口总额 (亿美元)	Total Imports (USD 100 million)	2311.07	526.92	1784.15
实际外商直接投资额(亿美元)	Foreign Direct Investment Actually Utilized (USD 100 million)	119.14	54.16	64.97
地方一般公共预算收入(亿元)	Local Public Budgetary Revenue (100 million yuan)	4076.33	1349.47	2726.85
地方一般公共预算支出(亿元)	Local Public Budgetary Expenditure (100 million yuan)	5249.39	1727.72	3521.67
金融机构本外币存款 (亿元)	Deposits in Renminbi and Foreign Currencies in All Financial Institutions (100 million yuan)	100622.57	42843.67	57778.90
#本外币住户存款	Savings Deposits by Residents	23282.62	13602.38	9680.24
金融机构本外币贷款 (亿元)	Loans in Renminbi and Foreign Currencies in All Financial Institutions (100 million yuan)	59745.20	27296.16	32449.04
常住居民可支配收入	Annual Disposable Income of Permanent Residents		42718.20	44633.30
城镇居民人均可支配收入(元)	Per Capita Annual Disposable Income of Permanent Urban Residents (yuan)		46734.60	44633.30
农村常住居民人均可支配收入 (元)	Per Capita Annual Net Income of Permanent Rural Residents(yuan)		19323.10	

21−6 粤东西北主要经济指标（2015年）

Main Economic Indicators of the East and West Wings and Mountainous Areas (2015)

指　标	Item	粤东西北合计 Total	东翼 East Wing	西翼 West Wing	山区 Mountainous Areas
土地面积 (平方公里)	Land Area (sq.km)	124872	15475	32646	76751
年末常住人口 (万人)	Permanent Population at the Year-end (10000 persons)	4974.73	1727.31	1583.35	1664.07
#城镇人口	Urban Population	2485.25	1035.16	665.13	784.96
年末户籍总人口 (万人)	Total Population with Residence Registration at the Year-end (10000 persons)	5742.67	1883.90	1900.92	1957.85
年末就业人员 (万人)	Employed Persons at the Year-end (10000 persons)	2348.04	758.37	751.42	838.26
#城镇单位就业人员	Employed Persons in Urban Areas	404.70	140.33	120.32	144.05
地区生产总值 (亿元)	Gross Domestic Product (100 million yuan)	16416.71	5430.21	6075.66	4910.84
第一产业	Primary Industry	2269.93	446.70	1047.41	775.82
第二产业	Secondary Industry	7335.00	2921.19	2472.30	1941.51
第三产业	Tertiary Industry	6811.78	2062.32	2555.96	2193.50
人均地区生产总值 (元)	Per Capita Gross Domestic Product (yuan)	33047	31426	38461	29583
地区生产总值指数(上年=100)	Index of Gross Domestic Product (preceding year=100)	108.1	108.2	108.3	107.9
第一产业	Primary Industry	103.7	103.6	103.6	103.8
第二产业	Secondary Industry	107.8	107.2	109.5	106.7
第三产业	Tertiary Industry	110.0	110.9	108.7	110.6
人均生产总值指数(上年=100)	Index of Per Capita Gross Domestic Product (preceding year=100)	107.6	107.9	107.7	107.3
公路通车里程 (公里)	Total Length of Highways in Operation (km)	152969	21621	49314	82034
邮电业务总量 (亿元) (按2010年不变价计算)	Total Business Volume of Postal and Telecommunication Services (clculated at 2010 constant Prices)(100 million yuan)	824.04	314.94	254.72	254.38
本地电话年末用户 (万户)	Number of Subscribers of Local Telephones at the Year-end (10000 subscribers)	720.40	311.46	176.33	232.61
移动电话年末用户 (万户)	Number of Subscribers of Mobile Telephones at the Year-end (10000 subscribers)	3572.35	1414.27	1044.07	1114.01
固定资产投资额 (亿元)	Investment in Fixed Assets (100 million yuan)	9982.51	3613.56	3120.31	3248.64
#房地产开发投资 (亿元)	Investment in Real Estate Development (100 million yuan)	1462.90	371.09	386.58	705.23
社会消费品零售总额 (亿元)	Total Retail Sales of Consumer Goods (100 million yuan)	8762.80	3155.52	3107.79	2499.49
出口总额 (亿美元)	Total Exports (USD 100 million)	347.12	178.02	63.10	106.00
进口总额 (亿美元)	Total Imports (USD 100 million)	128.79	48.70	33.26	46.83
实际外商直接投资额(亿美元)	Foreign Direct Investment Actually Utilized (USD 100 million)	12.51	3.77	4.14	4.60
地方一般公共预算收入(亿元)	Local Public Budgetary Revenue (100 million yuan)	1011.79	284.69	303.71	423.38
地方一般公共预算支出(亿元)	Local Public Budgetary Expenditure (100 million yuan)	3230.36	918.47	930.04	1381.84
金融机构本外币存款 (亿元)	Deposits in Renminbi and Foreign Currencies in All Financial Institutions (100 million yuan)	18779.17	6402.29	5674.10	6702.78
#本外币住户存款	Savings Deposits by Residents	12271.21	4307.37	3763.19	4200.64
金融机构本外币贷款 (亿元)	Loans in Renminbi and Foreign Currencies in All Financial Institutions (100 million yuan)	9919.34	2805.90	3184.82	3928.63

21-7 东翼主要经济指标
Main Economic Indicators of the East Wing

指标	Item	2014	2015	2015比2014增长% Growth Rate in 2015 over 2014
土地面积 (平方公里)	Land Area (sq.km)	15475	15475	
年末常住人口 (万人)	Permanent Population at the Year-end (10000 persons)	1728.61	1727.31	-0.1
#城镇人口	Urban Population	1029.38	1035.16	0.6
年末户籍总人口 (万人)	Total Population with Residence Registration at the Year-end (10000 persons)	1868.61	1883.90	0.8
年末就业人员 (万人)	Employed Persons at the Year-end (10000 persons)	759.46	758.37	-0.1
#城镇单位就业人员	Employed Persons in Urban Areas	140.67	140.33	-0.2
地区生产总值 (亿元)	Gross Domestic Product (100 million yuan)	5064.17	5430.21	8.2
第一产业	Primary Industry	419.63	446.70	3.6
第二产业	Secondary Industry	2800.94	2921.19	7.2
第三产业	Tertiary Industry	1843.60	2062.32	10.9
人均生产总值 (元)	Per Capita Gross Domestic Product (yuan)	29393	31426	7.9
地区生产总值指数(上年=100)	Index of Gross Domestic Product (preceding year=100)	109.2	108.2	8.2
第一产业	Primary Industry	103.9	103.6	3.6
第二产业	Secondary Industry	109.8	107.2	7.2
第三产业	Tertiary Industry	109.4	110.9	10.9
人均生产总值指数(上年=100)	Index of Per Capita Gross Domestic Product(preceding year=100)	108.5	107.9	7.9
公路通车里程 (公里)	Total Length of Highways in Operation (km)	21534	21621	0.4
邮电业务总量 (亿元) (按2010年不变价计算)	Total Business Volume of Postal and Telecommunication Services (calculated at 2010 constant Prices) (100 million yuan)	237.12	314.94	32.8
本地电话年末用户 (万户)	Number of Subscribers of Local Telephones at the Year-end (10000 subscribers)	319.65	311.46	-2.6
移动电话年末用户 (万户)	Number of Subscribers of Mobile Telephones at the Year-end (10000 subscribers)	1449.86	1414.27	-2.5
固定资产投资额 (亿元)	Investment in Fixed Assets (100 million yuan)	2910.51	3613.56	24.2
#房地产开发投资 (亿元)	Investment in Real Estate Development (100 million yuan)	328.06	371.09	13.1
社会消费品零售总额 (亿元)	Total Retail Sales of Consumer Goods (100 million yuan)	2781.03	3155.52	12.4
出口总额 (亿美元)	Total Exports (USD 100 million)	167.29	178.02	6.4
进口总额 (亿美元)	Total Imports (USD 100 million)	56.54	48.70	-13.9
实际外商直接投资额(亿美元)	Foreign Direct Investment Actually Utilized (USD 100 million)	6.89	3.77	-45.3
地方一般公共预算收入(亿元)	Local Public Budgetary Revenue (100 million yuan)	288.15	284.69	-3.2
地方一般公共预算支出(亿元)	Local Public Budgetary Expenditure (100 million yuan)	632.11	918.47	45.3
金融机构本外币存款 (亿元)	Deposits in Renminbi and Foreign Currencies in All Financial Institutions (100 million yuan)	5924.42	6402.29	
#住户存款	Savings Deposits by Residents	4036.09	4307.37	
金融机构本外币贷款 (亿元)	Loans in Renminbi and Foreign Currencies in All Financial Institutions (100 million yuan)	2573.23	2805.90	

21-8 西翼主要经济指标

Main Economic Indicators of the West Wing

指　　标	Item	2014	2015	2015比2014增长% Growth Rate in 2015 over 2014
土地面积　(平方公里)	Land Area　(sq.km)	32644	32646	
年末常住人口　(万人)	Permanent Population at the Year-end　(10000 persons)	1576.09	1583.35	0.5
#城镇人口	Urban Population	646.72	665.13	2.8
年末户籍总人口　(万人)	Total Population with Residence Registration at the Year-end　(10000 persons)	1880.81	1900.92	1.1
年末就业人员　(万人)	Employed Persons at the Year-end　(10000 persons)	750.10	751.42	0.2
#城镇单位就业人员	Employed Persons in Urban Areas	121.01	120.32	-0.6
地区生产总值　(亿元)	Gross Domestic Product　(100 million yuan)	5776.57	6075.66	8.3
第一产业	Primary Industry	986.54	1047.41	3.6
第二产业	Secondary Industry	2430.17	2472.30	9.5
第三产业	Tertiary Industry	2359.86	2555.96	8.7
人均生产总值　(元)	Per Capita Gross Domestic Product　(yuan)	36770	38461	7.7
地区生产总值指数(上年=100)	Index of Gross Domestic Product　(preceding year=100)	110.0	108.3	8.3
第一产业	Primary Industry	103.4	103.6	3.6
第二产业	Secondary Industry	114.5	109.5	9.5
第三产业	Tertiary Industry	107.9	108.7	8.7
人均生产总值指数(上年=100)	Index of Per Capita Gross Domestic Product(preceding year=100)	109.3	107.7	7.7
公路通车里程　(公里)	Total Length of Highways in Operation　(km)	47427	49314	4.0
邮电业务总量　(亿元)(按2010年不变价计算)	Total Business Volume of Postal and Telecommunication Services (calculated at 2010 constant Prices)　(100 million yuan)	203.52	254.72	25.2
本地电话年末用户　(万户)	Number of Subscribers of Local Telephones at the Year-end　(10000 subscribers)	187.53	176.33	-6.0
移动电话年末用户　(万户)	Number of Subscribers of Mobile Telephones at the Year-end　(10000 subscribers)	1049.14	1044.07	-0.5
固定资产投资额　(亿元)	Investment in Fixed Assets　(100 million yuan)	2533.33	3120.31	23.2
#房地产开发投资　(亿元)	Investment in Real Estate Development　(100 million yuan)	367.07	386.58	5.3
社会消费品零售总额　(亿元)	Total Retail Sales of Consumer Goods　(100 million yuan)	2787.90	3107.79	10.9
出口总额　(亿美元)	Total Exports　(USD 100 million)	62.38	63.10	1.1
进口总额　(亿美元)	Total Imports　(USD 100 million)	41.39	33.26	-19.6
实际外商直接投资额(亿美元)	Foreign Direct Investment Actually Utilized　(USD 100 million)	4.23	4.14	-2.2
地方一般公共预算收入(亿元)	Local Public Budgetary Revenue　(100 million yuan)	277.76	303.71	6.3
地方一般公共预算支出(亿元)	Local Public Budgetary Expenditure　(100 million yuan)	666.37	930.04	39.6
金融机构本外币存款　(亿元)	Deposits in Renminbi and Foreign Currencies in All Financial Institutions　(100 million yuan)	5113.37	5674.10	
#本外币住户存款	Savings Deposits by Residents	3403.39	3763.19	
金融机构本外币贷款　(亿元)	Loans in Renminbi and Foreign Currencies in All Financial Institutions　(100 million yuan)	2839.04	3184.82	

21-9 山区主要经济指标

Main Economic Indicators of Mountainous Areas

指　　标	Item	2014	2015	2015比2014增长% Growth Rate in 2015 over 2014
土地面积 (平方公里)	Land Area (sq.km)	76751	76751	
年末常住人口 (万人)	Permanent Population at the Year-end (10000 persons)	1655.91	1664.07	0.5
#城镇人口	Urban Population	767.81	784.96	2.2
年末户籍总人口 (万人)	Total Population with Residence Registration at the Year-end (10000 persons)	1929.54	1957.85	1.5
年末就业人员 (万人)	Employed Persons at the Year-end (10000 persons)	828.42	838.26	1.2
#城镇单位就业人员	Employed Persons in Urban Areas	145.52	144.05	-1.0
地区生产总值 (亿元)	Gross Domestic Product (100 million yuan)	4630.02	4910.84	7.9
第一产业	Primary Industry	718.69	775.82	3.8
第二产业	Secondary Industry	1930.07	1941.51	6.7
第三产业	Tertiary Industry	1981.26	2193.50	10.6
人均生产总值 (元)	Per Capita Gross Domestic Product (yuan)	28047	29583	7.3
地区生产总值指数(上年=100)	Index of Gross Domestic Product (preceding year=100)	108.9	107.9	7.9
第一产业	Primary Industry	104.0	103.8	3.8
第二产业	Secondary Industry	111.7	106.7	6.7
第三产业	Tertiary Industry	107.4	110.6	10.6
人均生产总值指数(上年=100)	Index of Per Capita Gross Domestic Product(preceding year=100)	108.2	107.3	7.3
公路通车里程 (公里)	Total Length of Highways in Operation (km)	81585	82034	0.6
邮电业务总量 (亿元) (按2010年不变价计算)	Total Business Volume of Postal and Telecommunication Services (calculated at 2010 constant Prices) (100 million yuan)	202.11	254.38	25.9
本地电话年末用户 (万户)	Number of Subscribers of Local Telephones at the Year-end (10000 subscribers)	246.81	232.61	-5.8
移动电话年末用户 (万户)	Number of Subscribers of Mobile Telephones at the Year-end (10000 subscribers)	1125.47	1114.01	-1.0
固定资产投资额 (亿元)	Investment in Fixed Assets (100 million yuan)	2941.98	3248.64	10.4
#房地产开发投资 (亿元)	Investment in Real Estate Development (100 million yuan)	649.78	705.23	8.5
社会消费品零售总额 (亿元)	Total Retail Sales of Consumer Goods (100 million yuan)	2246.43	2499.49	10.7
出口总额 (亿美元)	Total Exports (USD 100 million)	93.52	106.00	13.4
进口总额 (亿美元)	Total Imports (USD 100 million)	53.18	46.83	-11.9
实际外商直接投资额(亿美元)	Foreign Direct Investment Actually Utilized (USD 100 million)	8.98	4.60	-48.7
地方一般公共预算收入(亿元)	Local Public Budgetary Revenue (100 million yuan)	383.27	423.38	8.1
地方一般公共预算支出(亿元)	Local Public Budgetary Expenditure (100 million yuan)	1024.94	1381.84	34.8
金融机构本外币存款 (亿元)	Deposits in Renminbi and Foreign Currencies in All Financial Institutions (100 million yuan)	6043.11	6702.78	
#本外币住户存款	Savings Deposits by Residents	3876.55	4200.64	
金融机构本外币贷款 (亿元)	Loans in Renminbi and Foreign Currencies in All Financial Institutions (100 million yuan)	3492.40	3928.63	

21-10 山区县(市、区)主要经济指标

Main Economic Indicators of Counties (County-level Cities and Districts) in Mountainous Areas

指标	Item	2014	2015	2015比2014增长% Growth Rate in 2015 over 2014(%)
年末户籍总人口 (万人)	Total Population with Residence Registration at the Year-end (10000 persons)	3380.08	3424.98	1.3
年末就业人员 (万人)	Employed Persons at the Year-end (10000 persons)	1538.49	1535.72	-0.2
地区生产总值 (亿元)	Gross Domestic Product (100 million yuan)	8183.28	8760.73	8.7
第一产业	Primary Industry	1354.82	1454.44	4.2
第二产业	Secondary Industry	3571.60	3752.05	9.2
第三产业	Tertiary Industry	3256.87	3554.25	9.9
人均生产总值 (元)	Per Capita Gross Domestic Product (yuan)	29010	30951	8.4
地区生产总值指数(上年=100)	Index of Gross Domestic Product (preceding year=100)	110.6	108.7	8.7
第一产业	Primary Industry	104.4	104.2	4.2
第二产业	Secondary Industry	113.4	109.2	9.2
第三产业	Tertiary Industry	109.6	109.9	9.9
人均生产总值指数(上年=100)	Index of Per Capita Gross Domestic Product(preceding year=100)	109.9	108.4	8.4
固定资产投资额 (亿元)	Investment in Fixed Assets (100 million yuan)	4361.23	5145.00	18.0
#房地产开发投资 (亿元)	Investment in Real Estate Development (100 million yuan)	712.01	761.45	6.9
社会消费品零售总额 (亿元)	Total Retail Sales of Consumer Goods (100 million yuan)	3366.37	3849.97	13.1
出口总额 (亿美元)	Total Exports (USD 100 million)	152.76	147.95	-3.1
地方一般公共预算收入 (亿元)	Local Public Budgetary Revenue (100 million yuan)	448.32	470.52	2.8
地方一般公共预算支出 (亿元)	Local Public Budgetary Expenditure (100 million yuan)	1287.95	1701.98	32.1

注：50个山区县(市、区)包括:从化区、南澳县、曲江区、乐昌市、南雄市、仁化县、始兴县、翁源县、新丰县、乳源县、东源县、和平县、龙川县、紫金县、连平县、梅江区、兴宁市、梅县、平远县、蕉岭县、大埔县、丰顺县、五华县、惠东县、龙门县、海丰县、陆河县、阳春市、信宜市、高州市、高要市、广宁县、德庆县、封开县、怀集县、英德市、连州市、佛冈县、清新区、连山县、连南县、阳山县、饶平县、潮安区、普宁市、揭西县、罗定市、新兴县、郁南县、云安区。

Notes: Counties(county-level cities and districts)in mountainous areas total 50, including Conghua District, Nan'ao County, Qujiang District,Nanxiong City, Lechang City,Renhua County, Shixing County, Wengyuan County, Xinfeng County, Ruyuan County, Dongyuan County, Heping County, Longchuan County, Zijin County, Lianping County, Meijiang District, Xingning City,Meixian County, Pingyuan County,Jiaoling County,Dabu County,Fengshun County,Wuhua County,Huidong County,Longmen County,Haifeng County,Luhe County,Yangchun City,Xinyi City,Gaozhou City, Gaoyao City, Guangning County,Deqing County, Fengkai County, Huaiji County,Yingde City, Lianzhou City, Fogang County, Qingxin County,Lianshan County, Liannan County,Yangshan County, Raoping County, Chao'an District, Puning City, Jiexi County, Luoding City, Xinxing County, Yunan County, and Yun'an District.

21-11 少数民族县主要经济指标（2015年）
Main Economic Indicators of Minority Counties (2015)

指　　标	Item	合计 Total	乳源县 Ruyuan County	连山县 Lianshan County	连南县 Liannan County
土地面积（平方公里）	Land Area (sq.km)	4758	2299	1218	1241
年末户籍总人口（万人）	Total Population with Residence Registration at the Year-end (10000 persons)	50.93	21.68	12.17	17.08
少数民族人口（万人）	Population of Minority Nationalities (10000 persons)	19.73	2.35	7.81	9.57
年末就业人员（万人）	Employed Persons at the Year-end (10000 persons)	22.14	9.62	4.83	7.70
地区生产总值（亿元）	Gross Domestic Product (100 million yuan)	132.61	66.65	29.39	36.57
第一产业	Primary Industry	19.59	7.32	6.52	5.74
第二产业	Secondary Industry	52.45	31.34	9.27	11.84
第三产业	Tertiary Industry	60.58	27.99	13.60	18.98
人均生产总值（元）	Per Capita Gross Domestic Product (yuan)	32305	36351	31405	27382
地区生产总值指数（上年=100）	Index of Gross Domestic Product (preceding year=100)	108.4	110.4	105.4	107.3
第一产业	Primary Industry	105.1	104.5	104.4	106.6
第二产业	Secondary Industry	103.7	106.2	98.7	101.8
第三产业	Tertiary Industry	115.0	117.3	112.2	113.1
人均生产总值指数（上年=100）	Index of Per Capita Gross Domestic Product (preceding year=100)	107.8	109.6	104.9	106.7
公路通车里程（公里）	Total Length of Highways in Operation (km)	4814	2009	1071	1733
本地电话年末用户（户）	Number of Subscribers of Local Telephones at the Year-end (subscriber)	48074	28900	8022	11152
#乡村	Subscribers in Rural Areas	24041	16010	3679	4352
移动电话年末用户（户）	Number of Subscribers of Mobile Telephones at the Year-end (subscriber)	324511	155900	74248	94363
固定资产投资额（亿元）	Investment in Fixed Assets (100 million yuan)	79.63	65.21	5.26	9.16
#房地产开发投资（亿元）	Investment in Real Estate Development (100 million yuan)	7.13	4.58	0.28	2.27
社会消费品零售总额（亿元）	Total Retail Sales of Consumer Goods (100 million yuan)	33.44	20.41	5.66	7.37
地方一般公共预算收入（亿元）	Local Public Budgetary Revenue (100 million yuan)	8.25	5.24	1.39	1.62
地方一般公共预算支出（亿元）	Local Public Budgetary Expenditure (100 million yuan)	59.39	24.84	17.12	17.43
城镇单位在岗职工年平均工资(元)	Annual Average Wage of Staff and Workers (yuan)	53558	51101	52182	60314
农村常住居民人均可支配收入(元)	Per Capita Net Income of Rural Permanent Households(yuan)		10696	9946	9925
普通中学（所）	Number of Regular Secondary Schools (unit)	27	7	9	11
在校学生数（人）	Number of Students Enrolled in Regular Secondary Schools (person)	17997	5797	4316	7884
小学（所）	Number of Primary Schools (unit)	53	13	9	31
在校学生数（人）	Number of Students Enrolled in Primary Schools (person)	34488	15303	7277	11908

二十二、县（市）区主要经济指标

COUNTIES AND DISTRICTS UNDER CITY ADMINISTRATION

二十二　县(市)区主要经济指标

简要说明

一、本篇资料反映广东县(市)区经济发展基本情况，主要包括：各县(市)区的地区生产总值、工农业总产值、主要农产品产量、固定资产投资、消费品零售总额、在岗职工人数和职工工资、财政收支以及居民储蓄存款等内容。

二、本篇资料由广东省统计局各有关专业处整理提供，综合处负责编辑。

三、本篇资料依据国家统计局制定的各有关专业年度报表制度，由 21 个地级市统计局填报汇总而成。

四、本篇各县(市)区生产总值、产值、金融、财政类指标数据汇总数不等于全省数。

22 Counties and Districts Under City Administration

Brief Introduction

Ⅰ. The data in this chapter show the basic conditions of the economic development of counties and districts under city administration in Guangdong Province, mainly including gross domestic product, gross output value of industry and agriculture, output of major farm products, investment in fixed assets, total retail sales of consumer goods, number and wages of fully employed staff and workers, local government budgetary revenue and expenditure and savings deposits by urban and rural residents, etc.

Ⅱ. The data in this chapter are prepared and provided by the related specialized divisions and compiled by the Division of Comprehensive Statistics of Statistics Bureau of Guangdong Province.

Ⅲ. The data in this chapter are compiled on the basis of data reported by the bureaus of statistics of 21 cities at or above prefectural level in accordance with related specialized annual report schemes formulated by the National Bureau of Statistics.

Ⅳ. The tabulated data on gross domestic product, output value, banking and government finance of the counties and districts in this chapter do not sum up to the provincial total.

22-1 各县(市)区地区生产总值（2015年）

Gross Domestic Product by County (County-level City) and District (2015)

单位：万元 (10000 yuan)

县(市)区	County (County-level City) and District	地区生产总值 Gross Domestic Product	第一产业 Primary Industry	第二产业 Secondary Industry	第三产业 Tertiary Industry
广州市	Guangzhou	181004136	2268409	57260783	121474944
深圳市	Shenzhen	175028634	66486	72079359	102882789
珠海市	Zhuhai	20254111	451080	10072992	9730039
汕头市	Shantou				
市　区	Urban District	18522561	927612	9564278	8030671
南澳县	Nanao County	157690	39440	52718	65532
佛山市	Foshan	80039186	1364495	48394687	30280004
韶关市	Shaoguan				
市　区	Urban District	5504968	286513	2037165	3181290
乐昌市	Lechang City	1070896	215510	276529	578856
南雄市	Nanxiong City	1262695	258583	506909	497204
仁化县	Renhua County	933991	185411	358413	390167
始兴县	Shixing County	750661	169148	301334	280179
翁源县	Wengyuan County	890104	216156	286771	387177
新丰县	Xinfeng County	740313	114291	343727	282295
乳源县	Ruyuan County	666490	73206	313355	279929
河源市	Heyuan				
市　区	Urban District	3024181	27337	1686796	1310048
东源县	Dongyuan County	934040	153812	396533	383695
和平县	Heping County	918633	146933	417067	354633
龙川县	Longchuan County	1224473	248433	369225	606814
紫金县	Zijin County	1166522	260875	421798	483849
连平县	Lianping County	832945	102752	411736	318457
梅州市	Meizhou				
市　区	Urban District	3769883	521267	1696209	1552407
兴宁市	Xingning City	1533660	414624	386273	732763
平远县	Pingyuan County	685676	114207	259619	311850
蕉岭县	Jiaoling County	671065	113933	202459	354673
大埔县	Dabu County	720922	189334	210887	320701
丰顺县	Fengshun County	947271	219606	414829	312836
五华县	Wuhua County	1269305	291642	348064	629599
惠州市	Huizhou				
市　区	Urban District	19627380	407920	11481307	7738153
惠东县	Huidong County	5202897	426805	2435857	2340235
博罗县	Boluo County	5471179	459038	2961702	2050439
龙门县	Longmen County	1586316	198048	745382	642886
汕尾市	Shanwei				
市　区	Urban District	2107054	228358	1123081	755615
陆丰市	Lufeng City	2317165	491262	1048885	777018
海丰县	Haifeng County	2637640	357142	1214114	1066384
陆河县	Luhe County	483081	104239	89337	289505
东莞市	Dongguan	62750737	210250	29220473	33320014
中山市	Zhongshan	30100326	664811	16327001	13108514
江门市	Jiangmen				
市　区	Urban District	12138715	505335	6548437	5084943
台山市	Taishan City	3287153	560966	1736301	989886
开平市	Kaiping City	2879164	281200	1432838	1165126
鹤山市	Heshan City	2607187	197177	1406000	1004010
恩平市	Enping City	1505308	200362	515142	789804

22−1 续表 continued

单位：万元 (10000 yuan)

县(市)区	County (County-level City) and District	地区生产总值 Gross Domestic Product	第一产业 Primary Industry	第二产业 Secondary Industry	第三产业 Tertiary Industry
阳江市	Yangjiang				
市　区	Urban District	6748714	860834	3486682	2401198
阳春市	Yangchun City	3697417	656028	1403850	1637539
阳西县	Yangxi County	2053946	536414	750337	767195
湛江市	Zhanjiang				
市　区	Urban District	10805357	701927	5033761	5069669
雷州市	Leizhou City	2543950	953191	380690	1210069
廉江市	Lianjiang County	4163578	947463	1800219	1415897
吴川市	Wuchuan City	2209300	280913	953563	974824
遂溪县	Suixi County	2630748	985833	772958	871957
徐闻县	Xuwen County	1447310	677421	139438	630451
茂名市	Maoming				
市　区	Urban District	12193932	1249515	6143969	4800448
信宜市	Xinyi City	3668601	801808	1181217	1685576
高州市	Gaozhou City	4568117	1009944	1411572	2146601
化州市	Huazhou City	4025663	812787	1264733	1948143
肇庆市	Zhaoqing				
市　区	Urban District	4618962	141510	1887454	2589998
四会市	Sihui City	5437299	459926	3460130	1517243
广宁县	Guangning County	1307415	308309	466058	533048
德庆县	Deqing County	1207508	271762	456960	478786
封开县	Fengkai County	1344777	379691	456138	508947
怀集县	Huaiji County	2185627	666109	639107	880411
清远市	Qingyuan				
市　区	Urban District	6876542	588563	3033610	3254369
英德市	Yingde City	2374232	511654	767620	1094958
连州市	Lianzhou City	1256292	308296	280473	667523
佛冈县	Fogang County	1045999	104686	493356	447957
连山县	Lianshan County	293948	65226	92696	136026
连南县	Liannan County	365691	57444	118409	189838
阳山县	Yangshan County	872555	276834	197093	398628
潮州市	Chaozhou				
市　区	Urban District	7211912	244794	4215545	2751573
饶平县	Raoping County	2261296	397902	980189	883205
揭阳市	Jieyang				
市　区	Urban District	8653390	468702	5479690	2704998
普宁市	Puning City	5964849	368997	3902476	1693376
揭西县	Jiexi County	2149976	321646	1180426	647904
惠来县	Huilai County	2450996	513259	1379828	557909
云浮市	Yunfu				
市　区	Urban District	1403329	155047	677411	570871
罗定市	Luoding City	1777821	392366	706142	679313
新兴县	Xinxing County	2215145	523019	897416	794710
郁南县	Yunan County	980432	274871	330830	374731

注：1、本表按当年价格计算。
　　2、2015年，高要市撤市设区，下表同。

Note: a)The data in this table are calculated at current prices.
　　b)Since 2015,Gaoyao City have been changed into district.The same applies to the following tables.

22-2 各县(市)区地区生产总值增长速度（2015年）

Growth Rates of Gross Domestic Product by County (County-level City) and District (2015)

单位：%　　(%)

县(市)区	County (County-level City) and District	地区生产总值 Gross Domestic Product	第一产业 Primary Industry	第二产业 Secondary Industry	第三产业 Tertiary Industry
广州市	Guangzhou	8.4	2.2	6.8	9.4
深圳市	Shenzhen	8.9	4.8	7.3	10.1
珠海市	Zhuhai	10.0	0.0	10.3	10.2
汕头市	Shantou				
市　区	Urban District	8.4	2.9	7.3	10.5
南澳县	Nanao County	7.8	3.5	9.1	9.6
佛山市	Foshan	8.5	1.5	7.5	10.7
韶关市	Shaoguan				
市　区	Urban District	4.1	4.3	-1.9	8.9
乐昌市	Lechang City	6.6	4.3	7.5	6.8
南雄市	Nanxiong City	10.9	4.1	15.8	9.1
仁化县	Renhua County	6.9	5.0	3.2	12.6
始兴县	Shixing County	8.8	5.1	11.1	8.6
翁源县	Wengyuan County	8.3	4.3	5.3	13.0
新丰县	Xinfeng County	8.5	5.8	6.9	11.7
乳源县	Ruyuan County	10.4	4.5	6.2	17.3
河源市	Heyuan				
市　区	Urban District	11.9	1.1	14.5	8.0
东源县	Dongyuan County	3.2	3.7	-1.5	11.0
和平县	Heping County	9.8	4.8	13.2	7.2
龙川县	Longchuan County	6.1	3.6	0.9	11.6
紫金县	Zijin County	8.1	4.0	9.6	8.5
连平县	Lianping County	2.3	3.5	-1.8	10.9
梅州市	Meizhou				
市　区	Urban District	8.3	3.8	7.1	11.3
兴宁市	Xingning City	8.7	4.2	8.3	11.3
平远县	Pingyuan County	10.2	4.3	11.4	11.2
蕉岭县	Jiaoling County	10.1	2.8	13.0	9.1
大埔县	Dabu County	9.7	4.4	12.2	9.6
丰顺县	Fengshun County	10.5	3.4	14.2	7.9
五华县	Wuhua County	9.7	3.0	12.1	11.0
惠州市	Huizhou				
市　区	Urban District	6.5	2.9	4.9	9.7
惠东县	Huidong County	14.5	5.5	18.6	10.7
博罗县	Boluo County	14.1	3.1	20.7	5.7
龙门县	Longmen County	15.0	5.0	23.0	8.7
汕尾市	Shanwei				
市　区	Urban District	0.5	4.4	-4.8	10.4
陆丰市	Lufeng City	9.0	4.4	11.6	7.3
海丰县	Haifeng County	12.1	4.4	16.2	8.3
陆河县	Luhe County	8.2	4.3	12.8	6.6
东莞市	Dongguan	8.0	1.9	6.1	10.2
中山市	Zhongshan	8.4	-0.4	7.6	10.2
江门市	Jiangmen				
市　区	Urban District	9.6	1.6	7.3	15.0
台山市	Taishan City	6.5	4.8	6.0	8.6
开平市	Kaiping City	8.2	3.3	8.5	8.8
鹤山市	Heshan City	9.0	9.6	8.8	9.2
恩平市	Enping City	4.8	5.3	0.7	7.3

22-2 续表 continued

单位：% (%)

县(市)区	County (County-level City) and District	地区生产总值 Gross Domestic Product	第一产业 Primary Industry	第二产业 Secondary Industry	第三产业 Tertiary Industry
阳江市	Yangjiang				
市　区	Urban District	8.7	3.6	11.7	5.5
阳春市	Yangchun City	7.9	4.0	6.8	11.3
阳西县	Yangxi County	8.6	4.6	12.3	6.7
湛江市	Zhanjiang				
市　区	Urban District	7.8	-0.2	8.2	8.4
雷州市	Leizhou City	7.7	3.5	5.1	11.9
廉江市	Lianjiang County	13.1	3.7	20.9	8.2
吴川市	Wuchuan City	8.4	3.4	7.9	10.5
遂溪县	Suixi County	7.1	3.2	5.5	11.8
徐闻县	Xuwen County	6.5	4.8	4.0	8.8
茂名市	Maoming				
市　区	Urban District	8.2	3.9	8.2	9.3
信宜市	Xinyi City	10.3	3.5	14.2	9.4
高州市	Gaozhou City	10.7	4.5	22.2	5.7
化州市	Huazhou City	10.3	4.6	11.1	11.5
肇庆市	Zhaoqing				
市　区	Urban District	6.5	2.7	6.4	6.8
四会市	Sihui City	9.0	3.1	8.2	13.2
广宁县	Guangning County	7.2	4.7	10.7	5.3
德庆县	Deqing County	7.2	4.1	7.7	8.2
封开县	Fengkai County	7.9	4.0	10.8	7.9
怀集县	Huaiji County	6.8	5.5	7.7	6.9
清远市	Qingyuan				
市　区	Urban District	8.4	3.5	8.3	9.4
英德市	Yingde City	8.6	4.5	7.0	11.8
连州市	Lianzhou City	8.2	5.5	6.1	10.2
佛冈县	Fogang County	8.8	6.5	10.1	7.5
连山县	Lianshan County	5.4	4.4	-1.3	12.2
连南县	Liannan County	7.3	6.6	1.8	13.1
阳山县	Yangshan County	6.9	5.0	7.3	7.9
潮州市	Chaozhou				
市　区	Urban District	8.3	4.0	7.4	10.2
饶平县	Raoping County	8.6	5.5	6.5	12.2
揭阳市	Jieyang				
市　区	Urban District	8.6	2.8	8.5	9.7
普宁市	Puning City	8.6	4.8	7.3	12.5
揭西县	Jiexi County	8.1	3.5	7.6	11.1
惠来县	Huilai County	7.1	2.7	7.5	10.0
云浮市	Yunfu				
市　区	Urban District	11.3	1.0	11.2	13.9
罗定市	Luoding City	8.7	3.9	7.5	12.8
新兴县	Xinxing County	8.7	3.1	5.0	18.5
郁南县	Yunan County	8.5	3.6	2.5	20.3

22-3 各县(市)区人均地区生产总值及增长速度

Per Capita Gross Domestic Product and Growth Rates by County (County-level City) and District

县(市)区	County (County-level City) and District	绝对数（元/人） Absolute Figure (yuan/person)		增长速度（%） Growth Rate (%)	
		2014	2015	2014	2015
广州市	Guangzhou	128478	136188	7.6	6.0
深圳市	Shenzhen	149495	157985	7.6	5.2
珠海市	Zhuhai	116537	124706	9.3	8.6
汕头市	Shantou				
市　区	Urban District	31284	33825	8.3	7.7
南澳县	Nanao County	23916	25496	6.8	7.2
佛山市	Foshan	101617	108299	7.7	7.5
韶关市	Shaoguan				
市　区	Urban District	52267	53361	6.0	2.6
乐昌市	Lechang City	24853	26116	3.9	6.0
南雄市	Nanxiong City	34631	38380	10.9	10.2
仁化县	Renhua County	43736	45197	6.6	6.4
始兴县	Shixing County	32697	35425	8.4	8.1
翁源县	Wengyuan County	24147	26004	7.7	7.5
新丰县	Xinfeng County	32961	34789	13.7	7.8
乳源县	Ruyuan County	33308	36351	8.9	9.6
河源市	Heyuan				
市　区	Urban District	57538	62535	13.2	11.2
东源县	Dongyuan County	21103	20412	10.5	2.6
和平县	Heping County	21284	23600	9.8	9.1
龙川县	Longchuan County	16214	16938	4.8	5.5
紫金县	Zijin County	16516	17552	8.9	7.5
连平县	Lianping County	25349	23771	7.4	1.7
梅州市	Meizhou				
市　区	Urban District	36822	39382	7.2	7.9
兴宁市	Xingning City	14308	15591	11.1	8.3
平远县	Pingyuan County	26756	29365	7.7	9.8
蕉岭县	Jiaoling County	29421	32032	11.0	9.7
大埔县	Dabu County	17470	18927	11.0	9.3
丰顺县	Fengshun County	18042	19385	11.6	10.0
五华县	Wuhua County	10863	11769	9.3	9.2
惠州市	Huizhou				
市　区	Urban District	79380	80779	6.2	5.7
惠东县	Huidong County	47510	55957	13.7	14.1
博罗县	Boluo County	47262	51365	13.5	13.5
龙门县	Longmen County	44594	50144	14.2	14.7
汕尾市	Shanwei				
市　区	Urban District	40968	40365	4.6	…
陆丰市	Lufeng City	15827	16684	10.2	8.3
海丰县	Haifeng County	29630	32334	10.3	11.5
陆河县	Luhe County	15946	16803	6.8	7.6
东莞市	Dongguan	70605	75616	7.4	8.4
中山市	Zhongshan	88682	94030	7.4	7.8
江门市	Jiangmen				
市　区	Urban District	61502	65348	9.6	9.2
台山市	Taishan City	34084	34603	6.2	6.3
开平市	Kaiping City	37908	40750	6.2	7.9
鹤山市	Heshan City	46092	51941	6.6	8.8
恩平市	Enping City	28271	30139	6.2	4.5

22-3 续表 continued

县(市)区	County (County-level City) and District	绝对数(元/人) Absolute Figure (yuan/person) 2014	2015	增长速度(%) Growth Rate (%) 2014	2015
阳江市	Yangjiang				
市　区	Urban District	54740	57879	9.0	8.0
阳春市	Yangchun City	39573	42290	9.2	7.2
阳西县	Yangxi County	41225	44166	14.9	7.9
湛江市	Zhanjiang				
市　区	Urban District	64927	64710	8.8	7.2
雷州市	Leizhou City	15743	17260	9.2	7.2
廉江市	Lianjiang County	24468	27976	14.8	12.6
吴川市	Wuchuan City	21458	23042	10.2	7.8
遂溪县	Suixi County	27077	28714	6.6	6.6
徐闻县	Xuwen County	19078	20104	-0.5	6.1
茂名市	Maoming				
市　区	Urban District	47076	48632	7.8	7.8
信宜市	Xinyi City	36666	38141	12.5	9.5
高州市	Gaozhou City	32563	33761	11.9	10.0
化州市	Huazhou City	31235	32398	12.7	9.5
肇庆市	Zhaoqing				
市　区	Urban District	66734	69599	7.0	6.0
四会市	Sihui City	89955	94917	10.8	8.3
高要市	Gaoyao City	48232		12.5	
广宁县	Guangning County	28414	30014	10.5	6.7
德庆县	Deqing County	32622	34412	9.6	6.7
封开县	Fengkai County	30986	32904	9.6	7.5
怀集县	Huaiji County	25048	26077	9.6	6.4
清远市	Qingyuan				
市　区	Urban District	41145	43994	9.3	7.7
英德市	Yingde City	23092	24357	11.3	8.0
连州市	Lianzhou City	30801	33030	9.3	7.6
佛冈县	Fogang County	30424	33376	11.3	8.2
连山县	Lianshan County	29540	31405	5.3	4.9
连南县	Liannan County	25004	27382	7.2	6.7
阳山县	Yangshan County	22145	23704	6.1	6.3
潮州市	Chaozhou				
市　区	Urban District	36855	40189	8.1	9.6
饶平县	Raoping County	23339	25527	7.7	10.2
揭阳市	Jieyang				
市　区	Urban District	41872	44340	10.6	8.0
普宁市	Puning City	26813	28226	11.8	8.0
揭西县	Jiexi County	24010	25301	10.0	7.4
惠来县	Huilai County	20614	21641	9.0	6.6
云浮市	Yunfu				
市　区	Urban District	40232	40389	7.8	3.9
罗定市	Luoding City	16664	18216	10.7	10.3
新兴县	Xinxing County	46735	49784	11.0	8.0
郁南县	Yunan County	22707	24274	9.6	7.7

22-4 各县(市)区工、农业总产值

Gross Output Value of Industry and Agriculture by County (County-level City) and District

单位：万元 (10000 yuan)

县(市)区	County (County-level City) and District	工业总产值 Gross Output Value of Industry		农业总产值 Gross Output Value of Agriculture	
		2014	2015	2014	2015
广州市	Guangzhou	179979661	184247267	3983015	4134561
深圳市	Shenzhen	247775911	255424444	129156	159515
珠海市	Zhuhai	37022580	39660233	835555	856235
汕头市	Shantou				
市　区	Urban District	27691859	29661322	1501666	1588846
南澳县	Nanao County	24918	26688	156228	163259
佛山市	Foshan	187966473	195449485	2704675	2756920
韶关市	Shaoguan				
市　区	Urban District	6779857	5966204	431296	468027
乐昌市	Lechang City	747269	605742	314915	342653
南雄市	Nanxiong City	1205916	1459200	394205	423794
仁化县	Renhua County	789946	798586	276296	297563
始兴县	Shixing County	742453	784594	255764	273405
翁源县	Wengyuan County	796875	817335	317142	340031
新丰县	Xinfeng County	806688	867558	163694	180295
乳源县	Ruyuan County	997999	918543	109340	117805
河源市	Heyuan				
市　区	Urban District	7070887	7562256	47061	48835
东源县	Dongyuan County	1343314	1426267	237115	253582
和平县	Heping County	1503237	1692666	220577	238966
龙川县	Longchuan County	826562	1091452	370541	399168
紫金县	Zijin County	1310662	1337161	384675	411973
连平县	Lianping County	1968376	1320402	154707	164585
梅州市	Meizhou				
市　区	Urban District	3358863	3506645	778216	842413
兴宁市	Xingning City	537402	605991	620049	666759
平远县	Pingyuan County	468422	508611	176900	190209
蕉岭县	Jiaoling County	437578	461010	177620	190592
大埔县	Dabu County	333268	402356	279098	303104
丰顺县	Fengshun County	857956	964781	353290	372968
五华县	Wuhua County	516823	598226	473125	506520
惠州市	Huizhou				
市　区	Urban District	53083653	50680585	620231	657602
惠东县	Huidong County	4682622	6186262	648499	698547
博罗县	Boluo County	9637806	11645983	716381	759624
龙门县	Longmen County	1609390	1934462	300976	337208
汕尾市	Shanwei				
市　区	Urban District	4321538	4027076	331701	354296
陆丰市	Lufeng City	2896882	3238431	775101	832772
海丰县	Haifeng County	3593878	4230363	570134	608963
陆河县	Luhe County	139182	164955	165237	176568
东莞市	Dongguan	121337147	127444179	339364	343471
中山市	Zhongshan	60320925	63452777	1137038	1128400
江门市	Jiangmen				
市　区	Urban District	21053439	23643180	914335	933375
台山市	Taishan City	5026362	5627684	1010406	1028976
开平市	Kaiping City	4209579	4622144	484345	509206
鹤山市	Heshan City	4532692	4678543	331515	366451
恩平市	Enping City	1432852	1416035	341478	360750

22-4 续表 continued

单位：万元 (10000 yuan)

县(市)区	County (County-level City) and District	工业总产值 Gross Output Value of Industry 2014	2015	农业总产值 Gross Output Value of Agriculture 2014	2015
阳江市	Yangjiang				
市　区	Urban District	12782831	13640427	1350489	1429202
阳春市	Yangchun City	4296666	4439018	1089359	1182704
阳西县	Yangxi County	1539931	1820998	787493	839380
湛江市	Zhanjiang				
市　区	Urban District	13263667	11706829	1071515	1104898
雷州市	Leizhou City	889110	935333	1417903	1508380
廉江市	Lianjiang County	4527867	6028987	1446804	1550525
吴川市	Wuchuan City	1717805	1834175	439402	461899
遂溪县	Suixi County	1944908	1988581	1477396	1567334
徐闻县	Xuwen County	229978	230054	975806	1045806
茂名市	Maoming				
市　区	Urban District	18326811	15866680	1923223	2060847
信宜市	Xinyi City	1795042	2331816	1164648	1251051
高州市	Gaozhou City	1970958	2646009	1494942	1569041
化州市	Huazhou City	1925676	2436003	1200596	1290626
肇庆市	Zhaoqing				
市　区	Urban District	6855217	17949101	255995	1282214
四会市	Sihui City	14634858	15074744	694368	729710
高要市	Gaoyao City	9940825		973568	
广宁县	Guangning County	1748195	1822459	391111	423569
德庆县	Deqing County	2316476	2480175	383974	419095
封开县	Fengkai County	1342665	1468632	550405	588251
怀集县	Huaiji County	1796774	1548584	836940	916524
清远市	Qingyuan				
市　区	Urban District	11543675	11557383	873159	931418
英德市	Yingde City	2543504	2621515	716944	776696
连州市	Lianzhou City	511491	507838	426666	466783
佛冈县	Fogang County	1650766	1740790	140117	154289
连山县	Lianshan County	103165	91620	98176	107593
连南县	Liannan County	112003	115325	77484	86057
阳山县	Yangshan County	232983	166781	386058	426004
潮州市	Chaozhou				
市　区	Urban District	9616782	10551681	374208	394118
饶平县	Raoping County	2603091	2706332	682043	722257
揭阳市	Jieyang				
市　区	Urban District	20341131	22685665	711990	753492
普宁市	Puning City	14789475	16564061	546994	582332
揭西县	Jiexi County	1921206	2218596	478679	511443
惠来县	Huilai County	5854960	6562852	702939	740344
云浮市	Yunfu				
市　区	Urban District	3843577	4350200	437401	465223
罗定市	Luoding City	1188424	1416482	576311	616731
新兴县	Xinxing County	3480703	3965102	842582	890291
郁南县	Yunan County	1207519	1263101	387246	415905

注：本表按当年价格计算，工业总产值为规模以上工业数据。
Note: Data in this table are calculated at current prices and the output of industry refers to that of industry above designated size.

22-5 各县(市)区粮食产量

Output of Grain by County (County-level City) and District

单位：吨 (ton)

县(市)区别	County (County-level City) and District	粮食 Grain 2014	粮食 Grain 2015	#稻谷 Rice 2014	#稻谷 Rice 2015
广州市	Guangzhou	443145	440898	314895	310138
深圳市	Shenzhen	77	63		
珠海市	Zhuhai	42539	41552	29796	28901
汕头市	Shantou				
市　区	Urban District	461824	466330	325125	323396
南澳县	Nan'ao County	4171	4019	2281	2274
佛山市	Foshan	98423	98208	55507	51618
韶关市	Shaoguan				
市　区	Urban District	138764	139859	126798	127460
乐昌市	Lechang City	124243	124342	94217	93839
南雄市	Nanxiong City	212143	213809	191665	193048
仁化县	Renhua County	103720	103554	85347	84808
始兴县	Shixing County	88719	89558	79485	79782
翁源县	Wengyuan County	104075	104731	94265	95193
新丰县	Xinfeng County	55216	56492	43471	44490
乳源县	Ruyuan County	58830	60181	47908	47931
河源市	Heyuan				
市　区	Urban District	12239	12590	10899	11228
东源县	Dongyuan County	171800	172352	155000	155544
和平县	Heping County	131719	132598	111328	111479
龙川县	Longchuan County	276900	275258	254000	252908
紫金县	Zijin County	221800	221700	196800	198950
连平县	Lianping County	97884	97731	87039	87699
梅州市	Meizhou				
市　区	Urban District	218305	219000	183540	183945
兴宁市	Xingning City	339100	341588	285600	286742
平远县	Pingyuan County	88202	88607	75210	75360
蕉岭县	Jiaoling County	63994	64496	58664	58898
大埔县	Dabu County	97513	98350	84192	84612
丰顺县	Fengshun County	122997	123688	93937	94218
五华县	Wuhua County	300891	302701	279935	280607
惠州市	Huizhou				
市　区	Urban District	144796	146105	86551	86480
惠东县	Huidong County	190100	191078	134584	135098
博罗县	Boluo County	161200	162101	109915	110526
龙门县	Longmen County	96003	97951	87560	87995
汕尾市	Shanwei				
市　区	Urban District	25941	26215	18839	18943
陆丰市	Lufeng City	197899	198268	135226	133565
海丰县	Haifeng County	182800	169103	163205	149385
陆河县	Luhe County	59246	59278	41757	41704
东莞市	Dongguan	12406	12675	4965	4106
中山市	Zhongshan	75171	77882	31250	29890
江门市	Jiangmen				
市　区	Urban District	162405	152696	145012	135422
台山市	Taishan City	349650	362652	336375	346533
开平市	Kaiping City	225221	225565	208106	207917
鹤山市	Heshan City	80559	81221	71912	74598
恩平市	Enping City	134863	133594	123342	121597

22-5 续表 continued

单位：吨 (ton)

县(市)区	County (County-level City) and District	粮食 Grain 2014	粮食 Grain 2015	#稻谷 Rice 2014	#稻谷 Rice 2015
阳江市	Yangjiang				
市 区	Urban District	259644	253007	209515	201534
阳春市	Yangchun City	306100	308287	233113	239117
阳西县	Yangxi County	150500	148332	121596	116327
湛江市	Zhanjiang				
市 区	Urban District	166887	165050	127643	125426
雷州市	Leizhou City	335473	332123	296084	293240
廉江市	Lianjiang County	425296	418028	332265	320261
吴川市	Wuchuan City	158015	159410	131107	133321
遂溪县	Suixi County	242346	241153	169039	169618
徐闻县	Xuwen County	127347	125554	67869	66544
茂名市	Maoming				
市 区	Urban District	428120	421271	359051	349406
信宜市	Xinyi City	321600	321271	240100	235477
高州市	Gaozhou City	380900	379669	357100	354358
化州市	Huazhou City	327800	326505	279100	282764
肇庆市	Zhaoqing				
市 区	Urban District	42454	277528	36852	240967
四会市	Sihui City	123279	121677	98915	94709
高要市	Gaoyao City	235500		205000	
广宁县	Guangning County	158376	159100	138771	139622
德庆县	Deqing County	119624	122786	110404	113214
封开县	Fengkai County	204100	204297	174800	175313
怀集县	Huaiji County	272483	273868	247437	247236
清远市	Qingyuan				
市 区	Urban District	210327	207659	195660	193431
英德市	Yingde City	215902	223404	177427	182418
连州市	Lianzhou City	121074	131202	94202	100277
佛冈县	Fogang County	60275	60283	55490	55271
连山县	Lianshan County	41777	40828	35606	35564
连南县	Liannan County	35414	30301	20682	19375
阳山县	Yangshan County	110754	105105	66543	64453
潮州市	Chaozhou				
市 区	Urban District	133787	134098	104647	104356
饶平县	Raoping County	140246	140358	109001	108740
揭阳市	Jieyang				
市 区	Urban District	264314	263833	157858	157001
普宁市	Puning City	212662	215518	123168	122659
揭西县	Jiexi County	175820	176497	107491	106691
惠来县	Huilai County	204178	202807	93441	92633
云浮市	Yunfu				
市 区	Urban District	150891	150166	114560	115649
罗定市	Luoding City	259017	258579	227172	228395
新兴县	Xinxing County	146187	146611	132450	133198
郁南县	Yunan County	144500	144534	116800	116808

22-6 各县(市)区糖蔗、花生和蔬菜产量

Output of Sugarcane,Peanut and Vegetable by County (County-level City) and District

单位：吨 (ton)

县(市)区	County (County-level City) and District	糖蔗 Sugarcane 2014	糖蔗 Sugarcane 2015	花生 Peanuts 2014	花生 Peanuts 2015	蔬菜 Vegetable 2014	蔬菜 Vegetable 2015
广州市	Guangzhou	6467	5370	19016	18824	3572476	3690969
深圳市	Shenzhen	5		5	5	67167	63030
珠海市	Zhuhai	3549	1802	900	1206	163548	157953
汕头市	Shantou						
市　区	Urban District			3316	3272	1720244	1759425
南澳县	Nan'ao County			110	115	17083	17353
佛山市	Foshan		78	4939	5190	1244245	1267044
韶关市	Shaoguan						
市　区	Urban District			28826	29625	472895	496490
乐昌市	Lechang City	2792	2792	8815	9114	308444	329545
南雄市	Nanxiong City			24617	25854	231561	274024
仁化县	Renhua County			31159	32810	206362	221984
始兴县	Shixing County			11014	11953	231072	245240
翁源县	Wengyuan County	217102	213680	18183	19151	313929	329547
新丰县	Xinfeng County	981	1086	5546	5862	216252	225493
乳源县	Ruyuan County			3949	4017	77078	82456
河源市	Heyuan						
市　区	Urban District	2674	2610	2502	2536	36798	38013
东源县	Dongyuan County	13786	9530	20295	20955	83329	88292
和平县	Heping County			6670	7229	143765	151400
龙川县	Longchuan County			12538	12605	123956	132613
紫金县	Zijin County	8245	13219	17854	19067	217106	224969
连平县	Lianping County			17784	18034	83584	87595
梅州市	Meizhou						
市　区	Urban District			11806	12224	585596	612798
兴宁市	Xingning City			4420	4693	668112	717323
平远县	Pingyuan County			3685	3938	70902	72745
蕉岭县	Jiaoling County			3977	3149	102084	108896
大埔县	Dabu County			2969	3068	178389	188399
丰顺县	Fengshun County			5924	6060	227222	234635
五华县	Wuhua County			6884	7582	339010	363385
惠州市	Huizhou						
市　区	Urban District	1215	1273	19194	19147	886258	912728
惠东县	Huidong County	1049	1072	18301	19117	731650	800149
博罗县	Boluo County	65686	59584	16995	17007	769939	805542
龙门县	Longmen County	1570	1875	6801	7724	224826	255374
汕尾市	Shanwei						
市　区	Urban District			1830	1877	72008	75388
陆丰市	Lufeng City			15792	16295	532999	566177
海丰县	Haifeng County	5000	5000	5758	5931	452603	481677
陆河县	Luhe County			3568	3509	70230	77143
东莞市	Dongguan			211	202	399900	411247
中山市	Zhongshan	1879	1667	393	399	532644	545101
江门市	Jiangmen						
市　区	Urban District	4824	4827	1462	1688	246005	258259
台山市	Taishan City	66991	73356	12603	13966	262386	308034
开平市	Kaiping City	5308	5106	5916	5999	293474	294525
鹤山市	Heshan City			5115	4751	307372	295499
恩平市	Enping City	100775	105608	5595	5800	144333	145839

22-6 续表 continued

单位：吨 (ton)

县(市)区	County (County-level City) and District	糖蔗 Sugarcane 2014	糖蔗 Sugarcane 2015	花生 Peanuts 2014	花生 Peanuts 2015	蔬菜 Vegetable 2014	蔬菜 Vegetable 2015
阳江市	Yangjiang						
市　区	Urban District	41304	41280	20326	20804	323299	346597
阳春市	Yangchun City	27786	23719	24237	25121	395027	406301
阳西县	Yangxi County			11152	11102	236662	258924
湛江市	Zhanjiang						
市　区	Urban District	432904	346671	12140	11884	239516	243188
雷州市	Leizhou City	4620226	4448252	58113	65247	692421	743933
廉江市	Lianjiang County	527833	452270	47889	49350	974633	1040159
吴川市	Wuchuan City	31769	36038	24365	23074	129392	135845
遂溪县	Suixi County	4862826	4756401	36648	40365	687224	726606
徐闻县	Xuwen County	1390103	1232963	14696	17275	694077	755850
茂名市	Maoming						
市　区	Urban District	15151	13945	62546	63255	1042930	1084864
信宜市	Xinyi City			16076	16960	374035	401661
高州市	Gaozhou City	6813	7202	25271	26616	675324	728407
化州市	Huazhou City	296850	312023	33705	35216	526610	566918
肇庆市	Zhaoqing						
市　区	Urban District			1274	13736	124879	1002300
四会市	Sihui City			13078	13607	231825	239119
高要市	Gaoyao City			12532		847748	
广宁县	Guangning County			6142	6949	184230	189300
德庆县	Deqing County			10396	10702	180806	186742
封开县	Fengkai County	33409	36668	17838	17683	262673	267842
怀集县	Huaiji County	4827	3909	10637	10405	497337	524275
清远市	Qingyuan						
市　区	Urban District	8504	8517	28377	30338	719973	759243
英德市	Yingde City	260391	260500	32437	32576	666468	714696
连州市	Lianzhou City			14834	15994	643827	691700
佛冈县	Fogang County			3238	6471	95038	117933
连山县	Lianshan County			4170	4540	78943	84586
连南县	Liannan County			5358	7324	43770	52711
阳山县	Yangshan County	270	270	17060	17482	461014	498844
潮州市	Chaozhou						
市　区	Urban District			1127	1086	229435	238072
饶平县	Raoping County	7785	8789	3299	2514	242047	243451
揭阳市	Jieyang						
市　区	Urban District	6388	6704	10642	11255	831321	860032
普宁市	Puning City			1478	1534	486684	533076
揭西县	Jiexi County	2540	2840	2956	3370	286180	294898
惠来县	Huilai County			8481	8701	503393	516181
云浮市	Yunfu						
市　区	Urban District	834	834	10824	11215	99048	105267
罗定市	Luoding City			20314	21173	108613	110095
新兴县	Xinxing County			8377	10505	246971	246307
郁南县	Yunan County			13826	13428	55286	57600

22-7 各县(市)区生猪年末存栏头数、肉猪出栏头数和猪肉产量

Number of Hogs on Hand at the Year-end, Slaughtered Fattened Hogs and Output of Pork by County (County-level City) and District

县(市)区	County (County-level City) and District	生猪年末存栏头数(万头) Number of Hogs on Hand at the Year-end (10000 heads)		肉猪出栏头数(万头) Slaughtered Fattened Hogs (10000 heads)		猪肉产量(万吨) Output of Pork (10000 tons)	
		2014	2015	2014	2015	2014	2015
广州市	Guangzhou	73.23	50.15	151.35	111.20	11.34	8.33
深圳市	Shenzhen	3.09	1.56	6.97	5.15	0.47	0.36
珠海市	Zhuhai	41.39	37.45	62.36	51.44	4.54	3.97
汕头市	Shantou						
市　区	Urban District	42.43	43.03	87.99	85.47	6.51	6.34
南澳县	Nan'ao County	1.98	1.98	4.65	4.54	0.35	0.34
佛山市	Foshan	85.01	81.55	155.77	153.65	11.46	11.28
韶关市	Shaoguan						
市　区	Urban District	26.60	27.34	43.39	42.63	3.20	3.16
乐昌市	Lechang City	15.24	15.67	28.08	27.59	2.07	2.04
南雄市	Nanxiong City	22.09	22.71	37.84	37.18	2.79	2.75
仁化县	Renhua County	10.33	10.62	17.22	16.92	1.27	1.25
始兴县	Shixing County	6.35	6.53	13.15	12.92	0.97	0.96
翁源县	Wengyuan County	7.77	7.98	11.55	11.35	0.85	0.84
新丰县	Xinfeng County	6.24	6.42	8.46	8.32	0.62	0.62
乳源县	Ruyuan County	7.65	7.86	7.48	7.35	0.55	0.54
河源市	Heyuan						
市　区	Urban District	4.73	4.27	7.07	6.39	0.53	0.48
东源县	Dongyuan County	8.45	8.36	16.62	16.64	1.31	1.32
和平县	Heping County	5.80	6.20	16.41	16.44	1.29	1.29
龙川县	Longchuan County	23.68	23.68	26.13	25.44	2.09	2.04
紫金县	Zijin County	12.43	12.54	19.45	18.87	1.42	1.38
连平县	Lianping County	19.72	19.98	14.32	13.96	0.93	0.91
梅州市	Meizhou						
市　区	Urban District	27.00	28.01	60.18	58.55	4.55	4.50
兴宁市	Xingning City	33.45	33.86	59.86	59.54	4.47	4.43
平远县	Pingyuan County	10.20	10.33	15.17	14.94	1.19	1.18
蕉岭县	Jiaoling County	10.75	10.97	24.67	24.24	1.88	1.86
大埔县	Dabu County	12.28	12.58	22.36	21.98	1.60	1.58
丰顺县	Fengshun County	18.13	18.31	27.75	27.01	1.95	1.92
五华县	Wuhua County	45.30	44.80	58.00	57.38	4.35	4.30
惠州市	Huizhou						
市　区	Urban District	22.72	24.39	52.67	50.56	4.01	3.83
惠东县	Huidong County	28.95	30.91	42.81	42.98	3.21	3.22
博罗县	Boluo County	48.95	46.58	89.06	86.88	6.68	6.59
龙门县	Longmen County	6.94	7.24	9.32	9.30	0.72	0.71
汕尾市	Shanwei						
市　区	Urban District	4.06	4.16	8.52	8.32	0.62	0.61
陆丰市	Lufeng City	20.94	21.42	43.64	42.60	3.23	3.17
海丰县	Haifeng County	7.98	8.16	15.81	15.44	1.17	1.15
陆河县	Luhe County	7.83	8.01	15.73	15.35	1.22	1.20
东莞市	Dongguan	7.73	6.30	20.82	13.66	1.48	0.99
中山市	Zhongshan	17.74	15.75	33.56	30.12	2.34	2.11
江门市	Jiangmen						
市　区	Urban District	60.82	56.84	108.44	108.73	8.10	7.97
台山市	Taishan City	20.54	20.26	34.27	34.80	2.53	2.55
开平市	Kaiping City	27.02	28.66	59.01	60.00	4.26	4.39
鹤山市	Heshan City	40.48	49.90	67.30	68.87	4.77	5.06
恩平市	Enping City	16.57	17.23	27.24	28.33	2.00	2.08

22–7 续表 continued

县(市)区	County (County-level City) and District	生猪年末存栏头数(万头) Number of Hogs on Hand at the Year-end (10000 heads)		肉猪出栏头数(万头) Slaughtered Fattened Hogs (10000 heads)		猪肉产量(万吨) Output of Pork (10000 tons)	
		2014	2015	2014	2015	2014	2015
阳江市	Yangjiang						
市　区	Urban District	42.09	42.79	57.24	56.26	4.22	4.17
阳春市	Yangchun City	69.31	70.94	109.87	108.04	8.28	8.18
阳西县	Yangxi County	16.83	17.45	29.55	28.89	2.25	2.18
湛江市	Zhanjiang						
市　区	Urban District	21.70	20.29	48.54	44.77	3.54	3.29
雷州市	Leizhou City	24.70	25.40	34.35	32.24	2.55	2.41
廉江市	Lianjiang County	70.30	72.57	135.28	133.22	10.19	10.04
吴川市	Wuchuan City	17.75	18.39	28.99	28.55	2.14	2.12
遂溪县	Suixi County	42.98	45.28	87.67	87.64	6.58	6.62
徐闻县	Xuwen County	11.89	12.19	17.67	17.30	1.27	1.21
茂名市	Maoming						
市　区	Urban District	107.46	109.48	196.14	190.06	15.03	14.67
信宜市	Xinyi City	46.47	48.48	95.86	95.51	7.30	7.29
高州市	Gaozhou City	71.35	73.10	147.49	143.11	11.26	10.93
化州市	Huazhou City	74.80	76.34	149.51	146.17	11.23	10.96
肇庆市	Zhaoqing						
市　区	Urban District	31.09	63.47	57.59	135.70	4.43	10.59
四会市	Sihui City	72.39	73.52	131.92	129.01	10.40	10.13
高要市	Gaoyao City	31.95		80.82		6.30	
广宁县	Guangning County	19.12	21.65	23.08	22.60	1.65	1.62
德庆县	Deqing County	11.17	11.33	13.78	13.39	0.95	0.97
封开县	Fengkai County	17.32	17.55	21.72	21.32	1.62	1.59
怀集县	Huaiji County	45.70	45.26	98.95	96.81	6.86	6.71
清远市	Qingyuan						
市　区	Urban District	35.26	36.66	56.83	57.17	4.25	4.25
英德市	Yingde City	30.49	31.60	35.52	35.58	2.65	2.69
连州市	Lianzhou City	32.10	29.87	60.54	53.27	4.06	3.57
佛冈县	Fogang County	8.68	8.78	7.51	6.93	0.56	0.57
连山县	Lianshan County	2.78	2.86	5.90	6.56	0.52	0.53
连南县	Liannan County	2.09	2.40	3.55	4.13	0.27	0.32
阳山县	Yangshan County	30.55	31.55	51.53	51.76	3.59	3.61
潮州市	Chaozhou						
市　区	Urban District	13.81	14.27	19.24	18.90	1.49	1.47
饶平县	Raoping County	24.82	25.65	43.09	42.31	3.17	3.13
揭阳市	Jieyang						
市　区	Urban District	14.90	17.29	34.35	41.87	2.64	2.60
普宁市	Puning City	28.03	25.58	43.91	38.90	3.41	3.36
揭西县	Jiexi County	24.63	25.37	45.40	42.81	3.29	3.29
惠来县	Huilai County	26.12	26.38	31.57	29.27	2.31	2.25
云浮市	Yunfu						
市　区	Urban District	23.74	23.34	33.97	33.29	2.51	2.46
罗定市	Luoding City	15.07	15.96	29.52	28.94	1.82	1.81
新兴县	Xinxing County	42.56	44.31	79.94	78.38	6.34	6.22
郁南县	Yunan County	7.53	7.95	9.96	9.77	0.80	0.78

22-8 各县(市)区固定资产投资（2015年）

Investment in Fixed Assets by County (County-level City) and District (2015)

单位：万元 (10000 yuan)

县(市)区	County (County-level City) and District	总计 Total		#房地产投资 Investment in Real Estate Development	
		投资完成额 Completed Investment	新增固定资产 Newly Increased Fixed Assets	投资完成额 Completed Investment	新增固定资产 Newly Increased Fixed Assets
广州市	Guangzhou	54059522	31948118	21375891	6504203
深圳市	Shenzhen	32983076	14785593	13310333	3993238
珠海市	Zhuhai	13051412	5335956	5241185	1281225
汕头市	Shantou				
市　区	Urban District	12600541	10263609	2333653	345710
南澳县	Nan'ao County	142636	16074	121468	5760
佛山市	Foshan	30355217	17578544	9453688	2513049
韶关市	Shaoguan				
市　区	Urban District	2825013	1469843	837977	107192
乐昌市	Lechang City	322537	220087	66426	26764
南雄市	Nanxiong City	1069036	1009310	84202	14799
仁化县	Renhua County	538919	395152	35755	15103
始兴县	Shixing County	552570	412788	87120	10504
翁源县	Wengyuan County	542764	251047	102905	36470
新丰县	Xinfeng County	513735	685803	58765	
乳源县	Ruyuan County	652118	430563	45789	4401
河源市	Heyuan				
市　区	Urban District	2111284	885985	717685	416246
东源县	Dongyuan County	717803	335425	208647	69516
和平县	Heping County	606097	382029	54679	69514
龙川县	Longchuan County	722963	315098	199520	40249
紫金县	Zijin County	927550	398857	72337	65295
连平县	Lianping County	555653	149413	33060	1822
梅州市	Meizhou				
市　区	Urban District	2780818	1710826	953429	843279
兴宁市	Xingning City	679420	333887	244339	95816
平远县	Pingyuan County	277645	129496	49607	29868
蕉岭县	Jiaoling County	280161	81199	99927	17682
大埔县	Dabu County	660171	86674	109064	50242
丰顺县	Fengshun County	557333	491783	133067	115582
五华县	Wuhua County	445072	396504	94517	103449
惠州市	Huizhou				
市　区	Urban District	11169986	6360993	4131850	1527620
惠东县	Huidong County	2923755	2003984	880223	131428
博罗县	Boluo County	2852872	2341461	514764	265706
龙门县	Longmen County	1692693	1192470	577660	
汕尾市	Shanwei				
市　区	Urban District	1227347	260539	111938	71
陆丰市	Lufeng City	1641376	1572473	32582	36
海丰县	Haifeng County	2816071	2703653	102462	156396
陆河县	Luhe County	167187	130116	14034	
东莞市	Dongguan	14465180	7269377	5752145	1969149
中山市	Zhongshan	10554086	6890304	4810127	2439866
江门市	Jiangmen				
市　区	Urban District	6482776	3516533	1825322	690308
台山市	Taishan City	2001009	914022	257939	142768
开平市	Kaiping City	2032095	1863690	278648	109761
鹤山市	Heshan City	1536608	863389	536651	150812
恩平市	Enping City	1026255	695221	211562	182192

注：2011年起固定资产投资项目统计起点由50万元提高至500万元，且不包含农村农户投资。

Note: Since 2011, the cut-off point of investment statistics is changed from a minimum of 500,000 yuan to a minimum of 5,000,000 yuan, and the data do not include the investment made by rural households.

22-8 续表 continued

单位：万元 (10000 yuan)

县(市)区	County (County-level City) and District	总计 Total		#房地产投资 Investment in Real Estate Development	
		投资完成额 Completed Investment	新增固定资产 Newly Increased Fixed Assets	投资完成额 Completed Investment	新增固定资产 Newly Increased Fixed Assets
阳江市	Yangjiang				
市 区	Urban District	4725430	3714261	704956	344876
阳春市	Yangchun City	1462597	339221	103996	113802
阳西县	Yangxi County	723241	443344	239690	152375
湛江市	Zhanjiang				
市 区	Urban District	6114408	2790536	1345926	821438
雷州市	Leizhou City	614065	509136	26796	22981
廉江市	Lianjiang City	3042917	2712558	193997	73073
吴川市	Wuchuan City	1622243	975635	132033	35735
遂溪县	Suixi County	1429777	1391357	57650	7660
徐闻县	Xuwen County	313446	192953	34108	84233
茂名市	Maoming				
市 区	Urban District	5703485	4159326	698972	114699
信宜市	Xinyi City	1878449	1577418	126278	39107
高州市	Gaozhou City	1800460	2209375	92883	96801
化州市	Huazhou City	1772582	1693732	108537	22303
肇庆市	Zhaoqing				
市 区	Urban District	5863006	3670053	883949	202555
四会市	Sihui City	4347446	2374544	441667	162243
广宁县	Guangning County	636943	399244	92203	9217
德庆县	Deqing County	938533	936344	37287	40832
封开县	Fengkai County	792600	737843	50457	20264
怀集县	Huaiji County	721813	1092335	92123	88480
清远市	Qingyuan				
市 区	Urban District	3884061	1995402	1692709	917986
英德市	Yingde City	1257840	895140	166000	118702
连州市	Lianzhou City	347263	239661	93380	95540
佛冈县	Fogang County	389157	232840	129209	76741
连山县	Lianshan County	52577	59059	2780	11400
连南县	Liannan County	91587	56689	22704	10484
阳山县	Yangshan County	183820	160777	29016	6887
潮州市	Chaozhou				
市 区	Urban District	3257720	2214149	448460	351471
饶平县	Raoping County	661730	519888	59572	6265
揭阳市	Jieyang				
市 区	Urban District	6576816	5082423	249597	
普宁市	Puning City	3807864	3351579	60230	53802
揭西县	Jiexi County	980385	1000917	106797	136084
惠来县	Huilai County	2255933	1877907	70094	17700
云浮市	Yunfu				
市 区	Urban District	4240759	3792611	338729	97587
罗定市	Luoding City	1461935	728537	125766	68037
新兴县	Xinxing County	1600858	941925	122325	136148
郁南县	Yunan County	637922	517249	40848	47275

22—9 各县(市)区社会消费品零售总额

Total Retail Sales of Consumer Goods by County (County-level City)and District

单位：万元 (10000 yuan)

县(市)区	County (County-level City) and District	社会消费品零售总额 Total Retail Sales of Consumer Goods			#批发零售业零售额 Total Retail Sales of Wholesale and Retail Trades		
		2014	2015	2015比2014增长(%) Growth Rate in 2015 over 2014 (%)	2014	2015	2015比2014增长(%) Growth Rate in 2015 over 2014 (%)
广州市	Guangzhou	71444503	79879595	11.0	62306372	69845716	11.2
深圳市	Shenzhen	49189983	50178375	2.0	43900907	44481441	1.3
珠海市	Zhuhai	8157145	9152008	12.0	7267169	8113818	11.4
汕头市	Shantou						
市　区	Urban District	11685701	13293199	12.9	10976711	12523928	13.2
南澳县	Nan'ao County	174732	200206	14.0	149364	172722	15.0
佛山市	Foshan	24005844	27052173	11.9	21308064	24193104	12.4
韶关市	Shaoguan						
市　区	Urban District	3258358	3611325	10.5	2936372	3260783	10.7
乐昌市	Lechang City	506698	562187	11.0	465415	519656	11.7
南雄市	Nanxiong City	410503	456260	11.1	367840	409951	11.4
仁化县	Renhua County	248030	276351	11.4	216389	242242	11.9
始兴县	Shixing County	152083	169788	11.6	138864	154666	11.4
翁源县	Wengyuan County	280038	312800	11.7	264021	295274	11.8
新丰县	Xinfeng County	189149	215068	13.7	175690	199515	13.6
乳源县	Ruyuan County	181981	204090	12.1	162709	182152	11.9
河源市	Heyuan						
市　区	Urban District	1402360	1485193	5.9	1324691	1404990	6.1
东源县	Dongyuan County	561539	628410	11.5	518300	580387	12.0
和平县	Heping County	446488	506810	13.7	412108	466913	13.3
龙川县	Longchuan County	807678	925311	13.5	747487	855177	14.4
紫金县	Zijin County	729188	828051	13.3	676104	769247	13.8
连平县	Lianping County	402825	456094	12.6	371808	419597	12.9
梅州市	Meizhou						
市　区	Urban District	2220640	2451772	9.8	2004194	2221201	10.2
兴宁市	Meixian County	754809	858551	12.7	725470	825810	12.8
平远县	Pingyuan County	199925	226964	12.6	183694	208606	12.6
蕉岭县	Jiaoling County	297209	337727	12.6	277359	316132	12.6
大埔县	Dabu County	394011	446092	12.6	360925	409825	12.8
丰顺县	Fengshun County	399874	456555	12.9	372287	431277	13.3
五华县	Wuhua County	733218	817424	10.5	699823	781540	10.6
惠州市	Huizhou						
市　区	Urban District	5975555	6556956	9.7	5476692	5969117	9.0
惠东县	Huidong County	1885828	2143306	13.7	1696025	1928439	13.7
博罗县	Boluo County	1369745	1493080	9.0	1275553	1396375	9.5
龙门县	Longmen County	455892	513901	12.7	368206	413815	12.4
汕尾市	Shanwei						
市　区	Urban District	940308	1031648	9.7	831309	908049	9.2
陆丰市	Lufeng City	1454386	1621512	11.5	1333268	1490626	11.8
海丰县	Haifeng County	1714715	1921153	12.0	1490423	1666824	11.8
陆河县	Luhe County	291715	321823	10.3	272939	301746	10.6
东莞市	Dongguan	19422889	21846996	10.9	17998101	20331032	11.1
中山市	Zhongshan	9817958	10867357	10.0	8860914	9833182	10.2
江门市	Jiangmen						
市　区	Urban District	4082134	4654058	14.0	3740778	4285789	14.6
台山市	Taishan City	1670342	1849421	10.7	1479055	1646266	11.3
开平市	Kaiping City	1432117	1572206	9.8	1263983	1397340	10.6
鹤山市	Heshan City	1321315	1461988	10.6	1107974	1234432	11.4
恩平市	Enping City	727600	805417	10.7	643789	729101	13.3

22–9 续表 continued

单位：万元 (10000 yuan)

县(市)区	County (County-level City) and District	社会消费品零售总额 Total Retail Sales of Consumer Goods 2014	2015	2015比2014增长(%) Growth Rate in 2015 over 2014 (%)	#批发零售贸易业零售额 Total Retail Sales of Wholesale and Retail Trades 2014	2015	2015比2014增长(%) Growth Rate in 2015 over 2014 (%)
阳江市	Yangjiang						
市　区	Urban District	2983829	3275448	9.5	2418773	2943166	21.4
阳春市	Yangchun City	1846041	2029147	9.8	1708944	1880478	9.9
阳西县	Yangxi County	489124	540001	10.3	395626	436136	10.1
湛江市	Zhanjiang						
市　区	Urban District	6680820	7557880	11.6	5972568	6821705	11.7
雷州市	Leizhou City	1150022	1304294	13.4	982195	1113937	13.4
廉江市	Lianjiang City	1358165	1527382	12.5	1164652	1305707	12.1
吴川市	Wuchuan City	892773	995662	11.5	775280	866411	11.8
遂溪县	Suixi County	844675	933552	10.5	731212	808470	10.6
徐闻县	Xuwen County	694516	770694	10.2	597996	663912	10.1
茂名市	Maoming						
市　区	Urban District	6073150	6767452	11.4	5586960	6221282	11.4
信宜市	Xinyi City	1678838	1850506	10.2	1541774	1698535	10.2
高州市	Gaozhou City	1646617	1820905	10.6	1486133	1643864	10.6
化州市	Huazhou City	1540391	1704901	10.7	1398046	1545184	10.5
肇庆市	Zhaoqing						
市　区	Urban District	2025678	3428395	13.9	1738906	3083145	17.7
四会市	Sihui City	1145985	1286915	12.3	1084044	1149056	6.0
高要市	Gaoyao City	843130			745133		
广宁县	Guangning County	382210	426928	11.7	346036	382694	10.6
德庆县	Deqing County	358163	401195	12.0	312172	349466	11.9
封开县	Fengkai County	293868	326781	11.2	254633	283499	11.3
怀集县	Huaiji County	549936	613422	11.5	488041	548987	12.5
清远市	Qingyuan						
市　区	Urban District	3092111	3334306	9.2	2520392	3157344	9.2
英德市	Yingde City	987556	1107444	10.7	910060	1023771	10.9
连州市	Lianzhou City	387254	434913	10.6	319020	362063	10.9
佛冈县	Fogang County	323467	371935	9.6	268048	313909	9.8
连山县	Lianshan County	49730	56603	10.0	42149	48240	10.0
连南县	Liannan County	62879	73675	11.0	56651	66841	11.3
阳山县	Yangshan County	299812	336019	9.5	251456	283214	9.4
潮州市	Chaozhou						
市　区	Urban District	3123782	3496394	11.9	2856349	3196376	11.9
饶平县	Raoping County	845369	945086	11.8	768700	860054	11.8
揭阳市	Jieyang						
市　区	Urban District	3134840	3607646	15.1	3009424	3471970	15.4
普宁市	Puning City	2546105	2933514	15.2	2444001	2855983	16.9
揭西县	Jiexi County	984209	1121940	14.0	944833	1051922	11.3
惠来县	Huilai County	925001	1061108	14.7	888236	989013	11.3
云浮市	Yunfu						
市　区	Urban District	975549	1105372	8.2	901347	1023025	8.0
罗定市	Luoding City	746773	851384	14.0	690845	789040	14.2
新兴县	Xinxing County	515459	581623	12.8	448052	505509	12.8
郁南县	Yunan County	447153	508688	13.8	392852	448614	14.2

22-10 各县(市)区年末在岗职工人数（2015年）

Number of Fully Employed Staff and Workers by County (County-Level City) and District (2015)

单位：人 (person)

县(市)区	County (County-level City) and District	在岗职工人数 Number of Fully Employed Staff and Workers	国有经济 State-owned Units	城镇集体经济 Urban Collective-owned Units	其他各种经济 Units of Other Types of Ownership
广州市	Guangzhou	3041080	714426	77701	2248953
深圳市	Shenzhen	4474077	431753	24596	4017728
珠海市	Zhuhai	712322	98149	9526	604647
汕头市	Shantou				
市　区	Urban District	517695	176785	42257	298653
南澳县	Nan'ao County	4887	3867	200	820
佛山市	Foshan	1673945	187618	39576	1446751
韶关市	Shaoguan				
市　区	Urban District	181907	66777	5945	109185
乐昌市	Lechang City	21368	13391	1620	6357
南雄市	Nanxiong City	29142	12588	6384	10170
仁化县	Renhua County	17702	8633	506	8563
始兴县	Shixing County	23512	7435	823	15254
翁源县	Wengyuan County	20325	11649	608	8068
新丰县	Xinfeng County	15138	8498	2171	4469
乳源县	Ruyuan County	17573	8426	3394	5753
河源市	Heyuan				
市　区	Urban District	132539	28745	1932	101862
东源县	Dongyuan County	23035	14068	744	8223
和平县	Heping County	27512	13388	2159	11965
龙川县	Longchuan County	37619	21863	2131	13625
紫金县	Zijin County	29342	18616	303	10423
连平县	Lianping County	17021	11968	303	4750
梅州市	Meizhou				
市　区	Urban District	107318	52060	2212	53046
兴宁市	Xingning City	55122	30636	2310	22176
平远县	Pingyuan County	14031	9966	1033	3032
蕉岭县	Jiaoling County	13894	8706	1029	4159
大埔县	Dabu County	16680	12200	1334	3146
丰顺县	Fengshun County	32054	13887	3717	14450
五华县	Wuhua County	42735	25500	2907	14328
惠州市	Huizhou				
市　区	Urban District	639301	93964	6039	539298
惠东县	Huidong County	62750	30675	1477	30598
博罗县	Boluo County	156660	29716	2535	124409
龙门县	Longmen County	24580	13742	1476	9362
汕尾市	Shanwei				
市　区	Urban District	89998	22564	4904	62530
陆丰市	Lufeng City	71662	28386	8233	35043
海丰县	Haifeng County	60777	24915	13560	22302
陆河县	Luhe County	11727	9842	692	1193
东莞市	Dongguan	2267844	141037	39317	2087490
中山市	Zhongshan	810371	70874	17586	721911
江门市	Jiangmen				
市　区	Urban District	311687	59592	5067	247028
台山市	Taishan City	64982	22909	5277	36796
开平市	Kaiping City	78075	20079	2218	55778
鹤山市	Heshan City	69760	13894	1853	54013
恩平市	Enping City	31812	12631	971	18210

22−10　续表　continued

单位：人　(person)

县(市)区	County (County-level City) and District	在岗职工人数 Number of Fully Employed Staff and Workers	国有经济 State-owned Units	城镇集体经济 Urban Collective-owned Units	其他各种经济 Units of Other Types of Ownership
阳江市	Yangjiang				
市　区	Urban District	128229	55572	7379	65278
阳春市	Yangchun City	58306	29392	8130	20784
阳西县	Yangxi County	37496	15116	2207	20173
湛江市	Zhanjiang				
市　区	Urban District	215127	107043	4470	103614
雷州市	Leizhou City	53550	41712	4220	7618
廉江市	Lianjiang City	81210	37235	5800	38175
吴川市	Wuchuan City	60201	39715	1159	19327
遂溪县	Suixi County	37466	23735	3148	10583
徐闻县	Xuwen County	36101	26532	3420	6149
茂名市	Maoming				
市　区	Urban District	217531	87635	10515	119381
信宜市	Xinyi City	58138	27936	2848	27354
高州市	Gaozhou City	75032	44877	8039	22116
化州市	Huazhou City	84152	43707	5940	34505
肇庆市	Zhaoqing				
市　区	Urban District	205822	64041	4038	137743
四会市	Sihui City	113080	18995	1104	92981
广宁县	Guangning County	17069	11643	730	4696
德庆县	Deqing County	22970	10856	1158	10956
封开县	Fengkai County	20872	12619	662	7591
怀集县	Huaiji County	31387	24076	2257	5054
清远市	Qingyuan				
市　区	Urban District	182174	49987	2123	130064
英德市	Yingde City	46099	27637	1055	17407
连州市	Lianzhou City	19741	12111	386	7244
佛冈县	Fogang County	27345	9480	402	17463
连山县	Lianshan County	6102	5251	337	514
连南县	Liannan County	7620	6094	151	1375
阳山县	Yangshan County	17981	12507	373	5101
潮州市	Chaozhou				
市　区	Urban District	160428	52410	15423	92595
饶平县	Raoping County	31908	23052	1137	7719
揭阳市	Jieyang				
市　区	Urban District	159055	56743	7282	95030
普宁市	Puning City	161940	48155	7162	106623
揭西县	Jiexi County	35106	19617	11386	4103
惠来县	Huilai County	50845	26151	2460	22234
云浮市	Yunfu				
市　区	Urban District	63545	25258	1176	37111
罗定市	Luoding City	63011	31498	5261	26252
新兴县	Xinxing County	65188	15186	50	49952
郁南县	Yunan County	23861	12975	609	10277

22-11 各县(市)区年末在岗职工工资总额及平均工资（2015年）

Total Wages and Average Wage of Fully Employed Staff and Workers by County (County-level City) and District (2015)

县(市)区	County (County-levelCity) and District	合计 Total		国有经济单位 State-owned Units		城镇集体经济单位 Urban Collective-owned Units		其他各种经济单位 Units of Other Types of Ownership	
		工资总额（万元）Total Wages (10000yuan)	平均工资（元）Average Wage(yuan)	工资总额（万元）Total Wages (10000yuan)	平均工资（元）Average Wage (yuan)	工资总额（万元）Total Wages (10000yuan)	平均工资（元）Average Wage (yuan)	工资总额（万元）Total Wages (10000yuan)	平均工资（元）Average Wage (yuan)
广州市	Guangzhou	24874876	81171	6690706	93815	361441	46489	17822729	78390
深圳市	Shenzhen	36627244	81034	5003862	117432	111414	45546	31511968	77436
珠海市	Zhuhai	4853716	67958	915047	93776	66207	69283	3872462	63788
汕头市	Shantou								
市　区	Urban District	2722956	52996	1189949	67874	146265	35761	1386742	46599
南澳县	Nanao County	26860	54660	22748	58675	1136	56507	2976	35594
佛山市	Foshan	10436198	61810	1454946	78281	223744	57005	8757508	59847
韶关市	Shaoguan								
市　区	Urban District	1080727	60297	491984	76227	34642	57631	554102	50984
乐昌市	Lechang City	102569	48096	71831	53705	7540	47096	23199	36534
南雄市	Nanxiong City	138009	47948	74635	59291	20398	32810	42976	43071
仁化县	Renhua County	83667	48176	41837	48852	2015	39824	39815	47987
始兴县	Shixing County	106591	45982	45465	61506	3529	44334	57597	38416
翁源县	Wengyuan County	93542	49685	65530	56177	2212	36744	25800	39329
新丰县	Xinfeng County	70301	46486	45523	53418	9235	42227	15543	35213
乳源县	Ruyuan County	88542	51101	55599	65813	11211	38552	21732	36396
河源市	Heyuan								
市　区	Urban District	731738	55396	214128	74938	8485	51991	509125	49970
东源县	Dongyuan County	100865	43258	63659	45254	2570	34540	34636	40720
和平县	Heping County	122376	46302	77025	57430	9299	49703	36052	32342
龙川县	Longchuan County	184998	49976	127101	58432	5231	27881	52666	39335
紫金县	Zijin County	143007	49495	99648	53635	1235	41043	42124	42070
连平县	Lianping County	78816	46631	61480	51708	972	31661	16364	34779
梅州市	Meizhou								
市　区	Urban District	709293	66238	411964	79311	9294	55552	288035	53872
兴宁市	Xingning City	213564	38574	141887	45321	8164	35760	63514	29168
平远县	Pingyuan County	69055	49788	52524	53119	4232	43228	12300	40959
蕉岭县	Jiaoling County	76083	54918	55251	63624	4008	38729	16823	40685
大埔县	Dapu County	90682	54575	71434	58495	6282	49311	12966	41424
丰顺县	Fengshun County	177368	55661	101514	73100	10831	29202	65023	45566
五华县	Wuhua County	183943	43044	130192	51154	7313	25216	46437	32266
惠州市	Huizhou								
市　区	Urban District	3961596	60706	876627	93983	26315	42935	3058654	55292
惠东县	Huidong County	324975	52103	189382	62058	7121	51790	128472	42151
博罗县	Boluo County	844175	54259	211789	71314	13195	48886	619191	50265
龙门县	Longmen County	115591	46931	75855	54560	5487	39222	34249	36716
汕尾市	Shanwei								
市　区	Urban District	498737	53886	125753	55623	27198	49667	345787	53637
陆丰市	Lufeng City	318194	44441	127398	44981	31454	38205	159341	45470
海丰县	Haifeng County	270108	45369	98490	39542	53552	43362	118065	52996
陆河县	Luhe County	42607	36613	36543	37175	1793	27589	4271	36912
东莞市	Dongguan	12308012	53221	1288341	91982	255177	63105	10764494	50487
中山市	Zhongshan	4890031	58776	722657	102312	80353	44143	4087021	54997
江门市	Jiangmen								
市　区	Urban District	1862778	59589	474005	79928	42801	84470	1345972	54222
台山市	Taishan City	284182	42419	118327	51746	20564	31675	145291	38605
开平市	Kaiping City	389228	49768	135824	67554	11435	53136	241969	43247
鹤山市	Heshan City	349269	49093	92600	66893	8927	49570	247742	44638
恩平市	Enping City	151051	46820	74067	59060	2064	21166	74920	39966

22−11 续表 continued

县(市)区	County (County-levelCity) and District	合计 Total		国有经济单位 State-owned Units		城镇集体经济单位 Urban Collective-owned Units		其他各种经济单位 Units of Other Types of Ownership	
		工资总额 (万元) Total Wages (10000yuan)	平均工资 (元) Average Wage (yuan)	工资总额 (万元) Total Wages (10000yuan)	平均工资 (元) Average Wage(yuan)	工资总额 (万元) Total Wages (10000yuan)	平均工资 (元) Average Wage (yuan)	工资总额 (万元) Total Wages (10000yuan)	平均工资 (元) Average Wage(yuan)
阳江市	Yangjiang								
市　区	Urban District	677809	52948	313463	56590	28592	39662	335754	51328
阳春市	Yangchun City	259820	45654	160859	54057	19525	27648	79436	39538
阳西县	Yangxi County	184850	47696	68804	45584	19270	51984	96776	48497
湛江市	Zhanjiang								
市　区	Urban District	1344287	61440	741410	68494	13596	31154	589282	55494
雷州市	Leizhou City	186123	32990	157851	34964	9542	22362	18730	26742
廉江市	Lianjiang City	373348	46006	192754	52068	24501	36738	156093	41666
吴川市	Wuchuan City	241983	40293	155069	39518	4016	36677	82897	42035
遂溪县	Suixi County	163512	44708	119032	50075	10379	32980	34101	35319
徐闻县	Xuwen County	143892	40075	110292	41333	9421	29646	24179	40005
茂名市	Maoming								
市　区	Urban District	1176990	54957	500776	58287	48344	46701	627869	53255
信宜市	Xinyi City	287754	51213	157592	57260	18458	65083	111705	43246
高州市	Gaozhou City	397905	53414	247205	55257	37375	46942	113326	51994
化州市	Huazhou City	411579	49021	223774	50830	24406	41543	163398	47974
肇庆市	Zhaoqing								
市　区	Urban District	1229070	59320	536280	83643	17250	43440	675539	48563
四会市	Sihui City	588789	51774	144994	77277	5349	49075	438446	46708
广宁县	Guangning County	84048	49119	64743	55293	3568	49424	15736	33625
德庆县	Deqing County	95818	40231	55775	48149	3576	30831	36467	32933
封开县	Fengkai County	98653	47693	64688	51283	2689	42540	31276	42043
怀集县	Huaiji County	161789	50482	128324	53562	8440	37812	25026	42713
清远市	Qingyuan								
市　区	Urban District	1120121	61189	472362	67320	12322	65472	635436	48253
英德市	Yingde City	283375	59444	199158	72419	6177	62586	78040	40682
连州市	Lianzhou City	119245	60396	89028	73778	1954	50627	28263	38765
佛冈县	Fogang County	151131	53298	67470	71845	2330	59423	81332	43790
连山县	Lianshan County	31674	52198	28063	53740	1754	51752	1857	36481
连南县	Liannan County	45386	60314	40245	66269	1665	109548	3476	26736
阳山县	Yangshan County	104689	58345	85186	68138	1573	41708	17930	35406
潮州市	Chaozhou								
市　区	Urban District	827485	50135	358088	68114	79449	41080	389949	41867
饶平县	Raoping County	127056	39856	91831	39754	2592	23242	32634	42580
揭阳市	Jieyang								
市　区	Urban District	733703	46375	332298	58550	25267	35117	376138	39917
普宁市	Puning City	763314	46802	217375	44768	27218	37776	518722	48328
揭西县	Jiexi County	143193	40886	95747	48863	33220	29184	14226	35178
惠来县	Huilai County	187894	36826	114288	43693	8531	34834	65076	29031
云浮市	Yunfu								
市　区	Urban District	366682	58055	164093	64895	3766	35129	198822	54023
罗定市	Luoding City	298168	47492	183481	59056	15166	29221	99522	37523
新兴县	Xinxing County	296244	46211	101377	66991	258	51660	194609	39778
郁南县	Yunan County	108527	44928	60185	46361	4230	70144	44112	41730

22−12　各县(市)区财政收支及人民币住户存款余额

Local Government Budgetary Revenue and Expenditure and Savings Deposits by Urban and Rural Residents by County (County-level City) and District

单位：万元　　　　　　　　　　　　　　　　　　　　　　　　　　　　(10000 yuan)

县(市)区	County (County-level City) and District	地方一般公共预算收入 Local Government Budgetary Revenue		地方一般公共预算支出 Local Government Budgetary Expenditure		人民币住户存款 Savings Deposits by Residents in Renminbi	
		2014	2015	2014	2015	2014	2015
广州市	Guangzhou						
本　级	Prefectural-city Level	5443396	6095630	5711482	6820739		
市　区	Urban District	6987639	7399112	8650744	10456437	135117275	132974162
深圳市	Shenzhen						
本　级	Prefectural-city Level	12760545	17445184	12666435	22340358		
市　区	Urban District	8066781	9823359	8995406	12876350	105165721	94685998
珠海市	Zhuhai						
本　级	Prefectural-city Level	1566749	1922377	1986616	2876211		
市　区	Urban District	676315	777257	772337	1011450	15106116	13023148
汕头市	Shantou						
本　级	Prefectural-city Level	451354	480631	522626	773631		
市　区	Urban District	769535	810575	1519311	1946494	17954444	18781482
南澳县	Nanao County	18858	21408	95302	89637	182689	197554
佛山市	Foshan						
本　级	Prefectural-city Level	403107	475735	881357	1805517		
市　区	Urban District	4608815	5099734	4368762	6193790	60086811	61768197
韶关市	Shaoguan						
本　级	Prefectural-city Level	327454	340451	565595	937587		
市　区	Urban District	156986	161349	306711	391419	4223171	4398384
乐昌市	Lechang City	60600	59728	211388	235501	944056	1015165
南雄市	Nanxiong City	55781	59963	184442	277014	791803	870813
仁化县	Renhua County	61017	60988	158476	219540	531769	576398
始兴县	Shixing County	35852	38481	115036	165359	551913	598076
翁源县	Wengyuan County	37752	41223	147478	213379	792286	865764
新丰县	Xinfeng County	34580	37746	142213	182452	428367	474203
乳源县	Ruyuan County	50060	52363	140483	248432	378683	417608
河源市	Heyuan						
本　级	Prefectural-city Level	224257	249749	438830	606931		
市　区	Urban District	89579	105291	175175	211229	1643458	1759305
东源县	Dongyuan County	73540	79807	295969	354590	626765	689325
和平县	Heping County	40889	49185	239532	332499	563681	639197
龙川县	Longchuan County	54443	60859	387635	472821	1222588	1338442
紫金县	Zijin County	57362	63266	343677	414656	780541	851222
连平县	Lianping County	64601	66644	225236	291120	544417	623486
梅州市	Meizhou						
本　级	Prefectural-city Level	248162	283615	453352	812993		
市　区	Urban District	252635	305010	548702	650648	3871106	4059877
兴宁市	Xingning City	74810	100053	463595	592005	1881932	2027517
平远县	Pingyuan County	53640	65595	177404	233213	465909	492989
蕉岭县	Jiaoling County	58304	70600	160188	199828	502283	535227
大埔县	Dapu County	64587	81857	224707	324701	753683	825759
丰顺县	Fengshun County	57496	73637	265546	379687	956651	1049432
五华县	Wuhua County	43119	55543	406698	570663	1448593	1587888
惠州市	Huizhou						
本　级	Prefectural-city Level	1591287	1816531	1645742	2125704		
市　区	Urban District	674566	753143	825994	1037300	11006765	11222630
惠东县	Huidong County	302328	347173	528164	654386	2200184	2282709
博罗县	Boluo County	339168	373570	516439	739819	2916333	2998700
龙门县	Longmen County	100104	109766	213383	303459	647048	671914
汕尾市	Shanwei						
本　级	Prefectural-city Level	100590	96831	257939	523307		
市　区	Urban District	38588	27133	106948	188468	981481	941127
陆丰市	Lufeng City	162451	58865	471556	613238	1387324	1088644
海丰县	Haifeng County	153349	79003	261348	578491	1021630	1421487
陆河县	Luhe County	37283	26443	150726	225978	375211	406085
东莞市	Dongguan	4552119	5179682	4576816	5812410	50257061	45913850
中山市	Zhongshan	2517448	2875055	2614573	3553673	21509570	20843503

22−12 续表 continued

单位：万元 (10000 yuan)

县(市)区	County (County-level City) and District	地方一般公共预算收入 Local Government General Budgetary Revenue		地方一般公共预算支出 Local Government General Budgetary Expenditure		人民币住户存款 Savings Deposits by Residents in Renminbi	
		2014	2015	2014	2015	2014	2015
江门市	Jiangmen						
本　级	Prefectural-city Level	355960	412210	434272	536712		
市　区	Urban District	685673	773512	822907	1069753	11377835	11531679
台山市	Taishan City	227148	247639	394336	436185	3485569	3508199
开平市	Kaiping City	193528	215356	270736	338261	3524258	3486871
鹤山市	Heshan City	214426	242489	237685	300023	2134078	2202456
恩平市	Enping City	95283	98898	201020	248023	1721800	1563212
阳江市	Yangjiang						
本　级	Prefectural-city Level	270557	298545	405301	500015		
市　区	Urban District	178828	181272	340932	427129	3628696	3899574
阳春市	Yangchun City	117595	125994	295333	446923	1801171	1938405
阳西县	Yangxi County	62728	73496	194473	335012	737051	794631
湛江市	Zhanjiang						
本　级	Prefectural-city Level	638621	647846	878856	1449220		
市　区	Urban District	193757	218256	377634	555736	7659924	8088272
雷州市	Leizhou City	55289	58675	353353	553702	1595282	1774803
廉江市	Lianjiang City	94748	110682	446395	568829	2123725	2398707
吴川市	Wuchuan City	60018	68972	234658	316117	1658895	1803650
遂溪县	Suixi County	61390	69476	230995	362115	1400846	1531498
徐闻县	Xuwen County	40345	44664	273430	317853	1089662	1168809
茂名市	Maoming						
本　级	Prefectural-city Level	414220	486594	606132	766589		
市　区	Urban District	275465	293340	762858	1020607	3674692	6311909
信宜市	Xinyi City	88164	95355	400570	511057	1997995	2238463
高州市	Gaozhou City	115157	150225	458686	621545	2952019	3258622
化州市	Huazhou City	110735	113734	404133	547973	1995154	2297201
肇庆市	Zhaoqing						
本　级	Prefectural-city Level	324181	382344	570639	622816		
市　区	Urban District	197888	513024	268713	749595	4144220	6344454
四会市	Sihui City	244510	228744	322215	322336	1827188	1833426
高要市	Gaoyao City	276362		381884		1988244	
广宁县	Guangning County	78877	77555	192116	231542	771669	832097
德庆县	Deqing County	85720	87611	198883	230394	707626	749708
封开县	Fengkai County	75097	69908	192127	207116	696073	782120
怀集县	Huaiji County	108691	74418	290553	313268	896095	981170
清远市	Qingyuan						
本　级	Prefectural-city Level	330033	362368	469432	606338		
市　区	Urban District	279962	299757	516754	682514	4704416	4966324
英德市	Yingde City	183105	169939	450845	535398	1915256	2055830
连州市	Lianzhou City	65481	72038	185376	279532	1029459	1128813
佛冈县	Fogang County	91131	97968	155019	195413	708090	748932
连山县	Lianshan County	13189	13896	88601	171205	169560	189499
连南县	Liannan County	15672	16211	93329	174300	213794	235076
阳山县	Yangshan County	47888	51628	180500	281244	697887	782876
潮州市	Chaozhou						
本　级	Prefectural-city Level	190525	220057	326202	483960		
市　区	Urban District	157509	175790	415784	546784	5705558	5959985
饶平县	Raoping County	64613	76162	319197	445962	1371542	1488572
揭阳市	Jieyang						
本　级	Prefectural-city Level	239198	260034	339636	646756		
市　区	Urban District	187919	195307	406939	589499	5041452	5284818
普宁市	Puning City	202010	203171	545958	750697	4094204	4427909
揭西县	Jiexi County	47048	51459	278107	381979	1743657	1674708
惠来县	Huilai County	60704	64074	303499	399859	1226838	1094851
云浮市	Yunfu						
本　级	Prefectural-city Level	142798	154689	267680	273237		
市　区	Urban District	95179	101036	213557	292457	1967499	1979451
罗定市	Luoding City	101175	114895	409016	428492	1697592	1851053
新兴县	Xinxing County	134977	159406	256179	343176	1255132	1342680
郁南县	Yunan County	54580	56979	184998	236845	837373	905104

注：本级财政收支指市本级地方公共财政预算收支。
Note: The local government revenue and expenditure at the prefectural-city level refer to the budgetary revenue and expenditure directly collected and spent by the same-level local governments.

附录

APPENDIX

附　录

简要说明

一、本篇资料包括部分省市社会经济主要指标、中国香港特别行政区、中国澳门特别行政区、中国台湾省主要统计指标及国际主要统计指标。

二、附录 A、附录 B、附录 C 资料来源于国家统计局编辑、中国统计出版社出版的《中国统计年鉴》和《中国统计摘要》。附录 D 资料来源于国家统计局编辑、中国统计出版社出版的《国际统计年鉴——2015》。

三、一些国际组织及其组成成员：

西方七国（G7）：包括美国、日本、英国、德国、法国、意大利和加拿大。

经济合作与发展组织（经合组织，OECD）：成员国有 34 个：澳大利亚、 奥地利、比利时、冰岛、丹麦、德国、法国、芬兰、加拿大、荷兰、卢森堡、美国、葡萄牙、日本、挪威、瑞典、瑞士、爱尔兰、西班牙、希腊、意大利、新西兰、土耳其、英国、墨西哥、捷克、匈牙利、波兰、韩国、斯洛伐克、以色列（2010）、斯洛文尼亚、智利（2010）、爱沙尼亚（2010）。

欧洲联盟（简称欧盟，EU）：成员国共 28 个：法国、德国、意大利、荷兰、比利时、卢森堡、丹麦、爱尔兰、英国、希腊、西班牙、葡萄牙、奥地利、芬兰、瑞典、塞浦路斯、捷克、爱沙尼亚、匈牙利、拉脱维亚、立陶宛、马耳他、波兰、斯洛伐克、斯洛文尼亚、保加利亚、罗马尼亚和克罗地亚

欧洲货币联盟（欧元区，Euro Area）:成员国共 18 个：德国、比利时、奥地利、荷兰、法国、意大利、西班牙、葡萄牙、卢森堡、爱尔兰、芬兰、希腊、斯洛文尼亚、塞浦路斯、马耳他、斯洛伐克、爱沙尼亚和拉脱维亚。

北美自由贸易区（NAFTA）：成立于 1994 年 1 月 1 日，至今始终有三个成员国，即加拿大、墨西哥和美国。

东南亚国家联盟（东盟，ASEAN）：成员国共有 10 个：菲律宾、马来西亚、泰国、新加坡、印度尼西亚、文莱（1984 年）、越南（1995 年）、缅甸（1997 年）、老挝（1997 年）和柬埔寨（1999 年）。

四、一些国家(含地区)分类含义：

按收入分组国家：按照世界银行 2013 年分组标准，高收入国家指按图表集法计算的人均国民总收入 12746 美元及以上的国家，中等偏上收入国家指人均国民总收入 4126 美元至 12745 美元的国家，中等偏下收入国家指人均国民总收入 1046 美元至 4125 美元的国家，低收入国家指人均国民总收入 1045 美元及以下国家。

发达国家与发展中国家：联合国统计司对“发达国家”及“发展中国家”没有一个明确的划分标准。通常是把亚洲的日本、北美的加拿大和美国、大洋洲的澳大利亚和新西兰、欧洲（除前南斯拉夫、东欧、独联体外）都列入发达国家。在国际贸易统计中，南部非洲关税联盟和以色列被认为是发达地区和国家；前南斯拉夫为发展中国家，东欧国家和在欧洲的独联体国家既不是发达国家，也不是发展中国家。

国际货币基金组织指出“发达经济体”包括 35 个国家或地区：澳大利亚、奥地利、比利时、加拿大、塞浦路斯、捷克、丹麦、爱沙尼亚、芬兰、法国、德国、希腊、中国香港、冰岛、爱尔兰、以色列、意大利、日本、韩国、卢森堡、马耳他、荷兰、新西兰、挪威、葡萄牙、圣马力诺、新加坡、斯洛伐克、斯洛文尼亚、西班牙、瑞典、瑞士、中国台湾、英国及美国。其他为新兴市场及发展中经济体。

五、2015 年各省市资料中，除广东为正式年报数外，其余各省市资料均为快速年报数。

六、本篇资料由广东省统计局综合处负责整理、编辑。

Appendix

Brief Introduction

I. The data in this chapter include main social and economic indicators of some provinces and municipalities,main statistical indicators of Hong Kong and Macao Special Administrative Regions and Taiwan Province of the People’s Republic of China, as well as main international statistical indicators.

II. Data in Appendices A, B, C come from China Statistical Yearbook and China Statistical Abstract compiled by National Bureau of Statistics and published by China Statistics Press. Data in Appendix D come from International Statistical Yearbook compiled by National Bureau of Statistics and published by China Statistics Press.

III. International organizations and their members included are as follows:

G7 includes the United States, Japan, the United Kingdom, Germany, France, Italy and Canada.

Organization for Economic Co-operation and Development (OECD), has 34 members, i.e., Australia, Austria, Belgium, Iceland, Denmark, Germany, France, Finland, Canada, Netherlands, Luxembourg, United States, Portugal, Japan, Norway, Sweden, Switzerland, Ireland, Spain, Greece, Italy, New Zealand, Turkey, United Kingdom, Mexico, Czech Republic, Hungary, Poland, Korea, Slovakia, Israel (2010), Slovenia, Chile (2010), Estonia (2010).

European Union (EU), it expanded to28 members, i.e., France, Germany, Italy, Netherlands, Belgium, Luxembourg, Denmark, Ireland, United Kingdom, Greece, Spain， Portugal, Austria, Finland, Sweden, Cyprus, the Czech Republic, Estonia, Hungary, Latvia, Lithuania, Malta, Poland, Slovakia and Slovenia, Bulgaria, Romania and Croatia.

European Monetary Union (Euro Area), it has 18 members and member countries are Germany, Belgium, Austria, Netherlands, France, Italy, Spain, Portugal, Luxembourg, Ireland, Finland, Greece, Slovenia, Cyprus, Malta, Slovak, Estonia and Latvia.

North American Free Trade Area (NAFTA) was founded on January 1, 1994, with members unchanged hitherto, i.e. Canada, Mexico and the United States.

Association of Southeast Asian Countries (ASEAN) has 10 members, i.e. the Philippines, Malaysia, Thailand, Singapore, Indonesia, Brunei Darussalam (1984), Viet Nam (1995), Myanmar (1997), Lao People's Democratic Republic (1997) and Cambodia (1999).

IV. Countries (territories) are classified as follows:

Countries by Income Group According to the criteria by the World Bank, countries and territories (referred to as economies) are classified into high income (higher than $12746), higher middle income (between $4126 and $12745), lower middle income (between $1046 and $4125) and low income ($1045 and below) groups by their per capita GNI (calculated by Atlas method)in the year 2013.

Developed and Developing Countries There is no established convention for the designation of "developed" and "developing" countries or areas in the United Nations system. In common practice, Japan in Asia, Canada and the United States in northern America, Australia and New Zealand in Oceania, and Europe are considered "developed" regions or areas. In international trade statistics, the Southern African Customs Union is also treated as a developed region and Israelas a developed country; countries emerging from the former Yugoslavia are treated as developing countries; and countries of eastern Europe and of the Commonwealth of Independent States in Europe are not included under either developed or developing regions.

Advanced economies in International Monetary Fund (IMF) are composed of 35 countries: Australia, Austria, Belgium, Canada, Cyprus, Czech Republic, Denmark, Estonia, Finland, France, Germany, Greece, Hong Kong SAR, Iceland,Ireland, Israel, Italy, Japan, Korea, Luxembourg, Malta, Netherlands, New Zealand, Norway, Portugal, San Marino, Singapore, Slovak Republic, Slovenia, Spain, Sweden, Switzerland, Taiwan Province of China, United Kingdom, and United States. Others are emerging market and developing economies.

V. Among the data of various provinces and municipalities in 2015， all come from flash annual reports except the data of Guangdong, which come from formal annual reports.

VI. The data in this chapter are prepared and compiled by the Division of Comprehensive Statistics of Guangdong Provincial Bureau of Statistics.

附录A 部分省(市)主要统计指标

Appendix A Main Statistical Indicators of Some Provinces and Municipalities

省、市 名称 Province or Municipality	年末常住人口（万人） Permanent Population at the Year-end (10000 persons)			国内(地区)生产总值（亿元） Gross Domestic Product (100 million yuan)		
	2014	2015	2015比2014 增长(%) Growth Rate in 2015 over 2014(%)	2014	2015	2015比2014 增长(%) Growth Rate in 2015 over 2014(%)
全 国 National Total	**136782**	**137462**	**0.5**	**635910.2**	**676707.8**	**6.9**
辽 宁 Liaoning	4391	4382	-0.2	28626.6	28743.4	3.0
上 海 Shanghai	2426	2415	-0.4	23567.7	24965.0	6.9
江 苏 Jiangsu	7960	7976	0.2	65088.3	70116.4	8.5
浙 江 Zhejiang	5508	5539	0.6	40173.0	42886.5	8.0
安 徽 Anhui	6083	6144	1.0	20848.7	22005.6	8.7
福 建 Fujian	3806	3839	0.9	24055.8	25979.8	9.0
山 东 Shandong	9789	9847	0.6	59426.6	63002.3	8.0
河 南 Henan	9436	9480	0.5	34938.2	37010.3	8.3
湖 北 Hubei	5816	5852	0.6	27379.2	29550.2	8.9
湖 南 Hunan	6737	6783	0.7	27037.3	29047.2	8.6
广 东 Guangdong	10724	10849	1.2	67809.9	72812.6	8.0
四 川 Sichuan	8140	8204	0.8	28536.7	30103.1	7.9

附录A 续表 1 continued

省、市 名称 Province or Municipality	全部工业增加值(亿元) Value-added of Industry (100 million yuan)			第三产业增加值(亿元) Value-added of the Tertiary Industry (100 million yuan)		
	2014	2015	2015比2014 增长(%) Growth Rate in 2015 over 2014(%)	2014	2015	2015比2014 增长(%) Growth Rate in 2015 over 2014(%)
全 国 National Total	**228122.9**	**228974.3**	**5.9**	**305809.2**	**341566.9**	**8.3**
辽 宁 Liaoning	12656.8	11637.3		11956.2	12976.8	7.1
上 海 Shanghai	7362.8	7109.9	0.5	15275.7	16914.5	10.6
江 苏 Jiangsu	26963.0	27996.4	8.0	30599.5	34084.8	9.3
浙 江 Zhejiang	16771.9	17209.4	4.9	19220.8	21346.6	11.3
安 徽 Anhui	9455.5	9659.8	8.5	7378.7	8206.6	10.6
福 建 Fujian	10426.7	10974.4	8.5	9525.6	10643.5	10.3
山 东 Shandong	25340.9	25910.8	7.4	25840.1	28537.4	9.6
河 南 Henan	15809.1	16100.9	8.0	12961.7	14611.3	10.5
湖 北 Hubei	10992.8	11532.6	8.5	11349.9	12736.8	10.7
湖 南 Hunan	10749.9	11090.8	7.5	11406.5	12760.2	11.2
广 东 Guangdong	29144.2	30259.5	7.0	33223.3	36853.5	9.5
四 川 Sichuan	11852.0	12084.9	7.6	11043.2	12132.6	9.4

注：1．国内(地区)生产总值、农林牧渔业总产值和工业增加值绝对数按当年价格计算，增长速度按可比价格计算。
2．2015年部分省市全部工业和第三产业增加值为初步核算数。

Notes: a) The figures in value terms on gross domestic product,gross output value of farming,forestry,animal husbandry and fishery and value-added of industry are calculated at current prices, whereas the growth rates are calculated at comparable prices.
b) The value-added of industry and the tertiary industry of some provinces and municipalities in 2015 are preliminary accounting numbers.

附录A 续表 2 continued

省、市名称 Province or Municipality		人均国内(地区)生产总值(元) Per Capita Gross Domestic Product (yuan)			农林牧渔业总产值(亿元) Gross Output Value of Farming, Forestry, Animal Husbandry and Fishery (100 million yuan)		
		2014	2015	2015比2014增长(%) Growth Rate in 2015 over 2014(%)	2014	2015	2015比2014增长(%) Growth Rate in 2015 over 2014(%)
全　国	**National Total**	**46612**	**49351**	**6.3**	**102226.1**	**107056.4**	**3.9**
辽　宁	Liaoning	65201	65524	3.1	4498.4	4686.7	3.8
上　海	Shanghai	97370	103141	6.9	322.2	302.6	-6.7
江　苏	Jiangsu	81874	87995	8.3	6443.4	7030.8	2.6
浙　江	Zhejiang	73002	77644	7.6	2844.6	2933.4	1.2
安　徽	Anhui	34425	35997	7.7	4223.7	4390.8	4.2
福　建	Fujian	63472	67966	8.0	3522.3	3717.9	3.9
山　东	Shandong	60879	64168	7.3	9198.3	9549.6	4.3
河　南	Henan	37072	39131	7.9	7549.1	7641.3	4.6
湖　北	Hubei	47145	50654	8.4	5452.8	5728.6	5.4
湖　南	Hunan	40271	42968	7.9	5304.8	5630.7	3.7
广　东	Guangdong	63469	67503	7.0	5234.2	5520.0	3.1
四　川	Sichuan	35128	36836	7.2	5888.1	6377.8	3.6

附录A 续表 3 continued

省、市名称 Province or Municipality		粮食产量(万吨) Output of Grain (10000 tons)			油料产量(万吨) Output of Oil-bearing Crops (10000 tons)		
		2014	2015	2015比2014增长(%) Growth Rate in 2015 over 2014(%)	2014	2015	2015比2014增长(%) Growth Rate in 2015 over 2014(%)
全　国	**National Total**	**60702.6**	**62143.9**	**2.4**	**3507.4**	**3537.0**	**0.8**
辽　宁	Liaoning	1753.9	2002.5	14.2	63.7	46.1	-27.6
上　海	Shanghai	112.5	112.1	-0.4	1.3	1.2	-5.9
江　苏	Jiangsu	3490.6	3561.3	2.0	146.6	143.1	-2.4
浙　江	Zhejiang	757.4	752.2	-0.7	30.7	31.3	2.1
安　徽	Anhui	3415.8	3538.1	3.6	228.8	227.9	-0.4
福　建	Fujian	667.0	661.1	-0.9	29.8	30.7	2.9
山　东	Shandong	4596.6	4712.7	2.5	335.9	324.1	-3.5
河　南	Henan	5772.3	6067.1	5.1	584.3	599.7	2.6
湖　北	Hubei	2584.2	2703.3	4.6	341.7	339.6	-0.6
湖　南	Hunan	3001.3	3002.9	0.1	233.8	242.9	3.9
广　东	Guangdong	1357.3	1358.1	0.1	105.5	110.3	4.6
四　川	Sichuan	3374.9	3442.8	2.0	300.8	307.6	2.3

附录A 续表 4 continued

省、市名称 Province or Municipality		肉类总产量(万吨) Total Output of Meat (10000 tons)			水果总产量(万吨) Output of Aquatic Products (10000 tons)		
		2014	2015	2015比2014增长(%) Growth Rate in 2015 over 2014(%)	2014	2015	2015比2014增长(%) Growth Rate in 2015 over 2014(%)
全 国	**National Total**	**8706.7**	**8625.0**	**-0.9**	**26142.2**	**27375.0**	**4.7**
辽 宁	Liaoning	429.2	429.4	0.0	870.6	882.0	1.3
上 海	Shanghai	23.4	20.3	-13.1	86.2	61.5	-28.6
江 苏	Jiangsu	379.5	369.4	-2.7	861.6	914.8	6.2
浙 江	Zhejiang	157.1	131.1	-16.6	714.8	740.9	3.6
安 徽	Anhui	414.0	419.4	1.3	965.3	1029.8	6.7
福 建	Fujian	213.7	216.6	1.4	790.8	837.0	5.8
山 东	Shandong	770.2	774.0	0.5	3134.0	3218.6	2.7
河 南	Henan	719.0	711.1	-1.1	2560.2	2665.1	4.1
湖 北	Hubei	440.4	433.3	-1.6	972.3	966.3	-0.6
湖 南	Hunan	546.5	540.1	-1.2	920.0	981.0	6.6
广 东	Guangdong	429.4	424.2	-1.2	1560.7	1648.5	5.7
四 川	Sichuan	714.7	706.8	-1.1	884.5	934.2	5.6

注:本表水果产量含瓜果产量。
Note: The output of fruits includes melons in this table

附录A 续表 5 continued

省、市名称 Province or Municipality		汽车产量(万辆) Output of Motor Vehicles (10000 vehicles)			发电量(亿千瓦小时) Output of Electricity (100 million kwh)		
		2014	2015	2015比2014增长(%) Growth Rate in 2015 over 2014(%)	2014	2015	2015比2014增长(%) Growth Rate in 2015 over 2014(%)
全 国	**National Total**	**2372.5**	**2450.4**	**3.3**	**57944.6**	**58105.8**	**2.8**
辽 宁	Liaoning	112.1	109.0	-2.8	1647.8	1665.2	1.1
上 海	Shanghai	247.4	243.0	-1.8	792.3	792.7	0.1
江 苏	Jiangsu	121.6	115.8	-4.8	4347.6	4360.8	0.3
浙 江	Zhejiang	30.9	41.1	33.0	2885.3	3010.8	4.3
安 徽	Anhui	93.4	117.0	25.3	2033.9	2061.9	1.4
福 建	Fujian	18.1	19.2	6.1	1873.4	1901.0	1.5
山 东	Shandong	103.0	81.9	-20.5	3691.1	4684.6	26.9
河 南	Henan	40.9	32.9	-19.6	2729.9	2624.6	-3.9
湖 北	Hubei	174.5	196.4	12.6	2382.3	2301.4	-3.4
湖 南	Hunan	29.5	36.3	23.1	1313.7	1314.0	…
广 东	Guangdong	219.6	242.2	10.3	3869.8	3900.2	0.8
四 川	Sichuan	32.4	42.3	30.6	3079.4	3129.6	1.6

附录A 续表 6 continued

省、市名称 Province or Municipality		钢材(万吨) Steel (10000 tons)			微型计算机设备(万台) Investment in Fixed Assets (100 million yuan)		
		2014	2015	2015比2014 增长(%) Growth Rate in 2015 over 2014(%)	2014	2015	2015比2014 增长(%) Growth Rate in 2015 over 2014(%)
全 国	**National Total**	**112513.1**	**112349.6**	**-0.1**	**35079.6**	**31418.7**	**-10.4**
辽 宁	Liaoning	6950.8	6321.6	-9.1	0.2	0.2	
上 海	Shanghai	2309.1	2202.7	-4.6	6295.4	3652.0	-42.0
江 苏	Jiangsu	13255.2	13560.8	2.3	6708.0	5911.6	-11.9
浙 江	Zhejiang	4171.0	4047.7	-3.0	191.0	151.4	-20.7
安 徽	Anhui	3262.6	3334.7	2.2	1715.9	1801.5	5.0
福 建	Fujian	3019.6	2820.7	-6.6	985.4	818.8	-16.9
山 东	Shandong	8939.4	9003.2	0.7	23.3	24.3	4.3
河 南	Henan	4704.1	4766.8	1.3			
湖 北	Hubei	3452.7	3421.2	-0.9	120.7	1121.5	829.2
湖 南	Hunan	1989.3	1951.3	-1.9	34.2	33.9	-0.9
广 东	Guangdong	3447.1	3271.0	-5.1	2830.6	3241.7	14.5
四 川	Sichuan	2935.2	2702.5	-7.9	7619.0	6342.7	-16.8

附录A 续表 7 continued

省、市名称 Province or Municipality		固定资产投资总额(亿元) Investment in Fixed Assets (100 million yuan)			全体居民人均可支配收入(元) Per Capita Disposable Income of Permanent Households (yuan)		
		2014	2015	2015比2014 增长(%) Growth Rate in 2015 over 2014(%)	2014	2015	2015比2014 增长(%) Growth Rate in 2015 over 2014(%)
全 国	**National Total**	**501264.87**	**551590.04**	**10.0**	**20167**	**21966**	**8.9**
辽 宁	Liaoning	24426.83	17640.37	-27.8	22820	24576	7.7
上 海	Shanghai	6012.97	6349.39	5.6	45966	49867	8.5
江 苏	Jiangsu	41552.75	45905.17	10.5	27173	29539	8.7
浙 江	Zhejiang	23554.76	26664.72	13.2	32658	35537	8.8
安 徽	Anhui	21256.29	23803.93	12.0	16796	18363	9.3
福 建	Fujian	17869.76	20973.98	17.4	23331	25404	8.9
山 东	Shandong	41599.13	47381.46	13.9	20864	22703	8.8
河 南	Henan	30012.28	34951.28	16.5	15695	17125	9.1
湖 北	Hubei	22441.67	26086.42	16.2	18283	20026	9.5
湖 南	Hunan	20548.55	24324.17	18.4	17622	19318	9.6
广 东	Guangdong	25928.09	30031.20	15.8	25685	27859	8.5
四 川	Sichuan	22662.13	24965.56	10.2	15749	17221	9.3

注：各地固定资产投资不含跨省投资。
Note: Trans-provincial investments are not included in the investment in fixed assets of various province.

附录A　续表 8　continued

省、市名称 Province or Municipality		城镇常住居民人均可支配收入(元) Per Capita Disposable Income of Permanent Urban Residents (yuan)			农村常住居民人均可支配收入(元) Per Capita Net Income of Permanent Rural Residents (yuan)		
		2014	2015	2015比2014增长(%) Growth Rate in 2015 over 2014(%)	2014	2015	2015比2014增长(%) Growth Rate in 2015 over 2014(%)
全　国	**National Total**	**28844**	**31195**	**8.2**	**10489**	**11422**	**8.9**
辽　宁	Liaoning	29082	31126	7.0	11192	12057	7.7
上　海	Shanghai	48841	52962	8.4	21192	23205	9.5
江　苏	Jiangsu	34346	37174	8.2	14958	16257	8.7
浙　江	Zhejiang	40393	43715	8.2	19373	21125	9.0
安　徽	Anhui	24839	26936	8.4	9916	10821	9.1
福　建	Fujian	30722	33275	8.3	12650	13793	9.0
山　东	Shandong	29222	31545	8.0	11882	12930	8.8
河　南	Henan	23672	25576	8.0	9966	10853	8.9
湖　北	Hubei	24852	27052	8.8	10849	11844	9.2
湖　南	Hunan	26570	28838	8.5	10060	10993	9.3
广　东	Guangdong	32148	34757	8.1	12246	13360	9.1
四　川	Sichuan	24234	26205	8.1	9348	10247	9.6

附录A　续表 9　continued

省、市名称 Province or Municipality		社会消费品零售总额(亿元) Total Retail Sales of Consumer Goods (100 million yuan)			地方一般公共预算收入(亿元) Local Government Budgetary Revenue (100 million yuan)		
		2014	2015	2015比2014增长(%) Growth Rate in 2015 over 2014(%)	2014	2015	2015比2014增长(%) Growth Rate in 2015 over 2014(%)
全　国	**National Total**	**271896.1**	**300930.8**	**10.7**	**75876.6**	**82982.7**	**9.4**
辽　宁	Liaoning	11857.0	12787.2	7.8	3192.8	2125.6	-33.4
上　海	Shanghai	9303.5	10131.5	8.9	4585.6	5519.5	20.4
江　苏	Jiangsu	23458.1	25876.8	10.3	7233.1	8028.6	11.0
浙　江	Zhejiang	17835.3	19784.7	10.9	4122.0	4809.5	16.7
安　徽	Anhui	7957.0	8908.0	12.0	2218.4	2454.2	10.6
福　建	Fujian	9346.7	10505.9	12.4	2362.2	2544.1	7.7
山　东	Shandong	25111.5	27761.4	10.6	5026.8	5529.3	10.0
河　南	Henan	14005.0	15740.4	12.4	2739.3	3009.6	9.9
湖　北	Hubei	12449.3	14003.2	12.5	2566.9	3005.4	17.1
湖　南	Hunan	10723.5	12024.0	12.1	2262.8	2515.8	11.2
广　东	Guangdong	28471.1	31517.6	10.1	8065.1	9366.8	12.0
四　川	Sichuan	12393.0	13877.7	12.0	3061.1	3349.2	9.4

附录A 续表 10 continued

省、市名称 Province or Municipality		外贸进出口总额(亿美元) Total Imports and Exports (USD 100 million)			外贸出口总额(亿美元) Total Exports (USD 100 million)		
		2014	2015	2015比2014增长(%) Growth Rate in 2015 over 2014(%)	2014	2015	2015比2014增长(%) Growth Rate in 2015 over 2014(%)
全 国	**National Total**	**43015.3**	**39569.0**	**-8.0**	**23422.9**	**22749.5**	**-2.9**
辽 宁	Liaoning	1140.0	959.6	-15.8	587.5	507.1	-13.7
上 海	Shanghai	4664.0	4492.4	-3.7	2101.3	1959.4	-6.8
江 苏	Jiangsu	5635.5	5456.1	-3.2	3418.3	3386.7	-0.9
浙 江	Zhejiang	3550.4	3473.4	-2.2	2733.3	2766.0	1.2
安 徽	Anhui	491.8	479.7	-2.5	314.9	322.8	2.5
福 建	Fujian	1774.1	1693.6	-4.5	1134.5	1130.2	-0.4
山 东	Shandong	2769.3	2417.5	-12.7	1447.1	1440.6	-0.4
河 南	Henan	649.7	738.4	13.7	393.8	430.7	9.4
湖 北	Hubei	430.4	456.0	5.9	266.4	292.1	9.6
湖 南	Hunan	308.3	293.3	-4.9	199.4	191.4	-4.0
广 东	Guangdong	10765.8	10228.7	-5.0	6460.9	6434.7	-0.4
四 川	Sichuan	702.0	514.7	-26.7	448.4	332.3	-25.9

附录A 续表 11 continued

省、市名称 Province or Municipality		居民消费价格指数(%) Consumer Price Index (%)			普通本专科在校学生数(万人) Number of Enrolled Students in Regular HEIs (10000 persons)		
		2014	2015	2015比2014增长(%) Growth Rate in 2015 over 2014(%)	2014	2015	2015比2014增长(%) Growth Rate in 2015 over 2014(%)
全 国	**National Total**	**102.0**	**101.4**	**1.4**	**2547.7**	**2625.3**	**3.0**
辽 宁	Liaoning	101.7	101.4	1.4	99.8	100.6	0.8
上 海	Shanghai	102.7	102.4	2.4	50.7	51.2	1.0
江 苏	Jiangsu	102.2	101.7	1.7	169.9	171.6	1.0
浙 江	Zhejiang	102.1	101.4	1.4	97.8	99.1	1.3
安 徽	Anhui	101.6	101.3	1.3	108.1	113.1	4.6
福 建	Fujian	102.0	101.7	1.7	74.9	75.9	1.3
山 东	Shandong	101.9	101.2	1.2	179.7	190.1	5.8
河 南	Henan	101.9	101.3	1.3	168.0	176.7	5.2
湖 北	Hubei	102.0	101.5	1.5	142.0	141.1	-0.6
湖 南	Hunan	101.9	101.4	1.4	113.6	118.1	4.0
广 东	Guangdong	102.3	101.5	1.5	179.4	185.6	3.5
四 川	Sichuan	101.6	101.5	1.5	132.8	138.8	4.5

附录B-1　中国香港特别行政区主要社会经济指标
Main Statistical Indicators of Hong Kong Special Administrative Region

指　　标	Item	2000	2010	2014	2015
本地生产总值	**Gross Domestic Product (GDP)**				
按2013年环比物量计算①	At 2013 Link Ratios①				
本地生产总值年增长率 (%)	Annual Growth Rate (%)	7.7	6.8	2.6	2.4
本地生产总值 (亿港元)	GDP (HKD 100 million)	13054	19456	21946	22464
人均本地生产总值 (港元)	Per Capita GDP (HKD)	195857	276988	303047	307483
按当年价格计算	At Current Prices				
本地生产总值年增长率 (%)	Annual Growth Rate (%)	4.0	7.1	5.6	6.4
本地生产总值 (亿港元)	GDP (HKD 100 million)	13375	17763	22582	24025
人均本地生产总值 (港元)	Per Capita GDP (HKD)	200675	252887	311836	328854
人口及生命统计	**Population and Vital Events**				
年中人口 (万人)	Mid-year Population (10000 persons)	666.5	702.4	724.2	730.6
粗出生率 (‰)	Crude Birth Rate (‰)	8.1	12.6	8.6	8.2
粗死亡率 (‰)	Crude Death Rate (‰)	5.1	6.0	6.2	6.3
劳动、就业	**Labor and Employment**				
劳动人口 (万人)	Labor Force (10000 persons)	337.4	363.1	387.6	391
失业率 (%)	Unemployment Rate (%)	4.9	4.3	3.3	3.3
实际工资指数(1992年9月=100)	Real Wage Index (September 1992=100)	112.5	113.5	115.7	117.3
政府收支、货币、金融（亿港元）	**Public Accounts, Money and Finance (HKD 100 million)**				
政府收入总额 ②	Total Government Revenue ②	2251	3765	4787	4575
政府支出总额 ②	Total Government Expenditure ②	2329	3014	3962	4270
货币供应量M3	Money Supply M3	36928	71563	110489	116550
居民消费物价指数	**Consumer Price Index**				
(2009年10月至2010年9月=100)	(Oct. 2009 to Sep. 2010 = 100)				
综合消费物价指数	Composite Consumer Price Index	96.5	100.7	120.2	123.8
工业生产	**Industrial Production**				
工业生产指数③ (2008年=100)	Index of Industrial Production③ (2008=100)		95.0	94.6	93.2
工业电力消费量 (万亿焦耳)	Industrial Electricity Consumption (terajoules)	17769	11080	11281	11436
工业煤气消费量 (万亿焦耳)	Industrial Gas Consumption (terajoules)	982	917	1673	1649
运输、旅游	**Transport and Tourism**				
进出香港货运车辆 (万辆)	Inward/Outward Movement of Goods Vehicles	940.22	834.57	722.46	695.93
集装箱吞吐量 ④ (万标准集装箱单位)	Volume of Containers Handled ④ (10000 TEUs)	1810	2370	2223	2007
访港旅客 ⑤ (万人次)	Visitor Arrivals ⑤ (10000 person-times)	1306	3603	6084	5931
酒店入住率 (%)	Hotel Room Occupancy Rate (%)	83	87	90	86
对外商品贸易	**External Merchandise Trade**				
港产品出口 (亿港元)	Domestic Exports (HKD 100 million)	1810	695	553	469
转口 (亿港元)	Re-exports (HKD 100 million)	13917	29615	36175	35584
进口 (亿港元)	Imports (HKD 100 million)	16580	33648	42190	40464
教育	**Education**				
小学学生人数 (人)	Student Enrolment in Primary Schools (person)	493979	331112	329300	337558
中学学生人数 (人)	Student Enrolment in Secondary Schools (person)	466710	452581	374797	354135

注：本表数据由香港特别行政区政府统计处提供，国家统计局整理编辑。1996年及以前年份数据均指原香港地区。
①以环比物量计算的本地生产总值及其组成部分的参照年为2013年。
②财政年度数字。指当年4月1日至第二年3月31日。
③自2005年统计年度开始，所有工业生产指数均按《香港标准行业分类2.0版》编制。
④1998年起，采用一系列新的集装箱吞吐量数字，与1998年以前的数字不可比。
⑤1996年及以后的数字包括澳门访港的非澳门居民旅客人数。

Notes: Data in this table are provided by the Census and Statistics Department of the Government of Hong Kong Special Administrative Region, and further prepared and edited by the National Bureau of Statistics. Data of 1996 and prior to it refer to the original Hong Kong.
①The chain volume measures of GDP and its components have been re-referenced by 2013.
②Figures are as at end of the financial year. Financial year is from 1 April to 31 March of the next year,unless otherwise specified.
③Since 2005, all indices of industrial production are compiled based on the Hong Kong Standard Industrial Classification (HSIC) Version 2.0.
④Since 1998,new figures of container throughput are adopted,and therefore not comparable with the previous years.
⑤Figures of 1996 and after include arrival of non-Macao residents via Macao.

附录B-2 中国澳门特别行政区主要社会经济指标

Main Statistical Indicators of Macao Special Administrative Region

指 标	Item	2000	2010	2014	2015
本地生产总值①	**Gross Domestic Product① (GDP)**				
以2013年环比物量计算	At 2013 Link Ratios				
本地生产总值实际增长率（支出法） (%)	Real Growth Rate of GDP by Expenditure	5.7	25.3	-0.9	-20.3
本地生产总值 (亿澳门元)	GDP (100 million MOP)	955.2	2786.7	4083.3	3252.4
人均本地生产总值(万澳门元)	Per Capita GDP (10000 MOP)	22.2	51.9	65.7	50.7
按当年价格计算	At Current Prices				
本地生产总值名义增长率（支出法） (%)	Nominal Growth Rate of GDP by Expenditure	4.0	31.3	7.7	-16.9
本地生产总值 (亿澳门元)	GDP (100 million MOP)	539.4	2250.5	4434.7	3687.3
人均本地生产总值(万澳门元)	Per Capita GDP (10000 MOP)	12.5	41.9	71.3	57.5
人口及生命统计	**Population and Vital Events**				
年中人口 (万人)	Mid-year Estimates of Population (10000 persons)	43.1	53.7	62.2	64.3
出生率 (‰)	Crude Birth Rate (‰)	8.9	9.5	11.8	11.0
死亡率 (‰)	Crude Death Rate (‰)	3.1	3.3	3.1	3.1
劳动、就业②	**Labor②**				
劳动人口 (万人)	Labor Force (10000 persons)	20.9	32.4	39.5	40.4
失业率 (%)	Unemployment Rate (%)	6.8	2.8	1.7	1.8
对外贸易	**External Trade**				
出口 (亿澳门元)	Exports (100 million MOP)	203.8	69.6	99.1	106.9
本地产品出口 (亿澳门元)	Domestic Exports (100 million MOP)	170.8	23.9	20.2	18.2
转口 (亿澳门元)	Re-exports (100 million MOP)	33.0	45.7	78.9	88.7
进口 (亿澳门元)	Imports (100 million MOP)	181.0	441.2	899.5	846.6
工业生产	**Industrial Production**				
工业电力消耗量 (亿千瓦小时)	Industrial Electricity Consumption (100 million kwh)	1.5	1.5	1.6	1.7
运输、旅游	**Transport and Tourism**				
进出澳门货运车辆数目③(万辆)	Lorries Entering and Departing Macao③(10000 times)	45.4	35.8	35.7	38.5
访澳旅客④ (万人次)	Visitor Arrivals④ (10000 person-times)	916.2	2496.5	3152.6	3071.5
酒店入住率 (%)	Hotel Room Occupancy Rate (%)	58	80	86	81
政府收支、货币、金融	**Government Accounts, Money and Finance**				
政府总收入① (亿澳门元)	Total Government Revenue① (100 million MOP)	153.4	884.9	1618.6	1097.8
政府总开支① (亿澳门元)	Total Government Expenditure① (100 million MOP)	150.2	383.9	670.8	804.8
货币供应（广义货币供应量M2) (亿澳门元)	Money Supply (M2) (100 million MOP)	849.2	2430.5	4874.7	4728.3
消费价格指数	**Consumer Price Index**				
(2013年10月至2014年9月=100)	(Oct.2013 to Sep.2014= 100)				
综合消费价格指数	Composite Consumer Price Index	64.82	80.50	101.11	105.72
教育	**Education**				
小学生 (人)	Students in Primary Education (person)	45474	23785	24252	26436
中学生 (人)	Students in Secondary Education (person)	38156	37224	30088	28745
高等教育学生 (人)	Students in Higher Education (person)	8358	25539	30771	31970

注：本表数据由澳门特别行政区政府统计暨普查局提供，国家统计局整理编辑。1998年及以前数据均指原澳门地区。

①数字在日后得到更多资料时会作出修订。

②自2009年起，劳动人口的年龄下限由14岁调升至16岁。

③自2000年开始包括进出关闸及路(氹)城边检站的数字。而自2007年开始亦包括进出跨境工业区边检站的数字。

④自2008年开始，访澳旅客不包括外地雇员及学生等。

Notes: Data in this table are provided by the Statistics and Census Services of the Government of Macao Special Administrative Region, and further prepared and edited by the National Bureau of Statistics. Data of 1998 and prior to it refer to the original Macao."r" indicates rectified figures.

① Figures of are subject to revision as more data become available.

② Starting from 2009, the minimum age of labor population has been changed from 14 to 16.

③Starting from 2000,data include the figures via inspection stations.Starting from 2007,data include those via inspection stations of the cross-border industrial zone.are also included.

④Starting from 2008,foreign employees and students are not included in Macao Visitor arrivals.

附录C 中国台湾省主要社会经济指标

Main Statistical Indicators of Taiwan Province

指标	Item	2000	2010	2014	2015
国民经济核算	**National Accounts**				
本地居民生产总值(新台币亿元)	Gross National Product (NT$ 100 million)	101716	145489	165668	172092
本地生产总值 (新台币亿元)	Gross Domestic Product (NT$ 100 million)	100320	141192	160974	167062
经济增长率 (%)	Economic Growth Rate (%)	5.8	10.6	3.7	3.8
农业	Agriculture, Forestry, Hunting and Fishery	1.2	2.2	3.5	
工业	Industry	5.8	20.3	5.6	
服务业	Services	5.9	5.8	2.4	
产业结构 (%)	Industrial Structure (%)				
农业	Agriculture, Forestry, Hunting and Fishery	2.0	1.6	1.9	
工业	Industry	29.1	34.0	34.1	
服务业	Services	68.9	64.4	64.1	
人均本地居民生产总值	Per Capita Gross National Product				
新台币元	NT$	459729	628706	707875	733534
美元	USD	14721	19864	23308	22989
人口	**Population**				
户籍登记人口数① (万人)	Year-end Population① (10000 persons)	2228	2316	2343	2349
人口自然增加率 (‰)	Natural Population Growth Rate (‰)	8.08	0.91	1.98	2.49
人口密度 (人/平方公里)	Population Density (persons/sq.km)	616	640	647	649
劳动、就业	**Labor and Employment**				
劳动力人口 (万人)	Labor Force (10000 persons)	978	1107	1154	1164
失业率 (%)	Unemployment Rate (%)	3.0	5.2	4.0	3.8
工业	**Industry**				
受雇者劳动生产力指数 (2011年=100)	Productivity Index (%) (2011=100)		97.1	103.1	
工业生产指数 (2011年=100)	Index of Industrial Production (2011=100)		95.8	106.8	98.3
工业生产总值 (新台币亿元)	Gross Industry Product (NT$ 100 million)	91425	149384	155480	
对外贸易	**Foreign Trade**				
贸易额 (亿美元)	Total Value of Imports and Exports (USD 100 million)				
出口	Exports	1520	2746	3137	2805
进口	Imports	1407	2512	2740	2289
运输、旅游	**Transportation and Tourism**				
航空 (万人)	Airway (10000 persons)				
省内	Domestic	2665	973	1056	980
国际	Non-domestic	1978	2526	3310	3616
高速公路通行车辆数 ③(万辆次)	Vehicles for Motorway Transportation(10000 unit-times)	45381	55506	518435	548998
每百人机动车辆数① (辆)	Vehicles per 100 Persons① (unit)	76.4	93.8	90.9	91.1
港埠货物装卸量 (万收费吨)	Inward and Outward Movements Cargo (10000 tons)	56695	65540	74861	72139
观光 (万人次)	Tourism (10000 person-times)				
出岛旅客	Outbound Tourists	733	942	1184	1318
来台湾旅客	Inbound Tourists	262	557	991	1044
财政、金融	**Public Accounts and Finance**				
赋税实征净额② (新台币亿元)	Revenue② (NT$ 100 million)	19298	16222	19761	21348
货币供应量M2① (新台币亿元)	Money Supply M2① (NT$ 100 million)	188978	309544	376968	398819
年增长率 (%)	Average Annual Growth Rate (%)	6.5	5.4	6.1	5.8
存款① (新台币亿元)	Deposits① (NT$ 100 million)	193087	310063	371339	393558
物价年涨跌率 (%)	**Price Indices Annual Growth Rate (%)**				
批发	Wholesale Trade Price	1.82	5.46	-0.57	-8.84
消费者	Consumer Price	1.26	0.96	1.20	-0.31

注：①年底数。
②为年度资料，如2000年度指1999年下半年及2000年度。
③从2013年12月30日起，国道高速公路由计次收费改为计程电子收费。

Notes: ① Year-end data.
② Annual data, of which year of 2000 refers to the second half year of 1999 and year of 2000.
③Since 30th December 2013, toll for national highway has been charged for mileage instead of charged by the number of times.

附录D-1 部分国家和地区主要经济指标（2014年）

Main Economic Indicators of Some Countries and Territories (2014)

国家和地区	Country or Territory	国内生产总 值（亿美元）Gross Domestic Product (USD 100 million)	人均国民总收入（美元）Per Capita Gross National Income (USD)	国内生产总值增长率(%) Growth Rate of GDP (%)	对GDP增长贡献率(%) Contribution Share in GDP Growth (%)		
					第一产业 Primary Industry	第二产业 Secondary Industry	第三产业 Tertiary Industry
世　　界	World	778688	10858	2.5			
高收入国家	High Income Countries	529067	38392	1.7			
经合组织高收入国家	OECD High Income Countries	466738	44290	1.7			
中等收入国家	Middle Income Countries	245973	4690	4.8			
中等偏下收入国家	Lower Middle Income Countries	57803	2037	5.8			
中等偏上收入国家	Upper Middle Income Countries	188083	7893	4.5			
中低收入国家	Low and Middle Income Countries	249968	4263	4.8			
低收入国家	Low Income Countries	3974	635	6.3			
最不发达地区	Most Underdeveloped Countries	8679	928	5.5			
中　　国	China	103601	7380	7.3	4.8	47.1	48.1
巴　　西	Brazil	23461	11760	0.1	10.9	-206.2	295.3
加 拿 大	Canada	17867	51690	2.5	1.0③	50.1③	48.9③
法　　国	France	28292	43080	0.2	48.5	-98.1	149.6
德　　国	Germany	38526	47640	1.6	3.3	29.9	66.9
印　　度	India	20669	1610	7.4	2.6	25.1	72.4
印度尼西亚	Indonesia	8885	3650	5.0	11.3	36.4	52.2
意 大 利	Italy	21443	34280	-0.4	14.5	101.7	-16.3
日　　本	Japan	46015	42000	-0.1	2.7①	20.8①	76.5①
韩　　国	Korea, Rep.	14104	27090	3.3	1.8	41.2	57
马来西亚	Malaysia	3269	10660	6.0	3.0①	30.3①	66.7①
墨 西 哥	Mexico	12827	9980	2.1	4.2	30.1	65.8
俄罗斯	Russia	18606	13210	0.6	-6.9①	1.8①	105.1①
新 加 坡	Singapore	3076	55150	2.9	0.0①	15.4①	84.6①
泰　　国	Thailand	3738	5410	0.7	13.0	-56.0	143.0
英　　国	United Kingdom	29419	42690	2.6	0.5	20.2	79.4
美　　国	United States of America	174190	55200	2.4	7.2①	19.9①	72.9①

附录D-1 续表 continued

国家和地区	Country or Territory	GDP产业构成（%） Structure of GDP by Production Approach (%)			能源生产量(2012年，万吨标准油) Energy Production (2012, 10000 tons of SOE)	能源最终消费量(2012年，万吨标准油) Total Energy Consumption (2012, 10000 tons of SOE)	货物进出口贸易总额(亿美元) Total Merchandise Imports and Exports (USD 100 million)	货物出口总额(亿美元) Merchandise Exports (USD 100 million)	货物进口总额(亿美元) Merchandise Imports (USD 100 million)
		农业增加值占GDP比重 Agriculture	工业增加值占GDP比重 Industry	服务业增加值占GDP比重 Service Industry					
世　　界	World	3.1①	26.4①	70.5①	1346114	897886	376590	189350	190240
高收入国家	High Income Countries	1.6①	24.6①	73.8①					
经合组织高收入国家	OECD High Income Countries	1.5①	23.6①	74.9①					
中等收入国家	Middle Income Countries	9.8	34.7	55.5					
中等偏下收入国家	Lower Middle Income Countries	16.7	31.1	52.2					
中等偏上收入国家	Upper Middle Income Countries	7.3	36.0	56.7					
中低收入国家	Low and Middle Income Countries	10.1	34.6	55.4					
低收入国家	Low Income Countries	32.3	21.5	46.2					
最不发达地区	Most Underdeveloped Countries	24.5	27.2	48.3					
中　　国	China	9.2	42.6	48.2	252528	170186	43030	23427	19603
巴　　西	Brazil	5.6	23.4	71.0	25190	22435	4642	2251	2391
加 拿 大	Canada				41966	20783	9492	4743	4749
法　　国	France	1.7	19.4	78.9	13447	15495	12624	5832	6792
德　　国	Germany	0.8	30.7	68.6	12338	22098	27283	15109	12174
印　　度	India	17	30.1	53	54455	51154	7778	3174	4604
印度尼西亚	Indonesia	13.7	43	43.3	44025	15966	3545	1763	1782
意 大 利	Italy	2.2	23.4	74.4	3186	12264	10004	5287	4717
日　　本	Japan	1.2①	26.2①	72.6①	2832	30877	15061	6838	8223
韩　　国	Korea, Rep.	2.3	38.2	59.4	4622	16638	10982	5727	5255
马来西亚	Malaysia	9.1	40.5	50.4	8880	4949	4430	2341	2089
墨 西 哥	Mexico	3.5	33.8	62.7	21898	11701	8091	3975	4116
俄罗斯	Russia	4.0①	36.3①	59.8①	133161	46134	8047	4967	3080
新 加 坡	Singapore		25.1①	74.9①	60	1601	7760	4098	3662
泰　　国	Thailand	11.6	42.0	46.3	7573	9228	4555	2276	2280
英　　国	United Kingdom	0.6	19.8	79.6	11748	12757	11897	5068	6859
美　　国	United States of America	1.5①	20.5①	78.1①	180648	143273	40326	16232	24094

注：①2013年数据。②2008年数据。③2010年数据。④2011年数据。

Notes: ① Data of 2012. ②Data of 2008.③Data of 2010. ④Data of 2011.

附录D-2 部分国家和地区国内生产总值

Gross Domestic Product of Some Countries and Territories

单位：亿美元 (USD 100 million)

国家和地区	Country or Territory	1990	2000	2005	2010	2013	2014
世界总计	**World**	**225467**	**332762**	**470337**	**654892**	**761240**	**778688**
低收入国家	Low Income Countries	899	1096	1520	2793	3688	3974
中等收入国家	Middle Income Countries	28668	51564	84415	178497	235519	245973
中下等收入国家	Lower Middle Income Countries	9063	13073	21346	45212	54628	57803
中上等收入国家	Upper Middle Income Countries	19569	38491	63065	133278	180803	188083
中、低收入国家	Low and Middle Income Countries	29486	52637	85928	181308	239231	249968
高收入国家	High Income Countries	195880	280096	384419	473856	522426	529067
经合组织成员国	OECD Countries	182625	261511	356089	424986	459085	466738
非经合组织高收入国家	Non-OECD High Income Countries	13277	18586	28356	49061	63698	62598
中国	China	3590	12053	22686	60397	94906	103601
中国香港	Hong Kong, China	769	1717	1816	2286	2757	2909
中国澳门	Macao, China	30	61	118	284	513	555
阿根廷	Argentina	1414	2842	2229	4628	6221	5402
澳大利亚	Australia	3109	4150	6933	11413	15604	14538
孟加拉国	Bangladesh	312	534	694	1153	1500	1738
白俄罗斯	Belarus	174	127	302	552	731	761
巴西	Brazil	4620	6572	8921	22094	23921	23461
保加利亚	Bulgaria	207	134	293	487	545	557
加拿大	Canada	5920	7395	11641	16140	18390	17867
捷克	Czech Republic	403	615	1360	2070	2088	2055
埃及	Egypt	431	998	897	2189	2720	2865
法国	France	12753	13684	22037	26470	28103	28292
德国	Germany	17650	19472	28576	34122	37303	38526
印度	India	3266	4766	8342	17085	18618	20669
印度尼西亚	Indonesia	1144	1650	2859	7551	9105	8885
伊朗	Iran	1160	1013	1920	4226	4938	4153
以色列	Israel	525	1315	1412	2329	2906	3042
意大利	Italy	11778	11422	18535	21268	21370	21443
日本	Japan	31037	47312	45719	54954	49196	46015
哈萨克斯坦	Kazakhstan	269	183	571	1481	2319	2123
韩国	Korea, Rep.	2848	5616	8981	10945	13056	14104
马来西亚	Malaysia	440	938	1435	2475	3132	3269
墨西哥	Mexico	2627	6837	8664	10511	12623	12827
蒙古	Mongolia	26	11	25	72	126	120
荷兰	Netherlands	3130	4134	6724	8364	8535	8695
新西兰	New Zealand	455	526	1151	1453	1884	
尼日利亚	Nigeria	308	464	1123	3691	5150	5685
巴基斯坦	Pakistan	400	740	1095	1774	2323	2469
菲律宾	Philippines	443	810	1031	1996	2721	2846
波兰	Poland	647	1719	3044	4767	5261	5480
罗马尼亚	Romania	383	373	992	1648	1896	1990
俄罗斯	Russia	5168	2597	7640	15249	20790	18606
新加坡	Singapore	389	958	1274	2364	3023	3079
南非	South Africa	1120	1364	2578	3754	3661	3498
西班牙	Spain	5351	5954	11573	14317	13930	14043
斯里兰卡	Sri Lanka	80	163	244	496	672	749
泰国	Thailand	853	1227	1764	3189	3873	3738
土耳其	Turkey	1507	2666	4830	7312	8232	7995
乌克兰	Ukraine	815	313	861	1364	1833	1318
英国	United Kingdom	10932	15487	24121	24079	26782	29419
美国	United States of America	59796	102848	130937	149644	167681	174190
委内瑞拉	Venezuela	470	1172	1455	3938	3713	5100
越南	Viet Nam	65	336	576	1159	1712	1862

附录D-3 部分国家和地区国内生产总值增长率

Growth Rates of GDP of Some Countries and Territories

单位：%　　　　(%)

国家和地区	Country or Territory	1990	2000	2005	2010	2013	2014
世　界	**World**	**3.0**	**4.3**	**3.6**	**4.1**	**2.4**	**2.5**
高收入国家	High Income Countries	2.9	4.0	2.8	3.0	1.4	1.7
经合组织高收入国家	OECD High Income Countries	3.0	3.9	2.6	2.8	1.3	1.7
非经合组织高收入国家	Non-OECD High Income Countries	1.4	6.3	6.6	5.7	2.5	1.9
中等收入国家	Middle Income Countries	3.3	5.5	7.1	7.9	5.3	4.8
中等偏下收入国家	Lower Middle Income Countries	3.6	4.2	6.8	7.5	5.8	5.8
中等偏上收入国家	Upper Middle Income Countries	3.2	5.9	7.2	8.0	5.1	4.5
中低收入国家	Low and Middle Income Countries	3.2	5.4	7.1	7.9	5.3	4.8
低收入国家	Low Income Countries	0.5	2.0	6.7	6.8	5.8	6.3
最不发达地区	Most Underdeveloped Countries	0.8	4.0	8.1	5.4	5.5	5.5
中　国	China	3.9	8.4	11.3	10.6	7.7	7.3
中国香港	Hong Kong, China	3.8	7.7	7.4	6.8	3.1	2.5
阿根廷	Argentina	-2.4	-0.8	9.2	9.5	2.9	0.5
澳大利亚	Australia	3.5	3.9	3.2	2.0	2.5	2.5
孟加拉国	Bangladesh	5.6	5.3	6.5	5.6	6.0	6.1
白俄罗斯	Belarus		5.8	9.4	7.7	1.1	1.6
巴　西	Brazil	-3.1	4.4	3.1	7.6	2.7	0.1
保加利亚	Bulgaria	-9.1	6.0	6.0	0.7	1.1	1.7
加拿大	Canada	0.1	5.1	3.2	3.4	2.0	2.5
捷　克	Czech Republi		4.3	6.4	2.3	-0.7	2.0
埃　及	Egypt	5.7	5.4	4.5	5.1	2.1	2.2
法　国	France	2.9	3.9	1.6	2.0	0.7	0.2
德　国	Germany	5.3	3.0	0.7	4.1	0.1	1.6
印　度	India	5.5	3.8	9.3	10.3	6.9	7.4
印度尼西亚	Indonesia	9.0	4.9	5.7	6.2	5.6	5.0
伊　朗	Iran	13.7	5.1	4.6	6.6	-1.9	1.5
以色列	Israel	6.8	8.9	4.3	5.8	3.2	2.8
意大利	Italy	2.0	3.7	1.0	1.7	-1.7	-0.4
日　本	Japan	5.6	2.3	1.3	4.7	1.6	-0.1
哈萨克斯坦	Kazakhstan		9.8	9.7	7.3	6.0	4.3
韩　国	Korea，Rep.	9.3	8.8	3.9	6.5	2.9	3.3
马来西亚	Malaysia	9.0	8.9	5.3	7.4	4.7	6.0
墨西哥	Mexico	5.1	5.3	3.0	5.1	1.4	2.1
蒙　古	Mongolia	-3.2	1.1	7.3	6.4	11.6	7.8
缅　甸	Myanmar	2.8	13.7	13.5	10.4	8.2	8.5
荷　兰	Netherlands	4.2	4.4	2.3	1.1	-0.7	0.9
新西兰	New Zealand	0.1	2.8	3.4	1.4	2.5	
尼日利亚	Nigeria	12.8	5.3	3.4	7.8	5.4	6.3
巴基斯坦	Pakistan	4.5	4.3	7.7	1.6	4.4	5.4
菲律宾	Philippines	3.0	4.4	4.8	7.6	7.2	6.1
波　兰	Poland		4.3	3.5	3.7	1.7	3.4
罗马尼亚	Romania	-5.6	2.1	4.3	-0.9	3.5	1.8
俄罗斯	Russia	-3.0	10.0	6.4	4.5	1.3	0.6
新加坡	Singapore	10.0	8.9	7.5	15.2	4.4	2.9
南　非	South Africa	-0.3	4.2	5.3	3.0	2.2	1.5
西班牙	Spain	3.8	5.3	3.7		-1.2	1.4
斯里兰卡	Sri Lanka	6.4	6.0	6.2	8.0	7.2	7.4
泰　国	Thailand	11.2	4.8	4.6	7.8	2.9	0.7
土耳其	Turkey	9.3	6.8	8.4	9.2	4.2	2.9
乌克兰	Ukraine	-6.3	5.9	2.7	4.2		-6.8
英　国	United Kingdom	0.5	3.8	2.8	1.9	1.7	2.6
美　国	United States of America	1.9	4.1	3.3	2.5	2.2	2.4
委内瑞拉	Venezuela	6.5	3.7	10.3	-1.5	1.3	-4.0
越　南	Viet Nam	5.1	6.8	7.5	6.4	5.4	6.0

附录D-4 部分国家和地区人均国民总收入
Per Capita Gross National Income of Some Countries and Territories

单位：美元 (USD)

国家和地区	Country or Territory	1990	2000	2005	2010	2013	2014
世界总计	**World**	**4190**	**5442**	**7315**	**9382**	**10792**	**10858**
低收入国家	Low Income Countries	272	226	292	498	599	635
中等收入国家	Middle Income Countries	728	1127	1718	3335	4528	4690
下中等收入国家	Lower Middle Income Countries	483	546	850	1527	1985	2037
上中等收入国家	Upper Middle Income Countries	975	1761	2700	5457	7578	7893
中、低收入国家	Low and Middle Income Countries	689	1047	1584	3051	4119	4263
高收入国家	High Income Countries	16046	21955	29728	34985	38477	38392
非经合组织成员国	Non-OECD Countries	19434	26658	35970	41073	44410	44290
经合组织成员国	OECD Countries	8502	6073	8650	14835	19139	19236
中 国	China	330	930	1750	4300	6740	7380
中国香港	Hong Kong, China	12660	26930	28890	33620	38520	40320
阿根廷	Argentina	3180	7470	5060	10820	14590	14560
澳大利亚	Australia	17340	21110	30320	46490	65410	64680
孟加拉国	Bangladesh	300	420	540	780	1010	1080
白俄罗斯	Belarus		1380	2820	5990	6780	7340
巴 西	Brazil	2720	3880	3950	9810	12550	11760
保加利亚	Bulgaria	2260	1680	3700	6630	7280	7420
加拿大	Canada	20430	22530	33950	44450	52570	51690
捷 克	Czech Republic		6320	12380	19210	18970	
埃 及	Egypt	750	1470	1290	2510	3140	3280
法 国	France	20700	25150	36010	43800	43550	43080
德 国	Germany	21330	26170	35880	44780	47250	47640
印 度	India	390	460	740	1290	1560	1610
印度尼西亚	Indonesia	620	570	1230	2540	3760	3650
伊 朗	Iran	2380	1620	2530		6820	
以色列	Israel	10860	18790	21230	29480	33930	34990
意大利	Italy	18610	21820	32390	37700	35430	34280
日 本	Japan	27560	34980	39140	41980	46330	42000
哈萨克斯坦	Kazakhstan		1260	2950	7440	11560	11670
韩 国	Korea, Rep.	6480	10750	17800	21320	25870	27090
马来西亚	Malaysia	2370	3420	5240	8150	10420	10660
墨西哥	Mexico	2740	5690	7650	8780	9880	9980
蒙 古	Mongolia	1430	470	900	2000	4390	4320
荷 兰	Netherlands	20140	28470	42010	53320	51060	51210
新西兰	New Zealand	13640	14070	25490	29390	39300	
尼日利亚	Nigeria	290	270	660	1460	2690	2950
巴基斯坦	Pakistan	410	470	710	1060	1360	1410
菲律宾	Philippines	720	1230	1530	2740	3270	3440
波 兰	Poland		4690	7330	12630	13440	13730
罗马尼亚	Romania	1710	1700	3920	8430	9050	9370
俄罗斯	Russia		1710	4450	9980	13810	13210
新加坡	Singapore	12040	23670	28370	44790	54580	55150
南 非	South Africa	3390	3140	5050	6240	7410	6800
西班牙	Spain	12220	15900	25930	32130	29940	
斯里兰卡	Sri Lanka	470	860	1210	2260	3180	3400
泰 国	Thailand	1490	1960	2600	4320	5360	5410
土耳其	Turkey	2300	4190	6520	9980	10980	10850
乌克兰	Ukraine	1610	700	1540	2990	3760	3560
英 国	United Kingdom	17160	27230	41010	40470	41590	42690
美 国	United States of America	24150	36070	46340	48950	54070	55200
委内瑞拉	Venezuela	2570	4090	4920	11520	11730	12820
越 南	Viet Nam	130	400	680	1270	1740	1890

附录D-5 部分国家和地区人均国内生产总值增长率

Growth Rates of Per Capita GDP of Some Countries and Territories

单位：% (%)

国家和地区	Country or Territory	1990	2000	2005	2010	2013	2014
世 界	**World**	**1.2**	**2.9**	**2.3**	**2.9**	**1.2**	**1.3**
低收入国家	Low Income Countries	-2.3	-0.7	3.9	4.0	3.1	3.6
中等收入国家	Middle Income Countries	1.3	4.0	5.8	6.7	4.1	3.6
下中等收入国家	Lower Middle Income Countries	1.3	2.5	5.1	5.9	4.3	4.3
上中等收入国家	Upper Middle Income Countries	1.6	4.8	6.3	7.2	4.3	3.7
中、低收入国家	Low and Middle Income Countries	1.2	3.9	5.6	6.5	3.9	3.5
高收入国家	High Income Countries	2.1	3.5	2.2	2.4	0.9	1.1
非经合组织成员国	Non-OECD Countries	0.4	5.9	5.9	4.8	1.7	1.2
经合组织成员国	OECD Countries	2.3	3.3	2.0	2.3	0.8	1.2
中 国	China	2.4	7.6	10.7	10.1	7.2	6.8
中国香港	Hong Kong, China	3.5	6.7	6.9	6.0	2.6	1.7
中国澳门	Macao, China	4.6	4.1	6.3	24.4	8.8	-1.9
阿 根 廷	Argentina	-3.8	-1.8	8.2	8.5	2.0	-0.4
澳大利亚	Australia	2.0	2.6	1.9	0.4	0.8	0.9
孟加拉国	Bangladesh	3.1	3.4	5.1	4.4	4.7	4.8
白俄罗斯	Belarus		6.1	10.2	7.9	1.1	1.6
巴 西	Brazil	-4.8	2.9	2.0	6.6	1.9	-0.7
保加利亚	Bulgaria	-7.5	6.6	6.5	1.3	1.6	2.3
加 拿 大	Canada	-1.4	4.2	2.2	2.2	0.8	1.4
捷 克	Czech Republic		4.6	6.3	2.0	-0.7	2.0
埃 及	Egypt	3.6	3.7	2.8	3.4	0.5	0.6
法 国	France	2.4	3.2	0.9	1.5	0.2	-0.3
德 国	Germany	4.4	2.9	0.8	4.3	-0.2	1.3
印 度	India	3.4	2.1	7.7	8.8	5.6	6.1
印度尼西亚	Indonesia	7.1	3.4	4.2	4.8	4.3	3.8
伊 朗	Iran	10.8	3.5	3.4	5.3	-3.2	0.1
以 色 列	Israel	3.6	6.1	2.5	3.8	1.3	0.8
意 大 利	Italy	1.9	3.7	0.5	1.4	-2.8	-2.2
日 本	Japan	5.2	2.1	1.3	4.6	1.8	0.1
哈萨克斯坦	Kazakhstan		10.1	8.7	5.8	4.5	2.8
韩 国	Korea, Rep.	8.2	7.9	3.7	6.0	2.5	2.9
马来西亚	Malaysia	6.0	6.4	3.4	5.6	3.1	4.4
墨 西 哥	Mexico	2.9	3.7	1.8	3.8	0.2	0.9
蒙 古	Mongolia	-5.1	0.3	6.0	4.8	10.0	6.2
缅 甸	Myanmar	1.2	12.5	12.9	9.6	7.3	7.6
新 西 兰	New Zealand	-0.8	2.2	2.3	0.3	1.7	
尼日利亚	Nigeria	9.9	2.7	0.8	4.9	2.5	3.4
巴基斯坦	Pakistan	1.4	1.9	5.8	-0.2	2.7	3.7
菲 律 宾	Philippines	0.5	2.2	2.8	5.8	5.3	4.3
波 兰	Poland		5.4	3.6	4.0	1.8	3.5
罗马尼亚	Romania	-5.8	2.2	4.9	-0.4	3.9	2.1
俄罗斯	Russia	-3.4	10.5	6.8	4.5	1.1	-1.1
新 加 坡	Singapore	5.9	7.0	5.0	13.2	2.8	1.6
南 非	South Africa	-2.3	1.7	3.9	1.6	0.6	-0.1
西 班 牙	Spain	3.6	4.4	2.0	-0.5	-0.9	1.9
斯里兰卡	Sri Lanka	5.2	5.8	5.1	7.0	6.4	6.6
泰 国	Thailand	9.7	3.5	3.9	7.6	2.6	0.4
土 耳 其	Turkey	7.4	5.2	7.0	7.8	2.9	1.6
乌 克 兰	Ukraine	-6.6	7.0	3.5	4.6	0.2	-0.9
英 国	United Kingdom	0.2	3.4	2.1	1.1	1.0	1.9
美 国	United States of America	0.8	2.9	2.4	1.7	1.5	1.6
委内瑞拉	Venezuela	3.9	1.7	8.4	-3.1	-0.2	-5.4
越 南	Viet Nam	3.1	5.4	6.3	5.3	4.3	4.8

主要统计指标解释

国民总收入 国内生产总值减去生产税和进口税净额，减去支付给国外的雇员报酬和财产收入，加来自国外的雇员报酬和财产收入（即国内生产总值减去支付给非常住单位的初次收入，加上收到的非常住单位的初次收入）。按市场价格计算国民总收入的另一种方法是各部门所有初次收入的总和。国民总收入即国民生产总值，国民生产总值是以往国民核算中使用的概念。

按购买力平价计算的人均国民总收入 根据购买力平价计算的人均国民总收入。购买力平价国民总收入是用购买力平价比率、以国际元计算的国民总收入。国民总收入中一国际元的购买力等于美国一美元购买力。

香港居民消费价格指数 《香港统计年刊》中称为“消费物价指数”。香港特别行政区政府统计处编制不同的居民消费价格指数数列，以反映消费价格变动对不同开支范围的住户的影响。甲类、乙类及丙类消费价格指数分别根据较低、中等及较高开支范围的住户消费模式编制而成。而综合消费价格指数是根据上述住户的整体开支模式而编制，反映消费价格转变对全体住户的影响。

Explanatory Notes on Main Statistical Indicators

Gross National Income is gross domestic product (GDP) minus net taxes on production and imports, minus remuneration and property income for employees abroad, plus the corresponding items from employees abroad (in other words, GDP minus primary incomes payable to non- resident units plus primary incomes receivable from non-resident units). An alternative approach to measuring GNI at market prices is the sum of gross primary incomes from all sectors. Gross national income is identical to gross national product (GNP), as previously used in national accounts.

Per Capita GNI in PPP is per capita GNI based on purchasing power parity (PPP). PPP GNI is gross national income (GNI) converted to international dollars using purchasing power parity rates. An international dollar has the same purchasing power over GNI as a U.S. dollar has in the United States of America.

Consumer Price Index by Residents in Hong Kong refers to a series of consumer price indices reflected in Hong Kong Annual Digest of Statistics. The series of consumer price indices (CPIs) are compiled by the Census and Statistics Department of Hong Kong Special Administrative Region to reflect the impact of consumer price changes on households in different expenditure ranges. The CPI(A), CPI(B) and CPI(C) are compiled based on the expenditure patterns of households in the relatively low, medium and relatively high expenditure ranges. By aggregating the expenditure patterns of all households covered by the above three indices, a composite CPI is also compiled to reflect the impact of consumer price changes on the household sector as a whole.

中国统计出版社最新图书简目

(仅供参考,以实际出版为准)

统计资料

中国统计年鉴　中国统计摘要　中国发展报告
中国经济普查年鉴2013　国际统计年鉴　金砖国家联合统计手册
中国-东盟国家统计手册　中国农村统计年鉴　中国县域统计年鉴
中国城市统计年鉴　中国对外直接投资统计公报　中国地区经济监测报告
中国贸易外经统计年鉴　中国零售和餐饮连锁企业统计年鉴　中国商品交易市场统计年鉴
大中型批发零售和住宿餐饮企业统计年鉴　中国农产品价格调查年鉴　中国住户调查年鉴
中国价格统计年鉴　中国能源统计年鉴　全国农产品成本收益资料汇编
中国环境统计年鉴　中国建筑业统计年鉴　国外资源、能源和环境统计资料汇编
中国工业统计年鉴　中国城乡建设统计年鉴　中国房地产统计年鉴
中国城市建设统计年鉴　中国科技统计年鉴　中国第三产业统计年鉴
中国证券期货统计年鉴　中国劳动统计年鉴　中国高技术产业统计年鉴
工业企业科技活动资料　中国社会统计年鉴　中国人口和就业统计年鉴
中国人才资源统计报告　中国教育经费统计年鉴　中国文化及相关产业统计年鉴
文化及相关产业统计概览　中国民政统计年鉴　中国民族统计年鉴
中国残疾人事业统计年鉴　中国妇女儿童状况统计资料（英）　中国乡镇街道行政区域简册
中国基本单位统计年鉴

省级综合统计年鉴系列

北京 天津 河北 山西 内蒙古 辽宁 吉林 黑龙江 上海 江苏 浙江 安徽 福建 江西 山东 河南 湖北 湖南 广东 广西 海南 重庆 四川 贵州 云南 西藏 陕西 甘肃 青海 宁夏 新疆 新疆生产建设兵团

市(县)级综合统计年鉴系列

天津滨海新区 石家庄 唐山 邯郸 保定 沧州 邢台 廊坊 承德 衡水 秦皇岛 张家口 太原 大同 阳泉 长治 晋城 朔州 晋中 运城 忻州 临汾 呼和浩特 呼和浩特新城区 鄂尔多斯 包头 沈阳 大连 长春 延吉 四平 通化 哈尔滨 齐齐哈尔 黑龙江垦区 上海浦东新区 南京 无锡 徐州 常州 苏州 南通 连云港 淮安 盐城 扬州 镇江 泰州 宿迁 江阴 丹阳 杭州 宁波 温州 嘉兴 湖州 绍兴 金华 衢州 舟山 台州 丽水 合肥 安庆 马鞍山 福州 厦门 宁德 漳州 南昌 九江 上饶 新余 抚州 萍乡 赣州 吉安 景德镇 济南 青岛 潍坊 枣庄 日照 滕州 郑州 洛阳 平顶山 三门峡 商丘 信阳 济源 武汉 十堰 荆州 宜昌 荆门 咸宁 长沙 广州 深圳 惠州 东莞 南宁 柳州 桂林 来宾 海口 三亚 成都 贵阳 昆明 西安 安康 兰州 庆阳 银川 乌鲁木齐 兵团一师 兵团十师

调查年鉴系列

天津 山西 内蒙古 辽宁 吉林 上海　福建 江西 河南 湖北 湖南 广西　重庆 四川 云南 甘肃 宁夏 新疆

统计方法应用/实用手册

实用SAS统计分析教程　马克威统计分析与数据挖掘应用案例
乡镇统计人员岗位知识培训系列教材：辅助调查员岗位基础知识　乡镇统计人员岗位基础知识
县级统计人员岗位知识培训系列教材：Excel在统计工作中的应用　简明统计分析
EXCEL在基层统计工作中的应用　统计公文知识问答

统计通俗读物/统计科普图书

漫话诺贝尔经济学大师与数学情缘　魅力统计　漫话信息时代的统计学　统计使人更聪明
漫游数据王国　探访随机世界　新中国统计工作历史流变1949-1999　无处不在的统计

重点图书

新编英汉汉英统计大词典　中华医学统计百科全书
挑大学选专业2016—考研择校指南　挑大学选专业2016—高考志愿填报指南